개정증보 제4판

증권예탁 결제제도

한국예탁결제원 저

박영사 | KSD

이 도서의 국립중앙도서관 출판시도서목록(CIP)은 서지정보유통지원시스템 홈페이지(http://seoji.nl.go.kr)와 국가자료공동목록시스템(http://www.nl.go.kr/kolisnet)에서 이용하실 수 있습니다.(CIP제어번호: CIP2018001194)

발간사

『증권예탁결제제도』는 한국예탁결제원을 대표하는 저술이며, 국내 예탁결제제도의 최근까지의 발전상을 담고 있는 예탁결제제도의 역사서이기도 합니다. 1995년 초판이 발행된 이래 2014년 1월 전면개정되어 현재의 모습을 갖추게 된 『증권예탁결제제도』를 4년만에 다시 개정증보하여 제4판을 발간함으로써 우리나라 예탁결제산업 역사의 한 페이지를 장식할 수 있게 된 것을 기쁘게 생각합니다.

글로벌 금융위기 이후 십여 년이 흐른 지금 세계 경제는 안정을 되찾은 가운데 제4차 산업혁명을 통한 성장을 가속화하고 있고, 금융산업 역시 기술발전에 따른 혁신과 글로벌 경쟁의 도전에 발 빠르게 대처하면서 스스로 미래금융의 모습으로 탈바꿈하고 있습니다.

이러한 금융산업의 변화는 지난 4년간 예탁결제제도에 있어서도 크라우드 펀딩과 같은 혁신적 금융방식의 도입, 다변화된 투자수요에 맞춘 금 현물 예탁결제의 도입, 전자증권의 전면적 도입 추진 등과 같은 변화로 나타났고, 이러한 예탁결제제도 상의 중요한 변화를 시의적절하게 반영하기 위하여 개정증보 제4판을 발간하게 되었습니다.

독자의 편의를 위하여 이번 개정증보판에 반영된 내용을 간략하게 소개하면, 증권형 크라우드 펀딩제도가 도입되어 예탁결제원이 크라우드 펀딩에 관한 종합적인 관리업무를 수행하게 되었고, 금 현물을 거래하는 KRX금시장이 개설되어 예탁결제원이 금현물(금괴)의 예탁결제 및 반환 서비스를 제공하게 되었습니다. 무엇보다도 2016년 3

월「주식·사채 등의 전자등록에 관한 법률」이 제정됨에 따라 전자증권제도와 관련된 내용을 대폭 보강하였습니다. 그 밖에도 장외파생상품거래 증거금 관리 강화, 섀도우 보팅(shadow voting) 폐지 등 자본시장의 환경변화에 따른 예탁결제제도의 최근 변화상을 반영하였고, 각종 도표 등의 데이터는 최신 자료로 업데이트하였습니다.

본서의 충실도를 높이기 위하여 집필진들이 많은 노력을 기울여 주었습니다만, 자본시장에서 한국예탁결제원이 수행하는 역할과 예탁결제제도의 세부적인 내용을 모두 담아내기에는 부족한 점도 없지 않을 것입니다. 앞으로도 계속 학계와 업계 등 현학제위의 제언을 경청하여 더욱 수준 높은 서적으로 다듬어 나가도록 하겠습니다.

앞서 언급한 제4차 산업혁명의 진전에 따라 지금까지의 중앙집중형 기록관리 방식의 예탁결제제도는 이제 새로이 등장한 분산원장 방식의 블록체인 기술이라는 또 다른 차원의 도전에 직면하고 있습니다. 향후 예탁결제제도의 미래상을 선불리 예단할 수는 없지만, 지금 분명한 것은 그동안 예탁결제제도의 발전을 이루어 온 '온고지신(溫故知新)'의 지혜가 과거 어느 때보다도 필요하다는 것입니다. 그동안 걸어온 역사를 통해 배우고 새로운 기술 발전을 진취적으로 수용함으로써 미래의 예탁결제제도를 개척하여야 할 현시점에서『증권예탁결제제도』개정증보 제4판의 발간이 지금 우리에게 남다른 의미로 다가오는 이유가 여기에 있습니다.

본서의 발간을 위하여 수고해 주신 집필진과 완성도를 높이기 위하여 애써 준 한국예탁결제원 연구개발부 직원들과 도서출판 박영사 관계자 여러분께 깊은 감사의 말씀을 드리며, 자본시장을 보다 깊이 있게 이해하고자 하는 독자 제현에게 일독을 권해드립니다.

2018년 1월
한국예탁결제원 사장 이병래

발간사(제3판)

한국예탁결제원이 중앙예탁결제기관으로 발을 내딛은 지 어언 마흔 해가 되었습니다. 예기(禮記) 곡례편(曲禮篇)을 보면 남자가 스무 살이 되면 약관(弱冠)이라 하여 비로소 관(冠)을 쓰며, 이때부터 명실상부한 어른 대접을 받았다고 합니다. 이와 마찬가지로 한국예탁결제원도 스물 한 해 되던 무렵인 1995년에 자본시장의 핵심인프라인 증권예탁결제제도에 대한 이론과 발전방향을 체계적으로 정리한 '증권예탁결제제도'를 처음으로 발간한 바 있습니다. 이 책과 함께 한국예탁결제원은 자본시장에서 반드시 필요한 서비스를 제공하는 기관으로서 세상의 주목을 받기 시작했습니다. 그리고 2003년 9월에는 국내외적으로 변화된 자본시장의 환경을 반영하여 이론적 · 제도적인 변동사항과 증권대차, Repo 등 증권예탁결제 파생업무편을 추가하여 총 7편으로 구성된 전정판 '증권예탁결제제도'를 발간하였습니다.

한편, 논어(論語) 위정편(爲政篇)에서 공자는 마흔 살을 불혹(不惑)의 나이라고 하여 사물의 이치를 터득하고 세상일에 흔들리지 않았다고 합니다. 2014년 올해로 마흔 해를 맞는 한국예탁결제원도 나이만큼이나 원숙하게 예탁결제뿐만 아니라, 집합투자, 증권예탁파생상품, 전자증권, 국제증권예탁결제 분야까지 핵심적인 이론과 실무를 겸비하여 명실공히 자본시장의 인프라 역할을 하고 있다고 자부하고 있습니다.

특히, 리먼브라더스 은행의 파산과 그에 따른 세계적 금융위기 속에서도 한국예탁결제원은 한국자본시장이 그와 같은 위기에 빠지지 않도록 하기 위해 예탁 · 결제분야에서 한 치의 흔들림이 없이 인프라 본연의 의무를 충실히 해왔습니다. 이는 한국예탁결제원이 수시로 변화하는 국제금융시장을 지속적으로 관찰하여 금융리스크의 전염효과(contagion effect)를 사전에 차단하고, 세계 증권산업이 요구하는 리스크관리의 국제적 정합성을 꾸준히 확보해 온 결과이기도 합니다.

이제 드디어 한국예탁결제원은 창립 40주년을 맞아 지난 역사를 되돌아보고 앞으로 다가올 새로운 도전에 대비하기 위한 하나의 지침으로 삼기 위해 제2판을 전면적으로 개정한 '증권예탁결제제도' 제3판을 발간하게 되었습니다.

증권예탁결제제도는 우리나라 자본시장의 인프라를 구성하는 법적 · 제도적 운영체계를 다룬 이론서이자 실무에 바로 응용할 수 있는 실용서이기도 합니다. 특히, 이번에 전면개정한 '증권예탁결제제도' 제3판은 지난 40년간 축적된 증권예탁결제업무 노하우와 지혜를 거울삼아 세계에서 가장 선진화된 중앙예탁결제기관으로 도약하려는 확고한 의지를 담았다고 할 수 있을 것입니다.

더욱이 본서가 적어도 국내 자본시장의 인프라에서 제기되는 주요한 이슈를 파악하고, 그 곳에서 발생하는 문제를 더욱 수월하게 해결하는 가교 역할을 하였으면 합니다. 아울러 본서의 내용이나 부족한 부분에 대해서는 자본시장 실무자들 및 현학제위들의 비판을 수렴하여 차후 더욱 체계적이고 내용이 충실한 책으로 만들어 가도록 하겠습니다.

끝으로 증권예탁결제제도 제3판의 발간에 즈음하여 애정어린 관심과 열정으로 참여해주신 모든 분들에게 따뜻한 고마움을 전합니다. 더욱이 대내외 여건이 충분하지 않았음에도 불구하고 거의 1년여 동안 최선을 다하여 '증권예탁결제제도' 제3판을 완성한 집필위원들과 이론적 · 제도적 부분에 대한 감수를 맡아 탈고할 수 있도록 도움을 준 감수위원들께도 깊은 감사를 드립니다.

아울러 본서의 출판을 위하여 물심양면으로 도와주신 예탁결제연구센터 직원들과 도서출판 박영사 직원 여러분께 진심으로 고마움을 전합니다.

2014년 1월

한국예탁결제원 사장 유재훈

감수의 글(제3판)

증권예탁결제제도(securities deposit and settlement system)는 자본시장인프라 중 후선업무(back office)의 핵심을 이루는 중요한 제도이다. 이러한 증권예탁결제제도는 기본적으로 증권의 집중예탁을 통해 실물증권의 발행과 이동을 억제하고, 증권거래에 따른 결제를 실물증권의 수수(授受) 없이 계좌대체로 갈음하여 증권거래를 완결한다. 이를 통해 증권예탁결제제도는 증권거래에 따른 비용과 위험을 획기적으로 줄이고, 자본시장의 효율성과 안정성을 제고하는 역할을 수행한다.

2008년 전 세계를 강타한 금융위기를 계기로 세계 각국은 안정적이고 효율적인 증권예탁결제제도의 구축이 필요함을 재인식하고, 증권예탁결제제도의 정비를 중요한 국제적 과제 중 하나로 상정한 바 있다. 2012년 4월 국제결제은행(BIS)의 지급결제제도위원회(CPSS)와 국제증권감독기구(IOSCO)의 기술위원회가 공동으로 발표한 금융시장인프라에 관한 원칙(Principles for Financial Market Infrastructures)이 국제적 논의의 좋은 예라 할 수 있다.

그러나 증권예탁결제제도의 역할과 중요성에도 불구하고, 우리나라에서는 일반인은 물론이고 증권분야의 전문가들에게 조차도 증권예탁결제제도가 상당히 낯설거나 별로 중요하지 않게 여겨지는 경향이 있다. 이는 투자자의 주요 관심 대상인 증권의 가격형성에 직접적으로 관여하지 않는 후선인프라의 특성에서 연유한 것이라 생각된다. 게다가 외국에서의 논의와 관심에 비하면 우리나라의 현실은 증권예탁결제제도에 관한 논의는 차치하고 관심 자체도 크지 않은 실정이다.

이러한 어렵고 척박한 환경에도 불구하고, 우리나라의 증권예탁결제제도를 책임지고 있다고 할 수 있는 한국예탁결제원이 1995년 『증권예탁결제제도』라는 제목으로 증권예탁결제제도에 관한 기초적인 이론과 실무적 내용을 담은 이 책의 초판을 발간한 이래, 2003년에는 제2판을, 이번에 제3판을 발간하는 것은 실로 큰 의의를 가진다고 하겠다. 1995년 『증권예탁결제제도』의 초판은 당시 황무지와 같았던 증권예탁결제 분야에 '바이블'로서의 역할을 하였고, 증권예탁결제제도를 널리 알리는 계기를 만들었다. 또한, 증권예탁결제제도를 알고자 하는 실무자에게는 물론이거니와 이 분야를 연구하고자 하는 학계의 연구자에게도 『증권예탁결제제도』는 필수적인 참고자료로 여겨졌다고 해도 과언이 아니다. 그런데, 이번 제3판은 단순히 제1판에 이은 제2판을 수정하는 수준이 아니라, 모든 원고를 원점에서 다시 작성하고 전문성과 실무적 관점을 균형 있게 견지하여 논의를 보다 심화함으로써 명실상부한 이 분야 최고 저서로서의 내실을 갖추었다고 생각된다.

한국예탁결제원이 그간 업무의 양적 측면에서 발전을 거듭해 온 것은 주지의 사실이다. 그런데 이번 감수를 맡으며 이 같은 한국예탁결제원 업무의 양적 발전이 결코 단순한 업무의 팽창이 아니라, 증권예탁결제제도를 운영하고 있는 한국예탁결제원 임직원들의 질적 · 지적 발전에서 비롯된 것이며, 이번 제3판은 그러한 질적 · 지적 역량의 발전상에 관한 표현임을 확인할 수 있었다.

이 책의 구성은 총 7편으로 구성되어 있다. 증권예탁결제제도 전반을 개관하고 있는 제1편을 제외하면, 이 책은 여섯 주제인 증권예탁제도(제2편), 증권결제제도(제3편), 집합투자(제4편), 국제증권예탁결제(제5편), 증권예탁결제파생(제6편), 전자증권제도(제7편)로 구성되어 있다. 증권예탁결제제도에 관하여 처음 접하는 독자에게는 제1편이 제도 전체를 이해하는데 상당한 도움이 될 것이다. 제6편(증권예탁결제파생)과 제3판에 추가된 제4편(집합투자)의 주제는 법적 · 실무적 관점에서의 논의가 웬만한 전문서적과 비교할 수 없을 정도로 치밀하고 상세하다. 제7편(전자증권제도) 또한 전자단기사채법을 비롯하여 그간 우리나라의 전자증권화를 추진하며 논의된 내용과 외국의 사례를 바탕으로 보다 심도 있는 논의와 발전방향을 제시하고 있다. 증권예탁제도, 증권결제제도 및 국제증권예탁결제제도는 실무적 진전과 학계에서 논의된 내용을 보다 발전시키고 있는 점이 새롭다.

누구나 자기 회사와 관련된 책자를 판수를 거듭하며 꾸준히 발간할 수 있는 것은 아니다. 판수를 거듭할수록 그 내용의 질적 진보를 더해가는 것 또한 쉽지 않은 일이다. 또한 실무자와 연구자 및 전문가 모두를 독자로 아우를 수 있는 저서를 발간하는 것은 더욱 어려운 일이다. 이러한 점에서 이번『증권예탁결제제도』제3판의 발간은 한국예탁결제원의 위상을 한층 높이는 계기가 됨은 물론 자본시장과 학계의 발전에 크게 기여할 것이라 믿어 의심치 않는다. 제3판의 발간을 독려하고 주도하신 한국예탁결제원의 유재훈 사장님과 임직원분들의 헌신적인 노고에 경의를 표한다.

끝으로, 다행스럽게도 이번 제3판부터는 출판사를 통해 발간되어 일반인도 증권예탁결제제도에 대해 쉽게 접할 수 있게 되었다. 이를 계기로 이 책이 두루 읽히어, 자본시장인프라 및 후선업무로서의 증권예탁결제제도가 자본시장의 '주춧돌'로서 자본시장에서 필수불가결한 주요 제도로 재평가될 수 있기를 바란다.

2014년 1월

건국대학교 경영대학 교수 오세경

성균관대학교 법학전문대학원 교수 정경영

자본시장연구원 연구위원 천창민

일러두기

- **책자 내용의 작성 기준시점 :** 본 책자는 2017년 11월 말 현재의 관련 법령 및 규정의 내용을 반영하였다. 다만, 각종 통계는 일관성을 유지하기 위해 2016년 말을 기준으로 작성하였으며 일부 통계는 독자의 이해도를 높이기 위해 2017년 중의 현황을 포함하였다.
- **각 편별 구성 :** 본 책자는 총 7편으로 구성되었고 각 편을 1명의 집필진이 전담하여 작성하였다. 본 책자의 특성상 각 편은 서로 유기적 연계를 가지고 있지만 독자의 접근성을 고려하여 각 편별로도 완결성을 가질 수 있도록 기술하였다. 이에 따라 일부 내용은 여러 편에서 중복되어 기술할 수밖에 없었음을 밝혀 둔다.
- **약어 사용 :** 본 책자에서 인용된 법령 및 규정은 통일적인 표현을 위하여 아래의 약어를 사용하였다.

약 어	원 어
자본시장법	자본시장과 금융투자업에 관한 법률
전자증권법	주식·사채 등 전자등록에 관한 법률
전자단기사채법	전자단기사채등의 발행 및 유통에 관한 법률
자산유동화법	자산유동화에 관한 법률
구(舊)자산운용업법	간접투자자산운용업법
도산법	채무자 회생 및 파산에 관한 법률
예탁규정	증권등 예탁업무규정
결제규정	증권등 결제업무규정
대행규정	증권 명의개서 대행업무규정
대차중개규정	증권 대차거래의 중개 등에 관한 규정
담보관리규정	증권등의 담보관리에 관한 규정
채권등록규정	채권등록 업무규정
통일증권규정	통일규격증권등 취급규정
수익자명부규정	수익자명부 관리 등에 관한 규정

차 례

제 1 편 증권예탁결제제도 개관

제1장 증권예탁결제제도의 역사적 발전과정

제2장 증권예탁결제제도의 기본체계

제2편 증권예탁제도

제5장 주요국의 증권예탁제도

제6장 증권예탁제도 관련 제도

증권결제제도

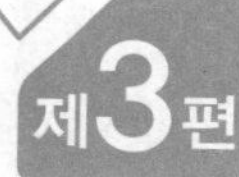

제1장 증권결제제도의 개요

제4장 증권의 결제

제5장 우리나라의 증권결제제도

제3장 집합투자증권의 예탁과 결제

제4장 집합투자재산의 예탁과 결제

국제증권예탁결제제도

제1장 국제증권시장 개요

제3장 국제증권거래와 예탁결제제도

제4장 국제증권시장 주요 현안

제6편 증권예탁결제 파생업무

제1장 증권대차거래제도

제4장 주요국의 전자증권제도

제5장 전자증권제도의 법률관계

증권예탁결제제도 개관

제 1 편

제1장 증권예탁결제제도의 역사적 발전과정

제2장 증권예탁결제제도의 기본체계

제3장 증권시장 환경 변화와 증권예탁결제제도의 발전

제1장 증권예탁결제제도의 역사적 발전과정

금융시장의 발전과 함께 태동한 증권예탁결제제도의 역사적 생성배경을 살펴보고 증권예탁결제제도가 발전하게 된 계기를 소개한다. 또한 한국에서 증권예탁결제제도의 도입과 발전과정을 연혁적으로 살펴보고자 한다.

제1절 증권예탁결제제도의 역사적 배경과 발전

1 증권의 예탁과 결제

기업이나 정부는 필요한 자금을 마련하기 위하여 채권이나 주식과 같은 유가증권을 발행한다. 발행한 유가증권은 증권거래소나 증권거래소 밖에서 거래할 수 있다. 증권이 활발하게 거래될 수 있어야 기업이나 정부는 증권을 발행하여 필요한 자금을 조달할 수 있다. 그러나 단순히 거래상대방만 찾아 거래한다고 하여 거래가 온전하게 종료되는 것은 아니다. 거래에서 발생하는 모든 권리와 의무가 문제 없이 이행되어야 거래가 완성된다. 증권거래소를 이용하면 수많은 거래를 원활하게 체결할 수 있는 것과 마찬가지로 예탁결제제도를 이용해야 거래에서 발생하는 권리와 의무를 신속하면서도 완전하게 처리할 수 있다.

예탁결제업무는 증권의 예탁에서 출발한다. 예탁은 증권을 예탁기관에 맡기는 것이다. 그러나 예탁제도란 단순히 증권을 맡기는 것 뿐만이 아니다. 예탁자가 예탁결제기관에 증권을 보관하면 예탁결제기관은 인도받은 증권을 혼합보관하면서 이를 관리하는 장부인 계좌부를 운영하고, 보관된 증권에 대한 권리의 이전이나 변경을 당사자들의 계좌에서 서로 바꾸어 기재, 즉 대체기재(對替記載, book-entry transfer)하는 방식으로 처리하는 것이 예탁제도이다. 증권을 양도하는 경우에 매도자의 계좌에서 매도한 수량만큼 줄여주고 매수자의 계좌에서는 매수한 수량만큼 늘려주는 것이나, 증권을 신탁하는 경우에 위탁자의 계좌에서 신탁하려는 수량만큼 줄여주고 수탁자의 계좌에서 그 수량만큼 늘려주는 것은 대표적인 대체기재의 방법이다. 또한 예탁기관이 증권거래에서 발생하는 매도자의 증권인도의무와 매수자의 대금지급의무를 이행하는 것을 예탁과 구분하여 결제라 한다. 예탁제도를 이용하여 결제하는 것을 '예탁결제'라 하고, 예탁결제를 체계적으로 운영하는 제도를 '예탁결제제도'라 한다. 또한 예탁기관은 자신이 관리하는 계좌부에서 대체기재하여 결제업무를 수행하는데, 이때 예탁업무와 결제업무를 함께 수행하는 기관을 '예탁결제기관'이라 한다.

예탁결제제도를 도입하기 전에는 거래 당사자 간에 실물증권을 직접 인수도하거나 발행회사가 관리하는 장부에 직접 등록하여 증권에서 발생하는 권리를 확보하였다. 그러나 자본시장이 발전하고 증권의 거래량이 폭발적으로 증가함에 따라 실물을 이동시키는 방식으로는 더 이상 권리를 관리하기 어렵게 되었다. 이에 따라, 증권을 예탁기관에 보관하여 부동화(不動化, immobilization)시킨 다음에 예탁기관이 관리하는 장부인 계좌부에 기재하여 권리를 관리하는 예탁결제제도가 발생하게 된 것이다.

② 증권예탁결제제도의 생성배경

산업혁명 이후 자본주의가 발전하고 경제규모가 성장하여 기업의 운영규모도 커졌다. 이제 기업을 경영하기 위해서는 과거보다는 많은 자금이 필요하게 되었다. 기업은 이러한 자금을 더 이상 기업주의 신용이나 은행을 통한 차입만으로는 조달하기가 어렵게 되어 주식이나 채권과 같은 증권을 발행하여 자본을 조달하는 새로운 방식을 취하게 되었다. 즉 기업은 주식이나 채권을 발행하여 다수 투자자로부터 기업활동에 필요한 자본을 조달하고, 투자자는 그 주식이나 채권에 투자하여 수익을 올리는 새로운 형태의 금융산업이 형성되었다. 더욱이 1970년대 이후부터는 금융산업이 본격적으로 성장하고 기업활동이 더욱 왕성하게 되어, 증권의 발행과 거래규모가 이전과는 비교할 수 없을 정도로 급속히 성장하였다.

이러한 시대 상황에서는 증권을 안전하게 보관·관리하며 신속하게 이동하여 대량의 거래를 지원하여 주어야 하는 요구가 커졌음에도 불구하고, 거래 당사자 간에 매매가 이루어질 때마다 여전히 실물증권의 인도를 통하여 증권의 권리를 이전하고 있었다. 그리하여 증권을 보관하고 결제하는데 사고가 발생하거나 증권이 분실되는 위험이 높았으며 거래와 결제를 처리하는 시간도 지연되는 사무처리 위기(paper crisis)가 지속적으로 발생하였다.

때때로 사무처리 위기를 해결하기 위하여 심지어 거래까지 일시적으로 중단하기도 하였다. 따라서 이러한 문제를 해결하지 않고서는 증권시장이 더 이상 발전하기 어렵다고 인식하고, 문제를 해결할 방법을 찾기 시작하였고, 그래서 도입된 것이 예탁결제제도이다.

예탁결제제도에서는 투자자나 금융기관이 유가증권을 거래하기 전에 예탁결제기관에 미리 집중하여 예탁하면, 예탁결제기관은 이를 혼합하여 보관하면서 증권의 권리를 표시하는 장부인 계좌부와 예탁계좌를 관리한다. 이후, 투자자나 금융기관이 증권거래소나 증권거래소 밖에서 증권을 거래하면 이들이 직접 증권을 인도하는 대신에, 예탁기관이 관리하는 매도자의 예탁계좌에서 매도 수량을 감소 기재하고 매수자의 예탁계좌에서 해당 수량을 증가 기재하는 방식으로 신속하고 편리하게 증권의 권리를 이전한다.

③ 증권예탁결제제도의 생성

앞에서 살펴보았듯이 한 곳에 집중하여 증권을 보관해야 예탁결제제도가 발달할 수 있다. 따라서 각국은 보통 한 개의 기관에 모든 증권을 집중적으로 보관하는 예탁결제제도를 발달시켜 왔다. 국가가 한 기관에 증권을 보관하여 예탁결제제도를 운영한다고 하여, 예탁결제제도 운영기관에 '중앙'을 붙여 흔히 '중앙예탁결제기관'이라 한다. 물론 국가에 따라서는 두 개의 기관을 운영하기도 하지만 그 운영원리는 동일하다. 이제 이러한 중앙예탁결제기관의 역사적 생성과정을 살펴보자.

세계 최초의 예탁결제기관은 1872년 3월 4일에 설립된 오스트리아의 빈 증권예탁은행(Wiener Giro und Kassenverein)이다. 빈 증권예탁은행은 대체업무와 수표제도의 활성화를 통해서 간편하게 금전거래와 증권거래업무를 처리할 목적으로 설립되었으며, 1873년 동 은행에 중앙예탁부가 설치되어 빈에 소재한 거의 모든 은행들이 보관하는 유가증권을 예탁받게 되었다. 특히 동 은행은 증권결제업무를 간편화하는데 설립목적이 있었으므로 계좌대체를 통해서 실물증권의 이동을 수반하지 않는 형식으로 회원은행들의 증권인도의무를 대신하는 방법을 채택하였다.

이와 같은 예탁결제제도가 도입되어 본격적으로 발전하기 시작한 나라는 독일이다. 19세기 말 독일은 빠른 속도로 경제가 성장하기 시작하고 증권거래도 활발해졌다. 1882년 당시 베를린 증권거래소에서 거래되는 증권의 예탁과 결제를 담당했던 기관은 베를린증권예탁은행(Bank des Berliner Kassenvereins)[1]인데 증권실물의 팽창으로 빠른 시간에 실물증권의

1 독일의 금융제도는 수신·여신업무 등과 같은 전통적인 상업은행업무와 증권거래, 예탁업무 등의 증권업무가 동일한 금융기관인 은행에 의해서 이루어지는 겸업주의를 취하고 있다. 따라서 독일에서의 유가증권

인도와 인수에 의한 결제가 어렵게 되는 상황을 맞았다. 이에 따라 1882년 1월 5일에 베를린증권예탁은행(Bank des Berliner Kassenvereins)에 증권대체예탁부(Giro-Effekten-Depot)가 설치되어 증권혼합보관계좌(Girosammel-Depot)를 설치하고 계좌설정자인 은행으로부터 자기소유 증권을 혼합하여 보관했다.[2]

또한 1925년부터 베를린 증권예탁은행은 증권혼합보관계좌(Girosammel-Depot)에서 금전의 계좌이체(Giro제도)를 본뜬 대체기재를 통해 증권결제를 실시함으로써 비로소 대체결제의 첫 발을 내딛게 되었다. 당시 베를린증권거래소를 포함한 10개 지역증권거래소에서 거래가 체결되면, 증권혼합보관은행(Wertpapiersammel-Banken) 회원 간의 결제는 실물증권의 이동 없이 해당 계좌간 대체하는 방식으로 결제하는 대체결제를 수행하게 되었다. 그러나 1937년에 유가증권예탁법(Depotgesetz)이 제정되기까지 고객소유의 증권이 혼합보관되어 있는 경우 소유권(공유권)의 법적 효력에 대한 논의는 끊이지 않았다.

드디어 1937년 2월 4일에 독일에서는 처음으로 「유가증권의 예탁 및 취득에 관한 법(Gesetz über die Verwahrung und die Anschaffung von Wertpapieren)」, 즉 예탁법(Depotgesetz)이 제정되어 앞에서 언급한 예탁법상의 불분명하였던 문제를 입법적으로 해결하였다. 여기에서는 위탁매입, 파산 시 증권보유자의 권리, 혼합보관, 예탁된 수량에 대하여 공유소유권을 가진다는 공유권이론 등에 관한 사항이 명시되었다. 또한 1972년 5월 24일의 개정에서는 새로이 제9조a를 신설하여 포괄증권(Sammelurkunde 또는 Globalurkunde)제도를 도입하였다. 포괄증권이란 다수 투자자의 권리를 한 장에 표창한 증권을 말한다. 이렇게 하여 증권발행 단계에서부터 예탁결제제도를 전면적으로 실시할 수 있는 법적 근거를 마련하게 되었다. 예탁결제제도의 발전과정에서 독일은 공유권이론을 확립하고 포괄증권제도를 도입하였으며, 국채를 등록하여 예탁결제하는 국채대체결제제도를 완성하는 등의 중요한 역할을 하였다. 이렇게 독일에서 초기의 체제를 갖추기 시작한 예탁결제제도는 제2차 세계대전 이후 미국과 유럽으로 확산하였으며, 증권시장의 규모가 확대됨에 따라 비약적으로 발전하였다.

4 증권예탁결제제도의 발전

증권예탁결제제도는 자본주의와 증권시장의 발전과 궤도를 같이하여 태동하고 성장

의 거래는 전통적으로 은행 등의 금융기관이 유가증권의 예탁업무를 수행한다.

2 이 당시에는 아직 은행의 고객유가증권은 혼합보관의 대상에서 제외되고 단지 은행소유의 유가증권만 베를린증권예탁은행에 예탁이 허용되었다.

하여 왔다. 그러나 최근에 와서야 예탁결제제도의 경제적 기능과 중요성이 주목받기 시작하였다. 증권예탁결제제도가 자본시장을 구성하는 중요한 인프라로서 인식하게 되어 현재와 같은 모습으로 발전하게 된 것은 독일의 헤르슈타트 은행(Bankhaus Herstatt) 파산사건과 '검은 월요일(Black Monday)'이라고 일컬어지는 미국의 '10월 증시위기'가 결정적 계기가 되었다.

1974년 6월 26일 독일의 중견은행이었던 헤르슈타트 은행이 파산하였다. 그러나 파산이 발표되기 전에 헤르슈타트 은행과 마르크화와 달러화를 거래하는 외환선물계약을 체결한 다수의 거래자는 헤르슈타트 은행에 마르크화를 지불하였으나, 그에 상응하는 달러화는 수령하지 못하고 있었다. 그 사이에 독일 금융감독청은 헤르슈타트 은행의 파산을 선고했고, 결과적으로 이미 지불한 마르크화에 해당하는 달러만큼 결제위험에 노출되는 결과를 초래하였다. 마르크화는 독일에서 결제하고 달러화는 미국 뉴욕에서 결제하는데, 두 나라 사이의 시간대 차이(time-zone differences)로 인하여 마르크화는 결제되었으나 달러화는 결제가 이루어지지 않은 상태에서 헤르슈타트 은행이 파산한 것이다. 더 나아가 헤르슈타트 은행과 이미 선물거래를 맺은 다른 은행들도 이후의 연속된 거래를 원활히 결제하기 위하여 헤르슈타트를 대신할 거래 상대방을 찾을 수밖에 없었다. 이 사건은 외환거래의 결제불이행 사건이었지만, 증권결제위험에 대해서도 주의를 환기시켜 증권거래의 결제불이행이 미치는 충격을 인식하게 해 준 계기가 되었다.

그러나 증권예탁결제제도의 기능과 중요성에 관한 본격적인 분석은 1987년 10월 미국 증시의 와해위기로부터 촉발하였다. 미국 의회 특별조사단은 10월 증시위기의 원인을 조사한 브래디보고서(Brady Report, 1988)에서 증권의 예탁결제시스템이 취약하면 위기 시에는 시장 상황이 더욱 악화된다고 분석하였다.

이러한 분석을 바탕으로 G-30, 국제증권관리자협회(ISSA: International Securities Services Association), 국제결제은행(BIS: Bank for International Settlements), 국제증권감독기구(IOSCO: International Organization of Securities Commission) 등과 같은 국제기구들은 증권예탁결제시스템 개선을 위한 시장 관련자들의 노력을 촉구하고, 증권예탁결제시스템 발전을 위한 기준이나 원칙을 권고하였다.[3] 각국은 이들이 제시한 기준이나 원칙을 받아들여 기존의 제도를 수정하거나 새로운 제도를 도입하여 예탁결제제도를 한층 성숙하게 운영하고 있었다.

그러나 2008년 리먼사태를 계기로 촉발한 글로벌 금융위기가 장외파생상품시장의 청산 및 결제인프라가 미흡하여 더욱 확산되었다는 것이 밝혀졌다. 그리하여, 주요 20개국

3 BIS 지급결제제도위원회(CPSS)와 IOSCO 기술위원회는 2012년 4월에 새로운 권고안인 'Principles for financial market infrastructures'을 발표하였다. 이 권고안은 중앙예탁결제기관이나 청산기관과 같은 금융시장인프라가 지켜야 할 책임, 위험관리절차, 법적 구조 등을 담고 있다.

모임인 G-20은 재정이 튼튼하면서도 독립적인 청산인프라를 설립하여, 그로 하여금 장외파생상품거래를 청산하게 하고, 장외파생상품의 거래 · 청산 · 결제내역을 거래정보저장소(repository)에서 관리하도록 합의하기도 하였다.

위에서 살펴본 바와 같이 예탁결제제도는 자본시장의 발전에 부응하여 왔다. 향후에도 자본시장에는 많은 변화가 있을 것이다. 금융활동은 국경을 넘어 더욱 활발하게 전개될 것이며, 많은 종류의 금융상품이 더 출현할 것이고, 금융활동에서 발생하는 리스크를 통제하려는 노력은 한층 강화될 것이다. 예탁결제제도는 이런 변화와 보조를 맞추어 발전할 것으로 보인다.

제2절 우리나라 증권예탁결제제도의 도입과 발전

우리나라의 증권예탁결제제도는 1973년에 최초로 도입된 이래 자본시장의 발전방향과 변화의 맥을 같이 하면서 단계적으로 발전해 왔다. 이러한 단계적 발전과정은 도입기, 정착기, 발전기의 3단계로 구분될 수 있다.

1 증권예탁결제제도의 도입

우리나라는 1968년부터 본격적으로 자본시장 육성정책을 추진하기 시작하였으며, 1972년부터는 강력한 기업공개정책도 병행하였다. 이에 따라 기업공개가 늘어났고, 증권시장에서 유통되는 상장종목과 거래량도 크게 증가하였다. 그 결과 기존의 수도결제업무로는 새로운 증권시장을 지원하기 어렵게 되었기에 성장하는 증권시장을 지원하기 위해서라도 주권대체결제제도가 필요하다는 의견이 대두되었다.

이에 따라 1973년 2월 6일 제5차 구(舊)증권거래법 개정에서 '대체결제업무'에 관한 조항이 신설되고 대체결제업무를 영위하고자 하는 법인은 재무부장관의 허가를 받도록 규정함으로써 대체결제업무에 대한 법적 근거를 갖추게 되었다. 이러한 법적 근거를 기반으로 1974년 12월 6일 대체결제업무를 수행하는 우리나라 중앙예탁결제기관으로서 한국증권대

체결제주식회사(이하 '대체결제회사'라 한다)가 설립되었다.[4]

이것이 곧 우리나라 증권시장에서 증권예탁결제제도가 본격적으로 실시되는 시발점이 되었으며, 이에 따라 증권결제제도의 중심기관인 예탁기관이 별도의 독립된 기관으로서 최초로 조직을 갖추고 증권결제 본래의 기능인 유가증권의 집중예탁과 실물증권의 이동을 배제하는 계좌대체업무를 수행하게 됨으로써 증권유통시장의 중추적인 위치를 점하게 되었다.

1974년 12월 21일 제6차 구(舊)증권거래법 개정에서는 대체업무에 관한 구체적인 내용이 추가되었다. 그 주요 내용은 (ⅰ)대체결제종목은 재무부장관이 지정하고, (ⅱ)대체결제회사는 예탁을 증명하는 증서인 예치증을 발행할 수 있으며, (ⅲ)대체결제회사는 유가증권의 보호예수업무 및 명의개서대행업무 등을 겸영할 수 있고, (ⅳ)예탁증권은 혼합하여 보관할 수 있으며, (ⅴ)대체결제회사의 업무규정은 재무부장관의 승인을 얻어야 한다는 것들이다.

이렇게 증권예탁결제제도가 도입되어 운영됨에 따라 증권의 실물을 이동할 때 발생하는 위험을 제거하면서도 증권거래를 촉진하여 증권시장이 안정적으로 발전할 수 있는 계기를 마련하게 되었다.

2 증권예탁결제제도의 정착

2.1. 예탁결제제도의 정착(1975～1985)

증권을 집중하여 보관하고 이를 기반으로 계좌간 대체의 방법으로 결제하는 예탁결제제도를 본격적으로 운영하기 위하여 제도도입 초기에는 예탁과 계좌대체의 실효성을 증가시키는 조치가 주로 이루어졌다.

(1) 수도결제의 전면 계좌대체 실시

대체결제회사가 본격적으로 대체결제기능을 수행하게 된 것은 1975년 4월 18일 유가증권 매매거래의 수도결제업무를 대체결제회사에서 취급하도록 하는 것을 주요 골자로 하는 '대체결제업무 정상화 방안'과 1975년 7월 7일 수도결제업무를 전면 대체결제에 의하여

---

4 제5차 개정 구(舊)증권거래법은 부칙에서 대체결제업무를 허가받은 자가 있을 때까지 증권거래소가 그 업무를 영위할 수 있다는 경과조치를 두었다. 그에 따라 한국증권대체결제주식회사가 설립되기 전에는 증권거래소가 대체업무를 수행했었다.

처리할 것을 주요 내용으로 하는 '수도업무의 전면 대체화'가 실시되면서 부터이다. 동년 7월 18일 대체결제회사가 매매거래의 수도결제사무를 직접 취급하게 되었다.

대체결제회사가 수도결제업무를 직접 처리하게 된 배경은 그 당시 유통시장에서의 주식 거래량이 날로 증가하여 인수도대상 실물량이 폭주함으로써 물량 이동에 따른 불편이 크고 실물 관련 사고위험이 높았기에 이를 방지하기 위하여 전면 대체결제에 의하여 결제해야 할 필요성이 대두되었기 때문이다.

(2) 채권대체결제제도의 실시

1979년대 중반까지 주식시장에 비하여 시장규모가 매우 열세에 있던 채권시장은 1977년부터 점차 활기를 띠기 시작하여 1980년대 들어서면서 급격히 성장하였다. 1982년에는 전체 증권거래 규모에서 채권거래가 차지하는 비중이 76%를 차지함으로써 증권시장이 채권 중심의 시장으로 변모하였다.

한편 이때까지는 채권거래에 따른 결제를 현물로 인수도하였는데, 채권 유통량이 급증함에 따라 현물수도에서 오는 번잡함과 불편은 더욱 커져 채권의 원활한 유통에 장애요인으로 등장하게 되었다. 이에 따라 1982년 5월에는 전체 상장채권 중 회사채 일부 종목을 예탁대상종목으로 지정하고, 그 종목의 거래를 대체결제회사의 계좌부를 통해 계좌간 대체로 결제하게 되었다. 같은 해 9월에는 국공채를 제외한 상장회사채 전(仝) 종목으로 예탁제도가 확대되었다. 또한 1983년에는 국공채를 포함한 상장채권 전(仝) 종목에 대하여 예탁제도가 확대되었다. 이에 따라 상장주식뿐만 아니라 상장채권도 계좌대체의 방법으로 결제하게 되었다. 더불어 대체결제회사가 채권에서 발생하는 이자와 원금을 발행회사로부터 일괄 수령하여 예탁자에게 지급함에 따라, 채권을 일단 예탁만 시키면 예탁자는 거래부터 상환까지 과정에서 발생하는 권리행사에 따르는 모든 서비스를 대체결제회사로부터 지원받게 되었다.

(3) 집중예탁의 강화

증권회사, 은행, 보험회사, 투자신탁회사 등의 기관투자자는 1980년대 초반까지만 해도 대체결제제도에 대한 인식이 부족하여 실물증권을 직접 보유하는 경우가 많아 집중예탁이 실현되지 않고 있었다. 그 결과 실효성 있는 대체결제제도를 운영하기 어려웠을 뿐만 아니라 실물 관련 사고가 발생할 소지도 높았다. 이에 따라 당시 증권관리위원회는 집중예탁을 실현하고자 1983년 1월 8일 「증권회사의 유가증권관리규정」을 개정하였다. 이 규정에 따라 증권회사는 보유하는 유가증권을 90% 이상 대체결제회사에 집중예탁했기에 예탁이 가속화 되었다. 더불어 대체결제회사에 예탁계좌를 개설하는 자도 증가하여 1983년에는 총

53개사가 계좌를 보유하게 되었다.

2.2. 기말계속예탁제도의 도입(1985~1987)

이전까지의 조치로 상당 수준의 집중예탁이 이루어졌다. 그러나 증권이 계속하여 대체결제회사에서 보관되기 위해서는 또 하나의 장애요인을 극복하여야만 했다. 1985년 3월까지만 해도 예탁된 주식을 대체결제회사 명의로 명의개서하여 보관하지 못하였다. 따라서 예탁된 주식에 권리가 발생하고 그 권리를 행사할 자를 확보하기 위하여 발행회사가 기준일을 설정하면, 예탁자는 그들의 고객인 예탁증권의 실질소유자가 권리를 원활하게 행사할 수 있도록 대체결제회사에서 주권을 반환받은 뒤 명의를 개서하여 권리를 확보하여야 했다. 권리를 확보한 다음에 예탁자는 대체결제회사에 그 주권을 다시 예탁하였다. 즉 기준일이 설정될 때마다 '반환-권리확보-재예탁'의 과정이 발생하였기에 증권관리사무는 번잡하였고 증권의 분실위험도 높았다. 또한 반환받은 기간에는 증권거래소에서 거래도 하지 못하였다. 정기주주총회에 참여할 수 있는 권리를 확보하기 위하여 위와 같은 과정이 연말에 몰려 발생함에 따라 많은 사무를 한꺼번에 처리해야 하는 어려움은 극에 달하였다.

이러한 문제를 해결하고자 1985년 4월 30일에 '기말계속예탁제도'를 도입하였다. 기말계속예탁제도란 평상시 뿐만 아니라 기준일이 설정된 기간에도 주권을 반환하지 않고 대체결제회사에 예탁된 상태로 계속 보관하되 주권을 대체결제회사 명의로 명의개서하여, 고객과 증권회사는 대체결제회사를 통하여 권리를 행사하는 제도이다. 대부분의 기준일이 연말, 즉 기말에 설정되기 때문에 기말에도 계속하여 예탁을 시킨다하여 '기말계속예탁제도'라 부르기도 하고, 주권을 계속 예탁한다고 하여 '주권계속예탁제도'라고도 한다. 1987년 주권계속예탁제도가 구(舊)증권거래법에 반영되기 전까지는 대체결제회사가 예탁자와 계약을 체결하여 이 제도를 운영하였다.

2.3. 예탁결제제도의 법적 토대강화 (1987~1991)

우리나라 예탁결제제도는 1987년 11월 제9차 구(舊)증권거래법 개정으로 도입기반이 완성되었다. 제9차 개정에서는 예탁결제제도의 기반을 구성하는 핵심사항 중에서 아직 법제화되지 않고 있던 내용이 주로 반영되었다. 1987년 11월 이전에는 제8장(증권관계단체) 제3절(대체결제회사) 아래에 6개 조문이 있었으나, 1987년 11월의 제9차 개정에서 1개 조문이 삭제되고 8개 조문이 추가되어, 1988년에는 총 13개 조문이 제3절을 구성하게 되었다.

주요한 내용은 다음과 같다.

첫째, 예탁증권에 대한 공유권이 최초로 법에 반영되었다. 고객과 예탁자는 각각 고객계좌부와 예탁자계좌부에 기재된 유가증권의 종류 · 종목 및 수량에 따라 예탁유가증권에 대한 공유지분을 가지는 것으로 추정한다는 점을 명확하게 한 것이다.

둘째, 계좌부상의 계좌대체가 점유 이전의 효력을 가진다는 점을 명확하게 하였다. 즉 유가증권의 양도 또는 질권설정을 목적으로 하는 대체기재는 그 유가증권을 교부한 것과 동일한 효력을 가진다는 점을 명확하게 한 것이다.

셋째, 투자자의 재산권을 보호하기 위하여 고객이 증권회사에 증권을 예탁하는 시점에서 그 증권은 대체결제회사에 예탁한 것으로 간주하게 되었다.

넷째, 예탁주권을 대체결제회사의 명의로 명의개서 할 수 있게 되었다.

다섯째, 증권을 예탁한 실질소유자, 즉 실질주주 개념을 법제화하고 이를 이용하여 기존에 대체결제회사가 운영하던 주권계속예탁제도를 법에 반영하였다. 증권을 예탁한 고객은 주주명부상의 주주로 법에서 인정받았으며, 발행회사에 실질주주명부의 작성을 의무화하고, 실질주주명부는 상법상 주주명부와 동일한 효력이 있다고 한 것이다.

또한 제9차 개정에서 대체결제회사가 '주권에 관하여 주주로서의 권리'를 행사할 수 있게 된 점도 중요하다. 이에 따라 대체결제회사는 발행회사나 명의개서대행기관에 주권의 불소지를 신청할 수 있게 되었다. 예탁받은 실물이 과다한 경우에는 반환예정 물량만 남기고 불소지하여 증권을 보관할 수 있게 된 것이다. 이로써 장차 실물증권이 없는 사회(paperless society)를 향해 한 걸음을 내딛었다.

예탁결제분야에서 또 하나 중요한 제도인 기관투자자결제제도가 1990년 12월 1일부터 시행되었다. 기관투자자는 흔히 증권회사를 통하여 시장에 매매주문을 낸다. 기관투자자결제제도가 도입되기 전까지만 해도 증권회사는 그들의 고객인 기관투자자와 일일이 매매를 확인하고, 거래 건별로 대체결제회사에 계좌대체를 청구하여 결제를 마쳐야 하는 복잡한 구조였다. 기관투자자결제제도에서는 대체결제회사가 전산통신시스템을 통하여 증권회사와 기관투자자 사이에 발생하는 매매보고 · 매매확인 · 매매승인 등 결제와 관련된 업무를 처리한다. 따라서 증권회사와 기관투자자의 인력과 비용은 크게 절감되고 결제위험은 상당부분 감소하게 되어 증권시장의 효율성이 한층 높아졌다. 당시 구미 선진국 중앙예탁결제기관(CSD)만이 운영하던 기관투자자결제제도를 우리나라도 도입하게 되어 우리의 예탁결제업무는 국제정합성에 한층 다가갈 수 있었다.

2.4. 예탁결제제도의 성장

1987년 11월 제9차 구(舊)증권거래법 개정 이후 대체결제제도는 본격적으로 발전하기 시작하였다. 그러나 여전히 개선하고 도입해야 할 조치와 제도가 많았기에, 1991년 12월에 제10차 개정이 이루어지게 되었다. 제10차 개정에서는 대체결제제도의 세부내용을 조정하여 제도를 더욱 성장시키려는 조치들이 주로 포함되었다.

이때 개정된 주요 내용은 다음과 같다.

첫째, 예탁대상종목 지정권자를 증권거래소에서 증권관리위원회로 변경하였다. 증권거래소에 상장된 종목뿐만 아니라 상장되지 않아 거래소 밖에서 거래되는 종목까지도 대체결제제도의 혜택을 받을 수 있도록 한 것이다.

둘째, 증권의 발행단계에서 투자자가 신청하면 대체결제회사의 명의로 등록하여 발행할 수 있는 일괄예탁제도를 도입하였다. 일괄예탁제도가 도입되기 전에는 발행회사가 실물증권을 발행한 다음에야 대체결제회사가 그 증권을 예탁받아 보관하였기에 원천적으로 발행물량을 줄일 수는 없었다. 특히 주권의 경우, 주권이 예탁된 뒤에는 대체결제회사가 불소지를 신청하여 실물 보관량을 줄였다. 따라서 예탁주권의 90% 정도가 발행 1개월 뒤에는 불소지하여 폐기되는 것이 현실이었다. 결과적으로 발행비용이 낭비되고 증권관리사무가 가중되고 있었다.

주권을 불소지하면 수많은 증권 수량이 불소지가 되었다고 증명하는 단 한 장의 증명서로 대신할 수 있음에도 불구하고 대체결제회사의 명의로 등록하여 발행할 수 없었기에 발행단계부터 불소지의 장점을 활용하지 못하고 있었던 것이다. 이를 개선한 것이 일괄예탁제도이다. 이 제도에서는 대체결제회사의 명의로 불소지하여 발행할 수 있기 때문에 증권의 실물 수량이 현격히 줄어들었다. 특히, 예탁된 주식에 유상 · 무상과 같은 권리가 발생하면 예탁자가 받아야 할 주식을 대체결제회사의 명의로 불소지하여 발행한 뒤 그 수량을 계좌부에 기재하여 주는 것만으로도 발행과 예탁과 관련한 업무들 모두 처리할 수 있게 되었다. 이 제도 덕분에 이후 수없이 발생하고 있는 예탁주식의 권리를 간단하게 처리해 오고 있다. 더욱이 수 년 뒤인 1993년 9월에는 대체결제회가가 공사채등록업무를 인가받아서, 채권을 장부인 등록부에 등록하여 발행 · 유통하는 공사채등록제도를 마련할 수 있었다. 단일 종목안의 많은 수의 채권을 실물이 아닌 대체결제회사의 명의로 된 단 한 장의 등록필증으로 발행하고 예탁할 수 있게 되어 채권의 발행 및 유통에도 혁신적인 발전을 가져올 수 있었던 것이다.

셋째, 대체결제회사의 명의로 명의개서된 주권을 소유하고 있는 주주가 주주총회 회일의 5일 전까지 대체결제회사에 그 의결권을 직접행사 또는 불행사의 뜻을 표시하지 않으면 법이 정한 일정한 요건에 따라 대체결제회사가 의결권을 행사할 수 있도록 하였다.

위와 같은 일련의 조치로 인하여 대체결제제도의 기능이 질적으로 한층 성장하였으며, 증권사무업무가 더욱 합리화되어 증권회사와 발행회사는 증권 관련 비용을 상당히 절감할 수 있게 되었다.

2.5. 한국증권대체결제주식회사에서 증권예탁원으로 법인격 전환

1990년대에 초반부터 증권시장의 규모가 급격히 확대되고 투자활동이 국경을 넘어 이루어짐에 따라 증권시장에서 세계화가 본격적으로 일어나기 시작하였다. 그리하여, 증권시장을 지원하는 예탁결제인프라를 국제정합성에 맞도록 개편한 뒤 그 인프라로 하여금 세계 유수의 예탁결제인프라와 한편 경쟁하고 한편 연계하면서 금융시장을 지원하도록 하는 정책이 필요하였다.

이에 따라 제11차 구(舊)증권거래법 개정에서는 1994년 4월 1일부터 종래의 한국증권대체결제주식회사를 해산하고 법률상 특수법인인 증권예탁원을 설립하였다. 증권예탁원의 출자범위도 확대하여, 기존의 증권거래소에서 더 나아가 증권업협회 · 증권회사 · 은행 · 보험회사 · 금융회사 · 투자신탁회사 · 증권금융 등 109개의 기관이 주주로 참여하게 되었다. 증권예탁원의 업무에 국제증권 예탁 및 결제업무가 추가되었으며, 예탁대상 유가증권의 지정권도 증권예탁원이 갖게 되었다.

더 나아가 1996년 8월에는 예탁증권을 대여하고 차입할 수 있는 증권대차중개서비스를 개시하였다. 이미 1990년대 중반 예탁결제 관련 국제기구는 증권거래를 결제할 때 필요한 증권을 조달할 수 있게 하는 증권대차제도를 도입하도록 강력하게 권고하고 있었다. 증권예탁원은 그 권고를 받아들여 당시에는 최고의 선진 예탁결제기관만이 운영하던 증권대차제도를 시작한 것이다. 또한 1997년 1월 제12차 구(舊)증권거래법 개정에서는 예탁대상 유가증권의 범위가 기존의 주식 · 채권 위주에서 기업어음(CP), 개발신탁수익증권, CD, 증권예탁증권(KDR), 유가증권옵션 등으로 확대되었다. 1997년에 기업어음이 예탁결제 서비스의 대상증권이 됨에 따라, 16년 후인 2013년 1월에는 기업어음을 채권형태로 바꾸어서 발행부터 권리행사까지의 모든 과정을 전자적으로 운영하는 전자단기사채제도 역시 도입할 수 있었다.

③ 증권예탁결제제도의 발전

3.1. 중앙예탁결제기관의 기능 확대

1999년 4월에는 선물거래소가 출범하였다. 선물거래를 할 때 투자자는 보유하고 있는 증권을 증거금으로 납부할 수 있다. 증거금으로 납부하는 증권을 대용증권이라 한다. 증권예탁원은 선물거래소의 출범과 동시에 선물거래의 결제회원과 그 결제회원을 통하여 선물을 거래하는 개별 투자자를 대상으로 대용증권 예탁자계좌부를 운영하고, 그 계좌부에서 대용증권을 관리하는 서비스를 시작하였다. 금융기관인 결제회원뿐만 아니라 개별 투자자에게까지 예탁증권을 증거금으로 이용하는 서비스를 제공하게 된 것이다. 결과적으로 중앙예탁결제기관의 업무가 현물시장에서 선물시장으로, 금융기관에서 개별 투자자까지 확대되었다. 당시 선물거래소를 조기에 개장해야 한다는 상황에도 불구하고 예탁증권을 증거금으로 활용할 수 있도록 증권예탁원이 설계하였기에 선물시장이 더욱 발전할 수 있었다.

한편 이 시기에는 증권결제에서 증권과 대금의 동시 이전, 즉 동시결제의 중요성이 강조되었다. 당시 채권거래는 대부분 장외에서 발생하고 있었다. 장외에서 채권을 거래하면 거래 건별로 증권예탁원에 계좌대체를 청구하여 증권을 결제하고, 그 결과를 보고 별도로 대금을 결제하였다. 증권인도와 대금지급이 분리되어 있었기에 증권이나 대금을 먼저 지급한 상태에서 거래 상대방이 파산하면 거래한 증권이나 대금을 수령하지 못할 수도 있는 위험이 있었다. 이에, 증권예탁원은 1999년 11월에 장외채권거래에서 발생하는 기관투자자의 채권인도와 대금지급의무를 한국은행의 대금결제시스템과 연계하여 동시에 처리하는 '채권기관결제제도'를 도입하였다. 거래 상대방의 파산위험에 신경 쓰지 않고 장외에서 채권거래를 할 수 있게 되었다.

2000년 8월에는 펀드자산운용을 지원하는 '펀드사무관리서비스'를 시작하였다. 펀드가 법규 가이드라인에 맞추어 운영되는지를 감시하는 준법감시업무와, 펀드의 순자산가치를 평가하여 기준가(net asset value)를 산정하는 회계처리업무 등을 수행하게 된 것으로 자산운용산업을 지원하는 후선업무(back office)를 예탁결제인프라를 이용하여 지원하게 되었다. 간접투자와 관련하여 가장 획기적인 후선 인프라는 증권예탁원이 2004년 4월에 도입한 펀드넷(FundNet)이다. 펀드넷(FundNet)을 도입하기 전만 하더라도 간접투자와 관련한 운용회사, 중개기관, 수탁기관, 사무관리기관 등이 서로 간에 제각기 연계하여 거의 수작업으로 업무를 처리하고 있었다. 그래서 후선업무 처리에 시간과 비용이 많이 들었으며 기준가 산정의 오류가능성이 높았고 펀드운영의 투명성도 낮았다. 이는 전반적으로 간접투자에 대한 투자자의 신뢰를 저하시켜 자본시장의 성장을 저해하는 요인이 되었다. 이러한 문제를 해결하고자 증권예탁원은 펀드의 가입, 펀드운용기관에 의한 투자, 펀드의 해지 등 펀드 관련 전(全) 과정에서 발생하는 업무를 자동화된 시스템으로 집중하여 처리하는 온라인 업무지원시스템(FundNet)을 도입한 것이다. 펀드넷(FundNet)은 펀드를 설정하거나 환매할 때 펀드투자자를 위하여 증권을 발행하거나 해지할 수 있게 해주며, 펀드 관련 모든 금융기관 사이에서 매매확인과 운용지시를 전달하고 펀드와 관련한 원장을 관리하며, 펀드별로 투자증권을 예탁하는 업무를 수행한다.

펀드넷(FundNet)은 펀드운용을 투명하게 하고 펀드의 운영비용과 펀드와 관련한 업무처리 시간을 단축시켜 자산운용산업의 선진화에 크게 기여하고 있다. 미국 중앙예탁결제기관인 DTCC가 운영하는 Fund/SERV나, 국제예탁결제기관인 Euroclear와 Clearstream이 각각 제공하는 FundSettle과 Vestima가 대부분 펀드의 설정과 환매업무 위주로 지원하는 것에 비하여, 우리나라의 펀드넷(FundNet)은 앞에서 살펴본 바와 같이 펀드의 설정과 환매뿐만 아니라, 펀드의 운용지시, 펀드별 예탁 등과 같은 광범위한 서비스를 제공하는 우리나라 자산운용산업의 핵심 인프라이다.

더불어 이즈음에는 거래인프라에도 큰 변화가 있었다. 2004년 1월 29일에 「한국증권선물거래소법」이 제정되었다. 이를 근거로 한국증권거래소, 한국선물거래소, (주)코스닥증권시장, 코스닥위원회가 합병하여 통합 거래소인 한국증권선물거래소가 2005년 1월 27일에 설립등기하고 출범하였다. 한국증권선물거래소는 2009년 2월 4일 자본시장법 출범과 함께 한국거래소로 이름을 바꾸어 현재에 이르고 있다. 통합거래소의 출범과 함께 예탁결제인프라에도 변화가 있었다. 한국증권선물거래소법 제정일인 2004년 1월 29일에 구(舊)증권거래법도 개정되었다. 이 개정에서 '증권예탁원'은 '증권예탁결제원'으로 이름이 바뀌게 되었다. 개정 구(舊)증권거래법에서 한국증권선물거래소가 설립된 날부터 개정된 구(舊)증권거래법이 시행된다고 하였기에 증권예탁원은 2005년 1월 27일에 공식적으로 증권예탁결제원이 되었다. 대체결제회사에서 증권예탁원으로 바뀌게 되면서 빠졌던 '결제'라는 용어가 다시 들어가게 된 것이다.

3.2. 자본시장법의 제정과 예탁결제원

우리나라 자본시장을 규율하는 기본적인 법률인 「자본시장과 금융투자업에 관한 법률」(이하 '자본시장법'이라 한다)이 2007년 8월 3일에 제정되어 2009년 2월 4일부터 시행되었다. 자본시장법 제정 이전에는 자본시장을 관할하는 법률이 분산되어 기능별이 아니라 기관별로 금융업을 규율하고 있었으며, 금융업자는 법에서 열거된 일부 상품에만 투자할 수 있었고, 금융투자자 보호장치도 미흡하였다. 그렇기 때문에 다양한 금융상품을 도입하기 어렵고, 금융기관의 수익성도 낮으며, 미국의 투자은행(investment bank)과 같은 대형 금융기관도 출현하기 어려워 전반적으로 금융시장 발전이 더디다는 지적이 많았다. 이러한 문제를 해결하고자 구(舊)증권거래법, 구(舊)선물거래법, 구(舊)한국증권선물거래소법, 구(舊)자산운용업법, 구(舊)신탁업법, 구(舊)종합금융회사에 관한 법률을 하나로 통합하고 위에서 지적한 문제를 개선하여 자본시장법이 탄생하였다.

예탁결제인프라 관련 조항도 자본시장법에 많이 포함되었다. 우선, 원명(院名)이 '증권예탁결제원'에서 '한국예탁결제원(이하 '예탁결제원'이라 한다)'으로 변경되었다. 자본시장법의 규율대상이 '증권'에서 '금융투자상품'으로 확대됨에 따라 국명(國名)을 반영하고, '증권'이라는 용어를 삭제한 것이다. 더불어 설립목적에 '매매거래에 따른 결제업무'를, 업무범위에 '결제업무'를 각각 추가하였다. 예탁결제원이 자본시장의 결제기관이라는 점을 명확히 한 것이다. 더불어 예탁결제원의 기본업무인 예탁 · 결제업무를 관할하는 규정을 변경할 때에는 사전에 감독당국의 승인을 얻도록 하고, 감독당국이 그 변경을 승인하고자 하는 때에는 정부와 협의하도록 하였다. 또한 증권의 발행이나 사고내역에 관한 정보를 효율적으로 수집 · 관리하고 보급함으로써 거래의 안전과 원활한 유통을 촉진하고 투자자를 보호할 필요가 강하게 대두되었다. 이에 자본시장법은 유가증권의 발행인에게 발행 및 사고내역에 관한 정보를 예탁결제원에 반드시 통지하도록 하고, 통지의무 위반에 대한 벌칙규정도 마련하여 그 실효성을 높였다.

자본시장법을 제정한 뒤에도 예탁결제업무는 계속 발전하였다. 2010년 8월에는 전자투표관리업무를 개설하였다. 예탁결제원이 제공하는 전자투표시스템을 이용하면 주주가 주주총회에 직접 출석하지 않고 전자적 방법으로 의결권을 행사할 수 있게 된 것이다. 이제 시간이나 공간의 제약을 받지 아니하고 간편하게 의결권을 행사할 수 있게 되었다.

2013년 1월에 예탁결제원은 전자단기사채제도를 도입하였다. 2011년 7월 14일에 제정되고 2013년 1월 15일부터 시행된 전자단기사채법에 따라서 기존의 기업어음(CP)과 유사한 특징을 지닌 전자단기사채가 발행될 수 있다. 역시 이 법에 따라 예탁결제원이 전자단기사채를 전자적으로 발행하여 유통하는 시스템을 운영하게 된 것이다. 이로써 우리나라의 중앙예탁결제기관인 예탁결제원이 최초로 전자증권시대를 열게 되었으며, 향후에는 다른 종류의 증권으로 확대될 것으로 보인다.

앞에서 살펴본 바와 같이 우리나라에서는 1974년 12월 6일에 예탁결제업무를 담당하는 인프라인 중앙예탁결제기관으로서 한국증권대체결제주식회사가 설립되었다. 대체결제회사가 시대의 요청에 따라 특수법인이 되면서 1994년 4월 1일에는 증권예탁원으로 바뀌었으며, 그 후 2005년 1월 27일에는 증권예탁결제원으로, 2009년 2월 4일에는 한국예탁결제원으로 院名이 바뀌어 오늘에 이르고 있다. 한 나라에서 증권을 집중하여 예탁받아 예탁결제업무를 수행하는 기관을 통상적으로 중앙예탁결제기관(central securities depository)이라 한다. 우리나라에서는 1974년 이래 그 이름은 다르지만 동일한 하나의 기관이 중앙예탁결제기관의 역할을 수행해 왔다. 실무에서는 중앙예탁결제기관을 '예탁결제원'이라 한다. 따라서 예탁결제원이라 하면 기술된 시대에 따라 대체결제회사, 증권예탁원, 증권예탁결제원, 한국예탁결제원 중에서 하나를 의미한다고 할 수 있다.

증권예탁결제제도의 기본체계

증권예탁결제제도는 다양한 금융상품의 발행과 유통을 지원하고 자본시장의 성장을 뒷받침하면서 발달하여 왔다. 예탁결제업무를 수행하는 기관이 인프라로서 관련 제도를 만들어 가면서 예탁결제제도를 운영하고 있다. 따라서 증권예탁결제제도의 본질은 인프라 측면과 제도 측면으로 나누어 살펴볼 수 있을 것이다. 예탁결제제도를 제도 측면에서 살펴보는 것은 다음 편부터 펼쳐지는 각론에서 자세히 논의할 것이며, 여기서는 증권예탁결제제도의 구성체계와 이 제도를 운영하는 인프라에 대하여 살펴보고자 한다.

제1절 후선인프라의 기능

1 후선업무의 개념

청산, 결제, 예탁을 매매 이후의 업무, 즉 후선업무(後線業務, back office)라 한다. 이들이 후선업무의 3대 주요 기능이다. 여기서는 먼저 이러한 기능들을 간단하게 살펴보자. 상세한 내용은 별도로 각론에서 살펴볼 것이다.

청산은 매매확인, 채권 · 채무의 계산, 결제이행보증 등을 통하여 결제일에 인도할 증권과 지급할 대금을 확정하는 절차나 기능을 말한다. 결제의 전(前) 단계로서 결제할 채권과 채무를 확정하는 과정이다. 청산은 매매나 결제기능을 수행하는 기관과는 별도의 독립적인 기관이 수행하기도 하고, 예탁결제업무를 수행하는 중앙예탁결제기관이 수행하기도 한다. 청산업무를 수행하는 시스템을 청산시스템이라 하고, 청산업무를 수행하는 기관을 청산기관이나 청산인프라로 부른다.

결제는 증권과 대금의 최종적인 이전을 통하여 거래를 종결시키는 절차나 기능을 말한다. 결제는 확정된 채권과 채무를 해소하는 과정이다. 최종적인 소유권의 이전이 예탁결제기관의 장부에서 계좌간 대체를 통하여 발생한다. 결제업무를 수행하는 시스템을 결제시스템(securities settlement system)이라 하고, 결제업무를 수행하는 기관을 중앙예탁결제기관이나 결제인프라로 부른다. 즉 각국의 중앙예탁결제기관(central securities depository)이 결제업무를 수행한다.

예탁은 단어의 의미로는 증권을 예탁받아 집중적으로 보관하는 것이다. 예탁결제제도에서는 증권을 예탁받고, 그 증권의 권리를 나타내는 장부를 만들어서 권리의 관리가 그 장부에서 이루어지도록 하는 과정을 포함한다. 예탁이 이루어져야 이를 기반으로 장부를 형성하고 계좌간 대체를 하여 결제할 수 있다. 따라서 예탁과 결제의 기능은 분리할 수 없는 동전의 양면과 같다. 마치, 은행에서 자금계좌를 관리하여야 그 계좌에서의 이체를 통한 송금업무나 환업무를 수행할 수 있는 것과 같은 이치다. 살펴보았듯이 중앙예탁결제기관이 결제시스템을 운영한다. 예탁제도를 운영하는 시스템을 예탁시스템이라고 할 경우, 예탁시스템에는 증권의 권리행사, 담보관리, 계좌관리 등의 업무도 포함된다.

이제 간단하게 예탁결제업무의 기능과 거래기능의 차이를 살펴보자. 먼저, 거래기능과 비교할 수 있는 정도만이라도 예탁결제업무의 성격을 간단하게 살펴보자. 자세한 특징은 뒤에서 알아볼 예정이다. 예탁결제업무의 특징은 다음과 같다. 첫째, 동일한 예탁결제기관에서 예탁되고 결제되는 거래가 많을수록 예탁이나 결제업무의 효율성은 높아지고 운영비용은 감소한다(네트워크 효과). 둘째, 효율적이고 견실한 예탁결제시스템을 구축하는데 많은 고정비용이 투입되나 새로운 서비스를 추가하는데 발생하는 비용은 매우 적다(규모의 경제효과). 셋째, 동일 증권에 대하여 복수의 예탁결제기관이 존재하는 것은 전체적으로 혼란을 야기시키며 결제위험도 커진다(복수 예탁결제기관에서 오는 위험과 비효율). 이러한 이유 때문에 예탁결제기능은 본질적으로 자연독점의 성격을 띤다.

다음으로 거래기능을 알아보자. 증권을 거래하는 기능, 즉 거래기능은 증권에 대한 수요와 공급을 최소비용으로 매개하여 가격발견기능(price discovery)을 제공하는 과정이다. 가격발견이란 증권의 가격결정에 영향을 줄 수 있는 모든 정보(asset's full information)를 기반으로 영구가치(permanent value)를 찾아가는 과정으로 볼 수 있다. 경쟁을 통하여 유동성이 많이 창출되어야 가격발견기능이 보다 효과적으로 발휘될 수 있다. 즉 거래기능은 본질적으로 유동성 확대와 경쟁을 필요로 한다. 이런 이유로 미국의 증권거래법 제11A조에서도 거래시장 간의 경쟁보장(assuring fair competition)을 강조하고 있다.

반면에 예탁결제기능은 확대된 거래를 감축하여 리스크 없이 거래를 완결시키는 과정으로서 자연스럽게 자연독점성을 띤다. 예탁결제업무를 경쟁원리로만 운영한다면 경쟁환경에서 승리하기 위한 이익추구행동에 매몰되어 비용이 많이 들어가는 위험관리 조치나 네트워크 확보에 소극적이 된다. 그 결과 청산과 결제에서 발생하는 위험을 제대로 관리하지 못하게 되어 금융위기 시에는 리스크가 시장 전체로 확대되어 금융시장 전체를 혼란시킬 수도 있다. 대부분의 국가가 이를 인지하여 거의 단일이나 소수의 중앙예탁결제기관을 운영하고 있는 것만 보아도 그 원리를 이해할 수 있다.

2 예탁결제제도의 경제적 기능

증권시장에서 발생하는 증권관리사무가 중앙예탁결제기관을 통해 이루어지기 때문에 예탁결제제도는 증권시장 전반에서 다음과 같은 기능을 한다.

2.1. 증권발행의 간편화와 발행비용의 절감

중앙예탁결제기관이 예탁증권의 소유지분을 중앙예탁결제기관의 명의로 주주명부에 기재하고 있기 때문에 유 · 무상 증자 등의 경우에도 청약자별로 일일이 증권을 발행하여 교부하지 아니하고 중앙예탁결제기관의 명의로 일괄적으로 발행하여 바로 예탁 처리한다. 사실상 발행절차를 없애 사무를 간편화하고 비용도 절감하고 있다. 특히 영국 · 일본 · 중국 · 프랑스 · 스웨덴 등과 같은 국가에서는 중앙예탁결제기관이 실물이 아닌 전자로 증권을 발행하여 유통하기도 한다. 우리나라도 전자단기사채의 경우에는 중앙예탁결제기관인 예탁결제원이 완전히 전자적으로 발행하여 유통하고 있어 발행절차와 비용을 혁신적으로 감축시키고 있다.

2.2. 발행회사의 증권업무 합리화와 자금조달 촉진

증권이 예탁되어 중앙예탁결제기관의 명의로 발행 · 등록되면 그 이후에 증권에서 발생하는 주식배당 · 현금배당 · 원리금 등의 권리는 중앙예탁결제기관을 통하여 집중적으로 처리될 수 있다. 이에 따라 예탁결제제도를 이용하는 발행회사는 증권 관련 사무를 현저히 경감할 수 있고 자금조달도 신속하게 할 수 있다.

2.3. 증권의 유동성 제고

증권거래를 실물이동을 통하여 결제한다면 대량의 거래를 신속하게 처리할 수 없다. 그러나 예탁한 증권을 바탕으로 대체기재의 방식으로 결제하면 그런 단점을 해결할 수 있다. 이렇게 증권예탁결제제도는 증권의 유동성을 제고하고 증권거래를 활성화하여 증권시장의 건전한 발전을 도모하도록 한다.

2.4. 증권거래의 안전성 제고

증권거래에 따른 결제를 거래당사자가 임의로 처리한다면 결제가 이루어지지 못할 수도 있다. 특히, 증권의 분실 · 도난과 같은 사고위험에도 항상 노출된다. 증권예탁결제제도를 이용하면 이러한 사고위험 없이 안전하게 결제할 수 있다.

2.5. 증권정보의 관리 및 제공

증권관리사무를 효율적으로 수행하기 위해서는 적절한 정보가 지원되어야 한다. 중앙예탁결제기관은 발행정보, 사고정보, 권리행사정보 등 다양한 정보를 정보출처로부터 신속하게 입수하여 정보통신기술을 이용하여 분류 · 통합한 다음에 통신네트워크를 이용하여 예탁결제제도를 이용하는 고객에게 제공한다. 고객 또는 투자자는 중앙예탁결제기관이 제공하는 정보를 바탕으로 권리를 행사할 수 있다.

2.6. 다양한 금융서비스 제공

증권의 예탁과 결제뿐만 아니라 증권대차거래중개, Repo거래결제 등과 같은 부가서비스도 제공한다. 중앙예탁결제기관이 예탁된 증권을 바탕으로 제공하는 이런 서비스는 이용자에게 수익창출 기회를 제공하고 담보를 효율적으로 관리하며 결제를 원활하게 처리하도록 돕기도 한다.

3 후선인프라의 연관성

청산시스템, 결제시스템, 예탁시스템은 그 기능을 수행하는 데 있어 서로 밀접하게 관련되어 있다.

청산시스템은 매매확인된 거래를 차감하여 채권과 채무를 확정하고, 이행을 보증받기 위하여 참가자로부터 담보를 수령하며, 결제할 자료를 결제시스템에 송부하여 결제하도록 한다. 이러한 업무는 청산시스템이 자체적으로 수행하지 못하고 결제시스템과 예탁시스템을 통해서만 가능하다. 예를 들어, 청산시스템은 예탁시스템에서 보관 중인 증권을 담보로 이용하여야만 이행보증을 위한 증권을 확보할 수 있으며, 결제시스템에서 결제가 이루어져야 청산된 거래의 이행이 완성되어 청산시스템의 책임이 면제된다. 또한 청산참가자가 이행을 못하는 경우에는 결제시스템으로부터 그 사실을 통지받아야 청산시스템이 이행절차를 가동할 수 있다. 청산시스템이 이행보증절차를 가동하는 경우에도 결국 예탁시스템에서 보관 중인 증권을 이용하여야 한다.

결제시스템도 결제업무를 처리하기 위해서는 청산시스템이나 예탁시스템과 연계하여야 한다. 청산시스템으로부터 결제할 자료를 수령하며, 결제한 결과를 청산시스템에 통지해야 한다. 물론 참가자가 결제할 수량이 부족하면 그 사실도 청산시스템에 통지한다. 결제는 당연히 예탁시스템의 계좌에서 이루어지며, 결제 수량이 부족하면 예탁시스템이 운영하

그림 1-1 **증권시장 후선인프라의 구조**

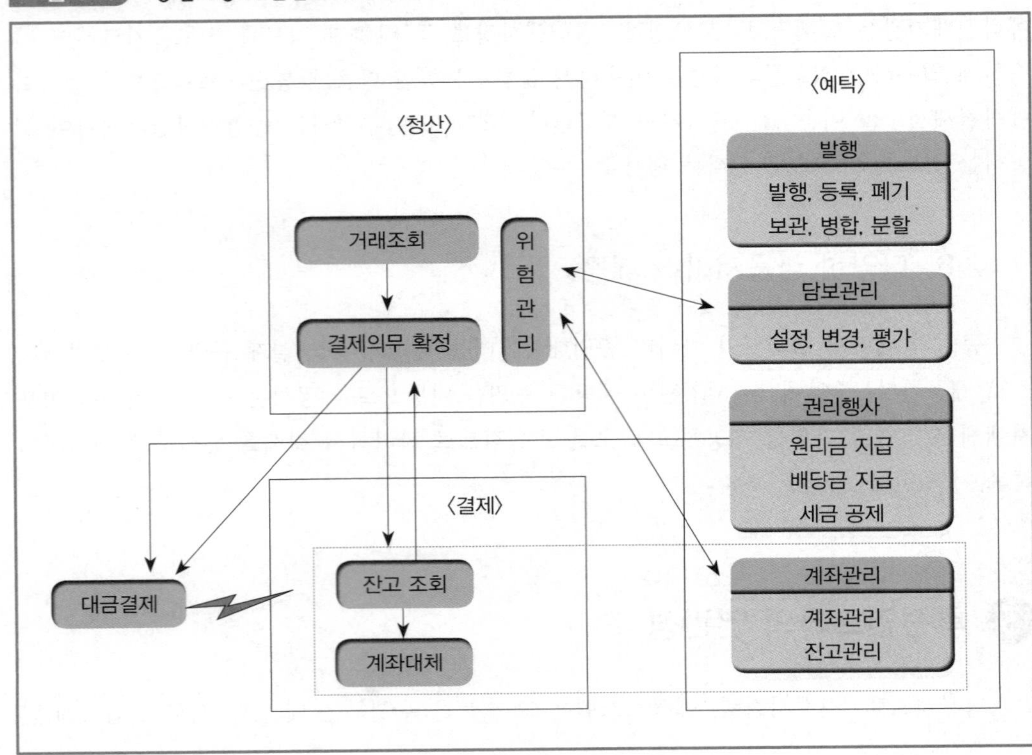

는 증권대차나 Repo제도를 이용하여 결제할 수량을 조달하도록 유도한다.

예탁시스템이 수행하는 업무의 원인이나 결과도 청산시스템이나 결제시스템과 직접적으로 관련된다. 예탁시스템에 예탁한 수량이 있어야 그 수량을 기반으로 결제시스템이 결제를 할 수 있고, 결제의 방법인 계좌간 대체는 예탁시스템이 운영하는 계좌에서 이루어 질 수밖에 없다. 또한 예탁된 증권에서 권리가 발생하고, 그 권리로 인하여 새로운 증권이 발행되는 경우에는 예탁시스템이 새로운 증권을 발행하여 예탁시켜야 이를 근거로 상장이 이루어져서 결과적으로 거래와 청산업무가 가능하다. 더불어, 예탁시스템이 운영하는 증권대차나 Repo와 같은 담보업무나 예탁시스템에서 보관하는 증권이나 증권계좌를 이용하여야 청산시스템은 이행보증업무를 수행할 수 있다. 예탁시스템이 발행회사로부터 수령하여 예탁자에게 지급하는 채권의 원리금은 결제시스템의 참가자가 결제대금으로 바로 활용할 수도 있다.

이렇게 후선인프라의 3대 축인 청산, 결제, 예탁은 서로 밀접하게 관련하여 운영되고 있다. 특히, 예탁과 결제는 별도의 기관이 분리하여 운영할 수 없는 기능이다. 따라서 이미 앞에서 살펴본 바와 같이 예탁기관이 결제업무를 수행하고 그 명칭을 중앙예탁결제기관이라 부르고 있다. 또한 청산과 예탁 · 결제도 비슷하다. 이들은 운영철학이 비슷하고 현실적 운영도 분리하기 어렵기 때문에 청산과 예탁 · 결제를 하나의 기관에서 수행하는 사례가 많다.

증권예탁결제 인프라의 운영구조 제2절

증권예탁결제제도가 인프라로서 원활히 운영되기 위해서는 다음과 같은 구조를 보유하고 있어야 한다. 첫째, 증권예탁결제제도를 운영할 충분한 법적 토대가 있어야 한다. 둘째, 중앙예탁결제기관은 예탁결제업무를 수행함에 있어 적절한 소유 및 지배구조를 갖추어야 한다. 셋째, 예탁결제업무를 수행할 적절한 인적 · 물적 조건을 갖추고 이용자범위를 정하여 업무를 수행해야 한다. 다음에서 이들 하나하나에 대하여 살펴보자.

1 예탁결제인프라의 법적 구조

증권예탁결제제도가 증권시장 하부구조로서의 기능을 안정적이고 효율적으로 수행하기 위해서는 운영시스템에 관한 법적 장치가 구비되어 있어야 한다. 증권예탁결제제도는 이용자의 재산을 안전하게 관리할 뿐만 아니라, 증권이라는 재산권 행사를 원활히 보장하는 기능을 담당하므로 제도의 법적 안정성과 제도운영의 공정성이 확립되어야 한다.

증권예탁결제제도의 안정성과 공정성을 법적으로 뒷받침하기 위해서는 증권을 혼합보관하고 보관한 증권의 권리에 관한 내용, 중앙예탁결기관의 운영 및 감독에 관한 내용, 예탁결제업무의 대상이 되는 증권의 지정에 관한 내용, 예탁증권의 보호장치에 관한 내용 등이 명시적으로 법에 반영되어야 한다. 따라서 각국은 증권산업의 기본구조, 규모 및 특성에 적합하도록 〈표 1-1〉과 같은 내용을 단일법 형태의 특별법에서 일괄적으로 명시하거나, 특별법이 아닌 증권규제법, 상법, 민법 등과 같은 법률에서 명시하기도 한다.

증권예탁결제제도에 관한 법적 장치를 최초로 구비한 독일은 1937년 유가증권예탁법(Depotgesetz)을 제정하여 증권예탁결제제도를 「증권거래소법(Börsengesetz, 1896년 제정)」과는 별도의 특별법으로 입법화했다. 이어서 1970년대 중반부터 1980년대에 걸쳐 증권시장의 규모 확대에 따라 증권예탁결제제도의 중요성을 인식한 대부분의 구미 선진국들은 특별법의 형태로 증권예탁결제제도에 관한 법적 근거를 마련하였다. 그러나 미국은 1934년 제정한 「증권거래법(Securities Exchange Act, §17A)」을 1975년에 개정하여 증권예탁결제제도의 기본구조를 명시하고, 1977년과 1979년에 각각 「통일상사법전(UCC, §8-102)」과 「모범사업회사법(MBCA, §6-26)」을 개정하여 관련 내용을 반영하기도 하였다. 즉 미국은 특별법과 일반법이 병행되는 구조이다.

표 1-1 증권예탁결제제도의 법적 구조

구분	규정내용
증권예탁결제제도 운영기관	• 운영기관의 법적 성격 • 운영기관의 구성 및 소유구조 • 운영기관의 운영방식
증권예탁결제제도 운영	• 제도적용대상 유가증권 • 증권의 예탁·등록·관리 • 증권의 장부상 계좌대체
유가증권의 권리관리	• 증권의 소유관계 • 증권의 권리행사

한편 우리나라는 1973년 2월 6일에 개정된 제5차 개정 구(舊)증권거래법(제127조의2)에 유가증권대체결제업무가 규정됨으로써 증권예탁결제제도가 법제화되었으며, 1987년 11월 28일의 제9차 구(舊)증권거래법 개정에 따라 주권계속예탁제도와 실질주주제도가 도입되어 법률적인 보완이 이루어졌다. 즉 우리나라는 단일법 형태의 특별법이 아닌 증권규제법에 편입된 구조를 갖추게 되었다. 2007년 8월 3일에 제정된 자본시장법에서도 공공성과 국내 유일의 중앙예탁결제기관으로서 법적 지위를 확보할 필요가 있다고 판단하여 현재 한국예탁결제원이라는 특수법인의 형태로 운영하고 있다.

2 예탁결제인프라의 소유구조

예탁결제인프라가 제대로 작동하기 위해서는 적절한 소유 · 지배구조를 갖추어야 한다. 특히 증권예탁결제기관의 관리 및 운영의 주체가 누가 될 것인가 라고 하는 소유구조(ownership structure)를 결정하는 것은 증권시장 참가자뿐만 아니라 예탁결제제도를 이용하는 투자자의 이해에도 중요한 영향을 미친다.

소유구조는 지배구조(governance structure)를 구성하는 한 부분이다. 지배구조는 조직의 목표를 설정하고 효율적으로 자원을 배분하여 조직의 목표를 달성하도록 하는 의사결정 구조이다. 경영진의 구성, 이사회 및 위원회의 구성과 그 역할 설정, 경영진과 이사회 사이의 보고체계, 소유구조, 이사 및 경영진의 선임절차, 내부지배구조방침, 리스크관리 및 내부통제장치의 설계 등이 대표적으로 지배구조를 결정하는 요소들이다.

예탁결제제도를 운영하는 기관이 채용할 수 있는 바람직한 지배구조는 이사회 및 경영진이 이해관계자에게 이익이 되면서도 공익을 고려하여 조직의 목표를 설정하고 나아가도록 하는 구조이다. 지배구조를 구성하는 핵심은 살펴본 바와 같이 소유구조이다. 그러면 예탁결제기관에게 좋은 소유구조는 무엇인가? 원칙적으로 가장 우수한 소유구조는 이용자 중심의 소유구조이다. 이용자 중심의 소유구조에서는 예탁결제제도를 이용자의 필요와 요구를 반영하여 운영할 수 있다. 그러나 예탁결제기관을 소유하기 용이한 금융기관뿐만 아니라, 개인투자자, 발행회사도 예탁결제제도의 이용자이며, 심지어 정부도 넓은 의미의 이용자가 될 수 있다. 따라서 예탁결제기관은 금융기관과 같은 직접이용자 중심으로 소유구조를 가져가는 것이 일반적이다. 그러나 직접 이용자 위주로 소유구조를 가져가다 보면 수수료를 책정하거나 제공할 서비스를 결정할 때 이들 직접이용자의 의견이 주로 반영될 수밖에 없다. 때로는 이러한 결정이 증권산업 전반의 공익에 부합하지 못할 수도 있다.

따라서 예탁결제인프라는 이용자 중심의 소유구조를 가져가되, 소유구조 이외의 다른 지배구조장치를 이용하여 공익을 고려하면서 예탁결제제도를 운영하도록 하는 소유 · 지배구조가 가장 바람직할 것이다.

이제 예탁결제기관의 구체적인 소유구조 형태를 알아보자. 증권예탁결제제도의 소유구조는 (ⅰ)국가지원형태(state sponsorship structure), (ⅱ)증권거래소 소유형태(stock exchange ownership structure), (ⅲ)이용자 중심의 다원적 소유형태(multi-sector ownership structure) 등으로 구분할 수 있다. (ⅲ)의 소유형태가 일반적이다.

2.1. 국가지원형태

국가지원형태는 국가가 중앙예탁결제기관에 직접 자본을 출연하거나 중앙은행과 같은 정부기관(government agency)에 증권예탁결제업무를 위임하고 소유권을 통해 통제하는 구조를 말한다. 이러한 국가지원형태는 기간산업으로서의 예탁결제산업의 공공성을 확실히 지키기 위한 구조이다. 그러나 정부가 효율적인 예탁결제제도의 개발에 필요한 전문지식을 보유하고 있는 것이 아니어서 증권시장의 변화와 니즈를 충분히 반영하기 어려울 수 있다.

국가지원형태의 소유구조는 일부 신흥자본시장에서[5] 증권예탁결제제도의 도입 초기에 나타난다. 현재는 유라시아 CSD연합(AECSD)에 속하는 나라 중에서 일부인 우즈베키스탄 CSD(UzCSD)나 아제르바이잔 CSD, 벨라루스 CSD를 국가가 소유하고 있다. 한편, 대량의 국채거래와 같이 중앙은행의 거액결제시스템과 밀접하게 연결되는 거래에 한하여 부분적으로 적용하는 경우도 있다. 미국의 연방준비은행(Federal Reserve Bank)과 일본의 일본은행(Bank of Japan)이 그 대표적인 예라 하겠다.

2.2. 증권거래소 소유형태

국가에 따라서는 증권예탁결제제도가 발달하기 이전에는 증권거래소에서 예탁결제업무를 수행하는 경우가 있었다. 증권거래소 소유형태는 증권거래의 시장개설자인 증권거래소가 단독으로 출자하여 매매거래 처리의 한 수단으로서 증권예탁결제기관을 설립 · 운영하는 방식을 말한다.

그러나 이러한 소유형태는 이용자 중심의 다원화된 소유구조 형태로 이행하기까지의 중간에 나타나는 과도기적 형태이다. 브라질의 경우 현재는 이용자 중심의 다원화된 주주

5 인도네시아의 경우 현재의 중앙예탁결제기관인 KSEI는 이용자 중심의 다원화된 소유구조를 가지고 있으나, 자본시장 운영초기 과거 중앙예탁결제기관인 PT KDEI는 국가가 소유했었다.

가 소유하는 CBLC이 증권예탁결제기관이나 과거 CSD인 Calispa, CLC는 거래소가 소유했었다.

2.3. 다원적 소유형태

다원적 소유구조는 증권시장의 주요 이해관계자인 브로커, 딜러, 투자은행(investment bank), 상업은행(commercial bank), 투자회사(investment company), 보험회사(insurance company), 기타 기관투자자 등과 같은 예탁결제제도의 이용자가 공동으로 출자하여 증권예탁결제기관을 설립 · 운영하는 방식을 말한다. 증권시장이 선진화된 구미시장에서 주로 찾아볼 수 있는 소유구조이다.

이와 같은 다원적 소유구조가 가지는 장점은, 시장참가자들의 이해관계가 예탁결제제도의 운영 · 개선에 관한 의사결정에 용이하게 반영될 수 있기 때문에 다양한 참가자의 이익에 부합되도록 예탁결제제도를 운영할 수 있다는 점이다. 더불어 증권시장의 구조나 제도변화 등 증권시장의 환경변화에 탄력적으로 대처해 나갈 수도 있을 것이다.

그러나 다양한 참가자에 의해 자율적으로 운영되는 특성 때문에 각 부문별 예탁결제제도 참가자 간의 이해관계가 상충되는 경우에는 그 조정이 어렵다는 단점이 있다. 이러한 이해상충문제를 해결하기 위해 가장 폭넓게 이용하고 있는 방법은 예탁결제시스템의 사용 빈도에 따라 소유지분을 조정하는 것이다. 캐나다의 중앙예탁결제기관인 CDS(Canadian Depository for Securities)는 증권회사 · 은행 · 신탁회사에 의해 동일 지분으로 소유되고 있으며, 미국 DTCC(Depository Trust & Clearing Corporation)는 매년 각 출자자의 시스템 사용 비중을 계산하여 지분을 재조정함으로써 균형을 유지하고 있다. 현재 많은 국가의 중앙예탁결제기관들은 이용자 중심의 다원화된 소유구조를 가지고 있거나, 다원화된 소유구조로 이행하는 과도기에 있다고 볼 수 있다.

최근에는 지주회사방식을 이용하여 이용자 중심의 다원화된 형태를 가져가는 경우도 다수 등장한다. 미국은 청산과 예탁결제업무를 수행하는 기관인 NSCC와 DTC가 주축이 되어 후선업무 지주회사인 DTCC를 운영하며, 싱가폴의 경우에는 거래기관(SGX-ST)과 예탁결제기관(CDP)이 각각 독립 자회사가 되어 지주회사인 SGX를 운영하고, 홍콩의 경우도 거래기관(SEHK)과 예탁결제기관(HKSCC)이 각각 독립 자회사가 되어 지주회사인 HKEx를 운영한다. 지주회사방식을 이용하더라도 이용자가 지주회사를 소유하고 있기에 이용자 중심의 다원화된 소유형태라고 하겠다. 특히 싱가폴과 홍콩의 경우에는 지주회사 아래에 거래기관과 예탁결제기관이 병렬적으로 존재한다는 점은 두 기관의 기능은 본질적으로 분리되어야 한다는 점을 반영한 것으로 보인다.

우리나라 예탁결제인프라의 경우, 증권거래소 · 은행 · 증권회사 등 각 참가자별로 소유지분이 분산되어 외형상 다원화된 소유구조를 보이고 있으나, 그 내용을 보면 거래소가 70% 이상의 지분을 보유하고 있어 시스템 사용 비중과는 상관없는 구조로 되어 있다.[6]

3 예탁결제인프라 업무수행장치와 참가자 범위

예탁결제기관이 인프라기능을 원활히 수행하기 위해서는 그 역할에 부합하는 업무수행장치를 갖추고 있어야 한다. 이러한 장치로 IT시설과 물적시설이 있다. IT시설로는 우선 참가자를 위하여 법적 장부를 운영할 충분한 전산설비를 갖추고 있어야 한다. 또한 참가자와 연계할 수 있는 네트워크를 보유하고 있어야 하며, 유사시에 운영이 가능한 Back-up장치도 메인장치와 적절한 거리를 두고 운영하여야 한다. 더불어 보안장치도 중요하다. 물적 시설로는 안전이 충분히 보장된 금고시설이 필요하며, 유사 시에도 업무를 수행할 수 있는 업무계속수행계획(business continuity plan)도 갖추고 있어야 한다. 또한 증권과 대금을 동시에 결제할 수 있도록 중앙은행과의 연계시스템도 구비하고 있어야 한다. 더불어 국제화되는 투자환경에서 국내투자자의 해외투자를 지원하도록 외국의 예탁결제기관과 연계장치도 운영할 수 있어야 한다.

이제 예탁결제제도에 직접 참가할 수 있는 참가자의 구조에 대하여 알아보자. 증권예탁결제제도의 효율성을 극대화하기 위해서는 집중화된 예탁결제시스템에 직접 참가하는 참가자의 범위가 넓어야 한다. 왜냐하면 신규 참가자의 숫자가 증가할수록 중앙예탁결제기관에 의한 직접적인 관리가 증가하여 실물증권의 이동을 배제하고 증권의 권리를 더욱 확실하게 관리할 수 있기에 그만큼 예탁결제제도의 효율성은 증가한다. 즉 예탁결제제도의 참가구조(participation structure)의 효율성은 확대된다.[7] 그러나 모든 시장참가자에게 예탁결제제도의 직접 참가를 허용한다면, 이에 비례하여 운영위험(operational risk)도 증가한다. 예탁결제제도는 예탁결제기관이 단독으로 운영하는 것이 아니라 예탁결제제도에 참여하는 참가자와 공동으로 운영하며, 예탁한 수량이 부족한 경우에는 고객을 가진 참가자와 연대하여 책임을 지기도 한다.

따라서 주요국의 예탁결제기관은 효율성을 확대하는 동시에 운영위험을 사전에 제거하기 위해 참가자의 재무상황, 안정성, 증권시장에서의 거래량 등을 고려한 위험통제장치

6 일반적으로 생각하고 있는 것과는 달리 증권거래소가 증권예탁결제시스템을 사용하는 비중은 대단히 낮으며, 증권거래소는 시스템 사용자가 아니라는 시각도 있다. 미국의 경우에 뉴욕증권거래소가 DTCC의 소유지분에 참가는 하고 있으나 의결권 행사에서는 제한을 받고 있다.

7 규모의 경제효과와 후술되는 네트워크 외부효과는 증권예탁결제 참가자 수의 증가에 따른 주요 편익이다.

(risk control mechanism)를 이용하여 참가자 기준을 설정하여 운영한다. 그리고 그 기준에 미달하는 기관이나 개인은 간접적으로 참가하는 방식을 채용하고 있다.

④ 예탁결제인프라 운영기관

지금까지는 후선업무인 청산, 결제, 예탁업무를 수행하는 기관에 대하여 간헐적으로 알아보았다. 여기서는 예탁결제인프라를 중심으로 이들 후선업무 수행기관의 존립형태와 서로 간의 관계를 알아보자.

후선업무는 보관기관, 예탁기관, 결제기관, 청산기관 등이 수행한다.

우선 보관기관을 살펴보자. 보관기관은 증권회사, 은행, 보험회사, 투자신탁, 연금, 기금 등 기관투자자와 개인투자자로부터 유가증권을 예탁받아 보관 · 관리하고, 예탁된 증권에서 파생하는 신주인수권, 배당금을 수령하고, 조세환급, 의결권 행사 등과 같은 권리를 행사하여 주는 기관을 말한다. 보관기관을 광의로 정의한다면 예탁기관도 그 범주에 포함할 수 있을 것이다. 그러나 예탁기관의 주요 기능이 증권을 집중하여 예탁받아 계좌간 대체로 거래를 결제하는데 있는 반면, 보관기관의 주요 기능은 유가증권을 예탁받아 보관 · 관리하는 것이다. 따라서 예탁기관과 보관기관을 분리하는 것이 일반적이다.

또한 예탁결제제도가 실시되고 있는 증권시장에서 보편화된 증권부동화 절차는 일반적으로 보관기관이 기관투자자나 개인투자자로부터 예탁받은 증권을 예탁기관에 재(再)예탁한다. 즉 보관기관에 예탁하는 개인투자자 측면에서는 증권예탁은 이중구조를 가지고 있는 것이다. 이에 따라 보관기관을 제1차 보관기관이라고 하며, 예탁기관을 제2차 보관기관이라고도 한다.

다음으로 예탁기관과 결제기관을 살펴보자. 이미 앞에서도 살펴본 바와 같이 예탁된 증권을 기반으로 결제하기에 예탁기능과 결제기능은 분리할 수 없다. 예탁기관이 예탁과 결제기능을 동시에 수행한다. 즉 예탁기관이 결제기관이 된다. 예탁이나 결제의 어느 부분을 중점적으로 보느냐에 따라 예탁기관도 되고 결제기관도 된다.

이제 청산기관을 살펴보자. 청산기능을 예탁결제기관과는 분리된 별도의 독립기관이 수행하는 분리운영방식과 예탁결제기관이 예탁결제기능과 함께 수행하는 통합운영방식이 있다. 청산부문과 결제부문은 서로 긴밀히 협조하여야 결제위험이 발생하지 않는다. 분리운영방식에서는 각 기능별 전문화로 고도의 전문업무를 제공할 수 있는 반면에, 운영기관 간 업무 처리 연계가 원활하지 않는 경우에는 결제위험에 노출될 수도 있다. 통합운영방식에서는 규모의 경제와 업무 처리의 효율성을 달성하고 비용이 적게 드는 장점은 있으나, 업

그림 1-2 우리나라 증권시장 후선부문 운영현황

<table>
<tr><th colspan="2">구분</th><th>거래</th><th>청산</th><th>결제</th><th>예탁</th></tr>
<tr><td rowspan="4">장내시장</td><td>유가증권시장</td><td colspan="2" rowspan="4">KRX</td><td colspan="2" rowspan="3">KSD</td></tr>
<tr><td>코스닥시장</td></tr>
<tr><td>코넥스시장</td></tr>
<tr><td>파생상품시장</td><td>KRX</td><td>–</td></tr>
<tr><td>장외시장</td><td>국채
일반채권
전자단기사채
CD, CP, Repo</td><td>장외</td><td>KSD[8]</td><td colspan="2">KSD</td></tr>
</table>

무의 전문화가 약화될 수 있는 단점도 있다.

분리운영방식의 대표적인 예는 일본이다. 국채의 예탁결제기관은 중앙은행(BOJ)이나 국채거래의 청산기관은 JGBCC이며, 장내주식의 예탁결제기관은 JASDEC이나 장내주식거래의 청산기관은 JSCC이고, 장외주식의 예탁결제기관도 JASDEC이나 장외주식거래는 JDCC에서 청산된다. 반면, 통합운영의 대표적인 예는 싱가폴과 홍콩이다. 싱가폴의 예탁결제기관인 CDP가 예탁결제업무뿐만 아니라 현물거래의 청산업무도 수행하며, 홍콩의 예탁결제기관인 HKSCC도 예탁결제업무와 현물거래의 청산업무를 모두 수행한다. 그 외에서 캐나다의 CDS, 중국 SD&C, 브라질의 CBLC 등도 예탁결제기관으로서 예탁결제업무와 청산업무를 모두 수행한다.

우리나라의 경우는 〈그림 1-2〉에서와 같이 분리운영방식과 통합운영방식이 혼합된 형태이다. 예탁결제원은 증권거래소에서 거래되는 주식과 채권에 대해서는 청산업무를 수행하지 않으나, 그 외의 거래에 대해서는 청산업무와 예탁결제업무를 모두 수행하고 있다.

8 현재 예탁결제원은 장외시장에서 매매확인, 채권·채무의 확정, 결제자료 작성과 같은 청산의 기본적인 기능은 수행하나, 차감, 채무인수, 결제이행보증은 발생하지 않기에 예탁결제원이 수행하지 않는다.

증권예탁결제제도의 경제학

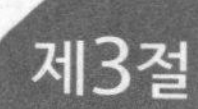

앞 장에서는 후선업무의 기능과 후선인프라의 운영구조를 예탁결제인프라를 중심으로 살펴보았다. 이를 바탕으로 이 장에서는 예탁결제서비스가 자본시장에서 수행하는 역할을 간단하게 살펴보고, 그러한 역할을 바탕으로 경제학적 관점에서 예탁결제서비스의 성격은 어떠한지 알아보자.

1 예탁결제서비스의 역할과 성격

1.1. 예탁결제서비스의 역할

지금까지 예탁결제인프라의 기능과 운영구조를 살펴보았다. 이제 예탁결제서비스의 역할을 살펴보자. 예탁결제서비스의 역할은 예탁결제인프라의 역할을 통하여 살펴볼 수 있을 것이다. 예탁결제인프라의 역할을 이해해야 예탁결제서비스의 근본 성격을 알 수 있을 것이다. 예탁결제서비스의 성격을 이해하려는 것은 그 성격에 맞게 운영하고 감독해야 하기 때문이다.

금융시장에서 예탁결제인프라는 금융시장을 지탱하는 하부구조(下部構造)나 기반시설(基盤施設)이다. 즉 단어자체에서 내포하고 있는 것처럼 인프라이다. 실물경제에서도 도로 · 항만 · 철도 · 통신과 같은 기반시설이 효과적으로 그 역할을 다해야 경제가 발전할 수 있듯이, 금융시장에서도 금융의 기반시설인 예탁결제인프라가 안정적이고 효율적으로 작동해야 금융이 건전하게 발전할 수 있다. 더욱이 최근에는 국경을 초월하여 금융활동이 발생하고 있다. 예탁결제활동이 여러 나라에 결쳐서 일어나는 것은 이제 다반사가 되었다. 따라서 예탁결제시스템을 한 나라에 한정된 체계로 운영할 수는 없게 되었다. 국제적인 정합성(compatability)을 갖추고 있어야 한다.

예탁결제인프라는 국제적인 정합성을 갖추면서 금융시장의 하부구조로서의 역할을 충분히 할 수 있도록 운영되어야 한다. 즉 국제정합성을 갖추고 금융시장의 하부구조나 기반시설의 기능을 수행하는 것이 예탁결제인프라의 역할이다.

1.2. 예탁결제서비스의 공공재 성격

예탁결제서비스는 사유재(private goods)과 공공재(public goods)의 성격을 동시에 보유하고 있다. 사유재란 소비에 있어 부분적으로 배제가능한 재화나 서비스를 말한다. 즉 예탁결제서비스는 모든 국민이 아니라 투자자, 발행회사 및 관련 기관들만 예탁결제서비스를 이용할 수 있다는 의미에서 부분적으로 배제가능한 서비스이며 사유재의 주요한 특징인 효율성을 가지고 있다. 공공재란 소비의 비경합성과 배제불가능성이 존재하는 재화이다. 즉 많은 사람이 같은 예탁결제서비스를 이용해도 특정 이용자나 전체의 편익은 줄어들지 않는 비경합성(nonrivaly in consumption)과 특정 이용자가 예탁결제서비스를 이용한다고 하여도 다른 이용자를 이용하지 못하게 할 수는 없는 배제불가능성(non-excludability from consumption)이 존재한다.

증권의 발행, 권리행사, 사고정보의 수집과 보급 등에서는 이용자가 많이 참가하면 할수록 전체 효익은 커지며, 증권의 예탁 및 결제업무도 집중도가 높고 많은 이용자가 참여할수록 운영의 효율성은 증가한다. 예탁결제서비스가 공공재적 성격을 띠고 있기에 예탁증권을 발행한 회사에게는 발행정보를 의무적으로 중앙예탁결제기관에 통보하도록 할 수 있으며, 증권회사와 같은 금융기관에게는 고객자산으로서 보유한 증권을 강제로 예탁하도록 할 수도 있다. 공공재적 성격은 예탁결제서비스가 하부구조라는 특성에서 자연스럽게 도출되는 것이다. 중앙예탁결제기관은 사유재의 초점인 효율성과 공공재의 초점인 공익성을 함께 고려하면서 예탁결제제도를 운영해야 한다.

1.3. 예탁결제서비스의 네트워크산업 성격

우리는 예탁결제서비스의 기능을 설명하는 부분에서 예탁결제기능과 거래기능이 어떻게 다른가를 알아보기 위하여 간단하게 예탁결제산업의 자연독점적 특징을 알아보았다. 물론 예탁결제산업의 자연독점성에 대하여는 뒤에서 더 자세히 알아볼 필요가 있다. 여기서는 이와 비슷한 개념으로 예탁결제서비스가 네트워크산업의 성격을 가진다는 점을 알아 보자.

상품이나 서비스를 한 사람만 사용할 때는 그 가치나 효용이 적거나 제한적인데 반해, 사용하는 사람이 많아질수록 그 가치도 함께 증가하는 서비스가 있다. 이러한 서비스를 제공하는 사업을 네트워크산업이라 하고, 이러한 시장을 네트워크시장이라 한다. 전화, 팩스, 신용카드 등이 이 산업을 대표하는 상품이나 서비스이다.

예탁결제서비스도 이러한 네트워크산업의 특징을 그대로 가지고 있다. 네트워크산업의 특징과 예탁결제서비스의 특징을 하나하나 비교하여 알아보자.

첫째, 네트워크산업은 소비의 외부효과(consumption externalities)가 존재한다. 외부효과란 한 경제주체가 실행한 경제활동의 결과가 시장의 외부에서 다른 경제주체에게 영향을 미치는 것을 말한다. 네트워크시장은 소비행위 자체가 더 많은 소비를 유도하는 양의 소비 외부성이 근본적으로 존재한다. 기존에 전화나 팩스의 이용자가 있기에 그 서비스에 신규로 가입할 수 있다. 유가증권을 집중적으로 예탁하여 부동화시키고 증권정보를 집중적으로 수집 · 보급하며, 발행 및 권리관리를 예탁결제서비스로 일원화 하는 일은 모두 불필요한 물류 및 사무비용을 절감하여 증권시장 전반에 걸친 외부경제의 혁신적인 발전을 도모하기 위함이다. 이러한 특성으로 인하여 예탁결제서비스를 하나의 기관, 즉 중앙예탁결제기관으로 집중화하는 정책을 펼쳐야 하는 것이다. 물론 외부효과로 인하여 소비와 생산에 참여하지 않는 제3자가 아무런 대가를 지불하지 않고 이익을 얻거나(외부경제), 아무런 보상도 받지 못하고 손해를 보는 경우(외부비경제)가 발생한다. 이러한 문제는 규정이나 절차를 명확하게 만들어서 참가자 각자가 향유하는 예탁결제서비스에 상당하는 책임과 의무를 부담하도록 하여 해결하여야 한다.

둘째, 상호보완성과 상호호환성이 존재한다. 상호보완성(complementarity)이란 한 제품이나 서비스가 다른 제품이나 서비스와 서로 보완적이어서 결합하여 소비되는 것을 의미한다. 컴퓨터와 소프트웨어, 카메라와 필름과 같은 것이 대표적인 예이다. 소비자는 보완적인 상품이나 서비스를 원스톱(one-stop) 쇼핑으로 구입하는 경우 쇼핑비용(shopping cost)을 절감할 수 있다. 지금까지 알아보았듯이 거래의 결과를 청산하고, 청산의 결과를 결제한다. 거래 이후부터 청산, 결제, 예탁의 후선업무는 서로 상당히 보완적이다. 따라서 최소한 자연독점적 성격을 갖는 후선업무는 하나의 기관으로 일원화하여 운영할 수 있다거나, 일원화하지 않는다면 서로 상당히 긴밀하게 협조하여 운영하여야 한다는 점을 유추할 수 있다. 이점은 앞의 '후선인프라의 연관성'에서도 이미 살펴보았다. 이러한 보완성은 예탁결제서비스 내에서도 발생한다. 증권이 발행되어야 예탁되며, 예탁되어야 이를 근거로 결제를 할 수 있다. 결제 수량이 부족하면 대차나 Repo와 같은 담보서비스를 이용하여 수량을 마련한다. 우리나라에서는 이들 업무가 모두 예탁결제기관 내에서 이루어진다. 하나의 중앙예탁결제기관에서 보완적인 서비스를 제공함으로써 참가자의 쇼핑비용을 절감시키고 있는 것이다.

상호호환성(compatibility)이란 두 제품이나 서비스를 큰 변경 없이 연결하여 사용할 수 있는 것을 의미한다. 네트워크 산업에서는 보완적인 상품이나 서비스가 표준(standards)을 사용하여 제작됨에 따라 서로 연결하여 사용할 수 있는 것이 특징이다. 즉 소프트웨어는 구동하기 위한 표준사양이 존재하고, 컴퓨터는 대부분 그러한 표준사양을 탑재하도록 제작되는 것과 같은 이치이다. 예탁결제서비스도 이러한 특징을 가지고 있다. 예탁결제서비스는 국내에서 뿐만 아니라, 국제간 연계에 있어서도 상호호환성이 매우 중요하다. 국제표준에 맞도록 통일하여 예탁결제서비스를 제공하고 그 결과를 통보하여야 상대방 국가의 중앙예탁결제기관과 연계할 수 있다. 중앙예탁결제기관이 통일적인 기준으로 상호호환성을 갖추고 업무를 추진하도록 하기 위하여 예탁결제 관련 국제기구들은 각국의 중앙예탁결제기관에게 권고안을 지속적으로 발표하고 있다.

셋째, 네트워크산업에서는 기존 제품이나 서비스에 대한 고착도(固着度, degree of lock-ins)가 높아 새로운 제품이나 서비스를 이용하게 되는 전환비용(switching costs)이 많이 든다. 즉 네트워크산업에서 새로운 제품이나 서비스를 이용하기 위해서는 데이터 전환비용, 신규설비 구입비용, 신규시설 이용비용 등이 투입되기 때문에 쉽사리 새로운 제품이나 서비스로 이동하지 못한다. 더욱이 새로운 제품이나 서비스로 전환하면 기존의 시설은 매몰비용(sunk cost)이 되어 회수하지 못한다. 예탁결제산업은 이러한 전환비용이 특히 높다고 하겠다. 예탁결제서비스가 제대로 된 기능을 발휘하고 있다면 예탁결제기관은 이미 발행회사, 금융기관, 중앙은행, 감독기관 등과 탄탄히 연계를 하고 있는 상태일 것이다. 이러한 상태에서 별도의 기관이 투입된다면 이 기관은 또다시 그러한 연계를 위하여 상당한 비용과 시설을 투입하여야 할 것이다. 이 모든 시설과 비용은 결국 이용자의 부담으로 돌아간다. 따라서 예탁결제서비스는 되도록 단일기관에서 통합하여 운영하여야 한다.

넷째, 네트워크산업에서는 규모의 경제(economies of scale)가 존재한다. 규모의 경제란 초기의 제품이나 서비스를 생산할 때 투입되는 비용은 상당히 많지만, 이후에 추가로 한 단위 생산하기 위해 투입하는 비용은 매우 적은 것을 의미한다. 생산량을 증가시킬수록 평균비용이 감소하는 것이다. 예탁결제산업에서도 강력한 규모의 경제효과가 발생한다. 예탁량이나 결제량이 많아질수록 이를 처리하는 평균비용은 적어진다. 그러나 규모의 경제효과를 발휘하기 위해서는 상당한 수준의 시설이나 장치를 보유하고 있어야 한다. 예탁결제업무를 처리하는 시설이나 장치가 너무 작으면 사용자를 끌어들일 수 없고, 사용자의 수가 많지 않으면 예탁결제업무의 처리능력은 커지지 않을 수 있다. '닭이 먼저인지 달걀이 먼저인지의 역설'이 존재할 수 있다. 즉 예탁결제비스와 같은 네트워크산업에는 수요량에 상관 없이 어느 정도의 시설이나 장치를 갖추어야만 하는 임계질량(critical mass)이 존재한다. 비록 예탁결제서비스에 대한 수요가 적은 경우에도 예탁결제업무의 처리능력이 어느 정도의 임계질량을 갖추어야 이용자들이 참여할 수 있다. 따라서 정부가 국가적으로 중요한 금융활동을 지원하기 위해서라면 미미한 수요에도 불구하고 선제적으로 예탁결제업무에 투자하여야 하는 경우가 많이 발생할 수 있다.

규모의 경제와 유사한 개념으로 범위의 경제(economies of scope)가 있다. 범위의 경제란 한 기업이 두 가지 이상의 제품이나 서비스를 함께 생산하면 두 개의 기업이 별도로 생산하는 경우보다 생산비용이 감소하는 것을 의미한다. 예탁결제산업에는 범위의 경제도 강하게 나타난다. 후선부문인 예탁, 결제, 권리관리 등을 하나의 기관에서 통합하여 수행하는 것이 시너지효과를 발휘한다. 예탁결제기관이 자본시장의 다양한 후선업무를 통합하여 제공하면 범위의 경제효과로 인해 전체 비용을 줄일 수 있다.

2 예탁결제서비스의 자연독점성과 최적 균형

지금까지 예탁결제서비스의 성격을 알아보았다. 이러한 성격을 바탕으로 예탁결제서비스가 산업으로서 가지는 특징을 살펴보고 그러한 특징에서는 예탁결제서비스의 수요와 공급이 만나는 균형점은 무엇인지를 살펴보자.

2.1. 자연독점성을 가진 예탁결제서비스

일반적으로 산업의 안정과 효율을 달성하는 가장 효과적인 방법은 경쟁환경을 조성하는 것이다. 경쟁환경을 조성하면 기술혁신을 촉진하고 가격발견기능을 향상시킨다.

그러나 예탁결제산업은 그 특수성으로 인하여 경쟁환경을 조성한다고 해도 효과적으로 효율과 안정을 보장하지 못한다. 앞에서 살펴본 바와 같이 예탁결제서비스는 공공재 성격이 강하다. 공익을 위하여 존재하는 사회인프라이다. 그럼에도 불구하고 규모의 경제효과가 높게 나타난다. 이는 자연독점성(natural monopoly)을 띠는 산업의 특징이다. 예탁결제서비스도 이렇게 자연독점성의 특징을 띤다. 더하여 전환비용도 상당하며 범위의 경제효과도 크다. 만일 예탁결제산업이 경쟁환경에서 운영된다면 경쟁에서 승리하기 위해 비용이 많이 소요되는 리스크 감축장치나 안전시설에는 투자를 적게 할 것이다. 이는 자칫 일부에서 문제가 발생하면 시장전체의 시스템위험으로 확대될 수도 있다. 따라서 예탁결제산업을 경쟁환경으로 운영할 것이 아니라 자연독점성을 고려하면서 독점지위의 남용방지에 초점을 두고 운영하여야 한다.

2.2. 예탁결제산업의 최적 균형

이제 자연독점적 성격을 가진 예탁결제서비스의 공급과 가격은 어떻게 책정하는 것이 최적인지 살펴보자.

일반적으로 정부가 자연독점 지위를 영위하는 기업에 대해 아무런 규제를 하지 않으면 이 기업은 자신의 이윤을 극대화하기 위해 서비스의 공급($OQ_f \rightarrow OQ_m$)을 줄이고 가격은

그림 1-3 **자연독점의 효과**

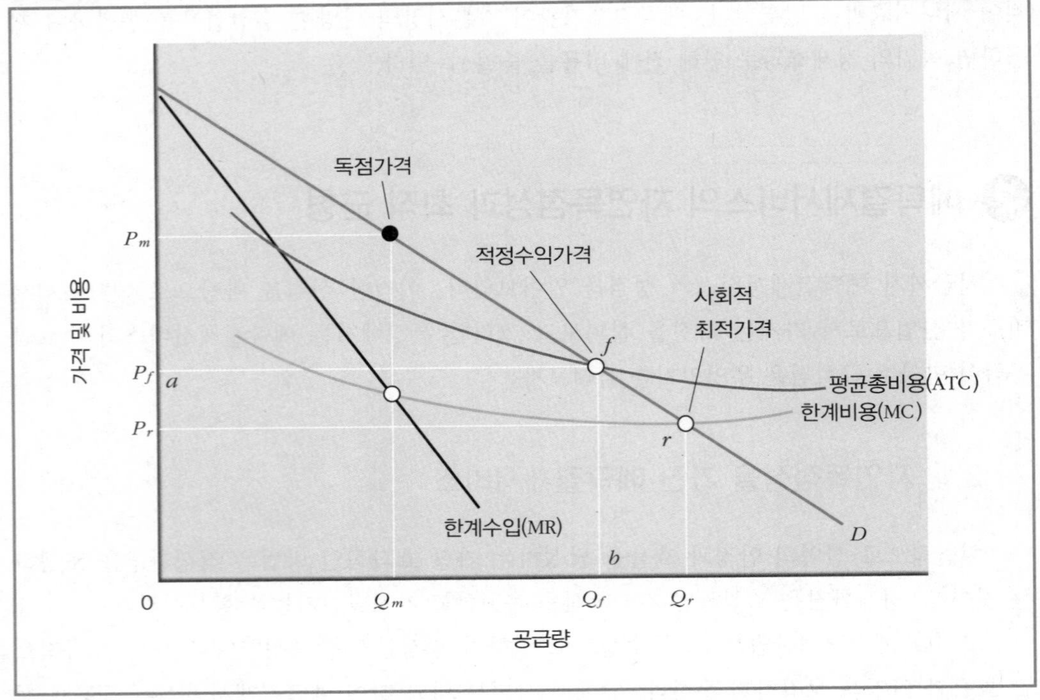

높게($OP_f \rightarrow OP_m$) 책정할 것이다.

〈그림 1-3〉에서 보는 바와 같이 경쟁시장이라면 공급되는 서비스의 가격(P_f)이 평균비용을 담보해야 기업이 지속적으로 존속할 수 있다. 이때 제공되는 서비스의 양은 OQ_f로 독점기업이 제공하는 공급량보다 많게 된다. 더 나아가 완전경쟁시장에서 제공되는 서비스 가격(P_r)은 한계비용(MC)과 같기 때문에 총공급은 OQ_r로 증가한다. 따라서 정부는 가격을 P_r에 책정하도록 자연독점적 기업에게 요청함으로써 OQ_r만큼 서비스를 공급하게 하여 모든 비용을 회수하고 정상이윤만 얻도록 규제할 수 있다. 정부는 자연독점적 중앙예탁결제기관이 제공하는 예탁결제서비스의 가격을 규제함으로써 그 공급량을 확대할 수 있다.

또한 정부는 독점지위를 확보하고 있는 중앙예탁결제기관을 예탁결제서비스의 품질과 가격, 소유 및 지배구조, 시장참가자의 이해관계 등 다양한 측면을 고려하여 규율함으로써 시장에 필요한 수량만큼 공급하도록 유도할 수 있다. 요약하면 정부는 독점지위를 확보하고 있는 중앙예탁결제기관의 소유 및 지배구조, 시장참가자의 이해관계 등 다양한 측면을 고려하여 예탁결제서비스의 품질, 가격 및 공급량을 규제함으로써 후선부문을 효율화할 수 있다.

제3장 증권시장 환경 변화와 증권예탁결제제도의 발전

효율적이고 안전한 예탁결제시스템은 자본시장뿐만 아니라 국가 금융시스템 전체에도 중요한 역할을 한다. 제2장에서 살펴본 바와 같이 우리나라 예탁결제제도는 짧은 역사에도 불구하고 눈부신 성장을 이루어 금융시스템의 안정성과 효율성 제고에 크게 기여해 왔다. 그러나 예탁결제서비스가 효과적으로 기능하여 금융시장을 발전시키고 그 결과로 실물경제의 성장을 촉진시키기 위해서는 예탁결제분야에서 여전히 해결해야 할 과제가 남아 있다. 이 장에서는 예탁결제와 관련한 국제기구들이 권고하는 내용을 살펴보고 예탁결제산업의 발자취를 조망하여 보고자 한다. 그래야 미래의 발전방향도 알 수 있을 것이다.

1987년 미국 증시의 10월 위기가 계기가 되어 국제기구들은 후선인프라에 대하여 다양한 내용을 권고해 오고 있다. 이 권고는 주요 선진국의 예탁결제인프라가 발전하는데 중요한 지침이 되어 왔다. 물론 이 권고들은 각국의 특수한 상황을 반영하여 제시한 것이 아니라, 각국 후선인프라 운영체계를 국제적으로 표준화하고자 하는 관점에서 제시하는 경우가 많았다. 따라서 급격한 구조 변화를 겪고 있는 최근의 국제금융시장 상황에 맞는 효과적인 후선인프라를 구축하는 데는 권고안이 제대로 역할을 하지 못한다는 지적도 있다. 그럼에도 불구하고 우리나라 후선인프라도 이 권고를 받아들여 발전하여 왔으며 향후에도 이 권고는 중요한 발전지침이 될 것이다.

제1절 예탁결제제도에 대한 국제기구의 권고

미국 증시 위기의 다음 해에 발표된 Brady Report(1988)는 취약한 증권시장 후선시스템은 역으로 시장불안요소로 작용할 수 있다는 것을 인식하고 시스템 개선을 위한 시장 관련자들의 적극적인 공조를 촉구하였다. 이러한 인식에 기초해 ISSA, BIS, IOSCO, G-30과 같은 국제기구들은 예탁결제제도나 증권결제시스템에 관한 권고사항을 발표하고 구체적인 추진 과제들을 제시하였다. 주요 권고 목록은 다음과 같다.

- ㅁ 1988년: ISSA는 12개 항목의 권고사항 발표
- ㅁ 1989년: G-30은 3월 런던 심포지엄에서 9개 항목의 권고사항 발표
- ㅁ 2000년: ISSA는 최초권고안을 수정한 권고사항 발표
- ㅁ 2001년: CPSS/IOSCO가 권고사항 발표
- ㅁ 2003년: G-30이 국제간 청산 · 결제 개선을 위한 권고사항 발표
- ㅁ 2012년: BIS 지급결제제도위원회(CPSS)와 국제증권감독기구(IOSCO) 기술위원회(Technical Committee)는 금융시장인프라에 관한 원칙을 발표

1 2000년 이전의 권고

1.1. ISSA의 권고

ISSA[9]는 1988년 제4차 심포지엄에서 예탁결제제도의 세계적인 표준화와 통일화만이 예탁결제시스템에 내재되어 있는 위험과 비용을 최소화하고 유통을 극대화한다는 내용의 12개의 권고사항을 발표하였다. 이 ISSA 권고사항은 세계 각국이 예탁결제제도를 정비하는 가이드라인으로 이용하였으며, G-30이 1989년에 발표한 권고안의 기초가 되었다. 권고사항을 정리하면 다음과 같다.

① 각국은 단일의 중앙예탁결제기관과 청산기관을 보유하여야 한다.
② 증권의 국제간 거래를 촉진하기 위해 중앙예탁결제기관 간 업무제휴가 있어야 한다.
③ 결제기간은 가능한 한 T+5일 이내로 단축하여야 한다.
④ 결제시스템은 동시결제(DVP)를 채택하여 위험을 경감시켜야 한다.
⑤ 결제는 연속차감방식으로 하여야 한다.
⑥ 중앙예탁결제기관과 청산기관은 시스템위험과 중개기관의 결제불이행 위험을 최소화해야 한다.

9 ISSA(International Symposium of Securities Administration: 국제증권관리자협회)는 세계 각국의 증권관리 및 결제부문 종사자로 구성된 민간단체로 증권관리 및 결제의 효율화에 기여하고자 2년마다 심포지엄을 개최하고 있다. 현재 96개 정회원과 1,055명의 준회원이 있으며, 우리나라에서는 예탁결제원과 대우증권이 정회원으로 가입하여 활동하고 있다.

⑦ 증권무권화를 확대 발전시켜야 한다.
⑧ 중앙예탁결제기관은 이용자에 의해 소유 및 지배되어야 한다.
⑨ 외국시장 상장증권의 결제는 해당 증권발행국가의 예탁결제기관을 통해 이루어지도록 해야 한다.
⑩ 제3국 투자자나 국제적인 금융기관을 공평하게 대우하는 조세협정이 있어야 한다.
⑪ 증권정보에 관한 표준화는 더욱 개발되어야 하며, SWIFT 등 국제 네트워크의 이용이 확대되어야 한다.
⑫ 국제표준증권코드(ISIN)는 전 세계적으로 사용되도록 한다.

1.2. G-30의 1차 권고

1980년대 후반부터 증권거래가 급속히 증가하여 결제위험이 커지고 있었다. 그러던 중에 미국에서는 1987년 주가 대폭락 사태가 발생하였다. 이 결과로 증권시장을 안정적으로 운영하기 위해서는 증권결제제도가 중요하다는 인식이 널리 퍼지게 되었다. 이에 따라 G-30[10]은 증권결제시스템의 안정성에 대해 연구하여 1989년 3월 런던 심포지엄에서 예탁결제제도에 관한 개선을 촉구하는 9개 항목의 권고사항을 발표했다. 이 권고는 'Clearance and Settlement Systems in the World's Securities Markets'이라는 이름으로 발표되었다. 당시 각국은 이 권고사항을 광범위하게 수용하려고 노력하였다. 이 권고안의 내용은 다음과 같다.

① 시장 직접참가자(즉 브로커, 브로커/딜러, 기타 거래소회원) 간의 거래조회는 T+1일까지 달성해야 한다.
② 시장 간접참가자(기관투자자, 비회원 거래당사자)는 거래내용의 승인을 부여하는 거래조회시스템의 회원이 되어야 한다.
③ 각국은 효율적이고 충분히 발달되며 광범위하게 참가자를 보유하는 중앙예탁결제기관(CSD)을 설립해야 한다.
④ 각국은 차감의 도입이 필요한지를 결정하여, 필요하다면 차감에 의한 결제를 해야 하다.
⑤ 각국은 모든 증권거래를 증권과 대금을 동시에 이전하는 동시결제(DVP)의 방법으로 해야 한다.
⑥ 증권거래를 결제할 때 사용하는 자금은 당일자금(same day funds)이어야 한다.
⑦ 모든 증권시장은 연속결제시스템(rolling settlement system)을 채택해야 하고 결제까지의 기간은 T+3일로 해야 한다.
⑧ 결제를 촉진하기 위하여 증권대차제도(securities lending and borrowing)를 채택하고 대차거래를 저해하는 규제를 제거해야 한다.

10 G-30(Group of Thirty)은 1978년 미국의 록펠러재단이 세계 각국의 경제 · 금융 전문가인 저명인사 30명을 선정하여 구성한 민간단체로서 세계 공동의 이익을 위해 국제경제 및 금융과 관련된 정책방향을 설정하고 이의 달성을 위한 대안을 제시하여 왔다.

⑨ 각국은 국제표준화기구(ISO: International Organization for Standardization)가 개발한 증권표준메시지인 ISO Standard 7775를 채택해야 하며, 증권의 국제거래에서는 국제표준증권코드체계(ISIN)를 채택해야 한다.

한편 ISSA는 1995년에 '1989년 G-30 권고안'을 개정하여 새로이 권고안을 발표하였다. 이 권고안은 'Revised Recommendations of the G-30'이라는 이름으로 발표되었다. 흔히 'G-30/ISSA 권고 1995'라고도 한다. 1990년대 이루어진 증권분야의 발전과 환경 변화를 고려하여 새롭게 마련한 것이었다. 1990년대 후반에는 이 권고안이 각국이 달성해야 하는 국제표준이 되었다. 1989년 G-30권고안과의 차이는 〈표 1-2〉와 같다.

표 1-2 1989년 권고와 1995년 권고의 비교

항	1989년 권고	1995년 권고
①항	직접참가자의 거래조회는 T+1일까지 완료해야 한다.	직접참가자의 거래조회는 T+0일까지 완료해야 한다.
②항	간접참가자도 거래를 승인하는 조회시스템에 참여해야 한다.	간접참가자도 거래를 승인하는 조회시시템에 참여하여 T+1일까지 승인을 완료해야 한다.
③항	효율적이고, 충분히 발달하고, 광범위한 참가자를 가진 중앙예탁결제기관을 설립하여 운영해야 한다.	광범위한 직·간접 참여를 유도하고, 예탁증권의 범위를 확대하며, 증권의 부동화·무권화를 확대하고, 복수 CSD가 존재하는 경우 호환성을 갖춘 중앙예탁결제기관을 설립하여 운영해야 한다.
④항	차감이 필요하면 차감결제를 도입해야 한다.	차감결제와 실시간 총량결제를 도입해야 한다.
⑦항	증권시장의 결제를 T+3일 연속결제방식으로 해야 한다.	증권시장의 결제를 T+3일 이내로 연속결제방식으로 해야 한다.

2 2000년 이후의 권고

2000년에 발표한 ISSA의 권고안과 2001년 발표한 CPSS/IOSCO의 권고안은 소프트웨어적인 측면을 강조하는데 반하여, 2003년에 G-30이 발표한 권고안은 국제간 증권거래의 청산 · 결제에 관한 사항으로서 하드웨어 개선에 중점을 두고 있다.

2.1. 2000년 ISSA의 권고 및 2001년 BIS(CPSS)/IOSCO의 권고

ISSA는 1995년에 발표한 권고안의 준수 여부를 42개국을 대상으로 관찰한 다음에,

2000년 6월에 새로운 권고안인 'Recommendations 2000'을 발표하였다. 이 권고안은 8개의 항목으로 이루어져 있다. 증권결제시스템의 지배구조에 관한 사항, 예탁결제기관의 위험관리에 관한 사항, 투자자 보호규정 제정에 관한 사항 등이 새롭게 포함되었다. ISSA는 Recommendation 2000의 달성 상황을 관찰하여 그 결과를 ISSA Handbook이라는 이름으로 발표했었다.

한편 이때까지의 권고안은 민간부문에서 이루어져 왔으나, 증권결제시스템의 중요성에 대한 인식이 확산되면서 공적 부문인 각국 중앙은행도 관심을 갖게 되었다. 중앙은행의 모임인 국제결제은행(BIS)은 그 산하의 지급결제제도위원회(CPSS)에게 예탁결제제도에 대한 권고사항을 담당하게 하였으며, 각국 증권감독기구의 모임인 국제증권감독기구(IOSCO)도 그 산하의 기술위원회(Technical Committee of IOSCO)에 이 부분을 담당하게 하였다. BIS의 지급결제제도위원회와 IOSCO의 기술위원회는 공동으로 2001년 11월에 권고안 'Recommendations for Securities Settlement Systems'을 발표하였다. 이는 'RSSS'라고도 한다. 이 권고안에는 증권결제시스템이 갖추어야 할 항목 19개를 담고 있다. 기존의 G-30과 ISSA의 권고안에 있던 항목을 세밀하고 나누고 더 자세하게 기술하고 있다. 특히 감독과 감시에 관한 사항이 추가되었으며, 예탁결제기관이 운영하는 계좌대체시스템과 대금지급시스템이 서로 연계되어야 한다는 내용이 새롭게 들어갔다. ISSA와 BIS(CPSS)/IOSCO가 발표한 권고안은 모두 결제시스템의 법적 기초, 투명성, 시스템 참가, 지배구조 및 규제에 관한 사항을 포함하고 있다. 〈표 1-3〉은 2000년 ISSA의 권고안과 2001년 BIS(CPSS)/IOSCO의 권고안을 비교하고 있다.

표 1-3 2000년 ISSA 권고안과 2001년 BIS(CPSS)/IOSCO 권고안 비교

구분		권고사항
매매확인	ISSA	의무적인 매매확인 및 결제이행수단을 확립해야 한다.
	CPSS/IOSCO	직접참가자 간은 T일, 간접참가자 간은 T+1일까지 매매를 확인해야 한다.
무권화	ISSA	장부상 결제(scripless settlement)를 시행해야 한다.
	CPSS/IOSCO	증권의 부동화나 무권화를 추진하고, 증권거래는 가능한 한 중앙예탁결제기관(CSD)에서 계좌대체방식으로 결제되어야 한다.
차감결제 및 CCP	ISSA	CCP 창설, 경개에 의한 차감과 증거금제도를 도입해야 한다.
	CPSS/IOSCO	CCP 도입 시 효익·비용을 고려하고, 위험통제시스템을 구축해야 한다.
동시결제	ISSA	증권과 대금을 동시에 결제해야 한다.
	CPSS/IOSCO	증권계좌대체시스템과 대금지급시스템을 연계해야 한다.

구분		권고사항
당일 자금화	ISSA	대금은 즉시 지급이 가능하도록 중앙은행 자금을 이용해야 한다.
	CPSS/IOSCO	증권결제를 위한 자산은 신용위험과 유동성위험이 없어야 한다.
결제주기 단축	ISSA	운영위험을 증가시키지 않는 T+1일 결제주기를 채택해야 한다.
	CPSS/IOSCO	모든 증권시장에서 연속결제제도를 채택해야 한다.
결제원활화	ISSA	증권대차, 광범위한 교차담보, Repo제도 및 차감제도를 이용할 수 있어야 한다.
	CPSS/IOSCO	증권대차나 Repo제도 및 그와 경제적으로 유사한 제도를 장려하고, 이러한 제도를 방해하는 장벽은 제거되어야 한다.
증권 메시지, 증권코드의 표준화	ISSA	국제증권번호(ISO 6166) 부여절차 준수, 모든 증권메시지에 대한 ISO 15022 표준의 사용, 국제 고객/상대방 인식(BIC) 도입 노력, 어플리케이션·개방형 프로그램 구축 등이 이루어져야 한다.
	CPSS/IOSCO	국제간 거래를 효율적으로 결제하기 위해 적절한 국제통신절차와 표준을 이용해야 한다.
지배구조	ISSA	증권시스템은 이용자 및 이해관계자에 대하여 책임을 갖는다. 증권시스템은 효율적이고 저비용의 처리구조를 제공해야 한다. 서비스 요금은 이용자에게 공평하게 부과되어야 한다.
	CPSS/IOSCO	CSD와 CCP의 지배구조는 공공의 요구사항을 충족시키고 소유자와 이용자의 목적을 향상시킬 수 있도록 설계해야 한다.
법적 구조	ISSA	투자자의 투자이행사항은 규제기관의 due diligence과정에 포함해야 하며, 이중과세방지협약에서 해외 투자자를 공정하게 대우하여야 한다.
	CPSS/IOSCO	증권결제시스템은 해당 재판관할권 내에 잘 수립된 분명하고 투명한 법률체계의 지원을 받고 있어야 한다.
투자자 보호	ISSA	모든 시장은 투자자를 보호하는 투명한 규정을 완비해야 하며, 고객의 자산은 보관기관의 고유자산과 구분해야 하며, 보관기관이 파산하는 경우에는 보관기관의 채권자가 고객의 자산에 청구권을 행사하지 못하도록 규정에서 정해야 한다. 이를 위하여 다음 사항이 필요하다. • 국제거래의 준거법의 명료성 보장 • 증권거래에서 완결성의 정의에 관한 국제간 협약 마련 • 국내 법률에 의한 실질소유자의 권리 보장 • 질권자의 권리와 보관된 고객자산의 보호를 위한 법 강화
	CPSS/IOSCO	보관기관은 회계처리 실무와 안전한 보관장치를 마련하고, 고객의 증권은 보관기관 채권자의 청구로부터 보호해야 한다.
결제이행 보증장치	ISSA	손실분담 및 그 절차에 관한 명료한 규정이 필요하다.
	CPSS/IOSCO	CCP는 결제불이행 처리, 손실배분방법에 대한 규칙이 필요하다.
운영위험 관리	ISSA	증권시스템은 대화식 네트워크 접근을 허용하고, 최고 용량에도 서비스 저하 없이 업무를 수행할 수 있어야 하며, 장애발생에 대비하여 예비장치를 보유해야 한다.
	CPSS/IOSCO	위험에 대비하는 적절한 시스템과 시스템 통제방안이 있어야 하며, 증권시스템은 확장이 가능한 용량을 보유하며, 적절한 위기관리계획과 백업시설을 갖추어야 한다.
참가 기준	ISSA	증권시스템은 다른 증권시스템에 차별 없이 개방되어야 한다.
	CPSS/IOSCO	공정하고 개방된 형태의 참가가 가능하도록 객관적인 참가기준을 마련해야 한다.

구분		권고사항
투명성	ISSA	이용자 공시에 관한 정책을 포함하여 모든 정책이 투명하게 이루어져야 한다.
	CPSS/IOSCO	이용자가 각각의 서비스를 이용하는 것에 따른 리스크나 비용을 정확하게 인식하고 평가할 수 있도록 충분한 정보를 제공해야 한다.
효율성	ISSA	국내·국제간 증권시스템 연계는 운영위험을 제고하고, 비용을 절감하며, 시장의 효율성을 향상하는데 이바지 할 수 있어야 한다.
	CPSS/IOSCO	증권결제시스템은 안전성을 유지하면서도, 비용측면에서도 효율적이어야 한다.
감독과 감시	ISSA	–
	CPSS/IOSCO	증권결제시스템은 감독과 감시를 받아야 하며, 증권감독기관의 책임과 목표는 명확히 정해야 하며, 역할과 주요 정책은 공개하여야 한다.

2.2. 2003년 G-30의 2차 권고

2003년 1월에 G-30은 유가증권의 청산 · 결제에 관한 권고항목 20개를 담은 권고안을 발표하였다. 이는 'Global Clearing and Settlement-A Plan of Action'이라는 이름으로 발표되었다. G-30이 최초로 권고안을 발표한 이래 증권의 거래량이 급속히 증가하고 증권결제를 둘러싼 환경이 크게 변화하였다. 특히, 증권의 국제간 거래가 확대되었다. 나라마다 결제방법, 관행, 규제, IT 등이 달라서 국제간 거래에 리스크가 높고 비효율성이 존재하고 있었다. 이에 따라 G-30은 국제간 증권거래를 중심으로 새로운 권고안을 발표하게 된 것이다. 주요 내용은 〈표 1-4〉와 같이 (ⅰ)상호호환성 있는 효율적인 네트워크의 구축(8개항), (ⅱ)결제위험의 축소(8개항), (ⅲ)지배구조의 개선(4개항) 등이다.

표 1-4 2003년 G-30 권고사항

구분	권고내용
상호호환성 있는 네트워크의 구축	1. 실물 유가증권 폐기 및 자료의 송수신과 서류의 전산화
	2. 메시지 표준(ISO 15022)과 통신 프로토콜(XML)의 일치
	3. 조회 데이터 표준의 개발과 이행
	4. 청산결제시스템과 외환지급시스템의 상이한 시간대를 일치
	5. 기관투자자 거래조회의 자동화 및 표준화
	6. CCP 이용의 확대
	7. 결제원활화를 위한 증권대차제도의 수용
	8. 권리행사, 조세감면협정, 외국인 소유한도 제한을 포함한 자산관리서비스의 자동화 및 표준화

구분	권고내용
결제위험의 축소	9. 청산결제서비스 제공기관의 재무건전성 확보
	10. 청산결제서비스 이용자의 위험관리 강화
	11. 증권과 대금의 최종적·동시적 이전과 자산의 이용가능성 확보
	12. 효과적인 영업의 연속성 확보와 재난복구계획의 보장
결제위험의 축소	13. 시스템적으로 중요한 기관의 운영 실패 가능성에 대비
	14. 계약이행에 대한 구속력 강화
	15. 유가증권·현금·담보에 대한 권리의 법적 확실성 제고
	16. 시가평가 및 일괄정산(close-out netting)의 승인과 지원
지배구조의 개선	17. 능력과 경륜이 적합한 이사진의 선임
	18. 증권 청산결제 네트워크에 대한 공평한 접근성 제고
	19. 이해관계자에 대한 공평하고 효과적인 권리의 보장
	20. 청산결제서비스 제공자에 대한 지속적인 규제·감독 강화

2.3. CPSS-IOSCO의 권고: 금융시장인프라에 관한 원칙

국제결제은행(BIS)의 지급결제제도위원회(CPSS)와 국제증권감독기구(IOSCO)의 기술위원회(Technical Committee of IOSCO)는 2000년 이후에 증권결제시스템뿐만 아니라 지급결제시스템과 증권청산시스템에 대하여도 권고안을 발표하였다. 2001년 1월에 지급결제시스템에 관하여 발표한 'Core Principles for Systemically Important Payment Systems', 2001년 11월에 증권결제시스템에 관하여 발표한 'Recommendations for Securities Settlement Systems' 및 2004년 11월에 청산시스템에 대하여 발표한 'Recommendations for Central Counterparties' 등이 두 위원회가 공동으로 발표한 대표적인 권고안이다.

그러나 2000년 초반에 발표된 권고안을 논의할 당시만 해도 글로벌 금융위기와 같은 사태는 없었다. 2008년 이후 각국은 금융위기가 빠른 시간 안에 세계로 퍼져가는 현상을 경험했다. 다시 금융위기가 발생하더라도 금융시장인프라는 자신의 역할을 충실히 수행해야 한다는 인식이 강해졌다.

이에 따라, BIS의 지급결제제도위원회와 IOSCO의 기술위원회는 이전에 발표한 권고안의 주요 내용을 이어받고, 금융위기에 대응하기 위한 조치들을 추가하여 새로운 권고안인 '금융시장인프라에 관한 원칙(Principles for Financial Market Infrastructures)'을 2012년 4월에 발표하였다. 이 권고안은 자금 및 금융거래를 기록하고 청산하며 결제하는 금융시장인프라(financial market infrastructures)에게 공통으로 적용되는 권고안이다. 이 권고안의 대상이 되는 금융시장인프라는(FMIs)는 중요지급결제시스템(systemically important payment system)과 중앙예탁결제기관(CSD), 증권결제시스템(securities settlement system), 청산기관(central counterparties), 거래정보저장소(trade repositories)를 의미한다.

이 권고안, 즉 '금융시장인프라에 관한 원칙'은 24개의 권고사항 하나하나에 원칙(principle)이라는 타이틀을 붙여서 권고내용을 담고 있으며, 더하여 중앙은행이나 감독기관 및 관계당국이 가져야 하는 책무(responsibilities) 5개도 포함하고 있다. 이 권고안은 리스크 관리에 관하여 특히 많은 권고사항을 담음으로써 다시 올지 모르는 금융위기에 대응하고 있다. 구체적으로는 재무자원과 리스크 관리절차에 관한 권고사항, 운영리스크를 감축하기 위한 권고사항, 운영리스크나 재무리스크가 전파될 수 있는 다른 금융시장인프라와 연계할 때 지켜야 할 권고사항 등이 그 예이다.

또한 두 위원회는 '금융시장인프라에 관한 원칙'을 준수하고 있는지를 평가하는 방법론(methodology)도 발표하였다. 이 방법론에는 리스크를 투명하게 관리하기 위해 금융시장인프라가 공개해야 할 정보에 관한 내용도 포함하고 있다. 이 방법론은 협의서(consultative report)형식의 초안을 거쳐 2012년 12월에 'Principles for financial market infrastructures: Disclosure framework and Assessment methodology'라는 이름으로 발표되었다.

표 1-5 BIS(CPSS)-IOSCO의 '금융시장인프라에 관한 원칙' 주요 내용

구분	내용
General organization	
원칙 1	(법적기반) 금융시장인프라는 업무를 관할하는 모든 사법권에서 각 업무에 대하여 확고하고, 명확하며, 투명하고, 집행이 가능한 법적 기반을 갖추어야 한다.
원칙 2	(지배구조) 금융시장인프라는 명확하고 투명한 지배구조 체계를 갖추어야 한다. 그러한 지배구조는 인프라 자신을 안전하고 효율적으로 운영하게 하여야 할 뿐만 아니라, 금융시장의 안정성을 지원하며, 공익에 이바지하고, 이해당사자의 목적달성을 도울 수 있어야 한다.
원칙 3	(포괄적인 위험관리체계) 금융시장인프라는 법률위험 · 신용위험 · 유동성위험 · 운영위험과 그 밖의 위험을 포괄적으로 관리할 수 있는 견실한 위험관리체계를 갖추어야 한다.
Credit and liquidity risk management	
원칙 4	(신용위험) 금융시장인프라는 참가자의 신용위험 노출량(credit exposures)과 지급과정 · 청산과정 · 결제과정에서 발생하는 신용위험 노출량을 효과적으로 측정하고, 관찰하며, 관리해야 한다. 금융시장인프라는 각 참가자의 신용위험 노출량을 신뢰할 수 있게 처리할 수 있도록 충분한 재무자원을 보유하고 있어야 한다. 또한 좀 더 복잡한 위험을 동반하는 업무를 수행하는 청산기관과 복수의 사법권에서 활동하는 시스템적으로 매우 중요한 청산기관은 자신에게 가장 큰 신용위험을 노출시키는 참가자 두 기관과 그의 관계법인이 함께 파산하는 경우와 같은 위기에도 이를 충분히 처리할 수 있는 재무자원을 추가로 보유하고 있어야 한다. 그 외 모든 청산기관은 자신에게 가장 큰 신용위험을 노출시키는 최소한 하나 이상의 참가자와 그의 관계법인이 함께 파산하는 경우와 같은 위기에서도 이를 충분히 처리할 수 있는 재무자원을 보유하고 있어야 한다.

원칙 5	(담보) 금융시장인프라가 그 자신 또는 참가자의 신용위험 노출량을 관리하기 위하여 담보를 수령하는 경우에는 신용위험과 유동성위험, 시장위험이 낮은 담보를 수령해야 한다. 금융시장인프라는 haircut을 보수적으로 설정하고, 담보자산의 집중에 관한 상한(上限)도 설정하여 운영해야 한다.
원칙 6	(증거금) 청산기관(CCP)은 취급하는 모든 청산대상 상품에서 발생하는 자신의 신용위험 노출량을 충분히 처리하게 하는 효과적인 증거금 관리시스템(margin system)을 운영해야 한다. 이 증거금 관리시스템은 노출한 리스크를 기반으로 운영하고 정기적으로 점검해야 한다.
원칙 7	(유동성위험) 청산기관은 자신의 유동성위험을 효과적으로 측정하고, 관찰하며, 관리해야 한다. 청산기관은 극단적이지만 현실에서 일어날 수 있는 시장환경에서 청산기관에 최대의 총 유동성 채무(aggregate liquidity obligation)를 초래할 가능성이 있는 참가자와 그 관계법인이 함께 파산하는 경우에도 그러한 지급채무를 발생하는 당일의 일중이나 그 밖의 언제라도 해당 통화로 결제할 수 있는 충분한 유동자원을 보유하고 있어야 한다.
Settlement	
원칙 8	(결제완결성) 금융시장인프라는 늦어도 결제일 종료시점까지 명확하고 확실하게 결제를 완료해야 한다. 필요하거나 바람직한 경우에는 일중 수시(intraday) 또는 실시간으로 결제할 수 있어야 한다.
원칙 9	(대금결제) 금융시장인프라는 가능하다면 중앙은행 자금을 이용하여 결제해야 한다. 만일 중앙은행 자금을 이용하지 않는다면, 상업은행 자금을 이용함에 따라 발생하는 신용위험과 유동성위험을 최소화하고 엄격히 관리해야 한다.
원칙 10	(실물인도) 금융시장인프라는 실물증권이나 상품(commodities)을 인도할 때 수행하는 자신의 의무를 정해야 한다. 또한 실물증권이나 상품을 인도할 때 발생하는 위험을 파악하고, 관찰하며, 관리해야 한다.
Central securities depositories and exchange-of-value settlement systems	
원칙 11	(중앙예탁결제기관) 중앙예탁결제기관(CSD)은 증권의 완전성(integrity)을 확보하고, 해당증권의 보관 및 이전과 관련 있는 위험을 최소화하도록 적절한 규정과 절차를 마련해야 한다. 중앙예탁결제기관은 장부기재를 통해 이전할 수 있도록 부동화나 무권화 형태로 증권을 관리해야 한다.
원칙 12	(가치교환형 결제시스템) 금융시장인프라는 증권거래나 외환거래와 같이 두 개의 연결된 채무를 가진 거래를 결제할 때에는 한 개의 채무가 결제되는 것을 전제로 다른 한 개의 채무를 결제하여 원본위험을 제거해야 한다.
Default management	
원칙 13	(참가자 채무불이행 규정 및 절차) 금융시장인프라는 참가자의 채무불이행을 관리하는 효과적이고 명확한 규정과 절차를 보유해야 한다. 이러한 규정과 절차에 따라서 금융시장인프라는 손실과 유동성 경색을 억제하고 자신의 채무를 계속 이행할 수 있는 시기적절한 조치를 취할 수 있어야 한다.
원칙 14	(분리관리 및 계정이관) 청산기관은 참가자의 포지션과 참가자 고객의 포지션을 분리하여 관리할 수 있어야 하며, 또한 그 포지션과 관련된 담보에 대하여도 그렇게 할 수 있어야 한다. 청산기관은 또한 참가자 고객의 포지션과 그와 관련된 담보를 담은 계정을 이관할 수도 있게 하는 규정과 절차를 마련해야 한다.
General business and operational risk management	
원칙 15	(일반사업위험) 금융시장인프라는 사업위험(business risk)을 파악하고, 측정하며, 관리해야 한다. 또한 금융시장인프라는 잠재되어 있던 사업상 손실(general business losses)이 현실화되는 경우에도 계속하여 업무와 서비스를 제공할 수 있도록 자기자본을 재원으로 하여 마련한 충분한 순 유동자산(liquid net asset)을 보유해야 하며 그 유동자산으로 손실을 보충해야 한다. 그리고 순 유동자산은 주요한 업무와 서비스의 제공을 재개하거나 원활히 축소하는데 필요한 충분한 수준이어야 한다.

원칙 16	(보관 및 투자 위험) 금융시장인프라는 자기의 자산과 참가자의 자산을 안전하게 보호해야 한다. 또한 자산의 손실위험을 최소화해야 하며, 자산에 접근하는 것을 지연시키는 위험도 최소화해야 한다. 금융시장인프라는 신용위험과 시장위험, 유동성위험이 가장 적은 금융상품에만 투자해야 한다.
원칙 17	(운영위험) 금융시장인프라는 운영위험(operation risk)을 일으키는 내부와 외부의 모든 원인을 파악하고, 적절한 시스템 · 정책 · 절차 · 통제장치를 이용하여 그 영향을 최소화해야 한다. 시스템은 안전성이 높고 운영을 신뢰할 수 있도록 설계되어야 하며 적절하고 충분한 처리능력을 갖추어야 한다. 금융시장인프라가 보유한 업무계속경영(business continuity management)에 따른다면 금융시장인프라는 적절한 시점에 자신의 채무를 다시 이행할 수 있거나 운영상태를 회복할 수도 있어야 한다. 그리고 광범위하고 심각한 장애가 발생하더라도 그 업무계속경영은 작동되어야 한다.
Access	
원칙 18	(접근 및 참가요건) 금융시장인프라는 리스크에 기반을 둔 객관적인 참가기준을 설정해야 한다. 또한 금융시장인프라에 대한 접근은 공정하고 개방적으로 이루어져야 한다.
원칙 19	(계층적 참가형태) 금융시장인프라는 직접 참가하거나 누구를 통하여 참가하는 구조, 즉 계층적 구조(tiered)가 금융시장인프라에 끼치는 중요 위험을 파악하고, 관찰하며, 관리해야 한다.
원칙 20	(금융시장인프라 간 연계) 금융시장인프라가 다른 한 개 또는 여러 개의 금융시장인프라와 연계할 때에는 그 연계와 관련한 위험을 파악하고, 관찰하며, 관리해야 한다.
Efficiency	
원칙 21	(효율성 및 실효성) 금융시장인프라는 자신이 업무를 제공하는 시장의 요구와 참가자의 요구를 효율적이고 효과적으로 만족시켜야 한다.
원칙 22	(통신절차 및 표준) 금융시장인프라는 지급 · 청산 · 결제 · 기록을 촉진하기 위하여 국제적으로 인정받는 통신절차와 표준을 이용하거나, 최소한 수용은 하여야 한다.
Transparency	
원칙 23	(규정 · 주요 절차 · 시장데이터의 공개) 금융시장인프라는 명확하고 포괄적인 규정과 절차를 갖추어야 한다. 또한 금융시장인프라는 참가자들이 금융시장인프라에 참가함에 따라 부담할 수 있는 위험 · 수수료 · 중요 비용을 정확하게 이해할 수 있도록 참가자에게 충분한 정보를 제공해야 한다. 모든 관련 규정과 주요 절차는 공개되어야 한다.
원칙 24	(거래정보저장소에 의한 시장데이터의 공개) 거래정보저장소(TR)는 관계당국과 일반인에게 적시에 각자의 요구에 따른 정확한 데이터를 제공해야 한다.
Responsibilities of central banks, market regulators, and other relevant authorities for financial market infrastructures	
책무 A	(금융시장인프라의 규제 · 감독 · 감시) 금융시장인프라는 중앙은행, 시장감독자, 그 밖의 관계당국에게서 적절하고 효과적인 규제 · 감독 · 감시를 받아야 한다.
책무 B	(규제 · 감독 · 감시의 권한과 자원) 중앙은행, 시장감독자, 그 밖의 관계당국이 금융시장인프라를 규제 · 감독 · 감시할 때에는 그들의 책무를 효과적으로 수행할 수 있는 권한과 자원을 갖추어야 한다.
책무 C	(금융시장인프라에 관한 정책의 공개) 중앙은행, 시장감독자, 그 밖의 관계당국은 금융시장인프라에 대한 규제 · 감독 · 감시의 방침을 명확하게 정의하고 공개해야 한다.
책무 D	(금융시장인프라에 본 원칙의 적용) 중앙은행, 시장감독자, 그 밖의 관계당국은 CPSS-IOSCO 원칙을 채택하고 이를 일관성 있게 적용해야 한다.
책무 E	(다른 당국과의 협력) 중앙은행, 시장감독자, 그 밖의 관계당국은 필요하면 국내에서나 국가 간에 서로 협력하여 금융시장인프라가 더 안전하고 효율적으로 운영되도록 해야 한다.

③ 국제 권고의 의의와 증권예탁결제시스템의 발전

국제증권시장을 둘러싼 환경에 대응하고자 G-30, ISSA, CPSS/IOSCO 등은 지난 20여 년간 후선업무를 대상으로 많은 권고안을 발표하여 왔다. 이미 살펴보았듯이 2008년 이전의 권고안에서는 결제주기단축, 차감결제의 확대, DVP, 증권의 무권화, 당일자금화, 증권대차제도의 강화, 표준화, 소유 및 지배구조 개선 등이 주요 내용이었다. 그러나 금융위기가 짧은 기간에 세계적으로 파급되는 현상을 목격한 2008년 이후부터는 리스크에 대비하는 내용이 권고안에 많이 포함되고 있다.

주요국의 금융시장인프라는 이러한 권고를 수용함으로써 증권의 거래 · 청산 · 예탁결제업무를 한층 더 발전시켜 나갈 수 있었다. 금융시장인프라가 이렇게 국제적인 권고에 부합하도록 발전해온 결과 청산시스템과 예탁결제시스템에 존재하는 불확실성은 완화되고 결제위험은 크게 감소하게 되었다. 이러한 노력은 금융시장 안정에 기여하였으며, 이용자의 비용을 감소시키고 사회적 복리를 증진시켜 왔다.

여기서는 이러한 권고들이 예탁결제시스템 발전에 기여한 바를 살펴보자.

첫째, 국제권고들은 예탁결제시스템을 발전시키기 위해 국제적인 노력과 협조를 지속적으로 촉구하고 국제표준을 만들어 왔다. 현재 각국 금융시장은 고립되어 있지 않고 세계속의 시장으로 급속하게 편입되고 있다. 이러한 환경에서는 한 국가에서 발생하는 결제위험은 다른 국가로 파급될 가능성이 높다. 따라서 일정한 표준에 따라 국가가 서로 협력하여 후선인프라를 개선한 다음에 공동으로 결제위험에 대처하여야 위험이 국경을 넘어 전파되지 않는다. 그 하나의 사례가 결제주기에 관한 권고이다. 결제주기가 차이나면 증권을 국제적으로 거래할 때 위험이 발생할 수 있다. 따라서 국제적으로 결제주기가 표준화 되어야 한다.

둘째, 증권시장 후선인프라의 발전 수준은 나라마다 천차만별이다. 국제권고는 미성숙한 국가나 시스템에 일종의 벤치마크가 되어왔다. 따라서 미성숙한 인프라를 보유한 국가도 시행착오를 줄이고 적은 비용으로 효과적인 인프라를 구축할 수 있었다.

셋째, 이러한 권고안이 지속적으로 발표되어 왔기에 2008년 금융위기 이후에는 국가 지도자 수준에서 위기를 제어할 수 있는 인프라의 구축논의가 가능하였다. G-20 정상은 2009년 피츠버그에서 다음과 같이 합의했다. "모든 표준화된 장외파생상품의 거래는 거래소나 전자거래플랫폼에서 거래되어야 하며 늦어도 2012년 말까지 적당한 청산기관에 의해 청산되어야 한다. 장외파생상품거래에 관한 모든 정보는 거래정보저장소에 보관해야 한다. 청산기관을 통하지 않은 거래에 대해서는 보다 높은 자본 비율을 충족해야 한다." 금융시장인프라가 이러한 요구를 충족하게 된다면 시스템리스크를 사전에 예방하여 금융시장의 성장과 안정에 직접적으로 기여하게 될 것이다.

증권시장의 환경 변화와 증권시장인프라의 대응 제2절

최근 금융시장은 세계적인 금융위기와 유럽의 재정위기 여파에서 조금씩 벗어나고 있다. 세계적으로 경험한 금융시장의 혼란으로 인하여, 각국은 금융시장의 발전과 국제화에 중점을 둔 정책을 펼치기 보다는 시장의 시스템리스크를 축소하기 위하여 금융회사의 자본적정성과 유동성 확보에 초점을 맞춘 정책을 펼쳐왔다. 금융위기 이후의 환경 변화에 대응하여 온 증권시장인프라의 변화를 살펴보자.

1 글로벌 금융위기와 증권시장의 환경 변화

1.1. 금융기관의 위험관리 강화

2008년 리먼브라더스 은행의 부도사태 이후 전 세계 금융시스템의 위기는 심화되었다. G-20은 이러한 경험을 바탕으로 금융기관의 위험관리와 관련한 규제를 강화함으로써 위험을 통제하는 능력을 키워왔다. 대표적으로는 은행의 자본규제를 강화한 바젤 III의 도입, 볼커 룰(Volcker Rule)의 논의, 장외파생상품에 대한 감독 및 규제 강화 등이 위험관리를 강화하려는 조치들이다.

바젤 III는 BIS의 바젤은행감독위원회(Basel Committee on Banking Supervision)가 은행의 건전성을 강화하기 위한 조치로서 2010년 12월에 발표되었고, 우리나라는 2013년 12월부터 국내은행에 바젤 III를 도입하였다. 은행이 위험이 높은 상품에 무분별하게 투자하면 그로 인하여 금융위기가 발생할 수 있다. 따라서 은행의 유동성을 증가시키고 레버리지를 감소시켜서 자본요건(capital requirement)을 강화하고자 2004년에 발표된 바젤 II의 내용을 세분화하고 항목별 기준치를 상향조정하여 바젤 III가 작성되었다. 특히, 바젤 III는 미래에 발생할 수 있는 위험에 대비할 수 있도록 하는 완충자본(capital conservation buffer)과 경기변화에 대응하도록 하는 완충자본(countercyclical capital buffer)을 추가로 확보하도록 하고 있다. 또한 자본을 총자산으로 나눈 레버리지 비율인 기본자본이 3% 이상 준비되도록 하는 레버리지 규제와 무분별한 해외 차입을 막기 위해 차입한도에 대한 규제도 추가했다.

한편 금융기관이 정상적으로 영업하기 어려운 환경이 도래하면 질서정연하게 영업을 정리(resolution)할 수 있게 하는 지침이나 방침을 주기적으로 작성하여 발표하도록 하자는 논의가 진행되고 있다. 즉 개인으로 보자면, 왕성하게 활동하고 살아있을 때 유언장을 만들어 놓자는 것이다. 이러한 지침이나 방침을 사후정리계획서(living will)라 한다. 현재 미국에서는 Dodd-Frank법에 따라 이미 시행되고 있으며, 세계적으로는 금융안정위원회(Financial Stability Board)에서 다루어지고 있다.

1.2. 장외파생금융상품에 대한 감독 및 규제 강화

글로벌 금융위기의 재발을 방지하기 위해 G-20 정상들은 2009년 피츠버그 회의에서 장외파생상품거래의 투명성을 확보하고 거래상대방 리스크를 감축하여 금융시장의 시스템리스크를 완화하고자 하였다. 2012년 말까지 다음 네 가지 사항을 이행할 것을 합의하였다. 첫째, 모든 장외파생상품은 적절한 경우 거래소나 전자거래플랫폼(electronic trading platform)에서 거래되어야 한다. 둘째, 표준화된 장외파생상품은 모두 청산기관(CCP)을 통해 청산해야 한다.[11] 셋째, 장외파생상품은 모두 거래정보저장소(trade repository)에 보고해야 한다. 넷째, 청산기관에서 청산하지 않은 장외파생상품은 청산기관에서 청산하는 것보다 더 높은 수준의 자본요건을 충족해야 한다. 이에 따라 미국은 2010년에 Dodd-Frank법을 제정하였으며, 유럽은 유사한 규제체계인 유럽시장인프라법(EMIR)을 제정하는 등, 금융위기의 원인 중 하나로 지목된 장외파생상품거래에 대한 규제체제가 속속 마련되고 있다. 2012년에는 일본, 홍콩, 싱가포르도 청산기관(CCP)를 통해 장외파생상품 거래를 청산하고 있다.

이에, 우리나라도 G-20 합의사항을 반영하여 장외파생상품 청산기관을 도입하고, 청산기관을 통한 청산을 의무화하며, 장외파생상품의 거래정보를 보관하고 관리하는 내용을 담은 자본시장법 개정안을 2013년 4월에 제정하였다.

(1) 장외파생상품의 청산 및 결제를 위한 청산기관(CCP)의 도입

장외파생상품거래를 청산하기 위한 청산기관(CCP)이 효율적으로 정착되기 위해서는 먼저 장외파생상품을 표준화해서 정규 거래소 또는 전자거래플랫폼에서 거래되도록 해야 한다. 다양한 장외파생상품을 모두 정형화하기는 어렵지만, 표준화되지 않은 장외파생상품을 거래할 경우에는 추가로 자본을 축적하게 하든지, 증거금을 강화하든지 하여 거래를 표준화시키고 청산기관을 이용하도록 유도할 수 있을 것이다.

---

11 표준화되지 않은 장외파생상품을 거래할 경우에는 청산기관을 통한 청산의무가 없기 때문에 규제의 사각지대에 놓이게 된다. 이를 방지하기 위해서도 모든 거래정보를 수집하고 관리하는 거래정보저장소를 구축해야 한다.

한편 장외파생상품거래를 청산하도록 하는 규제가 도입됨에 따라 담보수요가 폭증할 것으로 전망된다.[12] 주요국 거래소 및 청산기관(CCP)도 청산의 주도권을 확보하기 위해 치열하게 경쟁할 것으로 보인다. 예를 들어 교차청산서비스(cross-margining)와 같은 보다 효율적이고 시장친화적인 서비스가 속속 등장할 것이다. 이러한 변화에 발 빠르게 대응하고자 세계 최대 거래소그룹인 ICE는 지난 2013년 런던국제금융선물거래소(Liffe), 2014년 네덜란드 청산기관 HCH를 인수하며 청산비즈니스를 확대하고 있으며 런던증권거래소도 2012년에 유럽의 대표적인 청산기관인 LCH.Clearnet을 인수하였다.

거래소와 청산기관뿐만 아니라 보관기관이나 예탁결제기관도 장외파생상품거래의 청산에 필요한 담보를 효율적으로 관리하기 위한 경쟁을 벌이고 있다. 국제증권예탁결제기관(ICSD)인 Euroclear는 자신이 보관하고 있는 증권과 다른 나라의 보관기관에서 보관하고 있는 증권을 repo거래나 대차거래에 사용하거나 담보거래의 대상이 되게 하는 담보관리시스템을 'Collateral Highway'라는 이름으로 확장하고 있으며, 또 하나의 국제증권예탁결제기관인 Clearstream도 'Global Liquidity Hub'라는 이름으로 담보관리서비스를 국제적으로 확장하고 있다.

또한 미국 DTCC의 자회사인 Omgeo의 경우 최근 규제환경 변화에 적극적으로 대처하기 위해 파생상품거래에 대한 자동화된 담보관리프로그램인 'ProtoColl'을 출범시켰다. BNY Mellon도 브로커/딜러 담보관리, 증권대차, 담보파이낸싱, 유동성 및 파생상품서비스 등의 담보기능을 통합하여 제공할 예정이다.

(2) 장외파생상품거래에 대한 거래정보의 보고

Dodd-Frank법, 유럽시장인프라법(EMIR) 등 파생상품시장 규제법에는 파생상품거래에 대한 보고의무를 신설하고, 거래정보저장소를 도입하도록 하는 사항이 포함되어 있다. 거래정보저장소(TR)란 파생상품의 거래정보를 한 곳에서 집중적으로 수집 · 보관 · 관리하는 기관이다. 거래정보저장소를 통해 파생상품 거래정보를 집중적으로 관리할 수 있기에 금융시장에 대한 투명성을 확보하고, 리스크 요인을 파악하여 시스템리스크를 방지하는데 크게 기여할 수 있다.[13]

특히 거래정보저장소를 국제적으로 운영하는 것과 관련하여 미국의 중앙예탁결제기관인 DTCC와 각국 주요기관들이 치열하게 경쟁하고 있는 상황이다. DTCC는 신용부도

12 Tabb그룹은 집중청산 의무화 조치로 전 세계적으로 최대 2조 달러에 달하는 담보가액이 추가로 필요할 것으로 보고 있다.

13 장외파생상품 거래정보저장소의 중요성은 Dodd-Frank법과 같은 주요국의 규제 이외에도 국제증권감독기구(IOSCO)와 국제결제은행(BIS)이 공동으로 2012년에 4월에 발표한 '금융시장인프라에 관한 원칙(PFMI)'에서도 언급되고 있다.

스왑(CDS)과 주식 · 이자율 파생상품 등에 대한 거래정보저장소 역할을 수행하는 Trade Information Warehouse(TIW)을 2003년부터 운영 중이며, 스왑거래 및 외환거래에 대한 거래정보저장소를 개발하고 있다. 또한 Clearstream도 2010년 7월 스페인거래소그룹과 공동으로 유럽 최초로 장외파생상품 거래정보저장소를 설립하여 운영하고 있다.

상기 기관 이외에도 거래대조 및 보고서비스 회사인 Xtrakter, 폴란드 중앙예탁결제기관 KDPW, 미국의 파생상품거래소인 CME 및 ICE 등도 글로벌 장외파생상품시장의 중요성이 확대됨에 따라 거래정보저장소 설립에 박차를 가하고 있다. 이와 같이 주요 글로벌 규제기관들이 권고한 바와 같이 장외파생상품시장에 대한 신규 규제체계가 수립됨에 따라 향후 전 세계적으로 파생상품 거래정보저장소의 기능과 역할이 확대될 것이다.

(3) 글로벌 장외파생상품시장에 대한 영향

장외파생상품시장의 규제가 강화됨에 따라 거래비용과 청산비용 및 관련 법률준수비용이 증가할 것이며, 청산의무화로 필요한 담보액도 크게 증가할 것이다. 이에 따라 장외파생상품시장이 위축될 가능성이 있다. 미국은 Dodd-Frank법을 제정하여 장외파생상품의 전자적 거래를 의무화 하고 있어 글로벌 파생상품거래시장[14]에 커다란 변화가 예상된다. 다른 한편으로는 기존의 글로벌 증권거래소에게 커다란 수익원 창출기회가 될 수도 있거나, 아니면 파생상품거래를 위한 전자적 거래시스템이 다수 출현할 수도 있다.

② 유럽의 증권환경 변화와 금융시장인프라의 통합

2.1. 개요

유럽연합에서는 금융시장인프라가 통합되지 않아 금융상품의 거래 · 청산 · 결제업무가 복잡하고 비용이 많이 들었다. 금융시장인프라의 불완전한 통합은 유럽 내 자본의 효율적 배분을 억제하고 경제성장에 부정적인 영향을 끼쳤다. 따라서 유럽의 금융시장을 통합하기 위해서는 먼저 금융시장 인프라를 통합해야 한다는 주장이 설득력을 얻어갔다.

이에 따라 유럽의 시장참가자들은 금융시장인프라의 통합과 조화에 관하여 토론해 왔다. 유럽이 하나의 경제단위로 통합되어 가는 과정에 있지만, 아직은 개별 국가단위의 인프

---

14 파생상품시장은 대형은행들이 상품개발을 주도하고 거래 당사자 간에 전화나 이메일 및 수작업을 통해 거래를 주선하는 매매체결방식이 주로 이용되어 전산화 비율이 매우 낮다. 매매체결방식을 전자적으로 전환하면 거래량이나 거래형태에 커다란 변화가 예상된다.

라가 활동하고 있다. 여러 나라에 존재하는 인프라 중에서 특정의 인프라를 인위적으로 사용하기로 합의할 수는 없다. 따라서 효율성과 중립성이 통합의 핵심주제가 된다. 효율성이란 유럽 내 금융시장인프라의 통합과 경쟁의 장애를 제거하고, 증권업무의 관행과 절차를 조화롭게 표준화해 가면서 효율적인 기관으로 자연스럽게 통합되도록 하는 중심이 되는 개념이다. 유럽에서 효율성이란 중앙예탁결제기관을 비롯한 금융시장인프라가 한 나라에서 다른 나라로 증권을 이전하는 경우에도 마치 한 나라 안에서 이루어지는 것처럼 적은 비용으로 수행할 수 있는 것을 의미한다. 중립성은 여러 금융중심지와 다양한 인프라 사이에서 발생하는 경쟁에 개입하지 않는다는 개념이다.

그러나 효율성과 중립성만 강조한 나머지 국가마다 분리되어 있는 결제시스템을 그대로 존속시킬 수도 없다. 그래서 유럽연합 소속 중앙은행과 유럽중앙은행의 결합체로서 유럽연합의 통화운영당국(monetary authority of the eurozone)인 유로시스템(Eurosystem)은 증권결제와 자금결제를 동시에 수행하는 유럽통합증권결제시스템인 TARGET2-Securities(T2S)을 구축하기로 결정하였다. 유럽통합증권결제시스템(T2S)은 회원국 간 효율적인 증권결제서비스를 제공함으로써 범유럽 후선인프라산업의 구조를 개혁하고 중앙예탁결제기관 간 경쟁을 이끌어 내게 될 것이다.

2.2. 유럽집행위원회(EC)의 금융시장인프라 개혁 조치

지난 10년간 유럽집행위원회(EC: European Commission)는 유럽 금융시장인프라의 통합에 관하여 두 가지 방안을 마련하였다. 첫째 방안은 청산 및 결제시스템의 효율적 운영을 가로막는 소위 지오바니니 장애요인(Giovannini barriers)을 제거하는 것이며, 둘째 방안은 청산 및 결제에 관한 행동강령이다.

2001년과 2003년에 발표된 지오바니니 보고서는 증권결제시스템의 통합에 장애가 되는 15개 요인을 밝혔다. 2004년 유럽집행위원회(EC)은 증권의 권리를 처리하는 절차나 메시지의 표준화와 같은 시장관행을 조화시키기 위해서 '청산결제 자문 · 관찰전문가 그룹(CESAME: Clearing and Settlement Advisory and Monitoring Expert Group)'을 설립하였다.

청산결제 자문 · 관찰전문가 그룹은 2008년 11월에 인프라 통합에 관한 장애요인을 담은 최종보고서를 발표하였다. 유럽중앙은행이 중심이 된 제2기 '청산결제 자문 · 관찰전문가 그룹'도 유럽중앙은행시스템(ESCB: The European System of Central Banks)과 유럽증권규제위원회(CESR: The Committee of European Securities Regulations)로 하여금 국제거래에 따른 청산과 결제 관련 문제에 대하여 권고하라고 요청하고 있다.

한편, 유럽연합은 회원국이 운영하는 금융시장 관련 법규를 서로 통일하여 조화롭게 운영할 수 있도록 금융상품시장지침(MiFID)을 2007년 11월에 시행하였다. 금융상품시장지침은 기존의 거래소에 다자간 거래플랫폼(MTFs)이라는 새로운 경쟁자를 허용하고 있다. 또한 다자간 거래플랫폼은 금융시장에 새로운 청산기관을 이용함으로써 청산단계에서 경쟁을 유발시켰다.

특히 다자간 거래플랫폼과 새로운 청산기관은 거래와 청산업무에 대한 수수료를 효과적으로 낮춤으로써 기존 거래소와 청산기관이 차지하던 시장을 상당부분 빼앗았다. 따라서 금융상품시장지침의 도입에 따라 기존 시장에 통용되던 거래 및 청산수수료 모델에 새로운 변화를 가져 왔으며, 시장참가자에게 이전보다 훨씬 낮은 비용으로 거래 및 청산서비스를 제공하게 되었다.

특히 유럽에서는 청산부문의 경쟁을 활성화하기 위해 증권의 거래플랫폼에 상관 없이 청산기관을 선택할 수 있는 '청산기관 상호호환제도'가 논의되고 있다. 청산기관 상호호환제도를 도입하면 청산기관의 선택을 용이하게 할 수는 있지만, 자칫 리스크가 전염되어 금융시장인프라의 안정성을 해칠 수 있는 문제도 있다. 하지만 최근 영국과 스위스는 한 청산기관이 청산업무에 지장을 초래할 경우 다른 청산기관(LCH.Clearnet, x-clear, EuroCCP)이 대체하도록 협의를 마쳤다. 이에 따라 거래소와 청산기관의 연계가 폭넓게 전개될 것으로 보인다.

또한, 2006년 7월 유럽집행위원회(EC)는 금융시장인프라 운영기관에게 '청산과 결제와 관련한 행동강령(Code of Conduct)'을 준수할 것을 요구했다. 위 행동강령은 2006년 11월에 유럽산업협회에 의해 승인되었다. '행동강령(Code of Conduct)'은 세 가지로 구성되며, 그 내용은 유럽의 금융시장인프라가 자유롭게 경쟁하는데 필요한 조건들이다. 구체적으로는 다음과 같다. 첫째, 금융시장인프라는 자신이 제공하는 서비스에 대한 수수료체계를 모두 공시해야 한다. 해당 수수료에는 환불이나 할인 등도 포함해야 한다. 둘째, 증권의 국제거래를 원활하게 처리하기 위해 금융시장인프라 간 연계를 강화해야 한다. 셋째, 금융시장인프라 참가자는 금융시장인프라가 제공하는 여러 종류의 서비스를 개별적으로 나누어서 이용할 수 있어야 하며, 금융시장인프라는 제공하는 서비스별로 계리해야 한다. 즉 거래소와 중앙예탁결제기관이 수직적으로 통합된 경우에도 통합된 금융시장인프라는 거래, 청산, 결제서비스에 대한 비용과 수익을 분리하여 계리하면 다양한 서비스에 걸쳐서 교차로 보조금을 지급하는 것을 구분해 낼 수 있다.

행동강령은 금융시장인프라가 스스로를 규율하도록 하는데 목적을 두고 있지만, 그럼에도 불구하고 확실한 실천을 위하여 유럽집행위원회(EC), 유럽증권규제위원회(CESR), 유럽중앙은행(ECB)이 선임한 감시그룹이 금융시장인프라를 관찰하고 있다. 〈그림 1-4〉는 유로시스템이 금융시장인프라와 관련된 환경 변화에 대응하기 위하여 유럽 증권시장의 효

그림 1-4 **유럽 금융시장인프라의 개혁을 위한 유로시스템의 계획**

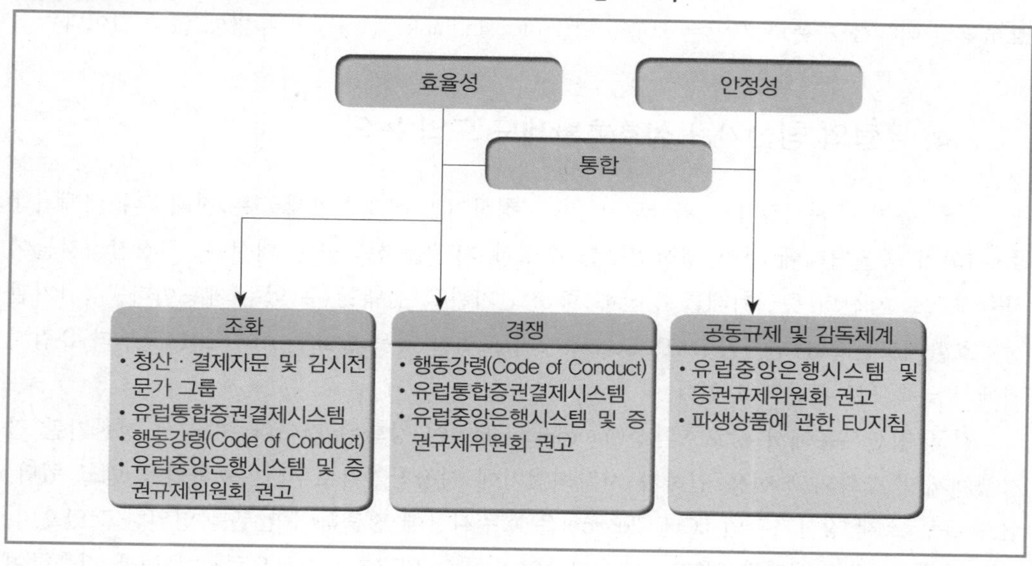

율성, 통합성, 안정성에 어떻게 기여하고 있는지를 보여주고 있다.

2010년에는 유럽집행위원회(EC)가 '청산결제 자문 · 관찰전문가 그룹(CESAME II)'과 '행동강령 감시그룹'의 기능을 통합하여 '시장인프라 전문가그룹(Expert Group on Market Infrastructure)'을 설치하였다.

이렇게 유럽은 금융시장을 통합하여 비효율적인 요소를 제거하는데 초점을 맞추어 금융시장인프라를 개혁하여 왔다.

2.3. 유럽통합증권결제시스템(T2S) 도입 추진

Target2-Securities(T2S)란 유럽중앙은행(ECB)이 중심이 되어 유럽 역내의 모든 참가자가 공통으로 참가하는 증권결제시스템을 구축하려는 계획이다. 동 프로젝트는 유럽 각국 중앙예탁결제기관의 증권계좌를 유럽중앙은행의 거액자금결제시스템인 Target2와 결합하여 대금과 증권의 동시결제(DVP)를 구현하려는 계획이다.

유럽통합증권결제시스템(T2S)은 증권결제 및 증권보관과 같은 커스터디 업무를 수행하고 있는 유럽 각국의 중앙예탁결제기관(CSD)에게 커다란 영향을 미칠 것으로 예상되고 있다. 유럽중앙은행은 유럽통합증권결제시스템이 구축되면 현재 유럽 역내 증권거래에 따른 결제비용을 현저히 절감할 수 있을 것으로 판단하고 있다. 따라서 유럽통합증권결제시스템(T2S)에 의해 직접적인 영향을 받게 되는 유럽 각국의 중앙예탁결제기관들은 다른 수익원을 발굴하기 위한 노력을 경주할 수밖에 없으며, 결국 현재 증권발행서비스, 자산서비스 등으로부터 이윤을 창출하고 있는 보관은행(custodian bank)과 경쟁할 수밖에 없을 것이다.

2.4. 유럽의 청산기관 상호호환제도 도입 논의

최근 유럽 증권시장에서 확산되고 있는 '청산기관 상호호환제도'는 거래소나 대체거래소(ATS)가 증권거래에 따라 청산업무를 수행할 기관을 선택하는 대신에, 시장참가자들이 자율적으로 자신의 증권거래를 청산해 줄 청산기관을 선택할 수 있는 제도이다. 청산기관 상호호환제도는 2011년 5월 BATS Europe[15]이 도입할 것을 발표한 이후 2014년부터 유럽지역에서 급속도로 확산되고 있다.

결국 청산부문에서 상호호환성(interoperability)이 강화된 것이다. 따라서 청산기관 간 경쟁체제가 강화되고 비용 인하가 시작되었기에 시장참가자로부터 큰 환영을 받고 있다. 현재 유럽 소재 청산기관인 LCH.Clearnet은 호주시장에 진출하여 업무를 영위하고 있으며, 미국의 중앙예탁결제기관(DTCC)의 자회사인 EuroCCP도 청산기관으로서 유럽에 진출하여 있다.

③ 거래소의 구조적 변화

최근 정보통신기술이 발전하고 자본이동이 국제적으로 급증하면서 벤처기업 전용 거래소나 전혀 새로운 형태의 거래소가 등장하여 활발히 그 역할을 수행하고 있다. 대체거래소(ATS)나 다자간 매매체결기구(MTF)가 미국과 유럽에서 시장점유율을 점차 높여가고 있는 것이 대표적인 사례이다.

거래소의 중요한 기능은 매매체결을 위한 유동성 유지인 바, 거래소 간 경쟁을 촉진하여 이러한 유동성을 유지하려는 노력이 계속되고 있다. 과거 거래소는 상장된 기업과 투자자와의 안정적 관계를 기반으로 독점적 지위를 어느 정도 누릴 수 있었다. 그러나 상장 · 정보·매매체결에 경쟁을 유도하여 유동성을 유지하기 위해서는 비영리적 회원제 소유구조에서 벗어나야 한다는 주장이 강하였다. 결국 생존경쟁을 위해 좀 더 신속한 의사결정이 필요하게 되었고, 거래소 형태도 이에 적합하도록 주식회사 형태로 전환하고 있는 것이다.

〈그림 1-5〉는 세계 주요 거래소의 소유 · 지배구조가 시간의 흐름에 따라 어떻게 변화

---

15 미국의 대표적인 대체거래소인 BATS의 유럽 자회사이다.

그림 1-5 주요 거래소의 소유 · 지배구조 유형 변화 추이

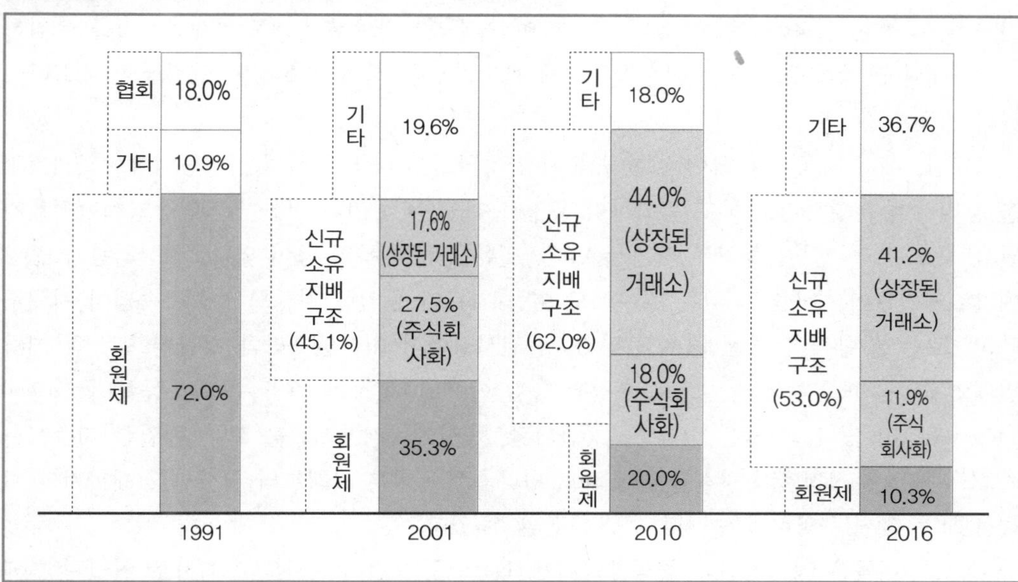

출처: World Federation of Exchanges.

했는지를 보여 주고 있다. 1991년도 보다는 2017년으로 갈수록 주식회사로 된 거래소가 크게 증가하고 있으며, 상장된 거래소도 많아지고 있다.[16]

특히 미국의 Regulation NMS, 유럽의 금융상품시장지침(MiFID) 등은 '최선의 거래체결 의무'를 거래소에 부과하고 있음에 따라 거래소 간 경쟁은 더욱 심화되고 있다.[17]

우리나라에서도 최근 복수거래소를 허용하는 방향으로 자본시장법이 개정되었다. 독점기업에 대한 관리 · 감독 위주에서 자율규제와 경쟁을 촉진하는 방향으로 정책의 패러다임이 변하고 있다. 즉 과거 지역독점성격, 자연독점성격, 비영리기관 성격에 기초한 규제와 감독에서 벗어나고 있는 것이다.

4 증권시장 후선인프라의 구조적 변화

과거에는 증권시장에서 거래소가 제공하는 많은 서비스 중의 하나로만 예탁결제서비스를 바라보던 시대도 있었다. 단순히 증권보관과 계좌대체와 관련된 업무만을 예탁업무

16 한국금융연구센터, 「자본시장 인프라 경쟁력 제고방안」, 2012, 5~6쪽.

17 ASX-SGX, LSE-TMX, DB-NYSE Euronext 간 합병 논의, BATS Global Markets와 Chi-X Europe와 같은 ATS 간 합병 등, 거래소 간 통합 움직임이 활발하게 진행되고 있다.

로 여겼던 것이다. 그러나 1987년 Black Monday 위기가 계기가 되어 이러한 인식에 큰 변화가 일어났다. 금융혼란에 대응하기 위하여 거래인프라로부터 예탁결제인프라를 분리하여, 거래와 예탁결제를 각기 전문기관에게 운영하도록 하여 효율성과 안정성을 제고하여 왔다.

또한, 세계 각국은 각국이 처한 금융시장의 환경에 따라 청산기관과 중앙예탁결제기관을 분리하여 운영하기도 하고 통합하여 운영하기도 한다. 먼저 청산기관과 중앙예탁결제기관을 서로 분리하여 운영하는 국가는 미국, 일본, 영국, 독일 등이 있다. 청산기관과 중앙예탁결제기관이 분리되어 있는 경우에도 이들 기관이 동일한 지주회사에 소속되어 지배구조상으로는 통합되어 있는 경우도 많다. 증권시장에서 거래인프라와 청산인프라 및 예탁결제인프라를 배열하는 방법으로 수직적 통합(vertical integration)과 수평적 통합(horizontal integration)이 있다. 독일은 거래소, 청산기관, 중앙예탁결제기관을 모두 동일한 지주회사가 소유하는 수직적 통합방식을 구축하고 있다. 즉 독일은 거래부터 청산과 결제까지의 기능을 모두 함께 운영하는 수직화된 구조라 할 수 있다.

한편, 미국은 청산기관과 중앙예탁결제기관이 동일 지주회사의 자회사로 편입된 형태이며, 영국과 프랑스는 청산기관과 중앙예탁결제기관이 각각 청산 지주회사와 예탁결제 지주회사의 자회사로 편입되어 있는 형태이다. 즉 미국 · 영국 · 프랑스는 유사한 기능 간을 통합하여 운영하는 수평적 통합방식을 취한다고 볼 수 있다.

청산기관과 중앙예탁결제기관이 통합되어 운영하는 국가는 캐나다, 싱가포르, 홍콩 등이 있다. 〈표 1-6〉에서 볼 수 있듯이 거래소시장에서의 청산은 중앙예탁결제기관과 분리된 청산기관에 의해 주로 이루지고 있다. 그러나 장외시장에서의 청산은 청산기관과 중앙예탁결제기관이 통합된 구조에서 이루어지거나, 아예 중앙예탁결제기관에 의해 이루어지는 경우가 흔하다.[18]

후선부문이 청산기능과 예탁결제기능으로 전문화하면서 수평적 통합이 이루어져 효율성과 안정성은 더욱 높아지고 있다. 특히 국내에서 대체거래소가 허용되면 복수거래소 체제가 된다. 다수의 거래소나 다양한 증권이 존재함에도 불구하고 후선업무의 기능들은 본질적으로 동일하기 때문에 후선부문을 수평적으로 통합하여야 효율성과 전문성이 강화된다. 즉 서로 다른 거래소에서 거래되어도 청산과 결제는 각각 동일한 기관에서 수행되어야 한다. 시장이 분리되어 있다면, 다양한 시장의 위험을 집중적으로 관리할 필요성이 제기되고, 이는 후선부문의 수평적 통합을 더욱 촉진시키는 계기가 된다.

최근 들어서는 증권거래량이 급증하고 다양한 투자기법과 금융상품이 등장하여 후선

---

18 한국금융연구센터, 「자본시장 인프라 경쟁력 제고방안」, 2012, 8~10쪽.

표 1-6 **국가별 증권 청산 주체**

구분	거래소시장	장외시장
홍콩	중앙예탁결제기관 (HKSCC)	중앙예탁결제기관 (HKSCC)
싱가폴	중앙예탁결제기관 (CDP)	중앙예탁결제기관 (CDP)
영국	청산기관 (LCH.Clearnet Ltd)	중앙예탁결제기관 (Euroclear UK & Ireland)
캐나다	중앙예탁결제기관 (CDS)	중앙예탁결제기관 (CDS)
미국	청산기관 (NSCC, DTCC의 자회사)	중앙예탁결제기관 (DTC, DTCC의 자회사)
일본	청산기관 (JSCC, 동경거래소의 자회사)	청산기관 (JDCC, 예탁결제기관의 자회사)
스위스	청산기관 (SIX x-clear)	중앙예탁결제기관 (SIX SIS)
독일	청산기관 (Eurex Clearing)	중앙예탁결제기관 (Clearstream Banking Frankfurt)
프랑스	청산기관 (LCH.Clearnet SA)	중앙예탁결제기관 (Euroclear France)

주: 청산업무는 본인의(CCP 등) 지위에서 수행
자료: Lee(2010)[19]

부문의 업무처리 과정이 복잡해지고 결제위험도 증가하고 있다. 또한 증권거래가 빈번히 국경을 넘어 발생하고 있어 결제위험에 대한 중요성은 더욱 부각되고 있다. 이제 한 국가에서 결제가 이행되지 않으면 그 영향이 다른 나라의 금융시장으로 파급될 가능성은 매우 커졌다.

후선업무를 비용 측면에서도 살펴볼 필요가 있다. 거래소 간 경쟁이 유동성 경쟁이라면, 후선업무 간 경쟁은 비용경쟁이라 할 만큼 비용은 후선인프라를 결정하는 중요한 요소이다. 거래기능은 세계적으로 표준화된 시스템을 도입하여 운영할 수 있다. 거래기능이란 가격인 숫자를 자동으로 매칭하여 체결시키는 과정이기에 대부분의 나라가 공통으로 적용할 수 있는 표준적인 처리과정이 있다. 지금도 어느 거래소가 유명한 다른 나라의 거래시스템을 도입했다는 뉴스를 종종 들을 수 있다. 그러나 예탁결제기능은 자국 국민의 재산권과 관련된 사항이 많다. 국가마다 경제상황과 제도가 달라서 통일적인 운영체계를 가지기 어

19 Lee, R., The Governance of Financial Market Infrastructure, Oxford Finance Group, 2010.

렵다. 국가 특유의 제도에 체화된 시스템을 가질 수밖에 없다. 따라서 비용 측면에서 더욱 유의하여 시스템을 운영하여야 한다. 총량결제와 차감결제, 실물증권과 무권화증권 등과 같이 서로 대체할 수 있는 방식이나 방법은 결국 모두 예탁결제제도를 운영하는 비용과 관련된다. 안정적인 측면을 전제로 하면서도 비용을 절감할 수 있도록 예탁결제제도를 구성하는 하위의 방법이나 방식 하나하나를 세밀하게 분석하여 운영하도록 변화하고 있다.

증권예탁제도[1]

제 2 편

1 이 편에서 설명하는 증권예탁제도에 대한 법률구성, 운영구조 및 권리행사 등(제1장에서 제4장까지)은 우리나라 증권예탁제도를 중심으로 설명한다.

증권예탁제도의 개요

제1절 증권예탁제도의 의의

자본주의가 발전하면서 증권발행에 의한 자금조달이 증가되고 증권시장의 규모가 확대됨에 따라 대량의 증권거래를 신속하고 간편하게 결제하기 위하여 증권예탁제도가 고안되었다. 증권예탁제도는 증권을 보유하고 있는 자가 중앙예탁결제기관에 계좌를 개설하여 증권을 예탁하고 매매거래, 담보거래 등 각종 거래에 따른 증권의 이전을 실물증권의 이동 없이 계좌간 대체의 방법으로 처리하는 제도를 말한다. 기업의 자본조달과 투자자의 투자 수단인 주식 · 채권 등 자본증권을 작은 규모로 거래할 때에는 해당증권을 직접 상대방에게 인도하여 결제할 수 있지만, 대규모로 거래할 때에는 현실적으로 인도하여 결제하는 것은 어렵다. 따라서 증권거래 관계자 간에 실물증권을 현실적으로 교부함으로써 초래되는 불편과 비효율성을 해소하기 위해 새로운 제도가 필요하게 되었고 이런 필요에 의해 계좌간 대체의 방법이 증권결제 방법으로 고안되게 되었다.

우리나라의 경우 1970년대 들어 실물경제의 성장 및 정부의 자본시장 육성정책에 힘입어 증권시장의 거래량이 크게 증가함에 따라 1973년 구(舊)증권거래법에 의하여 증권예탁제도를 도입하였다. 이는 증권매매에 따른 결제를 계좌간 대체의 방법으로 함으로써 증권거래에 따른 제반 비용과 위험을 감소시켜 자본시장의 효율성과 안정성을 극대화하고자 함을 목적으로 하고 있다.

1980년대 이후 자본시장이 질적 · 양적 성장을 거듭하면서 증권예탁제도는 증권의 발행, 권리행사 등 증권사무 전반으로 그 기능을 확대하였으며, 최근 들어서는 예탁증권을 이용한 대차거래, 환매조건부매매거래(Repo), 파생상품거래 등 담보거래가 크게 증가함에 따라 담보관리기능도 수행하게 되었다.

이러한 증권예탁제도는 국가마다 조금씩 상이한 법률체계를 근거로 운영한다. 우리나라의 경우 일본의 법률체제[2]를 본받아 증권예탁제도에 혼장임치 및 공유권 이론을 그대로 수용하게 되었다. 이러한 법이론을 바탕으로 증권예탁제도는 증권의 대량 유통과정에서 초래하는 막대한 증권관리사무의 번잡성과 관리비용을 줄이고 도난 · 분실 등의 사고위험을 사전에 예방하여 자본시장에서 증권의 원활한 유통을 가능하게 하였다. 한편 우리나라에서도 자본시장이 고도화됨에 따라 증권예탁제도도 실물증권의 이동을 최소화하고 그 기능을 장부기재가 대신하게 되었는데, 현재에는 장부기재를 전자적인 기록으로 대체함으로써 실물증권을 아예 발행하지 않고 증권의 발행과 유통 전 과정을 전자적으로 처리하는 '전자증권제도'의 시행을 앞두고 있다.

증권예탁제도의 효율성 제2절

앞에서 언급한 바와 같이 증권예탁제도는 증권시장의 하부구조로서 증권관리의 안정성 및 효율성을 제고하고 증권거래에서 발생하는 비용 및 제 위험을 감소시키기 위한 목적으로 도입되었다.

만약 증권시장에 증권예탁제도가 도입되지 않고 증권 소유자가 직접 증권을 보관 · 관리하고 실물 증권에 의해 증권거래를 결제한다면 오늘날과 같이 증권시장에서 발생하는 막대한 규모의 거래를 원활하게 성립시키는 것은 사실상 불가능하다. 또한 대량으로 발행 · 유통되는 증권 실물은 결제불이행 위험을 일으키고, 실물 증권의 보관에 막대한 시설과 인력을 필요하게 하는 등, 증권사무위기(paper crisis)를 초래하여, 결과적으로 증권 투자자에게 막대한 경제적 손실을 초래하게 하고 증권거래의 정지 등 증권시장의 기능까지 마비시키는 경제적 대혼란을 일으킬 수도 있다.

이와 같이 증권시장에서 실물 증권에 의한 비효율적인 발행 · 유통 메커니즘이 존재하게 되면 증권 소유자는 증권을 직접 보관해야 하며, 권리를 이전할 때에는 실물 증권을 이

2 일본에서는 1984년 「株券等の保管及び振替に關する法律」을 제정하여 혼장임치 및 공유권에 바탕을 둔 증권예탁제도를 완비하였다. 하지만 프랑스, 영국, 스웨덴 등 서구 선진국을 중심으로 전자증권제도를 도입함에 따라 일본도 2004년 단기사채를 시작으로 각종증권(사채, 수익증권)에 대해 전자화하고 2009년 마지막으로 주식의 전자화를 시행(社債, 株券等の振替に關する法律)함으로써 자본증권 전체에 대해 전자증권제도를 채택하게 되었다.

동시켜야 하는 등 실물 증권 재고를 관리해야만 한다. 특히 실물 증권의 이동은 수작업에 의한 빈번한 업무 처리를 수반하므로 항상 업무 착오의 위험에 노출된다. 또한 증권시장에서 실물 증권을 이용하여 처리할 수 있는 거래건수는 절대적인 한계가 있으며, 이로 인해 추가로 비용이 많이 발생한다.[3]

그러나 증권예탁제도가 전국적 규모의 단일 중앙예탁결제기관을 구비하고, 예탁자로부터 유가증권을 집중예탁받아 모든 증권의 이전을 계좌부상 계좌대체 방식으로 전환하게 되면 실물 증권의 이동을 최소화시킬 수 있다. 더욱이 주권불소지나 채권등록에 의한 방법으로 실물 보관증권의 규모를 축소하면 막대한 증권보관비용과 실물 이동에 따른 인력과 시간을 절감할 수 있다. 또한 증권산업 전체적으로도 증권관리를 위한 금고시설과 전산설비 등의 중복 투자를 방지할 수 있어 불필요한 사회간접비용을 제거할 수 있다.

이러한 증권예탁제도가 그 기능을 극대화하기 위해서는, 증권시장에서 유통되는 증권의 부동화 비율을 높이는 것이 반드시 선행되어야 한다. 즉 중앙예탁결제기관에 보관되어 있는 증권을 이동하지 않으면서도, 모든 증권거래의 권리를 확실하게 이전할 수 있는 제도가 확립되어야 한다.

사회적 여건을 조성하고 법과 제도를 정비하여 증권예탁제도에 의한 증권관리사무를 고도화시키고, 나아가 발행 단계부터 실물 발행을 배제하는 전자증권제도를 실현한다면 증권시장은 더욱 효율적으로 될 것이다.

---

3 실제 미국에서 실물 증권에 의한 업무 처리 방식을 이용한 경우 매매 한 건당 결제비용이 30달러 이상 소요되는 데 반하여, 증권예탁제도의 계좌대체 방식을 이용하는 경우에는 3달러 이하로 비용을 절감할 수 있었다고 평가하고 있다.

증권예탁제도의 법률구성

지금까지 증권예탁제도의 효율성을 간단하게 살펴보았다. 그러나 이러한 증권예탁제도의 법적 성격과 증권예탁제도의 법률구성은 나라마다 서로 상이하다.

기본적으로 우리나라를 포함하여 독일, 일본 등 대륙법계 국가에서는 예탁제도를 혼장임치의 관계로 설명하고 있으며, 미국, 영국을 중심으로 한 영미법계 국가에서는 신탁을 중심으로 예탁제도의 법적 성격을 설명하고 있다.

증권예탁제도를 혼장임치의 관계로 설명하느냐, 신탁의 관계로 설명하느냐에 따라 증권예탁제도의 법률구성은 상당히 다를 수밖에 없다. 이 장에서는 대륙법계 국가와 같이 혼장임치의 법률구성을 채택하고 있는 우리나라의 증권예탁제도에 대해서 살펴보고자 한다.

예탁의 법적 성질 제1절

1 혼합계약

증권회사 · 은행 · 보험회사 등 기관투자자들은 자기 소유 증권이나 투자자로부터 예탁받은 증권을 투자자의 동의를 얻어 중앙예탁결제기관에 예탁한다. 이 경우 사전에 기관투자자들은 중앙예탁결제기관에 계좌를 개설하고 중앙예탁결제기관과 증권의 예탁에 따른 보관 · 관리와 예탁증권의 거래에 따른 소유권 내지 담보권의 이전 방법 등을 주요 내용으로 하는 예탁계약을 체결한다.

이와 같은 예탁계약에 따라, 계좌를 개설한 기관투자자는 예탁자로서 자신 또는 투자자 소유 증권을 중앙예탁결제기관에 예탁하고, 중앙예탁결제기관은 예탁자가 예탁한 증권을 다른 예탁자가 예탁한 증권과 함께 종류 및 종목별로 혼합보관하며 예탁증권으로부터 발생하는 여러 가지 권리를 관리한다. 또한 예탁자의 반환 청구에 의해 중앙예탁결제기관이 예탁증권을 반환하는 경우에는, 해당 예탁자가 예탁한 증권을 반환하는 것이 아니라 예탁한 증권과 동종 · 동량으로 반환한다. 따라서 예탁계약은 증권의 보관 및 권리 관리가 핵심으로, 민법이 규정하고 있는 14가지의 전형계약이나 상법상의 기본적인 상행위에 포함되지 않는 비전형계약으로서 혼장임치와 위임이 혼합된 특수한 형태의 계약으로 해석할 수 있다.[4]

1.1. 혼장임치

혼장임치(混藏任置)란 곡물 · 유류 · 주류 등 대체물의 임치에 있어서 수치인이 임치된 물건을 동종 · 동질의 다른 임치물과 혼합하여 보관하고, 반환할 때에는 임치된 것과 동종 · 동량을 반환하면 된다는 특약 형태의 임치를 말한다.

혼장임치의 목적물은 객관적으로 그 종류와 품질을 특정할 수 있는 대체물이어야 하며, 혼합보관하게 되는 임치물의 모든 임치인들의 승낙이 있어야만 혼장임치가 가능하다. 임치인은 혼합보관된 임치물에 대하여 각각 그들이 임치한 수량에 따라 공유지분을 가지며, 각 임치인은 그들의 지분에 해당하는 수량에 대하여 반환을 청구할 수 있다.

우리나라의 민법이나 상법에서는 혼장임치에 관한 규정이 없고, 자본시장법에서 증권의 혼합보관에 관하여 규정하고 있다. 즉 "예탁결제원은 예탁자로부터 예탁받은 증권을 종류 · 종목별로 혼합하여 보관할 수 있다(자본시장법 제309조제4항)"라고 규정하고 있다.

이 경우 예탁결제원은 예탁증권에 대한 소유권을 취득하지 못하며 예탁자와 투자자가 각각 예탁자계좌부와 투자자계좌부에 기재된 증권의 종류 · 종목 및 수량에 따라 예탁증권에 대하여 공유지분을 가지는 것으로 추정한다(자본시장법 제312조제1항).

또한 예탁증권에 대하여 예탁자의 반환 청구가 있을 경우, 예탁결제원은 예탁자의 공유지분에 해당하는 예탁증권과 동종 · 동량의 증권으로 반환한다(자본시장법 제312조제2항). 다시 말해서 예탁자 또는 투자자는 혼합보관된 예탁증권에 대하여 공유지분을 취득하며, 예탁결제원은 예탁증권의 수치인으로서 임치물인 예탁증권에 대하여 보관의무를 지게 된다. 그리고 예탁자 또는 투자자의 반환 청구가 있는 경우에는 수치인으로서 임치물인 예탁

4 서민, "증권예탁결제제도의 법적 과제", 「비교사법」 제3권 제2호, 1996, 110쪽; 강희만, 「유가증권대체결제제도」, 육법사, 1989, 137쪽.

증권을 반환하여야 한다. 다만, 투자자는 예탁자를 통하여 예탁결제원에 증권을 예탁하고 반환받을 수 있으므로 예탁결제원과 투자자는 복임치의 관계에 있다고 할 수 있다.

이와 같이 예탁의 법률관계를 혼장임치에 의하여 구성한 것은 일본의「株券保管振替法」을 본받은 것인데, 일본은 1962년 주권보관대체제도의 도입을 검토함에 있어 그 법률구성을 소비임치, 신탁 및 혼장임치의 3가지 방식을 고려하였다. 그러나 소비임치의 경우 임치인이 단지 채권적 청구권만을 가질 뿐이므로 만일 수치인(예탁기관)의 파산 또는 강제집행 등의 경우에 임치인에게는 환취권, 제3자 이의의 소 등 물권적 보호가 인정되지 않는 점이 문제가 되었다. 또한 신탁의 경우에는 기존 법률 · 관행의 큰 변경 없이 기명주식의 명의개서 등 권리행사를 처리하는데 적용하기에 적합하기는 하였으나, 신탁관계에 의한 수익권이 계좌대체에 의하여 이전한다고 하는 경우 이는 통상의 채권양도의 경우와 같기 때문에 지명채권양도의 대항요건을 구비하여야 하는 점이 장애가 되었다. 그 결과 일본의「株券保管振替法」은 독일의 유가증권예탁법과 같이 혼장임치로써 주권보관대체제도를 구성하였으며, 우리나라도 이러한 입법태도를 본받아 증권예탁제도에 대한 법률을 혼장임치로 구성하게 되었다.[5]

이와 같이 예탁은 증권의 혼합보관을 위한 혼장임치로서 (ⅰ)특정의 목적물을 보관하고 해당 목적물로 반환하는 임치와 다르며, (ⅱ)수치인이 임치물의 처분권을 취득한 후에 동종 · 동질 · 동량의 것을 임치인에게 반환하는 소비임치와는 다르다.

1.2. 위임

위임(委任)이란 당사자의 일방인 위임인이 상대방인 수임인에게 사무의 처리를 위탁하고 수임인이 이를 승낙함으로써 성립하는 계약을 말한다. 수임인은 위임의 본지(本旨)에 따라 선량한 관리자의 주의로써 위임사무를 처리할 의무가 있다(민법 제681조). 또한 위임사무의 처리로 인해 받은 금전이나 기타의 물건 내지 수취한 과실을 위임인에게 인도해야 할 뿐 아니라, 위임인을 위해 수임인의 명의로 취득한 권리도 위임인에게 이전해야 한다(민법 제684조).

따라서 예탁결제원은 예탁증권에 대하여 수임인으로서 위임인인 예탁자 또는 투자자를 위하여 위임사무를 처리하여야 한다. 다시 말해 예탁결제원은 배당금 · 원리금 · 준비금 또는 재평가적립금의 자본전입 · 주식배당 · 신주인수권의 행사 등 예탁증권에 대한 제반 권리가 발생하는 경우, 선량한 관리자로서 주의를 다하여 예탁증권의 권리를 행사하고 권리

5 河本一郎, "株券保管振替制度に關する諸問題",「証券研究」第41巻, 1976, pp.43～46; 上柳克郎 · 竹內昭夫,「新版註譯會社法(4)」, 有斐閣, 1993, pp.269～271.

의 과실 등을 예탁자 또는 투자자에게 지급한다.

이와 같이 예탁결제원의 예탁증권에 관한 여러 권리 관리행위의 법적 성격은 위임이다. 다만, 투자자는 예탁자를 통하여 예탁결제원에 증권관리사무를 위임하므로 예탁결제원과 투자자는 복위임의 관계에 있다고 할 수 있다.

1.3. 위임과 대리

대리관계는 본인 · 대리인 사이의 '기초적 내부관계'로부터 개념상 독립된다. 즉 매매를 위임받아서 수임인이 본인을 대리하여 매매계약을 체결하는 경우 위임관계와 대리관계는 외형상 단일한 실체로 존재한다 하더라도 대리관계는 위임관계로부터 개념상 분리되어 독립된 법률관계인 것이다. 일반적으로 위임과 대리는 서로 결합하는 것이 보통이지만, 중개업, 위탁매매업 등에 있어서 위임이 대리를 수반하지 않는 경우도 있는 것이다. 이러한 대리권이 발생하기 위해서는 본인이 대리인에게 대리권을 수여하는 행위, 즉 수권행위가 있어야 한다.

예탁증권에 대한 예탁결제원의 권리행사를 예탁자나 투자자의 신청에 따라 행사한다는 측면에서 이들의 신청을 일종의 대리권 수여로 보아 예탁결제원의 권리행사의 법률관계를 본인과 대리인관계로 파악하기도 한다. 하지만, 대리권은 내부적 의무관계로부터 독립됨으로써 대리인은 그 범위 내에서 본인에게 불이익한 법률행위를 할 수 있으며 이러한 배임적 법률행위의 효과도 본인에게 발생하게 되는 부당한 결과가 초래된다. 따라서 예탁자나 투자자의 신청은 수권행위가 아닌 위임사무의 구체적 범위지정으로 보아야 한다. 그리고 실제적 측면에서도 예탁결제원이 발행회사 등에 권리행사 시 대리행사의 원칙인 현명(顯名)주의, 즉 본인(예탁자 또는 투자자)을 위한 것임을 표시하지 않고 예탁결제원 명의로 권리를 행사하므로 예탁결제원의 권리행사를 대리관계로 이해하는 것은 무리라고 생각한다.[6]

② 유상 · 쌍무계약

민법상 계약에 있어서 계약 당사자 쌍방이 서로 대가적 의미의 채무를 부담하는 계약을 쌍무계약(雙務契約)이라 하고, 계약 당사자끼리 서로 대가적 의미를 갖는 재산상의 출연을 하기로 하는 계약을 유상계약(有償契約)이라고 한다. 따라서 유상계약은 계약 당사자가 서로 채무를 부담하는 계약인 쌍무계약에 필연적으로 따르는 계약으로, 민법상 위임이나

6 최정철, "유가증권 예탁의 법리에 관한 소고", 「증권예탁결제논고집 Ⅲ권」, 2004, 428쪽.

임치가 유상일 경우에는 쌍무계약이 된다.

예탁결제원은 예탁계약에 의해 예탁자들로부터 증권을 예탁받아 이를 안전하게 보관하고, 예탁증권으로부터 발생되는 여러 권리를 예탁자나 그의 투자자를 위하여 관리한다. 그리고 예탁자의 재산을 보관 · 관리하는 대가로 예탁자로부터 소정의 사무처리 수수료를 지급받는다. 따라서 예탁계약은 예탁결제원과 예탁자가 예탁증권의 보관 · 관리와 수수료 부담이라는 대가적 의미를 갖는 쌍방 채무를 부담하게 되므로 유상계약인 동시에 쌍무계약에 해당된다.

3 유사개념과의 비교

3.1. 예금

예금은 소비임치(消費任置)라는 특수한 형태의 계약으로, 금융기관은 불특정물로 예입된 금전에 대한 처분권을 취득하여 이를 이용할 수 있으며 예금주가 반환을 청구하면 동일한 금액으로 이를 반환하면 된다.

예금과 예탁을 비교해 보면, 예금의 경우에는 수치인인 금융기관이 예입된 금전의 소유권을 취득하여 처분할 수 있는 반면, 예탁은 수치인인 예탁결제원이 예탁증권에 대한 소유권을 취득하지 못하고 임치인인 예탁자 또는 투자자가 예탁증권에 대하여 직접 공유지분권을 가진다는 점에서 차이가 있다. 다시 말해 예금은 임치인이 임치물인 예금에 대하여 물권적 권리를 가지지 못하고 동일 수량의 금액에 대한 반환청구권인 채권만을 가진다는 것이며, 예탁은 임치인인 예탁자 또는 투자자가 임치물인 증권에 대해 물권적 권리인 공유지분권을 직접 가진다는 점에서 큰 차이가 있다고 할 수 있다. 다만, 예금이나 예탁의 경우 모두 반환 시 동종 · 동량의 것으로 반환하면 된다는 점에서는 동일하다.

3.2. 신탁

신탁(信託)이란 위탁자가 특별한 신임관계에 있는 수탁자에게 특정의 재산을 이전 또는 처분하고 수탁자로 하여금 수익자의 이익 또는 특정한 목적을 위해 그 재산의 관리, 처분, 운용 등 신탁 목적을 달성하는데 필요한 행위를 하게 하는 법률관계를 말한다. 신탁행위에 의하여 수익자로 지정된 자는 신탁이익의 향수(享受)를 승낙한 것으로 추정되며 수탁자가 신탁의 본지에 위반하여 신탁재산을 처분한 경우에는 수익자는 일정한 조건 아래 상대방 또는 전득자(轉得者)에 대하여 그 처분을 취소할 수 있다.

따라서 신탁은 수탁자가 신탁 목적에 따라 신탁재산을 관리하기 위해 그 신탁재산의 소유권을 취득하고 처분할 수 있으며 신탁의 종료 시에는 현존하는 목적물 또는 대위물을 위탁자에게 교부한다. 반면 예탁의 경우는 예탁증권에 대한 공유지분권을 수치인인 예탁결제원이 아니라 임치인인 예탁자 또는 투자자가 취득하고, 반환 시에도 예탁증권과 동종·동량의 것으로 한다는 점에서 그 성격이 상이하다.

제2절 예탁의 법률관계

1 예탁증권에 대한 소유관계

1.1. 공유권(혼합보관)

자본시장법상 예탁결제원은 예탁자가 예탁한 증권을 종류·종목별로 혼합보관(混合保管)하며, 예탁자 및 투자자는 각각 예탁증권(預託證券)의 종류·종목 및 수량에 따라 예탁증권에 대한 공유지분을 가지는 것으로 추정된다. 따라서 현행 증권예탁제도는 예탁자 또는 그의 투자자에게 혼합보관된 예탁증권에 대한 공유지분권을 인정하여 물권적 보호를 함으로써 예탁증권에 대한 소유권관계를 입법적으로 해결하였다고 볼 수 있다.

현재는 공유권(共有權)의 성립 근거를 입법적으로 해결하여 큰 의미가 없으나, 혼합보관된 증권에 대한 공유권의 성립 근거에 관한 이론으로 독일에서 유래된 혼합설과 계약설을 들 수 있었다. 이러한 증권의 혼합보관에 따른 공유권의 성립 근거에 관한 이론을 살펴보면 다음과 같다.

(1) 혼합설

혼합설(混合說)은 독일민법 제948조를 근거로 하여 혼화(混和)에 의한 공유권의 성립을 인정하고, 지분의 비율은 혼화 당시에 물건이 갖고 있는 가격의 비율에 의해 결정하고 있다.

독일민법 제948조제1항에서는 "수 개의 동산이 서로 혼합하거나 융화하여 분리할 수 없을 때에는 제947조(動産間의 附合)의 규정을 준용한다"라고 규정하고 있다.

혼화라는 것은 수 개의 동산이 부합 또는 융화하여 분리가 불가능한 상태를 말한다. 증권 보관의 경우 이 설에 의하면 독일민법 제948조제2항이 "혼합 또는 융화된 물건의 분리에 과다한 비용을 요할 경우에는 분리할 수 없는 것과 동일하다"라고 규정하고 있는 것을 원용하여, 예탁증권의 사실상 분리의 불능이 아니라 예탁증권을 분리할 때 요구되는 과다한 비용으로 인한 경제적 분리불가성을 강조하고 있다.[7]

이 설은 후술하는 계약설에 비해 논리가 간결하다는 점과 당시의 유가증권 혼장은행의 업무 약관상 계약설에 의해 공유권의 근거를 부여할 만한 조항이 없다는 점 등으로 인해 초기에는 유력한 학설로 대두되었다.

(2) 계약설

계약설은 당사자의 계약을 공유권의 성립 근거로 간주하는 학설이다. 계약설에 따르면 예탁자는 자기지분을 기존 예탁자의 예탁량 비율에 상응하여 양도한다는 뜻의 의사를 수탁자인 예탁기관에게 표시하고, 수탁자인 예탁기관은 기존 예탁자의 대리인으로서 기존 예탁자의 지분의 일부를 양도한다는 의사표시를 함으로써 혼합보관된 증권에 대한 공유지분의 이전 합의가 성립된다고 본다.

그러나 새로이 증권을 양도하는 경우, 공유지분의 이전 합의 외에 증권의 인도가 이루어져야 한다. 이러한 경우 예탁자는 수탁자인 예탁기관의 혼합보관계약에 의해 예탁증권을 간접 점유하고 있으므로, 증권의 인도는 기존의 예탁자가 간접 점유하고 있는 공유지분을 새로운 예탁자에게 이전하는 것이다. 즉 이는 혼합보관계약의 체결에 의해 수탁자인 예탁기관이 예탁받은 증권과 동일 종목의 보관증권 전부를 새로운 예탁자를 위해서도 보관한다는 의미이다. 또한 증권의 인도 청구가 있으면 이 보관 잔고 중에서 예탁받은 동일 수량의 증권을 새로운 예탁자에게 인도할 의무를 부담함으로써, 인도에 갈음하는 간접 공동점유의 이전이 행해진다고 하여 목적물반환청구권의 양도를 통해 증권이 인도됨을 설명하고 있다.

1.2. 공유권(公有權)의 성립시기

공유권 성립시기와 관련하여 독일의 유가증권예탁법은 유가증권이 혼합보관되는 경우, 혼합보관의 수탁자가 유가증권을 수령한 시점에서 공유지분이 성립한다고 규정하고 있다. 즉 혼합보관된 유가증권의 기존 소유자를 위한 공유지분은 혼합보관의 수탁자가 유가증권을 수령한 시점에서 성립하게 된다. 따라서 공유지분의 성립을 판단하는 기준은, 혼합

7 河本一郎, '有價証券 振替決濟制度の研究', 有斐閣, 1969, p.237.

보관의 수탁자가 증권을 실제로 혼합보관하는 시점이 아니고 수탁자가 증권을 혼합보관할 수 있었던 시점을 기준으로 하는 것이다.[8]

우리나라의 경우 투자자계좌부에 기재된 시점에 예탁결제원에 예탁된 것으로 간주함으로써 투자자계좌부의 기재시점에 공유권이 발생한다고 법정화하고 있다(자본시장법 제310조제4항). 그러나 예탁자 자신이 소유한 증권에 대하여는 법상 공유권 발생시기가 명확하지 않아 증권의 인도시점인지 예탁자계좌부상의 기재시점인지 의문이 있을 수 있다. 그러나 투자자계좌부와의 형평성 측면을 고려하고 예탁결제원의 업무규정상으로도 예탁의 효력발생시기를 예탁자계좌부 기재시점으로 명기하고 있는 점(예탁규정 제14조)을 감안하면 예탁자의 소유증권에 대한 공유권도 예탁자계좌부 기재시점에 발생하는 것으로 보는 것이 합리적일 것이다. 즉 우리나라의 경우에도 공유권 성립시기를 실제로 혼합보관하는 시점이 아니라 증권을 혼합보관할 수 있었던 시점을 기준으로 하고 있는 것이다. 다만, 투자자가 예탁한 증권에 대해서는 예탁자가 관리하는 투자자계좌부의 기재시점에 공유권이 발생한다고 법정화함으로써 투자자의 완전한 보호를 기하고 있다고 할 수 있다.

1.3. 공유권(共有權)의 내용

우리나라는 증권예탁제도상 예탁증권에 대하여 법정 공유관계를 인정한다. 다시 말해서 자본시장법에 의해 예탁자가 자기 소유 증권이나 투자자 소유의 증권을 예탁결제원에 예탁하는 경우, 예탁결제원은 그 예탁증권을 종류 · 종목별로 혼합보관하고, 예탁자와 투자자는 각각 예탁자계좌부와 투자자계좌부에 기재된 증권의 종류 · 종목 및 수량에 따라 예탁증권에 대한 공유지분을 가지는 것으로 추정된다.

그리고 예탁결제원은 예탁자 또는 투자자로부터 예탁증권의 반환 청구가 있는 경우, 다른 예탁자나 투자자의 동의 없이 예탁한 증권과 동일 종목, 동일 수량을 해당 예탁자에게 반환한다. 따라서 증권예탁제도상의 공유관계는 민법 제262조의 공유나 상법 제332조의 주식의 공유와는 달리 당사자 사이에 주관적 연대가 없이 독자적인 지분처분권을 가지고 있다고 할 수 있다.

따라서 예탁자는 언제든지 공유지분에 해당하는 유가증권을 반환할 수 있으며, 주주권의 행사도 다른 공유자의 동의(민법 제269조제1항) 없이 사실상 단독주주의 주주권 행사와 동일하게 독립하여 행사한다. 그러므로 증권예탁제도상의 공유 형태는 일반의 공유와 구별되는 특수한 공유로 보아야 한다.

---

8 Theodor Heinsius, Arno Horn, Jürgen Than, *Depotgesetz, de Gruyter*, 1975, p.136.

② 예탁증권에 대한 점유관계

전술한 바와 같이 예탁증권이 중앙예탁결제기관에 혼합보관되면 예탁자와 투자자는 예탁증권에 대하여 공유지분권을 취득하며, 증권거래에 따른 예탁증권의 소유권 이전은 계좌부상 계좌간 대체에 의해 이행된다.

그러나 증권의 이전이 법적 효력을 갖기 위해서는 증권 양도의 합의 이외에 증권의 점유가 양도인으로부터 양수인에게 이전되어야 한다. 증권예탁제도에서는 중앙예탁결제기관이 예탁증권을 직접점유하고 예탁자와 투자자가 간접점유하는 이중의 점유관계로 구성되어 있어 증권의 양도에 관한 법률관계도 매우 복잡한 구조를 갖게 된다.

2.1. 예탁증권 점유구조

증권이 예탁결제원에 예탁되어 혼합보관되는 경우에는 중앙예탁결제기관과 예탁자, 예탁자와 투자자 간의 예탁증권에 대한 점유관계가 중첩적으로 존재하게 되어 복합적인 점유구조를 이루게 된다. 즉 중앙예탁결제기관은 혼합보관되어 있는 증권의 직접점유자가 되고, 중앙예탁결제기관에 계좌를 개설한 예탁자 및 그의 투자자는 간접점유자가 된다.

일반적으로 지상권 · 전세권 · 질권 · 사용대차 · 임대차 등의 관계로 인하여 타인으로 하여금 물건을 점유하게 한 자는 간접점유권을 가지게 된다. 간접점유에 의하여 점유는 분할되어 여러 사람에게 귀속되며 동일한 물건에 관하여 여러 점유자가 생기게 된다. 그러므로 점유제도는 간접점유에 의하여 크게 확장되게 된다.

간접점유의 특정은 그것이 점유매개관계를 요소로 한다는 점이다. 이것에 의해 직접점유와 간접점유가 결합될 수 있는 것이다. 이 점유매개관계에 의해 직접점유자는 간접점유자에 대하여 점유할 권리 · 의무를 가지게 되며, 간접점유자는 직접점유자에 대하여 언제든지 반환을 청구할 수 있게 된다. 이런 의미에서 간접점유도 직접점유와 동일한 점유라 할 수 있다.

예탁증권의 점유구조는 다계층 간접점유구조를 이루고 있다. 다계층 간접점유구조란 여러 사람이 순위를 가지고 서로 점유매개관계를 형성함으로써 발생하는 여러 층의 간접점유를 말한다. 즉 증권예탁제도에서의 점유구조는 투자자가 예탁자에게 예탁한 증권을 예탁자가 다시 예탁결제원에 재예탁하는 구조이므로, 예탁결제원이 직접점유가가 되며, 예탁자는 제1간접점유자, 투자자가 제2간접점유자가 되는 다계층 점유구조를 형성한다.

2.2. 예탁증권의 점유와 양도

(1) 동산물권의 변동

민법은 동산물권의 변동에 관해 부동산물권의 변동과 마찬가지로 형식주의를 취하고 있다. 즉 물권변동에 대한 의사표시의 합의와 이에 부가하여 동산의 인도가 있어야 물권행위가 완성되는 것이다. 다만, 동산물권의 변동에 있어서는 인도주의가 약화되어 가고 있다. 단순히 물권적 합의만으로 소유권이 이전하는 간이인도(민법 제188조제2항), 현실인도 이외의 대체인도 방법인 점유개정 및 목적물반환청구권의 양도(민법 제189조 및 제190조)의 방법으로 동산물권이 변동되고 있다.

물권변동행위의 요소를 이루는 인도는 점유의 이전, 즉 사실상의 지배를 이전함을 말하는데, 현실의 인도 이외에 간이인도 · 점유개정 · 목적물반환청구권의 양도에 의한 인도가 있다.

현실의 인도는 물건의 사실상의 지배를 실제로 양도인으로부터 양수인에게 이전하는 것으로서 인도의 전형이라 할 수 있다. 사실상의 지배의 이전은 사회통념에 의해 정하여야 할 것이지만 구체적으로는 (i)양도인측이 사실상의 지배를 포기하는 것, (ii)양수인측이 이를 수취하는 것, 그리고 (iii)이와 같은 수취가 양도인의 점유 이전을 계기로 행하여지는 것을 요건으로 한다고 할 수 있다.

간이인도에 의한 이전은 양수인이 이미 물건을 점유하고 있는 경우 소유권 이전에 관해서 양도인과 양수인의 물권적 합의만으로써 소유권이 이전하게 된다.

점유개정은 물건의 양도인이 양도 후에도 종래와 같이 점유를 계속하면서 양수인과 사이에 점유매개관계를 설정함으로써 양수인에게 간접점유를 취득시키고 스스로는 양수인의 점유매개자로서 직접점유를 계속하는 것이다. 인도가 물건의 장소적 이전 없이 점유 이전에 관한 물권적 합의만으로 행하여진다는 점에서 간이인도와 같다. 그러나 간이인도는 양수인이 타주점유자에서 자주점유자로 전환되는 것에 비하여, 점유개정은 양도인이 자주점유자에서 타주점유자로 전환되는 것이다. 그러므로 간이인도에 있어서는 인도의 전후 계속하여 직접점유가 양수인에게 있기 때문에 양수인이 계속하여 물건이용하는 것이 가능한 반면, 점유개정에 있어서는 점유가 양도인에게 있어 양도인의 물건이용이 계속될 수 있는 것이다.

목적물반환청구권의 양도에 의한 인도는 양도인이 타인에 의하여 점유하고 있는 경우에 타인에 대하여 가지는 반환청구권을 양수인에게 양도함으로써 양수인에게 간접점유를 취득시키는 것이다. 반환청구권의 양도에 의한 인도도 의사표시만으로 하는 인도라는 점에서 간이인도 및 점유개정과 같지만 간이인도는 양수인이, 점유개정은 양도인이 직접점유를 하는데 반하여 반환청구권의 양도에 의한 인도는 제3자가 직접점유를 한다는 점이 근본적으로 다르다. 반환청구권은 점유매개관계에서 발생하는 채권적 청구권이다. 그러므로 민법상의 채권양도에 관한 규정이 준용된다. 그러므로 반환청구권의 양도는 일종의 채권양도로써 양도인과 양수인의 합의에 의하여 효력이 생기지만, 점유매개자에 대한 통지 또는 점유매개자의 승낙이 있어야 반환청구권의 양도를 가지고 대항할 수 있다(민법 제450조 및 제451조).

(2) 증권의 양도방법

증권양도가 양도로서의 효력을 가지기 위해서는 증권이 교부되어야 한다(상법 제336조 제1항). 교부의 방법으로는 현실(現實)의 인도(引渡, 민법 제188조제1항)뿐만 아니라 간이인도(簡易引渡, 민법 제188조제2항), 점유개정(占有改定, 민법 제189조) 및 목적물반환청구권(目的物返還請求權)의 양도(민법 제720조)가 있다.[9]

증권을 양도한 경우의 교부방법으로는, 예탁증권을 반환받아 현실의 인도를 하거나 예탁증권반환청구권을 양도하는 방법이 있다. 그러나 계속적인 대량 거래에서 수많은 거래당사자 간에 증권을 실물로 인도하는 경우, 증권의 분실 등 사고와 격지간의 거래 시 이행지체 등으로 인해 증권의 유통성을 제고시키지 못할 뿐만 아니라 투자자의 권리 보호에도 만전을 기할 수 없다. 또한 예탁자 또는 투자자가 가지고 있는 예탁증권반환청구권의 양도에 의하게 되면, 민법상 채권양도의 방법에 따라 동 양도사실을 확정일자가 있는 증서에 의해 통지하거나 승낙해야 제3자 대항효력이 발생하는데 증권시장에서 일어나는 대량 거래에는 현실적으로 불가능한 방법이다(민법 제450조).

실제적 현실인도나 목적물반환청구권의 양도의 방법이 불가능함에 따라 자본시장법에서는 계좌간 대체를 예탁증권의 권리이전 방법으로 직접 규정하였다. 즉 증권의 양도를 목적으로 계좌간 대체의 기재를 한 경우 증권의 교부로 의제(자본시장법 제311조제1항·제2항)함으로써 예탁증권이 양도될 수 있도록 한 것이다.

(3) 계좌대체의 법적 성질

증권예탁제도에서 예탁증권 양도요건으로서의 계좌대체를 규정하고 있는데, 이에 대한 법적 성질을 어떻게 해석할 것인가는 문제가 된다. 종래에는 이를 민법 제190조의 목적물반환청구권의 양도로 보았으나,[10] 계좌기재에 점유의 효력이 부여되어 논리적으로 계좌

9 최기원(崔基元), 「상법학원론」, 박영사, 489쪽.
10 안문택, "유가증권대체결제의 규제에 관한 고찰(상)", 「증권조사월보」 제85호, 1984.5, 15~16쪽.

부간 대체의 기재는 점유의 이전이 되고 그 대체기재로써 권리가 이전된다는 점[11] 등을 감안할 때 이는 민법 제188조제1항의 현실의 인도에 해당한다는 견해[12]도 있다. 현실의 인도가 반드시 양도인으로부터 양수인에게 이루어질 것을 요구하지 아니하고 예탁증권의 간접점유관계에 있어서도 사실상의 지배력이 인정되며, 또한 현실의 인도로 보아야 양수인의 권리가 강하게 보호될 수 있다는 점에서 계좌대체의 법적 성질을 현실의 인도로 보는 것이 타당할 것이다. 구(舊)증권거래법에서는 계좌간 대체의 기재에 증권의 교부와 '동일한 효력'을 부여함으로써 이러한 해석상의 논란이 있을 수 있었으나, 자본시장법에서는 이를 증권의 교부로 '의제'하였기 때문에 비록 사실적 관계에서는 현실의 인도가 아니라는 해석이 가능하더라도 법률적 관계에서는 계좌대체를 현실의 인도로 보는 것이 타당할 것이다.

그러나 증권양도에 관한 현행 입법방식도 유가증권 이론과의 형식적인 연결을 도모한 나머지 법률구성(공유지분의 이전)과 실질적인 효과(증권의 이전) 사이에 차이가 있는 문제를 안고 있다. 증권예탁제도에 있어서는 전통적인 유가증권법리의 계승보다는 자본시장의 발전이라는 측면에서 보다 진보적이고 독자적인 법리구성이 필요하다. 다시 말해서 전술한 바와 같이 계좌기재를 증권의 점유에 갈음하는 새로운 공시방법으로 보아, 계좌대체 역시 단순히 증권교부로 의제할 것이 아니라 예탁증권(공유지분)의 고유한 양도방법으로 인정하는 입법론을 취하는 것이 바람직할 것이다.[13]

3 예탁증권의 선의취득

오늘날 동산의 거래는 상당히 빈번히 행하여지고, 하나의 물건에 동시 또는 계속적으로 다수인이 관련된다. 그런데 거래할 때마다 소유권의 유무를 확인해야 한다면 시간과 비용이 많이 소모될 뿐만 아니라 안전하고 신속한 거래를 담보할 수 없을 것이다. 따라서 거래 시 소유권의 유무를 일일이 확인하지 않아도 전주(前主)의 권리외관을 신뢰하고 거래한

11 반환청구권의 양도로 보는 경우에는 양도인과 양수인 간의 합의만으로 점유가 이전된 것이 되어 예탁결제원의 계좌부상 대체기재는 이미 발생한 점유의 이전을 확인 · 공시하는 의미 밖에 없게 되는데 이는 계좌대체에 관한 법의 취지에도 부합되지 않는다. 또한 목적물반환청구권은 채권적 권리로써 제3자 또는 점유매개자에 대항하기 위해서는 채권양도의 방법이 준용되어야 하나, 익명성이 요구되는 증권거래의 특성상 이는 적합하지 않다.

12 임중호, "증권대체거래에 있어서의 유가증권의 무권화 현상과 그 법적 문제", 「비교사법」 제5권 제1호, 한국비교사법학회, 1998.12, 403쪽.

13 국제증권거래의 법적 안정성을 확보하기 위하여 UNIDROIT가 예탁결제제도 관련법제의 국제표준으로 마련한 「간접보유증권협약(Convention on Substantive Rules regarding Intermediated Securities)」도 증권의 '점유'라는 개념을 탈피하여 증권계좌에의 기재 자체가 권리의 공시방법으로 인정되어야 함을 명시하고 있다(협약 제9조 제1~3항).

자를 보호하면 거래의 안전과 신속을 꾀할 수 있다. 이와 같이 거래의 안전을 위해 동산의 점유에 공신력을 인정하는 제도를 일반적으로 선의취득(善意取得)이라 한다.

민법상 선의취득은 무권리자로부터 법률행위에 의하여 이를 양수하고 평온 · 공연 · 선의 · 무과실로 점유를 취득한 것을 그 요건으로 한다(민법 제246조부터 제252조까지).

빈번한 유통에 따른 거래의 안전을 위하여 유가증권에 관하여는 양수인의 선의 · 무중과실만을 요구하여 선의취득 요건을 완화하고 있다(상법 제359조). 한편 주권의 선의취득은 증권의 점유에 인정되는 권리추정력으로부터의 당연한 귀결이기도 하다.

전술한 바와 같이 증권예탁제도 하에서 예탁증권이 중앙예탁결제기관에 혼합보관되면, 투자자계좌부 및 예탁자계좌부에 각각 기재되어 투자자 및 예탁자는 각각 증권을 간접공동점유하게 되며 예탁증권에 대한 공유지분을 취득하게 된다.

이러한 공동점유는 공유권 자체에 대한 권리외관을 창출할 수는 있지만 구체적인 지분에 대한 외관은 창출할 수 없기 때문에[14] 거래안전을 보호할 수 없는 문제가 발생한다. 즉 계좌기재에 자격수여적 효력이 인정되지 아니하므로 예탁증권(공유지분)에 대하여는 선의취득을 인정할 수 없게 된다. 이에 자본시장법은 혼합보관을 기본으로 하는 증권예탁결제제도의 본질에도 불구하고 투자자계좌부와 예탁자계좌부에 기재된 자는 각각 그 증권을 점유(단독점유)하는 것으로 의제함으로써(자본시장법 제311조제1항) 계좌기재에 권리외관을 부여[15]함으로써 예탁증권에 대해서도 선의취득을 인정할 수 있게 되었다.

3.1. 투자자가 무권리자인 경우

투자자 A가 권한 없이 투자자 B의 증권을 예탁하여 예탁자의 투자자계좌부에 예탁주식이 기재될 경우, 진실한 권리자인 B가 공유지분을 취득하고 무권리자(無權利者)인 A는 이것을 취득하지 못한다. 즉 예탁증권의 공유지분은 진실한 권리자인 B에게 속한다.

그러나 A는 투자자계좌부에 기재된 증권의 점유자로 간주된다. 따라서 투자자 A의 청구로 투자자 C의 계좌로 예탁증권의 공유지분이 대체되면, C는 A로부터 증권의 교부를 받게 되고 투자자계좌부와 예탁자계좌부의 공유지분 추정력과 상법상 증권의 선의취득 조항에 의해 C는 해당증권, 즉 공유지분을 선의취득하며 반면에 B는 공유지분을 잃게 된다.

다시 말해서 무권리자가 타인의 증권을 증권회사에 예탁하고, 해당증권이 다시 중앙예탁결제기관에 예탁되어 혼합보관된 후 계좌부상 계좌대체가 되면 양수인은 공유지분을 선

---

14 河本一郎, "有價証券振替決濟制度と善意取得", 「証券研究」 第57卷, 1979.2, p.7.

15 지분적 점유의 경우에는 권리외관이 인정될 수 없다는 이유로 이에 반대하는 견해가 있다(임중호, 전게논문, 1998.12), 396~400쪽.

의취득하게 된다.

3.2. 예탁자의 권한 없는 계좌대체

예탁자 갑이 투자자 A의 매수위탁을 받았으나 새로운 증권을 매입하지 않고 다른 투자자 B의 계좌잔고의 예탁지분을 권한 없이 투자자 A의 계좌에 대체한 경우, 투자자 A는 계좌대체(計座對替)된 증권을 선의취득하고, 투자자 B는 권리를 상실한다. 이러한 경우 대체는 투자자 B의 의사에 의한 것이 아니지만, 투자자 A는 증권의 교부를 정당하게 받은 것으로 되어 선의취득이 인정된다.

3.3. 예탁자의 예탁주식수 오기

투자자 A가 예탁자 갑을 통해 주권 1,000주를 중앙예탁결제기관에 예탁시켰는데, 갑의 투자자계좌부상 투자자 A의 계좌에 1만 주로 오기(誤記)된 경우가 발생하였다고 가정하자. 이 경우 투자자 A가 1만 주를 투자자 B에게 양도하고 투자자 B의 계좌에 1만 주를 대체한 경우, 대체기재의 증권 교부 효력에 의해 1만 주의 증권을 교부받은 것과 동일하게 되므로 투자자 B는 1,000주는 승계취득, 나머지 9,000주는 선의취득하게 된다.

이 경우 선의취득된 9,000주만큼 예탁증권의 부족이 발생하여, 중앙예탁결제기관과 투자자를 갖는 예탁자는 부족 예탁증권에 대한 연대보전의무를 부담하게 된다. 물론 이 경우 예탁결제원 및 예탁자는 그 부족에 대해 책임이 있는 자에 대하여 구상권을 행사할 수 있다(자본시장법 제313조).

한편 일본에서는 대체기관의 오기록에 따라 과다기재가 된 경우 증권의 발행총수가 증가하게 되며, 오기록에 의해 증가된 증권에 대해서는 해당 대체기관이 소각 또는 해소할 의무를 진다. 대체기관이 소각 또는 해소의무를 이행하기까지는 발행회사에 대하여 그 초과된 증권에 대한 권리행사가 인정될 수 없다. 왜냐하면 '무'에서 '유'가 발생하기 때문이다. 오기록을 원인으로 하는 선의취득이 성립한다고 하더라도 선의취득자는 그것만으로 완전한 권리를 취득하는 것은 아니다. 따라서 해당 대체기관의 소각 또는 해소의무를 이행조건으로 하는 증권상의 권리를 취득하는데 불과하고, 이러한 대체기관의 소각의무 이행은 진정한 증권을 취득해서 투자자가 갖는 의사(疑似)증권과 교환하는 행위인 것이다. 이는 이론적으로는 대체계좌부의 기록에 대한 신뢰성을 확보한다고 하는 제도적 관점에서 예탁자 등에게 선의취득에 대한 '보장책임'을 부과한 것으로 파악할 수 있다.[16]

---

16 日本銀行 金融研究所, "有價証券Paperless化の基礎理論", 2006.11, p.82.

우리나라의 경우에는 예탁자의 계좌부 오기에 따라 증가한 증권에 대하여 선의취득을 인정하여야 하는지에 대해 의견이 대립하고 있다.

먼저 선의취득을 부정하는 견해이다. 이는 계좌부 기재에 의해 증권의 점유가 의제되더라도 이는 적법한 증권이 존재하는 전제에서만 가능하나, 계좌부 오기의 경우에는 적법하게 증권이 발생하지 않았으므로 선의취득을 인정할 수 없다는 주장이다.[17] 반면에 선의취득을 인정하는 견해는 다음과 같다. 예탁자의 오기가 있다 하더라도, 일단 계좌부에 기재된 이상, 그 부분을 소유한 투자자도 적법하게 권리를 보유한 점유자로 의제된다. 따라서 이를 신뢰하여 증권을 취득한 양수자를 보호할 필요가 있으므로 선의취득을 인정하여야 한다는 것이다. 이렇게 선의취득을 인정하는 견해가 다수설이다.[18]

다만, 예탁자의 계좌부 오기에 따라 발행주식 총수가 증가하게 되므로 발행회사에 대항할 수 없는 증권이 발생하게 된다. 따라서 오기에 따라 증가된 증권을 취득하더라도 완전한 증권상의 권리를 취득할 수 없게 되며, 예탁결제원과 예탁자의 연대보전의무 이행을 조건으로 완전한 증권을 취득할 수 있을 것이다.

4 예탁증권의 질권설정

4.1. 질권의 의의

채무자의 채무변제가 이행될 때까지 그 채권에 대한 담보로서 채무자 또는 제3자로부터 받은 물건 또는 재산권을 유치하고, 변제가 없는 경우에 그 목적물로부터 우선적으로 변제를 받는 권리를 질권(質權)이라고 한다. 질권의 목적물은 동산과 채권, 기타의 재산권으로 한정된다. 증권의 경우 경제적 거래에 있어 중요한 상품으로 양도의 대상이 됨과 동시에 질권의 목적이 될 수 있다(상법 제338조).

무기명증권의 입질에 관해서는 민법의 무기명채권에 대한 질권의 설정방법에 따른다. 즉 무기명증권의 입질은 당사자 간의 합의와 해당증권을 질권자에게 교부함으로써 효력이 생긴다(민법 제351조). 이 경우에 질권으로써 제3자에게 대항하려면 증권을 계속 점유하여야 한다(상법 제338조제2항).

기명증권의 입질은 상법에서 약식질과 등록질을 인정하고 있다. 약식질은 질권설정의

---

17 이철송, "예탁결제제도의 선진화와 증권무권화를 위한 법적 정비", 「증시효율화를 위한 예탁결제제도 및 무권화제도 발전방향」, 1996.10, 13쪽.

18 장재옥, "예탁유가증권의 혼장공유지분의 양도와 선의취득", 「비교사법」 제3권 제2호, 1996, 148쪽.

합의와 증권을 질권자에게 교부함으로써 성립하며, 증권의 계속 점유를 제3자 대항요건으로 한다(상법 제338조). 등록질은 회사가 질권설정자의 청구에 의해 질권자의 성명과 주소를 주주명부에 부기하고 그 성명을 증권에 기재하는 방법에 의한 입질이다(상법 제340조). 이 경우에도 제3자에 대한 대항요건으로서 증권을 계속 점유하고 있어야 한다(상법 제338조). 주식 등록질의 경우 질권자는 회사로부터 이익배당, 잔여재산 분배 등을 받아 다른 채권자에 우선하여 자기채권의 변제에 충당할 수 있다(상법 제340조제1항).

4.2. 예탁증권에 대한 질권설정 방식

증권예탁제도에서도 증권의 소유자가 채권자에 대해 채무변제를 보장하기 위해 자신이 보유한 증권을 담보로 질권을 설정하고자 하는 수요는 존재한다. 증권예탁제도에서 질권을 설정하기 위해서는 당사자 간 합의와 해당증권을 질권자에게 교부하는 것을 그 조건으로 하고 있다. 그러나 증권예탁제도에서는 증권의 소유자가 증권을 직접 점유하지 않기 때문에 해당증권을 질권자에게 교부할 수 없다. 따라서 계좌부상 질권을 기재한 경우 해당증권을 질권자에게 교부한 것으로 의제하는 장치가 필요하게 된다.

이에 구(舊)증권거래법에서는 "고객계좌부와 예탁자계좌부의 대체의 기재가 유가증권의 양도 또는 질권설정을 목적으로 하는 경우에는 유가증권의 교부가 있었던 것과 동일한 효력을 가진다(자본시장법 제174조의3제2항)"라고 규정하였기에, 질권자 계좌로 계좌대체를 한 경우 질권자에게 교부한 것으로 보았다.

한편 자본시장법 시행규칙에서는 예탁자계좌부 및 고객계좌부 기재사항으로 '예탁유가증권을 질권의 목적으로 하는 계좌에 있어서는 질권자의 성명과 주소(자본시장법시행규칙 제25조제2항 및 제26조제2항)'를 두고 있어 실무상에서는 질권설정을 질권설정자 계좌에 질권자의 성명과 주소를 기재하는 방식을 택하고 있었다. 이는 실무상 질권자 계좌로 대체하는 경우 과세상의 문제 및 시스템 변경에 따른 막대한 사회적 비용의 발생 등 현실적 문제점을 감안한 조치라 할 수 있다. 그러나 이러한 실무에서의 질권설정 방식이 질권자에게 교부하도록 한 구(舊)증권거래법상 질권설정 방식에 적합한지 여부에 대한 논란이 끊이지 않았다.

이러한 논란을 종식시키기 위해 자본시장법 제정 시 질권설정 방식에 대해 "예탁자계좌부 또는 투자자계좌부에 질권설정을 목적으로 질물인 뜻과 질권자를 기재한 경우 증권등의 교부가 있었던 것으로 간주한다(자본시장법 제311조제2항)"라는 규정을 두게 되었다. 이는 질권설정자 계좌상에 질권자를 기재함으로써 질권설정하는 실무에서의 관행을 공식적으로 법정화한 것이며, 이에 따라 자본시장법 하에서는 그간 실무상의 질권설정 방식에 대한 유효성에 대한 논란은 일단락되었다고 볼 수 있다.

4.3. 예탁자계좌부상 투자자 예탁분에 대한 질권설정

예탁결제원은 예탁자계좌부상 예탁자가 예탁하는 증권에 대해 예탁자의 자기소유분과 투자자 예탁분을 구분하여 관리하고 있다. 예탁자 자기소유분에 대한 질권설정 여부에 대해서는 당연히 이론의 여지가 없으나, 예탁자계좌부상 투자자 예탁분에 대해서는 질권설정 여부에 대해 일부 논란이 있다.

먼저, 질권설정이 가능하다는 견해에 따르면 구(舊)증권거래법 시행규칙(2000.11.21. 시행)은 예탁자계좌부의 기재사항으로서 "예탁자 자기소유분의 예탁유가증권을 질권의 목적으로 하는 계좌에 있어서는 질권자의 성명 및 주소"라고 규정하여 예탁자계좌부에 기재되는 질권은 예탁자 자기소유분 유가증권에만 가능한 것으로 해석되었다. 그러나 개정이후 구(舊)증권거래법시행규칙 및 현행 자본시장법시행규칙(제29조제2호)에서 '예탁자 자기소유분'이라는 질권의 대상에 대한 제한 규정이 삭제되었는데 이는 투자자 예탁분에도 질권을 설정할 수 있도록 하기 위한 입법적 조치라고 주장한다. 또한 투자자 예탁분에 대한 질권설정이 해당 질권의 목적물을 특정할 수는 없으나 질권계약 등을 통하여 수량이 확정되고 예탁자계좌부상 해당증권의 종류와 수량이 특정되면 질권으로서 족하다고 본다.

이에 반해 질권설정이 가능하지 않다는 견해에 따르면 현행 자본시장법상 예탁증권에 대한 권리관계의 기재에 관한 기본적인 구조는 예탁자의 자기소유분에 관한 사항은 예탁자계좌부에, 투자자가 예탁자를 통하여 예탁결제원에 예탁한 투자자 예탁분에 관한 사항은 해당 예탁자가 관리하는 투자자계좌부에 각각 관리하도록 하고 있으므로 질권설정에만 한정하여 예탁자계좌부상 투자자 예탁분에 직접 권리기재가 가능하다고 해석할 여지가 없다라고 주장한다. 그리고 예탁자계좌부상 투자자 예탁분은 증권의 종류와 전체적인 수량만이 표시될 뿐 투자자 및 각 투자자별 보유증권의 수량이 특정되지 않으므로 예탁자계좌부상 질권설정만으로는 질권설정자 등 정확한 질권의 권리관계를 특정할 수 없다는 실질적인 난점이 있다. 이러한 이유로 설령 투자자의 동의가 있다하더라도 예탁자계좌부상 투자자 예탁분에 대한 질권설정은 유효하지 않다고 보는 견해가 타당할 것이다.

5 예탁제도 확대적용 여부

구(舊)증권거래법상 유가증권은 열거주의를 채택하여 법에서 열거하지 않은 유가증권은 유가증권의 속성을 가지고 있더라도 법상 유가증권에서 제외되고 있었다. 이에 따라 법상 유가증권에서 제외된 유가증권에 대해 투자자 보호 등이 문제가 되어 이러한 문제점들을 극복하고자 여러 자본시장 관련 법률을 통합하여 '자본시장법'을 제정하게 되었다. 자본시장법은 그러한 유가증권의 열거주의를 극복하고자 포괄주의를 채택하게 되었으며, 이에 따라 자본시장법에서는 증권에 대한 속성을 정의하고 그러한 속성을 가진 것을 법상 증권에 포함시킬 수 있도록 하였다. 그러나 자본시장법에서의 증권에 대해 포괄적으로 정의한다고 하더라도 현실적으로 모든 종류의 증권 및 증서 등을 망라할 수 있는 것은 아니다. 따라서 그러한 증권 및 증서 등에 대해서 자본시장법상 예탁제도가 적용될 수 있는지 여부에 대해 구(舊)증권거래법상 경우와 자본시장법상 경우를 각각 나누어 살펴보고자 한다.

5.1. 구(舊)증권거래법상 예탁제도 확대적용

구(舊)증권거래법에 의하면 "예탁결제원에 예탁할 수 있는 유가증권은 예탁결제원이 지정한다(제173조의7제1항)"라고 규정하면서 "이 법에서 유가증권이라 함은 다음 각호에 해당하는 것을 말한다(제2조제1항)"라고 하여 유가증권을 법상 열거하고 있다. 따라서 예탁결제원은 법상 유가증권에 해당하는 증권에 대해서만 예탁대상 유가증권으로 지정할 수 있다. 즉 예탁결제원이 법상 유가증권 중 예탁대상으로 지정한 유가증권에 대해서만 구(舊)증권거래법상 계좌부 기재 효력, 계좌대체 및 공유권 성립 등 예탁에 따른 법적 효력이 부여되는 것이다.

따라서 유가증권 이외의 증권에 대해서는 유가증권예탁제도가 적용될 여지가 없었으며 이에 따라 양도성 예금증서 및 기업어음 등 구(舊)증권거래법상 유가증권이 아닌 증권에 대해서는 예탁결제원에 예탁이 되더라도 예탁의 법적 효력이 인정되지 않았다.

그러나 예탁결제원은 증권의 유통성 등 예탁 필요성을 감안하여 양도성 예금증서 및 기업어음 등 법상 유가증권 이외의 증권에 대해서도 예탁업무를 처리하여 왔으며 이는 예탁에 따른 법적 효력은 인정하지 않더라도 당사자 간의 약정을 통해 그 효력을 인정할 수 있기 때문이다. 이에 따라 예탁결제원은 이러한 증권에 대해서는 예탁자와 「단기금융상품 예탁 및 결제 등에 관한 규정」을 통해서 약정을 맺고 그 약정을 통해 예탁에 준하는 업무를 처리하였다. 그러나 이러한 약정에 의한 예탁제도의 운영은 제3자에 대하여도 그 효력을 인정할 수 있느냐에 대해 논란이 있어 그 법률관계가 늘 불안하다는 지적을 받아 왔다.

따라서 유가증권 이외의 증권에 대해서도 예탁대상 유가증권에 포함될 수 있도록 법을 개정하여야 한다는 의견이 지배적이었다.

5.2. 자본시장법상 예탁제도 확대적용

자본시장법상 예탁대상증권을 예탁결제원이 지정하도록 규정하고 있다(자본시장법 제308조). 이러한 예탁지정 규정은 구(舊)증권거래법과 동일하나 예탁결제원 설립 규정에서 "예탁결제원은 증권등(증권, 그 밖에 대통령령으로 정하는 것을 말한다. 이하 이장에서 같다)의 집중예탁과 계좌간 대체, 매매거래에 따른 결제업무 및 유통의 원활화를 위하여 설립한다"라고 규정하였다(자본시장법 제294조).

여기서 증권등과 관련하여 대통령령에서 정하는 것에 대해 '원화로 표시된 양도성 예금증서와 그 밖에 금융위원회가 정하여 고시하는 것(자본시장법시행령 제310조)'으로 규정하고, 다시 금융위원회가 고시하는 것에 대해 '어음(기업어음증권을 제외한다)과 그 밖에 증권과 유사하고 집중예탁과 계좌간 대체에 적합한 것으로서 예탁결제원이 따로 정하는 것'으로 정의하고 있다.

이에 따라 자본시장법상 증권이 아니더라도 증권과 유사하고 집중예탁과 계좌간 대체에 적합한 것은 예탁결제원이 예탁대상증권등으로 지정할 수 있도록 법제화되었다. 이러한 수권관계에 따라 자본시장법상 증권 이외의 증권 및 증서에 대해서 예탁결제원이 예탁대상증권등으로 지정한 경우 계좌부 기재 효력 및 계좌대체에 따른 양도 효력 등 예탁의 법적 효력이 발생하게 된다.

그러나 예탁결제원은 자본시장법상 증권 이외의 모든 증권을 예탁대상증권등으로 지정할 수 있는 것은 아니며 예탁대상증권등으로 지정하기 위해서는 다음의 조건을 충족하여야 한다.

먼저 자본시장법상 증권과 유사하여야 한다. 자본시장법상 증권이 '이익을 얻거나 손실을 회피할 목적'으로 발행되므로 자본시장법상 증권 이외의 증권 및 증서 등이 예탁대상증권등으로 지정되기 위해서는 이러한 목적을 가지고 발행되어야 한다.

그리고 집중예탁과 계좌간 대체에 적합하여야 한다. 집중예탁을 위해서는 증권이 혼장임치 보관 및 동종 · 동일의 다른 증권의 반환 등에 법적인 문제가 없어야 한다. 그리고 계좌간 대체에 적합하기 위해서는 증권 및 증서가 교부에 의해 양도되는데 법적 장애가 없어야 한다. 여기서 법적 장애가 없다라고 함은 해당증권 및 증서 등이 기명식인 경우 교부에 의한 양도방법이 법정화되어야 하며, 지시증권인 경우에는 백지식 배서를 통하여 교부에 의한 양도가 가능하여야 한다.

⑥ 예탁증권의 반환

예탁자나 투자자는 예탁계약에 근거하여 언제든지 중앙예탁결제기관에 자기가 예탁했던 증권과 동일한 종목 · 동일 수량에 대한 반환을 청구할 수 있다. 다만 예탁자 파산 등의 사유가 발생한 경우 투자자 보호를 위해 해당 예탁자의 투자자 예탁분에 대한 반환청구권을 제한할 수 있다. 예탁증권에 대한 반환 청구는 공유물을 분할하는 경우에 공유자 전원이 참여하여 협의해야 하는 민법상의 공유물 분할 절차(민법 제268조제1항)와는 달리 예탁자 또는 그의 투자자가 단독으로 행사할 수 있다.

예탁자는 중앙예탁결제기관에 대하여 반환 청구를 할 수 있고, 투자자는 예탁자에 대하여 반환 청구를 하여야 한다. 이러한 청구에 의해 예탁자나 투자자에게 예탁증권이 반환되면, 예탁증권에 대한 공유지분권이 소멸하고 반환된 증권에 대한 단독소유권이 부활하게 된다. 예탁자의 반환청구권은 대체성이 있는 증권에 대한 것이므로, 원칙적으로 반환 청구자는 반환받을 증권의 권종을 지정할 수 없으며 중앙예탁결제기관은 동일 종목 · 동일 수량을 반환하면 족하다.

중앙예탁결제기관은 예탁자로부터 예탁증권의 반환 청구를 받는 경우 해당 예탁자에게 반환하여야 한다. 이때 중앙예탁결제기관은 반환 절차에 따른 통상적인 반환기간 내에 예탁자에게 증권을 반환하면 예탁자에 대하여 반환 지체의 책임을 지지 않는다.

증권예탁제도의 운영구조

증권시장에서 증권예탁제도가 본래의 목적을 달성하기 위해서는 제도운영기관인 중앙예탁결제기관과 참가자인 예탁자 및 투자자, 그리고 제도 운영의 객체인 예탁대상증권등의 구성요소가 일정한 요건을 구비하고 효율적으로 상호 작용하는 운영구조가 요구된다.

현재 세계적으로 운영되고 있는 증권예탁제도는 증권시장 규모, 시장구조, 관행 및 규제 법규 등의 차이에 따라 구체적인 운영형태는 다양하나 기본적인 이론과 운영구조는 동일하다. 따라서 본 장에서 다루고자 하는 증권예탁제도의 운영구조에 관한 내용은, 일반적인 중앙예탁결제기관의 기능과 특성을 기술하고 아울러 우리나라 증권시장에서 운영되고 있는 증권예탁제도에 대하여 살펴보고자 한다.

제1절 증권예탁제도의 구성자

1 중앙예탁결제기관

중앙예탁결제기관은 예탁자 또는 예탁자의 투자자로부터 직 · 간접적으로 증권을 집중예탁받아 혼합보관하여 관리하고 예탁증권에 대한 여러 권리를 관리하는 증권예탁제도의 운영기관이다.

중앙예탁결제기관은 증권 발행 및 유통시장에 걸쳐 광범위한 증권관리사무를 효율적으로 처리하는 기능을 수행하며, 예탁자와 예탁자의 투자자를 대상으로 증권의 예탁 · 계좌대체 · 예탁증권의 권리행사 등 일종의 공공기능을 수행한다. 특히 중앙예탁결제기관의 중요한 기능 중 하나는 증권거래의 결제를 실물 이동 없이 계좌부상 계좌대체 방식으로 이행하는 것이다. 증권거래의 계좌부상 대체방식은 증권의 이동이나 증권 자체를 불필요하게 하여 증권의 원활한 유통을 도모하고 증권관리사무를 합리화한다.

이러한 중앙예탁기관의 운영방법은 각국의 특성에 따라 법적 근거와 운영방법을 약간씩 달리하고 있으며, 업무 범위에 있어서도 각국 증권시장의 발전 정도에 따라 많은 차이를 나타내고 있다. 그러나 세계 각국은 1국 1개의 중앙예탁결제기관 설립을 지향하고 있으며, 중앙예탁결제기관의 효율적 운영을 위해 그 운영구조 및 제도를 개선하고 있다. 특히 증권시장의 세계화에 부응하여 각국 중앙예탁결제기관은 업무 처리의 국제적 표준화를 적극 추진하고 있으며, 각국 중앙예탁결제기관 간 국제적 연계도 활발히 진행되고 있다.

이러한 중앙예탁결제기관으로는 독일의 Clearstream Banking Frankfurt, 프랑스의 Euroclear France, 영국의 Euroclear UK & Ireland, 미국의 DTCC(Depository Trust & Clearing Corporation), 일본의 JASDEC(Japan Securities Depository Center) 등이 있다. 이와 같이 증권예탁결제제도의 운영 주체인 중앙예탁결제기관에게 주어진 고유기능을 세분하여 기술하면 다음과 같다.

1.1. 중앙예탁결제기관의 기능

(1) 예탁증권의 보관 관리

중앙예탁결제기관의 업무는 예탁자로부터 증권을 집중예탁받아 보관(safekeeping)하는 것에서부터 시작된다. 따라서 중앙예탁결제기관은 안전한 보관시설에 예탁받은 증권을 보관하며, 예탁증권의 도난 · 화재 등의 사고를 방지하고 보관증권의 사고에 대비한 보험에 가입하는 등 사후 보상체계를 갖추어야 한다. 그리고 예탁받은 증권은 동종의 증권별로 혼합보관하여 보관 관리의 효율성을 제고한다.

(2) 예탁증권의 계좌부상 공유지분 관리

중앙예탁결제기관은 예탁증권에 대한 소유권의 유지 관리를 위한 법적 장부로서 예탁자계좌부를 작성 · 비치한다. 예탁증권에 대한 공유지분(共有持分)은 투자자분에 대하여는 증권회사가 작성하는 투자자계좌부에 표시되고, 그 투자자분의 총수량과 예탁자 자기분에 대하여는 중앙예탁결제기관이 작성하는 예탁자계좌부에 기재된다. 따라서 증권예탁제도를 이용하는 예탁자 또는 그의 투자자는 증권을 직접 소지하지 않아도 각각 예탁자계좌부와 투자자계좌부에 기재된 동종의 예탁증권에 대하여 공유지분을 인정받게 된다.

(3) 예탁증권의 권리변동 관리

중앙예탁결제기관은 예탁증권의 매매거래 등에 따른 증권의 권리 이전을 거래 당사자 간에 증권을 직접 인도하지 않고 해당 예탁자의 계좌부상 대체기재 방법에 의해 완료하게 된다. 또한 국내 거래는 물론 국제 거래에 있어서도 거래 시마다 증권을 인도할 필요 없이 적절한 통신수단에 의하여 계좌부상 계좌대체가 가능하므로, 거래장소의 제한이나 증권 인도에 따른 모든 불편을 해결할 수 있다. 이러한 증권거래의 계좌대체 방식은 궁극적으로 증권 자체를 불필요하게 만들었다.

(4) 예탁증권 권리의 효율적 배분

중앙예탁결제기관에 예탁된 증권에서 발생되는 제반 권리는, 중앙예탁결제기관이 발행회사로부터 확보하여 예탁자 등 실질소유자에게 일괄적으로 적시에 배분하기 때문에 예탁증권에 대한 권리행사가 간편하게 이루어진다. 따라서 예탁증권의 실질소유자인 실질주주나 채권자의 권리는 확실하게 보장받게 된다.

(5) 증권 발행의 합리화 및 사고증권의 방지 등

중앙예탁결제기관에 예탁된 증권은 주권불소지 또는 채권등록의 방법에 의해 실물 증권 수량이 대폭적으로 축소된다. 특히 증권의 모집 · 매출 등 발행 단계부터 증권예탁제도와 연계한 일괄예탁제도의 운영으로 실물 증권 발행량의 대폭적인 축소가 가능하여 번거로운 증권 발행 절차가 생략되고 그에 따른 발행회사의 증권 발행비용이 절감된다.

또한 중앙예탁결제기관은 도난 · 분실이나 위조 등에 의한 각종 사고증권 내역을 집중적으로 관리함으로써 증권시장에서 사고증권의 유통을 방지하여 건전한 증권의 유통질서를 확립한다.

1.2. 중앙예탁결제기관의 특성

중앙예탁결제기관은 이와 같이 발행시장과 유통시장을 상호 연결하는 매개적 기능과 함께 기관투자자 등 예탁자를 대상으로 광범위한 공공적 예탁 서비스를 제공하는 역할을 수행하기 때문에 일반적으로 다음과 같은 특성을 갖는다.

(1) 단일성

증권예탁제도의 효율적 운영을 위해서는 중앙예탁결제기관이 1국에 1개가 존재해야 한다. 즉 중앙예탁결제기관은 그 설립 · 운영에 있어서 단일성이 요구된다. 이는 증권이 한 곳에서 부동화되지 않고 여러 곳에 분산되는 경우, 증권의 매매 등에 따른 증권관리 업무가 각기 다른 기관에서 중복적으로 발생하는 결과를 초래하여 비용의 과다 발생은 물론 업무의 비효율성 등으로 규모의 경제를 달성하기가 곤란하기 때문이다.

따라서 증권시장의 효율화를 위해 대량적 · 정형적으로 유통되는 모든 유가증권이 단일의 중앙예탁결제기관에 집중예탁 및 부동화되어, 매매거래 이후 발생하는 결제 등 모든 증권 관련 사무를 집중적으로 처리할 수 있는 제도적인 장치가 필요하다.

(2) 공공성

중앙예탁결제기관은 대량의 증권을 보관하고 예탁증권의 제반 권리행사 등에 관한 서비스를 수많은 투자자와 예탁자에게 제공할 뿐만 아니라 이에 관한 방대한 정보를 관리하기 때문에 공공성이 요구된다.

이러한 공공성이 확보되지 않는 경우에는 실제 중앙예탁결제기관을 이용하는 증권시장의 참가자가 중앙예탁결제기관을 신뢰할 수 없기 때문에 증권예탁제도의 발전을 기대하기 어렵다. 이와 같은 공공성 확보 수단으로는 중앙예탁결제기관의 제반 업무 처리에 대해 사전적 · 사후적인 공적 규제와 감독을 강화하는 방법이 이용되고 있다.

(3) 공정성

중앙예탁결제기관이 전체 자본시장에 미치는 영향은 매우 광범위하기 때문에, 증권예탁제도와 관련한 제반 예탁 업무의 서비스 제공이 어느 한 기관 또는 한 산업부문에 편중되지 않고 공정하게 이루어져야 한다.

중앙예탁결제기관이 이렇게 공정하게 서비스를 제공하기 위에서는 특정한 개별기관이나 증권산업 일부분이 중앙예탁결제기관의 소유 및 지배구조를 좌지우지해서는 안 된다. 또한 중앙예탁결제기관의 경영 방침이나 경영 전략은 증권산업 다수 부문의 상이한 이해관계를 적절하게 고려해야 한다. 이를 위해서 주요 이용자인 기관투자자 등이 균등하게 중앙예탁결제기관의 지분을 소유해야 한다.

이로써 기관투자자 등 출자기관은 중앙예탁결제기관의 경영 의사결정에 직접 참여함으로써 중앙예탁결제기관의 운영이 편중되지 않고 공정성을 유지하게 된다.

(4) 재무건전성

대규모의 예탁증권을 관리하는 중앙예탁결제기관이 대외적인 신뢰성을 확보하기 위해서는 업무량에 부합하는 재무적 충실도를 유지해야 한다. 이는 중앙예탁결제기관이 예탁증권 또는 예탁증권의 관리에 따르는 제반 재산적 사고에 대해 충분히 보전할 수 있는 재원을 확보했을 때 증권시장의 안정성과 건전성을 유지할 수 있기 때문이다. 중앙예탁결제기관의 재무적 충실도를 유지하기 위한 방법으로는 예탁자기금의 적립 또는 예탁자의 연대보전의무 등이 있다. 현재 예탁결제원은 정관에 따라 3천억원의 예탁결제적립금을 적립하고 우발적인 손실에 대비하고 있다.

1.3. 예탁결제원 구조 및 업무

(1) 예탁결제원의 구조

우리나라의 중앙예탁결제기관은 자본시장법 제294조에 따라 설립된 예탁결제원(KSD: Korea Securities Depository)이다. 증권등의 집중예탁과 계좌간 대체, 매매거래에 따른 결제업무 및 유통의 원활화를 위해 예탁결제원을 설립하였다. 예탁결제원은 한국거래소가 운영하는 증권시장에서 뿐만 아니라 증권시장 밖에서의 매매거래에 따른 증권등의 인도와 대금의 지급업무를 수행하며, 증권시장의 결제이행이나 결제불이행 결과를 한국거래소에 통지하는 업무도 수행한다(자본시장법 제296조).

예탁결제원의 임원은 사장 · 전무이사 · 이사 및 감사로 구성하는데 사장은 주주총회에서 선출하되 금융위원회의 승인을 받아야 하고, 전무이사 · 이사 · 감사는 주주총회에서 선출한다(자본시장법 제301조).

(2) 예탁결제원에 대한 규제

증권시장에서는 불특정 다수인을 상대로 증권의 거래가 대량적으로 이루어지므로 공정한 거래와 투자자 보호는 절대적으로 보장되어야 한다. 이를 위해 증권관계기관에 대하여 적절하고도 엄격한 규제와 감독이 행해지고 있다.

예탁결제원은 국민의 금융자산인 증권등을 집중예탁받아 보관, 결제 및 권리행사 등을 수행하는 증권관계기관으로서 기획재정부 장관 및 금융위원회 · 금융감독원 및 감사원의 규제와 감독을 받고 있다.

먼저 예탁결제원은 공공기관법상 공공기관으로 편입됨에 따라 주요 경영사항을 의무적으로 공시하여야 한다.

또한 예탁결제원은 주요 업무규정인 예탁업무규정 및 결제업무규정과 정관에 대하여 금융위원회의 승인을 받아야 하며 그 밖에 업무규정도 금융위원회에 보고하여야 한다. 그리고 예탁결제원은 업무 및 재산에 관하여는 금융감독원의 검사를 받고 있으며, 경영 및 업무 전반에 관하여 감사원의 감사를 받아야 한다.

(3) 예탁결제원의 주요 업무

예탁결제원은 영위 업무는 고유업무, 겸영업무 및 부수업무의 3가지로 구분된다. 고유업무란 자본시장법에 따라 예탁결제원이 그 설립 목적을 달성하기 위하여 영위하는 고유한 업무를 말하고, 부수업무란 고유업무 등의 수행에 따라 부수되는 업무를 말하며, 겸영업무란 자본시장법 또는 다른 법률에 따라 허가 · 인가 등을 받아 수행하는 업무 등을 말한다.

고유업무로는 (ⅰ)증권등의 집중예탁업무, (ⅱ)증권등의 계좌간 대체 업무, (ⅲ)증권시장에서의 증권의 매매거래에 따른 증권인도와 대금지급 및 결제이행 · 불이행 결과의 거래소에 대한 통지에 관한 업무, (ⅳ)증권시장 밖에서의 증권등의 매매거래에 따른 증권등의 인도와 대금의 지급에 관한 업무, (ⅴ)예탁결제원과 유사한 업무를 영위하는 외국법인과의 계좌설정을 통한 증권등의 예탁, 계좌간 대체 및 매매거래에 따른 증권등의 인도와 대금의 지급에 관한 업무가 있다.

부수업무로는 (ⅰ)증권등의 보호예수에 관한 업무, (ⅱ)예탁증권등의 담보관리에 관한 업무, (ⅲ)집합투자업자와 신탁업자 등 사이에서 이루어지는 운용지시 등을 처리하는 업무, (ⅳ)기타 금융위원회의 승인을 받은 업무가 있다.

한편, 겸영업무로는 (ⅰ)증권등의 명의개서대행업무, (ⅱ)증권대차의 중개 · 주선업무, (ⅲ)자본시장법이나 다른 법령에서 예탁결제원의 업무로 규정한 업무, (ⅳ)기타 금융위원회의 승인을 받은 업무가 있다(자본시장법 제296조).

2 예탁자

중앙예탁결제기관에 증권을 예탁하기 위한 목적으로 계좌를 개설한 자를 예탁자(participant)라고 한다. 즉 예탁자는 예탁대상 증권등의 예탁 · 반환 · 계좌대체를 위해 예탁결제원에 계좌를 개설한 자를 말한다.

예탁결제원에 계좌를 개설하고자 하는 자는 예탁결제원에 자기분계좌, 투자자분계좌 및 신탁분계좌별로 계좌종류를 표시하여 참가하고자 하는 업무의 목적별로 계좌 개설을 신청하여야 한다. 예탁결제원은 신청자의 자격 요건 구비 여부 및 증권등 보유 또는 거래 상황 등에 따른 계좌 개설의 필요성 유무 등을 확인한 후 계좌 개설을 승인한다(자본시장법 제302조 및 예탁규정 제10조).

또한 계좌를 폐지하고자 하는 예탁자는 예탁결제원에 계좌 폐지 신청을 하여 계좌를 폐지할 수 있으며, 그 이외에 (ⅰ)예탁자가 계좌 개설의 자격 요건을 상실한 경우, (ⅱ)예탁자가 관련 법령 등을 위반하여 다른 예탁자에게 손해를 입히거나 입힐 우려가 있다고 판단되는 경우, (iii)예탁결제원이 정하는 기간(1년) 동안 계좌 이용 실적이 없는 경우, (iv)기타 예탁결제원이 필요로 하는 경우에는 예탁자의 계좌를 폐지할 수 있다(예탁규정 제15조).

그러나 예탁자는 예탁계좌를 폐쇄한 이후에도 연대보전책임을 부담한다. 다만, 계좌를 폐쇄한 때부터 5년이 경과한 경우에는 그 책임은 소멸한다(자본시장법 제313조제2항).

2.1. 예탁자의 범위

증권예탁제도의 효율적인 운영은 예탁자의 참가 범위에 따라 좌우된다. 왜냐하면 예탁자의 참가 범위가 광범위할수록 증권의 예탁 규모가 증가하여 증권의 부동화율이 높게 되고, 계좌간 대체에 의한 권리 이전 범위가 확대되기 때문이다. 그러나 그 범위가 너무 확대되면 재무불건전 등 부적격자가 증권예탁제도에 편입되어 제도운영 자체에 부실을 초래할 수 있게 된다.

예탁자의 자격은 일반적으로 증권을 대량으로 소유하면서 투자운용을 거액으로 하는 기관투자자가 주 대상이 된다. 이는 증권의 보유와 거래 상황에 따라 이들 기관투자자는 증권예탁제도를 이용할 필요성이 크고, 또한 예탁자로서 요구되는 증권관리사무의 처리능력, 재무상태의 건전성을 갖추고 있기 때문이다.

예탁결제원에 계좌를 설정할 수 있는 자는 〈표 2-1〉에서 보는 바와 같이 (i)금융투자업자, (ii)은행, (iii)보험회사, (iv)그 밖에 자본시장법상 전문투자가, (v)예탁결제원과 유사한 업무를 영위하는 외국예탁결제기관 및 외국법인 그리고 (vi)기타 예탁결제원이 필요하다고 인정하는 자이다(예탁규정 제10조제1항).

표 2-1 예탁계좌 현황(2016년말 현재)

구분	증권사		은행		보험	집합투자	연기금	금융기관		기타		계
	국내	외국	국내	외국				국내	외국	국내	외국	
법인	72	24	112	51	57	21	43	288	439	877	16	2,000
계좌	250	24	780	104	1,076	289	529	1,644	467	1,209	17	6,389

이 중에서 금융투자업자(은행, 보험회사 등 겸영금융투자업자는 제외한다)는 금융투자업에 대하여 금융위원회의 인가를 받거나 금융위원회에 등록하여 금융투자업을 영위하는 자를 말한다. 금융투자업은 투자매매업, 투자중개업, 집합투자업, 투자자문업, 투자일임업 및 신탁업을 말한다. 금융투자업자는 구(舊)증권거래법상 증권회사보다 매우 넓은 의미의 개념으로 증권회사 뿐만 아니라 자산운영업자 및 신탁업자 등을 포함하는 개념이다. 그리고

금융투자업자는 투자매매업, 투자중개업을 위해 증권거래소시장과 코스닥시장에서 자기매매나 위탁매매를 대량으로 거래하고 이에 따른 결제도 연속적으로 이행하여야 하며, 집합투자업, 투자자문업, 투자일임업 및 신탁업을 영위하기 위해 증권등을 관리해야 하므로 예탁자로서 참가하는 실익이 가장 크다. 특히 금융투자업자가 보유한 자기분 또는 투자자분의 증권등에 대해서는 반드시 그 증권등을 예탁결제원에 지체 없이 예탁하도록 의무화(자본시장법 제61조 및 제75조)하고 있으므로 예탁결제원에 예탁계좌를 의무적으로 개설하여야 한다.

그리고 금융투자업자 이외에 자본시장에서 증권을 대량으로 보유 또는 관리하여야 하는 기관투자자는 예탁자의 자격이 있다. 이에 해당하는 금융기관에는 겸영금융투자업자로서 은행법에 따른 금융기관 및 보험법에 따른 보험회사가 해당한다. 그리고 금융투자상품에 관한 전문성 구비, 소유자산규모 등에 비추어 투자에 대한 위험감수능력이 있는 전문투자자도 예탁자의 자격이 있다. 이에 해당하는 기관은 기금을 관리 및 운용하는 법인 · 공제사업을 영위하는 법인 · 증시안정기금 등이 이에 해당된다.

그리고 예탁결제원과 유사한 업무를 영위하는 외국의 중앙예탁기관이나 국제보관기관도 국제증권결제 업무를 수행하기 위하여 예탁자로 참가할 수 있으며, 국내 예탁자에 준하는 외국법인도 국내 증권투자 등의 업무를 수행하기 위해 예탁자로서 참가할 수 있다.

그런데 '기타 예탁결제원이 필요하다고 인정하는 자'와 관련하여 기관투자자가 아닌 일반 법인이나 개인도 예탁결제원의 예탁자가 될 수 있는지가 문제될 수 있다. 예탁자는 중앙예탁결제기관과 함께 증권예탁제도를 지탱하는 중요한 기관이므로, 증권예탁제도의 안정성과 효율성 제고 및 증권등의 예탁 · 결제 등으로 인한 계좌대체 업무의 효율화의 관점에서 결정하여야 한다. 즉 증권의 보유 및 거래 상황뿐만 아니라 증권관리사무의 처리능력 · 재무상태의 건전성 등을 감안하여 결정하여야 할 것이다.

2.2. 예탁자의 업무

예탁결제원에 계좌를 개설한 예탁자의 업무는 투자자를 갖는 예탁자와 투자자를 갖지 않는 예탁자가 영위하는 업무에 차이가 있다. 투자매매업 및 투자중개업을 영위하는 금융투자업자나 국내 증권등에 투자하는 외국인이 보유하는 증권등을 보관하는 보관은행과 같이 투자자를 갖는 예탁자는 투자자의 동의를 얻어 투자자로부터 예탁받은 증권을 예탁결제원에 예탁해야 하는 의무가 있으며, 투자자의 예탁증권에 대하여 투자자계좌부를 작성 · 비치해야 한다. 그리고 예탁증권등이 부족하게 된 경우에는 예탁결제원과 연대하여 보전할 의무가 있으며 실질주주 또는 실질수익자의 권리 발생 시 정해진 기한 내에 예탁결제원으로 실질주주명세 또는 실질수익자명세를 통보하여야 한다(자본시장법 제315조 및 제319조).

그러나 투자자를 갖지 않는 예탁자는 투자자계좌부의 작성 · 비치의무나 예탁증권 부족에 대한 연대보전의무가 없다.

3 예탁대상증권

3.1. 예탁대상증권등의 성격

예탁대상증권등이라 함은 중앙예탁결제기관에 예탁되어 혼합보관 및 관리가 가능한 증권등으로 예탁적격증권등이라고도 한다. 증권예탁제도의 적격증권(eligible securities)으로서 예탁대상증권등은 일반적으로 해당증권이 발행 · 유통되는 증권시장의 구조와 규모 및 환경에 따라 결정된다. 예탁대상증권등으로 지정되기 위해서는 일반적으로 다음과 같은 요건을 갖추어야 한다.

(1) 대체(代替)가능성

물건의 대체성(fungibility)은 당사자의 의사에 의해 주관적으로 결정되는 특정성과 달리, 거래의 일반 관념에 의해 객관적으로 결정된다. 따라서 대체성은 거래에 있어서 수량에 따라 확정될 수 있는 것을 의미한다.

예탁자가 보유한 증권은 예탁을 통해 중앙예탁결제기관에 혼합보관되고, 예탁자는 예탁증권등에 대해 공유권을 갖기 때문에 예탁대상증권등은 대체 가능한 증권등이어야 한다. 증권등은 거래 시에 증권 수량이나 액면금액으로 거래되므로 대체성이 있고, 증권등을 개별화하기 위해 증권번호나 기타 사항을 증권에 기재하는 경우에도 그것이 거래를 위한 의미를 갖지 않는 한 대체성을 침해하지 않는다고 할 수 있다.

(2) 유통가능성

예탁대상증권등은 유통성이 있어야 한다. 증권이 유통성을 갖기 위해서는 증권의 양도에 제한이 없어야 한다. 그리고 그 양도의 방식이 계좌간 대체의 방식으로 이루어져야 한다. 즉 계좌간 대체로 증권을 교부함으로써 양도가 이루어져야 한다. 계좌간 대체 이외에 양도에 다른 조건이 필요한 경우 그 권리내용이 다르다고 볼 수 있으므로 혼장임치에 적합하지 않고 따라서 대체성이 인정될 수 없다.

그리고 예탁결제제도에 의한 발행 및 유통이 합리적일 수 있는 정도로 발행량과 거래량이 많아야 할 것이다. 실제로 거래가 전혀 없는 증권등에 대해서는 예탁의 필요성이 없을 것이다.

(3) 예탁적격성

예탁대상증권등으로 지정되기 위해서는 증권예탁제도의 운영면에서 볼 때 해당증권등이 예탁에 필요한 적격요건을 갖추는 것이 요구된다. 따라서 중앙예탁결제기관에서 용이하게 부동화와 무권화가 이루어질 수 있도록 증권 발행에 있어서 정형성을 구비해야 한다. 따라서 증권이 표준화된 형식에 따라 발행되어야, 증권의 보관이나 사고증권의 식별에 편의성이 보장되고 사무 자동화에 의해 증권관리가 가능하여야 한다.

그리고 실무적으로 중앙예탁결제기관이 증권의 권리를 행사할 수 있어야 한다는 것을 예탁대상증권등의 자격요건으로 하고 있다. 이에 대해서는 여러 가지 이견이 있다. 먼저, 예탁증권의 권리는 반드시 예탁결제기관이 행사하여야 하는 것은 아니고 그 예탁자가 예탁증권을 반환받아 직접 행사할 수도 있으므로 필수적인 요건은 아니라는 견해이다.[19] 그러나 권리행사할 수 없는 증권등을 해당 예탁자가 반환받지 않는 경우 복잡한 법률관계가 야기될 수 있으며 예탁대상증권등에서 파생되는 권리는 대량적, 집단적으로 이루어지므로 예탁결제기관의 권리행사를 예탁대상증권등의 자격요건으로 하는 것이 타당할 것이다. 다만, 창고증권 등과 같이 예탁결제원의 권리행사가 사실상 불가능한 증권에 대해서는 예외로 인정하여야 할 것이다.

3.2. 예탁대상증권등의 범위

전술한 바와 같이 예탁대상증권등은 대체가능성 · 유통가능성 · 예탁적격성을 구비해야 하는데, 대부분 자본시장의 경우 이와 같은 성격을 구비하는 증권등 중 시장거래에서 활발히 거래되는 주식, 채권 및 수익증권 등 자본시장법상 증권등을 예탁대상증권등으로 지정하고 있는 것이 보편적이다. 그러나 기업자금 조달방식의 다원화와 투자자의 금융자산에 대한 수요가 증가함에 따라, 자본시장법상 증권등 이외에 증권 및 증서 등에 대해서도 예탁대상증권등으로 지정할 필요성이 대두되고 있다. 여기서는 예탁대상증권등을 자본시장법상 증권등과 자본시장법상 증권등 이외의 증권 및 증서로 구분하여 살펴보기로 한다.

---

19 박철영 등 공저, 「자본시장법 주석서(Ⅱ)」, 박영사, 2009.10. 612쪽.

3.2.1. 자본시장법상 증권

자본시장법은 증권에 대해 "내국인 또는 외국인이 발행한 금융투자상품으로서 투자자가 취득과 동시에 지급한 금전등 외에 어떠한 명목으로든지 추가로 지급의무(투자자가 기초자산에 대한 매매를 성립시킬 수 있는 권리를 행사하게 됨으로써 부담하게 되는 지급의무를 제외한다)를 부담하지 아니하는 것(자본시장법 제4조제1항)"으로 정의하고 있다.

이러한 정의에 따라 자본시장법에서는 증권을 지분증권, 채무증권, 수익증권, 투자계약증권, 파생결합증권 및 증권예탁증권으로 구분하고 있다. 자본시장법상 증권에 관한 일반적 특징을 살펴보면 다음과 같다.

첫째, 증권은 내국인이 발행한 것이든 외국인이 발행한 것이든 차별을 두고 있지 않다.

둘째, 금융투자상품이어야 한다. 금융투자상품이란 이익을 얻거나 손실을 회피할 목적으로 현재 또는 장래의 특정 시점에 금전, 그 밖의 재산적 가치가 있는 것을 지급하기로 약정함으로써 취득하는 권리로서, 그 권리를 취득하기 위하여 지급하였거나 지급하여야 할 금전등의 총액이 그 권리로부터 회수하였거나 회수할 수 있는 금전등의 총액을 초과하게 될 위험('투자성'이라 한다)이 있는 것"이다(자본시장법 제3조제1항).

셋째, 취득과 동시에 지급한 금전등 외에 추가지급의무를 부담하지 아니하여야 한다. 이는 취득대가 이외에 추가적인 손실부담위험이 없어야 함을 의미한다. 즉 손실가능한도가 투자원본까지인 것만 증권으로 보고 원본을 넘어서까지 추가지급의무를 부담하는 손실을 보는 경우는 파생상품으로 분류가 된다.

3.2.2. 예탁대상증권등

예탁결제원에 예탁할 수 있는 증권등(이하 '예탁대상증권등'이라 한다)은 예탁결제원이 지정한다(자본시장법 제308조). 자본시장법은 증권등(증권, 그 밖에 대통령령으로 정하는 것을 말한다)의 집중예탁과 계좌간 대체, 매매거래에 따른 결제업무 및 유통의 원활을 위하여 한국예탁결제원을 설립한다고 규정하고 있다. 따라서 예탁결제원이 예탁대상증권등으로 지정할 수 있는 증권등은 증권과 대통령령에서 정하고 있다. 대통령령에서 정한 예탁대상증권등은 원화로 표시된 양도성 예금증서와 그 밖에 금융위원회가 정하여 고시하는 것으로 정의하고 있다. 그리고 금융위원회가 고시한 예탁대상증권등은 기업어음증권 이외의 어음과 예탁적격성 등을 감안하여 예탁결제원이 따로 정하도록 하고 있다. 따라서 자본시장법상 증권등이라 함은 증권과 원화로 표시된 양도성예금증서 및 기업어음증권 이외의 어음 그리고 예탁결제원이 따로 정하는 것을 말한다. 여기서 중요한 점은 자본시장법상 증권등에 해당하더라도 예탁적격성 등을 갖추지 못한 경우 예탁결제원은 실제로 예탁증권으로 지정할 수 없다는 점이다. 이와 대하여 각각의 경우로 나누어 자세히 살펴보기로 한다.

(1) 지분증권

지분증권은 주권, 신주인수권을 표시하는 것, 법률에 의하여 직접 설립된 법인이 발행한 출자증권, 상법에 의한 합자회사, 유한회사, 익명조합의 출자지분, 민법에 의한 조합의 출자지분, 그 밖에 이와 유사한 것으로서 출자지분을 표시하는 것으로 정의하고 있다.

비록 법에서는 지분증권에 대해 위와 같이 포괄적으로 정의하고 있지만, 이러한 지분증권 중 예탁대상증권으로 지정하기 위해서는 대체성, 유통성 및 예탁적격성을 갖추어야 한다. 이러한 의미에서 상법상 합자회사, 유한회사 등의 출자지분 및 민법상 조합의 출자지분에 대해서는 증권이 발행되더라도 계좌간 대체에 의한 양도가 제한되는 등 예탁적격성 등을 갖추지 못하여 예탁대상증권등으로 지정할 수 없다.

예탁결제원도 지분증권을 예탁대상증권등으로 지정하기 위해서는 정관상 양도 제한이 없어야 하며, 발행인이 명의개서대행기관을 선임하고 발행증권이 통일규격증권을 사용하여야 할 것 등을 그 요건으로 하고 있다(예탁규정 제7조제1항). 따라서 정관 또는 법률상 양도에 제한이 따르고 증권발행 시 비통일규격 증권용지를 사용하는 합자회사 등의 출자지분 및 조합의 출자지분 등에 대해서는 예탁대상증권등으로 지정할 수 없다.

(2) 채무증권

채무증권은 국채증권, 지방채증권, 특수채증권, 사채권, 기업어음증권(기업이 사업에 필요한 자금을 조달하기 위하여 발행한 약속어음으로서, 기업의 위탁에 따라 지급대행을 하며 '기업어음증권'이라는 문구가 인쇄된 어음용지를 사용하는 것), 그 밖에 이와 유사한 것으로 채무를 표시하는 것으로 정의하고 있다. 이는 종래 구(舊)증권거래법에서 개별적으로 정의되어 있던 것을 '채무증권'이라는 명칭으로 일반화한 것이다.

채무증권은 지분증권과 달리 대부분이 무기명증권으로 계좌간 대체에 의해 양도가 가능하며, 권리행사가 비교적 단순하여 대부분이 예탁대상증권등으로 지정이 가능하다. 다만, 채무증권이 기명증권인 경우 양도의 방식이 기명채권 양도방식에 의해 이루어지므로 예탁대상증권등으로 지정할 수 없다.

예탁결제원은 채무증권에 대해 예탁대상증권등의 지정요건으로 어음교환소를 통하여 원리금의 지급청구를 할 수 있어야 하며, 지급일 2영업일 전까지 원리금을 확정하고 그 원리금을 지급청구하는데 지장이 없어야 할 것을 요구하고 있다. 따라서 실물로 발행된 양도성예금증서는 그 상환에 있어 어음교환제도를 이용할 수 없어 예탁대상증권등에서 제외되고 있다. 그리고 기업어음증권에 대해서는 어음법상 실물증권 발행이 필수적이므로 한국조폐공사가 제조한 어음용지를 사용할 것을 그 지정요건에 추가하고 있다(예탁규정 제7조제2항).

(3) 파생결합증권

파생결합증권은 기초자산의 가격, 이자율, 지표, 단위 또는 이를 기초로 하는 지수 등의 변동과 연계하여 미리 정하여진 방법에 따라 지급금액 또는 회수금액이 결정되는 권리가 표시된 것을 말한다. 앞서 언급한 바와 같이 이러한 파생결합증권과 파생상품의 구별기준은 전액 납입요건과 추가지급의무의 존재 여부이다.

이러한 파생결합증권은 그 성질상 채무증권과 유사하여 채무증권의 예탁대상증권등 지정요건을 준용하고 있다.

(4) 수익증권

수익증권은 금전신탁 수익증권 및 투신신탁을 설정한 집합투자업자가 발행하는 수익증권, 그 밖에 이와 유사한 것으로 신탁의 수익권이 표시된 것을 말한다.

이와 관련 하여 금전신탁 수익증권은 금전신탁계약서에 따라 그 권리내용이 다양하여 예탁적격성을 갖추지 못하여 예탁대상증권등에 지정할 수 없다. 그러나 투자신탁 수익증권은 수익자가 신탁원본의 상환 및 이익의 분배 등에 관하여 수익증권의 좌수에 따라 균등한 권리를 가지며, 수익증권의 발행 시 예탁의 전제가 되는 일괄예탁방식을 준용하고 있다(자본시장법 제189조제2항·제3항). 따라서 예탁결제원도 투자신탁의 수익증권에 대해서는 별도의 예탁심사를 진행하지 않고 예탁대상증권등으로 자동으로 지정하고 있다(예탁규정 제6조제3항).

(5) 증권예탁증권

증권예탁증권은 채무증권, 지분증권, 수익증권, 투자계약증권, 파생결합증권을 예탁받은 자가 그 증권이 발행된 국가 이외의 국가에서 발행한 것으로서 그 예탁받은 증권에 관련된 권리가 표시된 것을 말한다.

이와 관련하여 국내에서 발행하는 증권예탁증권은 예탁결제원만이 발행할 수 있으며, 그 발행방식은 예탁을 전제로 하는 일괄예탁방식을 택하고 있다(자본시장법 제298조제2항 및 주식예탁증권의 발행 등에 관한 규정 제9조제1항). 이에 따라 증권예탁증권도 예탁대상증권등으로 자동 지정되고 있다.

(6) 투자계약증권

투자계약증권은 특정 투자자가 그 투자자와 타인 간의 공동사업에 금전등을 투자하고 주로 타인이 수행한 공동사업의 결과에 따른 손익을 귀속받는 계약상의 권리가 표시된 것을 말한다. 이는 미국 증권법상 투자계약(Investment Contract)의 개념을 도입한 것이다.

이러한 투자계약증권은 본래 전형적인 증권에 속하지 않는 당사자 간의 사적인 계약에 의해 창조되는 다양한 형태의 증권을 포괄하기 위한 포괄조항으로서의 의미를 갖는다. 따라서 당사자 간의 사적인 계약에 따라 그 권리행사 내용은 다양해지므로 이는 예탁대상증권등의 지정요건인 대체성, 유통성 및 예탁적격성을 갖추지 못한 경우가 많을 것이다. 따라서 투자계약증권에 대해서는 예탁대상증권등의 지정 시 이러한 투자계약증권의 성격을 감안하여 개개 건별로 그 지정 여부를 결정하여야 할 것이다. 이러한 점을 고려하여 투자계약증권은 금융투자업자의 집중예탁 대상에서 제외되고 있다(자본시장법시행규칙 제7조의2).

(7) 원화표시 양도성예금증서

자본시장법에서는 원화표시 양도성예금증서를 금융투자상품에서 명시적으로 제외하고 있다. 양도성예금증서도 회사채나 국채와 마찬가지로 그 본질은 채무증권으로서 투자손실의 위험이 있음에도 불구하고 이를 금융투자상품에서 제외하고자 명시적인 예외규정을 둔 것이다. 다만, 외화표시 양도성예금증서는 환투자로서의 성격이 추가되어 있으므로 금융투자상품으로서 존치시켜 두었다.

비록, 원화표시 양도성예금증서가 자본시장법상의 금융투자상품에서는 제외되었지만, 이는 예탁대상증권등의 지정요건을 모두 갖추고 있다고 볼 수 있다. 그러한 이유로 자본시장법 시행령에서도 예탁결제원이 예탁대상증권등으로 지정할 수 있다고 명시적으로 규정(자본시장법시행령 제310조제1호)하고 있다. 이에 따라 예탁결제원도 예탁결제원을 등록기관으로 등록발행되는 원화표시 양도성예금증서에 대해서는 예탁대상증권등으로 지정하고 있다(예탁규정시행세칙 제4조).

현재 예탁결제원이 지정하고 있는 예탁대상증권등의 현황을 보면 〈표 2-2〉와 같다.

표 2-2 예탁대상지정 증권등 현황(2016년말 현재)

구분	주식	채권	CD	CP	집합투자증권	파생결합증권	계
종목수	4,441	21,043	74	29,265	21,825	27,510	104,158

3.2.3. 자본시장법상 증권등 이외의 증권 및 증서

예탁결제원에 예탁할 수 있는 증권등은 예탁결제원이 지정한다. 그리고 예탁결제원이 예탁할 수 있는 증권등은 자본시장법상 증권등 이외에 금융위원회가 고시하는 것으로 정의하고 있다. 한편 금융위원회가 고시한 것을 살펴보면 기업어음증권을 제외한 어음 및 그 밖에 증권과 유사하고 집중예탁과 계좌간 대체에 적합한 것으로서 예탁결제원이 따로 정하는 것으로 규정하고 있다(금융투자업규정 제8-2조 및 제4-15조제2호).

이에 따라 예탁결제원은 기업어음증권을 제외한 어음에 대하여 예탁대상증권등에 지정할 수 있다고 규정하고 있다(예탁규정시행세칙 제3조제2호). 여기서는 자본시장법상 증권등 이외의 증권 및 증서에 대해서 그 예탁가능 여부에 대하여 살펴보기로 한다.

(1) 상법상의 지시증권

상법상 창고증권[20]과 화물상환증은 대표적 지시증권이다. 지시증권이란 특정인 또는 그가 지시한 자가 증권상의 권리자가 되는 증권으로 이의 양도는 배서 및 교부에 의한다(상법 제130조). 창고증권은 임치물에 관하여 창고업자가 발행하는 유가증권으로 창고업자에 대한 임치물 반환청구권을 표창하는 증권이며, 화물상환증은 운송물의 수령을 증명하고 목적지에서 이를 증권의 정당한 소지인에게 인도할 것을 약정함으로써, 운송물인도청구권을 표창하는 증권이다.

이러한 지시증권이 예탁대상증권등에 지정되기 위해서는 먼저 '증권과 유사'하여야 한다. 증권과 유사하기 위해서는 창고증권이 '이익을 얻거나 손실을 회피할 목적'으로 발행되어야 한다. 즉 지시증권이 통상적인 상거래를 목적으로 발행되는 경우에는 증권과 유사성을 띄지 않지만, 이를 기초자산으로 하는 금융투자상품을 발행하기 위하여 지시증권을 취득하는 것이라면 이는 증권과 유사성을 가지고 있다고 볼 수 있다.

그리고 예탁대상증권등으로 지정되기 위해서는 '집중예탁과 계좌간 대체에 적합'하여야 한다. 임치물반환청구권의 내용이 동일한 경우 혼합보관에 장애가 없으며, 반환 시에도 동종 · 동량의 다른 임치물로 반환이 가능함에 따라 집중예탁에 제약이 없으므로 예탁대상증권등으로 지정할 수 있다. 다만, 권리행사와 관련해서는 예탁결제원이 임치물 및 운송물 등의 반환을 직접 처리할 수 없으므로 증권을 해당 예탁자 또는 투자자에게 반환시켜 직접 권리행사하도록 하는 방안이 바람직할 것이다.

---

20 조달청은 특히 비축물자(구리)를 대상으로 창고증권을 발행하고 이를 기초자산으로 ETF를 발행하고자 조달청장이 발행하는 창고증권에 대해 예탁을 요구하였다(2011.7). 조달청은 민관공동비축사업 및 물류기업을 육성하는 물류촉진 방안을 국가경쟁력강화위원회에 주요 추진사업으로 보고하여, 2012년에 조달청이 비축한 구리를 대상으로 창고증권을 발행하고 이를 기초자산으로 ETF를 발행하여 상장하였다.

다만, 일반적인 상거래 목적으로 유통되는 상법상의 지시증권에 대해서는 예탁대상증권등으로 지정할 수 없기 때문에, 어떤 지시증권이 예탁지정 요건에 부합하는지에 대한 판단에 대해서는 해당 지시증권별로 개별적인 검토를 필요로 할 것이다.

(2) 신탁법상 수익증권발행신탁

新신탁법(전면개정, 2012.7.26. 시행)에 따라 발행되는 수익증권발행신탁은 신탁행위로 수익권을 표시하는 수익증권을 발행한다는 뜻을 정한 신탁의 경우에 발행한다. 이는 신탁의 수익권이 표시된 것으로 광의적으로는 자본시장법상의 수익증권에는 해당되나, 그 발행근거가 자본시장법이 아닌 신탁법에 따른다는 것이 특징이다.

구(舊)신탁법에 따라 발행하는 수익증권의 양도 시에는 신탁계약에 의해 위탁자와 수익자가 연명으로 양도신청을 하고 수탁자의 승낙이 있어야 양도가 가능하는 등 양도에 사실상의 제한이 있어 예탁대상증권등으로 지정되기 어려웠다. 따라서 신(新)신탁법에서는 수익증권발행신탁의 교부에 의해 양도할 수 있도록 양도관련 규정을 전면 개정하였으며 기존의 투자신탁 수익증권에 적용되던 수익자명부, 증권의 불소지 및 기준일제도 등을 적용할 수 있도록 전면 개정이 이루어졌다.

이러한 신탁법의 전면 개정을 통해 투자신탁 수익증권에 적용되던 증권예탁제도가 그대로 적용됨에 수익증권발행신탁은 예탁대상 지정요건을 모두 충족시키고 있다고 판단됨에 따라 예탁대상증권등으로 지정이 가능할 것이다.

제2절 증권예탁제도의 운영체계

1 증권등의 예탁

1.1. 예탁의 의의

중앙예탁결제기관에 증권등을 혼합보관하고 그 증권등에 관한 법정의 사무처리를 위임하기 위해 증권등을 인도하는 것을 예탁(預託)이라 한다. 즉 예탁자가 자기 또는 투자자 소유의 증권등을 중앙예탁결제기관에 인도하여 혼합보관하고, 해당 예탁증권등에 대한 권리

그림 2-1 **예탁과 계좌부의 구조**

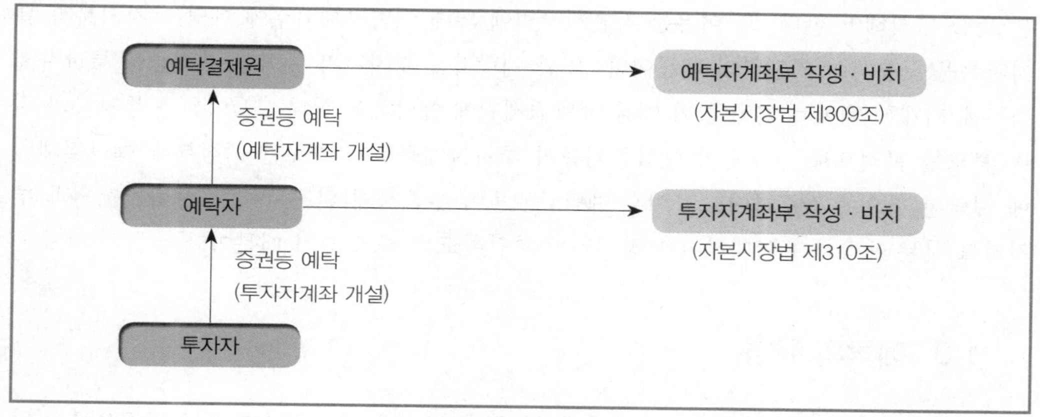

행사 등 소정의 사무 처리를 중앙예탁결제기관에 위임하는 자본시장법상의 법률행위를 말한다.

증권예탁제도는 증권등의 소유자가 증권등을 예탁자를 통해 중앙예탁결제기관에 예탁하는 것에서 시작하기 때문에, 예탁증권등의 관리와 권리 보호를 위해 법률에 의해 엄격한 규제를 하고 있다. 특히 〈그림 2-1〉과 같이 예탁자 및 중앙예탁결제기관인 예탁결제원은 각각 예탁증권등의 관리장부인 투자자계좌부와 예탁자계좌부의 작성 · 비치 의무를 법정하여 투자자 및 예탁자의 권리를 보호하고 있다.

일반적으로 예탁증권등의 규모가 증가할수록 예탁비율이 증가한다. 또한 증권등이 부동화되어 증권물류비용의 감소와 증권사무처리의 합리화를 통해 증권시장의 운영효율성에 기여하게 된다. 따라서 증권등이 중앙예탁결제기관에 집중예탁되는 것은 증권예탁제도 운영의 필수요건이다.

1.2. 예탁의 방법

예탁결제원에 계좌를 개설한 예탁자는, 자기 소유증권 또는 투자자의 소유증권을 자본시장법과 예탁결제원의 업무규정에서 정한 방식에 따라 예탁결제원에 예탁할 수 있다.

예탁자가 투자자의 증권등을 예탁결제원에 예탁하기 위해서는 반드시 해당 투자자의 동의를 얻어야 한다. 이는 예탁증권등이 혼합보관되어 투자자의 단독소유권은 상실되고 공유지분을 갖는 것으로 추정되는 상태로 권리가 변하기 때문이다. 이 경우 동의는 사전 동의이어야 함은 물론이지만 반드시 개별적인 동의가 필요한 것은 아니다. 이른바 약관에 따른 포괄적인 동의라 하더라도 그 실질만 담보되면 유효하다고 할 수 있다.

한편 예탁자가 투자자의 증권등을 예탁결제원에 예탁할 경우에는 투자자 예탁분이라는 뜻을 명시해야 한다. 그 이유는 자본시장법에 의해 예탁자계좌부에 예탁자 자기분과 투자자분을 구분하여 기재하기 때문이다. 또한 예탁자는 투자자가 예탁한 증권등을 투자자계좌부에 기재한 때에는 지체 없이 이를 예탁결제원에 예탁해야 한다. 그 이유는 투자자의 권리 보호를 목적으로 투자자의 예탁증권등이 투자자계좌부에 기재된 시점부터 예탁결제원에 예탁된 것으로 간주하여, 그 이후 예탁증권등이 부족하게 된 경우에는 예탁결제원과 투자자를 갖는 예탁자가 연대하여 보전의무를 부담하도록 하고 있기 때문이다.

1.3. 예탁의 유형

예탁자가 중앙예탁결제기관에 예탁대상증권등을 예탁하는 유형에는, 일반적으로 예탁자가 실물 증권을 중앙예탁결제기관에 직접 예탁하는 전형적인 일반예탁 외에 증권등의 집중예탁 제고를 위해 도입된 신규 발행증권의 예탁과 일괄예탁 등이 있다. 이와 같은 예탁의 유형을 살펴보면 다음과 같다.

(1) 일반예탁

일반예탁이란 예탁의 유형 중 가장 기본적인 형태로서, 예탁자가 투자자로부터 예탁받은 증권이나 자기 소유증권을 중앙예탁결제기관에 실물로 예탁하는 통상적인 실물예탁 방식이다.

투자자는 소유한 증권등을 중앙예탁결제기관에 직접 예탁할 수 없기 때문에 예탁자를 통하여 예탁하게 된다. 투자자로부터 증권등을 예탁받은 예탁자는 그 내역을 투자자계좌부에 기재한 후 해당증권등을 중앙예탁결제기관에 지체 없이 예탁하여야 한다. 중앙예탁결제기관은 예탁자로부터 이를 예탁받은 경우 예탁자계좌부상 투자자 예탁분에 기재하여 관리하고, 예탁자 자기분은 예탁자계좌부의 자기소유분에 기재하여 관리한다.

(2) 권리예탁

권리예탁이란 예탁증권등에 대하여 유 · 무상증자 및 주식배당 등의 사유로 인해 새로이 발행되는 증권등을, 권리 발생일이나 예탁결제원이 발행회사 또는 명의개서대리인으로부터 권리 배정 내역을 통지받은 날에 예탁결제원이 예탁자계좌부에 예탁으로 기재하는 것을 말한다. 이 경우 새로이 발행되는 증권등은 예탁결제원 명의로 일괄 발행되어 예탁결제원이 수령한다.

이 권리예탁이 의의를 갖는 것은 상법상으로는 주권의 발행전 양도가 금지되어 있지만,

권리예탁이 된 경우 비록 주권 실물을 발행하기 전이라 하더라도 예탁결제원으로부터 예탁자계좌부기재확인서를 발급받아 이를 바탕으로 상장이 가능하다는 점이다. 즉 주권 실물이 발행되기 전이라도 상장을 통해 증권의 양도가 가능하다는 점에 의의가 있다 하겠다.

(3) 일괄예탁

일괄예탁이란 예탁자 또는 투자자가 증권등의 모집 · 매출을 위해 그 증권등을 인수 · 청약하는 경우, 또는 기타의 사유로 새로이 증권등의 발행을 청구하는 경우, 예탁자 또는 투자자의 신청에 의해 발행회사가 예탁결제원을 명의인으로 하여 증권등을 발행(또는 등록)하는 것을 말한다. 이에 따라 예탁결제원은 발행회사로부터 해당증권등(또는 등록필증)을 일괄 교부받아 예탁자계좌부에 기재한 후, 그 내역을 예탁자에게 통지하여 해당 예탁자가 투자자계좌부에 기재되도록 하는 것을 말한다.

이 일괄예탁에 대한 의의는 새로이 증권등을 발행하는 단계부터 증권등의 불소지 또는 등록을 통해 증권등의 실물 발행을 최소화할 수 있다는 점이다.

그림 2-2 **일괄예탁 방식의 구조**

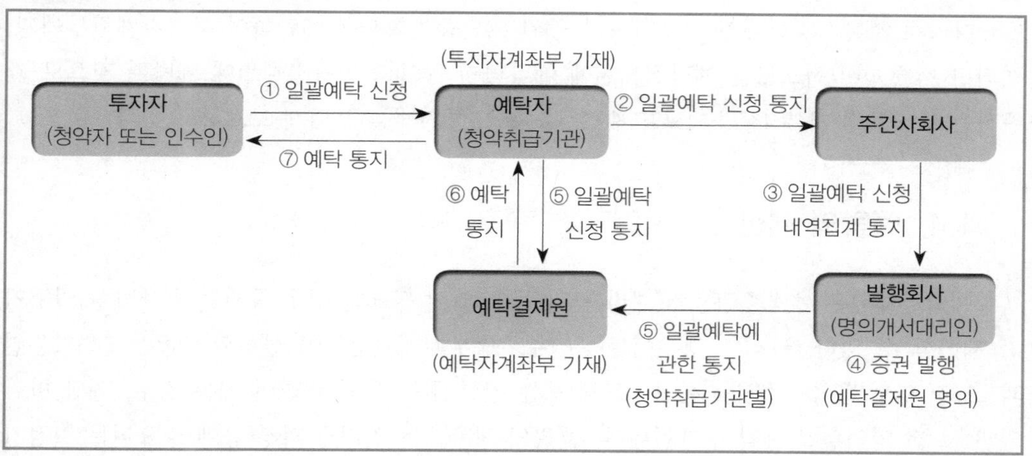

(4) 대행예탁

대행예탁이란 발행회사 또는 명의개서대리인이 명부상 주주에게 주권 실물을 교부하는 대신 주주의 신청에 따라 주주가 증권회사에 개설한 계좌에 입고함으로써 주권 실물의 이동 없이 예탁하는 것을 말한다. 따라서 대행예탁을 하기 위해서는 주주는 먼저 증권회사에 계좌를 개설하고, 발행회사 또는 명의개서대리인에게 교부받을 주권을 해당 계좌로 입고 신청을 하여야 한다.

이에 따라 예탁결제원은 해당 발행회사 또는 명의개서대리인으로부터 직접 주권을 수령하여 예탁자계좌부에 기재하고, 해당 예탁자에게 그 사실을 통지한다. 이에 따라 해당 예탁자는 투자자계좌부에 예탁주권 수량을 기재하고 해당 주주에게 예탁사실을 통지함으로써 대행예탁이 이루어진다.

이는 주권 실물이 주주에게 교부되어 재예탁되는 과정에서 분실 및 도난 리스크 등을 제거함으로써 주주의 권리를 보호하기 위해 실무상 도입된 예탁유형 중 하나이다.

(5) 의제예탁

의제예탁이란 예탁유형의 하나로 설명은 하고 있지만, 실질적으로 예탁유형은 아니고 다만 예탁의 시점을 앞당긴다는 점에 그 의의가 있다고 할 수 있다. 예탁의 효력은 최종적으로 예탁결제원에 증권등 실물이 예탁이 되어야 발생하는 것이 일반적이나, 그렇게 할 경우 투자자 입장에서는 예탁결제원에 직접 예탁을 할 수 없는 상황에서 투자자는 증권회사에 직접 예탁하고 그 이후 증권회사가 예탁결제원에 예탁하는 과정에서의 분실 · 도난 등의 리스크를 투자자가 부담하게 되는 불합리가 야기된다.

따라서 자본시장법에서는 투자자가 증권등을 증권회사에 예탁하여 투자자계좌부에 기재되면 비록 현실적으로는 예탁결제원에 예탁되지 않아도 예탁결제원에 예탁된 것으로 간주하는 특칙규정(자본시장법 제310조제4항)을 두어 투자자를 두텁게 보호하고 있다.

1.4. 예탁의 제한

예탁결제원은 예탁증권등의 권리 관리 등을 위해 필요한 경우 증권등의 예탁을 일정기간 제한할 수 있다. 주식의 경우에는 (ⅰ)주주명부폐쇄기준일이 설정된 경우는 그 기준일과 그 전 영업일, (ⅱ)병합 · 분할 · 교체 또는 전환 청구 등의 기한이 있는 경우, 해당 마감일과 그 전 영업일간 예탁이 제한된다. 채권의 경우에는 원리금 확정 등에 소요되는 일정기간 예탁을 제한할 수 있는데 (ⅰ)채권, 양도성예금증서 및 어음의 경우는 원리금 등 지급개시일 및 개시일 전 2영업일간, (ⅱ)원리금지급기관에 대해 채권을 미리 제출하는 국민주택채권, 서울시도시철도채권은 원리금지급개시일 전 13영업일간 그리고 (ⅲ)수익증권 및 파생결합증권의 경우는 분배금 등의 지급개시일 및 지급일 전 2영업일간 각각 해당증권등의 예탁을 제한할 수 있다(예탁규정 제19조제1항 및 동규정시행세칙 제18조제2항). 이외에도 예탁결제원은 기타 업무 수행상 부득이한 경우에 예탁자에게 그 뜻과 제한기간을 사전에 통지하고 예탁을 제한할 수 있다. 이와 같이 예탁의 제한을 두는 취지는 예탁증권에 권리가 발생하는 경우 그 권리를 적시에 행사하기 위해 권리 확정 등의 처리를 위한 최소한의 기간을 확보하기 위함이다.

1.5. 예탁의 효력

예탁의 효력은 예탁증권등이 예탁자계좌부에 기재되는 시점에 발생한다. 일반예탁의 경우 예탁결제원은 예탁자로부터 예탁의 청구를 받아 예탁증권등의 종목과 수량을 예탁자계좌부에 기재한다. 그러나 예탁결제원 명의로 발행 또는 등록되는 증권등과 예탁증권의 권리행사로 새로이 발행되는 증권등은 예탁결제원이 명의개서대리인으로부터 신주배정 통지를 받은 날 또는 해당 신주의 효력발생일에 예탁의 효력이 발생한다.

2 예탁증권등의 관리장부

2.1. 계좌부의 의의

계좌부(計座簿)란 투자자로부터 증권등을 예탁받은 예탁자와 예탁자로부터 증권등을 예탁받은 중앙예탁결제기관이 예탁증권등에 대한 권리관계를 기재하는 법정 장부이다. 계좌부는 예탁자가 작성하는 투자자계좌부와 중앙예탁결제기관인 예탁결제원이 작성하는 예탁자계좌부로 구분된다.

예탁결제원 및 예탁자에게 예탁자계좌부 및 투자자계좌부 작성 의무를 부과하는 것은 무엇보다도 투자자 보호를 위함이 그 목적이다. 즉 예탁증권등에 대하여 분쟁이 발생하는 경우, 투자자와 예탁자는 투자자계좌부 및 예탁자계좌부를 이용해서 권리를 증명할 수 있다.

따라서 예탁결제원이나 예탁자는 반드시 계좌부를 작성 · 비치하여야 한다. 만일 예탁결제원이나 예탁자가 계좌부를 작성 · 비치하지 않거나 허위로 기재를 한 때에는 1년 이하의 징역 또는 3천만 원 이하의 벌금에 처한다(자본시장법 제446조제53호).

2.2. 계좌부의 종류

(1) 예탁자계좌부

예탁자계좌부는 예탁결제원이 예탁증권등에 대한 권리관계를 명확하게 하기 위해 예탁자별로 예탁증권등에 관한 사항을 기재하는 법정 장부이다. 예탁자계좌부는 예탁증권등에 대해 예탁자의 자기소유분과 투자자 예탁분으로 구분하여 기재하여야 한다(자본시장법 제309조제3항). 이에 따라 예탁자가 예탁결제원에 계좌를 개설하기 위해서는 자기분계좌, 투자자분계좌 및 신탁분계좌 등 계좌종류를 표시하고 참가하고자 하는 업무의 목적별로 계좌개설을 신청하도록 하고 있다(예탁규정 제10조제2항). 이와 같이 계좌를 종류별로 구분하여 개설하도록 하는 이유는 예탁자의 채권자가 예탁자의 예탁증권등에 대하여 강제 집행하는 경우, 예탁자계좌부상 예탁자 자기소유분만 압류할 수 있게 되어 투자자의 재산을 안전하게 보호하기 위함이다.

예탁자계좌부의 기재사항은 법으로 정하고 있다(자본시장법 제309조제3항) 그 법정 기재사항을 살펴보면 (ⅰ)예탁자의 명칭과 주소, (ⅱ)예탁받은 증권등의 종류 및 수와 그 발행인의 명칭, 그리고 총리령이 정하는 사항으로 (ⅲ)예탁증권등 수량의 증감 원인, (ⅳ)예탁증권등을 질권의 목적으로 하는 계좌에 있어서는 질권자의 성명 및 주소, (ⅴ)예탁증권등이 신탁재산인 경우에는 신탁재산이라는 표시, (ⅵ)예탁증권등의 처분 제한에 관한 사항이 법정화되어 있다.

그 밖에 예탁자계좌부에는 (ⅶ)예탁자의 사업자등록번호 또는 납세번호, (ⅷ)예탁자가 외국법인인 경우에는 국적과 투자등록번호 또는 실지명의번호(「금융실명거래 및 비밀보장에 관한 법률시행령」 제3조제4호에 따른 번호를 말함. 이하 같다)를 기재하여야 한다. 예탁자계좌부의 기재사항 중 예탁증권등 수량의 증감 원인은 예탁, 계좌대체 및 반환 등과 같은 사유로 예탁증권등의 수량에 증가 및 감소를 가져오는 것을 말한다.

예탁자와 질권자가 그 명칭 및 주소를 변경한 때에는 지체 없이 예탁결제원에 통지하여야 하고, 예탁결제원은 즉시 해당 예탁자계좌부에 변경 사항을 기재하여야 한다. 이러한 예탁자계좌부는 10년 동안 보존하여야 한다.

(2) 투자자계좌부

투자자계좌부는 예탁자가 투자자의 예탁증권등에 관한 권리관계를 명확하게 하기 위해 소정의 사항을 기재하는 법정 장부이다. 투자자계좌부는 투자자로부터 예탁받은 증권등을 예탁결제원에 재예탁하는 증권회사 등 투자자가 있는 예탁자가 작성 · 비치하는 장부이다. 투자자계좌부의 기재사항도 예탁자계좌부의 경우와 동일하게 법정화되어 있다(자본시장법 제310조). 투자자계좌부의 법적 기재사항은 (ⅰ)투자자의 성명 및 주소, (ⅱ)예탁증권등의 종류 및 수와 그 발행인의 명칭이며 총리령에서는 추가로 (ⅲ)예탁증권등 수량의 증감 원인, (ⅳ)예탁증권등을 질권의 목적으로 하는 경우에는 질권자의 성명과 주소, (ⅴ)예탁증권등이 신탁재산일 경우에는 신탁재산이라는 표시, (ⅵ)예탁증권등의 처분이 제한되는 경우에는 그에 관한 사항을 투자자계좌부의 법적 기재사항으로 정하고 있다.

그 밖에 투자자계좌부에도 예탁자계좌부와 마찬가지로 (vii)투자자가 법인인 경우 투자자의 사업자등록번호 또는 납세번호 (viii)투자자가 외국법인인 경우에는 국적과 투자등록번호 또는 실지명의번호를 기재하여야 한다. 투자자계좌부의 보존기간도 예탁자계좌부와 마찬가지로 10년이다. 따라서 10년이 경과해야 해당 계좌부를 폐기할 수 있다.

2.3. 계좌부 기재의 효력

(1) 자격수여적 효력

상법에서는 주권의 점유자를 적법한 소지인으로 추정하는 자격수여적 효력을 인정하고 있다(상법 제336조제2항). 이러한 자격수여적 효력에 의해 주권의 점유자는 정당한 점유자로 추정되어 별도의 입증 없이 점유만으로 회사에 명의개서 청구 등의 행위를 할 수 있게 된다. 따라서 자본시장법상 예탁자계좌부 또는 투자자계좌부에 기재된 자가 해당증권등의 적법한 소지인으로 추정되기 위해서는 계좌부 기재에 점유의 효력을 인정하여야 한다. 이에 따라 자본시장법에서는 예탁자계좌부 또는 투자자계좌부에 기재된 자는 기재된 증권등의 수량만큼 해당증권등을 점유하는 것으로 본다(자본시장법 제311조제1항)라는 점유의제 규정을 두고 있다.

이러한 점유에 따른 자격수여적 효력에 따라 투자자계좌부에 A종목 1,000주가 기재된 투자자 갑은 1,000주의 적법한 소지인으로 인정된다. 따라서 갑이 절도 또는 투자자계좌부의 오기 등으로 진정한 권리자가 아닌 경우에도, 그것을 계좌대체 방식으로 양수한 을이 악의 또는 중과실이 없는 경우에는 을은 1,000주를 선의취득한다(상법 제359조).

(2) 교부의 효력

증권을 양도하거나 질권을 설정하는 경우에는 해당증권의 "교부"를 필요로 한다(상법 제336조제1항 및 제338조제1항).

자본시장에서도 증권을 양도하거나 질권을 설정하기 위해서는 해당증권의 교부를 필요로 하므로 자본시장법에서는 투자자계좌부 또는 예탁자계좌부에 증권등의 양도를 목적으로 계좌간 대체의 기재를 하거나 질권설정을 목적으로 질물인 뜻과 질권자를 기재한 경우에는 증권등의 교부가 있었던 것으로 본다(자본시장법 제311조제2항)라고 교부의제 규정을 두고 있다.

이에 따라 증권등의 매매 등에 따른 양도를 계좌부상 대체기재한 경우 이를 증권등의 교부로 보아 권리가 이전하는 권리변동의 효력이 발생하게 된다.

(3) 신탁의 대항력

자본시장법에서는 예탁자계좌부 또는 투자자계좌부에 신탁재산인 뜻을 기재함으로써 제3자에게 대항할 수 있다(자본시장법 제311조제3항)고 규정하고 있다.

구(舊)신탁법에서는 신탁재산이 증권등인 경우, 증권에 신탁재산인 사실을 표시하고 주권과 채권의 주주명부 또는 사채원부에 신탁재산인 사실을 기재함으로써 제3자에게 대항(對抗)할 수 있다고 규정(구(舊)신탁법 제3조제2항)하고 있었다. 따라서 자본시장법상 신탁조항은 신탁의 제3자 대항력에 대해 구(舊)신탁법에 대한 특별규정으로 인식되었다. 즉 신탁재산의 표시를 계좌부에 기재함으로써, 실제로 해당증권을 반환받아 증권 및 주주명부 내지 사채원부에 신탁재산의 표시를 하지 않아도 제3자에게 대항할 수 있다는 의미이다.

그러나 新신탁법(2012.7.26. 시행)은 구(舊)신탁법상의 관련 규정을 삭제하고 "등기 또는 등록할 수 있는 재산권에 관하여 신탁의 등기 또는 등록을 함으로써 그리고 등기 또는 등록할 수 없는 재산권에 관하여는 다른 재산과 분별하여 관리하는 등의 방법으로 신탁재산임을 표시함으로써 그 재산이 신탁재산에 속한 것임을 제3자에게 대항할 수 있다"라고 전면 개정하게 된다.

따라서 자본시장법상의 신탁의 제3자 대항력에 대한 규정이 신탁법에 대한 특별규정으로 여전히 인정될 수 있는 것인가에 의문이 든다. 왜냐하면 자본시장법상 증권등의 계좌부상 '등록'이 신(新)신탁법상의 '등록'에 포함된다고 하면 자본시장법의 규정이 없더라도 계좌부상 신탁의 등록만으로 제3자 대항력은 충분히 확보할 수 있기 때문이다. 이러한 의미로 해석이 된다면 자본시장법상 신탁의 대항력 규정은 사족이 되고 만다. 그러나 자본시장법상 계좌부상의 등록이 신(新)신탁법상 등록에 해당하는지 의문이고 그간의 법적 안정성 측면을 고려한다면, 예탁대상증권등이 등기 또는 등록할 수 있는 재산권이냐 또는 등기 또는 등록할 수 없는 재산권이냐를 불문하고 자본시장법상 신탁의 대항력 규정은 여전히 신(新)신탁법 하에서도 이에 대한 특별규정으로 이해하는 것이 타당할 것이다.

(4) 주권발행 전 양도효력

상법은 "주권발행 전에 한 주식의 양도는 회사에 대하여 효력이 없으나, 회사성립 후 또는 신주의 납입기일 후 6월이 경과한 때에는 그러하지 아니하다(상법 제335조제3항)"라고 규정하고 있다. 이는 상법상 주식의 양도에는 주권의 교부가 필요하므로 주권이 발행되기 전에는 적법한 양도방법이 있을 수 없고 적절한 공시방법이 없어 주식거래의 안전을 해할 수 있기 때문에 본 규정을 둔 것이다.

그러므로 적법한 양도방법이 존재하고 적정한 공시수단이 있다면 주권발행 전 양도를 전면적으로 금지할 필요는 없는 것이다. 이에 따라 자본시장법에서는 증권시장에서의 매매거래를 투자자계좌부 또는 예탁자계좌부상 계좌간 대체의 방법으로 결제하는 경우에는 주권발행 전 양도에 대해서도 회사에 대항할 수 있도록(자본시장법 제311조제4항) 규정하고 있다. 이는 증권예탁제도 하에서는 거래안전을 위한 충분한 양도방법과 공시수단이 있다는 판단에 따른 입법이라 할 수 있다.

3 예탁증권의 양도

3.1. 계좌대체의 개념

증권등의 양도를 위해서는 증권의 교부가 필요하다. 교부의 방법에 있어서는 현실의 인도가 원칙이지만, 이외에 점유개정, 간이인도 및 목적물반환청구권의 양도에 의해서도 가능하도록 하고 있다. 증권예탁제도에서는 당사자 간 실물 수수에 갈음하여, 예탁결제원에 비치된 예탁자계좌부 및 예탁자의 투자자계좌부상 계좌간 대체기재를 한 경우 증권등의 교부가 있었던 것으로 간주하고 있다. 즉 양도를 목적으로 예탁자계좌부 또는 투자자계좌부상 계좌간 대체의 기재를 한 경우 증권등이 교부된 것으로 보는 것이다.

3.2. 계좌대체의 유형

(1) 청구에 의한 계좌대체

증권등을 예탁자를 통해 예탁결제원에 예탁한 투자자는 해당 예탁자에 대하여 계좌대체(計座對替)를 청구한다. 투자자가 동일 예탁자의 다른 투자자계좌로 대체 청구를 하는 경우에는, 해당 예탁자가 투자자계좌부상 양도인계좌의 수량을 감소 기재하고 양수인계좌에 수량을 증가 기재를 함으로써 계좌대체가 완료된다.

그러나 다른 예탁자의 투자자계좌나 다른 예탁자의 자기분계좌로 계좌대체를 하는 경우에는, 해당 예탁자는 자신이 관리하는 양도인계좌의 수량을 감소 기재하고 예탁결제원에 계좌대체를 청구하게 된다. 이에 따라 예탁결제원은 즉시 청구 내용의 이상 유무를 심사한 후, 해당 예탁자의 투자자분계좌에서 해당 청구 수량만큼 감소 기재하고 상대방예탁자의 투자자분계좌에 증가 기재한 후 이를 해당 예탁자에게 통보한다. 통보를 받은 예탁자는 해당 양수인계좌에 해당 수량의 증권등을 증가 기재함으로써 계좌대체는 완료된다.

또한 동일 예탁자 내의 자기분계좌에서 투자자분계좌로의 계좌대체도 마찬가지이다. 예탁자가 자기분계좌에서 투자자분계좌로 계좌대체를 하고자 하는 경우 예탁결제원에 계좌대체를 청구한다. 이에 예탁결제원은 해당 예탁자의 자기분계좌에서 증권등의 수량을 감소 기재하고 그 예탁자 내의 투자자분계좌에 그 수량만큼 증가 기재한 후 이를 통보한다. 해당 예탁자는 자신이 관리하는 해당 양수인의 투자자계좌부에 해당증권등의 수량을 증가 기재함으로써 계좌대체는 완료된다.

예탁자계좌부 또는 투자자계좌부상 계좌간 대체의 기재는 증권의 양도 또는 질권설정을 목적으로 하는 경우에는 기재된 증권등의 수량만큼 증권이 교부된 것으로 보는 것이다.

(2) 결제를 위한 계좌대체

계좌대체는 계좌대체하고자 하는 투자자 또는 예탁자가 직접 청구하는 것이 원칙이다. 그러나 대량 거래가 이루어지는 조직화된 시장에서의 결제를 개별적 청구에 의해 처리하는 것은 현실적으로 불가능하다.

따라서 이와 같이 조직화된 시장에서의 매매거래에 따른 결제를 위한 경우에는, 시장참가자 간의 사전 약정에 의해 결제기구로부터 결제자료를 수령하여 일괄 처리하게 된다. 이러한 방식에 의한 계좌대체는 유가증권시장결제, 코스닥시장결제, 프리보드결제, 기관투자자결제 등이 있다.

3.3. 계좌대체의 제한

예탁결제원은 예탁증권등의 권리 관리 등을 위해 필요한 경우 증권등의 계좌대체를 일정기간 제한할 수 있다. 이에 대해 예탁규정상 계좌대체 제한내용을 살펴보면 (ⅰ)예탁결제원 명의로 발행 또는 등록되는 증권등의 경우 해당증권을 교부받을 때까지, (ⅱ)매수청구권 행사증권 및 환매청구한 집합투자증권의 경우에 계좌대체가 제한되며, 또한 동규정 시행세칙상 제한내용을 보면 (ⅲ)채권 · 양도성예금증서 및 어음의 경우 원리금 등 지급일과 그 전 2영업일간 그리고 (ⅳ)수익증권 및 파생결합증권의 경우 분배금 등 지급일과 그 전 영업일에 계좌대체가 제한된다.

3.4. 계좌대체의 효력

증권등의 양도에는 증권등의 교부가 필요하며, 또한 증권등에 질권을 설정하는 경우에도 주권의 교부를 필요로 한다. 이러한 필요에 의해 자본시장법에서는 예탁자계좌부 또는 투자자계좌부상 계좌간 대체의 기재가 증권등의 양도 또는 질권설정을 목적으로 하는 경우 증권등이 교부된 것으로 간주하고 있다.

따라서 예탁자계좌부 또는 투자자계좌부의 계좌간 대체기재로 권리가 이전하는 권리변동적 효력이 발생한다고 할 수 있다. 예를 들면 투자자 A의 계좌에서 투자자 B의 계좌로 대체가 행해진 경우를 보자. 만약 투자자 A가 진실한 권리자가 아닐지라도 투자자 A는 투자자계좌부에 기재된 것에 의해 점유자, 다시 말해서 적법한 소지인으로 추정되며, 대체를 받은 투자자 B는 선의이며 또한 중대한 과실이 없는 한 대체기재시점에서 증권등을 선의취득하게 된다. 즉 계좌대체의 권리이전적 효력과 계좌부 기재의 점유의제에 따른 권리추정력에 의해 증권시장에서의 증권거래에 대한 신뢰성이 확보되는 것이다.

4 예탁증권의 질권과 신탁

4.1. 예탁증권등에 대한 질권

(1) 질권의 의의

채권자의 채무변제가 이행될 때까지 그 채권에 대한 담보로서 채무자 또는 제3자로부터 받은 물건 또는 재산권을 유치하고, 변제가 없는 경우에 그 목적물로부터 우선적으로 변제를 받을 수 있는 권리를 질권(質權)이라고 한다. 질권의 목적물은 동산과 채권, 기타의 재산권으로 한정된다. 증권등의 경우 경제적 거래에 있어 중요한 상품으로 양도의 대상이 됨과 동시에 질권의 목적이 될 수 있다(상법 제338조).

먼저 무기명증권에 대한 질권설정 방법을 보면 당사자 간의 합의와 해당증권을 질권자에게 교부함으로써 효력이 생긴다(민법 제351조). 이 경우에 질권으로써 제3자에게 대항하려면 증권을 계속 점유해야 한다(상법 제338조제2항).

그리고 기명증권에 대한 질권설정 방법으로는 상법에서 약식질과 등록질을 인정하고 있다. 약식질은 질권설정의 합의와 증권을 질권자에게 교부함으로써 성립하며, 증권의 계속 점유를 제3자 대항요건으로 한다. 등록질은 회사가 질권설정자의 청구에 의해 질권자의 성명과 주소를 주주명부에 부기하고 그 성명을 증권에 기재하는 방법에 의한 질권설정 방법이다(상법 제340조). 이 경우에도 제3자에 대한 대항요건으로서 증권을 계속 점유하고 있어야 한다.

(2) 예탁증권등에 대한 질권설정

증권예탁제도에서 질권설정은 예탁자계좌부 또는 투자자계좌부상 질권설정자 계좌 내에 질물인 뜻, 질권자를 기재함으로써 이루어진다(자본시장법 제311조제2항). 예탁자가 질권설정을 청구하는 경우 예탁증권 중 예탁자 자기소유분에 한정하여, 질권설정자인 예탁자는 단독으로 질권설정을 청구할 수 있고 질권자는 질권설정자의 동의를 얻어 청구하여야 한다(예탁규정 제25조제1항). 여기에서 예탁자의 자기소유분에 한정하여 질권설정할 수 있다라고 해석하는 이유는, 예탁자계좌부에서는 투자자 내역을 별도로 관리하지 않으므로 질권설정자를 특정할 수 없기 때문이다.

질권설정된 증권등에 관해 질권자인 예탁자는 본인계좌로 대체기재 청구를 하거나 다른 예탁자에게 전질(전전질을 포함한다)을 설정할 수 있다(예탁규정 제25조제4항· 제5항).

한편 질권 말소의 경우에는 질권자가 단독으로 말소 청구를 할 수 있으며, 이를 질권설정자가 청구할 때에는 반드시 질권자의 동의를 얻어야 한다(예탁규정 제25조제3항).

예탁증권에 대한 질권은 약식질로 해석된다. 그 이유는 질권의 내역이 주권에 기재되지 않고 실질주주명부에도 기재되지 않기 때문이다. 따라서 당사자 간에 과실수취권자를 별도로 표기하지 아니한 경우 과실수취권자는 질권설정자로 한다(예탁규정 제25조제1항 및 동규정시행세칙 제21조제3항).

(3) 질권의 효력

질권자는 우선 변제권이 있어 질권설정자가 채권의 변제기에 이를 변제하지 아니하면 예탁증권등에 대하여 담보권을 실행해서 우선 변제를 받을 수 있다. 이러한 경우 자본시장법에 의한 증권등의 유통제도를 고려하여 예탁증권등의 특성에 부합하는 환가방법이 별도로 정해져 있다(민사집행규칙 제179조).

법원은 압류채권자의 신청을 받아 압류된 예탁증권등의 지분에 관하여 법원이 정한 가액으로 지급에 갈음하여 압류채권자에게 양도하는 명령, 즉 예탁증권등의 지분 양도명령, 또는 추심에 갈음하여 법원이 정한 방법으로 매각을 집행관에게 명하는 명령, 즉 예탁증권등의 지분 매각명령에 의하여 환가를 하거나 질권자가 질권의 목적인 예탁증권등에 관하여 예탁결제원으로부터 증권등의 반환을 받아 이를 집행관에게 제출하여 유체 동산으로서 경매를 신청할 수 있다.

4.2. 예탁증권등에 대한 신탁

(1) 신탁의 의의

신탁은 위탁자가 유가증권 · 부동산 등 재산권을 수탁자에게 이전, 기타의 처분을 하고, 수탁자는 일정한 목적 하에 수익자를 위하여 수탁한 재산을 관리 또는 처분하는 일종의 법률행위이다.

신탁재산의 관리방법에 있어서 신탁관계는 위탁자 · 수탁자 · 수익자로 구성된다. 신탁행위의 대상인 신탁재산은 외형상 수탁자가 취득하므로 제3자들이 수탁자의 재산으로 잘못 알고 수탁자와 거래를 하거나 신탁재산에 대하여 법원에 강제집행 등을 신청한 경우, 수탁자와 거래한 자 또는 강제집행 등을 신청한 자는 예상치 못한 불이익을 당하거나 시간과 노력을 낭비할 수가 있다. 따라서 신탁재산임을 공시하여 제3자에게 대항할 수 있게 하며, 거래자가 신탁재산임을 분명히 알고 거래하게 함으로써 거래자에게 불의의 손해가 발생하지 않도록 하여야 한다.

신(新)신탁법 제4조에서는 신탁의 공시를 정하고 있는 바, 등기 또는 등록할 수 있는 재산권에 관하여는 신탁의 등기 또는 등록을 함으로써 그 재산이 신탁재산에 속한 것임을 제3자에게 대항할 수 있으며, 등기 또는 등록할 수 없는 재산권에 관하여는 다른 재산과 분별하여 관리하는 등의 방법으로 신탁재산임을 표시함으로써 그 재산이 신탁재산에 속한 것임을 제3자에게 대항할 수 있다고 규정하고 있다. 그러나 이와 관련하여 앞에서 언급한 바와 같이 증권예탁제도 하에서 예탁자계좌부 또는 투자자계좌부에 신탁재산인 뜻을 기재하면 이러한 신(新)신탁법에도 불구하고 제3자에게 대항할 수 있다(자본시장법 제311조제3항).

(2) 신탁재산의 관리

예탁증권등에 대하여 신탁재산의 표시 청구를 하는 경우 청구권자는 위탁자 또는 수탁자가 되는데, 다만, 위탁자가 청구하는 경우에는 수탁자계좌로의 계좌대체 청구와 동시에 하여야 한다(예탁규정 제26조제1항).

신탁재산 표시의 말소를 청구할 수 있는 자는 수탁자이다. 신탁의 경우 배당금 등 신탁재산의 과실은 예탁결제원이 위탁자 및 수익자를 관리하지 않을 뿐만 아니라 신탁계약의 내용 등을 인지할 수 없고, 수탁자는 신탁의 취지에 따라 선량한 관리자로서 신탁재산을 관리 또는 처분할 수 있는 신탁재산에 대한 관리권을 가지므로 수탁자에게 교부한다.

5 예탁증권등의 반환

5.1. 반환의 의의

예탁자의 투자자나 그 질권자는 예탁자에 대하여, 예탁자는 예탁결제원에 대하여 언제든지 공유지분에 해당하는 예탁증권등의 반환을 청구할 수 있다(자본시장법 제312조제2항).

이 경우 직접 예탁한 증권등 자체의 반환은 청구할 수 없고, 예탁한 증권등과 동종 · 동량의 증권등을 반환 청구할 수 있을 뿐이다. 예탁증권등에 대한 반환청구권은 민법상의 공유물 분할과 같이 다른 공유자의 동의를 받을 필요는 없다.

민법상 공유물의 분할은 공유자의 협의에 의하며, 협의가 이루어지지 아니한 때에는 법원에 청구하게 되어 있으나, 혼합보관의 경우 예탁증권등을 반환할 때마다 이와 같은 절차를 밟지 않아도 됨을 명백하게 규정한 것이다.

5.2. 반환방법

(1) 청구에 의한 반환

투자자가 예탁결제원에 예탁하고 있는 증권등의 반환을 위해 예탁자에게 예탁증권등에 대하여 반환을 청구하면, 예탁자는 예탁결제원에 대하여 반환을 청구한다. 반환 청구를 받은 예탁결제원은 해당 예탁자계좌부의 투자자 예탁분에서 반환 청구를 받은 주식수를 감소 기재하고 증권등을 예탁자에게 교부하며, 예탁자는 투자자계좌부에 반환 주식수를 감소 기재하고 증권등을 투자자에게 교부한다.

예탁증권등의 반환에 있어서 투자자는 예탁결제원에 직접 반환을 청구할 수는 없다. 이는 증권예탁제도의 구조를 볼 때 예탁결제원의 예탁자계좌부상 투자자 예탁분이 개별적으로 관리되지 않고 총량적으로 관리되므로 예탁한 투자자가 누구이며, 투자자의 예탁량이 얼마인가를 확인할 수 없기 때문이다.

예탁결제원은 예탁자의 반환 청구에 대비하여 반환에 필요한 적정 수량의 증권등을 보유하고 그 이외의 증권등(주식)은 불소지신고를 하여 실물 주권을 폐기함으로써 실물증권등의 관리를 적절한 범위 내로 조정하고 있다. 다만, 예탁자로부터 반환 청구를 받았으나 해당 수량의 증권등이 부족한 경우에는 발행회사로부터 증권등을 재발행받아야 한다. 따라서 재발행기간을 포함한 통상적인 기간 내에 예탁증권등을 반환하면 이행 지체에 대한 책임을 지지 아니한다.

(2) 질권설정된 증권등의 반환

질권설정(質權設定)된 증권등을 질권설정자가 반환 청구하는 경우에는 질권자의 동의가 있어야 한다(자본시장법 제312조제2항 후단). 이는 질권설정된 증권등이 반환되면 질권이 소멸되기 때문이다. 한편 예탁자 또는 투자자의 질권자도 증권등의 반환을 청구할 수 있다. 예탁자의 예탁증권등에 대한 질권자는 예탁결제원에 대하여, 투자자의 예탁증권등에 대한 질권자는 예탁자에 대하여 각각 반환 청구를 하게 된다. 이 경우에는 질권자의 자기분계좌로의 대체기재와 동시에 청구를 해야 한다.

(3) 예탁증권의 반환 제한

예탁자는 예탁증권등을 언제든지 반환 청구할 수 있으나, 법률상 규정이 있는 경우 및 권리확정 등의 사유가 발생한 경우에는 예탁증권등의 반환이 제한된다(자본시장법 제312조 제3항 및 예탁규정 제22조).

먼저, 법률상 반환을 제한하는 경우에는 예탁자의 파산 · 해산 및 등록 취소 등의 사유가 발생한 경우에는 투자자의 보호에 필요한 범위 내에서 반환 및 계좌대체 등을 제한할 수 있다. 이 경우 반환 등의 내용은 미리 공고하여야 한다.

그리고 권리확정 등의 사유로 반환을 제한하는 경우를 살펴보면 (ⅰ)예탁결제원 명의로 발행 또는 등록되는 증권등을 교부받을 때까지, (ⅱ)발행인에 대하여 매수청구권을 행사한 경우, (ⅲ)주식병합 · 분할 · 교체 또는 전환 청구의 경우 마감일과 그 전일, (ⅳ)채권 · 양도성예금증서 · 어음의 경우 원리금등 지급일과 그 전 2영업일, (ⅴ)파생결합증권 · 수익증권의 경우 분배금등 지급일과 그 전 영업일 그리고 (ⅵ) 그 밖에 예탁결제원이 업무수행상 필요한 경우에 증권등의 반환이 제한된다.

5.3. 반환의 효력

예탁증권등을 반환함으로써 예탁증권등에 대한 공유지분권은 소멸하고 동시에 단독소유권이 성립한다. 예탁자가 자기의 공유지분에 해당하는 예탁증권등의 반환을 청구하는 경우, 예탁결제원이 예탁자에게 증권등을 교부하고 예탁자계좌부에 감소 기재되는 시점에 반환의 효력이 발생한다.

그리고 예탁자는 투자자로부터 예탁증권등의 반환 청구를 받은 경우에는 지체 없이 예탁결제원에 해당증권등의 반환을 청구해야 하며, 예탁결제원으로부터 예탁증권등을 반환받은 경우에는 지체 없이 투자자에게 그 증권등을 반환하여야 한다. 이것이 반환하는 투자자의 의사에 부합하게 되는 것이며, 또한 이를 통해 투자자는 그 증권등을 신속히 사용 · 처분할 수 있게 된다.

6 예탁증명서제도

1997년 1월 상장유가증권의 활용도 제고를 위해 국가, 지방자치단체, 정부투자기관에 보증금이나 기타 공탁금을 납부할 경우 상장유가증권으로 납부할 수 있도록 법 개정이 이루어졌다. 구(舊)증권거래법 개정 이전에는 보증금 또는 공탁금 등을 예탁유가증권으로 납부하고자 하는 경우, 예탁자 또는 투자자는 이를 실물로 반환받아 납부하고 그 사유가 소멸되면 이를 다시 예탁하는 절차가 불가피함에 따라 실물증권 이동에 따른 리스크에 노출되었고, 실물증권 발행에 따른 불필요한 사회적 비용이 야기되었다.

이에 따라 1998년 2월 구(舊)증권거래법 시행령에 의하여 '예탁증명서'제도를 도입하여, 예탁결제원이 발행하는 예탁증명서로 해당증권의 실물 납부에 대신하도록 함으로써 예탁증권의 반환을 억제하여 분실 · 도난 등의 문제점을 해소할 수 있게 되었다.

구(舊)증권거래법을 계승한 자본시장법에서도 예탁증명서제도는 그대로 계승되었다. 다만, 구(舊)증권거래법은 시행령에 예탁증명서 발행에 관한 근거규정을 두어 그 효력에 대한 이견이 있어 왔으나, 자본시장법에서는 그 발행 근거를 자본시장법에 명기하고 절차 등에 대해서만 시행령에 위임하였다.

예탁결제원만이 예탁증명서를 발행할 수 있다. 따라서 투자자분에 대하여는 예탁자가 투자자계좌부 사본을 첨부하여 예탁결제원에 예탁증명서의 발행을 신청하여야 한다(자본시장법시행령 제193조제1항). 신청을 받은 예탁결제원은 이를 심사하여 예탁증명서를 발행하고, 예탁자 자기분에 대한 청구는 예탁자계좌부의 자기분에 처분 제한을 표시하고 투자자분에 대해서는 해당 예탁자의 투자자계좌부에 처분 제한을 표시한다(자본시장법 제171조제5항). 이후 예탁증명서의 발행 사유가 소멸되어 반환될 경우에는 예탁자계좌부 및 투자자계좌부의 처분 제한 표시를 각각 말소한다. 계좌부에 처분 제한 표시된 상장증권은 상계나 압류의 대상이 아니다. 그간 예탁증명서 발행 증권에 대한 처분제한에 대하여 법적 대항력을 갖추지 못해 제도 활성화에 장애요인으로 작용했던 점을 고려하여 자본시장법상 그 법적 효력을 명확히 규정한 것이다(자본시장법 제171조제6항).

한편 보증금 등의 수납기관은 예탁결제원으로 예탁증명서를 제출하고, 해당증권등을 예탁결제원에 개설한 자기계좌로 대체할 것을 신청할 수 있다. 이때 수납자가 예탁자인 경우 예탁결제원이 해당 수납자계좌로 계좌대체하고, 투자자인 경우에는 해당 수납자를 투자자로 둔 예탁자가 투자자계좌부에서 계좌대체한다.

7 예탁증권에 대한 강제집행

증권예탁제도에서 예탁자와 투자자는 예탁증권등에 대한 공유지분을 갖지만, 예탁결제원이 예탁증권등을 보관하고 있는 특성에 따라 예탁증권에 대한 강제집행 · 가압류 · 가

처분의 집행 또는 경매에 관하여 필요한 사항을 대법원규칙에서 정하도록 위임하고 있다(자본시장법 제317조).

7.1. 예탁증권등에 대한 강제집행

강제집행에 의한 압류의 대상은 예탁결제원에 예탁되어 있는 증권등의 공유지분이다. 따라서 예탁증권등에 대한 강제집행은 예탁증권등의 공유지분에 대한 압류 명령에 의하여 개시한다(민사집행규칙 제176조). 예탁증권등의 지분을 압류함에 있어서 법원은 채무자에 대하여 계좌대체 청구 · 증권등의 반환 청구 · 기타의 처분을 금지하고, 채무자가 예탁자인 경우에는 예탁결제원에 대하여, 채무자가 투자자인 경우에는 예탁자에 대하여 계좌대체 및 반환을 금지한다(민사집행규칙 제177조).

압류의 효력은 압류 명령이 예탁결제원 또는 예탁자에게 송달된 때에 발생한다. 압류 명령이 예탁결제원 또는 예탁자에게 송달되면 그 뜻을 예탁자계좌부 또는 투자자계좌부에 기재한다(자본시장법시행규칙 제29조제4호 및 제30조제4호).

예탁증권등을 강제집행함에 있어서 환가방법은 '예탁유가증권지분양도명령'과 '예탁유가증권지분매각명령'이 있다. 예탁유가증권지분양도명령은 법원이 압류 채권자의 신청에 의하여 압류된 예탁유권등의 지분에 관해서 법원이 정한 가액으로 지급에 갈음하여 압류 채권자에게 양도하는 명령으로 집행법원이 발령한다(민사집행규칙 제180조). 압류 명령 및 예탁증권등의 지분양도명령이 확정되면, 집행법원의 사무관 등은 예탁결제원 또는 예탁자에 대해 '예탁유가증권지분양도명령'의 대상이 되는 공유지분에 관하여 압류 채권자의 계좌로 계좌대체를 청구하고 계좌대체의 기재가 되면 압류 채권자는 해당 공유지분을 취득한다.

예탁유가증권지분매각명령은 집행관에 대하여 압류된 예탁증권등의 공유지분의 매각을 명하는 것으로 동 환가방법은 증권회사에 대한 매각 위탁의 간접방식으로 일원화하고 있다. 즉 법원은 동 매각 명령을 함에 있어서 채무자가 투자자인 경우에는 채무자의 계좌를 관리하는 예탁자에게, 채무자가 예탁자인 경우에는 그 채무자를 제외한 다른 예탁자에게 매각일의 시가나 기타 적정한 가액으로 매각을 위탁할 것을 명한다(민사집행규칙 제181조). 채무자가 예탁자인 경우에 집행관이 법원으로부터 '예탁유가증권지분매각명령'을 받은 때에는 예탁자(채무자가 예탁자인 경우에는 그 채무자를 제외한 다른 예탁자)에게 집행관 명의의 계좌를 개설하고, 채무자의 계좌를 관리하는 예탁결제원에 대하여 압류된 예탁증권등의 지분에 관해서는 집행관 명의로 계좌대체를 청구하여야 한다.

집행관은 계좌대체 청구 시 해당 예탁유가증권지분매각명령 등본 및 그 확정증명과 집행관 명의의 계좌가 개설되어 있음을 증명하는 서면을 첨부해야 한다. 그리고 매각 위탁 시에는 해당 등본 및 그 확정증명을 첨부해야 한다. 이는 매각 위탁의 근거를 위탁 상대방인 예탁자에게 알리기 위한 것이다.

7.2. 예탁증권등에 대한 가압류

예탁증권등에 대한 가압류는 채무자가 예탁자인 경우에는 예탁결제원에 대하여, 채무자가 투자자인 경우에는 예탁자에게 예탁증권등 지분의 계좌대체 및 증권의 반환을 금지하는 명령을 해야 한다(민사집행규칙 제214조).

가압류의 집행에 있어서도 가압류 명령이 예탁결제원 또는 예탁자에 송달된 때에 가압류의 효력이 생기고, 예탁자계좌부 또는 투자자계좌부에 가압류의 집행이 이루어진 사실 및 명령송달의 일시 등의 사항을 기재한다. 예탁증권등에 관한 가압류의 집행 절차는, 가압류의 성질상 환가 절차 및 배당 절차가 행해지지 않는 점을 제외하면 예탁증권등에 관한 강제집행의 절차와 동일하다.

7.3. 예탁증권등에 대한 가처분

예탁증권등의 처분을 금지하는 가처분에는 예탁증권등의 가압류 집행에 관한 규정을 준용하고 있다(민사집행규칙 제217조). 이러한 가처분이 이루어지면 예탁증권을 예탁한 채무자는 계좌대체 청구, 증권의 반환 청구 및 기타 일체의 처분을 하지 못하고, 예탁결제원 또는 예탁자는 계좌대체 및 증권의 반환을 하지 못한다.

그리고 가처분 명령이 송달되면 예탁자계좌부 또는 투자자계좌부에 가처분이 이루어진 사실 및 명령송달의 일시 등에 관한 사항이 기재되는 것을 포함하여 가압류 집행의 경우와 동일한 절차로 이루어진다.

8 투자자의 권리보호

8.1. 연대보전책임

(1) 연대보전의무

예탁증권등이 상실된 경우 예탁결제원은 법원에 공시최고(公示催告)를 신청하고 제권판결(除權判決)을 받은 후에 증권의 재발행을 받아 증권 부족분을 충당해야 하나, 투자자의 보호를 위해서는 보다 확실한 보전방법이 강구되어야 한다.

이에 따라 증권예탁제도는 예탁증권등이 부족하게 된 경우에는 예탁결제원과 투자자를 갖는 예탁자가 연대하여 부족분을 보전하도록 하고 있다(자본시장법 제313조). 즉 예탁결제원과 투자자가 있는 예탁자는 부족 증권에 대하여 무과실 연대책임을 부담한다.

(2) 연대보전 의무자의 범위

증권등이 예탁결제원에 예탁되어 있는 경우뿐만 아니라, 예탁자가 투자자로부터 예탁받은 증권등을 투자자계좌부에 기재하였지만 아직 예탁결제원에 인도하지 않은 의제예탁의 경우에도 예탁증권등을 상실하면 예탁증권등에 부족분이 발생하게 된다. 이러한 경우에도 예탁결제원 및 투자자로부터 증권등을 예탁받은 예탁자는 부족분에 대한 보전의무를 부담하며, 예탁증권등의 부족에 대한 귀책 사유는 불문한다. 그러나 자기 소유증권만을 예탁하는 예탁자는 보전의무가 없다. 이는 증권예탁제도가 증권등 유통의 합리화를 도모하는 데에 그 주안점이 있기 때문이다. 그런 의미에서 투자자로부터 증권등을 예탁받은 예탁자가 본 제도의 중심이 되기 때문에, 예탁결제원과 투자자로부터 증권등을 예탁받은 예탁자가 보전책임을 부담하도록 한 것이다.

또한 투자자계좌부를 비치하는 예탁자는 계좌가 폐쇄된 때에도 5년간 보전의무를 부담하도록 하고 있다.

일반적으로 임치물이 불가항력으로 멸실한 경우 수치인은 책임을 부담하지 않으나, 증권예탁제도에서는 예탁증권에 대한 투자자의 권리를 완전하게 보호하기 위해 불가항력의 경우에도 연대책임을 부담하도록 하였다.

(3) 연대보전의 방법

예탁증권등에 부족분이 발생하게 된 경우, 예탁결제원과 예탁자는 연대하여 부족분을 보전하여야 한다. 다만, 예탁결제원 및 예탁자는 그 부족에 대한 책임이 있는 자에 대하여 구상권을 행사할 수 있다.

투자자가 예탁자에게 예탁하는 단계에서 증권의 도난 등의 사유로 부족분이 발생한 경우에는 예탁결제원과 투자자를 가지고 있는 다른 예탁자가 그 예탁자에 대하여, 예탁자가 예탁결제원에 예탁한 이후에 예탁증권에 부족분이 발생한 경우에는 그 부족분에 책임이 있는 예탁자에게 각각 구상권을 행사하게 된다.

8.2. 투자자 예탁분의 반환 제한

예탁자가 파산한 경우 투자자 예탁분을 보호하기 위하여 투자자예탁금에 대해서는 투자자보호기금을 신설하였다(예금자보호법 제2조). 그러나 증권등의 경우에는 예탁자의 파산, 해산 결의, 증권업의 허가 취소 또는 영업 정지 및 그 밖에 이에 준하는 사유 등이 발생했을 때 예탁자에 의한 투자자 예탁분의 반환 · 계좌대체를 제한하여 투자자의 보호를 기하고 있다. 반환 등을 제한하는 경우에는 이를 미리 공고하여야 하며, 금융위원회는 예탁증권등의 종류별로 반환 등을 제한할 수 있다(자본시장법 제312조제3항, 동법시행령 제314조 및 동법시행규칙 제31조).

8.3. 투자자에 대한 물권적 보호

예탁자가 파산한 경우 예탁한 증권이 특정되어 있으면 자기의 소유물이라는 것이 명확하기 때문에 이를 예탁한 투자자 보호에 문제가 없다. 하지만 예탁결제원에 증권을 예탁하면 예탁증권등이 혼합보관되므로 투자자의 예탁증권등에 대하여 권리가 침해될 가능성이 있다. 그렇지만 증권예탁제도에서 투자자는 예탁결제원에 예탁한 증권등에 대하여 공유지분을 갖기 때문에, 예탁증권등에 대한 투자자의 물권적(物權的) 보호에는 차이가 없다. 따라서 만약 예탁자가 파산하는 사태가 일어난다 하여도 일반 파산의 경우에 있어서 권리자가 파산자에 귀속하지 않는 재산을 파산재단으로부터 환취하는 권리인 환취권을 행사할 수 있는 것과 같이, 투자자는 예탁결제원에 예탁되어 있는 증권등에 대하여 예탁자의 재산이 아닌 것으로서 환취할 수 있게 된다(도산법 제70조).

또한 강제집행은 채무자의 재산에 한하여 시행되어야 하는데, 신속한 집행을 하는 나머지 채무자의 책임 재산 이외의 재산에 대하여 집행이 시행되어 제3자의 재산권을 침해할 수도 있다. 따라서 민사집행법 제48조제1항에서 제3자가 강제집행의 목적물에 대하여 소유권을 주장하거나, 목적물의 양도나 인도를 저지하는 권리를 주장하는 때에는 채권자를 상대로 그 강제집행에 대한 이의의 소를 제기할 수 있다고 정하여 권리 침해가 발생하면 이의를 주장할 수 있도록 구제방법을 정하고 있다. 따라서 예탁자가 강제집행을 받는 사유가 발생한 경우, 투자자는 그의 공유물인 예탁증권등이 예탁자의 책임 재산을 구성하지 않으므로 강제집행에 의한 양도 또는 인도를 저지하기 위해 제3자 이의(異議)의 소(訴)를 제기할 수 있다.

8.4. 사고증권등 내역 관리

(1) 사고증권 관리의 필요성

증권시장에서 유통되는 증권등은 대부분 예탁결제원에 예탁되어 종목별로 혼합보관되며, 예탁자는 증권등에 대한 단독소유권을 상실하고 공유지분권을 취득하게 된다. 이 경우 예탁증권등 중에 증권등의 효력이 없는 사고증권이 포함되면, 동종 증권등의 모든 예탁자의 공유지분이 감소하여 증권예탁제도를 이용하고 있는 모든 투자자에게 손해를 끼치게 되며 권리행사 등의 경우 권리의 귀속 문제로 분쟁이 발생하게 된다.

또한 대량적 · 정형적으로 거래되는 증권시장을 통해 취득한 증권등에 대해 그 신뢰성을 상실하게 되면, 증권등의 유통성을 확보할 수 없게 되어 증권시장 본래의 기능을 발휘할 수 없게 된다. 따라서 증권등을 집중예탁받아 보관 관리하는 예탁결제원은 사고증권 내역을 관리하여, 예탁증권등 중 사고증권의 포함 여부를 사전적 또는 사후적으로 점검할 필요가 있다. 이는 증권시장의 안정성을 확보하고 투자자의 권리보호를 위해 당연히 중앙예탁결제기관에 요구되는 사항이기도 하다.

(2) 관리대상 사고증권의 범위

예탁결제원이 관리하는 사고증권등은 도난, 분실 또는 멸실 등의 사유로 사고신고, 공시최고 및 제권판결된 증권뿐만 아니라 향후에 문제가 발생할 수 있는 증권등, 즉 압류 · 가압류 · 가처분명령의 목적물로 통지된 증권등을 포함한다. 이러한 사고증권등이 발생하게 되면 발행회사는 그 내역을 예탁결제원에 지체 없이 통지하여야 하고 예탁결제원은 그 내역을 공표하도록 하고 있다(자본시장법 제323조).

(3) 사고증권등의 처리

예탁결제원은 증권등의 예탁접수 시 사고증권등을 발견하면 예탁을 거절하고, 예탁증권등 중에서 사고신고 또는 공시최고중인 증권등을 발견한 경우에는 즉시 해당증권등을 예탁한 예탁자에게 사고내용을 통지하여 법적인 조치를 취할 수 있도록 하고 있다.

한편 제권판결된 증권등 또는 위조 또는 변조된 증권등을 발견한 때에는 즉시 해당증권등을 예탁한 예탁자에게 그 뜻을 통지하고 예탁잔고에서 그 증권등의 수량을 공제한다. 이 경우 해당 계좌의 잔고보다 사고증권등의 수량이 더 많을 경우에는 사고증권등을 예탁한 예탁자는 지체 없이 그 부족분을 동일 종목의 증권등으로 충당하여야 한다. 다만, 유통성 부족 등의 사유로 즉시 충당하지 못하는 경우 해당 예탁자는 그 부족분 발생일을 기준으로 하여 해당 종목 전일 종가의 130%에 해당하는 금전을 담보로 징수할 수 있다(예탁규정

제76조).

한편 예탁자가 예탁결제원으로부터 반환받은 증권등이 반환 이전부터 사고증권등이었음을 발견한 때에는 해당 사고증권등의 교환을 청구할 수 있다(예탁규정 제78조).

8.5. 예탁결제정보통신망(SAFE Plus) 운영

예탁결제정보통신망이란 예탁결제원과 예탁자 간에 예탁결제 업무를 수행하기 위해 예탁결제원이 설치, 운영하는 전자적 장치를 통하여 제공하는 업무처리시스템을 말한다. 예탁자는 이 시스템 간의 연계를 전용선, 인터넷 및 host-to-host 방식으로 이용하고 있다.

이러한 예탁결제정보통신망을 이용하여 처리할 수 있는 업무는 예탁결제원의 제규정에서 예탁결제정보통신망을 이용하여 처리하도록 규정하고 있는 업무로써 예탁결제업무 전반에 걸쳐 각 규정에서 이 정보통신망을 이용하도록 정하고 있다.

예탁결제원은 이 정보통신망을 이용하여 증권예탁 및 결제 등 제반 업무 및 정보를 송수신 처리함으로써 사무처리에 따른 인력과 시간을 절감할 뿐만 아니라, 관련 정보의 실시간(real-time) 전달로 증권관리사무를 착오 없이 처리하여 업무 운영의 위험을 최소화하고 있다. 이러한 증권관리업무의 효율적 운영을 통해 업무에 정확성을 기함은 물론 투자자의 권리행사 및 권리배분 등의 업무를 신속하고 안전하게 처리함으로써 투자자의 권리보호에도 이바지하고 있다고 할 수 있다.

예탁증권의 권리행사

증권예탁제도는 투자자가 소유증권등을 예탁자에게 예탁하고, 해당 예탁자는 투자자 및 자기 소유증권등을 중앙예탁결제기관에 집중예탁하는 것에서 출발한다. 이후 증권등의 매매거래에 따른 소유권 이전은 중앙예탁결제기관을 통한 증권등의 계좌대체와 매수대금의 지급을 통해 이루어진다.

그러나 예탁증권등에서 발생하는 권리행사제도가 증권예탁제도 내에서 효율적으로 정립되어 있지 않으면 여러 가지 혼란이 발생한다. 예를 들어 예탁주식의 실질소유자가 주주명부에 등재되어야만 주주로서의 권리를 행사할 수 있다면, 발행회사가 권리발생기준일을 설정한 경우 실질소유자는 주권을 반환받아 발행회사의 주주명부에 본인 명의로 개서한 후 이를 다시 재예탁해야 한다.

이러한 방식은 증권 소유자의 불편과 위험 부담을 야기할 뿐만 아니라, 관련 당사자(발행회사, 중앙예탁결제기관, 예탁자, 명의개서대행기관 등)에 대해서도 실물 처리에서 오는 사무적 부담과 혼란을 초래한다. 또한 증권결제를 위한 실물증권등의 잦은 이동은 증권결제위험으로 파급될 수도 있다.

이는 실물 증권 이동의 방지라는 증권예탁제도 고유의 목적에도 반할 뿐 아니라, 번잡한 실물 관련 업무로 인해 증권등의 예탁 및 결제에 있어서도 중앙예탁결제기관의 존재의미가 퇴색되는 결과를 가져온다. 따라서 중앙예탁결제기관에 예탁된 증권등에 대해서는 발행회사의 권리발생기준일에 권리행사를 위한 증권의 이동을 배제하고, 증권예탁제도 내에서 실질소유자의 권리행사를 보장하는 시스템이 필수적으로 갖추어져야 한다. 본 장에서는 현재 우리나라에서 운영되고 있는 예탁주식과 예탁채권에 대한 권리행사제도에 대해 설명하기로 한다.

제1절 예탁주식의 권리행사

1 예탁주식의 권리행사 개요

증권예탁제도는 증권등의 집중예탁에 따라 소유권 이전의 합리화를 달성하였으나, 앞서 언급한 바와 같이 예탁주식 실질소유자를 위한 효율적 권리행사에 대한 문제가 제기되었다.[21] 이와 더불어 각국 증권시장 규모의 팽창은 투자자들의 권리행사 방식에 혼란을 초래하여 예탁증권 권리행사 방식의 발전방안을 모색하게 되었다. 이에 따라 각국은 중앙예탁결제기관에 예탁된 주식의 공유자인 실질주주의 권리행사에 대한 법제화에 주력하게 되었다.[22]

우리나라도 1987년 11월 제9차 구(舊)증권거래법 개정으로 예탁주식의 실질소유자를 주주명부상 주주와 동일하게 인정하는 실질주주제도를 도입하였다. 이 제도의 도입으로 실질소유자는 예탁주식을 반환받아 본인 명의로 명의개서하는 절차 없이 정당한 주주로서의 권리를 행사할 수 있게 되었다.

〈그림 2-3〉과 같이 발행회사의 권리발생기준일이 설정되면, 예탁결제원은 예탁결제원 명의 주식에 대한 실질주주명세를 작성하여 발행회사로 통지한다. 발행회사는 이를 근거로 실질주주명부를 작성하고, 이 명부에 등재된 자를 적법한 주주로 인정함으로써 실질주주는 발행회사에 대하여 주주로서의 권리를 행사할 수 있게 된다.

우리나라의 실질주주제도는 의결권 · 이익배당청구권 · 신주인수권 등 발행회사와 주주 간의 권리행사 방식에 있어서 직접방식을 채택하고 있다. 이는 예탁주식의 주주명부상 주주는 중앙예탁결제기관이지만, 발행회사는 중앙예탁결제기관으로부터 통지받은 실질주주명세에 의해 주주명부와 동일한 효력이 부여된 실질주주명부를 작성 · 비치하고, 이 실질주주명부에 기재된 실질주주는 주주명부상 주주와 동일한 자격으로 주주권을 행사하는 방식이다.

반면 간접방식이란 주주명부에 주주로 등재된 중앙예탁결제기관이나 증권회사 등 예탁자를 주주로서 인정하고, 실질소유자를 별도로 확정하는 절차를 거치지 않는다. 따라서 실질소유자는 주주명부상 주주인 중앙예탁결제기관이나 예탁자를 통하여 간접적으로 권리를

---

21 1988년 실질주주제도의 시행 전에는 권리기준일이 발생하면 해당 주식은 전량 반환되어 실질소유자 등의 명의로 개서된 이후 다시 재예탁되었다.

22 미국의 경우 DTCC에 예탁된 주식은 DTCC의 Nominee 명의인 Cede & Co 명의로 개서되고 실제 소유자는 beneficial owner로 관리된다. 그리고 프랑스도 1981년 12월 재정법 94-Ⅱ에 의하여 체계적인 실질주주제도를 마련하였다.

그림 2-3 **실질주주제도의 구조**

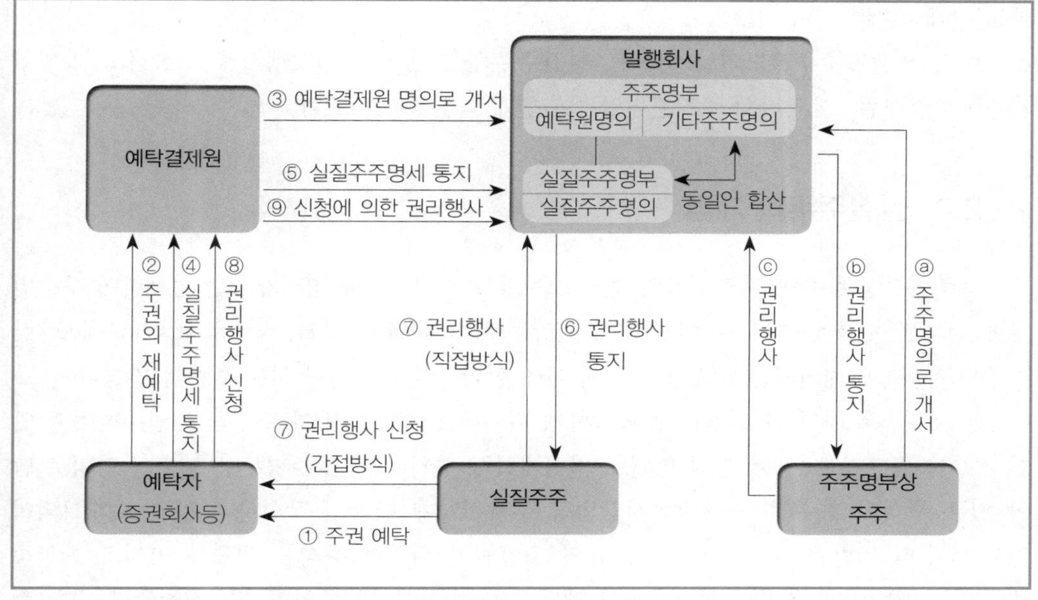

행사할 수밖에 없다.

이러한 이유로 직접방식의 경우 간접방식에 비해 업무 절차상 번잡함은 있으나, 실제 주식 소유자와 발행회사 간에 직접적인 관계를 형성할 수 있다. 따라서 주주의 개별적 권리를 보다 강화할 수 있으며, 발행회사는 실질주주의 파악이 용이하여 발행회사와 실질주주 간의 원활한 커뮤니케이션을 촉진할 수 있는 장점이 있다.

2 실질주주제도의 개념

2.1. 실질주주제도의 도입

실질주주제도(實質株主制度)는 1987년 11월 28일 제9차 구(舊)증권거래법을 개정하여 (ⅰ)주권계속예탁제도와 실질주주 개념의 법제화, (ⅱ)발행회사에 대한 실질주주명부 작성의 의무화, (ⅲ)실질주주명부에 상법상 주주명부와 동일한 효력 부여, (ⅳ)실질주주 권리행사의 절차 마련 등을 반영하여 1988년부터 시행되었다. 또한 1992년 발행회사의 요청에 의한 의결권 행사(shadow voting)와 일괄예탁제도, 그리고 1997년 실질주주증명서제도를 도입하였다. 아울러 2001년에는 발행회사의 기준일 설정 시 통보의무 등 권리행사 관련 일정을 예탁결제원에 통지하는 것이 의무화되었다. 이러한 실질주주제도는 현재의 자본시장법에도 그대로 계승되어 시행되고 있다.

이러한 실질주주제도의 도입으로 실질주주의 효율적인 권리행사를 보장하고 발행회사 · 예탁결제원 · 예탁자의 주식관리업무에 일대 혁신을 가져왔다.

2.2. 실질주주의 개념

주주명부상 주주란 기명주식의 주권 소지자가 발행회사에 명의개서를 청구하여 주주명부에 기재된 자를 말한다. 이에 반하여 실질주주(beneficial owner, beneficial shareholder)란 주주명부상에 등재되지는 않지만 주식에 대해 실질적인 소유권이 있는 주주를 말한다.

실질주주는 여러 가지 경우에 발생하게 되는데 (ⅰ)타인 명의로 주식을 인수하여 납입한 자(名義借用 株主), (ⅱ)본인 명의로 명의개서를 하지 않아 주주명부상 양도인 명의로 남아 있는 주식의 양수인, (ⅲ)자본시장법상 투자신탁에 따라 수탁회사의 명의로 개서되어 있는 경우의 위탁자, (ⅳ)우리사주조합의 조합원이 취득한 주식을 대표자 명의로 한국증권금융에 예탁한 경우의 실질소유자인 해당 조합원 등을 넓은 의미의 실질주주라고 할 수 있다.

그러나 위에 언급한 광의의 실질주주는 현재 자본시장법에서 규정하고 있는 실질주주는 아니다. 자본시장법에서의 실질주주란 예탁증권등 중 주식의 공유자로 규정하고 있다(자본시장법 제315조제1항). 따라서 실질주주란 발행회사의 결산기나 기타 권리기준일의 설정과 관계 없이, 주식이 예탁결제원에 집중예탁되어 투자자계좌부 또는 예탁자계좌부에 기재된 자를 말한다.

실질주주의 개념은 주식의 실질소유자로서 발행회사에 대한 권리행사를 논할 때 그 실익이 있다. 따라서 실질주주제도에서 실질주주란 발행회사가 정한 결산기일 또는 기타 권리기준일 현재 예탁결제원에 예탁된 주식의 공유자로서 실질주주명부에 그 소유 주식수가 기재된 자를 말하는 것으로 이해할 수 있을 것이다.

2.3. 실질주주제도의 기능

실질주주제도의 도입으로 증권시장에서 예탁결제원은 다음과 같은 기능을 제공하게 되었다. 첫째, 실질주주 권리행사의 안정화이다. 실질주주제도의 도입 이전에는 실질소유자가 주주로서의 권리를 행사하기 위해 본인 명의로의 명의개서 등 실물 증권의 처리에 많은 시간과 노력을 소모하였다. 그러나 동 제도의 도입으로 수많은 실질주주의 개별적 권리를 실질주주 명의로 개서하지 않고서도 실질주주가 직접 발행회사를 상대로 행사할 수 있게 되어 실질주주 권리행사의 안정성을 실현하게 되었다.

둘째, 발행회사의 증권관리사무 합리화이다. 예탁결제원에 예탁된 주식에 대해 새로운 주권이 발행 · 교부될 경우, 발행회사는 실질주주별로 발행하지 않고 일괄예탁제도를 이용해 예탁결제원 1인 명의로 주식을 발행할 수 있게 되어 주권의 발행 · 폐기 · 재발행 등 실물 관련 비용을 대폭 절감할 수 있게 되었다. 이외에도 유 · 무상증자, 주식매수청구권, 배당금 등을 예탁결제원을 상대로 일괄 처리할 수 있으므로 발행회사는 주식 관련 사무를 보다 편리하게 처리할 수 있게 되었다.

셋째, 실질주주제도 도입 이전에는 증권회사 등 예탁자는 권리기준일이 설정된 경우 투자자의 권리확보를 위해 실물 주권을 반환받아 명의개서한 후 증권결제를 위해 예탁결제원에 재예탁하는 절차를 밟아야 해 업무 처리의 번잡은 물론 증권 실물 이동에 따른 분실 위험도 상존하였다. 그러나 동 제도의 도입으로 증권회사는 실질주주명세의 통보에 의해 투자자의 권리확보가 가능하게 되어 주식관리 업무에 일대 혁신을 마련하게 되었다.

3 실질주주제도의 운영체계

실질주주제도의 구성자는 〈그림 2-4〉에서 보는 바와 같이 (ⅰ)실질주주(투자자), (ⅱ)예탁자(증권회사 등), (ⅲ)중앙예탁결제기관(예탁결제원), 그리고 (ⅳ)발행회사(명의개서대행

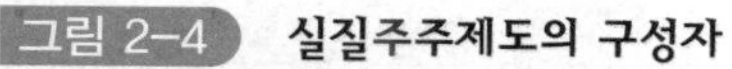
그림 2-4 실질주주제도의 구성자

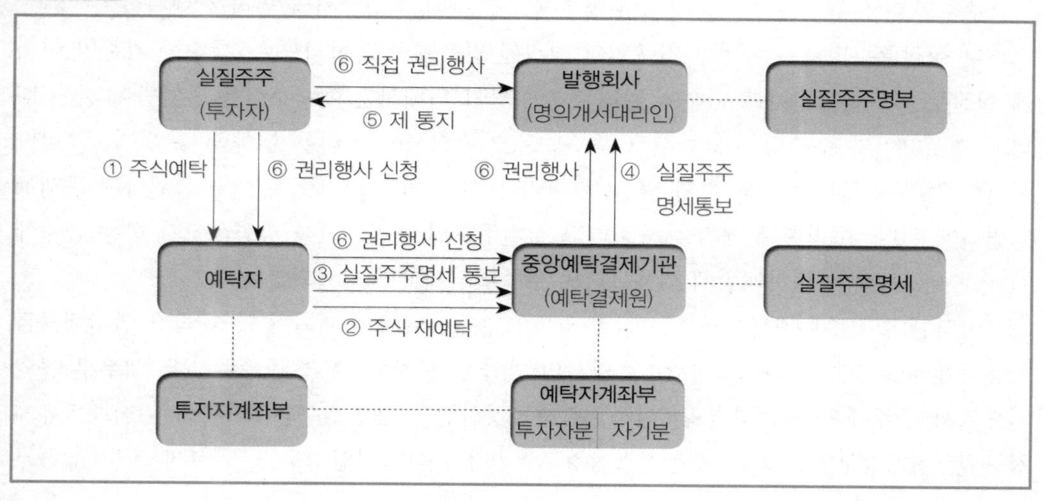

회사를 포함한다. 이하 같다)로 구성되며 각 구성자 간의 유기적인 결합에 의해 운영된다.

3.1. 실질주주

3.1.1. 실질주주의 권리행사 방법

발행회사가 주주명부폐쇄기준일을 정한 경우, 실질주주는 실질주주명부에 자동으로 등재되어 작성시점에서 주주명부상 주주와 동일한 자격을 갖는다. 그러므로 실질주주는 주주명부상 주주와 동일하게 발행회사에 대해 직접 권리를 행사하거나 대리인을 선임하여 행사할 수도 있다. 다만, 대리행사하는 경우 그 대리인은 대리권을 증명하는 서면을 발행회사에 제출하여야 한다.

한편 실질주주는 예탁자를 통해 해당 주주권의 행사를 예탁결제원에 신청하여 행사할 수 있다. 실제로 발행회사에 대한 실질주주의 대부분의 권리에 대하여 실질주주의 신청에 따라 예탁결제원이 일괄행사하고 있다. 이 경우 예탁결제원은 실질주주의 신청내용대로 발행회사에 대하여 그 권리를 행사한다. 다만, 권리관계의 성질상 발행회사와 실질주주 간의 개별적인 이해관계에서 비롯되는 대표소송 등 제소권, 이사의 위법행위유지청구권 또는 회계장부열람권 등 소수주주권은 신청대상에서 제외된다.

3.1.2. 실질주주증명서에 의한 권리행사

(1) 도입 취지

주주명부상 주주는 언제든지 주주명부에 근거하여 주주로서의 권리를 행사할 수 있다. 그러나 실질주주명부는 특정한 기준일이 설정된 경우에만 작성되므로, 특정한 기준일 이외에 실질주주가 발행회사에 대하여 권리를 행사하기 위해서는 예탁주식을 반환받아 본인 명의로 개서하여야 주주명부에 등재된 주주로서 발행회사에 권리를 행사할 수 있다. 그러나 이러한 절차는 실물 주권의 반환 및 그에 따라 분실 등의 리스크에 항상 노출된다는 문제에 직면하게 된다. 이러한 문제점을 해소하고 실질주주의 권리행사를 강화하고자 하는 취지에서 1997년 구(舊)증권거래법에 의해 실질주주증명서제도가 도입되었다.

이러한 실질주주증명서제도는 실질주주가 주주명부에 등재되지 않고 직접 권리행사를 가능하게 하는 제도이다. 실질주주증명서의 발급을 신청할 수 있는 주주권은 대부분 공익권으로서 주주대표 소송제기권, 이사 · 감사 · 청산인의 해임청구권, 이사의 위법행위유지청구권, 회계장부열람권, 주주총회소집청구권, 검사인의 선임청구권, 주주제안권, 집중투표청구권, 해산판결청구권, 기타 회사 관련 소송제기권 등이 있다.

(2) 실질주주증명서의 발급 절차

예탁결제원에 주식을 예탁한 실질주주가 주주로서 개별적 권리를 행사하고자 할 때에는 〈그림 2-5〉와 같이 예탁결제원에 주식의 예탁을 증명하는 실질주주증명서의 발급을 신청한다. 예탁자가 투자자의 신청을 받아 청구하는 경우에는 투자자계좌부 사본 등 신청자가 실질주주임을 입증하는 증빙서류를 첨부하여야 한다.

예탁결제원은 신청내용에 따라 신청인의 인적 사항, 행사하고자 하는 주주권의 내용, 주주권 행사기간, 소유주식의 종류 및 수량 그리고 주식 보유기간을 명시하여 실질주주증명서를 발급한다.

예탁주식수 범위 내에서 실질주주증명서를 발급하며, 질권설정된 주식, 압류 등의 사유로 처분 제한된 주식, 주식매수청구권을 행사한 주식 그리고 대차거래에 의해 대여신청을 한 주식은 주식수에서 제외한다.

또한 예탁자자기분은 예탁자계좌부상에, 예탁자의 투자자분은 투자자계좌부상에 발행일로부터 주주권 행사기간 만료일까지 처분 제한의 표시를 하여야 한다. 이는 실질주주의 주주권 행사를 위한 주식 보유요건을 보증하기 위한 조치로서, 발급 신청자가 주주권 행사기간 중에 주식을 매각하고자 하는 경우에는 실질주주증명서를 즉시 반환하여야 한다. 한편 예탁결제원이 실질주주증명서를 발급한 때에는 해당 발행회사에 대하여 이에 관한 사항을 지체 없이 통지하여야 한다.

그림 2-5 **실질주주증명서 발급 절차**

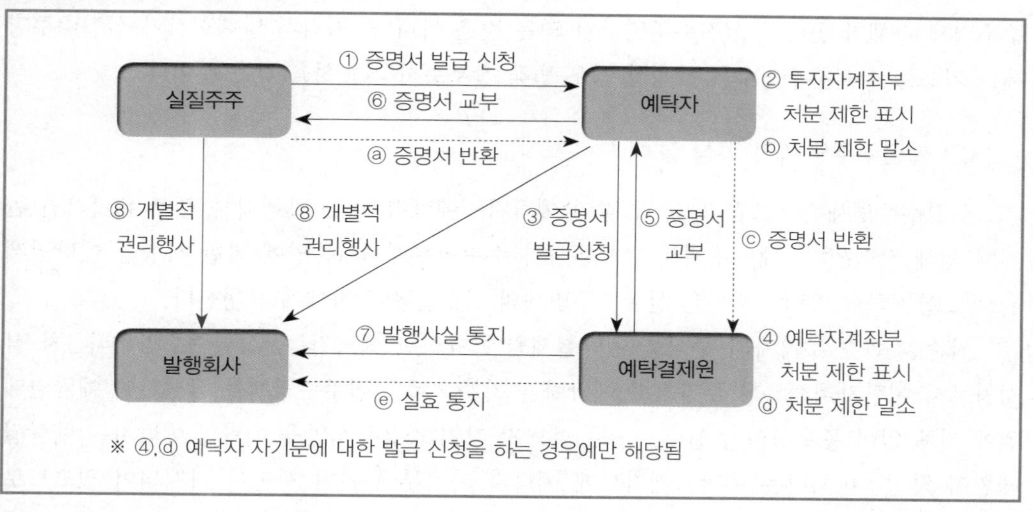

3.2. 예탁결제원

발행회사가 주주명부폐쇄기준일을 정한 경우 예탁결제원은 예탁자로부터 실질주주의 내역을 통보받아 기준일 현재의 예탁주식에 대한 실질주주명세를 작성하여 해당 주식의 발행회사로 통보한다. 발행회사는 이를 바탕으로 주주명부상 예탁결제원 명의로 등재된 주식의 실질소유자 내역인 실질주주명부를 작성하여야 하며, 이를 통해 실질주주는 발행회사에 대하여 주주로서의 권리를 행사할 수 있다.

(1) 실질주주명세와 실질주주명부

발행회사가 권리를 행사할 주주를 확정하기 위해 주주명부폐쇄기준일을 정한 때에는 이를 예탁결제원에 통지하여야 하며, 예탁결제원은 그 뜻을 예탁자에게 재통지하여 실질주주명세(實質株主明細)를 통보해 줄 것을 요청한다. 이에 따라 예탁자는 주주명부폐쇄기준일 현재의 투자자소유분에 대하여 해당 투자자를 실질주주로 하여 소정 사항을 기재한 실질주주명세를 예탁결제원으로 통보하여야 한다. 실질주주명세를 통보받은 예탁결제원은 이를 예탁자 자기소유분과 취합한 후 발행회사에 통보하여야 한다. 따라서 실질주주명세는 주주명부상 예탁결제원 명의로 등재된 주식에 대한 실질 내역표이다.

발행회사는 예탁결제원으로부터 통보받은 실질주주명세를 기초로 실질주주명부(實質株主名簿)를 작성하게 된다. 발행회사가 작성하는 실질주주명부에 최종 기재된 자가 주주명부에 등재된 주주와 동일한 주주로서 발행회사에 대하여 권리를 행사할 수 있다. 따라서 자본시장법에서도 실질주주명부에의 기재는 주주명부에의 기재와 동일한 효력을 가진다고 규정하고 있다. 이러한 의미에서 실질주주명부는 실질주주명세를 기초로 작성되지만, 실질주주명세 자체가 곧바로 실질주주명부가 되는 것은 아니다. 따라서 발행회사가 실질주주명세를 기초로 실질주주명부를 작성한 경우 법적 장부로서 최종성을 갖는 것이다.

(2) 실질주주명세의 작성 절차

실질주주명세는 〈그림 2-6〉과 같이 예탁자 · 예탁결제원 · 발행회사 간의 유기적인 관계에 의해 작성된다. 예탁주권의 발행회사가 주주명부폐쇄기준일에 관한 사항을 예탁결제원으로 통지하면 예탁결제원은 실질주주명세의 작성을 예탁자에게 요청한다.

기준일 현재 투자자의 주식을 예탁결제원에 예탁한 예탁자는, 실질주주명세의 1차 작성자로서 예탁자계좌부상 투자자분 예탁량을 기준으로 실질주주명세를 작성하여 예탁결제원에 지체 없이 통보하여야 한다. 다만, 예탁자 자기 소유주식만을 예탁한 예탁자는 예탁결제원이 작성 · 비치하는 예탁자계좌부에 예탁자 자기분에 관한 사항이 기재되어 있으므로

그림 2-6 **실질주주명부의 작성 절차**

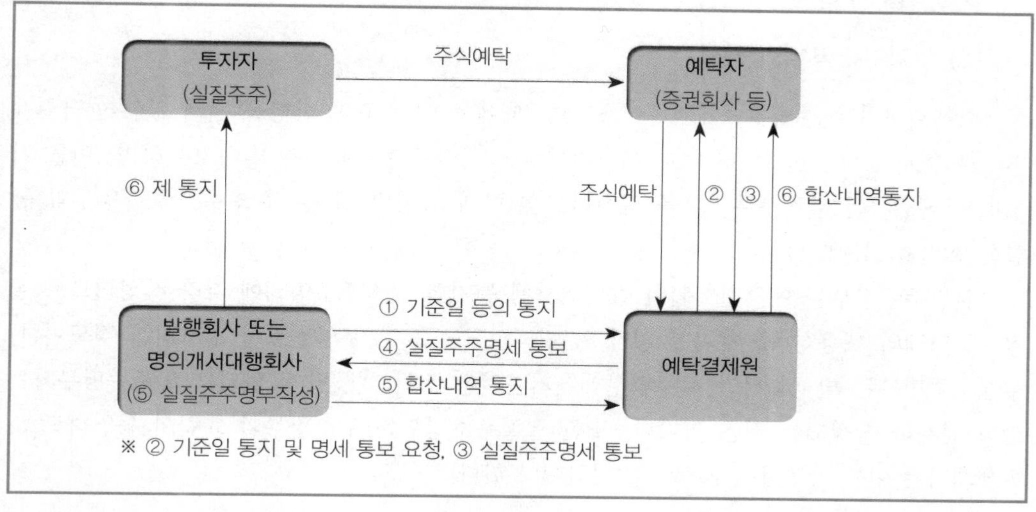

실질주주명세를 별도로 작성 · 통보할 필요가 없다.

예탁자의 실질주주명세 통지 시한은 정기 주주총회 · 중간배당(분기배당을 포함한다. 이하 같다)의 경우에는 기준일로부터 9영업일 이내, 기타 사유인 경우에는 3영업일 이내이다.

예탁결제원은 해당 예탁자로부터 실질주주명세를 통지받아 기준일 현재의 예탁자별 예탁자계좌부의 투자자분 주식수와 비교하고 그 기재사항을 확인 · 취합한 후 최종 실질주주명세를 작성하고 이를 발행회사로 통지한다. 이때 예탁결제원은 발행회사가 주주권을 행사할 자를 정하는데 차질이 없도록 정기 주주총회 · 중간배당은 기준일로부터 16영업일 이내, 기타의 경우에는 6영업일 이내에 발행회사로 통보하여야 한다.

한편 예탁결제원은 동일인[23]으로 인정되는 실질주주가 복수의 예탁자를 통해 주식을 예탁한 경우, 최근 주소지의 실질주주에게 총 주식수를 합산하여 통지한다. 이때 주소가 상이한 경우에는 각각의 주소를 부기하여, 발행회사가 실질주주에게 권리행사에 관한 사항을 통지할 때 복수의 계좌 모두에 통지가 가능하도록 하여야 한다.

이러한 동일인 합산 규정은 실질주주가 보유 주식을 복수의 계좌에 쪼개서 보유하는 경우 유상 · 무상증자 시 배당 주식이 성주가 될 수 있음에도 단주로 나눠지는 것을 방지하기 위한 것으로써 이를 통해 실질주주의 권리를 보호하기 위한 규정이다.

23 동일인이란 (ⅰ)개인의 경우 성명과 주민등록번호가 동일한 때, (ⅱ)법인의 경우에는 명칭과 사업자등록번호(또는 납세번호)가 동일한 때, (ⅲ)외국인의 경우 성명과 투자등록번호(또는 실지명의번호)가 동일한 때를 말한다(예탁규정시행세칙 제31조제5항).

3.3. 발행회사

(1) 실질주주명부의 작성

발행회사가 주주명부폐쇄기준일을 정한 때에는 이에 관한 사항을 지체 없이 예탁결제원으로 통지하여야 한다. 이 경우 예탁결제원은 실질주주명세를 작성하여야 하며, 이를 기초로 발행회사는 실질주주명부를 작성하고 이렇게 작성된 실질주주명부는 주주명부와 동일한 효력을 가진다.

실질주주명부는 예탁결제원이 발행회사에 통지한 실질주주명세에 따라 작성되므로 실질주주명세와 내용상 큰 차이가 없다. 다만, 실질주주 통지 연월일이 추가되는 정도이나, 실질주주명부는 발행회사가 주주명부폐쇄기준일을 정한 때에만 작성되므로 주주명부와는 달리 언제나 작성되는 것은 아니다. 또한 실질주주명부는 주주명부와 효력이 동일하므로, 발행회사는 이를 작성하여 본점에 비치하여야 한다.

(2) 실질주주의 권리배정과 통지

실질주주의 권리배정(權利配定)은 주주명부상 주주와 마찬가지로 각 실질주주가 보유하는 주식의 종류와 수에 따라 배정한다. 발행회사가 실질주주명부를 작성하여 주주명부폐쇄기준일 현재의 실질주주를 확정하면, 실질주주가 발행회사에 대하여 권리를 행사할 수 있도록 발행회사는 실질주주에게 권리행사에 관한 제반 통지(通知)를 한다.

이렇듯 실질주주명부의 작성은 그 작성 완료시점부터 발행회사와 실질주주의 직접 커뮤니케이션이 가능함을 의미한다. 발행회사는 실질주주가 제반 권리를 편리하게 행사할 수 있도록 실질주주명부에 기재된 주소로 주주총회 등 관련 자료를 통지한다. 실질주주명부상의 실질주주와 주주명부상의 주주가 동일인이라고 인정되는 경우에는, 주주명부상의 주식수와 실질주주명부상의 주식수를 합산하여 그 합산 내역을 첨부하여 통지한다(자본시장법 제316조제3항).

주주명부상의 주식수와 실질주주명부상의 주식수를 합산할 때에는 실질주주명부에서 동일 실질주주의 주식수를 합산하는 경우와 같은 방법으로 한다.

4 예탁결제원의 당연 권리행사

실질주주제도의 운영 주체인 예탁결제원은 실질주주가 발행회사에 대하여 주주로서 여러 권리를 행사할 수 있도록 보장하여야 한다. 그러나 예탁주식의 실질주주가 주주명부상 주주와 동일하게 상법상 주주의 모든 권리를 행사하는 경우에는, 예탁주권의 잦은 실물 이동으로 인해 증권예탁제도 운영의 효율성이 떨어지게 된다.

따라서 자본시장법은 실질주주제도의 합목적적인 운영과 효율적 증권관리 업무를 위해 예탁결제원에 대하여 실질주주의 권리를 침해하지 않는 범위 내에서 주주명부상 주주로서의 일정한 권리를 부여하고 있다(자본시장법 제314조). 이러한 예탁결제원의 당연 권리행사(當然 權利行使)는 증권예탁제도의 효율적 운영을 위해 불가피하게 인정된 권리라 할 수 있다.

자본시장법상 예탁결제원에 부여된 주주권으로는 명의개서청구권(자본시장법 제314조제2항), 주권불소지청구권, 주주명부의 기재 및 주권에 관한 권리(자본시장법 제314조제3항)가 있다.

4.1. 명의개서청구권

예탁결제원에 예탁된 주권은 발행회사가 정한 주주명부폐쇄기준일까지 예탁결제원 명의로 개서되어 주주명부에 예탁결제원이 주주로 등재된다. 이러한 예탁결제원의 명의개서청구권은 예탁주식에 관한 혼합보관의 효율화를 위한 조치이다. 만약 타인 명의로 예탁결제원에 예탁된 주식을 주주명부폐쇄기준일까지 예탁결제원 명의로 개서하지 않으면, 이 주권의 명의인은 주주명부상 타인 명의로 남게 되어 실질주주가 해당 권리를 향유할 수 없게 된다. 따라서 예탁결제원은 주주명부폐쇄기준일까지 해당 예탁주식을 예탁결제원 명의로 반드시 명의개서하여야 한다.

이에 따라 예탁결제원은 예탁증권등 중 주식의 경우에는 예탁일로부터 1개월 이내에(해당 기간 중 주주명부폐쇄기준일이 있는 때에는 그 날까지) 예탁결제원 명의로 명의개서를 하여야 한다(예탁규정 제47조).

4.2. 주권불소지청구권

예탁주식의 경우 소유권 이전은 실물의 이동 없이 계좌대체를 통해 처리되므로 굳이 예탁주식 전량을 보관할 필요가 없다. 즉 예탁결제원은 예탁자의 반환 청구에 대비한 적정 주식만 보관하면 되므로, 예탁주식을 그대로 보관하지 않고 예탁주식 실물을 축소함으로써 실물 보관에 따른 막대한 보관설비 및 인력을 절감할 수 있다.

이를 위해 자본시장법에서는 예탁결제원에 대하여 주권불소지(株券不所持) 신고에 대한 권리를 인정하고 있다. 이와 더불어 예탁결제원은 예탁결제원 명의 주식에 대하여 신규 발행 전에 증권예탁제도와 주권불소지제도를 연계한 일괄예탁제도를 이용하여 아예 불발행하거나, 동 제도를 이용하여 보관된 예탁주식을 축소하여 적정한 최소 보관량만을 관리하고 있다.[24]

4.3. 주주명부 기재에 관한 권리

발행회사가 유·무상증자, 주식배당 및 주식병합 등의 사유로 새로이 주식을 발행하는 경우 예탁결제원 명의 주식에 대해서는 예탁결제원이 주주로서 주주명부에 기재되는 권리를 말한다.

예컨대 예탁결제원이 발행회사 갑의 주식 1만 주를 예탁받고 있는 상태에서 해당 회사가 10%의 무상증자를 결의한 경우, 갑 회사는 예탁주식 1만 주에 배정된 1,000주를 예탁결제원 명의로 주주명부에 등재하게 된다. 따라서 주주명부상 예탁결제원 명의 소유주식은 1만 1천 주가 되며, 각각의 실질주주는 이 주식에 대하여 공유지분을 취득하게 된다. 또한 예탁결제원은 주주명부상 주주로서 주주명부의 열람 및 등사청구권을 행사할 수 있다(상법 제396조제2항).

4.4. 주권에 관한 권리

예탁결제원은 예탁주식의 명의개서청구권 행사와 주주명부의 기재에 관한 권리의 당연한 귀결로써 발행회사에 대하여 주주명부상 주주로서 주권에 관한 제반 권리를 행사할 수 있다. 이러한 예탁결제원의 주권에 관한 권리는 예탁결제원이 주권을 직접점유하고 있다는 점에서 인정된 권리라고 볼 수 있다.

(1) 주권의 병합·분할 청구

주권(株券)의 병합(併合)·분할(分割)은 주식수의 변동 없이 여러 매의 주권에 표창된 주식수를 1매의 주권으로 만들거나, 1매에 표창된 주식수를 세분하여 여러 매의 주권으로 만드는 것이다. 이는 예탁주권의 보관 관리 합리화와 주식의 반환 청구에 대비하기 위한 조치이다.

---

24 실례로 2016년 말 현재 총 보관주식수(약 997억 주) 대비 불소지주식수(약 865억주) 비율은 86.8% 이며, 특히 상장주식의 불소지(약 413억 주 중 약 376억 주) 비율은 91%에 달한다.

(2) 주식의 병합 · 분할, 합병 등으로 인한 주권의 교체 청구

주식의 병합이란 기존의 주식을 합하여 그보다 적은 수의 주식으로 하는 회사의 행위이다. 예컨대 2주를 1주로 하는 것과 같다. 이는 통상 회사가 자본감소를 실시하거나 액면병합을 실시하는 경우에 속한다.

주식의 분할(stock split)이란 자본을 증가시키지 않고 주식수를 증가시키는 회사의 행위로서 대표적으로 액면분할을 그 예로 들 수 있다. 발행회사가 주식에 대해 병합 · 분할의 결의를 한 때에는, 예탁결제원은 이를 전면적으로 교체하여 새로운 주권을 수령한다.

회사의 합병도 필연적으로 주식수의 변동을 초래한다. 즉 합병회사와 피합병회사의 합병비율에 따라, 피합병회사 예탁주식의 전면적인 교체 청구와 합병비율에 따라 합병회사의 주식을 수령하게 된다. 또한 발행회사의 상호 변경 시에도 예탁결제원은 예탁주권 모두를 전면 교체 청구한다.

(3) 예탁결제원 명의 주권의 수령

예탁주식에 대하여 유 · 무상증자, 주식배당, 일괄예탁, 합병, 주식병합 등이 발생한 경우 예탁결제원은 발행회사의 주주명부상 예탁결제원 명의(名義) 주권에 대해 일괄 수령한다. 예탁결제원이 일괄 수령한 후 예탁자별로 예탁자계좌부에 기재하고, 예탁자는 투자자계좌부에 실질주주별로 기재한다.

(4) 공시최고 신청 등의 권리행사

예탁결제원은 예탁증권등에 대한 선량한 관리자의 의무로서 이를 관리해야 한다. 그럼에도 예탁결제원이 증권을 분실 · 도난당한 경우에는 공시최고 및 제권판결을 얻어 이를 무효로 하고 새로이 발행회사에 대하여 주권의 재발행을 청구할 수 있다(상법 제360조).

5 실질주주 신청에 의한 권리행사

실질주주의 신청에 의한 권리행사는 실질주주가 예탁자를 통해 예탁결제원에 권리행사를 신청하면 그에 따라 예탁결제원이 그 권리를 행사하는 것을 말한다. 실질주주의 신청에 의한 예탁결제원의 권리행사에 관한 법적 근거와 행사 방식은 자본시장법과 예탁규정에서 정하고 있다.

예탁결제원은 예탁자 및 투자자 등 실질주주의 신청에 따라 예탁증권등에 대한 권리를 행사할 수 있고, 이 경우 투자자의 신청은 예탁자를 거쳐야 한다. 그리고 예탁결제원은 예탁자나 투자자의 신청 내용에 따라 예탁결제원 명의로 그 권리를 행사한다(예탁규정 제50조).

실질주주가 예탁결제원에 신청할 수 있는 권리의 내용은 동 규정에서 정하고 있다. 동 규정에서 정하고 있는 권리의 종류는 (ⅰ)의결권 행사, (ⅱ)발행회사의 자본금 변동 시 권리행사, (ⅲ)배당 시 권리행사, (ⅳ)주식매수청구권의 행사, (ⅴ)명의개서 실기주에 대한 권리행사 등이 있다.

5.1. 의결권 행사

5.1.1. 의결권 행사의 의의

의결권(voting right)이란 주주가 주주총회에 참석하여 결의에 참가할 수 있는 권리를 말한다. 주주총회는 회사의 경영진 선임 · 재무제표 승인 · 정관 변경 등 회사의 주요 정책에 대한 최고 의사결정기구로서, 이에 참가할 수 있는 의결권은 주주의 가장 중요한 권리라 할 수 있다.

주주가 의결권을 행사하기 위해서는 주주명부에 본인 명의로 등재되어야 하며, 실질주주는 실질주주명부에 등재되어야 의결권을 행사할 수 있다.

실질주주명부에 등재된 실질주주가 의결권을 행사하는 방법은 〈그림 2-7〉에서 보는 바와 같이 크게 다섯 가지로 구분할 수 있다. 첫째, 실질주주의 직접 행사(상법 제368조제1항), 둘째, 서면에 의한 행사(상법 제368조의3), 셋째, 의결권대리행사(상법 제368조제2항) 및 의결권대리행사의 권유에 의한 행사(자본시장법 제152조), 넷째, 실질주주의 신청에 의한 예

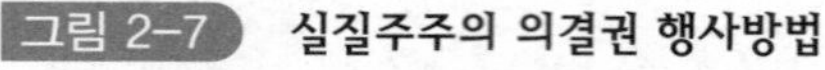

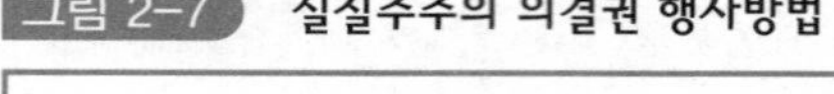
그림 2-7 실질주주의 의결권 행사방법

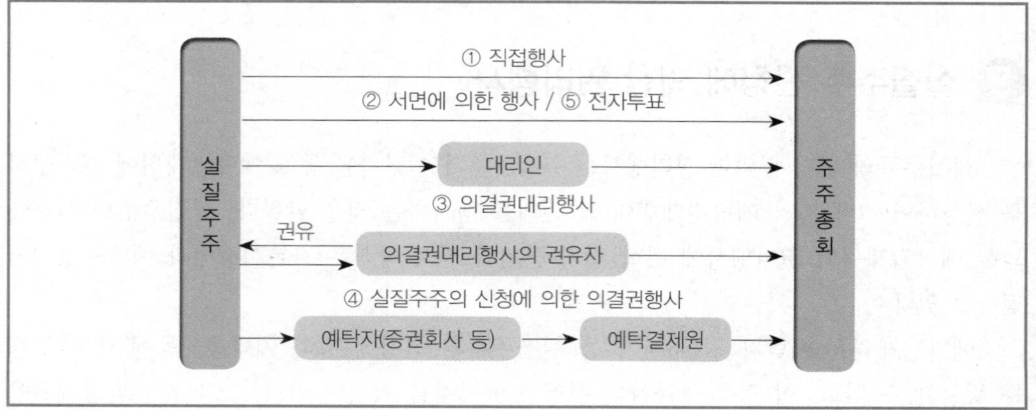

탁결제원의 행사(자본시장법 제314조제1항)가 있으며 마지막으로 상법에 따라 시행되는 전자투표에 의한 의결권행사(상법 제368조의4) 방법이 있다.

5.1.2. 의결권 행사의 유형

(1) 직접 행사

발행회사의 실질주주명부에 등재된 실질주주는 발행회사의 주주총회에 직접 참석하여 의결권을 행사할 수 있다. 실질주주의 직접 행사 방식은 의결권을 직접 행사하므로 본인의 의사를 직접 주주총회의 결의에 반영할 수 있고, 주주총회 절차 등 하자가 있을 때 직접 이의를 제기할 수 있다는 장점이 있다.

그러나 실질주주는 그 분포 지역의 광역화, 시간의 제약 등으로 의결권을 직접 행사하기에 물리적으로 곤란한 경우가 많다. 따라서 우리나라는 실질주주가 의결권을 행사할 수 있는 여러 가지 방법을 법적으로 인정하고 있다.

(2) 서면에 의한 의결권 행사

1999년 12월 개정상법은 정관의 규정에 따라 주주가 총회에 출석하지 않고 서면(書面)에 의해 의결권을 행사할 수 있는 서면투표제도를 도입하였다. 이 경우 회사는 소집통지서에 의결권 행사에 필요한 서면과 참고 서류를 첨부하여, 주주로 하여금 의안에 대한 판단정보와 의안별 찬성 · 반대 및 기권의 의사표시를 할 수 있도록 해야 한다(상법 제368조의3).

이 제도는 주주수가 광범위하게 분포되어 있는 대규모 회사의 주주들이 주주총회에 직접 참석해야 하는 문제점을 해소하여, 주주총회의 원활한 진행을 유도하고 소액주주의 의결권 행사를 활성화하기 위한 취지에서 도입되었다. 서면에 의하여 의결권을 행사하고자 하는 주주는, 발행회사가 주주총회 소집 통지 시 첨부한 서면에 의안별 찬성, 반대 등 필요한 사항을 기재하여 총회 회일의 전일까지 이를 발행회사로 제출해야 한다. 발행회사는 이를 주주총회 참석 주식수에 산입하고 표결 시 반영해야 한다.

그러나 상법상 서면투표제도는 필요한 요건만 단순히 규정하고 있어 실질적인 서면투표제도 운영에는 다소 미흡하며, 동 제도 이용에 대한 발행회사 · 주주의 관심 부족으로 아직까지는 활성화되지 않은 실정이다.

(3) 의결권 대리행사

의결권의 대리행사란 제3자인 대리인이 특정 주주를 위하여 주주총회에서 의결권을 행사하는 제도이다. 다수의 주주가 존재하는 주식회사에서 항상 주주가 직접 의결권을 행사하는 것을 기대할 수 없을 뿐 아니라, 주주권은 인적 회사의 사원권과는 달리 비개성적 성질을 가지므로 의결권은 주주가 일신전속적(一身專屬的)으로 행사하는 것이 아니다.

따라서 상법에서는 주주가 대리인으로 하여금 그 의결권을 행사하게 할 수 있으며, 이 경우 대리인은 대리권을 증명하는 서면을 총회에 제출해야 한다고 규정하고 있다. 실질주주도 실질주주명부 등재에 의해 주주명부상 주주와 동일하게 대리인으로 하여금 의결권을 행사하게 할 수 있다.

(4) 의결권 대리행사의 권유에 의한 행사

의결권 대리행사는 주주별로 개인적인 신임관계에 의해 각자가 대리인을 선임하는 제도이다. 이와는 달리 오늘날 대주주, 경영진 또는 경영권을 쟁취하고자 하는 자가, 주주를 상대로 집단적으로 의결권의 대리권 수여를 권유하고 그 수권을 받아 의결권을 확보하는 의결권 대리행사의 권유가 널리 행해지고 있다. 즉 의결권 대리행사의 권유란, 특정인이 주주총회에서 다수의 의결권을 확보할 목적으로 위임장 용지를 송부하여 의결권 행사를 자신에게 위임해 주도록 주주들에게 권유하는 행위를 말한다.

상법상 의결권 대리행사와 자본시장법에 의한 의결권 대리행사의 권유에 의한 행사는 주주 본인이 의결권을 직접 행사하지 않고 대리행사한다는 점에서 같다. 그러나 상법상 대리행사는 주주가 자발적으로 제3자를 대리인으로 선임하는 반면, 자본시장법상 대리행사의 권유는 누군가로부터 대리행사에 대한 권유를 받아 주주가 그 권유에 따라 위임장을 작성해 주는 점이 다르다.

의결권 대리행사의 권유는 회사의 주주총회 운영과 회사 지배에 있어 매우 중요한 기능을 한다. 회사의 경영자는 자신의 지위를 이용하여 보다 쉽게 위임장을 얻을 수 있기 때문에, 미국에서는 소유 없이 회사를 지배하는 경영자 지배의 한 수단으로 활용되며 대항 세력 간에 위임장 쟁탈전(proxy contests)이 벌어지기도 한다.

따라서 각국에서는 의결권 대리행사의 권유시, 주주가 필요한 정보를 획득하여 그에 따른 자유로운 의사결정을 할 수 있도록 규제 방안을 마련하고 있다. 우리나라도 이와 같은 취지에서 상장주권의 의결권 대리행사 권유와 관련하여 자본시장법에서 그 절차 및 방식 등에 대하여 상세하게 규정하고 있다.

예탁결제원의 전자위임장서비스는 의결권 대리행사의 권유에 의한 행사를 전자적 방법으로 구현한 시스템이다. 발행회사 등 위임장 권유자는 인터넷 홈페이지에 위임장 용지 및 참고서류를 게시하고, 주주는 해당 홈페이지에 접속하여 공인전자서명을 통해 전자적인 방식으로 위임장을 수여한다. 한국예탁결제원은 전자위임장 관리회사로 발행회사로부터 전자위임장관리서비스를 위탁받아 수행한다.

5.1.3. 실질주주의 신청에 의한 의결권 행사

실질주주의 신청에 따른 예탁결제원의 의결권 행사는 그동안 주주의 관심 부족으로 활성화되지 못하였으나, 외국인의 투자 비중이 확대되고 이들의 적극적인 경영 참여로 그 실적이 대폭 증가하는 추세에 있다.[25] 이 제도를 이용해 외국인투자자의 의결권 행사가 활성화되었고, 발행회사는 의결 정족수 확보를 위해 소요되는 시간 · 비용을 절감하게 되었다.

(1) 실질주주 · 예탁자의 신청

실질주주가 예탁결제원에 의결권 행사를 신청하는 경우에는 주주총회 안건별로 찬성 · 반대를 명확히 표시하여 예탁자를 통해 하여야 한다.

예탁자가 실질주주의 요청에 따라 예탁결제원에 의결권 행사를 신청할 때에는, 소정의 의결권 행사 신청서와 의안별 찬 · 반 내역을 기재한 실질주주별 신청명세를 첨부하여 해당 발행회사의 주주총회 회일의 5영업일 전까지 하여야 한다.

(2) 신청접수 및 의결권 불통일 행사 통보

실질주주의 의결권 행사 신청을 접수한 예탁결제원은 신청자와 실질주주 명세와의 일치 여부를 확인하고 의결권 행사 신청내역을 취합 · 집계한다. 이 경우 동일 의안에 대해 실질주주별로 찬성 · 반대가 표시될 수 있으므로, 예탁결제원은 의결권 불통일 행사(議決權 不統一 行使)의 뜻과 이유를 주주총회 회일의 3일 전까지 발행회사에 서면으로 통보한다.

(3) 의결권 행사

예탁결제원은 해당 발행회사의 주주총회장에 당일 직접 참석하여 실질주주의 신청 내용대로 의결권을 행사하거나 대리인으로 하여금 행사하게 할 수 있으며, 이때 의결권 행사는 예탁결제원 명의로 한다.

5.1.4. 발행회사의 요청에 의한 의결권 행사(shadow voting)

(1) 도입배경

주주총회에서 상정 안건을 결의하기 위해서는 주주가 직접 주주총회에 참석해야 한다. 그런데 우리나라의 경우 개인투자자의 비중이 높고, 개인투자자는 주주총회에 대한 관심이

---

25 2016년 외국인 실질주주의 의결권 행사와 관련하여 1,071개사의 1,237건의 주주총회에 참석하여 약 47억 주의 의결권을 행사하였다.

상대적으로 낮은 편이다. 따라서 주식 분산이 잘 된 대규모 주권상장법인 등은 소액주주의 주주총회 불참으로 인해 의결 정족수의 미달 등 주주총회의 운영에 상당한 애로를 겪어 왔다.[26]

이러한 문제점을 해결하기 위해 1991년 12월 31일 구(舊)증권거래법 개정에 따라 이른바 섀도우 보팅(shadow voting) 제도가 도입되어 예탁결제원은 발행회사의 신청에 따라 예탁된 주식 중 일부의 의결권을 실제 주주총회에 참석한 주식수의 찬반 비율에 비례하여 행사할 수 있게 되었다. 이 제도는 2013년 자본시장법 개정을 통해 2015년 1월 1일 이후 폐지될 예정이었으나, 전자투표제도를 도입하고 의결권대리행사를 권유한 기업에 한하여 동 제도의 폐지는 2017년말까지 3년간 유예되었다. 2017년말 이 제도의 폐지로 인하여 향후 발행회사의 전자투표 활용도가 높아질 것으로 예상된다.

(2) 발행회사의 의결권 행사 요청

예탁결제원 명의 예탁주식의 발행회사가 예탁결제원에 의결권 행사를 요청하려면, 예탁결제원이 의결권을 행사할 수 있다는 뜻을 공고 또는 통지하여야 하며, 실질주주가 의결권에 대한 의사표시를 하지 않는 경우 의결권 행사를 요청할 수 있다.

또한 발행회사는 주주총회 회일의 7일 전까지 예탁결제원에 의결권 행사를 요청하여야 한다.

(3) 예탁결제원의 의결권 행사 제한

자본시장법에서는 다음의 경우 예탁결제원이 의결권을 행사할 수 없도록 하고 있다(자본시장법 제314조제5항).

첫째, 발행회사가 예탁결제원의 의결권 행사에 관한 내용을 실질주주에게 함께 통지 또는 공고를 하지 아니한 경우, 둘째, 발행회사가 예탁결제원으로 하여금 의결권을 행사하지 못하게 할 것을 금융위원회에 요청하는 경우, 셋째, 주주총회 회의의 목적사항이 발행회사의 존립이나 주주의 이해관계에 중요한 영향을 미치는 사항으로서 주식교환 · 주식이전, 영업의 양수 · 양도 · 임대, 자본감소, 회사의 해산 · 계속, 회사 합병 · 분할 · 분할합병 결의 및 주식회사의 조직변경에 해당되는 경우, 넷째, 해당 주주가 주주총회에서 직접 또는 대리행사하는 경우에는 예탁결제원이 의결권을 행사할 수 없다.

---

26 2016년 12월 상장법인의 평균 실질주주 수는 5,493명이며, 2016년 12월 결산 상장법인 중 예탁결제원에 의결권(shadow voting)을 신청한 발행회사(642개사) 중 99개사(15%)가 주주총회 특별결의를 요하는 안건에 대해 의결권행사를 요청한 것으로 나타났다.

(4) 예탁결제원의 의결권 행사 주식수

예탁결제원의 의결권 행사 가능 주식수는 외국인 주주를 제외한 국내실질주주의 예탁주식수 중 주주총회의 결의에 필요한 주식수로서 발행회사가 예탁결제원에 요청한 주식수로 한다. 다만, 발행회사가 요청한 주식수가 국내실질주주의 예탁주식수에서 국내실질주주가 주주총회일의 5일 전까지 예탁결제원에 그 의결권의 직접행사, 대리행사 또는 불행사 뜻의 표시를 한 주식수를 차감한 주식수보다 많은 경우에는 예탁주식수에서 의사표시를 한 주식수를 차감한 주식수로 한다.

여기서 외국인 보유주식을 제외한 것은 외국과의 상호주의 원칙에 위배될 소지가 있기 때문이며, 실질주주가 직접행사 · 대리행사 · 불행사의 의사표시 주식수를 의결권 행사 가능 주식수에서 차감하는 것은 실질주주의 권리를 보호하고자 하는 취지이다.

한편 예탁결제원은 주주총회 회의 목적사항이 감사선임인 경우, 상법 제409조의 규정을 준용하여 의결권 없는 주식을 제외한 발행주식총수의 100분의 3을 초과하여 행사할 수 없다.

(5) 의결권 행사 방법

예탁결제원은 해당 주주총회의 총 참석주식수에서 예탁결제원이 의결권을 행사할 주식수를 제외한 주식수의 의결내용에 영향을 미치지 아니하도록 찬성 및 반대의 비율에 따라 의결권을 행사하여야 한다. 이 경우 1주 미만의 단수주가 발생하는 때에는 찬성은 절사하고 반대에 있어서는 단수주를 절상한다.

이러한 찬 · 반 비율에 따른 의결권 행사 방법은 주주총회에 참석한 진정한 주주의 의사에 반하지 아니하도록, 주주총회 결의에 필요한 의결정족수 충족을 위하여 의결권을 중립적으로 행사하도록 하는 데 그 목적이 있다.

또한 예탁결제원의 의결권은 직접행사 또는 대리인으로 하여금 행사하게 할 수 있으며, 이때 의결권 행사는 예탁결제원 명의로 행사하며 이는 실질주주의 신청에 의한 의결권 행사와 같다. 그리고 대리인에 의해 행사한 경우 대리인은 해당 주주총회 종료 후에 그 의결권 행사 결과를 지체 없이 예탁결제원에 통지하여야 한다.

5.1.5. 전자투표에 의한 의결권 행사

(1) 도입배경

소액주주들이 시간적, 공간적 제약 없이 주주총회에서 간편하게 의결권을 행사하도록 하는 것은 소액주주가 회사경영에 참여하는 권리를 보장하는 것으로 이는 소수의 대주주에 의해 주주총회가 독단적으로 운영되지 않도록 하는데 매우 중요하다. 또한 다수의 주식을 보유하고 있는 기관투자자 입장에서도 간편하게 의결권을 행사하는 것은 회사 경영에 신속하게 참여함으로써 기업지배구조를 개선하는 데에 기여할 수 있다. 이러한 필요에 의해 2010년 상법개정을 통해 전자투표에 의한 의결권 행사제도(이하 '전자투표제도'라 한다)가 도입되었다.

전자투표제도 도입을 통해 회사는 주주총회 운영비용의 절감과 주주총회 업무를 간소화하고 다수 주주의 주주총회 참여로 원활한 커뮤니케이션을 이룰 수 있어 주주중시 경영체계가 정립되어 기업의 경쟁력을 제고할 수 있다.

(2) 전자투표 운영구조

발행회사가 전자투표제도를 채택하기 위해서는 먼저 주주총회 소집을 위한 이사회에서 전자투표 채택을 결의하여야 한다. 그리고 주주에게 주주총회 소집통지 및 공고 시 전자투표를 할 인터넷 주소 및 투표기간 등 관련사항을 함께 통지하거나 공고하여야 한다. 전자투표를 한 주주는 해당 주식에 대하여 그 의결권 행사를 철회하거나 변경하지 못하며, 회사는 전자투표의 효율성 및 공정성을 확보하기 위하여 전자투표를 관리하는 기관을 지정하여 주주확인절차 등 의결권 행사절차의 운영을 위탁할 수 있다(상법시행령 제13조).

(3) 전자투표관리기관

상법상 전자투표관리기관의 지정은 임의사항으로 규정되어 있다. 즉 회사는 주주총회 운영상 필요에 의해 전자투표관리기관을 선임할 수도 있고 선임하지 않고 회사가 자체로 운영할 수도 있다. 그러나 회사가 자체적으로 전자투표업무를 진행하는 경우 주주총회 이전이라도 주주의 의결권 행사 향방을 알 수 있어 회사에게 유리한 방향으로 의결권 행사를 권유할 소지가 다분하다. 따라서 공정성을 담보하고 업무의 효율성을 기하기 위해서는 전자투표관리기관을 선임하는 것이 바람직하다.

예탁결제원은 현재 상법시행령에 따라 발행회사로부터 전자투표업무를 위탁받아 전자투표관리기관으로서 전자투표관리업무를 수행하고 있다. 이는 의결권 행사 전문기관으로서 예탁결제원의 전문성을 인정함과 동시에 발행회사와의 특수관계가 전혀 없이 주주를 위해 공정하게 업무를 수행할 수 있다는 공정성을 인정받았기 때문이다.

(4) 전자투표관리기관의 업무

예탁결제원을 전자투표관리기관으로 지정하고자 하는 발행회사는 예탁결제원과 전자투표관리업무 위탁계약서를 체결하여야 한다(전자투표관리업무규정 제8조). 발행회사가 예탁결제원을 전자투표관리기관으로 선임한 경우 발행회사는 해당 기준일 시점의 주주명부를 예탁결제원에 제출하여야 한다. 이에 따라 예탁결제원은 전자투표권자를 확정하기 위해 전자투표권자 명부를 작성한다. 전자투표권자는 예탁결제원의 전자투표시스템을 통하여 본인 확인절차를 거쳐 주주총회의 의안별로 찬성, 반대 또는 기권의 의사표시를 함으로써 의결권을 행사한다. 전자투표를 한 후에는 이를 철회하거나 변경할 수 없다.

예탁결제원은 전자투표 시간이 종료된 후 발행회사에 그 결과를 통지하며, 발행회사는 주주총회가 종료된 후 7일 이내에 주주총회 결과통지서를 예탁결제원에 제출하여야 한다. 그리고 예탁결제원은 전자투표에 관한 기록을 주주총회가 끝난 날부터 3개월간 열람하게 하고 주주총회가 끝난 날부터 5년간 보존한다. 또한 예탁결제원은 전자투표업무에 관하여 직무상 취득한 비밀을 정당한 사유 없이 누설하거나 또는 제3자의 이익을 위하여 이용할 수 없다.

5.2. 자본금 변동 시 권리행사

상법상 자본은 '발행주식의 액면 총액'[27]이므로 자본을 증가시키기 위해서는 발행주식 수 또는 액면 가액을 늘리는 방법이 있고, 자본을 감소하기 위해서는 액면 가액 또는 발행주식수를 줄이는 방법이 있다. 자본 증가를 가져오는 신주의 발행에는, 회사가 자금 조달을 목적으로 하는 통상의 신주 발행과 회사의 재산에는 변동이 없는 특수한 신주 발행이 있다.

통상의 신주 발행은 실질적 자산의 증가가 수반되므로 유상증자라 한다. 반면 특수한 신주 발행은 자본은 증가하지만 회사의 자산은 원칙적으로 변동이 없는 경우로서 준비금의 자본전입에 의한 신주 발행, 주식배당에 의한 신주 발행, 전환주식 또는 전환사채의 전환에 의한 신주 발행, 회사의 합병 또는 분할로 인한 신주 발행, 주식의 포괄적 교환으로 인한 신주 발행, 주식의 병합 또는 분할에 의한 신주 발행 등이 있다.

이하에서는 회사의 자본금 변동을 가져오는 유상증자 · 무상증자 · 자본감소 · 회사의 조직변경 등의 사유 발생 시 신주 발행 절차와 예탁결제원의 역할에 관하여 살펴보고자 한다.

---

27 개정상법(2012.4.15. 시행)에 따라 무액면주식이 도입되었으며, 무액면주식을 발행하는 경우 자본금은 발행가액 중 이사회가 정하는 금액을 계상하도록 하고 있으며 자본금으로 계상하는 금액은 발행가액의 2분의 1이상의 금액이어야 한다. 자본금으로 계상하지 아니하는 금액은 자본준비금으로 계상하여야 한다(상법 제451조제2항).

5.2.1. 유상증자 시 권리행사

유상증자란 회사 성립 후 회사가 정관에 기재된 발행주식총수 범위 내에서 미발행된 주식을 발행하여 자금을 조달하는 방식으로, 신주인수권을 부여하는 방법에 따라 주주 배정, 제3자 배정, 일반공모의 세 가지 종류가 있다.

신주인수권이란 '회사의 성립 후 주식을 발행하는 경우 다른 사람에 우선하여 주식을 인수할 수 있는 권리'를 말한다. 상법에서는 주주의 신주인수권을 법적인 권리로 규정하여 주주에게 부여하고, 정관에 규정이 있는 경우에 한하여 예외적으로 제3자에게 신주인수권을 부여할 수 있도록 하고 있다.

주주의 신주인수권(추상적 신주인수권)은 주주의 보유 주식수에 비례하여 우선적으로 신주의 배정을 받을 수 있는 권리로서 주주에게 당연히 생기는 권리이다. 이를 기초로 이사회의 신주 발행 결의에 의해 발생하는 '구체적 신주인수권'은 신주 배정일 현재의 주주에게 귀속되며 신주인수권증서의 교부에 의해 양도될 수 있다.

유상증자의 절차는 발행회사가 이사회에서 유상증자에 대한 발행 사항을 결정하면 신주배정 기준일과 청약 일정 등을 공고하고, 기준일 현재 주주명부에 등재된 주주에게 신주인수권을 부여하게 된다. 신주인수권자가 확정된 상태에서 발행회사는 청약일의 2주간 전에 신주인수권자에게 청약에 관한 사항을 최고한다. 발행회사가 정관의 규정이나 이사회 결의로 해당 신주인수권을 양도할 수 있도록 정한 경우에는 신주인수권증서를 발행하여야 한다. 신주인수권자가 발행회사에 대하여 청약을 하고 납입을 이행하면, 납입일 다음 날에 주식의 효력이 발생하여 주주가 된다.

(1) 신주인수권의 권리행사

발행회사는 신주인수권(新株引受權)을 행사할 자를 정하기 위한 신주배정 기준일을 설정하게 되면, 예탁결제원이 통보하는 실질주주명세에 의해 실질주주명부를 작성하여 이 실질주주명부에 기재된 자에게 신주인수권을 부여한다.

이에 따라 실질주주가 예탁자에게 청약을 신청하면, 예탁자는 청약대금과 함께 예탁결제원에 청약을 신청하고 예탁결제원은 이를 취합하여 발행회사로 일괄 청약한다.

청약에 따른 주식의 효력은 납입일 다음 날에 발생하므로, 실질주주는 이때부터 유상주식에 대하여 주주의 자격을 취득한다(상법 제423조제1항). 따라서 예탁결제원은 납입일의 다음 날 배정 주식수를 예탁자계좌부에 기재하고, 예탁자는 실질주주별로 투자자계좌부에 증가 기재한다. 다만, 실물주권을 수령한 것이 아니므로 실물증권을 수령하기 전까지 계좌대체 및 반환을 제한하여야 한다. 그 절차를 그림으로 나타내면 〈그림 2-8〉과 같다.

그림 2-8 **유상증자 시 신주인수권 권리행사**

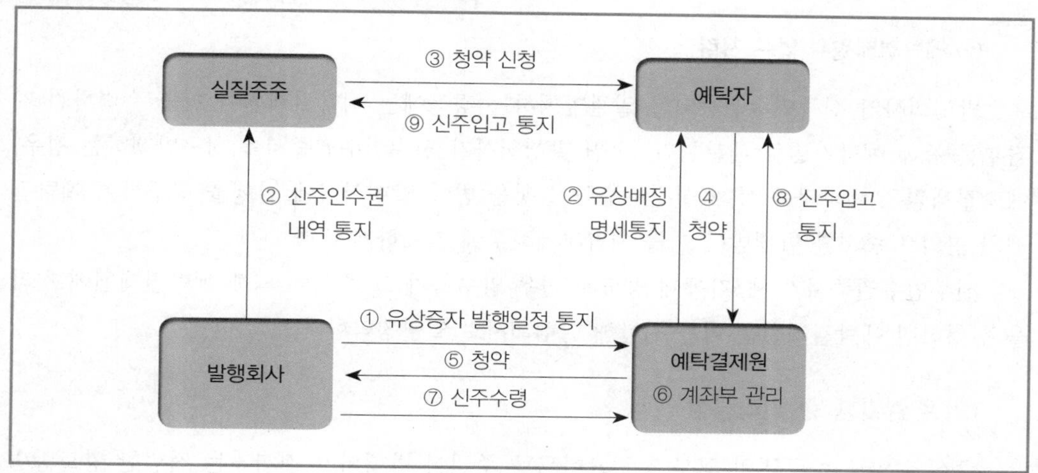

한편 실질주주는 예탁자를 통하지 않고 발행회사의 청약처에 직접 청약할 수도 있다. 이러한 경우에도 예탁결제원 명의 주권의 수령권은 예탁결제원이 행사하기 때문에, 발행회사는 그 내용을 예탁결제원에 통지하여야 하며 예탁결제원은 직접청약자의 내역을 해당 예탁자에게 통지하여 투자자계좌부에 기재할 수 있도록 한다.

발행회사가 주권을 교부할 때에는 예탁결제원은 실질주주 청약분에 대한 주권을 일괄 수령하게 되고, 이때부터 동 주식에 대한 계좌대체 · 반환의 제한이 해제된다. 다만, 발행회사가 자본시장법(제311조제4항)에 따라 주권발행전 상장을 신청하는 경우 실물 주권 수령 전이라 하더라도 상장일 시점부터 계좌대체 및 반환이 제한되지 아니한다.

(2) 신주인수권증서의 권리행사

① 신주인수권증서의 의의

신주인수권증서란 유상증자 시 발생하는 주주의 신주인수권을 표창하는 유가증권으로, 이사회가 발행 사항으로 신주인수권을 양도할 수 있음을 정할 때 발행하며, 발행 방법에 따라 청구한 주주에게만 발행하는 청구발행과 모든 주주에게 발행하는 일괄발행이 있다. 단, 주권상장법인이 주주배정 방식으로 신주를 발행하는 경우에는 모든 주주에게 신주인수권증서를 발행하여야 한다(자본시장법 165조의6 제3항).

신주인수권증서는 주주 배정의 경우에만 발행할 수 있고, 제3자 배정의 경우에는 발행할 수 없다. 신주인수권증서가 발행된 경우에는 증서에 의해서만 신주인수권의 양도가 가능하다. 또한 신주인수권증서는 증서상에 인수권자를 표시할 필요가 없고 점유 이전만으로 신주인수권이 양도되므로 신주인수권증서는 무기명증권이다.

② 예탁결제원의 업무 처리

발행회사가 신주인수권증서를 일괄발행하는 경우에는 예탁결제원이 이를 수령하여 계좌부를 통해 예탁자별로 배분한다. 한편 발행회사가 신주인수권증서를 청구발행하는 경우, 예탁결제원은 예탁자를 통해 실질주주의 신청을 받아 발행회사에 발행을 청구하여 예탁결제원 명의로 증서를 발행받아 이를 예탁자계좌부에 기재하게 된다.

신주인수권증서가 제3자에게 양도된 경우 양수자가 그 증서에 의해 예탁결제원에 청약을 신청하면 예탁결제원은 이를 취합해 발행회사로 일괄청약한다.

(3) 주권발행 전 권리상장

주식의 양도는 주권의 교부가 필요하므로 주권이 발행되기 전까지는 적법한 양도방법이 있을 수 없고, 적절한 공시수단도 없으므로 거래의 안전을 해할 수 있다는 이유로 주권발행 전 양도는 원칙적으로 금지하고 있다. 따라서 주권발행 전 주식의 양도가 이루어진다 하더라도 이를 통한 양수인은 발행회사에 대항할 수 없게 된다.

한편 주식의 효력은 주금 납입일 다음 날에 발생하지만 실물 주권의 발행에 통상 1개월 정도의 기간이 소요되므로 주주는 주권발행시까지 약 1개월간 주식양도가 제한되어 환금성에 제약을 받게 된다. 이러한 문제점을 해소하기 위해 자본시장법에서는 예외적으로 증권시장을 통한 거래이고 예탁자계좌부 또는 투자자계좌부를 통해 결제를 하는 경우에는 주권발행 전 양도를 허용하여 청약자의 조기 환금성을 확보하도록 하고 있다.

발행회사가 주권발행 전 상장(권리상장)을 하고자 할 때에는, 유상증자 납입일 다음 날 현재 예탁자계좌부에 기재되어 있는 납입주식수에 대해 '예탁자계좌부 기재확인서'를 예탁결제원으로부터 발급받아 첨부한다. 이러한 주권발행 전 상장제도는 실질주주의 재산권을 보호하기 위한 제도로서, 후술하는 무상증자 · 주식배당 · 자본감소 · 조직변경 등에 따른 주식 발행 시에도 모두 적용된다.

5.2.2. 무상증자 시 권리행사

(1) 무상증자의 의의

발행회사의 자본금은 증가하지만 자산의 증가는 이루어지지 않는 증자를 무상증자라 한다. 무상증자는 이사회 또는 주주총회의 결의로 법정준비금(자본잉여금, 이익준비금, 기업합리화적립금, 상장법인의 재무구조적립금)을 자본에 전입하고 증가된 자본금에 해당하는 만큼의 신주를 구주주에게 소유주식수에 비례하여 무상으로 배정 · 교부하는 것을 말한다. 즉 자금 조달을 목적으로 하지 않고 자본 구성의 시정, 사내 유보의 적정화 또는 주주에 대한 자본 이득의 환원을 목적으로 총 자산의 변화 없이 재무제표상의 항목 변경을 통해 신주를 발행하는 것을 말한다.

(2) 예탁결제원의 권리행사

발행회사가 이사회에서 무상증자를 결의하여 예탁결제원으로 관련 일정을 통지하면, 예탁결제원은 신주배정기준일 현재의 실질주주명세를 작성하여 발행회사에 통보한다. 발행회사는 이를 근거로 실질주주명부를 작성하고 그 명부에 기재된 실질주주에게 무상신주를 보유주식수에 비례하여 배정한다. 또한 발행회사는 주주명부상 예탁결제원 명의 주식수에 대한 무상신주 배정통지서를 예탁결제원으로 통지한다. 예탁결제원은 이를 예탁자계좌부에 기재한 후 예탁자에게 통지하고 예탁자로 하여금 투자자계좌부에 기재하도록 한다.

무상증자에 대한 주주로서의 효력은 이사회가 정한 신주배정기준일에 발생한다. 그러나 예탁결제원의 실질주주에 대해서는 주식배정을 위한 물리적인 시간이 소요되므로, 예탁결제원은 무상신주에 대한 예탁의 효력 발생 시기를 발행회사로부터 신주배정명세서를 통지받은 날로 정하고 있다(예탁규정시행세칙 제17조제1항제1호나목).

한편 무상증자 시에는 보유주식에 따라 단수주가 발생할 수 있다. 예컨대 무상증자 배정율이 25%인 경우 150주를 소유한 주주는 37.5주를 배정받게 된다. 이 경우 단수주가 0.5주 발생하게 되는데, 동 단수주에 대해서는 대금으로 지급하게 된다. 단수주 대금의 지급은 기준가격이 신주배정기준일 전일 종가 또는 이사회결의일 전일 종가인 경우에는 주권 교부일에, 상장 초일 종가인 경우에는 상장일 다음 날에 예탁결제원이 발행회사로부터 단수주 대금을 수령하여 예탁자별로 일괄지급하며 예탁자는 이를 다시 실질주주별로 지급하게 된다.

5.2.3. 자본감소 시 권리행사

(1) 자본감소의 의의

자본감소란 회사 발행주식의 액면총액이 감소하는 것으로 발행주식수를 감소시키거나 액면가를 감소하는 방법이 있다.

1998년 최저액면가를 100원 이상으로 규정한 상법 개정에 따라 주식의 액면가는 낮추고 발행주식수를 그 배수만큼 늘리는 액면분할이 활발한데 이는 자본 감소에 해당되지 않는다. 자본감소는 발행주식수를 감소시키는 주식병합 또는 주식소각에 의한 방법이 주로 활용되고 있다.

주식의 병합이란 여러 주식을 합하여 그보다 적은 수의 주식으로 발행하는 방법을 말한다. 주식의 소각이란 발행주식의 일부를 소멸시키는 방법으로 유상소각과 무상소각 방식이 있다.

자본감소는 회사의 자본 구조의 변화를 초래하고, 주주 · 채권자의 이해관계에 지대한 영향을 미치므로, 주주총회의 특별 결의를 거쳐야 하고 1개월 이상의 채권자 이의 신청 기간을 두어야 한다.

(2) 예탁결제원의 권리행사

주식병합에 의한 자본감소의 결의를 한 경우, 발행회사는 예탁결제원에 구주권 제출 일정 등 자본감소에 관한 사항을 즉시 통지하여야 한다. 예탁결제원은 이를 예탁자에게 통지하고 구주권 제출기간 말일을 기준일로 하여 실질주주명세를 작성하여 발행회사에 통보한다.

발행회사는 이를 기초로 예탁결제원 명의 주식의 주식배정 및 단주대금을 확정하여 통보한다. 예탁결제원은 발행회사가 정한 구주권 제출 마감일에 구주권을 제출하고, 새로이 배정되는 주식수를 예탁자별로 예탁자계좌부에 기재하고 예탁자는 이에 따라 각자의 투자자계좌부에 기재한다. 예탁결제원은 발행회사가 정한 주권 교부일에 신주권 및 단주대금을

그림 2-9 **자본감소 시 예탁결제원의 권리행사**

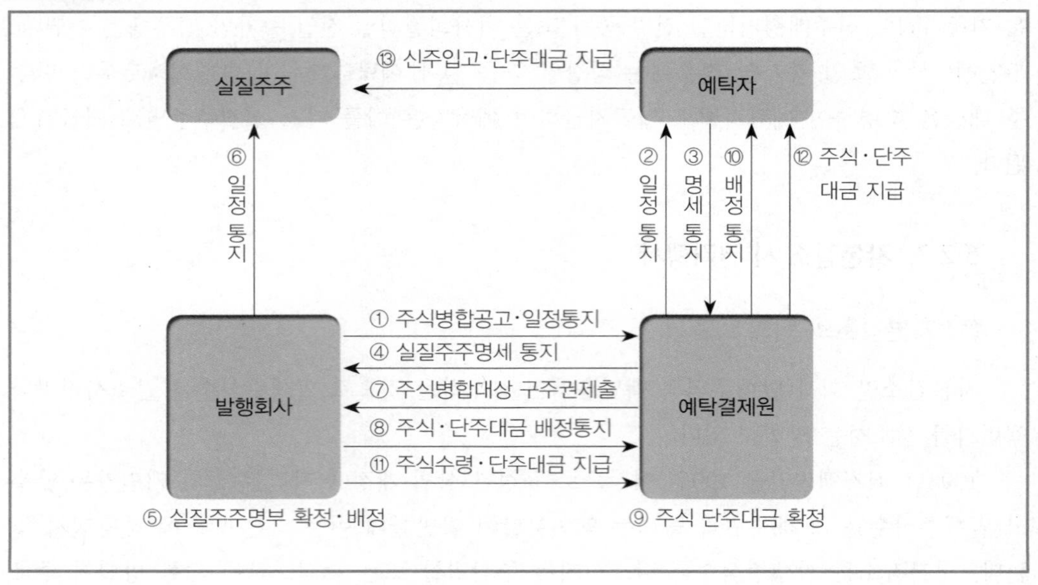

일괄 수령한다.

5.2.4. 조직변경에 따른 권리행사

(1) 조직변경의 의의

조직변경(restructuring)이란 기업의 경영 환경에 따라 규모의 경제 또는 규모의 비경제를 해소함으로써 기업 경영의 효율성을 높이기 위한 기업의 구조조정 행위를 말한다. 1998년 IMF체제 이후 기업의 경쟁력 강화를 지원하기 위해 이와 관련된 제도가 대폭 도입되었다.

먼저, 발행회사의 대표적인 조직변경인 회사의 합병이란 두 개 이상의 회사가 청산 절차를 거치지 않고 그 중 한 회사가 다른 회사를 흡수하거나(흡수합병), 새로운 회사를 설립함으로써(신설합병) 한 개 이상 회사의 소멸과 권리 · 의무의 포괄적 이전을 수반하는 것을 말한다. 합병은 우호적 M&A의 한 수단으로 우리나라는 대부분 흡수합병 방식을 채택하고 있다.

두 번째 조직변경으로는 회사의 분할이다. 회사의 분할이란 회사의 영업을 둘 이상으로 분리하고 분리된 영업 재산을 자본으로 하여 새로운 회사를 신설하거나 다른 회사와 합병시키는 조직변경의 방법으로 1998년 상법 개정에 따라 도입되었다. 회사분할에 의한 조직개편 방법은 단순분할, 분할합병, 단순분할과 분할합병의 병행이 있다.

그 밖의 회사조직변경으로 어느 회사의 발행주식총수를 소유하는 완전 모회사를 만들기 위한 방법으로 주식의 포괄적 교환 및 이전 방식이 있다.

(2) 예탁결제원의 권리행사

합병, 분할, 주식의 포괄적 교환 · 이전 등과 같은 조직변경의 경우에 예탁결제원은 주주총회 특별결의, 주식매수권 행사, 주식발행 등과 관련된 업무를 거의 공통적으로 수행한다.

따라서 이하에서는 조직변경의 대표적 사례인 합병 시 예탁결제원의 역할을 설명하고자 한다.

① 합병 관련 일정 통지

발행회사가 합병 승인 주주총회 결의를 위한 주주명부폐쇄기준일을 정한 경우, 해당 회사는 예탁결제원에 관련 주식매수청구권에 관한 사항 등 관련 내용을 지체 없이 예탁결제원에 통지하여야 하며 예탁결제원은 이를 예탁자에게 재통지하여야 한다. 이에 따라 합병 승인 주주총회에서 의결권을 행사하기 위한 실질주주명부의 작성은 앞에서 설명한 바와 같다.

② 주주총회 및 주식매수청구권 행사 시 권리행사

발행회사가 합병을 승인받기 위해 주주총회를 개최할 경우에는 예탁결제원은 발행회사의 요청에 의한 의결권(shadow voting)을 행사할 수 없다. 그러나 실질주주가 예탁결제원으로 하여금 의결권을 행사하여 달라고 신청을 하면 비록 합병승인을 위한 주주총회라도 참석하여 의결권을 행사할 수 있다.

그리고 금융기관이 구조조정을 위해 합병 등을 진행하는 경우 해당 금융기관은 자본시장법 제314조제5항제3호에도 불구하고 예탁결제원에 의결권 행사(shadow voting)를 요청할 수 있다(금융산업의 구조개선에 관한 법률 제5조제10항).

한편 주식매수청구권에 대한 예탁결제원의 권리행사는 후술하기로 한다.

③ 신주발행 절차

조직변경에 따라 발행하는 신주는 합병의 경우에는 피합병회사의 주주와 분할 · 분할합병되는 회사의 주주에게 발행하며, 주식의 포괄적 교환 · 이전의 경우에는 자회사의 주주에게 각각 발행한다.

주주총회에서 합병이 승인되면 피합병회사는 구주권 제출 만료일을 주식배정기준일로 공고하게 된다. 예탁결제원은 이날 현재의 실질주주명세를 작성하여 해당 발행회사로 통지하고 발행회사는 이를 근거로 실질주주명부를 작성하여야 한다.

발행회사는 예탁결제원 명의 주식의 주식배정 및 단주대금을 확정하여 통보한다. 예탁결제원은 발행회사가 정한 구주권 제출 마감일에 구주권을 제출하고, 새로이 배정되는 주식수를 예탁자별로 예탁자계좌부에 기재하고 예탁자는 이에 따라 각자의 투자자계좌부에 기재한다. 예탁결제원은 발행회사가 정한 주권 교부일에 신주권 및 단주대금을 일괄 수령한다.

5.3. 주식매수청구권의 행사

5.3.1. 주식매수청구권의 개요

(1) 주식매수청구권의 의의

주식매수청구권(株式買受請求權, appraisal rights)이란 발행회사의 조직변경 · 영업의 양수도 등 주주의 이해관계에 중대한 영향을 미치는 결의에 반대하는 주주가 회사에 대하여

자기가 보유하는 주식을 회사가 매수해 줄 것을 청구할 수 있는 권리를 말한다.

원래 주식매수청구권은 미국의 「모범사업회사법(MBCA: Model Business Corporation Act)」상 제도(제81조)이다. 이에 따르면 회사의 경영진은 타기업을 인수하거나 새로운 영역으로 사업을 확장하거나 기존의 사업 부문을 매각하는 등 기존의 회사 법률관계를 변경할 수 있다.

그러나 경영진의 이러한 의사에 반해 소수주주는 기존의 출자계약서상의 권리와 위험 수준을 그대로 유지하려는 경향이 있다. 따라서 경영진과 소수주주 간의 대립을 해결하기 위한 타협안으로서 주식매수청구권을 인정하였다.[28]

주식매수청구권의 법적 성질은 주주의 일방적 청구에 따라 효력이 발생하는 형성권(形成權)이다.

(2) 주식매수청구권의 요건과 자격

주권상장법인의 실질주주는 자본시장법 제165조의5제1항에서 정하는 합병, 주식의 교환 및 이전, 분할합병 등 의결 사항에 반대하는 경우 주식매수청구권을 행사할 수 있다. 또한 금융위원회가 자본감소를 명령한 금융기관에 대해서는 자본감소의 경우에도 주식매수청구권이 인정된다(금융산업의 구조개선에 관한 법률 제13조의2제1호).

주식매수청구권은 주식의 종류와 관계 없이 해당 법인의 모든 주주에게 인정된다. 따라서 발행회사의 주식매수청구권의 발생 요건에 해당되는 안건을 의결하는 주주총회 기준일 현재의 모든 주주는 주식매수청구권을 행사할 수 있다.

5.3.2. 예탁결제원의 권리행사

실질주주가 발행회사에 대해 주식매수청구권을 행사하는 경우 실질주주는 예탁자를 통해 예탁결제원에 주식매수청구권의 행사를 신청하여야 한다. 예탁결제원은 실질주주의 신청에 따라 서면에 의한 반대의사 표시, 주식매수청구권 행사, 주식 인도 및 대금 수령 등은 〈그림 2-10〉과 같이 일련의 절차를 거쳐 실질주주의 주식매수청구권을 행사한다.

(1) 주식매수청구권 일정 등의 통보

발행회사는 주식매수청구권에 해당되는 의안을 결의하기 위한 주주총회의 소집 통지나 공고를 하는 경우 주식매수청구권 행사에 관한 사항을 명시하여야 한다. 또한 해당 발행회사가 주권상장법인으로서 이를 증권시장에 공시한 때에도 지체 없이 예탁결제원으로 주식

28 Model Business Corporation Act(MBCA), 1984, Ch.13, Introductory Comment.

그림 2-10 **주식매수청구권행사 구조**

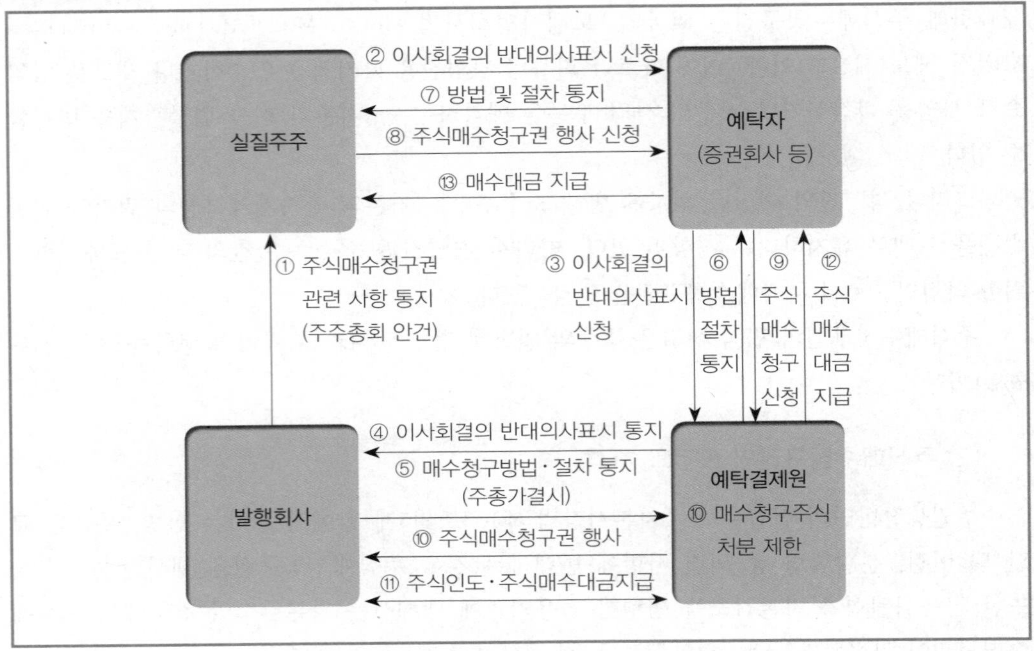

매수청구권 행사에 필요한 사항 등을 통지하여야 한다. 예탁결제원은 통지 받은 내용을 즉시 예탁자에게 재통지하여야 한다.

(2) 이사회결의 반대의사 서면 통지

예탁자는 실질주주로부터 이사회결의 사전 반대의사를 접수하고 반대의사 통지 종료일(주주총회일의 전일)의 2영업일 전까지 예탁결제원에 주식매수청구권 행사를 위한 반대의사 표시를 신청하여야 한다. 예탁결제원은 이를 집계하여 반대의사 통지 종료일까지 발행회사에 서면으로 통지한다.

서면통지는 발행회사가 매수청구 주주의 파악과 매수의 준비를 미리 갖추도록 하는 의미를 가지며 주주총회 안건에 대한 표결에는 직접 영향을 미치지 않는다. 주주총회에서 해당 안건이 가결되면 발행회사는 주주총회 종료 후 지체 없이 매수가격 · 매수청구일 · 매수대금 지급일 등 주식매수청구에 관한 내용과 행사 방법을 예탁결제원에 통지하여야 하며 예탁결제원은 이를 예탁자에게 다시 통지하여야 한다.

(3) 주식매수청구권 행사

사전에 반대의사를 통지한 실질주주는 주주총회 결의로부터 20일 이내에 주식의 종류와 수를 기재하여 주식매수청구권 행사를 서면으로 신청할 수 있다. 이 경우 실질주주가 주식매수청구권 행사 여부를 결정하는 데 있어 가장 중요한 판단 요소는 시장가격 대비 매수가격의 차이가 되므로 매수가격의 결정은 매우 중요한 요소이다. 따라서 매수가격의 결정 절차는 자본시장법 및 상법에서 자세히 기술하고 있다.

주식매수청구권을 행사하고자 하는 실질주주는 예탁자를 통하여 주식매수청구권 행사 종료일의 전 영업일까지 예탁결제원에 주식매수청구권 행사를 신청하여야 한다. 예탁결제원은 이를 취합하여 주식매수청구권 행사 종료일에 서면으로 발행회사에 일괄 행사하며, 발행회사가 매수대금 지급 시까지 예탁자계좌부상 처분제한 주식으로 관리한다.

주식매수청구 대상 주식은 주주명부폐쇄기준일부터 주식매수청구 신청일까지 계속 보유한 주식[29]이므로, 기준일 이후 주식매수청구 신청일 사이에 매도 등으로 보유 주식수가 감소한 경우에는 설령 추가로 매입했다 하더라도 그 감소분만큼은 신청할 수가 없다.

(4) 주권 제출과 매수대금의 수령 · 지급

매수청구기간 종료일로부터 주권상장법인은 1월 이내, 상법에 의한 주식회사의 경우에는 2월 이내에 해당 주식을 매수하여야 한다. 따라서 매수대금 지급일에 예탁결제원은 해당 주권을 발행회사에 제출하고 주식매수대금을 수령한다. 예탁결제원은 매수대금을 해당 예탁자별로 지급하고, 예탁자는 이를 다시 신청한 실질주주별로 지급한다.

5.4. 배당에 관한 권리행사

배당(dividend)이란 기업이 경영 활동의 결과로 얻은 이익을 주주에게 소유주식수에 비례하여 정기적으로 배분하는 것을 말한다. 회사가 배당가능이익 가운데 얼마만큼을 배당할 것인지는 기업의 재무구조와 경영 여건을 고려하여 이사회[30] 또는 주주총회에서 결정한다.

회사의 이익배당(중간배당 및 분기배당을 포함한다. 이하 같다)은 원칙적으로 주주총회 또는 이사회의 결의에 의해 결산기의 말일 또는 일정한 날의 주주에게 지급한다. 이익배당 방

---

29 주권상장법인의 실질주주는 합병 등의 의결을 위한 이사회 결의 사실이 공시되기 이전에 취득한 주식 및 이사회 결의 공시 다음 날까지 취득계약이 체결된 주식에 한하여 주식매수청구권을 행사할 수 있다(자본시장법 제165조의5제1항 및 동법시행령 제176조의7제1항).

30 개정상법(2012.4.15. 시행)에 따라 회사는 정관으로 정하는 바에 따라 재무제표를 이사회의 결의로 승인할 수 있으며, 재무제표를 이사회가 승인하는 경우 이익배당도 이사회가 결정할 수 있다. 다만, 주식배당에 대해서는 이사회가 결정할 수 없으므로 이익배당을 주식배당으로 하고자 할 경우에는 다시 주주총회의 결의를 요한다.

식은 현금, 주식, 현금 · 주식의 혼용 형태 및 현물배당[31]도 가능하다. 발행회사가 주주총회에서 이익배당을 결정하는 경우 결산 기준일로부터 3월 이내에 주주총회를 개최해야 하고, 주주총회 결의일로부터 1월 이내에 배당금을 지급하여야 한다. 발행회사가 이사회에서 이익배당을 결정한 경우에는 이사회 결의일로부터 1개월 이내에 배당금을 지급하여야 한다. 다만, 주주총회 또는 이사회에서 지급일을 따로 정한 경우에는 그 지급일에 배당금을 지급한다.

이하에서는 발행회사가 현금배당이나 주식배당을 하는 경우 예탁결제원의 권리행사에 대하여 살펴보고자 한다.

5.4.1. 현금배당 시 권리행사

발행회사가 이익배당을 결정한 경우 발행회사는 예탁결제원에 배당금 지급일정과 배당금 지급통지서를 발송한다. 배당은 주주평등의 원칙에 따라 주주별로 보유 주식수에 따라 일정 비율로 배정하나, 대주주가 배당 의사를 포기하여 회사가 차등배당 또는 무배당을 할 경우에는 그 내용을 첨부한다.

발행회사로부터 배당금 지급통지서를 접수한 예탁결제원은 발행회사의 결산기말 현재 실질주주명세에 따라 실질주주별 · 예탁자별 배당금 지급명세를 확정한다. 확정된 배당금 지급명세서는 예탁자에게 통지하고, 발행회사로부터 차등배당 내역을 통지받은 경우 해당 예탁자에게 그 사실을 통지하여 차등배당 내역을 반영하여 지급할 배당금을 확정한다.

예탁결제원은 발행회사로부터 배당금 지급일에 배당금을 일괄수령하여 이를 예탁자별로 지급하며 각 예탁자는 이를 실질주주에게 지급한다.

5.4.2. 주식배당 시 권리행사

(1) 주식배당의 의의

주식배당(stock dividends)이란 회사가 이익배당을 현금이 아니라 주식으로 배당하는 것으로, 주식을 새로이 발행하여 지급하는 것을 말한다. 주식배당은 회사의 이익을 자본에 전입하여 주식을 발행하고 이를 주주에게 무상으로 분배하므로 회사의 총 자산은 변동이 없

---

31 개정상법에 따라 이익배당을 현물배당으로 할 수 있다는 규정을 신설하고, 상환주식의 상환, 합병교부금의 지급도 현물로 할 수 있다는 규정을 두었다(개정상법 제462조의4, 제345조제4항 및 제523조제4호). 이에 따라 이익배당으로 배당할 수 있는 현물은 주주별로 배당액이 상이하므로 종류물이나 대체물 그리고 가분적이어야 하므로 평가가 용이한 타회사의 주식 및 사채 등이 활용될 것으로 예상된다(이철송, 「개정상법 축조해설」, 박영사, 2011, 212쪽).

으나 자본금이 증가하게 된다.

주식배당의 성질에 관한 학설을 살펴보면, 주식배당을 이익배당으로 간주하는 이익배당설과 주식분할로 간주하는 주식분할설이 있다. 이익배당설을 채택하게 되면 주식배당에 과세를 하고 주주의 보유 주식의 종류에 관계 없이 동일한 주식으로 배당한다. 이와 달리 주식분할설을 채택하게 되면 과세에서 제외되고 주주의 보유 주식의 종류에 따라 배당을 하게 된다.

(2) 예탁결제원의 권리행사

주식배당에서의 예탁결제원의 권리행사는 무상증자 시의 권리행사와 그 내용이 거의 동일하다. 즉, 예탁결제원은 발행회사로부터 주식배당 내역을 통지받아, 실질주주에 대한 배정주식을 예탁자계좌부에 예탁자별로, 예탁자는 실질주주별로 기재하게 된다. 발행회사가 주권을 교부할 경우 예탁결제원은 실질주주별 배정분을 일괄수령하여 예탁한다.

주식배당 주식의 예탁 효력발생 시기 및 단수주 처리에 있어서도 무상증자 시와 동일하다.

5.5. 실기주에 대한 권리행사

5.5.1. 실기주와 실기주 과실

(1) 실기주

실기주(失期株)란 광의로는 주식을 양수하였으나 결산 기일이나 신주인수권 배정 기준일까지 양수인 명의로 명의개서를 하지 않고 그 기일을 넘긴 주식을 말한다. 협의로는 회사의 신주 발행 시 신주인수권의 배정 기준일까지 주식의 양수인이 명의개서를 하지 않아 주주명부상 주주인 양도인에게 배정된 신주를 말한다.

그러나 증권예탁제도에서 규정하는 실기주란 예탁결제원 명의의 주권을 반환받은 실질주주가 해당 주권을 본인의 명의로 명의개서를 하지 않아 발행회사의 주주명부에는 예탁결제원 명의로 계속 등재되어 있는 주식을 말한다. 이하에서 실기주란 증권예탁제도상의 실기주를 말한다.

(2) 실기주 과실

실기주 과실(失期株 果實)이란 예탁결제원이 실기주에 대하여 발행회사로부터 수령한 배당금, 배당주식, 무상주식 및 단주대금 등을 말한다. 예탁주권을 반환받은 자 또는 이를 양수한 자가 명의개서를 하지 않은 경우 발행회사는 해당 실기주에 대한 과실을 주주명부상 주주인 예탁결제원에 배정할 수밖에 없다.

예탁결제원은 민법상 사무관리[32]에 준하여 실기주 과실을 수령 · 관리한다. 발행회사의 권리기준일 현재 주주명부상 명의주주인 예탁결제원이 법률상 의무 없이 실기주 과실을 실제 귀속자를 위해 관리 의사를 갖고 수령 · 관리하고 있으므로 사무관리의 요건을 구비한 것이라고 볼 수 있다. 예탁결제원은 선량한 관리자의 주의로써 실기주주의 과실 지급 청구 때까지 실기주 과실을 관리할 의무가 있으며, 실기주주에게 이익이 되는 방법으로 관리하여야 한다.

또한 실기주 과실 관리자인 예탁결제원은 실기주 과실을 수령하여 관리를 개시한 때에는 지체 없이 본인에게 통지할 의무를 부담한다. 그러나 예탁결제원은 실기주주를 실질적으로 파악할 수 없으므로, 해당 실기주를 반환해 간 예탁자에게 실기주 과실을 수령하였음을 통지한다.

5.5.2. 실기주에 대한 권리행사

(1) 실기주의 내역 관리

실기주와 실기주 과실의 관리는 실기주의 확정에서부터 시작된다. 발행회사는 실질주주명부상 총 주식수를 초과하는 주주명부상의 예탁결제원 명의 주식에 대하여 예탁결제원을 그 주주로 본다.

따라서 실기주에 배정되는 실기주 과실은 예탁결제원이 수령 · 관리한다. 예탁결제원은 발행회사가 주주명부폐쇄기준일을 정한 때에는 그 날 현재의 주주명부상 예탁결제원 명의의 주권 명세와 예탁결제원의 보관주권 명세를 비교하여 예탁결제원 명의의 주권명세에는 있으나 보관주권 명세에는 없는 주식을 실기주로 확정한다.

실기주주가 소유하고 있는 실기주권은 예탁자를 통해 반환되었으므로 해당 주권을 반환받은 실기주주는 해당 예탁자를 통하여 권리를 행사할 수 있다. 즉 실기주주가 실기주 과실을 수령하고자 할 때에는 실기주를 반환받은 예탁자를 통하여 예탁결제원에 반환 신청을 하면 예탁결제원은 이를 확인한 후 예탁자를 통하여 해당 실기주 과실을 반환한다.

(2) 실기주에 대한 권리행사

예탁결제원은 사무관리자의 자격으로 실기주의 내역 관리와 실기주 과실을 관리한다 함은 앞에서 설명한 바와 같다. 따라서 예탁결제원은 실기주주의 신청이 있는 경우 유상증

32 사무관리란 법률상 의무 없이 타인을 위해 그의 사무를 관리하는 행위를 말한다.

자 시 신주인수권이나 사채인수권을 행사할 수 있으며, 실기주주의 신청이 없는 경우에도 주주의 자익권 중 이익배당청구나 무상증자 시의 신주수령 등의 권리를 행사할 수 있다. 또한 예탁결제원은 실기주에 대한 권리행사 결과 수령한 주권에 대해서는 그 수령일로부터 1년이 지난 경우에는 증권시장 등을 통하여 매각하여 현금으로 관리할 수 있다(자본시장법 시행령 제317조의2제3항).

그러나 예탁결제원은 의결권 · 주식매수청구권 · 소수주주권 등 공익권적 성격을 띤 권리는 실기주주의 신청이 있는 경우에도 그 권리를 행사할 수 없다.

예탁채권의 권리행사 제2절

① 예탁채권의 권리행사 개요

채권이 예탁결제원에 집중예탁됨에 따라 원리금 수령 등 권리행사는 예탁주식의 경우와 마찬가지로 예탁결제원을 통하여 일괄 처리된다. 즉 예탁결제원은 예탁자별로 예탁채권에 대한 원리금을 확정하고, 이를 발행회사(국채의 경우에는 한국은행, 지방채 등의 경우에는 각 지방자치단체 등을 포함한다. 이하 이 절에서 같다)에 청구하여 일괄 수령한 후 해당 원리금을 예탁자별로 배분하고 예탁자는 이를 투자자에게 지급한다.

한편 예탁결제원은 채권등록제도를 이용하여 신규로 발행되어 예탁되는 채권이나 기존의 예탁채권을 예탁결제원 명의로 등록할 수 있다. 이를 통하여 채권 발행 물량의 폭발적 증가에 대응해 발행비용 절감 · 보관 물량 축소 · 채권자 권리 보호 등 채권시장의 효율성과 안정성에 크게 기여하고 있다.

예탁채권의 경우에도 예탁주권과 같이 예탁결제원이 법에 의하여 당연히 행사할 수 있는 권리와 채권자의 신청에 의하여 행사할 수 있는 권리로 나눌 수 있다. 예탁결제원의 당연 권리는 예탁채권에 대한 등록 청구가 있고, 신청에 의한 권리는 원리금 수령, 예탁채권에 대하여 신주인수권 · 전환권 · 교환권이 부여된 경우의 권리행사와 예탁결제원 명의 실기채권에 대한 권리행사가 있다.

② 예탁결제원의 당연 권리행사

2.1. 예탁채권의 등록

(1) 채권등록의 목적

채권등록이란 채권자가 채권 실물을 직접 소지하지 않고 발행회사가 지정한 등록기관의 법적 장부(채권등록부)에 해당 권리 내역을 등재함으로써 채권자의 제반 권리를 확보할 수 있도록 하는 것을 말한다. 이는 채권 실물을 점유하고 있어야만 채권자로 인정되어 권리를 행사할 수 있도록 한 민법이나 상법의 규정에 대한 특례로서, 채권자의 권리를 보호하고 실물 관리에 따른 비용과 위험을 감소시키기 위하여 공사채등록법상 도입된 제도이다.

채권등록제도는 주권불소지제도와 마찬가지로 채권실물의 직접 소지에 갈음하여 등록기관의 공사채등록부에 그 권리를 기재함으로써 채권이 표창하는 권리를 확보하고 채권 실물 소지에 따른 문제점을 제거하는 데 그 목적이 있다.

(2) 채권일괄등록

발행회사가 채권을 등록발행하기 위해서는 공사채등록법상 등록기관인 예탁결제원이나 금융기관을 지정하여야 한다. 발행회사는 등록제도와 증권예탁제도가 연계될 때 제도의 효율성을 제고할 수 있으므로 현재 발행되는 거의 모든 공사채에 대해서는 예탁결제원을 등록기관으로 지정하고 있다.

예탁결제원을 등록기관으로 지정한 발행회사는 채권 발행일에 채권 발행 내역과 납입완료증명서를 예탁결제원에 통보한다. 예탁결제원은 채권등록부에 해당 사항을 기재한 후 채권 인수자에게 등록필증을 교부하고, 지체 없이 채권등록부의 등록 내역을 발행회사로 통보한다.

채권일괄등록제도(債券一括登錄制度)는 채권등록제도와 채권예탁제도를 결합한 형태로 자본시장법 제314조제2항에 근거를 두고 있다. 〈그림 2-11〉에서 보는 바와 같이 채권의 모집, 매출 또는 인수 시 인수자 또는 청약자의 신청에 의해 발행 단계부터 등록기관의 공사채등록부에 채권자를 예탁결제원으로 하여 등록 발행하는 것을 말한다.

청약자 또는 인수자가 채권 청약 시 예탁결제원 명의로 일괄등록 신청을 하고 발행회사가 해당 일괄등록 청구 내역을 예탁결제원에 통보하면 예탁결제원 명의로 일괄등록하게 된다.

현재 공사채는 거의 대부분 채권일괄등록제도를 이용하고 있다. 등록채권자가 이 제도를 이용하면 채권을 매매하기 위해 본인 명의로 등록필증을 교부받아 예탁자를 통하여 예

그림 2-11 **일괄등록제도 절차**

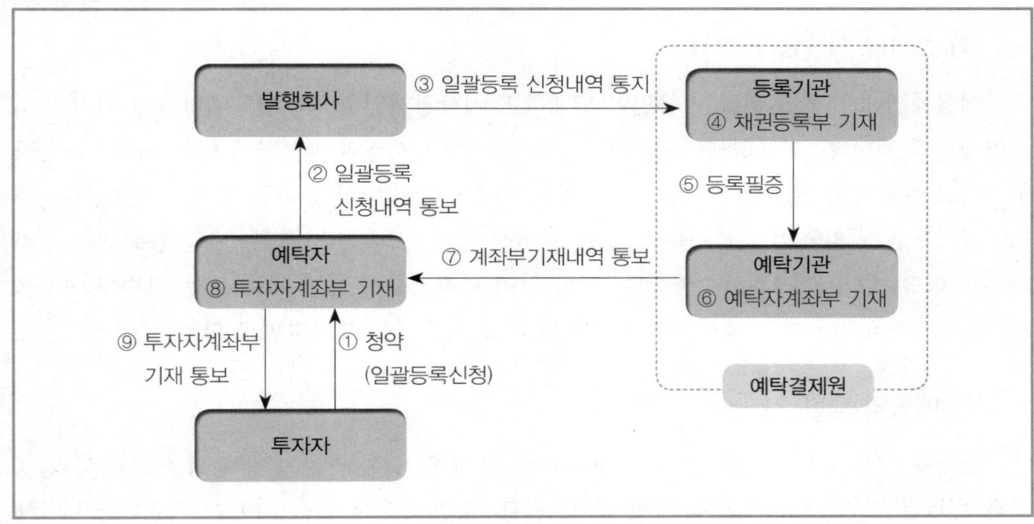

탁결제원에 재예탁하는 번거로움을 피할 수 있다. 또 채권의 매매에 따른 결제, 원리금 수령 등 제반 업무처리가 예탁자계좌부 및 투자자계좌부를 통해 처리되므로 큰 편익을 제공받게 된다.

3 채권자의 신청에 의한 권리행사

3.1. 예탁채권의 원리금 수령 및 지급

일반적으로 채권(기업어음증권, 파생결합증권 및 양도성 예금증서를 포함한다. 이하 이 절에서 같다)의 소유자가 원리금(파생결합증권의 상환금 및 기업어음증권 등 어음의 어음금액을 포함한다. 이하 이 절에서 같다)에 대한 권리를 행사하기 위해서는 원리금 지급일에 발행회사에 채권 실물을 제시해야 한다. 따라서 채권자가 채권을 예탁한 경우에는 예탁결제원으로부터 이를 반환받아 발행회사에 직접 청구하여 원리금을 수령해야 하는데, 이러한 방식은 증권예탁제도의 도입 취지에 반하는 것이다. 따라서 예탁결제원은 채권 실물이나 등록필증 형태의 예탁채권에 대하여 원리금 지급일이 도래하면 이를 원리금 지급처에 인도하고, 지급처로부터 원리금을 일괄 수령하여 예탁자의 예탁지분에 따라 배분하고 예탁자는 이를 다시 투자자별로 지급하는 방식을 취하고 있다.

3.1.1. 원리금 청구

(1) 원리금 지급명세 확정

예탁채권에 대해 원리금 지급일이 도래하면 예탁결제원은 종목별 · 예탁자별 원리금 지급명세를 확정한다. 지급명세의 내역에는 자기분 · 투자자분의 예탁량에 대한 원금 · 이자가 명시되고 예탁자자기분에 대한 원천징수액을 계산한 후 수령할 원리금 총액을 확정한다.

예탁채권 원리금의 이자소득에 대한 원천징수는 예탁자 자기분은 예탁결제원이, 투자자분은 해당 예탁자가 각각 수행한다. 이와 같이 이자소득에 대한 과세 또는 비과세 여부를 확정하고, 과세되는 경우 과세내역이 반영된 차감 지급액을 예탁자별로 확정한다.

(2) 예탁의 제한

예탁채권에 대한 원리금 지급의 경우에는 그 확정 절차와 수령의 정확성을 위해 일정기간 원리금 지급 대상 채권에 대해 예탁, 반환 및 계좌대체 등을 제한할 필요가 있다. 예탁결제원은 (ⅰ)채권 및 기업어음의 경우 원리금 지급개시일과 개시일 전 2영업일간, (ⅱ)파생결합증권 및 수익증권의 경우 원본 및 분배금 지급개시일과 그 전 영업일, (ⅲ)원리금 상환을 위하여 미리 제출하는 국민주택채권 등의 경우 원리금 지급개시일 및 개시일 전 13영업일 간 예탁, 반환 및 계좌대체를 제한하고 있다.

(3) 원리금 지급 청구

원리금 지급 청구 방법에는 직접청구와 교환청구가 있는데, 국채와 외화표시채권을 제외하고는 교환청구의 방법에 의한다. 교환청구란 채권의 원리금 지급처가 은행인 경우에 〈그림 2-12〉와 같이 어음교환소인 금융결제원을 이용하는 방식이다. 예탁결제원은 금융결제원의 교환 참가자가 아니기 때문에 어음교환 참가자인 거래은행에 원리금의 교환에 필요한 절차를 위임하여 원리금 지급일 전일에 채권등 원리금 지급청구서(CP인 경우 실물증권을 포함한다) 등 첨부 서류를 사전에 인도하여 교환을 청구한다. 이에 따라 거래 은행은 금융결제원을 통해 확정된 결제금액을 한국은행의 BOK-Wire+를 이용해 원리금 지급은행으로부터 수령하여 예탁결제원에 지급한다.

한편 교환청구 방식과 달리 한국은행이 발행기관인 국채(국고채권, 재정증권, 통화안정증권)에 대한 원리금의 경우에는, BOK-Wire+를 이용해 원리금 지급일 당일에 예탁결제원이 예탁국채에 대한 원리금을 한국은행에 직접 청구하고 수령하여 예탁자별로 지급하는 직접청구 방식을 이용하고 있다. 외화표시채권도 어음교환제도를 이용하지 않고 원리금 지급점에 직접 청구하여 지급일 당일 지급점으로부터 외화를 수령하여 지급한다.

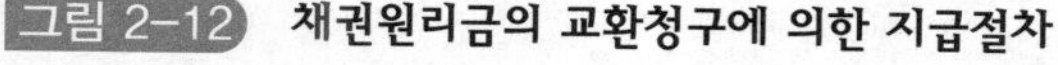
그림 2-12 채권원리금의 교환청구에 의한 지급절차

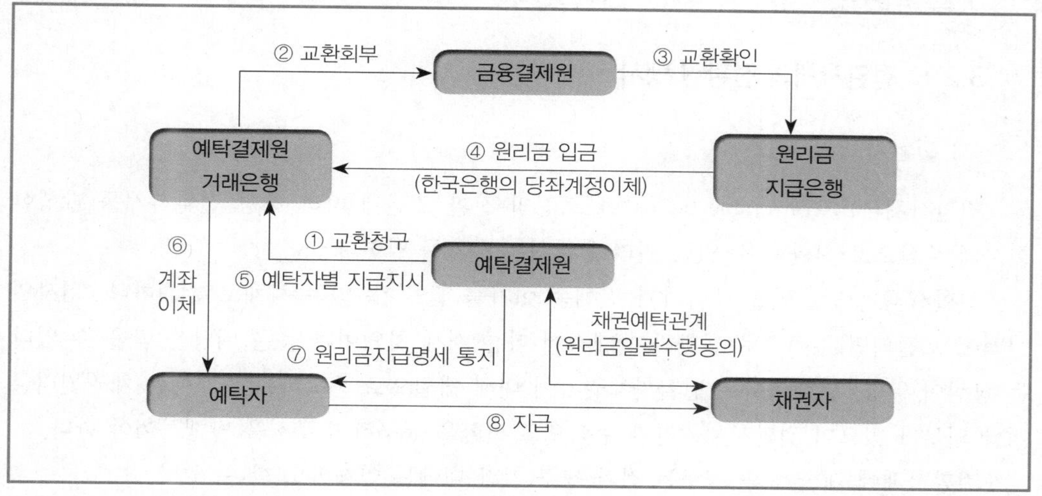

3.1.2. 원리금 수령 및 지급

예탁결제원은 예탁채권의 원리금을 수령하면 지체 없이 예탁자별로 지급하고, 예탁자는 이를 투자자에게 배분한다. 이 경우 예탁자 자기분에 해당하는 원리금은 예탁결제원이 원천징수한 후 예탁자에게 지급하고, 투자자분에 대해서는 예탁자가 원천징수한 후 투자자별로 배분한다. 원천징수한 세금은 징수 월이 속하는 다음 달 10일까지 관할세무서에 납부한다.

원리금 지급기일이 도래하여 지급은행에 원리금의 지급을 청구하였으나 발행회사의 부도 등으로 지급할 수 없는 경우에는, 원리금 지급은행이 교환제시은행에 부도확인서를 발급하고 예탁결제원은 이를 수령하여 예탁자에게 통지한다. 보증사채의 경우에는 예탁결제원이 지급 당일 부도확인서를 수령하여 보증기관에 대지급을 청구한다. 무보증사채는 채권자와 발행회사의 협의 하에 별도의 조건으로 권리 행사가 이루어질 수 있으므로 해당 예탁자에게 반환하여 해당 예탁자 또는 투자자가 직접 권리를 행사하도록 한다.

3.2. 특수한 사채에 대한 권리행사

3.2.1. 전환사채의 전환권 행사

(1) 전환사채의 개요

전환사채(CB: convertible bonds)란 소정의 전환 조건에 따라 해당 전환사채를 발행한 회사의 주식으로 전환할 수 있는 권리가 부여된 사채를 말한다.

전환사채는 전환권을 행사하기 전에는 이자를 받을 수 있는 사채로 존재하나, 회사의 실적이 호전되면 주식으로 전환하여 매각에 따른 시세 차익이나 높은 배당을 받을 수 있다는 장점이 있다. 발행회사는 전환사채권자에 대해 채권으로 존속하는 기간에는 채권원리금 지급 의무가 있으며 전환사채권자가 주식으로 전환을 청구하면 주식을 발행하여야 한다.

전환사채에 대한 전환 청구는 전환 청구 기간 내에는 언제라도 할 수 있다.

(2) 예탁결제원의 권리행사

예탁채권 중 전환사채에 부여된 전환권을 행사하고자 하는 전환사채권자는 발행회사가 정한 전환 청구 기간 내에 예탁자를 통하여 예탁결제원에 신청한다. 예탁결제원은 전환신청자의 뜻에 따라 전환청구서와 해당 채권(등록필증)을 첨부하여 발행회사에 전환권을 행사하고, 전환 청구를 한 때에 해당 예탁자의 예탁자계좌부상 주식수를 증가 기재한다. 이 시점부터 해당 예탁자나 투자자는 예탁주권에 대한 공유지분을 취득하여 채권자에서 실질주주로 그 지위가 바뀌게 된다.

3.2.2. 신주인수권부사채의 권리행사

(1) 신주인수권부사채의 개요

신주인수권부사채(BW: bond with warrants)란 사채권자에게 신주인수권이 부여된 사채를 말한다. 즉 발행회사가 발행한 신주인수권부사채의 사채권자에게 일정 기간이 경과된 후 정해진 가격으로 발행회사의 주식을 인수할 수 있는 권리를 부여한 사채를 말한다.

신주인수권부사채에는 분리형과 비분리형이 있는데, 분리형은 사채권을 표창하는 채권과 신주인수권을 표창하는 신주인수권증권을 별도로 발행하여 사채권과 신주인수권을 분리하여 양도할 수 있다. 비분리형은 사채권과 신주인수권이 동일한 채권에 표창되어 사채권과 신주인수권을 분리하여 양도할 수 없다. 신주인수권증권이 발행된 경우에 신주인수권의 양도는 신주인수권증권의 교부에 의해서만 할 수 있다.

신주인수권을 행사한 자는 신주의 발행 가액에 해당하는 금액을 납입한 때에 주주가 된다. 이런 점에서 납입일 다음 날부터 주주가 되는 통상의 신주 발행과는 다르다.

한편 신주인수권부사채는 신주인수권을 행사해도 원칙적으로는 사채가 소멸하지 않고, 사채 외에 주식이 신규로 발행되어 사채와 주식이 병존하게 된다. 따라서 전환권을 행사하면 사채가 소멸하고 주식으로 바뀌는 전환사채와는 다르며, 해당 발행회사의 주식을 새로이 발행받아 인수한다는 면에서 교환사채와 다르다.

(2) 예탁결제원의 권리행사

예탁결제원에 신주인수권부사채를 예탁한 채권자의 경우 해당 예탁자를 통해 예탁결제원에 신주인수권 행사 기간 내에 신주인수권 행사를 신청하여야 한다. 이때 사채로 대용납입할 수 없는 경우에는 신주 발행가액을 별도로 납부하여야 한다. 예탁결제원은 예탁자의 신청에 따라 발행회사에 청약서 2통을 제출하고 신주의 발행가액 전부를 납입한다. 또한 신청 시에 채권(등록필증)을 첨부하고 신주인수권증권이 발행된 때에는 신주인수권증권을 함께 제출한다.

신주인수권을 행사한 자는 신주 발행가액에 해당하는 금액을 발행회사에 납입한 때 또는 대용납입의 경우 신주인수권을 행사한 때 주주가 된다. 사채권자가 예탁결제원을 통해 신주인수권을 행사하면 예탁결제원은 예탁자계좌부상에 해당 주식 수량을 기재하고 예탁자는 투자자계좌부에 그 주식 수량을 기재한다. 이 시점부터 해당 예탁자나 투자자가 예탁주권에 대한 공유지분을 취득하는 것은 전환사채의 경우와 동일하다.

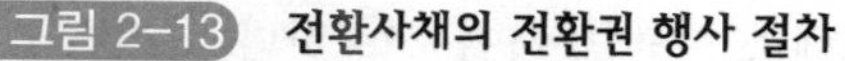
그림 2-13 **전환사채의 전환권 행사 절차**

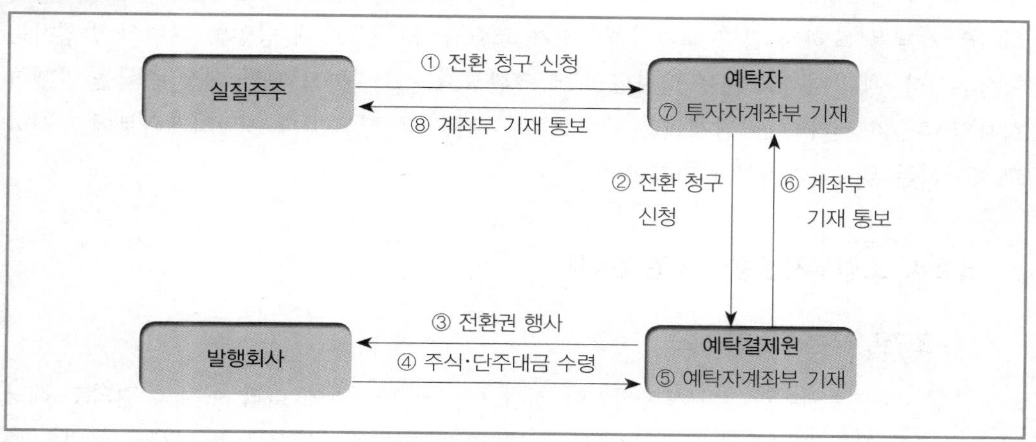

3.2.3. 교환사채의 교환권 행사

(1) 교환사채의 개요

교환사채(EB: exchangeable bond)란 사채권자에게 교환사채의 발행회사가 소유하고 있는 증권(자기주식을 포함한다)과 교환을 청구할 수 있는 권리가 부여된 사채를 말한다. 교환사채의 발행회사는 교환에 필요한 주식 또는 유가증권(그 교환대상 증권)을 사채권자가 교환을 청구하는 때 또는 교환청구기간이 끝나는 때까지 예탁결제원에 예탁하고 있어야 하며, 이 경우 예탁결제원은 그 증권에 대하여 신탁재산임을 표시하여 관리하여야 한다(상법시행령 제22조제3항). 이는 교환사채의 교환권의 목적물이 사채의 발행회사가 보유한 증권이므로 교환사채의 교환권 행사의 확실성을 부여하여 교환사채권자를 보호하기 위한 조치라고 할 수 있다.

교환사채의 발행은 이사회에서 결의한다. 따라서 교환사채의 발행 대상자를 주주로 할 것인지 주주 이외의 자로 할 것인지도 이사회에서 결정한다. 회사가 교환사채를 발행하는 경우에는 채권 · 사채청약서 · 사채원부에 (ⅰ)교환대상증권과 교환을 청구할 수 있는 권리가 부여되었다는 뜻, (ⅱ)교환할 증권의 내용, (ⅲ)교환의 조건(교환비율) 및 (ⅳ)교환을 청구할 수 있는 기간 등을 기재하여야 한다.

교환사채는 사채권자의 교환권 행사 시 추가적인 자금 부담이 없다는 점에서 신주인수권부사채와 다르며, 자본금의 증가가 수반되지 않는다는 점에서 전환사채와 다르다.

(2) 예탁결제원의 권리행사

교환을 청구하는 자는 예탁자를 통해 예탁결제원에 교환권 행사를 신청한다. 교환권은 회사의 승낙을 요하지 않고 교환사채권자가 교환을 청구한 때에 당연히 효력이 발생하는 형성권이다. 따라서 교환권을 행사한 때에 교환사채는 소멸하고 교환 대상 주식을 발행한 회사의 주주가 된다. 예탁결제원은 사채권자가 교환권을 행사한 때 예탁자계좌부에 기재하고 예탁자는 투자자계좌부에 기재한다.

3.2.4. 조건부자본증권의 권리행사

(1) 조건부자본증권의 개요

조건부자본증권이란 주권상장법인이 정관으로 정하는 바에 따라 이사회 결의로 해당 사채의 발행 당시 객관적이고 합리적인 기준에 따라 미리 정하는 사유가 발생하는 경우 주식으로 전환되거나 그 사채의 상환과 이자지급 의무가 감면되는 사채(자본시장법 제165조의

11제1항)를 말한다. 이에 따라 조건부자본증권은 주식으로 전환되는 전환형 조건부자본증권과 상환 등 의무가 상각되는 상각형 조건부자본증권으로 나뉜다고 볼 수 있다.

회사가 조건부자본증권을 발행하는 경우에는 정관에 (ⅰ)조건부자본증권을 발행할 수 있다는 뜻, (ⅱ)조건부자본증권의 총액, (ⅲ)전환 및 상각의 조건 및 (ⅳ)전환으로 인하여 발행할 주식의 종류와 내용 등을 기재하여야 한다(자본시장법시행령 제176조의12제1항).

또한, 조건부자본증권을 발행할 때에는 「공사채등록법」에 따른 등록기관에 등록하여 발행하여야 하며 납입이 완료된 날부터 2주일 이내에 본점 소재지에서 등기하여야 한다(자본시장법시행령 제176조의12제3항 · 제6항).

전환사채는 사채권자의 전환권 행사 시 발행회사가 새로이 주식을 발행하여 전환권을 행사한 사채권자에게 교부하는 반면, 조건부자본증권은 회사가 미리 정한 사유가 발생하는 경우 사채권자의 전환 청구 없이 일괄적으로 주식으로 전환된다는 점이 전환사채와 다르다.

(2) 예탁결제원의 권리행사

조건부자본증권의 주식전환 및 채무상각은 그 전환사유 등이 발생한 날로부터 제3영업일이 되는 날에 그 효력이 발생한다(자본시장법시행령 제176조의12제5항 및 제176조의13제3항).

전환형 조건부자본증권의 발행회사는 주식 전환사유가 발생한 경우 그 전환사유를 예탁결제원에 지체 없이 통보하여야 하며, 예탁결제원은 그 주식 전환사유가 발생한 날부터 제2영업일이 되는 날(이하 '전환기준일'이라 한다)의 실질사채권자를 그 발행회사 또는 명의개서대행회사에 통보하여야 한다(자본시장법시행령 제317조의2제1항). 예탁결제원은 예탁자에게 전환기준일의 실질사채권자에 관하여 통보할 것을 요청할 수 있으며, 예탁자는 이 경우 지체 없이 그 내역을 통보하여야 한다(자본시장법시행령 제317조의2제2항). 예탁결제원은 통보받은 실질사채권자에 대하여 동일인별로 합산하여 그 내역을 명의개서대행기관에 통보하며, 명의개서대행기관은 실질사채권자별로 전환비율 등에 따라 주식 등을 배정하여야 한다.

상각형 조건부자본증권의 발행회사는 채무재조정 사유가 발생한 경우 그 사유를 예탁결제원에 지체 없이 통보하여야 하며, 예탁결제원은 채무재조정 사유 발생일로부터 제3영업일이 되는 날에 그 채무재조정율 등에 따라 예탁자계좌부별로 채무를 재조정하여야 한다.

3.3. 실기채권에 대한 권리행사

(1) 실기채권의 개요

등록실기채권(登錄失期債券)은 주식에서의 실기주와 그 개념이 유사하다. 즉 실기주란 발행회사가 권리를 행사할 자를 정하기 위해 주주명부폐쇄기준일을 정한 때, 예탁결제원 명의의 주식을 소유한 자가 그 기준일까지 자기 명의로 개서하지 않아 예탁결제원 명의로 남아 있는 주식을 의미한다. 마찬가지로 등록실기채권은 예탁결제원 명의로 된 등록증서를 반환받은 자가, 그 증서를 해당 채권에 대한 원리금 지급 시까지 자기 명의로 등록하지 않아 예탁결제원 명의로 등재되어 있는 채권을 말한다.

(2) 예탁결제원의 권리행사

예탁결제원은 예탁자의 청구에 따라 실기채권에서 발생하는 원리금을 발행회사로부터 수령하여 지급하는 업무를 수행한다.

실기채권에 대한 원리금은 등록기관의 채권등록부상의 예탁결제원 명의 등록채권에 대한 원리금에서 예탁결제원에 예탁된 해당 예탁채권에 대한 원리금을 공제한 액수가 된다. 이 경우 실기채권자가 예탁자를 통해 해당 원리금의 지급 신청을 하면 예탁결제원은 이를 발행회사(원리금 지급은행)에 청구하여 해당 원리금을 수령하고 이를 해당 예탁자에게 지급한다. 이는 실기주 과실에 대해 실기주주의 사전 신청 없이 예탁결제원이 일괄 행사하는 점과는 다른 방식이다.

제5장 주요국의 증권예탁제도

제1절 독일

1 증권예탁제도의 구성

1.1. 중앙예탁결제기관: CBF

(1) 연혁

독일은 1882년부터 베를린 유가증권혼장은행이 계좌소유은행을 위해 예탁결제 업무를 운영해 오다가, 1937년에 유가증권예탁법(Depotgesetz)이 제정되면서 증권예탁제도상 공유권 성립에 대한 중요한 법적 근거를 마련하였다. 1942년에는 증권예탁결제 업무가 독일제국은행에 집약되었다가, 1949년 다시 브레벤을 제외한 증권거래소별로 주식회사 형태의 유가증권혼장은행이 설립되었다. 그리고 1972년 유가증권예탁법의 개정을 통해 포괄증권 제도를 신설(동법 제9조a)하여 증권의 발행 단계부터 증권예탁결제제도를 실시하게 되었다.

그후 1989년 DKV(Deutscher Kassenverein)를 설립함으로써 단일 중앙예탁기관이 창설되었으며, 1996년 국제증권예탁기관인 AKV와 합병한 후 DBC(Deutscher Börse Clearing)로 개칭하고 독일증권거래소의 100% 자회사가 되었다.

이후 DBC는 2001년 1월 급변하는 국제 금융시장의 환경 변화에 대응하고 국제 경쟁력 강화를 위해 Cedel과 합병하여 CBF(Clearstream Banking Frankfurt)가 되었고, DBC의 업무를 승계하여 현재 독일의 CSD로 기능하고 있다. CBF는 Clearstream Banking International의 완전자회사이며 이 CBI는 독일증권거래소를 운영하는 그룹인 Deutsche Börse AG의 완전자회사이다.

(2) 법인 형태

법률상으로 일종의 은행(WertpapiersammelBank)이다. CBF로 창설된 후에도 독일의 CSD로서의 위상에는 변화가 없으며, 금융제도법상 보관 업무의 인가를 받고 유가증권예탁법상 공시를 받도록 되어 있어 연방은행감독국의 업무 감독과 검사를 받는다.

(3) 규제

증권예탁결제 업무를 하는 유가증권 혼장은행은 은행으로서 금융제도법의 적용을 받아 연방은행감독국의 감독을 받는다. 유가증권예탁법상 증권예탁기관이 되면 금융제도법상의 예탁결제 업무의 인가를 받고, 유가증권예탁법에 의해 연방 경제 장관의 동의를 얻어 연방 법무장관이 그 취지를 독일 관보에 공시한다.

증권예탁기관은 금융제도법에 의해 중요 변경 사항을 연방은행감독국 또는 독일연방은행에 제출하고, 월차 재무보고를 독일은행을 통해 연방은행감독국에 제출하며 연차 재무보고를 연방은행감독국과 독일연방은행에 제출할 의무가 있다. 또한 연 1회 부정기적으로 연방은행감독국이 임명하는 감사인의 업무 감사를 예탁 감사 기준에 의해 수검받는다.

1.2. 예탁자

CBF에 계좌를 개설할 수 있는 자격은 국내외에 등록사무소를 가진 금융기관으로, 외국 예탁기관은 예탁법 제4조 5항에 의해 CBF와 유사한 업무를 제공해야 한다. 또한 법률적 감사(statutory audit)를 받거나, 자국 법률에 의해 동등한 감사를 받는 보관계좌를 유지하고 있거나, 자발적으로 법률적 감사를 받는 것에 동의한 금융기관으로 제한되어 있다(은행법 29조). 증권 업무 또는 유가증권예탁 업무를 영위하는 금융기관은 통상 1년에 1회의 감사를 수검하고 그 증빙 서류를 CBF에 제출해야 한다. 이와 같이 고객을 위해 보관계좌를 유지하며 예탁업무를 수행하는 보관은행(custodian bank)과 기타 증권 업무와 관련된 은행만이 CBF의 계좌 설정자가 될 수 있다. 따라서 개인이나 은행이 아닌 법인은 CBF에 계좌를 개설할 수 없다.

개인투자자들은 자신이 계좌를 유지하고 있는 보관은행을 통해 간접적으로 CBF의 업무를 이용하고 있다. 계좌 설정자인 은행은 고객의 유가증권을 예탁받아 이를 다시 CBF에 재예탁할 수 있는데, 고객의 서면에 의한 명시적인 권한의 위임이 필요하다. 이밖에 유가증권 양도와 관련한 대금 수불, 수수료 지급, 기타 예탁자가 CBF에 지불해야 할 비용과 관련하여 현금계좌를 한 개 이상 개설할 수 있다(CBF 업무규정 9조).

1.3. 예탁대상 유가증권

예탁대상 유가증권은 국채, 연방 기관채(agency bonds), 외국채, 공동채(communal bonds), 사채(CP, 저당담보부채), 마르크 또는 유로화 글로벌채권, 무기명주식, 기명주식, 워런트, 이밖에 대체성있는 기타 유사증권을 포괄하여 유가증권으로 규정하고 있다.

따라서 대체성있는 유가증권은 모두 혼합보관계좌에 예탁될 수 있으며, 대체성은 예탁대상 유가증권을 지정하기 위한 전제 조건이 된다. 대체성있는 유가증권은 자본투자회사의 지분증권과 권리자가 지정된 무기명증권이 대표적인 예이다. 기명주식의 경우에는 주권에 주주의 백지식 배서가 첨부되고, 주식 양도 시 발행회사의 승인을 필요로 하지 않는 경우에 한하여 예탁대상 유가증권이 될 수 있다.

이상과 같이 대체성있는 유가증권은 상장증권이나 비상장증권의 구분 없이 혼합보관이 가능하며, CBF는 혼합보관이 인정되는 증권을 목록에 기재하여 공시하고 있다.

2 증권예탁제도의 운영

고객은 중앙예탁기관인 CBF의 예탁자에게 증권을 예탁하고 예탁받은 예탁자는 이를 CBF에 재예탁한다. 예탁자는 유가증권을 자기 명의로 다른 수탁자에게 보관하기 위해 예탁할 권한이 있다. 예탁은 예탁자가 각 증권의 종류별로 CBF에 인도함으로써 이루어진다. 예탁의 유형으로는 개별 보관하는 분리예탁과 혼합 보관하는 혼합예탁이 있다.

분리예탁이란 예탁증권을 예탁자별로 구분하는 것으로, 이 경우 은행은 자기 또는 제3자의 소유 증권을 구별하여 보관한다. 분리예탁 증권은 항상 종목별 · 번호 순서별로 분류되어야 하고, 분리예탁을 위해 사용되는 포장지에는 예탁자의 성명이 기재되어야 한다.

혼합예탁 시 은행은 동 종류의 증권을 자기의 보유 증권과 제3자의 증권을 혼합하여 보관할 수 있다. 혼합예탁이 성립하는 데에는 고객의 명시적인 서면에 의한 동의가 필요하나, CBF에 인도하기 위해 혼합예탁하는 경우에는 예외적으로 동의가 불필요하다. 혼합예탁의 법적 특징은 예탁자가 예탁증권에 대한 단독소유권을 상실하고 공유지분권을 갖는 점에 있고, 공유지분의 이전은 계좌부의 기재에 의해서 이루어지게 된다. 고객의 반환은 지분 상당분에 대해서는 언제라도 가능하지만, 자기가 예탁한 증권 그 자체의 반환은 청구할 수 없다. 대부분의 유가증권은 〈그림 2-14〉와 같이 중앙예탁기관인 CBF에 혼합보관되거나 보관은행에서 분리 보관된다.

유가증권의 혼합보관이라는 것은 수탁자, 즉 혼장은행이 동종의 대체적 유가증권을 자

그림 2-14 **유가증권의 보관 유형**

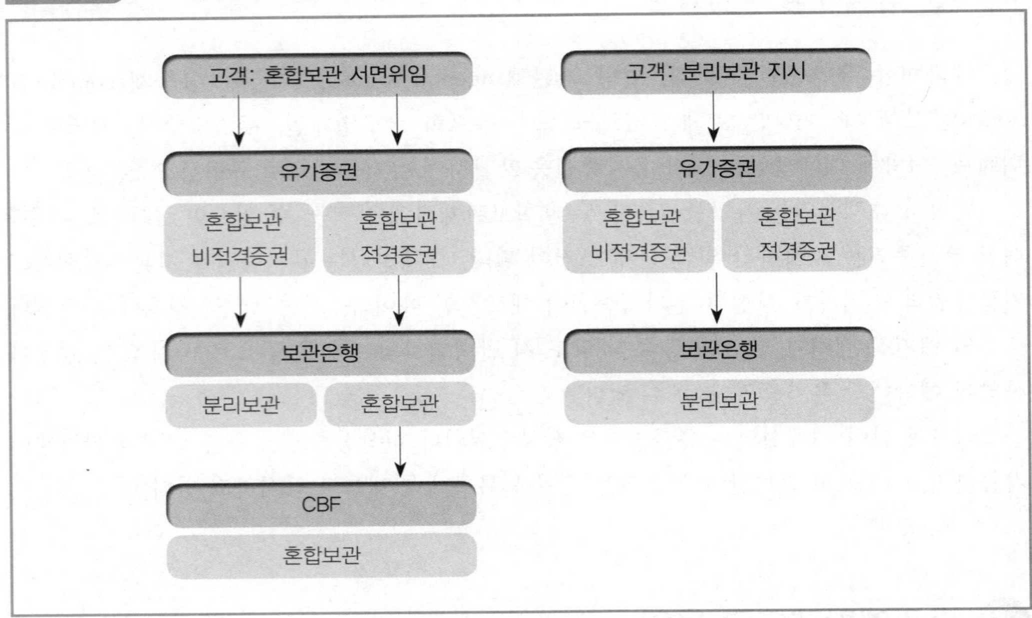

기 소유의 유가증권 또는 제3자 소유의 유가증권과 분리하지 않고 보관할 수 있는 것을 말한다. 그 결과 혼장은행은 개개의 소유자를 위하여 특정한 증권을 보관하지 않고, 혼합보관의 형태로 증권보관의 권한을 혼장은행에 부여한 모든 소유자를 위해 모든 혼합보관 증권을 일괄하여 보관하는 것이다. 증권에 대한 개별적 소유권은 존재하지 않고, 혼합보관과 동시에 혼합 재고에 속하는 모든 증권에 대하여 공유지분권이 법적으로 발생하게 된다.

이와 같은 단독소유권에서 혼합보관에 의한 공유권으로서의 전환은, 혼합보관의 수탁자가 유가증권을 수령한 시점에서 성립한다. 지분은 일반적으로 증권의 권면액에 의하여 결정되지만, 무액면 유가증권의 경우는 증권의 수량이 기준이 된다. 혼합보관에 대한 각 지분 소유자는 자유로이 지분을 처분할 수 있다. 따라서 공유지분의 완전한 권리 양도 및 질권 설정 또는 기타의 담보 설정이 가능하다.

프랑스 제2절

1 증권예탁제도의 구성

1.1. 중앙예탁결제기관: Euroclear France

(1) 연혁

1941년 설립된 SICOVAM의 전신인 CCDVT는 나치 점령 시 프랑스 내의 재산파악을 주 목적으로 독일의 예탁결제제도를 본떠 설립되었으나, CCDVT로의 예탁이 강제화되어 투자자의 반환이 금지된 제도였기 때문에 투자자들의 비판이 제기되었다. 이러한 문제점을 개선하기 위해 1949년 8월 4일 정령을 정비하여 이를 근거로 SICOVAM을 설립했다.

SICOVAM이 CCDVT와 상이한 점은 예탁이 강제적이 아니어서 언제라도 반환이 가능해졌고 사무 처리도 간소화되었다는 점에 있다. 그 후 1984년 일련의 법률 · 정령 · 통달에 의해 1984년 11월부터 신유가증권관리제도가 실시되었다. 이 제도는 유가증권의 관리를 전부 계좌 등록의 형태로 처리하여 실물을 전면 폐지하는 것으로, 소위 증권 없는 사회를 실현하는 획기적인 제도이다.

1979년 7월 펠루즈위원회가 유가증권시장 근대화의 일환으로 증권 관리의 개혁에 관한 제언을 하였다. 그 핵심 내용은 실물 증권의 폐지를 위해 유가증권의 보유 형태를 통일화하고 양도는 계좌대체 방법에 의하는 것이었다. 이 제언은 1981년 12월에 가결되어 1982년 재정법 제94-Ⅱ조에 의해 신제도가 실시되고, 1983년 1월에는 '투자촉진 및 투자자 보호에 관한 법률'이 성립하여 신제도에 필요한 회사법의 개정이 이루어져 무기명증권의 양도 시 증권의 교부 및 기명주권 양도 시의 명의개서 의무 조항이 폐지되었다.[33]

한편 SICOVAM은 2001년 1월 Euroclear와 합병해 Euroclear France로 명칭을 변경했다. Euroclear France는 현물의 통합결제 기능을 수행하며, 국채를 포함한 모든 증권의 등록 기능과 전자증권 형태의 발행 및 유통 업무를 제공한다. 또한 증권결제 시스템과 중앙은행의 대금지급 시스템 연계로 결제의 최종성을 확보하고 있다.

33 大武泰南, 'DÉMATÉRIALISATIONにおける株式の譲渡および株主権の行使'(一), '攝南大學' 第四號別册, 1990.8, p.16.

(2) 법인 형태

Euroclear France는 Euroclear Bank의 100% 자회사로, 구 SICOVAM 주주는 SICOVAM Holding Company를 설립해 Euroclear Bank의 자회사인 Euroclear Clearance System plc 주식의 일부(16.67%)를 보유하는 복잡한 구조이다. 또한 중앙예탁기관에의 가입 조건과 업무의 운영 사항을 규정하고 있는 Euroclear France의 정관과 업무 규정은 금융현대화법(Financial Modernization Act 96-597)에 따라 CMF(Conseil des Marchés Financiers)의 감독을 받아야 한다.

(3) 규제

Euroclear France는 상법상의 주식회사는 아니지만 운영이나 규칙 제정 등과 관련해 감독당국인 CMF의 감독을 받고 있다. Euroclear France는 (ⅰ)정관 및 업무세칙의 개정, (ⅱ)상장증권 이외의 증권을 Euroclear France의 예탁대상으로 하는 경우, (ⅲ)외국의 무기명증권을 Euroclear France의 예탁대상으로 하는 경우, (ⅳ)외국의 예탁결제기관과 업무를 제휴하는 경우에 CMF로부터 승인 또는 인가를 받는다. 또한 금융 정책의 수행, 시스템 위험의 회피라는 측면에서 프랑스중앙은행의 감독도 받는다.

1.2. 예탁자

Euroclear France의 예탁자는 발행회사와 은행, 증권회사 등 공인 금융중개기관과 외국 예탁결제기관 등이 있는데, 참가 회비를 납부하며 서비스 이용 대금에 대한 보증금을 예치해야 한다. 또한 Euroclear France는 특별한 사유가 있으면 예탁자의 계좌를 폐쇄시킬 수 있으며, 개인은 예탁자로 참가할 수 없다.

발행회사의 Euroclear France 참가는 유가증권 불발행제도의 시행을 위한 1983년 정령에 의해 허용되었으며 재무부로부터 참가 승인 절차가 면제된다. 즉 기명증권을 발행한 발행사는 Euroclear France에 계좌를 개설하여 자신이 발행한 증권을 관리하게 된다.

공인 금융중개기관은 1984년 은행법에서 규정한 대주법인과 금융회사, 증권회사들로서 발행회사와 달리 Euroclear France에 계좌를 개설하기 위해서는 CMF의 승인을 받아야 한다. 아울러 증권시장의 국제화와 국제간 업무 연계가 증가함에 따라 1974년 이래 Euroclear France는 외국 예탁결제기관과 협약을 체결하여 동 기관의 참여를 유도하고 있다.

1.3. 예탁대상유가증권

Euroclear France는 국내 및 외국증권을 대상으로 업무를 수행하고 있는데, 불발행제도의 대상이 되는 증권은 프랑스에서 발행되며 프랑스 법령이 적용되는 모든 기명 · 무기명증권이 여기에 포함된다. 이를 세부적으로 살펴보면 주식, 국채, 유로채, 외국증권, ECP(EuroCP), ECD(EuroCD), EMTN(유로중기채) 등이다.

② 증권예탁제도의 운영

고객이 계좌 설정자에게 증권을 예탁할 때 증권의 반환은 예탁할 증권과 동종, 동일 기번호의 것으로 한다는 의사표시를 하지 않는 한 예탁자는 예탁증권을 대체계좌의 대상으로 할 수 있다. 따라서 혼합보관을 위하여 고객으로부터 서면에 의한 특별한 승낙을 받지 않아도 된다. 뿐만 아니라 예탁자로부터 예탁받은 증권도 예탁자별로 구분하여 보관하지 않을 수 있다.

이는 증권이 혼합보관됨에 따라 예탁자 및 고객은 예탁자 또는 Euroclear France에 혼합보관된 동종의 증권에 대하여 공유지분을 취득하는 것이 되며, 고객 및 예탁자는 증권의 예탁 · 반환을 자유로이 할 수 있다.

한편 예탁되는 증권은 훼손되지 않아야 하며 사용하지 않은 쿠폰이 완비되어야 하는데 분실 공고의 대상이 되지 않은 것에 한정된다. 특히 공시최고제도와 관련하여, 예탁자는 증권의 예탁을 받을 때 해당 유가증권이 유효한 공시최고의 대상이 아닌 것을 확인해야 한다.

그러나 신(新)유가증권관리제도에서는 유가증권을 불발행하고 증권 보유자의 계좌등록을 의무화하고 있으므로, 증권은 발행 단계부터 Euroclear France에 예탁되며 증권의 권리이전은 계좌대체에 의해서만 이루어지고 증권의 반환은 존재하지 않는다. 기명증권은 금융기관 또는 증권발행기관에 등록하며, 기명증권 소지자가 발행회사에 등록할 경우는 발행회사의 순수기명계좌에 등록하고 금융중개기관에 등록할 경우는 관리기명계좌에 등록한다.

그리고 무기명 증권은 금융중개기관에 등록한다. 무기명증권을 위해 Euroclear France 및 Euroclear France 가입자에게 개설된 계좌를 관리계좌라 한다. 물론 권리의 이전은 계좌부상 대체기재에 의해 이루어진다. 따라서 실물 증권의 예탁 없이 계좌부의 계좌 관리를 통해 운용되고 있다.

제3절 미국

1 증권예탁제도의 구성

1.1. 중앙예탁결제기관: DTC

(1) 연혁

미국은 1960년대 후반부터 1970년대 초에 걸쳐 증권업자와 명의개서대리인 간에 넘쳐나는 실물증권으로 인하여 소위 증권사무관리 위기(paper crisis)가 발생했다. 그 당시 증시호황에 따른 거래량의 증가로 결제를 위한 실물증권의 인수도가 증가함에 따라 사무처리도 급증하여 고객에 대한 대금과 증권의 인도가 지연되는 상황이 발생했다.

이러한 배경하에 뉴욕증권거래소(NYSE)는 자회사인 주식청산회사(SCC: Stock Clearing Corporation)의 일부분인 예탁결제부문(CCS: Central Certificate Service)을 통해 주권 등의 대체결제를 실시해 오다가 CCS를 독립시켜 DTC의 전신인 CCI(CCI: Central Certificate Service, Inc.)로 발전시켰다.

그 당시 증권업자들 간에는 물론 증권회사와 은행, 보험회사, 투자회사 등 기관투자자들 간에도 증권의 대량 이동이 있었다. 이에 뉴욕증권거래소(NYSE), 아메리칸증권거래소(AMEX), 전미증권업협회(NASD)와 뉴욕市의 대형은행 간의 양해각서에 따라, 1973년 5월 종래 뉴욕증권거래소의 자회사로 있던 CCS를 개혁하여 미국의 중앙예탁기관으로서 제한목적의 신탁회사인 DTC(Depository Trust Company)를 설립하였다.

그림 2-15 DTCC의 조직도

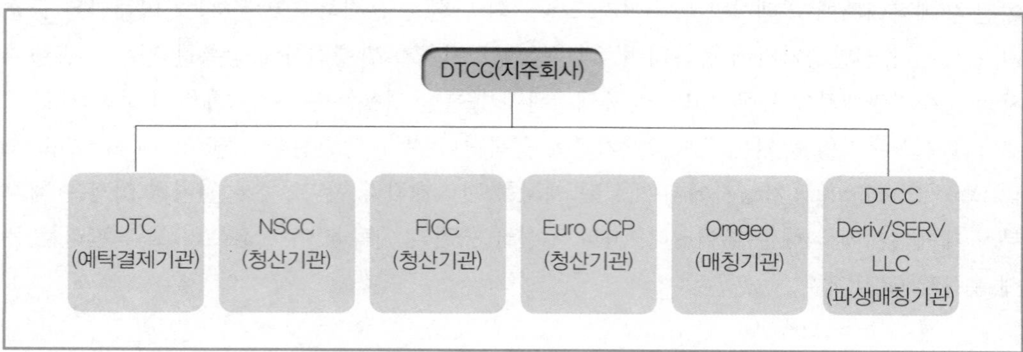

DTC는 1999년 9월 주식 등의 청산기관인 NSCC와 합병했는데, 그 목적은 일체적인 운영에 의한 효율성의 제고였으며 동 통합으로 DTCC(Depository Trust & Clearing Corporation)가 설립되었다.

(2) 법인 형태

DTCC는 DTC와 NSCC를 100% 자회사로 두고 있으며, 업무의 주요이용자들이 소유하는 구조이다.

업무의 주요이용자는 은행, 브로커 · 딜러, 뮤추얼펀드회사, 금융산업 내의 기타 금융회사, 전미증권업자협회(NASD), 뉴욕증권거래소(NYSE) 등으로 구성되어 있다. 이후 DTCC는 GSCC(Government Securities Clearing Corp), MBSCC(MBS Clearing Corp) 및 EMCC(Emerging Market Clearing Corp)을 자회사로 흡수합병하였다.

(3) 규제

DTC는 통일상법전 제8편 제102조(4)에 의한 보관은행으로서 뉴욕주법상 제한목적의 신탁회사이다. DTC는 뉴욕주은행국, 연방준비제도이사회(FRB)의 회원으로서 동 이사회의 규제와 감독을 받으며, DTC의 주주들이 선출한 21명의 이사회 위원들의 감독도 받는다.

또한 1975년에 개정된 1934년 증권거래법 제17A조에 의거한 결제회사(Clearing Agency)로서, 증권거래위원회(SEC)에 등록되어 증권거래위원회의 감독과 규제를 받으며 동법 제3조23항 및 제19조에 의해 예탁자에 대한 자율규제기관으로서의 지위를 획득하고 이들로 하여금 DTC의 업무규정을 준수하도록 강제하고 있다.

1.2. 예탁자

DTC의 예탁자라 함은 DTC 업무규정에서 정한 자격 요건을 갖추고, DTC에 업무 이용을 신청하여 승인을 얻어 계좌를 설정한 자를 말한다. 예탁자는 합명회사(partnership), 주식회사(corporation) 및 기타 법인으로서 (i)1934년 증권거래법상 등록된 전국 증권거래소 또는 전국 증권업협회의 자회사로 결제 업무를 영위하는 회사, (ii) (i)의 회사의 회원 또는 법인회원, (iii)통일상사법전 제8조 또는 다른 유사한 법률의 규정에 따라 계좌대체에 의한 증권거래 또는 담보거래 업무를 영위하는 회사, (iv)연방 또는 주은행법상 감독 및 규제를 받는 은행, 신탁회사, 은행, 또는 신탁회사의 자회사, 은행지주회사, 은행지주회사의 자회사, (v)주보험업법의 감독 및 규제를 받는 보험회사, (vi)1940년 투자회사법상 등록된 투자회사, (vii)연금기금 또는 종업원기금 등 중 어느 한 가지 요건을 갖추면 된다.

이러한 예탁자의 자격 요건을 갖춘 자가 DTC에 계좌 설정을 신청하면, DTC의 업무관계에서 발생하게 될 채무변제 능력과 업무처리 능력을 심사하여 신청을 승인한다. DTC로부터 승인을 받은 자는 DTC에 참가자기금(Participants Fund)을 예치해야 하며, DTC로의 참여에 따른 예탁자의 의무 사항을 기재한 증명서에 날인하여 DTC에 제출해야 한다. DTC를 이용하고 있는 예탁자는 증권회사, 보관은행 및 결제회사이고, DTCC의 참가 자격이 있는 보험회사나 투자회사, 그리고 기금은 대부분 보관은행(custodian bank)에 증권을 예탁하고 이들 보관은행이 DTC에 재예탁함으로써 DTC에 간접 참가하고 있다.

지방채, 특수한 형태의 우선주, CP, CD 등은 거래 당일에 증권과 대금을 당일자금(same day funds)으로 결제할 수 있다. 이러한 당일자금결제(SDFS: Same Day Funds Settlement)에 참여하기 위해서는 별도로 정한 요건을 충족하여야 한다. SDFS에 참여할 수 있는 자를 'SDFS 참가자'라 한다.

SDFS 참가자에 대하여 통상의 DTC 참가자를 익일자금결제(NDFS: Next Day Funds Settlement) 참가자라 하기도 한다.

여기서 당일자금이란 자금의 결제가 참가자의 결제은행(clearing bank)이 FRB에 보유하고 있는 지급준비금계좌(reserve account)를 통해 이루어져서 결제 즉시 이용할 수 있는 자금을 말한다.

1.3. 예탁대상 유가증권

DTC의 예탁대상 종목이 되기 위해서는 우선 그 종목이 계좌부 기재에 의한 권리 이전, 즉 계좌대체가 가능해야 한다. 이것은 중앙예탁기관에 예탁되어 있는 증권의 권리 이전 방식이 증권의 실물 인수도가 아니라 계좌부상 대체 기재에 의해 이루어지기 때문이다.

통일상법전 제8편 제313조 (1)(g) 및 제320조에서는 이를 유효한 권리 이전 방식으로 규정하고 있으며, 뉴욕주를 포함한 대부분 주의 상사법에서도 동일한 규정을 두고 있다. 또한 DTCC의 예탁대상 종목이 되기 위한 다른 조건은 DTC가 그 증권에 대하여 업무를 처리할 수 있어야 하고, DTC가 그 증권에 필요한 정보를 쉽게 입수하여 참가자와 질권자에게 제공할 수 있어야 한다는 것이다.

실제로 DTC는 어떤 증권의 발행 시 사전에 예탁대상 증권이 되기 위한 업무적요서(Operational Arrangement for Issue Eligibility)를 교부함으로써, 그 증권의 발행자와 인수기관이 해당 발행증권을 DTC 예탁대상 종목으로 하는 데 필요한 여러 가지 기준들을 제시해 주고 있다.

이 업무적요서의 목적은 DTC 예탁대상종목수의 확대뿐만 아니라 그 업무 처리를 원활히 하고 배당금, 원금 상환 등을 적시에 처리 가능하도록 하기 위한 것이다. 이 적요서를 통해서 DTC는 다음과 같은 가이드라인을 정하고 있다.

① 배당금, 원리금 등의 지급 적시성 및 자금의 이용 가능성 여부
② 상환이나 Call option 행사 시 이의 통지 여부
③ 유가증권증서의 규격
④ 명의개서 처리 시한(transfer turnaround time)의 준수 가능 여부

그리고 업무적요서와 더불어 질의서를 발행자와 인수기관에 송부하여 그에 대한 회신을 받음으로써, 사전에 발행회사의 증권 발행과 관련한 많은 정보의 수집과 동시에 예탁 적격성의 판단 자료로 삼고 있다. 상기와 같은 요건과 절차를 통과하면, DTC는 법률고문의 자문을 얻어 최종적으로 그 증권의 DTC 예탁적격 여부를 결정한다. 보통 DTC 예탁대상 유가증권은 뉴욕증권거래소 · 나스닥 · 아메리칸증권거래소의 상장 종목, 장외시장 거래 종목 등이다.

DTC는 예탁적격 증권에 일정한 사유가 발생한 경우에는 그 자격을 정지시킬 수 있다. 그 사유로는 계좌부 기재에 의한 권리 이전이나 업무 처리 및 정보 제공이 불가능하게 된 경우, 1934년 증권거래법에 의해 매매 정지된 경우, 주식공개매수(tender offer) 또는 교환매수(exchange offer)에 해당될 경우 등이다.

DTC는 예탁적격 증권의 자격정지 결정을 하면, 동 사실을 모든 예탁자 및 질권자에게 통지해야 한다. 반면에 예탁자 또는 증권 발행자는 DTC의 예탁적격 증권의 자격정지 결정에 대하여 제소할 권리가 있다.

② 증권예탁제도의 운영

증권업자나 은행은 고객으로부터 증권을 예탁받아 고객의 동의가 있을 경우에 DTC에 예탁한다. 증권이 DTC에 예탁되기 위해서는 그 증권의 배면에 마련되어 있는 양도증서(assignment form)에 양도자의 서명날인, 즉 배서(endorsement)가 되어 있거나 별도의 양도증서(stock power 또는 bond power)에 양도자의 배서가 되어 있고 뉴욕주면세인(New York State Tax Waiver Stamp)이 날인되어 있어야 한다. 이밖에 배면상에 서명인의 보증(signature guarantee)과 대리권의 소멸(power of attorney release) 등 필요한 사항을 기재하여 DTCC 소

정의 예탁서(deposit ticket)를 첨부해야 한다.

발행회사의 주주명부에 실질주주 이외의 명의인으로 등재하는 것을 Nominee name 등재라 하며, 특히 고객의 예탁증권을 증권업자 혹은 은행이 자기 명의로 개서하고 주주명부에 등재하는 것을 Street name 등재라고 한다.

DTC의 예탁증권은 전부 DTC의 나미니(nominee) 명의인 'Cede & Co'로 집중 명의개서되어 주주명부에 등재되고 보관된다. DTC의 나미니(nominee) 명의로 개서하는 것은 (ⅰ)명의개서를 통하여 사고증권을 검색할 수 있고, (ⅱ)예탁증권에 대한 권리 행사의 관리를 용이하게 할 수 있으며, (ⅲ)반환의 경우 재명의개서가 간단해지기 때문이다.

주법에 의하여 발행회사가 실물 형태로 증권을 발행해야 할 경우, 발행 총량을 표창하는 단일 증권, 즉 대권(Global Certificate)을 기명 또는 무기명의 형태로 발행하여 이를 중앙예탁기관에 보관한다. 투자자는 실물 증권을 보유할 수 없고, 증권의 권리 이전은 오로지 계좌대체에만 의한다.

DTC 예탁증권의 반환은 3가지 형태가 있다. (ⅰ)DTC의 금고에서 인출하여 명의개서대리인에게 보내 예탁자가 지시하는 고객이나 기타 타인 명의로 개서한 후에 반환하는 명의개서에 의한 반환(WT: withdrawal by transfer), (ⅱ)DTC가 'Cede & Co' 명의 주권을 금고에서 인출하여 배서양도의 서명을 하여 반환하는 긴급반환(COD: certificate on demand), (ⅲ)DTC의 예탁자터미날(PTS)을 통한 예탁자와 DTC 간의 명의개서 반환 청구의 접수 및 DTC와 명의개서대리인 간의 전자통신 시스템에 의해 예탁자가 지시하는 자의 명의로 개서한 주권을 반환하는 긴급명의개서반환(RWT: rush withdrawal by transfer)이 있다.

DTC는 예탁증권 관리의 효율화를 위해 명의개서대리인과의 특별 계약을 체결하여 DTC 예탁증권을 명의개서대리인에게 명의개서를 위해 제출하면, 실물 증권을 폐기하고 'Cede & Co' 명의 주권을 새로 발행하지 않고 단지 1매의 고액증권(Jumbo certificate) 형태인 잔고증권(Balance certificate)을 발행하여 명의개서대리인에게 보관시킨다.

잔고증권상에는 DTC 명의로 등재되어 있고, DTC의 예탁 또는 반환에 따라 전산 시스템에 의해 해당 종목의 보관 잔량이 관리된다. 명의개서대리인은 DTC로부터 반환 정보를 전자통신 시스템으로 통지받아 해당 종목의 잔고를 감소시키고 신주권을 발행하여 DTC에게 교부하거나 DTC가 지정한 자에게 우송한다. 이렇게 주식수를 직접 증권상에 표시하지 않고 컴퓨터에 의해 관리되는 계좌의 잔고에 따라 명확히 하는 것도 주회사법상으로는 유효한 주권이라고 해석되고 있다. 이 제도의 시행으로 증권예탁제도와 명의개서제도가 상호 연계되어 실물 관리에 수반되는 비용 등의 문제점을 해결하게 되었다.

일본 제4절

① 증권예탁제도의 구성

1.1. 중앙예탁결제기관(중앙등록기관): JASDEC

(1) 연혁

일본에서 증권예탁결제제도는 기명주식의 이전 시 명의개서에 따르는 업무처리의 불편에 따라 주식 사무의 합리화를 위해 제2차 세계대전 전부터 연구되어 왔다. 제2차 세계대전 후 일본은 증권 투자자의 층이 확대되었고, 경제 부흥에 따른 주식의 대량 발행으로 증권시장의 거래량이 급증하였다. 이에 따라 증권결제 시 증권 실물 이동에 따른 문제점을 해결하기 위해 1953년 12월 동경증권청산주식회사를 설립하였다. 이에 따라 기명주식의 본격적 대체결제를 실시하기 위한 이론적 · 제도적 검증 단계로서 신주인수권증서 대체결제를 우선 실시하였다.

주권대체결제제도는 혼합보관 및 공유권이론에 입각하여 1972년 11월부터 동경증권거래소에 상장된 전 종목을 대상으로 시작하였다. 외국증권대체결제제도는 1973년 12월부터 시작하였다.

1984년 5월 특별법인 「주권 등의 보관 및 대체에 관한 법률」을 제정하여 본격적인 증권예탁제도를 실현하게 되었다.

주권 등의 대체결제제도는 동경증권거래소와 일본증권결제(주)가 주축이 되어 신탁계약준칙, 약관 등에 의거한 동경증권거래소 회원 간의 계약관계로, 동경증권거래소에서 매매거래된 주권 등의 수도를 현물의 수수에 갈음하여 계좌부상 계좌간 대체로 처리하는 제도이다. 주권 등의 보관대체제도는 특별법에 의해 설립한 '증권보관대체기구(JASDEC: Japan Securities Depository Center)'가 중심이 되어 혼합보관 · 공유권 이론에 입각한 실질주주제도를 도입하여 운영하는 제도이다.

한편 기존의 대체결제제도는 유가증권 종류별로 결제기관이 존재하는 등 불필요한 중복투자 등에 따라 고비용, 저효율의 문제가 대두되어 증권결제시스템의 개혁이 추진되게 되었다. 이에 따라 2003년 정부, 학계 및 JASDEC 등이 중심이 된 '증권결제제도개혁추진회의'를 설치하여 단기사채(CP), 사채 및 주식 등에 대해 2009년 「사채, 주식 등 대체에 관한 법률」을 전면 제정 · 시행함으로써 전면적으로 전자등록에 의한 전자증권제도를 시행하게 되었다.

이러한 전면적 전자증권제도의 실행을 위한 사전적 조치로써 JASDEC은 2002년 6월 급변하는 국제 자본시장 환경 변화에 대응하기 위해 「주권 등의 보관 및 대체에 관한 법률」의 일부개정을 통해 기존 조직과 인력을 그대로 승계하고 사업 일체를 양수하여 조직 형태를 재단법인에서 주식회사로 법인격을 전환하였다. 그리고 2003년 6월 JASDEC은 장외시장의 청산업무를 담당할 JDCC(JASDEC DVP Clearing Corp)를 자회사로 설립하였다.

(2) 법인 형태

JASDEC은 증권거래법상 비영리조직으로 은행과 증권회사 등이 출자하여 설립한 사적부문의 법인체였으나 2002년 1월 이용자 중심의 경영실현, 의사결정의 신속화, 국제간 연계의 탄력적 대응 그리고 자금조달력 강화 등을 위하여 주식회사로 법인격을 전환하였다. 중요 조직은 16명의 이사로 구성된 이사회를 가지고 있으며, 내각총리대신과 법무장관의 엄격한 규제와 감독을 받는다. 다만, 내각총리대신은 대부분의 감독 권한을 금융청장관에게 위임하고 있다.

(3) 규제

JASDEC의 임원 선임과 해임은 주무 장관의 인가를 받는다. 그리고 매 사업연도 개시 전에 사업 계획 및 예산의 작성과 변경에 대해 주무 장관의 인가를 받아야 하며, 매 사업연도 경과 후 3월 이내에 사업보고서, 대차대조표, 손익계산서 및 재산 목록을 주무 장관에게 제출해야 한다. 또한 주무 장관은 이 법률을 시행하기 위해 필요하다고 인정할 때는 JASDEC에 대해 감독상 필요한 명령을 할 수 있다. 그 밖에 JASDEC은 주무 장관의 업무보고 또는 자료 제출 명령을 받아야 하며, 업무 및 재산 상황 등에 대해 검사를 받아야 한다.

1.2. 예탁자(계좌관리기관)

기존의 증권예탁제도 하에서 JASDEC(증권보관대체기구)에 계좌를 설정하여 자기가 소유한 유가증권을 예탁하는 자, 또는 고객으로부터 예탁받은 유가증권을 예탁하는 자를 예탁자라 한다. 예탁자가 될 수 있는 자는 (ⅰ)증권회사, (ⅱ)은행, (ⅲ)증권거래법에서 규정하는 증권금융회사, (ⅳ)그 밖에 주무 장관이 지정한 자이다.

또한 고객을 갖는 예탁자는 고객계좌부를 비치 · 관리해야 하고, 결산기말 등의 권리확정 시 실질주주명세 등을 증권보관대체기구에 통지해야 하며, 예탁증권의 부족 시에도 연대보전의무 등 법적 의무를 진다.

2009년 전자증권제도를 전면적으로 시행함에 따라 예탁은 전자등록으로, 증권보관대체기구는 대체기관으로, 예탁자는 계좌관리기관으로 재정의되는 등 기존의 「주권 등의 보관 및 대체에 관한 법률」이 전면 폐지되었다. 이에 따라 예탁자의 연대보전책임 규정도 함께 폐지되고 예탁자의 연대보전책임에 대신하여 오기록을 행한 대체기관 및 계좌대체기관이 파산한 경우 투자자의 손해를 보전하기 위해 가입자보호신탁제도를 운영하게 되었다. 동 제도는 계좌관리기관과 대체기관이 자금을 갹출하며 투자자 1인당 1,000만 엔을 상한으로 손해를 보상하게 된다.

1.3. 예탁대상 유가증권(등록대상 유가증권)

(1) 전자증권제도 시행 이전 예탁대상 증권

전자증권제도 시행 이전의 JASDEC(증권보관대체기구)의 예탁대상 증권은 증권거래소 상장주권, 그밖의 유가증권 또는 유통 상황이 이에 준하는 주권, 그 밖의 유가증권으로 법무성 대신과 금융청 대신이 지정한 것으로 발행회사의 동의를 얻어야 한다. 이들 주무 대신(주무 장관)은 해당 유가증권의 보관과 매매결제 상황을 감안하여 지정해야 한다.

따라서 증권거래소에 상장되어 있는 주권이 주로 이 제도의 대상 유가증권이지만, 유가증권의 유통 상황이 상장유가증권과 비교하여 손색이 없고 규모가 큰 일본증권업협회에 등록된 장외시장 매매종목과 일본증권업협회에 지정되어 있는 장외시장 관리종목의 주권도 예탁대상 유가증권이며, 증권거래소에 상장된 신주인수권증서도 이에 해당된다.

주무 장관의 지정으로 법률상으로는 예탁대상 유가증권이더라도, 그 해당 주권을 발행한 회사의 동의 없이는 실제로 대상 유가증권으로 취급될 수 없다. 발행회사의 동의가 요건으로 된 이유는, 발행회사는 보관대체제도의 장점을 향유할 수 있는 반면 주주권의 행사 시 실질주주명부의 작성 등 회사와의 관계가 발생하여 발행회사의 업무에 영향을 미치기 때문이다. 동의 절차는 발행회사의 대표이사가 이사회의 승인을 거친 후 이를 증명하는 서면 등을 첨부한 동의서를 제출해야 한다.

한편 증권회사 등 예탁자가 고객으로부터 예탁받은 주권을 증권보관대체기구에 예탁하기 위해서는 고객의 승낙이 필요하며, 고객은 예탁자인 증권회사 등을 통해 자신의 주권을 증권보관대체기구에 예탁할 수 있다.

(2) 전자증권제도 시행 이후 등록대상 증권

전자증권제도의 전면적 시행 이후 등록대상 증권은 사채, 주식을 포함해서 투자신탁수익권, 금전신탁수익권 및 신주예탁권 등 자본시장에서 발행되는 거의 모든 유가증권이다.

이는 기존 증권예탁제도 하에서는 사채, 주식 및 주식관련 증권이 예탁대상 증권이었던 것에 비하면 그 대상이 상당히 확대된 것으로 볼 수 있다. 다만, 전자증권이 증권실물 자체를 발행하지 않기 때문에 권리의 발생자체가 권면의 존재를 필요로 하는 약속어음, 유가증권의 발행근거규정이 없는 Covered Warrant 및 DR, 선의취득이 인정되지 않는 특별법에 의해 설립된 법인이 발행하는 출자증권 그리고 권리의무 및 관할법률이 명확하지 않고 법률관계가 복잡한 외국주식, 신주예탁권부채권의 성질을 가지는 외채는 등록대상 유가증권에서 제외하고 있다.

② 증권예탁제도(증권등록제도)의 운영

2.1. 전자증권제도 시행 이전의 증권예탁제도

고객이 주권을 예탁자에게 예탁하면, 예탁자는 해당 고객의 성명 · 주소 · 주식수 등 필요 사항을 자신이 관리 · 비치하고 있는 고객계좌부에 기재한 후 예탁받은 주권을 증권보관대체기구에 재예탁한다. 단, 이 경우 예탁자는 증권보관대체기구에 해당 주권을 예탁한다는 동의를 해당 고객으로부터 얻어야 한다.

예탁자는 자기가 소유하는 주권 및 의제예탁주권을 증권보관대체기구에 예탁할 때 자기 소유 주권과 고객 소유 주권을 구분하여 제출해야 한다. 또한 예탁자로부터 예탁자 자기분 및 고객분의 주권을 예탁받은 증권보관대체기구는, 예탁받을 때마다 동 기관이 관리 · 비치하는 예탁자계좌부에 예탁자의 자기분 · 고객분별로 예탁자명, 주식수 등 필요한 사항을 기재한다.

한편 예탁자계좌부에 기재된 주권은 다른 예탁자로부터 예탁받은 주권과 함께 혼합보관하며, 혼합보관에 따라 각각의 예탁자는 그 지분비율에 따라 공유권을 취득한다.

증권보관대체기구에 예탁한 주권에 대하여 매매거래나 담보거래가 이루어지면, 당사자 간 실물 수수에 갈음하여 증권보관대체기구 및 예탁자에 비치된 계좌상의 대체에 의해 결제가 행해진다. 즉 대체의 기재에 법률상 주권의 교부와 동일한 효력을 부여하고 있다.

한편 예탁자로부터 주권을 예탁받은 후 상당한 시기에 증권보관대체기구 명의로 명의개서를 한다. 그리고 예탁주권의 보관 합리화를 위해 주권의 반환에 지장을 주지 않는 범위 내에서, 증권보관대체기구 명의의 예탁주권에 대해 주권불소지 신청이나 주권병합의 청구를 하여 대권을 보관한다.

예탁자는 다른 예탁자와 협의 없이 증권보관대체기구에 대하여 반환 청구를 할 수 있고, 증권보관대체기구는 예탁자로부터 반환 청구가 있는 경우에 예탁주권 중 동일 종류 및 종목의 주권으로 해당 예탁자에게 반환한다. 그리고 반환일에 반환 예탁자의 계좌에 주식 수의 감소 기재를 한다.

2.2. 전자증권제도 시행 이후

(1) 전자증권제도 도입과정

일본에서는 기존의 증권예탁제도 하에서의 증권결제제도 개혁을 위해 1999년부터 정부, 학계, 증권회사 등 관련업계를 총망라하여 증권수도결제제도개혁간담회를 증권업협회 내에 설치하여 운영하였다. 동 간담회에서는 증권결제의 핵심요소인 T+1결제, DVP 및 STP의 실현 등 증권수도 · 결제제도의 개선에 따른 기본적인 문제를 검토하였으며 또한 CP 및 사채 등의 무권화 법제와 JASDEC의 법인성격 전환을 검토하였다.

이후 2003년 위의 간담회를 발전적으로 해체하여 정부, 학계, 일본은행 및 JASDEC 등을 중심으로 '증권결제제도개혁추진회의'를 설치하였다. 이 회의에서는 일본증권청산기구(JSCC) 및 일본국채청산기관(JGBCC)의 청산업무에 대해 검토하고 최종적으로 주권의 불발행제도로의 이행에 관한 세부사항 등을 검토하였다.

이에 따라 2001년 6월 「단기사채등의 대체에 관한 법률」을 제정하여 2003년 단기사채대체제도를 전면적으로 시행하였는데, 이는 기존의 약속어음인 CP에 대신하여 단기사채라는 새로운 유가증권의 개념을 창출한 것이다. 단기사채 대체제도에서는 투자자가 대체제도에 쉽게 참여할 수 있도록 투자자가 직접 대체기관에 계좌를 개설하는 '직접등록방식'의 '단층구조'를 채택하였으며, 무권화 방식으로는 등록기관이 관리하는 등록부에의 등록(Book-entry)을 권리관계의 기초로 하는 '전자등록방식'을 채택하였다.

이후 2002년 6월 「단기사채등 대체법」을 개정하여 대체제도의 범위를 사채, 국채 등으로 확대하는 「사채등의 대체에 관한 법률」을 제정하였다. 이 법에서는 계좌관리기관의 탄력적인 사업 전개와 국제적인 제휴를 위해 단기사채의 단층구조를 포기하고 '다층구조'를 채택하였다. 그리고 이 법에 따라 2006년부터 JASDEC은 일반채대체시스템을 가동 · 운영하였다.

2004년 6월 결제의 신속성 · 확실성의 확보 등 증권결제제도의 정비를 위해 「주식등의 거래에 관한 결제의 합리화를 위한 법률」을 제정하였다. 이 법에 따라 대체제도의 범위를 주식 등으로 확대한 「사채, 주식등의 대체에 관한 법률」이 제정되었으며, 상법상 주권불발행제도가 도입되었고 대체제도를 이용하는 경우 투자증권의 권면을 폐지하는 「투자신탁법」의 개정이 이루어졌다. 그리고 이 법에 따라 2009년 JASDEC은 주식대체시스템을 가동 · 운영하였다. 이로써 일본의 자본시장에서 발행되는 모든 유가증권에 대해서 실물증권을 발행하지 않고 계좌부에 등록함으로써 해당증권을 발행하는 이른바 '전자증권제도'를 전면적으로 시행하게 되었다.

(2) 전자증권제도의 운영

전자증권제도의 운영의 가장 핵심은 중앙등록기관으로서 사채, 주식 등의 대체기관인 JASDEC이다. JASDEC은 회사법상의 주식회사로써 주무대신에 의해 사채, 주식등의 대체기관으로 지정되었다. JASDEC은 공인대체기관으로 대체시스템의 운영자이다. 따라서 법에서는 JASDEC에게 대체업 이외의 타 업무를 영위하지 못하도록 하고 있다.

전자등록방식에 의해 발행된 전자증권에 대해서는 발행회사가 실물증권을 발행할 수 없으며 투자자도 발행회사가 대체시스템에 참가하는 경우 실물증권의 발행을 청구할 수 없다. 다만, 발행회사가 대체시스템을 탈퇴하면 실물증권의 발행을 청구할 수 있다.

시스템 참가구조는 대체기관에 계좌관리기관이 계좌를 개설하고 이 계좌관리기관에 하위계좌관리기관이 계좌를 개설할 수 있는 등 다층구조를 가지고 있다. 계좌를 개설할 수 있는 계좌관리기관은 증권회사, 은행, 신탁회사 및 농협협동조합연합회 등이며 대체기관에 직접 계좌를 개설한 계좌관리기관을 직접계좌관리기관, 상위계좌관리기관에 계좌를 개설한 계좌관리기관을 간접계좌관리기관이라 한다. 또한 자신이 보유하는 사채, 주식등의 대체를 수행하기 위해 계좌관리기관에 계좌를 개설한 개인과 법인은 가입자로 한다.

개인투자자 등 가입자는 계좌관리기관의 계좌에 자신이 보유한 증권을 등록하고 계좌관리기관은 가입자가 등록한 증권의 총량을 대체기관의 계좌에 재등록하는 '간접등록'방식을 취하고 있다.

계좌관리기관은 대체기관에 자기분을 관리하는 자기계좌와 고객분을 관리하는 고객계좌를 개설하고 가입자는 계좌관리기관에 계좌를 개설한다. 또한 대체주식의 최초 등록 시 주주 또는 등록질권자로부터 계좌의 통지가 없는 경우 그 주식을 관리하기 위한 특별한 목적으로 특별계좌를 개설하며 초과기재에 따른 소각의무와 관련하여 대체기관이 해당증권을 취득하기 위하여 운영하는 기관계좌를 개설한다.

계좌기재의 효력과 관련하여 대체기관이 취급하는 대체주식 등에 대한 권리의 귀속은 대체계좌부의 기재에 의해 정해지며 가입자 및 계좌관리기관은 그 계좌의 기재에 의해 적법한 권리자로 추정된다. 따라서 취득자의 악의 · 중과실이 없는 한 증가의 기재와 관련된 권리를 적법하게 취득(선의취득)하게 된다.

또한 대체주식의 양도 및 질권설정은 양수인 계좌로의 대체기재 또는 질권자 계좌로의 대체기재에 의해 효력이 발생하며 대체주식 등의 신탁은 신탁재산인 뜻을 수탁자의 계좌에 기재함으로써 제3자에 대하여 대항할 수 있다.

그리고 투자자 보호와 관련하여 오기록을 행한 대체기관 및 계좌관리기관이 파산한 경우 투자자의 손해를 보전하기 위해 가입자보호신탁제도를 신설하였다. 이 제도에서는 대체기관은 위탁자가 되고, 신탁회사 등은 신탁자가 되며, 손해를 입은 투자자는 수익자가 되는 구조이다. 투자자 1인당 1,000만 엔을 상한으로 손해를 보상하게 된다.

그리고 오기록에 의해 발행총액이 초과된 경우 오기록을 행한 대체기관 또는 계좌관리기관은 소각의무와 손해배상책임을 부담하며 해당 대체기관 또는 계좌관리기관이 파산한 경우 그 하위에 있는 모든 계좌관리기관에게 연대보증책임을 부과한다. 종전의 증권예탁제도에서 공유지분이 감소하는 경우에는 JASDEC과 참가자 전원이 무과실로 연대책임을 부담하였으나, 가입자보호신탁에서는 그보다는 상당히 책임을 경감시키고 있다.

제6장 증권예탁제도 관련 제도

지금까지 우리나라 증권예탁제도의 법률구성, 운영구조 및 권리행사에 대하여 살펴보았으며, 더불어 주요국 증권예탁제도의 운영구조도 간략하게 살펴보았다.

증권예탁제도는 그 예탁제도만으로 증권시장에 존재하는 것이 아니고 결제제도와 결합하여 증권시장의 효율성을 높이기도 한다.

이러한 관계의 일환으로 우리나라 증권예탁제도와 관련하여 관련제도를 살펴보는 것은 그러한 측면에서 상당히 의의가 있을 것이다. 이에 따라 이 장에서는 우리나라 증권예탁제도와 관련된 명의개서대리인제도, 채권등록제도, 사채관리회사제도, 증권형 크라우드 펀딩제도 및 일반상품(금지금), 예탁결제제도에 대하여 살펴보기로 한다.

제1절 명의개서대리인제도

1 명의개서대리인제도의 개요

1.1. 명의개서대리인 개요

기명주식의 양수인이 주주로서 권리를 주장하기 위해서는 발행회사의 주주명부에 본인 명의로 명의개서를 하여야 한다. 명의개서는 주주가 발행회사를 상대로 하는 것이므로 발행회사가 이를 담당하는 것이 원칙이다.

그러나 발행회사가 명의개서 업무를 직접 한다면 업무 처리 절차가 번잡할 뿐만 아니라 별도의 많은 인력과 시간을 필요로 하게 된다. 또한 여러 회사의 주식을 소유하고 있는 주주의 입장에서도 각지에 산재한 회사를 찾아다니며 명의개서를 해야 하는 불편이 뒤따르게 된다.

따라서 상법은 회사의 명의개서 업무를 제3자가 대행할 수 있도록 하고 있으며, 이와 같이 회사의 명의개서 업무를 대행하는 자를 명의개서대리인(transfer agent)이라고 한다. 한편 자본시장법에서는 증권의 명의개서대행 업무를 영위할 수 있는 자를 명의개서대행회사로 규정하고 있다(자본시장법 제365조).

상법상 기명주식 양도의 대항 요건은 취득자의 성명과 주소를 주주명부에 기재하는 것이다(상법 제337조제1항).

한편 명의개서대리인이 취득자의 성명과 주소를 주주명부의 복본(複本)에 기재한 때에는 명의개서가 있는 것으로 본다고 규정(상법 제337조제2항)하여, 명의개서대리인이 회사를 대리하여 주주명부를 작성할 수 있도록 규정하고 있다. 즉 명의개서대리인이 발행회사를 대신해서 주주명부를 관리할 수 있는 것이다. 주주명부를 관리한다는 것은 명의개서뿐만 아니라 질권등록 · 말소, 신탁재산의 표시 · 말소는 물론 증권 발행 업무 등 발행회사의 주식 사무를 광범위하게 대행함을 의미한다. 또한 회사가 발행하는 기명식사채에 대해서도 명의개서대리인이 사채원부를 관리할 수 있다(상법 제479조제2항). 따라서 명의개서대리인은 주식뿐만 아니라 사채에 관련된 일련의 업무도 대행한다.

1.2. 명의개서대리인의 선임

(1) 선임 계약

발행회사는 정관이 정하는 바에 따라 명의개서대리인을 둘 수 있다(상법 제337조제2항). 즉 명의개서대리인의 선임 여부는 발행회사가 결정할 사항이다. 그러나 정관으로 그 장소 · 수 · 명칭까지 구체적으로 정할 필요는 없고, 그 구체적인 사항은 이사회가 결정할 수 있다.[34]

발행회사와 명의개서대리인의 관계는 위임이다. 따라서 명의개서대리인의 선임은 쌍무 계약에 의해 이루어진다. 이 계약은 일반적으로 준위임 계약이라고 할 수 있다. 그 이유는 회사가 명의개서대리인에게 취급하게 하는 사무가 대부분 주식명의개서 등의 사실행위인 까닭이다.[35]

발행회사는 명의개서대리인과 수탁계약(受託契約)을 체결하면 대행 업무 처리를 위탁

34 정동윤(鄭東潤), 「회사법」, 법문사, 2000, 277쪽.
35 三谷博二, "名義書換代理人制度-代理人のから", 「ジュリスト」, 181, 有斐閣, p.28.

하게 되므로, 계약 이후에는 명의개서대행 업무의 위탁회사(委託會社)가 된다(대행규정 제2조제1항제1호). 그리고 계약의 내용은 대행 업무의 범위, 권한과 책임에 관한 사항, 위험 부담에 관한 사항, 계약 기간, 대행 업무 처리의 기준 등이 포함된다(대행규정 제20조제1항).

발행회사가 명의개서대리인을 둔 경우에는 상법에 의거해 그 상호 및 본점 소재지를 등기해야 하고(상법 제317조제2항제11호), 그 내용을 주식청약서에 기재하고(상법 제302조제2항제10호 및 제420조제2호), 신주인수권증서에 기재해야 하며(상법 제420조의2제2항), 사채청약서에도 명의개서대리인에 관한 사항을 기재해야 한다(상법 제474조제2항제15호). 이는 발행회사가 명의개서대리인을 선임한 경우 주주나 사채권자의 권리 행사 절차 등에 영향을 미치므로 명의개서대리인을 공시(公示)하도록 한 것이다.

(2) 계약의 종결

명의개서대행계약에 의한 대행 업무의 수탁 기간이 만료되거나, 동 계약이 수탁 기간 중에 해지된 때에는 대행 업무가 종결된다. 계약만료는 계약 유효 기간 이전에 일방의 문서에 의한 이의 제기로 계약이 연장되지 않는 경우이며, 계약해지는 수탁 기간의 만료 이전이라도 발행회사와 명의개서대리인 간에 계약에 대한 해지의 합의가 이루어지거나 당사자 일방이 계약을 위반하여 상대방에 대한 해지의 통지가 있는 경우를 말한다. 이 경우 계약 해지의 합의 시에는 당사자가 합의에 의해 지정한 일시부터, 일방 계약 해지 통지 시에는 일정한 기간(통상 1개월)이 경과한 날에 계약이 해지된다.

② 명의개서대리인의 자격 및 현황

2.1. 명의개서대리인의 자격

(1) 명의개서대리인의 자격

상법에서는 명의개서대리인의 자격에 대해 특별히 언급하고 있지 않지만, 동법 시행령에서는 명의개서대리인과 관련하여 “명의개서대리인은 자본시장법상 예탁결제원과 금융위원회에 등록한 주식회사로 한다(상법시행령 제8조)”라고 그 자격을 규정하고 있다.

이와 마찬가지로 자본시장법에서도 증권의 명의개서를 대행하는 업무를 영위하려는 명의개서대행회사는 예탁결제원 또는 전국적인 점포망을 갖춘 은행으로써, 전산설비 등 물적설비 및 이해상충방지체계[36]를 구축하여 금융위원회에 등록하여야 한다(자본시장법 제365

36 여기서 말하는 이해상충방지체계란 (ⅰ)증권의 명의개서를 대행하는 업무와 그 외의 업무 간에 독립적

조)고 규정하고 있으며 이는 상법시행령의 규정과 같은 취지로 보여진다.

예탁결제원은 증권의 명의개서대행업무(증권등에 대한 배당, 이자 및 상환금의 지급대행 업무와 증권등의 발행대행 업무를 포함한다)를 예탁결제원의 겸영 업무(자본시장법 제296조제3항제1호)로 영위하고 있다.

한편 자본시장법상 명의개서대행회사란 전술한 바와 같이 명의개서를 대리하는 업무를 영위하는 자로, 상법상의 명의개서대리인과 그 용어는 다르지만 의미는 같다. 그것은 명의개서는 민법상의 법률 행위인 대리(代理, 민법 제114조)가 아닌 단지 대행일 뿐이므로 자본시장법에서 이를 반영한 것이라고 할 수 있다.

또 명의개서대행회사의 임직원은 직무상 알게 된 정보로서 외부에 공개되지 아니한 정보를 정당한 사유 없이 자기 또는 제3자의 이익을 위하여 이용하여서는 아니되며, 금융투자상품을 매매하는 경우 자기명의로 매매하여야 하며 분기별 매매명세를 회사에 통보해야 하는 등 자본시장법상 규제에 따라야 한다(자본시장법 제54조, 제63조 및 제367조).

(2) 법령 위반 등에 대한 조치

금융위원회는 명의개서대행회사가 자본시장법이나 이 법에 의한 명령을 위반한 때에는 6월 이내의 영업의 전부 또는 일부의 정지를 명할 수 있다(자본시장법 제369조제2항제1호). 또한 금융감독원은 검사상 필요한 때에는 업무나 재산에 관한 보고, 자료 제출, 증인의 출석 증언과 의견 진술을 요구할 수 있으며, 금융위원회는 검사보고서와 의견서를 심의하여 업무 허가의 취소, 그 사유에 따라 영업의 전부 또는 일부의 정지, 임원의 해임 요구 등 필요한 조치를 할 수 있다(자본시장법 제369조).

(3) 권한 및 책임

명의개서대리인을 둔 경우 발행회사는 주주명부나 사채원부 또는 그 복본을 명의개서대리인의 영업소에 비치할 수 있다(상법 제396조제1항). 명의개서대리인의 영업소에 주주명부의 원본을 둔 경우에는 여기에 곧바로 명의개서를 할 수 있음은 물론이고, 주주명부의 복본을 둔 경우에도 여기에 주식 취득자의 성명과 주소를 기재한 때에는 주주명부 원본에 명의개서를 한 것으로 본다(상법 제337조제2항).

명의개서대리인은 명의개서대행업무 외에도 위임 계약에 의해 주주총회의 소집통지, 주권 및 사채권의 발행, 배당금의 지급, 신주의 배정 등 주주명부에 따라 처리하는 업무도

부서로 구분되어 업무처리와 보고가 독립적으로 이루어지며, (ii)증권의 명의개서를 대행하는 업무와 그 외의 업무를 하는 사무실이 정보공유를 막을 수 있을 정도로 공간적으로 분리되어야 하며, (iii)증권의 명의개서를 대행하는 업무와 그 외의 업무에 관한 전산자료가 공유될 수 없도록 독립적으로 저장 · 관리 · 열람될 수 있는 것을 말한다(자본시장법시행령 제350조제2항).

담당하고 있다.

그리고 명의개서대리인이 정당한 사유 없이 명의개서를 거절하거나, 주주명부 또는 그 복본에 기재해야 할 사항을 기재하지 않거나, 또는 부실한 기재를 한 때에는 500만 원 이하의 과태료가 부과된다(상법 제635조제1항제7호 · 제9호). 또 명의개서대리인은 회사와의 위임계약에 따라 업무를 수행하므로, 대행 업무를 수행함에 있어서 선관주의(選管主義) 의무를 다하지 못하여 회사에 손해를 끼친 때에는 손해배상의 책임을 진다(민법 제680조 및 제681조). 그리고 명의개서대리인이 명의개서 사무의 집행에 관해 주주 또는 기타 제3자에게 손해를 입힌 경우 회사는 민법의 일반원칙에 따라 손해배상의 책임을 진다(민법 제756조).

2.2. 명의개서대리인 현황

지금은 폐지된 「자본시장 육성에 관한 법률」에 의거해 설립된 한국투자공사가 1972년 12월 30일 동 법률의 개정에 따라 유가증권의 발행대행과 기타 배당이나 상환금의 지급을 대행하는 등 최초의 명의개서대리인 역할을 했다.

그 이후 1974년 12월 6일 한국증권대체결제주식회사(예탁결제원의 전신)가 설립되어 유가증권대체결제 업무 외에 유가증권의 명의개서대행 업무 등 증권대행에 관한 업무를 겸영하게 되었다. 이에 따라 한국증권대체결제주식회사는 관계업무규정(대행규정)을 마련하여 1975년 5월 1일부터 본격적으로 업무를 개시했다.

구(舊)증권거래법에 의한 명의개서대행회사의 활성화를 위해 정부는 1975년 4월 18일에 '대체결제 업무의 정상화 방안'을 마련하여 유가증권상장규정의 개정을 통해 명의개서대리인의 지정을 상장 요건으로 하였다. 따라서 대체결제회사와 명의개서대행 계약을 체결하는 상장회사의 수가 급증했다. 이러한 현상은 당시 한국투자공사의 해체를 위한 준비 작업이 진행 중이어서 명의개서대행 업무가 대체결제회사로 집중되었기 때문이다.

그러나 당시에는 명의개서대행 업무를 수작업으로 처리하는 것이 일반적이었으므로, 상장회사들의 대행계약 체결 요구에 대해 미처 수용 태세를 모두 갖추기가 어려운 상황이었다. 이에 정부는 1976년 12월 22일 제7차 구(舊)증권거래법의 전면 개정을 통해 명의개서대리인 자격을 재무부 장관의 승인을 받은 주식회사로 하고, 명의개서대리인도 증권거래법상 증권관계기관으로 규정하였다.

한편 최초의 명의개서대리인이었던 한국투자공사는 1976년 12월 7일 「투자공사해산에 관한 법률」의 공포로 해체되어 동년 12월 30일 16개 회사의 사채 원리금 지급대행 업무를 한국산업은행에 이관했으며, 1977년 2월 공사의 해산과 함께 12개 회사의 명의개서대행 업무와 주식배당금 지급대행 업무를 서울신탁은행(현재 하나은행)에 이관했다. 이에 따라 개정된 구(舊)증권거래법의 규정에 따라 서울신탁은행은 1977년 4월 21일 명의개서대리인의 자격을 허가받아 업무를 시작했고, 1978년 4월에는 국민은행이 업무 허가를 받아 명의개서 대행 업무를 개시했다.

대체결제회사는 1994년 4월 구(舊)증권거래법상 증권예탁원으로 변경되었는 바, 이 개정 법률에서 증권예탁원이 명의개서대행 업무를 수행하도록 법정화하였다. 현재 명의개서 대리인은 자본시장법상 겸영업무로서 동 업무를 수행하는 예탁결제원과 금융위원회에 등록된 하나은행, 국민은행 등 3개 회사가 있으며, 이들이 수행하는 명의개서대행 계약을 체결한 위탁회사 현황은 〈표 2-3〉과 같다.

표 2-3 명의개서대리인 선임 현황(각 연도별 12월말 현재)

연도	유가증권시장 상장법인							코스닥시장 상장법인						
	계	예탁결제원		하나은행		국민은행		계	예탁결제원		하나은행		국민은행	
		회사수	%	회사수	%	회사수	%		회사수	%	회사수	%	회사수	%
2005	684	287	42	211	31	186	27	719	304	42	107	15	308	43
2010	880	412	47	259	29	209	24	1,013	375	37	188	19	450	44
2016	1,035	588	57	234	23	213	20	1,206	426	35	204	17	576	48

3 명의개서대리인의 주요 업무

명의개서대리인은 발행회사와의 증권대행 업무에 대한 수탁계약에 따라 발행회사를 대신해 증권의 명의개서, 발행 · 관리, 주식배당금과 사채 원리금 지급 등을 대행하며, 명의개서대리인이 처리한 업무에 대해서는 위탁회사가 처리한 것으로 인정된다.

명의개서대리인은 위탁회사와의 계약에 의거해 증권대행 업무를 처리함에 있어서 예탁결제원이 제정한 '대행규정'에 따르며, 이를 변경 또는 폐지할 경우에는 금융위원회에 보고하여야 한다(자본시장법 제305조제3항).

3.1. 명의개서 관련 업무

기명식증권의 소유권 이전을 가지고 발행회사에 대항하기 위해서는 주식의 경우 주주명부상에, 사채는 사채원부상에 소유자 명의로의 개서를 필요로 한다. 따라서 기명식증권의 명의개서는 명의개서대리인의 가장 기본이 되는 업무이다. 명의개서는 증권의 소유권 이전에 따른 절차이므로 주주의 소유권 이전에 대한 제반 처리 사항들이 부가된다. 즉 명의개서 업무에는 주주명부와 사채원부의 관리, 질권등록과 말소, 신탁재산의 표시와 말소, 사고증권의 처리, 제신고, 인감표 관리 등이 포함된다.

3.1.1. 증권의 명의개서

주식의 소유권을 이전하기 위해서는 당사자 간의 의사 표시와 주권의 교부가 있어야 한다. 그러나 기명주식을 양수한 자가 회사에 대해 주주의 권리를 행사하려면, 자기의 성명과 주소를 주주명부에 기재하지 않으면 즉 명의개서를 하지 않으면 회사에 대항하지 못한다(상법 제337조제1항). 기명사채의 소유권 이전도 또한 같다(상법 제479조제1항).

(1) 명의개서 절차

주권을 점유하고 있는 양수인은 주권의 점유만으로도 적법한 소지인으로 추정(상법 제336조제2항)되므로, 별도로 실질적 권리자임을 증명할 필요 없이 양수인 단독으로 명의개서를 청구할 수 있다. 따라서 회사도 명의개서 청구자가 주권을 제출하여 명의개서를 청구하면 정당한 사유가 없는 한 명의개서를 거절할 수 없다. 설령 점유자가 무권리자라고 하더라도 명의개서대리인은 악의나 중대한 과실이 없는 한 책임을 면하게 된다.

명의개서대행업무에 관한 모든 청구나 신고에 대한 심사는 제출 서류의 적격성 여부와 첨부 유가증권의 하자 유무 등의 형식적 요건만을 심사하며, 그 실질적인 권리 내용에 대해서는 심사하지 아니함을 원칙으로 한다(대행규정 제17조제1항). 따라서 증권 및 기타 제출서류를 심사하는 경우에는 (ⅰ)위 · 변조의 여부, (ⅱ)사고 신고의 유무, (ⅲ)공시최고나 제권판결의 유무, (ⅳ)압류 · 가압류 또는 가처분 명령의 유무, (ⅴ)제출 서류의 적정 여부 등의 형식적 요건만 확인한다(대행규정 제17조제2항).

발행회사의 주주명부폐쇄기간 중에는 명의개서를 할 수 없다(상법 제354조제1항). 이는 주주로서의 권리를 행사할 자를 정하기 위해 일정한 제한을 둘 필요가 있기 때문이다. 다만, 주주의 권리관계에 변동을 초래하지 아니하는 경우에는 명의개서를 할 수 있다(대행규정 제18조).

(2) 명의개서 청구자의 실명 확인

명의개서대리인에 대해서 명의개서를 청구하는 자는 실지명의이어야 한다. 실지명의란 주민등록표상의 명의, 사업자등록증상의 명의 등 대통령령이 정하는 명의를 말한다.

실지명의에 의한 금융거래는 「금융실명거래 및 비밀보장에 관한 긴급 재정경제명령」에 의거해 1993년 8월 12일부터 시행되었고, 1997년 12월 31일에 동 명령의 대체법률로 「금융실명거래 및 비밀보장에 관한 법률」이 제정되었다. 이로써 금융기관과의 모든 금융거래는 거래자의 실지명의로만 거래하여야 하며, 명의개서대리인은 동법 제2조제1호에 의한 금융기관에 해당되므로 주식의 명의개서에 대해서 실지명의 여부를 확인하여야 한다.

3.1.2. 주주명부의 작성

주주명부란 주주 및 주권에 관한 사항을 명확히 하기 위해 상법의 규정에 의하여 작성되는 장부를 말하며(상법 제352조제1항), 회계에 관한 장부가 아니라는 점에서 상업장부와 구별된다.[37]

기명주식의 경우 회사는 주주명부에 기재된 자를 주주로 인정하여 권리를 행사할 자를 확정한다. 즉 주주명부에 의해 항상 변동하는 주주를 획일적으로 확정할 수 있으므로, 회사의 사무 처리가 편리하고 주주로서도 권리를 행사할 때마다 주권을 제시하는 불편을 덜게 된다.

한편 무기명주식을 발행한 경우 주주명부에는 주권의 종류 등이 기재되며, 당연히 주주의 성명이 기재되지 않고 주권을 회사에 공탁한 자가 무기명주식에 대한 권리를 행사하게 된다.

(1) 주주명부의 기재사항

기명주식의 경우에는 (ⅰ)주주의 성명과 주소, (ⅱ)주주가 가진 주식의 종류와 그 수, (ⅲ)각 주주가 가진 주식의 주권을 발행한 때에는 그 주권의 번호, (ⅳ)각 주식의 취득 연월일 등이 주주명부에 기재되며(상법 제352조제1항), 명의개서대리인이 필요에 의해 주주가 외국인인 경우 해당 외국인의 국가와의 조세조약에 따라 과세 여부를 결정하게 되므로 그 외국인의 국적을 주주명부에 기재하는 경우(대행규정 제44조제2항제10호 및 동규정시행세칙 제16조제2항) 등이 추가로 기재될 수 있다.

그리고 회사가 전환주식을 발행하는 때에도 (ⅰ)주식을 다른 종류의 주식으로 전환할 수 있다는 뜻, (ⅱ)전환의 조건, (ⅲ)전환으로 인해 발행할 주식의 내용, (ⅳ)전환을 청구할 수 있는 기간 등도 주주명부에 기재한다(상법 제352조제2항). 그 외에도 질권의 등록(상법 제340조제1항), 주권불소지 신고(상법 제358조의2제2항) 등도 주주명부에 기재하여야 한다.

또한 회사는 정관에 정함이 있는 경우 전자문서로 주주명부를 작성할 수 있으며, 이 경우 위의 기재사항 이외에 전자우편주소를 기재하여야 한다(상법 제352조의2).

---

37 정찬형(鄭燦亨), 「상법강의(상)」, 박영사, 2001, 636쪽.

(2) 비치와 열람

주주명부는 회사의 본점에 이를 비치해야 한다. 다만, 명의개서대리인을 둔 때에는 명의개서대리인의 영업소에 주주명부를 비치할 수 있다. 그러나 명의개서대리인을 둔 때에도 주주명부를 본점에 비치하는 경우에는 명의개서대리인의 영업소에 그 복본을 비치해야 한다(상법 제396조제1항).

주주명부의 복본은 그 목적 · 내용 및 효력이 주주명부와 동일한 것이고, 주주명부의 단순한 보조부가 아니다. 따라서 복본에 한 명의개서는 주주명부에 한 명의개서와 동일한 효력이 있다(상법 제337조제2항). 또한 주주와 회사 채권자는 영업시간 내에 언제든지 주주명부의 열람 또는 등사를 청구할 수 있다(상법 제396조제2항).

(3) 주주명부폐쇄와 기준일

① 주주명부의 폐쇄

회사가 의결권을 행사하거나 배당을 받을 자 또는 기타 주주나 질권자로서 권리를 행사할 자를 정하기 위해 일정한 기간을 정해 주주명부의 기재 변경을 정지하는 경우가 있는데, 이를 주주명부의 폐쇄 또는 명의개서정지라고 한다.

주주명부의 폐쇄는 그 기간이 장기이거나 불시에 정할 경우 주주의 권리를 침해할 수 있으므로 폐쇄 기간은 3개월을 초과하지 못하고(상법 제354조제2항), 또 폐쇄 기간 개시 2주간 전에 공고해야 한다(상법 제354조제4항).

폐쇄 기간 중에는 명의개서와 질권의 등록 · 말소, 신탁재산의 표시 · 말소 등 주주 또는 질권자의 권리를 변동시키는 행위는 할 수 없다. 그러나 주주의 주소 변경, 법인의 대표자 변경, 기명주권의 불소지 신고, 신주 발행의 청구 등 권리 변동과 무관한 사항은 기재나 변경이 가능하다. 또한 1995년 상법 개정으로 전환주식이나 전환사채의 전환 청구, 신주인수권부사채의 신주인수권 행사 등의 금지 규정이 폐지되어 폐쇄 기간 중에도 전환 청구와 신주인수권 행사가 가능하게 되었다.

② 기준일

회사는 일정한 날에 주주명부에 등재된 주주 또는 질권자에 대하여 의결권을 행사하거나 배당을 받을 자, 또는 주주나 질권자로서 권리를 행사할 자로 볼 수 있는데(상법 제354조제1항), 이 날을 기준일(基準日)이라고 한다.

기준일은 주주명부의 폐쇄와는 달리 명의개서가 제한되지 않는다는 이점이 있다. 기준일은 권리를 행사할 날에 앞선 3월내의 날로 정하고(상법 제354조제3항) 기준일의 2주간 전에 이를 공고해야 한다. 그러나 정관으로 그날을 지정한 때에는 이를 공고할 필요가 없다

(상법 제354조제4항).

③ 주주명부폐쇄와 기준일의 병용

기준일제도는 주주명부폐쇄와 병행하여 사용될 수 있으며, 실제로 많은 회사들이 기준일을 정하고 그 익일부터 권리 행사일까지를 주주명부폐쇄기간으로 설정하는 것이 일반적이다. 주주명부의 확정만을 위해서는 기준일제도만으로 충분하나, 기준일 시점의 권리 행사자와 권리 행사일 현재의 권리 행사자를 일치시키기 위한 의도에서 기준일 제도와 주주명부폐쇄제도를 병용하고 있다.

(4) 주주 확정

주주명부는 명의개서대리인이 항상 비치해야 하고, 발행회사가 권리를 행사할 자를 정하기 위해서는 주주명부폐쇄기간이나 기준일을 정한다. 이 경우 주주명부상의 명의인이 바로 권리를 행사할 주주로 확정된다. 그러나 중앙예탁결제기관인 예탁결제원 명의 주식에 대해서는, 발행회사나 명의개서대리인은 실질주주명부를 작성하여 그 실제 소유자인 실질주주를 권리를 행사할 자로 확정한다.

실질주주명부는 예탁결제원이 예탁자로부터 실질주주명세를 통지받아 이를 취합 · 정리한 후 명의개서대리인에게 통지하여 최종 확정한다. 〈그림 2-16〉은 주주명부와 실질주

그림 2-16 **주주명부와 실질주주명부 구조도**

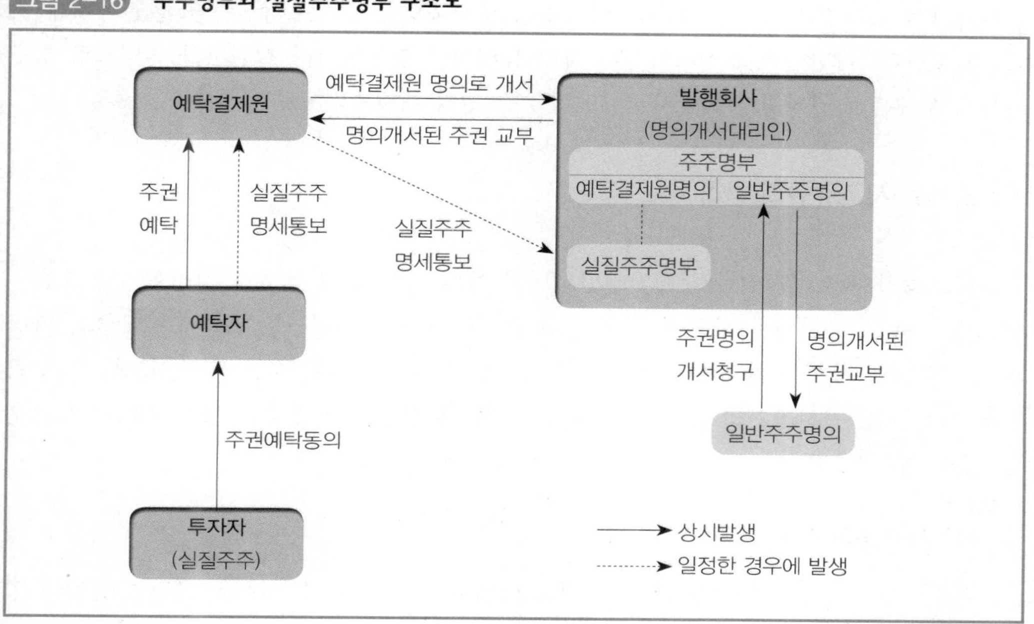

주명부와의 관계를 표시한 것이다.

3.1.3. 질권등록과 말소

질권(質權)이란 채권자가 채권에 대한 담보로 채무자나 물상보증인(物上保證人)으로부터 받은 물건이나 재산권을 채무변제가 있을 때까지 유치(留置)함으로써 채무변제를 간접적으로 강제하는 동시에, 변제가 없을 때에는 그 목적물로부터 우선적으로 변제받는 권리를 말한다(민법 제329조 및 제335조).

기명주식의 질권 설정 방식은 등록질과 약식질의 두 가지가 있다. 등록질이란 질권설정자가 회사에 청구하여 질권자의 성명과 주소를 주주명부에 기재하고, 주권에 대해서도 질권자 성명을 기재하는 질권설정 방법을 말한다(상법 제340조제1항). 약식질은 질권설정자가 질권자에게 주권을 교부하는 것만으로 질권을 설정하는 방법을 말한다(상법 제338조제1항). 따라서 명의개서대리인의 주주명부 기재에 의한 질권설정은 등록질이다. 한편 무기명주식의 질권설정도 주권을 질권자에게 교부함으로써 그 효력이 생긴다(민법 제351조).

등록질권자는 회사로부터 이익배당, 이자배당, 회사가 해산한 때에 남은 회사 재산의 분배 또는 상법 제339조의 규정에 의한 금전의 지급을 받아 다른 채권자에 우선하여 자기 채권의 변제에 충당할 수 있다. 그러나 약식질권자 또는 무기명주식의 질권자는 발행회사가 질권설정자에게 이를 지급하기 전에 압류를 하여야 우선 변제를 받을 수 있다.

따라서 등록질의 경우 명의개서대리인은 주식배당금이나 무상신주를 질권자에게 지급 · 교부한다. 다만 질권설정자가 질권자의 동의서를 첨부하거나 질권자와 연명으로 청구하는 경우에는 질권설정자에게 지급 · 교부할 수 있다(대행규정 제32조).

3.1.4. 사고증권의 처리

사고증권(事故證券)이란 분실 · 도난 · 멸실 등의 사유로 그 점유를 상실했거나 오손 · 훼손 등으로 그 동일성을 식별할 수 없게 된 증권을 말한다(대행규정 제2조제1항제6호). 따라서 증권의 점유자가 주권과 채권의 점유를 상실한 경우에는 이에 대한 사고 신고를 하고 공시최고의 신청, 공시최고의 공고, 제권판결과 재발행 청구 등의 일련의 절차에 따라 새로운 증권을 교부받게 된다.

(1) 사고증권 신고

분실 · 도난 · 멸실된 증권 및 그 밖에 상법에서 무효로 할 수 있음을 규정한 증권이 있는 경우, 그 증권의 최종 소지인은 점유의 상실을 명의개서대리인에게 신고한다. 사고증권의 신고인은 신고서에 사고 발생의 사실을 소명하는 서류를 첨부하여 명의개서대리인에게 제출하고 명의개서대리인은 주주명부나 사채원부 등 관계 장부에도 그 뜻을 표시한다(대행규정 제37조).

한편 사고 신고가 접수된 증권에 대해 취득자가 명의개서대리인에게 명의개서를 청구한 경우에는 그 청구에 따른다. 다만, 명의개서대리인은 명의개서청구인에게는 사고 신고 사실을, 사고 신고인에게는 그 청구 사실과 처리 내용을 통지하여야 한다(대행규정 제38조).

(2) 공시최고

공시최고(公示催告, public summon)란 특정한 증권에 대해 증권 상실이나 소재 불명의 사유가 있는 경우에 당사자의 신청에 따라 법원이 불특정 또는 불분명한 상대방에 대해 권리나 청구의 신고를 하도록 독촉하고, 그 신고가 없을 때에는 실권의 효력이 생길 수 있다는 취지의 경고를 붙여 공고하는 재판상의 최고를 말한다. 공시최고의 관할 법원은 증권이나 증서에 표시된 이행지의 지방법원이다.

따라서 공시최고 신청은 최종 소지인이 그 신청의 원인과 제권판결을 구하는 취지를 명시하여 서면으로 관할 법원에 제출한다. 신청 원인을 제시할 때에는 증권의 특정에 관한 증거와 공시최고의 신청 요건인 증권의 상실 등을 소명해야 한다. 통상 소명 자료로는 신문 공고문 사본, 관할 경찰서의 접수증, 소방서의 화재증명서 등이 있다.

사고증권에 대해 공시최고를 신청한 경우, 그 신청인은 공시최고 신청 사실을 증빙하는 서류와 함께 신고서를 명의개서대리인에게 제출하여야 한다(대행규정 제39조제1항). 이것은 사고증권의 취득자가 명의개서대리인에게 명의개서를 청구한 경우에 그 취득자에게 사고증권의 신고자가 공시최고를 한 사실을 통지할 필요가 있기 때문이다. 그리고 만약 사고증권 취득자가 명의개서를 청구할 경우에는 이에 따른다(대행규정 제39조제2항). 이것은 사고증권이 공시최고가 되었더라도 해당증권이 법원의 제권판결(除權判決) 이전까지는 무효로 된 것이 아니기 때문이다.

한편 명의개서대리인에게 신고한 사고증권에 대해서 사고 신고 후 6월 이내에 신고인으로부터 재발행 청구가 없을 때에는 사고 신고가 취하된 것으로 본다. 사고증권 신고를 취하의제(取下擬制)한 경우 명의개서대리인은 신고인에게 그 내용을 통지해야 한다(대행규정 제41조).

(3) 제권판결

제권판결(除權判決)이란 공시최고 절차에서 공시최고 신청인의 신청에 따라 공시최고의 대상인 사항에 관해 실권선고(失權宣告)를 하는 법원의 판결이다. 즉 공시최고는 그 신청 행위로만 제권판결의 효력이 발생하는 것은 아니고, 신청인이 공시최고기일에 진술하고 그 내용이 이유있다고 인정한 때에 제권판결을 하게 된다. 제권판결이 선고되면 즉시 그 효력이 발생한다.

제권판결이 있으면 대상이 된 증권이나 증서는 무효가 되며, 신청인은 증권이나 증서에 의해 의무를 부담한 자에 대해 증서에 의한 권리를 주장할 수 있다. 이러한 제권판결은 주권의 무효에 대한 선고이므로 명의개서대리인은 제권판결이 있는 증권을 첨부하여 명의개서나 재발행을 청구한 때에는 이를 접수하지 아니한다.

(4) 사고증권의 재발행

주권이나 채권을 상실한 자는 제권판결을 얻은 후, 회사에 대해 해당증권의 재발행을 청구할 수 있다. 이 경우 제권판결의 정본이나 그 등본을 제출해야 한다. 또한 증권을 재발행하는 때에는 제권판결된 증권의 명의인 명의로 발행한다(대행규정 제55조).

3.2. 증권의 발행

증권 발행은 크게 신규 발행과 재발행으로 구분된다. 전자는 자금 조달을 목적으로 하는 증자와 사채 발행에 의한 순수한 의미의 신규 발행을 비롯하여 증권의 전면적 교체로 인한 교체 발행이 이에 포함된다. 후자는 주권 권종의 분할 · 병합 등의 사유로 해당증권이 신증권으로 재발행되는 경우와 제권판결에 의해 재발행되는 경우가 있다.

3.2.1. 증권의 신규발행

우리나라 상법은 주식의 양도는 주권 교부에 의하도록 하고 있어 주권의 발행을 전제로 한다. 다만, 회사가 주권을 발행하는 대신 정관으로 정하는 바에 따라 전자등록기관의 전자등록부에 주식을 등록[38]할 수 있다(상법 제356조의2제1항). 따라서 회사가 전자등록으로 주식을 발행한다는 정관 규정을 두고 있지 않는 한, 회사는 다양한 사유로 주권을 발행하게 된다. 신규 발행 사유로는 (ⅰ)자본의 증가 · 감소, (ⅱ)전환사채나 신주인수권부사채에 부여된 전환권 등 행사, (ⅲ)주식의 액면분할 · 병합, (ⅳ)회사의 합병이나 상호 변경 등 증권

38 전자등록부에 등록된 주식의 양도나 입질(入質)은 전자등록부에 등록하여야 효력이 발생하며, 전자등록부에 주식을 등록한 자는 그 등록된 주식에 대한 권리를 적법하게 보유한 것으로 추정하며, 이러한 전자등록부를 선의(善意)로, 그리고 중대한 과실 없이 신뢰하고 등록에 따라 권리를 취득한 자는 그 권리를 적법하게 취득한다(상법 제356조의2제2항 · 제3항).

의 전면적인 교체 등이 있다.

이하에서는 주식이 신규로 발행되는 경우를 분야별로 나누어, 그 발행의 의의와 명의개서대리인의 업무를 구분하여 설명하고자 한다.

(1) 유상증자

유상증자(有償增資)는 회사가 실질적인 자본금을 증가시키기 위해 증자하는 경우를 말하며, 이는 가장 일반적인 자기 자본의 조달 형태이다. 회사는 수권자본금 내에서 주금 납입의 방법에 의해 새로운 주식을 발행한다. 따라서 유상증자는 주식을 발행함으로써 주식의 증가와 함께 회사의 자산이 실질적으로 증가하는 것을 말한다.

유상증자는 주식의 할당과 인수 방법에 따라 주주배정 · 주주우선공모 · 제3자배정 · 일반공모 등으로 분류할 수 있다.

주주배정 방식이란 회사의 주주에 대해 그가 가진 주식 수에 비례하여 신주의 배정을 받을 권리를 부여하고 그 주주가 청약하지 않는 주식은 이사회에서 인수자를 결정하는 방식이다. 주주우선공모 방식은 그 주주가 청약하지 않은 주식을 일반투자자를 대상으로 다시 모집하는 방식을 말한다. 제3자 배정 방식은 주주 외의 특정인에게 신주인수권을 부여하는 방식이며, 일반공모란 제3자 배정 방식의 한 형태로 불특정 다수인에게 공개 모집하는 방식을 말한다.

① 신주발행 결정

유상증자는 정관에 다른 규정이 없으면 이사회에서 이를 결정한다(상법 제416조). 이사회에서 결정할 내용에는 발행할 주식의 종류와 수, 신주발행(新株發行) 가액과 납입 기일, 신주의 인수 방법 등이 포함된다.

주권상장법인은 신주발행을 위한 이사회 결의 시 그 내용을 사유발생일 당일 금융위원회와 한국거래소에 신고해야 하고, 자본시장법에 따라 증권신고서를 작성하여 금융위원회에 제출하여야 한다. 또한 발행회사는 명의개서대리인에게 신주발행 계획을 통보하고 주식발행을 의뢰하여야 한다.

② 신주배정

회사가 신주발행을 결정한 경우에는 신주배정 기준일로부터 2주간 전에 정관에서 정한 바에 따라 신주발행 내역 및 기준일 등을 공고하여야 한다(상법 제418조).

이에 따라 명의개서대리인은 신주배정 기준일에 신주를 배정받을 주주를 확정한다. 신주배정은 기준일 현재의 주주명부상에 등재된 주주의 소유주식수 비율에 따라 배정하되,

우리사주조합원에 대해 발행 주식의 100분의 20을 우선배정할 수 있다(근로복지기본법 제38조). 우선배정분에 대해 실권이 있는 경우 주주배정 방식에서는 신주배정 기준일 현재 주주명부에 등재되어 있는 주주에게 추가 배정하고, 주주우선공모 방식에서는 일반공모한다. 신주배정이 확정되면 명의개서대리인은 각 주주에게 신주배정통지서와 주식청약서를 청약일로부터 2주간 전에 발송하여야 한다(상법 제419조제2항).

③ 신주청약

청약 방법은 주주별로 상이하다. 주주명부상 주주는 청약취급기관에 직접 청약하고, 증권회사를 통해 예탁결제원에 주식을 예탁한 실질주주는 위탁증권회사에 청약하거나 청약취급기관에 직접 청약할 수 있다. 주주는 청약 시에 청약주식에 해당하는 청약증거금을 납입하여야 한다.

주금(株金)은 납입된 청약증거금으로 주금 납입일에 대체 처리되며, 회사는 주금 납입일로부터 2주간 이내에 필요한 서류를 첨부하여 관할 법원에 자본금 변경 등기를 하여야 한다(상법 제317조).

④ 주권 발행

등기가 완료되면 자본시장법에 의거해 증권발행실적보고서를 금융위원회에 제출하고 주권상장법인의 경우 한국거래소에 상장신청 시에도 제출한다. 신주배정 결과에 따른 주권용지는 〈그림 2-17〉에 따라 인출 · 가쇄 · 발행 · 상장 신청 · 교부 등 일련의 과정에 따라 처리된다.

그림 2-17 **증권 가쇄 절차**

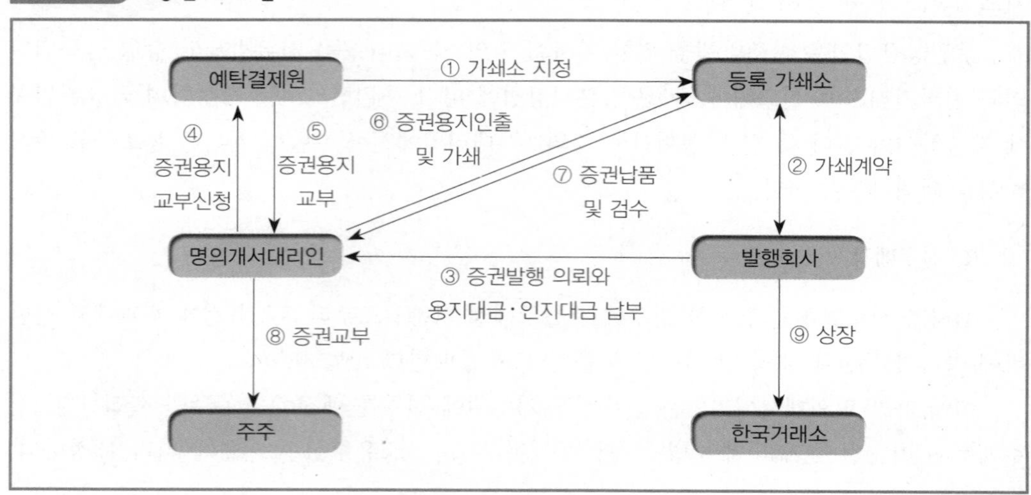

(2) 무상증자

무상증자(無償增資)란 주금의 납입 없이 이사회의 결의로 준비금이나 자산재평가적립금을 자본에 전입하고 증가된 자본금에 해당하는 만큼의 신주를 발행하여 주주에게 소유주식수에 비례하여 무상으로 배정하는 것을 말한다. 무상증자는 유상증자와 달리 주금 납입이 수반되지 않으며 그 무상증자의 재원에 따라 과세 여부가 결정된다.

① 신주발행 결정

무상증자는 이사회 결의 사항이나 정관으로 주주총회에서 결정하기로 한 경우에는 먼저 이사회에서 무상증자에 관한 사항을 결의한 후 주주총회의 결의를 거쳐야 한다. 무상증자로 인한 신주발행을 결의할 때에는 자본에 전입할 금액과 재원, 자본전입에 따른 신주의 발행 내역, 배정 기준일과 배정 방법, 단수주의 처리 방법 등을 결정한다.

무상증자의 결의 내용은 유상증자와 마찬가지로 주주나 투자자 보호를 위해 권리배정 기준일로부터 2주간 전에 정관이 정한 방법에 따라 공고하여야 한다(상법 제461조제3항).

② 신주배정과 배당소득세 원천징수

명의개서대리인은 자본전입 결의에 따라 권리확정 기준일 현재의 주주명부에 기재된 주주에게 신주를 배정한다. 또한 상법에 따라 주주와 질권자에게 그 주주 등이 받은 주식의 종류와 수를 통지한다(상법 제461조제5항).

소득세법에서는 무상증자를 주주에게 배당한 것으로 보며, 이를 의제배당(擬制配當)이라고 한다(소득세법 제17조제1항). 따라서 이익준비금 등을 재원으로 무상증자한 경우 소득이 있는 것으로 보아 액면가액을 과세표준 금액으로 하여 과세한다. 다만 상법에서 정하는 자본준비금과 자산재평가법에 의한 재평가적립금을 자본에 전입하는 주권상장법인의 경우에는 과세되지 않는다.

③ 신주발행과 단주대금 지급

주권발행 절차는 유상증자의 경우와 동일하다. 다만 발행회사는 1주 미만의 배정주식은 이를 매각하여 대금으로 주주에게 지급하여야 한다(상법 제461조제2항). 단주대금(端株代金)은 기준가액이 신주배정일 전일종가나 이사회 결의일 전일종가인 경우에는 주권교부일에, 상장초일종가인 경우에는 상장일 다음 날에 주주별로 지급한다.

(3) 신주인수권증서와 신주인수권증권

① 신주인수권증서 발행

발행회사가 유상증자를 하는 경우 이사회에서 주주가 가지는 신주인수권을 양도할 수 있도록 결정한 경우에는 신주인수권증서(stock subscription warrant)를 발행한다. 이 경우에 신주인수권의 양도는 신주인수권증서의 교부에 의해서만 할 수 있다(상법 제420조의3제1항).

신주인수권의 양도를 인정한 경우 회사는 정관이나 이사회의 결의로 신주인수권증서의 발행 청구기간을 정한 때에는 그 기간 내에 청구한 주주에 한하여, 그 청구기간을 정하지 않았을 때에는 청약 기일의 2주간 전에 주주의 청구와 관계 없이 모든 주주에게 신주인수권증서를 발행한다(상법 제420조의2제1항). 여기서 전자를 청구발행, 후자를 일괄발행이라고 한다.

신주인수권증서도 유가증권이므로 이의 분실 시에는 취득자의 선의취득을 인정하고 있다(상법 제420조의3제2항). 또한 신주인수권증서는 유통기간이 단기간인 점을 감안하여 동 증서를 상실한 경우에는 주식청약서에 의해 청약할 수 있도록 하고 있다(상법 제420조의5제2항). 그러나 그 청약은 신주인수권증서에 의한 청약이 있는 때에는 그 효력을 잃는다.

명의개서대리인이 주주의 청구에 따라 신주인수권증서를 발행한 때에는 그 발행내역을 해당 신주의 청약일 전일까지 위탁회사에 통지해야 한다(대행규정 제58조제5항).

② 신주인수권증권 발행

신주인수권부사채를 발행함에 있어 회사가 신주인수권만을 양도할 수 있는 것에 관한 사항을 결정한 경우, 그 양도성을 부여하기 위해 발행되는 것이 신주인수권증권이다. 이 증권이 발행된 경우 신주인수권의 양도는 신주인수권증권의 교부에 의해서만 할 수 있다(상법 제516조의6제1항).

신주인수권증권은 신주인수권부사채의 원본과 분리하여 독립된 거래 대상이 될 수 있는 유가증권이다. 회사가 신주인수권증권의 발행을 결정한 때에는 명의개서대리인과 협의하여 이를 발행한다(대행규정 제59조제1항). 그리고 명의개서대리인이 신주인수권증권을 발행하는 때에는 그 내역을 해당증권의 신주인수권 행사 기간 전까지 위탁회사로 통지해야 한다(대행규정 제59조제2항).

(4) 주권의 교체발행

회사가 발행한 주권에 대해 교체하여야 할 사유로는 (ⅰ)자본의 감소, (ⅱ)주식의 액면분할이나 병합, (ⅲ)회사합병, (ⅳ)상호변경, (ⅴ)통일규격증권으로의 교체 등이 있다. 여기서 (ⅴ)를 제외한 모든 사유에 대해서는 주주총회의 특별결의에 따른 정관 변경을 필요로 한다. 어떠한 사항이더라도 이미 발행된 주권을 회사에 제출하고 새로운 주권을 발행하여 교부받아야 한다.

발행회사는 이사회의 결의에 따라 정관 변경안을 확정하여 주주총회를 소집하고 결의안이 의결되면 구주권 제출과 관련하여 공고를 하여야 한다. 공고 내용은 (ⅰ)교체발행(交替發行) 사유, (ⅱ)구주권의 제출 기간 및 장소, (ⅲ)신주권 교부 예정일 및 장소 등이 포함된다.

3.2.2. 주권의 재발행

주권의 재발행이란 신규 발행과는 달리 특정 주권에 한해 발행회사와는 무관하게 주주의 청구에 따라 이미 발행된 주권을 회수하고 새로이 주권을 발행하는 것을 말한다.

재발행의 사유로는 (ⅰ)주권 권종의 분할 · 병합, (ⅱ)주권의 동일성을 식별할 수 있는 오손 · 훼손, (ⅲ)주권 배면의 기재공간 부족 및 (ⅳ)제권판결 등이 있다.

주권을 재발행받고자 하는 자는 이미 발행한 주권을 첨부하여 명의개서대리인에게 청구하여야 한다. 그러나 제권판결에 의해 주권의 재발행을 청구하는 경우에는, 이미 발행한 주권의 회수가 불가능함에 따라 제권판결의 정본이나 그 등본을 제출하여야 한다. 이 경우 제권판결된 주권의 명의인 명의로 발행하여야 한다(대행규정 제55조).

3.2.3. 주권의 불소지

주권불소지제도(株券不所持制度)는 명의개서대리인제도와 함께 1972년 제1차 「자본시장 육성에 관한 법률」 개정 시 도입되었다. 이후 1984년 상법 개정 시 이 제도가 반영되어 모든 주식회사에 대해 보편화되었으며, 1993년 6월에는 주권발행 전 불소지제도가 시행되었다. 주권불소지제도는 자본시장법에 의한 일괄예탁제도와 결합해 증권 유통과 관리의 합리화에 크게 기여하고 있다.

주주는 정관에 다른 규정이 있는 경우를 제외하고는 기명주식에 한해 주권불소지의 뜻을 명의개서대리인에게 신고할 수 있다. 주권불소지 신고를 할 수 있는 주주는 주주명부상의 주주에 한하며, 주주명부상의 주주는 주주명부 폐쇄기간 중에도 불소지 신고를 할 수 있다.

주권불소지를 신고하는 경우에는 주권을 제출하여야 한다(상법 제358조의2제3항). 다만 주권이 발행되지 않았을 때에는 주금납입영수증이나 기타 주주임을 증빙할 수 있는 서류도 제출하여야 한다(대행규정 제60조제1항).

명의개서대리인이 주권의 불소지를 접수한 때에는 지체 없이 주주명부에 그 사실을 기재하고 신고인에게 불소지 확인서를 교부하여야 한다(대행규정 제60조제4항). 주주명부에 불소지신고의 기재를 한 때에는 그 주권을 발행할 수 없으며, 이미 제출된 주권은 무효로 하거나 명의개서대리인에게 임치하여야 한다. 무기명주식은 주주명부가 없으므로, 기명주식으로 전환을 청구한 경우가 아니면 불소지 신고가 불가능하다.

한편 주권불소지를 신고한 주주는 언제든지 주권 발행을 청구할 수 있다. 이러한 주주의 발행청구권은 정관에 의해 배제하거나 제한하지 못한다. 명의개서대리인이 주주의 청구에 의해 주권을 발행한 때에는 지체 없이 그 사실을 주주명부에 기재하여야 한다(대행규정 제61조).

3.3. 주식배당금

(1) 배당 의의

회사는 주주총회의 결의[39]로 배당가능이익[40]의 범위 내에서 배당률 및 배당지급 방식 등을 결정한다. 배당은 지급 수단에 따라 현금으로 지급하는 현금배당과 주식으로 지급하는 주식배당으로 분류할 수 있다.

한편 배당의 지급시기에 따라 결산기에 지급하는 결산배당과 결산기 중간에 지급하는 중간배당 · 분기배당으로 나눌 수 있다.

(2) 배당 절차

주주총회가 종료되면 위탁회사는 지체 없이 주주총회에서 결의된 배당금 등에 관한 사항을 명의개서대리인에게 통지하여야 한다. 이에 따라 명의개서대리인은 위탁회사의 배당통지에 따라 배당금지급원부를 확정한 후 주주나 등록 질권자에게 배당통지서를 발송한다.

---

39 개정상법(2012.4.15. 시행)에서는 재무제표의 승인을 이사회가 할 수 있다는 특칙(상법 제449조의2제1항)을 두고 있다. 이는 원래 재무제표의 승인은 주주총회의 권한(상법 제449조제1항)이지만, 정관에 규정을 두어 이사회가 재무제표를 승인할 수 있도록 한 것이다. 이사회가 재무제표를 승인할 수 있는 경우에는 이익배당도 이사회가 결의할 수 있다(상법 제462조제2항). 다만, 이를 이사회가 승인하기 위해서는 재무제표의 각 서류가 법령 및 정관에 따라 적정하게 표시하고 있다는 외부감사인의 의견이 있어야 하며, 이 재무제표의 내용은 주주총회에 보고하여야 한다(상법 제449조의2제2항).

40 대차대조표상의 순재산액으로부터 (ⅰ)자본의 액, (ⅱ)그 결산기까지 적립된 자본준비금과 이익준비금의 합계액, (ⅲ)그 결산기에 적립해야 할 이익준비금의 액, (ⅳ)재평가적립금, (ⅴ)임의준비금 등을 공제한 금액을 말한다. 그리고 상법개정(2012.4.15. 시행)으로 미실현이익을 추가로 공제하도록 하였다. 이는 기업회계에서 자산의 평가이익을 당기순이익으로 계상하기도 하였으나, 실현단계에서 가격의 하락으로 평가손이 발생할 수 있으므로 미실현이익을 배당가능이익으로 산출하는 것은 자본충실의 원칙에 반하기 때문이다(이철송, 전게서(2011)).

이 통지서에는 소유주식수 · 배당률 · 배당금 총액을 주식배당이 있는 경우 배당할 주식의 종류와 수 · 지급일시 · 지급장소 · 제세공제내역 등을 기재하고 있다.

위탁회사나 명의개서대리인은 주주명부상 주주나 등록 질권자에게 배당금을 지급한다. 다만 질권 설정자가 청구할 때에는 질권자의 동의서를 첨부하거나 연명으로 하여야 한다. 명의개서대리인이 배당금을 지급하는 경우, 공시최고중이거나 변조된 사고유가증권에 대한 배당금은 위탁회사의 별도 지급 요청이 있는 경우를 제외하고는 지급하지 않는다(대행규정 제77조제1항).

(3) 배당소득의 원천징수

배당소득(配當所得, dividend income)이란 일반적으로 주식회사의 이익배당금이나 자본전입으로 인한 무상주식(이익준비금의 자본전입) 등으로 해당 연도에 발생한 소득을 말한다(소득세법 제17조제1항 · 제2항).

명의개서대리인은 배당소득에 대한 원천징수세액을 계산하여 세액을 공제한 후 배당금을 지급하고, 원천징수세액은 명의개서대리인이 위탁회사에 인계하여 위탁회사가 관할 세무서에 납부한다.

세법상 배당소득의 원천징수의무자는 위탁회사이다. 특히 주주총회일로부터 3개월이 경과되는 날까지 지급하지 않았을 때에는 그 3개월이 경과하는 날에 배당소득을 지급한 것으로 본다. 즉 이를 의제배당(擬制配當)이라 하여 배당소득으로 과세한다(소득세법 제131조).

따라서 위탁회사는 3개월이 경과하는 달의 다음 달 10일까지 지급조서를 작성하여 신고하고 원천징수세액도 납부하여야 한다. 또한 위탁회사가 주식배당을 할 경우 주권교부시점에 세금을 징수하여야 하지만, 주주가 주주총회로부터 3개월이 지난 시점까지 주권을 교부받지 않은 경우에는 위탁회사가 원천징수세금을 일단 대납(代納)한 후, 주주가 주권을 교부하러 온 시점에 해당 소득세를 징수한다.

3.4. 실질주주 관리

명의개서대리인은 주주명부 폐쇄기준일이 도래하면 주주명부상에 예탁결제원 명의로 된 소유주식수에 대한 실제 소유자 내역인 실질주주명부를 작성하여야 한다(자본시장법 제316조제1항). 따라서 실질주주 관리란 실질주주명부의 작성과 관련하여 동일 주주의 주식수 합산, 권리배정과 실질주주에 대한 통지 등의 업무를 관리하는 것을 말한다.

그러나 실질주주제도에 관해서는 '증권예탁제도' 편에서 상세히 설명하였으므로 여기서는 명의개서대리인과 관련된 주요 사항에 대해서만 설명하고자 한다.

3.4.1. 실질주주명부

주주명부 폐쇄기준일 현재 발행회사의 주주명부상에 등재된 주주는 주주로서 제반 권리를 행사할 수가 있다. 그러나 예탁결제원 명의로 된 주식에 대해서는 그 소유자가 누구인지 모르기 때문에, 자본시장법에 의해서 예탁결제원은 실질주주 내역을 명의개서대리인에게 통지하여야 한다.

실질주주 내역을 통지받은 명의개서대리인은 그 내역을 발행회사의 실질주주명부로 작성한다. 다만, 주주의 권리를 최대한 보호하기 위하여 주주명부상 주주와 실질주주명부상 주주가 동일인이라고 인정된 때에는 소유 주식수를 합산하여 권리를 배정한다.

3.4.2. 제 통지

명의개서대리인의 제 통지에 관해서는 명부상 주주뿐만 아니라, 실질주주 관리업무에 있어서도 대단히 중요하다. 왜냐하면 실질주주의 수가 많으므로 실질주주명부의 작성을 위해서는 예탁결제원과의 유기적인 연결체제의 구축이 필수적이다. 실질주주는 또한 주주명부상 주주와 법적으로 동일한 효력을 부여받기 때문에 제반 통지에 대해 정확성을 기할 필요가 있다.

(1) 실질주주에 대한 통지

위탁회사가 주주총회의 소집 · 신주발행 · 주식배당금 지급 등의 결의를 하는 경우 명의개서대리인은 해당 권리기준일 현재의 실질주주명부에 기재된 실질주주에게 해당 내용을 통지하여야 한다.

실질주주에 대한 통지는 실질주주명부상의 주소로 하면 된다. 그러나 실질주주의 주소가 복수인 경우에는(즉 한 개 이상의 증권회사에 계좌 개설을 한 동일인 실질주주) 최근 주소지로 통지하고, 기타 주소로는 그 부본을 통지한다. 그리고 주주명부상 주주와 실질주주명부상 주주가 동일인인 경우에는 주주명부상 주소로 통지하고, 실질주주명부상의 주소에는 그 통지 내용의 부본을 통지한다(대행규정 제82조제2항 및 동규정시행세칙 제26조). 이와 같이 명의개서대리인은 합산 내역을 각각 첨부하여 통지함으로써 주주의 권리를 최대한 보장한다.

한편 주주총회 소집통지의 경우에는 자본시장법(부칙 제18조 경과조치)에 따라 예탁결제원 명의의 예탁주식에 대한 의결권 행사(shadow voting)에 관한 내용을 함께 통지하여 사전에 실질주주에게 그 내용을 공지하도록 하고 있다.

(2) 예탁결제원에 대한 통지

실질주주명세를 통지하는 예탁결제원과의 유기적인 관계가 명의개서대리인의 실질주주 관리 업무의 핵심이다. 따라서 명의개서대리인은 실질주주와 관련된 사항을 즉시 예탁결제원에 통지하여 업무에 차질이 없도록 하여야 한다. 즉 위탁회사가 주주명부 폐쇄기준일을 정한 경우 명의개서대리인은 주주명부 폐쇄기준일과 그 사유 및 내용을 예탁결제원에 통지하여 실질주주명부가 조속히 작성될 수 있도록 조치한다(자본시장법 제315조제3항).

그 외에도 동일인이 주주명부와 실질주주명부에 동시에 등재되어 주주명부의 주식수와 실질주주명부의 주식수가 합산된 경우 해당 실질주주의 명칭과 권리 배정내용을 실질주주의 관리 주체인 증권회사가 알 수 있도록 예탁결제원에 그 내용을 통지한다. 또한 신주인수권을 행사하는 실질주주가 증권회사를 통하지 않고 직접 청약한 경우에는, 그 청약자에게 배정되는 주식은 해당증권회사에 배정되므로 그 사실을 예탁결제원에 통지하여야 한다.

3.4.3. 실질주주에 대한 주권과 배당금 교부

명의개서대리인은 신주인수권의 행사, 준비금이나 재평가적립금의 자본전입, 주식배당과 일괄예탁 등의 사유로 새로이 발행되는 증권은 예탁결제원 명의로 발행하여 교부한다(대행규정 제83조). 즉 실질주주에 대한 주권 교부가 실질주주별로 발행되지 않음으로써 주권 발행 절차를 쉽게 할 수 있는 것이다.

그리고 실질주주에 대한 배당금도 실질주주별 합계액을 예탁결제원에 지급한다. 이를 수령한 예탁결제원은 이를 다시 예탁자별로 지급하고, 예탁자는 그 실질주주별로 다시 배분한다. 이와 같이 실질주주에 대한 주권과 배당금을 예탁결제원에 일괄 교부함으로써 명의개서대리인의 업무가 효율적으로 운영될 수 있게 되었다.

제2절 채권등록제도

1 채권등록제도의 개요

채권등록제도란 채권자가 채권을 소지하지 않고 등록기관에 등록함으로써 발행회사와 제3자에게 대항할 수 있는 권리가 보장되는 제도를 말한다. 이 제도는 발행회사에게는 발행 비용 절감 및 사무의 합리화를, 채권자에게는 채권실물 보유에 따른 분실 · 도난의 위험을 피하도록 하여 채권 투자자의 안정성을 보장해 주기 위한 것이다.

채권등록제도는 채권이 존재하지 않는 등록채권의 존재를 인정하고(국채법 제8조제1항 및 공사채등록법 제5조제1항) 그 채권의 양도와 관련하여 채권의 직접적인 교부를 필요로 하지 않는다(국채법 제9조제1항 및 공사채등록법 제6조제1항).

이는 주권이나 사채권을 발행하고 양도 시에는 실물을 교부하도록 한 민법 및 상법[41]의 취지와 부합하지 않음은 물론이다. 그러나 채권자는 공사채의 등록이 말소된 때에는 채권의 발행을 청구할 수 있으므로 채권 자체가 완전히 불발행되는 것은 아니다. 즉 공사채가 등록되어 있는 경우에만 채권을 발행할 수 없는 것이다. 이런 측면에서 완전한 불발행을 전제로 하는 전자증권제도와는 차이가 있다.

독일에서는 국채 실물 보관에 따른 정적 위험으로부터 채권자를 보호하기 위해 1891년 제정된 「국채등록법(Reichsschuldbuchgesetz)」에 따라 국채등록제도가 실시되었다. 이후 유통 기능을 강화하기 위해 증권예탁결제제도와 결합하였다(1940.12.31. 제1명령 제2조제1항, 1942.4.18. 제2명령 제2조). 그리고 1951년 3월 29일의 「1950년 국채법(Anleihe-Gesetz von 1950)」은 상기 제1명령 및 제2명령이 연방채와 연방등록부에 등록된 등록국채에도 적용됨을 규정하였고, 마침내 1972년 개정 유가증권예탁법 제2조에서 상기 명령이 주채권(州債券)과 주등록채(州登錄債)에도 적용된다고 함으로써 법적 기반이 완성되었다. 이것이 국채를 증권예탁결제제도와 연결하여 채권 실물 발행없는 국채의 양도를 가능하게 한 국채집합등록제도이다.

---

41 개정상법(2012.4.15. 시행)에 의해 회사는 주권을 정관이 정하는 바에 따라 전자등록기관의 전자등록부에 등록(상법 제356조의2제1항)할 수 있으며, 금전의 지급청구권 등 채권등에 대해서도 전자등록부에 등록하여 발행할 수 있다(상법 제65조제2항). 이 경우 양도나 입질은 전자등록부에 등록하여야 효력이 발생하며, 전자등록부에 권리추정 효력 및 선의취득을 인정한다. 따라서 회사가 주식 및 채권등을 전자등록부에 의해 발행하는 경우 실물증권의 교부가 아닌 전자등록부에의 등록에 의하여 양도하므로 실물증권 교부에 대한 예외가 된다.

일본은 1907년 「국채에 관한 법률」에 따라 국채등록 업무를 시작했다. 처음에는 정적 안전을 고려한 국채등록제도를 시행했으나, 국채 대량 발행 관리의 합리화를 위해 1980년 국채의 일괄등록에 관한 성령(省令)을 제정하여 일본은행에서 국채의 등록과 이에 대한 계좌대체를 동시에 처리하는 소위 국채일괄등록제도가 시행되었다. 이를 통해 국채의 실물 없는 발행과 장부상 계좌대체로 권리를 이전하는 증권 무권화 시스템이 구비되었다. 그리고 공사채에 대해서는 1942년 「사채등 등록법」이 제정되었으나 공사채별 근거 법률이 복잡 다양하고 사채권자의 실물 보유 선호 성향으로 공사채등록 업무의 이용이 미흡한 실정이었다. 1991년에는 대장성을 중심으로 공사채등록제도의 개선에 관해 검토한 바 있는데, 모두가 불필요한 절차를 간소화하고 특히 유통성의 제고를 위한 조치들이었다. 예컨대 수탁자 명의의 등록제도를 도입하여 매매거래의 합리화를 기하며, 국채일괄등록제도와 마찬가지로 공사채등록제도와 증권예탁결제제도를 연계하는 방안을 검토한 것 등이 그 예이다. 이후 2002년 공사채등록법을 폐지하고, 「사채등 대체에 관한 법률」을 제정해 2003년 1월부터 시행하였다. 이 법률은 단기 사채뿐만 아니라 회사채, 국채, 수익증권 등도 등록 발행하고 대체 기재에 의해 권리를 이전할 수 있도록 하였다. 이로써 일본에서는 채권에 대한 완전한 불발행, 즉 전자증권제도를 도입한 것이다.

미국은 대륙법 계통의 등록제도 개념은 없었으나, 국채를 발행하고 관리하는 어려움을 극복하기 위한 제도로 재무부증권의 계좌대체 시스템을 개발하여 운영했다. 국채의 인도에 대한 합리화는 1920년의 전신이체(telegraphic transfer)가 있었으나 여전히 고객과의 현물 수수는 남아 있었다. 1968년부터 실물 증권의 발행을 중지하고 장부상 기재 발행과 계좌대체에 의한 증권 교부의 효력을 인정함으로써 제도의 활성화를 꾀하고 있다.

우리나라는 채권의 등록 발행과 관련해 국채에 대해서는 1979년 「국채법」을 제정하였으며, 공사채에 대해서는 1970년 「공사채등록법」을 제정해 운용하고 있다. 등록 발행되는 국채와 공사채는 채권자의 청구에 의해 예탁결제원 명의로 일괄등록 발행되고 있다. 일괄등록 발행된 채권은 증권예탁결제제도와 연계되어, 매매거래에 따른 양도는 증권예탁결제제도 내에서 계좌대체에 의해 편리하게 이루어진다. 따라서 국채 및 공사채에 대한 등록제도와 자본시장법상의 일괄등록제도가 접목되어, 발행자는 발행 비용의 절감과 발행 업무의 편의를 도모할 수 있게 되었고, 채권자는 증권예탁결제제도를 이용해 계좌대체에 의해 양도함으로써 보유 채권을 편리하게 양도할 수 있게 되었다.

❷ 채권등록제도의 현황

2.1. 법적 근거

우리나라의 채권등록제도에 관한 법적 근거는 「국채법」과 「공사채등록법」이다. 국채법에서는 국채 발행과 관리에 관한 기본적인 사항과 국채의 등록에 관한 사항을 규정하고 있다. 공사채등록법은 공사채등록에 관한 제반 사항을 규정하고 있다.

한편 자본시장법에서는 예탁된 공사채 및 국채에 대하여 중앙예탁결제기관인 예탁결제원 명의로 등록을 할 수 있도록 규정하고 있다(자본시장법 제309조제5항).

2.2. 등록기관

국채의 경우 국채법에 의해 법령에 특별한 규정이 없는 한 한국은행이 국채등록기관 역할을 담당한다. 다만, 국채 중에서 국민주택채권에 대해서는 「주택도시기금법시행령」의 규정에 따라 예탁결제원이 등록기관 업무를 수행한다(주택도시기금법시행령 제5조제3항). 그리고 공사채의 경우 등록기관 업무를 수행하기 위해서는 공사채등록법시행령(제1조의2)에 의해 금융위원회에 등록기관으로 등록하여야 한다. 공사채등록기관 역할을 수행할 수 있는 자는 (ⅰ)자본시장법 제294조의 규정에 의한 예탁결제원, (ⅱ)자본시장법시행령 제10조제2항제1호부터 제3호까지의 금융기관[42]으로 되어 있다. 중앙예탁결제기관인 예탁결제원은 1993년 9월 15일 재무부장관으로부터 공사채등록업무의 인가를 득하여 이 업무를 수행하고 있다.

2.3. 등록대상채권

현행법상 채권자가 등록기관을 이용해 등록할 수 있는 채권은 국채와 공사채이다. 이 중 공사채란 (ⅰ)지방자치단체가 발행하는 채권, (ⅱ)특별법에 따라 법인이 발행한 채권, (ⅲ)사채권, (ⅳ)외국 정부, 외국의 공공 단체 또는 외국 법인이 발행한 채권으로서 금융위원회가 지정한 것, 그리고 (ⅴ)양도성예금증서를 말한다(공사채등록법 제2조). 또한 해당 공사채가 기명식이든 무기명식이든 등록채권으로 발행하는데 영향을 미치지 않는다.

---

42 공사채등록법시행령상 금융기관 중 「은행법」에 따른 금융기관, 「한국산업은행법」에 따른 한국산업은행 및 「중소기업은행법」에 따른 중소기업은행이 공사채등록기관이 될 수 있으나, 실제로 공사채에 대한 등록기관 업무를 수행하지는 않는다.

3 등록기관의 업무

3.1. 등록청구

실물 채권의 보관 위험을 회피하고자 하는 모든 채권자와 기타 이해 관계자가 등록 청구권자(請求權者)가 된다. 현행법상 청구권자를 국채법에서는 채권자(국채법시행령 제14조제1항), 공사채등록법에서는 채권자, 질권자 및 기타 이해 관계자라 규정하고 있다(공사채등록법 제4조제2항). 그러나 국채법시행령 제17조와 제18조의 규정 해석상 국채에 있어서도 청구권자의 범위에 질권자 및 기타 이해 관계자가 포함된다고 본다. 양도, 질권 설정 등 상대방이 있는 청구의 경우에는 공동으로 청구하여야 한다(공사채등록법시행령 제5조제2항 및 국채법시행령 제17조 및 제18조).

또한 예탁결제원은 등록의 청구에 대하여 제출서류의 적격성 및 첨부 채권의 하자 유무 등 형식적 요건만을 심사하며, 그 실질적인 권리내용에 대하여는 심사하지 않는다(채권등록업무규정 제12조제1항).

등록을 완료한 때에는 채권자등에게 등록 사유별로 등록필증을 작성하여 교부하여야 한다. 다만, 채권자의 요청이 있는 경우에는 등록필증의 작성을 유예할 수 있다. 또한 등록필증을 멸실 · 훼손 또는 분실한 자는 등록기관에 대하여 등록필증의 재교부를 청구할 수 있다. 등록필증을 재교부하는 경우에는 그 등록필증에 "재교부"라는 문자를 표시하여야 한다(채권등록업무규정 제23조 및 제24조).

그리고 예탁결제원이 등록을 한 때에는 공사채 등록내역을 발행자 및 원리금 지급기관에 통지하여야 한다. 다만, 무기명채권의 경우에는 최초로 등록한 때에만 통지한다(채권등록업무규정 제25조제1항).

3.2. 채권의 불발행

청구권자의 채권등록 청구가 있으면 국채 · 공사채 모두 아직 발행되지 않은 채권의 경우 그 채권을 발행하지 아니하고(국채법 제8조제1항 및 공사채등록법 제5조제1항) 이미 발행된 채권에 대해서는 회수하여야 한다(국채법시행령 제14조제2항 및 공사채등록법 제5조제2항). 그러나 채권자는 등록 정지 기간을 제외하고 언제든지 채권의 발행을 청구할 수 있다. 다만, 공사채의 발행자가 공사채의 발행 조건에서 채권을 발행하지 않기로 정한 경우에는 실물 채권을 발행하지 않는다(공사채등록법 제4조제5항).

3.3. 등록채권의 이전

채권 양도는 양도 합의와 채권 교부에 의하는 것이 일반적이나, 등록된 채권의 경우는 채권 실물 교부가 없는 것이 특징이다. 이러한 등록채권을 이전하고자 하는 경우에는 양도자와 양수자가 공동으로 날인한 이전등록청구서에 등록필증을 첨부하여 제출하여야 한다. 다만, 양도자의 승낙서가 첨부된 경우와 판결, 상속 등 일반승계로 인한 경우에는 양수자 단독으로 할 수 있다(채권등록업무규정 제15조).

무기명식의 등록공사채를 이전하거나, 담보권의 목적으로 하거나, 신탁재산으로 위탁한 때에는 이를 등록하지 않으면 그 공사채 등의 발행자 그 밖에 제3자에게 대항하지 못한다(공사채등록법 제6조제1항). 또한 기명식의 등록공사채를 이전하거나 담보권의 목적으로 하거나, 신탁재산으로 위탁한 때에는 이를 등록하고 발행자가 비치하는 공사채원부에 그 뜻을 기록하지 아니하면 해당 공사채의 발행자 그 밖의 제3자에게 대항하지 못한다(공사채등록법 제6조제2항).

또한 예탁결제원은 원리금을 수령할 등록채권자 등의 확정을 위하여 원리금 상환일 전 3영업일간 이전등록의 청구를 제한할 수 있다(채권등록업무규정 제13조). 다만, 예탁채권을 예탁결제원 명의로 이전등록하거나, 양도성예금증서를 이전등록하는 경우에는 원리금상환일 전 2영업일간 이전등록을 제한하고 있다(채권등록업무규정시행세칙 제4조).

3.4. 담보권 등의 등록

채권자는 등록된 채권에 대한 질권 설정 등의 담보 활용이 가능하다. 국채법 및 공사채등록법에도 담보권에 관한 사항은 그 뜻을 등록함으로써 정부(공사채는 해당 공사채 발행자)와 기타 제3자에게 대항할 수 있다고 명시하고 있다(공사채등록법 제6조).

질권등록을 청구하는 경우에는 질권자와 질권설정자가 공동으로 날인한 질권등록 청구서에 등록필증을 첨부하여 제출하여야 한다. 다만, 질권설정자의 승낙서가 첨부된 경우에는 질권자 단독으로 청구할 수 있다(채권등록업무규정 제17조제1항). 질권말소의 경우에도 공동으로 청구하여야 하며, 질권자의 승낙서가 첨부된 경우에는 질권설정자 단독으로 할 수 있다(채권등록업무규정 제17조제2항).

등록공사채의 질권설정 및 말소에 관한 예탁결제원 업무규정은 공사채등록법 상 양도 · 질권설정 등 상대방이 있는 경우 공동으로 청구하여야 한다는 법 시행령(제5조제2항)을 예탁결제원 규정에 그대로 반영한 것이다.

이는 등록제도에서는 증권 실물이 존재하지 않아 증권점유에 따른 권리추정력을 부여할 수 없고, 양도 등 사실관계를 증명하는 것이 사실상 어렵다는 이유로 권리다툼의 소지를 최소화하기 위한 입법적인 조치[43]로 보여진다.

등록채권에 대하여 신탁의 등록을 청구하는 경우에도 위와 같다(채권등록업무규정 제18조).

3.5. 등록채권에 대한 권리행사

등록된 채권에 대하여 원리금 상환이 예정되면 상환일전에 공사채등록기관인 예탁결제원은 원리금상환통지서를 작성하여 채권자, 질권자 및 담보권자에게 송부한다. 다만, 원리금상환일 3영업일 전부터 상환일 전까지 신규 등록된 채권자 등에 대하여는 통지하지 않는다(채권등록업무규정 제26조).

그리고 공사채의 발행자가 등록공사채의 상환을 한 경우에는 이를 증명할 서류를 첨부하여 등록기관인 예탁결제원에 통지하여야 한다. 등록기관인 예탁결제원은 이 통지를 받은 때에는 직권으로 지체 없이 그 사유를 공사채등록부에 기재하고 해당 공사채의 등록을 말소하여야 한다(공사채등록법시행령 제48조제1항 · 제3항).

제3절 사채관리회사제도

1 사채관리회사제도의 개요

1.1. 사채관리회사의 의의

(1) 정의

사채관리회사란 사채 발행회사로부터 사채의 변제 수령, 채권 보전, 그 밖의 사채관리

43 이와 관련하여 담보설정 시 이미 제3자 대항력을 갖춘 공사채등록부가 존재하여 등록채권자인 질권설정자가 단독으로 질권을 설정하더라도 권리다툼의 소지가 거의 없다는 점, 그리고 예탁자인 질권설정자가 단독으로 질권을 설정(증권등예탁업무규정 제25조제1항)할 수 있는 증권예탁제도와의 형평성을 맞출 필요가 있다는 점에서 질권설정자 단독으로 질권설정할 수 있도록 하는 것이 바람직한 입법이 아닌가 생각된다. 질권말소의 경우에도 질권자 단독으로 할 수 있음은 또한 같다.

를 수탁 받아 처리하는 기관을 말한다(상법 제480조의2).

(2) 도입 취지

사채(社債)는 이표채형태로 발행되어 최종 원금의 상환 이전에 수차례에 걸쳐 사채권자의 권리를 행사하여야 하는데, 사채권자가 일반 투자자인 경우 자신의 권리행사에 익숙하지 못한 것이 일반적이다. 이에 상법은 사채권자 전원을 위한 일종의 법정대리인으로서 사채관리의 사무 전반을 관장하는 사채관리회사 제도를 도입하고, 이에 대해 사채권자 보호를 위한 각종의 권한 및 의무 · 책임 등을 법상 규정하였다.

이미 종래에도 사채발행을 모집 · 주선하는 수탁회사가 같은 사무를 담당하였으나, 기본적으로 발행회사로부터 보수를 받고 발행회사를 위하여 사채모집을 주선하는 자가 사채권자를 위해 사채를 관리한다는 것은 일견 이해상충의 문제를 야기한다고 할 수 있으므로 상법개정(2012.4.15. 시행)을 통해 사채관리의 사무를 수탁회사와 분리시켜 독립적으로 수행하도록 하였다.[44]

1.2. 사채관리회사의 지정 · 자격

(1) 사채관리회사의 지정

사채관리회사의 업무는 사채권자를 위한 것이지만 이를 지정하는 주체는 발행회사이다(상법 제480조의2). 발행회사는 사채관리회사의 자격요건을 갖춘 자와 사채관리계약을 체결함으로써 사채관리회사를 지정한다.

상법에서는 사채관리회사 지정대상 채권의 범위를 제한하지 않고 단지 '사채'라고만 규정함에 따라 회사가 채권발행형식으로 일반대중으로부터 집단적 · 대량적으로 부담하는 모든 채무를 그 대상으로 볼 수 있다. 또한 조건부자본증권 등 신종사채의 지속적 도입으로 향후 그 대상이 확대될 것으로 예상된다.

다만, 우리상법은 사채관리회사의 지정을 강제하고 있지 않으므로 이 제도의 실효성에는 한계가 있다. 왜냐하면 사채관리회사 업무가 독립된 업무이므로 이를 위해 별도의 보수를 지급하며 사채관리회사를 지정해야 하는데 다른 유인동기가 없는 한 발행회사 입장에서는 굳이 비용을 들여서 사채관리회사를 지정할 이유가 없는 것이다.[45] 그러나 「증권인수업무 등에 관한 규정」(제11조의2제2항)에서는 금융투자회사가 금융채 및 특수채 등을 제외한 공모 · 무보증 형태의 사채인수 시 발행회사와 사채관리회사 간 한국금융투자협회가 정한

44 법무부, 「상법(회사편) 개정안 해설자료(2008)」, 283쪽.

45 이철송, 전게서(2011), 221쪽.

표준무보증사채관리계약서에 의한 계약이 체결된 것이어야 한다고 규정하여 간접적으로 사채관리회사의 지정을 강제하고 있다.

(2) 사채관리회사의 자격

사채관리회사는 은행, 신탁회사 그 밖에 대통령령으로 정하는 자만이 할 수 있다고 규정하고 있으며 이에 따라 시중은행, 산업은행, 기업은행, 농협, 수협 및 자본시장법상 신탁업자와 투자매매업자 뿐만 아니라 예탁결제원과 증권금융회사도 사채관리회사의 업무를 영위할 수 있도록 하고 있다(상법 제480조의3제1항 및 동법시행령 제26조).

이렇게 사채관리회사의 자격에 제한을 둔 이유는 사채관리회사의 업무가 다수의 사채권자를 위한 공익적 성격의 업무이므로 금융사무에서의 전문성과 고도의 신용을 갖춘 기관만이 수행할 수 있다는 판단에서 비롯되었다.

다만, 사채권자와의 이해상충 방지 차원에서 사채의 인수인은 그 해당 사채에 대해서 사채관리회사가 될 수 없고, 사채를 발행한 회사와 특수한 이해관계에 있는 자로서 상호최대주주, 주요주주, 대주주 또는 계열회사 지위에 있게 되거나 주식의 보유, 임원 겸임 등의 경우에도 사채관리회사가 될 수 없다고 규정하고 있다(상법 제480조의3제2항 · 제3항 및 동법시행령 제27조).

(3) 예탁결제원의 사채관리업무 수행의 의의

예탁결제원은 앞에서 언급한 바와 같이 상법에 따라 사채관리회사의 업무를 영위할 수 있다. 은행이 사채관리회사가 되는 경우 은행이 발행회사에 대하여 보유한 자신의 대출채권을 먼저 회수할 유인이 존재하고, 증권회사의 경우에도 그 발행회사의 인수인이 아니라도 언제든지 잠재적 인수인으로서 증권회사 본인 및 사채발행회사의 이익을 대변할 가능성이 존재함에 따라 사채권자와의 이해상충이 발생할 가능성이 높다.

이러한 이유로 상법 시행령에서 사채발행회사와 특수한 이해관계가 있는 금융기관 등을 배제하면서 예탁결제원이 사채관리회사의 업무를 영위할 수 있다고 규정하였는데 , 이는 중앙예탁결제기관으로서 사채발행회사와 사채권자 사이에서의 중립적 입장으로 이해상충이 발생할 소지가 적다는 측면을 고려한 입법이라 할 수 있다.

이렇게 중앙예탁결제기관인 예탁결제원이 사채관리업무를 수행함으로써 향후에는 사채를 실질적으로 소유하고 있는 투자자들에게 사채의 권리변동과 관련된 정보를 통지할 수 있는 체계를 갖추어 사채권자의 권리를 한층 더 보호할 수 있을 것으로 보인다.

2 사채관리회사의 주요 업무

2.1. 개관

사채관리회사는 평상시에는 발행회사 및 사채에 관한 정보를 관리하고 사채관리계약상 의무이행상황 및 재무 · 신용변동사항 등을 모니터링한다.

발행회사의 채무불이행 징후가 발생하면 사채 보전을 위한 사전 조치 차원에서 사채권자에게 해당 사실을 공고 또는 통지하는 한편, 필요하면 발행회사의 업무 및 재산상태를 조사한다.

이후 실제로 해당 사채에 대해 채무불이행이 발생하면 사채관리회사는 사채권자집회를 소집하여 사채권자 보호를 위해 필요한 사항을 결의하고 집행하며, 필요한 경우에는 채무자회생법에 따른 절차에 참가하거나 소송을 제기하여 채권보전조치를 실행하고 채권자에게 변제금을 수령 · 지급 등의 업무를 수행한다.

이하에서는 이러한 주요 업무를 사채관리회사의 권한 · 의무와 사채권자집회를 중심으로 살펴보기로 한다.

2.2. 사채관리회사의 권한

사채관리회사의 권한에는 상법에서 정하는 법정권한과 발행회사와 사채관리회사 간에 체결하는 사채관리계약에서 정한 약정권한이 있다.

2.2.1. 법정 권한

(1) 사채의 변제 및 채권보전을 위한 권한

사채관리회사는 사채권자를 위하여 사채에 관한 채권을 변제받거나 채권의 실현을 보전하기 위하여 필요한 재판상 또는 재판 외의 모든 행위를 할 수 있다(상법 제484조제1항). 이에 따라 사채관리회사는 사채권자의 별도 수권행위 없이도 발행회사에 대하여 사채의 상환을 청구할 수 있고, 사채권자 전체의 이름으로 소를 제기할 수 있음은 물론이다. 이러한 사채관리회사의 지위는 일종의 법정대리권으로 볼 것이며, 이 같은 대리권을 부여한 것은 사채의 상환에 있어 발행회사와 사채권자의 편의를 도모하고 사채권자를 두텁게 보호하기 위한 것이다. 그러므로 사채관리회사가 대리권을 갖는다고 해서 사채권자의 개별적인 상환청구권이 소멸하는 것은 아니고 각 사채권자는 사채관리회사와 별개로 발행회사에 상환을

청구할 수 있다는 것이 종래의 통설이다.[46]

동 규정에 의해 사채관리회사의 권한에 속하는 행위에는 사채의 상환청구, 변제금 수령, 지급청구를 위한 소 제기, 사채권 보전을 위한 가압류 신청, 확정판결 등 집행권원에 기한 강제집행 신청 등이 있다.[47] 사채의 상환은 원금뿐만 아니라 이자의 지급도 당연히 포함되며, 시효의 중단, 회생 또는 파산절차 참가 등과 같은 권리보전 행위도 사채의 상환에 필요한 행위에 포함되는 것으로 본다.

(2) 발행회사 업무 · 재산상태 조사권

사채관리회사가 채권을 변제받거나 채권의 실현을 보전하기 위한 행위를 할 때 또는 사채 전부의 지급유예, 책임의 면제 및 사채 전부에 관한 소송 등에 속하는 행위를 하고자 할 때에는 법원의 허가를 받아 사채를 발행한 회사의 업무와 재산상태를 조사할 수 있다(상법 제484조제7항). 이는 사채관리회사가 앞서 행위들을 함에 있어 사채권자들을 위한 최적의 판단을 내리기 위해서는 발행회사(채무자)의 지급능력을 파악할 필요가 있고, 이를 위해서는 발행회사의 업무와 재산상태에 관한 정확한 현황파악이 전제되어야 함을 감안하여 개정 상법(2012.4.15. 시행)에서 신설된 권한으로서 기존의 구 상법상 수탁회사의 권한에 비하여 사채관리회사의 권한을 크게 강화한 것이라 볼 수 있다.[48]

(3) 사채권자집회 소집 · 운영에 관한 권한

사채관리회사는 사채권자집회의 소집, 출석 및 의견진술, 결의사항의 집행 등의 권한을 갖는다(상법 제491조제1항, 제493조제1항 및 제501조).

(4) 집회결의를 통한 권한행사

상법에서는 사채를 변제 받거나 채권의 실현을 보전하기 위해 필요한 행위에 관해 사채관리회사에 포괄적인 권한을 부여하고 있으나(제484조제1항), 구체적인 행위의 내용에 따라서는 오히려 사채관리회사의 월권(越權)으로 사채권자의 권리가 침해될 수 있는 가능성도 있다. 그리고 적기의 신속한 사채관리를 위하여 사채관리회사의 단독결정에 맡길 경우 사채권자의 의사에 부합하지 않는 사채관리 가능성이 존재하므로 상법에서는 사채권자의 이해관계에 중대한 영향을 미치는 사항은 반드시 사채권자집회를 열어서 결정하여야 한다고 규정하고 있다(상법 제490조).

---

46 손주찬 · 정동윤, 「주석 상법(10)」, 한국사법행정학회, 2003, 118쪽.
47 江頭憲治郎, 「會社法コンメンタール 16」, 商事法務, 2010, p.142.
48 이철송, 전게서(2011), 225쪽.

이에 대한 구체적인 사례를 살펴보면 (ⅰ)해당 사채 전부에 대한 지급의 유예, 그 채무의 불이행으로 발생한 책임의 면제 또는 화해, (ⅱ)사채에 관한 채권을 변제받거나 채권의 실현을 보전하기 위한 것이 아닌 해당 사채 전부에 관한 소송행위 또는 채무자회생 및 파산에 관한 절차에 속하는 행위가 이에 해당한다(상법 제484조제4항 본문). 다만, (ⅱ)의 경우에 발행회사는 계약에서 별도로 사채관리회사가 사채권자집회 결의를 얻지 아니하고 할 수 있음을 정할 수 있고(상법 제484조제4항 단서) 이에 따라 사채관리회사가 사채권자집회 결의 없이 (ⅱ)의 행위를 한 때에는 지체 없이 그 뜻을 공고하고 알고 있는 사채권자에게는 따로 통지하도록 하고 있다(상법 제484조제5항).

2.2.2. 약정권한

(1) 발행회사에 대한 보고서 등 제출 요구권

사채관리회사는 사채관리계약서 및 「사채관리 업무규정」(예탁결제원이 사채관리회사의 업무를 수행하기 위하여 제정하여 금융위원회에 보고한 업무규정을 말한다) 등에서 정하는 바에 따라 법정권한 이외의 권한을 발행회사에 대해 행사할 수 있다. 이러한 권한은 사채권자의 보호를 위해 필요한 최소한의 범위로 한정하여야 한다.

먼저 발행회사에 대해 자본시장법에 따른 증권발행실적보고서(제128조), 사업보고서(제159조), 반기 · 분기보고서(제160조) 및 주요사항보고서(제161조)와 사채관리계약에 따른 이행상황보고서 등을 사채관리회사에 제출하거나 통지하도록 요구할 수 있다. 그리고 기한이익상실 사유가 발생하였거나 발생할 개연성이 높은 경우 그 사실 그리고 해당 사채 외에 다른 금전지급채무의 기한이익이 상실된 경우 그 사실 또한 통지하도록 요구할 수 있다(사채관리업무규정 제11조).

(2) 법원의 허가 없는 발행회사 업무 및 재산상태 조사권

사채관리회사는 법정권한으로서 조사권을 발동할 사유 이외에도 발행회사가 사채관리계약을 위반하였거나 위반하였다는 합리적 의심이 생긴 경우, 그리고 그 밖에 사채의 원리금 지급에 관하여 중대한 영향을 미친다고 합리적으로 판단되는 사유가 발생한 경우로서 사채관리계약에서 정함이 있는 때에는 법원의 허가 없이도 발행회사의 업무와 재산상태에 대하여 정보 또는 자료의 제공요구나 실사 등의 방법으로 조사할 수 있다(사채관리업무규정 제12조제2항).

또한 단독 또는 공동으로 미상환된 사채 총액의 3분의 1이상에 해당하는 사채를 소유한 사채권자가 조사권 발동사유가 있음을 소명하여 사채관리회사에 조사를 요구하는 경우

사채관리회사는 특별한 사유가 없는 한 이에 따라야 한다. 다만, 사채관리회사는 그 조사에 필요한 비용의 선급이나 그 지급의 이행보증, 그 밖에 비용의 충당에 필요한 합리적 조치를 요구할 수 있으며 그 요구에 따른 의무 등을 사채권자가 이행하기 전까지는 사채권자의 요구에 응하지 아니할 수 있다(사채관리업무규정 제12조제3항 · 제4항).

(3) 선언에 의한 기한이익상실

발행회사가 파산 또는 해산한 경우, 계속하여 6개월 이상 영업을 하지 아니한 경우, 회생절차 개시의 신청이 있는 등 기업의 조속한 경영정상화가 어렵다고 인정되는 경우 및 그 밖에 사채관리계약에서 정하는 기한이익상실 사유가 발생한 경우(사채의 만기 지급기일 도래 시 원리금 지급 불이행의 경우 등) 발행회사는 해당 사채에 대해 기한의 이익을 즉시 상실한다. 다만, 예외적으로 사채관리계약에서 정함이 있는 경우에는 사채권자집회의 결의를 얻어 기한이익상실을 취소할 수 있도록 하고 있다(사채관리업무규정 제13조).

그러나 사채관리회사 또는 사채권자는 사채에 대한 기한이익 상실사유가 발생할 개연성이 높은 사유로 사채관리계약에서 정한 사유(이하 '기한이익 상실원인'이라 한다)가 발생한 경우 사채권자집회의 결의를 거쳐 기한이익 상실선언을 할 수 있다. 다만, 이 경우에도 사채관리회사는 사채권자집회의 소집 전에 일정한 기간을 정하여 사채에 대한 보증 또는 담보의 제공 등의 조치를 취할 것을 발행회사에 요구할 수 있으며, 그 요구에 따라 조치를 이행한 발행회사에 대하여는 기한이익 상실원인이 발생하지 아니한 것으로 간주할 수 있다(사채관리업무규정 제14조). 표준 사채관리계약서상 주로 정하고 있는 기한이익 상실원인은 (ⅰ)원금의 일부 또는 이자 지급의무 불이행, (ⅱ)해당 사채 이외의 채무의 만기지급 해태 또는 불이행 또는 관련 담보 실행, (ⅲ)발행회사 재산의 전부 또는 중요부분에 대한 압류명령 결정 또는 임의경매 개시, (ⅳ)부채비율 등 재무제한조항 위반 그리고 (ⅴ)재무제한조항을 제외한 기타 사채관리계약상 의무이행 해태지속 등이다(사채관리업무규정 제14조).

2.3. 사채관리회사의 의무와 책임

(1) 선관주의의무

사채관리회사는 사채권자에 대하여 선량한 관리자의 주의로 사채를 관리하여야 한다(상법 제484조의2제2항). 사채관리회사의 선관주의의무란 기본적으로 민법 제681조에서 정하는 수임인의 선관주의의무와 같다. 그리고 사채관리회사가 선량한 관리자로서의 주의를 베풀어야 할 대상은 주로 상법 제484조제1항이 정하는 사채에 관한 채권을 변제받거나 채권의 실현을 보전하기 위한 행위, 즉 원리금채권의 시효중단, 발행회사에 대한 적시의 이행

청구, 적시의 집행 등이 되겠지만 이를 포함하여 필요한 부수적인 행위 일체에 미친다.[49]

(2) 공평 · 성실의무

상법은 특히 사채관리회사에게 사채권자를 위해 공평하고 성실하게 사채를 관리할 것을 명하고 있다(상법 제484조의2제1항). 사채관리회사가 발행회사에 대해 채권을 가지고 있는 경우 사채권자에 우선하여 자신의 권리를 행사해서는 안 된다는 의미와 다수 사채권자들의 권리를 균등하게 관리하라는 의미이다. 예컨대 발행회사로부터 원금의 일부만 변제받은 경우 사채권자들에게 그 채권에 비례하여 배분해야 하다. 이는 기본적으로 선관주의의무이지만 사채관리회사가 다수 사채권자의 사채를 관리한다는 사무의 특성을 감안하여 주의적으로 규정한 의무이다.[50]

(3) 손해배상책임

상법은 사채권자의 보호를 위해 사채관리회사에게 손해배상책임을 부담시키고 있다. 즉 사채관리회사가 상법이나 사채권자집회결의를 위반한 행위를 한 때에는 사채권자에 대하여 연대하여 이로 인하여 발생한 손해를 배상할 책임이 있다고 규정하고 있다(상법 제484조의2제3항). 여기서 상법에 위반한 행위에는 상법의 개별규정에 위반한 경우뿐만 아니라 상법 제484조의2에서 규정하고 있는 공평 · 성실의무나 선관의무를 위반한 경우도 포함한다고 보아야 할 것이다.

상법에서는 사채관리회사의 권한을 강화하면서 그 권한에 대응하는 책임관계를 분명히 하고자 주의의무와 책임에 관한 규정을 명문화하였다. 다만, 개정 전 상법과 동일하게 사채관리회사와 사채권자 사이에는 위임관계를 갖고 있지 않기 때문에 상법의 책임규정은 사채권자의 보호를 위해 사채관리회사에 부여한 법정의무의 실효성을 확보하기 위해 인정한 법정책임으로 보는 것이 타당할 것이다.[51]

구체적인 손해배상책임 관계를 살펴본다면 사채관리회사는 발행회사가 사채관리계약에서 정하는 바에 따라 사채관리회사에 통지하거나 제공한 서류, 정보 또는 보고서 등을 믿고 업무를 처리한 경우에 이에 따라 발생한 손해에 대해서는 원칙적으로 책임을 부담하지 아니하지만, 예탁결제원이 그 내용이 거짓이거나 왜곡되었음을 알았거나 중대한 과실로 알지 못한 경우에는 그러하지 아니한다(사채관리업무규정 제23조제1항).

49 이철송, 「회사법강의」, 박영사, 2012, 997쪽.
50 이철송, 전게서(2012), 997쪽.
51 이철송, 전게서(2012), 998쪽.

2.4. 사채권자집회

(1) 의의

사채권자집회는 사채권자로 구성되며, 사채권자의 이익에 중대한 관계가 있는 사항에 관하여 같은 종류의 사채권자의 총의(總意)를 결정하기 위하여 소집되는 사채권자단체의 임시적 의결기관으로 볼 수 있다.

각 사채권자들은 원칙적으로 장기 · 대량의 사채 가운데 극히 부분적인 소유자에 지나지 않는 일반 대중으로서 계속적으로 공통의 이해관계에 있으므로 이러한 사채권자들에 대해 그 이익을 집단적 · 공동적으로 옹호할 수 있는 조직을 꾸며 줌과 동시에 발행회사에 대해서도 분산된 사채권자와 개별적으로 절충하는 불편을 덜어줄 필요가 있다. 사채권자집회는 이 같이 사채권자들의 이해를 집단적으로 관리할 필요에서 둔 기구이다.[52]

(2) 소집권자

발행회사 또는 사채관리회사가 소집하나(상법 제491조제1항), 해당 종류의 (미상환) 사채 총액의 10분의 1이상에 해당하는 사채권자도 회의의 목적사항과 소집의 이유를 기재한 서면 또는 전자문서로 소집권자에게 사채권집회의 소집을 청구할 수 있다(상법 제491조제2항).

이 소집청구에 응하지 않을 때에는 사채권자는 법원의 허가를 얻어 사채권자집회를 직접 소집할 수도 있다(상법 제491조제3항 및 제366조제2항).

(3) 소집사유

사채권자집회는 상법에서 규정하고 있는 사항 및 사채권자의 이해관계가 있는 사항에 관한 결의를 위해 소집된다(상법 제490조). 상법상 규정된 사유는 사채변제와 관련한 행위로서 해당 사채 전부에 대한 지급의 유예, 그 채무의 불이행으로 발생한 책임의 면제 또는 화해, 해당 사채 전부에 관한 소송행위 또는 채무자회생 및 파산에 관한 절차에 속하는 행위를 하는 경우(상법 제484조제4항), 자본감소 · 합병 결의에 대한 이의제출(상법 439조제3항 및 제530조제2항), 사채권자집회의 대표자 및 결의집행자의 선임과 해임(상법 제500조제1항, 제501조 및 제504조), 발행회사의 불공정한 행위를 취소하기 위한 소(訴)제기(상법 제511조), 사채관리회사의 사임동의(상법 제481조), 해임청구(상법 제482조), 사무승계자결정(상법 제483조) 등이다. 이 밖에도 사채관리계약에서 주로 정하는 사유로서 기한이익 상실선언 결의, 사채관리계약 내용의 중대한 변경 등이 있다.

---

52 이철송, 전게서(2012), 999쪽.

(4) 소집 절차

사채권자집회 소집은 집회일의 3주간 전에 집회를 소집하는 뜻과 회의의 목적사항을 발행회사가 정관에서 정한 방법(전자공고 또는 신문공고)으로 공고하고 2주간 전에 각 사채권자에게 통지하여야 한다(상법 제363조 및 제510조). 다만, 대부분 무기명(無記名)식으로 발행되는 사채의 특성상 현재 통지절차를 밟기는 어려울 것이며 개별 사채권자들을 파악할 수 있는 제도가 마련될 경우 동 절차는 가능할 것으로 보인다.

(5) 의결권 및 결의방법

각 사채권자는 그가 가지는 해당 종류의 사채금액의 합계액(상환 받은 금액은 제외)에 따라 의결권을 가지며(상법 제492조), 이러한 의결권은 직접행사뿐만 아니라 대리행사할 수 있으며 이 경우 대리권은 서면으로 증명하여야 한다(상법 제368조제3항 및 제510조제1항). 또한 사채권자는 집회에 출석하지 아니하고 서면에 의하여 의결권을 행사할 수도 있으며(상법 제495조제3항), 이사회의 정함에 따라 전자적으로도 의결권을 행사할 수 있다(상법 제368조의4 및 제495조제6항). 무기명 사채권자는 회일로부터 1주간 전에 채권을 (법원에) 공탁하여야만 그 의결권을 행사할 수 있다(상법 제492조제2항).

의결정족수는 원칙적으로 출석한 사채권금액(의결권)의 3분의 2이상과 총 사채권금액(의결권)의 3분의 1이상의 찬성(주주총회 특별결의 요건과 같음)으로 하나, 사채관리회사 사임동의, 해임청구, 사무승계자 선임동의, 발행회사 대표자의 출석청구와 같은 의안의 경우 출석한 사채권금액(의결권)의 과반수 찬성으로 할 수 있다(상법 제495조제1항 · 제2항).

소액의 사채권자가 다수 존재할 경우 사채권자집회의 소집이 어려울 수 있으므로 개정상법은 사채권자집회의 소집을 용이하게 하고, 사채권자들이 저비용으로 의사를 개진할 수 있도록 주식에 대해 인정되고 있는 서면투표와 전자투표를 사채권자집회에도 허용하였다(상법 제495조제3항 · 제6항).

(6) 결의의 효력발생 및 집행

사채권자집회의 결의는 결의한 날로부터 1주간 내에 법원에 인가를 청구하여야 하며(상법 제496조), 인가를 받아야 비로소 효력을 갖는다(상법 제498조제1항). 그러나 해당 종류의 사채권자 전원이 동의한 결의는 법원의 인가를 요하지 않고 효력이 발생한다(상법 제498조제1항 단서). 이러한 결의의 효력은 모든 사채권자를 구속하게 된다(상법 제498조제2항).

다만, 법원은 일정한 몇 가지 사유에 해당한다고 판단할 경우 그 결의를 인가하지 않을 수 있으며(상법 제497조), 이러한 법원의 인가 또는 불인가 결정이 있은 때 발행회사는 지체없이 그 뜻을 공고해야 한다(상법 제499조).

사채권자집회 결의는 사채관리회사가 집행하고, 사채관리회사가 없는 경우에는 대표자가 집행한다(상법 제501조). 여기서 대표자란 결의사항의 위임을 위하여 해당 종류 (미상환) 사채 총액의 500분의 1이상을 가진 사채권자 중에서 선임된 1인 또는 수인을 말한다(상법 제500조). 이러한 사채관리회사나 대표자 외에 별도로 집행자를 선임할 수도 있으며(상법 제501조 단서), 사채권자집회는 언제든지 대표자나 집행자를 해임할 수 있고 위임한 사항을 변경할 수 있다(상법 제504조).

③ 주요 나라의 사채관리회사제도

3.1. 일본의 사채관리회사제도

(1) 개요

일본에서 사채관리회사는 사채권자를 위하여 변제의 수령, 채권의 보존 및 그 밖의 사채를 관리하는 업무를 수행하는 자로서 사채발행회사로부터 사채관리 사무를 위탁받은 자를 의미한다. 사채관리회사 설치 이전에는 수탁회사의 자격이 은행에 한정되어 은행이 채권발행에 깊이 관여할 뿐만 아니라 수탁회사와 인수회사의 역할과 책임분담이 모호하고 높은 수수료로 인하여 비판을 받아왔다. 이에 1993년 상법 개정을 통해 사채모집의 수탁회사와 사채관리회사의 역할을 구분함으로써 사채관리회사를 도입하였으며 2005년 신(新)회사법에서는 사채관리회사 설치를 의무화하였다. 따라서 발행지 여부 등에 관계 없이 발행회사가 일본 회사법에 의하여 사채를 발행하는 경우 사채관리회사 설치가 강제되나, 다만, 각 사채의 금액(최저투자단위)이 1억 엔 이상인 경우와 어느 종류의 사채 총액을 해당 종류의 각 사채금액의 최저액으로 나누어 얻은 수가 50 이하인 경우에는 사채권자 보호를 결할 우려가 없다고 보아 강제설치의 예외를 인정하고 있다(회사법 제702조).

(2) 사채관리회사의 자격

일본 회사법 제703조에서는 사채관리회사의 자격으로 은행, 신탁회사 또는 이것에 준하는 자로서 법무성령에서 정하는 자로 규정하고 있다. 법무성령에 따라 농업협동조합, 신용금고, 장기신용은행 및 보험회사 등 기타 금융기관이 자격을 부여받고 있다. 사채관리회사는 실질적으로 자금결제기능이 요구되므로 금융기관 이외의 기관이 사채관리회사로 선임된 사례는 공모사채의 경우에는 전무하며, 대부분 주거래은행이 발행회사의 재무상황을 가장 잘 파악하고 있기 때문에 사채관리회사나 지불대리인에 취임하는 경우가 많다. 이는 미국의 수탁회사처럼 사채관리회사와 사채권자의 이해상충 문제에 대하여 구체적으로 금지하고 있지 않아서 발행회사가 지급불능 상황에 빠져도 주거래은행이 사채관리회사로서의 역할을 계속하여 수행할 수 있기 때문이다. 다만, 1993년 일본 상법 개정 시 사채권자와의 이익상반이라는 관점에서 발행회사의 주거래은행의 사채관리회사 자격에 관한 시비가 논의된 바 있다.[53]

(3) 수행업무

사채관리회사의 권한은 회사법에서 명시적으로 규정하고 있는 법정권한과 사채발행회사와 사채관리회사 간 사채관리위탁계약에 따라 가지는 약정권한으로 구분된다.

법정권한으로서 사채관리회사는 사채권자를 위하여 사채에 대한 채권변제의 수령과 채권실현의 보전을 위한 일체의 재판상 또는 재판외의 행위를 할 수 있다. 사채에 관한 채권의 변제란 사채상환과 이자지급을 받는 것이고, 채권실현을 보전한다는 것은 발행회사에 대해 시효중단의 조치를 취하는 것을 포함한다. 그리고 이러한 권한 이외에도 사채권자집회 소집권한, 발행회사에 대한 조사 권한 등을 가지며 약정권한으로는 기한이익의 상실약정 규정을 들 수 있다.

사채관리회사의 의무와 책임 등에 있어서도 우리나라와 별다른 차이점은 없고 기본적인 공평성실의무(회사법 제704조제1항)와 선량한 관리자의 주의의무(회사법 제704조제3항) 및 이에 대한 손해배상책임(회사법 제710조) 등을 규정하고 있다.

한편 일본 중앙예탁결제기구인 JASDEC은 2016년 4월 1일부터 새로운 업무인 '사채정보전달서비스'를 개시하였는데, 이는 기존에 JASDEC이 운영하던 정보전달체계를 확대 개편하여 사채권자에게 더 많은 정보를 주도록 한 것이다. 사채정보전달서비스란 발행회사, 사채재무관리인, 관재인 등이 사채권자에게 제공하고자 하는 정보가 있는 경우 그 전달을 JASDEC에게 요청하면, JASDEC과 계좌관리기관이 대체제도 운영시스템을 이용하여 그 내용을 사채권자에게 전달하여 주는 서비스를 말하며, JASDEC측면에서는 '전달'이지만 발행회사로서는 사채권자에 대한 '통지'를 의미하게 된다. 이 서비스를 이용하여 전달할 수 있는 정보로는 ① 사채권자집회에 관한 사항, ② 사채Default에 관한 사항, ③ 조직재편의 경우 사채의 취급에 관한 사항이나 기한이익상실 등 사채요강에서 정하는 일부사항, ④ 발행회사의 채무재편에 관한 사항 등이 있다.

---

53 江頭憲治郎,「會社法コンメンタール 16」, 商事法務, p.136.

3.2. 미국의 수탁회사제도

(1) 개요

미국의 수탁회사는 사채권자의 이익을 대표하여 사채관리를 행하는 자로 정의되며, 1929년 대공황으로 사채의 대규모 부도사태가 발생하자 사채권자 보호에 대한 관심과 수탁회사의 역할에 대한 비판이 높아지게 되었다. 이로 인하여 수탁회사에게 사채권자의 이익대변을 의무화하기 위해 미국 증권거래위원회(SEC)가 채권신탁증서 및 채권수탁자의 최소요건 지정을 촉구하였고 이를 계기로 1939년「신탁증서법(Trust Indenture Act)」제정으로 현대적 의미의 수탁회사 개념이 완성되었다.

(2) 수탁회사의 자격

신탁증서법은 채권발행계약서를 통해 발행되는 채권에 대하여 동 법상 자격요건을 갖춘 1개 이상의 수탁회사를 임명할 것을 요구한다. 그 자격요건으로는 미국법에 의해 설립되어 사업을 영위하는 순자산 15만 달러 이상인 법인으로서 법에 의해 수탁권한이 부여되고 증권거래위원회(SEC)의 허가를 받은 경우라면 누구나 할 수 있는 것으로 규정하고 있다. 그러나 통상 은행이나 신탁회사가 수탁회사의 역할을 수행하고 있다.

(3) 수탁회사의 이익충돌과 자격상실

미국 신탁증서법은 수탁회사의 이익충돌을 방지하기 위해 수탁회사의 자격상실 사유를 규정하고 있다.

먼저 발행회사 자신, 발행회사를 직접 또는 간접적으로 지배하는 자, 발행회사에 의하여 직접 또는 간접적으로 지배되는 자 그리고 발행회사와 직접 혹은 간접적으로 공동의 지배하에 있는 자는 사채를 발행할 때부터 아예 수탁회사가 될 수 없도록 규정하고 있다.

사채발행 시에는 문제가 되지 않지만 채무불이행이 발생한 경우, 그 이익충돌 상황을 제거하거나 사임을 하여야 하는 경우를 규정하고 있다. 즉 동일한 발행회사가 발행한 복수의 사채에 대해 수탁회사가 된 경우, 인수인과 수탁회사의 자격을 겸영하는 경우, 발행회사 · 인수인 · 수탁회사 간에 증권을 상호 소유하는 경우 그리고 수탁회사가 채권자의 지위를 겸하는 경우가 이에 해당한다. 이러한 입법방식은 채무불이행 발생 전에는 수탁회사의 업무가 재량권이 없는 사무적인 것에 그치지만, 채무불이행이 발생한 경우에는 수탁회사가 자신의 이익을 우선하였던 역사적 경험에 기인한다. 실제로 미국에서 가장 문제가 된 전형적인 형태의 이익충돌 사례로서 수탁회사가 채권자의 지위를 겸하는 경우가 있다. 이 경우 수탁회사를 은행이 하게 되면 발행회사 상황에 정통하므로 평상시에는 철저한 사채관리가 이루어 질 수 있는 반면, 발행회사의 재무상황이 악화되면 은행은 이를 미리 알고 사채권자의 보호 조치를 취하기 이전에 자신의 채권을 미리 회수할 가능성이 높아질 것은 자명하다.

따라서 신탁증서법상 열거되어 있는 이익충돌 사유에 해당하는 수탁회사는 채무불이행이 발생할 경우 해당 사유를 확인 후 90일 이내에 이익충돌 상황을 해결해야 할 것이나 기한 내에 해결하지 못할 경우 사임(辭任)을 통해 사채관리회사로서 자격을 상실하게 된다.

(4) 수행업무

채권발행계약서상 규정된 의무의 불이행 발생유무에 따라 수탁회사의 권한, 의무 등을 다르게 규정하고 있다. 평상시에는 발행회사가 제출한 자료 및 의견을 근거로 채권발행계약서의 내용이 이행되고 있는지 관리 · 감독하며, 수탁채권에 대한 변동사항 등을 사채권자에게 보고한다. 의무불이행 발생 이후에는 우선 그 사실을 인지한 후 90일 이내에 모든 사채권자에게 통지하고, 소송제기가 필요할 경우에는 그 권한을 채권수탁회사로 일원화하여 행사한다. 발행회사에 대한 재무구조조정 발생 시에는 사채권자의 법적권리와 분배의 우선순위를 유지 · 보전하기 위한 관리업무와 관련 법적 대응을 수행할 수 있다.

수탁회사의 의무도 불이행의 발생 전후에 따라 그 정도가 달라지게 된다. 평상시에는 신탁증서상 명시되어 있는 자기재산에 대한 주의의무 정도인 반면, 불이행 발생 시에는 해당분야에 전문지식을 가진 분별력 있는 사람(prudent man)이 자신의 일을 행하는 정도의 의무가 요구된다. 이에 부합하기 위한 구체적인 의무는 아직까지 명확하지 않으나, 이 기준의 적용으로 수탁회사에 막대한 책임과 의무를 부과한 것에 비하여 그 권한의 범위는 제한적인 것으로 보인다.

일본의 경우처럼 사채권자 명세 파악은 SEC 기준[54]에 의거 미국의 중앙예탁결제기관(DTCC)의 증권보유정보제공(SPR) 서비스 이용을 통해 가능하며, 증권사 등의 보유정보는 전문기관을 활용하여 정보제공 약관에 동의한 참가자(Non-Objecting Beneficial Owners)에 한해 명세를 취득할 수 있다.

54 SEC Release No.34-55058.

증권형 크라우드펀딩제도

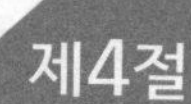

1 크라우드펀딩제도 개요

1.1. 크라우드펀딩의 개념

크라우드펀딩은 군중 또는 다수를 뜻하는 영어 단어「크라우드(crowd)」와 자금조달을 뜻하는「펀딩(funding)」을 조합한 용어로, 창의적인 아이디어나 사업계획을 가진 기업가 등이 중개업자의 온라인 플랫폼에서 집단지성(The Wisdom of Crowds)을 활용하여 다수의 소액투자자로부터 자금을 조달하는 것을 의미한다. 근래에 들어 정보통신기술(IT)의 발달로 인터넷 · 소셜미디어 등 온라인을 기반으로 기업과 투자자간의 의견을 쉽게 교환할 수 있는 여건이 조성됨에 따라 등장하였다.

크라우드펀딩은 다음 몇 가지 측면에서 전통적인 창업기업 투자와는 구분될 수 있는 혁신적인 자금조달 방식이라고 할 수 있다. 첫째, 소수의 전문투자자에 의해 투자가 이루어지는 엔젤투자나 벤처캐피탈과 달리 크라우드펀딩은 다수의 개인 투자자가 참여하는 '민주적인' 자금조달 방식이다. 둘째, 크라우드펀딩은 엔젤클럽을 통한 엔젤투자나 벤처캐피탈 투자간 긴밀한 비공개 네트워크를 통해 이루어지는 사적 모험자본의 투자와 달리 느슨하게 조직된 네트워크를 통해 이루어지는 준(準)사적 모험자본 투자라고 할 수 있다. 셋째, 엔젤

표 2-4 크라우드펀딩과 엔젤투자, 벤처캐피탈의 차이

유형	크라우드펀딩	엔젤투자	벤처캐피탈
전문성	저	고	고
필요정보 제공	저	고	고
투자자	다수	소수	소수
지분	소	고	고
밸류에이션(투자단가)	고	저	저
경영참여	무	유	유
정보비대칭성	고	저	저
회수 가능성	저	중/상	중/상

그림 2-18 **사적자본시장과 모험자본**[55]

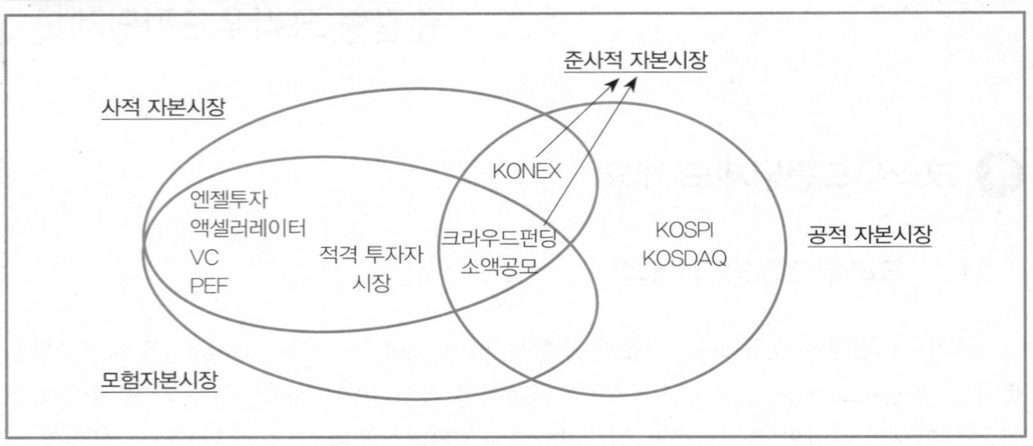

투자나 벤처캐피탈투자는 대면접촉 등을 통해 폐쇄적이며 지역성이 강한 투자인 반면, 크라우드펀딩은 온라인 플랫폼을 기반으로 이루어지는 개방형 투자라고 할 수 있다.[56]

1.2. 크라우드펀딩의 유형

크라우드펀딩은 자금모집 및 보상방식에 따라 통상 기부 · 후원형, 대출형, 증권형(투자형)으로 구분할 수 있다.

표 2-5 **크라우드펀딩의 유형**

유형	자금모집방식	보상방식	주요사례
기부 · 후원형	기부금 · 후원금 납입	무상 또는 비금전적 보상	문화 · 예술 · 복지 분야 티켓, 시제품 제공 등
대출형(P2P)	대출계약 참가	금전적보상(이자)	긴급자금 등이 필요한 개인, 사업자 등
증권형(투자형)	증권(주식 등) 투자	금전적보상(지분, 배당 등)	창업 초기기업 등

55 박용린, 김종민, 남재우, 장정모, 천창민, "국내 모험자본시장의 현황과 발전방향", 자본시장연구원, 2017. 3., 41쪽

56 박용린, 김종민, 남재우, 장정모, 천창민, 전게서, 181쪽

기부형은 자금공급자가 경제적 보상이 없이 무상으로 자금을 제공하는 경우로 주로 문화 · 예술 · 복지 분야에서 이루어진다.

후원형은 기부형과 유사하나 주로 자금모집 목적과 직접적인 연관성이 있는 티켓, 시제품 등 비금전적 혜택을 자금공급자에게 보상(rewards)으로 제공하는 경우에 해당한다.

대출형(Peer-to-peer, P2P)은 자금공급에 대한 반대급부로 이자를 제공 받는 경우로, 주로 은행과 같은 제도권 금융회사의 이용이 쉽지 않은 개인 또는 사업자 등이 자금을 조달하는 경우 사용된다.

증권형(투자형)은 자금공급에 대한 반대급부로 주식 등 증권을 수취하고 사업으로부터 발생하는 이익을 배분받는 경우로 주로 창업 초기단계(Start-up)의 기업이 자금수요자가 된다.

2 크라우드펀딩제도 도입 및 시장현황

2.1. 크라우드펀딩제도의 도입

창업기업가 등이 유망한 사업계획이나 아이디어를 가지고 있더라도 이를 사업화할 자금을 조달하는 것은 쉽지 않은 것이 사실이다.

스타트업이 초기 Pre-Seeding 단계와 Seeding 단계의 "죽음의 계곡(Death Valley)"을 건너기 위해서는 정부의 정책자금이나 엔젤투자자, 액셀러레이터로부터의 투자가 필수적이나 사업성공 여부의 불확실성이 높고 담보자산이 부족한 스타트업 입장에서는 이러한 자금공급이 제한적인 것이 현실이다.

특히, 타인의 자금을 운용하는 벤처캐피탈의 특성상 벤처캐피탈은 창업 후 2~5년차인 일정 규모의 매출이 시현되는 시리즈 A단계 이상의 기업에 주로 투자하게 되므로, 통상의 스타트업이 Seeding 단계 이전의 "죽음의 계곡"에서 벤처캐피탈의 자금을 공급받는 것은 매우 어려운 일이라고 할 수 있다.

따라서, 다수의 투자자(Crowd)와 3F(Family, Friend, Fan[57])의 투자가 주요한 투자자군으로 형성되는 증권형 크라우드펀딩은 수익실현 이전 단계의 스타트업이 "죽음의 계곡"에서 생존하기 위해 고려할 수 있는 유효한 자금조달 수단이라고 볼 수 있다.

이에 다수의 투자자로부터의 창업 기업가를 빙자한 무분별한 자금모집행위, 무자격 중

57 통상 Family, Friend, Fool을 3F라 하는데, Fool 대신에 기업이 가지는 상품이나 서비스의 충성고객을 의미하는 Fan으로 대체하였다.

그림 2-19 **기업 성장 단계별 자금조달 수단**

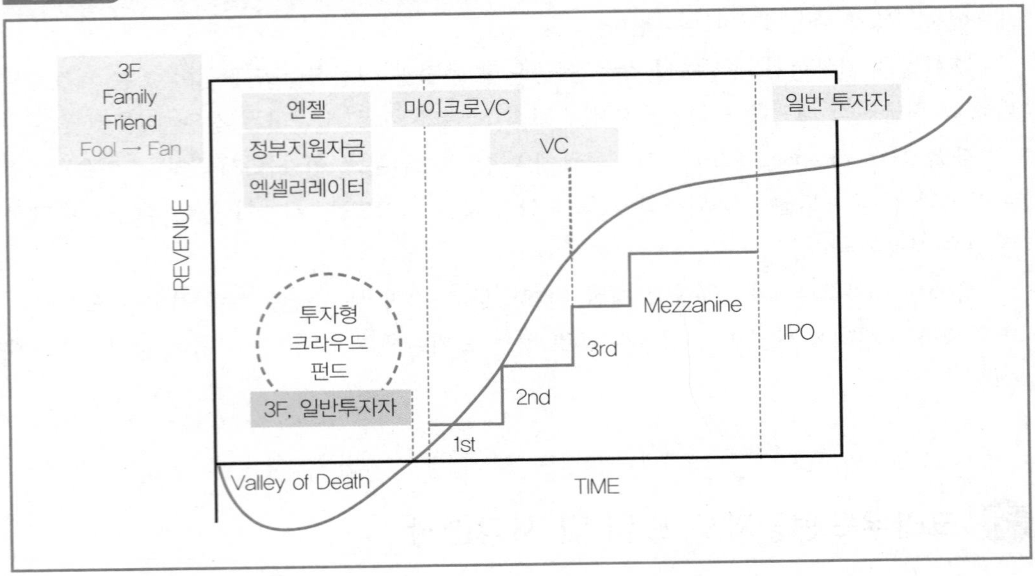

개업자의 난립 등으로 인한 투자자 피해를 방지하기 위하여 제도적 뒷받침을 통한 건전한 시장을 조성할 필요성이 대두되었으며, 2015년 7월 자본시장법 개정을 통하여 「온라인소액투자중개」라는 이름으로 증권형 크라우드펀딩이 법제화됨에 따라 크라우드펀딩제도가 도입되게 되었다.

이에 따라 예탁결제원은 2015년 8월 31일 금융위원회로부터 "중앙기록관리기관"으로 지정되었으며, 온라인소액투자중개업자로부터 발행인 및 투자자 정보 등을 제공받아 관리하고, 증권의 발행한도 및 투자한도를 관리하며 금융당국의 감독지원 업무를 수행하고 있다. 예탁결제원은 이와 같은 기능을 효율적으로 수행하기 위해 크라우드펀딩 전용 홈페이지인 크라우드넷(www.crowdnet.or.kr)을 운영하고 있으며, 발행인과 투자자는 크라우드넷을 통하여 금융위원회에 등록된 온라인소액투자중개업자를 조회하여 자금조달 및 투자를 진행할 수 있으며, 발행한도 및 투자한도를 조회할 수 있다. 그리고, 예탁결제원은 크라우드넷에 크라우드펀딩 기업의 결산자료 등을 집중 게재하는 시스템인 '펀딩정보 아카이브'도 운영하고 있다.

2.2. 증권형 크라우드펀딩 실적

2016년 1월 25일부터 2017년 9월 30일까지 총 469개 기업이 펀딩을 시도하였으며 이

중 248개 기업이 펀딩에 성공하여 총 364억원을 조달하였다.[58]

2016년도 하반기 성공건수(57건)에 비해 2017년도 상반기 성공건수(92건)는 61.4% 증가하였으며, 특히, 연도별 성공률에 있어서는 2017년 들어 펀딩 성공률이 61% 수준으로, 2016년 45.8% 대비 15.2%p가 증가하여 괄목할 만한 증가율을 보이고 있다.

한편, 기업별 일반투자자의 1인당 평균투자금액은 110만원 수준(기업당 투자한도 200만원)이며, 소득적격투자자는 541만원(기업당 투자한도 1천만원)을, 전문투자자는 3,091만원(투자한도 없음)을 투자하였다.[59]

2017년 9월 30일까지 총 16,067명의 일반투자자가 참여하여 크라우드펀딩 시장을 주도하고 있으며, 인원기준으로는 94%, 금액기준으로는 48%의 비중을 차지하고 있어 다수의 소액투자자가 집단지성의 힘으로 투자하는 크라우드펀딩의 특징을 잘 나타내고 있다.

중개업자는 전업중개업자 8개사 · 겸업중개업자 6개사 등 총 14개 중개업자가 등록[60]하여 영업 중이며, 제도 초기, 일부 선발업체 중심으로 크라우드펀딩 중개가 활성화되었으나, 점차 후발업체 비중도 증가하는 추세이다.

---

58 크라우드펀딩 성공현황('16.1.25~'17.9.30 기준)

(단위 : 기업수, 억원)

구 분	펀딩 시도			펀딩 성공		
	기업수	모집금액	청약금액	기업수	청약금액	발행(예정)금액
'16. 上	119	186.73	96.02	58	92.00	88.01
'16. 下	132	171.47	97.83	57	92.36	86.45
'17. 上	141	206.83	139.64	92	130.32	118.74
~'17. 9	77	110.64	79.7	41	74.81	71.17
계	469	675.67	413.19	248	389.49	364.37

59 투자자 유형별 크라우드펀딩 투자현황('16.1.25~'17.9.30 기준)

(단위: 백만원, 명)

	일반투자자			소득적격투자자			전문투자자 등		
	금액	인원	평균(한도)	금액	인원	평균(한도)	금액	인원	평균(한도)
'16. 上	3,529	2,436	1.45	528	93	5.68	4,743	156	30.40
'16. 下	4,117	3,156	1.30	613	89	6.89	3,915	89	43.99
'17. 上	5,902	6,762	0.87	788	172	4.58	5,204	204	25.51
'17. 9	3,810	3,713	1.03	498	123	4.05	2,810	110	25.55
합계	17,359 (48%)	16,067 (94%)	1.08 (2.00)	2,406 (7%)	477 (3%)	5.04 (10.00)	16,672 (46%)	559 (3%)	29.82 (없음)

60 자본시장법 제117조의4에 따라 온라인소액투자중개업자는 금융위원회에 등록하여야 한다.

③ 증권형 크라우드펀딩제도의 주요 특징

3.1. 증권형 크라우드펀딩 발행인의 범위

크라우드펀딩을 통하여 증권을 발행할 수 있는 발행인의 범위는 원칙적으로 업력 7년 이하의 창업자(중소기업창업지원법 제2조제2호)로 하되, 이들 중 중소기업창업지원법 지원 대상에 준하여 주권상장법인 및 일부 제외업종[61]을 영위하는 자는 예외적으로 발행인 범위에서 제외된다.

다만, 벤처기업과 기술혁신형 중소기업(이노비즈기업), 경영혁신형 중소기업(메인비즈기업), 비상장중소기업이 신기술개발, 문화사업 등 프로젝트사업[62]을 하는 경우에는 업력에 관계없이 크라우드펀딩을 통한 증권 발행이 가능하도록 규정하고 있다.

과거에는 전통적인 자본시장을 통한 자금조달이 어려웠던 창업 초기기업과 업력이 성숙한 일부 중소기업이 크라우드펀딩을 통하여 자금조달을 할 수 있게 되었다.

3.2. 증권형 크라우드펀딩으로 발행할 수 있는 증권

자본시장법에서는 증권형 크라우드펀딩의 본질에 부합하는 한편, 기업의 발행수요와 투자자의 투자수요를 충족시킬 수 있도록 크라우드펀딩으로 발행할 수 있는 증권의 범위를 (ⅰ)지분증권, (ⅱ)채무증권, (ⅲ)투자계약증권으로 한정하여 명시하고 있다. 그러나 실무적으로는 투자계약증권은 명확한 법적근거가 모호해 현재까지 발행된 사례는 없다.

3.3. 증권모집의 주요 특례

크라우드펀딩은 본질적으로 불특정 다수의 투자자에게 증권의 청약 권유를 하는 행위이기 때문에 증권모집에 따른 증권신고서를 제출하여야 함에도 불구하고, 스타트업이 증권신고서를 제출하는 것은 현실적으로 불가능한 것을 고려하여 여러 가지 증권모집의 특례제도를 두고 있다. 이하에서는 여러 가지 특례제도 중에 특징적인 주요한 제도만 소개한다.

---

61 크라우드펀딩 제외업종: 금융 · 보험업, 부동산업, 숙박 및 음식점업(상시 근로자 20명 이상의 법인인 음식점업은 포함), 무도장, 골프장, 스키장, 베팅업 등(중소기업창업지원법 시행령 제4조)

62 프로젝트사업: 비상장 중소기업이 기존 사업과 회계를 분리하여 운영하는 경우

(1) 공시부담 완화 및 발행한도

크라우드펀딩에 대하여는 초기기업의 원활한 자금조달을 지원하기 위하여 예외적으로 증권발행 공시 등 관련 규제를 대폭 완화하고 있기 때문에 위험도가 높은 증권발행을 양적으로 제한하기 위하여 발행인의 발행한도를 별도로 규정하고 있다.[63] 이에 따라 발행인이 크라우드펀딩을 통해 증권을 발행할 수 있는 금액은 연간 7억원으로 제한하고 있다.

- 합산: 연간 한도 산정 시에는 이번에 모집하려는 증권의 모집가액과 해당 모집일로부터 과거 1년 동안 이루어진 증권의 모집가액을 모두 합산하여 산정
- 제외: 투자한도의 제한이 없는 전문투자자 등이 해당 크라우드펀딩을 통해 발행되는 증권을 취득하면서 1년간 전매제한 조치를 취하는 가액은 모집가액을 산정할 때 제외

표 2-6 소액공모제도와 크라우드펀딩 비교

구분	소액공모	크라우드펀딩
기본개념 (공모발행 중개업무)	증권공모제도의 일종 (기존 투자중개업자)	증권공모제도의 특칙 (온라인소액투자중개업자)
투자자의 수	상대적으로 소수	다수
1인당 투자 금액	통상 고액(수 천 만원)	소액(투자한도 有)
청약의 방법	주간 증권회사를 통한 일방향적 청약신청	중개업자 플랫폼 상의 쌍방향 의사소통을 통한 청약결정
기업정보 제공방법	폐쇄적(소액공모서류)	개방적(사업아이템 등을 창의적 방식으로 홍보)
중개업자의 역할	적극적 청약권유	단순 중개

(2) 발행인의 발행 전 정보 게재

발행인은 증권신고서나 소액공모공시서류 제출의무가 면제되는 대신, 투자자들의 투자판단을 돕기 위해 증권 발행조건, 재무상태, 사업계획서 등을 중개업자의 인터넷 홈페이지에 게재하도록 하고 있다(자본시장법 시행령 제118조의16 제1항).

63 금융위원회, 금융감독원, "중개업자·발행인·투자자를 위한 알기쉬운 크라우드펀딩 제도(제2판)", 44쪽

이러한 발행관련 정보 게재 의무를 통하여 기존 발행시장 공시제도(증권신고서, 소액공모)와 비교시 규제의 공백이 생기지 않도록 하고, 초기기업 투자에 따르는 정보비대칭을 해소함으로써 투자자 보호를 강화하고 있다.[64]

(3) 게재정보의 최신성 유지의무

발행인은 중개업자의 인터넷 홈페이지에 게재된 투자정보가 항상 최신성을 유지하도록 하여야 하며, 게재정보 중 투자자의 투자판단에 영향을 미칠 수 있는 중요한 정보가 게재 이후 변경된 경우에는 게재정보를 즉시 정정하여야 한다.[65] 아울러 게재정보의 정정이 청약기간의 말일로부터 7일 이내에 이루어진 경우에는 그 정정 게재일로부터 7일 후로 청약기간이 연장되도록 하여, 변경된 정보를 토대로 충분한 의사판단을 할 수 있도록 숙려기간을 최소 7일 이상 부여하도록 하고 있다(자본시장법 제117조의10 제4항 단서).[66]

(4) 모집예정 최소금액 미달 시 증권 발행 취소: 80%룰

크라우드펀딩은 집단지성을 이용한다는 취지에 맞게 「목표도달형[67]」으로 이루어지므로 증권의 청약 결과 청약금액이 모집예정금액의 80%(자본시장법 시행령 제118조의16 제5항)에 미달하는 경우에는 발행 전체를 취소하고 투자자들의 청약대금(청약증거금)을 반환하도록 하고 있다(자본시장법 제117조의10 제3항).[68] 목표금액(모집예정금액의 80%)에 미달하는 것은 (ⅰ) 투자자들이 해당 기업의 사업전망 등을 신뢰하지 않는 것으로 간주하며, (ⅱ)목표금액 도달을 조건으로 함으로써 발행인이 보다 신중한 정보제공과 적극적인 자금모집을 실시하도록 유도하고, (ⅲ)발행인은 대부분 창업 초기기업으로 목표자금 미달 시 당초 목표로 삼았던 사업수행이 곤란하다는 점을 고려한 것이다.

(5) 투자한도

자본시장법에서는 창업기업에 투자자들이 과도한 금액을 투자하고 상당한 손실을 입

---

64 금융위원회, 금융감독원, 전게서, 46쪽
65 금융위원회, 금융감독원, 전게서, 48쪽
66 금융위원회, 금융감독원, 전게서, 48쪽
67 목표도달형: 청약금액이 모집예정금액의 일정 비율을 곱한 금액에 미달할 경우 증권발행을 취소하고 청약대금(청약증거금)은 투자자에게 반환하는 방식으로, 미국의 JOBS법 또한 목표도달형 방식을 채택함 [목표금액(100%) 미달시 취소]
68 금융위원회, 금융감독원, 전게서, 50쪽

는 경우를 사전에 방지하기 위하여 투자자의 동일 발행인별 · 연간 총 투자한도[69]를 정하고 있으며, 투자한도는 투자자의 전문성, 위험감수능력 등에 따라 차등화 하여 적용하고 있다.

(6) 기타 온라인소액투자중개업자에 대한 영업행위 규제

자본시장법은 온라인소액투자중개업을 등록제로 하여 금융위원회에 등록한 중개업자에 한하여 증권형 크라우드펀딩의 중개를 허용하고 있다. 또한 온라인소액투자중개업자는 '온라인'상에서 '단순 중개업무'를 수행하는 점을 감안하여 일반 영업행위규제의 적용 및 배제, 중개증권 취득 및 주선 · 대리 금지, 투자자와 증권 발행인에 대한 자문금지, 청약 전 투자내용 · 위험의 주지 및 확인 의무, 발행인의 요청에 따른 투자자 자격 제한, 투자자 의사확인 전 임의청약금지, 투자자 · 발행인간 부당차별 금지, 투자자에 대한 크라우드펀딩 결과 통지의무, 발행 및 투자한도 관리 위탁의무, 청약권유 수단 제한, 투자광고의 특례, 게재내용 사실확인 의무, 손해배상책임 등의 규제를 두고 있다.

4 크라우드펀딩 증권발행 절차

4.1. 크라우드펀딩 시장 운영구조

예탁결제원은 크라우드펀딩의 핵심 지원기관으로서 중앙기록관리기관, 투자자명부관리기관, 예탁기관의 역할을 모두 수행하고 있다. 발행인은 온라인중개업자와 크라우드펀딩

69 투자자별 투자한도(자본시장법 제117조의10 제6항)

투자자 구분	동일발행인 투자한도	연간 총 투자한도
일반투자자	500만원(예정)*	1,000만원(예정)*
소득요건 구비 투자자 • 금융소득종합과세 대상자 • 사업소득+근로소득이 1억원 이상인 자 外	1,000만원	2,000만원
전문투자자 등 • 창투조합, KVF, 신기술조합, 개인투자조합 전문엔젤, 적격엔젤(투자실적 충족限) 外	없음	없음

* 2017. 10. 31. 자본시장법 개정으로 일반투자자의 최근 1년간 동일 발행인에 대한 누적투자금액 상한을 500만원으로, 최근 1년간 투적투자금액 상한을 1천만원으로 각각 상향하였고, 동법 시행령 개정을 앞두고 있다.

중개계약을 체결 후 모집게재 자료를 온라인 중개업자 홈페이지에 업로드함으로써 투자광고를 하게 된다. 온라인소액투자중개에 관한 투자광고는 중개업자의 홈페이지에서만 허용되며, 인터넷이 유일한 청약의 권유 수단인 점을 감안하여 기타 광고수단(포털사이트, SNS 등)에서도 투자광고가 게시된 해당 중개업자의 인터넷 홈페이지 주소를 안내하거나 링크를 제공하는 것은 허용되고 있다.

청약은 통상 30일 내지 60일간 진행되며 투자자의 청약내역은 온라인중개업자를 통해 실시간으로 예탁결제원으로 전송되고 있다. 예탁결제원에서는 투자자의 투자한도 뿐만 아니라 발행인의 발행한도를 시스템으로 관리하고 있으며, 한도를 초과하는 경우 온라인중개업자를 통한 청약 및 발행정보의 등록이 거부되도록 시스템을 구성하였다.

청약기간 종료후 목표 모집금액의 80% 이상이 청약된 경우 발행인은 자본시장법에 따라 투자자명부관리기관인 예탁결제원과 명의개서대리인 계약을 체결하여 주주명부를 위탁하여야 한다.

그림 2-20 **크라우드펀딩 시장 운영구조**

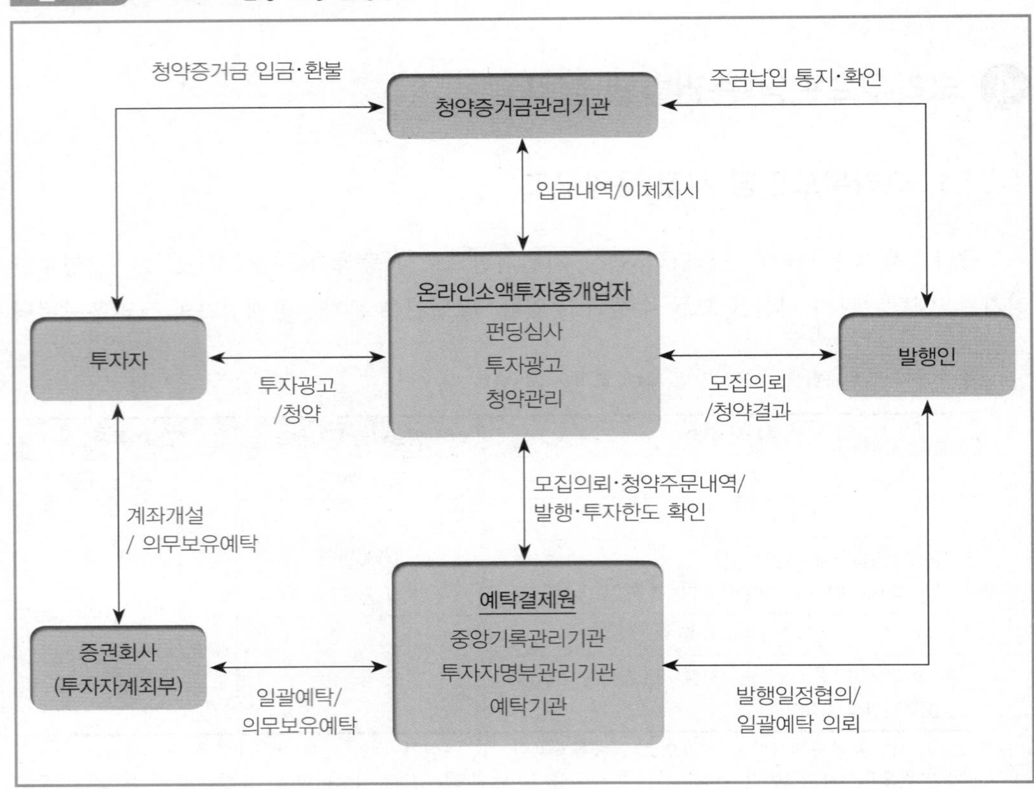

온라인중개업자는 청약마감일 이후 즉시 투자자별 모집최종결과를 예탁결제원에 SAFE+를 통해 통보하고, 예탁결제원은 주금납입일 이후 증자 등기완료 여부를 확인하고 교부일에 일괄예탁제도를 이용하여 투자자의 증권사 계좌로 주식을 교부하게 된다. 투자자가 증권사 계좌로 주식을 수령하기 위하여 거래하는 온라인중개업자에 유효한 증권계좌를 사전에 등록해 두어야 하며, 청약신청과 동시에 예탁결제원을 통해 해당 계좌의 계좌유효성을 SAFE+를 통하여 실시간으로 확인받도록 하고 있다.

이러한 실시간 청약정보의 집계와 증권사 계좌유효성 확인시스템은 기존의 IPO 공모시장 청약 및 예탁제도와는 완전히 다른 제도로서 자본시장법상 부여된 투자한도 관리의무를 이행하기 위하여 중앙기록관리기관이 특별히 마련한 시스템이라 할 수 있다.

4.2. 주식발행 일정

발행인이 온라인소액투자중개업자와 크라우드펀딩 증권발행 협의를 시작한 시점부터 최종 증권이 발행되기 까지는 최소 2개월 이상의 기간이 소요된다. 그 세부 일정은 아래와 같으며, 발행인의 상황에 따라 일부 변동이 가능하다.

표 2-7 주식발행 일정

	절차	일정	관련기관
1	온라인소액투자중개업자 협의 및 계약체결	D-45~D-8	중개업자
2	정관변경 등 주식발행 근거 정비	D-45~D-8	
3	신주발행 이사회결의	D-8	
4	신주발행 통지 또는 공고	D-8	
5	게재내용 사실 확인	D-8~D-5	중개업자
6	증권표준코드(ISIN) 부여 신청	D-8~D-5	한국거래소
7	발행인 정보 등록 신청	D-8~D-5	중개업자/KSD(중앙기록관리기관)
8	중개업자 홈페이지 게재	D-1	중개업자
9	청약(청약개시일 D, 청약종료일 E)	D~E	중개업자/KSD(중앙기록관리기관)
10	명의개서대리인 선임 이사회결의	E+1	
11	명의개서대행계약 체결 및 사무인계	E+2	KSD(명의개서대리인)
12	배정결과 접수	E+7	중개업자
13	주금납입	E+8	청약증거금 관리기관
14	증자 및 명의개서대리인 선임 등기	E+9~E+11	관할등기소
15	신주발행 및 일괄예탁 의뢰	E+11	KSD(명의개서대리인)
16	신주교부	E+21	KSD(예탁기관)/증권회사

1 국내 금의 유통구조와 금시장의 설립

1.1. 금의 특성

금은 귀금속 · 전자산업 등의 수요에 따른 '상품'으로서의 성격과 전 세계적으로 환금 가능한 '통화'의 성격을 모두 가지고 있다. 과거 금본위제하에서 금의 보유량에 따라 화폐를 발행했던 역사와 안전자산이라는 보편적 인식 때문에 현재도 많은 국가의 중앙은행은 준비 자산으로서 대량의 금을 보유하고 있다.

그림 2-21 **국내 금 유통구조**

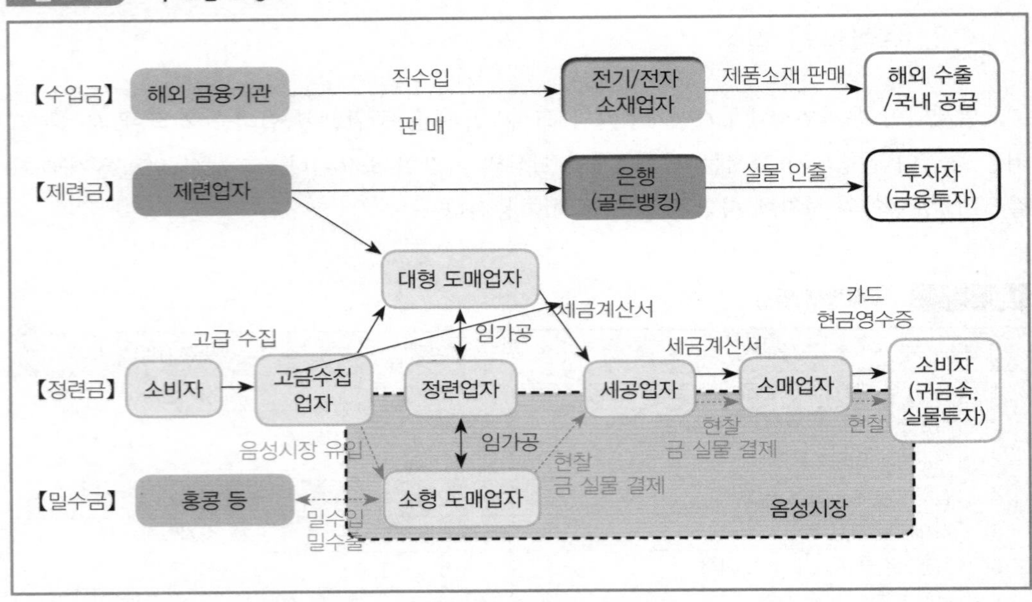

출처: 금 현물시장 개설 등을 통한 금 거래 양성화 방안(금융위원회 2014)

1.2. 금의 유통

국내 금의 유통은 수입금, 제련금, 정련금 그리고 무자료 밀수금 네 가지 형태로 구분될 수 있다. 일반적으로 밀수금을 제외한 국내 금 유통규모는 100~110톤 내외로 추산되

70 금괴(덩어리) · 골드바 등 원재료 상태로서 순도가 1만분의 9999 이상인 금

며, 이 중 국내 제련금이 약 5%, 외국에서 수입한 금이 약 10%의 비중을 차지하고 있으며, 나머지 85%는 소비자들이 다시 내놓은 금제품을 녹여 만든 정련금[71]으로 구성된다.

이들 금의 전체 유통량 중 수입과 제련과정을 통해 정상적으로 유통되는 비중은 30~40%이며, 무자료거래 등 음성거래는 60~70% 수준인 55~70톤에 달하는 것으로 추정된다. 여기에 현황이 파악되지 않은 밀수금을 포함한다면 무자료 음성거래의 비중은 더 높을 것으로 예상된다.

표 2-8 **국내 금지금의 유통규모 및 현황**

제련금	수입금	정련금	밀수금
약 5톤 (50톤 생산, 45톤 수출)	약 10~15톤 (가공 후 再수출물량 제외)	약 85~90톤 (정상거래 20~30톤)	추정불가
제련업자의 구리·아연 광석 제련과정에서 생산	반도체 등 전기/전자소재업자의 생산을 위해 해외 금융기관에서 수입	고금[72]을 수집하여 도매업자가 정련업자에 위탁 생산	홍콩 등으로 밀수입/밀수출

출처: 금융위원회, 조세연구원(120~150톤, '07년)과 업계면담결과('10~12년) 등을 반영한 추정치

우리나라에서 금에 대한 수요는 장식용, 투자용, 산업용[73]으로 크게 구분할 수 있는데, 수요 측면에서 장식용이 가장 높은 48%, 전자공업 30%, 도금 15%, 의료 및 투자가 7%를 차지하고 있다.

금에 투자하는 방법으로는 소매점(금은방)에서 금제품을 구입하거나 현물시장을 통해 매매하는 직접투자방법과 금지금을 기초자산으로 하는 간접투자상품에 투자하는 방법으로 금펀드[74]·금관련 ETF 등의 증권 및 선물·옵션 등 파생상품 그리고 은행의 골드뱅킹을 들 수 있다.

---

71 도매업자가 일반사람들이 소장용으로 가지고 있던 금을 수집하여 정련업자에 위탁하여 생산한 금

72 개인이 보유한 금반지 등이 매입되어 원재료 등으로 재사용되는 금

73 금이 가지고 있는 높은 전기전도율과 열전도율의 특성으로 전자공업을 비롯한 다방면의 산업에서의 생산 소재뿐만 아니라 치과용 등으로 이용하는 용도를 말함

74 금 펀드는 (ⅰ)금광 기업에 투자하는 주식형 펀드 (ⅱ)금 선물에 투자하는 파생형 펀드 (ⅲ)다른 금 펀드를 편입하는 재간접펀드(Fund of Funds) 등 세 가지로 구분할 수 있다.

1.3. KRX(한국거래소) 금시장

우리나라의 금시장은 밀수금의 가격경쟁력이 면세금[75]보다 높아 음성적 거래가 만연하고 관련업체의 조세포탈로 과세질서가 저해되고 있다. 뿐만 아니라 귀금속업체가 대부분 영세하고, 정확한 시세 확인이 곤란하여 소비자의 매수 · 매도가격 간 편차가 크고, 순도 등 품질에 대한 소비자의 신뢰가 낮아 전반적으로 금산업기반이 취약한 실정이다. 이에 정부는 금 수요 · 공급자가 가격과 품질에 대한 신뢰를 가지고 거래할 수 있는 여건을 조성하고, 음성거래 축소를 통한 세수확대를 위해 지난 2014년 3월말 한국거래소에 금 현물시장을 개설하였다.

초기 시장개설을 추진하는 과정에서 금 유통기구를 장외시장(OTC) 또는 거래소시장 중 어느 형태로 설립할 것인지에 대한 선택의 문제가 있었지만 공신력 있는 품질인증 및 청산결제 인프라의 개발, 예상거래량, 시장조성자 역할 등을 종합적으로 고려할 때 OTC형태의 거래기구를 설립하기에는 여건이 아직 성숙되지 않았다고 판단하여 거래소 내에 KRX금시장(금 현물거래 시장)을 개설하게 되었다.

그리고 KRX금시장에서는 한국거래소가 지정한 업체가 생산 또는 수입한 금을 한국조폐공사의 품질인증[76]을 거친 순도 99.99%의 금만 거래할 수 있으며, 정부는 장내거래 유도

그림 2-22 **KRX금시장을 통한 매매의 흐름**

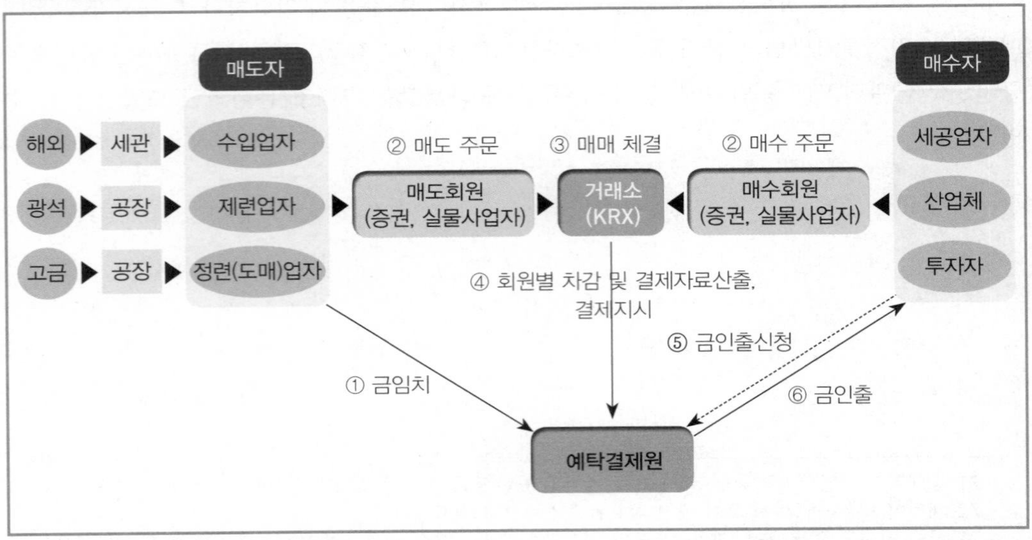

매도자
해외 ▶ 세관 ▶ 수입업자
광석 ▶ 공장 ▶ 제련업자
고금 ▶ 공장 ▶ 정련(도매)업자
② 매도 주문
③ 매매 체결
② 매수 주문
매도회원 (증권, 실물사업자) ▶ 거래소 (KRX) ◀ 매수회원 (증권, 실물사업자) ◀
매수자
세공업자
산업체
투자자
④ 회원별 차감 및 결제자료산출, 결제지시
⑤ 금인출신청
① 금임치
⑥ 금인출
예탁결제원

75 일정 요건을 갖춘 금지금도매업자 등이 면세추천을 받아 부가가치세 없이 세공업자 등에게 공급하는 금
76 국내금은 한국조폐공사가 생산시설을 방문하여 사업장평가 및 생산 공정에서 샘플검사를 실시하며 해외수입금은 보세구역에서 한국예탁결제원으로 직송 후 한국조폐공사가 샘플검사를 실시

를 위해 양도소득세 · 배당소득세 비과세와 소득세 · 법인세 세액공제를 신설하고, 거래소 내에서의 거래에 대하여 부가가치세를 면제해 주는 등 세제혜택을 부여하고 있다. 이러한 혜택들이 점차 일반 투자자들에게 알려지면서 개장 당시 4.1kg(2.4억원)에 불과하였던 일평균 거래량(거래대금)은 2017년 10월 기준으로 22.6kg(약 10.4억원)까지 증가하여 꾸준한 성장세를 보이고 있다.

2 금지금 예탁결제제도의 법적 구성

2.1. 제도 개요

금시장에서의 매매거래에 대한 효율적이고 안정적인 결제 처리를 위하여 '증권예탁결제제도'와 유사한 예탁결제제도를 도입하였다. 증권예탁결제제도는 집중예탁, 부동화 및 장부상 기재방식을 통해 대량의 반복적인 증권 매매거래에 따른 결제를 실물의 수수에 갈음하여 '계좌간 대체'로 처리함으로써 증권의 유통성을 제고하기 위한 제도이다. 금지금 예탁결제제도 역시 '증권예탁결제제도'를 원용하여 금지금 매매거래에 따른 결제를 금 실물의 수수에 갈음하여 '계좌간 대체'로 처리하고 있다. 금시장에서 거래되는 금지금은 「금융투자업규정」에 의하여 「자본시장법」 제294조 제1항에 따른 예탁대상 "증권등"의 범위에 "금지금"이 포함됨에 따라 「자본시장법」 제6편 제2장(한국예탁결제원)의 조항(§294~§323)에서 기술된 집중예탁과 계좌대체의 법적 효력을 적용받게 된다.

2.2. 법적 구성

증권예탁의 법적 성격이 민법상 임치와 위임의 혼합계약으로 예탁증권의 합리적 보관을 위해 「자본시장법」에 따라 증권의 종류·종목별로 혼합보관(혼장임치[77])하고, 예탁기관이 예탁증권에 관한 사무처리의 수임인으로서 투자자를 위하여 그 신청에 따라 위임사무를 처리한다(자본시장법 제314조제1항). 그리고 혼장임치를 위해서는 그 목적물은 객관적으로 종류와 품질을 특정할 수 있는 대체물이어야 한다. 또한 계좌부에 기재된 자에게는 예탁증권의 점유권과 소유권(공유권)을 인정하고, 증권 양도 또는 질권 설정 목적의 대체의 기재에 대하여 점유 이전(교부)의 법적 효력을 부여하고 있다.

77 혼장임치란 대체물의 수치인인 임치된 물건과 동종·동질의 다른 임치물을 혼합하여 보관하고, 반환시 임치된 것과 동량을 반환하는 임치

한편 금지금 예탁의 법적 성격은 민법상 임치로 예탁증권과 동일하게 종목별로 혼합보관(혼장임치)은 가능하지만, 증권과 달리 보관 이외에 별도의 위임사무가 없으므로 위임의 성격은 없다. 따라서 금지금을 임치한 투자자는 임치계약에 기초하여 임치한 금지금에 대한 채권적 반환청구권[78]과 혼합보관으로 인한 공유권을 가지고 있다. 이들 반환청구권과 공유권 행사에 적절히 대응하기 위해서는 예탁결제기관에 대한 금지금의 집중예탁과 보관·관리가 전제되어야 한다.

③ 금지금 거래 및 예탁 · 결제

3.1. 금지금 거래

KRX금시장에 참여하는 회원은 재무요건 등이 일정수준을 충족하는 금 관련 사업자,[79] 금융기관 등이 금 현물시장의 회원으로 가입되어 있다. 회원은 현물시장에서 직접 금을 매매하거나, 비회원을 위해 현물시장에서의 거래를 중개하고 있다. 개인투자자의 경우 회원인 금융투자업자의 중개를 통해 금 현물시장을 이용할 수 있다.

매매방식은 증권시장과 같은 경쟁매매방식을 채택하고 있으며, 개인 투자자의 참여확대를 위해 매매단위는 소량(1g)으로 설정하고 있다. 또한 거래 안정성을 확보하기 위해 매도자는 금지금을 보관기관에 보유하고 있는 경우에만 매도주문을 낼 수 있으며, 매수자도 매수 주문액의 일정비율 이상을 증거금으로 예치하도록 의무화하고 있다.

표 2-9 KRX금시장의 매매제도

구분	내용
거래대상	순도 99.99%, 1kg 및 100g 중량의 골드바
거래(호가)단위	1g
체결방법	실시간 경쟁매매(주식과 동일), 가격 및 거래량 실시간 공개
매매시간	09:00~15:30

출처: 한국거래소

78 투자자는 대부분 중개기관(예탁결제기관에 직접 예탁계좌를 개설한 예탁자)을 통해 예탁결제기관에 예탁하는 구조이므로 투자자는 거래하는 예탁자에게, 예탁자는 예탁결제기관에 대해 반환청구권을 갖는 이중적 구조이다.

79 제련, 정련, 수입업자, 도 · 소매 등 유통업자, 세공업자 등

3.2. 금지금 예탁 · 결제

예탁자는 자기소유 금지금 및 투자자로부터 예탁 받은 금지금을 예탁결제원에 예탁하고 있으며 예탁결제원은 예탁 받은 금지금을 종류별로 혼장보관하고 있다. 이들 보관 금지금은 예탁자의 인출요청이 있을 경우 신청자의 선호 브랜드에 관계없이 동일 종목의 금지금으로 반환하고 있다.

표 2-10 금지금 예탁 · 결제 주요 업무 현황

구 분	업무구분	업무 내용
기본업무	예탁업무	• 품질인증을 받은 투자자 및 예탁자 소유의 금의 집중예탁 · 혼합보관 • 투자자 및 예탁자의 계좌부 관리
	결제업무	• 장내 금거래(매매)시 금지금과 대금을 동시결제
	보관업무	• 금지금 집중보관 및 금의 반환
부수업무	과세업무	• 예탁자 및 투자자의 금 반환시 예탁결제원과 예탁자가 부가세 징수

한편 KRX금시장 거래에 따른 금지금과 매매대금 인수도 결제는 거래 종료 후 거래소로부터 결제명세를 수령하여 이를 결제회원에게 통지하고 결제회원은 결제시한 전까지 결제금지금 및 결제대금을 납부하고, 예탁결제원은 모든 종목의 금지금 및 결제대금이 예탁결제원 명의의 결제계좌에 납부되면 계좌대체를 통해 금지금과 대금의 결제업무를 수행하고 있다.

3.3. 금지금 과세

정부는 금 현물시장의 활성화와 장외거래와의 과세균형을 감안하여, 장내에서 실물 인수도 없이 계좌상으로만 금지금이 거래되는 경우 부가가치세를 면제[80]하고 있다.

다만, 해당 금지금이 보관기관인 예탁결제원으로부터 인출되는 경우 「부가가치세법[81]」에 따른 재화의 공급으로 보아 예탁결제원은 금지금을 인출하는 자로부터 부가가치세액를 징수[82]하여 세무서에 납부하여야 한다. 이때 위탁자의 요구에 따라 인출되는 경우 금융투자업자가 해당 위탁자로부터 부가가치세액[83]를 징수하여 예탁결제원에 납부한다.

80 조세특례제한법 제126조의7(금 현물시장에서 거래되는 금지금에 대한 과세특례) 제1항
81 부가가치세법 제9조(재화의 공급)
82 조세특례제한법 제126조의7(금 현물시장에서 거래되는 금지금에 대한 과세특례) 제4항
83 조세특례제한법 제126조의7 제4항 및 동법 시행령 제121조의7 제9항에 의거, 금지금 실물을 인출하는 경우 납부해야할 부가가치세액은 「소득세법 시행령」 제92조 제2항 제5호에 따른 이동평균법을 준용하여 산출한 평균단가에 인출하는 금지금의 수량을 곱한 금액의 10%에 해당하는 금액

증권결제제도[1]

제3편

제1장 증권결제제도의 개요

제2장 증권결제위험

제3장 증권의 청산

제4장 증권의 결제

제5장 우리나라의 증권결제제도

제6장 증권결제제도의 국제적 추세

1 제3편 증권결제제도는 한국예탁결제원이 발간한 「증권결제제도의 이론과 실무」(2013, 박영사)를 요약 및 재편집한 것이다. 증권결제제도의 보다 자세한 내용에 대하여는 해당 책자 참조.

증권결제제도의 개요

제1절 증권결제제도의 의의

1 금융시스템과 증권결제제도

증권시장을 포함한 금융시장은 수요자와 공급자 간에 자금의 중개를 그 본질로 한다. 자금의 중개는 당사자 간에 채권 · 채무관계를 발생시킨다. 이러한 채권 · 채무관계는 증권의 인도나 대금의 지급이라는 결제행위를 통해 종결된다. 따라서 금융시장에서 자금의 중개기능과 결제기능은 〈그림 3-1〉과 같이 상호 긴밀하게 연계되어 있다. 결제기능은 금융의 중개기능이 필요하고, 금융의 중개기능은 효과적인 결제기능이 필요하다.

이와 같은 관점에서 보면 화폐의 교환매개기능도 결국 결제기능을 강조한다는 것을 알 수 있다.[2]

그림 3-1 자금의 중개기능과 결제기능의 관계

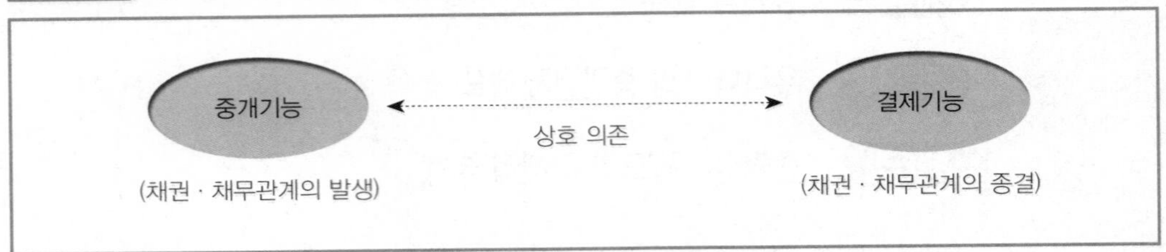

2 W. J. Baumol과 J. Tobin에 의한 화폐의 재고이론 모델이나 그것을 발전시킨 R. Lucas 등의 Cash-in-advance 모델에 있어서는 '화폐의 거래수요(transaction demand for money)'라는 형태로 '화폐의 교환기능=결제기능'을 정식화하고 있으며, N. Wallace에 의한 화폐의 Overlapping Generation 모델에 있어서는 화폐가 국채와 구별되는 점으로서 액면금액의 크기가 정식화되어, 화폐의 분할가능성(divisibility)이라

한 나라의 금융시장 구조는 거래부문(front office)과 이를 지원하는 지원부문(back office)으로 나누어진다. 지원부문은 하부구조(infrastructure)라고 부르기도 한다. 거래부문은 금융시장과 이를 지원하는 금융시스템으로 구성되어 있고, 지원부문(하부구조)은 결제시스템과 이를 지원하는 중앙예탁결제기관으로 구성된다. 거래부문에서의 경제활동이 원활하게 이루어지려면 이를 효과적으로 지원하는 하부구조의 구축이 필수적이다.

금융시장이 간접금융시장과 직접금융시장으로 구분되는 것과 마찬가지로 이를 지지하는 결제제도도 금융거래의 결제를 맡고 있는 지급결제제도와 증권거래의 결제를 맡고 있는 증권결제제도로 구분된다. 전자는 주로 중앙은행에 개설된 은행 등 통화금융기관의 지급준비금계좌를 통해 계좌간 자금이체방식으로 최종 결제되는 반면, 후자는 중앙예탁결제기관에 개설된 증권회사 등 참가금융기관의 증권예탁계좌를 통해 계좌간 증권대체(book-entry)방식으로 최종 결제된다. 이에 따라 증권결제에 따른 대금지급은 중앙예탁결제기관이 중앙은행에 직접 참가하거나 지정 금융기관을 이용하는 방식으로 이루어진다.

2 증권결제제도의 기본 구조

증권결제란 증권거래에 따라 발생한 채권 · 채무관계를 증권인도(delivery)와 대금지급(payment)을 통하여 종결시키는 것을 말한다. 따라서 증권결제제도란 증권결제와 관련된 여러 가지 구성요소를 상호 유기적으로 연결하여 전체적인 시너지 효과가 나타날 수 있도록 지원하는 일련의 업무체계를 말한다.

증권결제업무는 순수한 경제적인 이유로 주목할 만한 가치가 있는 자원소비적인 업무(a resource-consuming activity)라 할 수 있다.

즉 기존의 결제시스템 이외에 새로운 증권결제시스템을 도입하면 많은 고정비용이 추가로 든다. 더욱이 결제시스템이 중복되어 결제과정에서도 규모의 경제와 범위의 경제를 이룰 수 없다. 따라서 경제적 효과를 충분히 발휘하면서 증권결제를 수행하기 위해서는 단일의 결제기관으로 하여금 증권결제를 수행하도록 하는 것이 효율적이다.

여러 시장에서 발생한 거래를 단일의 중앙예탁결제기관을 이용하여 결제를 하면, 각 시장별로 분리하여 결제하는 경우보다 결제정보 취득비용을 줄이고, 더 적은 증거금으로 결제를 수행할 수 있으며, 결제기금을 일원화하고 결제규모도 감축할 수 있다. 나아가 네트워크 산업의 특징인 '제로에 가까운 한계비용원칙'이 단일 중앙예탁결제기관에서 충분히 적용될 수 있기에 적은 시설투자나 추가비용만으로도 늘어나는 결제수요에 신속하게 대응할

는 형태로 '화폐의 교환기능=결제기능'이 이론적 모델이 되고 있다.

그림 3-2 **결제업무 처리구조**

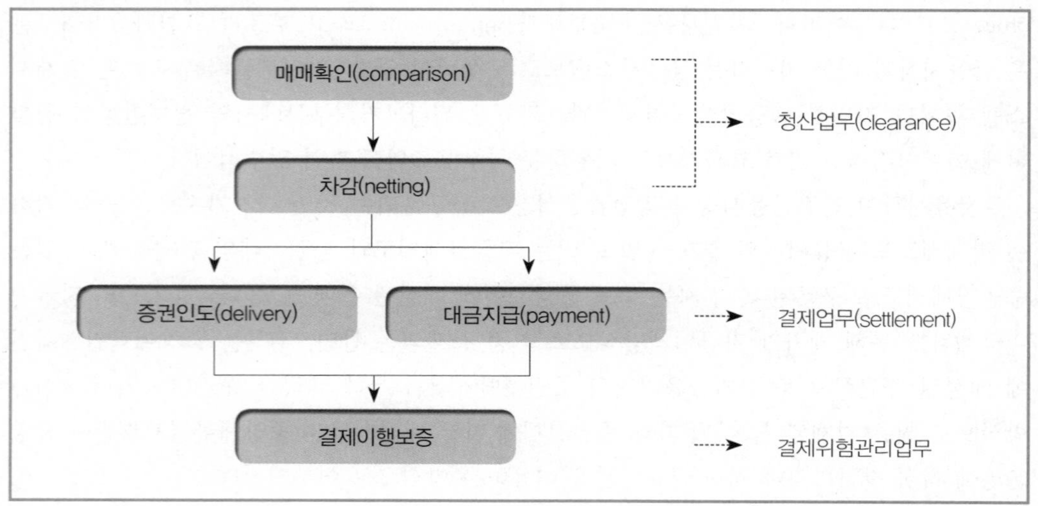

수 있다.[3]

증권결제업무는 일반적으로 증권 매매거래의 프로세스에 따라 〈그림 3-2〉와 같이 청산 · 결제 · 결제위험관리의 3단계로 구분할 수 있다.

청산(clearance)은 매매보고, 매매확인, 차감 등을 통하여 매매거래 당사자가 최종적으로 결제할 채권 · 채무를 확정하는 절차를 의미하며 이를 수행하는 기관을 청산기관이라고 한다. 결제(settlement)는 청산의 결과에 따라 생성한 최종의 채권과 채무를 당사자 간에 증권인도(delivery)와 대금지급(payment)을 통하여 종결시키는 절차를 말하며, 이를 수행하는 기관을 중앙예탁결제기관이라 한다.

결제위험의 관리는 결제과정에서 발생할 수 있는 제반 위험을 통제 · 배분하는 과정을 말한다.

청산과 결제를 포함하여 광의의 결제라고도 하며 청산 이후 증권인도와 대금지급 절차를 협의의 결제라고 한다.

본 편에서는 증권결제 과정에서 발생하는 증권의 청산, 증권의 결제, 결제위험 관리를 중심으로 증권결제제도를 살펴보고자 한다.

3 김시원, 「세계증권시장 환경변화와 우리나라 증권시장인프라의 구조개편 방향」, 2001, 37쪽.

3 증권결제제도의 발전과정

증권의 결제를 위한 증권인도, 즉 권리 이전은 증권예탁제도 하에서 실물 증권의 이동 없이 계좌대체로 처리된다. 이러한 의미에서 증권의 집중예탁과 계좌대체는 증권결제의 효율화를 위한 전제조건이며, 예탁제도와 결제제도는 하나의 큰 틀에서 작동된다. 따라서 증권의 결제는 증권예탁결제제도라는 차원에서 바라볼 필요가 있다. 특히, 현대사회와 같이 실물증권의 이동 없이 계좌대체로 증권결제가 이루어지는 증권시장에서 예탁과 분리된 결제는 기능적으로나 실제적으로도 거의 불가능하다.

이와 같은 증권예탁결제제도는 자본주의 경제성장과 이에 따른 주식회사제도 및 증권시장의 발달과 더불어 태동하였다. 자본주의 경제의 발달 초기에는 주식회사제도가 보편화되어 있지 않았다. 더욱이 외형적으로는 주식회사 형태라고 해도 실질적으로는 개인 기업으로 운영되어 기업 자금의 융통은 기업 소유주의 신용이나 은행을 통한 간접금융방식이 대부분이었고 증권 발행을 통한 자금 조달은 미진한 상태였다. 따라서 증권시장에서 이루어지는 매매거래도 소규모 개별적인 형태로 행해졌으며, 결제의 경우도 상대방 간에 직접 실물 증권을 인도하여 결제를 이행하는 것이 통상적인 관행이었다.

그러나 자본주의의 발전에 따라 경제 규모가 확대되고 주식회사제도가 활성화되면서 주식회사의 수와 자본금 규모가 크게 늘어났다. 이에 따라 은행을 이용한 간접금융방식의 자금 조달이 한계에 도달하고, 증권 발행을 통한 직접금융방식에 의한 자금 조달이 대폭 증가하게 되었다.

이와 같이 증권 발행을 통해 증권시장에서 자본을 조달하는 기업이 점차 늘어나고 그 조달 규모도 대형화되는 추세에 따라, 발행시장의 규모가 확대되고 유통시장도 함께 성장하여 유통되는 증권 수량과 증권 투자 인구도 점차 증가하게 되었다.

이러한 발행시장과 유통시장의 확대는 기존의 직접인도방식에 의한 증권결제에 심각한 문제를 초래하게 되었다. 실제로 증권의 유통량이 그다지 많지 않았을 때에는 거래 당사자 간에 직접 증권을 인도하는 방법에 의해 증권결제를 하여도 증권 유통에 큰 불편을 초래하지 않았을 뿐 아니라 오히려 그것이 효율적인 방법이기도 하였다. 그러나 증권시장의 성장에 따른 결제 수량의 대형화가 실물 증권의 대량 이동을 수반하면서 불편이 뒤따를 수밖에 없게 되었다.

그 결과 증권회사, 금융기관 등 대규모의 증권을 투자 · 운용하는 것을 전업으로 하는 기관투자자는 실물 증권의 안전한 보관 관리와 신속 · 정확한 실물 증권의 이동을 위해 막대한 시설 · 인력 · 비용을 부담하게 되었다. 또한 대량의 증권이 빈번하게 이동되어 도난 · 분실 등 각종 사고발생위험이 상존하게 되었고, 실물 증권 취급 업무량의 폭증으로 사무 능률의 저하 및 사무 착오로 인해 증권의 원활한 유통에 큰 지장을 받게 되었다. 특히 투매 현상과 같이 증권 거래량이 급격히 늘어나는 위기 상황에서 거래 당사자 간의 실물 인도에 의한 결제방식은 결제이행이 불가능한 상황을 초래하여 증권시장의 붕괴가능성마저 띠게 되었다.

오늘날 금융시장의 자유화와 국제화로 인하여 증권시장의 전면적 대외 개방과 국내투자자의 해외증권투자 확대 등이 이루어지면서 국내외 증권결제제도의 상호의존성이 심화되고 있다. 이와 같은 환경에서는 각국의 증권결제제도나 관행이 국제적인 기준에 부합해야 결제위험의 국제적인 파급 현상으로부터 국내시장을 보호할 수 있으며 해외시장과 균형 있는 발전을 도모할 수 있다.

이와 같이 금융시장의 상호의존성 심화, 결제위험의 신속한 전파 등 결제위험이 질적 · 양적으로 변화함에 따라 각종 국제기구를 중심으로 증권결제제도의 국제적 표준화를 위한 개선 사항이 세계 각국에 권고되었다.[4]

세계 각국은 국제적 권고 사항을 증권결제제도의 주요 개선과제로 정하고 이를 적극 수용하기 위해 활발한 논의를 해오고 있다. 이러한 결과 오늘날 증권결제제도는 수동적 업무 영역을 탈피하여 정교한 결제위험 통제시스템 구축, 국제 증권거래 촉진을 위한 제도 개선, 다양한 증권 상품의 출현에 대응한 시스템의 개발 등이 요구되는 전문화된 분야로 변모하였다. 최근 증권결제의 중요성을 새롭게 인식하게 된 배경은 다음과 같이 정리할 수 있다.

첫째, 1990년대 이후 증권 거래량의 증대, 가격변동성 확대 및 거래시장의 다양화를 들 수 있다. 이에 따른 증권결제위험의 증가로 투자자에 대한 신속하고 안정적인 결제서비스 제공 압력이 증대되었다.

둘째, 금융의 증권화, 금융의 겸업화, IT기술의 발달 등은 증권의 발행량 · 거래량을 대폭 증가시켰다. 또한 증권 투자자의 다양한 증권에 대한 투자 욕구는 증권결제 인프라를 재구축하여 결제위험을 효율적으로 관리하도록 한 원인이 되었다.

셋째, 증권시장의 국제화에 따라 증권산업의 선진화를 위한 각국 증권시장 간 경쟁이 심화되었다. 특히 EU출범에 따른 유럽 증권시장의 연계 · 통합 등 증권시장의 구조 변화는 증권결제제도의 중요성을 더욱 가속화시키는 계기가 되었다.

---

4 국제결제은행(BIS: Bank for International Settlements) 산하의 지급결제제도위원회(CPSS: Committee on Payment and Settlement Systems)와 국제증권감독기구(IOSCO: International Organization of Securities Commission)가 공동으로 2001년에는 증권결제시스템에 관한 권고, 2004년에는 청산기관(CCP : Central Counterparty)에 관한 권고, 2012년에는 기존의 권고를 통합 · 강화한 금융시장 인프라에 관한 원칙(PFMI: Principles for Financial Market Infrastructures)을 발표하였다. 증권결제제도에 대한 국제적 권고안의 자세한 사항에 대하여는 제6장 참조.

증권결제제도의 금융경제적 기능 제2절

자본주의체제 하에서 증권결제제도의 경제적 기능은 일반적으로 효율성과 안정성이란 두 가지 문제로 귀결되는 경우가 많다. 본 절에서도 증권결제제도가 갖는 경제적 기능으로서 효율성 및 안정성의 문제와 양자간의 상충관계에 대해서 살펴보기로 한다.

1 금융시스템의 효율성 증진

효율성이란 최소의 비용으로 최대의 효과를 나타내는 것을 말한다. 효율성은 신속 · 정확 · 최소비용 등 세 가지 요소로 구성된다. 따라서 증권결제의 효율성은 대량 거래에 대한 결제비용이 저렴하면서 신속 · 정확하게 처리되는 것에 의해 좌우된다.

증권결제제도는 이 제도에 참가하는 금융기관 간에 증권거래에 따른 증권 및 대금을 개별적으로 인수 · 인도하는데 소요되는 막대한 비용과 시간을 절약하기 위해 고안된 제도이다. 이와 같이 제도화된 시스템을 통한 결제의 편리성과 효율성 확보는 사회적 비용의 감축과 결제의 신속성이라는 측면에서 관심이 높아지고 있다.

증권결제제도의 효율성은 다음과 같은 측면에서 바라볼 수 있다.

첫째, 증권예탁제도의 발달로 증권의 실물 이동 없이 계좌간 대체기재에 의한 결제가 가능해짐에 따라 증권결제제도의 효율성은 크게 향상되었다. 이를 통하여 증권의 실물 이동에 수반되는 비용 및 시간을 절감할 뿐만 아니라 실물증권의 인수 · 인도에 따른 분실위험 등을 회피할 수 있게 되었다.

둘째, 증권결제업무의 효율성은 차감결제방식의 채택을 통하여 제고될 수 있다. 차감결제방식은 참가자 간 결제에 필요한 증권과 대금의 인수도 건수 및 결제 규모를 대폭 축소시킴으로써 증권결제시스템의 효율성을 증대시키고 결제비용을 크게 감소시킬 수 있다.[5] 실례로 장내 주식시장에서 다자간 차감방식을 채택하고 있는 우리나라의 경우 거래금액대

5 1990년 11월 국제결제은행(BIS)이 발표한 램팔러시(Lamfalussy) 보고서(Report of the Committee on Interbank Netting Schemes of the Central Banks of the Group of the Ten Countries)는 외환거래에 있어 상대차감방식을 채택할 경우 결제건수 및 금액이 50% 이상 감소된다는 연구결과를 발표한 바 있다. 동 보고서는 은행 간 차감결제방식의 구축 시 필요한 기본적인 요건을 제시하고 있는데, 이는 차감결제방식을 채택하는 증권결제제도에도 시사하는 바가 크다.

비 결제금액이 90% 이상 감소되고 있다.[6] 이와 동시에 시장참가자가 유발시킬 수 있는 신용위험 및 유동성위험의 크기를 줄일 수 있다.

또한 다자간 차감방식에 의한 결제제도 하에서는 중앙예탁결제기관(또는 청산기관)이 동 시스템에 참가하는 참가자의 자격에 대해 엄격히 규제하고 있고, 매매확인된 거래에 대해서는 결제의 이행을 보증하고 있으므로 참가자는 거래 상대방의 신용상태 등을 파악하기 위한 탐색비용이 들지 않는다는 장점이 있다.

셋째, 결제업무의 전산화는 방대한 거래를 효율적이고 신속하게 처리할 수 있도록 한다. 따라서 매매시점에서 결제시점까지의 기간을 단축시킬 수 있어 결제위험을 나타내는 미결제잔액을 감축시킨다. 또한 결제위험 축소의 전제가 되는 결제위험의 파악도 컴퓨터시스템의 도움으로 기술적으로 용이해졌다.

효율적인 증권결제제도는 〈그림 3-3〉과 같이 정보수집 및 결제비용 등을 절감시킴으로써 투자자의 증권투자수익을 증대시킨다. 그리고 증권투자수익의 증대는 증권에 대한 새로운 수요를 창출하여 증권가격을 상승시킨다($E_0 \Rightarrow E'$). 이러한 증권가격의 상승은 증권의 공급을 촉진시켜 결국 경제 전체의 효율성 증대에 기여하게 된다($E' \Rightarrow E_1$).

그림 3-3 증권결제제도의 기능

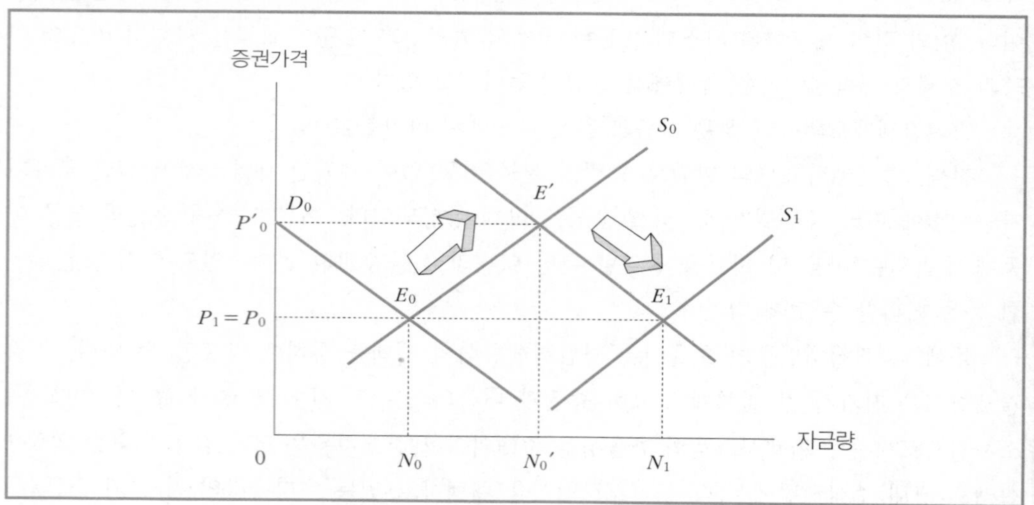

6 장내 주식시장의 거래금액 대비 결제금액의 차감비율은 2009년도 92.3%, 2010년도 93.6%, 2011년도 93.5%인 것으로 나타났다.

② 금융시스템의 안정성 제고

안정성이란 각종 위험을 원천적으로 제거하거나 최소화하는 것을 말한다. 금융시스템의 안정성은 금융거래에 따른 채권 · 채무관계의 적절한 이행가능성, 즉 결제이행 가능성에 크게 의존한다. 최근 금융시장의 자유화와 국제화로 인하여 국내외 금융시장 간 또는 금융기관 간 상호연계성이 커지고, 결제시스템 간 상호의존성도 높아지고 있다. 이러한 금융시장의 환경변화는 한 결제시스템에 참가하는 특정 금융기관의 결제불이행이 다른 참가기관에 급속히 파급되어 금융시장 전체의 안정성을 위협할 가능성이 증대되고 있다.

따라서 세계 각국은 금융시스템의 안정성을 확보하는데 필수적인 요소인 결제제도의 안정성 확보에 주력하게 되었다. 증권결제제도의 안정성 확보는 다음 세 가지 측면에서 바라볼 수 있다.

첫째, 중앙예탁결제기관에 참가한 금융기관의 경영안정성 확보가 필수적이다. 이에 따라 중앙예탁결제기관은 참가자에 대한 재무적 또는 비재무적 참가기준을 설정하여 이의 충족 여부를 정기 또는 수시로 감시하고 있다.

둘째, 결제업무 처리방식의 안정성 확보이다. 따라서 각국 중앙예탁결제기관은 자국 결제시스템의 결제위험을 최소화하기 위해 결제대금의 당일자금화, 동시결제방식의 채택, 결제기금의 적립 등 여러 가지 장치를 마련하고 있다.

셋째, 법적 안정성의 확보이다. 증권결제제도와 관련하여 그 절차나 권한 · 책임에 대한 법적 근거가 명확하지 않으면 참가자들이 자신의 책임을 인식하지 못하여 시스템위험을 증대시킬 수 있다.

③ 안정성과 효율성의 상충관계

증권결제제도의 안정성과 효율성은 상충(trade-off)관계에 있다. 따라서 최적의 상태에 있는 경우 어느 한 가지를 개선하고자 하면 다른 한 가지를 희생해야만 한다. 이러한 상충관계는 결제방법, 참가자의 범위 등 증권결제제도 전반에 걸쳐 나타난다.

예컨대 중앙예탁결제기관에서 증권대차나 결제대금에 대한 신용공여를 참가자에게 담보 없이 제공해 주면 결제는 원활하게 처리되겠지만, 금융거래가 부실화될 가능성이 높아지므로 시스템의 안정성은 저해된다. 또한 중앙예탁결제기관에 대한 참가자 범위도 참가자가 많을수록 결제의 효율성은 증대하겠지만, 신용상태가 불량한 부실 금융기관의 결제불이행 가능성도 그만큼 높게 된다.

그러나 증권결제제도는 일반적으로 최적의 상태가 아니므로 증권결제에 관한 각종 규칙 및 관행을 정비하거나 결제업무방법의 개선 등을 통해 효율성과 안정성을 함께 제고할 수 있다. 예컨대 단일의 기관이 집중하여 예탁결제업무를 수행하는 것이야 말로 효율성과 안정성을 제고시키는 증권결제제도 개선의 좋은 방향이다.

한편, 제도의 개선을 통하여 최적 상태에 도달하면 양 기능을 동시에 만족시킨다는 것은 거의 불가능하다. 따라서 각 기능이 각각의 기준을 얼마만큼 충족시키고 있느냐를 확인하는 것이 중요함은 물론이고, 각 개별기준에 대해 얼마만큼의 비중을 배분하여야 하는가의 정책적 결정도 매우 중요하다. 이러한 것은 정책적 가치판단의 문제로서 보다 합리적인 판단을 위해서는 금융시스템 전반에 대한 세밀한 분석이 선행되어야 한다.

제2장 증권결제위험

결제위험의 의의

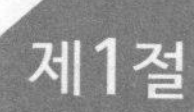

금융시스템에서 가장 큰 위험은 결제업무 처리 중에 발생하는 결제위험이다. 이러한 결제위험이 과거에 존재했음에도 불구하고 최근 들어 주목받게 된 것은 증권거래의 국제화, 증권 거래량의 증대, 결제업무의 전산화 등 금융환경의 변화에 따라 결제위험이 구조적으로 크게 변화해 이에 대한 체계적 대응이 어렵게 된 데 있다. 결제위험의 통제에 대한 어려움은 금융시스템의 안정성 유지에 커다란 위협이 되고 있다.

따라서 세계 각국은 이러한 결제위험으로부터 자국 금융시스템을 보호하고자 체계적으로 대응할 필요성을 인식하게 되었다.

결제위험은 발생 원인별 규제 대책이 상이한데, 여기에서는 결제위험의 종류 및 그 규제 대책 등에 대해서 살펴보고자 한다.

그림 3-4 **금융환경 변화와 결제위험**

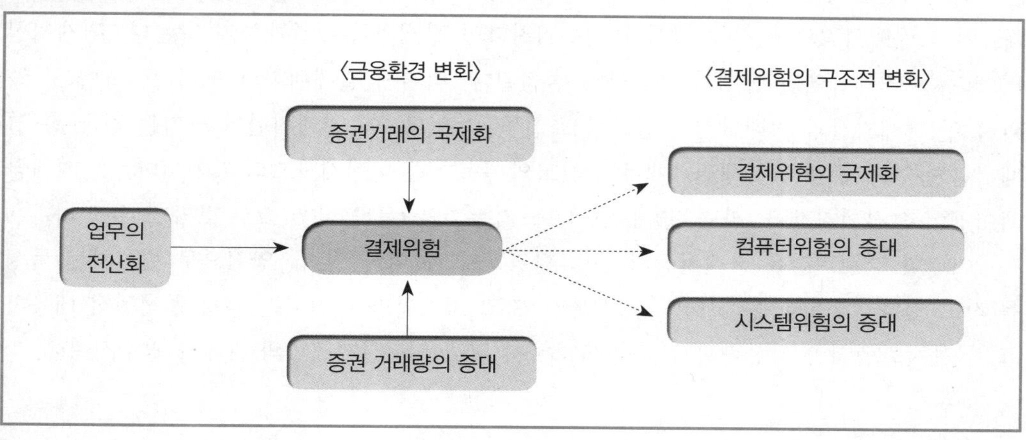

표 3-1 결제위험의 발생 원인별 규제 대책

위험 종류		발생 원인	위험의 크기	규제 대책
신용위험	대체비용 위험	가격 변동 등에 기인한 거래 상대방의 계약미이행	미실현이익	결제주기 단축, 매매확인 시스템 구축
	원본위험	쌍무계약상 의무선이행, 익일 자금결제	거래금액 전체	동시결제, 당일 자금화
유동성위험		거래 상대방의 결제이행 지체	조달비용	차감결제, 증권대차
시스템위험		신용위험과 유동성위험의 전파	측정불가능	결제기금 조성, 결제회원 관리

1 결제위험의 개념

일반적으로 금융기관에서 사용하고 있는 위험(risk)의 개념이 경우에 따라 여러 가지 의미로 사용되고 있어 혼동의 여지가 많기 때문에 우선 위험의 개념부터 정확히 정의하고자 한다.

위험은 '미래의 불확실성으로 광범위하게 정의되거나, 미래의 불확실성 때문에 야기되는 손실 발생 가능성'으로 정의하는 것이 일반적이다. 즉 실제 실현된 이익이 기대에 미치지 못하게 되는 경우처럼, 미래의 불확실성으로 인해 금융기관에게 불리한 결과를 초래할 가능성을 위험이라 한다. 따라서 결제위험이란 '매매체결 이후 예기치 않은 사정으로 인해 결제가 예정대로 이루어지지 않을 가능성, 또는 그것으로 인해 야기되는 손실 발생 가능성'으로 정의할 수 있다.

결제위험은 근본적으로 증권거래의 특성인 매매시점과 결제시점의 차이에서 발생한다. 만약 매매시점과 동시에 결제가 이루어진다면 결제위험은 존재하지 않는다. 결제위험의 크기는 거래금액과 결제기간에 따라 결정된다. 따라서 결제위험의 크기는 〈그림 3-5〉와 같이 결제기간과 거래금액의 곱으로 표현될 수 있다. 이 결제위험의 크기는 결국 총 결제기간 동안에 존재하는 채권 · 채무의 잔고의 총량, 즉 미결제잔고의 크기이다. 즉 거래금액이 p이고 결제기간이 t라면, 결제위험의 크기는 p와 t를 곱한 $p \cdot t$로 나타낼 수 있다.

이러한 결제위험은 증권시장의 주변 환경 변화에 따라 질적 · 양적으로 변화하는 특성을 갖고 있다. 따라서 증권시장의 규모가 커지고 국제화가 진전되는 환경에 적절히 대응하고, 금융시스템의 안정성과 건전성을 확보하기 위해서는 결제위험의 관리가 필수적이다.

그림 3-5 **결제위험의 양적 크기**

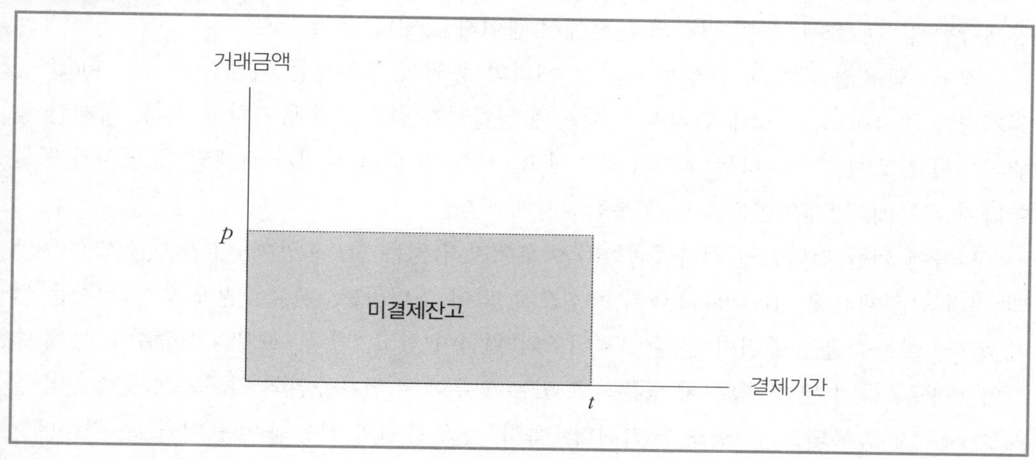

결제위험의 관리란 위험을 제로(zero)로 만드는 것이 아니라, 사회적으로 용인할 수 있는 범위 내로 위험을 축소하여 금융시스템의 안정성과 건전성을 확보하는 것을 말한다.

위험관리에 있어서 가장 중요한 것은 결제시스템에 참여한 각 금융기관이 각종 위험에 대해 정확하게 인식하는 것이며, 또한 스스로의 책임과 능력으로 이러한 위험을 관리할 수 있도록 하는 제도적 유인장치가 결제시스템 내에 구축되어야 한다는 것이다.

2 결제위험의 특성

증권결제위험은 자금결제위험에 비해서 복잡한 면이 있다. 이것은 다음과 같은 요인에 의한 것이다.

자금결제에서 결제의 대상은 그 국가의 통화 한 종류이다. 그러나 증권결제에서는 주식, 국채, 지방채, 사채, CP 등 다양한 상품이 결제의 대상이 된다. 나아가 그러한 결제의 대상이 상이한 시장(증권거래소, OTC시장, ECN 등)에서 거래되고, 시장마다 거래의 참가자나 거래단위도 다를 수 있다. 더욱이 상품마다 근거법이나 규제 · 제도가 상이하거나, 상품별로 결제제도가 다른 경우도 있다. 이러한 이유로 증권결제위험은 증권 전반적으로 일괄해서 논의될 수 없는 면이 있다.

증권결제리스크를 복잡하게 하는 이유 중에 하나는 증권거래에 관여하는 당사자가 많다는 점이다. 주문을 낸 고객 또는 기관투자자, 거래를 중개하는 증권회사, 매매를 체결하는 증권거래소, 증권을 보관 관리하는 보관은행(custodian), 자금의 지급을 대행하는 결제대행은행, 차감 등을 하는 청산기관(CCP), 최종적으로 증권인도와 대금지급을 담당하는 중앙예탁결제기관(CSD) 등이 각각의 입장에서 관여하고 있다.

경제 · 금융의 국제화 진전에 따라서 해외의 증권에 투자하는 국제간(cross-border) 증권거래가 증가하고, 그것에 따라서 국제간 증권결제가 급속하게 증가하고 있다. 국제간 증권결제의 경우에는 관여하는 국가가 증가하고, 시차 및 외환 문제가 관계되며, 당사자가 늘어나기 때문에, 결제위험은 그만큼 복잡해지게 된다.

법률에 의한 전면적인 전자증권화가 이루어지지 않는 한, 중앙예탁결제기관(CSD)에서의 전자적인 계좌대체(book-entry)가 중심으로 되어 있더라도, 실물증권에 의한 결제는 남게 된다. 실물증권은 증권의 분실이나 위조의 위험이 있고, 발행 · 보관 · 실물수수 등에 수고와 비용이 들게 된다. 양쪽이 병존하고 있는 경우에는 전자증권의 결제와 실물증권의 결제로 사무가 중복되고, 위험도 달라진다. 특히, 실물증권의 부동화 비율이 낮은 경우에는 실물증권에 의한 결제의 비중이 높아지기 때문에 사무부담이 커지게 된다.

제2절 결제위험의 종류

1 결제위험의 일반적 분류

증권의 결제과정에는 여러 가지 위험이 발생하게 된다. 이와 같은 결제위험은 일반적으로 위험의 발생시기나 원인, 성질 등에 따라 신용위험, 유동성위험, 시스템위험, 법률위험 등으로 구분한다.

1.1. 신용위험

신용위험(credit risk)이란 '거래 당사자 일방이 재무상태의 악화, 증권가격의 급격한 변동 등으로 인해 예정된 대로 결제를 이행하지 못할 경우 거래 상대방이 입게 되는 손실'을 의미한다. 이러한 신용위험은 원본위험과 대체비용위험으로 구분된다.

증권거래에서 증권의 매수자가 대금을 지급하지 않는다면 매도자는 다음의 위험에 노출된다. 첫째, 매수자가 매수대금을 지급하지 않았음에도 매도자 자신은 매도증권을 인도한 경우이다. 이 경우 매도자는 '해당 거래의 원본 전체 금액'에 해당하는 손실을 입게 된다. 이를 원본위험이라 한다. 둘째, 매수자가 매수대금을 지급하지 않았기에 매도자 자신도 매도증권을 인도하지 않은 경우이다. 이 경우 증권거래가 취소되어 매도자는 '거래로부터 얻을 수 있는 이익'을 실현하지 못하게 된다. 이를 대체비용위험이라 한다. 매수자 측면에서도 동일한 논리를 적용할 수 있다.

(1) 원본위험

원본위험(principal risk)이란 '증권거래와 같은 쌍무계약에 있어서 매매거래의 일방이 자신의 의무를 먼저 이행함으로써 상대방의 의무이행 불확실성에 노출되는 위험'을 말한다. 원본위험은 매도자, 매수자 모두에게 존재한다. 즉 매도자에게는 증권을 인도했지만 그 대금을 수령할 수 없는 위험이 있으며, 매수자에게는 대금을 지급했지만 증권을 수령할 수 없는 위험이 있다.

이러한 원본위험은 증권결제가 가치교환형 결제라는 특성으로 인해 발생하는 증권인도와 대금지급 간의 시차(time lag) 때문에 발생한다. 즉 원본위험은 거래 당사자 일방이 증권인도나 대금지급을 한 시점부터 발생하게 된다. 따라서 증권인도와 대금지급이 동시에

그림 3-6 **결제업무 처리상 위험의 비교**

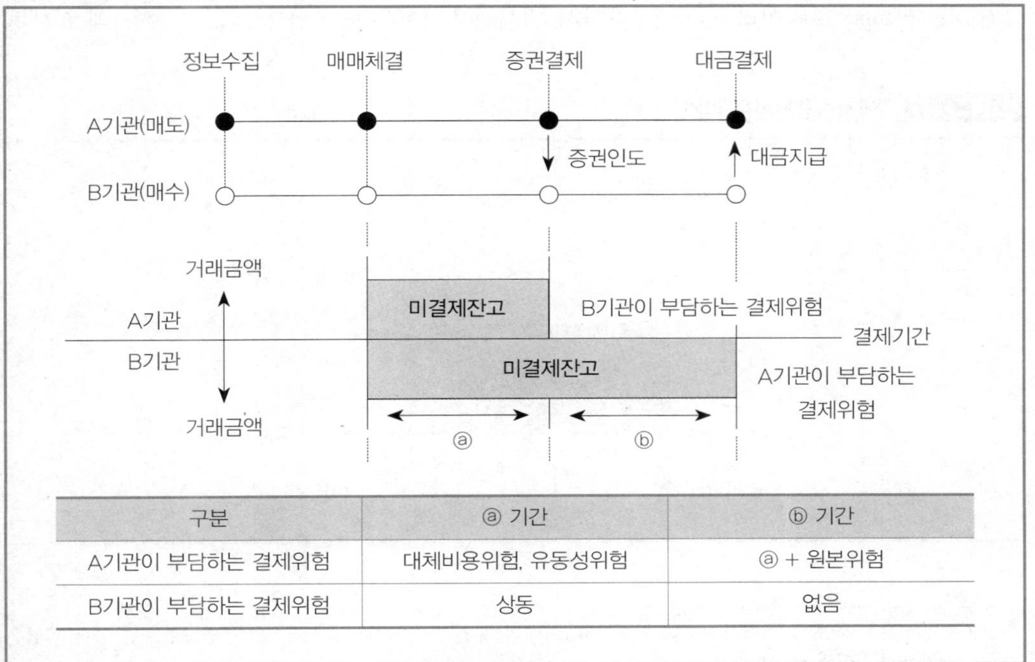

구분	ⓐ 기간	ⓑ 기간
A기관이 부담하는 결제위험	대체비용위험, 유동성위험	ⓐ + 원본위험
B기관이 부담하는 결제위험	상동	없음

이루어지지 않는 시장에서는 원본위험에 노출된다. 증권결제와 관련된 원본위험은 이른바 외환결제시의 이종통화표시 결제위험, 즉 헤르슈타트(Herstatt)위험과 동일한 개념에 해당한다.

후술하는 대체비용위험이 가격 변동 부분의 위험인데 반해, 원본위험은 증권거래에 따른 전체 금액으로 대체비용위험과 비교할 수 없을 정도로 크기[7] 때문에 특정 참가자의 결제불이행은 여타 참가자의 신용상태에 큰 영향을 미칠 수 있다. 따라서 원본위험은 증권시장 전체에 영향을 미치는 시스템위험을 유발할 가능성이 있을 뿐만 아니라 신용위험의 주요 원인이 된다.

원본위험의 중요성 때문에 증권인도와 대금지급 간에 강력한 연계시스템을 갖는 동시결제시스템을 구축할 것이 요구되고 있다. 그러나 강력한 동시결제시스템의 실현은 원본위험을 제거할 뿐, 후술하는 대체비용위험과 유동성위험에는 영향을 줄 수 없다는 점에 유의할 필요가 있다.

(2) 대체비용위험

대체비용위험(replacement cost risk)은 '거래 상대방이 결제일에 결제를 이행하지 않음에 따라 거래 당사자 일방이 새로운 거래를 다시 체결하는 경우에 손실을 입게 되는 위험'을 말한다. 대체비용위험은 증권가격의 변동에 기인하기 때문에 은행권에서는 가격변동위험(price volatility risk)이라고 한다. 따라서 대체비용위험은 원래의 거래를 다른 거래로 대체

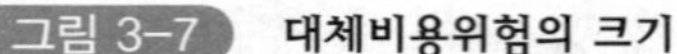
그림 3-7 **대체비용위험의 크기**

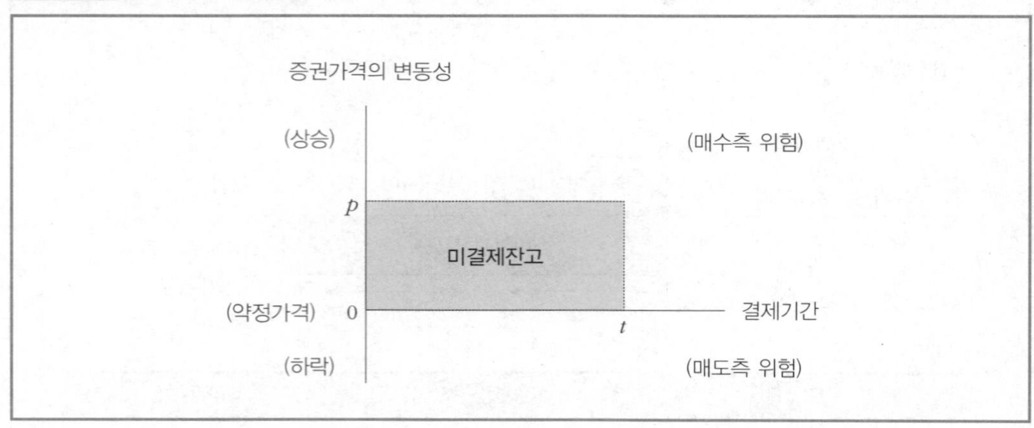

7 예를 들면, 당초의 매매시점부터 다른 매매거래의 체결시점까지 증권가격이 1% 변동했다면, 원본위험은 대체비용위험의 100배가 된다.

할 때 드는 비용과 동일하다.

이 위험의 크기는 증권가격의 변동성과 매매일과 결제일 간의 기간, 즉 결제기간에 의해 결정된다. 즉 대체비용위험은 약정가격과 비교해 가격 상승 시에는 매도자가 결제를 불이행할 가능성이 있으므로 매수자가 이를 부담하고, 가격 하락 시에는 매수자가 결제를 불이행할 가능성이 있으므로 매도자가 부담한다. 가격 상승 시 매수자가 부담하는 대체비용위험은 상승폭 p와 결제기간 t의 곱인 $p \cdot t$이다.

대체비용위험은 결제기간을 단축하거나 법적으로 구속력이 있는 매매거래 차감 방식을 채택함으로써 축소가 가능하다. 또한 대체비용위험은 미결제잔액에 대해 일일정산을 실시하여 현재가격으로 증권가치를 재평가하고, 미실현손실에 대해 책임있는 상대방에게 손실가치에 상응한 대금이나 담보를 거래상대방이나 중앙예탁결제기관에 제공하도록 함으로써 감소가 가능하다.

1.2. 유동성위험

유동성위험(liquidity risk)이란 '증권거래가 발생한 후 거래 당사자 일방이 일시적인 유동성 부족으로 예정된 결제일에 결제를 하지 못하고 결제를 지연함으로써 발생하는 위험'을 말한다. 유동성 부족으로 거래가 지연되는 경우, 거래 상대방도 다른 거래를 이행하기 위해 증권을 빌리거나 자금을 차입해야 되기 때문에 유동성위험에 노출된다.

일반적으로 결제불이행은 결제일 영업시간 종료시점에 이르러 판명되는 경우가 많으므로, 결제대금 또는 증권의 조달에 시간상 제약이 있을 뿐만 아니라 금융시장의 불안 심리를 고조시켜 시중 유동성을 위축시킨다. 또한 시장의 다른 참가자가 해당 참가자의 신용능력에까지 의문을 갖게 되어 대출을 기피할 수도 있으며, 결국에는 해당 당사자도 결제이행이 불가능하게 되는 상황을 초래하기도 한다. 이러한 유동성위험은 실물 결제 메커니즘을 가진 시장과 총액결제시스템을 갖고 있는 시장에서 종종 발생한다.

유동성 압력에 따른 관련 비용은 영향을 받는 자가 부담할 수밖에 없는데, 시중의 유동성 정도에 따라 그 비용의 크기가 결정된다. 일반적으로 시중 유동성이 풍부할수록 유동성 부족에 따른 증권이나 대금의 조달에 드는 비용은 감소하게 되고, 시중 유동성이 부족할수록 유동성 확보에 드는 비용은 증대한다. 〈그림 3-8〉에서 보면, 시중 유동성이 부족한 L_0인 상태에서 발생한 유동성위험에 대응하기 위해서는 비용이 OC_0만큼 들게 되지만, 시중 유동성이 풍부한 L_1인 상태에서 발생한 유동성위험에 대응하기 위해서는 비용이 OC_1만큼만 소요된다.

G-30은 유동성위험의 절대적 크기를 축소시키기 위해 차감결제방식을 채택하도록 권

그림 3-8 **시중 유동성과 유동성위험**

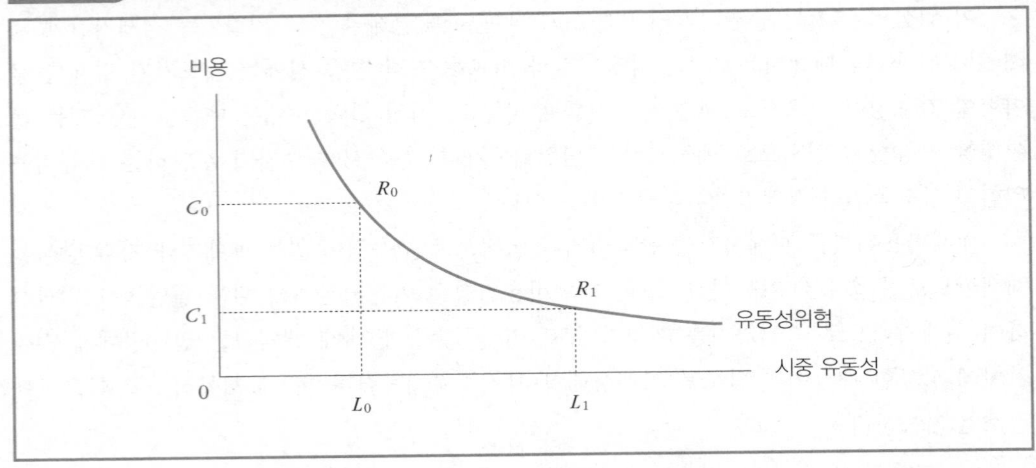

고하고 있다. 또한 유동성위험이 통상 시중 유동성이 거의 고갈된 상태에서 발생하기 때문에, 이에 대한 대책으로 증권대차제도와 결제대금주선제도의 도입을 통해 제도적으로 유동성을 확보하도록 권고하고 있다.

유동성위험과 가장 밀접한 관련이 있는 것은 결제일 당일 중 결제시한을 정하는 문제이다. 결제시한은 결제마감시한(settlement cut-off time)을 의미한다. 일반적으로 결제시한을 결정하는 데 고려해야 할 사항은 시중 유동성이 풍부해야 한다는 것과 결제시한에 임박해서 발생하는 위험에 대처할 수 있는 시간적 여유를 확보해야 한다는 것이다.

시중 유동성은 당일 영업개시시점에서부터 증가하기 시작해, 일반적으로 은행 간 교환결제가 종료되는 오후 2~3시 사이에 가장 풍부하고, 영업종료시간이 다가옴에 따라 점점

그림 3-9 **시중 유동성과 최적결제시간**

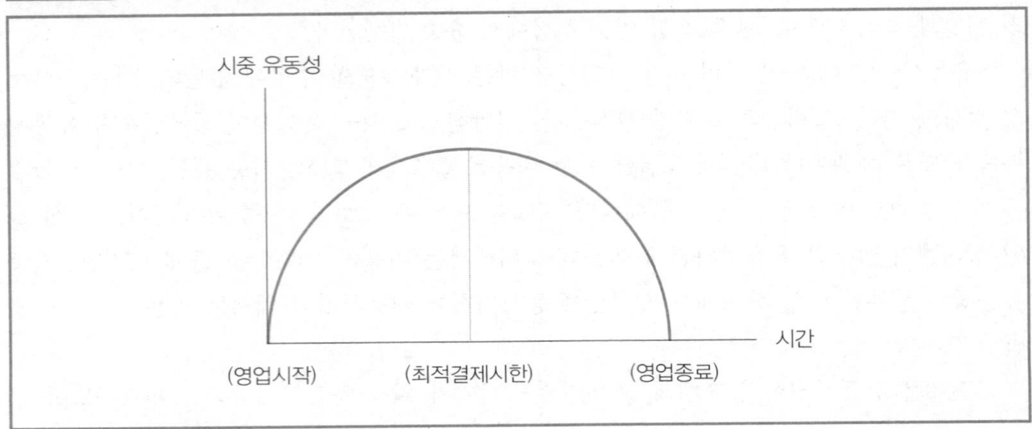

고갈된다.

또한 결제시한에 임박해서 발생한 증권이나 대금의 부족을 처리하는 데는, 결제방법별로 다르기는 하나 최소 2시간 이상 소요되는 것으로 알려져 있다. 대금의 부족을 처리하기 위한 유동성은 콜시장 등 제도화된 시장을 통해 확보하며, 업무 처리 절차는 상대방의 모색, 거래조건의 협의 및 약정, 결제에 의한 유동성 확보 등의 순서로 이루어진다. 이에 반해 증권의 부족분 발생은 집중예탁제도의 발전으로 인해 크게 감소했으나, 증권은 기본적으로 종목별 유동성이 낮아 부족분 발생 시 결제불이행으로 이어질 가능성이 크다. 이러한 증권 부족분 발생에 적절히 대응하기 위해서는 제도적인 유동성 확보장치의 마련이 관건이 된다.

따라서 최적결제시한은 이와 같이 유동성요건과 시간요건을 모두 구비한 시간대에서 결정되어야 한다.

1.3. 시스템위험

시스템위험(systemic risk)이란 '신용위험 또는 유동성위험 등으로 인한 개별 금융기관의 결제불이행위험이 다른 금융기관에 전파되어 연쇄적으로 결제불이행을 발생시킴으로써 금융시스템 전체가 마비되는 것'을 말한다.

최근 개별 금융기관의 위험 증가, 중앙예탁결제기관을 통한 금융기관 상호간 채권 · 채무관계의 증대 및 복잡화에 따라 시스템위험은 크게 증가하고 있다. 예컨대 오늘날에는 채권 · 채무를 집중하여 결제하기 때문에 어느 특정한 참가자의 결제불이행은 즉시 다른 참가자의 결제불이행을 초래할 수 있다. 이러한 결제불이행은 도미노처럼 파급되어 결제시스템 전체의 기능을 마비시킬 위험성이 있다. 또한 시스템위험은 누가, 무엇이 원인이 되어 발생되었는지가 분명하지 않은 상태에서 갑자기 유동성 부족에 빠지게 되는 경우가 많다. 따라서 시스템위험을 이해하기 위해서는 다음과 같은 시스템위험의 특성을 이해할 필요가 있다.

첫째, 시스템위험의 원인은 참가자의 도산, 컴퓨터 장애, 사무 착오 등 다양하다. 그렇기 때문에 개별 금융기관이 위험의 와중에서 위험 발생의 원인을 정확하게 파악하는 것이 어렵고 오히려 이것이 혼란을 가중시킬 우려가 있다.

둘째, 이것과 관련해 시스템위험의 영향을 받는 측은 위험을 발생시키는 측과 직접 상대하지 않는 경우가 많다. 따라서 시스템위험의 삭감은 자기의 대응뿐만 아니라 다른 참가자의 대응에 의존하는 일종의 외부성이 존재한다.

셋째, 시스템위험은 예기치 않게 파급되기 때문에 신용도에 문제가 없다고 하더라도 자금 조달의 시간적 제약으로 인하여 결제할 수 없는 경우가 많다. 따라서 시스템위험에서는 시간적 제약이 커다란 의미를 갖는다.

넷째, 금융기관의 결제불이행 사태는 실제로 재무 상황의 악화나 도산이라는 사태가 발생하지 않아도 그럴 가능성이 있다는 우려가 시장에 유포됨으로써 유동성 조달이 곤란하게 되고 그 영향이 시스템위험으로 파급되는 경우도 있다.

이와 같이 시스템위험은 겸업화의 진전, 정보통신기술의 발달로 인한 전산연계에 의한 업무 처리 등 금융기관 간, 결제시스템 간 상호의존성이 심화됨에 따라 발생한다. 오늘날 금융환경의 변화에 따라 시스템위험은 금융시스템의 안정성을 위협하는 가장 큰 위험 중 하나이다. 시스템위험은 금융시장의 안정성에 심각한 영향을 줄 수 있기 때문에 적절하게 관리되지 않으면 안 된다.

시스템위험은 결제시스템의 통합을 통해 경감시킬 수 있다. 단일의 결제시스템은 한 회원이 유발시킬 수 있는 신용위험과 유동성위험을 경감시킴으로써 이러한 문제가 여타 참가자에게 이전될 수 있는 절대적인 위험의 크기를 축소시킨다. 또한 단일의 결제시스템은 결제기금의 조성, 손실분담계약의 체결 등을 통해 시스템위험이 다른 참가자에게 영향을 미치기 전에 이 위험을 조기에 흡수할 수 있는 제도적인 위험억제체계(risk containment mechanism)를 구축 · 운영할 수 있다. 이러한 위험억제체계는 매매거래의 결제이행에 대한 신뢰성을 부여하여 심각한 유동성 부족 사태를 미연에 방지할 수 있다.

그러나 단일의 결제시스템은 한 기관으로 결제업무가 집중되어 컴퓨터위험 등 새로운 시스템위험을 초래할 수 있다. 이와 같은 위험에 대처하기 위해서는 광범위한 전산장애 복구 절차(disaster recovery procedures)과 백업시스템(back-up system)이 필요하다.

단일의 결제시스템 도입으로 인한 또 다른 문제는 결제시스템의 운영기관인 중앙예탁결제기관과 참가자 간의 위험 배분에 관한 사항이다. 중앙예탁결제기관의 주요 역할은 결제시스템 내에 존재하는 결제위험을 효율적으로 배분 · 통제하는 데 있다. 이러한 위험통제의 핵심은 위험관리에 대한 참가자의 무임승차 등 도덕적 해이를 방지하고 자기책임의 원칙을 확립하는 데 있다.

1.4. 운영위험

운영위험(operational risk)이란 사무착오, 시스템 장애 또는 태풍 · 지진 · 화재 등과 같은 재해 등의 발생으로 결제를 할 수 없게 되는 위험을 말한다. 운영위험은 한 기관의 운영사무 · 시스템 부문의 문제와 한 기관의 범위를 벗어난 재해위험(disaster risk)을 포함한다.

이와 같은 운영위험은 결제위험을 발생시키는 요인으로 실제 이것이 표면화되면 최종적으로는 원본위험,[8] 대체비용위험, 유동성위험 및 시스템위험 등으로 이어지게 된다. 오늘

8 다만, 운영위험의 경우 거래 상대방은 파산상태(insolvent)에 있는 것이 아니라, 시스템 장애 등에 의해

날에는 증권결제가 컴퓨터나 네트워크에 의존해서 이루어지기 때문에 운영위험에 대한 대책이 중요해지고 있다.

최근에는 특히 BCP(business continuity planning)의 정비가 중요해지고 있다. 이에 따라 각국의 중앙예탁결제기관은 BCP의 수립 및 보강을 통해 운영위험의 적절한 관리에 많은 노력을 기울이고 있다.

1.5. 법률위험

법률위험(legal risk)이란 법률이나 제도가 제대로 정비되어 있지 않거나 법적 불확실성으로 인하여 결제를 완결할 수 없게 되는 위험을 말한다. 증권결제와 관련하여 국내외 법률, 중앙예탁결제기관의 규정 또는 참가자와의 계약 등이 미미한 경우나 새로운 법률이나 제도의 도입에 따른 예상치 못한 책임이나 상황에 대한 대응이 미흡한 경우에 발생할 수 있다.

예를 들면, 상대방에게 담보로 제공한 증권을 되찾으려고 했지만, 담보계약의 불비로 담보증권을 되찾을 수 없는 경우나, 거래상대방의 파산 후에 차감의 유효성을 확인할 수 없어서 어쩔 수 없이 총액기준으로 결제하게 된 경우 등이 이에 해당된다.

이와 같은 법률위험을 제거하기 위해 각국은 증권결제제도와 관련된 제반 법규 및 처리 절차 등에 관하여 명확하고 투명한 법적 근거를 마련하기 위해 노력하고 있다.

2 결제위험의 변화

2.1. 결제위험의 양적 확대

최근 우리나라는 경제성장의 지속 등으로 증권거래가 급격히 증가하고 있다. 이러한 증권거래의 증가는 결제 수요를 증대시키고 결제 규모의 대형화를 가져왔다.

현재 예탁결제원이 운영하고 있는 증권결제제도를 살펴보면 결제 규모가 2011년에는 4,924조원(경상GDP 대비 369.5%)였으나, 2016년에는 5,481조원(경상GDP 대비 334.8%)이 넘어 2011년에 비해 약 500조원 정도가 증가한 것을 알 수 있다.

일시적으로 결제할 수 없는 상태에 있다고 하는 것이다. 이 때문에, 결제시점에서는 미결제라고 하더라도, 최종적으로는 원본금액이 회수될 가능성이 높다.

표 3-2 **증권결제금액의 확대 추이** (단위: 십억원)

연도	경상GDP (A)	결제금액 (B)				경상GDP 대비 결제금액 비율 (B/A)
		장내시장 결제	장외주식 기관결제	장외채권 기관결제	계	
2011년	1,332,681	342,146	630,827	3,951,743	4,924,716	369.5 %
2012년	1,377,457	421,096	194,141	4,320,190	4,935,427	358.3 %
2013년	1,429,445	437,617	170,166	4,761,101	5,368,885	375.6 %
2014년	1,486,079	470,141	164,708	4,663,919	5,298,768	356.6 %
2015년	1,564,124	496,634	170,934	4,960,676	5,628,244	359.8 %
2016년	1,637,421	493,865	157,747	4,829,780	5,481,393	334.8 %

* 장외 채권기관결제에는 CD, CP도 포함
출처 : 한국은행(16년도 경상 GDP는 잠정치)

2.2. 결제위험의 구조적 변화

(1) 결제위험의 국제화

SWIFT(Society for Worldwide Interbank Financial Telecommunication) 등 국제간 정보통신 네트워크의 구축에 따른 국제간 통신비용의 저하는 증권시장의 대외 개방과 더불어 국제간 증권거래의 급격한 증가를 초래했다. 우리나라의 주식시장 대외 개방 원년인 1992년에는 외국인의 국내 주식투자액이 전체 증권거래액의 1.8%에 불과한 3.9조 원이었으나, 2011년에는 상장주식의 30.6%인 351조 원에 달할 정도로 급격히 증가하는 양상을 보였다.

증권거래의 국제화는 자국 증권결제제도에 외국 금융기관이 참여하는 등 필연적으로 증권결제업무의 국제화를 불러왔다. 이에 따라 외국 금융기관도 국내 증권결제제도의 안정적 운영에 중요한 역할을 하게 되었으며, 경우에 따라서는 국내에서 발생하는 위험이 국제적으로 전파되어 국제적인 규모의 시스템 위험이 발생할 가능성도 있다. 만일 시스템위험이 국제적으로 전파된다면 국내에 한정된 경우보다 훨씬 대응하기 어렵게 된다.

이와 같이 국제적으로 시스템 리스크가 발생할 수 있는 이유는 증권거래의 관계자가 여러 국가에 나누어져 있어 사태를 신속하고 정확하게 파악하기 곤란할 뿐만 아니라, 증권거래에 따른 채권 · 채무관계도 국제적으로 복잡하기 때문이다.

세계 각국은 이러한 결제위험의 국제적 전파가능성으로부터 자국의 증권결제제도를 보호하기 위해 증권결제의 국제표준화, 국제간 업무 제휴에 의한 결제업무의 처리 등 국제간 증권거래의 결제위험을 효율적으로 통제하기 위해 노력하고 있다.

(2) 시스템위험의 증대

증권결제시스템은 구조적으로 증권인도와 대금지급으로 구성되어 있어 대금지급을 위한 지급결제시스템과 밀접한 관련이 있다. 뿐만 아니라 증권, 은행, 보험 등 다수의 참가자가 복잡한 연결고리를 이루고 있어 금융시스템 간 상호 의존이 불가피하다. 이러한 상호의존성은 국제 경쟁력 강화를 위한 겸업주의 추세에 따라 심화되고 있다.

우리나라에서도 은행의 금융투자업 진출, 증권회사의 소액지급결제 참여 등 겸업화의 진전으로 금융업종 간 상호 진출 현상이 두드러지고 있다. 이러한 겸업화 현상은 금융시스템 간 의존성을 심화시키는 하나의 원인이 되고 있다. 상호의존성의 심화 현상은 증권결제제도에 참가하고 있는 한 회원의 결제불이행 또는 전산 장애 등의 여파가 해당 회원에만 국한하지 않고 연쇄적인 파급 현상을 불러일으켜 증권결제제도와 금융시스템 전체에 심각한 영향을 줄 수 있다.

실제로 시스템위험이 언제 어떠한 형태로 나타나게 될지 한마디로 말하기는 어려우나, 시장참가자의 결제불이행이 분명해질 즈음에는 불안 심리가 고조되고 신용관계가 위축되어 시장기능 마비 등의 사태가 발생할 수도 있다. 1987년 10월에 발생한 주가 대폭락 사태(Black Monday) 당시 미국의 선물·옵션거래에 관련된 결제제도의 동요는, 시장참가자의 결제불이행 우려와 불안 심리의 고조가 결제제도 나아가 금융시스템 전체에 커다란 위협이 된다는 귀중한 교훈을 보여주었다.

(3) 컴퓨터위험의 증대

컴퓨터위험이란 증권산업의 전산화 현상에 따라 컴퓨터의 고장이나 통신 네트워크의 장애로 인해 금융 업무의 수행이 불가능하게 되는 위험을 말한다. 정보통신기술의 발달을 배경으로 한 결제시스템의 전산화는 증권시장의 상황 변동에 따라 신속하게 대응할 수 있는 즉시성, 안정성을 갖추고 있다. 반면 이로 인해 증권결제제도 내에서 발생한 결제불이행 사태나 유동성 위기 등의 여파가 순식간에 폭넓게 전파되는 위험을 안고 있다.

증권업무의 전산화는 프로그램 매매의 등장 등으로 증권시장의 불안정성을 증대시키는 요인으로 내재되어 있으며, 업무 처리상 컴퓨터와 정보통신에 크게 의존함으로써 시스템 장애 및 컴퓨터 범죄의 발생가능성에 노출되어 있다. 그 사례로 1985년 11월 뉴욕은행(Bank of New York)의 시스템에 장애가 발생하여 증권결제를 위한 증권의 인도 지시 송신이 불가능하게 되어 증권의 인수(즉 대금의 지급)가 일방적으로 불어나 뉴욕연방은행의 계좌에 거액의 적자 잔고가 발생했다. 이 적자 잔고를 메우기 위해 뉴욕연방은행으로부터 300억

달러의 일중여신과 23억 달러의 익일(overnight) 대출을 받아 위기를 모면한 사례가 있다.[9]

제3절 결제위험의 관리

1 결제위험 관리방식

1.1. 결제위험 관리 개요

증권결제제도는 자본주의 경제의 근간을 이루고 있으므로, 제도 내에 내재된 결제위험을 적절히 관리하지 않으면 사회 전체에 회복할 수 없는 손해를 끼칠 가능성이 있다. 증권결제에서의 위험을 적절히 통제하기 위해서는 결제제도의 운영기관인 중앙예탁결제기관과 참가자의 결제위험에 대한 명확한 인식이 선행되어야 한다.

증권결제제도란 본질적으로 다자간 협정이다. 다자간 협정은 참가자 상호 간, 또는 시스템의 운영기관과 참가자 간에 위험관리를 분담하는 문제를 야기시킨다.

이러한 결제위험을 관리하는 방식에는 참가자 스스로에게 위험관리의 책임을 부담시키는 분산방식(decentralized risk control system)과 시스템 운영기관이 전체적인 위험을 통제하는 집중방식(centralized risk control system)이 있다. 이 모든 방식이 위험을 제한하는 데 있어서 효과적이지만, 중요한 것은 참가자가 위험관리에 대한 책임 소재를 분명히 이해하는 것이다.

먼저 분산방식은 시스템의 참가자가 자신이 거래한 상대방별로 신용 한도를 설정해 위험을 통제한다. 이와 같은 분산방식은 시장원리에 의한 위험관리방식으로, 결제위험의 노출이 당사자 간에 한하므로 결제이행의 보증을 위한 별도의 장치가 필요 없다. 다만 이 방식은 결제업무 처리상 법적 구속력이 없는 상계적 차감방식을 채택하고 있는 경우가 많아 시스템의 안정성 측면에서는 집중방식보다 다소 취약한 부분이 있다. 그러나 오늘날 분산방식을 채택하고 있는 대부분의 결제제도는 제도 운영기관이 제공하는 집중화된 컴퓨터 시스템을 통해 위험을 관리하는 것이 일반적인 현상이다.

분산방식에서 주로 사용되는 상대 신용한도액 설정방식에는 총액방식과 차액방식이 있

9 中島眞志, 宿輪純一,「決濟システムのすべて」, 東洋經濟新報社, 2005, p.23.

다. 총액방식은 참가기관이 취할 수 있는 채무총액에 대해 규제하는 방식이고, 차액방식은 다른 어떤 참가기관으로 보내는 금액(채무액)에서 그 참가기관으로부터 송부받을 금액(채권액)을 차감한 금액(net credit)을 일정한 금액 이하로 제한하여 미결제잔고의 규모를 삭감하는 방식이다. 이 한도액방식은 어떤 참가기관과 다른 모든 참가기관과의 사이에서 상대적으로 $n(n-1)$개만큼 순채무한도가 설정된다.

한편 집중방식(centralized risk control system)은 결제제도를 통해 결제되는 모든 매매에 대해 중앙예탁결제기관 또는 청산기관이 중심이 되어서 결제위험을 통제하는 방식이다. 이 방식에서 중앙예탁결제기관 등은 모든 매매거래에 대해 당사자의 위치에 있거나 결제이행을 보증할 책임을 부담한다. 따라서 이 방식에서 결제위험은 중앙예탁결제기관 등에 집중되고, 결제의 상대방이 특정되지 않는 경우 결제위험이 시장 전체로 파급될 가능성이 있다.

집중방식에서는 이러한 특성 때문에 법적 안정성이 강한 경개적 차감방식을 채택하고 있는 것이 일반적이다. 이에 따라 결제기금의 조성, 결제이행의 보증 등이 전형적인 위험통제의 수단으로 사용되며 주로 증권결제시스템에서 이 방식을 이용한다.

한편, 이 방식의 단점은 다음과 같다. 첫째, 참가자들의 이해 부족으로 위험관리에 대한 동기 유발을 약화시킬 수 있다. 즉 참가자들은 시스템 운영기관이 결제불이행을 방지하기 위해 직·간접적으로 필요한 신용을 제공할 것이라고 인식할 가능성이 크다. 둘째, 참가자들이 고객분 결제에 따른 위험을 고객들에게 전가할 수 있는 경우 참가자들의 위험관리에 대한 동기 유발은 제한될 수밖에 없다. 셋째, 중앙예탁결제기관에 대한 위험의 집중으로 중앙예탁결제기관의 안정성과 공공성이 절대적으로 요청된다.

오늘날 각국의 결제위험 통제방식은 금융관행, 역사 등에 따라 조금씩 상이하나, 양 방식이 장단점을 내포하고 있어 일반적으로 집중방식과 분산방식을 조합한 형태로 운영하고 있는 경우가 많다.

표 3-3 결제위험 관리방식의 비교

구분	집중방식	분산방식
위험관리책임	중앙예탁결제기관(또는 청산기관)	개별 참가자
차감형태	경개적 차감	상계적 차감
결제이행보증	있음	없음
운영기관의 지위	매매 당사자 및 결제업무 제공기관	결제업무 제공기관
장점	복잡 다기화된 위험구조에 적합 금융시스템 안정	시장원칙에 입각한 위험통제 위험통제 범위의 제한
단점	참가자의 도덕적 해이 새로운 위험의 발생	시스템의 안정성이 낮음 환경 변화에 신속한 대응 부적절

1.2. 결제위험과 자기책임의 원칙

결제위험은 결제제도에 참가하는 금융기관이 체결한 증권거래의 채권 · 채무에서 발생한다. 최근 증권시장에서 기관화 현상이 심화되어 금융기관이 증권시장에서 차지하는 비중이 점차로 증가하고 있다. 따라서 증권결제제도에서 우려할 만한 위험을 발생시키는 주체는 대부분 금융기관이라 할 수 있다.

그러므로 각국은 회원자격 기준의 설정, 담보제공의무의 부과 등을 통해 금융기관이 노출시키는 위험 수준을 제한하려고 노력하고 있다. 그러나 금융기관에 대한 지나친 규제는 탈규제화라는 시대적 조류에 역행할 뿐만 아니라, 증권시장의 비효율을 초래하여 자국 증권시장의 공동화 현상을 유발할 우려가 있다.

따라서 현대 증권시장의 위험관리에서 가장 중요한 것은 자기책임의 원칙에 입각한 결제제도의 개선이다. 중앙예탁결제기관은 결제회원이 자기책임의 원칙에 입각해 위험관리를 할 수 있도록 제도적 유인수단을 제공하는 것이 중요하다.

여기서 자기책임의 원칙이란 자기의 창의와 노력을 발휘해 최대 수익을 추구하는 한편, 이에 따른 위험이나 손실에 대해서도 스스로 책임을 지는 것을 말한다. 자기책임의 원칙에 의한 위험관리를 위해서는 결제제도에 참가하고 있는 각 금융기관이 결제위험을 스스로 정확하게 파악할 수 있어야 한다.

자기책임의 원칙에 입각한 위험통제는 증권시장의 안정성을 제고한다. 〈그림 3-10〉은

그림 3-10 **자기책임의 원칙과 금융시스템의 안정도**

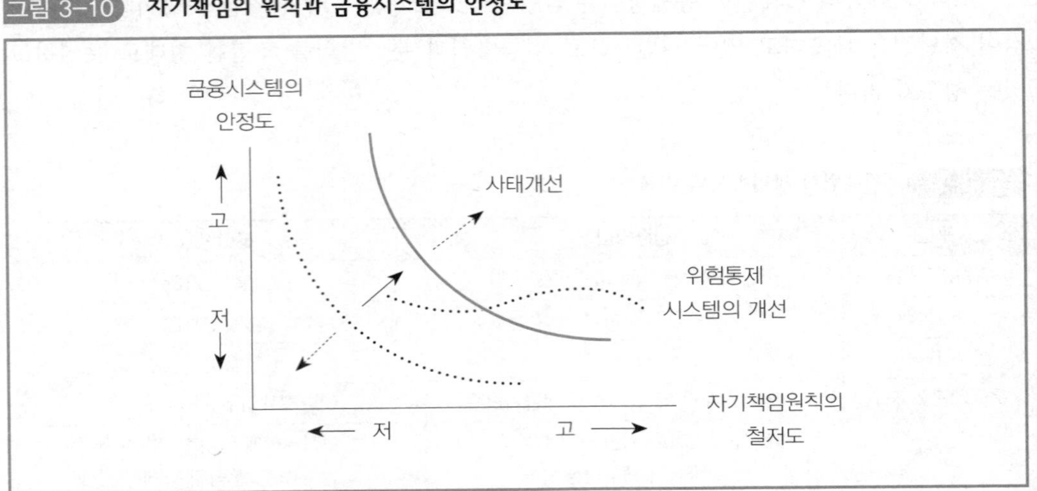

자기책임의 원칙에 의한 결제위험의 통제가 전체 금융시스템의 안정성에 기여하는 정도를 나타내고 있다. 그러나 자기책임의 원칙에 의한 위험관리를 구체화하기 위해서는, 개별 금융기관의 노력도 중요하지만 이를 뒷받침하는 제도적 정비도 또한 중요하다.

1.3. 결제위험의 감축수단

일반적으로 결제기간이 길고 거래금액이 클수록 미결제잔고, 즉 결제위험은 커진다. 따라서 결제위험을 감축하는 방법은 여러 가지가 있지만, 기본적으로 결제기간의 단축, 차감, 증권인도와 대금지급의 시차(time lag) 제거 등을 통하여 미결제잔고의 크기를 축소하는 것이다.

(1) 결제기간의 단축

미결제잔고를 줄이는 최선의 방법은 매매체결에서 결제까지의 기간을 단축하는 것이다.[10] 그동안 G-30, ISSA 등의 권고에 따라 주요 선진국은 주식거래를 거래 체결일로부터 이틀이 경과한 날에 결제하는 T+2일과, 사흘이 경과한 날에 결제하는 T+3일 결제를 달성하였으며, 국채나 CP 등에 대해서는 T+0일 또는 T+1일로 결제하기도 한다.

결제주기가 길면 길수록 그 사이의 미결제잔고는 증가하게 되어 그만큼 결제위험을 증대시킨다. 이와 같이 결제위험은 미결제잔고의 크기에 따라 크게 좌우되므로, 미결제잔고를 감축해 결제위험을 축소하기 위해서는 결제기간을 줄이는 것이 필요하다. 증권거래 모든 과정의 STP化, 연속차감결제(CNS), 전자증권 등이 증권결제를 신속하게 처리하여 결제기간을 줄이도록 하는데 사용하는 수단이 될 수 있다.

표 3-4 주요국의 결제주기 채택 현황

국가	주식	국채
미국	T+2	T+0, T+1(FICC)
캐나다	T+2	T+0, T+2, T+3
영국	T+3	T+1
프랑스	T+3	T+3
독일	T+2	T+2

10 미국의 증권업협회(SIA: Securities Industry Association)의 'T+1 Business Case Final Report' (2000.7)에 의하면, 미국에서 T+3일 결제주기를 T+1일로 단축할 경우 1999년 일평균 결제대기 거래금액이 약 1,250억 달러이므로 2일의 단축을 통해 결제위험이 약 2,500억 달러 감소하게 될 것이라고 분석한 바 있다. 자세한 내용은 www.sifma.org 참조.

이탈리아	T+3	T+3(장내), T+0~40(장외)
스위스	T+3	T+3
일본	T+3	T+0, T+1(JGBCC)
중국	T+3	T+0
홍콩	T+2	T+2
싱가포르	T+3	T+1
한국	T+2	T+1(장내), T+1~30(장외)

(2) 경개적 차감의 채택

경개적 차감(obligation netting)에서 개별 거래는 이행기를 기다리지 않고 발생할 때마다 차감 계산이 이루어진 시점에서 이행한 것이 된다. 이 경우 채권 · 채무액은 정산 후의 차액에 한정되기 때문에 차감 전과 비교해 미결제잔액이 그만큼 감소하게 된다.

따라서 그에 수반하는 신용위험 및 유동성위험 등 결제위험을 삭감할 수 있다. 왜냐하면 경개적 차감 효과는 결제 관련 규정에 의거해 법적 강제성을 부여하고 있기 때문이다. 이러한 경개적 차감의 효과를 최대화하기 위해서는 청산기관(CCP)의 개입을 통한 다자간 경개적 차감(multilateral obligation netting)의 구현이 필요하다. 즉 청산기관이 한 쪽 당사자의 채무를 인수하는 동시에 이에 상당하는 채권을 취득하여 차감함으로써 실질적인 다자간

그림 3-11 연쇄거래에서의 경개적 차감의 구조

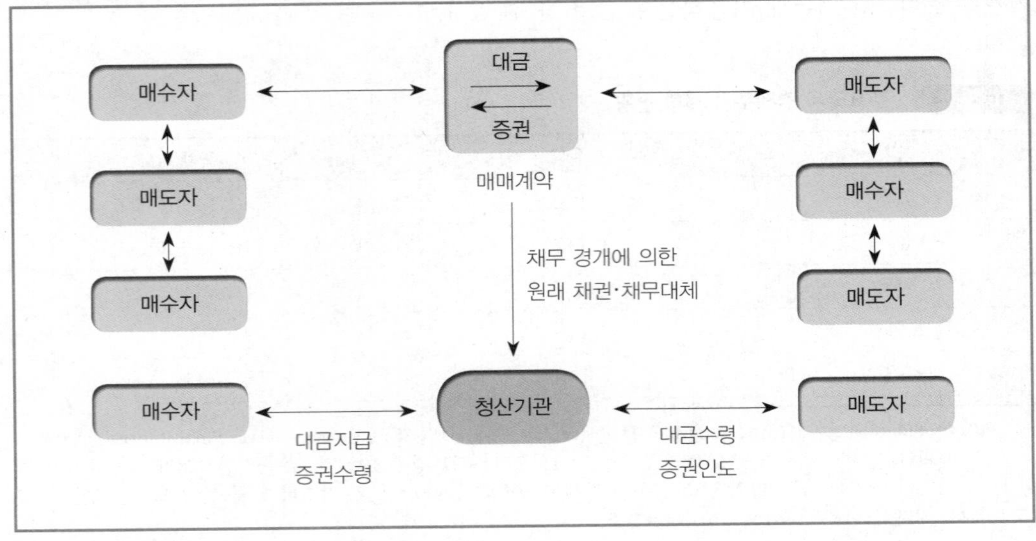

경개적 차감을 실현한다. 이러한 결제방식은 연쇄거래(chain trade)에서 매도자와 매수자 간의 관계를 최종 매수자 또는 매도자와 청산기관 간의 채권 · 채무관계로 대체할 수 있다.

경개적 차감에 의한 차감결제의 위험 삭감 효과는 동일 당사자 간에 거래가 대량으로 빈번하게 발생하고, 특히 양방향으로 발생하는 경우 더욱 커진다. 이러한 효과가 실현되기 위해서는 채권 · 채무의 대체라는 당사자 간의 계약내용이 제3자에 대해 대항력을 갖도록 법적인 뒷받침을 갖는 것이 필요하다.

(3) 동시결제의 실현

증권인도와 대금지급의 시차(time lag)가 발생하면 원본위험이 발생한다. 이와 같은 원본위험을 축소하기 가장 유용한 방법이 동시결제(DVP)이다. 동시결제는 증권인도와 대금지급을 동시에 조건부로 함으로써 상대방으로부터 증권 또는 대금을 수령하지 않으면 대금 또는 증권을 인도하지 않도록 하는 구조이다.

이미 살펴본 바와 같이 동시결제는 유동성위험이나 대체비용위험의 삭감에는 유효하지 않지만, 신용위험의 핵심인 원본위험은 동시결제시스템의 도입으로 제거가 가능하므로 결제위험의 삭감 측면에서 동시결제를 실시하는 의미는 크다.

특히 대금결제에서는 익일자금이 아니라, 중앙은행의 지급결제시스템과 연계된 당일자금으로 결제를 하여야 진정한 동시결제를 달성될 수 있다.

표 3-5 주요국의 동시결제(DVP) 채택 현황

국가	주식	국채
미국	DVP2(장외), DVP3(장내)	DVP1
캐나다	DVP2(TTF), DVP3(CNS)	DVP2(TTF), DVP1
영국	DVP1	DVP1
프랑스	DVP1	DVP1
독일	DVP2	DVP1
이탈리아	DVP3	DVP1
스위스	DVP1	DVP1
일본	DVP2(장외), DVP3(장내)	DVP1
중국	DVP1(B주식), DVP2(A주식)	DVP1
홍콩	DVP3	DVP1
싱가포르	DVP2	DVP1
한국	DVP2(장외), DVP3(장내)	DVP1

(4) 담보 이용 및 손실분담규칙의 명확화 등

담보의 이용이나 손실분담규칙(loss-sharing rule)을 법적으로 명확히 하는 것도 결제위험, 특히 시스템위험의 관리방안으로 유효하다. 결제가 이루어지지 않을 경우를 대비하여 사전에 담보를 징구한다면, 징구한 담보를 이용하여 결제불이행에 대비할 수 있다. 그러나 이 방법은 결제가 불이행되는 상황에서도 신속하게 담보를 처분할 수 있어야 유용하게 이용할 수 있다.

결제가 이행되지 않을 경우에 일정한 규칙에 따라 참가자가 부담해야 하는 손실을 미리 정하여 두는 것도 결제위험에 대비하는 중요한 수단이 된다. 결제불이행이 발생하면 사전에 정한 손실을 결제 참가자가 부담함으로써 더 이상의 결제불이행을 막고 증권시장을 안정시킬 수 있다.

2 결제이행보증 및 결제원활화 제도

2.1. 결제이행의 보증

결제제도의 안정성은 결제가 예정된 대로 이행될 것이라는 신뢰성에 크게 의존한다. 이러한 신뢰의 기초가 되는 것이 결제이행 보증장치이다.

두 당사자 간에 발생하는 증권거래를 두 당사자가 직접 결제한다면, 차감결제방식이나 총량결제방식 중에서 어느 방식을 이용하더라도 거래의 상대방과 결제의 상대방이 동일하므로 별도의 결제이행 보증장치는 필요 없다.

그러나 다자간 차감결제방식에서는 거래 상대방과 증권 인수도 상대방 사이의 대등관계가 상실되므로, 참가자는 자신의 선택과는 무관하게 결제불이행이란 예기치 않은 위험을 당할 수도 있다. 따라서 다자간 차감결제방식에서는 이러한 위험으로부터 참가자를 보호하기 위해 결제이행 보증장치가 필요하다.

(1) 청산기관의 결제이행 책임 부담

다자간 차감결제방식에서 채택할 수 있는 가장 강력한 결제이행 보증장치는 청산기관이 매매거래의 결제 당사자로서 결제이행의 책임을 부담하는 것이다. 즉 매도자의 결제불이행에 대해서는 매도자를 대신해 매수자에 대한 증권인도의무를 부담하고, 매수자의 결제불이행에 대해서는 매수자를 대신해 대금납입의무를 부담한다. 따라서 청산기관은 매매 당사자로서 증권거래에 따른 쌍무계약상의 이행확보수단인 동시이행항변권과 유치권을 행사할 권리를 갖는다.

참가자가 결제불이행을 발생시켰을 경우, 청산기관은 동 참가자 및 여타 참가자가 적립한 결제기금을 사용하여 결제이행을 보증한다. 만약 이러한 기금의 사용으로도 충분하지 못한 경우 여타 참가자로부터 추가적인 결제기금을 징수할 수도 있다.

(2) 결제기금의 조성

청산기관은 참가자의 결제불이행 위험으로부터 자신을 보호하기 위해 청산기관에 대한 위험을 노출시키는 정도에 따라 일정한 결제기금(clearing fund)을 징수 · 적립해야 한다.

참가자로부터 징수해 적립한 결제기금은 참가자가 청산기관에 대해 유발시키는 직접 채무 및 우발 채무에 대한 담보로서 기능을 한다. 또한 기금의 범위 내에서 참가자는 연대 책임을 부담한다.

(3) 참가자별 순채무 포지션의 제한

청산기관은 재무상황 등을 고려해 참가자가 보유할 수 있는 순채무(純債務) 포지션을 일정한 범위 내로 규제할 수 있다. 이 방식에 따르면 참가자에게 설정된 순채무 포지션을 초과할 경우 증권인도가 자동적으로 정지된다. 따라서 참가자가 노출시킬 수 있는 위험의 규모를 원천적으로 제한할 수 있다.

그러나 이러한 시스템은 신용위험을 완벽하게 차단하지 못한다. 왜냐하면 다자간 차감결제방식을 채택하고 있는 청산기관은 대부분 일괄처리(batch) 방식으로 결제업무를 처리하기 때문에 당일 영업시간 중에는 증권가격의 변동으로 인해 동 제한을 초과할 수도 있기 때문이다.

보다 중요한 것은 매매거래가 총량결제방식으로 처리되는 경우에도 증권가격의 변화에 따라 동 제한을 초과할 수 있다는 점이다. 이러한 증권가격의 변동으로 인한 유동성 압력으로부터 자신을 보호하고자, 청산기관은 증권거래소가 설정한 일일 가격 변동 제한폭을 이용하는 경우도 있다. 그러나 가격 변동 제한폭의 설정은 매매거래를 위축시키고 파산 참가자의 포지션을 정산하는 데 방해가 될 뿐만 아니라 청산기관에 대한 신용위험의 노출을 증대시킨다.

따라서 동 방식을 채택하고 있는 미국 DTC의 경우 실시간 담보가치 평가 등을 통하여 시장가격 변동으로부터 자신을 보호하고 있다.

(4) 참가자에 대한 규제

청산기관은 참가자에 대한 재무적 · 비재무적 규제를 통해 결제위험을 사전적으로 제한할 수 있다. 즉 청산기관은 일정한 재무적 또는 비재무적 요건을 충족시키지 못하는 참가자에 대해 참가자격의 박탈 등 일정한 제재를 가할 수 있다. 이러한 규제를 효율적으로 수행하기 위해 청산기관은 참가자로부터 정기 또는 수시로 재무보고서를 징구할 수 있다.

2.2. 결제원활화제도

결제일의 마감시한이 임박한 시점에 결제할 증권이나 대금이 부족하게 되면, 시중의 유동성이 고갈된 상태이어서 결제불이행으로 이어질 가능성이 크다. 특히 증권은 대금과는 달리 종목별 유동성이 크지 않기 때문에 이러한 상황에 직면할 가능성이 더욱 크다.

따라서 G-30 등의 증권연구단체들은 이러한 문제점을 인식하고 중앙예탁결제기관에 의한 제도적 유동성 확보장치의 도입을 촉구하고 있다. 이에는 자동증권대차제도와 자기담보제도(self-collateralisation) 등이 있다.

(1) 증권대차제도

중앙예탁결제기관이 운영하는 결제 목적의 증권대차제도(securities lending and borrowing)란 매매거래에 따른 결제가 원활히 이행되도록 결제에 필요한 증권을 증권대차중개기관의 중개에 의해 확보하는 제도이다.

결제에 필요한 증권을 원활히 확보하기 위해서는 증권대차에 대한 수급정보에 용이하게 접근할 수 있는 기관이 필요하다. 증권차입에 관한 정보는 결제과정에서 발생하고 증권대여에 관한 정보는 예탁업무의 수행과정에서 발생한다. 따라서 양 업무를 동시에 관장하고 있는 중앙예탁결제기관에서 중개 업무를 수행하는 것이 효율적이다.

이러한 이점 때문에 현재 증권대차제도를 시행하고 있는 대부분의 국가에서는 중앙예탁결제기관이 증권대차 중개기관의 역할을 담당하는 경우가 많다.[11] 중개기관은 증권의 차입 및 대출을 중개하고 대차거래에 따른 담보물건 등의 관리 업무를 수행한다.

또한 중개기관은 모든 결제회원이 차입자가 될 수 있도록 공정한 기준을 설정 · 운영해야 한다. 차입자는 유가증권 차입 신청 시에 담보물건을 제시해야 하며, 담보물건은 신용도와 유동성이 높은 상장유가증권, 현금 등으로 제한하는 것이 바람직하다. 중개기관은 담보물건의 가치 하락 시 대여자를 위해 담보의 추가납입을 요청할 수 있으며, 이의 불응 시에는 공개시장에서 매각해 채권회수에 충당할 수 있다.

증권대차거래의 대상 유가증권은 업무 처리의 편의상 중앙예탁결제기관에 예탁된 유가

---

11 전통적으로 RTGS 결제방식을 이용하고 있는 유럽의 증권예탁결제기관이 자동증권대차제도를 운용하고 있으며, 대표적인 기관은 Euroclear, Clearstream, SIS 등이 있다.

증권에 한하며, 대차거래에 따른 유가증권의 인도는 실물 수수 없이 차입자와 대여자의 계좌부상 대체기재방식에 의한다.

(2) 신용한도 제도

신용한도(credit line)는 참가자의 자금 부족 시 결제이행에 필요한 대금을 중앙예탁결제기관이 은행을 통해 조달하는 것이다. 중앙예탁결제기관은 이를 통해 자금이 부족한 참가자를 대신하여 대금결제를 완료하게 된다. 중앙예탁결제기관이 이러한 신용한도를 구축함에 있어서 주의해야 할 점은 다음과 같다.

첫째, 신용한도를 통해 조달하는 자금은 완결성을 확보한 당일 자금이어야 한다. 왜냐하면 익일 자금으로 조달하면 또 다른 결제위험에 직면하기 때문이다.

둘째, 중앙예탁결제기관이 지정 · 운영하는 신용제공은행은 동시결제 달성이 용이한 기관이어야 한다. 이는 신용제공은행이 결제에 필요한 대금지급 업무를 처리해야 하는 기관이어야 한다는 것을 의미한다.

셋째, 중앙예탁결제기관은 신용제공은행의 상환요구로부터 자신을 보호할 수 있도록 참가자로부터 증권 등을 담보로 제공받아야 한다.

넷째, 신용한도를 통하여 조달한 결제대금은 결제목적으로 초단기간만 이용하여야 하며, 그 결제대금의 대출 금리는 참가자의 도덕적 해이를 방지하기 위하여 콜금리보다 높은 벌칙 금리로 하여야 한다.

현재 신속한 결제의 이행을 위해 미국(NSCC), 캐나다(CDS), 일본(JSCC) 등이 은행과 일정 규모의 신용한도를 유지하고 있다.

3 결제완결성의 보장

3.1. 결제완결성의 의의

결제완결성(settlement finality)이란 결제시스템을 통해 이루어지는 결제는 어떤 상황이나 법률에 의해서도 취소되지 않고 결제시스템의 운영규칙에 따라 무조건적으로 이루어져야 하는 것을 의미한다.

오늘날과 같이 증권시장이 폭발적으로 성장하는 상황에서 증권결제와 관련된 법률이나 제도가 명확하게 정비되어 있지 않으면 참가자 간에 이루어진 결제가 사후적으로 무효화되는 법률위험이 발생할 수 있다. 이와 같은 법률위험이 발생하면 금융시스템 전체에 치명적인 혼란을 초래할 수 있다. 따라서 주요 선진국들은 법률위험으로부터 자국 결제시스템을 보호하기 위하여 별도의 법률을 제정하거나 기존의 법률을 개정하여 결제완결성에 관한 법적체계를 갖추고 있다.

이러한 경제완결성과 관련하여 유의할 중요한 개념으로는 일반적인 파산법(bankruptcy laws)상의 '0時 규정(zero-hour rule)'과 '다자간 차감의 이행강제력(enforceability of netting arrangement)'이 있다.

'0時 규정'이란 파산참가자의 계약을 파산일의 시작(0시)부터 무효화시키는 것이다. 법원이 파산선고를 결정한 날 발생한 거래가 파산선고 이전에 이루어졌는지 아니면 이후에 이루어졌는지 정확히 입증하기가 어렵기 때문에 파산선고의 효력이 선고 당일의 가장 이른 시점인 오전 0시부터 발생하는 것으로 간주하는 것이다. 따라서 결제시스템의 참가자가 파산한 경우 0時 규정이 적용된다면 파산 선고일에 행해진 참가자의 모든 결제는 파산 관재인 등에 의해 무효[12]가 될 수 있는 것이다.

다음으로 다자간 차감의 이행강제력을 살펴보자. 오늘날 대부분의 국가에서는 증권과 대금을 총액으로 결제하기 보다는 다자간 차감(multi-lateral netting)을 한 후 잔존하는 포지션만을 결제한다. 증권거래소에서 거래되는 주식거래의 경우 약 97%가 차감된 후 나머지 3%만을 결제하는 실정이다. 만약 이러한 다자간 차감이 법적인 이행강제력(enforceability)을 가지지 못한다면 차감된 포지션이 원상회복(unwind)될 것이고, 개별 참가자들의 결제불이행이 금융시장 전체의 결제불이행으로 확산되는 시스템 리스크가 발생하게 될 것이다. 마찬가지로 파산관재인이 파산회사에 이익이 되는 계약만을 인정하고 손해가 되는 계약은 인정하지 않는 권한을 행사한다면 다자간 차감의 법적 이행강제력은 확보되지 않을 것이다.

이러한 결제시스템의 법적 불확실성을 해소하기 위하여 결제시스템 참가자가 파산한 경우 0時 규정의 적용을 명시적으로 배제하거나, 다자간 차감의 이행강제력이 법적으로 부여될 수 있도록 법체계를 구축하여야 할 필요성이 있다.

3.2. 결제완결성 관련 외국사례

최근 몇 년 동안 EU국가 및 여러 선진국에서는 결제시스템의 완결성을 보장하기 위하여 다양한 형태의 법률을 제정 및 개정하여 왔다. 특히 EU는 결제시스템을 통하여 종료

12 파산관재인은 파산재단을 대표하여 재단의 관리 · 환가(換價) · 배당(配當) 등 파산절차상의 중심적 역할을 담당하며, 파산절차(破産節次)의 개시 전에 파산자가 한 일정한 행위의 효력을 부인할 수 있는 권리인 부인권(否認權)을 가지고 있다.

된 결제의 법적 불확실성을 제거하기 위하여 1998년에 결제완결성지침(Settlement Finality Directive[13])을 제정하여 EU국가들이 이행하도록 의무화하였다. 이에 EU 각국은 중앙은행, 중앙예탁결제기관 등에서 수행된 결제에 대해서는 일반적인 파산법 적용을 배제하고 결제시스템 자체 규정이 적용되도록 법률을 마련하였다.

한편, 캐나다, 호주, 싱가포르, 뉴질랜드 등도 결제완결성 보장을 위하여 기존의 법률을 보완하거나 새로운 법률을 제정하였다.

표 3-6 **주요국의 결제완결성 관련 법률 현황**[14]

국가	관련 법률	입법형태 (연도)	결제완결성 보장내용	결제완결성 적용범위
미국	파산법, 연방예금보험법, 연방예금보험, 공사개선법, 금융계약차액결제촉진법	기존 법률 (—)	특정 금융거래에 대해 파산절차의 일반적 적용 배제	특정 금융거래(스왑, 옵션, 환매계약, 선물환 등)
캐나다	청산결제법	별도 법률 제정 (1996년)	지정된 결제시스템의 결제규칙은 다른 법률에 불구하고 모든 참가자에게 유효함을 규정	캐나다 중앙은행이 지정한 청산결제시스템
영국	금융시장 및 파산 (결제완결성)규정	별도 법률 제정 (1999년)	지정된 지급시스템을 통한 자금이체는 파산법 적용을 배제	영란은행 및 금융감독청이 지정한 지급결제시스템
독일	도산법	기존 법률 개정 (1999년)	지급결제시스템을 통한 결제의 완결성 보장	—
이탈리아	법률 210/2001호	별도 법률 제정 (2001년)	파산절차개시 이전에 발생한 거래를 취소할 수 없음을 규정	법률에 의거 지정된 지급결제시스템, 증권결제시스템 및 청산시스템
호주	지급결제시스템 및 차액결제법	별도 법률 제정 (1998년)	파산으로 인해 기 실행된 거래를 무효화 할 수 있는 법률 조항으로부터 특정 거래를 보호	승인된 결제시스템 및 다자간 차액결제협약
뉴질랜드	중앙은행법	기존 법률 개정 (2003년)	지정결제시스템을 통해 이루어진 결제의 법적 불확실성 제거	지정된 모든 지급결제시스템
싱가포르	지급결제시스템 (결제완결성 및 차액결제)법	별도 법률 제정 (2002년)	지급결제시스템의 결제완결성 보장	중앙은행이 지정한 결제시스템을 통해 결제 또는 차액 결제되는 모든 거래
한국	채무자회생 및 파산에 관한 법률	기존 법률 개정 (2006년)	지급결제시스템을 통한 결제의 완결성 보장	법률에 의거 지정된 지급결제시스템, 증권결제시스템

13 Directive 98/26/EC of The European Parliament of the Council on Settlement Finality in Payment& Securities Settlement Systems.

14 한국은행, 「우리나라의 지급결제제도」, 2009.12, 36쪽.

3.3. 우리나라의 결제완결성제도

우리나라는 2006년 4월 1일에 도산법이 시행됨에 따라 결제시스템에 대한 결제완결성 보장의 근거가 마련되었다.[15] 즉 결제시스템의 참가기관이 파산(회생절차개시 포함)한 경우 결제에 관하여 결제시스템을 운영하는 자가 정한 바에 따라 효력이 발생하도록 함으로써 '0時 규정' 배제, '다자간 차감의 이행강제력' 확보 등이 가능하게 되었다.

한편 동법은 지급결제시스템과 증권청산결제시스템에 관하여 결제완결성 보장의 근거를 달리 정하고 있다.

먼저 지급결제시스템의 경우 동법 제120조제1항에 따라 한국은행총재가 금융위원회와 협의하여 대상지급결제시스템을 선정하도록 하였다. 이에 따라 한국은행총재는 2006년 8월 한은금융망, 3개 소액결제시스템(CD공동망, 타행환공동망, 전자금융공동망), 외환결제시스템인 CLS시스템 등 5개 결제시스템을 결제완결성 보장 대상 지급결제시스템으로 지정하였다.

다음으로 증권 · 파생 청산결제시스템의 경우 제120조제2항에 따라 별도의 지정 절차 없이 결제완결성을 보장받고 있다.[16] 즉 예탁결제원이 운영하는 증권결제시스템과 한국거래소가 운영하는 증권청산시스템 및 파생상품청산결제시스템이 이에 해당된다.[17]

---

15 도산법 제120조(지급결제제도 등에 대한 특칙) ① 지급결제의 완결성을 위하여 한국은행총재가 금융위원회와 협의하여 지정한 지급결제제도(이 항에서 "지급결제제도"라고 한다)의 참가자에 대하여 회생절차가 개시된 경우, 그 참가자에 관련된 이체청구 또는 지급 및 이와 관련된 이행, 정산, 차감, 증거금 등 담보의 제공 · 처분 · 충당 그 밖의 결제에 관하여는 이 법의 규정에도 불구하고 그 지급결제제도를 운영하는 자가 정한 바에 따라 효력이 발생하며 해제, 해지, 취소 및 부인의 대상이 되지 아니한다. 지급결제제도의 지정에 관하여 필요한 구체적인 사항은 대통령령으로 정한다. ②「자본시장과 금융투자업에 관한 법률」그 밖의 법령에 따라 증권 · 파생금융거래의 청산결제업무를 수행하는 자 그 밖에 대통령령에서 정하는 자가 운영하는 청산결제제도의 참가자에 대하여 회생절차가 개시된 경우 그 참가자와 관련된 채무의 인수, 정산, 차감, 증거금 그 밖의 담보의 제공 · 처분 · 충당 그 밖의 청산결제에 관하여는 이 법의 규정에 불구하고 그 청산결제제도를 운영하는 자가 정한 바에 따라 효력이 발생하며 해제, 해지, 취소 및 부인의 대상이 되지 아니한다.

16 한국은행,「우리나라의 지급결제제도」, 2009.12, 35쪽; 박준 · 홍선경 · 김장호, "채무자 회생 및 파산에 관한 법률 제120조의 해석", BFL 제22회 논고, 2007.7; 오수근, "도산절차와 결제제도-신도산법 제120조의 해석론",「증권예탁」제62호, 증권예탁결제원, 2007.7.

17 국제적 권고기준인 PFMI에 따르면 청산기관이 파산하는 경우 일괄정산하는 법적 근거가 있어야 한다. 현행 도산법 제120조제2항에 따라 '청산결제제도의 참가자(청산회원)'에 대하여는 결제완결성이 보장되나, '청산결제업무를 수행하는 자(청산기관)'에 대하여 회생절차나 파산절차가 개시된 경우에는 명확한 언급이 없으므로 이를 명확히 법에 반영할 필요가 있다. 또한 적용범위에 있어서 '회생절차가 개시된 경우'뿐만 아니라 '회생절차를 개시하고자 하는 경우'나 '청산기관의 청산이 초래될 절차가 시작된 경우'까지 일괄정산의 범위를 확대하는 것도 고려할 필요가 있다.

증권의 청산

증권시장에서의 매매거래는 여러 단계의 과정을 거쳐 최종적으로 결제에 이르게 된다. 이러한 매매거래의 과정은 매매거래의 체결, 청산, 결제의 3단계로 나눌 수 있다. 이 중에서 매매의 체결과정은 거래부문(front office)에 속하며, 청산과 결제의 과정은 지원부문(back office)에 속한다.

증권거래의 체결(trade execution)은 증권시장에서 이루어진다. 증권회사는 자기의 계산으로 또는 고객으로부터 주문을 받아 시장에서 증권을 거래한다. 증권의 거래가 이루어지는 시장은 조직화된 시장인 거래소시장(exchange market)과 거래소 밖에서 당사자 간의 상대계약으로 거래가 이루어지는 장외시장(over-the-counter market)으로 구분된다.

고객으로는 기관투자자, 개인투자자 등이 있으며 최근 증권시장에서는 집합투자업자, 연 · 기금, 보험 등 기관투자자의 거래가 큰 비중을 차지하고 있다. 기관투자자는 매매거래의 건수나 거래단위가 크며, 거래에서 결제까지의 과정에서 중요한 역할을 하고 있다. 매매거래 체결 이후의 과정은 매매보고, 매매확인, 채권 · 채무의 확정으로 이루어진 청산과 증권인도와 대금지급으로 이루어지는 결제로 구분된다.

제1절 증권의 청산방법

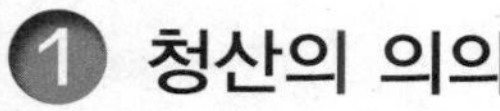

1 청산의 의의

증권의 청산(clearing)이란 증권 매매거래 당사자가 최종적으로 결제할 채권 · 채무를 확정하는 절차를 의미한다.

오늘날 증권시장은 대량으로 거래가 이루어지기 때문에 매매거래가 체결된 뒤 2~3일 후에 증권과 대금을 상호 교환하여 결제를 하게 된다. 이렇게 결제하기 위해서는 매매거래 체결 이후 매매거래 당사자가 최종적으로 인도하여야 할 결제증권과 지급하여야 할 결제대금을 확정하는 청산과정이 필요하게 되는 것이다.

한편, BIS(CPSS)-IOSCO(2012)에서는 청산이란 결제 이전에 거래내역을 전달, 정정 및 확인하는 절차로서 매매거래 내역의 차감과 최종 결제포지션 확정을 포함한다고 정의하고 있다.[18]

이와 같은 청산의 개념은 주식 · 채권 등이 거래되는 증권시장과 선물 · 옵션 등이 거래되는 파생상품시장으로 구분해서 살펴볼 필요가 있다. 증권시장에서 이루어진 주식, 채권 등의 거래는 거래가 체결된 후 2~3일 만에 증권과 대금이 교환되면서 결제가 이루어진다. 따라서 참가자의 채권 · 채무를 계산하는 청산과 소유권의 최종적 이전을 통하여 채권 · 채무를 해소하는 결제가 별개의 프로세스로 명확하게 구분된다.

그러나 파생상품시장에서는 일정기간 증거금만으로 몇 달 혹은 1년 이상의 기간 동안 거래를 지속하며, 그 기간 동안에는 고객의 증거금이 결제이행담보능력을 유지할 수 있도록 일일정산(mark-to-market)을 통하여 증거금의 추가납부 또는 환급을 실시하게 된다. 한편 선물거래는 전매(resale) 또는 환매(redemption) 등과 같은 반대매매의 방법으로 결제하거나, 해당 상품의 계약을 최종거래일까지 유지하였다가 만기일에 결제하는 방법이 있다.

이렇게 선물시장에서는 증권시장처럼 증권과 대금을 상호 교환하여 소유권을 이전하는 결제프로세스는 불필요하며, 약정가격과 반대매매 시점 또는 만기일의 가격 간의 차액만을 현금으로 수수하게 된다. 따라서 파생상품시장에서는 청산의 개념에 결제를 포함하여 설명하기도 한다.

② 청산 절차

청산은 매매보고(trade report), 매매확인(trade comparison or matching), 채권 및 채무의 계산 등의 단계로 구분되며 이러한 과정을 거쳐 매매거래 당사자가 최종적으로 결제할 채권 · 채무를 확정하게 된다.

---

18 clearing: The process of transmitting, reconciling, and, in some cases, confirming transactions prior to settlement, potentially including the netting of transactions and the establishment of final positions for settlement(Principles for financial market infrastructures, p.175).

2.1. 매매보고

매매보고(trade report)란 매매거래가 완료된 이후 매매거래의 동일성을 확인할 수 있도록 동 거래의 세부내역을 청산기관, 중앙예탁결제기관 등이 운영하는 매매확인시스템에 제출하는 것을 말한다.

증권은 장내시장뿐만 아니라 장외시장에서도 거래된다. 시장에서 체결된 거래내역을 매매확인시스템에 보고하는 것이 청산과정의 시작이다. 복잡한 결제과정도 청산을 거쳐야 시작할 수 있기에 신속한 증권결제를 위해서는 거래가 체결된 후 되도록 빨리 매매확인시스템에 거래내역을 보고하여야 한다.

특히, 결제주기가 짧은 증권시장에서는 신속 · 정확한 매매보고가 더욱 강조된다. 이에 따라 각국은 일정한 시간 내에 매매보고를 완료하도록 관련 규정에 명시하고 있다.

매매보고를 위해 참가자가 이용할 수 있는 수단은 여러 가지가 있지만, 요즈음은 대부분 전산장비와 네트워크를 이용한다. 일반적으로 매매확인시스템과 참가자의 전산설비가 우수하고 이들 간의 네트워크가 전문화되어 효율적일수록 매매보고가 신속하고 정확하게 이루어질 수 있다. 전산네트워크의 구축정도에 따라 매매보고의 방법은 (i)수작업, (ii)반자동, (iii)자동처리방식이 있다. IT기술의 발달로 인해 수작업방식으로 매매보고되는 경우는 거의 없고, 실시간 자동처리방식의 매매보고가 주요 선진국을 중심으로 도입되고 있다.

매매확인시스템에 보고될 매매거래의 세부내역은 해당 거래의 동일성을 식별할 수 있는 기본적 사항이 충분히 기록되어야 한다. 매매거래의 동일성을 확인할 수 있는 사항으로는 매매거래의 당사자, 증권의 종목명, 거래장소, 거래일과 결제일, 결제방법 등이 있다.

그림 3-12 **매매보고 흐름도**

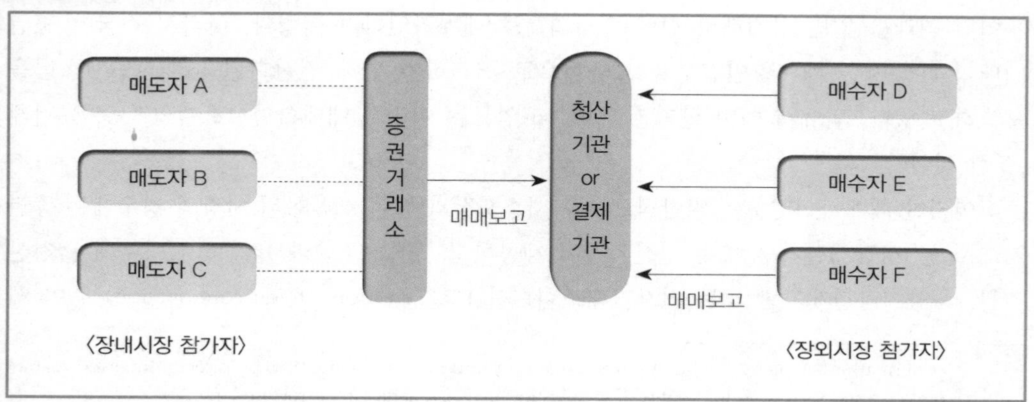

〈그림 3-12〉와 같이 조직화된 장내시장에서는 증권거래소가 청산기관 · 중앙예탁결제기관 등과 같은 매매확인시스템 운영기관에 거래를 보고하고, 장외시장에서는 거래의 당사자가 직접 매매확인시스템 운영기관에 보고하거나 중개회사가 거래 당사자를 대신하여 보고한다.

따라서 증권거래소와 매매확인시스템 간의 정보전달 체계뿐만 아니라 장외시장의 직접 참가자나 중개회사와 매매확인시스템 간의 정보전달 체계도 효과적으로 구축되어 있어야 매매보고업무를 효율적으로 처리할 수 있다.

2.2. 매매확인

2.2.1. 매매확인의 의의

매매확인(trade comparison or confirmation)이란 매매거래 당사자 간에 합의한 대로 매매거래가 체결되었는지를 확인하는 것을 의미한다. 한편, BIS(CPSS)-IOSCO(2012)에서는 매매확인을 매매거래 당사자 또는 특정 기관이 매매거래의 조건을 확인하는 절차라고 정의한다.[19]

일반 상거래와 마찬가지로 증권거래에서도 매도자와 매수자가 가격, 수량, 결제조건 등과 같은 거래조건을 서로 합의하여야 매매가 성립한다.

매매거래가 성립된 후 확인까지의 시간이 길면 길수록 결제불이행 위험은 그만큼 증대한다. 따라서 매매확인시스템은 매매체결시점 이후 가능하면 빨리 매매확인을 하는 것이 바람직하다. 그러므로 시기 적절한 매매확인서비스를 제공해 주는 효율적인 매매확인시스템의 구축은 결제불이행을 축소하는데 결정적인 도움을 준다.

현대의 증권시장에서는 증권을 대량적 · 집단적으로 거래하기 때문에 증권시장에서 이루어진 거래를 일반 상거래와 같이 수작업으로 매매확인하기 어렵다. 따라서 각국은 증권매매거래에 따른 매매확인업무를 효율적으로 처리하기 위해 전산화된 매매확인시스템을 구축하고 있다. 앞에서 이미 살펴본 매매보고업무는 이러한 매매확인시스템의 구축을 전제로 한 것이다.

이러한 매매확인업무는 일반적으로 거래소시장과 같이 조직화된 시장의 경우에는 증권거래소 등 시장개설기구 또는 청산기관이 제공하고 있으며, 장외시장 등의 경우에는 청산기관, 중앙예탁결제기관 또는 전자거래조회회사(ETC: electronic trade confirmation) 등이 제

19 confirmation: A process whereby the terms of a trade are verified either by directly involved market participants or by a central entity(Principles for financial market infrastructures, p.175).

공하고 있다.[20]

BIS(CPSS)/IOSCO 등 국제기구들은 증권시장 직접 참가자 간의 거래에 대해서는 매매확인이 T+0일까지 이루어져야 되고, 증권시장의 기관투자자 등 간접 참가자도 매매내역을 확인할 수 있도록 매매확인시스템의 참가자가 되어야 하며, 적어도 T+1일까지는 매매확인이 이루어져야 한다고 권고하고 있다.

2.2.2. 매매확인시스템의 유형

각국은 자국의 증권시장에 가장 적합한 유형의 매매확인시스템을 운영하고 있지만, 매매확인시스템은 일반적으로 쌍방매매확인시스템, 체결시점매매확인시스템, 일방매매확인시스템으로 분류한다.

거래소시장과 같이 조직화된 시장에서 직접 참가자 간의 거래의 경우 대체적으로 체결시점매매확인시스템이 적용되고 있으며, 직접 참가자와 기관투자자인 간접 참가자 간의 매매확인의 경우 자국시장의 거래관행 또는 전산화 수준 등에 따라 쌍방 또는 일방매매확인시스템을 적용하고 있다.

(1) 쌍방매매확인시스템

쌍방매매확인시스템(two-sided comparison system)이란 매도자와 매수자 쌍방이 매매거래 내역을 보고하고 이를 상호 대조하는 방식으로 매매확인이 이루어지는 시스템이다. 쌍방매매확인시스템에서는 다음과 같은 절차로 매매확인이 이루어진다.

첫째, 매매거래가 체결되면 매매보고 의무자는 거래일(T일: trade date) 또는 늦어도 익일(T+1일)의 매매거래가 개시되기 전까지 매매거래 내역을 제출한다. 매매거래 내역은 전산시스템 연계, 웹(Web)접속 등 여러 가지 방법을 사용하여 제출할 수 있으나, 가장 효율

그림 3-13 쌍방매매확인시스템

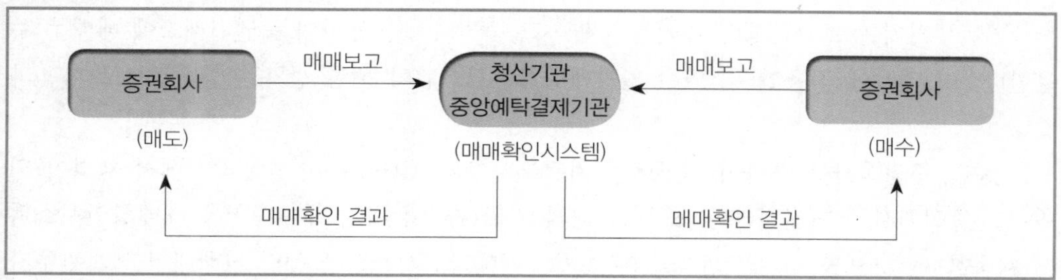

20 Omgeo(미국), Bloomberg(미국), Crossmar(미국), ICMA(영국) 등은 ETC회사의 예이다.

적인 방법은 전산시스템 연계이다.

둘째, 제출된 매매거래 내역은 매매확인시스템에 의해 매매확인 과정을 거치면서 확인된 매매, 미확인매매, 거부된 매매로 분류하여 T일 또는 T+1일에 관련 당사자에게 통보한다. 확인된 매매는 다음 단계의 업무인 차감이나 결제를 위해 대기하게 된다. 미확인매매와 거부된 매매가 정상적인 결제과정을 거치기 위해서는 당사자가 적절한 시간 내에 제출된 매매거래 내역을 조정하여야 한다.

쌍방매매확인시스템의 장점은 가능한 한 조기에 매매내역을 대조하고 신속하게 착오를 확인할 수 있다는 점이다. 참고로 우리나라의 장외 채권기관결제는 쌍방매매확인시스템을 채택하고 있다.

(2) 체결시점매매확인시스템

체결시점매매확인시스템(locked-in comparison system)이란 매매체결시점에 매매확인이 이루어지는 시스템을 말한다. 이 시스템은 거래소시장에서 주로 채택되는 매매확인 방법이며, 매매쌍방이 매매취소에 동의하지 않는 한 거래된 대로 결제된다.

체결시점매매확인시스템을 채택하고 있는 시장에서는 참가자들에게 거래가 체결된 대로 결제될 것이라는 높은 확실성을 심어주는 이점이 있다. 이는 또한 매매확인업무를 처리하기 위해 소요되는 비용과 노력을 절감시킨다. 특히 체결시점매매확인시스템은 소규모이면서 많은 거래를 취급하는 증권시장에서 효율적이다.

(3) 일방매매확인시스템

일방매매확인시스템(one-sided comparison system)은 매매거래 당사자 중 일방이 매매거래 내역을 보고하고, 상대방은 동 내역을 승인하는 방식으로 매매확인이 이루어지는 시스템이다. 이 시스템은 쌍방매매확인시스템에 가입을 원하지 않거나 이에 가입할 수 없는 시장의 간접 참가자, 특히 기관투자자를 위해 고안된 시스템이다. 따라서 이 시스템은 본질적으로 증권회사 · 기관투자자 · 보관은행을 연결하는 시스템이다.

기관투자자는 보관은행에 증권을 보관하고 증권회사를 통하여 증권거래소에 매매를 주문한다. 이 경우에 적용할 수 있는 일방매매확인시스템의 운영 절차는 일반적으로 다음과 같다.

첫째, 증권회사를 통하여 이루어진 기관투자자의 매매주문이 증권시장에서 체결이 되면, 그 증권회사는 거래일(T일) 또는 거래의 익일(T+1일)까지 매매내역을 매매확인시스템에 제출한다(〈그림 3-14〉에서의 '① 매매보고'). 매매확인시스템은 해당 거래내역을 기관투자자에게 통지한다.

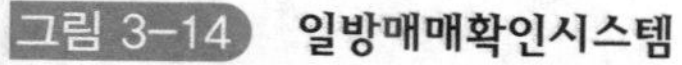
그림 3-14 일방매매확인시스템

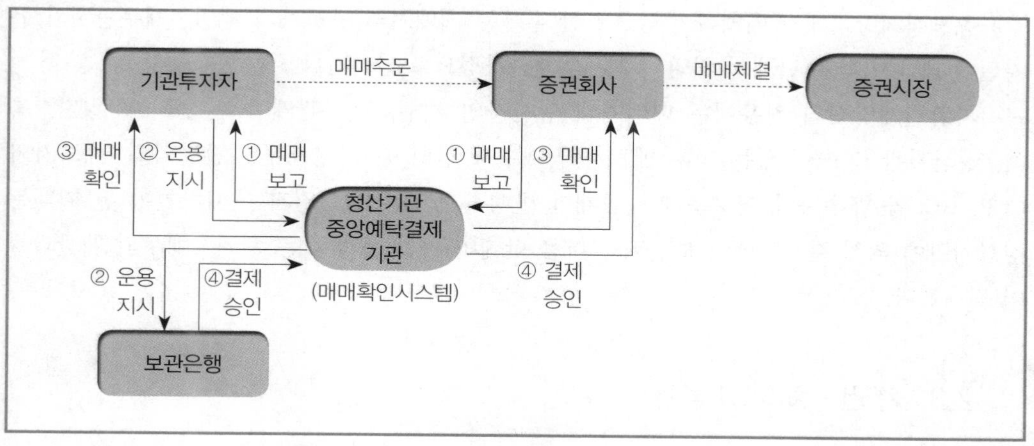

둘째, 기관투자자는 운용지시 내역을 매매확인시스템에 제출하고, 매매확인시스템은 해당 운용지시 내역을 보관은행에 통지한다. 이때 매매확인시스템은 매매내역과 운용지시 내역을 상호 대조하여 일치하면 매매확인 결과를 증권회사, 기관투자자 또는 그 관계회사에 통지한다.

셋째, 보관은행은 운용지시 내역 등을 확인한 후 매매확인시스템에 결제승인 내역을 통지한다. 매매확인시스템은 해당 결제승인 내역과 증권회사가 제출한 매매내역을 상호 대조하여 일치하면 결제승인 결과를 증권회사에 통지한다.

일방매매확인시스템은 쌍방매매확인시스템과는 달리 거래의 한 당사자만 매매보고 하기에 다른 한 당사자가 매매보고하는 수고로움을 경감시켜 준다. 우리나라의 주식기관투자자결제에서는 일방매매확인시스템을 채택하고 있다.

한편, 일방매매확인시스템에서는 조회를 약정조회(trade matching)와 결제조회(settlement matching)로 나눌 수 있다. 약정조회는 매매거래 내역과 운용지시 내역을 상호 대조하는 것을 말하며 이는 통상 기관투자자와 증권회사 사이에서 이루어진다. 결제조회는 매매거래 내역과 결제승인 내역을 상호 대조하는 것으로 이를 통해 결제에 관한 상세정보를 확인한다. 결제조회는 일반적으로 기관투자자의 증권결제업무를 대리하는 보관은행과 증권회사의 사이에서 이루어진다.

2.2.3. 매매확인의 효과

매매확인이 이루어지면 거래 당사자의 매매내역이 확정되며 그에 따른 효과는 결제방식에 따라 상이하다.

총량결제방식에서 매매확인을 종료한 후에는 매매거래 당사자의 채권 · 채무관계가 유지된 상태에서 다음 단계인 채권 · 채무의 계산과정으로 넘어간다.

차감결제방식의 경우에는 매매거래 당사자의 채권 · 채무관계가 변경될 수 있다. 특히, 청산기관(CCP)이 있는 경우 매도자와 매수자 간의 원 거래관계는 단절되고, 매도자와 CCP, CCP와 매수자의 새로운 거래관계가 발생하게 된다. 그 결과 매매확인이 된 거래는 청산기관에 의해 결제이행이 보증되고 다음 단계인 차감 등과 같은 채권 · 채무의 계산과정이 진행된다.

2.3. 채권 · 채무의 계산

매매확인의 다음 단계는 채권 · 채무의 계산이다. 이는 매매거래 당사자가 결제일에 이행하여야 할 증권인도채무와 대금지급채무를 계산하는 것을 의미한다. 즉 매도자의 경우에는 인도하여야 할 증권 수량과 수령할 결제대금을, 매수자의 경우에는 지급하여야 할 결제대금과 수령할 증권 수량을 계산하는 것이다. BIS(CPSS)-IOSCO는 이러한 채권 · 채무의 계산에 한정하여 청산(clearance)을 정의하기도 한다.[21]

채권 · 채무의 계산은 다음의 두 가지 방식으로 이루어진다.

첫째, 총량기준(gross basis)으로 계산하는 방식이다. 이는 매매확인이 된 거래 건별로 채권 · 채무를 계산하는 방법으로 거래 건수가 상대적으로 적고 거래 건당 금액이 큰 경우에 적합하다.

둘째, 차감기준(net basis)으로 계산하는 방식이다. 이는 매매거래 당사자 간에 존재하는 복수의 채권 · 채무를 소수 또는 한건의 채권 · 채무로 계산하는 방식으로 거래 건수가 상대적으로 많고 거래 건당 금액이 적은 경우에 적합하다.

---

21 Clearance: The term "clearance" has two meanings in the securities market. It may mean the process of calculating the mutual obligations of market participants, usually on a basis, for the exchange of securities and money(Recommendations for Securities Settlement Systems, p.45).

증권의 청산기관 제2절

1 청산기관의 정의

증권시장에서 청산기관은 청산의 개념, 각국의 역사적 배경 등에 따라 다음과 같은 두 가지 방법으로 정의되고 있다.

먼저, 청산기관을 포괄적으로 정의하는 방법이다.

이는 매매확인, 채권 · 채무의 계산과 같은 청산업무를 수행하는 기관뿐만 아니라 증권 인도와 대금지급과 같은 결제업무나 예탁업무를 수행하는 기관도 청산기관으로 정의하는 방법이다. 이와 같은 예로 대표적인 국가는 미국, 영국 등을 들 수 있다. 미국의 경우 청산기관(clearing agency)을 포괄적으로 정의하고,[22] 집중상대방(CCP: central counterparty)기능을 수행하는 NSCC, FICC 뿐만 아니라 예탁 및 결제기능을 수행하는 DTC도 청산기관으로 보고 있다.

다음으로는 청산기관을 협의로 정의하는 방법이다. 협의의 정의에서는 매매확인, 채권 · 채무의 계산 등과 같은 청산업무를 수행하는 자를 청산기관으로 본다. 이와 같은 예로 대표적인 국가는 일본을 들 수 있다. 일본의 경우 유가증권의 매매나 파생상품거래에 기인한 채무를 인수, 경개 등의 방법으로 부담하는 것을 금융상품채무인수업무로 정의하고, 이러한 업무를 하기 위해서는 내각총리대신으로부터 면허를 받도록 하고 있다.[23] 이에 따라

---

22 Securities Exchange Act of 1934, SEC.3.(23)(A) The term "clearing agency" means any person who acts as an intermediary in making payments or deliveries or both in connection with transactions in securities or who provides facilities for comparison of data respecting the terms of settlement of securities transactions, to reduce the number of settlements of securities transactions or for the allocation of securities settlement responsibilities. Such term also means any person, such as a securities depository, who: (i)acts as a custodian of securities in connection with a system for the central handling of securities whereby all securities of a particular class or series of any issuer deposited within the system are treated as fungible and may be transferred, loaned, or pledged by bookkeeping entry without physical delivery of securities certificates, or (ii)otherwise permits or facilitates the settlement of securities transactions or the hypothecation or lending of securities without physical delivery of securities certificates.

23 금융상품거래법 제2조제28항. 이 법에서 "금융상품채무인수업무"란 … 채무를 인수, 경개 등 기타의 방법으로 부담하는 것을 업으로 하는 것을 말한다.
금융상품거래법 제2조제29항. 이 법에서 "금융상품거래 청산기관"이란 … 내각총리대신의 면허 또는 승인을 받은 자를 … 말한다.
금융상품거래법 제156조의2. 금융상품채무인수업무는 내각총리대신의 면허를 받은 자가 아니면 할 수 없다.

일본에서는 CCP인 JSCC, JDCC 및 JGBCC가 청산기관이지만, 중앙예탁결제기관인 JASDEC은 청산기관이 아니다.

우리나라의 경우 자본시장법에서 금융투자상품청산업을 채무인수, 경개, 그 밖의 방법으로 채무를 부담하는 것을 영업으로 하는 것으로 규정하고(자본시장법 제9조제25항), 구체적인 청산 업무는 매매확인, 차감, 채무인수 등 채무부담, 결제지시, 결제불이행 처리 등으로 정의하고 있다(자본시장법 제323조의10). 청산업을 수행하기 위해서는 일본과 유사하게 정부의 인가를 받아야 한다(자본시장법 제323조의2 및 제323조의3). 단, 장내시장(증권시장 및 파생상품시장)에서의 매매확인, 채무인수, 차감 등의 업무는 금융위원회의 인가 없이 청산기관으로서 한국거래소가 수행한다(자본시장법 제378조). 장외시장의 경우 청산기관은 상법상 주식회사로서 청산업 인가 업무 단위의 전부나 일부를 선택하여 금융위원회의 인가를 받아야 한다(자본시장법 제323조의3).[24][25] 따라서 우리나라의 경우는 청산기관의 개념을 일본의 경우처럼 협의로 정의하고 있다고 할 수 있다.

2 청산기관의 기능

2.1. CCP제도

증권시장에서는 효과적인 위험의 관리를 위해 미국, 유럽 등을 중심으로 집중청산제도의 도입이 활성화되고 있다. 집중청산제도는 청산기관(CCP)이 원래의 매매거래 당사자 사이에 개입하여 모든 매도자에 대해서는 매수자로, 모든 매수자에 대해서는 매도자가 되어 결제이행을 보증하는 것을 말한다.[26]

CCP는 매매거래의 당사자가 아니지만 법률에 정하거나 계약 등의 방법으로 자기 자신을 매매거래의 당사자로 개입시킴으로써 매도자의 증권인도채무를, 매수자의 대금지급채

---

24 청산업을 하기 위해서는 상법상 주식회사이어야 하나 예탁결제원의 경우 청산업의 인가에 있어서는 상법상 주식회사로 간주하여 인가요건을 충족하도록 하고 있다(자본시장법 제300조).

25 2009년 G-20 정상회의에서 모든 표준화된 장외파생상품은 청산기관을 통해 청산이 이루어지도록 하는 규제에 합의하였고, 회원국들은 국제적 합의안을 실천하기 위해 지속적으로 노력해 왔다. 미국은 2010년에 도드-프랭크법(Dodd-Frank Act)을 제정하고, EU는 2012년에 유럽시장인프라규제(EMIR)를 제정하였으며, 일본은 2010년에 금융상품거래법을 개정하여 장외파생상품(주로 이자율스왑(IRS)과 신용부도스왑(CDS))에 대한 청산을 의무화하였다.

26 BIS(CPSS)-IOSCO(2012), central counterparty: An entity that interposes itself between counterparties to contracts traded in one or more financial markets, becoming the buyer to every seller and the seller to every buyer and thereby ensuring the performance of open contracts(Principles for financial market infrastructures, p.175).

무를 인수하게 된다.

이와 같이 CCP를 이용하게 되면 모든 거래가 CCP를 상대방으로 하는 결제가 되기 때문에 각 참가자는 거래 상대방의 신용위험을 신경 쓰지 않고 거래를 할 수 있다. 또한 모든 거래가 CCP를 상대방으로 결제하기 때문에 증권이나 대금의 건수와 금액이 압축되어 결제에 관련된 비용을 절감할 수 있게 된다.

청산의 개념이 다양하고 청산기관과 CCP가 완전히 일치하지는 않지만, 최근에는 별도로 설립된 청산기관이 CCP기능을 핵심적으로 수행하고 있기 때문에 청산기관과 CCP가 거의 같은 뜻으로 사용되고 있다.

2.2. CCP제도의 발전

CCP제도는 처음에는 유럽과 미국을 중심으로 발전하게 되었다. 유럽에서는 이미 19세기 후반에 커피와 곡물거래소들이 CCP의 형태를 띠고 발전하였다. 미국에서는 곡물거래를 위하여 1848년에 시카고상품거래소(CBOT: Chicago Board of Trade)가 설립되었으며, CBOT는 1883년에 위험관리를 위해서 별도의 청산기관(Clearing House)을 설립하였다. 이때의 청산기관은 의무를 이행하지 못한 회원의 결제이행책임을 부담하지 않았으므로 진정한 의미의 CCP는 아니었다. 진정한 의미의 CCP는 CBOT가 1925년에 BOTCC(the Board of Trade Clearing Corporation)를 설립하면서 부터이다. BOTCC는 거래소에서 체결된 모든 매매거래의 당사자가 되면서 CCP가 되었다.

선물 · 옵션 등 파생상품시장에서 CCP제도가 일찍 발전된 것과 달리 증권시장에서는 상대적으로 CCP제도가 늦게 도입되었다. 이는 시장의 특성과 밀접하게 관련이 있다. 파생상품시장의 경우 증거금만으로 수개월에서 일 년까지 또는 그 이상으로 거래가 지속되므로 결제이행보증(settlement guarantee)이 중요한 문제로 대두되게 된 것이다. 반면에 증권시장의 경우에는 상대적으로 결제주기(settlement cycle)가 짧으므로 결제이행보증이 그다지 중요하게 인식되지 않았다.

그러나, 1967년 미국에서 증권사무위기(paperwork crisis)[27]가 발생하면서 인식이 바뀌게 되었다. 뉴욕증권거래소(NYSE), 아메리칸증권거래소(AMEX), 장외시장(NASD) 등은 이와 같은 위기에 대응하기 위하여 청산부문을 통합하여 CCP기능을 수행하는 NSCC(National

27 1967년에서 1970년 사이에 미국의 증권거래소들은 엄청난 규모의 거래량 증가를 경험하게 된다. 하지만 증권거래소나 증권회사들은 거래량에 비례하여 엄청나게 증가하는 매매 이후의 업무 처리(후선 업무)를 감당하지 못하게 된다. 따라서 증권거래소는 거래시간을 축소하게 되고 심지어는 주당 한 번은 후선 업무 처리를 위하여 휴장까지 하게 된다. 이러한 후선 업무의 증가는 12개의 증권회사를 부도로 내몰고, 70여개의 증권회사가 합병하도록 만들었다.

Securities Clearing Corporation)를 설립하였다. 이에 따라 CCP제도가 본격적으로 증권시장에 도입되게 되었다. 유럽에서도 증권시장을 위한 청산기관이 별도로 설립되어 증권시장을 위한 CCP기능을 수행하게 되었다. 파생상품시장의 청산기관이 증권시장의 CCP기능을 수행하는 사례도 발생하였는데 영국의 LCH(現 LCH.Clearnet Ltd)와 독일의 Eurex Clearing AG 등이 대표적이다. 이들 양 기관은 파생상품시장에서 CCP기능을 수행하는 청산기관이면서 최근에 증권시장의 CCP기능까지 수행하게 되었다.

표 3-7 주요국의 증권청산기관(CCP)

국가명	기관명	대상증권		
		주식	채권	파생상품
미국	FICC	×	○(국채, MBS)	×
	NSCC	○	○(사채, 지방채)	×
캐나다	CDS	○	○	×
영국	LCH.Clearnet Ltd	○	○	○
프랑스	LCH.Clearnet SA	○	○	○
독일	Eurex Clearing	○	○	○
이탈리아	CC&C	○	○	○
스웨덴	Euroclear Sweden	○	○	×
덴마크	VP	○	○	×
핀란드	Euroclear Finland	○	○	×
터키	Takasbank	○	○	×
일본	JGBCC	×	○(장외국채)	×
	JSCC	○(장내주식)	○(장내채권)	○
	JDCC	○(장외주식)	×	×
중국	SD&C	○	○	×
홍콩	HKSCC	○	○	○
싱가포르	CDP	○	×	×
오스트레일리아	ASX Clear	○	×	×
한국	KRX	○(장내주식)	○(장내채권)	○
	KSD	○(장외주식)	×	×

그림 3-15 **CCP모형의 구분**

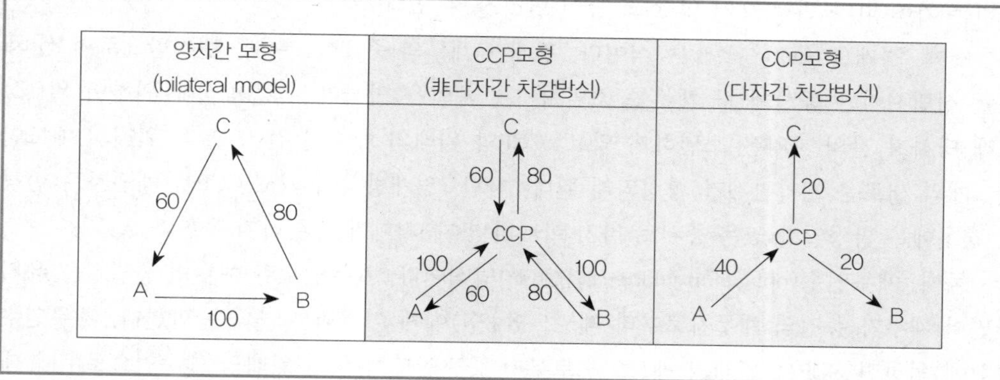

2.3. CCP의 모형

CCP의 모형은 다자간 차감방식의 채택 유무에 따라 다자간 차감방식의 CCP모형과 非다자간 차감방식의 CCP모형으로 구분할 수 있다.[28] 이를 살펴보면 다음과 같다.

먼저, 양자간 모형(bilateral model)은 거래에 대한 법적인 관계 및 총체적인 위험 노출분을 각 거래 당사자가 부담한다. 즉 CCP모형과 구분되는 모형으로 주식거래와 같은 소액 · 다량의 거래에는 부적합하며, 거액 · 소량의 거래인 장외채권거래나 장외파생상품거래에 주로 이용된다.

非다자간 차감방식의 CCP모형은 각 거래 당사자가 기존 거래의 상대방에 대한 동일성에 관계 없이 단지 CCP에 대해서만 법적인 관계를 가지며 총체적인 위험노출분을 부담한다.

마지막으로 다자간 차감방식의 CCP모형은 각 거래 당사자는 기존 거래의 상대방에 대한 동일성에 관계 없이 단지 CCP에 대해서만 법적인 관계를 가지며, 모든 거래의 차감분에 해당하는 위험노출분만을 부담한다. 현재 CCP의 대부분은 다자간 차감방식의 CCP모형을 채택하고 있다.

2.4. CCP의 법적 구조

일반적으로 CCP가 되는 방법에는 경개, 채무인수, 공개청약 방식 등이 있다. 이 중 어

28 Bank of England, "Central countreparty clearing houses and financial stability", Financial Stability Review: June 1999, p.124.

느 방법에 의하든 CCP가 모든 거래의 거래 상대방이 되는 결과는 동일하지만 어느 방법을 택하는 가에 따라 법적 요건 및 효과 등이 달라질 수 있다.[29]

첫째, 경개(novation, 更改)방식이다. 경개란 채무의 중요한 부분을 변경함으로써 신 채무를 성립시키는 동시에 구 채무를 소멸시키는 계약을 말한다. 경개방식에 의하여 원(原) 거래 당사자 간의 계약은 소멸하게 되고, CCP와 원래의 매수인 간, CCP와 원래의 매도인 간 2개의 새로운 계약관계가 형성되게 된다. 다만, 경개방식에 의해 CCP를 채권자로 변경할 경우에는 확정일자 있는 증서로 하지 아니하면 제3자에게 대항하지 못한다.

둘째, 채무인수(obligation taking, 債務引受)방식이다. 채무인수란 채무의 동일성을 유지하면서 채무가 종전의 채무자로부터 제3자(인수인)에게 이전되는 계약을 말한다. 채무인수방식에 의하면 CCP는 원래의 매도인으로부터 증권인도채무를, 원래의 매수인으로부터 대금지급채무를 각각 인수한다. 이와 동시에 CCP는 채무인수에 상응하여 원래의 매수인에 대해 대금수령채권을, 원래의 매도인에 대해 증권수령채권을 각각 취득함으로써 실질적인 다자간 차감이 가능해지게 된다.

마지막으로 공개청약(open offer)방식이다.[30] 공개청약이란 일방이 상대방이 승낙하자마자 자신에게 구속력이 발생하는 계약을 하고자 하는 의사표시를 말한다. 공개청약방식에 의하면 CCP는 매도자와 매수자가 매매거래의 체결에 동의하는 시점에 자동으로 즉시 개입한다. 즉 CCP는 그의 청산기준을 충족하는 대응거래를 체결할 것을 내용으로 하는 공개청약을 사전에 하게 되고, 거래 당사자들이 거래를 체결하면 자동적으로 공개청약을 승낙한 것으로 간주되어 체결시점부터 CCP가 원거래 당사자와의 대응거래에 대한 당사자가 되는 것이다. 따라서 매도자와 매수자 간에 계약이 직접 성립되는 것이 아니라, 매매거래의 체결과 동시에 매도자와 CCP 간, CCP와 매수자 간의 2개의 계약이 체결되는 것이다.

이와 관련하여 우리나라, 일본 등의 경우 채무인수방식을 채택하는 데 그 이유는 다음과 같다. 첫째, 경개방식에 의할 경우 제3자에 대한 대항요건을 갖추기 번잡하며, 확정일자부 증서가 필요하지만 대량 거래를 행하는 경우에는 그 작성이 매우 곤란하다는 문제가 있다. 둘째, 공개청약방식에 의할 경우에는 시장개설행위에 해당할 우려가 있고, 참가자의 파산 시 차감의 법률관계가 불명확하다는 문제가 있다. 이에 반해 채무인수방식의 경우 해당 쌍무계약이 채무인수와 동시에 채무가 이행된 것으로 되어 차감의 법적 처리가 명확하다는 장점이 있다.

---

29 高橋康文·長崎幸太郎,「証券取引法における清算機關制度」, 金融財政事情研究會, 2003, pp.38~39.

30 PFMI는 open offer를 'A process through which a CCP extends an "open offer" to act as counterparty to market participants and thereby is interposed between participants at the time a trade is executed'로 정의하고 있다. 우리나라에서는 '거래 당사자 방식'으로도 번역이 되나, CCP의 청약과 거래당사자의 승낙으로 계약이 체결되고, CCP가 자동적으로 즉시 계약에 개입하므로 그 실질적 의미는 '자동개입 방식'에 가깝다. 본 서에서는 CCP의 청약행위에 초점을 맞추어 '공개청약 방식'으로 번역하였다.

2.5. CCP제도의 편익과 비용

증권시장에서 CCP제도를 도입하고 있는 이유는 시장위험과 매매 이후의 업무 처리(post-trade processing) 비용을 감축시킴으로써 자본시장 참가자들에게 경제적인 이득을 제공할 수 있기 때문이다. 이를 자세히 살펴보면 다음과 같다.[31]

첫째, 익명성(anonymity)에 따른 편익이다. 거래 당사자의 신분이나 호가 규모가 노출되면 신용도가 낮은 시장참가자는 거래 성사가 어려우나, CCP가 개입하게 되면 거래 당사자는 익명으로 거래할 수 있게 되어 신용도가 낮은 시장참가자도 신용도가 높은 시장참가자와 매매거래를 할 수 있게 된다. 또한 익명성은 투자전략의 노출을 막기 때문에 기관투자자들의 대량 거래를 활성화시킬 수 있다.

둘째, 거래 상대방위험(counterparty risk) 해소에 따른 편익이다. CCP가 모든 거래의 상대방이 되므로 시장참가자들은 상대방의 결제불이행 위험을 우려할 필요 없이 안심하고 거래를 할 수 있게 된다. 즉 시장참가자들은 상대방의 신용위험을 체크할 필요 없이 CCP의 신용만 보고 시장에 참여할 수 있게 된다. 이는 결국 모든 시장참가자의 결제이행능력을 실질적으로 CCP와 같은 수준으로 향상시켜 결제의 안정성을 제고하게 된다.

셋째, 결제 규모 축소에 따른 편익이다. CCP를 통해 다자간 차감을 하게 되면 결제 규모가 축소됨으로써 참가자들은 절감된 자금을 좀 더 효율적으로 사용할 수 있게 된다. 장내 주식거래에서 다자간 차감을 하게 되면 대략 전체 거래의 95~97% 이상이 차감을 통하여 상쇄되고, 3~5% 정도만 결제하도록 포지션을 축소할 수 있게 된다.

넷째, 결제사무 축소에 따른 편익이다. CCP가 없을 경우 각 시장참가자는 다수의 시장참가자와 각각 결제를 하여야 하므로 막대한 결제사무처리가 발생하게 된다. 그러나 CCP 제도를 도입하게 되면 각 시장참가자는 단일의 CCP와 결제사무를 처리하게 되므로 그에 따른 비용을 대폭 축소할 수 있다.

한편, CCP제도를 도입할 때는 위에서 설명한 편익과 함께 비용을 고려할 필요가 있다. BIS(CPSS)-IOSCO(2001)에 따르면 CCP를 설립하는 것이 비용을 수반한다고 설명하고 있다. 특히 CCP는 견고한 위험관리장치(risk management facility)를 확립하고 있어야 하므로 상당한 초기 투자와 지속적인 비용지출을 필요로 한다고 지적하고 있다. 따라서 BIS(CPSS)-IOSCO는 CCP를 도입하고자 하는 개별 시장들은 CCP 도입에 따른 편익과 비용을 반드시 신중하게 평가하도록 권고하고 있다.[32]

---

31 한국증권법학회, 「바람직한 청산·결제 인프라 구축을 위한 연구」, 2008.5, 11쪽.

32 Recommendation 4: The benefit and costs of a CCP should be evaluated. Where such a mechanism is introduced, the CCP should rigorously control the risks it assumes.

증권의 결제

제1절 증권결제 개요

증권결제란 증권 매매거래에 따라 발생한 채권 · 채무관계를 증권인도(delivery)와 대금지급(payment)을 통하여 종결시키는 것을 의미한다. BIS(CPSS)-IOSCO(2001)의 경우 결제를 매수자와 매도자 간에 증권과 대금의 최종적인 이전을 통해 매매거래를 완료하는 것이라고 정의하고 있다.[33]

앞에서 설명한 청산의 과정을 통해 확정된 증권인도나 대금지급에 관한 채권 · 채무관계는 결제과정을 통해 매매거래 당사자 간에 인수 · 인도함으로써 종료 또는 소멸되게 된다. 즉 결제는 증권과 대금에 대한 소유권을 채무자로부터 채권자에게 이전시키는 기능을 한다.

청산과정을 통해 매매거래 당사자의 채권 · 채무가 확정되면 증권인도와 대금지급을 위한 결제청구가 중앙예탁결제기관에 통지된다. 결제청구는 매매거래 당사자가 직접 하거나 청산기관이 한다. 이러한 결제청구에 따라 중앙예탁결제기관은 증권인도와 대금지급을 통해 최종적으로 결제를 완료하게 된다.[34]

한편, 결제의 개념을 광의의 결제와 협의의 결제로 구분하기도 한다. 광의의 결제란 증권의 매매거래의 체결 이후 매매확인, 채권 · 채무의 계산 및 증권인도 · 대금지급 등의 모든 단계를 포함하여 '결제'라고 부르는 것을 말한다. 협의의 결제란 증권인도와 대금지급에 한정하여 '결제'라고 부는 것을 말한다. 본 서에서는 협의의 결제 개념을 기준으로 기술하되

33 The completion of a transaction through final transfer of securities and funds between the buyer and the seller. Recommendations for Securities Settlement Systems, p.48.

34 청산과 결제의 법적 구분은 청산이 채무인수 등 채권과 채무관계의 확정을 통하여 채권적 효력을 발생시키는 것이라면, 결제는 법적 장부인 계좌부에 소유권의 변경 기재를 통하여 물권적 효력을 발생시키는 것으로 대비하여 볼 수 있다.

때로는 광의의 결제의 개념을 사용하기로 한다.

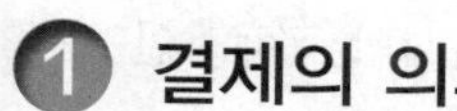

결제의 의의

1.1. 증권인도(delivery)

증권인도는 중앙예탁결제기관에서 계좌대체(book-entry)의 방법으로 이루어진다. 즉 매도자의 계좌에 결제증권의 수량을 감소 기재하고, 매수자의 계좌에 동 수량을 증가 기재함으로써 이루어진다.

과거에는 증권인도가 실물증권의 수수에 의해 이루어졌으나, 증권결제제도가 도입된 이후에는 실물증권의 이동은 사라지고 중앙예탁결제기관에서 관리하는 전자적 장부인 예탁자계좌부에 개설된 참가자들의 계좌를 통하여 계좌대체로 이루어지게 되었다.

오늘날 각국은 계좌대체에 의한 증권인도와 관련하여 증권의 부동화 또는 무권화와 같은 법률적 장치를 마련하고 있다.

증권의 부동화(immobilization)는 발행단계에서는 실물증권이 발행되지만, 그것을 중앙예탁결제기관에 집중예탁하여 실물증권 자체를 유통시키지 않고, 증권의 이전은 중앙예탁결제기관의 전자적 장부상 계좌대체에 의해서 처리하는 것이다. 미국, 우리나라 등이 이에 해당된다.

증권의 무권화(dematerialization)는 증권의 발행단계부터 실물증권은 일체 발행되지 않고, 중앙예탁결제기관에서의 전자적인 장부상 데이터에 의해 모든 권리를 이전하는 것이다. 영국, 프랑스, 일본 등이 이에 해당된다.

1.2. 대금지급(payment)

대금지급은 중앙예탁결제기관 또는 대금결제은행에서 계좌이체(account-transfer)의 방법으로 이루어진다. 중앙예탁결제기관이 대금지급을 직접 처리하는 경우도 있으나 대부분의 경우에는 중앙은행 또는 상업은행을 통해 간접적으로 처리하는 것이 일반적이다.

이로 인해 대부분의 중앙예탁결제기관은 중앙은행 또는 상업은행에 자신의 대금계좌를 개설한 후 자신의 계좌를 경유하여 매도자와 매수자 간의 대금지급을 처리하고 있다. 중앙예탁결제기관은 이러한 대금지급 업무를 원활하게 처리하기 위하여 중앙은행 또는 상업은행과 전산시스템을 연계하고 있다.

2 증권결제의 특징

증권결제는 대금의 계좌이체만 이루어지는 자금결제와 달리 증권과 대금의 상호 교환이 필요하기 때문에 자금결제보다 복잡하다. 이러한 증권결제와 자금결제의 구체적인 차이점은 다음과 같다.

2.1. 단순형 결제와 가치교환형 결제

자금결제는 단순히 자금이 결제되는 형태의 결제로 '단순형 결제'라고도 한다. 결제되는 자금의 대가가 되는 상품이나 서비스의 수수는 통상적으로 결제시스템과는 별도로 이루어진다.

반면에 증권결제는 '가치교환형 결제(exchange-for-value settlement)'의 하나로 '증권인도'와 '대금지급'의 교환에 의해 결제가 종결되는 것이다. 외국환거래에 의해 어떤 통화와 다른 통화를 교환하는 '외환결제(foreign exchange settlement)'도 가치교환형 결제의 예라 할 수 있다.

가치교환형 결제에서는 증권의 인도시점과 자금의 지급시점 간에 시차(time lag)가 발생하면 한 쪽은 인도를 했지만 그 대가를 수취하지 못할 수 있는 위험, 즉 원본위험이 발생한다. 이 때문에 이러한 위험을 축소하기 위해 증권(securities leg)과 대금(payment leg)의 결제가 동시에 이루어지도록 하는 동시결제(DVP: delivery versus payment)가 필요하게 된다.

이와 같은 특성을 감안할 때 증권결제를 단순히 증권의 계좌대체(book-entry)만으로 한정하는 것은 가치교환형 결제인 증권결제의 특성을 무시하는 것이며, 증권결제는 증권의 계좌대체와 대금의 계좌이체를 모두 포함하는 개념으로 이해하여야 할 것이다.

2.2. 증권 종류의 다양성

자금결제에서 결제되는 것은 기본적으로 해당 국가의 통화(예를 들면, 우리나라에서는 원, 미국에서는 달러, 일본에서는 엔 등)이며, 자금결제의 대상은 '1종류의 통화'이다.

반면에 증권결제의 대상이 되는 증권은 국채, 사채, 전환사채, 지방채, 주식, 주택저당증권, CP 등 실로 다양하다. 또한 증권에는 종목에 따라 권리내용이 다르기 때문에 같은 주식이나 국채라도 종목이 상이하면 다른 것으로 취급할 필요가 있다.

이러한 증권은 장내시장인 증권거래소, 장외시장(OTC), ATS(alternative trading system) 등 다양한 장소에서 거래되고 있다. 또한 각 증권에 따라 거래단위나 참가자, 시장관행이

상이하거나, 상품별로 결제제도가 상이한 경우도 있다.

이러한 증권 종류의 다양성이나 그것을 둘러싼 제도의 다양성은 증권결제를 자금결제에 비해서 복잡하게 하고 있다.

2.3. 다수의 당사자

자금결제에서 은행 간 거래(inter-bank)의 경우 자금결제의 한 쪽 당사자는 은행 1者이며, 고객거래(customer payment)의 경우 당사자는 고객과 송금은행 2者가 되는 것이다.

한편, 증권결제에서는 증권회사의 자기매매나 개인투자자의 거래에서 당사자의 수는 자금결제와 마찬가지이다. 그러나 증권결제의 상당한 부분을 차지하는 기관투자자의 거래에서는 한 쪽의 당사자가 기관투자자, 증권회사 및 보관기관(custodian)으로 3者가 개입하게 된다. 이는 기관투자자는 운용에 특화하고 거래의 체결은 증권회사에 위탁[35]하고 증권과 대금의 결제업무나 회계처리 등은 보관기관에게 위탁하는 분업체제로 되어 있기 때문이다. 이렇게 증권결제는 자금결제와 달리 다수의 당사자가 개입하는 특징이 있다.

이와 같이 증권결제에 있어서 다수 당사자의 개입은 증권결제의 프로세스를 복잡하게 한다.

첫째, 거래체결을 위해 증권회사에 위탁하기 때문에 증권결제는 증권회사 간의 결제(street-side settlement)와 증권회사와 고객 간의 결제(customer-side settlement)의 2단계로 이

그림 3-16 **자금결제의 당사자**

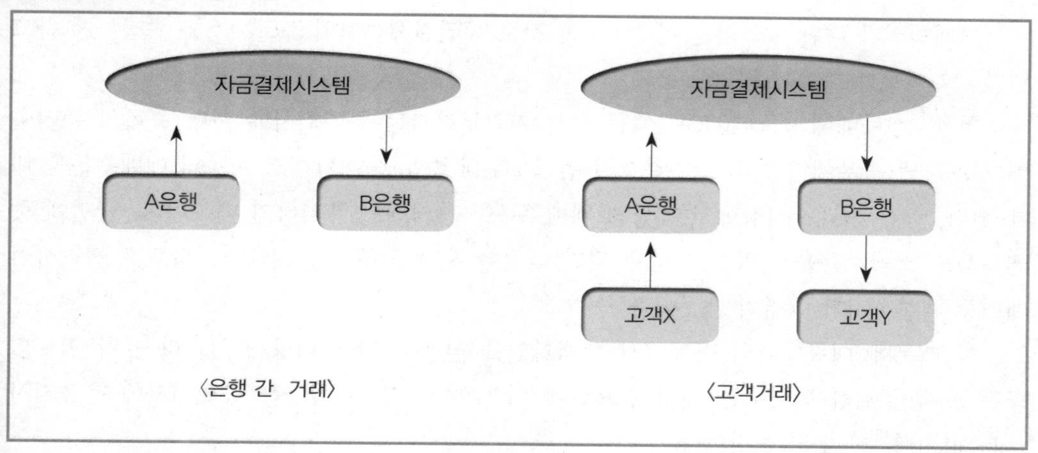

35 기관투자자가 증권회사에 거래의 체결을 위탁하는 것은 운용에 특화를 하는 이유도 있지만 사실상 대부분의 기관투자자는 거래소시장에 직접 참가하여 매매체결을 할 수 없기 때문이다.

그림 3-17 **증권결제의 당사자**

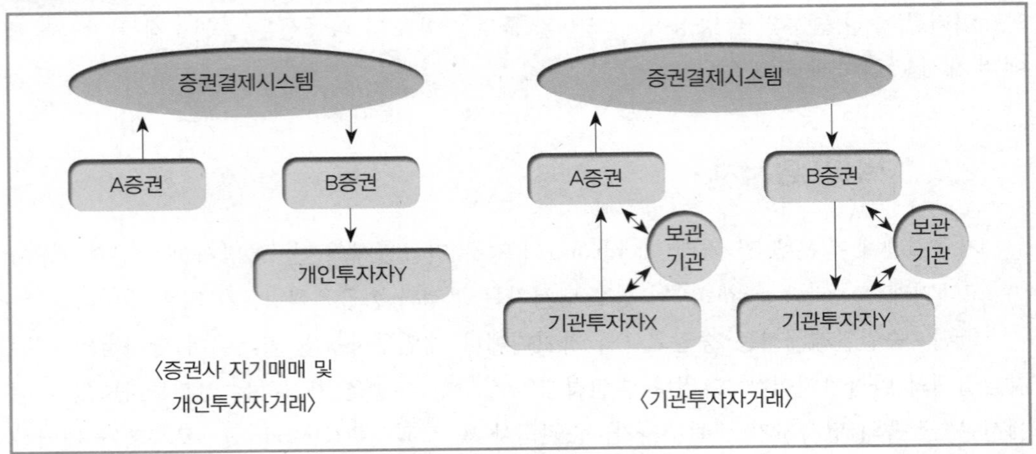

루어지게 된다.

둘째, 기관투자자에 의한 거래는 기관투자자, 증권회사, 보관기관의 3者가 거래 당사자가 되기 때문에 이 3者 간의 정보공유 프로세스는 자금결제에서의 2者 간의 관계보다 복잡해진다. 더욱이 기관투자자는 다수의 증권회사, 다수의 보관기관과의 거래를 하고 있기 때문에 더욱 복잡하게 된다.

2.4. 다단계의 거래처리

거래처리가 다단계에 걸쳐 이루어지는 것도 증권결제까지의 프로세스를 복잡하게 하고 있다. 그 이유는 다음과 같다.

첫째, 대량매매(block trade) 때문이다. 기관투자자는 증권회사에 어떤 종목의 주식을 매매주문 낼 경우에 일반적으로 복수의 펀드로부터 주문을 취합해서 대량의 매매주문을 내게 된다. 이는 거래소시장에서 대량의 매매주문이 가격에서 유리하기 때문이며, 반면에 증권회사도 소액주문을 다량으로 받게 되면 적절한 시점에 주문을 거래소시장으로 전달하여 매매를 체결하기가 어렵기 때문이다.

이 때문에 대량매매의 단계에서 매매확인을 실행한 뒤에 대량매매를 다시 각 펀드별 또는 고객별 계좌에 나누는 것이 필요한데 이 때문에 기관투자자는 증권회사에 운용지시(allocation)를 하게 되는 것이다.

둘째, 수수료나 세금이 존재하기 때문이다. 실질적으로 결제가 이루어지는 결제대금은 매매체결된 약정금액에서 수수료나 거래세 등을 반영한 액수이기 때문에 운용지시 이후에

그림 3-18 **다단계의 결제처리**

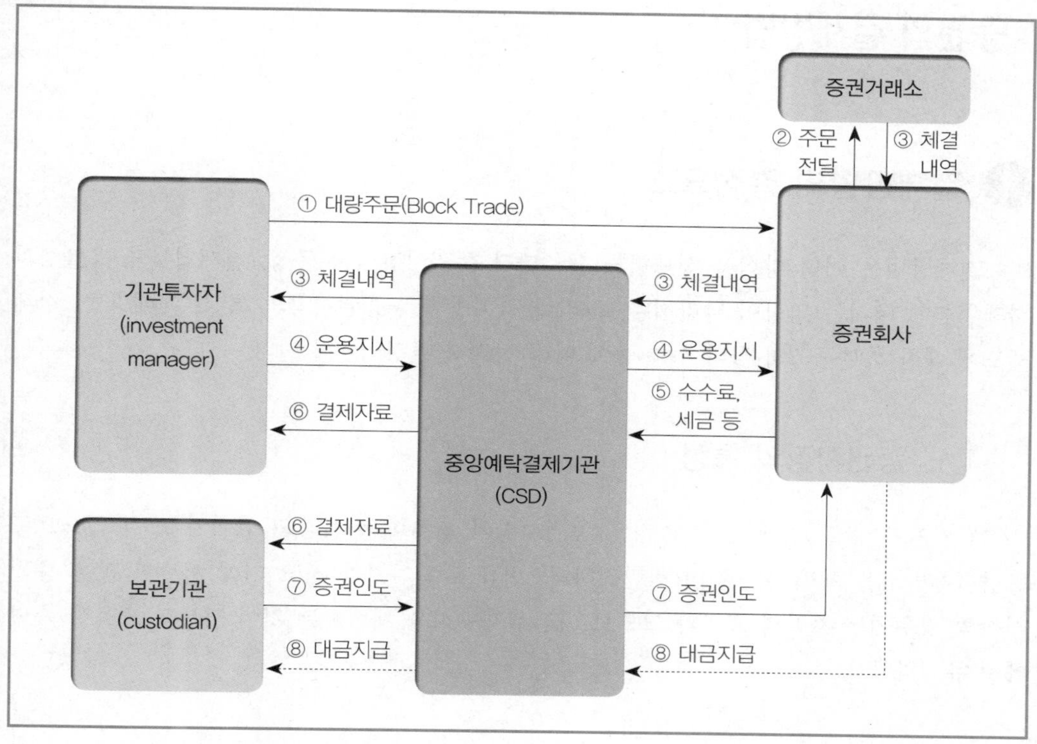

다시 한 번 결제대금에 관한 확인이 필요한 것이다.

셋째, 지금까지의 단계는 기관투자자와 증권회사 사이에서 정보의 교환이지만 실제로 증권과 대금의 수수를 실행하는 것은 증권회사와 기관투자자의 대리인인 보관기관(custodian)이기 때문에 마지막으로 증권회사와 보관기관 간 결제정보의 교환이 필요하게 된다.

이와 같이 다단계의 정보교환 과정을 거치면서 매매확인 작업을 수행하므로 결제까지의 프로세스를 복잡하게 하고 있는 것이다.

제2절 증권의 결제방법

1 결제방법의 결정요소

결제방법은 어떤 방식을 선택하느냐에 따라 증권시장의 유동성, 결제업무의 효율성과 결제위험에 미치는 영향이 달라진다. 그러나 결제방법은 증권시장의 특성, 매매방법, 결제제도에 대한 하부구조의 정비 수준 등에 따라 적절히 결정되어야 한다.

1.1. 증권시장의 특성

참가자가 많고 거래 건수가 적은 증권시장의 경우에는 차감의 효과가 크지 않으므로 총량결제방식을 채택하는 것이 바람직하다. 반대로 참가자가 적고 거래 건수가 많은 증권시장의 경우에는 차감의 효과가 크므로 차감결제방식을 채택하는 것이 업무의 효율성 측면에서 유리하다.

1.2. 매매방법

증권거래의 매매방법에는 상대매매, 경매, 경쟁매매 등이 있는데 이 중에서 상대매매방식과 경쟁매매방식이 증권거래에 주로 이용된다.

상대매매방식은 매매거래 당사자 간의 개별 교섭을 통해 가격 · 수량 · 결제조건 등을 정하는 매매방법을 말한다. 따라서 거래 건수가 적고 거래 규모가 큰 시장인 채권시장에서 주로 사용된다. 상대매매방식은 거래의 특성상 거래의 상대방과 결제의 상대방 간에 동일성이 유지되므로 결제불이행 위험이 여타 참가자에게 전파되지 않는다는 장점이 있다. 상대매매방식을 채택하는 시장이 조직화되어 있으면 일반적으로 양자간 차감결제방식을, 조직화되어 있지 않으면 총량결제방식을 채택하는 경우가 많다.

반면에 경쟁매매방식은 다수의 거래 당사자 간에 미리 정해진 통일적 조건에 따라 집단적으로 표준화된 거래가 이루어지는 방식을 말한다. 따라서 거래 건수가 많고 건별 거래 규모가 작은 거래소시장에서 주로 이용된다. 경쟁매매는 일반적으로 청산기관 등이 매매거래에 따른 결제의 상대방이 되므로 거래의 상대방과 결제의 상대방이 상이하다. 따라서 집중 차감결제방식이 주로 채택되고 별도의 결제이행 보증장치가 필요하다.

1.3. 증권결제제도의 정비 정도

결제방법을 선택함에 있어서 또 하나의 중요한 요소는 증권결제제도의 정비 정도이다. 집중예탁제도가 발달한 증권시장에서는 계좌간 대체방식에 의한 결제방법을 주로 채택하고, 그렇지 못한 시장에서는 실물수도방식을 주로 이용한다.

또한 지급결제시스템의 발달 정도에 따라 익일(next day)자금결제방식과 당일(same day)자금결제방식이 있다.

일반적으로 중앙예탁결제기관이 중앙은행이 운영하는 지급결제시스템에 직접 참가하여 결제업무를 처리할 수 있다면 당일자금결제방식이 가능하고, 그렇지 못한 경우에는 익일자금결제방식으로 처리하여야 한다.

2 결제방법의 유형

증권거래의 결제방법은 〈표 3-8〉과 같이 그 유형을 나눌 수 있으며 각 결제방법에 대한 구체적 설명은 후술하는 바와 같다.

2.1. 총량결제와 차감결제

증권거래를 매매 건별로 결제하느냐, 아니면 매도수량과 매수수량을 차감하여 그 잔량에 대해서만 결제하느냐에 따라 결제방식을 구분할 수 있다. 전자를 총량결제방식, 후자를 차감결제방식이라 한다.

차감결제방식은 시장의 특성에 따라 상이하지만, 일반적으로 결제 건수 및 결제 규모를 크게 축소시킴으로써 효율성 측면에서는 유리하다. 그러나 다자간 차감방식의 경우처럼 거래 당사자와 결제 당사자의 상이함에서 초래되는 제도적 취약성으로 인해 안정성 측면에서는 불리하다. 반면 총량결제방식은 매매 건별로 결제하기 때문에 결제 건수 및 결제 규모 측면에서 다소 불리하고, 증권시장의 환경 변화에 신축적으로 대응할 수 없다는 단점이 있다. 그러나 결제 당사자와 매매 당사자 사이에 동일성을 유지하므로 안정성 측면에서는 차감결제방식보다 다소 유리하다.

표 3-8 결제방법의 일반적 분류

<table>
<tr><th>분류기준</th><th colspan="2">결제방법</th><th>내용</th></tr>
<tr><td rowspan="2">차감유무</td><td colspan="2">총량결제</td><td>매매 건별로 결제</td></tr>
<tr><td colspan="2">차감결제</td><td>매도 · 매수의 차감에 의한 결제</td></tr>
<tr><td rowspan="6">차감방식</td><td rowspan="2">당사자의 수</td><td>양자간 차감결제</td><td>두 당사자 간의 차감</td></tr>
<tr><td>다자간 차감결제</td><td>다수 당사자 간의 차감</td></tr>
<tr><td rowspan="2">법적 구속력 유무</td><td>상계적 차감</td><td>법적 구속력이 없는 차감</td></tr>
<tr><td>경개적 차감</td><td>법적 구속력이 있는 차감</td></tr>
<tr><td rowspan="2">차감의 연속 유무</td><td>일일 차감결제</td><td>일자별로 차감하여 결제</td></tr>
<tr><td>연속 차감결제</td><td>일자별로 차감하여 미결제분은 익일로 이연되어 재차감</td></tr>
<tr><td rowspan="2">결제집중 유무</td><td colspan="2">집중결제</td><td>청산기관 또는 중앙예탁결제기관에서 집중결제</td></tr>
<tr><td colspan="2">개별결제</td><td>매매 당사자 간 직접결제</td></tr>
<tr><td rowspan="2">결제대상거래 기간의 장단</td><td colspan="2">어카운트결제</td><td>일정기간 동안의 매매거래를 특정일에 결제</td></tr>
<tr><td colspan="2">연속결제</td><td>매일의 결제를 매영업일에 계속해서 결제</td></tr>
<tr><td rowspan="2">반대매매 허용 유무</td><td colspan="2">실물결제</td><td>증권과 대금의 실질적인 인수 · 인도</td></tr>
<tr><td colspan="2">차금결제</td><td>전매 또는 환매에 의한 결제</td></tr>
<tr><td rowspan="2">대금지급의 조건</td><td colspan="2">동시결제</td><td>증권과 대금을 동시에 결제</td></tr>
<tr><td colspan="2">분리결제</td><td>대금지급이 수반되지 않는 증권인도</td></tr>
</table>

2.1.1. 총량결제방식

총량결제(gross amount settlement)는 결제의 가장 기본적인 형태이다. 즉 동일 당사자 간의 여러 거래내역을 차감하지 않고, 각 거래 건별로 매도증권 전량을 인도하고 매수대금 전액을 지급하는 건별결제방식(trade for trade processing)이다. 따라서 각 당사자는 매매 건별로 자신의 거래 상대방과의 권리·의무관계를 알 수 있다. 이와 같은 결제방식은 거래량은 적으나, 거래 규모가 큰 시장, 또는 거래량은 많더라도 고도화된 전산시스템을 구축하고 있는 증권시장에서 주로 이용된다.

총량결제는 차감 없이 거래 건별로 즉시 결제하므로 다음과 같은 장점이 있다.

첫째, 총량결제방식은 컴퓨터시스템의 반복 처리에 적합하여 비교적 개발이 용이하다. 즉 각 매매거래가 다른 매매거래와는 독립적으로 처리되므로 시스템에서는 모든 매매거래가 결제될 때까지, 또는 더 이상의 결제 처리를 할 수 없을 때까지 시스템의 결제 판단 기준을 단순히 반복해서 적용하는 것만으로 충분하다.

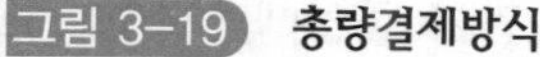
그림 3-19 **총량결제방식**

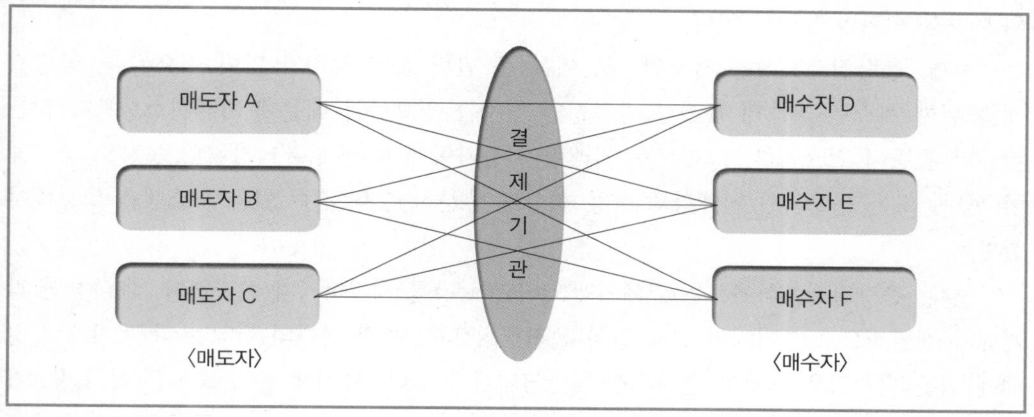

둘째, 증권거래에 따른 안정성을 제고한다. 총량결제는 거래의 상대방과 결제의 상대방 간에 동일성을 유지하므로 결제위험이 다른 참가자에게 전파될 가능성이 차감결제방식에 비해 크지 않다. 따라서 결제이행의 보증에 필요한 결제기금의 조성, 손실분담협약 등 결제 관련 부대비용을 절감할 수 있다.

셋째, 총량결제는 시스템상 정해진 요건을 구비한 경우 거래 건별로 즉시 결제되므로 결제의 신속성과 안정성을 확보할 수 있다. 이와 같은 장점 때문에 거래 건수는 적으나 건별 거래 규모가 큰 채권시장의 결제에 많이 이용된다.

이러한 장점에도 불구하고 많은 국가에서 차감결제방식을 채택하고 있는 것은, 총량결제방식이 가지고 있는 다음과 같은 단점 때문이다.

첫째, 결제위험에 노출되는 정도가 차감결제에 비해 크다. 총량결제는 매매거래 건별로 거래금액 전체를 결제하기 때문에 차감결제보다 결제해야 할 규모가 크다. 실례로 여러 결제방식 중 다자간 차감결제방식을 채택하고 있는 우리나라의 장내 주식시장의 결제대금은 2011년을 기준으로 전체 거래대금의 6.0%에 불과하다. 결제 규모가 크다는 것은 이에 따른 신용 및 유동성위험도 그만큼 커진다는 것을 의미한다.

또한 총량결제방식은 결제업무 처리과정에서 참가자가 직면하는 당일의 최대 결제채무를 정확하게 예측하는 것을 어렵게 한다. 비록 결제 처리 후에 상기 채무의 확실한 규모를 알 수 있게 되더라도 증권 잔고의 이용가능성에 따라 이전 순서가 결정되고, 동 순서가 미리 예측될 수 없기 때문에 최대 결제채무는 상당히 큰 규모가 될 수 있다. 그러므로 원활한 결제를 위해서는 증권 및 대금계좌에 잔고를 많이 유지해야 한다. 그러나 중앙예탁결제기관에 예치해야 하는 증권과 대금은 그 특성상 무수익 자산이거나 수익성이 낮기 때문에 예치금융기관의 자산운용 효율성을 저하시킨다. 따라서 이들 금융기관이 중앙예탁결제기관의 이용을 회피할 우려도 있다.

둘째, 총량결제방식은 시스템 개발이 쉬운 반면 운영 경비가 많이 소요된다. 총량결제를 위한 시스템 본래의 특성상 반복적인 절차가 필요하기 때문에 차감시스템보다 많은 컴퓨터 용량이 필요하다. 그러므로 거래량이 증가함에 따라 컴퓨터장비의 용량도 증가해야 한다. 또한 돌발적인 거래량의 폭증 현상도 충분히 수용할 수 있는 시스템을 확보해야 한다.

셋째, 총량결제방식에서는 연쇄거래(chain trade)를 해결하기가 곤란하다. 왜냐하면 각 거래가 개별적으로 분리되어 결제 절차가 진행되므로, 특정 거래의 결제가 다른 거래의 결제에 의존하는 경우 그것이 결제과정에 반영되기 어렵다. 예컨대 특정 종목을 참가자 A가 참가자 B에게 매도하고, 참가자 B는 참가자 C에게, 그리고 참가자 C는 참가자 A에게 매도한 경우를 가정해보자. 참가자 A는 참가자 C로부터 증권을 수령할 것으로 예상하고 있지만, 사실상 참가자 A는 자신의 증권이 인도되기를 기다리는 것과 같다. 이러한 결제제도상의 문제점 때문에 총량결제방식에서는 결제대기제도,[36] 지정시간결제제도,[37] 일중당좌대월[38]의 허용 등 여러 가지 보완책이 제시되고 있다.

2.1.2. 차감결제방식

(1) 차감결제의 의의

차감(netting)이란 다수 매매 당사자 간에 존재하는 복수의 채권 · 채무를 소수 또는 단일의 채권 · 채무로 축소시키는 과정이라고 정의할 수 있다. 따라서 차감결제는 차감과정을 통해 확정된 소수 또는 단 한 건의 채권 · 채무를 인수 · 인도함으로써 증권거래로 인한 본래의 채권 · 채무관계를 종료 · 소멸시키는 결제방식이다.

차감결제방식이 증권결제상 중요한 사안으로 부각된 것은 증권시장에서의 컴퓨터와 통신기술의 급속한 발달로 증권 거래량이 급격하게 증가하는 한편, 증권시장의 대외 개방으로 증권거래의 국제화가 진전된 점에서 기인하였다. 이에 따라 각종 결제위험이 증대되어

---

36 결제대기제도는 잔고 관리의 부담 경감을 위해 결제시스템에 대기행렬(queue) 관리기능을 부여하여, 잔고 부족으로 처리할 수 없는 대체지시는 잔고가 충분해질 때까지 대기상태에서 기다리게 되며 잔고가 충분해진 단계에서 결제가 실행되는 제도이다.

37 지정시간결제제도(designated-time settlement system)는 매매체결일 이후 사전에 정한 결제시점에 한 번(단일결제방식), 또는 수회(복수결제방식)에 걸쳐 최종적인 결제가 이루어지는 결제방식을 말한다.

38 일중당좌대월제도(daylight overdraft)란 주로 총액결제방식의 DVP결제에서 흔히 당일의 유동성이 보장되어야 하므로, 지급결제시스템을 운영하는 중앙은행에서 참가기관에 대해 일중당좌대월의 형태로 유동성을 공여하는 제도를 말한다.

위험관리가 금융시스템의 근간을 결정하는 상황에 이르렀다. 이러한 위험에 대한 적절한 해결 수단 중의 하나로 강구된 것이 바로 차감결제방식이다.

(2) 차감결제의 유형

① 양자간 차감결제와 다자간 차감결제

이는 차감의 당사자 수에 따른 분류이다. 양자간 차감결제(bilateral netting settlement)란 두 거래 당사자 간에 인수도할 채권 · 채무를 서로 차감해 그 결과 산정된 차감 포지션만을 수수하여 결제를 종료시키는 것을 말한다. 양자간 차감결제는 거래 당사자 간에 발생하므로 결제의 상대방과 거래의 상대방 간에 동일성이 유지된다. 그러므로 결제불이행위험이 당사자 간에 한정되므로 결제이행보증 등 결제부대비용을 유발하지 않는다. 또한 매매정정 등 결제업무의 처리 절차가 간편하다.

그러나 양자간 차감결제는 차감 효과가 미약하므로 신용 및 유동성위험의 감축 효과가 크지 않고 업무 처리량이 많다는 단점이 있다. 비록 양자간 차감결제방식이 초보적인 형태의 차감이기는 하지만 종목 수가 적고 거래 규모가 큰 시장에서는 차감의 효과가 크게 나타나므로 채권시장이나 기관투자자결제에서 많이 이용되고 있다.

다음으로 다자간 차감결제(multilateral netting settlement)란 3인 이상의 거래 당사자 간에 인수도할 채권 · 채무를 서로 차감해 그 결과 산정된 차감 포지션만을 수수하여 결제를 종료시키는 것을 말한다. 다자간 차감결제는 다수 거래 당사자 간에 발생하므로 결제의 상대방과 거래의 상대방이 바뀌게 된다. 다자간 차감은 소규모의 대량 거래가 발생하는 증권거래소 등 조직화된 시장에서 많이 이용된다.

그러나 다자간 차감은 그 효과에도 불구하고 일부 당사자가 차감 후 지급불능상태에 빠지는 경우 시장 전체에 결제위험이 전이될 수 있기에 결제이행보증을 위한 결제기금 조성, 손실분담협약 등 강력한 리스크 통제장치를 필요로 한다.

표 3-9 양자간 차감결제와 다자간 차감결제의 비교

구분	양자간 차감결제	다자간 차감결제
거래 상대방의 동일성	유지	상실
결제이행보증	불필요	필요
차감의 효과	작다	크다
중앙예탁결제기관의 역할	중개	이행보증

② **상계적 차감과 경개적 차감**

이 구분은 차감의 법적 구속력에 의한 분류방식이다. 상계적 차감(相計的 差減, payment netting)이란 참가자 간에 이행기를 같이하는 복수의 채권 · 채무를 갖고 있는 경우 그 이행기가 도래해 이행할 때 상호 간 채권 · 채무를 차감해 그 잔액 또는 잔량만을 수수하여 결제하는 방식을 말한다.

경개적 차감(更改的 差減, obligation netting)은 참가자 간에 이행기를 같이하는 복수의 채권 · 채무를 이행기의 도래를 기다리지 않고 이를 차감하여 차감한 채권 · 채무로 종전의 개별 채권 · 채무를 대체하는 것을 말한다. 그러므로 이행기가 도래한 시점에서 한 건의 채권 · 채무만을 이행하여 전체 증권거래에 따른 채권 · 채무관계를 종결 · 소멸시키는 것을 말한다.

상계적 차감과 경개적 차감의 차이점은 〈표 3-10〉과 같다. 즉 상계적 차감은 법적 구속력이 없어 결제불이행이 발생하는 경우 거래취소 방식으로 결제위험을 처리하나, 경개적 차감은 법적 구속력이 있어 결제불이행이 발생하는 경우 결제이행 보증방식으로 결제위험을 관리한다. 따라서 경개적 차감은 차감에 포함된 개별 채권 · 채무는 소멸하고 법적 구속력이 있는 새로운 채권 · 채무가 발생하므로, 당사자는 차감에 산입된 채권 · 채무의 개별적인 이행을 청구할 수 없고 차감 외에 다른 채권 · 채무와 차감할 수 없다. 따라서 차감에 산입된 채권 · 채무는 개별적인 소멸시효가 진행되지 않으나 개별 채권에 대한 확인 소송, 취소권 등은 행사할 수 있다.

표 3-10 상계적 차감과 경개적 차감의 비교

구분	상계적 차감	경개적 차감
개별 채권의 독립성	유지	상실
차감시기	이행기	이행기 도래 전
차감 효력의 감소	당사자	제3자까지
결제위험의 감소	×	○
차감의 주요 목적	결제물건 수수관계 편리	결제위험의 축소
주요 이용시장	어음교환제도	거래소시장결제

이와 같이 경개적 차감은 결제 규모의 절대적 크기를 감소시키므로 결제업무 처리상 신용위험 및 유동성위험을 감축시킬 수 있다. 상계적 차감은 법적 구속력이 없으므로 개별 채권 · 채무가 독립성을 잃지 않는다. 다만, 채권 · 채무를 이행하는 시점에서 이행의 편리

성을 확보하기 위해 차감하므로 차감의 효력은 당사자 간에만 영향을 미치고 제3자에게는 영향을 미치지 못한다.

한편 차감의 법적 구속력과 당사자 수를 고려할 때 가장 바람직한 차감방식은 다자간 경개적 차감(multilateral obligation netting)이라 할 수 있다. 이와 같은 차감방식을 실제적으로 구현하기 위해서는 청산기관(CCP)이 필요하게 된다. 즉 청산기관이 증권거래에 관해 한쪽 당사자의 채무를 인수하는 동시에 이에 상당하는 채권을 취득해서 청산기관과 각 당사자와의 양자간 차감으로 변경함으로써 실질적으로 다자간 경개적 차감을 실현할 수 있게 된다.[39] 일본과 우리나라가 그 예라 할 수 있다.

또한 청산기관의 관여가 없는 순수한 다자간 경개적 차감에서는 〈그림 3-20〉 ②와 ③에서 볼 수 있는 바와 같이 차감 후에 참가자 간의 채권 · 채무의 관계에 복수의 해가 존재한다. 즉 C가 채무이행을 못할 경우 A에게는 유형 ③이 유리하고, B에게는 유형 ②가 더 유리하게 된다. 이와 같이 복수의 해가 존재하기 때문에 어느 유형을 채택하여야 할지에 대하

그림 3-20 **청산기관을 통한 실질적인 다자간 경개적 차감**

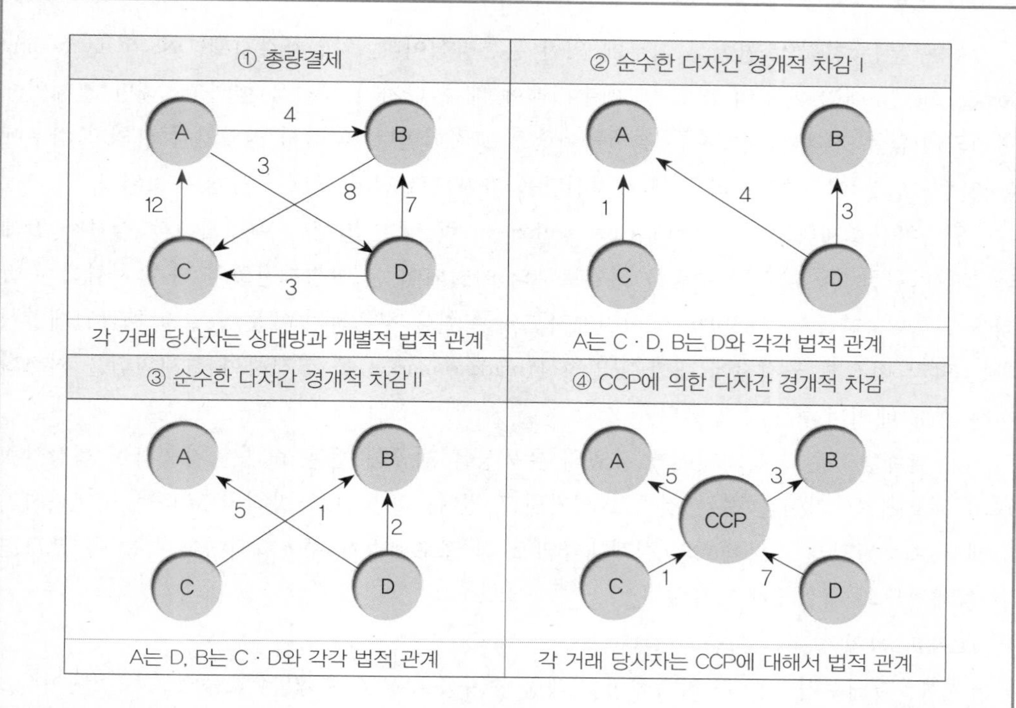

39 高橋康文·長崎幸太郎, 前揭書, p.13.

여 관련 참가자들의 유불리 여부에 따라 복잡한 법률분쟁이 생길 수 있다. 그러나 청산기관이 관여하는 실질적인 다자간 경개적 차감에서는 〈그림 3-20〉 ④와 같이 모든 참가자가 청산기관만을 상대하므로 권리의무관계의 법적 안정성이 실현되게 된다.

다른 한편, 이와는 별개로 close-out차감(일괄차감) 방식이 있다. 이는 상기 두 가지의 차감은 통상적인 거래에서 일상적으로 적용되는 방식이지만, close-out차감은 도산 등 비상의 사태가 발생한 경우 적용되는 차감이다. 구체적으로 일정한 사유가 발생한 경우 계약을 종료시키고, 계약 중인 총액 기준의 다수의 채권 · 채무를 한 개의 잔액 채권 · 채무로 변경해 이의 변제기가 도래하면 잔액 채권 · 채무의 수도만을 실행하는 방법으로 파생상품거래의 결제에서 도입된 개념이다.

새로운 채권 · 채무로 변경된다는 점에서는 경개적 차감과 유사하지만 변경이 일정 사유(파산)의 발생에 의한다는 점, 이행기 · 통화 등의 조건이 상이한 채권 · 채무에 관해서도 일괄적으로 이루어진다는 점, 차감이 이루어진 시점에서 이행기가 도래한다는 점 등에서 차이가 있으며 그 효과가 매우 강력하다.

③ 일일차감결제와 연속차감결제

이 구분은 차감의 연속성 여부에 의한 분류방식이다. 일일차감결제(DNS: daily netting settlement)란 매일 매일의 매도 및 매수거래에 대해 다자간 차감을 행하고, 해당 결제일에 결제되지 않는 거래에 대해서는 결제불이행으로 처리한다. 따라서 일일차감에 의한 경우에는 인수 · 인도 어느 한 쪽의 결제 포지션만을 가지므로 결제 규모가 크게 축소된다.

연속차감결제(CNS: continuous net settlement)란 당일 발생한 매매거래를 참가자 간에 다자간 차감한 후, 차감된 수량을 전일로부터 이월되어 온 미결제잔고와 다시 차감하는 방식을 말한다. 따라서 CNS방식은 미결제잔고의 이월을 허용하기 때문에 일일 차감결제방식과는 달리 미결제 포지션에 대한 일일정산(mark-to-market)을 실시하여 결제위험을 최소화하는 결제 메커니즘을 갖고 있다.

이 결제방식은 결제회원에게 증권의 유동성을 제공해 주는 효과를 창출하여 시장안정성의 제고에 큰 기여를 하는 것으로 평가받고 있다. 다만, CNS방식의 효과를 극대화하기 위해서는 증권결제 프로세스와 결제대금의 산정 프로세스가 자동화되어야 하는 등 고도화된 결제업무의 재설계가 필요하다.

CNS방식의 장점은 다음과 같다.

첫째, 결제주기 단축과 지속적인 거래량 증가를 수용할 수 있는 효율적인 시스템이다.

둘째, CNS방식에서는 연속차감, 즉 매도 거래량과 매수 거래량의 차감, 당일 결제 수량과 전일 미결제 수량과의 차감으로 결제에 따른 유동성 부담을 최소화하고, 부분 결제를 허용함으로써 결제이행을 극대화할 수 있다.

셋째, CNS방식에서는 증권결제가 일중에 계속 이루어지기 때문에 결제의 정체 현상이 발생하지 않는다.

이에 반해 단점은 참가자가 결제이행을 하지 못할 경우를 대비하기 위한 다양하고 복잡한 위험 제어장치가 필요하다. 순채무한도(net debit cap) 설정, 일일정산, 결제기금의 조성 등이 그 사례이다.

(3) 차감의 효과

차감결제는 거래량이 많고 참가자의 수가 비교적 적은 시장에서 결제방식으로 채택하는 경우 효율적이지만, 몇 가지 기본적인 법률상 문제를 야기시킨다.

차감방식의 주요한 문제는 거래 당사자 간의 법률관계의 변경과 이에 따른 법적 구속력의 확보이다. 예를 들면 연속차감결제(CNS)를 이용하는 경우에 한 참가자와 다수 참가자 간의 모든 채권 · 채무는 〈그림 3-21〉과 같이 청산기관(CCP)과의 단일 채권 · 채무로 대체된다. 이러한 대체를 통해 매매 당사자 간의 법률관계가 변경되며 거래의 종결을 위해 중앙예탁결제기관이 개입하게 된다.

한편 다자간 차감방식(multilateral netting)을 이용하는 경우에는 본래의 매매 상대방과는 관계 없이 청산기관(CCP)과 참가자 간의 단일 채권 · 채무로 대체된다.

차감결제제도가 법적 안정성을 확보하기 위해서는 청산기관 및 중앙예탁결제기관의 관련 규정에 동 법률관계의 변경과 법적 구속력 부여 등에 관해서 구체적으로 명시되어야 한다. 차감의 효과는 증권결제제도의 안정성 및 결제업무 처리의 효율성 측면에서 살펴볼 수

그림 3-21 **다자간 차감결제방식**

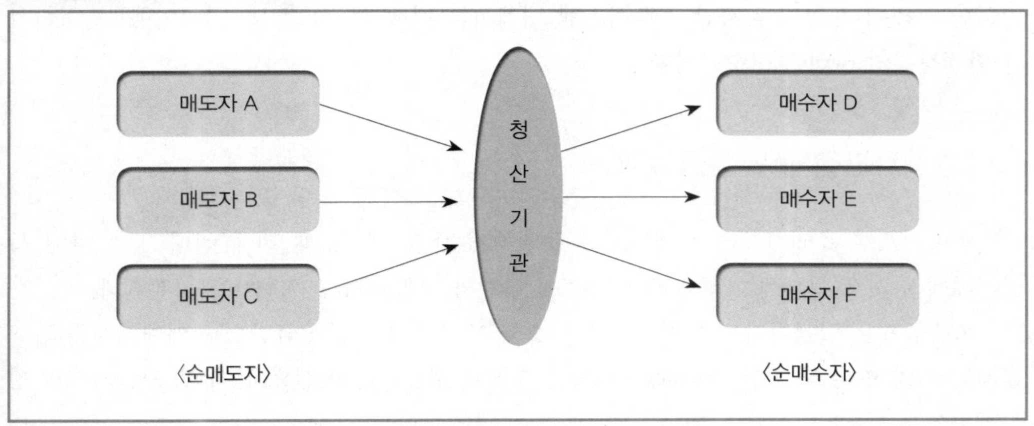

있다. 증권결제제도에 대한 안정성은 결제위험의 감축형태로, 결제업무 처리의 효율성은 결제 건수 및 결제 규모의 축소형태로 나타난다.

먼저 증권결제제도의 안정성 확보에 기여하는 측면을 살펴보면 차감은 결제위험을 축소시킨다. 일반적으로 증권결제제도에서 주로 운영되고 있는 차감의 형태는 법적 구속력이 있는 경개적 차감이다. 따라서 법적 구속력이 있는 다자간 차감결제는 원본위험과 대체비용위험을 감소시킨다.

차감은 결제를 위해 인도해야 하는 증권의 총량을 실제로 매매된 증권 총량보다 현격히 감소시키므로 원본위험을 감소시킬 수 있다. 대체비용위험이 감소되는 이유는 다른 거래로 대체함에 따른 잠재적 이익과 상쇄되기 때문이다.

결제의 효율성 측면에서 차감제도는 유동성위험을 감소시키는 효과도 있다. 차감시스템에서는 결제 건수와 규모가 크게 축소된다. 따라서 증권인도나 대금지급 과정상 예기치 못한 실패로 인해 유동성 압력이 야기되지만 다자간 차감결제방식에 의해 그만큼 축소시킬 수 있다.

그러나 다자간 차감결제방식은 총량결제방식이나 양자간 차감결제방식과는 달리 시스템위험을 야기시킨다. 총량결제방식과 양자간 차감결제방식은 거래의 상대방과 결제의 상대방 간에 동일성을 유지하므로, 결제불이행이 발생하더라도 이로 인한 결제위험이 당사자 간에 한정된다. 따라서 양 방식에서는 익일 자금결제방식을 채택하지 않는 한, 연쇄적인 결제불이행 사태가 발생할 가능성이 적으며 시스템위험이 최소화된다.

이와는 반대로 다자간 차감결제방식에서는 거래의 상대방과 결제의 상대방이 달라지므로, 결제불이행이 발생할 경우 상대방이 특정되지 않아 연쇄적인 결제불이행 사태가 발생할 수도 있다. 이는 특정 참가자의 결제불이행이 동 참가자와 직접적인 거래관계가 없는 다른 모든 참가자들에게까지 영향을 미쳐 연쇄적인 결제불이행 사태를 야기시키기 때문이다. 이러한 사태에 대비해 다자간 차감시스템 내에서는 결제기금의 조성, 결제이행보증 등 사전 안정장치의 마련이 필수적이다.

2.2. 차금결제와 실물결제

일반적으로 증권시장에서 행해지는 증권결제는 결제일 도래 전에 전매 또는 환매 등 반대매매의 허용 여부에 따라 차금결제(差金決濟)와 실물결제(實物決濟)로 구분된다.

차금결제는 일정기간을 매매기간으로 정해 이 기간에는 증거금만으로 매매거래를 하고 결제는 전매 또는 환매 등 반대매매에 의한 결제를 허용하는 방식으로, 주로 선물거래의 청산방식에서 이용된다.

차금결제방식은 브로커 · 딜러의 입장에서 결제 규모가 축소된다는 편리한 점이 있고, 또한 증권거래에 가수급의 원리를 도입해 거래를 활성화시킨다는 장점이 있다. 그러나 결제기간이 길기 때문에 결제불이행 위험이 높고 투기로 흐르기 쉬운 단점이 있다. 따라서 이 결제방식은 공급 물량이 적고 증권시장의 규모가 작은 증권시장의 발달 초기에는 적합하였으나, 증권시장의 안정성이 절대적으로 요구되는 현재의 환경에는 맞지 않다. 우리나라에서는 거래소시장 개설 초기부터 차금결제방식을 실물결제방식과 병행해 사용해 왔으나, 1958년 1.16 국채파동과 1962년 증권파동 등으로 인한 결제불이행, 투기의 유발 등 우여곡절을 겪은 끝에 1971년에 차금결제방식을 폐지하였다.

이와 같은 차금결제방식의 단점은 증권시장의 안정성을 중요시하는 현대 증권시장에서 결정적인 취약점이 되었을 뿐만 아니라, 1970년대 이후 선물 · 옵션시장의 등장으로 유동성 문제를 투기적 부문과 비투기적 부문으로 양분함에 따라 현물시장에서 그 필요성이 더욱 감소되었다. 현재 현물시장에서 차금결제방식을 사용하는 나라는 거의 없다.

실물결제는 결제일 도래 전에 반대매매에 의한 차금결제를 허용하지 않고, 결제일에 실제로 증권과 대금을 수수하는 결제방식이다. 실물결제는 현물의 직접 수수 여부에 따라 실물인수도결제(physical delivery)와 계좌간 대체방식(book entry delivery)에 의한 결제로 구분할 수 있다.

실물인수도결제는 매도증권과 매수대금을 중앙예탁결제기관의 중개에 의해 실물증권을 직접 수수하는 결제방식을 말한다. 실물결제 절차는 많은 시간이 소요되어 비효율적이고 착오가 발생할 가능성도 높다. 또한 실물결제방식은 실물 증권의 수수에 따른 도난 · 분실위험의 내재 등으로 인해 계좌간 대체방식에 비해 비효율적이다.

계좌간 대체방식은 증권예탁제도가 발달한 증권시장에서 적용 가능한 효율적인 결제방식이다. 즉 실물 증권을 인수도하는 대신에 전산화된 계좌부의 대변 또는 차변에 기장하여 결제가 이루어진다. 참가자 간 대금지급도 이와 유사하게 대금지급기관에 개설된 대금계좌에 대체기재하여 이루어진다.

2.3. 어카운트결제와 연속결제

어카운트결제(account settlement)[40]는 매매거래를 일정기간 동안(account period) 계속한 후 특정일을 결제일로 정해 집중적으로 결제하는 방식이다.

어카운트결제는 거래의 연속성 단절, 결제위험 관리의 부적절 등 구조적인 단점으로

40 어카운트결제방식은 매매거래 기간 종료 후 특정일에 결제가 집중되므로 특정일 지정결제 또는 특정 기간 결제방식이라고도 한다.

인해 현물 증권시장에서 동 방식을 채택하고 있는 국가는 거의 없다. 그러나 어카운트결제방식은 결제일이 도래하기 전에 반대매매에 의한 결제가 허용되는 차금결제의 특성이 가미되어 선물거래에 있어서는 많이 채택되고 있다. 현물시장에서 어카운트결제방식을 채택했던 대표적인 국가는 영국으로, 매매거래를 2주간 계속하고 이 기간에 이루어진 거래를 모아 최종 거래일로부터 6일이 지난날에 결제하는 T+6일 결제방식을 채택한 적이 있다.[41]

반면 연속결제(rolling settlement)는 특정 영업일별로 체결된 모든 거래를 거래일로부터 일정한 날에 결제하는 결제방식으로 매 영업일에 계속해서 결제일이 도래한다. 그러므로 연속결제는 반대매매에 의한 결제를 허용하지 않는다. 다만, 다자간 차감결제방식을 채택하고 있는 시장에서는 당일 중에 반대매매를 하면 결제대상에서 제외되므로 반대매매에 의한 결제를 허용하는 것과 동일한 효과를 얻을 수 있다.

현재 대부분의 나라에서 이 연속결제방식을 채택하고 있는데, 결제주기는 미국 T+3일, 일본 T+3일, 독일 T+2일, 우리나라 T+2일 등 다양하다. 구체적인 결제 절차를 나타내면 〈그림 3-22〉와 같이 T+2일 결제방식을 채택한 경우(주 5영업일), 월요일에 매매된 거래는 수요일에, 화요일에 거래된 매매는 목요일에, 수요일에 거래된 매매는 금요일에, 목요일에 거래된 매매는 그 다음 주 월요일에 각각 결제가 이루어진다.

연속결제는 매매일부터 결제일까지의 기간이 짧기 때문에 미결제잔고의 규모를 제한하는 효과가 있다. 따라서 어카운트결제방식보다 거래의 안정성과 확실성을 보장한다는 장점이 있으나, 실물 공급의 한계와 편중가능성으로 인해 거래의 경직성을 초래할 가능성이 있다는 단점도 있다.

그림 3-22 **연속결제방식(T+2일)**

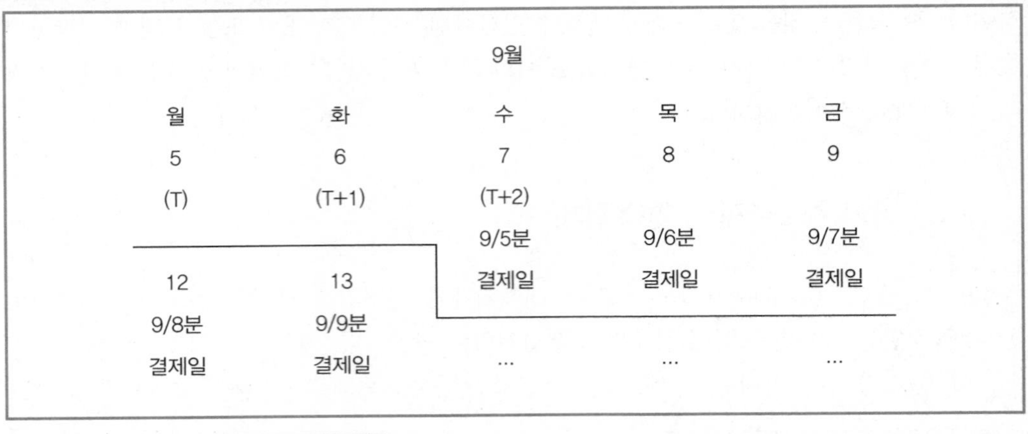

9월				
월	화	수	목	금
5	6	7	8	9
(T)	(T+1)	(T+2)		
		9/5분	9/6분	9/7분
12	13	결제일	결제일	결제일
9/8분	9/9분			
결제일	결제일	…	…	…

41 영국은 1994년 7월 종전의 어카운트결제방식을 연속결제방식(rolling settlement)으로 전환하여 T+5일 결제주기를 채택하였고, 2001년 1월 T+3일로 이행하였다.

그러나 세계 증권시장의 발전에 따라 유동성 문제는 많이 해소된 반면, 개방화 · 자율화에 따른 증권거래의 안정성과 결제위험의 통제 문제가 중요시되고 있다. 따라서 G-30 등 세계 유수의 증권 연구단체는 어카운트결제보다 연속결제를 채택하도록 권고하고 있으며, 세계 주요 증권시장에서 이 방식을 채택하고 있다.

표 3-11 어카운트결제와 연속결제의 비교

구분	어카운트결제	연속결제
시장유동성	크다	작다
거래의 안정성	작다	크다
결제위험	크다	작다
주요 적용시장	선물시장	현물시장

2.4. 분리결제와 동시결제

증권거래의 결제는 반드시 증권인도와 대금지급을 상호 교환하여 이행해야 한다. 증권인도와 대금지급의 연계 여부에 따라 분리결제와 동시결제로 나누어진다.

2.4.1. 증권과 대금의 분리결제(FOP)

분리결제(FOP: free of payment)는 증권결제에서 대금지급이 수반되지 않는 증권의 인도를 말한다. 즉 증권인도와 대금지급이 개별적으로 이루어지는 결제방식이다.

쌍무계약은 그 특성상 의무를 먼저 이행하는 측이 상대방의 결제이행 여부에 대한 위험을 부담한다. 증권거래에 따른 결제도 쌍무계약의 이행이므로, 그 이행상 시차가 발생하면 어느 일방은 결제위험(원본위험)에 노출된다.

〈그림 3-23〉은 기관 A와 기관 B가 증권거래를 한 후 결제이행에 따른 위험부담관계를 나타내고 있다. 양 기관은 결제를 이행하기 전에는 ⓐ와 ⓒ라는 서로 동등한 위험을 부담하고 있다. 그러나 기관 A가 자신의 의무인 증권인도를 먼저 이행하게 되면, 기관 B가 부담하는 결제위험은 없어지고 기관 A만 추가로 ⓑ라는 위험을 부담하게 된다.

이와 같이 분리결제는 증권인도와 대금지급에 시차가 발생하므로 결제위험을 항상 내포하고 있으며, 이는 동시결제방식의 도입으로 제거될 수 있다.

그러나 국제간 증권거래의 결제에 있어서는 외환이 개입되므로 자국 동시결제방식의

그림 3-23 **분리결제에 따른 결제위험**

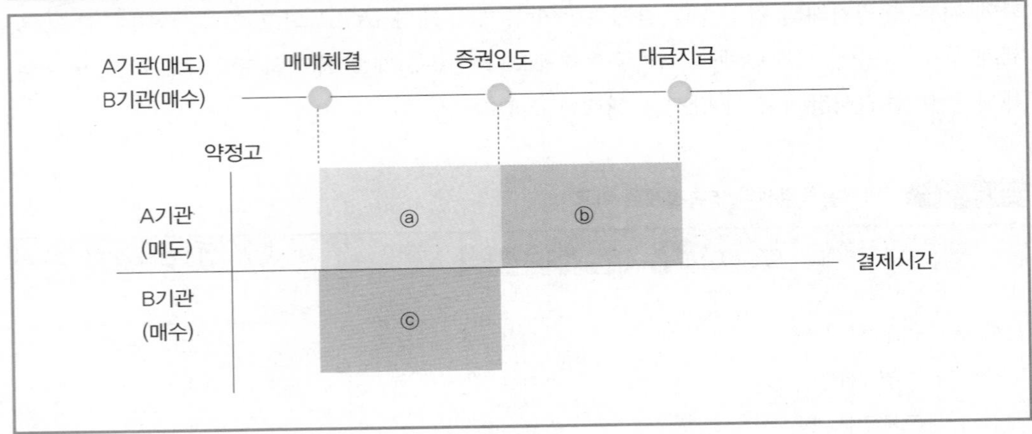

도입만으로 결제위험이 제거되지 않으므로 국제적으로 동시결제가 이루어지도록 노력해야 한다. 특히, 외환거래 과정에서 국가 간 영업시간대 차이로 인해 이종 통화 간 결제에서 발생하는 헤르슈타트(Herstatt)위험을 고려할 필요가 있다.

이러한 문제점을 해소하기 위해 2002년 전 세계 63개 대형 은행들이 CLS(Continuous Linked Settlement) 은행을 설립하여 PVP(payment versus payment)방식의 외환결제를 도입하였다. 현재 CLS은행의 결제 통화는 전 세계 외환거래액의 약 80%를 차지하는 미국 달러, 캐나다 달러, 유로, 영국 파운드, 스위스 프랑, 일본 엔, 호주 달러, 한국 원 등 17개 통화로 지정되어 있다. 결제방식은 CLS은행이 결제회원 은행들의 외환거래를 다자간 차감하여, 각 결제 통화국의 중앙은행에 개설된 CLS은행 계좌를 통해 최종 대금의 지급과 수취를 동시에 결제하는 방식을 채택하고 있다.

2.4.2. 증권과 대금의 동시결제

(1) 동시결제의 의의

매도인의 증권인도 의무는 원칙적으로 매수인의 대금지급의무와 동시이행의 관계에 선다(민법 제568조). 이와 관련하여 동시결제(DVP)는 증권거래에 따른 결제가 증권과 대금을 동시에 교환하여 완료되는 것을 말한다. 즉 증권의 인도시점과 대금의 지급시점 간에 시차가 'Zero'인 것을 말한다.

그러나 일반적으로 증권업계에서 사용하는 동시결제의 개념은, 증권인도와 대금지급 사이에 시차가 존재하더라도 그 사이에 존재하는 결제위험을 막을 수 있는 안정장치가 구비되어 있고, 그 시차가 기술적인 업무 처리 절차상 어쩔 수 없이 발생하는 경우에는 동시결제라고 보고 있다. 왜냐하면 CNS방식 또는 대금은 차감, 증권은 총량결제방식을 채택하고 있는 증권결제제도에서는 증권인도와 대금지급이 기술적으로 동시에 발생할 수 없기 때문이다.

동시결제는 매도자의 증권계좌에 감소 기재(차변 기재) 및 대금계좌에 증가 기재(대변기재)와 동시에 매수자의 증권계좌에 증가 기재(대변 기재) 및 대금계좌에 감소 기재(차변기재)하여 이루어진다.

일반적으로 동시결제는 원본위험을 제거한다고 하는데, 원본위험의 제거는 결제가 완결성을 갖고 있을 때만 달성이 가능하다. 이러한 완결성의 기본 요건은 조건부 결제가 아닌 무조건적이어야 하며, 결제가 취소 불가능한 것이어야 한다. 증권인도의 경우 중앙예탁결제기관이 직접 사고증권을 관리할 뿐만 아니라 증권예탁계좌도 직접 관리하므로 증권인도 시점에서 완결성 확보에 어려움이 없다.

그러나 대금지급의 경우, 지급수단에 따라 결제완결성 확보에 큰 영향을 준다. 대금지급 시 주로 이용되는 어음 · 수표 등은, 은행 간 교환결제시스템에서 교환이 종료되는 익일에 완결성이 확보되는 익일 자금이므로 대금지급 시점에서 완결성을 보장받지 못한다. 따라서 증권인도가 종료되는 시점부터 익일 중앙은행에 개설된 당좌예금계좌에서 교환결제가 종료되는 시점까지 잠재적 결제위험에 노출된다.

대금지급 시점에서 완결성을 확보하려면, 우선 결제가 완결성이 있는 지급수단을 이용해 이루어져야 한다. 완결성이 있는 지급수단은 중앙은행이 발행한 현금과 지급준비금뿐이다. 현금은 특성상 거액의 지급을 요하는 증권결제에는 적합하지 못하다. 그러므로 대금지급의 완결성을 확보하기 위해서는 중앙은행의 당좌예금계좌에 중앙예탁결제기관이 직접 참여하는 것이 유일한 길이다.

표 3-12 주요 국가의 지급결제시스템과 연계 현황

국가	중앙예탁결제기관	증권결제시스템	중앙은행	지급결제시스템	완결성
미국	DTC	주식, 채권	미국중앙은행	Fed–Wire	○
캐나다	CDS	CDSX	캐나다중앙은행	LVTS	○
영국	Euroclear UK	CREST	영란은행	CHAPS	○
프랑스	Euroclear France	ESES	프랑스중앙은행	TBF	○
독일	CBF	CASCADE	독일연방은행	RTGS plus	○
일본	JASDEC	주식, 채권	일본은행	BOJ–net	○

대부분 주요 선진 국가의 중앙예탁결제기관은 다음과 같이 중앙은행의 지급결제시스템과 직접 연계를 통해 대금결제의 완결성을 확보하고 있다. BIS, G-30, ISSA, BIS(CPSS)/IOSCO 등도 결제대금의 완결성 확보를 위해 중앙은행의 대금지급시스템을 통해 결제하도록 권고하고 있다.

(2) 동시결제(DVP)의 유형

BIS의 지급결제위원회(CPSS)는 증권결제시스템에서의 동시결제(Delivery versus Payment in Securities Settlement Systems) 보고서(1992)에서 증권인도 및 대금지급을 총량기준으로 할 것인지 차감기준으로 할 것인지에 따라 동시결제의 유형을 다음의 3가지로 구분한다.

① 동시결제(DVP) 모델 1(gross-gross)

동시결제(DVP) 모델 1은 증권인도와 대금지급 모두를 총량기준으로 거래 건(trade-by-trade)마다 동시에 처리하는 방식이다. 매도자로부터 매수자로의 증권대체(증권사이드의 결제)가 매수자로부터 매도자로의 대금대체(자금사이드의 결제)와 동시에 이루어진다. 모든 대체는 취소불능(irrevocable)으로 무조건(unconditional)이며, 결제완결성(finality)을 갖는 형태로 이루어진다. 이 방식은 증권결제시스템이 증권계좌와 대금계좌의 양쪽을 관리하고 있는 경우에 채택되는 경우가 많다.

이 방식은 자금과 증권의 대체가 동시에 이루어지기 때문에, 2개의 대체 간에 시차가 없어서 원본리스크를 완전하게 해소할 수 있다. 또한 거래 건마다 독립해서 결제하기 때문에 결제 당일의 업무 종료 시까지 기다리지 않고, 일중에 결제를 완료시켜 '일중 결제완결성'을 확보할 수 있다. 이 때문에 이 방식은 진정한 DVP(real DVP 또는 true DVP)라고 하는 경우도 있다. 또한 결제가 RTGS(real time gross settlement) 기준으로 이루어지는 것에 착안해서 RTGS 기준의 DVP라고 하는 경우도 있다.

이와 같이 위험축소 측면에서는 커다란 효과가 있는 한편, 이 방식은 (ⅰ)차감결제에 비해서 결제에 필요한 자금이나 증권의 유동성이 많이 필요하다는 점, (ⅱ)일중에 참가자의 자금 · 증권의 잔량 관리의 부담이 크다는 점 등이 단점이다. 즉 이 모델은 안정성은 높지만, 이용자로서는 부담이 무거운 DVP방식이라고 말할 수 있다.

이 때문에, 이 방식을 채택하는 결제시스템에서는 유동성 부담을 경감하기 위한 구조가 도입되어 있는 경우가 많다. 우선 대금계좌에서는 당좌대월(overdraft)을 인정하고 있는 경우가 많다.

또한 매도자로부터 수취하는 증권을 담보로 당좌대월을 받고, 그 자금을 매입대금의 지급에 충당할 수 있는 구조(self-collateralisation)를 제공하고 있는 경우도 있다. 더욱이 증권의 자동대출(automatic securities lending)이 제공되어 있는 경우도 있다. 이것은 사전의 승인에 근거해서 대출 가능한 증권을 잔량이 부족한 참가자에게 대여하는 것이다.

또한 잔량 관리의 부담을 경감하기 위해서 대기행렬(queue) 관리기능이 제공되는 경우도 많다. 결제시스템에 대기행렬 관리기능이 있는 경우에는 잔량 부족으로 처리할 수 없는 대체지시는 잔량이 충분해지기까지 대기행렬의 속에서 대기상태가 되며, 잔량이 충분해진 단계에서 결제가 실행된다.

② 동시결제(DVP) 모델 2(gross-net)

동시결제(DVP) 모델 2는 증권인도는 결제일 중에 총량기준으로 처리되는 반면에, 대금지급은 증권인도 종료시점 이후에 차감기준으로 처리되는 방식이다. 이 방식은 중앙예탁결제기관이 참가자의 증권계좌는 보유하고 있지만, 대금계좌는 중앙은행, 상업은행 등이 보유하고 있는 경우에 채택되는 경우가 많다.

이 방식에서 증권인도는 일중에 이루어져 완료된다. 한편, 대금은 증권의 대체를 할 때마다 그 시점에서의 차감포지션(running balance)이 산출되며, 최종적인 차감기준의 결제대금이 마감시점에 결제된다.

이 방식에서는 증권인도가 대금지급에 선행하기 때문에, 언뜻 보면 시차에 의한 원본리스크가 발생하고 있는 것처럼 보인다. 그러나 이 방식에서는 대부분 추가적인 대책으로서 보증결제방식(assured payment system)을 도입하고 있다.

이것은 중앙예탁결제기관이나 결제대행은행 등이 대금지급을 보증하는 구조이다. 중앙예탁결제기관이 보증인이 되면 증권매수자는 지급할 금액에 상당하는 담보를 중앙예탁결제기관에 제공하여야 한다. 또한 매수자의 결제대행은행이 보증인이 되는 경우에는 매수자의 결제대행은행이 매도자의 결제대행은행에게 취소불능의 대금지급채무를 부담한다.

이러한 보증결제방식에서는 참가자와 보증인(중앙예탁결제기관이나 결제대행은행) 간에 여신관계가 발생하기 때문에, 리스크를 억제하기 위해서 각 참가자의 지급채무액에 상한(net debit cap)이 설정되는 경우가 많다.

이 방식에서는 마감시점에 차감금액의 자금을 준비하면 되기 때문에, (ⅰ)결제에 필요한 자금 규모가 작아진다는 점, (ⅱ)일중의 자금 잔량 관리의 부담이 경감된다는 점, (ⅲ)자금 부족에 의한 결제지연이 일어나기 어렵다는 점 등이 장점이다.

③ 동시결제(DVP) 모델 3(net-net)

동시결제(DVP) 모델 3은 증권인도와 대금지급 모두가 차감기준으로 처리되는 방식이다. 차감결제는 1일에 1회 또는 수회 이루어진다. 이 방식은 중앙예탁결제기관이 참가자의 증권계좌는 보유하고 있지만 대금계좌는 다른 기관(중앙은행, 상업은행 등)이 보유하고 있는 경우에 채택되는 경우가 많다.

증권은 종목마다 다자간 기준으로 차감되며, 대금은 종목 전체로 차감된다. 처리 사이클의 종료시점에서 차감포지션이 지급 초과로 되어 있는 참가자에 관해서 결제시스템이 대금 및 증권의 잔량이 충분한지의 여부를 체크한다. 잔량이 부족한 참가자가 있는 경우에는 부족 여부를 통지하고 대금이나 증권을 조달하는 시간을 부여한다. 모든 마이너스 포지션의 참가자가 포지션을 커버하는데 충분한 대금 및 증권의 잔량을 갖고 있다는 것이 확인되면 증권과 대금의 차감포지션의 최종적인 대체가 이루어진다.

이 방식에서는 증권과 대금 모두 차감기준으로 결제되기 때문에 필요한 유동성이나 잔량 관리의 부담이 증권 · 대금의 양쪽 모두 경감된다(모델 2에서는 대금에만 장점이 있었던 것이 증권으로도 확대된다).

그러나 이 방식의 문제점으로는 어떤 참가자가 증권을 인도하지 못하거나 대금지급을 할 수 없는 경우에는 당초의 차감을 무효로 하고 원상회복(unwind)이라는 재계산을 할 필요가 있다는 점을 들 수 있다. 원상회복이 이루어지면 다른 참가자에게 커다란 유동성위험, 재구축비용 리스크가 발생하고 더 나아가서는 결제시스템 전체에 걸친 시스템리스크에 연결될 가능성도 있다. 이 때문에 이 방식을 채택하는 경우에는 원상회복을 회피하기 위한 강력한 리스크 관리대책이 필요해진다.

(3) 중앙은행 자금에 의한 동시결제와 상업은행 자금에 의한 동시결제

동시결제(DVP)는 대금의 결제가 어떠한 은행의 계좌에서 이루어지는가에 따라서 중앙은행 자금(central bank money)에 의한 동시결제와 상업은행 자금(commercial bank money)에 의한 동시결제로 분류할 수 있다.

중앙은행 자금에 의한 동시결제는 대금의 결제가 중앙은행의 계좌에서 이루어지기 때문에 이체되는 시점에 결제완결성(finality)을 갖는다. 상업은행 자금에 의한 동시결제는 대금결제를 담당하는 대금결제은행 등 상업은행의 계좌에서 대금의 결제가 이루어지는 것이다. 이 경우 참가자로부터는 결제가 완료되어 있는 것처럼 보이지만, 사실은 복수의 결제은행 간에 채권 · 채무관계가 남아 있으며, 이것이 최종적으로 중앙은행 계좌에서 결제되기까지의 동안에는 커다란 리스크가 잔존하게 된다.

이 때문에, 최근에는 증권결제에 관련된 대금결제는 가능한 한 중앙은행 자금으로 하는 것이 바람직하다고 생각되고 있다.

그림 3-24 **중앙은행 자금에 의한 동시결제와 민간은행 자금에 의한 동시결제**

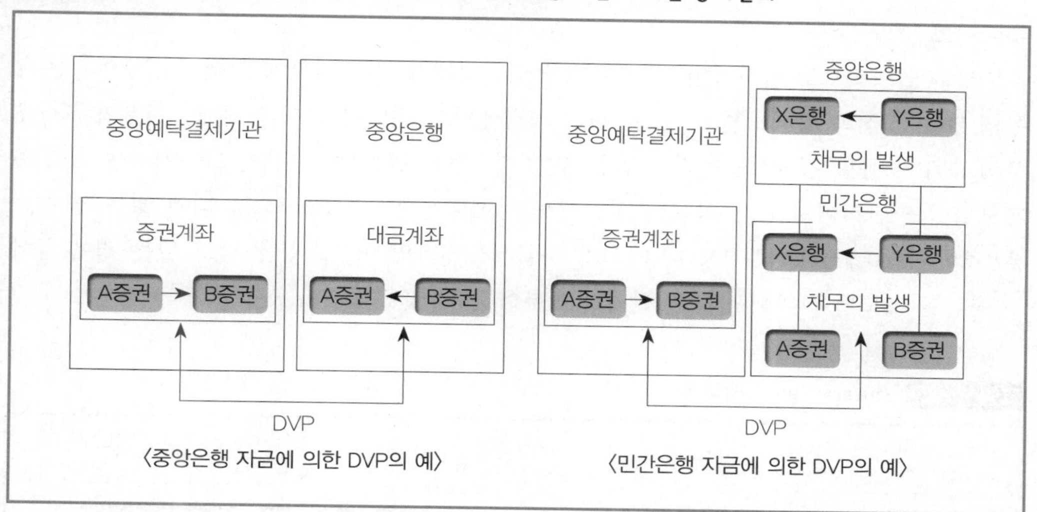

(4) 접속(interfaced) 결제모델과 통합(integrated) 결제모델

중앙은행 자금에 의한 동시결제를 고려한 경우에 중앙은행과 중앙예탁결제기관(CSD)의 관계에는 두 가지 모델이 있다.

그 한 가지가 중앙예탁결제기관에서 증권의 대체가 이루어지는 한편으로, 중앙은행에서는 대금의 이체가 이루어지고, 이 두 개의 프로세스가 조합된 형태로 동시결제가 이루어지는 것이다. 이러한 모델을 접속 결제모델(interfaced settlement model)이라고 한다. 예를 들면, 중앙예탁결제기관에서 증권의 대체가 이루어지면(이 단계에서는 잠정적인 대체에 그친다), 그 결과가 중앙은행에 통지된다. 중앙은행에서는 그것에 대응한 대금의 이체가 이루어지고, 그 결과가 중앙예탁결제기관에 전달된다. 중앙예탁결제기관이 중앙은행으로부터 대금이체의 정보를 얻은 단계에서 증권의 대체가 완료되며, 증권의 대체와 대금의 이체가 링크되어 이루어진다. 독일의 CBF(Clearstream Banking Frankfurt)와 분데스방크에 의한 동시결제는 이러한 형태로 이루어지고 있다. 우리나라의 경우도 이에 해당된다.

한편, 중앙예탁결제기관이 증권계좌 이외에, 대금계좌도 보유해서 증권의 대체와 자금의 대체를 동시에 하는 모델을 통합 결제모델(integrated settlement model)이라고 한다. 이 모델에서는, 예를 들면, 중앙은행이 대금계좌의 서브계좌를 중앙예탁결제기관에 아웃소싱하는 형태로 서브계좌의 관리를 위탁하고 있고, 중앙예탁결제기관의 이용자는 증권결제에 필요한 자금을 중앙은행 계좌로부터 중앙예탁결제기관의 서브계좌로 이동시켜서 증권결제를 한다. 대금의 이체와 증권의 대체는 중앙예탁결제기관 내에서 동시처리에 의해 이루어진다. 프랑스의 Euroclear France와 프랑스중앙은행에 의한 동시결제는 이러한 형태로 이루어지고 있다.

보다 일반적으로 말하자면, 증권대체와 대금이체가 다른 기관에 의해서 이루어지는 경우의 DVP가 접속 결제모델이고, 한 개의 기관에서 증권대체와 대금이체가 이루어지는 경우의 DVP가 통합 결제모델이라고 말할 수 있다. 증권계좌만을 보유한 CSD에서는 접속 결제모델이 일반적이지만, 중앙은행 자신이 중앙예탁결제기관(CSD)으로 되어 있는 경우(일본은행이나 Fed에서의 국채결제)나 CSD가 자금서브계좌의 아웃소싱을 받고 있는 경우 등에는 통합 결제모델에 의해서 DVP 결제가 이루어진다.

그림 3-25 **interfaced 결제모델**

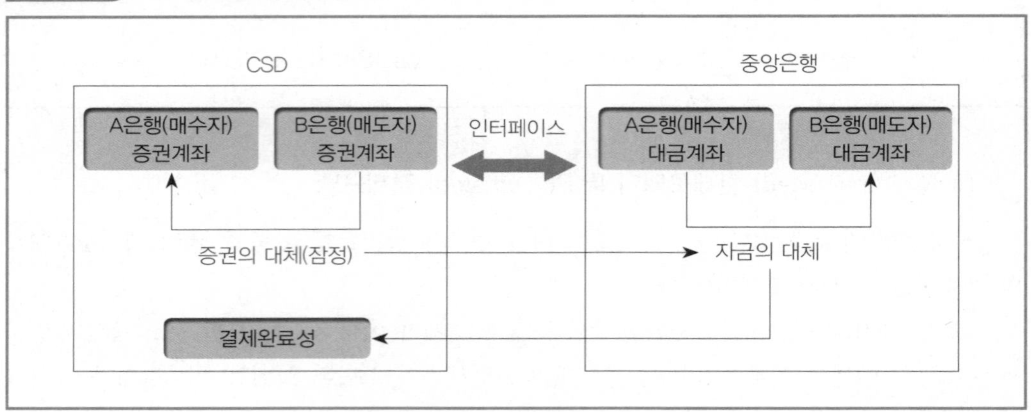

그림 3-26 **integrated 결제모델**

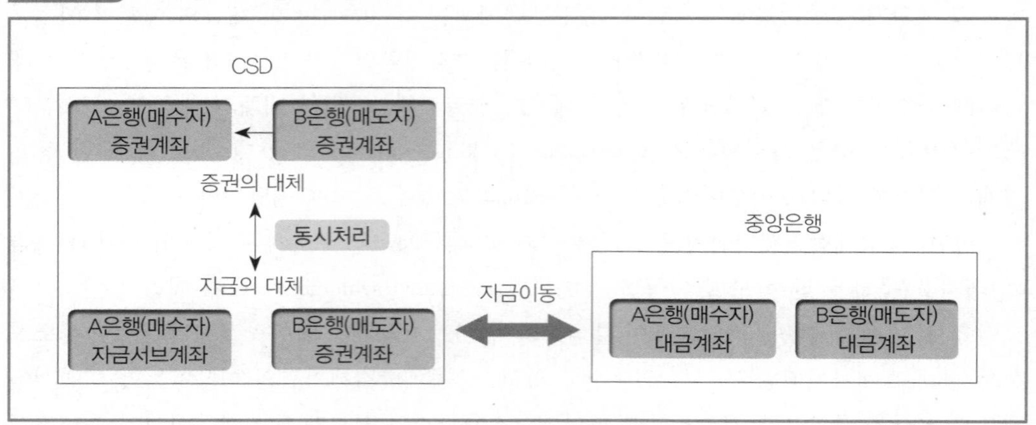

2.4.3. 익일 자금결제와 당일 자금결제

(1) 결제대금이 갖추어야 할 속성

중앙예탁결제기관은 증권거래에 따른 결제를 위해 참가자와 매일 대금을 주고받게 된다. 그러나 대금의 수수가 어떠한 지급수단에 의해 행해지느냐에 따라 결제위험에 미치는 영향은 크게 다르다. 예컨대 수표나 어음을 이용할 경우 수표의 진실성, 채무자의 결제불이행(부도) 등 잠재적 위험에 직면할 가능성이 있다.

따라서 중앙예탁결제기관은 대금을 수수하는 과정에서 직면할 수도 있는 잠재적 문제점을 정확히 인식해야 한다. 이러한 문제점을 인식하는 데 있어서 가장 중요한 것은 결제대금이 갖추어야 할 기본적인 요건을 이해하는 것이다.

일반적으로 결제대금이 갖추어야 할 요건은 대금의 확실성(certainty), 완결성(finality), 취소 불가능성(irrevocability)이다.[42]

첫째, 확실성은 중앙예탁결제기관이 참가자의 대금납입의무를 어느 정도 실현성이 있는 방법으로 보장하느냐에 따라 달려 있다. 참가자의 대금납입 의무이행에 대한 확실성은 각 참가자가 부담할 수 있는 채무 규모를 일정 수준으로 제한하거나 담보 물건의 징구 등을 통해 확보된다.

둘째, 수수된 대금은 완결성을 갖고 있어야 한다. 일반적으로 수표로 지급된 대금은 발행기관의 지급 거절 등 대금수수 과정에서 지급이 중단될 수도 있다. 그러므로 중앙예탁결제기관은 지급 중단이 거의 불가능한 형태의 지급수단에 의거해 결제대금을 수수하도록 대금지급 조건을 명시해야 한다.

마지막으로 결제대금은 취소 불가능해야 한다. 즉 대금결제시스템을 통해 수수된 대금은 결제과정이 종료된 후에도 취소될 가능성이 없어야 한다. 취소가능성이 없는 지급수단에는 현금과 중앙은행의 지급준비금이 있다.

(2) 자금이체에 의한 대금지급

증권결제에 따른 대금지급은 수수해야 할 대금이 대규모이기 때문에, 현금을 직접 수수하는 경우는 드물고 대부분 자금이체방식에 의해 이루어진다. 자금이체(funds transfer)란 자금을 주고받을 당사자 사이에 현금을 이동시키지 않고 장부 또는 전자장치상의 기장 또는 입력에 의해 자금을 이체하는 것을 말한다.

---

42 1995년의 ISSA 권고안에는 "DVP는 모든 증권거래의 결제방식으로 채택되어야 하고, DVP는 일중 연속적으로 증권과 대금의 동시적, 최종적, 취소 불가능 및 즉시 이용 가능한 교환"으로 정의하고 있다. 이에 따라 증권결제를 위한 대금결제수단은 이 세 가지 요건을 충족해야 한다.

자금이체에는 두 가지 유형이 있다. 하나는 채무자가 채권자에게 자금을 보내는 입금이체(credit transfer)이고, 다른 하나는 채권자가 채무자로부터 자금을 추심하는 출금이체(debit transfer)이다.

입금이체는 지로(giro), 유 · 무선이체처럼 채무자의 이니셔티브(initiative)에 의해 그 절차가 개시되는 데 반해, 출금이체는 수표, 어음 등과 같이 채권자의 이니셔티브에 의해 그 절차가 개시되는 특징이 있다. 전통적으로 증권거래에 따른 결제에는 입금이체방식이 많이 사용되었는데, 최근에는 출금이체방식의 사용이 증가하는 추세에 있다.

표 3-13 입금이체와 출금이체의 비교

구분		입금이체	출금이체
결제에 대한 주도권		채무자	채권자
주요 지급수단		지로, 유 · 무선이체	어음, 수표
기초 사상		상호 신뢰	상호 불신
장단점	장점	업무 처리 절차가 자연스럽고 간편함	채권회수 용이
	단점	채무이행 지연	업무 처리 절차의 번잡 채권자와 채무자 간 긴장관계 조성

또한 자금이체는 이체를 위해 이용되는 수단에 따라 서면 자금이체(paper-based funds transfer)와 컴퓨터 등 전자적 장치에 의한 전자적 자금이체(EFT: electronic funds transfer)로 나누어진다. 이전에는 장부 등 서면을 이용한 자금이체가 많이 행해졌으나, 오늘날에는 컴퓨터 등 전자장치가 발달함에 따라 전자적 자금이체의 이용 빈도가 현저히 증가하고 있다.

그러나 자금이체가 이루어졌다고 할지라도 어떤 지급수단을 사용하느냐에 따라 이체된 대금의 당일 자금화 여부가 결정된다. 일반적으로 상업은행 등이 제공하는 지급수단에 의해 자금이체가 이루어진 경우에는, 익일 중앙은행에서 완결성과 취소 불가능성을 갖춘 지급수단에 의해 결제될 때까지는 자금의 이용을 허용하지 않는다. 반면 중앙은행이 제공하는 지급수단인 현금이나 지급준비금을 이용하는 경우에는 당일 이용을 허용한다. 전자를 익일자금결제(next day funds settlement)라 하고, 후자를 당일자금결제(same day funds settlement)라 한다.

어음 · 수표 등 민간 금융기관이 제공하는 지급수단에 의한 익일자금결제는, 증권결제에 따른 대금지급이 익일에 가서야 완결성과 확정성을 갖기 때문에 결제위험, 특히 원본위험에 노출된다. 이러한 결제위험을 감소시키기 위해 G-30, BIS(CPSS)/IOSCO 등은 당일자금결제방식을 도입하도록 권고하고 있다.

한편 결제대금이 갖추어야 할 대금의 요건 중에 완결성과 취소 불가능성은 지급결제시스템에 직접 참가하지 않고서는 달성하기 어렵다. 지급결제시스템은 중앙은행이 운영하는 경우가 있고 은행 또는 그 밖에 민간 금융기관에서 운영하는 경우가 있다. 그러나 중앙은행이 운영하는 지급결제시스템은 담보 제공 없이 결제대금의 완결성과 취소 불가능성이 보장되지만, 상업은행 등 금융기관에서 제공하는 지급결제시스템을 이용하는 경우에는 일정한 담보 제공이 있어야만 완결성이 확보될 수 있다.

3 최적 결제방법

이상에서 살펴본 바와 같이 결제방법에는 차감 여부에 따라 총량결제와 차감결제, 증권인도와 대금지급의 연계 여부에 따라 동시결제와 분리결제, 결제대금의 이용 여부에 따라 익일 자금결제와 당일 자금결제 등 여러 가지가 있다. 특히 차감결제는 차감의 법적 효력에 따른 구분과 양자간 차감, 다자간 차감, CNS 등의 결제방식을 적절하게 조합하는 것에 따라 여러 가지 결제방식이 있다.

그러나 각각의 결제방법은 나름대로의 장 · 단점을 모두 갖고 있으며 절대적인 것은 없다. 그러므로 최적결제(optimal settlement)를 달성하기 위해서는 자국의 시장 규모, 제도, 관행 등을 면밀히 검토해 결제방법별 손익을 계산해야 한다. 이런 계산에 의해 산출된 결제방법 간의 적절한 혼합(mix)이 최적결제를 실현하기 위한 최선의 방법이다.

표 3-14 결제방법별 장단점 비교

분류기준	결제방법	장점	단점
차감 유무	총량결제	안정성	효율성
	차감결제	효율성	안정성
대금지급과 연계 유무	동시결제	원본위험 제거	편의성
	분리결제	편의성	원본위험 노출
차감의 법적 효력	상계적 차감	시스템 비용	안정성
	경개적 차감	안정성	시스템 비용
결제대금의 특성	익일 자금결제	지급수단의 다양화	원본위험 노출
	당일 자금결제	안정성	시스템 비용

제3절 증권결제 관련기관

1 증권결제기관(중앙예탁결제기관)

1.1. 증권결제기관의 의의

증권시장에서 결제기관(settlement institution)이란 증권결제업무를 수행하는 기관을 말한다. 즉 증권거래에 따라 발생한 채권 · 채무관계를 증권인도와 대금지급을 통해 종결하는 업무를 수행하는 기관을 말한다. 각국마다 결제기관의 설립배경이나 설립경위 등은 상이하지만 결제기관은 증권결제제도의 안정성과 효율성의 확보 및 그 향상에 중대한 책임을 지고 있는 증권결제제도의 핵심기관이다.

결제기관의 기능은 보통 각국의 중앙예탁결제기관(CSD: central securities depository)에서 수행하고 있으므로 결제기관을 중앙예탁결제기관이라고도 한다.

이러한 결제기관은 증권결제업무와 함께 증권예탁업무를 기본 업무로 수행하고 있으며 이밖에도 결제기관마다 업무범위는 상이하지만 증권청산업무, 증권대차업무, 국제증권결제업무, 배당금 및 원리금 수령 등 권리행사업무 등을 수행하는 경우도 많다.

각국에는 국내 증권의 결제를 하는 각국의 중앙예탁결제기관이 있는데, 이것을 NCSD (national central securities depository)라고 한다. 각국의 중앙예탁결제기관은 1개 기관이 모든 증권을 집중적으로 취급하고 있는 경우도 있으며, 역사적 배경에 따라 증권의 종류에 따라서 복수의 기관으로 나뉘어져 있는 경우도 있다.

주요국의 중앙예탁결제기관은 미국, 일본 등과 같이 국채와 그 밖의 증권으로 중앙예탁결제기관이 나뉘어져 있는 경우도 있으나, 영국 · 프랑스 · 이탈리아[43] 등의 예와 같이 단일의 중앙예탁결제기관이 모든 증권을 취급하는 것이 최근의 추세이다.

이와 같은 중앙예탁결제기관의 설립은 1989년 G-30이 각국 시장에서의 중앙예탁결제기관의 정비를 요구한 권고를 발표했던 것을 계기로 1990년대에는 세계적으로 중앙예탁결제기관의 설립이 진전되었다. 2012년 5월 현재 세계 130개 국가에 157개의 중앙예탁결제기

43 영국의 경우 2000년 6월 영란은행의 국공채 결제시스템(CGO)과 단기금융상품 결제시스템(CMO)이 CRESTCo(Euroclear UK & Ireland의 전신)로, 프랑스의 경우 1998년 7월 프랑스은행의 국채결제시스템(SATURNE)이 SICOVAM(Euroclear France의 전신)으로, 이탈리아의 경우 2000년 12월 이탈리아은행의 국채 결제시스템이 Monte Titoli로 각각 통합되었다.

관이 설립되어 있다.[44]

한편 이러한 각국 중앙예탁결제기관 이외에 통화발행국에서 발행된 이른바 유로채 등 다통화에 걸친 증권의 결제를 하는 국제적인 중앙예탁결제기관이 존재한다. 이것을 ICSD(international central securities depository)라고 하며 이러한 ICSD로는 Euroclear와 Clearstream이 대표적이다.

표 3-15 주요국의 증권중앙예탁결제기관(CSD)

국가명	기관명	대상증권		
		국채	주식	기타증권
미국	Fed	○	×	×
	DTC	×	○	○
캐나다	CDS	○	○	○
영국	Euroclear UK & Ireland	○	○	○
프랑스	Euroclear France	○	○	○
독일	CBF	○	○	○
이탈리아	Monte Titoli	○	○	○
덴마크	VP	○	○	○
핀란드	Euroclear Finland	○	○	○
터키	Takasbank	○	○	○
일본	BOJ	○	×	×
	JASDEC	×	○	○
중국	CDC	○	×	×
	SD&C	○	○	○
홍콩	CMU	○	×	×
	HKSCC	×	○	○
싱가포르	MAS	○	×	×
	CDP	×	○	○
오스트레일리아	Austraclear	○	×	×
	ASX Settlement	×	○	○
한국	KSD	○	○	○

44 www.marketsselect.com, www.acgcsd.org, www.aecsd.com, www.ecsda.eu 참조.

1.2. 중앙예탁결제기관의 유형

중앙예탁결제기관은 소유구조, 기능 통합의 유무 등에 따라 여러 가지로 구분할 수 있다. 소유구조에 의한 분류에는 국가가 관여하는 국가지원형과 민간단체에 의한 민간소유형이 있는데, 민간소유형은 다시 소유구조가 다원화된 경우와 증권거래소가 소유하는 경우로 분류가 가능하다.

또한 결제기능의 통합 유무에 따라 분리형과 통합형으로 구분할 수 있다. 분리형은 증권결제제도 운용구조별로 청산기관, 중앙예탁결제기관 등이 별도의 법인으로 분리 · 운영되는 경우를 말하며, 통합형은 청산기능, 결제기능 등이 하나의 기관에서 통합적으로 운영되는 것을 말한다.

결제기능과 청산기능을 분리할 것인가 아니면 통합할 것인가는 현재 및 미래의 금융환

표 3-16 주요국의 결제기능 통합 유형

유형	국가	청산기관	중앙예탁결제기관	비고
통합형	미국	NSCC(주식)	DTC	DTCC의 자회사
		FICC(국채)	Fed	
	캐나다	CDS	CDS	
	덴마크	VP	VP	
	핀란드	Euroclear Finland	Euroclear Finland	
	터키	Takasbank	Takasbank	
	중국	SD&C	SD&C	
	홍콩	HKSCC	HKSCC	
	싱가포르	CDP	CDP	
분리형	영국	LCH.Clearnet Ltd	Euroclear UK & Ireland	
	프랑스	LCH.Clearnet SA	Euroclear France	
	독일	Eurex Clearing	CBF	
	이탈리아	CC&C	Monte Titoli	
	일본	JGBCC(국채)	BOJ	
		JSCC(장내주식)	JASDEC	
		JDCC(장외주식)	JASDEC	
	호주	ASX Clear	ASX Settlement	
	한국	KRX	KSD	

경에 따라 판단해야 할 매우 중요한 정책적 과제이다.

그러나, 규모 및 범위의 경제효과가 있는 증권결제제도의 특성을 고려할 경우 결제관련 비용의 절감이 가능하고 금융시스템 간 상호의존성 심화에 따른 결제위험의 전파가능성을 총괄하여 제어할 수 있는 통합형 모델을 각국은 보다 더 선호하고 있다. 이는 표에서 보는 바와 같이 통합형의 구조가 주류를 이루고 있다는 것에서 확인할 수 있다.[45]

분리형 구조에서는 독점적 산업에서 비롯되는 문제점을 해소할 수 있다는 장점은 있으나 청산기관과 중앙예탁결제기관 간의 연계와 양 기관에 대한 참여자의 네트워크 구축 등 시스템 운영비용이 추가로 소요될 뿐만 아니라 청산 및 결제업무 프로세스의 단절을 초래한다는 단점이 있다.

1.3. 증권결제제도에서 중앙예탁결제기관의 역할

증권결제제도에서 중앙예탁결제기관의 역할은 결제 관행, 법적 기반 등에 따라 각국별로 상이하나 일반적으로 다음과 같은 역할을 수행하고 있다.

(1) 결제시스템의 하부구조 제공

증권결제제도에서 중앙예탁결제기관은 결제시스템의 하부구조를 제공하는 역할을 수행한다. 구체적으로 중앙예탁결제기관은 결제완결성이 있는 결제수단으로 증권대체시스템과 대금지급시스템의 연계를 통해 각종 결제서비스를 제공한다. 중앙예탁결제기관이 제공할 수 있는 서비스의 종류에는 (ⅰ)조직화된 거래소시장의 직접참가자 간 결제, (ⅱ)거래소시장의 직접참가자와 기관투자자인 간접참가자 간의 결제, (ⅲ)장외시장 결제, (ⅳ)국제증권거래의 결제 등이 있다.

각국의 중앙예탁결제기관은 이와 같은 기능을 수행함에 있어 컴퓨터연계(computer to computer link), 단말기접속(terminal interface), 인터넷 등을 통해 참가금융기관과 결제네트워크를 구성하는 등 상호 협력하면서 자국 결제시스템을 지탱하는 역할을 담당한다. 특히 중앙예탁결제기관을 통한 완결성(finality) 있는 결제업무의 제공은 참가금융기관의 미결제잔고의 누적적 증가를 감소시킴으로써 시스템위험을 억제하는 효과를 갖고 있다.

따라서 중앙예탁결제기관이 결제완결성을 갖추어 제공하는 결제수단은 이와 같이 시스

45 미국의 경우 증권결제제도의 운영 구조가 청산기능과 결제기능이 분리된 형태였으나, 1990년대 후반부터 증권결제위험관리 및 결제의 효율성 제고를 위해 결제기능과 청산기능을 통합하고자 하는 노력이 지속되었다. 그 결과 1999년 지주회사인 DTCC(Depository Trust & Clearing Corporation)가 출범하여 중앙예탁결제기관인 DTC(Depository Trust Company)와 청산기관인 NSCC(National Securities Clearing Corporation), FICC(Fixed Income Clearing Corporation) 등이 자회사로 참여하게 되었다.

템위험을 감축시키기 위한 하부구조로서의 의의를 가지고 있다.

(2) 결제위험의 통제

증권결제제도상 중앙예탁결제기관이 담당하는 또 다른 역할은 결제위험의 통제기능이다. 결제제도에 참가하고 있는 각 금융기관은 결제업무 처리과정에서 여러 가지 위험에 노출되는데, 이러한 결제위험에 대해 참가자들이 적절하게 대응할 수 있도록 중앙예탁결제기관은 사전적으로 결제체제를 정비하여야 하고, 사후적으로는 제반 안정장치를 구축하여야 한다.

중앙예탁결제기관이 제공할 수 있는 위험통제수단에는 사전적인 것과 사후적인 것이 있다. 사전적인 것에는 참가기준(membership standard)의 설정, 매매확인시스템 구축, 결제 진행상황 모니터링, 순채무한도(net debit cap)의 관리, 증권대차제도 등이 있으며, 사후적인 것에는 결제기금의 조성, 손실분담규칙(loss-sharing rule), 중앙예탁결제기관에 의한 결제이행책임 부담 등이 있다.

결제불이행 위험에 직면하는 개별 결제시스템 참가자는 먼저 금융시장에서 유동성 확보를 위해 최선을 다하여야 함에도 불구하고 유동성을 확보할 수 없는 경우 시장전체가 시스템위험에 노출될 우려가 있다. 이러한 경우 중앙예탁결제기관은 결제기금 등을 통해 유동성을 직접 공급 또는 주선하여 결제시스템 전체의 기능 마비를 방지하는 역할을 담당한다. 중앙예탁결제기관의 이러한 역할은 결제완결성을 위한 중앙예탁결제기관의 고유업무이다.

그러나 이러한 경우 결제시스템 참가자는 중앙예탁결제기관의 결제이행 보증장치에 안이하게 의존하여 자발적인 결제위험의 감축노력을 소홀히 하게 되는 도덕적 해이(moral hazard)에 빠질 우려가 있다. 도덕적 해이의 발생은 오히려 시스템 전체의 위험으로까지 확대될 우려가 있기 때문에 중앙예탁결제기관은 결제이행 보증기관으로서의 역할을 적절히 수행하기 위하여 이와 같은 위험의 발생을 방지하는 것이 매우 중요하다.

(3) 금융시스템에 대한 안정성 기여

금융시스템의 안정성은 정책당국의 적절한 통화신용정책을 통해 달성이 가능하다. 그런데 통화신용정책은 금융시장과 이를 지원하는 결제시스템에 의해서 수행되고 있으므로 정책의 적절한 운영을 위해서는 효율적이고도 안정적인 결제시스템의 구축이 필수적이다.

예컨대 통화신용정책수단인 공개시장조작(open market operation)을 통한 금융시장의 안정성 확보는 효율적인 증권시장을 통해서만 달성이 가능하다. 그런데 증권시장의 효율성은 결제시스템 등 하부구조의 정비정도에 크게 의존한다. 이러한 의미에서 결제시스템과 금융시스템의 운영은 불가분의 관계에 있으며, 결제시스템의 안정 없이는 금융시스템의 안정을 확보할 수가 없다.

결제시스템은 금융위기에도 금융시스템이 적절히 기능을 수행할 수 있도록 지원함으로써 금융공황이나 경제적 파국으로부터 자국 경제를 보호하는 역할을 수행한다.

2 대금결제은행

중앙예탁결제기관이 은행 업무를 영위하는 경우에는 증권결제와 관련된 대금지급을 직접 처리할 수도 있다. 그러나 대부분의 중앙예탁결제기관은 은행 업무를 영위하지 않기 때문에 별도의 대금결제은행을 지정하고 이들 은행을 통하여 참가자와의 대금지급업무를 처리한다. 이러한 대금결제은행은 크게 중앙은행과 상업은행으로 구분된다.

2.1. 중앙은행

중앙은행(central bank)은 '은행의 은행'이며, 기본적으로 은행 간 결제를 담당하고 있다. 중앙은행이 공급하는 현금과 중앙은행 예금에 의한 결제만이 완결성(finality)을 갖는다.

중앙은행에 예치된 예금을 결제자산으로 사용하여 결제가 이루어지는 것을 중앙은행 자금(central bank money)에 의한 결제시스템이라고 한다. 이와 같은 결제시스템은 중앙은행에서의 계좌이체를 통하여 결제가 이루어진다. 중앙은행 자금은 안정성, 유동성, 결제 완결성 등에서 우수하기 때문에 BIS(CPSS)-IOSCO(2012)[46] 등 국제기구에서도 중앙은행 자금을 이용하도록 권고하고 있다.

한편, 각 국의 중앙은행은 거액자금을 원활히 결제하기 위하여 거액결제시스템을 구축 · 운영하고 있다. 미국의 Fed-wire, 유럽의 TARGET2, 일본의 BOJ-Net, 한국의 BOK-Wire+ 등이 그 예이다.

2.2. 상업은행

상업은행(commercial bank)은 금융시장에서 대금거래 등 자사 은행이 행한 거래에 관

46 Principle 9(Money settlements), An FMI should conduct its money settlements in central bank money where practical and available. If central bank money is not used, an FMI should minimize and strictly control the credit and liquidity risk arising from the use of commercial bank money.

한 결제를 수행하며, 기업이나 개인 등 고객의 결제를 담당하고 있다.

상업은행에 예치된 예금을 결제자산으로 사용하여 결제가 이루어지는 것을 상업은행 자금(commercial bank)에 의한 결제시스템이라고 한다. 이와 같은 결제시스템은 상업은행 내에서의 계좌이체, 또는 민간기관에서 운영하는 결제시스템에서의 계좌이체를 통하여 결제가 이루어진다.

그러나 상업은행 자금으로 결제할 경우 상업은행이 파산하게 되면 금융시스템이 심각한 혼란에 빠질 위험성이 있다. 이와 같은 위험성에도 불구하고 상업은행을 이용하는 이유는 일부 국가에서 중앙예탁결제기관 또는 시장참가자가 중앙은행에 접근할 수 없기 때문이다. 따라서 상업은행을 이용하는 경우에는 상업은행에 대한 신용위험, 유동성위험을 충분히 억제하는 장치를 강구해야 한다.

한편 상업은행들의 원활한 자금결제를 위하여 별도의 민간기관(은행협회 등)이 결제시스템을 소유 · 운영하는 경우도 있다. 하지만 결제시스템의 공공성 때문에 운영주체인 민간기관은 중앙은행의 회원이 되는 등 어느 정도의 공적인 성격을 갖고 있는 경우가 많다.

③ 결제회원

결제회원이란 증권결제제도에 직접 참가하고 있는 자를 말한다. 한 나라의 증권결제업무의 효율성을 극대화하기 위해서는 중앙예탁결제기관의 업무에 직접 참가할 수 있는 참가자의 범위를 가능한 한 확대해야 한다.

그러나 참가자가 증가할수록 재무상태가 불량한 금융기관이 참가할 가능성도 높아져 위험수준이 그만큼 증대된다. 이러한 효율성과 위험과의 상충관계를 적절히 조화시켜 증권시장에서 최적의 결제상태를 실현하는 것이 중앙예탁결제기관의 과제 중 하나이다.

증권결제업무가 효율적으로 운영되기 위해서는 적정 수준의 참가자를 확보해야 한다. 특히 대형 금융기관 등 시장활동에 책임이 있는 기관들은 반드시 참가해야 한다. 따라서 중앙예탁결제기관은 증권회사, 은행, 보험회사, 신탁회사, 정부 및 중앙은행, 연 · 기금 등 증권시장에서 중요한 역할을 하는 모든 금융기관들이 참가할 수 있도록 개방적이고 공정한 참가기준을 마련해야 한다.

이들 기관들이 자율적으로 중앙예탁결제기관이 운영하는 결제업무에 참가하는 것이 원칙이지만, 미국, 덴마크 등 일부 국가에서는 일정한 요건을 구비하고 있는 금융기관에 대해서 중앙예탁결제기관의 이용을 의무화하는 경우도 있다.[47]

---

47 미국의 경우 직접 참가자는 NYSE Rule 132, NASD Schedule D Part Ⅵ. SEC. 7, MSRB Rule G-12 등에

일반적으로 중앙예탁결제기관은 증권결제제도의 전반적인 안정성 유지를 위해서 재정상태가 양호하고 일정한 기준에 부합하는 기관들에 한해서 참가자격을 부여하고 있으며 직접 참가자들이 직면하게 될 위험에 관해서는 결제관련규정에서 명시하고 있다.

직접 참가자들에 대한 규제는 위험통제방식에 따라 약간 상이하다. 분산화된 위험통제시스템을 채택하고 있는 증권결제제도에서는 개별 참가자가 "고객을 파악하라(know your client)"는 원칙에 입각하여 자신의 위험을 스스로 통제해야 한다. 따라서 과도하게 위험하다고 판단되는 시장참가자와는 거래를 하지 않음으로써 위험을 원천적으로 방지할 수 있다. 그러므로 본 방식에서 중앙예탁결제기관의 참가자에 대한 규제는 비교적 엄격하지 않다.

그러나 집중화된 위험통제시스템을 갖는 증권결제제도에서는 모든 참가자가 집중화로 인해 발생되는 대부분의 위험을 분담하고 있기 때문에 개별적인 선택권이 없어진다. 이 시스템에서 가장 중요한 것은 참가자와 중앙예탁결제기관 간 또는 참가자 사이에 결제위험의 분담문제이다. 참가자와 중앙예탁결제기관 간 위험분담의 불균형은 참가자를 도덕적 해이에 빠지게 할 우려가 있으며, 참가자 간 위험분담의 불균형은 역선택의 문제(adverse selection problem)를 발생시킨다. 따라서 이러한 위험을 방지하기 위해서는 중앙예탁결제기관이 객관적이고 공정한 참가기준을 설정 · 운영하여야 하며, 위험분담에 관한 내용을 관련규정에 명시해야 한다.

참가기준은 중요한 위험통제수단(risk control mechanisms)으로서 중앙예탁결제기관의 업무를 이용하는 모든 참가자가 갖추어야 할 최소요건이다. 참가기준에는 재무적인 것과 비재무적인 것이 있는데, 재무적인 것에는 유동성 요건, 최소자본금 요건(minimum capital requirements) 등이 있다. 특히 최소자본금 요건은 참가자의 재무능력(financial strength)을 판단하는 척도일 뿐만 아니라 결제업무의 처리과정에서 위험 발생 시 이를 극복할 수 있는 최후의 보루이다. 비재무적인 것에는 전산시스템 등 물적 요건, 인적 구성 등 결제업무의 처리능력을 평가하는 데 주안점을 두고 있다.

중앙예탁결제기관의 참가자에 대한 논의에서 빼놓을 수 없는 것이 증권시장의 간접 참가자에 대한 문제이다. 최근 증권시장에서 기관화 현상의 진전으로 간접 참가자의 역할이 크게 증대되었다. 따라서 이들이 결제위험을 유발시킬 가능성도 그만큼 증대되었고 이에 따라 이들 위험을 체계적으로 통제할 필요성이 대두되었다.

G-30(1989) 및 BIS(CPSS)/IOSCO(2001) 권고안에서도 간접 참가자에 대한 매매확인시스템을 구축할 것을 권고하고 있는데 이는 증권시장에서 간접 참가자의 역할이 그만큼 증

의거 등록 중앙예탁결제기관을 통하여 결제업무를 처리하도록 의무화하고 있으며, 또한 간접 참가자는 NYSE Rule 387, NASD Uniform Practice Code SEC. 64 및 MSRB Rule G-15에 의거 중앙예탁결제기관의 전자적인 매매확인시스템을 이용하도록 의무화하고 있다.

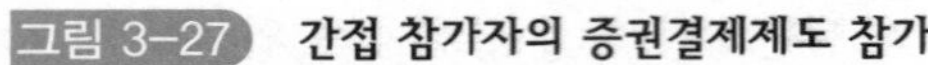
그림 3-27 간접 참가자의 증권결제제도 참가

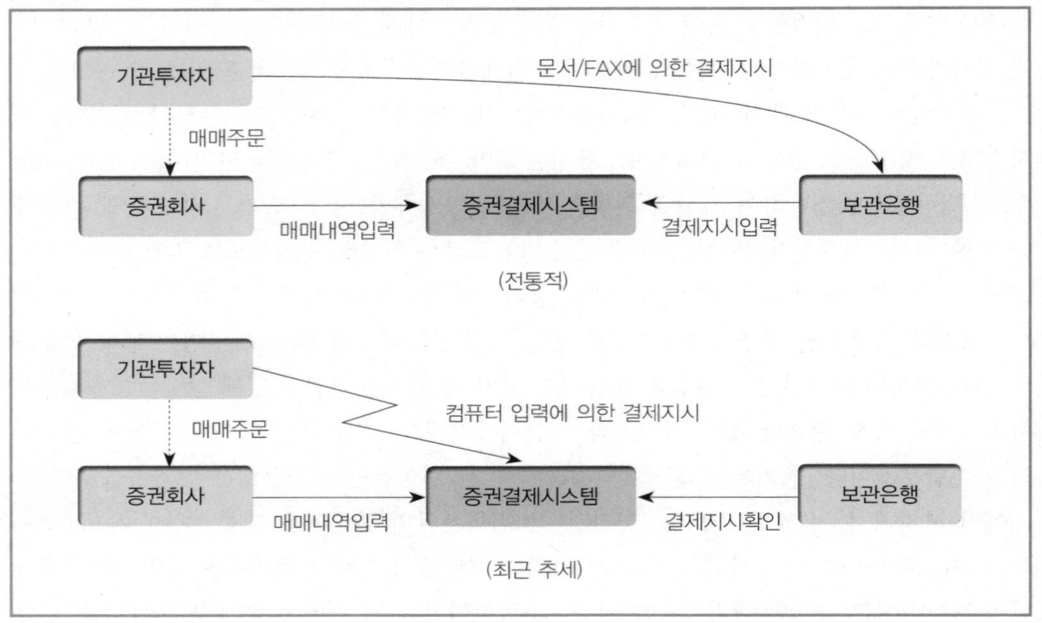

대되고 있음을 반영한 것이다.

예컨대 기관투자자 甲이 증권회사 A에게 몇 종목의 증권을 매도위탁을 할 경우, 보관은행인 B은행에 결제지시를 해야 한다. 이 결제지시는 증권결제과정에서 중요한 요소로서 이 지시가 있어야만 결제가 종료될 수 있다.

이 결제지시는 전통적으로 결제시스템 외부에서 문서나 팩스 등을 통해 이루어져 왔지만, 증권시장에서 기관투자자의 역할이 증대됨에 따라 증권결제시스템에서 수용하게 되었다. 특히, 미국의 Omgeo[48]가 제공하는 OASYS-TradeMatch, Euroclear France의 SBI (Sociétés de Bourse-Intermédiaires) 시스템 등이 그 운영 사례이다.

이상에서 살펴본 바와 같이 증권결제시스템은 다음과 같이 결제회원 및 간접참가자에게 다양한 측면에서 영향을 준다.

첫째, 실물증권 환경에서 결제에 따른 제반 비용은 중앙예탁결제기관에 대한 수수료 부담으로 대체된다.

둘째, 자동화된 결제시스템의 이용으로 거래량이 증가할 수 있다. 즉 실물결제에서의 수작업에 따른 한계가 제거됨으로써 실물결제에서 처리가 불가능한 거래도 종결지을 수 있

48 Omgeo는 DTC의 매매 확인·승인 시스템인 TradeSuite와 Thomson Financial의 배분지시 시스템인 OASYS를 통합하기 위하여 2001년에 설립한 회사이다.

으며, 시장영업시간의 연장도 가능하여 궁극적으로 24시간 거래가 가능하게 된다.

셋째, 차감결제로 인해 참가자의 신용요건(credit requirement)도 축소될 수 있다. 이는 위험제어수단의 일환으로 참가자가 중앙예탁결제기관에 인도해야 하는 담보물의 규모를 축소시킬 수 있다.

우리나라의 증권결제제도

제1절 개요

① 우리나라 증권결제제도 현황

우리나라의 증권결제제도는 대상시장에 따라 한국거래소가 운영하는 장내시장을 대상으로 하는 장내시장결제와 장외(OTC)시장을 대상으로 하는 장외시장결제로 구분된다. 장내시장결제는 다시 대상증권에 따라 주식시장결제, 국채전문유통시장결제, RP시장결제 및 일반채권시장결제로 구분된다. 장외시장결제의 경우 대상증권에 따라 증권회사와 그 기관투자자 고객 간의 주식거래에 따른 주식기관결제, 기관투자자 상호 간의 채권거래에 따른 채권기관결제 및 기관투자자 상호 간의 RP거래에 따른 기관간RP결제 및 프리보드결제로 구분된다.

2016년 기준으로 일평균 결제금액은 장내시장결제 2.06조원, 장외시장결제 105.9조원으로 장외시장결제가 장내시장결제의 약 50배에 해당된다. 이는 주로 장내시장결제는 다자간 차감에 의하여 결제금액을 산정하는 반면, 장외시장결제는 건별로 결제금액을 산정하여 결제하기 때문이다. 또한 장외시장결제에서 채권기관결제, 기관간RP결제 등 채권관련 결제금액이 큰 이유는 채권의 거래금액이 평균 100억 원 이상으로 주식에 비해 거래단위가 크기 때문이다.

증권결제제도는 현재 한국은행에서 운영하는 거액결제제도, 금융결제원에서 운영하는 소액결제제도, CLS은행에서 운영하는 외환동시결제제도 등 지급결제제도와 함께 금융시장의 한 축을 담당하고 있다. 증권결제제도의 결제금액은 2016년도 기준으로 일평균 108조원에 달한다. 이로 인해 오늘날 전체 금융시장에서 증권결제제도의 안정성과 효율성 향상이 전체 금융시장의 안정성에 중요한 문제로 대두되게 되었다.

표 3-17 우리나라 증권결제제도의 현황(2016년 기준)

(단위: 조원)

구분		대상증권	참가기관	일평균 결제금액
장내 시장 결제	주식시장결제	주식, ETF, ELW 등	증권53	0.5
	국채전문유통시장결제	국고채, 통안채 등	증권39, 은행23, 기타2	1.3
	RP시장결제	국고채, 통안채 등	증권39, 은행23, 기타2	0.2
	일반채권시장결제	사채, 소액국공채 등	증권52	0.06
	계	–	–	2.06
장외 시장 결제	주식기관결제	주식, ETF, ELW 등	증권53,은행19, 보험9,기타3	0.6
	채권기관결제	국채, 통안채, 사채 등	증권54,은행43, 보험21,기타20	19.5
	기관간RP결제	주식, ETF, 국채 등	증권46, 은행46, 보험20, 기타55	85.8
	프리보드결제	주식	증권28	0.0004
	계	–		105.9004
합계		–	–	107.9604

표 3-18 지급결제제도와 증권결제제도의 결제금액(2016년 기준)

(단위: 조원)

구분		운영기관		참가기관	일평균 결제금액
		청산	결제		
지급 결제 제도	거액결제제도	한국은행	한국은행	은행59, 증권45, 보험13, 기타15	299.8
	외환동시결제제도	CLS은행	CLS은행	은행38, 증권2	60.9
	소액결제제도	금융결제원	한국은행	은행24, 증권24, 기타7	61.9
	계	–	–	–	422.6
증권 결제 제도	장내시장	한국거래소	예탁결제원	증권53, 은행23, 기타2	2.06
	장외시장	예탁결제원	예탁결제원	증권54, 은행46, 보험21, 기타55	105.9
	계	–	–	–	107.96

출처: 한국은행 '2016년도 지급결제보고서'(외환동시결제규모는 16년도말 매매기준환율 적용)

② 우리나라 증권결제제도 변천 연혁

우리나라에서 오늘날과 같은 증권예탁결제제도가 확립된 것은 1974년 한국증권대체결제(주)가 설립된 이후로 볼 수 있다. 그 후 우리나라 경제 발전과 더불어 증권시장의 양적, 질적 변화에 부응하여 증권결제제도는 끊임없이 개선이 이루어져 왔다. 주식과 채권 중심에서 다양한 투자증권의 출현, 주식투자 대중화에 따른 자산 운용 산업의 확장, 증권시장의 국제화에 따른 내국인의 해외 투자와 외국인의 국내 투자 확대, 기관투자자의 역할 확대, 파생상품 시장의 성장 등에 따라 이를 지원하기 위한 결제제도 또한 수차례 확대, 개선 노력이 기울여졌다.

이러한 제도 개선 노력 중 증권결제제도의 근본적인 변화를 가져온 것은 2012년에 이루어진 증권결제제도의 전면적인 개편이라 할 수 있다. 한국은행, 한국거래소, 예탁결제원 등 세 기관의 협력 아래 이루어진 결제제도의 개혁은 그간 증권시장에서 수십 년간 문제로 제기되었던 사항들을 선진국 수준으로 체계화, 효율화시킨 것으로 오늘날 증권결제제도의 근간이 되고 있다. 이하 그 내용을 간략히 살펴본다.

우선 장내 주식시장결제제도에 있어 개편의 주요 내용은 이연결제제도의 도입, 결제개시시점의 조기화, 대금결제은행의 변경 등이다.

첫째, 기존의 일일차감결제제도(DNS: daily net settlement)를 폐지하고 이연결제제도(CNS: continuous net settlement)를 도입하여 결제시한(오후 4시)까지 결제증권이 납부되지 않으면 해당 미납부수량을 익일로 이연한 후 익일의 결제수량과 재차감하여 결제하는 방식을 채택하였다. 증권부족에 따른 결제지연의 문제를 해결하기 위한 제도로서 미국, 일본, 프랑스, 홍콩 등 주요 선진국에서 도입하여 운영하고 있는 제도이다. 이에 따라 일일차감결제제도(DNS)에서는 납부회원이 부족한 증권을 조달할 때까지 기다리거나 수령회원의 동의를 받아 결제대용증이 발행될 때까지 증권결제를 기다리는 반면, 이연결제제도에서는 결제시한(오후 4시)까지 납부된 결제증권의 범위에서 증권결제를 완료하고 미납부수량은 익일로 이연하여 당일 결제를 조기에 완료한다. 한편 이연결제제도에서는 증권을 수령하지 못한 미수령회원을 보호하기 위한 장치를 마련하고 있는데 미수령회원에 대해 미수령증권에 상응하여 지급하는 이연결제대금, 미납부회원의 증권납부를 강제하는 매입인도(buy-in)제도 등이 그 예라 할 수 있다.

둘째, 결제개시 시점을 T+2일 오전 9시로 하였다. 즉 T+2일 오전 9시부터 예탁결제원 결제계좌에 납부된 증권과 대금의 범위 내에서 결제요건을 충족하는 수령회원에게 결제증권을 인도 또는 결제대금을 지급하도록 하였다. 증권의 경우 과거에는 증권이 모두 납부된 종목에 대해서만 수령회원에 대한 결제가 개시되었으나 일부 증권이 납부된 종목에 대해서도 결제가 개시된다. 다만, 이 경우에도 수령회원이 자신이 납부할 모든 종목의 결제증권과 결제대금을 납부하거나, 또는 수령할 종목의 결제증권 평가액이 증권수령가능한도[49]보다 클 경우에만 해당 종목을 수령할 수 있다. 대금의 경우 기존에는 결제대금이 모두 납부

49 증권수령가능한도 = 납부한 결제대금 + 납부한 공동기금 + 납부한 결제촉진담보금 + Σ납부한 결제증권 평가액 − Σ수령한 결제증권 평가액

된 경우에만 수령회원에 대한 결제가 개시되었으나 이 요건을 폐지하여 일부 대금이 납부된 경우에도 결제가 개시되도록 하였다. 다만, 이 경우에도 수령회원이 자신이 납부할 모든 종목의 결제증권을 납부한 경우에만 결제대금을 수령할 수 있다.

셋째, 대금결제은행을 상업은행에서 중앙은행으로 변경하였다. 그동안 장내 주식시장 결제의 대금결제은행은 상업은행(신한은행, 우리은행)이었으나, 이는 BIS(CPSS)-IOSCO 등의 국제기준에 맞지 않을 뿐만 아니라 안정성 측면에서 문제가 있어 한국은행으로 대금결제은행을 변경할 필요성이 오랫동안 제기되어 왔었다.[50]

장외 주식기관결제제도 개편의 주요 내용은 DVP2방식으로의 변경, CCP제도의 도입, 위험관리장치의 강화 등이다.

첫째, 주식기관결제제도 개편에서 가장 크게 바뀐 부분이 DVP2방식의 도입이다. 즉 장내 주식시장결제제도와의 정합성을 확보하기 위하여 주식기관결제제도의 결제방식을 종전의 양자간 DVP3방식에서 다자간 DVP2방식으로 변경하였다. DVP2방식은 증권을 일중에 건별로 먼저 결제하고 마감시간에 대금을 다자간 차감하여 결제하는 방식으로서, 이 방식을 도입한 이유는 증권회사가 일중에 주식기관결제에서 기관투자자 고객으로부터 증권을 신속히 수령하여 장내 주식시장결제에 납부할 수 있도록 함으로써 장내외 주식결제의 원활화를 도모하기 위함이다. 또한 대금결제의 경우 증권결제가 완료된 후 다자간 차감을 통해 회원별로 산정된 단일 포지션의 결제대금을 납부 · 수령하도록 함으로써 대금결제의 효율성도 제고하였다.

둘째, DVP2방식의 도입과 함께 CCP제도를 새롭게 도입하였다. 이는 주식기관결제의 결제대금이 DVP2방식에 따라 다자간 차감하여 산정되기 때문에 한 회원이 결제대금을 납부하지 않을 경우 큰 혼란이 발생할 수 있어 이를 방지하기 위한 것이다. 주식기관결제에서 CCP기능은 예탁결제원이 수행하도록 하였다. 즉 예탁결제원은 주식기관결제의 대상거래가 대체실행조건(증권인도조건)을 충족하는 시점에 채무인수를 통하여 CCP가 된다. 이와 같이 예탁결제원이 CCP가 됨으로써 장외 주식기관결제의 회원들은 거래 상대방의 불이행 위험을 고려하지 않고 보다 안정적으로 결제를 할 수 있게 되었다.

셋째, 주식기관결제제도 개편에서 또 다른 특징은 미국, 일본 등 주요 선진국의 사례를 벤치마킹하여 위험관리장치를 대폭 강화하였다는 것이다. 그 중 대표적인 것이 결제기금

---

50 그동안 대금결제은행을 중앙은행으로 변경하기 어려웠던 이유는 지급준비일에 증권회사가 거래은행에 예치된 자금을 한국은행에 개설된 자신의 계좌로 이체하기 위해서는 거래은행의 협조가 필요하나, 거래은행이 지급준비금 관리의 어려움 등을 이유로 협조에 소극적이었기 때문이다. 그러나 증권결제제도 개편과정에서는 이러한 문제점을 극복하여 대금결제은행을 한국은행으로 변경할 수 있게 되었다. 즉 결제일 전일(T+1일)에 거래은행에 대금결제자료를 제공하도록 함으로써 거래은행은 결제일(T+2일)의 증권회사의 자금이동 규모를 예측할 수 있게 되었고, 그에 따라 필요한 지급준비금을 조정할 수 있게 됨으로써 지급준비일과 관련된 문제가 해결되었기 때문이다.

의 적립이다. 회원이 유동성 부족으로 결제를 불이행하면 주식기관결제제도의 안정성을 심각하게 해칠 우려가 있다. 이러한 결제불이행의 위험을 방지하기 위해 총 500억 원의 결제기금을 적립하도록 하였다. 다음으로 담보관리시스템을 강화하였다. 순채무한도(net debit cap) 관리를 도입하여 회원의 대금결제 불이행으로 초래될 수 있는 리스크를 일정 한도로 억제하였고, 실시간 담보관리시스템의 운영을 통해 회원이 적정 담보가치를 보유하고 있는 경우에만 증권결제가 이루어지도록 함으로써 CCP가 부담하는 리스크를 일정 수준으로 억제하고 있다. 이밖에도 예탁결제원은 결제유동성 재원을 확충하였다. 즉 신용한도를 2,000억 원으로 확대하여 회원의 대금결제 지연 또는 불이행이 발생하는 경우에도 당일 중에 결제를 완료할 수 있는 결제이행재원을 구비하였다. 또한 예탁결제적립금을 1,000억 원에서 2,000억 원으로 확대하여 결제불이행이 발생한 경우에 대비하여 손실보전재원을 확충하였다.

채권결제제도 개편의 주요 내용은 결제개시시점의 조기화, '차감후DVP1방식' 도입, '일중RP제도' 도입 등이다.

첫째, 장내 주식시장결제와 같이 결제개시시점을 오전 9시로 조기화 하였다. 즉 오전 9시부터 예탁결제원결제계좌에 납부된 증권과 대금의 범위에서 결제요건을 충족하는 결제건별로 결제증권과 결제대금을 동시에 결제한다. 이와 함께 수령회원의 증권과 대금의 결제요건을 완화하여 결제가능상태를 높여줌으로써 결제개시시점 조기화의 실효성을 제고하였다. 오전 9시부터 종목별로 결제대금을 완납한 회원에 대해 결제증권을 인도하고, 결제증권을 완납한 회원에 대해 결제대금을 지급함으로써 결제원활화를 도모하였다.

둘째, 국채전문유통시장결제제도에서 차감후DVP1방식을 도입하였다. 차감후DVP1방식이란 매매거래에 따른 증권과 대금을 회원별 · 종목별로 차감한 후 DVP1방식처럼 차감된 건별로 결제하는 방식을 말한다. 차감후DVP1방식으로 결제하게 되면 거래건별로 결제하는 채권기관결제(DVP1)와 정합성을 확보하게 됨으로써 장내외 국채결제를 원활하게 처리할 수 있게 된다. 참고로 미국, 일본, 영국, 프랑스 등도 국채전문유통시장결제와 같이 CCP제도가 도입된 국채결제의 경우 차감후DVP1방식을 채택하고 있다.

셋째, 증권회사 및 한국거래소의 결제대금 처리를 지원하기 위해 한국은행이 일중의 일시 결제부족자금 지원제도(일중RP제도)를 도입하였다. 일중RP제도는 한국은행의 자금결제시스템과 예탁결제원의 증권결제시스템을 연계하여 한국은행이 증권회사나 CCP인 한국거래소가 결제중인 매수증권을 환매조건부로 매수하여 일중 대금유동성을 지원한다. 국채전문유통시장결제는 대금납부순서에 따라 증권수령에 우선순위를 부여하여 신속한 대금납부를 요구하고 있다. 이에 따라 일중RP제도는 국채전문유통시장의 은행 참가기관에 비해 상대적으로 보유자금이 부족한 증권회사에게 한국은행이 직접 대금 유동성을 지원한다. 또한, 국채전문유통시장결제의 CCP인 한국거래소를 일중RP대상기관으로 포함하여 증권을 조달한 결제회원에게 신속한 대금지급을 가능하게 하여 원활한 결제처리를 도모하였다.

주식시장결제제도 제2절

1 장내 주식시장결제제도

장내 주식시장결제란 자본시장법 제9조제13항의 증권시장(유가증권시장 및 코스닥시장)에서의 주식등의 매매거래에 따른 결제를 말한다. 장내 주식시장결제는 주식과 함께 상장지수집합투자증권(ETF), 신주인수권증서, 신주인수권증권, 주식워런트증권(ELW), 수익증권 및 주식예탁증권(KDR)을 대상으로 한다.

장내 주식시장결제에서 한국거래소는 청산기관(CCP)으로서 매매확인, 채무인수, 차감, 결제증권·결제대금의 확정, 결제이행보증을 담당하고, 예탁결제원은 중앙예탁결제기관(CSD)로서 증권인도와 대금지급 업무를 담당한다.

1.1. 청산 절차 및 방법

1.1.1. 매매확인

T일에 한국거래소는 매매확인을 실시한다. 즉 한국거래소는 매매거래 성립 후 채무를 인수하고자 하는 때 매매거래를 확인한다.[51] 그런데 장내시장에서의 매매는 전산시스템으로 체결되고 체결 즉시 취소불가능상태가 되므로 사실상 매매체결시점에 매매확인을 하는 것과 동일한 효과가 있다.

51 유가증권시장업무규정 제72조의2(채무인수할 매매거래의 확인).

1.1.2. 채무인수

한국거래소는 T일에 매매확인된 거래에 대하여 채무를 인수한다.[52] 한국거래소가 채무를 인수하게 되면 종전의 채무자 회원은 종전의 채권자 회원에 대하여 부담하는 채무를 면하고 대신 한국거래소가 채무를 부담하게 되는데, 이러한 채무인수를 면책적 채무인수라 한다. 면책적 채무인수를 통하여 한국거래소는 매도회원에 대해 매수회원, 매수회원에 대해 매도회원이 되어 모든 거래의 상대방이 되며, 이를 통해 결제이행을 보증한다.

매매전문회원과 결제회원은 결제위탁계약을 체결하고, 이에 따라 결제회원은 매매전문회원의 매매거래에 관한 권리를 취득하고 의무를 부담하며, 해당 매매전문회원은 결제회원에 대하여 동일한 권리를 취득하고 의무를 부담하게 된다.

한편, 매매확인이 사실상 매매체결시점에 이루어지므로(locked-in trade) 채무인수의 시점은 매매체결시점이 된다. 이와 같이 채무인수시점을 매매체결시점으로 앞당김으로써 회원들은 결제불이행에 관한 위험을 걱정하지 않고 거래를 할 수 있게 된다.

1.1.3. 차감

한국거래소는 T+1일에 증권과 대금에 대해 다자간 차감을 실시한다. 이때 차감은 채권소멸사유인 상계(set-off)에 해당된다(민법 제492조 및 제493조). 상계는 채무자가 채권자에 대하여 부담하는 채무와 동종(同種)의 채권을 가지는 경우에 채권 · 채무의 대등액을 소멸시키는 행위이다. 한국거래소는 회원의 채무를 인수하는 방법으로 한국거래소와 회원 간에 양자 관계로 치환함으로써 민법상 상계의 요건을 충족시키게 되는 것이다.[53]

한국거래소는 T+2일에 정상적으로 결제할 내역과 T+1일에 증권미납부(fail)가 발생한 수량을 반영하여 다자간 차감을 실시한다. 즉 증권은 회원별 · 종목별로 매수수량과 매도수량을 차감하여 수수할 수량을 확정하며, 대금은 회원별로 매도대금과 매수대금을 차감(다자간 차감)하여 수수할 대금을 확정한다. 이렇게 다자간 차감을 한 후 확정된 결제증권과 결제대금의 내역을 예탁결제원과 회원에게 통지한다.

---

52 유가증권시장업무규정 제73조(면책적 채무인수) ① 거래소는 제72조의2에 따라 확인한 매매거래에 대하여 회원이 상대방인 회원에 부담하는 채무를 인수하고, 해당 회원은 거래소가 인수한 채무와 동일한 내용의 채무를 거래소에 부담한다. ② 제1항에 따라 거래소에 채무를 이전한 회원은 이전하기 전에 상대방인 회원에 대하여 부담하는 채무를 면한다.

53 한국거래소, "증권시장 청산결제실무", 「KRX Market」, 2009.3, 68~69쪽.

1.2. 결제 절차 및 방법

1.2.1. 증권납부

매도회원은 결제시한(오후 4시)까지 결제증권을 납부한다. 이는 매도회원이 자신의 결제계좌에 결제증권을 예탁하면 예탁결제원이 해당 결제증권을 실시간으로 확인하여 예탁결제원결제계좌로 계좌대체함으로써 이루어진다. 통상적으로는 매도회원이 오전 9시 이전에도 결제증권을 예탁하고 있으므로 예탁결제원은 오전 9시부터 해당 결제증권을 예탁결제원결제계좌로 계좌대체 처리한다.

1.2.2. 증권인도

증권인도는 오전 9시부터 예탁결제원결제계좌에 납부된 증권의 범위에서 결제요건을 충족하는 수령회원의 결제계좌로 온라인 배치방식[54]으로 계좌대체함으로써 이루어진다. 그런데 여기서 중요한 점은 배치 실행시점마다 여러 종목의 결제증권 간 순서 및 수령회원 간 순서를 고려하여 실행된다는 것이다. 이는 각 배치 실행시점에 예탁결제원결제계좌에 납부된 결제증권의 범위에서 어느 수령회원에게 먼저 증권을 인도할 것인가를 정할 필요가 있기 때문이다.

이와 같은 증권인도 순서를 살펴보면 다음과 같다. 먼저, 결제증권 간의 순서는 과거에 증권미납부가 발생했던 이연결제증권 → 상장지수집합투자증권 → 결제증권의 평가액이 큰 종목의 증권 → 결제수량이 많은 종목의 증권 순으로 정해져 있다. 다음으로 수령회원 간의 순서는 이연결제종목의 경우에는 미수령기간이 오래된 미수령회원 → 위탁매매분이 있는 미수령회원 → 자기매매분이 있는 미수령회원이며, 상장지수집합투자증권 등의 경우에는 위탁매매분이 있는 수령회원 → 자기매매분이 있는 수령회원이다. 이를 그림으로 나타내면 〈그림 3-28〉과 같다.

54 온라인 배치방식(on-line batch)이란 일정 간격으로 데이터를 자동으로 일괄 처리하는 방식을 말한다. 주식시장결제의 증권인도의 경우 1분 간격으로 배치가 자동 실행되며, 배치 1회 실행에 소요되는 시간은 통상 최대 20분, 최소 1초가 걸린다.

그림 3-28 **증권인도 프로세스**

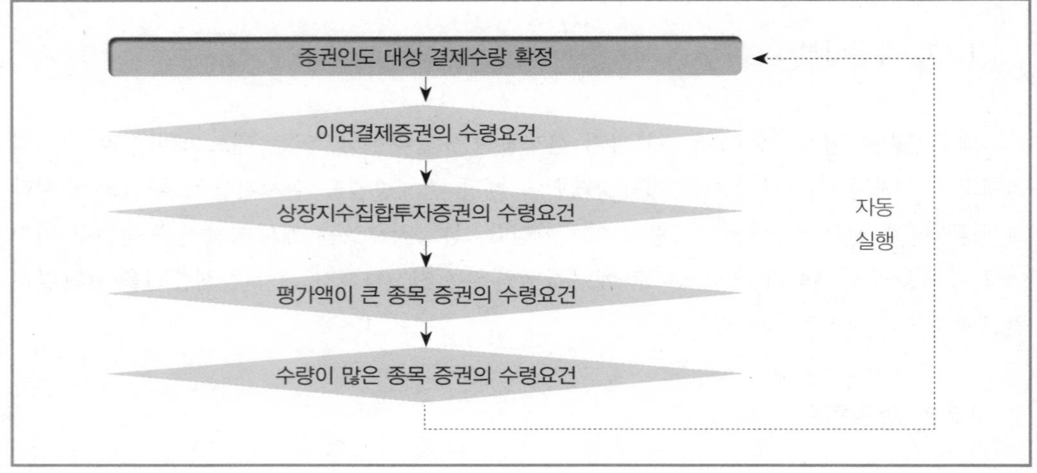

1.2.3. 증권미납부(fail) 확정과 이연결제대금 결제

예탁결제원은 결제시한인 오후 4시까지 납부회원이 결제증권을 납부하지 않으면 오후 4시 이후 한국거래소에 회원별 증권미납부 · 미수령 수량을 통지한다. 한국거래소는 통지내역에 따라 증권미납부 · 미수령, 이연결제대금 등을 확정하여 예탁결제원에 통지한다. 여기서 이연결제대금은 증권미납부회원이 결제증권을 대신하여 납부하는 대금으로서 미납부수량에 결제일의 종가를 곱하여 산출된 금액을 말한다.

이연결제대금의 결제는 먼저 증권미납부회원이 결제일 오후 5시까지 신한 · 우리은행에 개설된 예탁결제원계좌에 입금하고, 예탁결제원이 이연결제대금을 증권미수령회원의 결제계좌에 계좌이체함으로써 처리된다.

한편 결제증권 중 일부는 예외적으로 증권미납부(fail)가 허용되지 않는 경우가 있다. 결제일이 기준일[55]인 증권, 상장지수집합투자증권, 상장폐지종목인 증권이 이에 해당되며, 이러한 증권의 경우 납부회원은 결제일 당일에 반드시 증권납부를 완료하여야 한다. 이러한 증권에 대해서만 증권미납부를 허용하지 않은 이유는 수령회원이 해당 결제일에 증권을 수령하지 못할 경우 권리행사 등에 심각한 문제를 초래하여 많은 혼란을 일으키기 때문에 이를 미연에 방지하기 위해서이다.

55 기준일이란 주주명부폐쇄기준일 또는 구주권제출 마감일(회사의 합병, 주식의 분할 · 병합 등의 사유로 주권의 전면적인 교체가 있는 경우)을 말한다(결제규정시행세칙 제10조의3제1항제1호).

1.2.4. 증권미납부(fail) 억제장치

이연결제제도에 대해서 주의할 점은 회원이 불가피한 사정으로 증권을 조달하지 못한 경우 이를 예외적으로 허용하는 제도라는 것이다. 이는 증권미납부가 대량으로 허용될 경우 증권결제제도의 안정성에 심각한 영향을 미칠 수 있기 때문에 이연결제제도에서는 증권미납부를 억제할 수 있는 장치가 필요하다.

먼저 한국거래소는 결제증권이 결제시한인 오후 4시까지 납부되지 않으면 증권미납부회원에 대해 증권결제지연손해금을 부과한다. 증권결제지연손해금은 미납부종목의 이연결제대금에 20/10,000의 손해율을 곱하여 산출한다. 다만 기준일이 설정된 종목의 결제불이행으로 인해 주주권리 행사가 제약받을 가능성을 최소화하기 위해 기준일 종목의 손해율은 100/10,000으로 높이고, 상장지수집합투자증권의 손해율은 5/10,000로 차등화하였다.

또한 한국거래소는 증권미납부 상태를 조기에 해결하기 위하여 매입인도(buy-in)를 실행한다. 매입인도가 실행되는 경우는 납부회원이 일반증권을 결제일로부터 3일째 되는 날(S+2일) 오후 3시 30분까지, 또는 기준일 설정 종목의 증권을 결제일의 오후 5시 10분까지 납부하지 않은 경우이다. 한국거래소는 장내시장의 체결시스템을 통하여 매입인도 거래를 체결한 후 해당 내역을 예탁결제원에 통지한다. 그 다음, 예탁결제원은 매입인도 증권을 매도한 회원으로부터 증권을 납부받아 증권미납부회원에 인도하고, 매입인도 대금을 증권미납부회원으로부터 납부받아 매입인도 증권을 매도한 회원에게 지급함으로써 매입인도 결제를 처리한다.

1.2.5. 대금결제

(1) 대금결제자료 통지

한국거래소는 T+1일에 한국은행에 대금결제자료를 통지하고, 한국은행은 이를 결제회원의 거래은행 또는 결제대행은행에 통지한다. 이를 통해 거래은행 또는 결제대행은행은 결제일(T+2일)에 증권회사의 자금이동 규모를 사전에 파악하여 지급준비금을 조정한다.

(2) 대금납부

납부회원은 결제일 오전 9시부터 결제시한(오후 4시)까지 결제대금을 납부한다. 이 경우 납부회원이 한국은행에 당좌계좌를 개설하고 있는지 여부에 따라 납부절차가 달라진다. 먼저, 납부회원이 한국은행에 당좌계좌가 있는 경우 납부회원은 자신의 거래은행에 자금이체를 의뢰하고, 거래은행은 한은금융망을 통해 한국은행에 개설된 예탁결제원결제계좌로

그림 3-29 **거래은행을 통한 대금납부 프로세스**

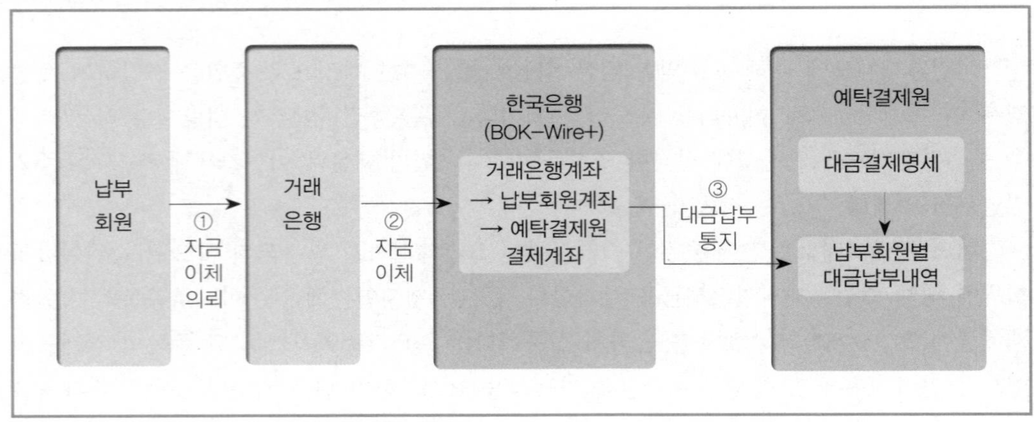

그림 3-30 **결제대행은행을 통한 대금납부 프로세스**

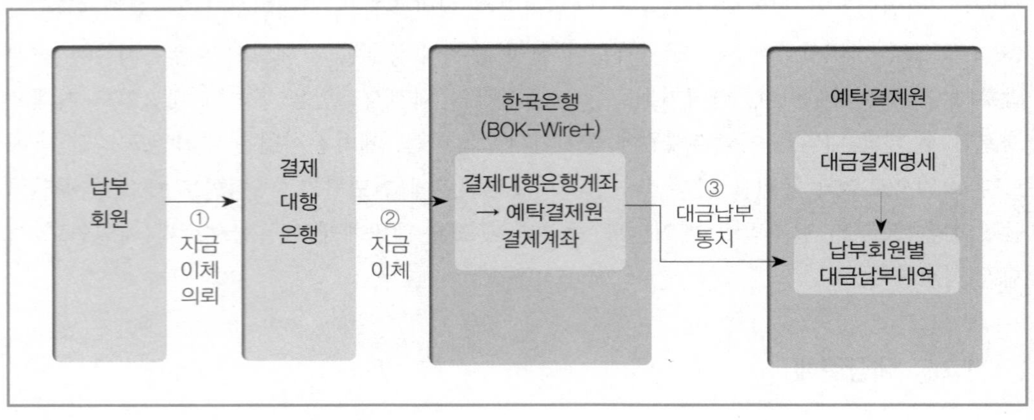

결제대금을 이체함으로써 납부를 완료한다.

다음으로 납부회원이 한국은행에 당좌계좌가 없는 경우 납부회원은 자신의 결제대행은행에 자금이체를 의뢰하고, 결제대행은행은 한은금융망을 통해 한국은행에 개설된 예탁결제원결제계좌로 결제대금을 이체함으로써 납부를 완료한다.

대금납부가 이루어진 경우 한국은행은 해당 대금납부 사실을 즉시 예탁결제원에 통지한다.

(3) 대금지급

예탁결제원은 오전 9시부터 결제대금의 납부금액의 범위 내에서 수령요건을 충족하는

그림 3-31 **거래은행을 통한 대금지급 프로세스**

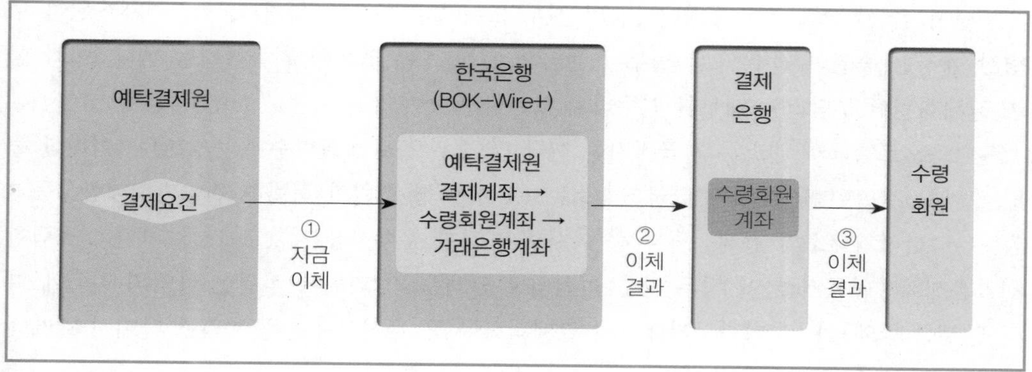

그림 3-32 **결제대행은행을 통한 대금지급 프로세스**

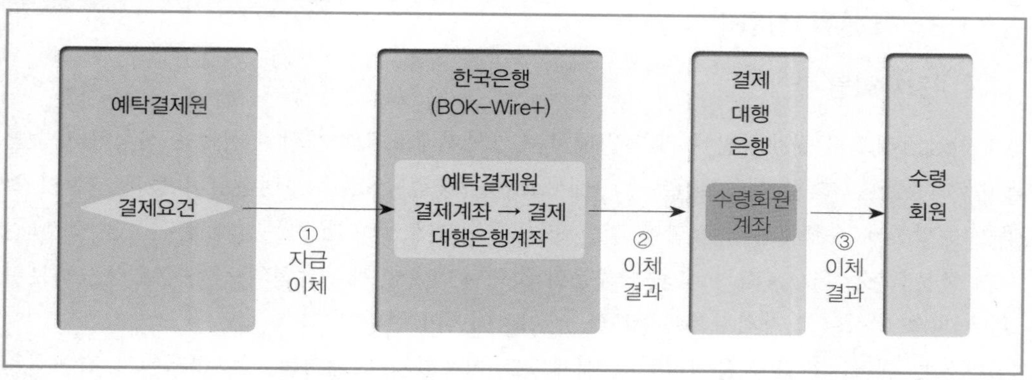

수령회원에게 결제대금을 지급한다. 이 경우 수령회원이 한국은행에 당좌계좌를 개설했는지 여부에 따라 지급절차가 달라진다. 먼저, 수령회원이 한국은행에 당좌계좌를 개설하고 있는 경우 예탁결제원은 한은금융망을 통해 거래은행계좌로 결제대금을 이체하고, 거래은행은 수령회원계좌에 결제대금을 입금 처리한다.

다음으로 수령회원이 한국은행에 당좌계좌가 없는 경우 예탁결제원은 한은금융망을 통해 결제대행은행계좌로 결제대금을 이체하고, 결제대행은행은 수령회원계좌에 결제대금을 입금 처리한다.

1.2.6. 결제불이행처리

한국거래소는 결제불이행을 방지하기 위하여 결제지연손해금 등 다양한 장치를 운영하고 있으나, 결제회원이 결제불이행을 한 경우 다음과 같이 처리한다.

먼저 한국거래소는 (ⅰ)매매거래의 전부 또는 일부를 정지하거나, (ⅱ)결제회원이 수령할 예정인 증권의 전부 또는 일부나 현금의 전부 또는 일부의 지급정지를 한다. 이와 함께 결제회원이 부담하는 채무를 인수하지 않는다.

다음으로 한국거래소는 지급정지한 현금 및 증권으로 채권회수에 충당한다. 이러한 충당 후에도 부족이 있는 경우 한국거래소는 (ⅰ)불이행 회원이 적립한 위약손해배상공동기금, (ⅱ)한국거래소의 결제적립금 중 이사회가 정한 우선사용분, (ⅲ)다른 회원이 적립한 위약손해배상공동기금(이 경우 다른 회원의 부담액은 각 회원이 적립한 금액의 비율에 따라 안분한 금액임), (ⅳ)한국거래소의 결제적립금 중 우선사용분을 제외한 나머지 결제적립금 등 순서로 손실을 보전한다.

1.3. 결제위험관리

(1) 결제회원 관리

한국거래소의 결제회원이 되기 위해서는 한국거래소에 결제회원 취득을 신청하고 승인을 받아야 한다. 회원 가입요건은 (ⅰ)재무요건을 충족할 것, (ⅱ)전산설비 등의 시설이 업무를 원활하게 수행하는데 적합할 것, (ⅲ)업무수행에 필요한 전문성과 건전성을 갖춘 인력이 충분할 것, (ⅳ)사회적 신용이 충분할 것이다. 이 중 재무요건의 경우 영업용순자본비율이 180% 이상이고 자기자본이 100억 원 이상이어야 한다.

한편, 예탁결제원이 운영하는 결제제도를 이용하기 위해서는 예탁결제원의 결제회원으로 가입이 되어 있어야 하는데, 회원의 업무편의를 위해 한국거래소의 결제회원으로 가입된 자는 그 가입과 동시에 예탁결제원의 결제회원으로 가입을 신청하여 승인을 받은 것으로 간주되고 있다.

한국거래소와 예탁결제원은 결제업무의 안정성 확보를 위하여 결제회원의 가입승인 후에도 회원이 요건을 충족하는지 여부를 지속적으로 관리하고 있다.

(2) 증권수령가능한도 관리

예탁결제원은 증권결제에 있어서 수령회원의 결제위험을 관리하기 위하여 증권수령가능한도(stock receivable threshold)를 설정하여 관리하고 있다. 즉 증권수령가능한도 범위에서 수령회원에 대하여 증권을 인도함으로써 수령회원이 자신의 의무이행보다 더 많은 증권을 수령하는 위험을 관리한다. 따라서 증권수령가능한도가 부족한 회원에 대해서는 증권을 인도하지 않고 있으며, 이 경우 해당 회원이 필요한 증권을 받기 위해서는 한국거래소에 국채,

통화안정증권 또는 현금으로 결제촉진담보금을 납부하여 증권수령가능한도를 높여야 한다.

(3) 위약손해배상공동기금

각 결제회원은 결제불이행으로 인하여 발생하는 손해를 배상하기 위하여 한국거래소에 위약손해배상공동기금을 적립하여야 하며, 현재 총 적립액은 2,000억 원으로 설정되어 있다. 각 결제회원이 납부할 공동기금액은 분기마다 산출되며, 이는 기본적립금 5억 원과 변동적립금으로 구성되어 있다. 변동적립금은 총 적립액에서 기본적립금의 합계액과 직전 분기말 이전 1년간 일평균 거래대금에 대한 해당 결제회원의 일평균 거래대금의 비율을 곱하여 산출한다. 이렇게 매 분기별로 산출된 공동기금액과 기존에 적립된 금액과의 차액을 분기 초일로부터 20일 이내에 한국거래소와 수수하고 있다.

결제회원은 현금 또는 채권(국고채권, 통화안정증권)으로 공동기금을 적립할 수 있으며, 국고채권 또는 통화안정증권으로 적립하는 경우에는 해당 결제회원이 적립하여야 할 공동기금의 2분의 1 이내이어야 한다.

(4) 결제적립금

한국거래소는 결제불이행에 따른 손실에 대비하여 결제적립금을 적립하고 있다. 2016년말 현재 결제적립금의 규모는 800억 원이다.

2 장외 주식기관결제제도

장외 주식기관결제란 장내시장 및 그 밖의 시장에서의 주식 등의 매매거래에 따른 증권회사와 그 기관투자자 고객 간의 결제를 말한다. 주식기관결제는 주식과 함께 상장지수집합투자증권(ETF), 신주인수권증서, 신주인수권증권, 주식워런트증권(ELW), 수익증권 및 주식예탁증권(KDR)을 대상으로 한다.

장외 주식기관결제에서 예탁결제원은 청산기관(CCP)으로서 매매확인, 채무인수, 차감, 결제증권 · 결제대금의 확정, 결제이행보증을 담당하고 있으며, 중앙예탁결제기관(CSD)으로서 증권인도와 대금지급을 담당한다.

2.1. 청산 절차 및 방법

2.1.1. 매매확인

(1) 개요

주식기관결제에서는 예탁결제원의 시스템(SAFE Plus)을 통해 당사자 간에 매매확인이 이루어진다. 매매확인은 매매자료에 대한 확인(약정조회)과 매매확인내역에 대한 결제의 승인(결제승인)의 두 단계로 이루어져 있으며, 회원의 업종에 따라 매매확인 방법이 상이하나 기본적으로 증권회사가 매매자료를 전송하면 거래 상대방인 기관고객이 약정조회 및 결제승인하는 구조(일방매매확인시스템)를 취하고 있다. 주식기관결제 회원의 업종별 매매확인 방법은 다음과 같다.

(2) 집합투자업자 거래

증권회사가 전송한 집합투자업자의 매매내역에 대한 매매확인 및 매매정정은 T일 오후 4시 30분까지 이루어진다. 만약, 증권회사가 T일 오후 4시 30분 이후에 매매정정을 하려는 경우에는 거래 상대방인 기관고객의 매매정정 동의가 필요하다.

매매확인이 완료된 매매자료에 대하여 집합투자업자는 예탁결제원의 펀드 매칭시스템인 펀드넷(FundNet)을 통하여 신탁업자 및 일반사무관리회사에 운용지시를 내리게 되며, 예탁결제원은 운용지시명세와 매매자료 간의 일치 여부를 확인한 후 매매확인서를 확정하여 증권회사 및 집합투자업자에게 통보한다. 그리고 이렇게 약정조회가 완료된 후에는 운용지시명세를 수령한 신탁업자가 T+1일 오후 4시까지 예탁결제원에 결제승인내역을 통지함으로써 결제승인이 이루어지며, 이러한 단계를 거쳐 집합투자업자 거래에 대한 매매확인 절차가 완료된다.

(3) 외국인 거래

증권회사가 전송한 외국인투자자의 매매내역에 대한 매매확인 및 매매정정은 T+1일 오전 10시 30분까지 이루어진다. 만약, 증권회사가 T+1일 오전 10시 30분 이후에 매매정정을 하려는 경우에는 거래 상대방인 외국인 보관기관의 매매정정 동의가 필요하다. 구체적으로는 증권회사가 매매자료를 예탁결제원에 통지하면 예탁결제원은 이를 거래 상대방인 외국인 보관기관에 통지하며, 보관기관은 통지받은 매매자료를 확인한 후 이를 예탁결제원에 통지하는 방법으로 진행된다.

예탁결제원은 보관기관으로부터 매매확인내역을 통지받은 후 주식매매확인서를 확정하여 다시 보관기관에 통지하게 되며, 보관기관은 T+2일 오후 3시까지 결제승인내역을 예탁결제원에 통지하여야 한다. 한편, 보관기관이 결제승인내역을 취소하려는 경우에는 T+2일 오전 9시 이전까지 취소할 수 있다.

(4) 일반기관 · 매매전문회원 거래

증권회사가 전송한 일반기관 또는 매매전문회원의 매매내역에 대한 매매확인 및 매매정정은 T+1일 오전 10시 30분까지 이루어진다. 만약, 증권회사가 T+1일 오전 10시 30분 이후에 매매정정을 하려는 경우에는 거래 상대방인 일반기관 또는 매매전문회원의 매매정정 동의가 필요하다. 구체적으로는 증권회사가 매매자료를 예탁결제원에 통지하면 예탁결제원은 이를 거래 상대방인 일반기관 또는 매매전문회원에게 통지하며, 일반기관 또는 매매전문회원은 매매자료를 확인한 후 이를 다시 예탁결제원에 통지하는 방법으로 진행된다.

예탁결제원은 일반기관 또는 매매전문회원으로부터 매매확인내역을 통지받은 후 주식매매확인서를 확정하여 다시 일반기관 또는 매매전문회원에게 통지하게 되며, 일반기관 또는 매매전문회원은 T+1일 오후 4시까지 결제승인내역을 예탁결제원에 통지하여야 한다.

그림 3-33 **매매확인 프로세스**

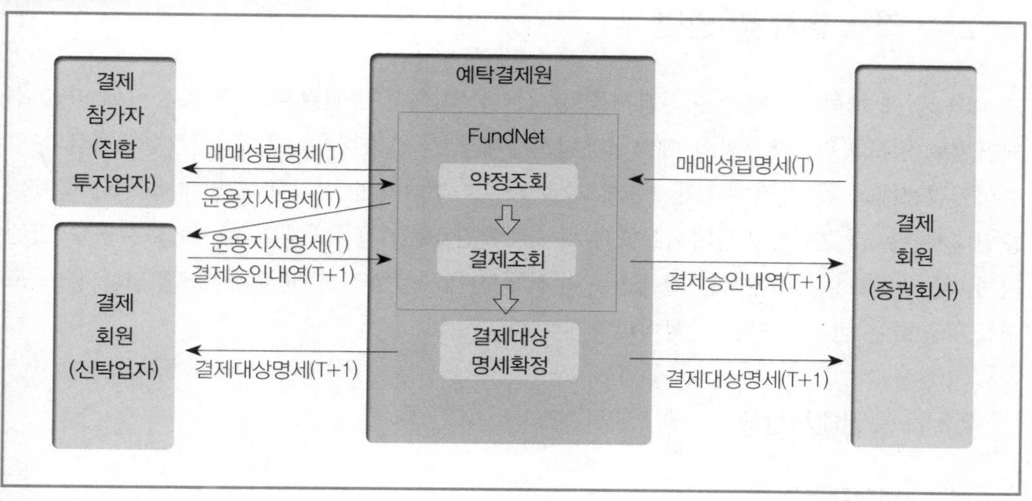

2.1.2. 결제대상명세 확정

예탁결제원은 매매확인절차를 거쳐 결제승인이 완료된 매매자료에 대해 결제일(T+2) 새벽 배치를 통해 주식기관결제의 결제대상명세를 작성하여 확정한다. 이때 결제회원의 업종 및 결제승인시점에 따라 결제대상명세의 최종 확정시점이 달라지는데, 국내 기관고객의 경우에는 결제승인시한이 T+1일이므로, 결제일 새벽에 결제대상명세가 최종 확정되나, 외국인 고객의 경우에는 T+1일의 결제승인내역에 따라 결제일 새벽에 결제대상명세가 확정된 후 T+2일 중에 추가적으로 결제를 승인하는 시점마다 결제대상명세가 계속 확정된다 (T+2일 오후 3시에 최종 확정).

결제대상명세 확정 시 결제증권은 결제승인건별 매도수량 또는 매수수량이 결제증권으로 확정되며, 결제대금은 결제승인건별 매도금액 또는 매수금액이 결제대금으로 확정된다. 다만 결제대금의 경우 DVP2방식에 따라 다자간 차감한 금액이 결제대금으로 확정되기 때문에 회원별 매도대금과 매수대금을 차감한 단일의 차감결제대금을 예탁결제원과 수수하게 된다.

한편, 예탁결제원이 이런 절차를 거쳐 결제대상명세를 확정하여 회원에게 통지하면 결제대상명세상의 매매거래가 채무인수의 대상인 청산대상거래로 확정된다.

2.2. 결제 절차 및 방법

T+2일에 예탁결제원은 증권결제를 실시한다. 이러한 증권결제는 DVP2방식에 따라 결제건별로 인도회원결제계좌와 예탁결제원결제계좌 간 계좌대체, 예탁결제원결제계좌와 인수회원결제계좌 간 계좌대체의 2단계 과정으로 이루어지며 전자를 증권대체실행, 후자를 증권대체완료라 한다. 증권대체실행과 증권대체완료는 각각 별개의 배치프로세스로 진행되며, 각 배치프로세스에서는 결제번호 순서대로 대체실행조건 및 대체완료조건을 읽어 조건을 충족하는 결제 건만을 결제처리하게 된다.

2.2.1. 증권대체실행

(1) 대체실행조건

예탁결제원은 회원의 채무를 인수할 때 대체실행조건을 충족할 것을 요구하고 있다. 이와 같이 대체실행조건이 충족되도록 한 것은 인도회원의 증권이 대체실행되는 시점부터 인도회원에 대한 대금결제의 이행을 담보하기 위해서이다.

장외 주식기관결제의 경우 결제대상명세를 확정하여 회원에게 통지한 때 채무인수의 대상이 되지만, 그 효과가 발생하는 것은 대체실행조건을 충족시킨 시점이다. 즉 결제대상명세상의 개별 청산대상거래가 대체실행조건을 충족하는 시점에 예탁결제원은 결제회원이 부담하는 채무를 인수하고, 해당 결제회원은 예탁결제원이 인수한 채무와 동일한 내용의 채무를 예탁결제원에 부담하게 된다. 예탁결제원의 채무인수는 면책적 채무인수이기 때문에 예탁결제원이 채무를 인수한 경우 해당 결제회원은 다른 결제회원에 대하여 부담하는 동일한 내용의 채무를 면하게 된다.

대체실행조건은 세 가지 조건으로 구성되어 있으며, 각 조건의 내용은 다음과 같다.

① 인도회원의 증권잔고 조건

인도회원은 증권잔고 조건을 충족하여야 한다. 즉 인도회원의 결제계좌에 예탁되어 있는 결제증권, 수령예정증권[56] 및 대체가능한 담보지정증권의 합계가 결제증권의 수량보다 많아야 한다.

그림 3-34 인도회원의 증권잔고 조건

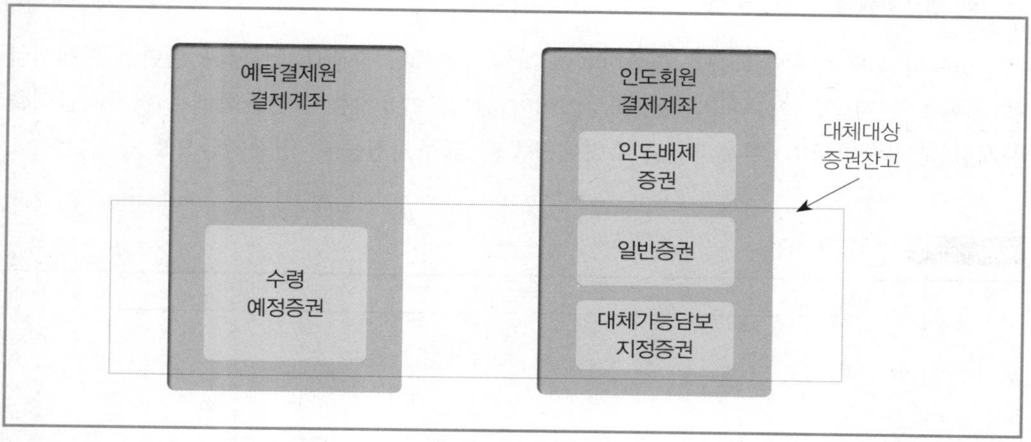

② 인수회원의 순채무한도 조건

인수회원은 순채무한도 조건을 충족하여야 한다. 즉 해당 증권대체실행과 관련된 결제대금을 포함하여 계산된 인수회원의 차감지급액[57]이 순채무한도를 초과하지 않아야 한다.

56 수령예정증권이란 인도회원을 매수자로 하여 다른 회원이 증권대체실행한 증권으로 예탁결제원결제계좌에 예탁되어 있는 증권을 말한다. 수령예정증권은 관련 회원이 대금결제를 이행하지 않을 경우 예탁결제원이 이를 처분할 수 있어 담보와 같은 기능을 수행한다.

57 차감지급액이란 회원이 지급할 금액에서 수령할 금액 및 결제촉진대금 잔액을 차감한 금액을 말한다.

회원별 순채무한도는 1,000억 원이나, 향후 회원별 순채무한도를 2,000억 원까지 올릴 예정이다.

그림 3-35 **인수회원의 순채무한도 조건**

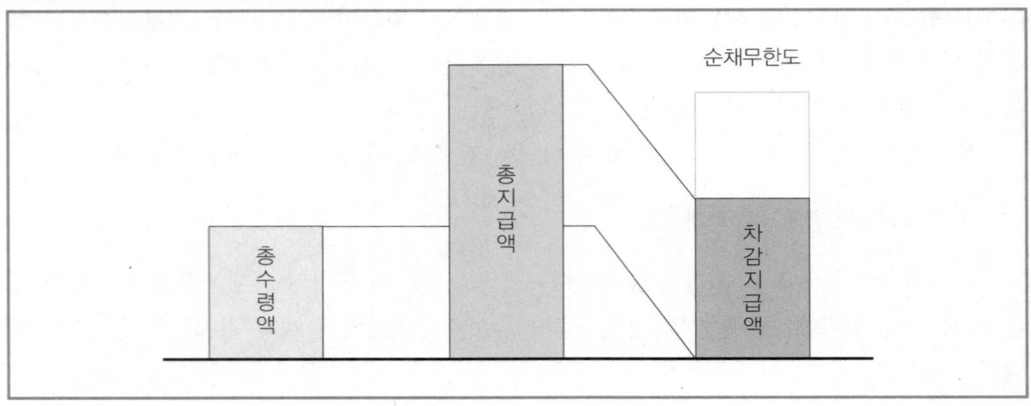

③ **인수회원의 여유치 조건**

인수회원의 여유치 조건을 충족하여야 한다. 즉 해당 증권대체실행과 관련된 결제대금을 포함하여 계산된 여유치가 0원 이상이어야 한다. 여유치는 확보자산에서 차감지급액을 공제한 금액을 말하며, 확보자산은 수령예정증권, 담보지정증권, 결제기금으로 구성된다.

그림 3-36 **여유치 조건**

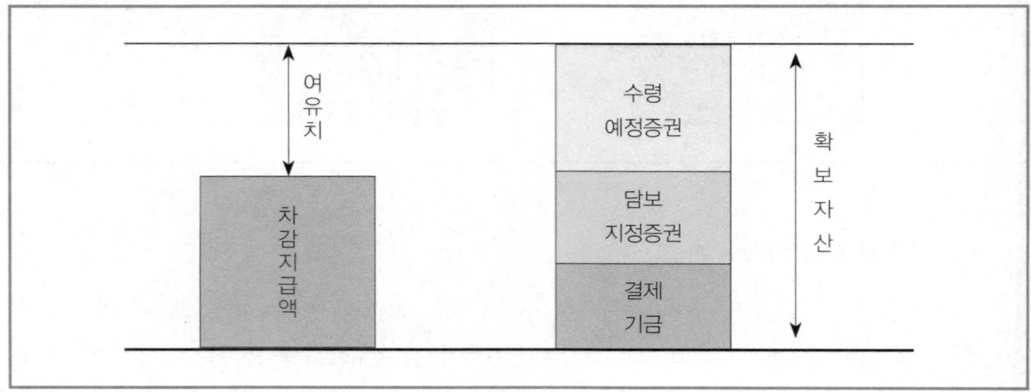

(2) 증권의 계좌대체

예탁결제원은 오전 9시부터 대체실행시한인 오후 4시 10분까지 온라인 배치방식으로 대체실행조건을 충족하는 결제 건을 확인하여 인도회원결제계좌에 예탁된 증권을 예탁결제원결제계좌로 계좌대체한다.

한편 증권대체실행의 경우 대체실행조건이 충족되지 않으면 해당 결제 건은 처리되지 않고 대기상태에 있게 되므로 인수회원은 다른 회원에 대한 증권대체실행 등을 통해 순채무한도 조건 또는 여유치 조건을 충족하여야 한다.

2.2.2. 증권대체완료

예탁결제원은 다음의 요건을 충족하는 시점에 예탁결제원결제계좌에서 인수회원결제계좌로 증권대체완료를 실시한다. 이는 시간에 따라 다르게 적용된다.

오전 9시부터 대체실행시한인 오후 4시 10분까지는 다음의 두 가지 조건을 충족시켜야 한다. 첫째, 인수회원이 수령예정증권을 (ⅰ)장내 주식시장결제 또는 주식기관결제를 위하여 납부하여야 하거나, (ⅱ)결제 외의 기타 목적으로 사용하기 위하여 대체완료 청구를 하여야 한다. 둘째, 수령예정증권이 증권대체완료되어도 해당 인수회원이 대체실행조건을 충족하여야 한다. 이와 같은 대체완료조건이 충족되면 예탁결제원은 온라인 배치방식으로 대체완료조건을 충족하는 결제 건을 확인하여 예탁결제원결제계좌에 예탁된 수령예정증권을 인수회원결제계좌로 계좌대체한다.

오후 4시 10분부터 차감결제대금 완납(오후 4시 50분)시 까지는 다음 절차에 의한다. 오후 4시 10분에 차감결제대금의 확정결과 인수회원이 차감결제대금의 수령자인 경우에는 예탁결제원결제계좌에 예탁된 수령예정증권을 인수회원결제계좌로 계좌대체한다. 또한 인수회원이 차감결제대금의 납부자인 경우에는 차감결제대금을 납부하는 시점에 즉시 예탁결제원결제계좌에 예탁된 수령예정증권을 인수회원결제계좌로 계좌대체한다.

2.2.3. 대금결제

주식기관결제의 대금결제는 DVP2방식에 따라 회원별로 다자간 차감하여 산정된 결제대금을 결제하는 방식으로 변경되었다. 이와 관련하여 예탁결제원은 결제대금을 산정하기 위하여 자금기록부를 작성 · 관리하며 이는 오전 9시부터 대체실행시한인 오후 4시 10분까지 다음과 같은 방식으로 작성된다.

첫째, 증권대체실행이 이루어진 때에는 인도회원의 자금기록부에 증가 기재하고 인수회원의 자금기록부에 감소 기재한다.

둘째, 회원이 결제촉진대금을 예탁한 때에는 해당 회원의 자금기록부에 증가 기재하고, 결제촉진대금을 반환받은 때에는 해당 회원의 자금기록부에 감소 기재한다. 결제촉진대금이란 회원이 결제대금지급채무의 이행을 확보하고 증권결제의 원활화를 위하여 예탁결제원에 예탁하는 자금으로 일중에 결제촉진대금을 납부하면 여유치가 증가하게 된다.

오후 4시 10분 이후에는 예탁결제원이 증권대체실행을 완료하고 자금기록부 기록을 바탕으로 최종적으로 회원별 차감결제대금을 확정하여 이를 회원에게 통지한다. 납부회원은 대금납부시한인 오후 4시 50분까지 한국은행에 개설된 예탁결제원결제계좌에 차감결제대금을 납부하고, 예탁결제원은 수령회원결제계좌로 계좌이체함으로써 대금결제를 완료한다.

2.2.4. 대금결제 불이행의 처리 등

(1) 결제유동성 공급

주식기관결제의 대금결제는 증권대체실행이 완료된 오후 4시 10분 이후에 이루어지며 이 과정에서 회원이 차감결제대금을 납부하지 않을 경우 대금결제에 혼란이 발생할 수 있다. 이와 같은 혼란을 방지하고 대금결제 이행의 확실성을 보장하기 위하여 예탁결제원이 결제유동성을 공급한다.

회원이 대금납부시한인 오후 4시 50분까지 차감결제대금을 납부하지 않은 경우 예탁결제원은 (ⅰ)은행의 신용한도(credit line), (ⅱ)손해배상공동기금, (ⅲ)청산적립금의 순서로 조달한 결제이행재원으로 유동성을 공급하여 대금결제를 완료한다. 유동성을 공급받은 회원은 결제일의 다음날까지 예탁결제원결제계좌로 유동성을 상환하여야 한다.

(2) 결제지연손해금제도

예탁결제원의 결제유동성 공급과 함께 회원의 대금결제의무 준수를 강제하기 위하여 결제지연손해금제도를 도입하였다. 즉 회원이 대금납부시한인 오후 4시 50분까지 차감결제대금을 납부하지 않은 경우에는 결제일로부터 3영업일째 되는 날까지 예탁결제원에 결제지연손해금을 납부하여야 한다. 이러한 결제지연손해금은 차감결제대금에 손해율인 2/10,000를 곱하여 산출되며, 대금납부시한으로부터 15분 이내에 납부하는 경우에는 손해율의 50%만을 적용하는 할인제도를 도입하고 있다. 반면, 결제지연손해금 납부기한까지 결제지연손해금을 납부하지 않으면 납부기한의 다음날부터 30영업일까지는 6/10,000, 30영업일 후 부터는 8/10,000을 곱하여 산출되는 가산금이 부과된다.

(3) 대금결제불행이행의 처리

회원이 대금납부시한인 오후 4시 50분까지 차감결제대금을 납부하지 않거나 그 우려가 있는 경우 예탁결제원은 (ⅰ)해당 회원에 대한 채무인수의 정지, (ⅱ)해당 회원이 예탁한 결제촉진대금, 결제기금 및 담보지정증권의 반환 정지, (ⅲ)해당 회원에 대한 증권대체완료의 정지 등의 조치를 취한다.

이와 함께 회원이 결제일 다음날까지 유동성을 상환하지 않으면 예탁결제원은 (ⅰ)반환 정지한 담보지정증권 또는 증권대체완료가 정지된 수령예정증권의 처분, (ⅱ)반환 정지한 손해배상공동기금의 사용의 순서로 채권회수에 충당한다. 이와 같은 충당 후에도 부족이 있는 경우 예탁결제원은 (ⅰ)예탁결제원이 적립한 청산적립금 50% 금액(향후 이사회가 정한 금액으로 변경예정), (ⅱ)다른 회원이 납부한 결제기금의 비율로 안분한 금액, (ⅲ)그리고 예탁결제원의 청산적립금 중 나머지 금액 순서로 손실을 보전한다.

2.3. 결제위험관리

(1) CCP제도 도입

주식기관결제의 리스크 관리체계 구축에서 가장 중요한 변화는 CCP제도가 새롭게 도입되었다는 것이다. 이는 주식기관결제의 결제대금이 DVP2방식에 따라 다자간 차감하여 산정되고, 한 회원이 결제대금을 납부하지 않을 경우 큰 혼란이 발생할 수 있으므로 이를 방지하기 위한 것이다.

주식기관결제에서는 예탁결제원이 CCP기능을 수행하도록 하였다. 즉 예탁결제원은 주식기관결제의 청산대상거래가 대체실행조건을 충족하는 시점에 채무인수를 통하여 CCP가 된다. 예탁결제원이 CCP가 됨으로써 주식기관결제의 회원들은 거래 상대방의 결제불이행 위험을 고려하지 않고 보다 안정적으로 결제를 할 수 있게 되었다.

(2) 순채무한도 관리

순채무한도(net debit cap)란 회원의 대금결제 불이행으로 초래될 수 있는 리스크를 일정 한도로 억제하기 위한 장치를 말한다. 예탁결제원은 모든 회원에 대해 순채무한도 1,000억 원(향후 2,000억으로 상향할 예정이며, 이하 같다)을 설정하고 증권대체실행 시마다 회원의 차감지급액이 순채무한도 1,000억 원을 넘지 않도록 관리한다.

만약 인수회원의 순채무한도가 1,000억 원이 되면 해당 인수회원을 대상으로 하는 증권대체실행은 중단된다. 이와 같은 상황이 발생하면 인수회원은 다른 회원에게로 증권대체실행(대금수령액↑, 차감지급액↓)하거나 결제촉진대금을 납부(결제촉진대금↑, 차감지급액↓)

하여 순채무한도 조건을 충족하여야 한다.

참고로 미국, 일본 등에서도 순채무한도를 관리하고 있으며 이들 국가는 회원의 신용도에 따라 순채무한도를 차등하여 정하고 있다. 향후 우리나라도 이를 참고하여 순채무한도 관리방식을 보완할 필요가 있다고 하겠다.

(3) 결제유동성 재원 확충

주식기관결제의 대금결제의 안정성을 확보하기 위해 예탁결제원은 은행에 개설한 신용한도(credit line)를 증액하고 청산적립금도 확대하였다. 이에 따라 예탁결제원은 기존에 거래은행과 1,000억 원의 신용한도를 개설하고 있었으나 국제적 수준의 결제유동성 확보를 위해 2,000억 원으로 신용한도를 확대하였다.

다음으로 예탁결제원의 청산적립금을 1,000억 원에서 2,000억 원으로 확대하였다. 결제회원의 대금결제 불이행이 발생한 경우 불이행회원의 수령예정증권이나 담보증권의 처분, 결제기금의 사용으로도 손실을 보전하지 못하는 경우에는 청산적립금을 통해 보전에 충당하게 된다.

(4) 결제기금의 적립

회원이 유동성 부족으로 결제대금을 납부하지 못할 경우 결제불이행이 발생하여 주식기관결제제도의 안정성을 심각하게 해칠 우려가 있다. 이러한 결제불이행의 위험을 방지하기 위하여 회원에 대해 대금결제 불이행으로 인해 발생하는 손해를 배상하기 위한 결제기금(손해배상공동기금을 말한다. 이하 같다)을 적립하도록 하였다. 참고로 미국(13억 달러), 일본(150억 엔) 등의 경우에도 주식기관결제에서의 결제불이행을 대비하여 결제기금을 적립하고 있다.

결제기금의 총 필요적립액은 500억 원(향후 매 분기별로 위험분석을 통해 총 필요적립액을 산정하는 방식으로 변경할 예정이다)이며 이는 대금결제 불이행에 관한 리스크 분석, 장내시장의 결제기금 총 적립액(2,000억 원), 일본 등 해외사례를 종합적으로 고려하여 정하였다. 회원별로 적립해야 하는 필요적립액은 기본적립금과 변동적립금으로 구분되며, 기본적립금은 모든 회원에게 1,000만 원(향후 5,000만 원으로 올릴 예정이다)이 부과되고, 변동적립금[58]은 회원의 결제규모를 고려하여 산정(향후 매분기 위기상황분석으로 산출된 총변동적립금을 회원별 전분기 평균 초과손실예상액에 비례하여 배분하는 방식으로 변경할 예정이다)된다. 회원은 현금, 국고채권, 통화안정증권으로 결제기금을 적립할 수 있으며, 장내 주식시장과 달리

58 변동적립금＝(500억원－Σ회원별 기본적립금)×(직전 분기말 3개월간 해당 회원의 결제규모/모든 회원의 결제규모)

국고채권 또는 통화안정증권의 적립한도(장내 주식시장의 경우에는 필요적립액의 50%까지만 채권으로 적립이 가능하다)는 제한이 없어서 필요적립액 전액을 채권으로 적립할 수 있다. 결제회원이 결제기금을 국고채권과 통화안정증권으로 적립한 경우에는 예탁결제원이 매일 시가평가를 통하여 담보가치가 부족한 경우 마진콜을 실시함으로써 가격변동에 따른 위험을 관리하고 있다.

한편, 예탁결제원은 결제기금을 회원별로 구분하여 관리하며 예탁결제원의 다른 재산과 구분하여 계리한다. 현금으로 적립된 결제기금은 자금의 성격상 안전성을 고려하여 BIS 비율이 8%이상인 은행 중 재무건전성 등을 평가하여 선정된 은행에 예치하는 방법으로 운영된다. 또한 현금운용에 따라 발생한 과실은 매분기말 회원의 현금적립비율에 따라 원본에 산입된다.

채권시장 결제제도 제3절

① 장내 국채전문유통시장결제제도

장내 국채전문유통시장결제란 국채딜러 간 매매거래 및 증권회사를 통한 위탁매매거래를 위하여 한국거래소가 개설한 국채전문유통시장(국고채권의발행및국고채전문딜러운영에관한규정 제2조제4호)에서의 국고채권 등의 매매거래에 따른 결제를 말한다. 장내 국채전문유통시장결제는 국고채권, 통화안정증권, 예금보험기금채권을 대상으로 한다.

장내 국채전문유통시장결제에서 한국거래소는 청산기관(CCP)으로서 매매확인, 채무인수, 차감, 결제증권 · 결제대금의 확정, 결제이행보증 등을 담당하고, 예탁결제원은 중앙예탁결제기관(CSD)으로서 증권인도와 대금지급을 담당한다.

1.1. 청산 절차 및 방법

1.1.1. 매매확인

T일에 한국거래소는 매매확인을 실시한다. 즉 한국거래소는 매매거래 성립 후 채무를

인수하고자 하는 때 매매거래를 확인한다(장내 주식시장결제와 동일).

1.1.2. 채무인수

한국거래소는 T일에 매매확인된 거래에 대하여 채무를 인수한다. 한국거래소는 채무를 인수하게 되면 종전의 채무자 회원이 종전의 채권자 회원에 대한 채무를 면하고 대신 한국거래소가 채무를 부담한다. 이러한 채무인수를 통하여 한국거래소는 모든 거래의 상대방(CCP)이 된다. 즉 한국거래소는 매도회원에 대해 매수자, 매수회원에 대해 매도자가 되어 결제이행을 보증한다(장내 주식시장결제와 동일).

1.1.3. 차감

한국거래소는 T일에 증권과 대금을 회원별 · 종목별로 다자간 차감을 한다. 차감된 증권과 대금은 동일종목을 기준으로 일정규모(현재 100억 원)를 상한액으로 분할하여 별개 결제건의 결제증권과 결제대금으로 확정한다. 다만, 차감에 따라 증권의 수량이 없는 종목의 경우에는 해당 종목 전체의 대금 간에 차감한다. 이렇게 다자간 차감을 한 후 확정된 결제증권과 결제대금을 예탁결제원과 회원에게 통지한다.

1.2. 결제 절차 및 방법

1.2.1. 1단계 DVP결제

1단계 DVP결제란 매도회원과 CCP인 한국거래소 간에 차감된 결제건별로 증권인도와 대금지급을 동시에 처리하는 것을 말한다. CCP인 한국거래소의 경우 매도회원에 대한 대금지급을 위해 유동성이 필요하며 이를 위해서 매도회원이 납부한 증권을 일중RP제도를 통해 한국은행에 담보로 제공하고 유동성을 조달하도록 하였다.

1단계 DVP결제 처리절차를 살펴보면 다음과 같다. 먼저 예탁결제원은 매도회원결제계좌에 결제증권의 잔량이 있으면 이를 처분제한한 후 한국거래소와 한국은행에 통지한다. 한국거래소는 통보받은 즉시 한국은행에 일중RP공급을 신청하고, 한국은행은 일중RP공급에 필요한 결제준비금이 충족되면 이를 처분제한하고 예탁결제원에 증권대체를 의뢰한다. 예탁결제원은 매도회원결제계좌에 처분제한되어 있는 결제증권을 예탁결제원결제계좌 → BOK계좌 순으로 계좌대체를 하고, 그 사실을 한국은행에 통지한다. 한국은행은 유동성 공

그림 3-37 **1단계 DVP결제 프로세스**

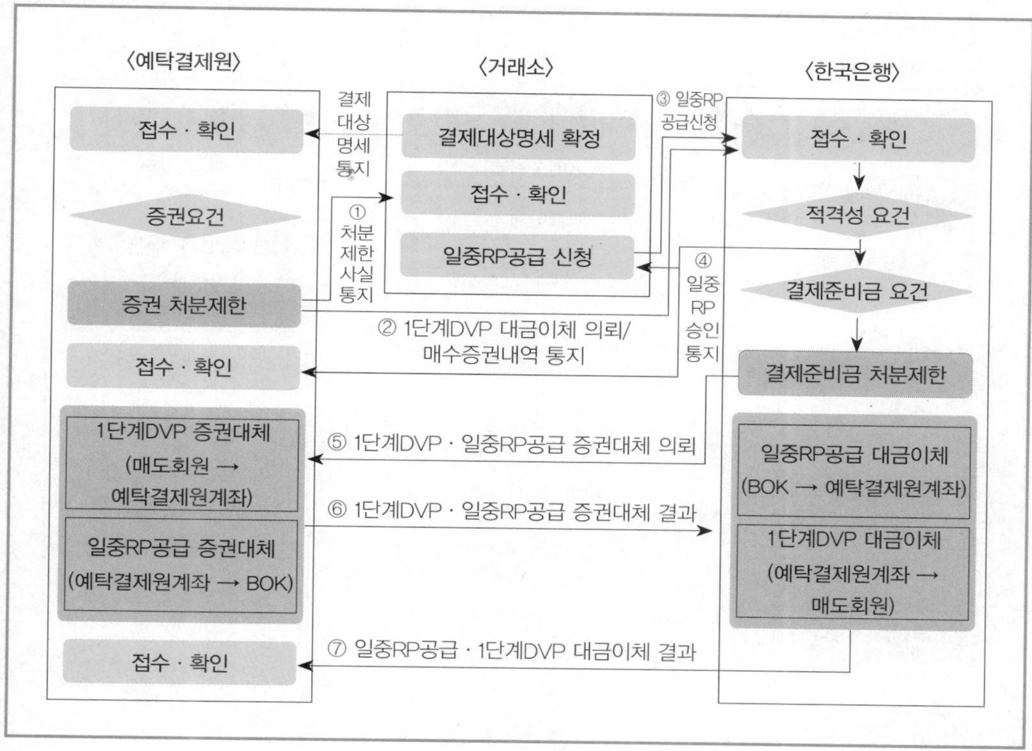

급금액을 예탁결제원결제계좌에 이체하는 동시에, 예탁결제원결제계좌에 있는 결제준비금과 유동성 공급금액을 합한 금액을 매도회원계좌로 계좌이체하고 그 사실을 예탁결제원에 통지한다. 이와 같은 절차는 예탁결제원과 한국거래소 · 한국은행 간에 시스템으로 연계되어 있어 완전히 STP(straight through processing)로 처리되고 있다.

1.2.2. 2단계 DVP결제

2단계 DVP결제란 CCP인 한국거래소와 매수회원 간에 차감된 결제건별로 증권인도와 대금지급을 동시에 처리하는 것을 말한다. CCP인 한국거래소의 경우 매수회원이 납부한 결제대금으로 1단계 DVP에서 한국은행에 제공한 담보증권을 상환받아 이를 매수회원에게 인도한다.

2단계 DVP결제 처리절차를 살펴보면 다음과 같다. 먼저 매수회원이 한국은행에 개설된 예탁결제원결제계좌로 결제대금을 입금한다. 한국은행은 해당 사실을 즉시 예탁결제원

그림 3-38 **2단계 DVP결제 프로세스**

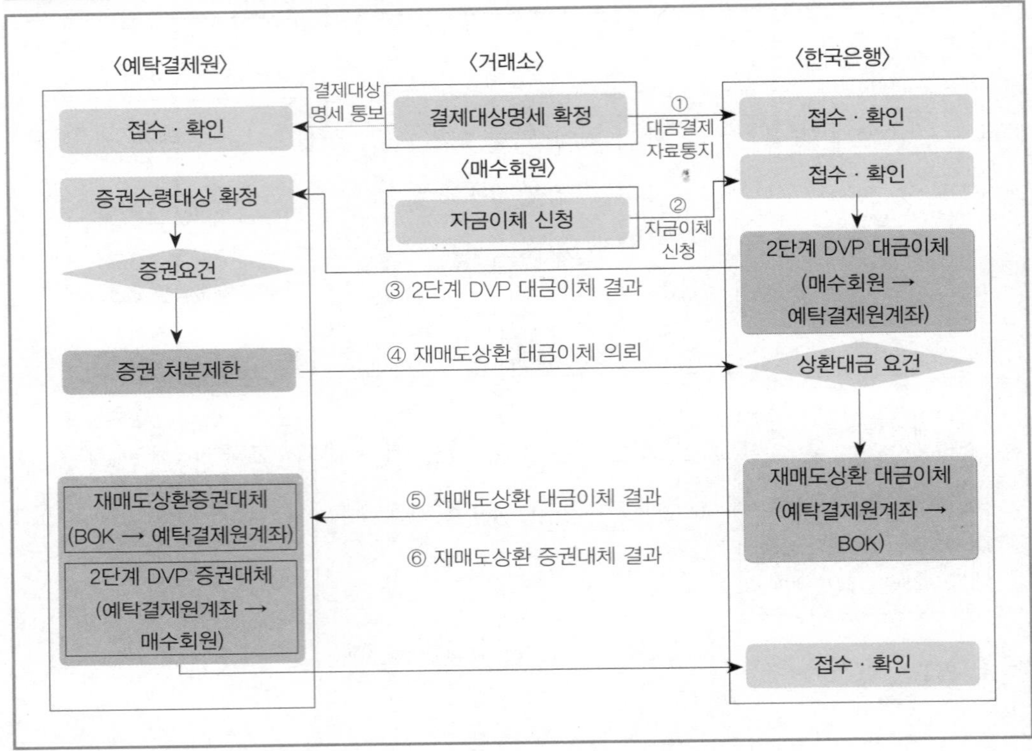

에 통지하고, 예탁결제원은 BOK계좌에 있는 담보증권 중 결제수량만큼 처분제한을 한 후 한국은행에 일중RP상환을 의뢰한다. 한국은행은 예탁결제원결제계좌에 있는 상환대금을 BOK계좌로 이체한 후 그 사실을 예탁결제원에 통지한다. 예탁결제원은 BOK계좌에 처분제한되어 있는 증권을 예탁결제원결제계좌로 계좌대체한 후 즉시 매수회원계좌로 계좌대체함으로써 2단계 DVP결제를 완료한다. 이와 같은 절차는 1단계 DVP결제와 마찬가지로 예탁결제원과 한국거래소 · 한국은행 간에 시스템으로 연계되어 있어 완전히 STP로 처리되고 있다.

1.2.3. 차금결제대금결제(FOS)

차금결제대금결제(FOS: fund only settlement)란 회원이 동일 종목 · 동일 수량을 매도 · 매수한 경우 결제증권의 수량이 '0'임에도 불구하고 매도 · 매수가격의 차이로 발생한 결제대금(차금결제대금)을 결제하는 것을 말한다. 차금결제대금은 한국거래소에서 산정되며, 복수의 종목에서 차금결제대금이 발생하면 회원별로 합산하여 산정된다. 차금결제대금결제는 DVP결제와 달리 증권결제 없이 대금결제만 발생한다는 점에서 그 특징이 있다.

차금결제대금의 납부회원은 결제시한인 오후 4시까지 한국은행에 개설된 예탁결제원 결제계좌에 차금결제대금을 납부하여야 하며, 예탁결제원은 회원의 편의를 위해 오후 2시부터 대금지급가능 범위에서 수령회원결제계좌로 차금결제대금을 지급한다.

② 장내 일반채권시장결제제도

장내 일반채권시장결제란 자본시장법 제9조제13항의 증권시장에서의 소매채권(액면가액 50억 미만의 호가수량의 채권) 등의 매매거래에 따른 결제를 말한다.

장내 일반채권시장결제에서 한국거래소는 청산기관(CCP)으로서 매매확인, 채무인수, 차감, 결제증권 · 결제대금의 확정, 결제이행보증 등을 담당하고, 예탁결제원은 중앙예탁결제기관(CSD)으로서 증권인도와 대금지급을 담당한다. 일반채권시장결제는 장내 주식시장결제나 국채전문유통시장결제와 달리 당일결제로 처리하며, 한국은행이 아닌 시중은행을 대금결제은행으로 하고 있다.

2.1. 청산 절차 및 방법

2.1.1. 매매확인

T일에 한국거래소는 매매확인을 실시한다(장내 주식시장결제와 동일).

2.1.2. 채무인수

한국거래소는 T일에 매매확인된 거래에 대하여 채무를 인수한다(장내 주식시장결제와 동일).

2.1.3. 차감

한국거래소는 T일 오후 3시 거래소시장의 매매거래시간종료 후 즉시 증권과 대금에 대해 다자간 차감을 실시한다. 즉 증권은 회원별 · 종목별로, 대금은 회원별로 다자간 차감을 한다. 이렇게 다자간 차감을 한 후 확정된 결제증권과 결제대금을 예탁결제원과 회원에게 통지한다.

2.2. 결제 절차 및 방법

2.2.1. 증권납부

매도회원은 결제시한(오후 4시)까지 결제증권을 납부한다. 이는 매도회원이 자신의 결제계좌에 결제증권을 예탁하면 예탁결제원이 해당 결제증권을 실시간으로 확인하여 예탁결제원결제계좌로 계좌대체 함으로써 이루어진다. 통상적으로는 매도회원이 오전 9시 이전에도 결제증권을 예탁하고 있으므로 예탁결제원은 오후 3시부터 해당 결제증권을 예탁결제원결제계좌로 계좌대체 처리한다.

다만, 매도회원이 해당종목을 일반채권시장결제가 아닌 다른 용도로 사용하고자 하는 경우에는 인도배제를 청구하여 예탁결제원결제계좌로 계좌대체하는 것을 일정시간 배제할 수 있다.

2.2.2. 증권인도

증권인도는 오후 3시부터 예탁결제원결제계좌에 납부된 증권의 범위에서 결제요건을 충족하는 수령회원의 결제계좌로 온라인 배치방식으로 계좌대체함으로써 이루어진다. 일반채권시장결제도 다른 장내결제와 마찬가지로 배치 실행시점마다 여러 종목의 결제증권 간 순서 및 수령회원 간 순서를 고려하여 실행된다. 이는 각 배치 실행시점에 예탁결제원결제계좌에 납부된 결제증권의 범위에서 어느 수령회원에게 어떤 증권을 먼저 인도할 것인가를 정할 필요가 있기 때문이다.

증권인도의 순서는 다음과 같이 정해진다. 먼저 특정 종목의 결제증권의 납부 완료 여부를 확인한다. 특정 종목의 결제증권의 납부가 완료된 경우에는 수령회원의 증권수령가능한도 내에서 해당 종목의 결제증권을 수령회원의 계좌로 인도하게 된다. 인도할 결제증권의 종목이 2개 이상인 경우에는 결제증권의 평가액이 큰 종목의 증권 → 결제수량이 많은 종목의 증권 → 결제증권의 납부완료시점이 빠른 종목의 증권 순서대로 인도한다. 특정 종목의 결제증권의 납부가 완료되지 아니한 경우에는 해당 종목의 결제증권에 대한 수령회원의 인도신청 여부를 확인한다. 수령회원의 인도신청이 있는 종목에 대하여 수령회원의 증권수령가능한도 내에서 인도신청한 수량에 해당하는 결제증권을 인도한다. 다만, 특정 종목의 결제증권의 납부가 완료되지 아니한 상태에서 일부 수령회원의 인도신청에 따라 증권을 인도하는 것은 일부 수령회원에게 증권이 먼저 인도(증권 先인도)되는 차별적인 요소가 포함되어 있기 때문에 일정 요건을 갖춰져야만 실행할 수 있다. 예탁결제원은 증권선인도 요건으로 결제일 오후 3시 30분 이후 결제교착의 즉시 해소를 목적으로 하는 경우로 한정하고 있다.

2.2.3. 증권미납부의 취급

장내 일반채권시장결제의 결제시한은 오후 4시 30분이다. 결제회원은 모든 결제증권과 결제대금을 오후 4시까지 예탁결제원결제계좌로 납부하여야 한다. 그러나 일반채권시장결제가 매매일 당일에 증권과 대금을 인수도하는 당일결제라는 점과 결제개시시점(오후 3시 30분)부터 결제시한(오후 4시 30분)까지 1시간 이내라는 점 등을 감안할 때, 현실적으로 결제증권과 결제대금을 결제시한 내에 완납하는 것이 쉬운 일은 아니다. 또한, 이 같은 시간적 제약과 함께 당일발행물에 대한 매매결제인 경우에 반드시 해당채권의 발행이 결제의 전제요건이 되므로 채권발행의 지연으로 인한 경우 증권의 납부가 지연될 수밖에 없는 것이 현실이다.

장내 일반채권시장결제제도는 증권미납부를 장내 주식시장결제와는 다른 방식으로 취급하고 있다. 주식시장결제는 결제시한 이후에 회원별 미납부 · 미수령을 확정하여 익일을 결제일로 하는 결제내역과 차감하여 처리하는 반면에 일반채권시장결제는 결제대용증을 납부하거나 증권결제의 특례에 따라 처리하고 있다. 즉 실무상 일반채권시장결제는 결제시한까지 증권미납부를 결제시한 후의 지연납부라는 관점에서 취급하고 있다.

2.2.4. 결제대용증과 증권결제의 특례

예탁결제원은 결제시한까지 증권납부가 이행되지 아니하는 경우 단순한 납부지연인지 증권미납부인지를 확인한다. 단순한 납부지연인 경우에는 결제업무 처리상 필요하다고 인정하여 결제시한을 변경하여 증권납부의 이행을 완료한다. 반면에 결제시한까지 결제증권을 납부하는 것이 불가능한 경우에는 매도회원은 해당 결제증권에 갈음하여 예탁결제원이 거래소를 대신하여 발행하는 결제대용증으로 납부할 수 있다.

결제대용증을 발행하여 미납된 증권납부에 갈음하기 위해서는 두 가지 조건이 충족되어야 한다. 첫째, 결제증권의 납부가 불가능하여 결제대용증으로 납부할 수 있는 사유가 성립하여야 한다. 예탁결제원은 (ⅰ)납부한 결제증권이 사고증권인 경우, (ⅱ)착오매매로 인하여 위탁매매분을 자기매매분으로 정정하는 경우, (iii)증권을 매도한 외국인투자자의 계좌대체 청구가 결제시한까지 이루어지지 않은 경우, (iv)예탁결제원이 필요하다고 인정하는 경우로 해당사유를 한정하고 있다. 둘째, 거래소가 수령할 종목의 증권이 아닌 결제대용증을 수령하여야 하는 수령회원의 동의를 얻어야 결제대용증을 통한 증권납부가 실행될 수 있다.

증권미납부를 취급하는 예외적인 방법으로 거래소는 증권결제의 특례를 두고 있다. 즉 거래소는 결제가 현저하게 곤란하다고 인정하는 경우에는 현금 또는 유사한 종목의 증권으로 결제할 수 있도록 하고 있다.

2.2.5. 대금결제

(1) 대금결제은행

일반채권시장결제의 대금결제는 다른 장내결제와 달리 한국은행이 아닌 시중은행을 이용하여 처리한다. 예탁결제원은 한국은행 또는 은행업감독규정에서 정하는 위험가중자산에 대한 자기자본비율이 8% 이상인 은행 중에서 대금결제은행을 지정할 수 있으며, 현재는 신한은행과 우리은행 두 곳을 대금결제은행으로 지정하고 있다. 다만, 지정된 대금결제은행의 자기자본비율이 8%에 미달하는 경우에는 한국거래소와 협의하여 대금결제은행을 변경하여야 한다. 일반채권시장결제에 참가하는 결제회원은 대금결제은행 중 한 곳을 선택하여야만 대금결제를 처리할 수 있다.

(2) 대금납부

납부회원은 결제일 오후 3시 30분부터 결제시한(오후 4시 30분)까지 시중은행에 개설된 예탁결제원대금결제계좌로 결제대금을 납부하여야 한다. 납부회원은 예탁결제원이 지정한 대금결제은행 중 본인이 선택한 은행을 이용하여 온라인 계좌이체 방식으로 대금을 납부하게 된다. 납부회원은 예탁결제원결제계좌에 회원별로 부여되어 있는 고유한 가상계좌번호로 자금을 이체하여 결제대금을 납부한다. 이러한 대금납부방식은 대금이체업무의 편의성과 대금납부의 정확성·신속성을 제공하는 반면, 중앙은행을 이용하지 아니한다는 점에서 대금결제은행의 선정 등에 대한 엄격한 관리가 요구된다.

(3) 대금지급

예탁결제원은 오후 3시 30분부터 결제대금의 납부금액의 범위에서 수령요건을 충족하는 수령회원에게 결제대금을 지급한다. 수령요건은 결제대금을 수령할 회원이 자신이 납부할 모든 종목의 결제증권의 납부를 완료한 것을 말한다. 즉 모든 결제대금의 납부가 완료되지 아니하더라도 납부된 대금의 범위 내에서 수령요건을 충족한 회원에게 결제대금을 신속히 지급함으로써 대금결제의 안정성과 효율성을 제고하고 있다. 대금지급도 역시 대금납부와 동일한 방식으로 예탁결제원결제계좌에서 수령회원이 시중은행에 개설한 결제계좌로 이체하는 방식으로 처리된다.

(4) 대금유동성공급 및 결제지연손해금 대상 제외

한국거래소는 장내 주식시장결제나 국채전문유통시장결제의 대금결제에 있어 일정한 시한까지 대금납부가 지연되는 경우에 결제이행재원으로 유동성을 공급한다. 반면에 일반채권시장결제는 앞서 밝혔듯이 당일결제 등 시간적 제약을 고려하여 유동성공급대상에서 제외하고 있다. 또한, 정해진 시한까지 증권과 대금의 납부를 이행하지 못한 경우에 부과되는 결제지연손해금 대상에서도 제외하고 있다.

3 장외 채권기관결제제도

장외 채권기관결제는 한국거래소가 개설한 채권시장(국채전문유통시장, 일반채권시장) 밖에서 이루어진 채권의 매매거래에 대한 결제를 말한다. 채권기관결제는 국채, 통화안정증권, 특수채, 금융채, 회사채, 외국통화표시채권 등 모든 채권을 대상으로 하고 있다. 일반적으로 채권은 주식과 달리 발행, 매매거래, 결제방식 등에 있어 표준화가 어려워 경쟁매매에 부적합한 탓에 장외거래가 대부분을 차지한다.

장외 채권기관결제에서 예탁결제원은 매매확인, 결제증권과 결제대금의 확정 및 증권결제를 담당한다. 1999년 11월부터 예탁결제원의 증권결제시스템과 한국은행의 지급결제시스템을 연계한 동시결제제도(DVP)를 도입하여 채권거래의 안정성을 제고하고 있다.

3.1. 청산 절차 및 방법

3.1.1. 매매확인

채권의 장외거래는 거래당사자 간의 상대매매방식으로 체결되며, 매매거래 성립 이후 최종의 결제를 이행하기 위해 먼저 매매확인을 실시한다. 매매확인은 거래당사자의 구분에 따라 쌍방매매확인방식과 일방매매확인방식으로 구분할 수 있다.

(1) 쌍방매매확인

쌍방매매확인방식은 매도자와 매수자 쌍방이 각각 매매자료를 제출하고 이를 상호대조하여 매매확인을 하는 방식이다. 이러한 쌍방매매방식은 투자매매나 투자중개업을 영위하는 증권회사나 중개회사(IDB: inter-dealer broker) 간에 체결된 거래의 매매확인에 이용되고 있다. 증권회사는 예탁결제원과의 전산 연계를 통하여 전문방식(CCF: computer-to-computer facility)으로 매매자료를 전송하거나 예탁결제원 증권결제시스템에 직접 접속 · 입력하는 방식으로 매매자료를 제출할 수 있다.

(2) 일방매매확인

일방매매확인방식은 거래당사자 중 일방이 매매자료를 제출하고, 상대방이 해당 자료를 확인하여 매매확인이 이루어지는 방식이다. 이러한 일방매매방식은 증권회사와 기관투자자 간의 체결된 거래의 확인에 이용되고 있다.

기관투자자는 증권회사를 통해서 거래주문(운용지시)을 내고, 증권회사는 접수된 운용지시에 따라 매매거래를 체결하는 행위를 수행한다. 증권회사는 매매자료를 예탁결제원의 증권결제시스템에 입력하고, 기관투자자는 운용지시내역을 예탁결제원으로 통지하면 예탁결제원은 입력된 매매자료와 운용지시내역의 일치여부를 확인한다. 운용지시내역과 일치된 매매자료는 결제자료로 작성되고, 운용지시내역을 확인한 신탁업자가 결제자료를 승인하여 결제대상명세로 확정한다.

그림 3-39 매매확인 프로세스

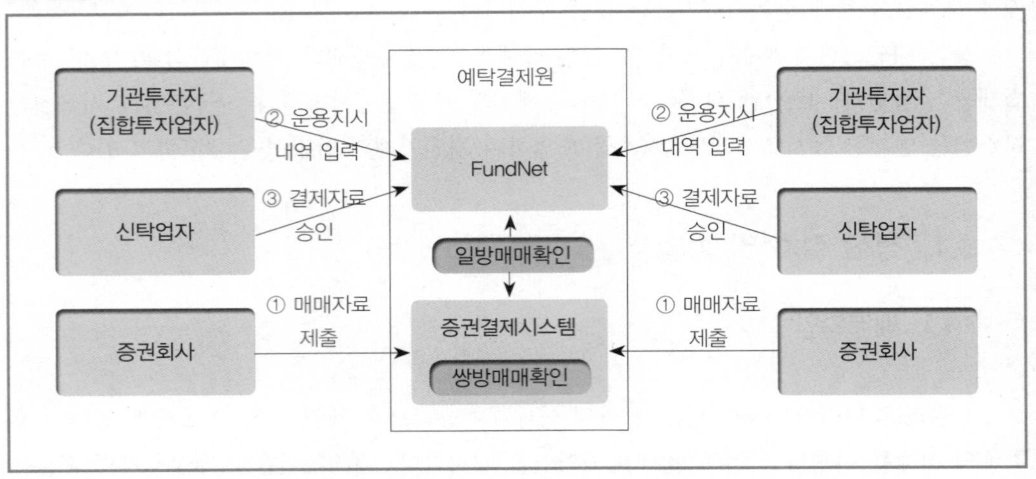

3.1.2. 결제대상명세 확정

예탁결제원은 매매확인을 거쳐 결제자료로 승인이 완료된 매매 건별로 채권기관결제 결제대상명세를 확정한다. 매매 건은 결제대상명세 확정에 따라 고유한 결제번호가 부여되고 개별결제건으로 생성된다. 예탁결제원은 매매 이후 매매확인과 결제대상명세의 확정의 시한을 매매일의 오후 5시까지로 정하고 있다.

3.2. 결제 절차 및 방법

3.2.1. 결제주기

채권의 장외거래에 따른 결제는 매도자와 매수자 간의 협의에 따라 매매계약을 체결한 날의 다음날부터 30영업일 이내에 행한다. 다만, 조건부매매, 소매채권매매 및 단기증권집합투자기구의 채권매매의 경우에는 매매계약을 체결한 날에 결제를 행할 수 있다(금융투자업규정 제5~4조). 즉 채권기관결제의 결제주기는 T+1일~T+30일을 선택적으로 정할 수 있으며, 예외적인 경우 당일결제도 가능하도록 하고 있다. 실무상 채권기관결제 결제주기는 대부분 T+1일이며, 지준일(한국은행에 지급준비금을 예치해야 하는 마감일)의 전일이 매매일이 되는 경우에는 지준일의 다음날에 결제하는 T+2일 결제가 일반적이다.

3.2.2. 결제방식

채권기관결제는 결제일 오전 9시부터 예탁결제원의 증권결제시스템과 한국은행의 지급결제시스템을 연계하여 BOK동시결제방식으로 증권과 대금을 인·수도한다. 그러나 한국은행의 지급결제시스템(증권대금이체시스템)을 이용할 수 없거나 이용하지 못하는 경우에는 분리결제나 개별결제와 같은 방식으로 결제할 수 있다.

(1) BOK동시결제

채권기관결제의 일반적인 결제방식인 동시결제는 증권대체와 대금이체의 물리적 행위를 동시에 처리하여 일방의 의무불이행에 따라 발생할 수 있는 원본손실위험을 방지하고 있다. 먼저 결제일 오전 9시부터 예탁결제원은 결제배치를 실행하여 결제건별로 매도자의 증권요건을 확인한다. 매도자의 증권요건은 매도자 결제계좌의 예탁잔량과 해당결제건의 결제수량을 비교하여 전자가 후자 이상인 경우(예탁잔량≥결제수량)에 충족된다. 해당결제

그림 3-40 **BOK동시결제 프로세스**

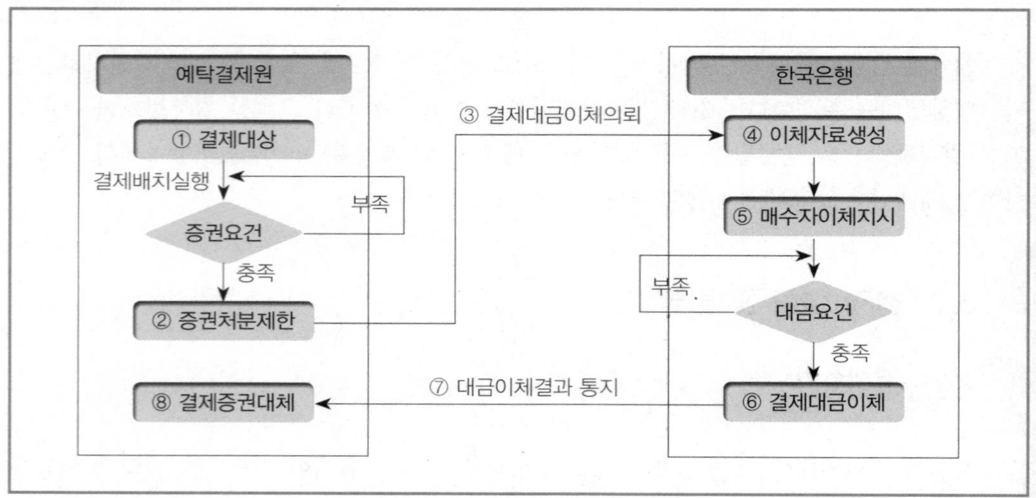

건의 증권요건이 충족되면 예탁결제원은 예탁잔량 중 결제수량에 해당하는 증권수량을 처분제한한다. 예탁결제원은 증권을 처분제한하고 한국은행으로 해당 결제건에 대한 대금이체의뢰를 전송한다.

한국은행은 예탁결제원의 대금이체의뢰에 따라 한은금융망의 증권대금이체시스템에 해당결제건의 매수자가 대금을 이체할 수 있도록 대금이체자료를 생성시킨다. 매수자가 대금이체를 완료하는 즉시 한국은행은 대금이체결과를 예탁결제원으로 통지한다. 한국은행으로부터 대금이체결과를 통지받은 즉시 예탁결제원은 매도자의 결제계좌에서 매수자의 결제계좌로 증권을 인도하여 결제를 완료한다.

한편, 매도자는 매매거래에 대한 결제 이외의 목적으로 증권대여, Repo 등으로 채권을 운용하거나 매매결제건이 다수인 경우에 특정 건을 우선 결제하고자 하는 경우가 있다. 예탁결제원의 증권결제시스템은 매도자의 선택적 증권 이용을 보장하기 위해서 결제건의 증권요건이 충족되기 전에 다른 용도로 사용하거나 타 결제건보다 우선하여 증권요건을 확인하도록 우선순위를 부여하는 기능을 제공하고 있다. 다만, 해당결제건에 대한 증권요건이 충족되어 증권 처분제한된 경우에는 물리적으로 타 용도 등으로 증권대체가 불가능하나, 매수자의 대금이체지시 전인 경우에는 증권 처분제한을 취소하여 타 용도로 증권을 이용할 수 있도록 하고 있다.

(2) 시중은행 동시결제

장외 채권기관결제 참가기관이 한국은행의 지급결제시스템 이용자가 아니거나 한은금

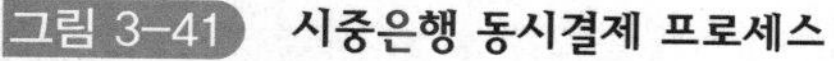
그림 3-41 시중은행 동시결제 프로세스

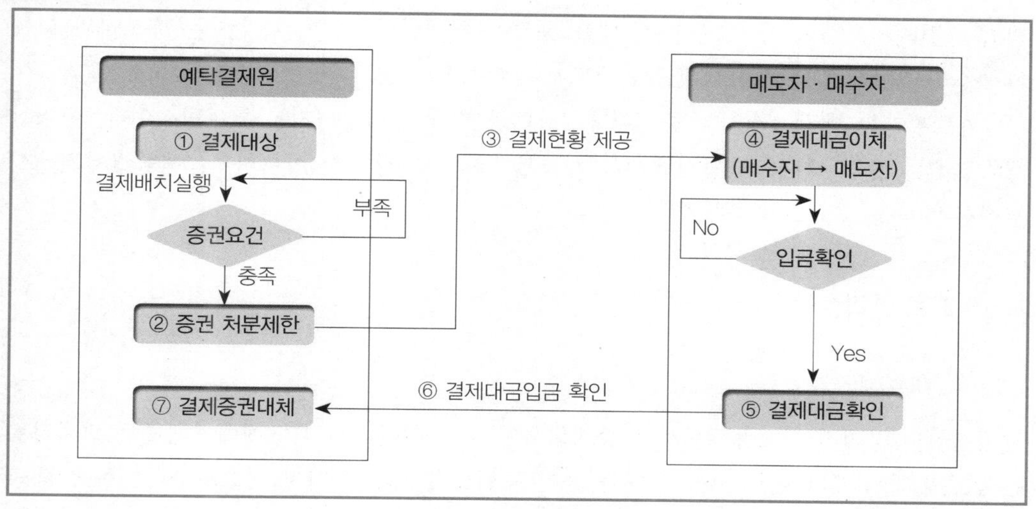

융망 운영시간 종료(오후 5시 30분) 등에 따라 한국은행의 증권대금이체시스템을 통한 대금이체가 불가능한 경우에는 시중은행을 통해 동시결제를 할 수 있다.

이런 경우에 예탁결제원의 증권결제시스템은 한국은행으로부터 대금이체결과를 통지받는 것이 아니라 매도자로부터 직접 대금수령을 확인받아 증권대체를 실행하고 있다. 이를 BOK동시결제와 구분하여 시중은행 동시결제라고 한다. 즉 시중은행 동시결제는 증권의 대체는 BOK동시결제와 동일하게 예탁결제원의 증권결제시스템을 통해 처리하나, 대금이체는 개별 참가기관의 입금확인을 통하여 처리하는 방식이다.

시중은행 동시결제는 매도자와 매수자 간에 협의한 대금교환방식에 따른 대금처리방식을 수용하여 증권결제시스템의 유연성은 높였으나, 운영상의 일부 리스크 요인이 있다. 예를 들면 매도자가 결제대금을 수취하고 나서 예탁결제원의 증권결제시스템에 해당 결제건의 대금수령을 통보하여야 매수자가 결제증권을 수령할 수 있다. 즉 매도자의 대금수령 후 매수자의 증권수령까지 일정한 시차가 존재하며, 이러한 시차는 매도자의 대금입금 확인이라는 수작업적인 행위를 필요로 하고 있다.

(3) 개별결제

동시결제로 처리할 수 없는 경우에는 개별결제방식을 통해 처리할 수 있다. 예탁결제원의 증권결제시스템 운영시간 종료(실무상 오후 6시 30분) 이후에는 매도자와 매수자 간의 증권 · 대금의 인수도는 개별적으로 이루어진다. 개별결제로 처리하는 결제건에 대하여 매도자는 자신의 결제계좌의 예탁잔량 중 결제수량에 해당하는 결제증권을 매수자의 결제계좌로 계좌대체하는 행위를 별도로 하여야 한다. 이 때 매도회원의 계좌대체는 예탁결제원의 증권결제시스템이 아닌 예탁시스템을 통하여 처리된다. 또한, 매수자는 매도자와 합의한 대금교환방식에 따라 결제대금을 매도자로 이체한다.

개별결제는 예탁결제원의 증권결제시스템과 별개로 이루어지는 처리방식이다. 이러한 개별결제는 증권 · 대금의 동시결제를 시스템적으로 보장하지 아니하며, 예탁결제원에서 결제현황 등을 별도로 제공하지 아니한다.

3.2.3. 연쇄결제

(1) 개요

채권의 장외거래는 증권회사나 중개회사가 투자자를 대신하여 매매거래를 성립시켜주는 단순중개 형태가 대부분이다. 예를 들어 증권회사 을이 투자자 갑으로부터 A종목 채권 100억 원에 해당하는 매도주문을 받은 경우에 증권회사 을은 투자자 갑을 대신하여 A종목 채권을 다른 참가자로부터 매도하는 매매거래를 하게 한다. 반대로 증권회사 병은 투자자 정으로부터 A종목 채권 100억 원에 해당하는 매수주문을 받은 경우에 증권회사 병은 투자자 정을 대신해서 A종목 채권을 다른 참가자에게 매수하는 매매거래를 하게 된다. 장외거래를 통하여 증권회사 을과 증권회사 병은 A종목 채권 100억 원을 매매하는 거래를 체결하게 된다면, 갑 → 을, 을 → 병, 병 → 정 세 차례의 매매거래로 구성된다.

여기에서 브로커 역할을 하는 증권회사 을이나 병은 A종목 채권 100억 원을 대체로 보유하고 있지 아니하며, 최종매도자인 갑과 최종매수자인 을에게 각각 증권과 대금의 조달을 의존하게 된다. 연쇄결제는 이러한 매매거래의 실질을 반영하여 다수로 연결된 매매거래를 갑 → 을 → 병 → 정 과 같이 하나의 결제로 묶어서 브로커의 증권과 대금 조달 부담을 최소화시킨다.

그림 3-42 **연쇄결제의 형태**

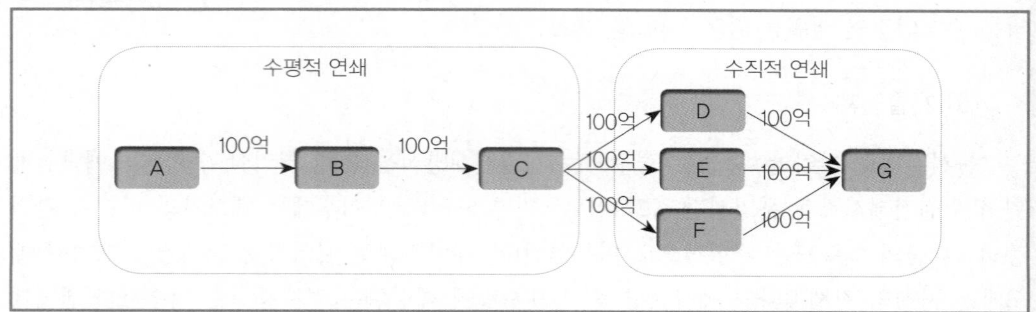

(2) 연쇄결제자료의 형태

연쇄결제는 채권거래구조에 따라서 다양한 형태로 나타날 수 있다. 거래구조를 반영한 연쇄결제자료는 수평적 연쇄결제, 수직적 연쇄결제, 수평 · 수직이 결합된 연쇄결제 세 가지로 구분된다.

수평적 연쇄는 최종의 매도자에서 최종의 매수자까지 이어진 거래의 결제수량이 모두 동일한 경우에 연쇄거래의 중간에 참여하는 증권회사가 개별의 결제건을 병합하는 형태로 만들어진다. 수직적 연쇄는 개별결제의 수량이 다른 경우에 합산된 수량을 최종의 매수자가 수령하는 수량과 동일하게 하여 병합하는 형태로 만들어진다. 수평 · 수직이 결합된 연쇄거래는 개별결제를 병합하는 과정이 연속되는 경우에 주로 생겨난다.

(3) 연쇄결제의 제약요인

연쇄결제는 채권거래의 연쇄적인 성격을 반영하여 중간 참여자가 조달해야 할 증권 · 대금을 최소화하도록 시스템을 통해서 기술적으로 차감(technical netting)하는 결제방식이다. 그러나 연쇄결제는 기술적 · 시스템적인 제약요건을 만족하는 경우에만 가능하다.

먼저 하나의 연쇄결제에서 대금이체기관은 1개여야만 한다. 대금이체기관이 2개 이상인 경우에는 기관별 대금이체시점이 각각 달라서 동시결제를 구현할 수 없기 때문이다. 대금이체기관이 복수가 되는 경우는 역마진거래나 최종매수자가 2개 이상으로 지정되는 경우에 발생하게 된다. 또한, 한국은행의 지급결제시스템은 증권대금동시결제에 따른 대금수취기관을 20개 이하로 제약하고 있다. 따라서 연쇄거래가 수평적 · 수직적으로 무한히 확장할 수 없다.

3.2.4. 외국통화에 의한 외화표시채권 결제

예탁결제원은 비거주자가 국내에서 발행하는 외화표시채권의 발행 및 유통이 원활히 될 수 있도록 외국통화에 의한 외화표시채권의 동시결제시스템을 구축 · 운영하고 있다.

외국통화로 결제를 할 경우 매매자료 제출 등에 있어 원화(KRW) 이외에 미국달러(USD), 일본엔(JPY), 유로(EUR), 위안화(CNY), 파운드화(GBP)를 선택하여 매매자료를 제출해야 한다. 단, 외화표시채권 결제를 원화로 결제하고자 하는 경우에는 기존의 원화채권의 증권결제시스템 처리절차와 동일한 방식으로 처리할 수 있다.

외화표시채권의 동시결제는 예탁결제원의 증권결제시스템과 외환은행의 자금이체시스템 간 연계를 통하여 처리된다. 따라서, 외화표시채권을 결제하고자 하는 경우에는 사전에 외화대금계좌를 개설하고 예탁결제원에 신고하여야 한다.

외화표시채권은 원화표시채권의 결제와 동일하게 결제일 오전 9시부터 외화표시채권의 증권요건을 확인한다. 증권요건이 충족되면 해당증권은 처분제한된다. 매수자는 수령할 증권의 처분제한을 확인한 후 결제외화를 예탁결제원이 지정한 외환은행 계좌로 입금한다. 매수자의 결제대금 납부와 동시에 증권이 매도자의 계좌에서 매수자의 계좌로 인도되며, 납부된 결제대금은 매도자의 외화대금계좌로 입금된다.

증권결제제도의 국제적 추세

증권결제제도는 각 국가별로 유사해지는 경향이 있다. 그것은 국가 간 증권시장 운영방식과 거래상품의 유사성이 커지고 국제화의 진전과 정보 기술의 발달에 따른 시간적, 지리적 격차의 해소로 오늘날 증권시장은 하나의 시장으로 통합되어 가고 있기 때문이다. 증권결제제도는 증권 거래에 따른 거래비용 감소 및 결제리스크의 축소라는 목표를 달성할 수 있도록 효율적으로 설계되고 운영되어야 한다.

이러한 상황에서 각국은 자국 및 국제적 이해 증진을 위한 제도 개선 노력을 경주해 오고 있다. 증권결제제도와 관련하여 주요 국제기구에서는 제도 개선을 위한 연구 내용을 지속적으로 발표하고 각국에서의 준수를 촉구하고 있으며, 세계 각국은 각각 자국의 상황에 맞게 증권결제제도를 국제적 수준으로 끌어 올려 국제적 정합성을 갖추고자 노력하고 있다. 이하 증권관련 주요 국제기구에서 발표한 권고 내용과 선진국에서의 결제제도를 살펴보고자 한다.[59]

제1절 증권결제제도에 대한 국제적 권고안

세계 증권시장은 국제화(globalization), 증권화(securitization) 추세와 더불어 정보통신기술이 급속하게 발전함에 따라 각국의 증권시장 거래규모는 물론 국제간 거래 또한 매년 급속하게 성장하고 있다. 특히, 1987년 10월 19일의 주가대폭락 사태(Black Monday)는 각

59 국제적 권고안 및 주요국 결제제도의 자세한 내용에 대하여는 「증권결제제도의 이론과 실무」 (2013, 박영사) 113쪽 이하 참조.

국 시장 참가자뿐만 아니라 증권당국이 증권결제시스템의 중요성을 인식하게 되는 계기가 되었다. 이 사건은 증권결제시스템의 정비가 부족할 경우 한 증권시장에서 발생한 결제위험이 해당 국가의 결제위험은 물론 관련 지역, 나아가 세계 증권시장으로 급속히 전파될 수 있다는 것을 여실히 보여주었다.

이 사건을 계기로 증권결제시스템은 금융시장의 핵심 분야로 자리잡기에 이르렀다. 그리고 각국의 증권결제시스템의 차이에서 오는 불합리성을 개선하고 국제 정합성이 맞는 증권결제시스템을 구축하도록 하는 국제적인 협력이 더욱 중요해졌다. 사실 국제간 증권거래에서 개별 국가의 법률, 업무관행, 감독체계 등에서 많은 차이가 있을 뿐만 아니라 각 시장별로 복잡한 양상을 보인다. 따라서 국가별 또는 국가 간 결제비용을 절감하고 결제위험을 낮추기 위한 증권결제시스템의 개선노력은 국제기구들을 중심으로 논의되는 것이 보다 효과적이다.

1988년 국제증권관리자협회(ISSA)가 국제기구로는 처음으로 증권결제제도의 세계적인 표준화와 통일화를 위해 12개 권고안을 제시한 바 있다. 그리고 이를 바탕으로 G-30은 1989년 증권결제시스템의 안정성을 제고하기 위해 세계 각국의 증권결제제도에 관한 개선을 촉구하는 9개항의 권고안을 발표하였다. G-30은 2003년 국제 결제에 관한 최적업무처리절차(best practice)와 함께 실행계획으로 20개 권고안을 제시한 바 있다.

국제결제은행(BIS)도 지급결제제도위원회(CPSS)를 통해 국제증권감독기구(IOSCO)와 공동으로 증권결제시스템에 관한 권고(2001년), 청산기관(CCP)에 관한 권고(2004년)를 발표하였다. 이후 2008년 금융위기의 교훈을 반영하고, 기존의 권고를 통합 및 진전시켜 2012년에는 금융시장인프라에 관한 원칙(PFMIs)을 발표하였다.

유럽시장을 중심으로 국제 증권결제시스템에 관한 연구 또한 활발하게 진행되었다. 그 중 Giovannini 그룹은 EU지역의 역내 증권거래에 있어 결제시스템 위험관리의 장애요소와 대처방안에 관한 두 차례(2001, 2003) 보고서를 발표한 바 있다. 이와 함께 유럽 증권규제위원회(CESR)와 유럽 중앙은행연합(ESCB)은 2003년 공동으로 EU지역의 증권청산결제 표준안을 발표한 바 있다.

세계 각국이 이러한 권고 내용을 달성하기 위해 자국 제도를 재검토하고 시스템 개선을 위해 노력한 결과 각국 증권결제시스템 개선에 커다란 진전을 이루게 되었다. 이하에는 각 국제기구의 주요 권고사항을 살펴보기로 한다.

1 ISSA의 권고내용

ISSA(International Securities Services Association: 국제증권관리자협회)[60]는 국제기구로는 처음으로 1988년 증권청산결제시스템의 세계적인 표준화와 통일화가 증권청산결제시스템에 내재되어 있는 위험과 비용을 최소화하고 유동성을 극대화시킬 수 있다고 보고 이를 위해 12개의 권고안을 채택하였다. 이 권고안은 세계 각국의 증권결제시스템 정비를 위한 가이드라인으로 이용되었으며 1989년에 발표된 G-30 권고안의 기초가 되었다. 이 권고안의 주요 내용은 단일의 청산기관 및 중앙예탁결제기관, 연속차감방식의 결제, DVP 보증, 증권무권화 시스템 확대, 국제표준증권코드(ISIN) 사용 등이다.

ISSA는 1995년 그동안의 시장 변화를 고려하여 더욱 강화된 리스크 감소에 관한 내용을 포함한 'G-30 개정 권고안(Revised Recommendations of the G-30)'을 발표하였다. 이 개정 권고안은 G-30의 1989년 권고안의 달성을 위한 그동안의 증권결제 개혁의 진전과, BIS, EU 등 국제적인 논의를 반영하여 원래의 권고안을 수정 발전시킨 것이다. 이 권고안은 그 이후 사실상 글로벌 스탠다드로 인식되었다.

이 권고안의 주요 내용을 보면 다음과 같다. 첫째, 시장의 직접참가자 간 매매확인을 T+0으로 단축하고, 간접참가자들의 매매승인은 T+1로 제시하여 결제기간의 단축을 통한 결제위험의 최소화를 요구하고 있다. 둘째, 결제기간을 'T+3'에서 'T+3 이내'로 하도록 하여 리스크 감소에 관한 내용을 더욱 강화하고, 중앙예탁결제기관(CSD)의 예탁증권 종류를 광범위하게 확대하였으며, DVP의 정의를 새롭게 하였다. 셋째, 더욱 강력한 차감결제의 도입을 명시적으로 램팔러시(Lamfalussy) 기준에 적합한 차감결제시스템으로 표현하고 당시 세계적인 결제시스템의 흐름이었던 RTGS방식의 이용도 선택사항으로 추가하였다.

2000년 6월 ISSA는 1995년 권고안을 더욱 향상시킨 권고안(Recommendations 2000)을 발표하였다. 이 권고안은 1995년 권고 이후의 증권시장의 변화 즉, 증권시스템[61](Securities System)의 지배구조, 기술적 위험의 관리, 새로운 이용자의 요구에 대한 대응 등의 사항을 반영하기 위한 것이었다. 이 권고안은 총 8개 항목으로 구성되어 있으며, 각국이 이것을 5년 이내에 달성하도록 권고하고 있다.

이 권고안의 주요 내용을 보면 다음과 같다. 첫째, 증권시스템의 지배구조에 관한 것으로 모든 관계자가 공평한 대우를 받을 수 있도록 투명성을 요구하고 있다. 둘째, 증권사무

60 ISSA는 세계 각국의 증권시장 인프라 기관 및 금융기관으로 구성된 민간단체로 증권관리 및 결제의 효율화에 기여하고자 매 2년마다 국제적 모임을 개최하고 있다. 2013년 현재 43개 국가의 78개 기관이 회원으로 참여하고 있으며, 우리나라에서는 예탁결제원이 가입하여 활동하고 있다.

61 증권시스템에는 예탁기관, 결제 및 청산시스템을 포함한다(In the text below, where we refer to "Securities Systems", these cover depositories, settlement and clearing systems. Recommendations 2000, p.10 참조).

자동화(STP)를 위해 증권시스템이 기본적으로 갖추어야 하는 처리 기능에 관한 정의, ISIN, 은행식별코드(BIC), ISO 15022 등의 증권거래에 관한 표준코드와 표준 메시지 이용에 관해 정의를 제시하고 있다. 셋째, 증권시스템의 위험을 완화하기 위한 T+1 결제주기 채택, 무권화 결제 시행, 증권대차, 교차담보 등을 제시하고 있다.

그 이후 ISSA는 세계 약 50개 증권시장의 2000년 권고안의 이행 상황을 2년마다 조사하여 국가별 상세 보고서(ISSA Handbook)를 작성하였다. 그러나 각국에서 그 필요성을 인식하지 못함에 따라 2004년 제8판을 마지막으로 보고서 작성을 중지하였다.

② G-30의 권고내용

G-30[62](The Group of Thirty)은 국제 증권거래의 증가로 인한 결제위험, 미국의 주가대폭락사태(Black Monday)를 계기로 증권결제제도의 불안정성 등에 대처하고자 결제시스템의 안정성을 제고하기 위한 연구를 진행해왔다.

G-30은 1989년 9개 권고사항을 담은 권고안을 발표하였다. 이 권고안의 주요 내용은 단일의 증권중앙예탁결제기관(CSD)의 설립, 차감시스템 도입에 의한 위험 축소, 동시결제(DVP)에 의한 결제, 결제일의 당일자금화, 연속결제방식의 채택, T+3일 결제, 증권대차제도, 증권표준메시지 채택, 국제증권표준코드의 사용 등이다. G-30의 1989년 권고안은 증권결제에 관한 본격적인 제언으로서 세계 각국의 광범위한 지지와 공식적인 승인을 받았으며 그 영향은 매우 컸다. 그 결과 연속결제, DVP, T+3일 결제 등이 각국의 증권결제제도에 도입되었다. 특히 중앙예탁결제기관(CSD)의 중요성이 인식되어 중앙예탁결제기관의 설립이 급증하게 되었다.

G30의 1989년 권고 이후 10년 이상이 경과되면서 국제간 증권거래가 급속하게 확대되고, 증권결제를 둘러싼 환경이 크게 변화하는 가운데 기술 및 증권시장 하부구조의 변화는 증권결제제도의 중요성을 크게 부각시켰으며 관련 리스크를 더욱 증대시켰다. 요컨대 각국마다 상이한 업무관행, IT, 법규제 등으로 인하여 국제간 청산 · 결제의 리스크가 높아지고 비효율이 초래되었다. 이러한 배경 하에 G-30은, 2003년 1월 '국제간 청산 및 결제–실행계획(Global Clearing and Settlement-A Plan of Action)'을 새롭게 발표하였는데, 이 보고서에는 3개 부분에 걸쳐 20개의 권고사항을 포함하고 있다. 이 권고안은 주로 국제 증권거래에 초점

---

62 G-30은 1978년 미국의 록펠러재단이 세계 각국의 경제, 금융 전문가인 저명 인사 30명을 선정하여 구성한 민간단체로서 세계 공동의 이익을 위해 국제 경제 및 금융과 관련된 정책방향을 설정하고 이의 달성을 위한 대안을 제시하여 왔다.

을 맞추고 있지만 각국의 증권결제시스템이 향후 나아가야 할 방향을 제시하고 있다는 점에서 의미가 크다고 할 수 있다.

G-30의 2003년 권고내용은 주로 선진국의 시장을 목표로 하고 있으며, 최소한의 국제기준인 기존 권고와 달리 선진 청산 · 결제시스템이 최소 5~7년에 걸쳐 달성해야 하는 최적 관행(best practice)을 권고하고 있다는 특징이 있다. 2003년 권고에서 새로이 다루고 있는 사항은 다음과 같다. 첫째, 국제간 청산 · 결제시스템에서 상호 호환성(inter-operability)에 대한 정의, 구체적인 표준의 개발 및 호환성을 달성하기 위한 방안을 제시하고 있다. 둘째, 증권 청산 · 결제서비스 제공기관과 이용자를 위한 위험관리 방안을 제시하고 있다. 셋째, 차감과 담보계약의 이행 가능성과 관련한 법적위험의 중요 문제점들을 제기하고 있다. 넷째, 미국의 9.11 테러사건으로부터의 교훈을 바탕으로 비즈니스 영속성과 재해복구계획을 위한 높은 표준을 설정하고 있다. 다섯째, 권리행사, 조세감면협약, 외국인 증권소유제한 등 결제이후의 자산관련 서비스가 중요한 분야로 언급되었다.

한편 G-30은 '국제점검위원회(GMC: Global Monitoring Committee)'를 조직해서 권고안 달성을 점검하였는데, 이 위원회에서는 2005년 4월에 달성상황에 관한 '중간보고서'를, 2006년 5월에는 '최종보고서'를 공표했다.

동 보고서에서는 세계의 15개 시장(북미 2, 유럽 9, 아시아 4)에 관해서 권고의 달성상황을 정리했다. 이것에 따르면, 전체적으로는 상당한 진전이 있었으며, 실물증권의 축소(권고 1), CCP의 이용(권고 6) 등 거의 달성된 항목도 있었다. 그러나 이 보고서는 국제 증권결제의 효율성을 높이기 위해서는 더욱 노력이 필요하다고 언급하고 있다. 특히 국내 수준에서 달성되어 있더라도, 국제 수준에서는 달성되지 않은 항목이 적지 않다고 지적하고 있다. 그러한 항목으로는 메시지 표준(권고 2), 참조데이터(권고 3), 증권대차(권고 7), 자산관리서비스(권고 8), DVP와 결제완결성(권고 11), 공평한 접근성(권고 18) 등을 들 수 있는데, 중장기적인 대응이 필요하다고 지적하고 있다.

3 BIS(CPSS)-IOSCO의 권고내용

3.1. 증권결제시스템에 관한 권고

BIS 산하의 CPSS[63](Committee on Payment and Settlement Systems: 지급결제위원회)와

63 CPSS는 1990년 G10의 중앙은행이 지급 및 증권 결제에 관한 최신 동향을 모니터 · 분석하고 정책과제를 검토하기 위하여 설립한 기구로 현재는 23개 중앙은행이 가입하고 있다. 한국은행은 2009년에 가입하였다.

IOSCO[64](International Organization of Securities Commissions: 국제증권감독기구)는 G-30, ISSA 등의 기존 권고안이 시대적 흐름을 제대로 반영하지 못하게 되고 새로운 이슈가 발생함에 따라 '증권결제시스템에 관한 권고(RSSS: Recommendations for Securities Settlement Systems)'를 2001년에 발표하였다. 이는 기존 권고가 민간부문에서 이루어져온 것에 비해 증권결제시스템의 위험에 대한 인식이 세계적으로 확산되면서 공적부문의 BIS 산하의 CPSS와 IOSCO가 공동 발표했다는 데 의의가 있다.

증권결제시스템에 관한 권고(RSSS)는 19개항으로 구성되어 있으며, 증권결제시스템이 갖추어야 할 최소요건(minimum standards)과 그 실현을 위해 노력해야 하는 최적 업무관행에 관하여 포괄적으로 규정하고 있다.[65] 그 주요 내용으로는 법적위험(권고1), 결제전 위험(권고2~5), 결제위험(권고6~10), 운영위험(권고11), 보관위험(권고12), 증권결제시스템에 관한 제도적인 결정(권고13~18), 중앙예탁결제기관 간의 국제연계(권고19) 등이 있다.

이 권고의 특징은 과거 G-30(1989) 등에서 주로 논의되어온 내용 외에 법적구조, 투명성, 시스템에의 참가, 지배구조 및 감시에 관한 사항 등 새로운 이슈들과 함께 국제간 거래에 따른 결제문제의 중요성을 부각하였다는 점이다. 또한 각국에 적용되는 획일적인 권고 대신 각국 시장제도의 다양성을 고려하여 업무처리기관 중심이 아니라 업무처리기능 자체에 초점을 맞춰 권고사항을 제시하였다는 점도 주목할 만하다.

CPSS와 IOSCO는 2002년 1월 '증권결제시스템에 관한 권고의 평가방법(Assessment methodology for Recommendations for Securities Settlement Systems)'을 발표하였다. 이 평가방법은 19개의 권고에 관해서 각각 (ⅰ)준수하고 있다(observed), (ⅱ)거의 준수하고 있다(broadly observed), (ⅲ)일부 준수하고 있다(partly observed), (ⅳ)준수하고 있지 않다(non-observed), (ⅴ)해당하지 않는다(not applicable)의 5단계로 평가를 설정하고 평가의 포인트를 해설한 것이다. 이에 따라 각국은 중앙예탁결제기관이 자율적으로 자체평가(self-assessment)를 공표하도록 장려하고 감독당국에서도 이 항목에 따라 평가하도록 하고 있다. 더욱이 IMF 및 세계은행(World Bank)도 금융부문 평가 프로그램(FSAP: Financial Sector Assessment Program)에서 이 평가방법을 가이드라인으로 따르도록 하였다.[66]

---

64 IOSCO는 1975년 국제 증권시장의 효율성 및 공정성 제고와 감독기관 간 정보 및 상호협력을 강화하기 위하여 설치된 기구로 현재 115개 기관이 가입하고 있다. 금융위원회와 금융감독원은 1999년에 가입하였다.

65 이 권고에서는 증권결제시스템을 증권거래의 매매확인, 청산, 결제와 증권보관을 위한 제도적 장치를 포함하는 것으로 하여 포괄적으로 정의하고 있다. 그러나 이후 청산기관(CCP)에 관한 권고가 별도로 작성되었기 때문에 증권결제시스템에 관한 권고(RSSS)는 사실상으로 중앙예탁결제기관(CSD)을 대상으로 한 권고라고 할 수 있다.

66 금융부문 평가 프로그램(FSAP)은 IMF와 세계은행이 공동주관으로 회원국 금융시스템 전반의 안정성에 대한 평가보고서를 작성하는 프로그램으로 1999년 5월에 도입되어 5년에 한번씩 25개 회원국을 대상으로 금융시스템의 취약점을 조기진단하고 적절한 대응을 통해 위기를 예방하는 것을 목적으로 하고 있다.

3.2. 청산기관에 관한 권고

CPSS와 IOSCO는 청산기관(CCP)의 설립이 증권시장에서 확산되고 증권결제에서 그 역할이 중요해짐에 따라 청산기관(CCP)의 리스크 관리를 위한 국제적 기준이 필요하다고 인식하여 2004년 '청산기관(CCP)에 관한 권고(RCCP: Recommendation for Central Counterparties)'를 발표하였다.

CCP(central counterparty)는 증권거래에서 거래당사자 사이에 개입하여 모든 매도자에게는 매수자가 되고, 모든 매수자에게는 매도자가 되는 기관[67]을 말한다. 이에 따라 거래당사자에게는 익명성을 제공하고 거래상대방위험(counterparty risk)을 제거하여 시장 유동성을 증대시킨다. 반면, 리스크가 청산기관(CCP)에게 집중되기 때문에 청산기관(CCP)은 거래당사자가 불이행하더라도 결제를 원활하게 종료시키고 건전성을 유지하기 위해 엄격한 리스크 관리대책이 필요하게 되었다.

따라서, 청산기관(CCP)에 관한 권고(RCCP)는 청산기관(CCP)의 위험관리에 관한 세부적이고 포괄적인 지침을 제공하고 있다. 또한 이 권고는 청산기관(CCP)과 관련된 여러 가지의 이슈들 중 RSSS에서 소개되었던 지배구조 · 투명성 · 규제 및 감독 등을 다루고 있으며, 새로운 권고안들의 구체적인 내용들을 재검토 · 보완하고 있다.

권고사항은 총 15개항으로 구성되어 있으며, 청산기관(CCP)이 갖추어야 할 최소요건(minimum standards)으로서 위험관리에 관한 세부적이고 포괄적인 내용을 규정하고 있다. 그 주요 내용으로는 법적위험(권고1), 위험관리대책(권고2~5), 불이행처리절차(권고6), 결제위험(권고7~10), 청산기관(CCP) 간 연계(권고11), 청산기관(CCP)에 관한 제도적 결정(권고12~15) 등이 있다.

이 권고의 특징은 참가자의 불이행에 대비한 세부적이고 포괄적인 위험관리대책을 포함하고 있다는 것이다. 즉 청산기관(CCP)은 참가자에게 엄격한 참가요건(권고2)을 요구하고, 청산기관(CCP)의 신용노출규모의 측정 및 관리 방법(권고3)을 정하고 있다. 또한 참가자의 불이행에 대비한 증거금 요건(권고4), 재무요건(권고5) 등을 정하고 있다. 이와 함께 청산기관(CCP)에 관한 권고(RCCP) 중 일부는 기존의 증권결제시스템에 관한 권고(RSSS)의 내용도 따르고 있다. 법적위험(권고1), 운영위험(권고8), 효율성(권고12), 지배구조(권고13), 투명성(권고14), 감독 및 감시(권고15) 등이 이에 해당된다.

CPSS와 IOSCO의 청산기관(CCP)에 관한 권고는 권고 내용과 함께 평가방법도 포함하

---

67 Central Counterparty: An entity that interposes itself between counterparties to contracts traded in one or more financial markets, becoming the buyer to every seller and the seller to every buyer (Recommendations for Central Counterparties, 2004.11, p.64).

고 있다는 특징이 있다. 15개의 각 권고를 각각 5개의 평가범주와 평가포인트로 명시하고 있는 점은 증권결제시스템을 위한 권고(RSSS)의 평가방법과 유사하다. 청산기관이 우선 자기평가(self-assessment)를 하고, 그것을 공표하는 것이 장려되고 있으며, 감독당국이나 국제기관이 이 권고를 이용해서 청산기관을 평가한다는 점도 증권결제시스템을 위한 권고(RSSS)와 유사하다.

이 권고도 국제적으로 청산기관(CCP)의 리스크관리에 대한 국제 기준으로 인식되고 있다. 따라서 청산기관(CCP)은 자율적으로 자기평가를 공표하는 동시에 미달성의 항목에 관해서는 권고 내용을 충족시키고 리스크관리를 개선해 나가기 위해 노력하여 왔다.

3.3. 금융시장 인프라에 관한 권고

2008년 리먼 브라더스의 파산으로 시작된 글로벌 금융위기는 전 세계 금융시장을 혼란에 빠뜨리고 나아가 실물경제의 위기로까지 확대되었다. 글로벌 금융위기 이후 주요국의 금융시장 인프라(FMI: Financial Market Infrastructure)는 대체로 원활하게 작동하였음에도 불구하고 FMI가 감수해야 할 위험이 노출되었다.

이에 따라 위험을 관리하기 위한 시스템의 정비와 감독체계의 변화에 대한 필요성이 부각되었다. 또한 국제적으로 장외파생상품시장의 인프라 확충이 필요하다는 인식이 확산되면서 시장 충격의 국제적 파급 경로를 제어할 필요성이 제기되었다.

이와 같은 상황에서 CPSS와 IOSCO는 2012년 증권결제시스템에 관한 권고(RSSS), 청산기관에 관한 권고(RCCP)를 통합 · 강화하여 '금융시장 인프라에 관한 원칙(PFMIs: Principles for Financial Market Infrastructures)'을 발표하였다. 새로운 기준의 적용 대상인 FMI는 시스템적으로 중요한 지급결제시스템(SIPS), 중앙예탁결제기관(CSD), 청산기관(CCP), 증권결제시스템(SSS), 거래정보저장소(TR: Trade Repository)이다.

PFMIs는 FMI가 준수해야 할 24개 원칙과 규제당국 및 중앙은행의 책무로 구성되어 있다. PFMIs는 FMI의 신용위험, 유동성위험 및 운영위험 등에 관한 기존 원칙을 강화하였으며, 일반사업위험, FMI 간 연계 등에 관한 원칙을 신규로 추가하였다. FMI의 범위에 거래정보저장소(TR)도 포함하여 전체적으로 FMI의 안정성과 효율성 강화를 도모하였다.

PFMIs에서는 기존보다 강화된 원칙을 포함하고 있는데 그 주요 내용은 다음과 같다.

첫째, FMI는 신용위험에 대비한 결제이행재원을 확충하여 안정성을 제고하도록 하였다. FMI는 참가자에 대한 현재 및 잠재적 미래 익스포저(exposure)를 참가자가 사전 납입하는 증거금, 담보 등으로 완전히(100%) 커버해야 하고, 공동기금(default fund)을 적정하게 확보하여 결제이행능력을 제고하여야 한다. 특히 CCP는 상기 재무자원 이외에도 1개 또는

2개[68] 최대 채무 참가자와 관계회사의 결제불이행을 감당할 수 있는 추가적인 재무자원을 확보하여야 한다.

둘째, 유동성위험과 관련해서 FMI가 1개 또는 2개의 최대 채무 참가자와 관계회사의 결제불이행 시에도 일중 적시에 결제를 완료할 수 있을 만큼 충분한 유동자산을 보유하도록 권고하였다. 다만, CCP가 파산 참가자의 결제불이행 자금 및 거래증권을 결제이행하기 위해서는 CCP의 필요 유동성 조달부담이 크게 늘어나는 점을 고려하여 2개의 최대 채무 참가자의 결제불이행에 대비하는 것을 의무 이행사항이 아닌 권고사항으로 두었다.

셋째, 신용 및 유동성위험에 대비한 적정 결제이행재원의 산출을 위해 FMI는 극단적이지만 발생 가능한(extreme but plausible) 시나리오를 설정하고 정기적으로 스트레스 테스트를 실시하도록 하는 등의 계량분석 기준도 강화하였다.

넷째, 운영위험에 대응하여 FMI는 주 전산센터와 지리적으로 떨어진 곳에 위치한 백업센터 간 자료복구 기능을 완비하고 재해복구 목표시간을 2시간으로 설정하였다. 아울러, 백업 시스템이 즉시 가동되어 극단적 상황 하에서도 당일내 결제를 종료할 수 있도록 업무연속체제를 정비하도록 하였다.

다섯째, CCP는 고객자산 보호를 위해 참가기관 고객자산(증거금, 담보증권 등)을 분리관리하고 금융기관 파산 시 해당 자산을 안전한 금융기관으로 신속히 이관하기 위한 절차 및 규정을 강화하도록 하였다.

또한 PFMIs에는 새로운 원칙이 신규로 추가되었는데 그 주요 내용은 다음과 같다.

첫째, 일반사업위험에 대비해서 FMI가 경영전략의 실패나 시스템 장애 등에 따라 발생하는 영업손실을 자기자본으로 충당할 수 있도록 하였다. 이를 위해 6개월 운영비용 수준의 자기자본을 고신용 · 고유동 자산으로 보유하고 손실이 지속되는 경우 단계적으로 FMI 서비스를 줄여나가도록 하였다.

둘째, FMI는 계층적 참가제도로부터 발생하는 잠재적 위험을 식별하고 이해하며 관리하도록 하였다. 또한, 간접참가자에 대한 자료수집, 상호의존성 확인 등을 통해 위험관리를 강화하도록 하였다.

셋째, 거래정보저장소(TR)는 관계당국과 일반대중 각각에 대하여 시장투명성을 제고하고 기타 공공정책 목적에 부합하도록 포괄적이고 상세한 데이터를 충분히 제공하도록 하였다.

CPSS와 IOSCO는 2012년 FMI의 자체 공개지침(Disclosure Framework) 및 감시 · 감독당국의 평가방법론(Assessment Methodology)에 대해서 시장의견을 수렴하였다. 자체 공개지

68 시스템적으로 중요한 CCP는 Cover2(2개 최대 채무 참가자의 결제불이행에 대비)를, 그 외 CCP는 Cover1(1개 최대 채무 참가자의 결제불이행에 대비)을 적용한다.

침은 FMI운영의 투명성을 제고하기 위해, 사용자 및 관계 당국에게 FMI의 지배구조, 운영, 위험관리 등을 자체적으로 공개하는 지침을 제시하고 있다. 평가방법론은 IMF와 세계은행이 추진하는 금융부문 평가 프로그램(FSAP: Financial Sector Assessment Program)의 일환으로 FMI에 대한 평가 시 필요한 착안사항을 제시하고 있다.

전 세계 주요국은 G-20 및 금융안정위원회(FSB: Financial Stability Board)의 권고에 따라 PFMIs에서 정한 필요사항을 자국 법규에 반영하고 가급적 조속한 시일 내에 이행한다는 목표를 설정하고 있다. PFMIs는 IMF 등 각종 국제기구 및 주요국에서 FMI에 대한 규제 · 감시업무 수행의 객관적인 지표로 활용된다.

4 CESR/ESCB의 표준

유럽증권규제위원회(CESR: The Committee of European Securities Regulations)와 유럽중앙은행연합(ECB: European Central Bank)은 2004년 9월 'EU의 유가증권 청산 · 결제 표준(Standards for Securities Clearing & Settlement in the European Union)'을 발표하였다. 이 표준안은 새로운 내용이 논의된 것은 아니고, BIS(CPSS)-IOSCO의 2001년 증권결제시스템에 관한 권고의 내용을 그대로 채용한 것이다.

이 표준안은 BIS(CPSS)-IOSCO 권고안 원문에다 자구를 수정, 삭제, 삽입하는 등의 표시를 함으로써 마치 원고를 교정하는 것과 같은 방식으로 작성된 것이 특징이다. 이 표준안은 CESR과 ESCB는 BIS(CPSS)-IOSCO 권고의 채용과 함께 각 '권고(recommendation)'를 '표준(standard)'으로 변경 · 확정하여 이행 강제력 및 실효성 확보를 목표로 하고 있다.

증권 청산 · 결제시스템에 대한 기존의 G-30, ISSA, BIS(CPSS)-IOSCO 권고 등 수많은 발표들이 있었다. 그럼에도 불구하고 CESR과 ECB가 거의 중복되는 내용의 보고서를 다시 표준(Standards) 형식으로 발표한 것은 중앙은행이 증권결제시스템의 결제 비용과 위험의 축소에 본격적으로 관심을 갖게 되었기 때문이다. 전통적으로 유럽의 중앙은행들은 범 유럽지급결제시스템(TARGET[69])이 실시간총량결제(RTGS)의 리스크를 줄이기 위하여 증권 청산 · 결제시스템이 보유하는 담보에 상당 부분 의존하고 있었다. 이에 따라 전체 금융시스템의 안정성 및 효율성 제고를 위하여 증권 청산 · 결제시스템의 개선에 지대한 관심을 가져왔다.

69 TARGET시스템은 상호 연계시스템을 통하여 EU 회원국의 실시간총액결제시스템과 유럽중앙은행(ECB)의 지급결제시스템을 연결하여 단일통화인 유로(euro)화의 지급결제를 처리하는 시스템이다.

주요국의 증권결제제도 제2절

1 미국

미국의 증권시장은 세계 최대의 시장으로 증권거래소 등을 통하여 거래가 활발하게 이루어지고 있다.[70] 먼저 주식시장의 경우 장내시장은 뉴욕증권거래소(NYSE), NASDAQ, NYSE Amex[71] 등 전국 증권거래소와 지역에 기반을 둔 지역 증권거래소 등이 있다.

최근에는 IT기술 및 인터넷의 발달에 힘입어 Instinet, Dark Pool 등 대체거래시스템(ATS: alternative trading system)의 설립도 활발하며, 이들 ATS의 거래비중도 큰 폭으로 증가하고 있는 추세이다.[72]

채권시장의 경우 일부 채권이 증권거래소에서 거래되기도 하나 대부분의 거래는 장외시장에서 증권회사 · 은행 등 딜러(dealer)에 의해 이루어지고 있다.

미국 증권시장의 증권결제는 증권별로 이원화되어 있다. 주식과 회사채 등에 대해서는 NSCC(National Securities Clearing Corporation)가 청산기관(CCP)의 역할을 수행하고, DTC(Depository Trust Company)가 중앙예탁결제기관의 역할을 수행하고 있다. 한편, MBS를 포함한 국채에 대해서는 FICC(Fixed Income Clearing Corporation)가 청산기관(CCP)의 역할을 수행하고, 미국 중앙은행인 Fed(Federal Reserve System)가 중앙예탁결제기관의 역할을 수행하고 있다.[73]

1.1. 주식시장 결제제도

장내 주식시장결제는 NYSE, NASDAQ, NYSE Amex 등 증권거래소 및 ATS에서 체결된 거래를 대상으로 한다. 대상증권(CNS-eligible securities)은 처음에는 주식만이었으나 사채, 지방채, 투자신탁증권(Unit Investment Trust) 등으로 확대되었다. 장내 주식시장결제는 증권과 대금을 차감하여 결제하는 DVP3방식이며, 증권 미납부(fail)가 발생하면 익일에 재

70 NYSE과 NASDAQ의 거래대금은 전 세계의 55.9%를 차지한다.

71 NYSE Euronext가 2008년 10월 아메리카증권거래소(Amex)를 인수하여 명칭을 변경하였다.

72 ATS는 2009년 9월 기준으로 미국 전체 주식거래의 36.2%를 차지하고 있다(Concept Release on Equity Market Structure, SEC, 2010.1).

73 DTC, NSCC, FICC는 지주회사인 DTCC의 100% 자회사로 1999년 11월에 통합되었다.

차감하여 결제하는 연속차감결제방식[74](CNS)을 채택하고 있고, 결제주기는 T+2일이다. 장내 주식시장결제에서 NSCC는 청산기관(CCP)으로서 채무인수, 차감, 이행보증의 기능을 수행하고, DTC는 중앙예탁결제기관으로서 증권과 대금의 결제를 담당한다. 또한 대금결제은행으로는 Fed가 이용되고 있다.

장외 주식기관결제는 증권회사와 기관투자자 고객 간의 거래를 대상으로 한다. 즉 NYSE, NASDAQ, NYSE Amex 등 증권거래소 및 ATS에서의 거래에 따라 증권회사와 보관은행, 보험 등의 기관투자자 고객 간의 거래(customer-side)를 대상으로 결제를 한다. 대상증권은 주식, 사채, 지방채 등 DTC의 예탁적격증권이다. 장외 주식기관결제의 DVP유형은 DVP2이다. 즉 증권은 일중에 건별로 먼저 결제되고, 대금은 마감시점에 차감하여 결제되는 방식이다. 결제주기는 T+2일이다. 장외 주식기관결제에서는 Omgeo가 매매확인기능을 수행하고, DTC가 중앙예탁결제기관으로서 증권결제와 대금결제를 담당한다. 특히, DTC는 DVP2에 따른 대금결제의 위험을 제거하기 위하여 대금지급을 보증한다. 그리고 Fed는 대금결제은행의 기능을 수행한다.

미국은 장내외의 결제대금을 통합하여 결제하는 통합결제방식을 채택하고 있다. 이는 장내외 시장에 동시에 참여하고 있는 회원에 대해 시장별로 분산된 결제대금을 통합하여 결제하도록 함으로써 회원의 자금조달 부담을 경감시켜 주기 위한 것이다. 이러한 통합결제를 위한 결제대금의 통합은 두 단계 수준에서 이루어진다. 즉 DTC와 NSCC의 상호승인에 의한 회원수준에서의 결제대금 통합과 결제대행은행(settling bank) 수준에서의 결제대금 통합이다. 위와 같은 통합결제의 대상이 되는 NSCC의 결제대금에는 CNS 결제대금 뿐만 아니라 뮤추얼펀드, 보험 · 연금 등 다른 서비스에서 발생한 대금도 포함된다. DTC의 결제대금에는 주식뿐만 아니라 채권, MMI 등의 동시결제에 따른 대금도 모두 포함된다.

DTC와 NSCC는 상호승인약정(cross endorsement agreement)[75]을 체결하고 양 기관의 공통회원(common member)인 참가자의 자금 수령액과 지급액을 통합 차감하여 하나의 포지션으로 결제하도록 한다. 한편, DTC와 NSCC의 상호승인에 의한 차감은 FDIC Improvement Act상의 차감계약(netting contract)으로서 도산뿐만 아니라 일반 상황에서도 제3자에 대한 이행강제력을 갖는다. 즉 FDIC Improvement Act는 Sec 402(14)상에서의 차감계약에는 1934년 증권거래법상 청산기관(clearing agency)인 NSCC와 DTC의 규정(rule)도 포함하는 것으로 정의하고 있다.

---

74 NSCC는 DTC의 비적격증권인 경우에는 별도로 실물증권으로 결제할 수 있는 서비스를 제공한다.

75 정식명칭은 Netting Contract and Limited Cross-Guaranty Agreement between DTC and NSCC로 1994년 4월에 체결된 후 1996년 2월, 2001년 6월에 각각 개정되었다.

1.2. 국채시장 결제제도

미국의 국채시장은 세계 최대의 시장으로 대부분 장외시장에서 증권회사, 은행 등 딜러(dealer) 간 거래로 이루어지고 있다. 이와 같이 장외시장에서 이루어진 국채거래는 두 가지 형태로 결제가 이루어진다. 즉 청산기관(CCP)을 이용하는 결제와 이용하지 않는 결제가 있다. 전자의 경우에는 청산기관인 FICC(Fixed Income Clearing Corporation)의 청산과정을 거쳐 Fed에서 결제가 이루어진다. 후자의 경우에는 FICC의 실시간 매매확인시스템 등의 매매확인과정을 거쳐 Fed에서 결제가 이루어진다.[76]

장외 국채거래 중 청산기관(CCP)을 이용하는 결제(CCP결제) 유형에는 FICC 회원인 증권 · 은행 등의 딜러 간 거래가 해당된다. FICC의 국채부문(GSD: Government Securities Division)의 참가자는 2012년 8월 현재 140사로 증권회사는 30사가 회원으로 등록되어 있다.

FICC의 대상인 국채거래는 매매거래(cash buy/sell transaction), Repo거래, 국채입찰거래(Treasury auction transaction) 등이다. 그리고 대상증권은 국채(Treasury Bill, Treasury Note, Treasury Bond), 연방기관채, 스트립채 등이다.

FICC를 이용한 장외 국채거래의 결제는 증권과 대금을 회원별 · 종목별로 차감하여 건별로 결제하는 DVP1방식이며, 결제주기는 T+1일이다. FICC를 이용한 장외 국채거래의 결제는 FICC가 매매확인, 경개, 차감, 이행보증의 기능을 수행하고, Fed가 중앙예탁결제기관으로서 증권과 대금을 결제한다.

장외시장에서 이루어진 국채거래 중 청산기관(CCP)을 이용하지 않는 결제(Non-CCP)는 두 가지 방법으로 결제가 이루어진다. 먼저 FICC의 RTTM을 통한 매매확인 과정을 거쳐 Fedwire를 통해서 결제가 이루어지는 형태이다. 다음으로 양 당사자 간의 직접 매매확인 과정을 거친 후 직접 Fedwire를 통해서 결제가 이루어지는 형태이다. 여기서 Fed가 운영하는 증권결제서비스는 Fedwire 증권서비스(Fedwire Securities Service)라 한다.

2 일본

일본의 증권시장은 미국에 이어 세계 2위의 시장으로 거래가 활발하게 이루어지고 있다. 먼저 주식시장의 경우 장내시장은 도쿄증권거래소와 오사카증권거래소의 전국 증권거래소와 나고야증권거래소, 삿포르증권거래소, 후쿠오카증권거래소의 3개 지역 증권거래

76 FICC, Assessment of Compliance with the CPSS/IOSCO Recommendations for Central Counterparties (2011.12) 참조.

소가 있다. 이중 도쿄증권거래소는 일본 장내시장 주식거래의 대부분을 차지하고 있다. 한편 도쿄증권거래소는 2011년 11월에 오사카증권거래소와의 합병계획을 발표하였으며, 동 계획에 따라 2013년 1월 일본거래소 그룹(JPX: Japan Exchange Group)이 출범하게 되어 NASDAQ OMX에 이어 세계 3위의 증권거래소로 부상하였다.[77]

주식 장외시장의 경우 1998년 12월 증권거래법의 개정으로 거래소 집중의무가 폐지됨에 따라 증권회사들이 사설거래시스템(PTS: proprietary trading system)이라는 ATS의 설립이 가능해지게 되었다. 이에 따라 현재 Japannex PTS, Chi-x Japan 등의 PTS가 운영 중에 있다.

채권시장의 경우 일본은 미국에 이어 세계 2위의 시장으로 성장했는데 이는 주로 장기의 경기침체에 따라 일본 정부가 적자재정을 실시하면서 대규모의 국채를 발행해 온 것에 기인한다. 또한 채권거래는 장내시장인 도쿄증권거래소, 오사카증권거래소 및 나고야증권거래소에서 국채와 전환사채의 일부가 거래되고 있으며, 대부분은 장외시장에서 거래가 이루어지고 있다.

일본의 장외시장에서 거래되는 채권의 대부분은 국채로 전체의 98% 이상을 차지하고 있으며, 이중 1년 이하의 단기국채가 32.3%, 중장기국채가 66.4%를 차지하고 있다.

국채 장외거래의 종류는 주로 매매거래(outright trading), 현선거래(repurchase agreement),[78] 현금담보부대차거래(cash-collateralized securities lending)[79]이며, 2010년 말 기준으로 총 거래금액은 16,306조 엔이며 이중 매매거래 3,393조 엔(20.8%), 현선거래 4,060조 엔(24.9%), 현금담보부대차거래 8,853조 엔(54.3%)이다.[80]

장외거래의 당사자는 주로 증권회사, 은행, 신탁은행 · 보험 등 기관투자자 및 비거주자이다. 증권회사 · 은행 등 딜러(dealer)와 기관투자자 간의 거래는 전화 등을 이용한 직접 협상으로 거래를 체결하고, 딜러 간의 거래는 전화 등을 이용한 직접 협상 또는 IDB(inter dealer broker)를 이용한 협상을 통하여 거래를 체결한다. 최근에는 채권거래의 투명성, 효율성 등을 위해 JBOND, Yensai.com 등의 PTS가 등장했으나, 크게 활성화되지는 못하고 있다.

한편, 일본 증권시장의 결제제도는 1990년대 말까지는 국제수준에 비해 여러 측면에서 뒤처져 있었으며, 시장참가자의 안전성 · 편의성에서도 문제가 있었다. 이로 인해 일본은 증권시장의 국제 경쟁력 강화 측면에서 증권결제시스템을 국제적인 수준으로 안정적이고 효율적으로 개편하는 것이 주요 과제였다.

77 일본거래소그룹은 지주회사 산하에 현물시장은 도쿄증권거래소, 파생상품시장은 오사카증권거래소, 청산기관은 일본증권청산회사가 중심이 되는 체제로 구성되었다.

78 Special Collateral Repo라고도 하며 현금을 담보로 채권의 대차를 목적으로 하는 거래를 말한다.

79 General Collateral Repo라고도 하며 채권을 담보로 자금대차를 목적으로 하는 거래를 말한다.

80 JGBCC, Answers to the key questions of Recommendations for Central Counterparties(CCPs, 2012. 3), p.4 참조.

구체적으로 증권거래 이후부터 결제까지 프로세스에서 Fax나 전화에 의한 매매확인이 이루어지고 있었으며, 실물증권의 비중이 높아서 전반적으로 수작업 개입이 발생하는 등 STP(straight through processing)가 발달하지 못한 상황이었다. 또한 각 증권마다 법제가 나뉘어져 있었다. 증권결제는 여러 중앙예탁결제기관(CSD)에서 분산되어 처리되고 있었으며, CP(commercial paper)는 중앙예탁결제기관이 존재하지도 않았다. 더욱이 주식의 경우 통일적인 청산기관(CCP) 없이 증권거래소마다 청산을 하고 있었으며, 국채나 사채의 청산기관도 존재하지 않았다. 또한 DVP결제가 실현되지 않은 증권이 남아 있어 위험관리 측면에서 문제가 있었다.

이와 같은 상황에서 1999년 8월 일본의 채권시장문제소위원회가 발표한 '증권결제시스템의 개혁을 위한 보고서'를 계기로 증권결제 개혁을 위한 논의가 본격화되었다. 동 보고서에서는 일본 증권결제제도의 문제점을 지적하면서 (ⅰ)결제기간의 T+1일로 단축, (ⅱ)증권 STP화의 추진, (ⅲ)사채 등 등록법의 재검토, (ⅳ)증권결제시스템 및 운영규칙의 일원화 등 증권결제시스템의 근본적 개혁을 요구하였다.

그 이후 일본 증권업계가 노력한 결과 통일적인 증권법제가 정비되었으며, 매매확인시스템의 정비, 청산기관(CCP)의 설립, 중앙예탁결제기관(CSD)의 기능 확대 등이 추진되어 매매확인부터 청산을 거쳐 증권결제의 과정에서 STP화, DVP화가 크게 진전되었다. 또한 2009년 1월에는 증권결제제도 개혁의 총 마무리라고 할 수 있는 주권전자화가 실시되었다.

이와 같은 개혁의 결과 일본 증권시장의 결제제도는 시장별 · 증권별로 정비되게 되었다. 먼저 주식시장의 경우 장내 주식시장 거래에 대해 JSCC가 청산기관(CCP)의 역할을, 장외 주식기관거래에 대해서는 JDCC가 청산기관의 역할을 각각 수행한다. JASDEC은 장내외 시장의 중앙예탁결제기관으로서 역할을 수행한다. 다음으로 채권시장의 경우 장외 국채거래에 대해 JGBCC가 청산기관(CCP)의 역할을, 일본은행(BOJ)이 중앙예탁결제기관으로서의 역할을 수행하거나, 청산기관(CCP)의 개입 없이 BOJ가 중앙예탁결제기관으로서의 역할을 수행하는 경우도 있다. 또한 장외의 사채, 단기사채 등의 거래에 대해서는 별도의 청산기관(CCP)이 없이 JASDEC이 중앙예탁결제기관으로서의 역할을 수행한다.

2.1. 주식시장 결제제도

일본의 주식시장 결제제도는 크게 장내 주식시장결제와 장외 주식기관결제로 구분된다. 장내 주식시장결제는 도쿄증권거래소 등에서 증권회사 간의 거래(street-side)를 결제하는 것을 말한다. 이는 JSCC의 청산과정을 거쳐 JASDEC에서 결제가 이루어진다. 다음으로 장외 주식기관결제는 증권회사와 신탁은행 등 기관투자자 간의 거래(customer-side)를 결제하는 것을 말한다. 이는 JDCC의 청산과정을 거쳐 JASDEC에서 결제가 이루어진다.

장내 주식시장결제는 도쿄 · 오사카 · 나고야 · 후쿠오카 · 삿포르증권거래소와 Japanex PTS, Chi-x Japan 등의 사설거래소(PTS)에서 체결된 거래를 대상으로 한다. 장내 주식시장결제의 대상증권은 주식 외에 전환사채(CB), 상장ETF, REITs 등을 포함한다. 장내 주식시장결제는 증권과 대금을 차감하여 결제하는 DVP3방식이며, 증권미납부(fail)가 발생하면 익일에 재차감하여 결제하는 연속차감결제(CNS)를 채택하고 있다. 그리고 결제주기는 T+3일이다. 장내 주식시장결제에서 JSCC는 청산기관(CCP)으로서 채무인수, 차감, 이행보증의 기능을 수행하고, JASDEC은 중앙예탁결제기관으로서 증권결제를 담당하며, 일본은행(BOJ)과 6개의 상업은행[81]이 대금결제은행의 기능을 수행한다.

일본 장내 주식시장결제의 DVP는 각 청산참가자의 미이행채무와 동 가치의 증권 또는 자금을 유보함으로써 결제불이행으로부터 발생하는 원본위험을 제거하는 구조이다. 즉 청산참가자가 JSCC에게 증권을 인도한 경우에는 이 증권의 가격에 상당하는 증권을 수령하는 것이 가능하다. 또한 인도한 증권을 상회하는 가치의 증권을 수령하기 위해서는 부족분에 해당하는 DVP예정수불대금, 결제촉진대금과 같은 담보의 납부가 필요하다. 따라서 이 구조에서는 청산참가자로부터의 담보납부, 증권인도 상황에 따라서 증권대체가 일중 수회 배치(batch)로 실행된다.

유럽 · 미국에서는 DVP의 구조 하에서 대금결제 전에 증권을 수령할 수 있도록 하기 위한 수단으로서, 사전에 담보를 차입하는 방법이 취해지고 있지만, 일본의 경우 결제이행을 위해 JSCC에 인도한 증권이 인도받을 증권의 대가(담보)로 되어 있다는 점이 특징이다. 이는 참가자의 담보 조달을 고려한 조치로 참가자의 부담을 가능한 한 적게 한 후에 효율적으로 증권을 조기에 수령할 수 있도록 하기 위해서 도입된 방법이다.

장외 주식기관결제는 일반대체를 대상으로 한다. 일반대체는 거래소거래의 청산에 따른 대체 이외의 것을 말하는 것으로 증권회사와 신탁은행 등 기관투자자 간의 거래를 말한다. 장외 주식기관결제의 대상증권은 주식 외에 전환사채(CB), 상장ETF, REITs 등을 포함한다. 장외 주식기관결제의 DVP유형은 DVP2이다. 즉 증권은 일중에 건별로 먼저 결제하고, 대금은 마감시점에 차감하여 결제하는 방식이다. 그리고 결제주기는 T+3일이다. 장외 주식기관결제에서 JDCC는 청산기관(CCP)으로서 채무인수, 차감, 이행보증의 기능을 수행하고, JASDEC은 중앙예탁결제기관으로서 증권결제를 담당하며, BOJ가 대금결제은행의 기능을 수행한다.

---

81 2012년 6월 현재 미쓰비시도쿄UFJ은행, 미쓰이스미토모은행, 리소나은행, 미즈호코퍼레이트은행, 시치쥬시치은행, 시티뱅크은행이다. 일본에서 상업은행을 대금결제은행으로 지정한 이유는 소형 증권회사는 BOJ의 계좌가 없고, 상업은행이 증권회사에 금융서비스를 제공하고 있기 때문이다.

2.2. 국채시장 결제제도

일본의 국채시장의 결제제도는 크게 장내 국채시장결제와 장외 국채기관결제로 구분된다. 먼저 장내 국채시장결제의 경우 도쿄 · 오사카 · 나고야 증권거래소에 체결된 국채거래는 JSCC의 청산과정을 거쳐 일본은행(BOJ)에서 결제가 이루어진다. 다음으로 장외 국채기관결제는 다시 청산기관(CCP)을 이용하는 결제와 이용하지 않는 결제로 구분된다. 전자의 경우 매매확인시스템을 통한 매매확인과 JGBCC의 청산과정을 거쳐 BOJ에서 결제가 이루어지는 반면, 후자의 경우 매매확인시스템의 매매확인을 거쳐 BOJ에서 결제가 이루어진다.[82] 일본의 국채시장의 경우 도쿄증권거래소 등의 장내시장 거래는 극히 미미하고 대부분은 장외시장에서 거래가 이루어진다.

장외 국채거래 중 청산기관(CCP)을 이용하는 거래(CCP결제)는 JGBCC의 청산과정을 거쳐 결제가 이루어진다. 이러한 거래유형에는 JGBCC 참가자인 증권 · 은행 등의 딜러 간 거래[83]가 해당된다. 2012년 3월 현재 JGBCC 참가자인 증권 · 은행의 딜러는 총 35개사이며 증권회사 25사, 은행 5사, 상호금융 1사, 증권금융 1사, 콜론 딜러 3사이다.

JGBCC 대상인 거래는 매매거래(outright trading), 현선거래(repurchase agreement), 현금담보부대차거래(cash-collateral securities lending)이다. 그리고 대상증권은 FB(정부단기증권), TB(할인단기국채), 할인국채(3년 · 5년), 이자부국채(2~30년), 15년 변동이자부국채, 스트립국채 등 시장에서 거래되는 다양한 국채를 취급하고 있다. 그러나 개인대상국채, 물가연동국채 등은 대상에서 제외되었다. JGBCC를 이용한 장외 국채거래의 결제는 증권과 대금을 참가자별 · 종목별로 차감하여 건별로 결제하는 DVP1방식이며, 결제주기의 경우 매매거래와 현금담보부대차거래는 T+2일[84]이고, 현선거래는 T+1일이다. JGBCC를 이용한 장외 국채거래는 JASDEC의 PSMS가 매매확인의 기능을 수행하고, JGBCC가 청산기관(CCP)으로서 채무인수, 차감, 이행보증의 기능을 수행하며, BOJ가 중앙예탁결제기관으로서 증권결제와 대금결제를 담당한다.

장외 국채거래 중 청산기관(CCP)을 이용하지 않는 거래(Non-CCP결제)는 JGBCC의 개입 없이 결제가 이루어진다. 이러한 거래의 유형에는 JGBCC 비참가자인 증권회사 · 은행의 딜러 간 거래, 증권회사 · 은행의 딜러와 신탁은행 · 보험 등의 기관투자자 간의 거래가 해당된다. 거래종류는 매매거래(outright trading), 현선거래(repurchase agreement), 현금담

82 장외 국채거래 중 JGBCC를 이용하는 거래는 70%에 달하며, BOJ의 국채 DVP결제의 47%에 해당된다(JGBCC, Answers to the key questions of Recommendations for Central Counterparties, 2012.3).

83 JGBCC 비참가자인 증권 · 은행의 딜러 간 거래 또는 딜러와 신탁은행 · 보험 등의 기관투자자 간의 거래는 JGBCC를 이용하지 않는 거래유형이다.

84 일본은 국채거래의 결제주기를 단축하기 위하여 노력한 결과 2012년 4월 13일부터 결제주기를 종전 T+3일에서 T+2일로 단축하였다.

보부대차거래(cash-collateral securities lending)를 포함한다. 또한, 대상증권은 FB(정부단기증권), TB(할인단기국채), 할인국채(3년 · 5년), 이자부국채(2~30년), 15년 변동이자부국채, 스트립국채 등 시장에서 거래되는 다양한 국채를 취급하고 있다. Non-CCP 장외 국채거래의 결제는 증권과 대금을 건별로 즉시 결제하는 RTGS방식으로 이루어지며 DVP1방식에 해당된다. 결제주기의 경우 매매거래와 현금담보부대차거래는 T+2일이고, 현선거래는 T+1일이다. Non-CCP 장외 국채거래의 경우 JASDEC의 PSMS 등이 매매확인의 기능을 수행하고 있으며, BOJ가 중앙예탁결제기관으로서 증권결제와 대금결제를 담당한다.

③ 유럽

3.1. 영국

영국의 증권시장은 유럽 제일의 시장이다. 주식시장의 경우 장내시장은 런던증권거래소(LSE: London Stock Exchange)와 virt-x를 중심으로 운영되고 있다. 먼저 LSE는 유럽 최대 증권거래소로 런던의 주 거래소 이외에 7개의 지방거래소를 운영하고 있다. LSE는 1802년 설립된 세계 최고(最古)의 증권거래소로 1990년 말 이후 여러 차례의 합병을 시도했으나 실패하고 2007년 8월에 이탈리아거래소(Borsa Italiana)를 인수하였다. 이로써 LSE는 이탈리아거래소뿐만 아니라 유럽국채 전자거래시스템인 MTS, 청산기관인 CC & G, 중앙예탁결제기관인 Mote Titoli 등도 보유하게 되었다.

다음으로 virt-x는 다른 증권거래소와 달리 상장기능 없이 다른 시장에 상장되어 있는 주식을 거래하는 전자거래소로서 영국의 우량주를 대상으로 거래하고 있다. 한편, 주식 장외시장의 경우 Chi-X, BATS, Turquoise 등의 ATS 거래가 크게 증가하고 있다.

채권시장의 경우 장내시장인 런던증권거래소에서는 다른 거래소와 달리 국채, 유로채 등이 활발하게 거래되고 있다. 채권 장외시장은 대부분 기관투자자 간 거래이거나 Euro MTS, BrokerTec, e-Speed 등 ATS에서 이루어지고 있다.

영국 증권시장의 결제제도는 여러 개의 청산기관(CCP)과 단일의 중앙예탁결제기관(CSD)에 의하여 운영되고 있다. 먼저 청산업무의 경우 런던증권거래소와 virt-x의 거래는 LCH.Clearnet.Ltd가, Chi-X와 BATS의 거래는 EMCF(European Multilateral Clearing Facility)가, Turquoise의 거래는 EuroCCP가 각각 청산기관의 역할을 수행하고 있다. 한편 중앙예탁결제기관의 경우 미국 · 일본과 달리 장내외 모든 증권거래에 대해 EUI(Euroclear UK & Ireland)가 단일 중앙예탁결제기관의 역할을 수행하고 있다. 영국의 증권결제제도는 주식시장과 채권시장으로 구분된다. 주식시장의 결제제도는 장내 주식시장결제와 장외 주식기관결제로 구분된다. 장내 주식시장결제는 런던증권거래소, virt-x, ATS 등에서 체결된 증권회사 간의 거래를 대상으로 하며, EUI가 LCH.Clearnet Ltd(EquityClear)를 대신하여 거래 유효성확인, 차감을 하는 동시에 중앙예탁결제기관으로서 최종 결제를 담당한다. 이는 또한 증권과 대금을 회원별 · 종목별로 차감하여 건별로 결제하는 DVP1방식을 채택하고 있으며, 결제주기는 T+3일이다. 장외 주식기관결제는 거래소 회원인 증권회사와 기관투자자 고객 간의 거래를 대상으로 하며, EUI가 결제지시를 조회한 후 최종 결제를 한다. 이는 증권과 대금을 차감 없이 거래건별로 결제하는 DVP1방식을 채택하고 있으며, 결제주기는 T+3일이다.

채권시장의 결제제도는 청산기관인 LCH.Clearnet Ltd(RepoClear)를 이용하는 결제(CCP결제)와 이용하지 않은 결제(Non-CCP결제)로 구분된다. 전자는 런던거래소 또는, PD(GEMMs) 간 거래, BrokerTec, EuroMTS 전자거래시스템 등 장외에서의 국채 · 유럽채(Eurobond), 파운드 · 달러 표시 국제채권의 거래(매매거래, Repo거래)를 대상으로 하며, LCH.Clearnet Ltd(RepoClear) 등의 청산을 거쳐 EUI에서 최종 결제된다. 이는 증권과 대금을 회원별 · 종목별로 차감하여 건별로 결제하는 DVP1방식을 채택하고 있으며, 결제주기는 T+1일이다. 청산기관(CCP)을 이용하지 않는 결제(Non-CCP결제)는 EUI가 결제지시를 조회(matching)하여 최종 결제를 한다. 이는 증권과 대금을 차감 없이 거래건별로 결제하는 DVP1방식을 채택하고 있으며, 결제주기는 T+1일이다

영국 증권시장 결제제도의 가장 큰 특징은 청산단계에서 청산기관(CCP)의 이용여부에 따라 차이가 있을 뿐 결제단계에서는 모두가 DVP1방식에 따라 동일한 결제프로세스로 처리된다는 점이다.

3.2. 프랑스

프랑스의 주식시장은 Euronext Paris의 장내시장과 ATS의 장외시장을 통해서 거래가 이루어지고 있다. Euronext Paris는 NYSE Euronext의 프랑스 내 자회사로서 주식 등 현물거래를 담당하고 있다. 한편, 최근에는 Chi-X, BATS, Turquoise 등 ATS의 주식거래가 크게 증가하고 있다.

채권시장의 경우 장내시장의 비중은 극히 낮고 대부분은 딜러 간 거래 또는 MTS France, BrokerTec과 같은 ATS에서 이루어지고 있다.

증권시장의 결제제도는 여러 개의 청산기관(CCP)과 단일의 중앙예탁결제기관(CSD)에 의하여 운영되고 있다. 먼저 청산기관의 경우 Euronext Paris, MTS France의 거래는 LCH.

Clearnet SA가, Chi-X와 BATS의 거래는 EMCF가, Turquoise의 거래는 EuroCCP가 각각 청산기관의 역할을 수행하고 있다. 한편, 중앙예탁결제기관의 경우 장내외 모든 증권거래에 대해 Euroclear France가 단일의 중앙예탁결제기관 역할을 수행하고 있다.

프랑스의 증권결제제도는 주식시장과 채권시장으로 구분된다. 먼저 주식시장 결제제도는 다시 장내 주식시장결제와 장외 주식기관결제로 구분된다. 전자는 Euronext Paris에서 체결된 회원(증권회사) 간의 주식거래를 대상으로 하며, LCH.Clearnet SA가 청산과정을 거쳐 Settlement Connect를 통해 결제지시를 보내고, Euroclear France가 최종 결제를 한다. 이는 증권과 대금을 회원별·종목별로 차감하여 결제하는 DVP1을 채택하고 있으며, 결제주기는 T+3일이다. 후자는 거래소 회원(증권회사)과 기관투자자 고객 간의 주식거래를 대상으로 하며 Euroclear France의 SBI에서 매매확인된 후 Euroclear France에서 최종 결제가 이루어진다. 이는 증권과 대금을 건별로 결제하는 DVP1을 채택하고 있으며, 결제주기는 T+3일이다.

프랑스의 채권은 대부분 장외시장에서 거래가 이루어지고 있다. 이들 장외 채권기관거래에 대한 결제는 다시 청산기관인 LCH.Clearnet SA를 이용하는 결제와 이용하지 않는 결제로 구분된다. 전자는 딜러 간 거래, MTS France, BrokerTec 등에서의 국채거래(매매·Repo거래)를 대상으로 하며, LCH.Clearnet SA가 청산과정을 거쳐 Settlement Connect를 통해 결제지시를 보내고, Euroclear France가 최종 결제를 한다. 이는 증권과 대금을 회원별·종목별로 차감하여 결제하는 DVP1을 채택하고 있으며, 결제주기는 T+1일이다. 후자는 장외시장에서 국채 등[85]의 거래를 대상으로 하며 Euroclear France의 SLAB에서 매매확인된 후 Euroclear France에서 최종 결제가 이루어진다. 이는 증권과 대금을 건별로 결제하는 DVP1을 채택하고 있으며, 결제주기는 T+1일이다.

Euroclear France의 증권결제제도에서 가장 큰 특징은 ESES(Euroclear Settlement of Euronext-zone Securities)에 의해 Euroclear Belgium, Euroclear Nederland의 결제시스템과 통합 운영되고 있다는 것이다. ESES는 중앙은행의 대금계좌(cash account)를 아웃소싱 받아 Euroclear시스템에서 대금계좌를 실시간으로 관리하면서 증권과 대금을 DVP1방식으로 결제하고 있다.

3.3. 독일

독일 증권시장은 영국·프랑스 증권시장과 더불어 유럽의 3대 증권시장을 구성하고 있

85 여기에는 국채 외에 주식, 회사채, 투자신탁증권(UCITS), MMI 등을 포함하고 있으며, 유통시장뿐만 아니라 발행시장의 거래, Repo 거래, 대차 거래 등을 포함한다.

다. 먼저 주식시장의 경우 장내시장은 독일거래소(Deutche Börse AG)를 중심으로 운영되고 있다. 독일거래소는 프랑크푸르트거래소를 주축으로 7개의 지역거래소를 통합하여 운영하기 위하여 1993년에 설립된 지주회사이다. 이후 독일거래소는 1998년에 스위스거래소(SIS Swiss Exchange AG)와 50:50으로 공동 출자하여 파생상품거래소인 Eurex를 설립하고, 2004년에는 Eurex US를 설립하여 유럽 최대의 현 · 선물통합거래소가 되었다. 또한 2002년에는 2개 CSD의 지주회사인 Clearstream International의 지분을 인수하여 100% 자회사로 보유하게 되었다. 이로써 독일거래소는 CSD를 보유하는 수직적 통합(vertical integration)의 대표 주자가 되었다. 한편, 주식 장외시장의 경우 유럽의 다른 국가들처럼 Chi-X, BATS, Turquoise 등과 같은 ATS의 주식거래량이 큰 폭으로 증가하고 있다.

채권의 경우 일부는 독일거래소에 상장되어 거래되기도 하나, 대부분의 거래는 장외시장에서 이루어진다. 채권 장외시장은 딜러 간 시장(inter-dealer market)으로 딜러들의 개별적인 교섭을 통해 거래가 이루어지고 있다. 최근에는 전자거래시스템의 이용이 크게 증가하고 있는 추세이다. 이러한 전자거래시스템으로는 Eurex Bonds, Eurex Repo, MTS, BrokerTec 등이 이용되고 있다. Eurex Bonds와 Eurex Repo는 독일 국채뿐만 아니라 스위스 국채도 대상으로 하고 있다.

독일 증권시장의 결제제도는 여러 개의 청산기관(CCP)과 단일의 중앙예탁결제기관(CSD)에 의하여 운영되고 있다. 먼저 청산기관을 살펴보면, Eurex Clearing AG가 독일거래소의 거래 및 Eurex Bonds · Repo의 거래 등 현물시장을 대상으로 청산기능을 수행하고 있을 뿐만 아니라 Eurex Frankfurt의 선물 · 옵션 등 파생상품시장을 대상으로도 청산기능을 수행하고 있다. 그 밖에도 EMCF, EuroCCP가 ATS에서의 주식거래를 대상으로 청산기능을 수행하고 있다. 이와 같이 청산기관은 여러 기관이 있음에도 불구하고 중앙예탁결제기관의 경우 장내외의 모든 증권거래에 대해 Clearstream Banking Frankfurt가 단일의 중앙예탁결제기관의 기능을 수행하고 있다.

독일의 증권결제제도는 주식시장과 채권시장으로 구분된다. 주식시장 결제제도는 다시 장내 주식시장결제와 장외 주식기관결제로 구분된다. 장내 주식시장결제는 프랑크푸르트 증권거래소에서 체결된 회원(증권회사) 간의 주식거래를 대상으로 결제를 한다. 이 가운데 완전 전산화된 Xetra를 통해 체결된 거래는 Eurex Clearing AG의 청산과정을 거쳐 CBF에서 결제되는 반면, XONTRO을 통해 체결된 플로어 거래는 CBF의 매매확인을 통해 결제처리된다. 장외 주식기관결제는 거래소 회원(증권회사)과 기관투자자 고객 간의 주식거래를 대상으로 하며, CBF가 매매확인을 하여 결제를 한다. 이들 주식시장의 결제주기는 모두 T+2일이다.

독일의 채권시장은 대부분 장외시장에서 거래가 이루어지고 있다. 이들 장외 채권기관거래에 대한 결제는 다시 청산기관인 Eurex Clearing AG을 이용하는 결제(CCP결제)와 이용하지 않는 결제로 구분된다. 전자는 딜러 간 거래, Eurex Bonds, Eurex Repo 등에서의 국채거래(매매 · Repo거래)를 대상으로 하며, Eurex Clearing AG의 청산과정을 거쳐 CBF에서 최종 결제된다. 후자는 장외시장에서 국채 등의 거래를 대상으로 하며 CBF가 매매확인하여 결제를 한다. 이들 채권시장의 결제주기는 T+0일~T+40일이다.

독일 증권결제제도의 가장 큰 특징은 청산단계에서 청산기관(CCP)의 이용여부에 따라 프로세스의 차이가 있지만, 결제단계에서는 독일 중앙예탁결제기관 CBF의 결제시스템인 CASCADE에 의해 통일된 프로세스로 처리된다는 것이다. 또한, DVP2방식이 폭넓게 채택되고 있다는 것도 특징이다. Eurex Clearing AG의 청산 대상거래도 청산단계에서는 증권과 대금이 회원별 · 종목별로 차감되지만, 결제단계에서 회원과 Eurex Clearing AG 간에 증권은 건별로 일중에 결제되고 대금은 마감시점에 차감하여 결제하는 DVP2방식으로 결제되고 있다.

3.4. 유럽의 증권결제제도 개혁 노력

유럽에서는 1999년 유로화를 도입한 이후 Euronext, 독일거래소 등 증권거래소의 통합이 진행되어 왔으며, Euroclear, Clearstream 등을 중심으로 한 증권중앙예탁결제기관(CSD)의 통합도 일정한 진전을 보여 왔다. 그러나 아직까지 유럽 단일 증권시장의 실현에는 이르지 못하고 있는 상황이다.

이와 관련하여 유럽위원회 등 관계 당국은 증권시장의 통합을 촉진하기 위하여 다양한 정책을 추진하고 있으며, 증권업계도 이에 적극 대응하고 있다. 특히, 증권결제제도와 관련하여 미국 등에 비해 유럽의 결제비용이 크게 높다는 점이 지적되면서 이를 개선하기 위한 노력이 활발히 추진되고 있다.

EU에서 증권결제 개혁의 커다란 방향성을 제시하고 있는 것으로는 Giovannini Report를 들 수 있다.[86] 이 보고서에서는 EU 내에서 Cross-border 증권거래의 청산 · 결제가 다양한 장벽(Giovannini barrier)에 의해 효율성이 떨어지고 있다고 지적하고, 시장관계자에게 이러한 장벽을 제거하도록 요구하고 있다.

유럽의회(European Parliament)는 2004년 EU의 증권시장과 증권업자를 규제하는 기본적인 법제인 「금융상품시장지침(MiFID: The Markets in Financial Instruments Directive)」을 채

86 Giovannini 그룹은 1996년에 유럽위원회 산하에 설치된 자문기관으로 EU의 금융통합과 금융시장 효율성을 주제로 유럽위원회에 자문을 하고 있다.

택하여 EU 각국 국내법에 반영하였다.[87] MiFID는 EU 전역에 걸친 투자자의 적절한 보호 이외에, (ⅰ)투자자에 의한 EU 내의 Cross-border 증권투자의 촉진, (ⅱ)증권회사의 역내 단일면허(single passport) 기능 강화, (ⅲ)EU에 있어서 거래소 간의 경쟁 촉진 등이 기본 개념으로 되어 있다. MiFID는 EU 단일시장을 전제로 규제를 하고 있기 때문에, 거래소 간의 경쟁 심화를 초래하는 동시에 증권결제 인프라에도 많은 영향을 초래하고 있다. MiFID에서는 증권거래소나 증권회사가 EU의 타국에 소재하는 청산기관(CCP)이나 중앙예탁결제기관(CSD)에 접속해서 그 서비스를 이용하는 권리를 규정하고 있다. 이 접속권리에는 (ⅰ)시장참가자가 해외의 청산기관이나 중앙예탁결제기관에 원격 접속(remote access)을 하는 권리, (ⅱ)시장참가자가 자신의 거래를 결제할 장소(settlement location)를 선택하는 권리 등이 포함되어 있다. 이에 따라 증권거래소나 증권회사가 청산이나 결제를 하는 국가나 기관을 스스로 선택하는 움직임이 가속되고 있다.

2008년 금융위기 이후 유럽의 청산 · 중앙예탁결제기관은 기존에 경쟁을 통해 효율성 증진을 추구하던 방향에서 안정성을 중시하는 방향으로 선회하고 있다.[88] EU 금융 감독당국은 현재와 같은 상태로 청산 · 중앙예탁결제기관의 국가별 장벽을 제거할 경우 시장참가자들이 더욱 큰 결제위험을 부담할 수 있다는 점을 지적하였다. 이는 2008년 리먼 브러더스 파산 이후 국가별 결제리스크의 잠재적 파급효과에 대해 테스트를 한 결과이다. 청산 · 중앙예탁결제기관들도 국가별 영업적인 장벽을 제거해야한다는 데 일차적으로 동의하지만 시스템 안정을 위한 개별 기관 간의 수용능력의 차이가 존재하므로 이를 보완하는 조치가 선행되어야 한다는 입장이다.

증권결제 인프라인 청산 · 중앙예탁결제기관의 통합은 크게 수직적 통합과 수평적 통합으로 진행되고 있다. 먼저, 수직적 통합(vertical integration)은 증권거래소 · 청산기관 · 중앙예탁결제기관이 하나의 큰 경영의사결정 구조에 속하는 형태를 의미하며, 거래에서 결제까지의 프로세스가 수직으로 통합하는 것을 가르킨다. 독일이 전형적인 예이며, 그 외에 이탈리아, 스페인, 스위스 등에서도 수직적인 통합이 이루어지고 있다. 이러한 접근방법은 상하관계형 접근방법(silo approach)이라고도 한다

거래소는 거래소끼리, 청산기관은 청산기관끼리, 중앙예탁결제기관은 중앙예탁결제기관끼리, 즉 같은 기능을 수행하는 기관끼리 통합하는 방법을 수평적 통합(horizontal integration)이라고 한다. 거래소 수준에서는 Euronext 그룹이, 청산기관 수준에서는 LCH.

87 유럽위원회는 2010년 12월부터 MiFID를 개정(MiFID Ⅱ)하기 위한 논의를 진행하고 있으며 주식시장의 투명성 확대, 청산기관과 파생상품거래소 간의 수직적 통합, 장외거래에 대한 엄격한 규제 등이 주요 논의과제이다.

88 자본시장연구원, "금융위기 이후 유럽 주식 청산 · 결제 서비스 환경의 변화", 「자본시장 Weekly」, 2010-05호 참조.

Clearnet이, 중앙예탁결제기관 수준에서는 Euroclear가 각각의 기능 단계에서 국경을 초월한 통합을 추진하고 있는데, 이것이 수평적 통합의 전형적인 예이다.

유럽중앙은행(ECB)은 TARGET2-Securities(T2S 프로젝트) 구상을 발표하고, 실현을 향한 준비를 추진하고 있다. T2S 프로젝트는 유럽 각국 중앙예탁결제기관(CSD)의 증권계좌를 ECB의 자금결제시스템인 TARGET2[89]로 집약하여 TARGET2의 플랫폼 상에서 증권과 대금(중앙은행 자금)의 DVP결제를 하려고 하는 계획이다. 이것은 중앙은행이 지금까지 각국 CSD가 수행해 왔던 증권결제기능과 증권보관기능 중에서 증권결제기능의 일부를 수행하는 것으로 상당히 혁신적이고 장기적인 계획이다. 향후 T2S 프로젝트의 실현은 유럽 증권결제 인프라의 모습을 크게 변화시킬 가능성이 있다.[90]

---

89 TARGET은 ECB가 운영하는 유로의 거액자금결제시스템으로, EU 각국의 중앙은행이 운영하는 RTGS 시스템을 연결한 '분산형 구조'로 되어 있다. 차기 시스템인 'TARGET2'에서는 결제처리를 '공통플랫폼'으로 집약화한 중앙집권형 시스템이 된다. TARGET2는 2007년 11월부터 2008년 5월에 걸쳐 순차적으로 EU 각국에 도입되었다.

90 ECB가 T2S 프로젝트를 추진하는 배경에는 (i)유럽에서 각국 CSD의 통합이 좀처럼 진전되지 않는다는 점, (ii)EU에서 증권결제의 비용(특히 cross-border)이 높아지고 있다는 점, (iii)유로존의 중앙은행으로서 대금계좌의 관리 권한을 100% 확보한다는 점에 있다. EU에 있어서 cross-border의 증권결제비용은 미국의 2.5~5배가 되고 있으며, EU의 국내 결제비용의 10~15배에 달하고 있다. ECB의 의도는 이러한 상황을 개선하는 데 있다. 즉 통합된 증권결제인프라(integrated securities infrastructure)를 실현함으로써, EU 내의 cross-border 증권결제를 국내의 증권결제와 같은 조건으로 할 수 있도록 해서, EU 전역에 걸친 증권결제의 효율성을 높이는 것에 있다.

집합투자의 예탁결제제도

제 4 편

총설

제1절 집합투자의 개념

1 집합투자의 존재이유

투자자가 어떠한 자산에 투자하기 위해서는 그 자산의 가치에 대한 정보를 수집하고 수집된 정보를 적절히 분석하여야 한다. 그런데 정보의 수집과 분석에는 상당한 비용이 수반되고 고도의 분석능력이 요구되기 때문에 여러 관련자들이 보유하고 있는 정보는 그 질에 있어 상당한 차이가 있기 마련이다.

이러한 정보의 비대칭성으로 인하여 우월한 정보는 시장에서 상당한 경제적 가치를 가지게 된다. 그 결과 자본시장에서의 투자형태는 투자자가 스스로 필요한 정보를 수집 · 분석하여 투자판단을 하기 보다는 이를 전문가에 위탁하는 간접투자의 필요가 발생하게 된다. 그리고 간접투자는 규모의 경제에 의하여 다수의 투자자로부터 재산을 모아 투자하는 집합투자의 형태를 취하게 된다. 한 번 수집되고 분석된 정보는 투자금액의 규모에 상관없이 동일하게 사용될 수 있으므로 투자금액의 규모가 커질수록 투자금액당 정보의 수집 · 분석비용은 감소하게 된다.

전문가에 의한 간접투자방식에는 집합투자 외에도 투자자문이나 투자일임 형태의 1:1 투자서비스도 있다. 그러나 투자금액의 규모가 크지 않은 일반투자자인 경우 1:1 투자서비스는 비효율적이기 때문에 경제적인 면에서 집합투자가 합리적이다. 만약 투자자가 비용보다는 자신만의 특별한 선호에 맞춘 투자서비스를 원한다면 집합투자보다는 투자자문이나 투자일임의 형태를 택하게 된다.

2 집합투자의 정의

집합투자(collective investment)는 다수의 투자자로부터 모집된 자금을 자산운용전문가인 제3자가 운용하고 그 수익을 투자자에게 분배하는 자산운용방식이다. 이는 투자대상자산의 가치에 대한 정보 및 그 수집 · 분석비용의 차이와 투자성과에 관한 규모의 경제에서 비롯되는 투자형태라고 할 수 있다.

종래 구(舊)자산운용업법에서는 이러한 자산운용방식을 '간접투자'로 정의하였는데, 경제적 기능의 관점에서 투자자가 투자자산과 그에 대한 투자판단을 전문가에 완전히 위탁하는 형태(협의의 간접투자) 외에도 투자자산은 투자자가 보유하면서 투자판단만을 전문가에 위탁하거나 투자판단에 대한 전문가의 조언을 구하는 형태(광의의 간접투자)도 간접투자로 보아 투자일임 및 투자자문도 '펀드(fund)'라고 하는 통상의 간접투자기구와 같은 규제체계 하에 두었다. 그러나 복수 투자자로부터 자산을 모아 집합적으로 운용하는 것과 특정 투자자로부터 투자판단만을 위탁받는 것은 경제적 실질이 다르다고 할 수밖에 없다. 자본시장법은 이를 구분하기 위하여 간접투자 대신 집합투자라는 개념을 사용하였다. 집합투자는 "2인 이상의 투자자로부터 모은 금전 등을 투자자로부터 일상적인 운용지시를 받지 아니하면서 재산적 가치가 있는 자산을 취득 · 처분 그 밖의 방법으로 운용하고 그 결과를 투자자에게 배분하여 귀속시키는 것"으로 정의된다(자본시장법 제6조제5항). 이에 따르면 집합투자의 개념은 (ⅰ)자산의 집합, (ⅱ)자산운용자에 의한 운용, (ⅲ)운용결과의 분배 등 3가지 요소로 구성된다.

먼저, 집합투자는 2인 이상의 투자자로부터 모은 자산을 집합투자업자가 운용하는 것이다. 복수 투자자의 자산이 하나의 투자자산으로 집합될 것이 요구된다. 구(舊)자산운용업법상 '간접투자'에서는 복수투자자 요건은 존재하지 않았다. 물론 '자산의 집합(pooling of assets)'이라는 요소는 존재하였으나, 여기서는 투자자의 수에 관계 없이 "투자자로부터 자금 등을 모아" 하나의 투자자산을 형성하는 것을 의미하였다. 따라서 복수 또는 1인 투자자의 자산이 어떠한 형태로든지 모아져 전체로서 관리되는 경우도 '자산의 집합'으로 인정되었다. 그러나 자본시장법은 복수 투자자의 존재를 전제로 하여 투자자가 1인인 경우는 집합투자로 인정하지 않았다.[1] 집합투자가 성립된 후에도 환매 등으로 인하여 투자자가 1인이 되면 그 집합투자기구는 원칙적으로 해산 · 해지되기 때문에(자본시장법 제192조제2항제5

1 자본시장법은 2013년 개정 전까지 복수투자자 요건을 실제 투자자가 아니라 '투자권유를 받은 자'를 기준으로 하였기 때문에 2인 이상에게 투자권유를 하였으나 결과적으로 투자자가 1인인 집합투자기구가 설정될 수 있었다. 그러나 2013년 개정에서는 투자일임, 신탁 등 다른 간접투자방식과의 구분을 명확히 하고 집합투자의 실질에 부합하도록 '투자자'를 기준으로 하였기 때문에 투자자가 1인인 집합투자기구는 성립할 수 없게 되었다.

그림 4-1 **집합투자의 구성요소**

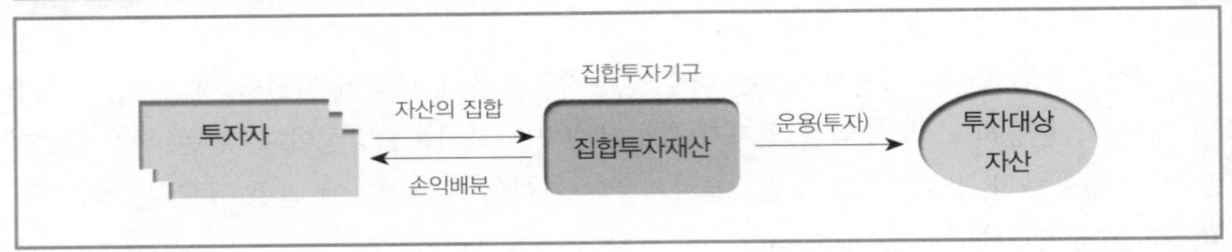

호 및 제202조제1항제7호) 사후적으로도 1인 집합투자(기구)는 성립되지 않는다. 소위 말하는 '(사모)단독펀드'는 이와 같이 집합투자에 해당되지 않기 때문에 투자일임 또는 금전신탁의 형태를 취하게 된다.[2]

집합투자도 자산운용의 형태면에서는 간접투자이다. 투자에 대한 전문지식과 정보가 부족한 일반투자자가 자신의 자산을 운용전문가인 집합투자업자에게 이전하고 투자판단도 완전히 위탁한다. 자본시장법은 집합투자를 투자자와 운용자가 분리되고 운용자가 투자자로부터 독립적으로 투자판단을 하는 완전한 형태의 간접투자로 규정하였다. 자산의 운용권한은 오직 집합투자업자에게 주어지고 투자자의 일상적인 운용지시는 배제되는 것이다. 이러한 점에서 집합투자는 자산을 투자자가 보유하면서 투자판단을 전문가에게 위탁하거나(투자일임) 전문가의 조언을 받아 스스로 투자판단을 하는 것(투자자문)과 구분된다.

집합투자에 있어 자산운용의 결과(손익)는 투자자에게 배분된다. 간접투자에 있어서도 투자위험은 투자자가 부담하기 때문에 투자에 따른 손익의 귀속주체는 당연히 투자자이다. 투자손익의 배분은 투자금액을 기준으로 안분비례로 하는 것이 원칙이다.

3 투자대상자산

집합투자에 있어 투자대상이 되는 자산에는 특별한 제한이 없다. 투자수익이 발생할 수 있는 재산적 가치가 있는 자산이면 된다. 종래 구(舊)자산운용업법에서는 투자대상자산을 증권, 파생상품, 부동산, 실물자산, 특별자산(수익권, 부동산에 관한 권리 등) 등으로 구체적으로 열거하였으나, 자본시장법은 '재산적 가치가 있는 자산'으로 포괄적으로 규정하였다. 종래에도 법에서 규정한 자산이 아니더라도 재산적 가치가 있는 자산이면 금융위원회의 승인을 받으면 투자할 수 있었기 때문에 사실상 투자대상자산의 종류에는 제한이 없었

2 집합투자의 요건으로 '2인 이상의 투자자'가 요구되는 것은 투자자로부터 자금을 모아 운용하는 경우로서 '국가재정법 제81조에 따른 여유자금의 운용'에는 이러한 요건이 적용되지 않는다. 따라서 동법에 의한 연 · 기금의 운용에 있어서는 예외적으로 사모단독펀드가 허용된다.

다고 할 수 있다. 그러나 투자자 보호를 위하여 금융위원회의 승인이라는 절차를 거치도록 하였던 것인데, 금융환경의 변화에 따라 새로운 투자대상이 계속하여 탄생하는 상황에서 집합투자 활성화를 위하여 그러한 제한을 폐지하였다.

④ 집합투자 제외대상

집합투자는 자산의 집합에 의한 간접투자이다. 투자의 법적 형식이나 적용 법률에 관계 없이 자본시장법이 규정하는 요건에 해당하면 집합투자로서 동법에 의한 규제를 받게 된다. 그러나 집합투자의 목적과 형태는 매우 다양하기 때문에 모든 집합투자를 자본시장법에 의하여 규제하는 것은 투자자 보호 및 기타 규제정책상 불합리할 수 있다. 따라서 자본시장법은 실질적으로는 집합투자에 해당하는 몇 가지 경우를 법률상의 집합투자에서 제외하고 있다.

첫 번째는 다른 법률에 따라 운영되는 사모형태의 집합투자이다. 다수의 투자자로부터 자산을 모아 운용하는 방식은 자본시장에서의 집합투자 외에도 부동산, 선박, 신기술사업, 벤처기업, 중소기업 창업, 문화산업 등 각종 산업의 육성과 기업구조조정 등의 정책수단으로 널리 활용된다. 이들에 대해서는 각각의 특별법이 제정되어 관련 산업의 육성과 투자자 보호를 위한 규제를 하고 있기 때문에 자본시장법상 집합투자로서의 규제는 중복적일 수 있다. 다만, 공모의 형태를 취하는 경우에는 개별법으로서 투자자 보호에 한계가 있을 수밖에 없기 때문에 자본시장법의 규제를 통일적으로 적용받도록 할 필요가 있다. 각 분야별 산업정책적 목적과 투자대상자산의 특성이 다르기 때문에 개별법상 투자자 보호에는 한계가 있기 때문이다. 따라서 다른 법률에 따라 운영되는 집합투자 중 사모형태는 자본시장법의 적용대상에서 제외되었다(자본시장법 제6조제5항제1호).

두 번째는 자산유동화 형태의 집합투자이다. 자산유동화법에 의한 자산유동화계획에 따라 유동화전문기구(SPV: Special Purpose Vehicle)가 투자자로부터 금전 등을 모아 운용·배분하는 것 역시 개념상 집합투자에 해당된다. 그러나 이러한 투자행위는 자산유동화의 활성화라는 산업정책적 목적에 따라 자산유동화법상 규제를 받기 때문에 규제의 충돌을 피하기 위하여 자본시장법의 규제대상에서 제외하였다(자본시장법 제6조제5항제2호).

이 밖에도 투자의 성격 및 투자자 보호의 필요성 등을 종합적으로 고려하여 집합투자로 규제하는 것이 불필요하거나 불합리한 경우에는 집합투자에서 제외된다. 자본시장법은 증권금융회사가 증권회사로부터 투자자예탁금을 예치·신탁받아 운용하는 경우, 신탁업자가 종합재산신탁을 공동운용하는 경우, 사모투자전문회사(PEF: private equity fund)가 이용하는 투자전문회사(SPC), 종합금융회사의 어음관리계좌(CMA), 프랜차이스(franchise) 등 14개 유형을 규정하고 있는데, 그 밖의 경우에도 금융위원회의 결정에 따라 집합투자에서 제외될 수 있다(자본시장법시행령 제6조제4항).

제2절 집합투자기구

1 집합투자기구의 의의

집합투자는 이를 수행하는 일정한 기구(investment vehicle)를 필요로 한다. 집합투자는 기본적으로 자산운용자와 투자자와의 계약관계에 의하여 운영되는데, 자산을 집합하여 운용하고 그 결과를 분배하는 과정을 조직화하고 규율하는 일정한 법적 형식이 필요하게 된다. 이러한 기능을 수행하는 기구를 '집합투자기구'라 한다.

집합투자기구는 집합투자의 법적 수단이다. 따라서 자산운용자(집합투자업자)와 투자자와의 관계를 어떻게 구성할 것인가에 따라 집합투자기구의 법적 형식이 결정된다. 그리고 그 법적 형식에 따라 집합투자의 구체적인 운영구조와 구성원 간 법률관계가 결정된다.

집합투자의 방법에는 특별한 제한이 없기 때문에 집합투자기구의 형태는 다양할 수 있다. 비록 집합투자기구가 전통적으로 계약형(투자신탁)과 회사형(투자회사)으로 발전되어 왔지만, 반드시 이에 한정되는 것은 아니다. 다수의 투자자가 참여할 수 있는 법적 기구이면 되고, 반드시 법인격이 필요한 것은 아니다. 단순한 계약형태(계약형)도 가능하고, 회사의 형태(회사형)를 택할 수 있다. 계약형으로서는 신탁 외에 조합의 형태도 가능하고, 회사형으로서는 일반적인 주식회사 이외에 다른 종류의 회사형태도 있을 수 있다.

② 집합투자기구의 종류

2.1. 집합투자기구의 분류

(1) 법적 형태에 따른 구분

집합투자기구는 집합투자의 법적 수단이므로 그 종류는 법적 형태에 따라 구분된다. 전술한 바와 같이 일차적으로 계약형과 회사형으로 구분되고, 계약형은 다시 신탁형과 조합형으로 구분되며, 조합형과 회사형은 조합과 회사의 종류에 따라 여러 가지로 나뉠 수 있다.

자본시장법상 허용된 집합투자기구의 법적 형태는 7가지이다. 신탁형으로서 투자신탁, 회사형으로서 투자회사 · 투자유한회사 · 투자합자회사 · 투자유한책임회사, 조합형으로서 투자합자조합과 투자익명조합이 있다(자본시장법 제9조제18항). 각각의 법적 형태에 따라 투자자의 지위가 달라지는데, 신탁형에서는 수익자, 회사형에서는 주주 또는 사원(유한책임), 조합형에서는 조합원의 지위를 갖게 된다.

표 4-1 **집합투자기구 종류(법적 형태)별 운영현황(2016년말 기준)** (단위: 천억원)

종류	투자신탁	투자회사	기타 회사형	조합형	합계
펀드수	13,331	91	34	–	13,456
설정잔액	4,576	96	20	–	4,692

출처: 금융투자협회

(2) 투자대상자산의 종류에 따른 구분

집합투자기구는 그 법적 형태 외에 투자대상자산의 종류(증권, 부동산, 특별자산(증권 및 부동산을 제외한 자산), 단기금융상품)에 따라 분류되기도 한다. 자본시장법은 기본적으로 집합투자기구의 투자대상자산을 제한하지 않지만, 주요 투자대상자산(편입비율 50% 이상)이 무엇인지에 따라 증권집합투자기구, 부동산집합투자기구, 단기금융집합투자기구, 특별자산집합투자기구 및 혼합자산집합투자기구 등 5가지로 구분하였다(자본시장법 제229조). 혼합자산집합투자기구는 주요 투자대상자산에 제한이 없는(언제든지 주요 투자대상자산을 변경할 수 있다) 집합투자기구를 말한다.

각 집합투자지구는 집합투자재산의 50% 이상을 미리 정한 주요 투자대상자산에 투자하여야 하는데, 예외적으로 단기금융집합투자기구는 집합투자재산 전부를 CD, 단기채권

등 단기금융상품에 투자하여야 한다.

2.2. 집합투자기구의 다양화

집합투자기구의 법적 형태는 자본시장법 제정 전까지 신탁계약인 투자신탁과 주식회사인 투자회사에 한정되었다. 2004년 상법상 합자회사도 집합투자기구의 법적 형태로 추가되었으나, 이는 사모투자전문회사(PEF)라는 특수한 집합투자기구로만 제한되었다. 그 결과 상법상 유한회사나 익명조합 등을 이용하여 사실상 집합투자를 행하지만 집합투자로서의 법적 규제를 받지 아니하는 다수의 비전형 집합투자기구가 출현하게 되었고, 여기에 출자한 투자자의 권리는 자본시장법상 증권에 해당하지 아니하기 때문에 투자자 보호에 많은 문제가 발생하였다.

이에 자본시장법은 투자자 보호의 범위를 확대하는 한편 집합투자업을 더욱 활성화시키고자 하는 취지에서 집합투자에 활용될 수 있는 모든 법적 단체를 집합투자기구로 수용하였다. 즉 기존의 투자신탁과 투자회사에 더하여 상법상 유한회사와 합자회사, 민법상 조합 및 상법상 익명조합을 집합투자기구의 새로운 법적 형태로 인정하였다. 상법상 회사 중 무한책임사원만으로 구성되는 합명회사는 투자자 각자가 자신의 투자분에 한하여 손실위험을 부담하는 집합투자와는 본질적으로 일치하지 않기 때문에 제외되었다.[3] 또한 2011년 개정 상법상 새로운 기업형태로 도입된 '합자조합'과 '유한책임회사'도 집합투자에 활용될 수 있기 때문에 2013년 개정 자본시장법은 이들도 집합투자기구가 될 수 있도록 하였다.[4]

집합투자기구의 법적 형태가 다양화될 경우 이를 통하여 투자자의 니즈에 맞는 새로운 투자상품이 설계 · 도입될 수 있고 집합투자기구는 금융중개기능을 더욱 효과적으로 수행할 수 있다. 기존의 투자신탁과 투자회사는 투자자가 가지는 권리내용이 균질하여 다양한 손익구조(risk-return profile)를 가지는 투자상품을 설계하기 어려운 문제가 있었다. 그러나 새로운 형태의 집합투자기구의 경우에는 구성원 자치에 의하여 손익분배방법을 자율적으로 설정할 수 있기 때문에 다양한 투자성향을 가지는 투자자의 수요에 부응하는 투자상품을 제공할 수 있게 된다. 또한 집합투자의 경우에는 자산운용, 상품판매, 투자자문, 자산보관(신탁) 등 여러 분야에 다수의 금융투자업자가 관여하여 분업과 전문화의 장점을 발휘하기 때문에 투자상품의 확대가 가져오는 산업적 효과도 증대될 수 있다.

---

3 조상욱 · 이진국, "자본시장과 금융투자업에 관한 법률(안)상 집합투자규제의 주요내용 및 문제점", 「BFL」 제22호, 서울대학교금융법센터, 2007, 30쪽.

4 상법상 '합자조합'은 종전 자본시장법상 '투자조합'(민법상 조합이다)과 그 실질이 같기 때문에 자본시장법은 이를 새로운 형태의 집합투자기구로 규정하지 않고 종래의 '합자조합'을 '투자합자조합'으로 변경하였다.

3 집합투자기구의 운영구조

3.1. 구성원리: 지배구조

집합투자의 방법 및 집합투자기구의 유형은 각국의 금융환경, 법체계, 투자관행 등 다양한 요인에 따라 결정된다. 전통적으로는 계약형(투자신탁)과 회사형(주식회사형 투자회사)으로 발전되어 왔지만, 전술한 바와 같이 이에 한정되지 않고 새로운 유형이 등장하고 있다. 그 유형의 결정에 있어 가장 핵심적인 요소는 지배구조이다.

집합투자에 있어서는 자본의 제공자와 운용자가 분리되기 때문에 투자자는 운용전문가인 집합투자업자의 재량에 의존하게 되고, 결국 집합투자업자와 투자자 간 이해충돌 및 대리인문제가 발생하게 된다. 그리고 이러한 문제의 해결을 위해서는 감시기능이 효과적으로 수행되는 지배구조를 설정할 것이 요구된다. 집합투자기구의 지배구조란 집합투자기구가 투자자 및 다수의 관계인으로부터 독립적이면서 효율적으로 운영될 수 있도록 하는 조직·운영체계로서 그 궁극적 목적은 투자자를 보호하는 것이다.[5] 집합투자기구가 될 수 있는 법적 형태에는 제한이 없지만, 자본시장에서 공인된 투자기구로 운영되기 위해서는 투자자 보호에 적합한 지배구조를 갖출 것이 요구된다.

대부분의 국가에서 집합투자기구가 신탁형과 회사형의 2가지 형태를 중심으로 발전되어 온 것은 신탁과 회사라는 법적 형식이 자본의 제공과 운용을 분리하는 법적 수단을 제공하는 동시에 이러한 지배구조의 요청에도 부합하였기 때문이라고 할 수 있다. 신탁형에서는 신탁의 독립된 재산보관기능을 기초로 수탁자가 감시기능을 수행하고(수탁자형), 회사형에서는 회사법적 지배구조에 따라 이사회(감독이사)가 감시기능을 수행한다(이사회형). 회사형 집합투자기구의 경우에도 독립된 자산보관자가 선임되기 때문에 이들의 감독기능도 추가될 수 있으나 지배구조의 중심은 이사회(감독이사)에 있다.

그러나 집합투자기구의 지배구조가 반드시 그 법적 형태에 연계되는 것은 아니다. 감시기능의 실효성 및 규제비용을 고려하여 하나의 지배구조를 선택할 수도 있는데, 신탁과 회사에 관한 법전통에 따라 다를 수 있다. 미국이 모든 형태의 집합투자기구에 대하여 이사회형 지배구조를 적용하고 있는 것이 대표적이다. SEC에 등록될 수 있는 투자회사(investment company)의 법적 형태에는 제한이 없지만, 그 형태에 관계 없이 독립이사(independent director)로 구성되는 이사회 등 회사법적 지배구조의 요건을 갖추도록 하고 있다.[6] 우리나라의 경우 후술하는 바와 같이 기능별 규제원칙에 충실하여 회사형·조합형 집

5 IOSCO, Examination of Governance for Collective Investment Schemes, 2001, p.3.
6 Investment Company Act Sec.10.

그림 4-2 집합투자기구의 지배구조

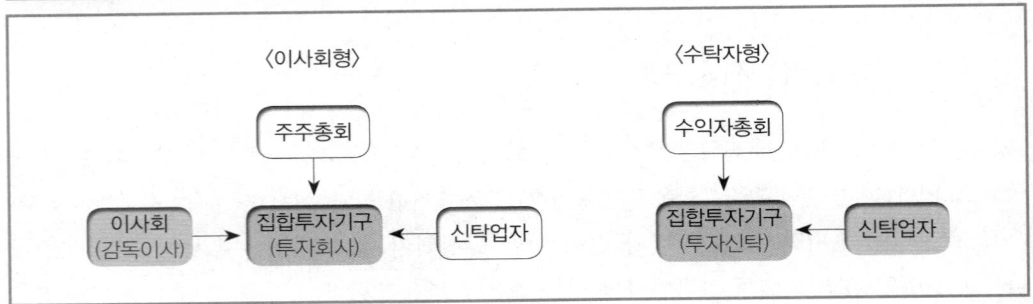

합투자기구에 대해서도 자산보관자(신탁업자)가 감시기능을 수행하게 하여 지배구조를 일원화하고자 하였다. 그러나 투자회사의 경우에는 여전히 이사회(감독이사)가 지배구조의 중심에 있기 때문에 완전한 수탁자형 지배구조라고 하기는 어렵다.

3.2. 집합투자기구별 운영구조

3.2.1. 신탁형(투자신탁)

집합투자기구의 가장 일반적인 형태는 투자신탁이다. 투자신탁은 집합투자행위가 집합투자업자(위탁자), 신탁업자(수탁자), 투자자(수익자) 3자간의 신탁관계에 의하여 이루어지는 계약형 집합투자기구이다. 집합투자업자(위탁자)가 투자자로부터 자금 등을 모아 신탁업자(수탁자)에게 신탁하고, 신탁업자는 집합투자업자의 지시에 따라 그 신탁재산을 운용하게 된다. 신탁에 의하여 신탁재산은 신탁업자에게 이전되어 신탁업자의 명의로 보관·관리되기 때문에 신탁재산의 독립성이 확보되며, 이에 의하여 신탁업자가 집합투자업자의 자산운용에 대한 감시기능도 수행하게 된다. 신탁업자는 투자신탁 설정의 공동 당사자로서 투자자를 위하여 신탁재산을 보유하고 신탁법상 완전한 수탁자로서의 지위를 갖는다.

신탁재산을 제공한 투자자는 신탁의 수익자로서 운용이익의 분배청구권 및 원금의 상환청구권 등 수익권을 가지는데, 이에 대해서는 수익증권이 발행된다. 투자자는 수익증권에 의하여 수익권을 자유롭게 양도할 수 있다. 투자신탁은 법인형태를 취하지 않는 계약관계이기 때문에 투자회사와 같은 기관은 존재하지 않는다. 그러나 신탁재산의 운용에 관한 중요한 의사의 결정은 수익자의 뜻에 따라야 한다는 요청(동의 절차)에서 수익자총회가 운영된다.

영국의 Unit Trust가 투자신탁의 전형이다. 우리나라는 1968년 증권투자신탁업법을 제정하여 이를 도입하였고, 현재 대부분의 집합투자기구가 투자신탁의 형태로 운영되고 있다.

3.2.2. 회사형

회사형 집합투자기구로는 상법상 주식회사 형태의 투자회사, 유한회사 형태의 투자유한회사, 합자회사 형태의 투자합자회사 및 유한책임회사 형태의 투자유한책임회사가 있다. 집합투자업자가 집합투자를 목적으로 이들 회사를 설립하고 주식 또는 지분증권의 발행을 통하여 투자자로부터 자금을 모아 운용하고 그 이익을 투자자인 사원에게 분배한다. 여기서의 회사는 명목상의 회사(paper company)로서 업무의 집행(자산운용)은 집합투자업자가 수행하고 자산의 보관은 따로 신탁업자에게 위탁한다.

(1) 투자회사

투자회사는 상법상 주식회사로서 그 설립 · 운영은 대체로 상법에 의하나, 집합투자기구라는 성질상 일정한 예외가 있다. 투자자들이 주주로서 주주총회를 통하여 회사의 중요한 의사결정에 참여할 수 있으나, 재무제표의 승인이 이사회 권한사항이기 때문에 반드시 정기총회가 개최되지는 않으며, 상법상 주주총회의 권한사항인 정관변경, 결산서류 승인, 이익배당 등에 관한 사항도 이사회가 결정한다. 이사회 역시 상법상 주식회사와 달리 법령과 정관이 정하는 사항만을 결의할 수 있고, 대표이사 대신 집합투자업자인 '법인이사'가 집합투자재산 운용 등 업무집행에 관하여 폭넓은 권한을 갖는다. 또한 감사 대신 2인 이상의 감독이사를 두어 운용행위 등을 감시하게 한다.

투자회사의 지분은 상법상 주식과 같지만, 집합투자의 성질상 보통주로만 발행되고, 그 주권은 무액면식으로 발행된다. 주주의 권리행사에 있어서는 주주평등의 원칙이 적용되고, 주식은 주권에 의하여 자유롭게 양도될 수 있다.

(2) 투자유한회사

투자유한회사는 상법상 유한회사와 마찬가지로 유한책임사원으로만 구성된다. 사원은 1인 이상이면 되는데, 설립 시에는 집합투자업자가 아닌 자를 사원으로 가입시킬 수 없기 때문에 오로지 집합투자업자의 출자만으로 설립되고, 투자자들은 설립 · 등록 후 지분증권을 취득하여 사원이 된다. 2011년 개정 상법에 따라 사원수(50인 이하)의 제한은 받지 않는다.

투자유한회사는 상법의 규정에 의하여 사원총회와 1인의 이사만 둔다. 이사회 및 상법상 임의적 기관인 감사는 두지 않는다. 투자회사와 마찬가지로 집합투자업자가 업무집행기관(법인이사)이 된다. 사원총회의 권한은 투자회사의 경우와 마찬가지로 법령 및 정관에 정한 사항으로 제한된다. 이사회 및 감독기관이 존재하지 않기 때문에 투자재산을 보관 · 관리하는 신탁업자(자산보관회사)가 감독기능을 수행하게 되는데, 신탁관계에 있지 아니하기 때문에 투자신탁에서와 같이 수탁자의 법적 의무로서 감독기능이 수행되지는 않는다.

집합투자기구라는 특성상 투자유한회사의 지분에 대해서는 지분증권(무액면식)이 발행된다. 지분의 유가증권화를 금지한 상법의 특례이다. 지분은 정관의 제한이 없는 한 자유롭게 양도할 수 있다(상법 제556조). 상법상 유한회사는 내부적으로 이익배당 등에 관하여 사원자치가 인정되지만, 투자유한회사는 집합투자기구이기 때문에 투자자평등원칙이 적용된다.

(3) 투자합자회사

투자합자회사는 상법상 합자회사와 마찬가지로 무한책임사원인 집합투자업자(1인)와 유한책임사원인 투자자로 구성된다. 유한책임사원의 수에는 제한이 없으나, 설립 시에는 1인으로 제한된다.[7] 무한책임사원이 업무집행사원이 되는데, 그 역할 및 직무수행방법은 투자회사의 법인이사와 같다. 유한책임사원은 상법의 규정에 따라 무한책임사원의 업무집행에 대한 감시권을 행사한다. 상법상 합자회사와는 달리 투자자 보호를 위한 필요적 기관으로서 사원총회를 두어야 하는데, 집합투자업자(업무집행사원)가 가지는 지분에 대해서는 의결권이 제한된다.[8] 감독기능은 투자유한회사와 같은 방법으로 수행된다.

투자합자회사의 경우에도 상법의 특례로서 지분증권이 발행된다. 다만, 무한책임사원의 지분양도는 전사원의 동의를 얻어야 하고, 유한책임사원의 지분양도는 무한책임사원의 동의를 얻어야 한다(상법 제269조 및 제276조). 상법상 합자회사와 달리 유한책임사원의 권리에 대해서는 사원평등원칙이 적용된다.

투자합자회사는 사모투자전문회사(PEF)의 회사형태이다.[9] 출자의 이행과 환급 및 손익분배가 유연하고 조합의 경우와 달리 투자가가 유한책임사원이 되는 점에서 PEF에 적합하다.

---

7 투자자 보호를 위하여 금융위원회에의 등록이 완료되기 전까지는 투자자를 모집할 수 없도록 한 것이다(자본시장법 제213조제5항).

8 집합투자업자가 증권의 발행자 지위에 서는 것으로 보아 상법상 자기주식에 대한 의결권제한규정(상법 제369조제2항)을 준용한다.

9 외국에서 PEF의 조직형태로 일반화된 합자조합(LP: limited partnership)이 우리나라에서는 인정되지 않는 상태에서 이와 가장 유사한 형태가 합자회사이었기 때문에 2004년 PEF 도입 시 이를 합자회사로 하였다. 그러나 우리나라도 2011년 상법 개정에 의하여 합자조합을 도입하였기 때문에 이를 PEF의 법적 형태로 할 수 있다.

(4) 투자유한책임회사

유한책임회사는 내부적으로는 조합과 같이 운영되지만 주식회사 · 유한회사와 같이 사원이 유한책임을 지는 새로운 회사형태이다. 투자유한회사와 마찬가지로 1인 이상의 유한책임사원으로만 구성되는데, 회사의 설립은 투자유한회사와 같다.

투자유한책임회사는 이사회 및 이사 · 감사를 두지 않는다. 다만, 집합투자기구이기 때문에 상법상 유한책임회사와 달리 사원총회를 두어야 한다. 회사의 업무집행은 집합투자업자가 '업무집행자'로서 하게 되는데, 반드시 사원이어야 하는 것은 아니다. 업무집행자인 사원의 지분은 다른 사원 전원의 동의가 있어야 양도할 수 있고, 업무집행자가 아닌 사원(투자자)의 지분은 업무집행자인 사원 전원의 동의가 있어야 양도할 수 있다(상법 제287조의8). 사원총회, 지분증권 등에 관한 그 밖의 사항은 투자유한회사의 경우와 같다.

3.2.3. 조합형

집합투자기구로서의 조합에는 여러 가지 형태가 있을 수 있으나, 자본시장법은 상법상의 합자조합과 익명조합을 인정하고 있다. 이들은 조합계약에 의하여 운영되기 때문에 투자신탁과 같은 계약형이라고 할 수 있다. 조합형의 경우 법인격이 없고 원칙적으로 신탁계약이 존재하지 않기 때문에 투자재산이 조합계약 당사자로부터 분리되지 않는다. 이로 인하여 지분의 내용이 신탁형 및 회사형과 다르고 그 양도성에 제한이 있다.

(1) 투자합자조합

투자합자조합은 상법상 합자조합과 같이 조합원 간 조합계약의 체결에 의하여 설립된다. 조합원은 상법상 합자조합과 같이 집합투자업자인 무한책임조합원과 투자자인 유책임조합원으로 구성된다.[10] 설립 시에 이들은 각각 1인으로 제한된다.

투자합자조합의 지배구조는 투자합자회사와 같아서 집합투자업자인 무한책임조합원이 업무집행조합원이 된다. 투자합자조합은 법인격이 없는 단체이므로 업무집행조합원은 투자합자조합을 위하여 유한책임조합원을 '대리'하여 업무를 수행하고, 유한책임조합원은 무한책임조합원의 업무집행에 대하여 감시권을 가진다. 투자재산은 신탁업자에 의하여 보관 · 관리되며, 이들의 감독기능은 투자유한회사의 경우와 같다. 상법상 합자조합은 사단이 아니기 때문에 조합원총회가 반드시 필요하지 않지만, 집합투자기구인 투자합자조합의 경

10 민법상 조합의 모든 조합원은 조합의 채무에 대하여 무한책임을 지는 것과 달리 상법상 합자조합의 조합원은 무한책임을 지는 조합원(무한책임조합원)과 출자가액을 한도로 유한책임을 지는 조합원(유한책임조합원)으로 구성된다(상법 제86조의2).

우에는 조합원총회를 두어야 한다(자본시장법 제220조). 조합원총회의 운영에 관한 사항은 투자합자회사 사원총회와 대체로 같다.

투자합자조합의 재산은 조합원의 '합유'에 속하나(민법 제704조) 조합원이 가지는 지분에 대해서는 지분증권이 발행된다. 업무집행조합원은 조합원 전원의 동의가 있어야 지분을 양도할 수 있으나, 유한책임조합원은 조합계약이 정하는 바에 따라 지분을 양도할 수 있다(상법 제86조의7). 지분증권의 발행 및 조합원의 권리에 관한 사항은 투자합자회사의 경우와 같다.

(2) 투자익명조합

상법상 익명조합은 법적 형식면에서는 회사가 아닌 조합계약이지만 공동사업의 내용면에서는 합자회사와 동일하다. 한편 투자합자조합은 유한책임조합원과 무한책임조합원으로 구성되는 등 합자회사와 조직형태가 거의 같다. 따라서 투자익명조합은 투자합자조합 내지 투자합자회사와 그 운영구조가 거의 유사하다. 집합투자업자가 투자익명조합의 영업자이고 투자자는 익명조합원이 된다. 익명조합에서는 조합원만이 출자의무를 부담하기 때문에 영업자인 집합투자업자는 조합원의 지위를 갖지 않는다.

표 4-2 집합투자기구 운영구조의 비교

구분	투자신탁	투자회사	투자유한회사	투자합자회사	투자합자조합	투자익명조합
사원구성 (설립시)	–	주주(유한책임) –	유한책임사원 –	무한책임사원 유한책임사원	무한책임조합원 유한책임조합원	영업자 익명조합원
설립방법	신탁계약 → 출자	정관작성 → 출자 → 설립등기	(좌동)	(좌동)	조합계약 → 출자	조합계약 → 출자
업무집행 (운용)	집합투자업자	법인이사 (집합투자업자)	(좌동)	무한책임사원 (집합투자업자)	(좌동)	영업자 (집합투자업자)
감독	신탁업자	감독이사	(감사)	유한책임사원	(좌동)	익명조합원
이사회	–	법인이사(1인) 감독이사(2인 이상)	–	–	–	–
총회구성	전 수익자	전 주주	전 사원	(좌동)	(좌동)	익명조합원
의결권	전 수익자	전 주주	전 사원	유한책임사원	유한책임조합원	익명조합원
재산귀속	신탁업자	회사	(좌동)	(좌동)	조합원(합유)	영업자
지분양도	자유	자유	자유 (정관 제한)	무한책임사원 동의	조합계약의 조건	영업자 동의
이익배분	평등배분	(좌동)	(좌동)	유한–무한 차등 유한사원 간 평등	(좌동)	평등배분

투자익명조합의 경우 다른 종류의 집합투자기구와 달리 투자재산의 권리관계가 다르다. 익명조합원이 출자한 투자재산은 이들의 공동재산이 아니라 영업자에 단독재산이 된다. 익명조합원은 투자재산에 대한 지분 없이 개별적으로 영업자에 대하여 계약상의 권리(이익분배 및 출자액의 반환청구권)를 가질 뿐이다. 그러나 투자재산은 신탁업자에게 신탁되어 영업자의 고유재산과 분리되어야 한다(자본시장법 제228조제2항). 그 결과 투자익명조합은 법적 형식은 조합이지만 실제 운영구조는 신탁형과 유사하게 된다.

익명조합원의 지분은 단순한 계약상의 권리에 불과하지만 집합투자기구의 성질상 이에 대해서도 지분증권이 발행된다. 하지만 이를 양도하기 위해서는 익명조합계약에 이에 관한 정함이 있어야 하고 영업자의 동의가 있어야 한다. 투자합자조합과 같이 익명조합원 전원으로 구성되는 조합원총회도 운영된다.

3.3. 신종 집합투자기구의 특성과 한계

자본시장법은 집합투자기구의 법적 형태를 유한회사, 합자회사, 조합 등으로 확대하면서 민·상법의 특례로서 사원총회 등 지배구조에 관한 규정을 두었다. 그러나 투자합자회사, 투자합자조합 및 투자익명조합 등 신종 집합투자기구는 인적 결합관계가 강한 조합적 성질상 회사형이나 신탁형과 같이 투자자 보호에 적합한 지배구조를 갖추는 데에는 한계가 있다.[11]

이들 집합투자기구에는 이사회가 존재하지 않아 감시기능은 집합투자재산을 보관·관리하는 신탁업자에 의존한다. 신탁업자들은 집합투자재산의 구분관리를 통하여 집합투자업자의 신용리스크 절연 및 이익상반행위 방지 등의 기능을 수행하고 있지만, 신탁법상 수탁자의 지위에 있지 않아 자산운용행위에 대한 감독기능을 다하는 데에는 한계가 있다. 집합투자재산의 보관·관리(투자익명조합은 제외한다)는 신탁계약에 의한 것이 아니므로 신탁업자는 신탁법상 수탁자(trustee)가 아닌 단순한 보관자(holder for safe keeping)의 기능만 수행하게 된다. 자본시장법의 규정에 따라 이들도 자산운용행위의 적법성 확인, 집합투자재산의 평가 및 기준가격 확인 등 수탁자와 같은 감독권을 행사하지만, 이는 법률의 규정 및 위탁계약에 따라 개별적·제한적으로 부여된 권한으로서 신탁법상 수탁자에게 일반적으로 인정되는 적극적 관리권[12]과는 거리가 있다.[13] 또한 투자신탁의 수탁자는 신탁법 및 자본시

---

11 박철영, "자본시장법상 집합투자기구 운영체계의 재검토", 「일감법학」 제21호, 2012, 145쪽.

12 수탁자는 수익자를 위하여 신탁재산을 보유하는 자로서 법정의무와 별도로 적극적으로 신탁재산을 방어·보호할 의무를 부담한다. 운용자의 자산운용행위 뿐만 아니라 수익증권의 발행·환매, 가준가격·환매가격의 산정 등 집합투자재산의 관리 전반에 걸쳐 감독권을 행사하고 운용자의 위법·부당한 지시도 거부할 수 있다.

13 이중기, "투자신탁펀드의 지배구조에 관한 비교법적 연구", 「증권법연구」 제2권 제2호, 한국증권법학회,

장법상 수익자 보호를 위한 충실의무(fiduciary duty)를 부담하는데(법률상 명시적인 규정이 없는 경우에도 신탁관계로부터 묵시적으로 인정될 수 있다), 이들 신종 집합투자기구의 집합투자재산을 보관·관리에 있어서는 일반적인 선관주의의무를 부담하는데 그친다.

집합투자기구의 법적 형태 다양화는 그 입법취지와 같이 규제의 공백을 제거하고 투자자 보호의 범위를 확장하는 효과가 있다. 그러나 자본시장법상 새로운 회사·조합형태의 집합투자기구는 지배구조에 있어 위와 같은 한계가 있기 때문에 투자자 보호에 취약하다는 문제가 있다. 현재까지 이들 형태를 취한 집합투자기구는 출현하지 않고 있는데, 집합투자기구의 일반적인 법적 형태이기 보다는 PEF 등과 같은 사모형 집합투자기구가 이용할 수 있는 법적 형태라고 할 수 있다.

4 집합투자기구의 관계회사

4.1. 집합투자업자

집합투자는 자산운용전문가에 의한 간접투자로서 이들이 투자자로부터 자금을 모아 집합투자기구를 설정하고 그 자산을 운용하여 수익을 투자자에게 배분한다. 자산운용전문가들은 집합투자기구의 설정 및 자산운용의 주체로서 집합투자를 업으로 하는 집합투자업자가 된다.

집합투자업은 금융투자업의 하나로서 집합투자업자는 회사의 형태, 자기자본(집합투자기구의 종류에 따라 20억 원부터 80억 원까지), 사업계획의 타당성, 자산운용전문인력과 전산설비 등 인적·물적 요건, 임원·대주주 요건, 이해상충 방지체계 등의 요건을 갖추어야 한다. 집합투자업자는 '집합투자', '투자신탁', '자산운용' 등의 문자(이와 같은 의미의 collective investment, pooled investment, investment trust, unit trust, asset management)가 포함된 상호를 사용한다.

집합투자업자는 집합투자기구의 설정(신탁의 설정, 회사 또는 조합의 설립을 포함한다), 집합투자재산의 운용·운용지시, 집합투자재산의 평가 등의 업무를 수행하는데, 집합투자기구의 유형에 따라 그 지위가 다르다. 신탁형에서는 신탁계약의 위탁자가 되고, 회사형에서는 발기인 또는 사원으로서 회사를 설립하고 법인이사 또는 업무집행사원으로서 회사의 업무를 집행한다. 조합형에서도 업무집행조합원 또는 영업자로서 조합의 업무를 집행한다. 집합투자업자는 집합투자기구 설정 시 집합투자증권을 발행하고 이를 직접 판매할 수 있다.

2001, 79~80쪽.

4.2. 신탁업자

집합투자는 자산의 운용과 보관 · 관리를 분리하는 것이 원칙이다. 즉 자산운용자인 집합투자업자는 직접 자산을 보관 · 관리하지 아니하고 이를 보관 · 관리 전문기관인 신탁업자에게 위탁한다. 단순히 집합투자기구가 취득한 자산을 보관하는 것이 아니라 그 취득 · 처분에 따른 관리사무도 처리하는 것이기 때문에 자산의 운용과 보관 · 관리를 분리하는 것이 효율적이고 자산의 안전한 보관과 투자자 보호라는 면에서도 필요하다.

투자신탁의 경우 신탁의 설정에 의하여 신탁재산이 수탁자(trustee)인 신탁업자에게 법률적으로 완전히 이전되기 때문에 자산의 운용과 보관 · 관리의 분리는 당연히 확보된다. 그러나 회사형 및 조합형의 경우에는 회사 또는 조합이 투자재산을 소유하기 때문에 그 보관 · 관리를 위탁하는 별도의 조치가 필요하다. 자본시장법은 집합투자기구의 유형에 관계 없이 집합투자재산의 보관 · 관리를 신탁업자에게 위탁하도록 하고 있다(자본시장법 제184조제3항). 투자신탁의 경우에는 투자신탁을 설정하는 신탁계약에 의하여 신탁재산의 보관 · 관리가 위탁되고, 다른 집합투자기구의 경우에는 별도의 보관 · 관리 위탁계약이 체결된다.

신탁업은 신탁, 즉 위탁자로부터 일정한 재산을 이전받아 이를 신탁의 목적에 따라 관리 · 처분하는 것을 영업으로 하는 것을 말한다. 신탁의 방식 및 그 재산은 매우 다양하기 때문에 신탁업자는 자본시장법상 특별한 신탁유형인 투자신탁이나 금전신탁에 한하지 않고 다양한 방식으로 신탁업무를 수행한다. 신탁업은 신탁계약에 의한 신탁의 설정을 전제로 하는 것이나, 그 전문적인 재산관리기능으로 인하여 집합투자재산과 같이 신탁계약이 수반되지 않는 재산의 보관 · 관리도 고유업무가 되었다.

신탁업자는 집합투자재산의 보관 · 관리를 기초로 집합투자업자의 운용지시에 따른 자산의 취득 · 처분 등을 이행하고 집합투자업자의 자산운용행위에 대한 감시기능도 수행한다. 집합투자업자가 투자자의 이익을 위하여 최선을 다해 자산을 운용하도록 자산운용의 적법성을 감시할 뿐만 아니라 집합투자재산의 평가, 기준가격의 산출, 집합투자기구별 자산배분내역 등에 대한 확인업무를 수행한다. 이러한 신탁업자의 감시기능은 집합투자기구의 법적 형태에 관계 없이 동일하다.

4.3. 판매회사

집합투자기구를 설정하기 위해서는 투자자에게 투자를 권유하고, 이에 따라 투자자가 납입 · 출자한 금액에 대해서는 투자자의 권리를 표시한 증권(주식, 수익증권, 지분증권 등 집합투자증권)을 발행하여야 한다. 여기서 투자권유를 통하여 투자자에게 집합투자증권을 취득(인수 또는 매입)하도록 하는 행위를 '판매'라 한다.

집합투자증권의 판매는 직접판매와 간접판매로 구분된다. 집합투자업자가 자기가 운용하는 집합투자기구가 발행하는 집합투자증권을 직접 투자자에게 판매할 수도 있고(직접판매), 다른 금융투자업자에게 위탁하여 판매할 수도 있다(간접판매). 간접판매는 중개, 모집주선(준위탁매매), 대리 또는 인수 · 매출의 방법으로 할 수 있는데(실제로는 모집주선 또는 대리의 방법으로 이루어진다), 이를 영업으로 하는 것은 자본시장법상 투자중개업 또는 투자매매업에 해당된다. 따라서 집합투자증권을 판매할 수 있는 자는 투자중개업자 또는 투자매매업자이어야 한다. 구(舊)자산운용업법에서는 집합투자증권의 판매를 업으로 하는 회사를 '판매회사'로 정의하고 그 자격을 증권회사, 은행, 보험회사 등 금융기관으로 규정하였었으나(구(舊)자산운용업법 제26조), 자본시장법은 기능별 규제원칙에 따라 따로 판매회사의 자격을 정하지 않고 투자중개업자 또는 투자매매업자이면 모두 판매업무를 영위할 수 있도록 하였다(자본시장법 제184조제5항). 따라서 법상 '판매회사'라는 용어는 존재하지 않으나, 집합투자증권의 판매를 업으로 하는 투자중개업자 또는 투자매매업자를 '판매회사'라고 한다.

판매회사는 집합투자업자와의 판매계약에 따라 자신의 임직원 또는 '투자권유대행인'이라는 판매전문인력을 통하여 집합투자증권을 판매한다. 집합투자업자로부터는 판매보수를 받고 투자자로부터는 판매수수료를 받는다. 집합투자증권의 판매는 투자권유행위를 수반하므로 자본시장법상 설명의무, 적합성원칙 등 투자권유규제를 받는다.

4.4. 일반사무관리회사

투자회사는 주식회사이지만 명목상의 회사(paper company)에 불과하기 때문에 본점 이외에 영업소를 둘 수 없고 상근 임직원도 둘 수 없다. 자산운용에 관한 업무는 집합투자업자가 법인이사가 되어 수행하지만, 자산보관은 신탁업자에게 위탁하여야 하고, 그 밖의 운영사무는 다른 제3자에게 위탁할 수밖에 없다.

투자회사의 운영사무는 주식의 발행과 명의개서, 이사회와 주주총회의 소집 · 운영, 투자회사재산의 계산, 법령 · 정관에 의한 각종 통지 · 공고 등이고, 투자회사재산의 계산업무는 구체적으로 순자산가치(NAV: net asset value)의 산정, 주식의 기준가격 계산, 수익률 산출 등 회계업무이다. 이러한 운영사무를 전문적으로 수행하는 자를 '일반사무관리회사'라 하는데, 투자회사는 그 운영사무를 일반사무관리회사에 위탁하여야 한다(자본시장법 제184조제6항).

일반사무수탁회사는 상법상 주식회사이거나 자본시장법상 명의개서대행업무를 영위하는 법인으로서 금융위원회에 등록한 자이어야 한다. 일정한 자본금(20억 원 이상)과 계산업무 전문인력 및 다른 업무와 독립된 사무실과 전산설비 등의 요건을 갖추어야 한다.

자본시장법은 투자회사에 대하여 일반사무관리회사를 규정하고 있으나, 다른 형태의 집합투자기구도 업무효율성 등의 필요에 의하여 그 운영사무의 전부 또는 일부를 일반사무관리회사에 위탁할 수 있다. 투자유한회사 및 투자합자회사 역시 투자회사와 같은 명목상의 회사이므로 그 운영사무는 일반사무관리회사에 위탁할 수밖에 없다. 투자신탁에서는 투자회사와 같은 운영사무는 존재하지 않으나, 집합투자재산의 계산업무는 업무효율성을 위하여 대부분 일반사무관리회사에 위탁하고 있다.

4.5. 그 밖의 관계회사

(1) 집합투자기구평가회사

투자자들이 집합투자를 하기 위해서는 집합투자기구를 선택하여야 하는데, 각각의 집합투자기구들은 수익성이나 리스크관리면에서 많은 차이가 있다. 따라서 투자자 보호 측면에서 집합투자기구들을 수익률과 위험도에 따라 평가하여 그 결과를 투자자에게 제공하는 전문기관이 필요하다. 이러한 전문기관을 '집합투자기구평가회사'라고 하는데, 집합투자와 직접적인 관계는 없지만 자본시장법은 투자자 보호 및 집합투자기구 평가의 객관성과 공정성을 확보하기 위하여 이를 등록제로 규정하였다(자본시장법 제258조).

집합투자기구의 평가는 공정하여야 하기 때문에 집합투자기구평가회사는 집합투자업자 및 판매회사이거나 그 계열회사가 아니어야 한다. 평가업무를 수행함에 있어서는 보편 · 타당하고 공정한 기준에 따라 일관성을 유지하여야 하고, 미공개정보를 이용해서는 아니 되며, 평가를 위하여 취득한 정보를 다른 업무에 이용해서는 아니 된다. 집합투자기구 평가를 위해서는 집합투자재산내역을 파악하여야 하는데, 이는 집합투자업자가 직접 또는 한국금융투자협회를 통하여 제공한다.

(2) 채권평가회사

집합투자재산을 평가하고 집합투자증권의 기준가격을 산정하기 위해서는 집합투자재산에 속하는 각 자산의 가격을 평가하여야 한다. 주식의 경우에는 대부분 상장주식이어서 시가가 형성되어 있기 때문에 별도의 평가가 필요 없지만, 채권의 경우에는 그렇지 않다. 따라서 집합투자재산에 속하는 채권과 CD, CP 등의 가격을 공정하게 평가하여 집합투자기구에게 제공하는 자가 필요하다. 이 역시 집합투자와 직접적인 관계는 없지만, 자본시장

그림 4-3 **집합투자기구 관계회사 운영구조**

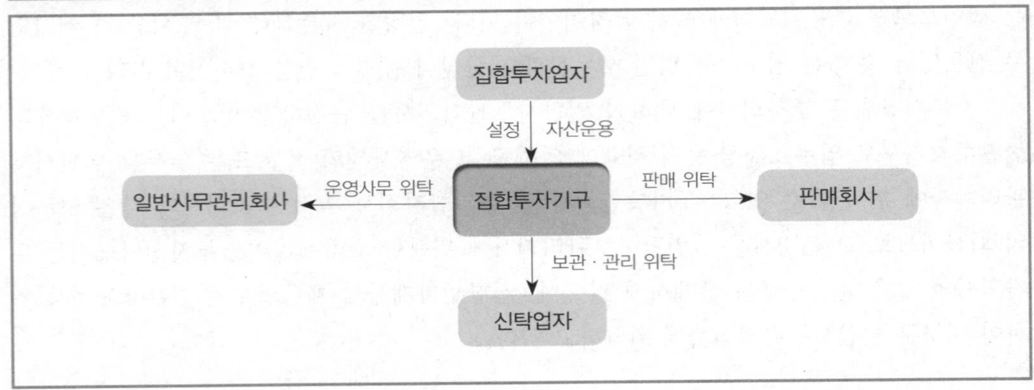

법은 집합투자기구평가회사와 같은 취지에서 이를 등록제로 규정하였다(자본시장법 제263조).

채권평가회사도 집합투자기구평가회사와 같은 기준에 따라 공정하고 객관적으로 평가업무를 수행하여야 하는데, 집합투자업자가 집합투자재산에 대하여 평가가격을 제공받는 경우 그 비용은 집합투자기구가 부담한다.

제3절 집합투자기구 규제와 예탁결제제도

1 규제의 필요

집합투자상품은 복수 투자자가 출자한 공동재산으로 운영되어 무형의 권리인 것이 많기(공동성) 때문에 투자자가 그 상품내용을 충분히 이해하고 적절한 투자판단을 하기가 어렵다. 또한 집합투자는 정보의 비대칭을 전제로 하고 자본의 소유와 운용이 분리되어 투자자는 투자재산을 직접 관리 · 운용하지 않기 때문에(수동성) 운용자에 의한 부정행위나 이익충돌행위 등 대리인문제(agency problem)가 발생하기 쉽다. 이러한 문제를 방지하기 위해서는 일정한 감시활동이 필요하나, 그 비용을 회피하는 무임승차자(free-rider)가 존재하기 때문에 투자자가 개별적으로 감시활동을 수행할 유인은 별로 없다. 공동투자라는 속성상 이른바 '집단행동의 문제(collective action problem)'가 발생할 수밖에 없다. 이러한 특성상 집합투자에서는 다른 금융투자영역에 비하여 특수한 법적 규제가 필요하게 된다.

집합투자에 관한 규제는 집합투자기구라는 투자장치에 대한 규제와 집합투자기구가 발행하는 집합투자증권에 대한 규제, 그리고 이에 관계되는 금융투자업자에 관한 규제로 구분되는데, 집합투자기구에 관한 규제가 중심이다. 공시규제, 불공정거래규제 등 증권에 대한 규제(집합투자증권에 특유한 것이 아니라 금융투자상품에 관한 일반적 규제가 그대로 적용되는 것이다)와 금융투자업자의 영업행위규제만으로는 투자자 보호의 목적을 달성하기가 어렵다. 따라서 집합투자에 있어서는 집합투자기구의 설정, 지배구조, 공시, 자산운용 및 보관 · 관리 등 투자장치의 구성 · 운영에 대한 규제가 중요한데, 신탁형 · 회사형 · 조합협 등 집합투자기구의 법적 형태가 다양하기 때문에 기능별 규제의 요청이 더욱 강하게 적용된다.

2 규제체계

2.1. 집합투자기구에 관한 규제

집합투자기구를 통한 자산운용행위는 집합투자기구 구성단계와 그 이후의 자산운용단계로 구분된다. 따라서 집합투자기구에 관한 규제는 일차적으로 '집합투자기구'의 정의에 의하여 그 규제범위를 결정하고, 집합투자기구 구성단계와 자산운용단계에 있어 투자자 보호를 위하여 추가적으로 각종 의무를 부과되는 체계로 운영된다.

(1) 집합투자기구의 범위

집합투자기구의 정의는 집합투자에 있어 투자자 보호범위를 결정하는 것이다. 집합투자기구는 집합투자를 수행하는 기구이므로 먼저 '집합투자'의 개념이 정의되고, 이를 수행하는 '집합투자기구'의 법적 형태가 정의된다. 집합투자의 개념은 전술한 바와 같이 투자자의 수와 관계없는 '간접투자'에서 복수의 투자자를 전제로 하는 것으로 변경되어 왔는데, 투자권유를 기준으로 하는지 실제 투자자를 기준으로 하는지에 따라 규제범위가 달라진다.

집합투자기구는 집합투자기능을 수행하는 모든 형태의 투자장치를 포괄하여 규정될 수도 있고, 신탁이나 주식회사 등 특정한 형태로 제한될 수도 있다. 자본시장법은 후자의 방식을 택함으로써 주식회사, 유한회사, 합자회사, 유한책임회사, 합자조합, 익명조합 등 7가지 이외의 다른 형태로는 집합투자기구를 구성할 수 없도록 하였다(자본시장법 제9조제18항). 그러나 유한책임회사, 합자조합 등과 같이 새로운 형태의 회사 또는 조합이 계속 출현하기 때문에 그 범위는 확대될 수밖에 없다.

(2) 집합투자기구의 구성

집합투자기구는 신탁계약, 회사 및 조합의 형태로 구성된다. 이는 다수의 투자자로부터 자금을 모아 운용하는 특수한 신탁계약, 회사 및 조합이기 때문에 그 내용을 투자자에게 공시할 필요가 있다. 자본시장법은 투자자의 피해를 방지하기 위하여 집합투자기구는 반드시 사전에 금융위원회에 등록하도록 하였다(자본시장법 제182조). 집합투자기구가 금융위원회에 등록되기 위해서는 법에 따라 적법하게 설정 · 설립되어야 하고, 집합투자재산의 운용자(집합투자업자) 외에 집합투자재산의 보관 · 관리자(신탁업자), 집합투자증권의 판매회사(투자중개업자 · 투자매매업자), 일반사무관리회사 등이 정상적으로 선임 · 운영되어야 한다. 집합투자업자 및 판매회사는 집합투자기구의 등록이 완료된 후에만 집합투자증권을 판매하여 투자자를 모집할 수 있다.

(3) 집합투자기구의 운영(지배)구조

집합투자기구의 내적 운영구조는 그 법적 형태에 따라 다른데, 그 핵심은 전술한 바와 같이 지배구조에 있다. 그 지배구조의 결정은 신탁과 회사에 관한 법전통에 따라 다른데, 집합투자기구의 법적 유형에 따라 서로 다른 지배구조를 적용할 것인지, 이에 관계 없이 단일한 지배구조를 적용할 것인지는 입법정책적 선택의 문제이다. 우리나라는 영국의 Unit Trust와 유사한 투자신탁을 중심으로 집합투자제도가 발달된 상태에서 미국의 회사형 집합투자기구인 투자회사(mutual fund)가 도입됨으로써 지배구조가 집합투자기구의 법적 형태에 따라 서로 다르게 운영되었었다.

그런데 구(舊)자산운용업법은 이사회형 지배구조가 상대적으로 고비용구조인 반면 우리나라에서는 미국과 달리 개인인 이사의 감시기능은 제대로 수행되지 못하고 있다는 점 등을 이유로 수탁자형 지배구조로 일원화하고자 하였고,[14] 이는 현재까지 유지되고 있다. 자본시장법은 집합투자기구의 법적 형태 및 집합투자재산을 보관 · 관리하는 신탁업자의 신탁법적 지위(수탁자)에 관계 없이 신탁업자가 자산운용행위의 적법성 확인과 시정요구, 각종 보고서 확인 등의 감시업무를 수행하도록 하고 있다. 하지만 주식회사인 투자회사의 경우 명확히 수탁자(신탁업자) 중심의 지배구조라고 하기는 어렵다. 신탁업자는 감시업무 수행결과를 이사회에 보고하는데 그치기 때문에 이사회(감독이사)가 여전히 지배구조의 중심에 있다고 할 수 있다. 다른 회사형 · 조합형 집합투자기구에서는 이사회가 존재하지 않기 때문에 감시기능은 신탁업자에 의해 일원적으로 수행된다. 다만, 여기서의 신탁업자는 전술한 바와 같이 신탁의 수탁자(trustee)로서의 지위에 있지 않기 때문에(투자익명조합의 경

---

14 법령제정실무작업반, 「간접투자해설」, 박영사, 2005, 73쪽.

우는 제외) 투자신탁에서의 감시기능과는 차이가 있다.

이와 같이 집합투자기구의 지배구조는 이사회와 신탁업자를 중심으로 운영되는데, 그 최상위에는 투자자총회(주주총회, 수익자총회 및 조합원총회)가 있다. 자산운용행위에 대한 감시기능은 이사회와 신탁업자에 의하여 확보되기 때문에 감시기구로서의 투자자총회가 반드시 필요하지는 않다. 그러나 집합투자기구의 운영상 투자자에게 중대한 이해관계를 미치는 사항에 대해서는 투자자 스스로 결정하는 것이 타당하기 때문에 자본시장법은 집합투자기구의 법적 형태에 관계 없이 투자자총회를 두도록 하였다.[15]

(4) 자산의 운용

집합투자의 대리인문제를 해결하는데 있어 효과적인 지배구조의 설정이 가장 중요하지만 자산운용에 대한 감시기능을 수행하는 자가 스스로 자산운용의 기준을 마련할 수는 없다. 이에 의해서는 동일한 집합투자행위에 대하여 동일한 규제를 적용하기도 어렵다. 투자자 보호 및 집합투자재산의 안정적 운용이라는 요청상 자산운용에 관한 일정한 법적 규제가 불가피하다.

집합투자기구의 운용대상자산은 전술한 바와 같이 재산적 가치가 있는 자산으로서 증권, 파생상품, 단기금융상품, 부동산, 기타 실물자산 등으로 구분되지만 자산종류에 대한 특별한 제한은 없다. 따라서 자산운용에 관한 법적 규제는 주로 자산종류별 운용비율의 제한, 자산운용방법의 제한 등으로 이루어진다. 집합투자기구의 종류별로 운용대상자산의 종류 및 구체적인 자산운용방법이 정해지고, 상장지수집합투자기구(ETF: exchange traded fund)와 사모집합투자기구 등 특수한 형태의 집합투자기구에 대해서는 그 특성에 따라 일정한 예외가 인정된다. 자산운용방법으로는 자산의 매매 외에 증권의 대여, 자금의 단기대출 및 금융기관 예치, 부동산의 관리 · 개발 · 임대 등이 가능한데, 금전차입은 원칙적으로 금지된다. 공모형 집합투자기구는 리스크 분산을 위하여 자산종류 · 운용방법별로 종목, 자산총액 등의 기준에 따라 일정한 운용한도(비율)의 제한을 받는다.

(5) 자산의 보관 · 관리

집합투자에서는 자산의 운용과 보관 · 관리가 엄격히 구분된다. 투자재산을 안전하게 보관하고 자산운용의 효율성을 제고하여 투자자 이익을 보호하기 위하여 자산운용자인 집합투자업자는 집합투자재산을 직접 보관 · 관리할 수 없고 이를 신탁업자에게 위탁하여야

---

15 1999년의 대우사태를 계기로 환매연기, 투자신탁 분리 등 투자재산의 가치에 큰 영향을 미치는 비정상적 · 중요한 의사결정에 대해서는 투자자가 직접 참여하는 것이 사후적인 분쟁을 방지하고 거래비용을 절감하는 방법이라고 판단하여 2004년 자산운용업이 처음으로 투자신탁의 수익자총회를 도입하였다.

한다. 투자신탁의 경우에는 신탁관계에 의하여 신탁업자가 신탁재산을 이전받아 관리하는 것이 당연하지만 투자회사 등 다른 유형의 집합투자기구에 있어서는 이와 같은 이유에서 신탁업자에게 위탁할 것이 강제된다.

신탁업자가 신탁계약에 따라 수탁한 신탁재산에 대해서는 신탁법상 분별관리의무가 적용된다. 하지만 모든 집합투자재산이 신탁재산이 되는 것은 아니고, 집합투자재산은 위탁자(집합투자업자)의 재산이 아니라 집합투자기구의 재산이기 때문에 신탁업자의 집합투자재산의 보관·관리에 대해서는 특별한 규제가 필요하다. 따라서 자본시장법은 신탁업자에 대하여 집합투자재산을 자기재산 및 다른 위탁재산과 구분하여 집합투자기구별로 보관·관리하고 집합투자업자의 자산운용지시도 집합투자기구별로 이행하도록 하였다(자본시장법 제246조). 이러한 집합투자재산의 구분관리를 통하여 신탁업자는 집합투자업자의 자산운용 행위에 대한 감시업무를 수행하게 되고, 집합투자업자의 임의적 자산배분 등 불공정한 거래도 방지된다.

2.2. 집합투자증권에 관한 규제

집합투자증권은 집합투자기구의 법적 형태에 따라 그 권리내용 및 법적 성질이 다르다. 투자신탁에서는 수익증권, 투자회사에서는 주식, 투자합자회사 등에서는 지분증권을 발행하는데, 이들은 모두 자본시장법상 증권에 해당되기 때문에 증권신고서, 투자설명서 등의 발행규제가 그대로 적용된다. 다만, 개방형집합투자기구는 존속기간 동안 발행예정 집합투자증권 총수 범위 내에서 집합투자증권을 자유롭게 발행하는 것이 원칙이므로 일괄신고서 제출, 집합투자기구 등록 및 최초 공모 시 예측정보 기재 금지 등의 특례가 인정된다. 또한 집합투자증권은 실물증권이 필요하지 않는 특성상 그 발행방법에 약간의 제약이 있다. 주식, 사채 등 전통적인 자본증권과 달리 투자자들이 권리의 행사나 이전을 위하여 증권을 소지가 필요가 거의 없기 때문에 예탁결제원의 예탁자계자부 기재에 의한 일괄예탁[16]의 방법으로 발행하여야 한다.

2.3. 집합투자기구 관계회사에 관한 규제

집합투자에 관계되는 자는 자산을 운용하는 집합투자업자, 자산을 보관·관리하는 신탁업자, 집합투자증권을 판매하는 투자매매·중개업자, 투자회사의 운영 및 집합투자재산의 계산업무를 수행하는 일반사무관리회사 등이다. 이들의 집합투자 관련 업무에 대해서는

16 증권의 일괄예탁방법에 대해서는 앞의 '제2편 제3장 제2절 1.3.' 참조.

금융투자업자(일반사무관리회사를 제외한다)로서 공통적인 영업행위규칙이 적용되고, 집합투자의 특성에 따른 추가적인 의무가 부과된다.

집합투자업자의 자산운용업무에 대해서는 집합투자기구 · 집합투자재산의 주요 사항에 대한 공시 · 보고, 자기집합투자증권의 취득과 이해관계인과의 거래 등 불건전한 운용행위의 금지, 성과보수의 제한 등의 규제가 추가되고, 판매회사의 집합투자증권 판매업무에 대해서는 판매가격 제한(forward pricing), 집합투자기구 등록 전 판매 · 광고 금지, 환매연기 발생 시 등의 판매 제한, 성과보수의 제한 등의 규제가 추가된다. 신탁업자의 집합투자재산 보관 · 관리에 대해서는 신탁업 일반에 대한 규제가 적용되지 않고 전술한 바와 같이 집합투자기구별 보관 · 관리를 중심으로 하는 별도의 규제가 적용된다. 일반사무관리회사는 금융투자업자가 아니므로 이들의 집합투자기구의 운영사무 수행은 금융투자업으로서 규제받지 않으나, 업무의 제3자 위탁, 직무 관련 정보의 이용 금지, 감독 · 검사 등 공통적인 사항에 대해서는 금융투자업자와 동일한 규제를 받는다.

이러한 집합투자기구 관계회사들은 각자 자신의 업무를 수행하나 동일한 집합투자기구에 관한 업무를 수행하기 때문에 상호 연관성이 크다. 따라서 이들이 투자자에게 손해배상책임을 부담하는 경우 귀책사유가 있는 관계회사는 연대하여 배상할 책임을 진다(자본시장법 제185조).

3 집합투자에서의 예탁결제제도

3.1. 관련성

자본시장에서 예탁결제제도는 매우 광범위한 인프라 기능을 수행한다. 투자자로부터 증권을 예탁받아 집중관리하고 예탁증권에 대하여 다양한 권리행사서비스를 제공하며 각종 거래에 대하여 청산 · 결제서비스를 제공한다. 또한 예탁결제기능을 기초로 증권의 발행서비스도 제공하는데, 실물 형태보다는 채권등록이나 주권불소지 등의 방법에 의하여 무권화 형태로 증권을 발행한다.

이러한 예탁결제제도의 역할은 집합투자에 있어서도 변함이 없다. 집합투자에서 자산의 집합은 증권을 매개로 하고, 자산의 운용은 주로 증권을 대상으로 하며, 운용결과의 분배 역시 증권을 매개로 한다. 따라서 집합투자활동의 대부분은 예탁결제제도를 기반으로 이루어지고, 예탁결제제도는 집합투자 영역에서도 그 고유기능을 그대로 수행한다.

집합투자에서 예탁결제제도의 기능은 집합투자기구가 발행하는 증권(집합투자증권)에 관한 것과 집합투자기구가 운용하는 증권(집합투자재산)에 관한 것으로 구분된다. 집합투자증권은 다른 증권과 마찬가지로 보관 · 관리, 권리행사 및 발행이 예탁결제제도를 통해서 이루어진다. 구(舊)자산운용업법 시행 전에는 투자신탁 수익증권이 발행되지 않아 투자자의 권리 보호에 문제가 있었고, 실물증권의 발행도 여러 가지 비용과 위험을 초래하는 문제가 있는데, 예탁결제제도는 일괄예탁의 방법으로 이를 해결하였다. 또한 집합투자증권의 발행 · 환매에 따른 증권의 인도와 대금의 지급도 예탁결제제도를 통하여 처리된다. 유통시장에서의 결제와 같이 차감결제와 동시결제(DVP: delivery versus payment)의 방법으로 처리됨으로써 결제에 따르는 비용과 위험이 감소된다. 집합투자재산으로 운용되는 증권은 예탁결제제도에 의하여 집합투자기구별 구분관리의 목적이 달성된다. 집합투자기구별로 보관 · 관리 및 집합투자기구별 결제를 통하여 집합투자재산의 공정하고 투명한 운용이 확보되고, 증권결제시스템(기관투자자결제시스템)에 의하여 결제의 효율성 및 안정성이 확보된다.

집합투자기구의 구성 · 운영에 있어서는 전술한 바와 같이 대리인문제로 인하여 집합투자재산의 안전한 관리와 자산운용 감시기능의 확보가 가장 중요한데, 예탁결제제도는 위와 같이 그 고유기능과 집합투자에 대한 특수한 기능의 결합을 통하여 집합투자규제의 목적을 달성할 수 있게 한다. 예탁결제제도는 집합투자기구의 구성 · 운영의 수단인 동시에 투자자 보호를 위한 집합투자기구 규제수단이 될 수 있다.

3.2. 집합투자기구의 예탁결제시스템

(1) 배경

2000년대 초반까지 자산운용산업은 그동안의 양적 성장과 달리 업무 처리 자동화 등의 인프라가 마련되지 못했었다. 1개의 집합투자업자가 수개의 매매중개회사, 신탁업자, 판매회사 및 일반사무관리회사 등을 상대로 집합투자기구의 설정, 자산운용, 집합투자증권 환매 등의 업무를 처리하는 거미형 구조를 가지고 있었고, 그 업무 처리는 대부분 전화나 팩스 등의 수작업에 의존하였다. 다른 금융산업에 비하여 고비용 · 저효율 구조로 운영되었고, 무엇보다 자산운용행위에 대한 감시기능이 충분히 수행되지 못하였다.

2004년 시행된 구(舊)자산운용업법은 전술한 바와 같이 집합투자기구의 감시구조를 신탁업자 중심으로 전환하고 이들의 자산운용행위에 대한 감시기능을 명확히 하였다. 그러나 현실적으로 신탁업자의 법적 의무 · 권한만으로 집합투자기구 간 불법적인 편출입 등 불공정한 자산운용행위를 방지하는 데에는 한계가 있었고, 이에 집합투자업자의 자산운용행위를 적시에 정확히 파악할 수 있는 체계가 필요하였다. 신탁업자가 자산의 취득 · 처분 등 운용지시정보를 즉시적이고 충분히 수령할 수 있어야 하는데, 표준화 · 자동화된 정보전달체계가 없었기 때문에 장표에 의한 수작업방식에 의존하였다. 자산운용은 투명하지 못했고, 이에 대한 투자자의 신뢰는 부족하였으며, 이는 자산운용산업의 성장을 제약하였다.

이에 따라 신탁업자가 감시기능을 충분하고 효과적으로 수행함으로써 자산운용의 투명성을 실질적으로 확보할 수 있는 특별한 방책이 요구되었다. 그 결과 구(舊)자산운용업법 제정과 함께 집합투자기구의 자산운용을 지원하는 새로운 인프라로서 '집합투자재산 예탁결제시스템'이 구축되게 되었다. 이는 집합투자재산인 증권의 집합투자기구별 집중예탁에 기초한 전산시스템으로써 집합투자업자의 신탁업자에 대한 자산운용지시를 객관적이고 정확하게 관리하는 것을 목적으로 하였는데, 이와 관련된 집합투자업자 · 투자중개업자 간의 매매확인 및 증권과 대금의 동시결제(DVP)도 자동화된 방식으로 처리함으로써 결제의 안정성과 자산운용 전 과정의 STP도 달성하고자 하였다.

(2) 기능

집합투자재산 예탁결제시스템은 예탁결제원을 중심으로 집합투자재산의 운용에 관계되는 모든 기관, 즉 집합투자업자와 투자중개업자, 신탁업자, 판매회사, 일반사무관리회사를 단일 네트워크[17]로 연결하여 업무 처리에 필요한 모든 정보를 표준화 · 자동화된 방식으로 실시간 전달한다. 이는 집합투자기구 관계회사의 종합전산망으로서 '펀드넷(FundNet)'으로 불린다.

FundNet은 이와 같이 직접적으로는 집합투자재산 운용의 투명성을 확보하기 위해 구축되었으나, 집합투자기구의 모든 관계회사를 연결한 전산망이기 때문에 집합투자기구의 설정단계부터 집합투자재산 또는 집합투자증권의 예탁결제와 관련되는 일체의 업무를 지원한다. (ⅰ)집합투자기구의 설정에 따른 집합투자증권의 예탁과 환매(설정 · 환매시스템), (ⅱ)집합투자재산의 운용에 따른 매매확인, 운용지시 전달 및 증권 · 대금의 동시결제(운용지원시스템), 그리고 (ⅲ)집합투자재산의 집합투자기구별 예탁(펀드별 예탁시스템)을 핵심기능으로 한다.

이러한 FundNet은 국내 자산운용산업의 단일 인프라이기 때문에 그 역할은 계속해서 집합투자기구의 역외 거래 및 다른 자산운용 부문으로도 확대되었다. (ⅳ)집합투자재산의 운용지원시스템은 집합투자기구의 해외(외화증권) 운용 및 역외 집합투자기구의 국내 운용으로 확장되었고, (ⅴ)집합투자증권 설정 · 환매시스템은 역외 집합투자기구의 국내 판매로도 확장되었으며, (ⅵ)집합투자기구의 자산운용구조는 투자일임과 유사하기 때문에 투자일

17 FundNet의 네트워크는 예탁결제원과 참가기관을 전용선으로 직접 연계하는 방식(CCF: computer to computer facility)과 인터넷 웹 부라우저(web browser)로 연계하는 방식으로 구성되어 있다.

그림 4-4 FundNet의 구조

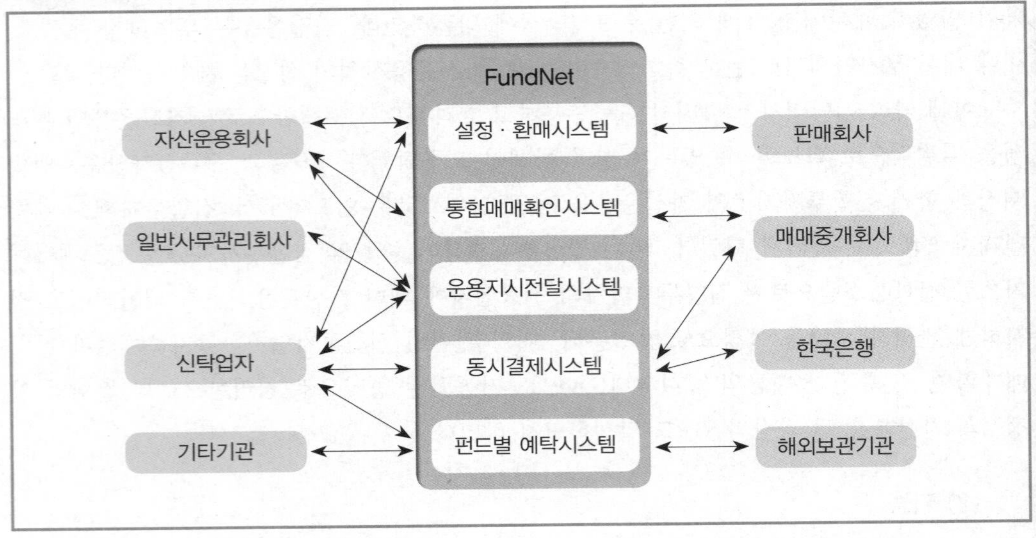

임재산에 대해서도 운용지원시스템이 구축되었다. 이 밖에도 집합투자기구 관계회사 간 표준화 · 자동화된 업무 처리가 요구되는 경우에는 FundNet이 관련 사무를 지원한다. (vii)판매회사의 이동, 자산운용보고서 및 자산보관 · 관리보고서의 교부 등이 그것이다.

이와 같이 FundNet은 집합투자기구의 생성에서 소멸에 이를 때까지 관계회사 간 거의 모든 업무를 종합적으로 지원하는 인프라로서 자산운용시장의 허브(fund-hub)기능을 수행한다. 이에 의하여 집합투자기구 운영비용은 크게 절감되었고, 종래 수작업 처리에 의한 운영위험은 대부분 제거되었으며, 각종 업무 처리시간 단축 등 업무효율성이 증대됨으로써 자산운용시장의 저비용 · 고효율 구조가 확립되었다.[18] 또한 감시기능이 효과적으로 수행되어 자산운용의 투명성 및 투자자의 신뢰가 향상되는 등 자산운용산업의 선진화와 지속성장의 기반도 강화되었다.

(3) 운영현황

FundNet에는 집합투자기구의 모든 관계회사, 즉 집합투자업자와 판매회사, 신탁업자, 일반사무관리회사, 매매중개회사 등이 참가한다. 자본시장법은 집합투자업자에 대하여 집합투자재산의 운용지시는 그 내용을 객관적이고 정확하게 관리할 수 있는 전산시스

18 FundNet을 통한 자산운용의 경제적 효과는 직접적인 비용절감효과 173~187억 원, 운영위험 감소효과 151~197억 원 및 신뢰도 · 투명성 개선효과 154~977억 원 등 연간 총 475~581억 원에 이르는 것으로 분석되었다(한국채권연구원, 「FundNet 구축효과에 대한 실증분석 및 합리적인 수수료체계 개편방안」, 2006, 17~41쪽).

템에 의하여 하도록 강제하고 있는데(자본시장법 제80조제1항). 현재 이러한 전산시스템은 FundNet이 유일하기 때문에 사실상 이의 이용이 의무화되어 있다고 할 수 있다. 집합투자규약에서는 FundNet을 통한 운용지시를 명시적으로 규정하고 있다.

집합투자재산 중 증권의 운용은 장내외 시장의 매매거래로 이루어지고, 그에 따른 결제는 결제기관인 예탁결제원의 기관투자자결제시스템과 한국은행의 지급결제시스템(BOK-Wire+)에 의하여 처리된다. 따라서 FundNet은 예탁결제원 내부적으로 기관투자자결제시스템과 연계되어 있고, 외부적으로는 한국은행과도 연계되어 있다. 집합투자업자, 매매중개회사 및 신탁업자는 기관투자자결제시스템에도 참가하여야 하며, 신탁업자는 BOK-Wire+에도 참가하여야 한다.

또한 FundNet은 Euroclear, Clearstream, Omgeo 등 국제예탁결제기관 및 글로벌 네트워크서비스기관과도 연계되어 있다. 국내 집합투자기구의 자산운용은 국내 증권뿐만 아니라 외화증권도 대상으로 하고, 해외에서 설정된 역외 집합투자기구도 국내 집합투자업자를 통하여 국내 자산에 투자하며, 국내 판매회사를 통하여 국내 투자자에게 집합투자증권을 판매하기도 하는데, 이에 따른 국가 간 자산운용 및 결제 등의 사무도 FundNet을 통하여 자동화 · 표준화된 방식으로 처리된다.

이 밖에도 FundNet은 한국은행의 외환전산망, 은행연합회의 신용전산망, 금융감독원의 자산운용상시감시시스템 등 금융감독시스템과도 연계되어 있다. 집합투자기구의 해외투자 시 한국은행의 외환모니터링을 위한 외환보고서의 제출, 금융감독원의 금융거래 상시감독을 위한 집합투자기구별 집합투자재산 보유내역과 매매자료의 제출, 은행연합회의 신용공여정보 관리를 위한 집합투자지구의 CD · CP 등 단기금융상품 보유내역 제출 등 집합투자기구의 자산운용에 따른 각종 자료의 송수신도 FundNet을 통하여 처리된다.

표 4-3 FundNet 참가자 현황(2016년말 기준)

구 분	집합투자업자				판매회사					
	자산 운용회사	투자 자문회사	보험 회사	기타	증권 회사	선물	은행	자산 운용회사	보험 회사	기타
사	159	54	7	3	38	1	18	11	10	2

구 분	신탁 업자	일반사무 관리회사	매매중개회사			유관 기관	합계
			증권회사	선물회사	기타		
사	18	9	57	6	4	4	401

* 유관기관: 한국은행, 금융감독원, 한국신용정보원, 코스콤

(4) 외국의 예

자산운용산업이 발전하기 위해서는 자산운용의 투명성이 확보되어야 하고 결제주기는 단축되고 결제안정성은 높아져야 하며 투자자 보호의 수준도 향상되어야 한다. 이를 위해 대부분의 선진국들은 효율적인 자산운용인프라를 구축 · 운영하고 있는데, 구체적으로는 집합투자기구의 설정 · 환매에 관한 인프라와 자산운용에 관한 인프라로 구분된다. 우리나라와 같이 중앙예탁결제기관(CSD)이 양자를 통합 · 집중하여 광범위한 자산운용 지원서비스를 제공하는 예는 없다고 할 수 있다.

① 자산운용(결제)인프라

집합투자재산 중 증권의 운용에 따른 업무는 자본시장의 증권결제시스템의 한 부분으로 처리된다. 집합투자기구가 기관투자자로서 증권결제시스템에 참가하여 매매중개회사(broker) 및 보관기관(custodian)과 주문체결 통지, 매매확인, 결제지시, 결제 및 자산배분(allocation)의 과정을 자동화된 방식으로 처리한다.

미국의 경우 집합투자기구인 뮤추얼펀드가 연 · 기금, 은행, 보험회사 등 다른 기관투자자와 함께 예탁결제기관인 DTCC의 기관투자자결제시스템(institutional delivery system)에 참가하여 자산운용에 따른 결제업무를 처리한다. 일본의 경우에도 역시 예탁결제기관인 일본보관대체기구(JASDEC)가 증권거래에 따른 결제조회시스템(PSMS: Pre-settlement Matching System)을 구축하여 집합투자기구인 투자법인 · 투자신탁의 자산운용에 따른 결제업무를 자동화하였다. 영국, 프랑스 등 다른 국가의 경우에도 대체로 이와 같다.[19]

② 설정 · 환매인프라

집합투자기구의 설정과 환매에 따른 업무는 예탁결제기관 또는 집합투자기구의 명의개서대리인(transfer agent)을 통하여 처리한다. 이는 집합투자증권의 발행과 환매에 관한 업무이기 때문에 통상의 예탁결제시스템 또는 증권발행시스템을 이용하는 것이다.

예탁결제기관을 이용하는 경우 판매회사와 집합투자기구의 보관기관이 예탁결제시스템의 회원이 되어 설정 · 환매에 따른 증권의 발행과 인수도 및 대금지급 등의 업무를 처리한다. 집합투자업자는 직접 예탁결제시스템에 참가하기 보다는 이를 집중처리하는 별도의 대리인을 통하여 처리한다. 판매회사는 그 회사형태가 다양하여 예탁결제시스템의 회원인 금융기관이 아닐 수 있는데, 이 경우에는 회원인 금융기관을 보관기관으로 선임한다. 판매회사 또는 그 보관기관이 집합투자업자에 대하여 설정 · 환매에 따른 청구 · 지시를 하면, 집합투자업자가 이를 확인하고 보관기관에게 증권 · 대금에 관한 결제를 지시하는데, 증

19 주요국의 증권결제시스템의 자세한 내용은 앞의 '제3편 제6장 제2절' 참조.

권 · 대금은 대부분 예탁결제기관을 통하여 동시결제(DVP)의 방법으로 처리된다. 영국 · 일본 · 프랑스 등이 기존의 예탁결제시스템에 이러한 절차를 반영하여 운영하고 있다.

명의개서대리인을 이용하는 경우에는 집합투자업자의 명의개서대리인이 설정 · 환매의 모든 업무를 집중처리한다. 판매회사는 명의개서대리인에게 증권 · 대금계좌를 개설하여 집합투자기구의 보관기관과 설정 · 환매에 따른 결제업무를 처리한다. 명의개서대리인은 집합투자기구의 설정 · 환매 및 투자자명부의 관리 외에 집합투자재산의 회계, 각종 보고서 작성 등 집합투자기구의 운영사무도 종합적으로 처리하는 집합투자기구 관리자(administrator)이다.[20] 이 경우 명의개서대리인이 집합투자업자별로 달리 지정되기 때문에 업무 처리의 표준화 · 자동화가 미흡하고 증권 · 대금의 결제가 분리되는 등의 단점이 있다. 회사형 집합투자기구를 중심으로 하는 미국과 이탈리아 등 유럽의 일부 국가가 이러한 방식을 운영하고 있는데, 미국은 DTCC가 집합투자기구(mutual fund)와 판매회사 · 보관기관 간 설정 · 환매업무를 자동화하는 Fund/SERV 시스템을 구축함으로써 이러한 문제를 해결하였다. 여기서도 집합투자기구의 설정 · 환매업무는 집합투자증권의 예탁결제시스템에 의해서가 아니라 집합투자기구의 명의개서대리인에 의하여 수행된다.

---

20 우리나라의 일반사무관리회사에 해당한다.

제2장 집합투자기구의 설정과 집합투자증권

제1절 집합투자기구의 설정

1 의의

집합투자업을 인가 또는 등록[21]받은 집합투자업자가 실제로 집합투자업을 영위하기 위해서는 집합투자기구를 구성하고 이를 금융위원회에 등록하여야 한다. 집합투자기구를 구성하는 행위는 집합투자기구의 법적 형태에 따라 설정 또는 설립으로 표현된다. 신탁형인 경우에는 신탁계약의 '설정'에 의하여 구성되고, 회사형인 경우에는 회사의 '설립'에 의하여 구성된다. 조합형인 경우에는 회사와 같은 법인 또는 사단(社團)이 아니고 계약일 뿐이지만, 공동목적을 가진 인적 결합체로서 일종의 단체성을 가지기 때문에 조합계약에 의하여 '설립'된다고 본다.

이와 같이 집합투자기구의 구성은 구체적으로 신탁의 설정 또는 회사 · 조합의 설립을 말한다. 그런데 집합투자기구는 일반적인 회사 · 조합 또는 신탁계약과 달리 오로지 일정한 자산의 집합과 그 운용이 목적이기 때문에 집합투자기구의 구성은 단지 그 법적 실체의 형성만을 의미하는 것이 아니라 집합투자를 수행하기 위한 재산(집합투자재산)의 형성까지를 의미하는 것으로 보아야 한다. 하지만 집합투자기구의 법적 형태에 따라서 집합투자재산의 형성단계가 다르다. 즉 회사형 집합투자기구는 상법에 의하여 회사설립 전 일정한 재산의 출자 · 납입이 이행되지만, 신탁 · 조합형 집합투자기구의 경우에는 약관 · 정관의 작성에

21 사모펀드활성화를 위한 개선으로 사모펀드를 전문투자형(헤지펀드)과 경영참여형(PEF)으로 단순화하여 공모펀드와 다르게 규율하면서 전문투자형 사모펀드를 운영하는 집합투자업자("전문사모집합투자업자"로 명명)를 금융위 인가가 아닌 금융위 등록만으로 집합투자업 진입을 허용함('15.7.24 자본시장법 제11조 및 제249조 개정)

의한 당사자 간 계약만으로 성립되고 재산의 출자 · 납입은 그 요건이 아니다. 집합투자재산 없이 집합투자기구로서의 법적 실체가 형성될 수 있는 것이다. 그러나 이 경우 법률적으로는 몰라도 경제적(기능적)으로는 집합투자기구가 구성되었다고 하기 어렵다. 집합투자기구로서의 법적 형식은 그 자체가 목적이 아니라 집합투자재산을 형성하기 위한 수단에 불과하므로 집합투자기구의 구성은 집합투자재산의 형성을 기준으로 파악할 필요가 있다.

자본시장법은 이러한 집합투자기구의 구성을 "집합투자기구의 설정 · 설립"으로 규정하여 '설정'과 '설립'을 구분하고 있다(자본시장법 제182조 등). 집합투자기구로서의 신탁과 회사 · 조합의 구성을 따로 규정하는 경우에는 그 법적 성질에 따라 '설정'과 '설립'을 구분해야 하겠지만, 집합투자기구의 구성을 총칭함에 있어서도 반드시 그러할 필요는 없다. 법적 형태에 관계 없이 널리 집합투자를 수행하기 위한 기구로서의 법적 · 경제적 실체를 형성하는 행위는 '설정'이라는 개념으로 포섭할 수 있기 때문이다. 즉 집합투자기구의 구성을 기능적인 관점에서 공통적인 개념으로 정의한다면 '집합투자기구의 설정'이라고 할 수 있다. 실무에서도 집합투자기구의 구성을 일반적으로 '펀드의 설정'으로 부르는 것도 이러한 점을 반영한 것이라고 할 수 있다. 결국, 집합투자기구의 구성은 집합투자를 수행하기 위하여 일정한 법적 기구를 형성(신탁의 설정 또는 회사 · 조합의 설립)하고 이를 통하여 금전 등의 자산을 집합하여 일정한 재산을 형성하는 것이라고 할 수 있는데, 실무에서의 용례처럼 '집합투자기구(펀드)의 설정'이라고도 할 수 있다.[22]

② 설정 절차

2.1. 신규설정

집합투자기구는 그 법적 형태에 따라 설정방법이 다르다. 신탁형인 경우 신탁법상 신탁설정행위에 의하여, 회사형인 경우에는 상법상 회사설립에 의하여, 그리고 조합형인 경우에는 민 · 상법상 조합계약에 의하여 설정된다. 그 구체적인 내용은 다음과 같다.

투자신탁은 집합투자업자와 신탁업자와의 신탁계약 체결과 신탁재산(신탁원본: 사모투자신탁을 제외하고는 금전으로 한정된다) 납입에 의하여 설정된다. 투자신탁도 신탁법상 '신탁'이므로[23] 원칙적으로는 집합투자업자와 신탁업자와의 신탁계약만으로 설정되고 반드시 신

22 이러한 취지에서 이하에서는 집합투자기구의 구성(설정 · 설립)을 '설정'으로 표현한다.

23 투자신탁은 "신탁형태의 집합투자기구"이고(자본시장법 제9조제18항제1호), 여기서의 신탁은 "신탁법 제1조제2항의 신탁"을 말한다(자본시장법 제9조제24항). 투자신탁의 법적 성질에 관하여 다양한 견해(단순신탁설, 실질신탁설, 이중적 신탁설 등)가 존재하나, 이와 같이 신탁법상 신탁의 일종이라는 점은

탁재산이 신탁업자에게 이전되어야 하는 것은 아니다(신탁계약에서 신탁재산을 특정함으로써 충분하다). 그러나 신탁재산은 수탁자의 의무 및 수익권의 전제로서 신탁의 필수적 요소이고, 집합투자기구인 투자신탁의 경우에는 특히 그러하다. 집합투자기구의 설정은 법적 실체뿐만 아니라 집합투자재산을 형성하는 것이기 때문이다. 따라서 투자신탁의 설정은 집합투자업자가 신탁업자와 신탁계약을 체결하고 신탁업자에게 신탁재산을 이전함으로써 완성되는 것으로 해석된다.[24] 투자자는 신탁재산의 실질적인 소유자로서 수익자의 지위를 가진다.[25]

회사형 집합투자기구는 상법상 회사이므로 정관작성, 출자, 설립등기 등 상법상의 절차에 따라 설립되는데, 집합투자기구라는 특성에 따른 제한이 있다. 투자회사는 집합투자업자 및 판매회사에 의하여 설립되는 것이 세제상 유리하고 일반적이기 때문에 발기설립방식으로만 설립된다(자본시장법 제194조). 투자유한회사 및 투자유한책임회사는 발기인제도가 없기 때문에 집합투자업자가 사원이 되어 회사를 설립하고,[26] 투자합자회사는 집합투자업자가 무한책임사원으로서 투자자를 유한책임사원으로 하여(설립 시에는 1인으로 제한된다) 회사를 설립한다.[27] 이들 회사형에서는 회사의 설립 시 출자금 전액이 납입되어야 한다. 출자가 이행된 후 설립등기를 함으로써 회사의 설립절차가 완료되고 집합투자기구로서의 실체형성이 완성된다.

조합형 집합투자기구는 집합투자업자와 투자자가 민 · 상법에 따라 조합계약을 체결함으로써 설정된다. 투자합자조합의 경우 조합원이 무한책임조합원과 유한책임조합원으로 구분되는데, 집합투자업자가 무한책임조합원으로서 유한책임조합원인 투자자(설립 시에는 1인으로 제한된다)와 조합계약을 체결한다. 투자익명조합에서는 집합투자업자가 영업자로서 익명조합원인 투자자(설립 시에는 1인으로 제한된다)와 익명조합계약을 체결한다. 조합형에서도 투자신탁과 마찬가지로 출자가 조합의 성립요건은 아니지만, 계약체결과 동시에 출자가 이루어져야 하고, 이로써 집합투자기구인 조합의 설립이 완성된다. 그런데 투자합자조합의 재산과 달리 투자익명조합의 재산은 영업자의 단독소유에 속하기 때문에 익명조합재산의 출자에 있어서는 이를 고유재산과 분리하는 방법으로서 익명조합재산을 신탁업자에

분명하다. 그러므로 투자신탁에 있어 자본시장법은 신탁법의 특별법이라는 성격을 가진다. 자세한 내용은 한국증권법학회, 전게서(주석서Ⅱ), 22～24쪽 참고.

24 집합투자업자는 투자신탁을 설정하는 경우 신탁계약에서 정한 신탁원본 전액을 금전으로 납입하여야 한다(자본시장법 제188조제4항).

25 수익자를 신탁계약의 당사자로 설명하는 경우가 있으나, 신탁법상 신탁계약의 당사자는 위탁자(집합투자업자)와 수탁자(신탁업자)이고, 수익자는 신탁에 따른 권리 및 이해관계를 갖는 신탁관계인에 해당한다.

26 투자유한회사는 그 설립 시에 집합투자업자가 아닌 자를 사원으로 가입시킬 수 없다(자본시장법 제207조제5항).

27 상법상 회사는 다른 회사의 무한책임사원이 될 수 없는데(상법 제173조) 투자합자회사에서는 이에 대한 예외가 인정된다.

신탁(신탁계약이 체결과 함께 신탁재산이 이전되어야 한다)하는 절차가 이행되어야 한다(자본시장법 제228조제2항).

2.2. 등록

집합투자업자는 집합투자기구를 설정한 경우 이를 금융위원회에 등록하여야 한다(자본시장법 제182조제2항). 회사형 · 조합형(투자익명조합을 제외한다)의 경우 법적인 등록주체는 집합투자기구인 회사 · 조합이지만 실질적인 등록주체는 집합투자업자이다. 집합투자업자는 집합투자기구를 등록하여야 이를 이용한 집합투자업을 영위할 수 있다. 집합투자재산을 운용할 수 있고, 투자자를 대상으로 직접 집합투자증권을 판매할 수 있다. 집합투자증권의 판매를 위탁받는 판매회사 역시 집합투자기구의 등록 전에는 투자자에게 집합투자증권을 판매할 수 없다.

금융위원회는 집합투자기구의 등록신청이 있는 경우 집합투자기구가 적법하게 설립되었고 투자자 보호에 적합한 것인지를 심사하여 등록한다. 집합투자업자, 판매회사, 신탁업자, 일반사무관리회사 등이 적합한 자이어야 하며, 집합투자규약의 내용이 법령에 위반되거나 투자자의 이익을 명백히 침해하는 것이어서는 안 된다. 집합투자기구의 등록내용은 인터넷 홈페이지 등을 통하여 투자자에게 공시된다.

2.3. 추가설정

집합투자기구가 등록되기 전에는 집합투자증권의 모집 · 판매를 할 수 없기 때문에 투자자들은 집합투자기구 설정단계에서 이에 참가할 수가 없다. 집합투자기구 설정 시 투자자가 수익자, 발기인 또는 유한책임사원 · 조합원이 될 수도 있으나, 그 자격과 수에 제한이 있기 때문에 대부분은 집합투자기구 등록 후 추가로 발행되는 집합투자증권을 취득하여 참가하게 된다. 따라서 최초 설정단계에서의 집합투자재산은 최소한의 금액일 수밖에 없고,[28] 집합투자기구 등록 후 투자자를 모집하여 집합투자증권을 추가로 발행함으로써 집합투자재산의 규모를 확대하게 된다. 이를 집합투자기구의 '추가설정'이라 하는데, 집합투자규약상 출자지분 또는 발행예정 집합투자증권의 총수(설정한도액)의 범위 내에서 수시로 집합투자재산을 증가시키는 행위라고 할 수 있다.

집합투자증권을 언제든지 환매할 수 있는 개방형(open-end) 집합투자기구에서는 추가

28 투자신탁 집합투자기구 이외의 집합투자기구는 등록요건으로서 자본금 또는 출자금은 1억 원 이상이어야 한다(자본시장법시행령 제209조).

그림 4-5 **집합투자기구 설정 절차**

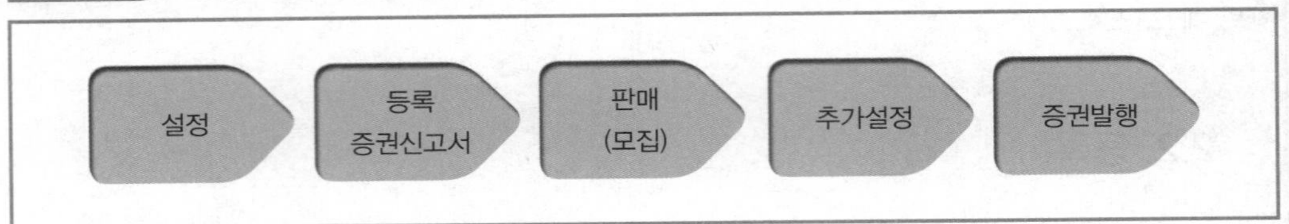

설정도 자유롭게 할 수 있다. 반면 객관적인 자산평가가 곤란하여 집합투자증권의 환매가 금지되는 폐쇄형(closed-end) 집합투자기구에서는 원칙적으로 추가설정이 허용되지 않는다.[29] 공정한 기준가격이 산정되지 않는 상태에서는 기존의 투자자와 새로운 투자자 간에 이익충돌이 발생할 수밖에 없고, 상장증권의 수가 수시로 증가되어 번거로운 상장변경 절차가 반복되기 때문이다.

현재 대부분의 집합투자기구는 개방형으로서 추가설정이 수시로 이루어진다. 한편 집합투자기구의 신규설정에는 투자자의 참가가 제한적이기 때문에 투자자의 집합투자기구 가입은 사실상 추가설정 절차를 통하여 이루어진다. 따라서 실무적으로 집합투자기구의 설정은 거의 대부분 추가설정을 말하는 것인데, 여기서는 집합투자기구의 구성행위가 존재하지 않기 때문에 투자금의 납입과 집합투자증권의 발행만을 의미하게 된다.

3 (추가)설정방법

3.1. 개요

집합투자기구의 추가설정이란 위와 같이 투자자 입장에서는 집합투자증권을 취득(투자금액의 납입)하여 집합투자기구에 가입하는 것이고, 집합투자기구의 입장에서는 집합투자증권을 발행(모집)하여 자본금, 신탁원본 등 집합투자재산을 증액하는 것이다. 주식회사에서의 신주발행에 의한 자본증가와 같다고 할 수 있다. 집합투자증권의 발행이 불가결한 요소이고 이를 중심으로 절차가 진행되기 때문에 집합투자증권의 추가발행이라고 할 수 있다.

집합투자기구의 법적 형태에 따라 집합투자증권의 종류와 발행주체는 다르지만 그 추가발행 절차는 대체로 같다. 판매회사에 의한 판매의 결과에 따라 집합투자업자가 집합투

29 예외적으로, 당해 집합투자기구로부터 받은 이익분배금 범위 내에서 집합투자증권을 추가로 발행하는 경우, 신탁업자로부터 기존 투자자의 이익을 해할 우려가 없음을 확인받은 경우, 기존 투자자 전원의 동의를 받은 경우에는 기준가격과 증권시장 거래가격을 고려하여 산정한 가격으로 집합투자증권을 추가로 발행할 수 있다(자본시장법시행령 제242조 제1항).

자증권을 발행하게 되는데, 여기에는 집합투자업자, 판매회사, 신탁업자, 일반사무관리회사 등 모든 관계회사가 참여하게 된다. 판매회사와 투자자 간의 판매업무는 양자간에 다양한 방법으로 이루어지만, 판매 후의 모든 절차는 예탁결제원의 FundNet(설정 · 환매시스템)을 통하여 표준화 · 자동화된 방법으로 처리된다.

3.2. 집합투자증권 판매

(1) 판매요건

판매회사(집합투자업자가 직접 판매업무를 수행하는 경우에는 당해 집합투자업자를 말한다. 이하 같다)는 집합투자기구가 금융위원회에 등록되어야만 투자자에게 집합투자증권을 판매할 수 있다. 집합투자업자와 판매회사 간의 위탁판매계약은 집합투자기구 신규설정 단계에서 체결되지만, 투자자 보호를 위하여 등록이 완료되기 전까지는 판매 또는 판매를 위한 광고가 금지된다(자본시장법 제76조제3항).[30] 집합투자기구의 사전등록을 의무화한 것이다. 한편, 집합투자증권을 공모(모집 · 매출)의 방법으로 발행하는 경우에는 당연히 금융위원회에 증권신고서를 제출하여야 한다. 증권신고서를 제출하여야 하는 집합투자증권의 발행인은 해당 집합투자기구이다. 증권신고서의 효력이 발생하여야 집합투자증권의 모집, 즉 판매를 할 수 있다.

이와 같이 집합투자증권을 판매하기 위해서는 집합투자기구의 등록과 증권신고서의 효력발생이라는 요건이 충족되어야 하는데, 이 두 가지 절차는 대부분 동시에 진행된다. 집합투자기구는 등록과 동시에 집합투자증권을 모집하여야 하기 때문에 집합투자기구의 등록을 신청하는 때에 등록신청서와 증권신고서를 함께 제출하는 것이 일반적이고, 이 경우 증권신고서의 효력이 발생하는 때에 해당 집합투자기구가 등록된 것으로 의제된다(자본시장법 시행령 제211조제5항). 중복심사의 문제를 방지하기 위해서 증권신고서의 효력을 우선 적용하도록 한 것이다.

한편, 개방형 집합투자기구의 경우에는 신규설정 후 계속적 · 반복적으로 집합투자증권을 발행(모집)하기 때문에 일반적인 증권신고서 대신 일괄신고서(자본시장법 제119조제2항)를 제출할 수 있다. 또한 일반법인과는 달리 일괄신고서 제출 후 실제 집합투자증권 발행 시 추가서류 제출의무도 면제되고, 발행예정기간 종료 전일까지 발행예정금액 및 발행예정기간을 정정할 수 있는 특례도 인정되기 때문에 존속기간 동안(존속기간이 없는 경우에는 무기한) 자유롭게 집합투자증권을 발행할 수 있다.

---

30 예외적으로, 관련 법령의 개정에 따라 새로운 형태의 집합투자증권의 판매가 예정되어 있어 그 집합투자기구의 개괄적 내용을 광고하더라도 투자자의 이익을 해할 우려가 없는 경우에는 판매를 위한 광고를 할 수 있다(자본시장법시행령 제77조제3항).

표 4-4 판매회사별 집합투자증권 판매 현황(2016년말 기준) (단위 : 천억원)

유형	은행	증권회사	보험회사	기타	합계
판매잔고	1,001	3,011	80	300	4,392
비중	22.78%	68.55%	1.83%	6.84%	100%

출처: 한국금융투자협회

(2) 판매방법

판매회사에 의한 집합투자증권의 위탁판매행위는 투자중개업에 해당한다. 투자중개의 거래유형은 위탁매매, 매매의 중개 · 대리 및 모집 · 매출의 주선 등으로 구분되는데, 집합투자증권의 위탁판매는 이 중 모집 · 매출의 주선에 해당한다. 판매회사는 집합투자업자가 스스로 보유하는 집합투자증권(자기가 설정 · 운용하는 집합투자기구가 발행한 집합투자증권을 말한다)을 판매할 수도 있으나, 대부분은 추가설정의 방법으로 새로 발행되는 집합투자증권을 판매하게 된다. 이때 판매회사는 스스로 집합투자증권을 취득한 후 이를 투자자에게 매각하는 것이 아니라, 집합투자업자(집합투자기구)가 새로 발행(모집)하는 증권을 투자자가 직접 인수하도록 한다. 구체적으로는 투자자에게 투자권유, 즉 인수의 청약을 권유하거나 투자권유 없이 투자자로부터 인수의 청약을 받아 이를 승낙하는 방법으로 집합투자증권을 판매한다.

이러한 판매회사의 집합투자증권 판매에 따라 투자자는 가입하고자 하는 집합투자기구와 투자금액 등을 정하여 가입신청을 하고 판매회사에게 투자금액(집합투자증권의 발행대금)을 납입한다. ETF인 경우에는 투자자가 직접 또는 판매회사를 통하여 지정판매회사에게 현금 또는 증권을 납입한다.

3.3. (추가)설정방법

(1) 설정청구

투자자에게 집합투자증권을 판매한 판매회사는 해당 집합투자업자에 대하여 집합투자기구 추가설정(집합투자증권의 추가발행)을 청구하여야 한다. 이 청구는 일(日)단위(오후 3시 30분까지)로 이루어지는데, 예탁결제원(FundNet)을 통하여 집합투자증권의 종목 · 수량 및 설정대금 등이 포함된 설정청구명세를 통지하는 방법으로 한다. ETF의 경우에는 판매회사 대신 지정참가회사(authorized participants)[31]가 투자자가 납입한 현금 또는 증권을 설정단위

31 투자자와 집합투자업자 사이에서 ETF 설정 · 환매의 창구역할 수행하고 유동성 공급기능(금융위원회가 지정하는 자에 한한다)을 수행하는 투자매매업자 또는 투자중개업자를 말한다(자본시장법시행령 제247조).

(Creation Unit, ETF 설정에 필요한 최소의 수량단위)에 해당하는 증권(바스켓)으로 변경하여 설정대금 대신 이를 납입하는 것으로 하여 청구한다.

판매회사로부터 설정청구를 받은 집합투자업자는 지체 없이 그 내역을 확인하고, 예탁결제원(FundNet)을 통하여 판매회사, 신탁업자 및 일반사무관리회사에 설정승인내역을 통지한다. 이 경우 예탁결제원에도 승인내역을 함께 통지하여야 한다.

(2) 설정대금 납입

집합투자업자가 집합투자기구 설정을 승인하면 판매회사별 설정금액이 확정되고, 판매회사는 투자자로부터 납입받은 설정대금을 예탁결제원을 통하여 신탁업자에게 납입한다. 구체적으로는 BOK-Wire+를 이용하는데, 한국은행의 예탁결제원의 계좌를 통하여 신탁업자의 계좌로 이체한다. 이러한 방법으로 설정대금을 납입받은 신탁업자는 집합투자업자 및 예탁결제원으로부터 통지받은 내역을 기초로 집합투자기구별로 전액(전량)이 제대로 납입되었는지를 확인한다.

그런데 같은 날에 당해 집합투자증권의 환매가 있는 경우에는 위와 같은 설정절차와 반대로 신탁업자가 판매회사에게 환매대금을 지급하게 된다. 이러한 경우 납입사무의 간소화와 비용절감을 위하여 상호 수수할 설정대금과 환매대금을 차감하여 어느 일방으로의 납입금액을 확정한다. 판매회사가 차감을 하지 아니하기로 한 경우 또는 외국인을 대상으로 하는 집합투자기구인 경우에는 예외이다(예탁규정 제35조). 이러한 차감업무는 예탁결제원이 수행하고 그 결과를 모든 관계회사에 통지한다.

한편, ETF의 경우에는 지정참가회사가 신탁업자에게 현금 대신 설정단위에 해당하는 증권(바스켓)을 예탁결제원을 통하여 계좌대체의 방법으로 납입하여야 한다. 이 경우 역시 상호 수수할 증권의 수량을 종목별로 차감한다.

표 4-5 ETF의 특징 비교

구분	ETF	일반 펀드
납입	설정단위(CU) – 증권바스켓	현금
상장	필수	선택
환매	현물(설정단위)	현금(기준가)
환금	환매 또는 매매	환매
운용 투명성	자산구성내역(PDF) 공시(매일)	운용보고서 공시(3개월)
설정 · 환매 창구	지정참가회사(AP)	판매회사
기타	유동성공급자(LP) 운영	–

(3) 집합투자증권 발행: 일괄예탁

판매회사로부터 신탁업자로의 설정대금의 납입이 완료된 경우 집합투자업자[32]는 해당 집합투자기구에 가입한 투자자에게 집합투자증권을 발행하여야 한다. 그런데 집합투자증권의 경우에는 실물증권 불발행을 위하여 일괄예탁의 방법으로 발행할 것이 강제된다(자본시장법 제189조제3항 및 제196조제2항). 일괄예탁의 방법이란 증권을 새로 발행하는 경우 미리 투자자 및 예탁자의 신청을 받아 이들에 갈음하여 예탁결제원의 명의로 증권을 발행하는 것으로서 주권 등의 불소지제도와 연계하여 실물증권의 발행·이동을 최소화하는 수단이다. 구(舊)자산운용업법에 의하여 투자신탁 수익증권과 투자회사 주식의 발행방법으로 일괄예탁이 의무화되었다.

이에 따라 모든 집합투자증권은 투자자나 판매회사의 명의가 아니라 예탁결제원의 명의로 발행된다. 예탁결제원은 판매회사의 설정대금 납입을 확인한 후 집합투자업자의 설정승인내역에 따라 해당 집합투자증권의 수량을 판매회사의 예탁자계좌부에 기재하고, 판매회사는 예탁결제원의 통지에 따라 투자자별 취득수량을 투자자계좌부에 기재한다. 예탁결제원은 이에 대하여 실물증권의 발행을 청구할 수도 있고(이 경우 실물증권을 수령하여 혼장보관한다), 불소지신고[33]를 하여 실물증권을 불발행하게 할 수도 있는데, 대부분 후자의 방법으로 처리함으로써 계좌부 기재만으로 집합투자증권의 발행을 완료한다.

(4) 동시이행

집합투자기구에 가입하는 투자자는 설정대금(집합투자증권 발행대금)을 납입한 때에 주

그림 4-6 집합투자증권 설정구조

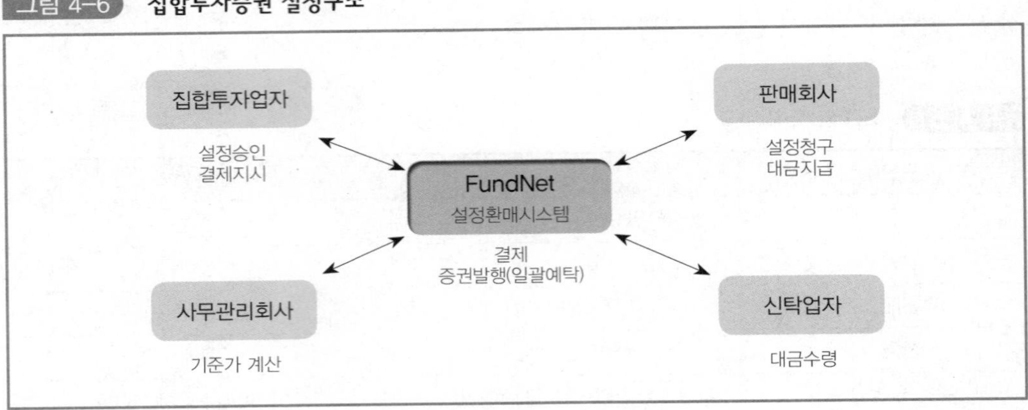

32 회사형 집합투자기구인 경우 법률상 집합투자증권의 발행인은 회사이지만 실질적으로는 집합투자업자가 그 역할을 수행하므로 여기서는 집합투자업자로 통칭한다.

33 이에 대해서는 뒤의 '제2절 3.4.(2)' 참조.

주, 수익자 등의 법적 지위를 취득한다. 따라서 위와 같은 방법으로 판매회사가 신탁업자에 설정대금을 납입한 즉시 집합투자업자는 판매회사를 통하여 투자자에게 집합투자증권을 발행 · 교부하여야 한다. 설정대금 납입 후 집합투자증권의 발행 · 교부가 지체될 경우 투자자의 지위는 그만큼 불안해진다. 사무처리의 정확성과 효율성을 위해서도 설정대금의 납입과 증권의 발행이 상호 연계되어 동시에 이행될 필요가 있다. 예탁결제원은 집합투자증권의 발행단계에서도 유통단계에서의 예탁결제기술을 적용하여 대금납입과 증권발행의 동시이행(DVP)을 실현하였다. 집합투자증권을 실물로 발행한다면 사실상 불가능한 일이지만 위와 같이 일괄예탁에 의하여 계좌부 기재의 방법으로 발행하기 때문에 가능하게 되었다.

3.4. 설정의 효력발생

투자자는 집합투자기구 설정대금을 납입함으로써 집합투자기구의 형태에 따라 주주, 수익자, 사원 및 조합원으로서의 지위를 취득한다. 상법상 신주발행에서는 주금납입일 다음날에 신주의 효력이 발생하여 신주인수인은 이때부터 주주가 된다(상법 제423조제1항). 그러나 집합투자증권의 경우에는 매일 매일 가격이 변동되고 유통 · 환금성이 요구되기 때문에 설정대금 납입 즉시 그 효력이 발생되어야 한다.

투자회사의 경우 상법[34]의 특례로서 투자자가 주금(설정대금)의 납입과 동시에 주주의 지위를 취득한다(자본시장법 제196조제7항). 투자신탁은 신탁법상 신탁이나 전술한 바와 같이 신탁계약의 체결 외에 신탁재산의 이전에 의하여 설정되기 때문에 투자자는 설정대금 납입과 동시에 수익자로서 수익권을 취득하게 된다. 다른 집합투자기구의 경우에도 같다(자본시장법 제196조제7항 준용). 여기서 구체적인 설정대금 납입시기는 투자자가 판매회사에 납입한 때가 아니라 판매회사가 이를 모아 신탁업자에게 납입한 때가 된다.

표 4-6 집합투자기구 설정 · 환매 현황 (단위: 천건·조원)

구분		2012년	2013년	2014년	2015년	2016년
설정	건수	2,527	2,658	2,781	3,287	3,498
	금액	675	725	804	926	1,017
환매	건수	1,574	1,689	1,663	1,758	1,807
	금액	620	661	709	832	889

34 신주의 인수인은 납입기일의 다음날로부터 주주의 권리 · 의무가 있다(상법 제423조제1항).

제2절 집합투자증권의 발행

1 집합투자증권의 의의

집합투자는 집합투자업자가 집합투자기구에 의하여 다수의 투자자로부터 자금을 모아 운용하고 그 수익을 분배하는 것이다. 집합투자기구에 자금을 제공한 투자자들은 그 자금의 집합인 집합투자재산에 대하여 각자의 지분을 가지고 그에 따라 집합투자재산으로부터 투자원본과 수익을 분배받는다. 이러한 권리의 내용은 집합투자기구의 종류(법적 형태)에 따라 다른데, 투자회사에서는 주식, 투자신탁에서는 수익권, 다른 형태의 집합투자기구에서는 사원 또는 조합원으로서의 지분이 된다.

이들 권리에 대해서는 집합투자기구의 법적 형태에 관계 없이 증권화가 필요하다. 투자자금 회수를 위하여 이들 권리에 유통성을 부여하기 위해서는 주권, 수익증권, 지분증권(출자증권) 등 유가증권을 발행하는 것이 필요하다. 투자회사의 주식은 상법에 의하여, 투자신탁의 수익권은 자본시장법에 의하여 각각 주권과 수익증권의 발행이 강제된다. 그런데 주식회사가 아닌 회사 및 조합의 경우에는 인적 결합관계가 강한 특성으로 인하여 상법상 지분의 양도가 제한되고(다른 구성원의 동의를 얻어야 한다) 지분의 유가증권화는 허용되지 않는다. 따라서 자본시장법은 민 · 상법의 특례로서 이러한 집합투자기구에 대해서도 그 사원 · 조합원이 가지는 지분에 대하여 지분증권을 발행하도록 하였다.

이와 같이 집합투자에서는 집합투자기구의 법적 형태에 따라 3가지 종류의 유가증권(주권 · 수익증권 · 지분증권)이 발행된다. 이들은 모두 투자성(원본손실가능성)을 갖기 때문에 자본시장법상 '증권'에 해당한다. 집합투자기구에 의하여 발행되는 이들 증권을 총칭하여 '집합투자증권'이라 하는데, 자본시장법은 이를 "집합투자기구에 대한 출자지분(투자신탁의 경우에는 수익권)"으로 정의하고 있다(자본시장법 제9조제21항). 그런데 권리의 내용면에서 보면 투자신탁의 수익권은 출자지분이라는 개념으로 포섭하기 어려운 문제가 있다.[35] 집합투자증권은 자본시장법상 증권의 종류(7가지)로 정의된 개념은 아니므로 권리의 내용보

35 집합투자기구에서 투자자인 사원 · 조합원의 출자지분이란 단지 각 사원 · 조합원이 출자비율에 따라 집합투자재산을 소유하는 몫이 아니라 이를 포함하여 의결권 등 인적 단체의 구성원으로서 갖는 모든 권리의 집합이라고 할 수 있다. 그런데 투자신탁에서 수익자는 신탁의 당사자가 아니기 때문에 재산의 수익권 외에 인적 단체의 구성원으로서의 다른 권리는 갖지 아니한다(수익자도 수익자총회에서의 의결권이라는 권리를 가지지만, 이는 본래 신탁상의 제도 · 권리가 아니고 투자자 보호를 위하여 법이 특별히 인정한 것이기 때문에 수익자로서의 지분적 권리는 아니다).

다는 집합투자라는 기능적 관점에서 파악하는 것이 합리적이다. 그렇다면 집합투자증권은 '집합투자기구가 집합투자재산을 형성하기 위하여 발행하는 증권'으로 정의될 수 있다.

표 4-7 **집합투자증권의 종류**

구분	투자신탁	투자회사	투자유한회사	투자합자회사	투자합자조합	투자익명조합
증권의 종류	수익증권	주권	지분증권	지분증권	지분증권	지분증권
발행근거	자본시장법	상법	자본시장법	자본시장법	자본시장법	자본시장법
발행형식	기명식/무액면	기명식/무액면	기명식/무액면	기명식/무액면	기명식/무액면	기명식/무액면
지분양도	자유	자유	자유 (정관 제한)	무한책임사원 동의	조합계약의 조건	영업자 동의

2 집합투자증권의 종류 및 발행근거

2.1. 주식

투자회사는 그 법적 형태가 상법상 주식회사이므로 투자회사가 발행하는 증권은 상법상 주식이다. 따라서 투자회사의 주식은 기본적으로 상법의 규정(제355조)에 따라 발행된다. 다만, 집합투자의 특성상 주식의 종류와 발행방법은 다르다. 우선주는 주주의 이익을 해할 수 있기 때문에 허용되지 않고, 보통주만 발행될 수 있다. 주권은 기명식 · 무액면식으로만 발행되어야 하므로 주권에는 주금액이 표시되지 않고 주식수만 기재된다. 이러한 투자회사의 주식도 자본시장법상 증권의 분류에서는 '지분증권'에 해당한다. 그 양도는 상법의 규정에 따라 자유롭게 할 수 있다. 주권의 교부만으로 양도할 수 있고, 회사에 대한 대항요건으로서 명의개서가 필요하다.

2.2. 수익증권

집합투자기구가 투자신탁인 경우 투자자인 수익자는 수익권을 취득하게 되고 이에 대해서는 수익증권이 발행된다(자본시장법 제189조). 수익증권은 수익권, 즉 신탁의 수익자가 갖는 권리의 집합을 표시한 증권이다. 2011년 개정 신탁법상 수익증권발행신탁(제78조제2항)에 의하여 수익증권의 발행이 일반적으로 허용되기 전까지 수익증권의 발행은 예외적인 것이었다. 자본시장법상 집합투자업자가 영위하는 투자신탁과 신탁업자가 영위하는 신탁자신탁에 한하여 수익증권을 발행할 수 있었다.

투자신탁의 수익권은 1좌 단위로 균등하게 분할되고 그 분할된 수익권은 수익증권에 표시된다. 수익증권도 다른 집합투자증권과 같이 무액면 · 기명식으로 발행된다. 보통의 신탁에서는 신탁재산을 관리하는 수탁자가 수익증권을 발행하나, 투자신탁에서는 예외적으로 위탁자인 집합투자업자가 수탁자(신탁업자)의 확인을 받아 발행한다. 집합투자업자가 집합투자증권 발행인의 의무를 부담하여야 하기 때문이다. 수익증권의 양도는 특별히 제한되지 않고, 주식과 같이 수익증권의 교부만으로 자유롭게 양도할 수 있다.

2.3. 지분증권

투자회사가 아닌 다른 회사형 · 조합형 집합투자기구의 경우에도 투자자(사원 또는 조합원)의 지분에 대하여 지분증권이 발행된다. 전술한 바와 같이 자본시장법은 집합투자의 특성을 감안하여 민 · 상법상 허용되지 않는 지분의 유가증권화를 인정하고, 주식 · 신주인수권증서 등과 함께 유한회사 · 합자회사 · 유한책임회사 · 합자조합 · 익명조합의 출자지분을 표시한 것도 지분증권으로 규정하였다(자본시장법 제4조제4항). 이러한 지분증권은 회사 또는 집합투자업자가 발행한다.

집합투자기구의 지분증권도 투자회사의 주식과 마찬가지로 무액면 · 기명식으로 발행된다. 그런데 자본시장법은 상법의 예외로서 지분증권의 발행근거만 규정하였을 뿐 그 양도방법에 대해서는 따로 정하지 아니하였다. 지분증권의 발행은 양도성을 전제로 한 것이지만, 명문의 규정이 없는 이상 주식과 같이 교부만으로 양도할 수는 없다. 기명식증권이므로 민법상 지명채권 양도방법에 의하여야 하고, 상법의 규정에 따라 다른 사원 또는 조합원의 동의요건도 갖추어야 한다. 집합투자증권인 지분증권은 양도성을 가지지만 상당한 제한이 있다.

3 집합투자증권의 발행방법

3.1. 증권의 형태

(1) 기명식

집합투자증권은 그 종류에 관계 없이 모두 기명식으로 발행한다. 상법상 주권은 기명식이 일반적이나 무기명식으로도 발행할 수 있는데, 투자신탁 및 신탁업자가 발행하는 수익증권은 무기명식이 원칙이었다. 그러나 구(舊)자산운용업법은 수익자총회제도를 도입하면서 상시적인 수익자 파악과 편리한 의결권 행사 등 수익자총회의 원활한 운영을 위하여 수익증권을 기명식으로 전환하였고, 자본시장법은 집합투자기구와 집합투자증권의 종류를 확대하면서 집합투자증권을 모두 기명식으로 하였다.

집합투자증권은 기명식이지만 그 양도는 무기명식과 마찬가지로 증권의 교부만으로 할 수 있다. 투자신탁 수익증권도 주권과 같은 유통성을 확보하기 위하여 상법상 주권에 관한 규정을 준용한다(자본시장법 제189조제9항). 그러나 다른 집합투자기구의 지분증권에 대해서는 발행근거법인 자본시장법에서 그 양도방법을 정하지 않았기 때문에 이와 같은 방법이 적용되지 않는다. 전술한 바와 같이 출자지분의 유통성을 부여하기 위하여 유가증권화한 취지와는 다르지만 법해석상 지명채권 양도방법에 의할 수밖에 없다.

(2) 무액면식

집합투자증권은 그 종류에 관계 없이 모두 무액면식으로 발행한다. 증권의 권면에 단위당 금액이 표시되지 않고 수량만 기재된다. 집합투자증권은 집합투자재산의 총액에 대하여 지분적 권리를 표시한 것으로서 집합투자재산의 순자산가치(NAV)에 따라 증권의 가치가 정해지기 때문에 보통의 주식과 같은 액면식이 아니라 무액면식으로 발행하도록 한 것이다. 증권의 권면에 액면금액을 표시하는 것은 아무런 의미가 없다. 오히려 순자산가치와의 차이로 인하여 증권의 가치에 대한 오해를 초래하고, 순자산가치가 액면에 미달하는 경우에는 상법상 주식의 액면미달발행과 같은 제한과 불편이 발생한다.

집합투자기구의 추가설정이 있는 경우에도 최초의 설정금액을 기준으로 하지 않고 그 당시의 순자산가치에 의하여 산정된 기준가격에 의하여 집합투자증권을 발행하고, 집합투자증권을 환매하는 경우에도 당연히 설정(취득) 시 금액이 아니라 환매 시 금액으로 한다.

3.2. 증권의 기재사항

집합투자증권 중 투자회사의 주권은 상법에 의하여 발행되고, 투자신탁의 수익증권 및 기타 집합투자기구의 지분증권은 자본시장법에 의하여 발행된다. 각 증권에는 투자자가 가지는 권리의 내용 및 증권의 유통과 권리행사를 위하여 필요한 정보가 기재되어야 하는데, 투자자 보호를 위하여 그 기재사항은 법정되어 있다.

투자신탁의 수익증권은 신탁계약에 의해 정해지는 수익권의 내용을 표시한 증권이므로 신탁계약의 주요내용이 기재되어야 한다. 위탁자(집합투자업자) 및 수탁자(신탁업자)의 상호, 수익자의 성명 또는 명칭, 신탁계약 체결당시의 신탁원본 및 수익증권의 총좌수, 수익증권의 발행일 등이 기본적인 기재사항이고(자본시장법 제189조제5항), 투자자 보호를 위한 추가적인 기재사항으로서 투자신탁의 명칭, 이익분배시기, 환매조건(환매금지형인 경우에는 환매를 청구할 수 없다는 뜻), 존속기간(신탁계약기간), 판매회사의 명칭 등이 기재되어야 한다(자본시장법시행령 제218조). 무액면식이므로 수익증권의 좌수가 당연히 기재되어야 한다. 판매회사의 명칭은 수익권의 내용과 직접 관계 없는 것이지만, 이익분배금의 지급 및 환매 등의 권리행사는 당해 수익증권을 판매한 판매회사를 통하여 할 수밖에 없기 때문에 수익증권의 최종 소지자가 판매회사를 정확히 알 수 있도록 하기 위하여 추가적 기재사항으로 법정하였다.[36]

투자회사는 상법상 주식회사이므로 그 주권에 대해서는 상법상 주권의 기재사항(제356조)이 그대로 적용된다. 투자회사의 상호와 성립년월일, 발행할 주식의 총수, 주식의 발행연월일 등과 주권번호가 기재된다. 무액면주식으로 발행되기 때문에 1주의 주금액 대신 주식수가 기재되어야 하고, 기명식이므로 주주의 성명 또는 명칭이 기재되어야 한다. 자본시장법에 명시적인 규정은 없으나, 집합투자증권으로서의 성질상 투자자 보호를 위하여 필요한 사항이 추가적으로 기재되어야 한다. 즉 투자신탁의 수익증권 등의 추가적 기재사항 중 이익분배시기, 환매조건, 존속기간 및 판매회사의 명칭은 투자회사의 주권에도 기재되어야 한다.

투자유한회사, 투자합자회사, 투자유한책임회사, 투자합자조합 및 투자익명조합은 상법상 회사 · 조합이지만 그 지분증권은 자본시장법에 의하여 발행된다. 지분증권의 기재사항은 투자신탁의 수익증권과 같다.

3.3. 증권의 발행주체

집합투자증권을 발행하는 자는 집합투자기구의 법적 형태에 따라 다르다. 실질적으로는 투자자로부터 자금을 모으고 이를 운용하여 이익을 분배하는 집합투자업자가 발행하는 것이겠으나, 집합투자업자의 지위가 집합투자기구의 종류에 따라 다르기 때문에 그 법적 주체가 다를 수밖에 없다.

회사형인 경우에는 각각의 회사가 주권 및 지분증권을 발행한다. 집합투자업자는 증권 발행의 법적 주체는 아니나, 투자회사 및 투자유한회사에서는 법인이사로서, 투자합자회사에서는 업무집행사원으로서, 그리고 투자유한책임회사에서는 업무집행자로서 회사의 모든 사무를 집행하기 때문에 사실상의 발행인이라 할 수 있다.

투자신탁에 있어서는 집합투자업자가 직접 위탁자인 지위에서 수익증권을 발행한다.

36 법령제정 실무작업반, 전게서, 297쪽.

본래 신탁관계에서는 수익자의 권리가 수탁자에 의하여 관리되기 때문에 수익증권은 수탁자가 발행한다. 신탁업자의 수익증권 발행이 그러하다(자본시장법 제110조제1항). 그러나 투자신탁의 경우에는 보통의 신탁과 달리 위탁자(집합투자업자)가 투자자(수익자)로부터 자금을 집합하여 운용하기 때문에 집합투자업자가 수익증권을 발행한다. 수익증권 발행인으로서의 의무는 집합투자업자가 부담하는 것이 합리적이다. 다만, 수탁자인 신탁업자는 수익증권 발행가액을 납입받아 보관 · 관리하고 수익자 보호를 위한 감시기능을 수행하기 때문에 집합투자업자는 수익증권 발행에 관하여 신탁업자의 확인을 받아야 한다(자본시장법 제189조제5항).

투자합자조합 및 투자익명조합의 경우에도 집합투자업자가 직접 업무집행조합원 및 영업자의 지위에서 지분증권을 발행한다. 투자익명조합의 경우 조합재산은 신탁업자에게 신탁하여야 하기 때문에 비록 법에 명시적인 규정은 없으나 투자신탁과 같이 신탁업자의 확인절차를 거칠 필요가 있다.

3.4. 증권의 발행방법

(1) 실물증권의 발행

집합투자증권은 예탁제도(일괄예탁)를 통하여 발행되고 후술하는 바와 같이 불소지신고제도를 이용하기 때문에 실물증권이 발행되는 경우는 거의 없다. 그러나 법률상으로는 실물증권을 발행하는 것이 원칙이다. 투자자는 실물증권이 필요한 경우 예탁자(판매회사)를 통하여 예탁결제원에 집합투자증권의 반환을 청구하면 된다.

예탁결제원은 투자자의 집합투자증권 반환청구가 있는 경우 집합투자업자에게 실물증권의 발행을 청구한다. 집합투자증권은 후술하는 바와 같이 예탁제도의 이용이 의무화되어 있기 때문에 예탁결제원이 관리하는 통일규격증권용지를 사용하여 발행하여야 한다. 통일규격증권용지를 이용한 증권의 발행사무는 자본시장법상 명의개서대행회사가 대행한다(통일증권규정 제4조제2항). 투자회사의 경우에는 일반사무관리회사가 주식의 발행을 포함하여 모든 운영사무를 대행하는데, 주식발행사무의 효율적 처리를 위해 이를 명의개서대행회사(예탁결제원)에게 재위탁한다.

집합투자증권은 다른 증권과 마찬가지로 증권의 권면에 법정 기재사항을 기재하고 발행인의 대표자가 기명날인 또는 서명을 하여 발행하는데, 투자신탁 수익증권의 경우에는 신탁업자의 확인을 받아야 한다. 집합투자증권도 상법상 주식의 경우와 같이 증권을 교부한 때에 그 효력이 발생하는 것으로 해석된다.

(2) 실물증권의 불발행: 집합투자증권 불소지제도

집합투자증권은 위와 같이 실물증권으로 발행될 수 있지만, 투자자들이 이를 직접 보유하는 것은 비용 · 위험면에서 불합리하기 때문에 다른 증권과 마찬가지로 예탁제도를 통한 간접보유가 일반화되었다. 그 결과 실물증권의 발행은 불필요한 것이 되었고, 불발행(무권화)의 방법으로서 상법상 주권불소지제도(제358조의2)가 모든 유형의 집합투자증권에 적용되었다.

이에 따라 집합투자규약에 다른 정함이 없는 한 집합투자증권의 소유자는 증권을 소지하지 않는다는 뜻을 증권의 발행자(소유자명부를 작성 · 관리하는 자를 포함한다)에게 신고할 수 있고, 이 신고를 받은 발행자는 그 사실을 소유자명부에 기재하고 실물증권을 발행하지 않는다. 불소지신고를 한 자는 소유자명부의 기재에 의하여 소유자로서의 권리를 행사할 수 있는데, 양도 · 입질 등의 처분이 필요한 경우에는 언제든지 실물증권의 발행 또는 반환을 청구할 수 있다. 이러한 불소지신고는 집합투자증권을 발행하기 전에 함으로써 실물증권의 발행을 생략할 수 있게 한다. 실물증권이 이미 발행된 경우에도 당연히 불소지신고를 할 수 있다. 이 경우 실물증권은 발행자에게 제출하고, 발행자는 이를 폐기하거나 명의개서대리인에 임치한다.

이러한 불소지제도는 투자자가 개별적으로 이용할 수도 있지만, 실물증권의 완전한 불발행의 목적을 달성하기 위해서는 예탁제도와 결합하는 것이 필요하다. 집합투자증권을 예탁결제원에 예탁하면 불소지신고 등 증권에 관한 권리는 예탁결제원이 일괄적으로 행사할 수 있기 때문에 예탁증권 전량에 대하여 그 발행 전에 불소지신고를 함으로써 완전한 불발행의 목적을 달성할 수 있게 된다.[37] 이를 위하여 자본시장법은 예탁결제제도를 이용할 수 있는 투자회사의 주권 및 투자신탁 수익증권은 일괄예탁의 방법으로 발행하도록 강제하였다(자본시장법 제189조제3항 및 제196조제2항).[38]

---

37 새로 발행되는 증권에 대해서는 투자자로부터의 실물증권 반환청구 수량을 예상하여 발행 전 불소지신고의 수량을 결정하게 되는데, 집합투자증권의 경우 실물증권에 대한 수요가 거의 없기 때문에 사실상 전량에 대하여 불소지신고를 하고 있다.

38 투자유한회사 등 다른 집합투자기구의 지분증권은 그 양도가 제한되는 성질상 예탁대상증권이 되기 어렵기 때문에 2013년 개정 자본시장법은 이를 일괄예탁 적용대상에서 제외하였다(자본시장법 제208조제3항 및 제217조의3제3항).

집합투자증권의 소유자명부 제3절

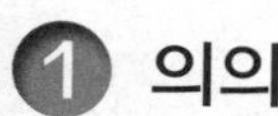

의의

집합투자증권은 기명식으로 발행한다. 따라서 집합투자증권과 주주, 수익자 등 그 소유자에 관한 사항을 기록하는 소유자명부가 작성·관리되어야 한다. 소유자명부의 기재는 집합투자증권 소유자 및 질권자 등의 권리자를 파악·결정하는 기초가 되고, 투자자가 의결권, 환매·매수청구권 등 집합투자기구에 관한 각종 권리를 행사할 수 있는 근거가 된다.

투자회사의 주식은 상법의 규정에 따라 발행하므로 상법상 주주명부에 관한 규정이 그대로 적용된다. 투자신탁의 수익증권은 자본시장법의 규정에 따라 발행하기 때문에 자본시장법은 수익자명부제도를 두고 있다(자본시장법 제189조제7항). 다른 집합투자기구가 발행하는 지분증권의 소유자명부에 관해서는 민·상법 및 자본시장법에 아무런 규정이 없는데, 기명식증권으로서 당연히 소유자명부가 필요하므로 자본시장법상 수익자명부에 관한 규정을 유추 적용할 수밖에 없다.

2 소유자명부의 작성·관리

2.1. 작성·관리자

(1) 투자회사의 주주명부

상법상 주식회사의 경우 주주명부 작성·관리 및 명의개서 등의 업무는 회사가 직접 수행할 수도 있지만 이를 전문적으로 수행하는 명의개서대행회사에게 위탁하는 것이 일반적이다. 그런데 서류상 회사(paper company)인 투자회사의 경우 주식의 발행 및 주주명부의 작성·관리 등은 일반사무관리회사의 고유업무에 해당한다. 따라서 투자회사는 주주명부 작성·관리를 명의개서대행회사가 아니라 일반사무관리회사에게 위탁하여야 한다.

그러나 투자회사의 주주명부 작성·관리업무는 통상의 주식회사의 경우와 다르지 않다. 일반사무관리회사는 이를 직접 수행할 수도 있지만, 주주명부전문기관인 명의개서대행회사에 위탁하는 것이 유리하다. 명의개서대행회사 중에서는 예탁결제원이 투자신탁의 수익자명부를 작성 · 관리하기 때문에 투자회사의 주주명부 작성 · 관리업무의 수행에 적합하다. 이에 따라 일반사무관리회사 대부분은 투자회사의 주주명부 작성 · 관리업무를 예탁결제원에게 재위탁하여 관리한다.

(2) 투자신탁의 수익자명부

투자신탁의 수익자명부는 구(舊)자산운용업법에서 수익자총회제도와 함께 도입되었다. 이는 다수의 수익자가 항상 변동되는 상황에서 수익증권 발행자와 수익자 간에 권리를 행사할 자를 정하기 위하여 작성되는 법적 장부이다. 따라서 원칙적으로는 수익증권을 발행하고 수익자총회 등 수익자의 권리행사에 따른 사무를 수행하는 집합투자업자가 작성하여야 한다.

그러나 집합투자기구의 구조와 성질상 집합투자업자가 수익자명부를 작성 · 관리할 경우 몇 가지 문제가 발생할 수 있다. 우선, 판매회사인 투자매매업자 또는 투자중개업자의 영업상 주요 정보인 고객정보가 집합투자업자에게 집중되어 집합투자업자의 수익증권 직접판매에 이용될 수 있다. 이러한 이해상충의 문제를 집합투자업자의 내부통제로 해결하는 데에는 한계가 있다. 신탁재산을 관리하고 수익자 보호기능을 수행하는 신탁업자가 수익자명부를 작성 · 관리하는 방법도 생각해 볼 수 있으나, 동일한 문제가 발생할 수 있다. 판매회사는 복수이기 때문에 수익자명부의 작성 · 관리자로서 부적합하다.

2003년 구(舊)자산운용업법상 제정 당시 이러한 문제를 해결하는 방안으로서 집합투자업자, 신탁업자, 판매회사 이외에 공정한 제3자가 수익자명부를 작성 · 관리하도록 할 필요가 제기되었고, 그 자격요건으로 수익자명부 작성 · 관리업무와의 관련성 및 투자신탁 관계인으로부터의 독립성 등이 요구되었다. 그 결과 수익증권 예탁업무, 투자신탁별 신탁재산의 예탁결제업무와 명의개서대행업무 등을 수행하는 한편 법률상 공공성과 중립성이 보장되는 예탁결제원이 이에 가장 적합하다고 평가되어 수익자명부 작성 · 관리자로 지정되었다. 이에 따라 투자신탁을 설정한 집합투자업자는 수익자명부의 작성에 관한 업무를 예탁결제원에 반드시 위탁하여야 한다(자본시장법 제189조제6항).

(3) 기타 집합투자기구의 소유자명부

투자신탁과 투자회사가 아닌 집합투자기구의 집합투자증권(지분증권)에 대해서도 소유자명부가 작성 · 관리되어야 하나, 이에 관한 법률의 규정은 없다. 투자유한회사 및 투자합자회사의 경우 투자회사와 같은 상법상 회사이고 서류상 회사이지만 일반사무관리회사에 대한 운영사무 위탁이 법률상 요구되지 않는다. 자율적으로 일반사무관리회사에 지분증권 소유자명부의 작성 · 관리를 위탁하거나, 그렇지 않으면 실질적인 집합투자증권 발행자인 집합투자업자가 직접 수행할 수밖에 없다. 그러나 이 경우에도 주주명부와 수익지명부의 예와 같이 명의개서대행회사인 예탁결제원에게 위탁하는 것이 합리적이다.

2.2. 작성·관리방법

(1) 기재사항

투자회사 주주명부의 기재사항은 상법상 주식회사의 경우와 같다. 상법의 규정에 따라 (ⅰ)주주의 성명과 주소, (ⅱ)각 주주가 가진 주식의 종류와 수, (ⅲ)주권을 발행한 때에는 그 주권의 번호, (ⅳ)각 주식의 취득 연월일을 기재하여야 하고, (ⅴ)질권등록사항, (ⅵ)주권불소지사항, (ⅶ)공유주식의 권리행사자의 성명과 주소 등도 기재하여야 한다. 이 밖에 실무적으로 (ⅷ)주주의 실명확인번호, (ⅸ)법정대리인이 있는 경우 그 명칭 및 주소, (ⅹ)신탁에 관한 사항, (ⅺ)사고주권신고에 관한 사항, (ⅻ)주주가 외국인인 경우 그 국적 등도 기재하여야 한다(대행규정 제44조제2항).

투자신탁의 수익자명부 기재사항은 자본시장법 및 수익자명부관리기관인 예탁결제원의 '수익자명부규정'에서 규정하고 있는데, 주주명부의 기재사항과 대체로 같다. 다른 집합투자증권의 소유자명부의 기재사항도 법률의 규정은 없지만 그 성질상 수익자명부의 기재사항과 다르지 않을 것이다. 수익자명부에 관한 자본시장법의 규정을 유추 적용하여야 할 것이다.

(2) 명의개서 등의 처리

집합투자증권의 명의개서, 질권의 등록, 신탁재산의 표시 등은 상법상 주식의 경우와 같다. 상법상 주식의 양도, 입질 등에 관한 규정(제336조부터 제340조까지)이 수익증권에 준용된다(자본시장법 제189조제9항). 집합투자증권이 양도되는 경우 양수인은 자신의 명의로 소유자명부에 명의개서하여야 회사(집합투자업자)에 대항할 수 있고, 질권을 설정하는 경우에는 질권설정자의 청구에 따라 소유자명부에 질권자의 주소와 성명을 기재하여야 등록질의 효력을 주장할 수 있다. 집합투자증권에 대하여 신탁을 설정한 경우에도 위탁자 또는 수탁자의 청구에 따라 소유자명부에 신탁재산인 뜻을 표시하여야 신탁재산임을 주장할 수 있다.

이러한 명의개서 등의 청구가 있는 경우 집합투자증권의 점유자는 적법한 소지인으로 추정되기 때문에 따라서 집합투자업자 또는 소유자명부 작성 · 관리자(예탁결제원)는 제시된 집합투자증권의 진정성 여부만을 심사하여 처리한다. 위 · 변조 여부, 사고신고 · 공시최고 · 제권판결 유무, 압류 · 가압류 · 가처분 유무 등의 형식적 요건만을 심사하고 실질적 권리내용은 심사하지 아니한다. 상법상 주식의 명의개서 청구에 대한 심사방법과 같다.

한편, 집합투자증권의 경우에도 그 소유자 또는 질권자로서의 권리를 행사할 자를 정할 필요가 있는 때에는 상법상 주식과 같은 방법으로 기준일을 설정하고 주주명부를 폐쇄한다. 상법상 주주명부폐쇄와 기준일에 관한 규정(제354조)이 수익자명부에 준용된다(자본시장법 제189조제9항).

(3) 비치와 공시

집합투자증권의 소유자명부 작성 · 관리자인 집합투자업자 또는 예탁결제원(투자신탁의 경우)은 집합투자기구별로 소유자명부를 작성하여 이를 본점에 비치하여야 한다. 집합투자업자 또는 일반사무관리회사가 주식 또는 지분증권 소유자명부의 작성 · 관리를 명의개서대행회사(예탁결제원)에 (재)위탁한 경우에는 소유자명부 또는 그 복본을 명의개서대행회사의 영업소에 비치할 수 있다.

투자회사의 경우에는 주주명부에 관한 상법의 규정이 그대로 적용되어 집합투자증권의 소유자는 영업시간 내에는 언제든지 소유자명부 또는 그 복본의 열람 또는 등사를 청구할 수 있다(상법 제396조제2항). 수익증권의 경우에는 수익자명부의 열람 · 등사청구권이 좀 더 구체화되어 수익자, 등록질권자, 기타 이해관계인은 예탁결제원에 대하여 수익자명부의 기재에 관한 증명문서의 발급을 청구할 수 있다(수익자명부규정 제24조). 다른 집합투자기구의 소유자명부에 대해서도 주주명부 · 수익자명부에 관한 규정을 유추 적용하여 동일한 취급을 할 수 있을 것이다.

2.3. 소유자명부의 효력

집합투자증권 소유자명부의 효력은 상법상 주주명부의 효력과 같다. 투자회사의 주주명부는 상법상 주주명부와 같고, 투자신탁의 수익자명부에 대해서는 상법상 주주명부의 효력에 관한 규정이 준용된다(자본시장법 제189조제9항). 다른 집합투자기구의 소유자명부의 효력에 대해서는 법률상 규정이 없지만, 주주명부 및 수익자명부에 관한 규정을 유추 적용할 수 있다.

집합투자증권을 취득한 경우 소유자명부에 취득자의 성명과 주소를 기재하지 않으면 집합투자기구 또는 집합투자업자에 대하여 당해 증권의 소유자임을 주장할 수 없다(대항력). 집합투자증권을 신탁한 경우에는 소유자명부에 신탁재산인 사실을 기재함으로써 제3자에 대항할 수 있다. 그리고 소유자명부에 기재된 자는 실질적인 권리자로 추정되어 따로 권리를 입증하거나 집합투자증권을 제시하지 않고도 권리를 행사할 수 있다(자격수여적 효력). 또한 집합투자기구 또는 집합투자업자는 소유자명부에 기재된 자를 주주 · 수익자 또는 사원 · 조합원으로 취급할 수 있고 그 자가 실질적인 권리자가 아니어도 면책된다(면책적 효력). 집합투자업자 또는 집합투자기구의 통지나 최고는 소유자명부에 기재된 자의 주소 또는 그 자로부터 통지된 주소로 하면 된다.

2.4. 정보제공의 금지

수익자명부의 작성 · 관리자인 예탁결제원은 수익자총회 개최를 위하여 수익자명부에 기재된 정보를 집합투자업자에게 제공하는 경우와 「금융실명 거래 및 비밀보장에 관한 법률」에 따라 제공하는 경우를 제외하고는 타인에게 제공해서는 아니 된다(자본시장법 제189조 제8항). 수익자에 관한 정보가 집합투자업자, 신탁업자, 판매회사 등 관계회사에 의하여 부당하게 이용될 가능성이 있기 때문이다. 수익자명부의 작성 · 관리를 예탁결제원이라는 제3자에게 위탁하도록 한 것도 이러한 문제를 방지하기 위한 것이다. 수익자총회의 개최를 위하여 필요한 정보를 제공하는 경우에도 그 남용 가능성을 차단하기 위하여 수익자총회 소집권자(집합투자업자, 신탁업자 또는 수익증권 총수의 5% 이상을 소유한 수익자)로 하여금 그 소집통지를 예탁결제원에 의무적으로 위탁하도록 하였다(자본시장법시행령 제220조제1항).[39]

이러한 정보제공 금지의무는 수익자명부 작성 · 관리자인 예탁결제원에 대해서만 부과되어 있다. 투자회사의 주주명부 작성 · 관리자인 일반사무관리회사에 대해서도 법령상의 규정이 없으나, 동일한 의무가 부과되어야 한다. 집합투자업자 및 일반사무관리회사로부터 소유자명부의 작성 · 관리를 위탁받아 수행하는 명의개서대행회사로서의 예탁결제원에 대해서도 마찬가지이다.

3 실질소유자명부

집합투자증권이 예탁결제원에 예탁됨에 따라 투자회사 주식과 투자신탁 수익증권의 권리행사에 대해서는 후술하는 바와 같이 실질주주제도와 실질수익자제도가 적용된다. 그 결과 투자회사와 투자신탁에 있어서는 주주명부와 수익자명부 외에 실질주주명부와 실질수익자명부가 작성된다.

39 과거 구(舊)자산운용업법에서는 수익자총회 개최를 위해 집합투자업자에게 정보를 제공하는 경우에도 집합투자업자의 수익증권 직접판매에 이용하지 않도록 '수익자주소'의 제공을 금지하였다(구(舊)자산운용업법 제49조제3항 및 동법시행령 제50조).

투자회사의 실질주주명부는 상법상 주식의 실질주주명부와 같다.[40] 실질수익자명부도 실질주주명부와 대체로 같은데, 수익자총회를 개최하는 경우에만 작성하는 점이 다르다(자본시장법 제319조제3항). 이익의 분배 등 금전적 권리는 실질수익자가 직접 행사할 필요가 없고 예탁결제원과 예탁자(판매회사)를 통하여 행사하는 것이 간편하고 효율적이기 때문에 실질수익자명부를 작성할 필요가 없도록 하였다.

실질수익자명부의 작성자, 작성방법 및 그 효력은 실질주주명부의 경우와 같다. 실질수익자명부도 수익자명부 작성 · 관리자인 예탁결제원이 작성한다. 예탁결제원은 수익자총회가 개최되는 경우 예탁자에게 그 일정한 날의 실질수익자의 성명과 주소, 예탁수익증권의 종류와 수에 관한 사항의 통보를 요청하고, 예탁자로부터 통보받은 사항과 통보연월일을 기재하여 실질수익자명부를 작성 · 비치한다(자본시장법 제319조제4항 및 제5항). 이때에 수익자명부에 수익자로 기재된 자와 실질수익자명부에 실질수익자로 기재된 자가 동일인이라고 인정되는 경우에는 수익자로서의 권리행사에 있어 수익자명부의 수익증권 좌수와 실질수익자명부의 수익증권 좌수를 합산한다(자본시장법 제319조제7항). 예탁결제원에 예탁된 수익증권에 관한 실질수익자명부에의 기재는 수익자명부에의 기재와 같은 효력을 가진다(자본시장법 제319조제6항).

40 이에 관해서는 앞의 '제2편 제4장 제1절' 참조.

제3장 집합투자증권의 예탁과 결제

제1절 예탁결제제도 이용배경

1 집합투자증권의 특성

예탁결제제도는 증권의 안전한 보관·관리와 유통의 원활화를 위하여 고안된 제도이다. 증권의 집중예탁에 의하여 실물증권 보관·관리와 권리행사가 효율적으로 처리되고, 대량거래에 따른 결제도 실물증권의 이동 없이 계좌대체의 방법으로 간편하게 처리된다(부동화). 근래에는 증권의 발행단계에서 일괄예탁의 방법으로 이용하여 실물증권 불발행(무권화)의 목적도 달성하고 있다. 이러한 예탁결제제도는 자본시장에서 발행·유통되는 모든 종류의 증권에 공통적으로 적용된다. 집합투자증권도 예외는 아니다.

그러나 집합투자증권의 경우에는 그 유통성이 낮은 특성상 예탁결제제도의 이용이 불가결한 것은 아니다. 투자자금의 회수는 집합투자증권의 환매(집합투자기구의 해지·해산)에 의하는 것이 일반적이고 폐쇄형 집합투자기구를 제외하고는 증권시장에 상장되지 아니하기 때문에 주식·채권 등 다른 종류의 증권과 달리 결제제도를 이용할 필요가 별로 없다. 또한 집합투자증권의 권리행사도 분배금의 수령, 환매청구 등으로 한정된다. 주식회사인 투자회사에서는 주주총회가 필수기관이지만 집합투자기구의 대부분을 차지하고 있는 투자신탁에서는 구(舊)자산운용업법이 시행되기 전까지는 수익자총회가 없었기 때문에 의결권이 존재하지 않았다. 뿐만 아니라, 전통적으로 집합투자증권의 경우에는 실물증권에 대한 수요가 거의 없어 그 발행은 극히 예외적인 것이었다. 투자회사의 경우 상법의 원칙과 달리 주권은 발행하지 않는 것을 원칙으로 하였다.[41] 투자신탁의 경우에는 수익증권이라는 '증

41 구(舊)증권투자회사법은 투자회사의 주식에 대하여 정관이 정하는 바에 따라 주주의 청구가 있을 때까

권'을 취득하는 것이기 보다는 저축이나 신탁과 같은 '금융상품'에 가입하는 것이라는 인식이 컸기 때문에 법률의 규정[42]에도 불구하고 수익증권을 발행하는 대신 그 권리를 단지 통장에 기재(책형 수익증권)하여 교부하는 관행이 지속되어 왔다. 신탁의 특성상 수익권의 유통성 내지 수익증권 발행은 예외적인 것이기 때문에 더욱 그러하였다.

2 예탁결제제도 이용 필요성

위와 같이 집합투자기구에서는 투자자들의 권리(주식 · 수익권)를 유가증권화하는 것이 예외적이었고, 그 결과 집합투자증권의 예탁은 특별히 고려되지 않았었다. 증권시장에 상장되는 환매금지형 집합투자기구의 집합투자증권만이 매매거래의 결제를 위하여 예탁될 뿐이었다.

그러나 그동안의 관행이었던 통장식(책형) 수익증권은 유가증권으로서의 법적 요건을 갖추지 못한 것으로서 법률의 규정에 반할 뿐만 아니라 수익증권에 의한 자유로운 수익권의 양도나 질권설정 등 투자자의 권리행사를 제약하는 문제가 있었다. 투자회사 주식의 경우에도 주권은 투자자의 청구가 있어야 발행될 수 있고 집합투자업자는 이에 매우 소극적이었기 때문에 주주의 권리행사는 자유롭지 못하였다. 2003년 구(舊)자산운용업법 제정에서는 집합투자기구에 대한 신뢰 확보 및 투자자보호 강화 등의 요청에 따라 이러한 제도와 관행을 개선하기로 하였다. 주권 및 수익증권은 법률의 규정에 따라 유가증권으로서의 요건을 갖추어 의무적으로 발행하여야 하는 것으로 하였다.

그런데 주권 및 수익증권의 특성상 그 실물증권의 발행은 관련사무와 비용의 증가만을 초래할 뿐 실제적인 필요가 거의 없기 때문에 실물증권은 불발행(무권화)하는 방안이 요구되었다. 다른 한편, 투자자는 집합투자증권이 발행된다면 이를 직접 보유하기 보다는 다른 종류의 증권과 같이 예탁제도를 이용하는 것이 증권의 보관 및 권리행사 면에서 유리한 것으로 평가되었다. 이에 따라 구(舊)자산운용업법은 투자회사 주식 및 투자신탁 수익증권을 일괄예탁의 방법으로 발행하도록 하였다. 집합투자증권을 예탁결제원에 예탁하도록 하되, 일괄예탁과 불소지제도의 결합을 통하여 실물증권 불발행이라는 목적을 달성하고자 하였다.

일반적인 증권의 예탁과 달리 집합투자증권의 예탁은 결제(유통)의 원활화 보다는 실물증권의 불발행을 주목적으로 하였다. 하지만 이에 더하여 집합투자에 특유한 다른 효과

지 주권을 발행하지 않을 수 있도록 하였다(구(舊)증권투자회사법 제45조제1항).

42 구(舊)증권투자신탁업법은 투자신탁의 수익권은 균등하게 분할하며, 그 분할된 수익권은 수익증권에 표시하도록 하였다(구(舊)증권투자신탁업법 제6조제1항).

도 발생하였다. 상장집합투자기구에 한정되었던 예탁결제인프라를 모든 투자회사 및 투자신탁 집합투자기구로 확대함으로써 운영비용을 절감하고 업무효율성을 높일 수 있었다. 즉 집합투자기구의 설정 · 환매업무를 집합투자증권 예탁결제를 기반으로 수용함으로써 실물증권의 이동을 제거하고 증권과 대금의 동시결제를 가능하게 하였다. 또한 이에 의하여 집합투자재산의 운용지시 · 결제업무 등을 포함하여 집합투자기구의 모든 업무를 지원하는 단일 인프라가 구축되었다.

집합투자증권의 예탁 제2절

① 예탁적격성

집합투자증권에 대하여 예탁제도를 적용하기 위해서는 주권, 수익증권 등 각각의 증권이 예탁결제원에 의하여 자본시장법상 예탁대상증권으로 지정되어야 한다. 이들 증권이 예탁대상증권으로 지정되기 위해서는 다른 종류의 증권과 마찬가지로 대체성, 유통성 및 요식성 등의 요건을 갖추어야 하는데,[43] 투자회사 주식 및 투자신탁 수익증권은 이러한 요건이 특별히 문제되지 아니한다. 투자증권으로서의 성질상 당연히 대체성, 즉 동일 종목 증권으로의 교환가능성을 가지고, 증권의 양도에 제한이 없기 때문에 유통성에 문제가 없다. 또한 명의개서대행회사(예탁결제원)를 통해서 통일규격증권용지를 사용하여 발행됨으로써 요식성의 요건도 충족된다.

그런데 다른 집합투자증권(지분증권)의 경우에는 유통성에 문제가 있다. 투자신탁 · 투자회사 이외의 집합투자기구는 구성원 간의 인적 신뢰관계가 강하고 폐쇄적인 성질을 지니기 때문에 투자자가 가지는 지분증권의 양도에 일정한 제한이 있다. 상법상 합자회사의 지분은 무한책임사원의 동의가 있어야 양도할 수 있고(상법 제276조), 유한책임회사의 지분은 업무집행자인 사원의 동의가 있어야 양도할 수 있다(상법 제287조의8). 익명조합의 지분 역시 영업자의 동의가 있어야 양도할 수 있다고 해석된다. 유한회사의 경우 원칙적으로 지분을 자유롭게 양도할 수 있으나 정관으로 제한할 수 있고(상법 제556조), 합자조합의 경우에는 조합계약에서 지분의 양도방법을 정하게 되는데 다른 조합원의 동의를 요건으로 할 수

43 이에 관한 자세한 내용은 앞의 '제2편 제3장 제1절 3.' 참조.

있다(상법 제86조의7). 이와 같이 지분양도가 제한되기 때문에 상법은 이들 회사 · 조합에 대하여 지분증권의 발행을 허용하지 않았다. 그럼에도 불구하고 자본시장법은 상법에 대한 특례로서 이러한 회사 · 조합 형태의 집합투자기구에 대하여 지분증권의 발행근거만을 규정하였을 뿐 그 지분 내지 지분증권의 양도요건에 관해서는 아무런 규정을 두지 않았다. 따라서 이들 집합투자기구에서는 비록 지분증권을 발행한다고 하더라도 이를 양도하기 위해서는 민 · 상법에 의한 양도요건을 갖추어야만 한다. 결국 투자유한회사, 투자합자회사, 투자유한책임회사, 투자합자조합 및 투자익명조합의 지분증권은 유통성의 제약으로 인하여 예탁적격성이 부인될 수밖에 없다.[44]

그러나 다른 증권과 마찬가지로 이들 지분증권 역시 예탁결제제도를 이용하지 않고는 그 발행 · 유통사무를 원활히 처리할 수가 없다. 집합투자기구라는 성질상 그 지분증권에 대해서는 당연히 주식과 같은 유통성이 보장되어야 한다. 자본시장법이 집합투자기구를 유한회사 등으로 확대하면서 그 지분증권의 양도방법을 정하지 않은 것은 입법의 불비였다. 상법에 대한 특례로서 지분증권을 발행하도록 하고 일괄예탁을 강제하였던 것은 투자자의 출자지분을 자유롭게 양도할 수 있도록 하기 위함이었다. 그렇다면 지분증권을 예탁대상에서 제외할 것이 아니라 마땅히 지분증권의 양도에 관한 입법을 보완하여야 한다. 투자신탁 수익증권과 같이 상법상 주식의 양도방법(제336조제1항)을 준용함으로써 지분증권의 예탁적격성을 확보할 필요가 있다.[45]

2 예탁방법

2.1. 예탁자

투자자가 보유하는 증권의 예탁은 증권회사 등 금융중개기관인 예탁자에게 하게 되는데, 집합투자증권의 경우 판매회사인 투자매매업자 또는 투자중개업자가 예탁자가 된다. 즉 집합투자업자가 자기가 발행하는 집합투자증권을 직접 판매하는 경우에는 스스로 예탁자가 되고, 은행 · 증권회사 등에게 판매를 위탁하는 경우에는 이들이 예탁자가 된다.

투자자는 이들 판매회사의 고객으로서 판매회사를 통하여 집합투자증권을 취득하고, 취득한 증권을 판매회사의 계좌에 보관하며, 환매청구 등 권리행사도 판매회사를 통하여 하게 된다. 예탁자인 판매회사는 투자자계좌부를 작성하여 투자자가 취득 · 예탁한 집합투

44 이러한 점을 인정하여 2013년 개정 자본시장법은 이들 지분증권에 대한 일괄예탁의 의무화를 폐지하였다(자본시장법 제208조제3항 및 제217조의3제3항).

45 이하 집합투자증권의 예탁에 관한 설명은 투자회사 주식 및 투자신탁 수익증권만을 대상으로 한다.

자증권을 관리한다.

2.2. 예탁방법

투자자가 증권을 예탁하는 방법은 실물증권을 예탁자의 창구를 통하여 직접 예탁하는 방법(실물예탁)과, 증권의 발행단계에서 발행인의 통지에 의하여 실물증권에 표시될 권리를 계좌부에 기재하는 방법(권리예탁)으로 구분된다. 후자의 경우 발행대금의 납입 등으로 당해 권리의 효력이 발생되는 때에 실물증권 없이 권리상태로 예탁을 한 후 실물증권이 필요 없으면 불소지신고 또는 등록(채권과 CD에 한한다)의 방법으로 실물증권을 불발행하도록 하고 실물증권이 필요한 경우에 한하여 그 발행을 청구한다.

집합투자증권은 전술한 바와 같이 그 발행방법으로서 일괄예탁이 의무화되어 있다. 일괄예탁은 권리예탁의 일종이다. 투자자가 판매회사를 통하여 발행(설정)대금을 집합투자업자(신탁업자)에게 납입함과 동시에 집합투자증권이 예탁자계좌부와 투자자계좌부에 기재되는 방식으로 예탁된다. 이후 실물증권이 발행 · 반환되는 경우에는 당해 증권이 다시 실물예탁의 방법으로 예탁될 수 있다. 구체적인 예탁의 방법과 절차는 다른 종류의 증권과 같다. 현재 집합투자증권은 일괄예탁의 방법으로 발행되어 환매되기 전까지 대부분 예탁상태가 유지된다. 따라서 그 예탁량은 집합투자기구 설정규모와 같다.

2.3. 예탁의 효과

집합투자증권의 예탁에 따른 계좌부 기재의 효력, 증권의 보관 · 반환방법, 증권의 양도 · 입질방법 등은 다른 종류의 증권과 같다.[46]

---

46 앞의 '제2편 제2장 · 제3장' 참조.

제3절 집합투자증권의 권리행사

1 권리행사방식

1.1. 투자회사 주식

투자회사의 주식은 상법상 주식이므로 예탁제도 하에서의 권리행사는 보통의 주식과 같다. 자본시장법상 예탁주식의 권리행사방법이 그대로 적용된다. 즉 예탁의 법률관계상 예탁자와 예탁결제원을 통한 간접행사가 원칙이나, 실질주주제도에 의하여 투자자가 직접 주주로서의 권리를 행사할 수 있다.

1.2. 투자신탁 수익증권

투자신탁의 수익증권도 주식과 같은 기명식증권으로서 일괄예탁에 의하여 예탁결제원의 명의로 발행 · 예탁되고 수익자명부에는 투자자 대신 예탁결제원이 수익자로 기재된다. 그런데 수익증권의 경우에도 수익자총회 의결권 등 수익자의 권리는 예탁자(판매회사)나 예탁결제원을 통하지 않고 투자자가 직접 행사할 필요가 있다. 집합투자기구의 법적 형태에 따라 권리행사방식이 다르게 되는 것은 혼란스럽고 불합리할 수 있다. 따라서 예탁된 수익증권에 대해서는 주식과 마찬가지로 그 실질소유자에게 수익자명부상 수익자와 동일한 법

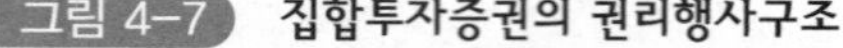
그림 4-7 집합투자증권의 권리행사구조

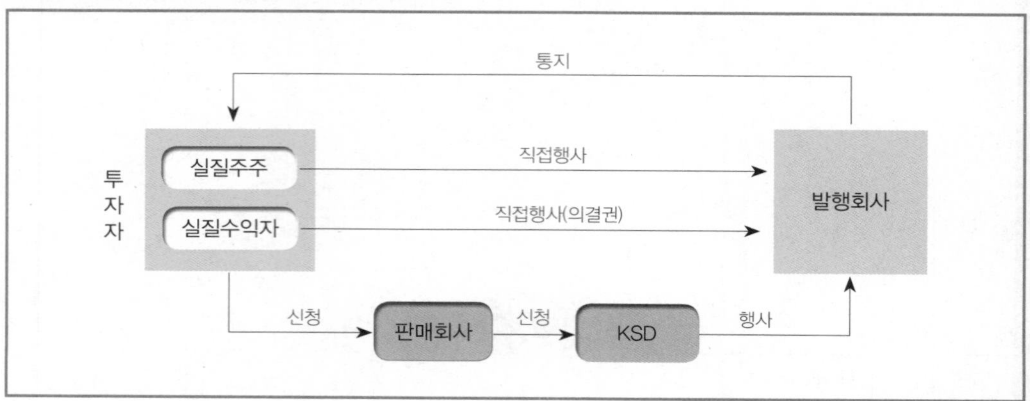

적 지위를 부여하고, 이를 통하여 수익자총회 의결권 등의 권리를 직접 행사할 수 있는 방법이 요구되었다. 이러한 요청에 부응하여 실질주주제도와 동일한 이념과 구조 하에 실질수익자제도가 마련되었다.

수익증권의 예탁제도는 2003년 구(舊)자산운용업법 제정시 도입되었으나, 당시 예탁제도를 규정하고 있던 법률인 구(舊)증권거래법상 실질수익자제도를 반영하지 못했기 때문에 부득이 투자신탁 표준약관에 의하여 실질주주제도와 동일한 실질수익자제도를 운영하였다. 그러나 이는 투자신탁계약에 의하여 투자신탁 관계회사 간에 수익자명부에 기재되지 않은 예탁수익증권의 실질소유자에 대하여 법적 수익자로서의 권리를 부여한 것이기 때문에 그 권리를 제3자에 대항할 수 없는 문제가 있었다. 자본시장법은 이러한 문제를 해결하기 위하여 실질수익자제도를 명문으로 규정하였다.

실질수익자란 투자신탁 수익증권을 예탁결제원에 예탁하여 수익자명부상 예탁결제원이 수익자로 등재된 경우 그 예탁수익증권의 실질소유자인 본래의 수익자를 말한다. 자본시장법은 실질주주와 동일하게 이를 “예탁수익증권의 공유자”로 규정하고 있다(자본시장법 제319조제1항). 실질수익자명부의 작성과 그 효력, 실질수익자의 권리행사방법 등은 실질주주제도의 그것과 동일하다. 그러나 실질수익자제도의 적용범위는 매우 제한적이다. 이익분배금 지급의 경우에 실질수익자제도를 적용할 경우 실질수익자명세 작성 등을 거쳐 분배금을 지급하는데 많은 시간이 소요되어 투자자에게 오히려 불리하기 때문에 자본시장법은 실질수익자의 법적 기초인 실질수익자명부를 수익자총회를 개최하는 경우에 한하여 작성하는 것으로 하였다(자본시장법 제319조제3항). 주식의 경우 권리행사를 위한 기준일이 설정되는 모든 경우에 실질주주명부가 작성되는 것과 다른 점이다. 결국 실질수익자가 직접 행사할 수 있는 권리는 의결권으로 제한된다.

② 집합투자증권의 환매

2.1. 의의 및 성질

(1) 환매의 의의

집합투자증권의 환매는 투자자가 투자자금을 회수하는 가장 일반적인 방법이다. 상장집합투자기구가 아닌 한 집합투자증권을 타인에게 양도하여 투자자금을 회수하는 것은 매우 어려운 일이기 때문에 집합투자기구에 있어 투자자의 집합투자증권 환매청구권은 필수적이다.

환매란 판매의 상대적인 개념으로서 집합투자증권을 판매한 자가 다시 이를 매수하는 것이다. 집합투자증권을 투자자에게 판매한 자는 판매회사이지만, 투자중개업자인 판매회사는 자신이 소유하는 증권을 투자자에게 매도하는 것이 아니라 집합투자업자 또는 투자회사 등이 발행한 집합투자증권을 집합투자업자의 위탁을 받아 판매하는 것으로서 전술한 바와 같이 집합투자증권의 모집을 주선하는 것이다. 집합투자증권의 판매주체는 그 발행인인 집합투자업자 또는 투자회사 등이다. 따라서 집합투자증권의 환매는 이들 발행인이 투자자의 청구에 의하여 자신이 발행 · 판매한 증권을 매수하는 것이라고 할 수 있다.

그런데 이러한 집합투자증권 환매는 단순한 환매수가 아니고, 투자신탁 등 계약형 집합투자기구의 경우에는 그 집합투자계약의 일부 해지이고, 투자회사 등 회사형 집합투자기구의 경우에는 집합투자증권을 매입하여 소각함으로써 자본을 감소시키는 것이 된다. 집합투자증권의 환매와 집합투자기구의 일부 해지 또는 자본감소를 별개의 제도로 설명하는 경우도 있으나, 전자는 후자의 원인행위일 뿐이다.

(2) 환매청구권의 성질

투자자는 언제든지 자신이 보유한 집합투자증권의 환매를 청구할 수 있다. 집합투자증권이 상장되는 폐쇄형 집합투자기구의 경우에도 투자자는 집합투자증권을 증권시장에서 양도하는 대신 환매청구의 방법으로 투자자금을 회수할 수 있다. 투자자의 환매청구권은 그 종류에 관계없이 집합투자증권의 고유한 권리이다.

이러한 환매청구권의 법적 성질에 관하여 과거에는 주주총회 결의에 반대하는 주주의 주식매수청구권과 같이 이를 형성권으로 보아 투자자의 청구행위(의사표시)만으로 환매의 효력이 발생하는 것으로 보기도 하였다. 그러나 집합투자업자 또는 투자회사 등은 집합투자재산으로 보유하고 있는 증권 등의 매각이 불가능한 경우 등에는 환매를 연기할 수 있기 때문에(자본시장법 제237조) 이들의 승낙이 필요하다. 따라서 투자자의 환매청구권은 채권적 청구권이고, 형성권으로 볼 여지는 없다.[47]

2.2. 당사자

과거 1998년 증권투자신탁법 개정 전까지 환매의 당사자는 위탁회사 및 판매회사였다. 판매회사는 자신의 책임으로 독립적으로 영업(판매업무)을 수행하는 자로서 고유재산으로 환매의무를 부담하는 것으로 해석되었다.[48] 그러나 그 이후의 법률에서는 판매회사가 고유

47 대법원도 수익증권의 환매청구권은 형성권이 아님을 분명히 한 바 있다(대법원 2004.1.15. 선고 2001다70825 판결).

48 구(舊)증권투자신탁업법 제7조는 수익증권의 환매청구에 관하여 "판매회사로부터 매입한 수익증권의

재산에 의한 환매의무를 부담하지 않는 것을 명확히 하고 또 이를 금지하였기 때문에[49] 판매회사는 더 이상 환매의 당사자는 아니다. 환매청구권은 증권상의 권리이기 때문에 환매의무자는 집합투자증권의 발행인인 집합투자업자 또는 투자회사 등이다.

집합투자업자 또는 투자회사 등은 투자자의 환매청구에 대하여 승낙여부를 결정하고 이를 승낙한 경우 환매의무를 부담한다. 집합투자증권을 판매한 판매회사는 단지 투자자의 환매청구를 집합투자업자 또는 투자회사 등에게 전달하는 역할만 수행한다. 투자자가 직접 집합투자업자 또는 투자회사 등에게 환매청구를 할 수도 있으나, 투자자는 판매회사의 고객이고 집합투자업자(투자회사인 경우에도 실제 환매업무는 법인이사인 집합투자업자가 처리한다)들은 직접 투자자에 대한 창구업무를 수행하지 않기 때문에 판매회사에 대하여 환매를 청구하는 것이 편리하다.

2.3. 환매방법

(1) 환매청구

투자자는 법령 및 집합투자규약에서 제한하지 않는 이상 언제든지 집합투자증권의 환매를 청구할 수 있다. 환매를 청구하고자 하는 경우에는 당해 증권을 판매한 판매회사를 통해서 청구하여야 한다(자본시장법 제235조제2항 본문). 판매회사만이 투자자들의 집합투자증권 취득 · 보유내역을 관리하기 때문이다. 투자자로부터 환매청구를 받은 판매회사는 당해 청구를 집합투자업자 또는 투자회사 등에게 지체 없이 전달하여야 한다.

만약, 판매회사가 해산, 업무정지 등의 특별한 사정으로 환매청구를 접수할 수 없다면 투자자는 직접 집합투자업자에게 환매청구를 할 수 있다. 이 경우 집합투자업자는 당해 증권을 판매한 판매회사와 협의하여 환매청구를 접수할 다른 판매회사를 지정할 수 있다. 집합투자업자도 해산 등으로 환매청구에 응할 수 없게 된 경우에는 당해 집합투자기구의 신탁업자를 상대로 환매를 청구할 수 있다(자본시장법 제235조제2항 단서).

(2) 환매승인 및 환매연기

집합투자업자 등은 집합투자재산의 매각이 사실상 불가능하거나 투자자 간 형평성을

경우에는 그 판매회사에 환매를 청구하여야 한다"라고 하고(제2항), "환매에 응하여야 할 자"에 위탁회사 또는 수탁회사 외에 판매회사를 포함시켰기 때문에(제4항) 판매회사가 환매책임을 부담하는 것으로 해석되었다.

49 1998년 개정 구(舊)증권투자신탁업법은 "환매청구를 받은 판매회사는 지체 없이 위탁회사에 대하여 환매에 응할 것을 요구하여야 한다"라고 하고(제4항), 환매에 응하여야 할 자를 위탁회사 또는 수탁회사에 한정하였다(제5항). 구(舊)자산운용업법과 현재의 자본시장법(제235조)도 이와 같은 내용을 규정하고 있다.

그림 4-8 **집합투자증권 환매 절차**

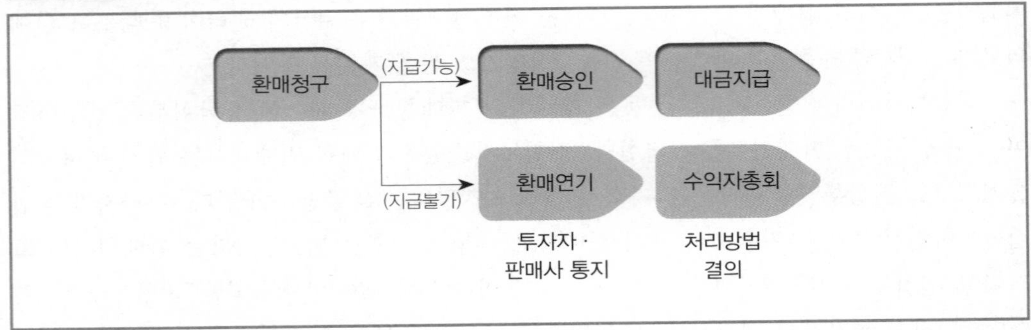

해할 우려가 있는 경우 또는 집합투자업자, 신탁업자 등이 해산 등으로 인하여 환매를 수행할 수 없는 경우에는 환매를 연기할 수 있다. 따라서 환매청구를 받은 경우에는 당해 환매가 법정된 환매연기사유[50]에 해당하는지 여부를 검토하여 환매를 승인할 것인지 이를 승인하지 않고 환매를 연기할 것인지를 결정하여야 한다. 집합투자업자가 해산 등으로 인하여 결정할 수 없을 때에는 신탁업자가 이를 결정하여야 한다.

집합투자업자 등이 환매연기를 결정한 때에는 투자자 및 판매회사에게 그 사실과 사유 등을 통지하고, 투자자총회를 개최하여 환매연기의 계속, 환매재개, 부분환매, 해지 · 해산 등 환매연기에 따른 처리방법을 총회의 결의로 정하여야 한다. 집합투자재산의 일부만이 연기사유에 해당되는 때에는 그 부분에 대해서만 환매를 연기하고 나머지 부분에 대해서는 환매에 응할 수 있다(부분환매, 자본시장법 제237조제5항). 환매연기의 결정이 있더라도 집합투자업자 등이 채무불이행이 되는 것은 아니고 투자자의 환매청구권 행사가 제한되는 것도 아니다. 따라서 투자자는 계속하여 환매를 청구할 수 있다. 환매연기 후 연기사유의 일부 또는 전부가 해소되거나 투자자총회의 결의가 있는 경우에는 환매가 재개된다.

이러한 환매연기제도는 집합투자재산 매각이 곤란하거나 공정한 평가가 어려운 경우 부정확한 기준가격에 의한 일부 투자자의 선환매로 인하여 다른 투자자에게 손실이 전가되는 불합리를 해결하기 위한 제도이다. 집합투자업자 등의 부담을 완화하기 위한 것이 아니라 집합투자의 기본원칙인 실적배당주의 및 투자자평등원칙을 유지하기 위한 것으로서 집합투자의 투자위험에 대처하는 기술이라고 할 수 있다.

---

50 집합투자증권의 환매연기사유는 다음과 같다(자본시장법시행령 제256조).
(i) 집합투자재산인 자산의 처분이 불가능하여 사실상 환매에 응할 수 없는 경우(시장폐쇄, 휴장, 거래정지, 천재지변 기타 이에 준하는 사유)
(ii) 투자자 간의 형평성을 해칠 염려가 있는 경우(부도발생, 시가의 부존재, 대량환매 등)
(iii) 환매의 청구 · 요구를 받은 집합투자업자, 판매회사, 신탁업자 등이 해산 등으로 인하여 집합투자증권을 환매할 수 없는 경우
(iv) 이에 준하는 경우로서 금융위원회가 환매연기가 필요하다고 인정하는 경우

(3) 환매대금 지급

① 지급방법

환매대금은 현금으로 지급하는 것이 원칙이다. 환매청구를 받은 집합투자업자 또는 투자회사 등은 집합투자재산으로 보유하고 있는 현금 또는 집합투자재산을 매각하여 조성한 현금으로 환매대금을 지급하여야 한다. 그러나 집합투자기구가 보유하고 있는 증권 등 실물자산을 매각하는 것 보다는 이를 그대로 인도하는 것이 유리한 경우도 있을 수 있다. 이 경우에는 투자자 전원의 동의라는 요건이 필요하다(자본시장법 제235조제5항). ETF인 경우에는 그 특성상 당연히 실물자산으로 환매에 응할 수 있다.

집합투자업자 · 판매회사 · 신탁업자가 환매청구된 집합투자증권을 자기재산으로 매입할 수는 없다. 다만, 수시입출금이라는 특성을 지닌 MMF의 경우 또는 투자자가 금액을 기준으로 환매를 청구하는 경우[51]에는 예외적으로 판매회사가 당해 증권을 매입할 수 있다(자본시장법시행령 제254조제2항).

환매대금의 지급일은 집합투자규약으로 정한다. 투자대상자산의 종류에 따라 그 처분방법이 다르기 때문이다. 그러나 환매청구를 한 투자자가 지나치게 불안정한 지위에 놓일 수 있으므로 그 지급일은 투자대상자산의 환금성이 부족한 경우(부동산 · 실물 · 특별자산 기타 국외에 있는 자산에 투자하는 집합투자기구)를 제외하고는 환매청구일로부터 15일 이내로 제한된다(자본시장법 제235조제4항). 환매대금은 집합투자업자 또는 투자회사 등의 지시에 의하여 집합투자재산을 관리하는 신탁업자가 판매회사를 통하여 지급한다.

② 환매가격

집합투자증권을 환매하는 경우 그 환매대금은 환매청구일 이후(환매대금 지급일 사이의 날 중 집합투자규약으로 정한 날)의 기준가격(미래가격)으로 산정하여야 한다(forward pricing, 자본시장법 제236조제1항). 환매청구일 이전에 산정된 기준가격(과거가격)으로 결정하면 당일 집합투자기구에 편입된 자산의 가치가 하락하는 경우 환매를 유발하여 잔존 집합투자자에게 손실을 전가할 우려가 있기 때문이다. 투자자의 이익 또는 집합투자재산의 안정적 운용을 해할 우려가 없는 경우로서 사전에 정한 약정에 따라 MMF의 집합투자증권을 환매하는 경우 등에는 예외적으로 과거가격으로 환매할 수 있다.

---

51 환매청구는 집합투자증권의 수량으로 하는 것이 원칙이나 실무적으로는 투자자 편의상 금액을 기준으로 환매청구하는 것도 인정되는데, 이 경우 환매청구일과 환매대금지급일 사이에 기준가격이 변동되면 판매회사가 해당증권을 보유하는 것이 불가피하기 때문이다(한국증권법학회, 전게서(주석서Ⅱ), 344쪽).

2.4. 예탁증권의 환매방법

(1) 권리행사방식

예탁결제원에 예탁된 집합투자증권의 환매는 예탁결제원을 통해서 이루어진다. 집합투자증권이 소유자명부에 예탁결제원 명의로 명의개서되어 있기 때문에 예탁제도상 권리행사방식에 따라 집합투자업자 등에 대한 환매청구는 예탁결제원이 하여야 한다. 환매청구에 대해서는 실질주주제도 및 실질수익자제도가 적용되지 않는다. 환매청구는 수시로 할 수 있는 것인데, 실질주주명부 및 실질수익자명부는 상시 작성할 수가 없기 때문이다.

(2) 청구 절차

투자자의 환매청구권 행사는 다른 예탁증권의 권리행사와 같은 절차로 한다. 투자자는 예탁자(판매회사)를 통하여 예탁결제원에 환매청구하고, 예탁결제원은 그 청구내역을 취합하여 집합투자업자 등에게 환매청구를 한다.

그런데 이 경우 예탁결제원의 환매청구는 법률상 집합투자자로서 하는 것이다. 집합투자증권 환매청구의 법적 절차는 '투자자 → 판매회사 → 집합투자업자 등'의 순서인데(자본시장법 제235조제2항), 이를 예탁된 집합투자증권에 그대로 적용하면 '투자자 → 예탁자(판매회사) → 예탁결제원 → 판매회사 → 집합투자업자 등'의 순서로 환매청구를 하여야 한다. 판매회사인 증권회사 등은 1차적으로 예탁증권에 관한 권리행사를 예탁결제원에 전달하는 지위(예탁제도상 예탁자)에 있고, 2차적으로 투자자로서의 예탁결제원의 환매청구를 집합투자업자 등에게 전달하는 지위(환매제도상 판매회사)도 가진다. 그 결과 판매회사에 대한, 또 판매회사에 의한 청구가 순환적 · 중복적으로 발생하게 된다.

여기서 예탁결제원은 단지 형식상의 소유자로서 효율적인 권리행사 사무처리를 위하여 실질소유자인 투자자 및 판매회사의 환매청구를 대신하는 것인데, 이에 대하여 법률의 규정을 형식적으로 적용하여 예탁결제원의 환매청구를 다시 판매회사를 통하여 하게 하는 것은 불필요하고 불합리하다. 따라서 예탁자로부터의 환매청구를 취합한 예탁결제원은 판매회사를 거치지 않고 바로 집합투자업자 등에게 환매청구를 한다.

(3) 환매방법

예탁된 집합투자증권의 환매에서는 모든 절차가 예탁결제원(FundNet)에 의하여 이루어진다. 집합투자업자와 판매회사, 신탁업자, 일반사무관리회사 등 관계회사 간의 청구 · 지급 및 통지가 표준화 · 자동화된다.

또한 집합투자증권의 환매에서는 '투자자－판매회사－예탁결제원－신탁업자 · 집합투자업자' 사이에서 집합투자기구의 설정(집합투자증권의 발행)과는 반대방향으로 증권과 대금이 이동하기 때문에 그 절차가 연계되어 처리된다. 집합투자업자 등은 집합투자기구 설정 대신 일부해지 또는 자본감소를 승인하고, 신탁업자는 설정대금을 수령하는 대신 환매가액을 지급하며, 집합투자업자 등은 집합투자증권을 발행하여 인도하는 대신 인수하여 소각한다. 집합투자증권의 발행수량과 환매수량, 환매대금과 설정대금은 상호차감되어 인도 · 지급된다.[52]

3 의결권 행사

3.1. 집합투자자총회

(1) 도입취지

집합투자기구는 그 법적 형태에 관계없이 투자자의 이익에 직접적이고 중대한 영향을 미치는 사항에 관하여는 투자자의 의사를 반영하는 것이 합리적이다. 그리고 계약형 집합투자기구의 경우 투자회사 등 회사형 집합투자기구에 비하여 민주적 절차와 자산운용의 투명성이 부족할 수 있다. 회사형 집합투자기구는 상법상 회사제도를 이용하기 때문에 투자자는 회사의 최고 의사결정기구인 주주총회나 사원총회를 통하여 집합투자기구의 중요사항에 대한 의사결정에 참여하고 집합투자업자나 이사를 감독할 수 있다. 그러나 과거의 투자신탁에서는 그 중요한 의사결정이 모두 위탁회사와 수탁회사에 의하여 이루어졌고 수익자는 환매제도를 통하여 투자신탁관계에서 이탈할 수 있었을 뿐 자신의 의사를 반영할 방법이 없었다.

구(舊)자산운용업법은 투자자 보호라는 관점에서 이러한 문제를 개선하기 위하여 각 투자신탁별로 수익자의 의사를 결정할 수 있는 수익자총회를 도입하였다. 수익자가 투자신탁 운영상 자신의 이해관계에 중대한 영향을 미치는 사항에 대하여 적극적으로 의사를 표명하고 위탁회사(집합투자업자)의 독단적 의사결정을 견제함으로써 스스로의 권리를 보호할 수 있도록 하였다. 이를 통하여 위탁회사(집합투자업자), 수탁회사(신탁업자) 등과 수익자 간의 법적분쟁 발생 및 이로 인한 거래비용의 증가도 방지하고자 하였다. 그리고 자본시장법은 투자유한회사 등 새로운 회사형 · 조합형 집합투자기구를 도입함에 있어 이와 같은 취지에서 사원총회 및 조합원총회를 설치하였다.

---

52 집합투자증권 환매의 구체적 절차에 대한 설명은 생략한다. 집합투자기구 설정에 관한 앞의 설명(제2장 제1절 3.3.) 참조.

(2) 법적 지위

집합투자기구는 그 법적 형태에 관계없이 최고의 의사결정기관으로서 투자자 전원으로 구성되는 총회, 즉 집합투자자총회를 두어야 한다. 집합투자자총회는 투자자의 이해관계에 직접 영향을 미치는 집합투자기구 운영사항에 관한 투자자의 의사를 결정하는 회의체 조직이다. 그러나 그 구체적인 법적 지위는 집합투자기구의 형태에 따라 다르다.

회사형 집합투자기구에서의 투자자총회는 상법의 규정에 의한 주주총회 또는 사원총회의 형태로 존재한다. 이는 당연히 회사의 의사를 결정하는 필요적인 '기관'이다. 그러나 계약형 집합투자기구인 투자신탁, 투자합자조합 및 투자익명조합의 경우에는 자본시장법의 규정에 따라 수익자총회 및 조합원총회가 설치되는데, 이들 집합투자기구는 법인이 아니라 당사자 간 계약관계일 뿐이므로 수익자총회 및 조합원총회는 기관이 아닌 단순한 회의체 조직에 불과하다. 투자자의 의사를 결정하기 위한 기구라고 하지만, 그 결의에 따라 집합투자기구의 의사가 결정되는 것은 아니고, 단지 집합투자업자가 결정한 의사에 대하여 투자자가 다수결에 의하여 동의를 하는 것이다. 전체 투자자로부터 개별적으로 동의 받는 것이 현실적으로 불가능하기 때문에 총회의 형식을 빌려 간편히 처리하는 것이라고 할 수 있다.[53]

표 4-8 수익자총회 개최 현황 (단위: 건)

구분	2012년	2013년	2014년	2015년	2016년
수익자총회	119	84	59	59	55
연기수익자총회	64	24	7	6	12
합계	183	108	66	65	67

3.2. 총회의 운영

(1) 결의사항(권한)

집합투자자총회는 집합투자기구의 운영에 있어 투자자의 이해관계에 중대한 영향을 미치는 사항으로서 자본시장법 또는 집합투자규약에서 정한 사항에 대해서만 결의할 수 있다(자본시장법 제190조제1항 등). 회사형 집합투자기구는 일반 사업회사가 아니라 집합투자를 위한 기구에 불과하기 때문에, 계약형 집합투자기구인 경우에는 집합투자자총회는 법적 '기관'이 아니기 때문에 집합투자기구의 일상적인 운영사항에 대하여 집합투자자총회의 결

53 박철영, "수익자총회제도의 문제점과 개선과제", 「증권법 연구」 제7권 제1호, 2006, 2쪽.

의를 요하는 것은 불합리하다. 자산운용전문가인 집합투자업자에 의하여 운영되고 신탁업자가 이를 감독하는 상태에서 운영비용의 증가만을 초래할 수 있다.

자본시장법이 정하고 있는 집합투자자총회의 결의사항은 다음과 같다.

① 집합투자규약 변경 중 집합투자업자 · 신탁업자 등이 받는 보수 그 밖의 수수료의 인상, 집합투자업자 · 신탁업자의 변경(합병 · 분할 · 분할합병 등에 의한 경우는 제외한다), 계약기간 · 존속기간 또는 해산사유의 변경, 집합투자기구 종류의 변경, 주된 투자대상자산의 변경, 환매금지형으로의 전환, 환매대금지급일의 연장 등
② 환매연기에 관한 사항으로서 환매연기기간, 환매재개시 환매대금 지급시기 · 방법, 부분환매시 연기원인이 되는 자산의 처리방법
③ 집합투자기구의 해지 · 해산 및 청산
④ 집합투자기구(조합형의 경우에는 제외한다)의 합병
⑤ 집합투자재산으로 부동산 취득시 금전차입에 관한 사항
⑥ 회사형 집합투자기구에서의 이사 선임[54]

투자회사의 경우 주주총회 결의사항이 상법 또는 정관에 정한 사항으로 제한되지만(상법 제361조) 집합투자기구라는 특성 및 다른 집합투자기구와의 균형을 고려하여 자본시장법에서 그 결의사항을 별도로 정하였다. 상법상 사원총회의 결의사항에 대하여 제한이 전혀 없는 투자유한회사의 경우에도 마찬가지이다.

(2) 소집

집합투자자총회는 정기총회와 임시총회의 구분이 없다. 정기적으로 소집할 필요가 없고 법 또는 집합투자규약에 규정된 사유가 발생된 때에 소집하면 되기 때문이다. 집합투자업자, 신탁업자 및 집합투자증권 총수의 5% 이상을 소유한 투자자가 소집할 수 있다. 신탁업자 및 투자자는 먼저 집합투자업자에게 소집을 요청하여야 하며, 집합투자업자가 정당한 사유 없이 1개월 이내에 총회를 소집하지 아니하는 경우 금융위원회의 승인을 받아 직접 소집할 수 있다(자본시장법 제190조제2항 · 제3항).

집합투자자총회의 소집통지는 상법상 주주총회의 소집통지와 대체로 같다. 다만, 투자신탁에 있어서는 전술한 바와 같이 수익자명부(실질수익자명부를 포함한다)상 수익자정보의 부당이용이 발생할 수 있기 때문에 수익자총회를 소집하는 집합투자업자 등은 수익자명

---

54 회사형 집합투자기구에서는 집합투자증권의 환매에 의하여 자본이 감소되고 이에 관한 별도의 절차가 없기 때문에(자본시장법 제206조제2항 및 제212조제2항) 자본감소는 주주총회 · 사원총회의 결의사항이 아니다.

부를 관리하는 예탁결제원에게 소집통지사무를 위탁하여야 한다(자본시장법시행령 제220조제1항). 투자회사의 경우에는 일반사무관리회사가 투자회사로부터 주주총회 운영사무를 위탁받아 수행하기 때문에 소집통지도 일반사무관리회사가 하여야 한다. 그러나 주식의 명의개서업무를 명의개서대행회사에 재위탁한 경우에는 이 역시 명의개서대행회사에게 재위탁한다.

(3) 의결권

모든 집합투자증권은 기명식증권이므로 집합투자자총회의 기준일 현재 소유자명부상 투자자로 기재되어 있는 자에 대하여 의결권이 부여된다. 투자자의 의결권은 각 출자좌수(1주 또는 1좌)마다 1개이다. 집합투자기구에서도 상법상 주주평등원칙과 같이 투자자평등원칙이 적용되어 투자자는 출자좌수에 따라 균등한 권리를 가진다. 집합투자규약 또는 당사자 간 합의로 이와 다른 정함을 할 수 없다.[55]

집합투자기구에서는 상법상 무의결권주식과 같은 의결권 없는 증권이 발행되지 않는다. 그러나 집합투자업자가 자신이 설정 · 운용하는 집합투자기구의 집합투자증권을 소유한 경우에는 그 의결권을 행사할 수 없다. 집합투자업자가 고유재산으로 자신이 발행한 집합투자증권을 취득하는 경우 외에 집합투자업자가 투자합자회사의 업무집행사원 또는 투자합자조합의 업무집행조합원의 지위에서 일정한 지분을 소유할 수 있는데, 상법상 자기주식과 마찬가지로 이해상충이 발생할 수 있기 때문에 그 의결권행사가 제한된다. 또한 집합투자자총회의 결의에 관하여 특별한 이해관계가 있는 투자자도 의결권을 행사하지 못하며, 이 경우 그 투자자가 가진 의결권의 수는 출석한 투자자의 의결권의 수에 산입되지 않는다(자본시장법 제190조제10항).

(4) 결의방법

집합투자자총회의 결의방법은 상법상 주주총회와 유사하다. 종래에는 발행된 집합투자증권 총수의 과반수의 출석이라는 의사정족수요건(성립요건)을 두었었으나, 2013년 개정 자본시장법은 이를 폐지하였다(자본시장법 제190조제5항 등). 다수결원리에 의한 단체의 의사결정에 있어 의결권의 과반수를 보유하는 구성원의 출석이라는 요건은 당연한 것이지만, 상법상 주주총회와 마찬가지로 의사정족수요건으로 인하여 집합투자자총회가 불성립되는 것을 방지함으로써 집합투자기구의 원활한 운영을 확보하고자 한 것이다.

집합투자자총회의 결의요건은 그 결의사항이 법정사항인지 집합투자규약에서 정한 사

---

55 상법상 유한회사는 정관으로 의결권의 수를 달리 정할 수 있으나(제575조 단서), 집합투자기구인 투자유한회사인 경우에는 그 적용이 배제된다(자본시장법 제212조제2항).

항인지에 따라 다르다. 전자의 경우에는 상법상 주주총회의 보통결의와 같이 '출석한 의결권의 과반수와 발행된 집합투자증권총수의 1/4 이상'으로 결의하고, 후자의 경우에는 이 요건을 완화하여 '출석한 의결권의 과반수와 발행된 집합투자증권총수의 1/5 이상'으로 결의한다(자본시장법 제190조제5항 등). 종래에는 상법상 회사의 종류별로 총회 결의요건이 다르고[56] 집합투자기구의 종류별로 단체로서의 성질이 달라서 집합투자자총회의 결의요건 또한 다르게 운영되었는데, 2013년 개정 자본시장법은 그 불합리를 시정하기 위하여 그 결의요건을 통일하였다. 또한 집합투자자총회 결의의 어려움을 해결하기 위하여 결의요건도 완화하였다.[57]

(5) 총회의 연기

본래 총회의 연기는 총회가 성립된 후 의사에 들어가지 아니하고 이를 후일로 넘기는 것을 말한다. 이 경우 따로 소집절차를 취하지 않고 그 후일에 회의(延會)를 개최할 수 있다(상법 제372조제2항). 그런데 집합투자기구에서는 총회의 결의가 성립되지 않는 경우 총회를 다시 소집 · 개최하되 이 때의 총회에서는 크게 완화된 결의요건을 적용하는 특수한 연기총회제도가 이용된다(자본시장법 제190조제7항).[58] 이는 투자자들의 무관심으로 인하여 집합투자자총회의 결의가 성립되지 않은 경우에는 환매연기, 해지 · 해산 등 중요한 의사결정이 이루어지지 않아 투자자 전체의 이익에 중대한 영향을 미치게 되는 문제를 방지하기 위하여 2003년 구(舊)자산운용업법이 도입한 제도이다. 영국의 투자신탁(Unit Trust)이 사용하고 있는 연기수익자총회(adjourned meeting of unit holders)를 본받은 것인데, 총회성립의 문제는 집합투자기구의 형태를 불문하므로 연기총회는 모든 종류의 집합투자자총회에 동일하게 적용된다.

집합투자업자 등은 집합투자자총회의 결의가 성립되지 않은 경우 2주 이내에 연기된 총회를 다시 소집한다. 연기총회에서의 결의요건은 법정결의사항인 경우 발행된 집합투자

---

56 상법상 유한회사의 사원총회에서는 주식회사의 주주총회에서와 달리 의사정족수요건(의결권의 과반수를 보유하는 사원의 출석)이 적용된다(상법 제574조).

57 2013년 자본시장법 개정전 집합투자자총회의 결의요건은 다음과 같았다.

구분	투자신탁	투자회사	투자유한회사	투자합자회사	투자조합	투자익명조합
규약상 결의사항	출석의결권 1/2 발행주식총수 1/4	(좌동)	출석의결권 1/2	출석의결권 2/3 발행증권총수 1/3	(좌동)	(좌동)
법정 결의사항	출석의결권 2/3 발행증권총수 1/3	(좌동)	(좌동)			

58 2013년 자본시장법 개정 전에는 의사정족수요건이 있었기 때문에 연기총회는 총회가 성립되지 않은 경우 소집되며, 이 때의 총회는 투자자 1인 이상의 출석만으로 성립하는 것으로 하였다.

증권 총수의 '1/4 이상'에서 '1/8 이상'으로 완화되고, 집합투자규약상인 경우에는 발행된 집합투자증권 총수의 '1/5 이상'에서 '1/10 이상'으로 완화된다(자본시장법 제190조제8항). 종래에는 투자자 1인의 참석만으로도 연기총회가 성립하고 결의할 수 있었기 때문에 다수결의 본질에 반하는 문제가 있었는데,[59] 2013년 자본시장법 개정에서는 발행된 집합투자증권 총수의 1/8 또는 1/10 이상을 요구함으로써 최소한의 '결의의 대표성'을 확보하였다. 연기총회에서도 후술하는 '간주의결권행사'가 적용된다.

3.3. 의결권 행사방법

(1) 일반원칙

투자자는 집합투자자총회에 직접 참석하여 의결권을 행사하거나, 대리인을 선임하여 그 자로 하여금 의결권을 행사하게 할 수 있다. 또한 총회에 직접 참석하지 아니하고 서면에 의하여 의결권을 행사할 수도 있고(서면투표, 자본시장법 제190조제6항), 전자적인 방법으로 의결권을 행사할 수도 있다(전자투표, 자본시장법 제190조제10항). 서면투표 및 전자투표는 상법상 주주총회에서의 방법과 절차(제368조의3 · 제368조의4)에 따르게 된다. 투자회사의 주주총회에서는 상법의 규정(제368조의2)에 따라 의결권을 불통일 행사할 수 있으나, 다른 집합투자자총회에서는 불통일 행사가 인정되지 않는다.

2013년 개정 자본시장법은 집합투자자총회에 대하여 '간주의결권행사'라는 특수한 의결권행사방법을 도입하였다. 이 역시 투자자들의 무관심으로 인하여 집합투자자총회의 결의가 성립되는 못하는 문제를 방지하고자 한 제도이다.[60] 이미 연기총회제도가 마련되어 있지만, 이를 개최하는데 2주 정도의 시간이 추가적으로 소요되기 때문에 보다 빠른 의사결정을 할 수 있도록 한 것이다. 다수의 의사라고 인정할 수 있는 최소한의 요건이 충족되면 결의가 성립되는 것으로 보는데, 발행된 '집합투자증권 총수의 1/10 이상'이 집합투자자총회에 참석하여 의결권을 행사한 경우 의결권을 행사하지 아니한 다른 투자자들은 그 결의 내용에 영향을 미치지 아니하도록(직접 의결권을 행사한 찬반비율에 따라) 의결권을 행사한 것으로 본다. 이러한 의결권 행사방법을 적용하기 위해서는 미리 집합투자규약에 이에 관한 사항을 기재하고 그 뜻을 투자자에게 통지하여야 한다(자본시장법 제190조제6항).

---

59 영국에서의 연기수익자총회는 수익자 1인의 출석만으로 성립하지만 결의에는 통상의 요건이 적용되어 이러한 문제가 발생하지 않는다. 구(舊)자산운용업법의 무리한 입법으로서 개선 또는 폐지가 요구되었었다(박철영, 앞의 "수익자총회의 문제점과 개선과제", 15쪽).

60 일본에서는 집합투자규약에 정함이 있으면 집합투자자총회에서 출석하지 않아 의결권을 행사하지 아니한 자에 대해서는 의안에 찬성한 것으로 간주하는 '간주찬성'제도가 운영되고 있다(투자신탁 및 투자법인에 관한 법률 제17조·제93조).

(2) 예탁 집합투자증권의 행사방법

예탁결제원에 예탁된 집합투자증권은 예탁결제원의 명의로 명의개서되기 때문에 그 의결권은 예탁제도에 따라 행사되어야 한다. 예탁제도에서는 법적 권리자인 예탁결제원을 통한 의결권행사가 원칙이지만, 투자신탁과 투자회사의 경우에는 실질수익자제도와 실질주주제도가 운영되기 때문에 투자자가 직접 의결권을 행사할 수도 있다.

① 실질주주 · 실질수익자의 직접행사

투자신탁과 투자회사에서는 집합투자자총회의 기준일이 설정되면 실질수익자명부 및 실질주주명부를 작성한다. 실질수익자 및 실질주주는 동 명부의 기재에 의하여 직접 의결권을 행사할 수 있다. 투자자총회에 직접 참석하거나, 대리인을 통하여 또는 서면에 의하여 의결권을 행사할 수 있다.

실질수익자 및 실질주주가 의결권을 행사하지 않는 경우 예탁제도 하에서의 특수한 의결권 행사방식인 shadow voting은 허용되지 않는다. 투자회사에서는 이를 배제하였고(자본시장법 제314조제5항제5호), 투자신탁 등 다른 집합투자기구에서는 이를 채택하지 않았다. 집합투자기구에서는 총회 성립이 어려운 문제를 연기총회제도로써 해결하고 있기 때문이다.

② 예탁결제원을 통한 간접행사

예탁결제원에 예탁되어 있는 집합투자증권의 투자신탁 실질수익자 및 투자회사 실질주주는 의결권을 직접 행사하는 대신 예탁결제원을 통하여 행사할 수 있다.

이 경우 예탁결제원은 통상의 예탁주식과 같이 투자자의 신청(위임)에 따라 의결권을 행사한다.[61] (ⅰ)투자자는 총회의 의안별로 찬반내역을 기재한 의결권행사신청서를 예탁결제원에 제출하고, (ⅱ)의결권행사를 신청받은 예탁결제원은 집합투자자총회에 직접 참석하

그림 4-9 **집합투자증권의 의결권 행사구조**

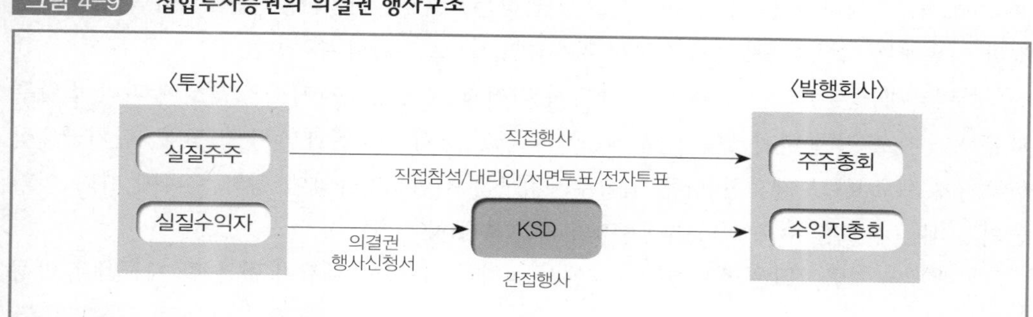

61 앞의 '제2편 제4장 제1절 5.1.' 참조.

여 의결권행사신청서에 기재된 의안별 찬반내역에 따라 의결권을 행사한다.

4 그 밖의 권리행사

4.1. 분배금 지급

(1) 의의

집합투자기구는 다수의 투자자로부터 모은 집합투자재산을 운용하여 그 이익을 분배하는 것을 목적으로 한다. 따라서 집합투자규약으로 정한 회계기간별로 결산[62]을 하여 이익이 있는 경우 이를 집합투자증권 보유수량에 비례하여 분배한다(이익분배금). 일정한 해지 · 해산사유가 발생하거나 계약 · 존립기간이 만료되는 경우 집합투자기구는 청산절차를 거쳐 소멸하는데, 이 경우 잔여원본(상환금)과 그 운용이익을 투자자에게 분배한다(청산분배금). 분배금의 지급의무자는 집합투자업자 및 투자회사 등(회사형인 경우)이다.

이러한 분배금은 투자회사의 경우 상법상 이익배당 및 잔여재산분배에 해당한다. 투자신탁의 경우 수익증권 환매청구 또는 매수청구권 행사에 의해 지급되는 대금은 투자신탁계약 자체가 종료되는 것이 아니기 때문에 분배금이 아니다.

(2) 지급방법

이익분배금은 현금으로 지급하는 것이 원칙이나, 새로 발행하는 집합투자증권으로 분배할 수도 있다(자본시장법 제242조제1항 본문). 즉 이익을 현금으로 분배하는 대신 당해 집합투자기구에 재투자하는 것이 가능하다. 투자회사는 정관이 정하는 바에 따른 이사회의 결의가 있으면 이익금 전액을 새로 발행하는 주식으로 분배할 수 있다(자본시장법시행령 제266조제2항). 청산분배금 역시 현금으로 지급하는 것이 원칙이나, 집합투자규약에서 따로 정한 경우에는 집합투자재산에 속하는 자산(현물)으로 지급할 수 있다.

이익분배금은 이익금 범위 내 분배가 원칙이지만, 집합투자기구의 특성에 따라 집합투자규약이 따로 정한 바가 있는 경우에는 이익금을 초과하여 분배할 수도 있다. 단기금융집합투자기구(MMF)를 제외한 다른 집합투자기구는 집합투자규약이 정하는 바에 따라 이익금의 분배를 유보할 수도 있다(자본시장법 제242조제1항 단서).

분배금의 지급기일은 집합투자규약에서 정하나, 특별한 사정이 없는 한 지급사유 발생

62 집합투자기구에서는 매일 투자재산을 평가하고 이에 대한 손익을 회계계정에 반영하기 때문에 결산은 손익을 확정하는 것보다는 회계기간 중 발생한 수익으로 분배액을 결정하는 것에 그 의미가 있다.

시 지체 없이 지급하여야 한다. 결산, 계약 · 존립기간의 만료, 청산 등 지급사유 발생일(기준일) 익일에 지급하는 것이 일반적이다. 집합투자기구 청산 시 집합투자재산의 처분이 한 번에 종료되지 않는 경우에는 순차적으로 청산을 실시하여 청산분배금을 지급한다.

(3) 예탁증권에 대한 지급방법

① 지급방식

예탁결제원에 예탁된 집합투자증권의 분배금 지급에 있어서는 전술한 바와 같이 실질주주제도 및 실질수익자제도가 적용되지 않는다. 실질주주명부 및 실질수익자명부는 각 예탁자(판매회사)로부터 그 명세를 취합하여 작성하는데, 이 경우 주주명부 및 수익자명부상 동일인의 권리를 합산하여야 하고 실질주주 및 실질수익자별 권리(분배금)배정 등의 절차를 거쳐야 하기 때문에 약 5일 정도의 시간이 소요된다. 실질주주제도 및 실질수익자제도는 투자자에게 오히려 불리하고 예탁자(판매회사), 집합투자업자 등의 사무만 증대시키게 된다. 따라서 투자자들은 집합투자증권의 분배금에 관한 권리를 직접 행사하지 않고 예탁결제원을 통하여 행사한다.

② 지급 절차

예탁집합투자증권에 대한 분배금 지급사무는 집합투자기구의 결산업무를 수행하는 집합투자업자 또는 일반사무관리회사,[63] 소유자명부를 관리하는 예탁결제원 또는 일반사무관

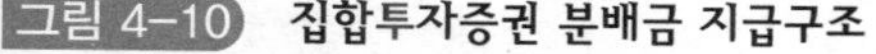
그림 4-10 집합투자증권 분배금 지급구조

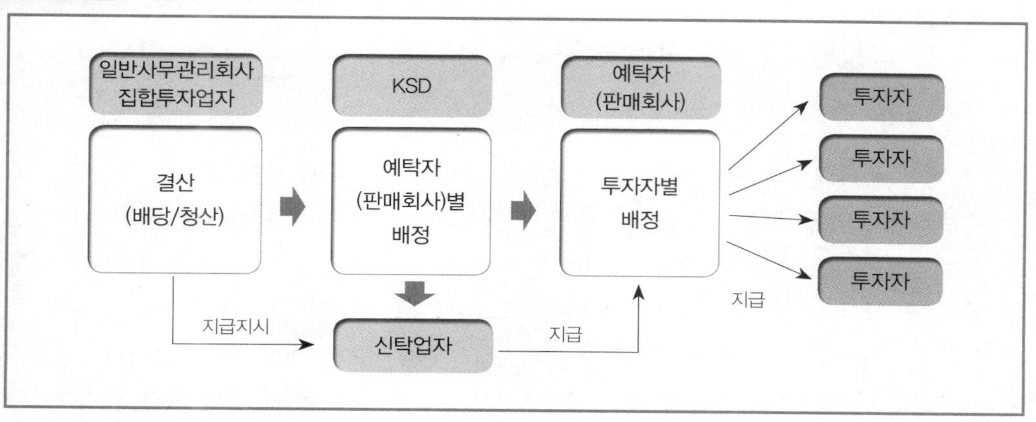

63 투자회사가 아닌 경우에도 집합투자업자는 집합투자재산의 평가 · 회계업무의 처리를 대부분 일반사무관리회사에 위탁하기 때문에 결산업무는 사실상 일반사무관리회사가 수행하게 된다.

리회사, 집합투자재산을 보관 · 관리하는 신탁업자, 예탁결제업무를 수행하는 예탁결제원 및 판매회사(예탁자)에 의하여 처리된다. 이들 관계회사 간의 모든 통지 · 조회는 예탁결제원의 FundNet을 통하여 이루어진다. 구체적인 지급절차는 다음과 같다.

① (기준일 · 분배금내역 통지) 집합투자업자 또는 일반사무관리회사는 분배금 지급사유 발생시 그 기준일을 정한다. 이 경우 결산결과에 따라 분배금 총액, 1증권당 분배금, 지급일 등을 함께 정하고, 그 내역을 예탁결제원 및 다른 관계회사에 통지한다.

② (소유자별 배정) 집합투자증권의 소유자명부를 관리하는 예탁결제원 또는 일반사무관리회사는 그 명부상 소유자별로 증권보유수량을 확정하고, 이에 의하여 분배금을 배정한 후 그 내역을 예탁결제원 등 소유자에게 통지한다.

③ (예탁자 · 투자자별 배정) 집합투자증권의 법적 소유자인 예탁결제원은 자신에게 배정된 분배금을 다시 예탁자계좌부에 의하여 예탁자(판매회사)별로 배정하고, 그 내역을 예탁자(판매회사) 및 신탁업자에게 통지한다. 예탁자(판매회사)는 예탁결제원의 통지에 따라 투자자계자부에 의하여 투자자별로 분배금을 배정한다.

④ (분배금 확정 · 지급) 신탁업자는 집합투자업자(일반사무관리회사) 및 예탁결제원으로부터 통지받은 사항을 비교 · 확인하여 분배금 지급내역을 확정한 후 한국은행의 BOK-Wire+를 통하여 예탁자(판매회사)별로 분배금을 지급한다. 이 경우 이익분배금은 당일 지급 · 수령하는 설정 · 환매대금과 차감한다. 분배금을 수령한 예탁자(판매회사)는 이를 즉시 투자자별로 지급한다. 청산분배금이 지급되면 그와 동시에 소유자명부 및 예탁자계좌부에 기재된 집합투자증권은 소멸(삭제)된다.

4.2. 집합투자증권의 매수청구

(1) 의의

상법상 주식회사의 주주는 합병, 영업양도 등 주주의 이해관계에 중대한 영향을 미치는 주주총회 결의에 반대하는 경우 회사에 대하여 그가 가진 주식의 매수를 청구할 수 있고 회사는 당해 주식을 매수하여야 한다(상법 제374조의2). 주주의 주식매수청구권은 다수결원칙 하에 희생되기 쉬운 소수주주의 이익을 보호하기 위한 것인데, 집합투자기구에서도 투자자에게 이러한 권리를 인정할 필요가 있다. 집합투자기구의 합병이나 계약기간 · 존속기간의 변경, 집합투자기구 종류의 변경 등은 투자자의 이해관계에 중대한 영향을 미치므로 이에 관한 집합투자자총회의 결의에 반대하는 투자자는 투자자금을 회수하고 집합투자관계에서 벗어날 수 있어야 한다.

집합투자기구에 있어서는 집합투자증권 환매청구제도에 의하여 이와 동일한 목적을 달성할 수도 있다. 그러나 환매청구의 경우에는 일정한 수수료가 부과되기 때문에 투자자는 매수청구권을 행사하는 것이 유리할 수 있다. 따라서 투자회사의 경우에는 상법에 의하여 처음부터 주식매수청구권이 인정되었고, 투자신탁의 경우에는 2003년 구(舊)자산운용업법에 의하여 수익자총회와 함께 수익증권매수청구권이 인정되었다. 자본시장법은 집합투자기구의 특성을 고려하여 상법상 주식매수청구권에 의하지 않고 집합투자증권(주식 · 수익증권) 매수청구권을 따로 규정하였다(자본시장법 제191조 및 제201조).[64] 다른 집합투자기구의 경우에도 투자자에게 이와 동일한 권리를 인정할 필요가 있으나, 자본시장법은 이에 대해 규정하지 않았다.

(2) 청구 · 매수방법

집합투자증권 매수청구권은 집합투자자총회의 결의사항 전부가 아니라 집합투자기구(투자신탁 · 투자회사) 합병과 신탁약관 · 정관 변경에 관한 결의에 한하여 인정된다. 매수청구의 방법과 절차는 아래와 같이 대체로 상법의 경우와 같은데, 집합투자업자 및 투자회사의 매수기간이 매수청구기간 만료일로부터 15일 이내로 단축되고, 매수가격을 협의하는 것이 아니라 집합투자증권의 기준가격으로 하는 점이 다르다. 집합투자업자 및 투자회사는 집합투자재산으로 증권을 매수하여야 하기 때문에 환매와 동일한 방법에 의하지만,[65] 투자자에게 집합투자증권 매수에 따른 수수료 그 밖의 비용을 부담시킬 수는 없다.

① 집합투자자총회의 결의에 반대하는 투자자는 총회 전에 당해 집합투자업자에 대하여 서면으로 그 결의에 반대하는 의사를 통지하여야 한다.

② 반대의사를 통지한 투자자는 집합투자자총회의 결의가 있는 경우 결의일부터 20일 이내에 자기가 소유하고 있는 집합투자증권의 수를 기재한 서면으로 그 증권의 매수를 청구하여야 한다.

③ 집합투자업자 및 투자회사는 투자자의 청구가 있는 경우 매수청구기간이 만료한 날부터 15일 이내에 환매청구의 경우와 같은 방법으로 집합투자증권을 매수하여야 한다. 집합투자재산으로 기준가격에 의하여 매수하여야 한다.

④ 집합투자업자 및 투자회사는 매수자금이 부족하여 매수에 응할 수 없는 경우에는 금융위원회의 승인을 얻어 매수를 연기할 수 있다.

---

64 반대수익자의 수익증권 매수청구권을 규정하고(자본시장법 제191조), 이를 투자회사 주식에 준용하고 있다(자본시장법 제201조). 투자회사 주식에 대하여 상법의 규정(제374조의2)은 적용하지 않는다(자본시장법 제206조제2항).

65 매수청구기간 종료일에 수익증권 · 주식을 환매청구한 것으로 본다(자본시장법시행령 제222조).

⑤ 집합투자증권을 매수한 집합투자업자 및 투자회사는 즉시 당해 증권을 소각한다.

(3) 예탁증권의 처리방법

예탁결제원에 예탁된 수익증권 · 주식에 대해서는 실질수익자 · 실질주주제도가 적용된다. 따라서 집합투자자총회 개최시 실질주주명부 또는 실질수익자명부를 작성하고, 총회결의에 반대하는 투자자는 이에 의하여 매수청구권을 행사하게 된다.

투자자는 원칙적으로 예탁결제원을 통하지 않고 실질주주명부 또는 실질수익자명부의 기재에 기초하여 직접 집합투자업자 및 투자회사에 대하여 매수청구권을 행사할 수 있다(직접행사). 그러나 환매청구와 마찬가지로 판매회사(예탁자)를 경유하여 예탁결제원에 매수청구권행사를 신청할 수도 있다(간접행사). 후자의 방법이 편리하기 때문에 대부분 이에 의한다. 구체적인 방법과 절차는 환매청구의 경우와 같다. 다만, 사전 반대의사의 통지라는 요건이 추가되고, 매수청구일 및 매수대금 지급일은 다를 뿐이다.

4.3. 개별적인 권리행사

예탁결제원에 예탁된 주식 · 수익증권은 예탁결제원의 명의로 명의개서되고, 이에 따른 실질주주명부 · 실질수익자명부는 주주총회 · 수익자총회를 개최하는 경우에 한하여 작성한다. 그러므로 투자자의 권리 중 의결권 외에 회계장부의 열람 · 등사청구권, 총회소집청구권, 각종 소 제기권 등 개별적인 권리행사는 직접 주권 · 수익증권을 제시하여 할 수밖에 없다. 이 경우 예탁된 주권 · 수익증권의 반환과 재예탁이 불가피하게 되는데, 실물증권의 발행과 이동에 따른 시간 · 비용 및 위험 등의 문제가 발생한다. 따라서 보통의 주식에 대해서 마련된 실질주주증명서제도가 집합투자증권인 주식 · 수익증권의 경우에도 그대로 적용된다. 투자회사 주식의 경우 처음부터 실질주주제도의 적용에 의하여, 투자신탁 수익증권의 경우에는 자본시장법상 실질수익자제도의 도입에 의하여 실질주주증명서 · 실질수익자증명서가 인정되었다. 실질수익자증명서의 발행방법, 효력 등은 실질주주증명서와 같다(자본시장법 제319조제8항부터 제10항까지).[66]

66 앞의 '제2편 제4장 제1절 3.1.2.' 참조.

집합투자증권의 판매 지원 제4절

1 판매회사 이동

1.1. 의의

집합투자증권 판매회사는 투자매매업자 · 투자중개업자로서 투자자에게 집합투자증권을 판매한 후 증권계좌를 개설하여 당해 집합투자증권을 예탁받아 관리하는 한편 집합투자증권의 환매청구 및 각종 권리행사에 관한 업무를 수행한다. 집합투자증권은 대부분 예탁결제원에 예탁되기 때문에 판매회사는 예탁결제제도 하에서 예탁자로서 이러한 업무를 처리한다.

투자자는 이들 판매회사를 통하여 집합투자증권을 보유하고 재투자하며 환매청구 및 기타 권리를 행사하여야 하는데, 판매회사별로 판매수수료가 다르고,[67] 자산관리 등 서비스의 내용도 다르다. 따라서 투자자는 기존 판매회사를 다른 판매회사로 변경할 필요가 있다. 그런데 종래 판매회사의 변경은 이미 취득 · 보유하고 있는 집합투자증권을 환매한 후 새로운 판매회사를 통하여 다시 취득하는 방법으로 해야 했기 때문에 환매수수료 및 판매수수료가 발생하여 실제로 행하기가 어려웠다. 이러한 문제를 해결하기 위하여 2010년 1월 판매회사 이동제도가 도입되었다. 이는 투자자의 판매회사 선택권을 확대하고 판매회사별 경쟁을 통하여 서비스 차별화 및 수수료 인하 등 투자자의 편익을 증대시키기 위한 것으로서 투자자로 하여금 환매절차와 그에 따른 수수료 부담 없이 판매회사를 변경할 수 있게 한 것이다.

1.2. 적용대상

판매회사 이동제도는 처음에는 공모집합투자기구에 대해서만 허용되었으나, 2012년 2월부터는 사모집합투자기구로도 확대되었다. 대부분의 집합투자기구에 대해서 적용되지만, 판매회사가 1개사인 집합투자기구인 경우에는 판매회사 이동이 있을 수 없고, 그 밖에 외국 집합투자기구, 단기금융집합투자기구(MMF), 전환형 집합투자기구, 조세특례가 적용

67 판매수수료는 판매방법, 판매금액, 판매회사, 투자기간 등을 기준으로 징수하는데, 판매회사마다 납입금액 또는 환매금액의 2% 이내에서 차등하여 받는다(자본시장법시행령 제77조제4항).

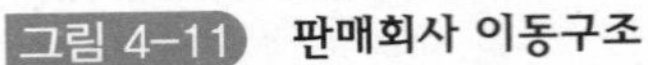

그림 4-11 **판매회사 이동구조**

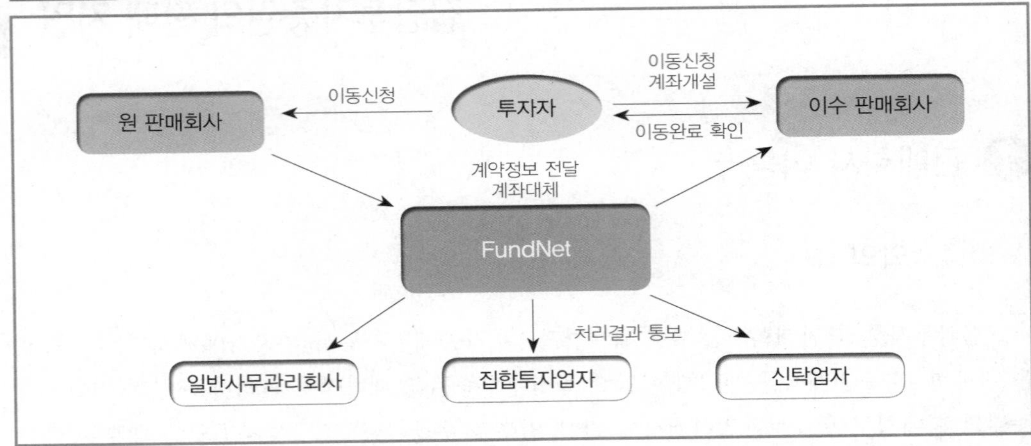

되는 집합투자기구에 대해서는 적용되지 않는다.[68]

판매회사의 이동은 동일한 집합투자기구에 있어 위탁판매계약이 체결된 다수의 판매회사 간에서 이루어지는데, 판매회사들의 과당경쟁을 방지하기 위하여 최초 판매 후 또는 판매회사 이동 후 90일이 경과하지 않은 경우 이동이 제한된다.[69]

1.3. FundNet을 통한 이동

판매회사 이동은 결과적으로는 판매회사의 투자자계좌상 집합투자증권의 이동이다. 그리고 판매회사는 투자자의 집합투자증권을 모두 예탁결제원에 예탁하고 있기 때문에 그 이동수량이 원(原)판매회사로부터 이수(移受)판매회사로 계좌대체(투자자보유분) 되어야 한다. 또한 해당 집합투자기구의 집합투자재산을 보관 · 관리하는 신탁업자 및 계산업무를 수행하는 일반사무관리회사는 판매회사별 집합투자증권 보유수량을 파악 · 관리하여야 하기 때문에 판매회사 이동결과를 즉시 통지받아야 한다.

이와 같이 판매회사 이동은 다수의 관계회사 간 많은 신청 · 통지절차를 수반하는데, 이는 예탁결제원의 FundNet을 통하여 자동화된 방식으로 처리된다. 그 주요절차는 다음과 같다.

① 판매회사를 이동하고자 하는 투자자는 먼저 한국금융투자협회 홈페이지를 통하여 본인이 가입한 집합투자기구의 판매회사 현황, 판매회사 이동이 가능한 집합투자기

68 금융투자회사의 영업 및 업무 등에 관한 규정 시행세칙 제40-1조.
69 금융투자회사의 영업 및 업무 등에 관한 규정 시행세칙 제40-2조.

구인지 여부 등을 확인하고, 원판매회사로부터 판매회사 이동을 위한 계좌확인서를 발급받는다.

② 투자자는 이수판매회사에 위 계좌확인서를 제출하여 신규계좌를 개설하고 판매회사 이동신청을 한다.

③ 이동신청을 받은 이수판매회사는 예탁결제원을 통하여 원판매회사의 계좌를 확인하고, 원판매회사는 투자자의 계약정보를 예탁결제원을 통하여 이수판매회사에게 전달한다.

④ 예탁결제원은 이동신청수량을 양 판매회사 간 계좌대체로 처리하고, 그 결과를 해당 판매회사, 신탁업자 및 일반사무관리회사에게 통보한다.

표 4-9 판매회사 이동 현황 (단위: 건·억좌)

구분	2012년	2013년	2014년	2015년	2016년
건수	6,151	12,637	8,300	5,856	5,930
좌수	38,555	65,051	60,577	309,827	114,609

2 역외집합투자기구의 국내 판매

2.1. 판매방법

외국의 집합투자업자[70]들이 국내에 투자하고자 하는 경우에는 국내에서 집합투자기구를 설정하기 보다는 투자에 따른 세율 및 규제수준이 낮은 외국에서 외국의 법령에 따라 집합투자기구(뮤추얼펀드 형태가 일반적이다)를 설정하는 것이 보통이다. 이러한 역외집합투자기구(offshore fund)는 그 자금을 외국에서 조성하는 것이 일반적이지만 국내에서 조성하기도 한다. 역외집합투자기구는 기준통화가 외화이기 때문에 외화수요가 있는 투자자들에게 적합하고 효율적인 통화분산의 기회를 제공하는 이점도 있다. 또한 집합투자증권 환매수수료가 부과되지 않기 때문에 시장상황에 유연하게 대처할 수 있고, 결산이 없기 때문에 세제상 유리한 면도 있다.[71]

---

70 역외집합투자기구는 반드시 외국의 집합투자업자가 설정하는 것은 아니고 국내 집합투자업자가 외국에서 설정할 수도 있다(2008년 미래에셋자산운용(주)이 룩셈부르크에서 주식형 뮤추얼펀드를 설립하여 유럽 및 중국 등 아시아태평양지역 56개국에서 판매한 것이 시초이다).

71 해외집합투자기구(국내에서 설정하여 해외에 투자하는 집합투자기구를 말한다)는 국내법에 따라 매년 1회 결산을 실시하는데, 결산 이후 기준가격이 하락할 경우 실제 이익에 비하여 세금을 과다하게 납부하

이러한 역외집합투자기구가 국내 투자자에게 집합투자증권을 판매하는 방식에는 두 가지가 있다. 하나는 외국의 집합투자업자가 국내 판매회사를 통하여 집합투자증권을 판매하는 방식이고(직접판매), 다른 하나는 외국의 집합투자업자가 역외집합투자기구의 집합투자증권을 국내의 해외재집합투자기구(fund of funds)에게 판매하고 국내 투자자들은 이 해외재집합투자기구의 집합투자증권을 취득하도록 하는 방식이다(간접판매). 역외집합투자기구가 국내에서 집합투자증권을 판매하기 위해서는 금융위원회에 등록하여야 하고(자본시장법 제279조제1항), 국내 판매회사를 통하여 판매하여야 한다(자본시장법 제280조제1항). 투자자들이 외국의 집합투자증권을 직접 취득하는 경우에는 판매회사와 환위험 헤지계약을 따로 체결해야 하는 등의 어려움이 있기 때문에 주로 해외재집합투자기구를 통하여 취득하고 있다.[72]

표 4-10 역외펀드 국내판매 현황(2016년말 기준) (단위: 억원)

기준통화	USD	EUR	기타	합계
펀드수	338	172	40	550
판매잔고	8,048	1,704	2,745	12,497

출처: 금융투자협회

2.2. FundNet의 판매 지원

(1) 운영구조

직접판매방식에 의하는 경우 국내 판매회사가 역외집합투자기구의 펀드명의개서대행회사(transfer agent)[73]와 집합투자증권 판매사무를 처리한다. 간접판매방식에 의하는 경우에도 역외집합투자기구가 국내 판매를 위하여 금융위원회에 등록된 경우에는 역시 국내 판매회사를 통하여 판매사무를 처리하나,[74] 그렇지 않은 경우에는 국내 집합투자업자가 직접 역외집합투자기구의 명의개서대행회사와 판매사무를 처리한다. 이 경우에는 국내 재집합투자기구가 자산운용의 방법으로 역외집합투자기구가 발행하는 증권을 취득하는 것이므로

는 문제가 발생하기도 한다.

72 2016년 말 현재 역외집합투자기구의 국내 판매액은 직접판매가 1조 2천억 원, 간접판매가 14조 3천억 원에 이른다.

73 뮤추얼펀드의 주식 발행, 주주명부관리 등의 사무를 대행하는 회사로서 우리나라의 일반사무관리회사에 해당한다.

74 해외재집합투자기구가 역외집합투자기구의 집합투자증권을 취득하는 것은 집합투자기구의 자산운용행위이나, 역외집합투자기구의 입장에서는 국내 판매행위라고 할 수 있기 때문에 이 역시 일반투자자에 대한 판매와 동일하게 취급한다(자본시장법 제280조제1항 적용).

재집합투자재산을 보관 · 관리하는 신탁업자에 대한 운용지시가 수반된다.

이와 같이 역외집합투자기구가 국내에서 집합투자증권을 판매하는 경우 외국의 명의개서대행회사와 국내의 집합투자업자, 판매회사 및 신탁업자 등 다수의 관계회사들이 계좌개설부터 주문(설정 · 환매청구), 결제, 기준가격 확인, 잔고관리 등 다양한 업무를 처리하여야 한다. 이러한 업무를 국가 간에 다수의 기관들이 팩스, 이메일 등 수작업 방식으로 처리한다면 많은 비용과 위험(operational risk)이 발생하여 국가 간 집합투자가 제약될 수밖에 없다.

따라서 이러한 경우에도 국내 집합투자기구에 적용되는 자동화된 업무처리체계가 필요한데, 2012년부터 예탁결제원이 FundNet을 Euroclear의 Fund-Settle이라는 글로벌펀드플랫폼과 연계하여 역외집합투자기구 국내 판매에 따르는 모든 업무의 표준화 · 자동화된 처리를 지원하고 있다(2015년에는 또 다른 글로벌펀드플랫폼인 Clearstream의 Vestima와도 연계 서비스를 구축하였다). 국내에서는 집합투자업자, 판매회사 및 신탁업자가 FundNet에 참가하고, 해외에서는 펀드명의개서대행회사들이 Euroclear 및 Clearstream에 참가하며, 예탁결제원과 글로벌펀드플랫폼은 SWIFT 국제펀드표준메시지(ISO 20022)에 의하여 필요한 정보를 송 · 수신한다.

(2) 처리방법

국내 투자자가 역외집합투자기구에 투자하기 위해서는 우선 국내 판매회사(직접판매) 또는 신탁업자(간접판매)가 FundNet을 통하여 글로벌펀드플랫폼에 설정 · 환매를 위한 계좌를 개설하여야 한다. 신탁업자는 재집합투자기구 간 자산혼용을 방지하기 위하여 재집합투자기구별로 전용계좌를 개설한다.

직접판매방식에 의하는 경우 투자자에게 역외집합투자증권을 판매한 판매회사는

그림 4-12 **역외펀드 판매지원서비스(Fund of Funds) 운영구조**

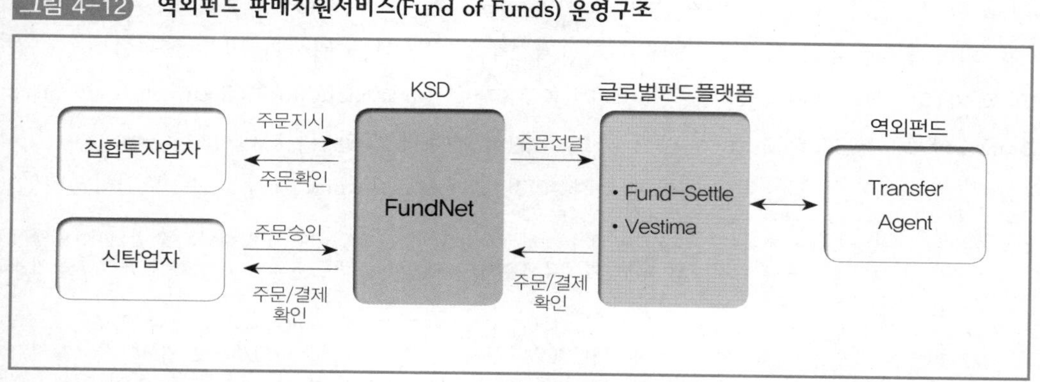

FundNet을 통하여 글로벌펀드플랫폼에 역외집합투자기구 설정청구를 하고, 글로벌펀드플랫폼의 계좌를 통하여 설정대금을 입금하고 집합투자증권을 수령한다. 간접판매방식에 의하는 경우에는 재집합투자기구를 운영하는 집합투자업자가 신탁업자에게 집합투자재산의 운용지시를 하고, 이에 따라 동일한 절차가 진행된다. 역외집합투자증권을 환매하는 경우에도 같은 방법으로 환매청구가 이루어지고, 글로벌펀드플랫폼으로부터 판매회사 또는 신탁업자로 환매대금이 지급된다. 분배금, 의결권 등 집합투자증권의 권리를 행사하는 경우에도 같다.

한편, 글로벌펀드플랫폼은 역외집합투자기구의 정보, 계좌별 집합투자증권 및 자금의 잔고, 집합투자증권의 기준가격, 일정기간별 거래정보 등 역외집합투자증권의 국내 판매에 따라 국내 투자자(집합투자업자)에게 필요한 정보를 FundNet을 통하여 제공한다.

3 국내 집합투자기구의 역외 판매

3.1. 국제화 추진현황

자본시장이 국제화됨에 따라 집합투자에 있어서도 국경을 넘는 '역외판매'와 '역외운용'이 자유롭게 이루어지고 있다.[75] 외국 집합투자기구의 국내거래(inbound 거래), 즉 국내에서 집합투자증권을 판매하여 자금을 조성하는 것과 국내 집합투자업자 등을 통해 국내에서 자산을 운용하는 것은 이미 일반화되었다. 반면, 국내 집합투자기구의 해외거래(outbound 거래), 즉 해외에서의 집합투자증권 판매(역외판매)는 거의 이루어지지 않지만, 해외투자집합투자기구의 형태로 이루어지는 해외투자(역외운용)는 꾸준히 증가하고 있다.[76]

따라서 자산운용의 국제화에 있어 가장 미흡한 부분은 국내 집합투자기구의 역외판매라고 할 수 있다. 그런데 이는 유럽, 아시아 등 역내 자본시장의 통합의 노력과 밀접하게 연관되어 있다. 유럽의 경우 EU내 펀드판매시장의 단일화를 위하여 1985년 집합투자기구의 인가 및 판매 등에 관한 공통규범인 'UCITS기준'(Undertaking for Collective Investment in Transferable Securities Directives)을 만들어 회원국 내부에서 단일인가(single license)의 원칙하에 집합투자증권의 상호 판매를 인정하는 '펀드 패스포트'(fund passport)를 도입하였다.[77]

---

75 자산운용산업의 국제화에는 자산운용회사(집합투자업자)와 판매회사의 해외 설립도 포함되나, 예탁결제서비스와 관련성을 가지는 국경 간 거래의 관점에서 의미있는 것은 역외판매와 역외운용이므로 이에 한정하기로 한다.

76 외국 집합투자기구의 국내투자 및 국내 집합투자기구의 해외투자에 대해서는 제4장 제3절 참조.

77 1985년 제정 후 현재까지 4차례에 걸친 개정을 통하여 펀드 판매시장의 단일화를 위하여 집합투자기구의 단일인가 외에도 역내에서의 합병(cross-border mergers) 및 모자형 구조(cross-border master/feeder funds) 허용, 자산운용회사의 단일인가(passport) 등을 규정하고 있다.

이 기준에 따라 설정되는 집합투자기구(UCITS fund)에 대해서는 단일한 판매시장이 형성되어 투자자들의 투자기회가 증대되고 운영비용이 절감되는 효과를 가져왔다. 그 결과 EU에서는 미국, 아시아 등 다른 지역에 비해 자산운용시장이 크게 성장하고 있고, UCITS fund는 역외판매에 특화된 대표상품으로 인식되어 다른 지역에서의 판매도 확대되는 추세에 있다.

국내 집합투자기구의 역외판매가 활성화되기 위해서는 아시아 지역에서도 EU에서와 같이 단일한 펀드판매시장이 형성되어야 하는데, 이를 위하여 2009년부터 2가지 방안이 의 추진되고 있다. 하나는 호주가 주도하고 우리나라, 싱가포르 등이 참여하고 있는 '아시아 펀드 패스포트'(ARFP: Asian Region Fund Passport)의 도입이고, 다른 하나는 태국, 싱가포르 등 ASEAN 10개국이 추진하는 '아시아 자본시장 통합계획'(Implementation Plan 2015)이다. 두 가지 모두 궁극적으로 아시아 지역 내에서는 집합투자기구 상호인증(mutual recognition)을 통하여 판매시장을 단일화 하는 것이지만, 회원국이 다르고 EU와 달리 통화, 규제체계 등이 달라 국가 간 이해관계가 대립되기 때문에 단기간에 계획이 실행되기는 어려운 실정이다.[78] 그렇지만 아시아의 경제 및 자산운용시장의 고성장과 역내 금융안정성을 높이기 위한 자본시장 통합의 흐름 등을 감안할 때 중 · 장기적으로는 어떠한 방식으로든 '펀드 패스포트'가 현실화 될 것으로 예상된다.

표 4-11 아시아 · 오세아니아 각국의 펀드규모 및 보급도(2016년말 기준)

국가	펀드잔고 (백만$)	국가별 비교율	GDP (백만$)	GDP대비 펀드 잔고비율	인구 (천명)	1인당 펀드 보유액($)
한국	370,600	100	1,411,042	26.3%	50,792	7,296
중국	1,227,540	331	11,232,108	10.9%	1,403,500	875
일본	1,459,705	394	4,936,543	29.6%	127,749	11,426
인도	216,805	59	2,263,792	9.6%	1,324,171	164
대만	61,773	23	528,550	11.7%	23,557	2,622
필리핀	4,896	1	304,696	1.6%	103,320	47
파키스탄	5,360	1	284,185	1.9%	193,203	28
호주	1,613,044	435	1,261,645	127.9%	24,126	66,859
뉴질랜드	48,623	13	181,991	26.7%	4,661	10,432
(참고) 미국	18,868,105	5,091	18,624,450	101.3%	322,179	58,564

출처: IMF, UN

78 자세한 내용은 자본시장연구원, 「국내 펀드의 역외판매 활성화를 위한 제도 및 인프라 정비」(한국금융투자협회 · 한국예탁결제원 연구용역보고서), 2012, 107~123쪽.

3.2. 역외판매 활성화를 위한 과제

아시아에서도 펀드 패스포트가 실현된다면 국내 집합투자기구의 역외판매 활성화의 전기가 마련될 것으로 예상된다. 집합투자기구의 역외판매를 위해서는 호주 · 일본 · 싱가포르 · 홍콩 등 주요국과 비교하여 국내 자산운용산업의 경쟁우위가 확보되어야 하는데, 과세제도(소득세 과세기준, 원천징수방법 등)에 대한 정비가 필요하고, 집합투자증권의 역외판매를 지원하는 인프라도 효율적으로 구축하여야 한다.

현재 역외집합투자기구의 국내판매에 대하여 FundNet이 Euroclear 및 Clearstream의 글로벌펀드플랫폼과 연계된 인프라를 제공하고 있는데, 이를 아시아 펀드 패스포트의 특성에 맞게 재구축하여야 할 것이다. 무엇보다 유럽 중심의 네트워크 활용이 아시아 펀드 패스포트의 취지에 맞지 않고, 이들이 아시아의 모든 국가들을 지원하기도 어렵기 때문에 Euroclear 등의 글로벌펀드플랫폼 대신 아시아 각 국가의 CSD를 연계한 설정 · 환매시스템을 구축할 필요가 있다. 다른 한편, 복수 국가에서 집합투자증권을 판매함에 따라 발생하는 복잡한 설정 · 환매업무(설정 · 환매지시 확인, 결제지시, 증권발행, 명의개서 등)는 판매회사와 집합투자기구의 명의개서대행회사(transfer agent)간 글로벌 대리인(global transfer agent)을 통하여 처리하는 것이 효율적인데, 예탁결제원(FundNet)이 글로벌 대리인이 되는 방안도 추진할 필요가 있다.

제4장 집합투자재산의 예탁과 결제

제1절 집합투자재산의 보관·관리

1 보관 · 관리의 위탁

1.1. 기본원칙

집합투자기구에서는 자산의 운용과 보관 · 관리가 분리되는 것이 원칙이다. 집합투자의 물적기초인 집합투자재산은 그 운용자인 집합투자업자의 재산과는 독립적으로 관리되어야 하므로 집합투자업자는 이를 직접 보관 · 관리해서는 안 되고 신탁업자와 같은 제3의 재산관리전문기관에게 위탁하여야 한다. 이는 집합투자재산의 안전한 보관, 자산운용의 효율성 및 투자자 보호라는 측면에서 요구되는 집합투자기구 운영의 기본원칙이다.

투자신탁의 경우에는 신탁의 성질상 신탁재산의 운용과 보관 · 관리의 분리는 당연한 것이다. 그러나 이러한 법률관계를 가지지 않는 회사형과 조합형의 경우에는 집합투자재산 보관 · 관리의 제3자 위탁이 법률로 강제된다. 자본시장법은 집합투자기구의 법적 형태에 관계없이 집합투자재산의 보관 · 관리업무는 신탁업자에게 위탁하도록 하였다(자본시장법 제184조제3항). 이와 같은 취지상 집합투자업자는 집합투자재산을 보관 · 관리하는 신탁업자가 될 수 없고(자본시장법 제184조제4항), 집합투자업자의 계열회사인 신탁업자에게 집합투자재산의 보관 · 관리를 위탁하는 것도 금지된다(자본시장법 제246조제1항). 집합투자재산의 보관 · 관리를 신탁업자에게 위탁하는 것은 보관 · 관리 그 자체 보다는 이에 기초하여 자산운용감시자로서의 역할을 수행하도록 하는데 그 의의가 있다.

1.2. 위탁의 법률관계

집합투자기구의 법적 형태에 따라 집합투자재산의 소유주체와 법률관계가 다르다. 자본시장법은 집합투자재산의 보관·관리업무를 신탁업자에게 위탁하여야 한다는 일반원칙을 규정하고 있지만, 그 위탁계약의 법적 성질 및 당사자관계는 집합투자기구의 법적 형태에 따라 다를 수밖에 없다.

투자신탁은 신탁법상 신탁이므로(자본시장법 제9조제18항제1호) 신탁재산 보관·관리의 위탁은 신탁계약의 내용이다. 위탁자는 집합투자업자이고 수탁자는 신탁업자이며, 신탁재산은 집합투자업자가 투자자로부터 모은 금전 등의 자산이다. 신탁계약에 의하여 투자신탁이 설정되고 신탁재산인 금전 등의 자산이 신탁업자에게 이전된다(자본시장법 제188조제1항·제4항). 투자신탁을 설정함에 있어 신탁재산 보관·관리를 위한 계약이 따로 체결될 여지가 없다. 여기서 자본시장법은 신탁법의 특별법이며, 투자신탁의 신탁관계에 있어 자본시장법이 규정하지 않은 사항에 대해서는 당연히 신탁법의 규정이 적용된다.

회사형의 경우 투자회사재산의 보관·관리 위탁계약은 민법상 위임계약이다. 단순한 보관(임치)이 아니라 집합투자업자의 운용지시에 따른 취득·처분의 이행 등이 포함되기 때문이다. 집합투자재산의 법적 소유자는 집합투자업자가 아니라 투자회사 등 회사이므로 위탁계약의 당사자는 이들과 신탁업자이다. 집합투자업자는 투자회사·투자유한회사의 법인이사 또는 투자합자회사의 업무집행사원으로서 계약사무를 집행할 뿐이다.

조합형의 경우 조합의 형태에 따라 조합재산 보관·관리의 위탁관계가 다르다. 투자합자조합의 경우에는 투자합자회사의 위탁관계와 같지만, 투자익명조합의 경우에는 조합재산을 신탁업자에게 신탁하여야 하기 때문에 투자신탁과 같은 신탁관계를 갖는다. 다만, 투자신탁의 경우 신탁재산 보관·관리의 위탁이 신탁법상 신탁계약에 의한 신탁의 설정에 포함되는 것과 달리 투자익명조합에서는 상법상 익명조합계약에 의하여 익명조합이 구성되고 난 후 그 조합재산의 보관·관리를 위하여 별도로 신탁업자와 신탁법상 신탁계약을 체결하는 점이 다르다.

표 4-12 집합투자재산의 보관·관리 위탁관계

구분	투자신탁	투자회사	투자유한회사	투자합자회사	투자합자조합	투자익명조합
위탁자	집합투자업자	투자회사	투자유한회사	투자합자회사	집합투자업자	집합투자업자
수탁자	신탁업자	(좌동)	(좌동)	(좌동)	(좌동)	(좌동)
계약의 종류	신탁	위임	(좌동)	(좌동)	(좌동)	신탁
집합투자업자의 지위	–	법인이사	법인이사	업무집행사원	업무집행조합원	영업자

② 보관 · 관리방법

2.1. 집합투자재산의 구분관리

집합투자재산의 보관 · 관리를 위탁받은 신탁업자는 그 재산이 집합투자재산이라는 사실과 위탁자를 명기하여 자신의 고유재산, 다른 집합투자재산 또는 제3자로부터 보관을 위탁받은 재산과 구분하여 관리하여야 한다(자본시장법 제246조제2항). 집합투자재산의 독립성 및 운용의 투명성을 확보하여 투자자 보호에 충실을 기하기 위한 것이다.

먼저, 집합투자재산을 신탁업자의 고유재산과 구분하여 관리하여야 한다. 집합투자재산이 신탁업자의 고유재산과 혼합되어 신탁업자의 채권자에 대한 책임재산이 될 수 있기 때문에 이를 명확히 구분할 것이 요구된다. 신탁관계에서는 신탁재산의 독립성이 본질적 요소이므로 투자신탁 및 투자익명조합의 경우에는 신탁법에 의하여 이러한 요청이 확보된다(신탁법 제4조 · 제37조). 여기서 신탁업자의 채권자 등 제3자에 대하여 신탁재산임을 주장하기 위해서는 신탁의 공시가 필요한데, 자산의 종류별로 공시요건을 갖추어야 한다. 부동산 등과 같이 등기 · 등할 수 있는 자산은 관련법령에서 정한 등기부 · 등록부에 신탁의 등기 · 등록을 하면 되고, 증권의 경우에는 주주명부, 수익자명부, 채권등록부 또는 예탁자계좌부 등 법적 장부에 신탁재산임을 표시하면 된다. 금전 등과 같이 이러한 장부가 없는 경우에도 다른 재산과 구분하여 그 계산을 명확히 할 수 있는 방법이면 된다(신탁법 제37조제3항).

집합투자재산은 신탁업자의 고유재산 이외에 신탁업자가 관리하는 다른 위탁재산과 구분하여 집합투자기구별로 관리하여야 한다. 다른 위탁재산, 즉 금전신탁 등 다른 신탁재산, 다른 집합투자업자가 위탁한 집합투자재산 등과의 구분관리는 성질상 당연한 것이고, 이에 더하여 같은 집합투자업자가 위탁한 다른 집합투자기구의 재산과도 구분관리하여야 한다. 신탁재산인 경우 신탁재산별 구분관리는 당연한 원칙이다.[79] 그러나 구(舊)자산운용업법 제정 전에는 집합투자재산을 위탁자별로 관리하면서 당해 위탁자가 운용하는 복수의 집합투자재산 간에 부당하게 자산을 편입 · 편출하는 문제가 있었다. 신탁재산이 아닌 집합투자재산인 경우에는 다른 재산과의 구분관리가 단지 계약상의 의무에 불과할 뿐이었다. 이에 집합투자재산의 집합투자기구별 구분관리원칙이 법률로 규정되게 되었다(자본시장법 제246조제3항). 집합투자재산의 회계처리 및 계산업무를 공정하게 하여 투자자를 보호하기 위함인데, 집합투자재산의 운용을 집합투자기구별로 하기 위한 전제조건이기도 하다.

---

79 여러 개의 신탁을 인수한 수탁자는 각 신탁재산을 분별하여 관리하고 서로 다른 신탁재산임을 표시하여야 한다(신탁법 제37조제2항).

2.2. 다른 재산과의 거래제한

신탁업자는 특정 집합투자재산으로 자신이 관리하는 다른 재산, 즉 고유재산이나 다른 집합투자재산 또는 제3자로부터 보관을 위탁받은 재산과 거래를 할 수 없다(자본시장법 제246조제5항). 투자자의 이익을 희생하여 자기 또는 제3자의 이익을 도모해서는 안 된다는 것으로서 신탁업자가 부담하는 충실의무의 핵심적인 내용이다. 신탁법상 수탁자의 의무[80]를 반영한 것이다.

그러나 이는 투자자의 이익에 반하는 행위를 금지하는 것이기 때문에 그러한 문제가 없는 경우에는 예외가 인정된다. 집합투자재산의 효율적 운용을 위하여 필요한 경우로서 집합투자업자가 집합투자재산을 투자대상자산에 운용하고 남은 현금을 집합투자규약에서 정한 바에 따라 고유재산과 거래하는 경우, 집합투자재산의 10% 이내에서 금융기관에 예치하거나 단기대출하는 경우, 외국환거래법에 따라 외국통화를 매입 또는 매도하는 경우 등이 그 예이다(자본시장법시행령 제268조제4항). 신탁법상 신탁에서는 이러한 경우 수익자의 승인 또는 법원의 허가를 받아야 하는데(신탁법 제34조제2항), 집합투자기구인 경우에는 이러한 절차 없이 거래할 수 있다.

이와 같은 집합투자재산과 다른 재산과의 거래제한은 신탁업자가 보관 · 관리하는 재산뿐만 아니라 신탁업자 이해관계인의 고유재산에 대해서도 확대 적용된다(자본시장법 제246조제6항). 이해관계인의 고유재산과의 거래에 의해서도 신탁업자 고유재산과의 거래와 마찬가지의 이익충돌이 발생할 수 있기 때문이다.

2.3. 자산운용지시의 이행

집합투자재산의 운용은 집합투자업자가 하므로 이를 보관 · 관리하는 신탁업자는 집합투자업자의 지시에 따라 자산의 취득 · 처분과 보관 · 관리에 필요한 행위를 하여야 한다. 신탁업자는 자신의 재량으로 자산운용행위를 할 수 없다. 흔히 신탁은 수탁자가 신탁재산의 처분권을 보유하는지 여부에 따라 처분신탁과 관리신탁으로 구분되는데, 이에 의하면 신탁계약에 의한 집합투자재산의 보관 · 관리는 관리신탁에 해당한다.

집합투자업자의 운용지시는 후술하는 바와 같이 집합투자기구별로 하여야 하기 때문에(집합투자재산도 집합투자기구별로 구분 관리된다) 신탁업자에 의한 운용지시의 이행 역시 집

---

80 신탁법상 수탁자는 신탁재산과 고유재산과의 거래(자기거래), 신탁재산 간 거래, 기타 수익자의 이익에 반하는 거래를 할 수 없다(신탁법 제34조제1항). 다만, 신탁행위로 허용한 경우, 수익자의 승인을 받은 경우 및 법원의 허가를 받은 경우에는 예외적으로 허용된다(신탁법 제34조제2항).

합투자기구별로 하여야 한다(자본시장법 제246조제4항). 집합투자재산 중 증권은 후술하는 바와 같이 예탁결제원에 집합투자기구별로 예탁되므로 신탁업자는 그 취득 · 처분 등 운용지시의 이행을 예탁결제원을 통하여 증권 · 대금이 동시에 결제되는 방법으로 하여야 한다(자본시장법시행령 제268조제3항).

투자신탁의 경우 신탁재산의 법적 소유자는 신탁업자이므로 신탁재산인 자산의 취득 · 처분 등의 이행 역시 신탁업자 명의로 이루어진다. 투자익명조합의 경우에도 조합재산이 신탁계약에 따라 보관 · 관리되므로 마찬가지이어야 한다.[81] 신탁관계가 아닌 다른 집합투자기구인 경우에는 집합투자재산의 법적 소유자가 집합투자기구이므로 그 운용이행행위 역시 집합투자기구 명의로 하여야 한다(자본시장법 제80조제5항).

제2절 집합투자재산의 예탁

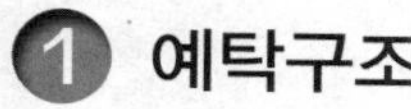

1 예탁구조

집합투자재산은 신탁업자에 의하여 그 운용자인 집합투자업자의 고유재산 및 다른 집합투자기구의 재산 등으로부터 독립적으로 관리된다. 집합투자기구는 그 종류에 관계없이 집합투자재산의 전부 또는 일부를 증권에 운용하게 되는데, 자본시장에서 증권의 유통은 예탁결제제도에 의하여 이루어진다. 집합투자재산에 속하는 자산의 보관 · 관리자는 신탁업자이지만, 신탁업자가 증권을 직접 보관 · 관리하면 그 운용에 따르는 결제사무를 처리하기 위하여 예탁결제원과 실물증권을 인수도하여야 하는 문제가 발생한다. 집합투자재산에 속하는 증권에 대해서는 예탁결제시스템이 적용되지 않는 결과가 된다.

그러므로 집합투자재산 중 증권은 당연히 예탁결제원에 예탁할 것이 요구된다(자본시장법 제246조제3항). 금융투자업자가 고유재산인 증권 또는 투자자로부터 위탁받아 보관하는 증권을 예탁결제원에 의무적으로 예탁하여야 하는 것과 같다. 증권의 예탁은 투자자-예탁자-예탁결제원이라는 2계층 구조로 이루어진다. 집합투자재산인 증권의 경우 집합투자

81 자본시장법은 투자익명조합의 경우 조합재산이 집합투자업자의 단독재산이 된다는 점에서 그 운용과 이행은 집합투자업자 명의로 이루어져야 한다고 규정하고 있는데(자본시장법 제80조제5항), 조합재산이 신탁업자와의 신탁계약에 의하여 보관 · 관리되는 이상(자본시장법 제228조제2항) 투자신탁과 마찬가지로 신탁업자 명의로 이루어질 수밖에 없다. 입법의 오류이다.

기구 또는 집합투자업자의 위탁을 받아 신탁업자가 보관 · 관리하기 때문에 이러한 예탁구조상 집합투자기구 또는 집합투자업자가 '투자자'에 해당하고, 신탁업자가 '예탁자'에 해당한다. 여기서의 증권은 성질상 당연히 예탁결제원이 정하는 예탁대상증권이어야 한다. 투자유한회사 등의 지분증권은 전술한 바와 같이 현행 자본시장법 하에서는 유통성이 결여되어 있기 때문에 예탁대상에서 제외된다(자본시장법 제246조제3항 단서).

2 예탁방법

2.1. 신탁업자의 예탁

신탁업자는 집합투자재산을 위탁받아 관리하는 외에 전문투자자로서 자기재산을 증권에 투자하기도 하고 금전신탁 등 다른 종류의 신탁에 의해서도 증권을 취득 · 관리하기도 한다. 따라서 신탁업자는 집합투자재산인 증권을 예탁결제원에 예탁하는 경우 신탁재산 분별관리원칙에 따라 고유재산 및 다른 재산과 구분하여야 한다. 다수의 고객으로부터 다양한 목적으로 증권의 운용 또는 보관 · 관리를 위탁받기 때문에 공정하고 정확한 계산 · 관리를 위해서 그 재산의 위탁자(계산단위)별로 구분하여 예탁하여야 하는 것이다.

예탁제도에서 동일한 예탁자가 예탁하는 증권을 그 소유관계 및 예탁목적 등에 따라 구분하기 위해서는 예탁계좌를 별도로 개설하여야 한다. 신탁업자는 고유재산의 예탁계좌와 집합투자재산의 예탁계좌를 따로 개설하여야 하며, 금전신탁 등 다른 신탁재산의 예탁계좌도 따로 개설하여야 한다.

또한 집합투자재산은 다른 집합투자재산과도 구분 관리하여야 하므로 신탁업자는 집합투자재산의 예탁계좌를 집합투자기구별로 개설하여야 한다. 집합투자기구는 집합투자업자별로 운용 · 관리되기 때문에 예탁계좌는 신탁업자–집합투자업자–집합투자기구의 단위로 개설 · 관리되어야 한다. 그런데 동일한 집합투자업자가 설정 · 운용하는 집합투자기구는 그 수가 매우 많기 때문에 실제로는 집합투자기구별로 예탁계좌를 개설하기 보다는 신탁업자–집합투자업자별 예탁계좌 내에서 집합투자기구별로 예탁자계좌부를 작성할 수밖에 없다.

2.2. 예탁결제원의 보관 · 관리

(1) 계좌부 작성

예탁결제원은 예탁증권의 관리를 예탁계좌별로 작성되는 예탁자계좌부에 의하여 한다. 신탁업자가 예탁한 집합투자재산인 증권은 위와 같이 신탁업자-집합투자업자별로 개설된 예탁계좌의 예탁자계좌부에 기재된다. 집합투자재산이 신탁재산인 경우(투자신탁 · 투자익명조합)에는 신탁재산인 표시를 한다.

집합투자기구별 집합투자재산 관리를 위해서는 예탁자계좌부를 (예탁계좌 개설단위와 관계 없이) 집합투자기구별로 작성 · 관리하는 것이 원칙이다. 그러나 실무적으로는, 예탁자계좌부를 예탁계좌(신탁업자 · 집합투자업자)별로 작성하여 다수의 집합투자기구가 보유하는 증권의 종목별 총수량을 기재하고, 예탁자계좌부를 구성하는 하위 장부(실무상 '집합투자기구원장'이라 한다)를 작성하여 여기에 각 집합투자기구가 보유하는 증권을 기재한다. 집합투자기구원장은 법적 장부인 예탁자계좌부의 일부라고 할 수 있다. 예탁자계좌부에 기재된 수량과 집합투자기구원장에 기재된 수량의 합은 일치된다.

예탁결제원은 예탁자로부터 증권을 예탁받아 예탁자계좌부를 작성 · 관리함에 있어 예탁자의 자기소유분과 투자자예탁분을 구분하여야 한다. 그런데 집합투자재산인 경우 집합투자기구의 법적 형태에 따라 이 구분이 달라지게 된다. 투자신탁의 경우에는 신탁재산의 법적 소유자는 신탁업자이므로 비록 예탁계좌를 신탁업자 · 집합투자업자별로 개설하기는 하나 그 예탁증권은 신탁업자의 '자기소유분'이 된다. 투자익명조합의 경우에도 마찬가지이다. 그러나 다른 회사형 · 조합형 집합투자기구인 경우에는 집합투자재산의 법적 소유자가 그 집합투자기구(회사 또는 조합)이므로 예탁증권은 신탁업자의 '투자자소유분'이 된다.

(2) 신탁업자 등과의 연계

집합투자재산인 증권은 예탁결제원에 예탁됨으로써 예탁자계좌부를 기준으로 모든 권리관계가 결정된다. 따라서 집합투자업자, 신탁업자, 일반사무관리회사 등 집합투자재산의 운용 · 관리에 관계되는 다른 회사들이 자체적으로 작성 · 관리하는 각종 장부상의 집합투자기구별 증권취득 · 보유내역은 예탁자계좌부의 기재내역과 일치하여야 한다. 무엇보다, 예탁결제원이 작성 · 관리하는 집합투자기구별 예탁자계좌부(집합투자기구원장을 포함한다)의 기재내용은 신탁업자가 관리하는 집합투자재산 보관원장의 기재내용과 일치하여야 한다. 일반사무관리회사에 의한 집합투자증권의 기준가격 산정도 이를 기초로 한다. 이를 위해 집합투자업자와 신탁업자 및 일반사무관리회사는 예탁결제원의 FundNet을 통하여 집합투자기구별 증권보유내역의 일치여부를 확인(cross-check)하고 있다.

그림 4-13 **집합투자재산 예탁구조**

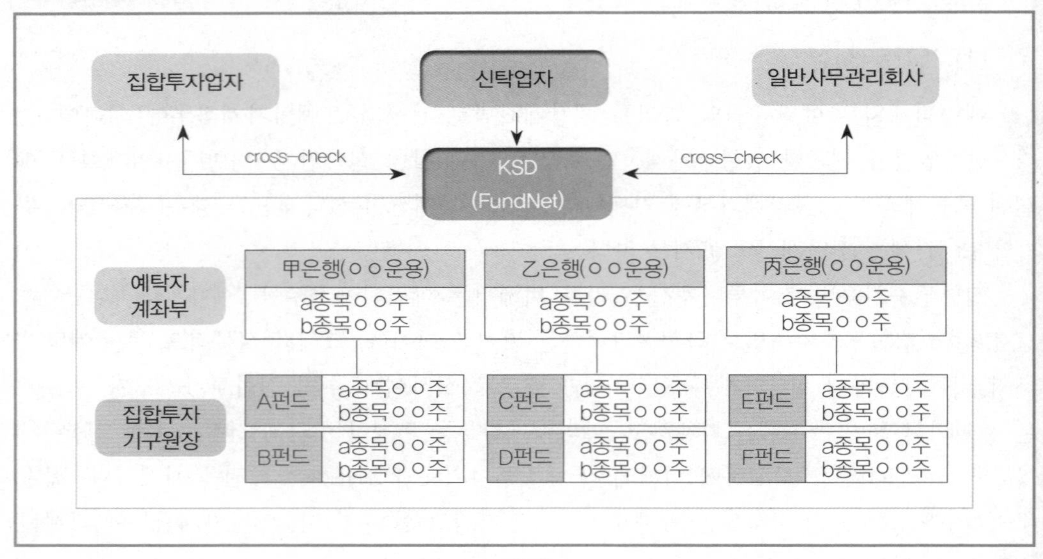

(3) 증권의 보관

신탁업자는 집합투자재산인 증권은 집합투자기구별로 구분하여 예탁결제원에 예탁하고, 예탁결제원은 예탁자계좌부에 의하여 이를 집합투자기구별로 구분하여 관리한다. 그러나 예탁증권의 보관은 혼장임치의 방법에 의하므로 집합투자재산인 증권 역시 그 보관에 있어서는 집합투자기구 또는 신탁업자별로 구분되지 않고 동일 종목의 모든 증권과 혼합하여 보관된다.

표 4-13 **집합투자재산(증권) 예탁 현황(2016년말 기준)** (단위: 억주 · 조원)

증권의 종류	주식	채권	CD · CP	파생결합증권
집합투자재산/총예탁량	40.4 / 883.9	276.2 / 1,718.3	34.4 / 145.5	14.7 / 94.7
집합투자재산 비중	4.6%	16.1%	23.6%	15.5%

(4) 권리관리

집합투자재산의 예탁에 있어 예탁자는 신탁업자이고 투자자는 집합투자기구 또는 집합투자업자이다. 집합투자재산인 예탁증권에서 발생되는 각종 권리의 관리 · 행사는 보통의 예탁증권과 같다.

예탁증권의 권리행사방식이 간접방식인 경우, 즉 채권의 원리금, 주식의 배당금, 수익증권의 분배금 등의 수령에 있어서는 예탁결제원이 발행자에 대하여 전체 예탁증권의 권리를 행사(수령)하고 이를 예탁자계좌부를 기준으로 집합투자기구 또는 집합투자업자별로 배분한다. 주식과 수익증권에 대해서는 다음과 같이 실질주주제도와 실질수익자제도에 의하여 집합투자기구 또는 집합투자업자가 직접 권리를 행사할 수는 있지만, 업무의 편의상 예탁결제원을 통하여 행사하게 된다.

예탁증권의 권리행사방식이 직접방식인 경우, 즉 주식과 수익증권의 의결권 행사에 있어서는 실질주주명부 및 실질수익자명부를 작성하기 때문에 예탁증권의 실질주주와 실질수익자가 누구인지를 정하여야 한다. 신탁관계인 투자신탁에서는 신탁재산의 법적 소유자인 신탁업자가, 투자회사에서는 그 회사가 실질주주 및 실질수익자가 된다. 예탁증권에 대해서는 이들 실질주주 및 실질수익자가 의결권자가 되는 것이 원칙이지만, 투자신탁의 경우에는 아래와 같이 집합투자업자가 의결권자가 된다. 집합투자업자는 투자회사의 경우 법인이사로서, 투자신탁의 경우에는 법정 의결권자로서 보통의 예탁증권과 같은 방법으로 의결권을 행사한다. 주주총회 및 수익자총회에 직접 참석하여 의결권을 행사할 수도 있고, 대리인을 선임하거나 예탁결제원에 요청하여 의결권을 행사할 수도 있다. 의결권 행사는 주주나 수익자의 권리이지만 집합투자에 있어서는 투자자의 이익을 위하여 충실하게 의결권을 행사할 의무를 부담한다. 집합투자업자는 선량한 관리자의 주의로써 투자자의 이익을 위하여 집합투자재산을 운용하고 투자자의 이익을 충실히 보호하여야 하는데(자본시장법 제79조), 의결권의 행사 역시 집합투자재산의 운용에 포함된다고 본다.[82]

(5) 의결권 행사의 특례

일반적으로 신탁재산인 주식의 의결권은 그 법적 소유자인 수탁자(신탁업자)가 행사한다(자본시장법 제112조제1항). 수탁자가 법률상 주주일 뿐만 아니라 예탁주식의 실질주주가 되어 직접 주주총회의 소집통지를 받고 의결권을 행사하게 된다. 다만, 신탁재산에 손실을 초래할 것이 명백하게 예상되는 경우가 아닌 한 shadow voting의 방법으로 의결권을 행사하여야 하고 동일 법인에 대해서는 의결권행사주식수가 제한(발행주식총수의 15% 이내)되는

82 자본시장법은 투자신탁과 투자익명조합의 경우 아래와 같이 신탁업자 대신 집합투자업자를 의결권자로 규정하고, 집합투자업자에 대하여 이러한 의결권 행사의 의무를 규정하였다(자본시장법 제87조제1항). 다른 집합투자기구의 경우 집합투자업자는 회사의 이사(법인이사) 또는 업무집행사원이므로 의결권을 행사함에 있어 자본시장법에 특별한 정함이 없어도 상법의 규정에 따라 선관의무와 충실의무를 부담한다. 한편, 집합투자업자는 집합투자재산에서 차지하는 비중이 높은 주식(자산총액의 5% 또는 100억원 이상)에 대해서는 의결권 행사 여부 및 그 내용(의결권을 행사하지 않은 경우에는 그 사유)을 자산운용보고서 및 영업보고서에 기재하는 방법으로 공시하여야 하며, 상장주식에 대해서는 주주총회일 5일 전까지 증권시장을 통하여 의결권을 행사하고자 하는 내용을 공시하여야 한다(자본시장법 제87조제8항).

등 신탁재산인 특성상 일정한 제약을 받는다(자본시장법 제112조제2항 · 제3항). 신탁업자가 금전신탁을 운용하는 경우가 이에 해당한다.

그러나 집합투자기구(투자신탁 · 투자익명조합)인 경우에는 신탁에 의한 주식소유관계에도 불구하고 주식의 의결권은 집합투자업자가 행사한다(자본시장법 제184조제1항). 법률상으로는 신탁업자가 주주 또는 실질주주이나, 신탁재산의 운용을 신탁업자가 아니라 집합투자업자가 하는 집합투자기구의 특성을 고려하여 특별히 집합투자업자에게 의결권을 부여하였다. 신탁업자를 의결권자로 하더라도 신탁업자가 자신의 재량으로 의결권을 행사하는 것은 아니고, 집합투자업자의 지시에 따라 의결권을 행사하거나 집합투자업자에게 의결권 행사를 위임할 것이기 때문에 결과에 있어 차이는 없다. 다만, 다수의 집합투자업자로부터 수많은 집합투자재산의 보관 · 관리를 위탁받은 신탁업자의 입장에서는 이러한 절차를 거쳐 주식의 의결권을 행사하는 것은 매우 번거로운 것이고, 또 신탁업자가 집합투자업자의 지시(의사)와 달리 의결권을 행사하는 대리인 문제도 발생할 수 있기 때문에 자본시장법은 신탁관계에도 불구하고 집합투자업자를 의결권행사자로 법정하였다.

이와 같이 신탁형 집합투자기구에서는 집합투자업자가 의결권자가 되나, 집합투자업자가 발행회사에 대하여 주주 또는 실질주주가 되는 것은 아니다. 예탁결제원 및 발행회사는 신탁업자를 실질주주로 하여 실질주주명부를 작성하고, 주주총회 소집통지 등도 신탁업자에 대하여 하게 된다. 결과적으로 법률상 주주와 의결권자가 분리되는 상법의 중대한 예외가 발생한다. 신탁업자는 주주총회 소집통지를 받아 그 내용을 집합투자업자에 전달하고, 발행회사는 주주총회 운영상 신탁재산인 주식에 대해서는 의결권자(집합투자업자)를 따로 파악 · 관리하여야 한다.

투자회사 등 다른 집합투자기구에서는 집합투자기구인 회사 또는 조합이 실질주주로서 의결권을 행사하기 때문에 이러한 문제가 발생하지 않는다. 실제로는 집합투자업자가 법인이사 또는 업무집행사원 · 조합원 등으로서 의결권을 행사하게 된다. 자본시장법은 투자회사 등의 경우 집합투자업자에게 의결권 행사를 위탁할 수 있다고 규정하고 있으나(자본시장법 제184조제1항 단서), 집합투자업자가 법인이사 또는 업무집행사원 · 조합원 등의 지위에서 집합투자기구 운영사무를 집행하게 되므로 실제로 이와 같이 의결권행사를 위탁할 일은 발생하지 않는다.[83]

83 자본시장법은 주식 등 지분증권의 의결권에 대해서만 이와 같은 특례를 두었기 때문에 수익증권의 경우 수익자총회에서의 의결권은 누가 행사하는지가 문제된다. 신탁재산 의결권 행사의 일반원칙(자본시장법 제112조)을 따르든 집합투자재산 의결권 행사의 특례(자본시장법 제184조)를 따르든 결과에 있어 문제될 것은 없는데, 주식과 다른 방식을 적용할 이유가 없으므로 제184조의 규정을 수익증권에도 유추 적용할 수 있을 것이다.

집합투자재산의 운용과 결제 제3절

1 집합투자재산 운용구조

(1) 운용의사의 결정

집합투자재산은 집합투자기구의 법적 형태에 관계없이 집합투자업자가 운용한다. 집합투자재산이 신탁업자에게 신탁되는 경우(투자신탁 · 투자익명조합)에도 신탁업자는 수탁한 재산을 보관 · 관리할 뿐 스스로 이를 처분할 수는 없다. 자본시장법도 집합투자업자의 집합투자재산 운용권을 명시하고 있다(자본시장법 제80조제1항 · 제5항).

집합투자재산 운용권은 집합투자업자의 고유권한으로서 신탁업자 등 제3자에게 운용업무를 위탁하는 것은 원칙적으로 허용되지 아니한다. 다만, 집합투자재산 중 외화자산에 대해서는 그 성질상 운용업무(운용지시 및 지분증권의 의결권 행사를 포함한다)를 외국의 자산운용회사 등 제3자에 위탁할 수 있고, 원화자산도 집합투자재산 총액의 20% 이내에서는 운용의 효율성을 위하여 전문성이 있는 다른 금융투자업자에게 위탁할 수 있다(자본시장법시행령 제45조제2호다목). 집합투자업자는 집합투자재산을 운용함에 있어 선량한 관리자의 주의를 다하여야 하고(선관의무) 투자자의 이익 보호에 충실하여야 한다(충실의무)(자본시장법 제79조).

(2) 운용의 법적 주체

집합투자기구는 그 법적 형태에 따라 집합투자재산 귀속관계가 다르기 때문에 개별 자산의 취득 · 처분 등의 법적 주체가 다르다. 투자신탁의 경우 집합투자재산은 법률상 신탁업자의 재산이므로 집합투자업자는 자신의 명의로 그 취득 · 처분 등을 할 수 없고 반드시 신탁업자의 명의로 하여야 한다. 투자익명조합의 경우에도 마찬가지다.[84] 다른 집합투자기구의 경우에는 집합투자재산이 집합투자기구의 재산이므로 그 명의로 자산의 취득 · 처분 등을 하게 된다.

그러나 투자신탁의 경우에도 투자대상자산 또는 그 거래의 성질상 신탁업자가 아니라 집합투자업자가 직접 자신의 명의로 자산을 취득 · 처분해야 하는 경우가 있다. 상장증권 및 장내파생상품의 매매가 대표적이다. 집합투자업자가 투자중개업자(증권회사 · 선물회사)

84 자본시장법은 투자익명조합의 경우 집합투자업자 명의로 자산의 취득 · 처분 등을 할 수 있는 것으로 규정하고 있으나(자본시장법 제80조제5항), 이는 전술한 바와 같이 입법의 오류이다(각주 67 참조).

에게 자기 명의로 직접 매매주문을 하여야 하기 때문인데, 그 결과로서 집합투자업자가 매매거래의 당사자가 된다. 이 밖에도 금융기관이 발행 · 할인 · 매매 · 중개 · 인수 또는 보증하는 어음의 매매, CD 및 외국통화의 매매, 위험회피 목적의 장외파생상품거래, 30일 이내의 단기대출 등도 집합투자업자가 직접 자신의 명의로 행할 수 있다(자본시장법 제80조제1항 단서).

(3) 신탁업자의 이행

집합투자재산에 대한 운용권한은 집합투자업자에게 있지만, 집합투자재산은 신탁업자 또는 집합투자기구의 명의로 신탁업자가 보관 · 관리하기 때문에 집합투자업자는 자산운용을 단독으로 할 수 없고 신탁업자에게 일정한 이행의 지시를 할 수밖에 없다. 신탁업자의 법적 지위에 따라 그 지시내용이 다르다.

투자신탁이나 투자익명조합의 경우 자산의 취득 · 처분 등은 원칙적으로 신탁업자 명의로 하여야 하므로 집합투자업자는 신탁업자에게 "취득 · 처분 등에 관하여 필요한 지시"를 하여야 한다(자본시장법 제80조제1항). 신탁업자는 그 지시에 따라 해당 자산을 직접 취득 · 처분하거나, 집합투자업자가 행한 취득 · 처분에 대하여 증권의 인수도, 대금의 수령 · 지급 등 구체적인 이행행위를 하게 된다.

반면, 다른 형태의 집합투자기구에서는 집합투자기구 명의로 자산이 운용되어야 하므로 집합투자업자가 직접 자산의 취득 · 처분을 행한 후 신탁업자에게 그 자산의 "보관 · 관리에 필요한 지시"를 하게 된다(자본시장법 제80조제5항). 이 경우 집합투자업자는 집합투자기구의 법인이사, 업무집행사원 · 조합원 등의 지위에서 집합투자기구를 대표한다는 사실을 표시하여야 한다. 자기의 고유재산 또는 자기계산으로 거래하는 것이 아니므로 이를 거래상대방이 알 수 있도록 하여야 한다. 증권의 매매거래인 경우 신탁업자는 증권의 인수도, 대금의 수령 · 지급 등을 해당증권의 보관 · 관리에 관한 행위로서 행하게 된다.

② 집합투자재산 운용방법[85]

2.1. 운용원칙: 집합투자기구별 운용

집합투자기구는 집합투자업자가 다수의 투자자로부터 모은 재산을 운용하여 그 운용실적(손익)을 각 투자자의 투자금액에 비례하여 분배하는 투자장치이다. 또한 집합투자재산

85 집합투자재산에 속하는 여러 가지 종류의 자산 중에서 예탁결제제도를 이용하는 '증권'에 한정한다.

은 매일 시가로 평가되어 기준가격이 산정되고 이에 따라 집합투자기구의 추가설정 및 해지가 이루어진다. 따라서 집합투자재산의 운용 및 그에 따른 계산은 집합투자기구별로 이루어져야 한다.

그러나 2003년 구(舊)자산운용업법 제정 전에는 집합투자재산의 운용이 집합투자기구별로 이루어지지 않았다. 그 결과 집합투자업자가 특정 집합투자기구의 손익을 조정하기 위하여 집합투자재산 운용결과를 임의적으로 배분하는(cherry picking) 불공정한 거래가 빈번히 발생하였다. 이에 구(舊)자산운용업법은 다음과 같은 구체적인 기준을 마련하여 집합투자기구별 자산운용이라는 원칙을 확립하였다.

① 신탁업자(수탁회사 및 자산보관회사)는 집합투자재산을 집합투자기구별로 보관 · 관리하여야 한다. 집합투자재산이 증권인 경우에는 예탁결제원에 집합투자기구별로 예탁하여야 한다.
② 집합투자업자가 신탁업자에게 자산운용에 관한 지시를 하는 경우 집합투자기구별로 하여야 하며, 그 지시내용이 객관적이고 정확히 관리될 수 있도록 예탁결제원의 전산시스템을 통하여 하여야 한다.
③ 집합투자업자가 직접 자산운용을 하는 경우에는 운용결과를 집합투자기구별로 미리 정해진 자산배분명세에 따라 공정하게 배분하여야 한다.
④ 신탁업자는 집합투자업자의 자산운용지시(자산운용에 따른 보관 · 관리에 관한 지시를 포함한다)를 집합투자기구별로 이행하여야 한다. 집합투자재산이 증권인 경우에는 증권의 인도와 대금의 지급을 동시결제의 방법으로 하여야 한다.

이러한 원칙은 자본시장법에서도 동일하게 적용되고 있다. 후술하는 바와 같이 예탁결제원의 FundNet에 의하여 자산운용 관련사무가 자동화되어 효율적으로 처리됨으로써 집합투자기구별 자산운용이라는 원칙은 실무적으로도 완전히 정착되었다. 과거와 같은 자산운용결과의 임의적 배분이라는 문제는 더 이상 발생하지 않게 됨으로써 집합투자기구 운영의 투명성과 신뢰성이 확보되었다.

2.2. 운용수단

집합투자기구별 자산운용이라는 원칙은 위와 같이 자산의 보관 · 관리, 자산운용 및 운용지시, 운용지시의 이행(결제) 등 3단계에 걸쳐 일관적으로, 그리고 투명하게 실행되어야 한다. 가장 기초가 되는 것이 집합투자기구별 자산의 보관 · 관리라고 할 수 있는데, 이는 신탁업자 및 예탁결제원이 운영하는 예탁시스템에 의하여 충분히 확보된다.

문제는 집합투자업자의 자산운용과 그 운용지시[86]인데, 여기서의 집합투자기구별 자산운용의 확보는 기본적으로 집합투자기구의 감시기능에 맡겨진다. 구(舊)자산운용업법은 집합투자기구의 감시구조를 신탁업자(수탁회사 · 자산보관회사)로 일원화하고 이들의 자산운용행위에 대한 감시기능을 명확히 규정하였다. 그러나 신탁업자가 이러한 감시기능을 충분히 수행하여 집합투자기구 간 불법적인 편출입을 방지할 수 있기 위해서는 이에 관한 법적 권한과 의무만으로는 부족하고, 집합투자업자의 자산운용행위를 적시에 정확하게 파악할 수 있는 모니터링체계가 필요하다. 과거에는 자산의 취득 · 매각 등의 운용지시가 다양한 형식의 장표와 다양한 종류의 통신수단에 의하여 이루어졌기 때문에 신탁업자가 자산운용(지시)의 내용을 즉시 그리고 충분히 파악할 수가 없었다. 하나의 집합투자업자가 수개의 증권회사와 신탁업자 및 일반사무관리회사를 상대로 자산운용업무를 수행하기 때문에 관련사무가 표준화 · 전산화되지 않은 상태에서 충분하고 효과적인 감시기능을 기대하기 어려웠다.

결국, 집합투자기구별 자산운용을 실질적으로 확보하기 위하여 신탁업자가 그 감시기능을 효과적으로 수행할 수 있는 수단이 필요하였고, 이에 따라 2004년 새로운 자산운용인프라로서 예탁결제원의 '집합투자재산 예탁결제시스템'(FundNet)이 구축되었다. 예탁결제원을 중심으로 집합투자재산의 운용에 관계되는 모든 기관을 단일 네트워크로 연결하고 자산운용에 따른 매매체결정보, 운용지시정보, 결제정보 등을 표준화하여 실시간으로 송수신할 수 있게 되었다. 이러한 FundNet은 일차적으로 집합투자업자의 신탁업자에 대한 자산운

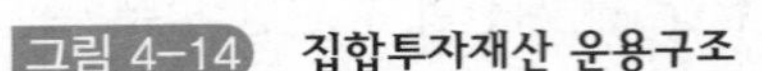

그림 4-14 **집합투자재산 운용구조**

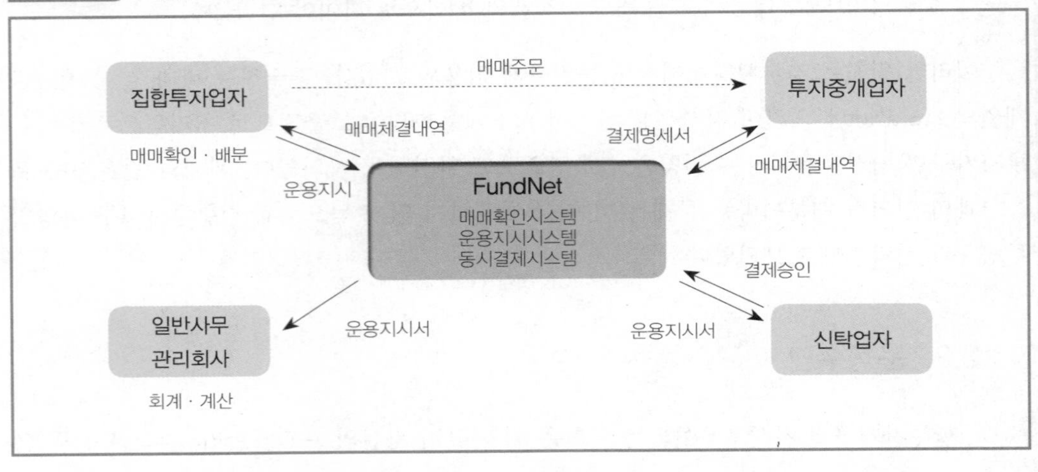

86 자산운용지시란 자산운용의 주체인 집합투자업자가 자산의 보관 · 관리자인 신탁업자에게 하는 '자산의 취득 · 처분 등에 관하여 필요한 지시'(자본시장법 제80조제1항) 또는 '자산의 보관 · 관리에 필요한 지시(자본시장법 제80조제5항)'를 말한다.

용 지시내용을 전산시스템에 의하여 객관적이고 정확하게 관리하는 것이 목적이었는데, 나아가 집합투자업자와 증권회사 사이의 매매확인을 자동화하고 증권과 대금의 동시결제(이러한 결제업무는 예탁결제원의 기관투자자결제시스템과 연계되어 처리된다)까지 처리함으로써 결제의 안정성도 확보할 수 있게 하였다.

이와 같이 집합투자기구의 자산운용인프라가 마련됨에 따라 집합투자업자는 모든 자산운용지시, 즉 자산의 취득 · 처분 또는 보관 · 관리 등에 관하여 필요한 지시를 그 지시내용이 객관적이고 정확하게 관리되는 전산시스템인 FundNet을 통해 하여야 한다(자본시장법시행령 제79조제1항). 자산운용지시의 이행(집합투자기구별 증권과 대금의 동시결제) 역시 신탁업자가 FundNet을 통해 처리한다.

2.3. 운용방법

(1) 매매확인

집합투자재산의 운용결과 증권 또는 파생상품의 매매가 체결되면 그 결제를 위하여 거래당사자 간 매매확인절차가 선행된다. 상장증권 또는 장내파생상품의 매매, 위험회피 목적의 장외파생상품 등의 매매는 집합투자기구의 법적 형태에 관계없이 집합투자업자가 직접 자신의 명의로 운용할 수 있기 때문에 집합투자업자가 거래의 당사자가 된다.

증권의 매매확인은 집합투자업자로부터 매매중개를 위탁받은 증권회사가 매매거래 체결 즉시 집합투자업자에게 위탁계좌별로 매매체결내역을 통보하고, 이를 받은 집합투자업자가 자신의 주문내역과 일치하는지 여부를 확인하는 방법으로 한다. 이러한 절차는 예탁결제원의 FundNet(매매확인시스템)을 통하여 이루어진다.

증권의 매매거래는 집합투자업자 또는 집합투자기구가 기관투자자의 지위에서 거래소회원인 증권회사를 통하여 하게 되는데, 이의 결제는 결제기관인 예탁결제원의 '기관투자자결제시스템'에 의하여 처리된다. 따라서 집합투자재산의 운용에 따른 매매확인의 구체적인 방법과 절차는 기관투자자결제시스템에서 정한 바에 따른다.[87]

(2) 자산배분

집합투자업자는 매매확인이 이루어지면 집합투자기구별 자산운용이라는 원칙을 실현하기 위하여 매매체결된 증권을 집합투자기구별로 배분(allocation)하여야 한다. 자산운용은 집합투자기구별로 하여야 하지만 매매거래는 거래의 효율성을 위하여 증권의 종류 · 종목별로 혼합하여 할 수밖에 없기 때문에 매매확인 후 반드시 집합투자기구별 배분 절차를 거

87 기관투자자결제에 대해서는 앞의 '제3편 제5장 제2절' 참조.

처 운용(결제)지시를 하여야 한다.

집합투자기구별 자산의 배분은 집합투자업자가 집합투자기구별로 미리 작성한 주문서와 자산배분명세에 따라 공정하게 하여야 한다(자본시장법 제80조제3항). 집합투자업자는 매매주문시 자산의 종류 · 종목별로 주문금액, 가격, 수량 등을 기재한 매매주문서를 작성하고, 이와 함께 집합투자기구별로 배분내용을 기재한 자산배분명세를 작성하여야 하는데, 매매확인이 이루어지면 그 매매체결내역에 따라 다시 배분하여야 한다. 이 경우 집합투자기구별로 균등한 가격으로 배분하여야 하며, 매매체결된 수량이 주문수량에 부족한 때에는 미리 정한 자산배분명세상 집합투자기구별 배분수량의 비율에 따라 배분하여야 한다. 이러한 자산배분명세는 전자적으로 기록 · 관리되고 홈페이지 등을 통하여 공시된다.

표 4-14 집합투자재산 운용지원 현황(2016년) (단위: 천건 · 조원)

종류	주식	채권	CD/CP	선물옵션	기타	합계
매매확인	370,107	192	71	1,626	–	371,996
운용지시	8,813	197	73	761	206,357	216,201
결제금액	358	900	884	–	–	2,142

(3) 운용(결제)지시

집합투자업자는 매매확인 및 자산배분이 이루어지면 위와 같은 집합투자기구별 자산배분내역(자산운용지시서)을 집합투자재산을 보관 · 관리하는 신탁업자에게 통보하여 해당증권의 취득 · 처분의 이행, 즉 결제를 지시한다. 이는 집합투자재산의 계산업무를 수행하는 일반사무관리회사에게도 동시에 통보되어야 한다. 이러한 자산운용지시의 전 과정은 역시 예탁결제원의 FundNet(운용지시시스템)을 통하여 이루어진다. 예탁결제원은 자산운용지시를 전달함에 있어 앞서 증권회사로부터 수신한 매매체결내역과 집합투자업자로부터 수신한 자산운용지시내역의 일치 여부를 확인함으로써 그 지시내용의 정확성을 검증한다(상장증권청산업무규정 제19조제1항).

(4) 운용지시의 이행: 동시결제

신탁업자는 집합투자업자로부터 자산운용(결제)지시를 받은 즉시 지시내역을 확인하여 예탁결제원에 결제승인을 통보하여야 한다. 예탁결제원은 결제승인내역에 따라 결제명세서를 작성하고 결제일(매매체결일+2일)에 한국은행의 자금이체시스템(BOK-Wire+)과 연계된 기관투자자결제시스템을 통하여 증권의 인도와 대금의 지급을 동시에 결제한다. 이

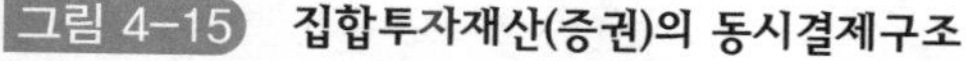
그림 4-15 집합투자재산(증권)의 동시결제구조

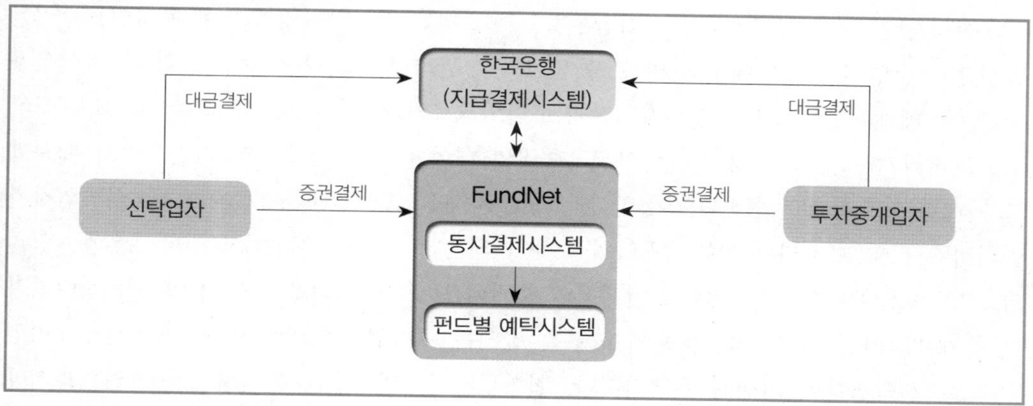

경우 신탁업자의 결제계좌(증권의 경우 집합투자업자별로 개설한 예탁계좌)를 통하여 결제되는데, 그 구체적인 방법과 절차 역시 기관투자자결제시스템에서 정한 바에 따른다.

이와 같이 자산운용지시의 이행(결제)이 완료되면 집합투자기구별로 취득·처분한 증권은 FundNet(집합투자재산예탁시스템)에 의하여 신탁업자의 집합투자재산 예탁자계좌부에 반영(증감기재)되고, 그 내역은 집합투자기구별 배분내역에 따라 집합투자기구원장에 기재된다. 이로써 집합투자재산인 증권의 집합투자기구별 운용 및 예탁이 완결된다.

2.4. 헤지펀드의 운용

집합투자기구 중 전문사모집합투자기구, 즉 헤지펀드(hedge fund)는 소수의 적격투자자만을 대상으로 하는 사모에 의하여 자금을 모집하고 공매도를 이용한 롱숏(long-short)전략 등 다양한 투자기법을 통하여 고수익을 추구하는 성질상 통상의 집합투자기구에 부과되는 자산운용규제를 대부분 받지 않는다(자본시장법 제249조의8).[88] 또한 헤지펀드의 경우에는 여러 중개업자를 통하여 다양한 거래를 집행하고 차입(레버리지)을 통해 수익의 극대화를 꾀하므로 전체 거래내역과 포지션을 관리하고 청산·결제 및 증권 등의 보관서비스를 제공하는 한편 자금과 증권의 대여 등의 금융서비스도 전문으로 제공해 주는 전담중개업자, 즉 프라임브로커(prime broker)를 필요로 한다.[89] 프라임브로커는 이 밖에도 펀드의 설립, 자금유치, 자문, 리서치 등 헤지펀드의 효율적 운영을 위해 필요한 일체의 서비스를 제

88 한국형 헤지펀드는 2011년 12월 도입되었는데, 2013년 6월 말 현재 14개 집합투자업자가 27개 펀드를 통하여 약 1.5조 원의 자산을 운용하고 있다.

89 자본시장법은 프라임브로커의 업무를 헤지펀드에 대한 증권의 대여(중개·주선·대리를 포함한다), 금전의 융자 등 신용공여, 집합투자재산의 보관·관리 등으로 규정하고 있다(자본시장법 제6조제9항).

공한다.

이와 같이 헤지펀드는 통상의 집합투자기구와 달리 집합투자업자 외에 프라임브로커를 중심으로 운영되기 때문에 자산의 운용 및 보관 · 관리방식도 다를 수밖에 없다. 자산운용에 있어, 매매체결정보는 집합투자업자와 프라임브로커에게 동시에 제공되어야 하고, 프라임브로커와 헤지펀드 사이에서는 자금 · 증권의 대여에 따라 담보거래가 발생하기 때문에 그 거래내역도 함께 송수신되어야 한다. 집합투자재산 보관 · 관리에 있어서는, 신탁업자가 아니라 프라임 브로커가 보관 · 관리의 주체가 되는데(투자신탁의 형태를 취할 경우에는 프라임브로커가 신탁의 수탁자가 된다), 실제적인 증권의 보관 및 권리행사 등의 업무를 신탁업자에게 재위탁하게 된다. 자산운용에 따르는 결제는 프라임브로커의 보관 · 계좌관리대리인이 되는 신탁업자에 의해서 수행되지만, 집합투자업자의 자산운용지시는 프라임브로커에게도 전달되어야 한다.

3 집합투자재산의 역외 운용

3.1. 역외 운용구조

집합투자업자는 국내에서 집합투자기구를 설정하여 그 자금으로 미국, 유럽, 일본 등 해외의 주식, 채권, 기타 유동자산에도 투자할 수 있다. 이러한 집합투자기구를 '해외투자집합투자기구'라 부르는데,[90] 국내시장의 위험을 회피할 수 있는 투자수단이 된다. 해외집합투자기구에는 집합투자재산 전부를 외화자산에 운용하는 순수 해외투자형과 국내자산과 외화자산에 혼합하여 운용하는 국내외 혼합투자형이 있다.[91]

해외투자집합투자기구가 외화증권에 투자하는 방법은 2가지인데, 하나는 집합투자업자가 해외 증권회사를 통하여 직접 외화증권을 매매하는 방법이고(직접운용), 다른 하나는 집합투자업자가 해외 자산운용회사에게 외화증권에의 운용을 위탁하는 방법이다(위탁운용). 직접운용의 방법으로 외화증권에 투자하는 경우 관련기관 간 운용사무 처리방법과 절차는 기본적으로 국내증권에 투자하는 경우와 같다. 다만, 중개회사가 해외 증권회사이고 외국의 보관기관(custodian)을 통해 외화증권의 보관 · 관리 및 결제가 이루어지므로 매매확인, 운용지시 및 결제가 글로벌네트워크를 통해 이루어진다. 위탁운용의 방법으로 외화증권에 투

90 국내에서 국내법에 따라 설정되는 집합투자기구라는 점에서 해외에서 외국법에 따라 설정되는 '역외집합투자기구'(offshore fund)와 구별된다.

91 2012년 말 현재 해외투자집합투자기구는 총 1,874펀드 5.7조 원(설정잔액기준)로 전체 집합투자기구의 약 18%에 이른다.

자하는 경우에는 해외 자산운용회사가 매매확인, 운용지시 및 결제를 해당국의 결제시스템을 통해 처리한 후 그 결과를 국내 집합투자업자 및 신탁업자에게 통지하게 된다.

해외투자집합투자기구가 취득하는 외화증권은 외국에 소재하기 때문에 증권의 보관·관리 및 결제사무가 해당 국가에서 이루어진다. 신탁업자가 직접 이들 업무를 수행할 수 없고, 외국의 보관기관(custodian)을 따로 선임하여야 한다. 예탁결제원에 의한 집합투자기구별 증권의 예탁과 결제 역시 적용되지 않는다.

표 4-15 해외투자집합투자기구 현황(2016년말 기준)

구분	펀드 전체	해외투자펀드		
		해외투자	국내외 혼합투자	합계
펀드수	13,456	2,706	547	3,253
설정잔액	469.3조	81.4조	12.5조	93.9조

출처: 한국금융투자협회

3.2. 운용사무 처리방법

집합투자재산을 외화증권에 운용하는 경우 위와 같이 국내의 집합투자업자·신탁업자와 해외의 자산운용회사·중개회사·보관기관이 개별적으로 네트워크를 구축하여 각종 통지·지시를 하여야 한다. 이 경우 사무처리의 지연·오류 등 운영위험(operational risk)이 발생하고 운영비용이 증가할 수밖에 없었다. 따라서 국내에서 적용되는 자동화·표준화된 자산운용지원시스템(FundNet)을 역외(외화증권)에도 적용할 것이 요구되었고, 그 결과 2009년 예탁결제원의 FundNet과 글로벌네트워크서비스 제공기관인 Omgeo[92]의 시스템이 직접 연계됨으로써 외화증권에 대한 국가 간 매매확인·운용지시도 국내에서와 동일한 방식으로 처리된다.

직접운용방식인 경우, 국내의 집합투자업자·신탁업자·일반사무관리회사는 예탁결제원에 참가하고 해외의 중개회사·보관기관은 Omgeo에 참가하여 상대기관과의 매매확인에 필요한 통지 및 운용지시를 실시간으로 처리한다. 예탁결제원은 국내증권과 마찬가지로 해외 중개회사의 매매체결내역과 국내 집합투자업자의 자산운용지시내역을 대조하여 그 일치여부를 확인한다. 운용지시에 따른 결제는 국내 신탁업자가 외국의 보관기관에 지시하여 해외 중개회사와 해당 국가의 결제시스템에 따라 처리하게 한다.

92 국제증권거래에 있어 주문후(post-trade)부터 결제전(pre-settlement)까지의 매매확인(matching)서비스를 제공하는 글로벌네트워크서비스 제공기관으로서 전 세계 43개국에 걸쳐 약 6,000여개의 자산운용

위탁운용방식인 경우에는, 국가 간 처리절차가 간소하여 해외의 자산운용회사가 Omgeo를 통하여 자산운용결과를 예탁결제원에 통지하기만 하면 된다. 예탁결제원은 FundNet을 통하여 그 내역을 국내 집합투자업자, 신탁업자 및 일반사무관리회사에게 전달한다.

그림 4-16 **외화증권 운용절차(직접운용)**

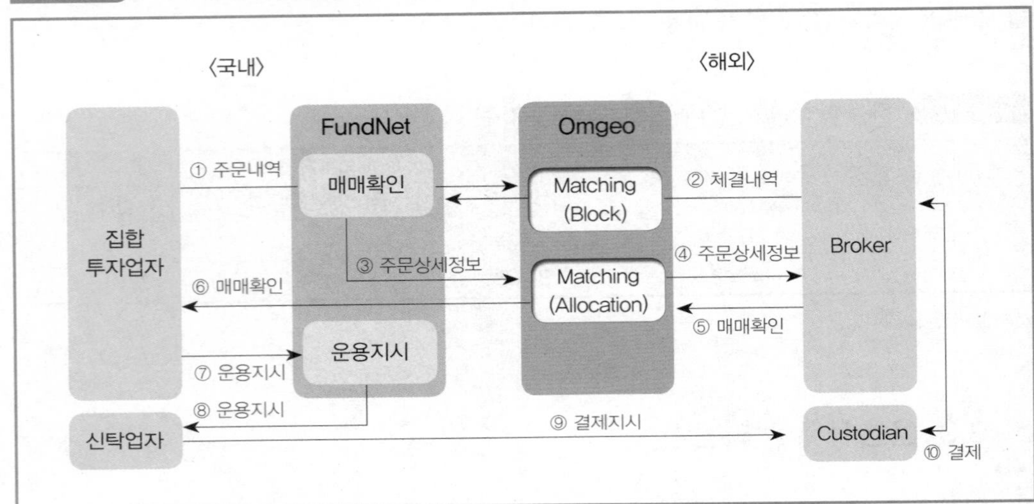

제4절 그 밖의 자산운용 지원

1 투자일임재산의 운용

1.1. 투자일임의 의의

투자일임은 금융투자업자가 투자자로부터 금융투자상품 등[93]에 대한 투자판단의 전부

회사 및 증권회사가 연계되어 있다.

93 자본시장법은 투자자문 · 투자일임 대상자산은 금융투자상품으로 한정하였었는데, 집합투자기구는 재산적 가치가 있는 모든 자산, 신탁은 부동산(이에 관련된 권리를 포함), 금융회사 예치 등을 대상으로 하는 것과 비교하여 지나치게 제한적이다. 따라서 2013년 개정 자본시장법은 투자자문 · 투자일임 대상자산을 부동산 등으로 확대하였다(자본시장법 제6조제6항 · 제7항).

또는 일부를 위임받아 투자자별로 운용하는 것으로서 투자자에 대하여 금융투자상품 등의 가치 또는 투자판단에 관한 자문(조언)을 하는 투자자문이 확대 · 발전된 형태이다. 투자자문과 투자일임은 금융투자상품 등에 대한 투자판단을 기초로 하는 것인데, 투자자문은 투자결정은 투자자에게 맡겨서 투자자문업자는 이에 관한 조언을 하는데 그치는 것이고, 투자일임은 투자결정도 투자일임업자의 재량으로 할 수 있게 하는 것이다. 따라서 투자일임업은 투자자문업과 별개의 금융투자업이지만 실제 운영에 있어서는 겸영하는 것이 일반적이다.[94]

투자일임은 투자일임업자가 투자자의 자산을 운용하는 점에서 간접투자의 한 형태이고 기능면에서 집합투자와 유사하다. 따라서 2003년 구(舊)자산운용업법은 자산운용에 관한 기능적 · 통일적 규제를 위해 투자일임업도 자산운용업의 범주에 포함시켰었다. 그러나 집합투자는 표준화된 금융투자상품으로 운영되는 반면, 투자일임은 금전신탁과 같이 투자자의 개별적인 니즈에 맞춘 1:1 맞춤형 서비스이다. 투자일임(업)은 다음과 같은 점에서 집합투자(업)와 분명히 구분된다. 첫째, 자산운용방법 면에서, 투자일임은 특정 투자자(1인)의 재무상황, 투자목적 등을 반영한 맞춤식 자산운용이지만, 집합투자는 불특정 다수의 투자자로부터 자금을 모아 집합적으로 운용한다. 따라서 투자일임의 경우 투자자의 자산운용에 관한 법적 규제가 거의 적용되지 않는다. 둘째, 계약의 성질 면에서, 투자일임은 투자자와 투자일임업자 1:1의 위임계약에 의하지만, 집합투자는 다수의 투자자와 집합투자업자 · 신탁업자 사이의 신탁 · 조합계약 또는 회사설립(입사계약)에 의한다. 셋째, 자산보유방식 면에서, 투자일임은 투자자의 자산이 투자일임업자에게 이전되지 않아 투자자 명의로 운용되는 반면, 집합투자는 자산이 집합투자업자 또는 제3자(신탁업자)에게 이전되어 그 명의로 운용된다.

표 4-16 투자일임 현황비교(2016년말 기준)

구분	투자자문	투자일임	집합투자
계약/설정잔액	12.9조	550.1조	469.3조

출처: 한국금융투자협회

94 우리나라에서 투자자문업은 1987년 개정 구(舊)증권거래법에 의하여 도입되었는데, 당시에는 외국과 달리 증권업자들의 자산운용 전문성 및 투자자의 자기책임의식이 부족한 상태였기 때문에 투자일임업은 허용되지 않았었다. 이후 전문가에 의한 자산운용의 수요가 크게 증가하였고, 투자자문회사 및 증권회사의 대외경쟁력 제고와 불법적인 투자일임행위의 규제 등도 필요하게 됨에 따라 1997년 구(舊)증권거래법

1.2. 운용구조

투자일임은 위와 같이 집합투자와 명확히 구분되지만, 간접투자라는 기능면에서는 차이가 없다. 집합투자기구 중 사모집합투자기구는 형식적으로는 집합투자기구이지만 투자자가 1인 또는 소수이기 때문에 실제 자산운용 면에서는 투자일임과 차이가 거의 없다. 집합투자업자가 1인의 투자자로부터 자산운용을 위탁받는 경우에는 집합투자기구를 설정하지 못하고 투자일임계약을 체결할 수밖에 없다. 따라서 집합투자업자는 집합투자업과 투자일임업을 겸하지 않을 수 없고, 투자일임재산의 운용, 보관 · 관리, 계산 등은 특별한 법적 규제를 받지 않지만 업무의 효율과 편리를 위하여 집합투자재산과 같은 방법으로 이루어진다. 투자일임업자는 투자일임업만을 영위하는 자[95]와 투자일임업을 겸업하는 집합투자업자 및 투자중개 · 매매업자로 구분된다.

투자일임의 방식은 권한의 위임범위에 따라 다르다. 자산운용에 관한 일체의 업무, 즉 투자판단에서부터 결제에 이르기까지의 모든 권한을 투자일임업자에게 부여하여 그 운용결과만을 확인할 수도 있고(전부위임), 투자판단과 그에 따른 매매주문에 관한 권한만을 투자일임업자에게 부여하고 매매확인 및 운용지시를 투자자가 직접 수행할 수도 있다(일부위임).

투자일임의 기본적인 구조는 투자자가 증권회사에 자신 명의의 계좌(투자일임계좌)를 개설하여 투자대상자산을 예치하고 투자일임업자에게 이의 운용을 위임하여(투자일임업자는 운용대리인이 된다) 그 운용결과를 보고받는 것이다. 그런데 투자일임재산의 보관 · 관리 방식은 투자자의 성격에 따라 다르다. 기관투자자는 신탁업자에게 투자일임재산의 보관 · 관리를 위탁하는 것이 일반적이나, 일반투자자의 경우에는 투자일임계좌를 관리하는 증권회사에게 위탁된다. 그 결과 투자일임재산의 운용사무(매매확인, 운용지시, 결제 등)도 다르게 된다. 기관투자자의 투자일임재산은 투자일임업자 및 신탁업자가 예탁결제원의 기관투자자결제시스템에 참가하여 집합투자재산과 같은 방법으로 처리할 수 있다. 반면, 일반투자자의 투자일임재산은 기관투자자결제시스템을 이용할 수 없기 때문에 증권회사가 투자일임업자와의 개별적 매매확인과정을 거쳐 결제사무를 처리한다.

개정에서 투자일임업이 도입되었다(박철영, "투자자문업 및 투자일임업에 관한 법적 규제의 현황과 과제", 「증권법연구」 제10권 제1호, 2009, 4~7쪽).

95 투자일임업자는 투자자문업을 겸업하는 것이 일반적이고, 대부분 '투자자문'이라는 상호를 사용한다.

1.3. 운용방법

(1) 기관투자자의 투자일임재산

신탁업자에 의하여 보관 · 관리되는 기관투자자의 투자일임재산은 집합투자재산과 같은 구조로 운용된다. 그러므로 투자일임업자 및 신탁업자는 매매확인, 운용지시, 결제 등 모든 업무를 표준화 · 자동화된 자산운용지원시스템인 FundNet을 이용하는 것이 편리하다. 이에 2007년부터 FundNet의 자산운용지원서비스가 투자일임재산에 대해서도 제공되고 있다.

투자일임재산 운용의 구체적인 방법과 절차는 집합투자재산의 경우와 같은데, 투자일임업자가 자산운용자로서 집합투자업자와 같은 역할을 수행한다. 다만, 여기서는 투자자가 FundNet(투자일임재산 운용지원시스템)에 참가하여 증권회사의 매매체결내역 및 투자일임업자의 운용지시내역을 직접 실시간으로 통지받는 절차가 추가된다. 일부위임형의 경우에는 투자일임업자 대신 투자자가 매매확인 및 운용지시까지 직접 수행할 수도 있다. 투자자들은 FundNet을 통하여 자신의 투자일임재산 운용내역을 실시간으로 확인할 수 있기 때문에 투자위험 관리를 효과적으로 수행할 수 있게 된다.

(2) 일반투자자의 투자일임재산

일반투자자의 투자일임재산은 증권회사의 투자자계좌(투자일임계좌)를 통하여 운용되고 보관 · 관리된다. 그 운용대리인인 투자일임업자는 투자자별로 계좌정보를 관리하고, 증권회사로부터 매매체결내역을 수령하여 매매확인절차를 수행하여야 하며, 투자일임재산의 거래내역, 잔고내역 등을 수령 · 관리하여야 한다.

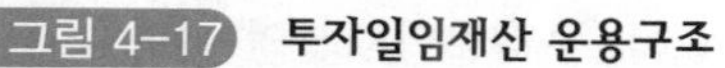
그림 4-17 **투자일임재산 운용구조**

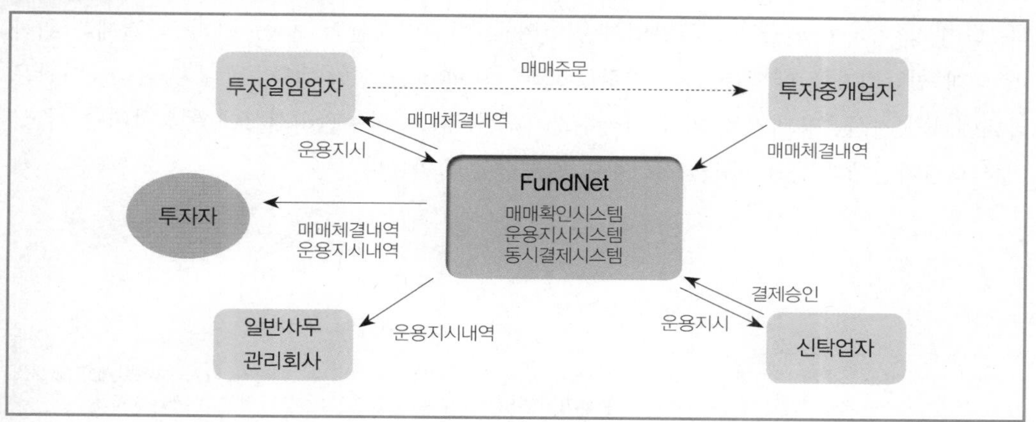

투자일임업자와 증권회사는 이러한 계좌정보, 매매정보 등의 송수신을 팩스, 이메일 등에 의하여 수작업으로 처리하였다. 예탁결제원의 자산운용지원인프라인 FundNet은 기관투자자결제시스템과 연계되어 운영되기 때문에 이를 통해 결제되는 집합투자재산 및 기관투자자의 투자일임재산으로 이용범위가 제한되었다. 다른 자산운용부문과 달리 표준화 · 자동화된 인프라가 존재하지 않아 투자일임업자는 정보오류에 따른 운영위험 및 관리비용 증가 등을 감수할 수밖에 없었고, 이는 투자일임업 발전의 저해요인으로 작용하였다. 이러한 문제를 해결하기 위해 2013년부터 FundNet의 자산운용지원서비스가 모든 투자일임재산으로 확대되었다. FundNet(자산관리플랫폼)은 투자일임재산의 정보저장소(information repository)로서 그 계좌정보, 매매정보 등을 집중하여 송수신 · 관리하고 자동화된 매매확인서비스를 제공한다.[96]

2 외국 집합투자기구 등의 국내운용

2.1. 운용구조

자산운용의 글로벌화에 따라 외국 집합투자기구나 연 · 기금 등 자산운용기관들이 국내 자본시장에서 자산을 운용하는 경우가 증가하고 있다. 이 경우 국내 집합투자기구의 해외투자와 마찬가지로 외국 집합투자기구 등이 국내 증권회사를 통하여 직접 운용할 수도 있지만, 국내 자본시장에 밝은 국내 자산운용기관에게 위탁하여 운용하는 것이 유리하다. 따라서 대부분의 경우 국내의 집합투자업자 또는 투자일임업자에게 투자일임의 방법으로 자산운용을 위탁하고 있다.

외국 집합투자기구 등의 위탁운용의 기본적인 구조는 국내 투자일임재산의 운용과 같다. 다만, 투자자가 외국 집합투자업자 등이며, 투자일임재산의 보관 · 관리 및 결제를 위하여 국내 신탁업자 외에 외국 보관기관(global custodian)이 선임된다. 국내 자산운용기관은 국내에서의 자산운용내역을 외국 집합투자기구 등과 그 사무관리회사에 통지하여야 하고, 외국 보관기관에게 운용지시를 전달하여 결제승인을 받는다.

96 FundNet을 통해 매매확인서 등을 교부할 수 있는 자를 기관투자자결제 참가자 외에 예탁결제원을 통해 투자자의 매매거래내역 등을 관리하는 투자일임업자로 확대하였다(금융투자업규정 제4-36조).

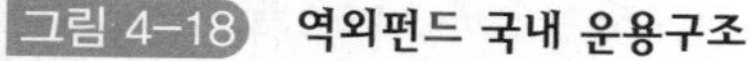
그림 4-18 역외펀드 국내 운용구조

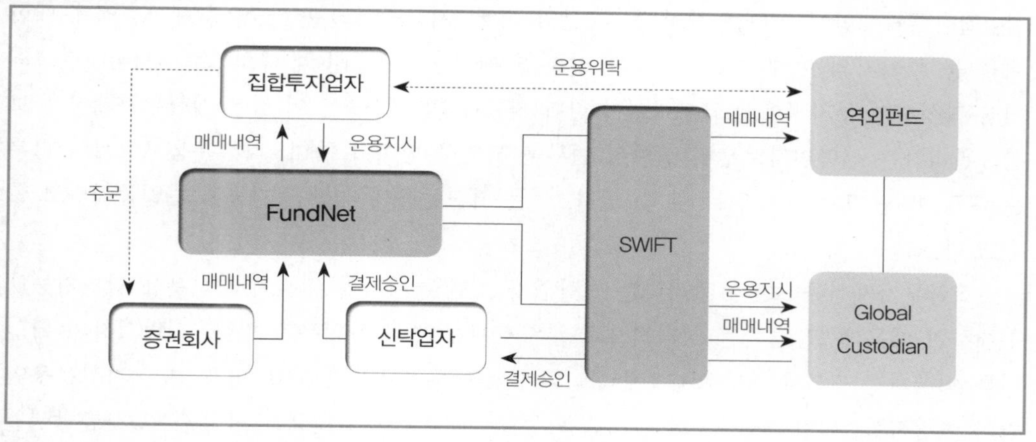

2.2. 운용방법

투자일임재산의 운용사무는 전술한 바와 같이 집합투자재산과 같이 FundNet을 통하여 표준화·자동화되어 있다. 외국 집합투자기구 등의 위탁운용인 경우에도 FundNet의 운용 지원서비스는 동일하게 제공된다. FAX 등을 통한 수작업 방식으로 처리하는 경우 여러 가지 오류가 발생하여 국내 자산운용기관의 신뢰가 훼손되고 외국 집합투자기구 등의 국내투자 활성화가 제약될 수밖에 없다. 이에 따라 예탁결제원은 2013년 외국 집합투자기구 등과 그 사무관리회사 및 보관기관이 FundNet에 참가하는 글로벌 네트워크를 구축하여 매매확인과 운용지시를 자동화(STP)하였다. 외국 집합투자기구 등과 그 사무관리회사는 FundNet으로부터 Web 또는 SWIFT를 통하여 자산운용내역을 통지받게 되고, 외국의 보관기관은 FundNet으로부터 SWIFT을 통하여 운용지시를 받고 SWIFT를 통하여 국내 신탁업자에게 결제승인을 한다.

3 집합투자재산 운용결과 등의 보고

3.1. 자산운용 관련 보고의무

집합투자재산을 운용하는 집합투자업자는 그 위탁자 및 손익의 귀속주체인 투자자에게 자산운용결과를 정기적으로 보고할 의무가 있다. 집합투자기구의 자산·부채현황, 집합투자증권의 기준가격, 일정한 운용기간 동안의 운영경과, 매매주식총수 · 회전율 및 손익시항, 집합투자재산에 속하는 투자대상자산의 내역, 자산종류별 평가액 및 재산총액에 대한 비율 등 투자자의 이해관계에 중요한 사항을 '자산운용보고서'의 형식으로 3개월마다 1회 이상 작성하여 투자자에게 교부하여야 한다(자본시장법 제88조). 이 경우 집합투자재산을 보관 · 관리하는 신탁업자로부터 정확성 여부를 확인을 받아야 하며, 자산운용보고서의 교부는 직접, 우편 또는 이메일로 할 수 있다. 이는 자산운용에 대한 정기공시의 일종이라고 할 수 있다.

집합투자재산을 보관 · 관리하는 신탁업자 또한 투자자를 위하여 자산운용 감시기능을 수행하기 때문에 그 결과를 정기적으로 투자자에게 보고할 의무가 있다. 신탁업자의 확인의무 이행사항(자본시장법 제247조제5항) 외에 집합투자규약의 주요 변경사항, 자산운용인력의 변경사항, 집합투자자총회 결의내용 등 투자자 보호에 필요한 사항을 그 사유발생일로부터 2개월 이내에 '자산보관 · 관리보고서'의 형식으로 투자자에게 교부하여야 한다(자본시장법 제248조). 교부의 방법은 자산운용보고서의 경우와 같다. 이러한 자산운용과 관련한 보고서 교부의무는 투자자 보호를 위한 것이므로 투자자가 보고서 수령을 거부하거나 투자자의 이익을 해할 우려가 없는 경우에는 교부하지 않아도 된다. 별도의 정기공시가 있는 MMF, ETF, 환매금지형집합투자기구, 집합투자증권 평가금액이 10만 원 이하인 소액투자자(집합투자규약에서 보고서를 제공하지 아니한다고 정한 경우이어야 한다) 등이 이에 해당한다.

3.2. 보고서 교부방법

(1) 판매회사를 통한 교부

자산운용보고서 및 자산보관 · 관리보고서의 교부의무자는 당연히 집합투자업자 및 신탁업자이다. 그러나 이들이 보고서를 교부하기 위해서는 투자자의 인적정보를 알아야 하는데, 이는 판매회사의 고객정보이기 때문에 집합투자업자 및 신탁업자로서는 이를 취득할 수가 없다. 따라서 보고서의 교부를 판매회사를 통하여 할 수밖에 없었다(자본시장법시행령 제92조제4항 및 제270조제3항). 판매회사는 집합투자업자 및 신탁업자로부터 보고서를 통지받아 이를 인쇄하여 투자자에게 우편으로 발송하고, 사전 동의를 한 투자자에 대해서는 이메일로 발송한다.

(2) FundNet을 통한 통합관리

집합투자업자 및 신탁업자가 직접 보고서를 교부할 수 없고, 다수의 판매회사를 통하

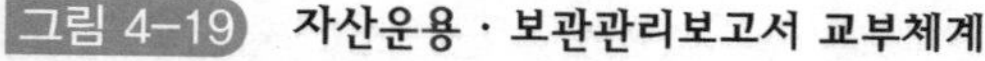
그림 4-19 자산운용 · 보관관리보고서 교부체계

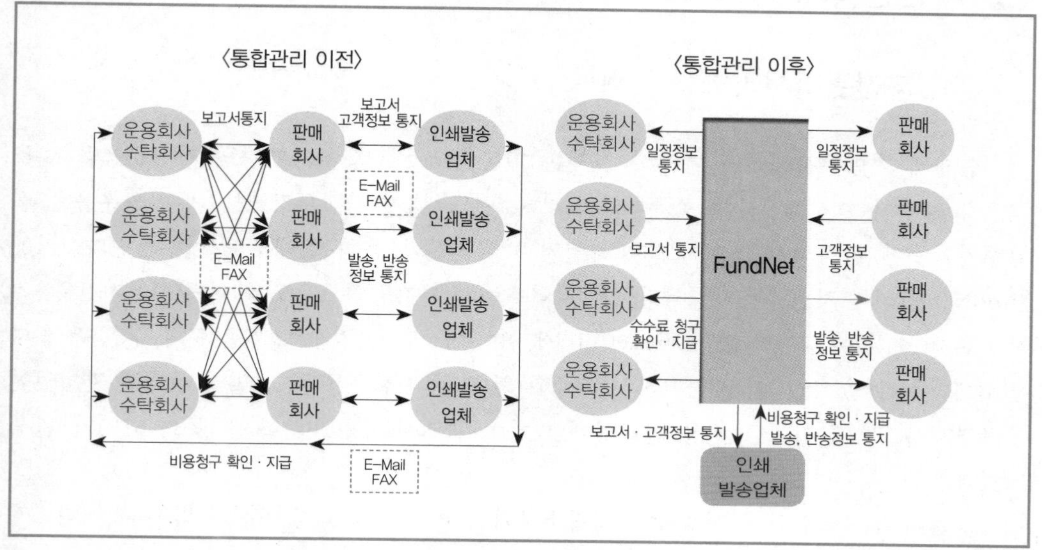

여 대부분 우편 발송의 방법으로 교부하기 때문에 여기에는 많은 비용과 번잡한 사무가 발생한다. 같은 투자자에 대해서도 자산운용보고서와 자산보관 · 관리보고서를 따로 발송하여야 하고, 이메일 이용도가 낮아 인쇄업체를 통하여 투자자 수만큼 보고서를 인쇄 · 발송하여야 한다. 보고서 교부의무자는 집합투자업자 및 신탁업자이므로 그 작성 · 교부비용은 모두 이들이 부담한다(자본시장법시행령 제92조제5항). 또한 집합투자업자 · 신탁업자, 판매회사, 인쇄 · 발송업체로 이어지는 보고서 내용 및 투자자 정보의 송수신 사무가 비효율적이고 지연 · 누락 및 개인정보 유출 등의 위험도 안고 있다.

이러한 문제를 해결하기 위하여 일원화된 보고서관리체계가 모색되었다. 그 결과 자본시장법은 보고서 교부를 판매회사 외에도 예탁결제원을 통하여 할 수 있게 하였고(법시행령 제92조제4항 및 제270조제3항), 2013년 예탁결제원의 자산운용지원시스템인 FundNet을 통한 보고서통합관리시스템이 구축되었다. 현재 대부분의 집합투자업자 및 신탁업자가 예탁결제원에 보고서 관리를 위탁하고 있는데, 이 경우 판매회사는 보고서 교부에 필요한 투자자 정보를 예탁결제원에 제공하여야 한다(금융투자업규정 제4-66조제4항 및 제7-41조제3항). 이에 따라 보고서의 발송일정 · 고객정보 · 발송비용 · 수수료 등이 FundNet에 의하여 통합적으로 관리되고, 집합투자업자 · 신탁업자, 예탁결제원, 인쇄 · 발송업체 사이의 관련정보 송수신도 전자적으로 이루어진다. 보고서의 인쇄 · 발송도 예탁결제원이 집중처리하므로 교부주체(집합투자업자 · 신탁업자)에 관계없이 같은 투자자에 대해서는 보고서의 교부가 1건으로 통합된다.

④ 자산관리지원서비스

4.1. 자산관리서비스의 현황

현재의 집합투자재산의 예탁과 결제는 기본적으로 집합투자기구의 자산운용을 효율적으로 지원하는 것을 목적으로 한다. 그러나 '펀드' 내지 간접투자 형태의 자산운용은 집합투자기구에 한정되지 아니하고 투자일임과 금전신탁 등의 형태로도 이루어진다. 이에 FundNet에 의한 자산운용지원서비스는 자연스럽게 투자일임으로도 확대되었다(자산운용지시가 존재하지 않는 금전신탁은 FundNet 이전에 이미 기관투자자결제시스템을 통해 자산운용에 따른 결제를 처리하였다). 그 결과 자본시장(증권)의 모든 자산운용은 그 법적 형태에 관계없이 예탁결제시스템에 기초한 전용 인프라에 의하여 관련사무의 표준화 · 자동화(STP)가 완성되었다.

그런데 투자일임과 금전신탁은 집합투자와 달리 1:1 맞춤형 자산관리서비스이다. 자산관리서비스는 본래 단기적 투자수익을 위한 자산운용 보다는 투자자의 재산상황, 투자목적, 위험성향 등을 고려하여 장기적으로 최적의 포트폴리오를 관리하는 것이다. 노후소득보장과 생애위험 감소를 효과적으로 달성할 수 있도록 투자자의 개별적 수요에 맞추어 다양한 상품에 자산을 배분하고 운용하는 것이다. 집합투자기구(펀드)는 사실상 하나의 표준화된 금융투자상품이지만 자산관리는 투자자의 수요에 맞추어 제공되는 다양한 '서비스' 이다. 현재 각종 금융기관들의 자산관리서비스는 이러한 본래의 기능에 크게 부족한 것이 사실이다. 금융투자업자의 투자일임(자문형 · 일임형 랩어카운트를 포함한다) 및 금전신탁은 단순히 자산증식을 위한 자산운용 중심이고, 은행의 PB(private banking)은 주로 부유층을 대상으로 하는 부수적 서비스이며, 보험사의 FP(financial planning)은 보험상품 중심의 자문서비스에 불과하다. 다양한 금융상품을 포괄하지 못하고, 단기적이고 단편적이며 수익률 위주의 운용이며, 금융상품 판매중심의 서비스라고 할 수 있다. 생애주기에 따른 개인별 맞춤식 수요에 부응하는 자산관리로는 한계가 있다.

이미 고령화 시대가 도래하였고 투자자들의 맞춤형 투자수요가 계속 증가하고 있기 때문에 현재와 같은 부분적인 자산관리서비스는 그 본래의 기능에 맞게 재설계되어야 한다. 새로운 자산관리서비스는 금융업권의 경계를 넘어 다양한 금융상품에 대한 종합적인 자산관리로서 자문(일임형태를 포함한다)기능과 판매(자산의 운용요소를 포함한다)기능을 포함하게 될 것이고, 단순히 단기적 투자수익을 올리는 것이 아니라 개인별 생애 자산관리의 목적과 성향에 따라 장기적으로 자산을 운용하고 성과를 관리하는 서비스가 될 것이다.[97]

97 서울대학교산학협력단, 「금융상품 자문·판매 지원서비스 추진을 위한 조사연구보고서」, 2013, 11～20쪽.

표 4-17 **자산운용방식 비교**

구분	집합투자	투자일임	금전신탁
투자자 운용방식	복수 합동운용	1인 개별운용	1인 개별운용
자산운용/보관 · 관리	분리	분리	미분리
결제절차	매매확인-운용지시	매매확인-운용지시	매매확인
지원인프라	FundNet	FundNet	기관투자자결제시스템

4.2. 발전 과제

앞으로 새롭게 전개될 종합자산관리서비스는 다양한 종류의 자산을 포괄하는 것이므로 현재와는 다른 자산관리계좌를 필요로 할 것이다. 생애계획에 따라 금융투자상품과 예금 · 보험상품 등 보유자산 전체를 관리하고 자산의 구입, 해지, 교체 등에서의 편의성을 높이고 비용을 낮추는 한편 세제혜택 등을 지원하는 기능이 요구된다. 다양한 형태의 계좌구성이 가능하겠지만, 통합적인 관리계좌와 금융상품 · 기관별로 운영되는 하위계좌의 연계구조를 예상해 볼 수 있다. 또한 새로운 종합자산관리서비스의 핵심기능인 자문서비스는 모든 상품을 취급하는 동시에 그 상품의 공급자(제조 · 판매자)로부터 독립적이어야 하고, 판매서비스 역시 모든 상품을 취급하는 개방형 구조이어야 할 것이다.

이러한 종합자산관리서비스는 맞춤형이지만 대량생산체계로 운영되어야 한다. 투자자의 복합적이고 개별적인 니즈를 파악하여 다양한 종류의 상품 중에서 그 니즈에 적합한 상품을 선별하거나 설계하여야 하고, 이는 바로 상품의 판매와 결제로 연결되어야 한다. 이러한 절차에는 투자자와 자문업자, 금융상품 제조업자 및 판매업자, 계좌관리기관 또는 자산보관기관 등 매우 다양한 자들이 참여하게 되는데, 이들 간의 정보교환과 사무처리 전 과정을 표준화 · 자동화(STP)하여 비용과 위험을 최대한 낮추어야 한다. 개인별 맞춤형 서비스이기 때문에 증가될 수 있는 비용의 문제를 대량생산체계를 구축하여 해결해야만 자산관리서비스를 보다 많은 투자자에게 공급할 수 있다.

새로운 맞춤형 종합자산관리서비스는 이와 같이 STP 환경을 구현할 수 있는 새로운 인프라를 전제로 한다. 가능한 한 낮은 비용으로 새로운 인프라를 구축 · 운영하여야 하는데, 현재 운영되고 있는 집합투자기구 자산운용인프라(FundNet)를 활용하는 것이 가장 효과적이다. 자산관리서비스에서는 참가자 간 메시지 전달기능 외에 계좌관리(계좌정보, 포트폴리오정보 등 제공)와 금융상품 정보관리(정보의 집중 및 비교검색 등) 등을 위한 '정보저장소'(information repository) 기능을 필요로 하고, 자문결과에 따른 판매지원(판매 · 해지내역 통보

그림 4-20 **자산관리지원 인프라 구축효과**

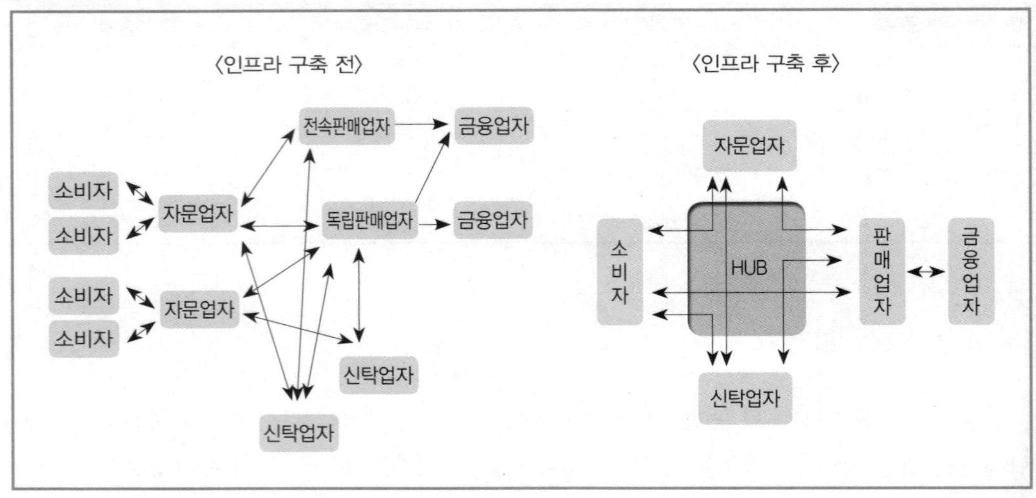

및 결제 등)도 필요로 한다. 그런데 FundNet은 이미 일반투자자의 투자일임재산 운용지원을 위하여 투자자의 계좌정보와 매매정보를 관리하는 '정보저장소' 기능을 수행하고 있고, 판매지원서비스는 집합투자기구 설정 · 환매와 유사한 내용일 수 있다. 또한 대부분의 자산관리서비스 참가자가 이미 집합투자기구와 투자일임의 자산운용을 위해 FundNet에 참가하고 있기 때문에 새로운 네트워크를 구축하는 비용과 노력을 생략할 수 있다. 미국의 DTCC가 자산관리부문에서의 계좌관리서비스로 운영하고 있는 MAS(Managed Account Service)시스템을 모델로 할 수 있을 것이다.[98]

이러한 점에서 FundNet의 자산운용지원기능은 그 대상을 종합자산관리서비스로 확장하여야 한다. 자산관리서비스는 투자자가 자신의 생애계획에 따라 자산을 효과적으로 분산하여 운용하도록 하는 것으로서 그 실질 역시 투자자의 '자산운용을 지원'하는 것이다. 그 방법은 자문이고, 그 결과로서 금융상품의 판매가 이루어진다. 그리고 그 판매의 결과 집합투자기구 등을 통해 금융투자업자의 자산운용이 이루어진다. 자산관리서비스가 모든 자산운용의 출발점이라고 할 수 있다. FundNet의 자산운용지원기능을 자산관리단계에서부터 시작하는 것은 자산운용산업에서 가치통합적 서비스를 통하여 '범위의 경제(economy of scope)'를 달성하는 점에서 의미가 크다고 할 수 있다.

98 구체적인 구축방안에 대해서는 앞의 보고서, 108~139쪽 참조.

국제증권예탁결제제도

제 5 편

- 제1장 국제증권시장 개요
- 제2장 국제증권발행시장과 예탁결제제도
- 제3장 국제증권거래와 예탁결제제도
- 제4장 국제증권시장 주요 현안

제 1 장 국제증권시장 개요

제1절 국제증권거래

1 개관

1.1. 국제증권거래의 의의

국제증권거래(cross-border trade)란 증권을 매개로 각기 다른 나라의 거래 당사자 사이에 자본이 이전되는 현상을 말하며, 이러한 국제증권거래의 대상은 채권 · 주식과 DR(Depositary Receipts) · 파생상품 · 단기금융상품 등으로 이루어진다.

국제증권거래가 이루어지는 시장을 국제발행시장과 국제유통시장으로 나눌 수 있다. 국제발행시장(international primary market)에서의 증권거래는 증권발행을 통한 자본조달 방법으로서 자금의 최종 수요자(증권발행자)와 공급자(증권투자자) 간에 이루어지는 금융거래를 의미한다. 이에 비해 국제유통시장(international secondary market)에서의 증권거래는 이미 발행된 증권을 증권회사나 은행 등 국제금융중개기관(international financial intermediary)을 통하여 거래하는 것을 말한다.

국제증권거래를 국내증권거래에 대응하는 개념으로 이해하기도 하지만 최근 세계 자본시장의 통합이 진전되면서 증권의 발행부터 거래까지에서 나타나는 시간, 거주지, 발행국가와 거래국가 등 시간적 · 공간적 차이를 넘어 증권거래가 일어나는 것을 국제증권거래로 이해하는 것이 최근의 추세와 더 잘 어울리는 듯하다.

국제증권거래가 각종 제약 요인을 극복하고 세계 주요 금융시장으로 영역을 확대할 수 있었던 것은 규제 완화 · 금융의 증권화 · 신종 금융상품의 출현 등과 같은 새로운 변화와 함께 정보통신기술의 발달 등으로 인한 금융시장의 통합이 전 세계적으로 급속히 진행되었기 때문이다. 이러한 금융시장 환경변화로 인하여 각국의 다양한 투자자들이 국제분산투자에 관심을 갖게 되었고 이를 지원하기 위하여 금융기관이 전 세계를 대상으로 서비스와 네트워크를 확충함에 따라 오늘날의 국제자본시장이 형성되게 된 것이다.

1.2. 국제증권거래의 특징

국제증권거래는 다음과 같은 점에서 국내증권거래와는 다른 특징을 갖는다.

첫째, 거래당사자의 차이이다. 일반적으로 국내증권거래는 국내투자자 간에 이루어지지만 국제증권거래는 국내투자자와 외국투자자 간, 또는 외국투자자 간에 이루어진다. 거래 당사자의 차이는 경우에 따라 규제가 서로 다르게 적용될 수 있음을 의미한다.

둘째, 동일한 시간대에 발생하는 국내증권거래와는 달리 국제증권거래는 서로 다른 시간대의 당사자 사이에서 이루어지기에 거래시간대의 차이(time-zone difference)가 발생한다. 국제증권거래의 주요 당사자인 은행 · 증권회사 · 펀드매니저 등 기관투자자들은 이러한 시간대의 차이를 이용해 세계 각국의 증권시장을 대상으로 24시간 계속 거래를 할 수 있다.

이러한 국제증권거래의 사례를 〈표 5-1〉을 통해서 보면, 런던에 소재하는 투자자는 런던 증권시장이 폐장된 후에도 계속 뉴욕 증권시장에 참여할 수 있다. 또한 뉴욕 시장이 폐장되고 3시간 후에는 서울/도쿄 시장에서 거래할 수 있으며, 서울/도쿄 시장에서 거래가 종료되면 싱가포르 및 홍콩 시장에 참여하여 국제증권거래를 할 수 있기 때문에 사실상 24시간 거래(around-the-clock)가 가능하게 되는 것이다.

셋째, 최근의 국제증권거래는 거래장소의 제약에서 벗어나고 있다. 인터넷, 무선통신 등 정보통신기술(IT)의 발전으로 ECN(electronic communications networks) 및 넓은 의미의 대체거래시스템(ATS: alternative trading systems) 등이 등장함에 따라 장소적 한계를 뛰어넘어 각국 증권거래소 간의 무한 경쟁이 촉발되고 있다.

넷째, 국제증권거래를 하는 경우 투자증권의 가격변동위험뿐만 아니라 외환시장의 환율변동에 따른 환위험(foreign exchange risk)에도 노출된다. 투자증권의 가격변화와 함께 매수시 자국통화를 결제통화로 환전할 때에 적용되는 환율과 매도시 외화를 자국통화로 바꿀 때 적용되는 환율이 어떠한지에 따라 (자국통화표시) 투자수익이 결정되는 것이다.

다섯째, 국제증권거래는 일반적으로 증권시장의 제도 · 규제 · 정책 등이 서로 다른 상태에서 이루어지므로 국가 간 제도 및 관련 법규가 서로 달라 발생하는 법적 리스크(legal risk)에 노출된다. 이러한 문제들은 증권투자의 규제방식, 거래 · 결제방식, 결제대금 · 이자 등 대금지급 방식, 투자자금 회수방식, 증권의 권리행사방식, 투자증권의 보관 · 관리방식,

표 5-1 세계 주요 증권시장 개장시간 (직선은 런던 시간으로 표시)

증권시장	현지 시간	0	1	2	3	4	5	6	7	8	9		14	15	16	17		21	23
런던	08:00~16:30																		
뉴욕	09:30~16:00																		
서울	09:00~15:30																		
도쿄	09:00~15:00																		
싱가포르	09:00~17:00																		
홍콩	09:30~16:00																		
상하이	09:30~15:00																		
파리	09:00~17:30																		
프랑크푸르트	09:00~17:30																		

조세정책 등이 국가에 따라 다르기 때문이다.

이러한 국제증권거래의 장애요인을 제거하고 거래를 더욱 활성화하기 위해서는 국가 간에 상이한 증권거래의 규제체제를 완화하거나 표준화하는 작업이 필요하다.

2 국제증권거래의 유형

국제증권거래의 유형은 증권의 발행지역과 거래지역, 투자자의 소재지 등에 따라 (i)국제시장 직접거래(direct cross-border transactions), (ii)외국시장 거래(foreign market transactions), (iii)외화증권 국내거래(domestic transactions of foreign securities)로 구분할 수 있다.[1]

1 Jörg-Ronald Kessler, 「Study on Improvements in the Settlement of Cross-Border Securities Transactions in the EEC」, 1988, pp.10~12.

2.1. 국제시장 직접거래

국제시장 직접거래(direct cross-border transactions)는 각기 다른 국가의 투자자가 금융중개기관을 거치지 않고 직접 국제증권거래를 하는 형태이다. 이는 투자자가 자신의 계좌를 직접 관리하거나 투자 관리를 위임한 고객들을 대리하여 투자 활동을 하는 거래 유형이다.

이와 같은 거래는 증권의 발행국이나 증권 투자자 소재국의 법령에 규제를 받지 않는 역외시장(offshore market)에서 거래당사자 간에 직접 이루어지는데, 주로 채권을 거래 대상으로 하는 유로시장의 국제 장외거래가 이에 해당한다. 국제시장 직접거래가 발생하면 그 결제는 통상 국제증권예탁결제기관(ICSD)인 Euroclear나 Clearstream에 계좌가 개설되어 있는 투자자의 증권 및 대금 계좌를 통해 이행된다.

그림 5-1 **국제시장 직접거래**

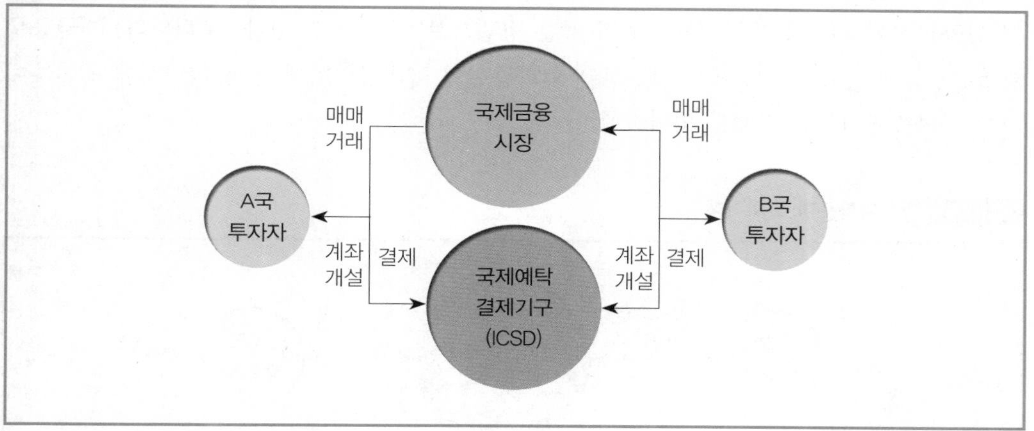

2.2. 외국시장 거래

외국시장 거래는 투자자가 거래국가에 소재하는 대리인을 통하여 외국증권시장에 간접적으로 참가하여 증권거래를 하는 것으로 가장 일반적인 국제증권거래 형태이다.

외국의 증권시장에서는 비거주자를 매매회원으로 허용하는 사례가 거의 없다. 비거주자인 투자자가 직접 외국증권시장에서 주문 · 체결확인 · 결제 등을 처리하는 것보다는 외국시장의 대리인을 지정하여 그 대리인으로 하여금 투자 관련 업무를 수행하도록 하는 것이 일반적이다.

그림 5-2 **외국시장 거래**

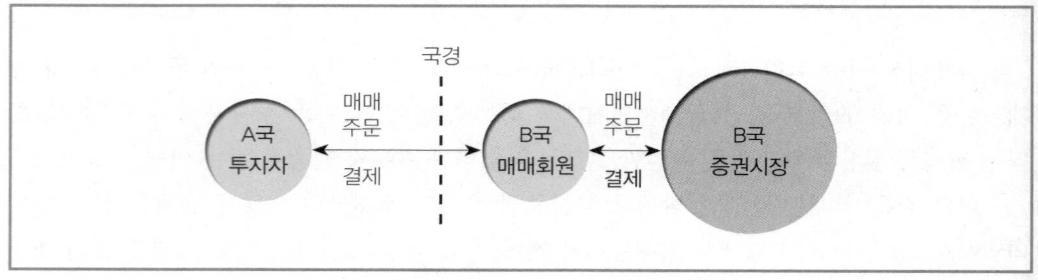

2.3. 외화증권 국내거래

외화증권 국내거래는 투자자가 거주하는 국가의 정규시장 또는 비정규시장에서 외화증권을 거래하는 것을 말한다. 거래소 간 교차상장이 이루어지게 되면 투자자는 자국거래소에 교차상장된 외화증권을 국내증권과 같은 방법으로 매매할 수 있다. 우리나라의 「금융투자업규정」 제5-30조제4호에서 인정하는 외화증권의 국내장외거래[2]는 장외시장에서 이루어지는 외화증권의 국내거래를 의미한다.

그림 5-3 **외화증권 국내거래**

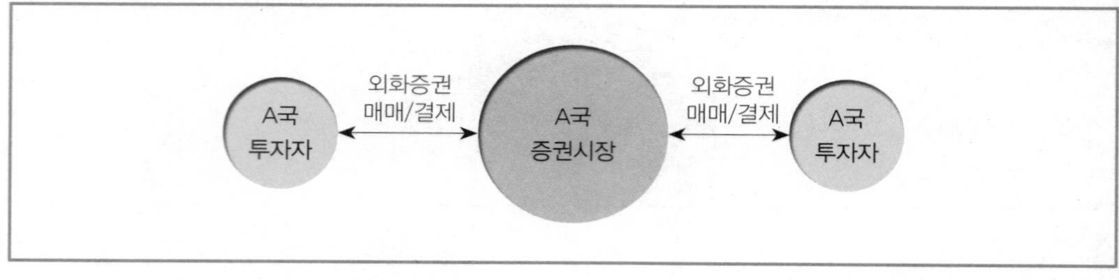

2 금융투자업규정 제5-30조제4호에 따르면 국내장외거래란 "투자매매업자 또는 투자중개업자와 일반투자자가 외화증권을 국내에서 상대거래하거나 매매의 위탁 · 중개에 따라 거래하는 것을 말한다".

국제증권시장 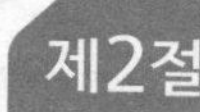

① 국제증권시장의 발전

국제증권시장은 국제증권거래가 이루어지는 곳을 의미하며 거래유형에 따라 매우 다양한 형태를 띠고 있다. 국제증권거래가 복잡해지고 있지만 최근의 정보통신 기술 발전은 국경을 초월하여 이루어지는 복잡한 거래에 대한 주문과 매매확인, 결제 및 권리행사업무를 효율적으로 처리할 수 있는 수단을 제공하고 있다. 개방된 자본시장의 경우 시장의 가격발견기능이 전 세계 투자자를 통하여 이루어지고 있고 이러한 현상이 계속 발전함에 따라 전통적인 지리적 의미로서의 국제증권시장의 개념은 점점 희박해지고 있으며 국제증권시장은 국제증권거래가 이루어지는 추상적인 개념의 시장으로 변화되고 있다.

② 국제증권시장의 유형

국제증권시장은 국제증권거래가 이루어지는 시장으로서 거래되는 증권의 유형에 따라 국제주식시장(international equity market)과 국제채권시장(international bond market)으로 나눌 수 있다. 국제주식시장은 거주자와 비거주자 간에 주식 또는 DR을 거래하는 시장을 말하며, 국제채권시장은 채권을 거래대상으로 하는 시장을 말한다. 이는 다시 유로채(eurobonds)와 외국채(foreign bonds)[3] 등이 거래되는 장기 국제채권시장과 기업어음과 같은 단기 증권(short-term paper)이 거래되는 유로노트시장(euro-note market)으로 구분할 수 있다.

---

3 유로채란 채권의 표시통화국 이외의 지역에서 발행되어 국제적으로 판매, 유통되는 채권을 말하며, 외국채란 자금차입자가 외국의 자본시장에서 그 나라의 통화로 발행하여 판매하는 채권을 말한다.

3 국제증권시장의 성장

3.1. 개요

1970년대 중반부터 본격적으로 발생하기 시작한 국제무역 불균형과 금융시장의 혼란으로 1980년대에는 개발도상국 중 일부가 채무를 이행하지 못하는 상황이 발생하였다. 이후 채무불이행국의 채권을 보유한 은행들의 신용도가 낮아지면서 이들 은행에 대한 예금에 투자하기 보다는 직 · 간접적으로 증권에 투자하려는 흐름이 강하게 나타나 국제증권시장은 새로운 터전을 마련하였다. 한편 자금의 공급자인 은행도 보유자산의 수익성과 유동성을 제고하기 위해 자본시장의 다양한 금융자산을 이용하게 되었으며 이에 따라 증권시장의 국제화가 자연스럽게 진전되었다. 이와 같이 국제금융시장의 자금조달과 투자형태가 은행을 통한 간접금융에서 증권의 발행과 유통을 통한 직접금융으로 전환됨에 따라 국제금융의 증권화 현상은 계속 발전하고 있다.

세계 각국은 내국인의 해외증권 투자허용, 증권시장의 외국인투자 허용, 채권이자소득의 외국인 비과세조치, 외화증권의 국내 상장허용 등과 같은 국제화 · 개방화 정책을 계속 확대하고 있으며 그 결과 국내금융시장과 국제금융시장이 서로 깊숙이 연계하고 의존하게 되어 금융시장의 세계적인 동조화현상이 나타나게 되었다. 이러한 증권시장의 변화에 힘입어 국부펀드 · 연기금 · 자산운용사 등과 같은 대형 기관투자자들은 그들의 자금력과 정보력을 바탕으로 적극적으로 국제적인 분산투자를 하고 있으며 이러한 분산투자를 통해 투자의 위험은 축소하면서도 수익은 향상시킬 수 있는 기회가 많아지고 있다.

3.2. 성장원인

국제증권시장은 각국의 증권시장 국제화가 진전됨에 따라 계속 발전하고 있다. 그 원인을 두 가지로 나누어 살펴보면 우선 수요측면에서 자본이 점차 축적됨에 따라 금융기관의 운용자산이 확대되고 또한 펀드시장이 발달함에 따라 기관투자자의 역할과 규모가 확대되기 시작하는데 이들 기관투자자들에게는 국내시장에 대한 투자리스크를 줄이고 리스크 대비 보다 높은 수익을 시현하기 위하여 외화증권을 포함하는 포트폴리오를 구성하고 분산투자를 확대할 필요성이 증가하고 있다.

각국의 정책당국은 자국투자자의 해외투자 수요를 고려하여 초기에는 기관투자자에 대한 해외투자관련 외환규제를 완화하며 점차 일반투자자에게도 해외투자 허용정도를 늘려나가고 있다. 한편 금융기관의 경쟁력이 약한 국가에서는 정부가 이러한 투자행위를 국내 자본의 해외유출로 인식하여 외국인직접투자와 같은 해외자본의 국내유입보다는 강도 높은 규제를 적용하기도 한다. 하지만, 국내자본의 해외투자규제 완화는 해외자본의 국내유치와 상응하는 측면이 있고 더불어 최근 신흥국가들의 국제금융거래 비중이 높아지고 국제금융시장에서 그 역할과 위상이 확대됨에 따라 해외투자에 소극적이었던 정책이 점차 바뀌는 추세이다.

공급측면에서 살펴보면 공기업 민영화, 해외자산 매각, 글로벌화의 진전, 외국자본에 대한 거부감 감소 등을 국제증권시장 성장요인으로 볼 수 있다. 오늘날 금융자본은 국경을 초월하여 투자기회가 있고 리스크가 관리되는 곳이면 어디든 투자가 가능하다. 이러한 사실은 자본을 조달해야 하는 기업의 입장에서는 국내 자본시장에서 자본을 조달하기 보다는 국내투자자와 더불어 해외투자자들에게도 자본투자의 기회를 제공하는 것이 상대적으로 낮은 비용으로 필요한 자본을 조달할 수 있는 환경을 마련해 준다.

20세기 후반 많은 다국적 기업의 출현은 생산부문의 글로벌 소싱뿐만 아니라 자본조달의 글로벌 파이낸싱을 더욱 가속화시켰다. 다국적 기업의 본사에서 본사소재지의 통화로 자본을 조달하는 것보다는 다양한 국가에서 생산 · 투자활동에 필요한 자본을 확보하기 위하여 해당국의 통화로 자본을 조달하거나 또는 다국적 기업 전체적인 관점에서 특정통화의 수요와 공급을 고려하여 자본을 조달하는 것이 효율성과 환위험 등을 고려할 때 바람직하기 때문이다.

국제파생상품시장의 발전 또한 국제증권시장의 발전에 많은 기여를 해왔다. 국제증권시장은 거주자와 비거주자 간의 거래를 의미하기도 하지만 근본적으로는 외화자산을 취득하는 것이기 때문에 환위험 헤지를 위한 파생상품이 반드시 필요하며, 이러한 파생상품시장의 성장이 투자자에 대한 유동성 공급은 물론 포트폴리오 구성에도 도움을 주고 있다.

제3절 국제증권예탁결제제도

국제증권예탁결제제도란 '국경을 초월하여 이루어지는 국제증권거래와 관련하여 매매조회 · 청산 · 결제 · 증권의 예탁 · 보관 증권에 대한 각종 권리 행사 등의 업무처리 체계를 총칭하는 포괄적인 개념'이다.

국제증권거래에는 국제증권보관기관, 지역보관기관, 각국 중앙예탁결제기관, 국제증권예탁결제기관 등 다양한 기관이 연계되어 국내증권거래보다 훨씬 어렵고 복잡한 과정이 수반된다. 이 절에서는 국제증권예탁결제제도에 있어서 국제증권보관기관, 국제증권예탁결제기관, 각국 중앙예탁결제기관 등과 관련된 내용을 제도의 이용자, 적격대상증권 및 제도이용방식을 중심으로 설명하고자 한다.

1 관련 기관

1.1. 국제증권보관기관

국제증권보관기관(global custodian)이란 국제증권거래가 발생하는 경우에 투자자를 위하여 증권의 예탁, 결제, 권리관리 그 밖의 부가가치 서비스를 제공하는 기관을 말한다. 이들은 권역별 금융 중심지에 지역 센터를 구축하고 다양한 국가 · 도시 현지의 지역보관기관과 연계하여 국제증권거래에 따른 예탁 · 결제 서비스 등을 제공하고 있다.

국제증권보관기관은 주로 상업은행 · 증권회사 · 신탁회사 등이 그 기능을 수행하고 있다.[4] 유럽과 미국의 상업은행은 오랜 기간 자국 내에서 자금의 여수신 업무와 병행하여 증권의 보관 · 관리와 결제 업무를 수행해 왔는데 국제증권투자가 점차 커짐에 따라 기존에 처리하던 업무를 국제적으로 특화 · 발전시켜 온 것이다.

미국은 1947년 「근로자퇴직소득보장법(ERISA: Employee Retirement Income Security Act)」을 제정하여 연 · 기금으로 하여금 별도로 보관기관을 지정하여 그 보관기관에게 증권을 보관하게 하였으며, 연 · 기금의 해외투자도 허용하였다. 이에 따라 국제증권보관산업(global custody industry)이 본격적으로 활성화되기 시작하였다. 국제증권보관기관의 기능은 1980년대에 들어와 미국과 영국 정부의 해외투자 촉진정책과, 연 · 기금 등 기관투자자들의 해외투자시 투자자산의 국내 및 국제증권보관기관에의 예탁 · 관리 의무화 조치 등으로 크게 확충되었다. 이에 따라 이들이 증권투자자에 대해 제공하는 서비스도 〈표 5-2〉와 같이 예탁결제 기본 업무 이외에 부가가치 서비스까지 확대되고 있다.

국제증권보관기관은 국제증권거래에 직 · 간접적으로 참가하는 투자자, 펀드매니저, 거래당사자, 지역보관기관 등과 지속적으로 연계할 수 있는 네트워크를 확보하고 있으므로 국제예탁결제와 관련된 다양한 역할을 수행할 수 있다. 국제 분산투자를 수행하는 기관투자자는 단일창구인 국제증권보관기관을 통하여 세계시장에 접근하고, 결제 · 보관서비스를

4 JP Morgan Chase, State Street Bank, Bank of New York Mellon, HSBC, Citibank 등 국제적으로 영업력을 갖춘 은행이 국제증권보관기관으로 활발하게 활동하고 있다.

표 5-2 국제증권보관기관의 주요 제공 업무 현황

구분	제공 업무
기본 업무 (basic custodial services)	• 증권 보관 업무(safe keeping) • 증권거래 결제(settlement) • 배당금·이자 수령(dividend, income collection) • 발행회사에 대한 권리 행사(corporate actions) • 조세 환급 처리(withholding tax reclamation)
부가가치 업무 (value-added services)	• 투자 회계 업무(investment accounting) – 투자 운용 실적 평가(performance evaluation) – 투자 자산 평가와 가격 결정(valuation and pricing) – 투자 수익 조회·확인(investment income tracking) – 거래 확인 통지(comparison reporting) – 외국환 거래 확인·조회(foreign exchange tracking) – 투자 동향 조사(investment movements) • 외국환 거래 업무(foreign exchange) • 증권대차 업무(securities borrowing and lending) • 자금관리 업무(cash management) • 위험 관리(risk management) • 파생상품 결제(settlement of derivatives)

받을 수 있으며 적시에 표준 포맷으로 정보를 제공받을 수 있다.

여기서 단일 창구라 함은 하나의 시스템 연계뿐 아니라 업무처리절차 · 사용언어 · 상대해야 하는 사람들 모두를 함축하는 의미이다. 국제증권보관기관은 투자자에게 다양한 부가서비스를 제공한다. 투자자는 회계 · 세무 등을 포함하는 모든 투자관련 정보를 제공받을 수 있으며, 각 시장에서 필요한 신용공여 기능을 한 기관으로부터 제공받음으로써 전체 신용 리스크의 규모를 줄일 수 있고 유동성을 증가시킬 수 있다. 국제증권보관기관은 또한 투자자에게 증권의 대여와 차입서비스를 제공하며, 투자자의 담보를 종합적으로 관리하므로 시장 간 교차 담보 서비스를 제공하는 것이 가능하다.

그러나 국제증권보관기관이 국제증권시장의 거래 · 결제와 관련된 네트워크에서 수행하는 역할에는 다음과 같은 취약점이 있다. 국제증권보관기관은 네트워크의 운영자로서 조정자와 통합자의 역할을 수행하지만 국제증권보관기관이 직접 현지에서 업무를 수행하는 것이 아니라 현지에서 업무를 수행하는 지역보관기관을 이용하기 때문에 제약이 따르게 된다. 즉 국제증권보관기관이 제공하는 서비스의 질은 개별 중앙예탁결제기관과 지역보관기관이 제공하는 서비스의 수준과 질에 따라 큰 영향을 받는다. 일례로 일부 시장의 경우 국제증권보관기관은 관련 중앙예탁결제기관과 대금청산이 제한되어 동시결제(DVP)가 불가능하다. 또한 국제증권보관기관은 세계시장을 대상으로 업무를 처리하므로 상당히 많은 네트워크 구축비용을 지출하는 것이 일반적이다. 이에 따라 국제증권보관기관을 이용하면 현지금융기관 또는 중앙예탁결제기관을 직접 이용하는 것보다 높은 수수료를 부담하는 것이 일반적이다.

1.2. 국제증권예탁결제기관(ICSD)

국제증권예탁결제기관(ICSD: international central securities depository)은 특정한 국가나 기관의 규제를 받지 않고 자율화된 역외시장에서 증권투자자를 위한 예탁결제 서비스를 제공하는 기관이다. 유로시장을 중심으로 발행 · 유통되는 유로본드의 원활한 예탁결제를 목적으로 설립된 전문적인 예탁결제기관인 Euroclear Bank(이하 'Euroclear'라 한다)와 Clearstream Banking Luxembourg(이하 'Clearstream'라 한다)가 대표적이다. Euroclear는 1968년, Clearstream은 1970년에 각각 설립되어 국제증권결제, 다중통화결제(multi-currency money transfer), 증권보관, Repo 및 증권대차, 권리행사 등 다양한 국제증권예탁결제 서비스를 제공하고 있다.

국제증권예탁결제기관은 (ⅰ)내부 참가자 간 결제(internal settlement), (ⅱ)Euroclear와 Clearstream 참가자 간 Bridge 결제, (ⅲ)외부 참가자와의 결제(external settlement)의 형태로 국제증권결제 업무를 수행하고 있다. 주목할 사항은 국제증권예탁결제기관 간 구축된 전자 연계(electronic bridge)시스템을 통해 증권 매매확인 자료를 상호 교환함으로써, 각 기관의 참가자들에게 증권과 대금의 동시결제 방식이나 분리결제 방식으로 결제서비스를 제공하고 있다는 점이다. 또한 국제증권예탁결제기관은 국제증권결제를 위하여 대표적으로 다음과 같은 부가 서비스를 제공하고 있다.

① 증권과 대금의 동시이전을 통한 동시결제(DVP)서비스
② 다중연쇄거래(back-to-back transaction)의 결제 및 대금이체서비스
③ 예탁대상 증권의 담보관리서비스
④ 신용제공 및 증권대차서비스

그러나 국제증권예탁결제기관은 그 태생적 배경으로 인해 주식거래에 따른 기능이 채권거래에 비하여 상대적으로 취약한 점이 있으며, 결제가 국제증권예탁결제기관 내부가 아닌 각국 국내 증권결제시스템을 통해 이루어질 경우 시간이 다소 지연되는 등의 단점이 있다.

표 5-3 **Euroclear와 Clearstream의 비교(2017년 6월 기준)**

구분	Euroclear	Clearstream
소유 구조	Euroclear plc*가 Euroclear Bank 및 자회사인 유럽각국 CSD를 지배	Deutsche Börse AG의 100% 자회사
참가자	1,500여 개 금융기관	2,500여 개 금융기관
보관 증권 규모	€ 12.7조	€ 5.9조
결제처리 건수	84.1백만 건	37백만 건
통신 수단	Euclid, SWIFT, Easyway 등	Creation On-line, SWIFT

* Euroclear public limited company는 Euroclear 참가자(136사)가 84.11%, Sicovam holding SA가 15.89%를 각각 소유하고 있음.

1.3. 각국 중앙예탁결제기관(NCSD)

각국 중앙예탁결제기관(NCSD: national central securities depository)은 자국의 증권시장에서 구축한 증권의 예탁 및 결제시스템을 외국의 다른 중앙예탁결제기관이나 국제증권예탁결제기관 또는 국제증권보관기관 등과 연계해 국제증권예탁결제 서비스를 제공한다. 대부분의 국가는 국가차원에서 중앙예탁결제기관이 필요하다는 G-30 권고안을 받아들여 중앙예탁결제기관을 운영하고 있다. 세계적으로 2016년 말 현재 약 140개의 중앙예탁결제기관이 각자의 국가에서 업무를 수행하고 있다.

각국 중앙예탁결제기관은 증권의 예탁과 계좌대체 서비스를 바탕으로 증권결제시스템을 운영하고 있으며, 그 밖에도 증권거래의 조회 · 청산 서비스, 대금결제 서비스, 배당금지급과 같은 권리행사 서비스를 제공하고 있다.

국가별로 한 기관이 중앙예탁결제기관 역할을 수행하여 모든 증권을 집중적으로 취급하는 것이 효율적이지만 역사적인 설립 경과로 인해 증권의 종류에 따라 여러 기관으로 분산되어 운영되는 경우도 존재한다.

1.4. 기타 관련 기관

국제증권시장에서 거래 · 결제 등의 직접적인 기능을 수행하고 있지는 않지만, 이와 관련한 각종 금융 · 외환 · 세금 징수 등의 대리인으로서 국제증권예탁결제 관련 분야에서 전문적으로 특화된 중개 업무를 제공하는 중개기관들이 존재한다.

(1) 지역보관기관(local custodians)

국제증권보관기관이 증권회사 · 은행 · 보험회사 · 연기금 등 증권투자자와의 계약에 따라 이들의 국제증권거래에 따른 증권예탁결제기능을 수행하기 위해서는 투자대상국 현지의 지역보관기관(local custodian)[5]을 필요로 한다.

이 경우 국제증권보관기관은 해당 국가의 금융 · 증권시장 환경을 잘 알고 있는 현지 은행이나 증권회사 등을 지역보관기관으로 지정하는 것이 일반적이다. 이러한 지역보관기관은 투자대상국 현지에서 국제증권보관기관의 대리인으로서 해당 국가증권거래와 관련한 증권예탁 · 결제 · 권리 행사 · 세금납부 및 조세환급 등의 업무를 처리한다.

(2) 금융중개기관(financial intermediaries)

일반적으로 은행 · 증권회사 등의 금융중개기관은 자금의 조성과 증권대차를 통해 국제증권투자자에게 다양한 형태의 금융을 지속적으로 공급함으로써 국제적으로 거래되는 증권의 수익성과 유동성을 제고시키는 기능을 수행한다. 또한 결제 과정에서 초래되는 자금의 일시적 불균형과 부족분을 보충하여 증권거래의 위험을 분산 · 감소시킴으로써 국제증권거래를 촉진시키고, 결과적으로는 국제증권거래의 결제를 원활하게 이행시켜 주는 기능을 담당한다.

이러한 금융중개기능을 과거에는 주로 은행과 증권회사 등이 별도로 수행하였으나 최근에는 국제증권보관기관의 기능이 활성화되고 확대되면서 대형 국제증권보관기관이 금융중개기관으로서의 기능도 아울러 수행하고 있다.

(3) 외환업무기관과 세금 납부 · 조세 환급 기관

국제증권거래의 결제를 위해서는 대금결제에 따른 국제 통화 거래가 불가피하게 발생한다. 이 경우 거래당사자는 현물이나 선물환 시장에서의 외환거래에 따라 환위험(換危險)에 노출된다. 국제증권거래에 수반되는 외환거래를 선물 · 옵션 · 스왑 · 기타 파생금융상품을 통해 헤지(hedge)할 필요성이 제기됨에 따라 환위험 헤지를 담당하는 중개기관이 필요하다. 또한 증권 발행국 시장에서 발생하는 투자이익이나 배당에 대한 세금의 원천징수(源泉徵收)와 조세환급(還給) 처리에 있어서도, 국가별로 그 운영과 징수체계가 상이하므로 전문 중개기관을 지정 · 운영하게 된다. 최근에는 국제증권보관기관들이 이러한 업무를 증권보관 업무와 병행하여 처리하고 있다.

---

5 sub-custodian(부보관기관)이란 용어를 쓰기도 하지만, 이 책에서는 지역보관기관(local custodian)으로 통일하여 사용한다.

② 이용자와 적격대상증권

2.1. 이용자

국제증권예탁결제제도의 이용자(participants)란 국제증권거래에 참여하여 거래에 따른 결제와 거래증권의 보관 관리를 국제증권보관기관, 국제증권예탁결제기관 또는 각국 중앙예탁결제기관을 이용하여 처리하는 개인이나 법인을 말한다.

구체적으로 살펴보면 (ⅰ)투자 관리자나 포트폴리오 관리자(investment portfolio managers)를 통해 국제증권거래에 참여하는 대규모 개인투자자, (ⅱ)연 · 기금(pension funds) · 뮤추얼 펀드 · 보험회사 · 은행 · 신탁회사 및 일반 기업 등의 기관투자자, (ⅲ)브로커 · 딜러 · 시장 조성자(market makers)로 활동하는 증권회사 등이 있다.[6]

국제증권예탁결제제도를 이용할 수 있는 자는 국제증권거래와 관련된 모든 당사자들이라고 할 수 있으나, 일반적으로는 국제적인 전문기관을 통해 직접 국제증권거래의 결제를 이행하고 증권을 보관 · 관리하는 대규모 기관투자자(institutional investors)를 의미한다. 대부분의 일반 투자자(retail investors)는 증권회사나 기타 중개기관을 통해, 또한 간접투자상품인 펀드투자를 통해 간접적으로 이 제도를 이용하고 있다. 이용자들은 증권거래지에 소재한 증권예탁결제기관에 참가자로서 계좌를 개설하고, 이를 통해 국제증권거래의 결제를 효율적으로 이행할 뿐만 아니라 결제증권을 안전하게 보관 관리하게 된다.

2.2. 적격대상증권

국제증권예탁결제제도의 적격대상증권(또는 적격증권)이란 국제거래의 대상이 되는 증권 중에서 국제적으로 증권의 실물 이동을 수반하지 않고 계좌대체에 의해 결제가 가능하고 그 거래 증권의 예탁 · 관리가 가능한 증권을 의미한다.

국제증권거래의 대상이 되는 모든 증권이 포함되어야 하지만, 현실적으로는 국가별 · 지역별 증권예탁결제제도의 적용 법규와 운영 방식이 다르기 때문에 국제증권거래가 이루어지는 모든 증권이 일률적으로 이 제도의 적격증권에 포함되는 것은 아니다. 국제증권거래가 발생하는 각국 중앙예탁결제기관에 의해 적격증권으로 지정된 경우와 국제증권예탁결제기관에서 예탁결제 대상증권으로 인정한 증권이 주로 국제증권예탁결제제도의 적격증권이 되고 있다. 적격증권이 되기 위해서는 해당증권의 국제거래가 정형적 · 대량적으로 발

6 Bernard M. Till, "Report on Cross-border Settlement and Custody", ISSA, 6th Symposium Report, 1992, p.192.

생하고 대체가능성(fungibility) 및 혼합보관(collective safekeeping)이 가능해야 한다.

기명증권의 경우 증권예탁기관 명의나 대리인 명의(nominee)로 명의개서가 가능하고, 예탁증권에 대하여 발생되는 신주인수권 · 전환권 · 제 청구권, 권리 행사 및 원리금 · 배당금 · 신주권 수령 등이 발행주체와 중개기관에 의해 원활하게 처리될 수 있어야 한다.

이와 같은 성격을 구비한 적격증권에는 〈표 5-4〉에서 보는 바와 같이 정부 발행 증권을 포함한 채권, 주식과 DR, 주식연계증권과 단기금융상품 등이 포함된다.

표 5-4 국제증권예탁결제제도 적격대상증권 현황

구분	종류
1. 채권(debt securities)	• 정부채권(government bonds) • 회사채권(corporate bonds) • 기업어음(commercial paper) • 양도성예금증서(certificates of deposit) • 자산유동화증권(asset-backed securities) • 전환채권(convertible bonds) • 원금/이자분리형 채권(strips) • 고정/변동금리채권(fixed or floating rate notes)
2. 주식(equities)	• 의결권주/무의결권주(voting/non-voting stock) • 보통주/우선주(ordinary/preferred shares)
3. 투자펀드(investment funds)	• 개방형펀드/폐쇄형펀드 • 국내투자펀드/해외투자펀드 • ETF(exchange traded fund)
4. 증권예탁증권(depositary receipts)	• ADR, GDR
5. 워런트(warrants) 및 유사증권	• basket warrants • 상품/통화/채권/주식/주가지수/주가연계 워런트

3 국제증권예탁결제제도 이용방식

국제증권예탁결제제도의 이용방식은 이용자의 수요를 충족시키는 서비스의 질과 처리속도, 증권의 보관 · 관리와 이에 필요한 통제 등을 안정적이고 효율적으로 제공할 수 있는 수준에 의해 결정된다. 이와 같은 기본적인 요건 이외에 국제증권예탁결제제도 이용 방식을 선택하는 데 중요한 기준이 될 수 있는 사항은 다음과 같다.

첫째, 국제증권거래 결과의 검증 능력이다. 이는 거래 자료의 입력에서부터 거래에 직 · 간접적으로 참가한 관계자 간에 자료의 확인과 조회를 만족스럽게 이행할 수 있는 서비스 능력이다.

둘째, 국제증권거래의 결제처리에 관한 수용 능력이다. 이는 국제증권거래를 위한 결제 지시, 대조 확인, 증권과 대금의 최종적인 결제완료 시까지의 통제 능력을 포함한다.

셋째, 국제증권거래와 관련된 거래 증권의 안전한 보관은 물론 부수적인 권리 행사의 원활한 배분 능력이다. 이는 배당금 · 이자 분배는 물론 투자자의 권리에 관한 보고, 의결권 행사, 세금 부과, 증권 대여나 차입, 기타 헤지 서비스(hedging service)와 같은 부가가치 서비스의 제공을 포함한다.

국제증권예탁결제제도의 이용방식은 관련 기관의 서비스 제공 수준과 범위, 위험관리 능력, 결제 관련 비용, 국제 증권투자자의 투자 목적 등에 따라 일반적으로 (ⅰ)국제증권보관기관 이용방식, (ⅱ)국제증권예탁결제기관(ICSD) 이용방식, (ⅲ)각국 중앙예탁결제기관(NCSD) 이용방식, (ⅳ)외국 중앙예탁결제기관(foreign CSD) 이용방식 등으로 분류할 수 있다.

3.1. 국제증권보관기관 이용

자국시장(home market)이나 외국시장(foreign market)의 국제증권보관기관을 이용하여 자국 이외의 국가에서 이루어지는 증권거래의 결제를 이행하는 방식이다. 이 경우 국제증권보관기관은 국제증권거래가 발생한 외국에 소재하는 자체 지점망(global custodian branch network)을 이용하거나, 해당 지역에서 증권 예탁 · 보관 업무를 영위하는 증권보관기관을 지역보관기관(local custodian)으로 활용하여 거래의 결제와 증권예탁 관리 기능을 수행한다. 〈그림 5-4〉는 국제증권보관기관을 이용하는 경우 주문의 흐름과 결제의 흐름을 보여주고 있다.

국제증권보관기관을 이용한 국제증권예탁결제제도는 자신들이 독자적으로 보유하고 있는 세계적인 결제 네트워크를 이용하여 국제 자본시장의 구석구석까지 결제업무를 지원할 수 있기 때문에 투자규모가 작은 투자자들에게 있어 이들의 역할은 매우 크다.

국제증권보관기관은 자체 지점망을 이용하기도 하지만 주로 현지 시장에 밝은 현지의 지역보관기관을 대리인으로 이용함으로써 다른 국제결제서비스 제공기관에 비해 각 증권시장의 독특한 제도와 관습에 적절히 대응할 수 있다.

고객들은 국제증권보관기관들에게 기본서비스는 물론 다양한 부가 서비스를 제공할 수 있는 능력을 갖추도록 요구한다. 매수 후 장기보유 전략을 사용하는 투자자는 보관 서비스가 가장 중요하지만, 단기 매매를 통한 차익을 원하는 브로커나 딜러는 보관 서비스보다 국제증권보관기관이 제공하는 자금대여 등의 부가가치서비스에 높은 관심을 보인다.

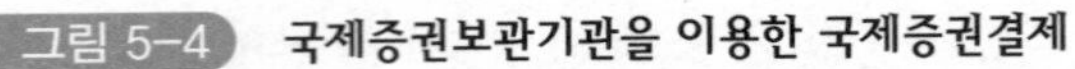
그림 5-4 국제증권보관기관을 이용한 국제증권결제

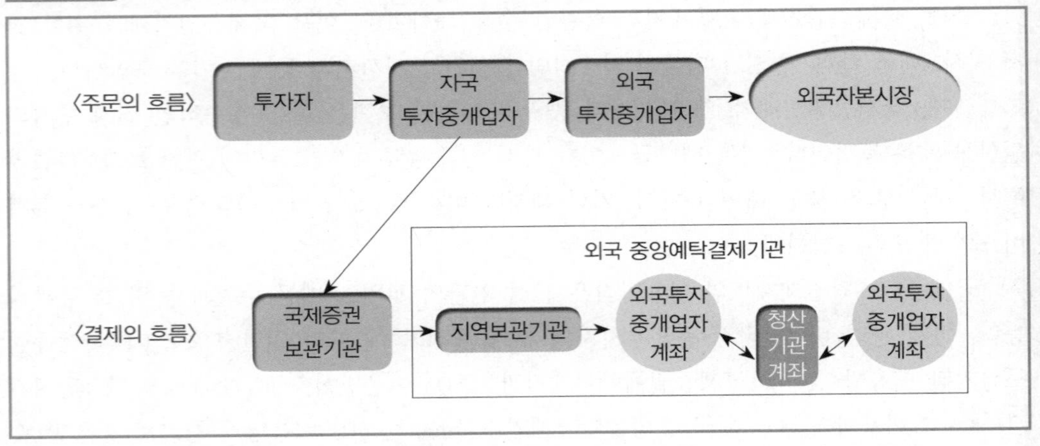

국제증권보관기관이 제공하는 부가가치서비스 중에서 핵심적인 것은 신용공여 기능과 담보 이용을 통해 고객에게 추가적인 이익을 제공하는 것이다. 시장참가자는 각 시장에서 필요한 신용공여 기능을 단일 기관으로부터 제공받음으로써 전체 신용규모를 감소시키고 유동성을 증가시킬 수 있다. 또한 시장 참가자의 담보가 단일기관에 보관되기 때문에 국제증권보관기관은 시장 간 교차담보서비스를 제공할 수 있다. 이들 서비스는 신용위험과 필요담보 수준을 낮추기 때문에 거래 빈도가 높은 시장참가자에게 매우 매력적인 서비스라 할 수 있다.

반면에 이 방식에 의한 예탁결제서비스는 국제증권보관기관-지역보관기관-현지결제기관으로 연결되는 결제 관련 커뮤니케이션 구조가 복잡하여 효율성과 비용 측면에서 문제점이 제기된다. 국제증권보관기관은 영리활동을 목적으로 하기 때문에 국제증권결제서비스는 결국 하나의 상품으로 인식된다. 국제증권보관기관이 동 서비스를 원활히 제공하기 위해서는 IT에 대한 지속적인 투자와 정보관리에 필요한 고급인력의 확보가 관건이며 이에 소요되는 비용은 결국 투자자에게 돌아갈 수밖에 없다. 특정국가에 투자를 집중하는 투자자의 경우 국제증권보관기관이 아닌 현지보관기관에 직접 계좌를 개설하는 것이 비용측면에서 유리할 수 있으나 여러 국가에 투자하는 경우 국가별로 매매 · 결제 · 예탁의 네트워크를 구성하고 이를 관리하여야 하는 점을 고려할 때 국제증권보관기관이 전체적으로 비용측면에서 유리할 수 있다.

이와 같은 국제증권보관기관에 의한 국제증권결제의 필요성은 국제자본시장의 비효율성에서 제기된다. 즉 국제증권거래제도의 차이, 지역적 격차, 언어상의 차이 등이 존재하기 때문에, 국제증권보관기관이 국제분산투자자들에게 단일 인터페이스의 역할을 제공하는 대신에 수익을 올릴 수 있는 것이다.

3.2. 국제증권예탁결제기관 이용

국제증권예탁결제기관(國際證券預託決濟機關, ICSD)을 통한 국제증권결제 이용 방식은 투자자가 국제적으로 전문 예탁결제기관인 Euroclear나 Clearstream을 이용해 국제증권거래 결제를 이행하고 증권을 예탁 · 관리하는 방식을 말한다. 이들 기관은 세계 각국 시장에서 발생하는 증권거래의 결제에 대해 전문 처리능력을 갖추고 있으며, 다양한 통화 계좌를 통해 각국의 참가자들에게 질적으로 다양한 부가가치 서비스를 포함한 국제결제서비스를 적시에 제공함으로써 국제증권거래의 원활화를 촉진하고 있다.

본래 Euroclear와 Clearstream은 유로시장에서 발행 · 유통되는 국제채권의 결제를 위해 설립된 기관으로서 모든 국제증권거래에 대한 예탁결제서비스를 제공하는 기관은 아니었다. 국제채권전문 예탁결제기관이라는 한계를 극복하기 위해 이들 기관은 세계 주요 시장의 증권예탁결제 관련 기관과의 업무연계와 다양한 부가가치서비스 개발을 위해 노력하였으며 현재 증권투자자들이 유로시장은 물론 세계 주요 증권시장 거래에 용이하게 참여할 수 있는 기회를 제공하고 있다. 또한 국제 증권시장의 운영효율성을 위해 상호 업무제휴에 따라 두 기관의 참가자에게 국제증권예탁결제서비스를 제공하고 있고, 세계 각국의 보관기관 · 중앙예탁결제기관 · 결제대금지급기관 등과의 연계를 통해 서비스의 질적 다양화를 기하고 있다.

최근에는 유로시장과 국제증권시장에서 주식거래 규모가 증대함에 따라 주식의 국제거래에 대해서도 예탁결제서비스를 제공하고 있다. 그러나 유로시장이라는 특정된 장소에서 유로채 위주의 서비스 제공을 전문적으로 해 왔기 때문에 전 세계적으로 그 서비스를 확장하기에는 어려움을 갖고 있다. 또한 영리를 목적으로 하기 때문에 이용자의 비용 부담이 큰 편이며, 국가적 차원의 제도운영기관이 아니기 때문에 안정성이 미흡한 제약 요인을 가지고 있다.

이를 극복하기 위해 Euroclear는 프랑스(Sicovam), 네덜란드(Necigef), 벨기에(CIK)의 중앙예탁결제기관을 통합하고, 이후 포르투갈(Interbolsa)과 영국(CrestCo)의 중앙예탁결제기관을 합병하였으며 또한 핀란드, 스웨덴의 중앙예탁결제기관을 직접 운영하고 있다. 이를 바탕으로 유럽 시장에서 중핵 · 주변(hub & spokes)모델[7]을 주창하며 유럽의 예탁결제

7 Euroclear에서 제시한 중핵 · 주변모델은 Euroclear와 Clearstream의 합병을 통해 탄생한 통합예탁결제기관을 유럽증권예탁결제 시스템의 핵심(hub)으로 두고, 각국의 예탁결제기관을 주변(spokes)으로 연결하는 방식이다. 통합예탁결제기관은 국제투자, 거액 도매거래에 대한 예탁결제 업무를 담당하고 각국의 예탁결제기관은 국내거래 및 소매거래를 담당한다.

인프라를 수평적으로 통합하고자 하는 계획을 실행 중에 있다. 한편 Cedel의 뒤를 잇는 Clearstream은 독일증권거래소와 Cedel International이 각각 50%씩 지분을 소유하고 있었으나, 2001년 10월 독일증권거래소가 Cedel International의 지분을 인수함으로써 독일증권거래소의 자회사가 되었다. 독일증권거래소는 거래에서 결제까지 하나의 기관이 제공하는 '수직적 통합(vertical silos)'을 지향하고 있다.

이와 같이 유럽 역내에서의 예탁결제 인프라의 통합이 매우 활발하게 진행되고 있으며, Euroclear와 Clearstream은 특정 지역 ICSD의 한계를 극복하고 업무영역을 크게 넓혀 나가고 있는 상황이다.

3.3. 중앙예탁결제기관 간 연계 이용

국제증권거래의 결제를 저렴한 비용의 이상적인 형태로 완결할 수 있는 방법은 전 세계적으로 단 하나의 국제증권예탁결제기관을 설립하는 방법이다. 즉 그곳에 각국의 모든 증권을 전자증권 형태로 등록하여 국제증권거래에 관련된 모든 이해 관계자들이 이 국제증권예탁기관에 시스템으로 연결됨으로써 국제증권거래의 청산 · 결제와 권리관리 등 국제증권예탁결제 업무를 자동으로 처리하는 방식이라고 할 수 있다.

이와 같은 형태의 국제예탁결제 방식이 실현된다면 모든 국제증권거래는 장부상 계좌대체 방식에 의해서 이루어지며 증권, 통화, 거래기관, 거래유형, 거래시간, 계좌번호 등의 모든 정보가 국제적으로 표준화된 코드에 의해 단 한 번의 전산 입력으로 24시간 내내 거래를 성립시킬 수 있다. 이러한 구상 자체는 현실적으로 실현이 어려운 모델이지만 이러한 구상을 가능하게 하려는 다양한 시도가 꾸준하게 진행되고 있다.

실제로 미국의 DTCC는 2000년 세계 각국의 CCP(central counterparty)가 글로벌한 상호협조 및 통합을 추진하는 것이 시장참가자에게 메리트가 된다고 주장하여 각국의 CCP 간의 통신, 표준화, 교차 담보, 시스템 개발의 공동화 등을 추진할 것을 제안하였다.[8] DTCC는 향후 5~10년 내 CCP의 제휴 및 통합이 진전될 것으로 전망하고 있으며, 현재 CCP12 회의[9]를 주도적으로 운영하고 있다.

한편 각국 중앙예탁결제기관을 연계하는 방식은 특정 국가의 증권투자자가 자국 내의 중앙예탁결제기관을 이용하여 국제증권거래의 결제를 이행하고 해당증권을 예탁 · 관리하는 방식을 말한다. 이 경우 각국 중앙예탁결제기관은 외국 중앙예탁결제기관과 상호 업무

8 Central Counterparty 백서: 동향 · 협조 · 통합, 2000.10.

9 CCP12는 청산업무, 차감업무, CCP서비스 등에 관한 글로벌한 개선을 목적으로 2001년 7월 세계 13개 청산기관이 참여하여 설립되었다. 현재 (ⅰ)담보관리, (ⅱ)청산기관 간의 연계, (ⅲ)리스크관리와 best practice의 3개 워킹그룹이 조직되어 있다.

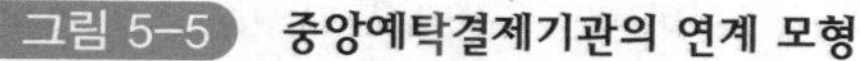
그림 5-5 중앙예탁결제기관의 연계 모형

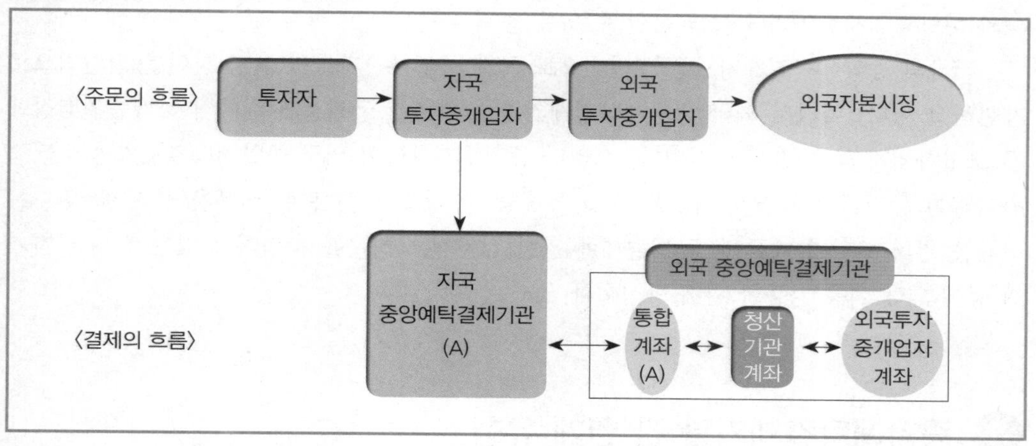

연계에 의한 통합계좌(omnibus account)를 통해 국제증권예탁 업무를 처리하게 된다. 경우에 따라서는 국제증권보관기관이나 국제증권예탁결제기관과의 업무 제휴를 통해서 국제적인 증권결제서비스를 제공하는 것도 가능하다. 〈그림 5-5〉는 중앙예탁결제기관 간 연계를 이용하는 경우의 주문과 결제에 관한 업무흐름을 나타내고 있다.

이론상 중앙예탁결제기관 간 직접 연계는 참가자들에게 시장 표준화 향상에 따른 이익을 제공한다. 모든 국제 증권의 결제가 중앙예탁결제기관의 통합계좌를 통해 일원화된 결제 창구에서 이루어지기 때문에, 이용자는 현지국에서 국내 증권예탁결제제도로부터 제공받는 서비스와 동일한 국제예탁결제서비스를 제공받을 수 있다. 즉 증권투자자는 거래 상대국의 결제 관련 다양한 절차, 제도, 언어, 관행 등을 잘 몰라도, 각국 중앙예탁결제기관에 개설된 계좌를 이용한 장부상 계좌대체 방법으로 국제적으로 실물증권의 이동 없이 간편하게 국제증권거래의 결제를 이행할 수 있다.

3.4. 외국 중앙예탁결제기관 직접 이용

외국 중앙예탁결제기관을 직접 이용하는 방식은 특정 증권투자자가 증권거래가 발생되고 결제가 이행되는 상대국의 해당 중앙예탁결제기관을 직접 이용하여 국제증권거래의 결제를 이행하고 결제증권을 예탁 · 관리하는 방식을 말한다. 이 방법에 의하면 투자자가 중개기관을 거치지 않고 가장 단순한 경로로 거래 상대국의 중앙예탁결제기관에 계좌를 가지고 직접 참여한다. 따라서 증권투자자들이 이 방식을 이용해 국제증권결제를 이행하기 위해서는 이용하고자 하는 해당 외국의 증권시장 시스템 · 규제 법규 · 증권예탁결제제도 등 해당 국가의 증권시장에 관한 전반적인 시스템에 익숙해야 하며, 시간대의 차이 및 언어장벽과 해당증권시장의 변화를 극복할 수 있는 능력을 구비해야 한다.

각국의 중앙예탁결제기관은 일반적으로 국제 증권투자자들의 직접 참여를 일반적으로 제한하고 있다. 따라서 외국 중앙예탁결제기관을 이용한 국제결제는 아직 국제증권시장에서 보편화되지 않은 결제 방식이다. 그러나 증권투자자들이 외국 중앙예탁결제기관에 직접 참여하여 증권거래의 결제 과정을 직접 통제할 수 있고 결제 관련 비용을 줄일 수 있다는 장점을 지니고 있기 때문에, 국제결제에 관한 전문적 노하우를 축적하고 있는 전문 투자기관 등에 의해 이용 가능한 결제 방식이다.

4 중앙예탁결제기관 간 연계 유형

앞에서 언급한 중앙예탁결제기관 간 연계 방식은 투자자가 자국의 중앙예탁결제기관을 통하여 국제증권거래에 따른 결제 등의 업무지시를 하고, 해당 중앙예탁결제기관은 결제가 발생하는 상대국의 중앙예탁결제기관과 업무연계를 통해 결제 및 보관 업무를 처리하는 것을 말한다.

그 유형으로는 대금결제를 제외한 증권만의 결제 및 보관을 목적으로 하는 증권결제 연계방식과 증권과 대금의 동시결제 연계방식이 있다.

4.1. 증권결제 연계

증권결제 연계방식(證券決濟 連繫方式)은 중앙예탁결제기관의 국제연계 방식 중 초보적인 단계로 국제증권결제를 위한 증권예탁업무의 연계만 유지하고 대금결제는 연계가 이루어지지 않는 형태이다. 즉 〈그림 5-6〉과 같이 대금 결제를 수반하지 않는 연계방식(free of

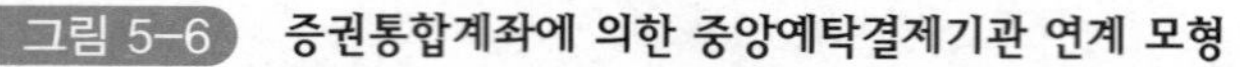

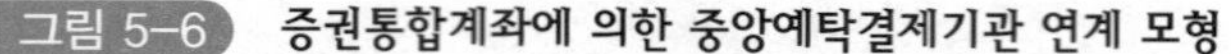
그림 5-6 증권통합계좌에 의한 중앙예탁결제기관 연계 모형

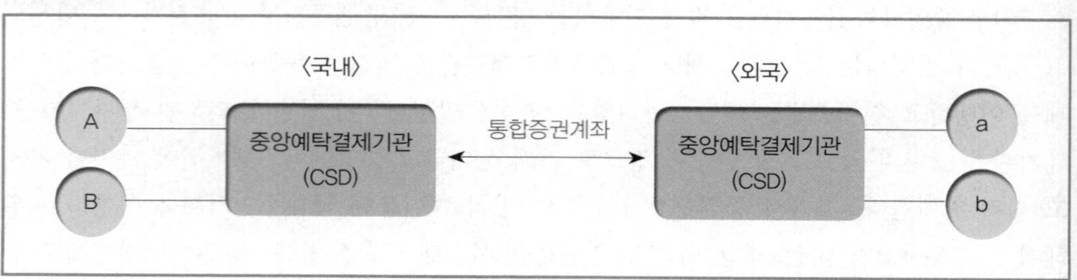

payment)으로 별도의 대금계좌의 개설이 필요하지 않다.

증권결제 연계방식의 기본 형태는 해당 중앙예탁결제기관 간에 개설되어 있는 통합 계좌에 의해서 증권결제를 행하는 방식이다. 이 연계방식은 대금결제와는 관계없이 단지 양국의 증권결제를 원활히 하기 위한 것이기 때문에 대금결제는 각기 편리한 대로 다른 경로를 택해 이용한다. 대금지급과는 연관되지 않은 연계방식이기 때문에 증권과 대금의 동시결제(DVP)가 불가능하다는 점이 단점으로 지적된다.

4.2. 증권과 대금의 동시결제 연계

이 방식은 앞에서 설명한 증권결제 연계방식에서 발전하여 증권의 집중예탁보관은 물론 양국 간 증권 매매거래 시에 증권과 대금의 동시결제 서비스를 제공하는 연계방식이다. 〈그림 5-7〉과 같이 대금결제를 위해서는 통합증권계좌 외에 별도의 통합대금계좌(omnibus cash account)를 개설해야 한다.

증권과 대금의 동시결제 방식으로 이루어지기 때문에 참가자 상호 간에 거래조건의 확인을 위한 매매거래 조회 · 확인방식의 구비가 요청된다. 또한 대금결제가 수반되는 연계방식이기 때문에 해당 중앙예탁결제기관은 결제지시 전에 반드시 참가자의 증권 잔고나 현금 지급 능력을 확인해야 하며, 결제부족을 충당하기 위한 자금대출 등 적절한 신용제공서비스(credit line)와 증권대차서비스를 제공하는 것이 바람직하다. 그러나 이 방식은 연계 당사국 간 결제방식의 표준화가 선행되지 않는 경우, 결제구조의 이중적 시스템으로 인한 문제점이 야기될 수 있는 단점이 있다.

증권과 대금의 동시결제 연계방식은 국제기구에서 권장하는 이상적인 중앙예탁결제기관 간 연계모델로서, 현재 미국과 캐나다 사이 그리고 유럽의 일부 국가 간에 제한적으로

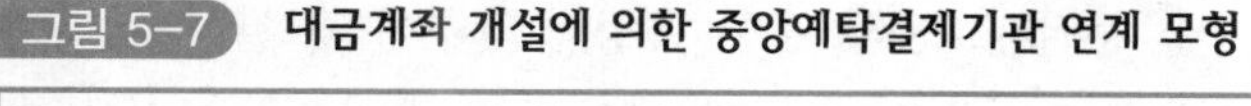

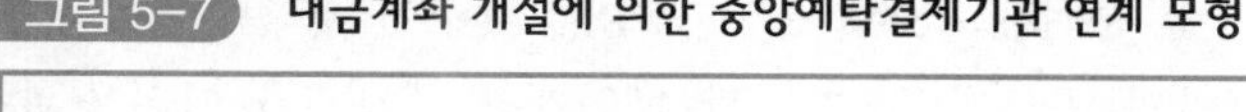
그림 5-7 대금계좌 개설에 의한 중앙예탁결제기관 연계 모형

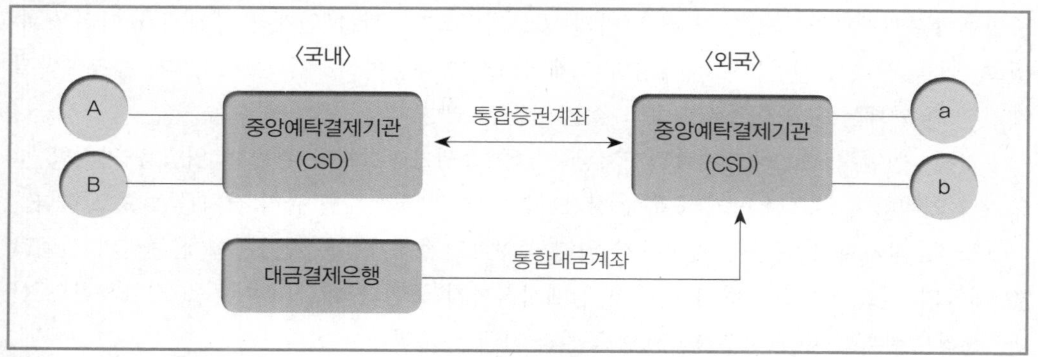

이루어지고 있다.

4.3. 중앙예탁결제기관 간 연계 이용의 장 · 단점

국제예탁결제업무를 보관기관이나 국제중앙예탁결제기관을 이용하여 수행하는 경우에는 국가별 또는 증권종류별로 보관은행을 지정 · 운영하기 때문에 업무처리가 복잡하고 비용이 많이 든다. 중앙예탁결제기관 간 연계를 이용하여 수행하는 경우에는 그러한 문제를 극복할 수 있다. 중앙예탁결제기관 간 연계방식을 이용할 경우의 장 · 단점은 다음과 같다.

(1) 장점

중앙예탁결제기관 간 연계에서는 한 나라의 중앙예탁결제기관은 다른 나라의 중앙예탁결제기관에 자기 명의로 통합계좌를 개설할 수 있다. 그 통합계좌를 통하여 증권의 예탁 · 결제 · 권리관리 등과 같은 업무를 간단하게 처리할 수 있다. 이러한 방식은 개별 보관기관을 이용하는 경우보다 업무처리 및 커뮤니케이션 절차가 단순하고 국경을 넘는 증권투자 및 담보설정도 용이하다. 또한 국제예탁결제 업무가 통합되어 처리되기 때문에, 규모의 경제로 인해 다른 기관을 이용하는 경우와 비교하여 투자비용이 절감되고 창구의 단일화로 시장 효율성이 제고된다.

중앙예탁결제기관 간 연계는 대부분의 국가가 이미 설립하여 운영 중인 중앙예탁결제기관을 이용하여 연계하기 때문에 범세계적인 결제 네트워크로 확장할 수 있으며, 투자자가 이용하는 해당 국가의 중앙예탁결제기관을 통해 결제이행을 보장받을 수 있으므로 결제에 따른 위험을 크게 줄일 수 있다는 장점이 있다.

(2) 단점

위와 같은 장점에도 불구하고 자국 증권제도의 고유한 특성에 맞추어 구축 · 운영되는 중앙예탁결제기관의 특성상 여러 나라의 중앙예탁결제기관을 연계하는 자체가 어려울 수 있고, 이들 간의 연계만으로는 다양한 고객서비스에 대응하지 못할 수도 있다. 중앙예탁결제기관 간 연계는 구체적으로 다음과 같은 단점이 있다.

첫째, 일반적으로 중앙예탁결제기관은 국제증권거래결제와 관련된 위험을 커버할 수 없거나 커버하지 않으려 하기 때문에 참가자는 별도의 결제위험 관리 장치를 필요로 한다.

둘째, 참가자의 위험을 커버하기 위해 중앙예탁결제기관은 참가자에게 증권의 선예탁 및 대금의 선입금을 요구하거나 실제 결제시점까지 증권과 대금의 이용을 제한하기도 한다. 그러므로 투자자들은 추가적으로 증권과 자금을 준비해야 한다.

셋째, 기술한 바와 같이 연계 당사국의 결제 방식이 표준화되지 않을 경우 결제운영방식이 이원화되어 중앙예탁결제기관 간의 연계시스템 개발비용이 증가하고 운영의 위험이 커지는 문제점을 야기할 수도 있다.

마지막으로 그동안 주로 선진국 중앙예탁결제기관들이 서로 연계하여 왔기에 중앙예탁결제기관 간 연계방식을 전 세계로 확산하는 것은 어렵다는 단점도 있다.

5 국제증권예탁결제제도의 특징

1990년대 이래로 국제증권거래의 규모는 경제규모의 성장, 금융의 증권화 · 국제화, 규제완화 등에 힘입어 크게 증가하였다. 국제증권거래가 확대됨에 따라 국가 간에 발생하는 대량의 거래를 저렴한 비용으로 원활하게 처리하기 위해서는 각국 증권예탁결제제도를 표준화해야 한다는 인식이 계속 확산되고 있다.

이에 따라 세계 각국은 자국 증권시장의 결제 안정성과 효율성을 제고하기 위해 증권예탁결제제도를 합리적으로 개선하는 문제를 시장 개혁의 최우선 과제의 하나로 인식하게 되었다. 여기에는 G-30와 ISSA 등 국제적인 증권 연구단체에서 증권결제시스템을 개선하라는 권고안을 지속적으로 발표한 것도 큰 영향을 미쳤다.

그 결과 1980년대까지만 해도 중앙예탁결제기관이 설립된 국가가 20여 개국에 불과하였으나, 2016년 말에는 140개에 달해 대부분의 국가에서 중앙예탁결제기관을 설립 · 운영하고 있다. 한편 이러한 국제증권예탁결제제도는 국내증권예탁결제제도와 비교해서 몇 가지 차이점을 발견할 수 있는데 이를 간단히 요약하면 다음과 같다.

첫째, 국제적으로 발행 · 유통되는 증권은 매매거래의 주문지와 예탁 · 결제의 이행지가 다르다. 즉 국제증권거래 당사자는 통상 본인이 소재하는 본국에서 자국 증권시장의 브로커나 국제 증권시장에서 활동하는 국제 증권브로커를 통해 외국 증권시장에서의 거래를 주문하는 것이 일반적이다. 거래에 따른 결제는 해당증권이 발행 · 유통되는 외국 증권시장에서 이행되며, 거래 당사자 본인은 자국의 증권예탁결제기관이나 국제증권보관기관에 직 · 간접으로 개설된 자신의 계좌를 통해 매매 증권에 관한 소유권 및 다양한 권리를 취득한다.

둘째, 국제증권거래에서 유통되는 증권은 국제적으로 예탁결제에 적합한 적격증권이어야 하며, 국제증권거래의 결제 수단으로 이용되는 결제 통화는 일반적으로 거래 당사자가 지정하는 국제적 통용력이 있는 국제 통화이거나 또는 증권결제가 이행되는 지역의 현지 통화가 대부분이다. 한편 유로시장과 같은 역외시장(offshore market)에서는 거래 당사자가 지정한 통화로 결제가 이루어진다. 실제로 Euroclear나 Clearstream은 원활한 증권거래의 결제를 위해 다양한 통화를 결제 통화로 지정하고 있다.

셋째, 세계 각국에서 운영하고 있는 증권예탁결제제도에 관한 규제, 적용 법규, 거래 관행 등이 서로 다를 수 있다. 즉 특별법으로 예탁결제제도의 법적효력을 규정하고 있는 국가가 있는 반면, 민법과 같은 일반법을 적용하여 예탁결제제도를 규율하는 국가도 있다. 증권예탁결제기관에서의 장부상 계좌대체에 관한 법적 효력이 국가 간에 통일되어 있지 못하기 때문에 국제담보거래 시 여러 가지 문제가 제기될 가능성이 많다.

최근에는 이를 해소하기 위해 국제 사법적인 입장에서 통일적인 기준을 마련하려는 움직임이 있는데, 국제증권거래나 담보거래의 경우 계좌보유자와 중개기관이 체결한 계좌약정의 준거법에 따르도록 하는 헤이그증권협약이 좋은 예이다.[10] 예컨대 미국 투자자와 한국 투자자가 벨기에에 본사가 있는 Euroclear를 예탁결제기관으로 하여 독일 증권을 거래하였다면, 결제 후 예탁된 증권의 소유권이나 담보권 등에 관한 물권적 효력은 계좌약정에 따라 중개기관인 Euroclear의 소재지역이며 계좌관리지역인 벨기에 법률에 따른다는 것이다.

넷째, 국제증권예탁결제와 관련한 예탁 · 결제 · 권리행사 · 대금지급 업무 등을 처리하는 기관이 각국 중앙예탁결제기관, 국제예탁결제기관, 국제증권보관기관, 지역보관기관 등으로 다원화되어 있다는 점이다.

6 국제증권예탁결제제도의 제약요인

국제거래가 활성화되면서 효율적이고 안정적인 국제증권예탁결제제도가 요구되고 있으나 현재까지 여러 제약 요인이 존재하고 있다. 특히 거래 당사국의 거래 관련 규제와 제도가 나라마다 각각 상이하며, 국제증권거래에 따른 투자 위험이나 결제 위험 등 다양한 위험이 수반된다. 이와 같이 국제증권결제시스템에 내재되어 있는 각종 제약요인에 관해 구체적으로 살펴보고자 한다.

6.1. 시차에 따른 국제증권예탁결제의 제약

세계 시장에서 효율적이고 고도화된 수준의 국제증권결제가 이루어지기 위해서는, 무

10 헤이그증권협약은 관련 중개기관소재지법(PRIMA원칙: Place of the Relevant Intermediary Approach)을 따르되 당사자 간 계좌약정상의 준거법합의에 따른 준거법 결정원칙을 인정함으로써 당사자자치를 우선한다. 이 접근방법은 미국 및 유럽연합의 관련 입법에서도 적용되고 있다.

엇보다도 세계 각국 시장의 정보가 즉시(real-time) 교환될 수 있는 통신시스템이 갖추어져야 한다. 국제적으로 발생하는 증권거래 결제는 통화가 서로 다르더라도 증권과 대금의 동시결제(DVP)가 이루어지는 것이 바람직하며, 이를 위해서는 결제 당사자 간에 직접적으로 연결이 가능한 통신 수단이 필요하게 된다.

국경을 초월하는 국제증권거래의 결제를 이행하는 데 있어서 가장 큰 문제가 되는 것은 각기 다른 시간대의 차이로 인해 발생하는 지역 간 시차 문제라고 할 수 있다. 국제증권 결제를 위해서는 결제 당사자 간에 필요한 정보를 상호 교환해야 한다. 문제는 서로 다른 시차로 인해 메시지 전달이 어느 지역에서는 업무시간이 아닌 때 수령될 수 있기 때문에 정보 전달의 적시성 확보가 곤란하게 된다. 이와 같이 시차로 인해 국제증권결제를 위한 정보 전달이 결제 관계자 상호 간에 동일 시간대에 이루어질 수 없기 때문에 결제 당사자는 필요한 정보를 하루나 며칠을 앞두고 송부해야만 한다.

국제증권결제에 관한 정보는 결제일 전일까지 반드시 상호 교환되어야만 결제이행을 완결할 수 있으나, 실제 세계 각국의 결제일은 〈표 5-5〉와 같이 지역에 따라서 매매거래일로부터 2일 후(T+2)내지 3일 후(T+3) 등 다양하게 존재한다. 따라서 짧은 결제일을 채택하고 있는 국가의 경우에는 국제증권결제를 위한 시간적인 여유가 충분하지 못한 점이 문제점으로 제기된다.

표 5-5 세계 주요시장의 결제일 비교

국가	결제일	국가	결제일
미국	T + 2 일	독일	T + 2 일
영국	T + 3 일	스위스	T + 3 일
프랑스	T + 3 일	홍콩	T + 2 일
일본	T + 3 일	싱가포르	T + 3 일
캐나다	T + 2 일	한국	T + 2 일
중국B주	T + 3 일	선·후강통	T 일

주: T일(trade date)은 매매거래일

결제주기가 짧은 시장일수록 거래에 따른 위험이나 결제위험을 감소시킬 수 있어 미국을 중심으로 결제주기를 단축하기 위해 노력하고 있다. 그러나 결제주기를 단축하기 위해서는 STP(straight through processing)가 중심이 된 결제지시 메시지의 표준화가 선행되어야 하며 실제로 이를 위한 논의가 적극적으로 진행되고 있다.

증권분야에서 STP란 증권의 매매체결에서 결제까지의 전 과정에서 표준화된 메시지 포맷을 이용한 정보를 시스템에 자동으로 연결시켜 이음새(seam)나 수작업 없이 업무를 처리하는 것을 말한다. 이를 구현하는 방법은 여러 가지가 있을 수 있으나, 최근 들어서는 SWIFT의 ISO15022이 국제증권거래에 있어서 표준 메시지 형태로 자리를 잡아가고 있다. 나아가 이를 전자통신시스템상에서 구현하기 위한 기술적인 측면인 프로토콜의 국제 표준화도 활발하게 진행되고 있다.

6.2. 국제증권결제 불이행위험의 노출

증권거래를 결제함에 있어 결제불이행이 없는 가장 이상적인 방식은 증권의 매매체결과 동시에 결제가 이루어지는 방식이다. 그러나 이러한 결제 방식은 다양한 투자자가 참여하는 경우 이루어지기 곤란하며 결제 위험을 최소화시키기 위해서는 거래가 체결된 이후 빠른 시간 내에 거래 내역을 대조 확인하는 과정이 필요하다. 이러한 과정이 제대로 이행되지 않으면 매매 착오나 매매 데이터의 상이 등을 사전에 발견할 수 없게 되어 최종적으로 결제가 이루어지지 않을 수도 있으며 이 부분은 시장 참가자들에게 커다란 위험 요인으로 작용한다.

국제증권거래에서도 거래 당사자는 거래 후 가능한 한 빠른 시간에 거래 내역을 대조 · 확인하는 것이 필요하며 거래 내역의 상호 확인을 거치지 않은 증권거래는 결제일에 안정적인 결제이행을 할 수 없게 된다. 특히 국제증권거래의 경우에는 증권회사, 투자관리회사, 국제증권보관기관, 예탁기관 등 결제에 관여하는 이해관계자들이 매우 다양하게 구성되어 있고, 시차도 각각 다른 지역적 차이가 존재하기 때문에 매매거래의 조회 · 확인 과정이 복잡하다.

이에 따라 세계 각국의 결제당사자들은 그들이 각 시장에서 발생시킨 거래내역과 결제지시 등의 정보를 취합하여 온라인 방식으로 전달할 수 있는 자동화된 매매대조시스템을 개발하려고 노력하고 있다. Omgeo가 그 대표적인 기관이다. Omgeo는 미국의 DTCC와 Thomson Financial이 공동으로 출자하여 2001년에 설립하였으며, 국제증권거래 및 결제과정에서 일괄적인 대조 · 조회기능을 제공하고 있다.[11]

11 이외에도 국제증권거래의 글로벌 조회기관으로서 유럽의 증권관계자들에 의해 1998년에 설립된 GSTPA (Global Straight Through Processing Association)가 매매조회 시스템인 TFM(Transaction Flow Manager)을 가동시킬 예정이었으나 2002년 11월 자금 부족과 사업 미진으로 사업 포기 및 해산을 결정한 바 있다.

6.3. 국제증권예탁결제 업무의 통일성 결여

세계 금융시장이 급속히 통합되고 있음에도 불구하고 통화, 증권시장의 구조, 증권거래의 절차와 관행, 증권관련 규제와 법제 등은 각국마다 여전히 서로 다르다. 특히 국제증권결제에서는 어느 나라 법률을 우선 적용할 것인지를 결정해야하는 경우도 자주 발생한다. 또한 증권의 발행도 주로 각국의 시장 특성에 적합하도록 이루어지고 있으며, 각종 결제 메시지와 증권코드도 아직 세계적으로 충분하게 표준화되지 못하고 있다.[12] 그 결과 국제증권거래에서 발생하는 커뮤니케이션을 수행하는 과정에서 증권종목과 결제에 관한 정보를 전달할 때 착오가 발생할 수 있는 위험이 내재되어 있다.

따라서 이러한 정보의 확인 · 수정 업무에 많은 시간을 소비하는 비효율성이 국제증권결제의 현실적인 문제점으로 지적된다. 이를 극복하기 위해 증권거래의 메시지 표준화 작업이 활발히 진행되고 있음은 전술한 바와 같다.

6.4. 국제증권예탁결제 하부구조시스템의 취약

국제증권거래는 안정성과 효율성을 갖추어 신뢰할 수 있는 시장에서 이루어져야 거래에 따른 결제불이행을 줄일 수 있다. 그러나 오늘날 각국의 증권시장은 국제증권거래를 원활히 결제하기 위해 필요한 정도로 고도화된 통신시스템을 갖추지는 못하고 있으며, 각국 중앙예탁결제기관의 기능이나 안정성도 원활한 결제처리를 뒷받침하기 어려운 경우가 많다. 이러한 문제는 각 시장의 상이한 규제체제와 더불어 원활한 국제증권거래를 어렵게 하는 요인들이다. 또한 국제증권거래의 실질적 촉진 수단인 증권과 대금의 동시결제(DVP) 시스템의 구축이나, 결제 증권이나 대금 부족시 이를 충당하기 위한 증권의 대여나 차입제도가 국제증권시장 전반적으로 미흡한 실정이다. 아울러 국제증권결제 이행보증제도의 미비와 실물증권을 통한 결제가 일부 시장에서 존재한다는 사실도 또 다른 제약요인으로 작용하고 있다.

12 증권 코드 및 메시지의 표준화는 ISSA 권고안 중 이행 실적이 가장 미흡한 부분이다.

국제증권발행시장과 예탁결제제도

제1절 국제증권발행시장

1 국제증권발행시장의 성장

1.1. 금융위기와 자금조달방법의 변화

1994년 멕시코의 외채위기와 1997년 한국, 태국, 인도네시아 등 아시아국가의 외환위기를 겪으며 국제금융시장의 자금조달방법은 변화를 맞게 된다. 국제적으로 규모가 큰 상업은행들이 개발도상국('국가와 기업'을 함께 이름, 이하 같은 의미로 사용)에 대한 대출을 감소시키고 신용도가 높은 선진국기업에 대한 대출로 방향을 선회하게 된 것이다. 개발도상국에 대해서는 직접 대출보다 증권발행을 주선하는 방법을 택하게 되며, 차입자인 개발도상국입장에서도 조달비용이 큰 은행차입보다 조달비용이 저렴한 증권발행을 선호함에 따라 증권발행이 많은 인기를 끌게 되었다.

1.2. 리스크 관리의 용이

국제금융시장에서 변동금리의 적용이 늘어나면서 금리리스크가 대두되었고 이를 해결하기 위해 금리스왑(interest swap)과 선물 · 옵션 · 선도계약이 발전하였다. 모두 증권을 매개로 하는 것으로 다양한 파생상품을 포함하는 이러한 금융상품의 발전은 국제증권시장의 발전과 맥을 같이 한다.

1.3. BIS의 자기자본비율 규제

국제결제은행인 BIS(Bank for International Settlement)는 금융기관의 자기자본에 대한 국제적인 통일기준을 마련하고 이를 계속 발전시키고 있다. 점차 까다로워지는 BIS의 자기자본기준을 준수하기 위해 노력하는 금융기관에게 대출채권의 증권화는 자신의 위험가중치를 낮게 하여 필요자본금액을 줄여주는 효과가 있다. 1990년대 이후 국제증권발행시장의 성장에는 대출채권의 증권화 등 금융의 증권화가 많은 역할을 차지하였다.

2 국제증권발행시장의 구분

앞에서 언급한 바와 같이 정보통신기술의 발달, 금융산업의 세계화, 그리고 금융상품의 증권화는 기업의 자금조달원을 장소측면으로는 국내시장에서 국제시장으로, 방법적으로는 간접금융에서 직접금융으로 변화시키고 있다. 국제증권시장을 발행시장과 유통시장으로 나누는 경우, 발행시장은 주식 · DR 등 지분증권을 발행하여 판매하는 국제주권발행시장과 채권을 발행하여 판매하는 국제채권발행시장으로 구분할 수 있다. 기업은 국제증권시장을 통해 증권을 발행하는 경우 국내증권시장을 이용하는 것에 비해 다양한 수요자로 인해 더욱 유리한 조건으로 발행할 수 있다. 투자자 입장에서는 다양한 상품에 투자함으로써 분산투자의 효과인 리스크 분산을 꾀할 수 있으며 국내상품으로는 충족시킬 수 없는 높은 수익률이 가능한 상품을 만날 수 있다는 장점이 있다.

유로시장에서 출발하여 국제거래를 기반으로 발달한 채권시장과 달리 주식시장은 한 국가 내에서 발행되어 상장되고 거래되었으며 시간이 지남에 따라 외국인투자를 허용하는 방식으로 국제화가 진행되었다. 이 편에서는 해외투자의 불편함을 덜기 위해 일정 수량의 주식을 따로 보관하고 이에 상응하는 새로운 증권을 발행하여 해외에서 거래하는 증권예탁증권(DR: Depositary Receipts)도, 채권과 대비되는 지분증권이라는 차원에서 주식과 함께 주권의 일부로 설명한다.

국제주권발행시장을 나누어 국내기업측면에서 관심이 많고 중요성이 크다고 판단되는 국내기업의 해외거래소 상장(이하 '해외상장'이라 한다)을 먼저 살펴보고, 국내투자자 입장에서 중요하다고 생각되는 외국기업의 국내거래소 상장(이하 '국내상장'이라 한다)을 다음에 설명하고자 한다. 그리고 국제채권발행시장을 국내기업의 주식연계 해외채권의 발행과 권리행사 중심으로 기술한다. 한편 DR은 발행시장뿐만 아니라 유통시장에서도 의미가 있고, 앞으로 더욱 중요해질 것으로 예상되므로 제4장에서 추가로 설명하기로 한다.

제2절 국내기업의 해외상장[13]

1 해외상장의 의의 및 효과

1.1. 해외상장의 의의

해외상장이란 기업이 발행한 유가증권을 설립지 또는 본점소재지 밖의 다른 나라 증권시장에 상장하는 것을 의미한다. 1990년대 이후 전 세계적인 증권거래소들 간의 경쟁과 합병 및 제휴, 그리고 증권시장의 규제완화 움직임은 각 시장의 외국기업 상장유치 경쟁으로 발전하고 있다. 국내기업의 해외상장은 1990년대 초반까지 룩셈부르크증권거래소를 주로 이용하였으며, 시간이 지남에 따라 런던증권거래소, 나스닥 및 뉴욕증권거래소, 그리고 싱가포르증권거래소 등으로 상장시장을 넓혀가고 있다.

1.2. 해외상장의 효과

기업을 해외시장에 상장함으로써 얻을 수 있는 효과는 다음과 같다.[14]

첫째, 기업의 해외상장으로 인해 투자자입장에서는 투자대상 유가증권이 확대되어 위험의 분산효과를 기대할 수 있다. 이에 따라 더 많은 투자자가 해당증권에 투자하게 되며 이러한 투자자층의 확대는 주식가치에 긍정적으로 작용한다. 국내 자본시장이 해외 자본시장과 분리되어 있는 정도가 클수록 이러한 효과는 더욱 커질 것이다.

둘째, 주식의 해외상장은 해당기업이 투자자에게 보다 적극적으로 기업의 가치를 전달하려는 신호(signal)가 될 수 있다. 기업지배구조와 투자자 보호 등의 측면에서 국내보다 더 엄격한 상장요건을 요구하는 외국의 시장에 상장함으로써 회사 자신의 질적 수준을 대외적으로 보여줄 수 있다. 이를 통하여 추가적인 투자를 유도하고 기업 가치를 향상시킬 수 있다.

셋째, 주식의 해외상장은 거래를 통한 정보 이전효과를 높여 준다. 즉 거래장소가 확대됨으로써 사적정보(private information)의 공개화를 촉진하여 주식의 유동성을 높이는 효과

---

13 최경렬, "해외상장과 유가증권예탁결제제도", 「금융법연구」 제4권 제1호, 2007, 184~198쪽.

14 Mittoo, U, "Managerial Perceptions of the Net Benefits of Foreign Listing : Canadian Evidence", *Journal of International Financial Management and Accounting 4*, 1992, pp.40~62.

를 가져올 것이다. 이러한 부분은 국내 증권거래소와 외국 증권거래소가 서로 다른 공시사항을 요구하고 있고 두 시장의 감독당국이 다른 기준을 적용하려 하기 때문에 더욱 촉진될 수 있다.

넷째, 일반적으로 국내에서의 증자는 주가를 떨어뜨리는 효과를 가져오게 된다. 이는 (ⅰ)해당기업의 발행주식수가 증가함에 따른 주가의 희석화, (ⅱ)국내 주식시장에의 자금공급이 일정한 경우 자금수요의 증가에 따른 주가의 하락 등이 주요요인이 될 것이며 주식시장에서 차지하는 시가총액 비중이 높을수록 후자의 영향이 클 것이다. 해외시장에의 상장을 통해 증자가 이루어진다면 국내시장에서의 증자와 비교하여 이러한 주가하락 압력이 크게 줄어들 것이다.

다섯째, 해외상장은 해외에서의 회사 지명도를 크게 높여 회사 이미지를 제고시키는 역할을 한다. 미국시장에 상장하는 경우 DR 또는 주식의 가격이 Wall Street Journal을 비롯한 경제신문에 실리게 되며 유럽시장에 상장하는 경우 Financial Times 등에 DR 또는 주식의 가격이 게재된다.

여섯째, 해외상장은 주주의 구성을 다양하게 한다. 특히 미국시장에 상장하는 경우 이 효과가 더욱 크다. 뮤츄얼 펀드를 비롯한 미국의 기관투자자들의 경우 내규상 외국주식의 직접소유를 규제하는 곳이 있으며 이런 투자가들도 미국시장에 상장된 DR이나 주권에는 투자가 가능한 것이 일반적이다.

1.3. 해외상장 유형

지분증권을 해외에 상장시키는 유형에는 DR상장과 주권직접상장의 두 가지 방법이 있다.

(1) (해외)DR상장

해외DR상장이란 발행된 주식을 국내에서 예탁·보관하고 이들 증권이 국내에 예탁되어 있다는 사실을 증명하는 증권인 증권예탁증권(DR)을 해외에서 발행하여 이를 상장·거래하는 방법이다. DR은 외국투자자의 편의를 위해 기업이 해외에서 발행하는 유가증권대체증권으로 언어·법률·거래관습 등의 차이때문에 발생할 수 있는 증권의 이전·결제 및 권리행사의 어려움을 제거하여 외국투자자에게 그 나라 증권과 마찬가지로 거래할 수 있도록 만들어진 증권이다.

(2) (해외)주권직접상장

주권을 해외증권거래소에 직접 상장하여 거래시키는 방법이다. 주권을 해외에서 발행한 후 해외의 보관기관 또는 해외 중앙예탁결제기관에 보관시키고 증권거래소시장에서 거래하는 방법과 상장시장의 중앙예탁결제기관(이하 '상장국 중앙예탁결제기관'이라 한다)이 발행기업 소속국가의 중앙예탁결제기관(이하 '발행국 중앙예탁결제기관'이라 한다)에 계좌를 개설하고 상장하는 주권을 해당계좌에 예탁함으로써 발행지국 발행 및 상장지국에서의 매매거래를 가능하게 하는 방법이 있다.

2 국내기업의 해외상장현황

1990년 삼성물산이 DR을 발행하여 룩셈부르크시장에 상장한 후 2014년까지 모두 61개의 국내기업이 해외시장에 DR 또는 주권을 상장하였다. 한국기업의 해외상장현황을 DR상장과 주권상장으로 나누어 살펴보면 다음과 같다.

2.1. DR발행 및 상장

1990년 삼성물산이 최초로 4천만 미국달러 규모의 DR을 발행하여 룩셈부르크 증권거래소에 상장한 후부터 2014년까지 61개 기업이 총 343억 미국달러 규모의 해외DR을 발행하였으며, 2016년말 현재는 32개 기업의 37개 DR 종목이 해외 증권시장에서 거래되고 있다.

표 5-6 한국기업의 DR발행현황(2016년말 현재) (단위: 만USD)

회사명	원주	종류	거래시장
S-OIL	보통주	ADR	OTC
	1우선주	ADR	OTC
그라비티	보통주	ADR	NASDAQ
금호타이어	보통주	GDR	LSE
(주)성원	보통주	ADR	OTC
신세계	보통주	GDR	OTC
유앤에스에셋	보통주	ADR	–
케이티앤지	보통주	GDR	LuxX
현대제철	보통주	GDR	LuxX
LG디스플레이	보통주	ADR	NYSE

회사명	원주	종류	거래시장
LG전자	보통주	GDR	LuxX
	1우선주	GDR	LSE
SK텔레콤	보통주	ADR	NYSE
대우조선해양	보통주	GDR	LuxX
롯데쇼핑	보통주	GDR	LSE
삼성SDI	보통주	GDR	LuxX
삼성전자	보통주	GDR	LSE
	1우선주	GDR	LSE
신한금융지주	보통주	ADR	NYSE
에스케이하이닉스	보통주	GDR	LuxX
영원무역	보통주	GDR	SGX
우리은행	보통주	ADR	NYSE
중소기업은행	보통주	GDR	LuxX
케이티	보통주	ADR	NYSE
포스코	보통주	ADR	NYSE
한국씨티은행	보통주	GDR	OTC
한국전력공사	보통주	ADR	NYSE
한화케미칼	보통주	GDR	SGX
현대자동차	보통주	GDR	LuxX
	1우선주	GDR	LuxX
	2우선주	GDR	LuxX
하나투어	보통주	GDR	LSE
코라오홀딩스	보통주	GDR	SGX
KB금융지주	보통주	ADR	NYSE
두산인프라코어	보통주	GDR	SGX
웹젠	보통주	ADR	OTC
KCC	보통주	GDR	LuxX
32개사	37종목	–	–

2.2. 주권발행 및 상장

한국기업으로서 해외에 DR을 이용하지 않고 주권을 직접 상장[15]한 회사는 1999년 미국의 나스닥(NASDAQ)에 상장한 두루넷과 2005년 싱가포르거래소에 상장한 STX Pan Ocean이 있다. 두루넷은 주권을 국내에 상장하지 않은 상황에서 나스닥에 상장하였으나 2002년 상장이 폐지되었으며, STX Pan Ocean은 싱가포르거래소 상장에 이어 2007년 한국거래소(KRX)에도 주권을 상장시켰다.

표 5-7 한국기업의 해외 주권상장 현황

회사	규모	시장	시기	비고
두루넷	1.8억 미국달러	NASDAQ(미국)	1999년 11월	2002년 상장폐지
STX Pan Ocean	6.2억 싱가포르달러	싱가포르	2005년 7월	2007년 9월 KRX 상장

3 해외상장과 증권예탁결제제도

3.1. 해외DR상장과 예탁결제제도

국내기업이 해외에서 DR을 발행하여 상장하는 경우 원주의 발행 및 보관, DR의 발행 및 매매거래에 따른 결제는 다음과 같이 이루어진다.

(1) 원주 및 DR의 발행

우선 주간사회사는 인수인들로부터 DR인수대금을 모아 발행회사계좌에 입금한다. 발행회사는 명의개서대리인을 통해 주식을 발행하여 예탁결제원에 교부하고, 예탁결제원은 DR예탁기관계좌에 해당 주식을 입고(credit)한 후 이 사실을 해외의 DR예탁기관에 통보한다. DR예탁기관은 DR을 발행하여 미국의 중앙예탁결제기관인 DTCC의 계좌대체(book-entry)시스템을 통해 주간사회사에 입고하고 주간사회사는 각각의 인수인계좌에 주식을 입고시킨다.[16]

---

15 실무상으로는 DR상장과 대비하여 원주상장이라 한다.

16 위의 모든 과정은 동시에 일어나는 것으로 간주된다(대금납입과 주권발행 · 인도의 동시이행).
실제로는 대금납입과, 주권발행/DR발행은 서울시간으로 각각 자정 전 · 후에 이루어짐으로써 신주발행의 경우 주금 납입일 익일부터 주주의 권리 · 의무가 발생한다는 상법규정(제423조제1항)을 충족하게 된다.

그림 5-8 **DR발행 흐름도**

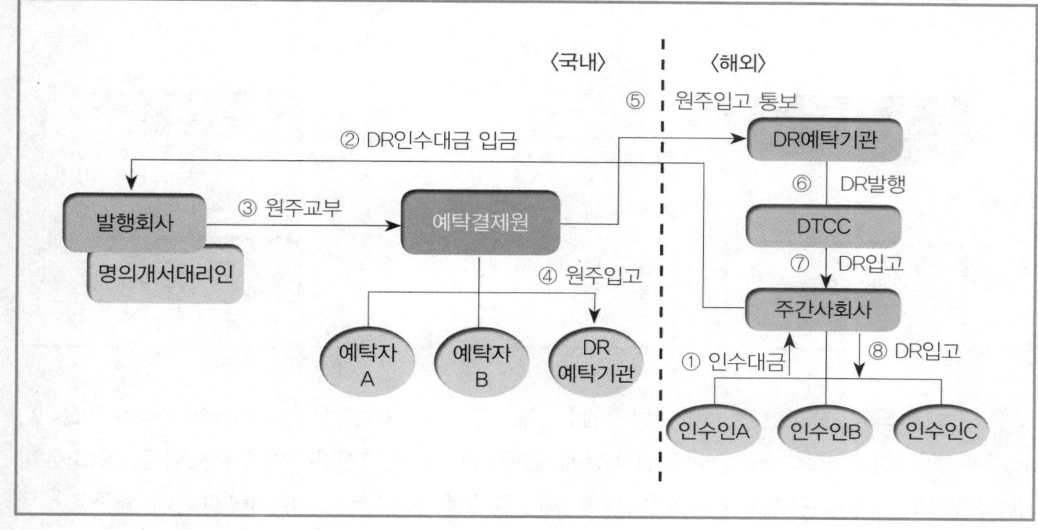

(2) DR의 매매거래에 따른 결제

DR은 외국시장에서 유통되는 외화증권으로서 해당시장의 결제시스템에서 결제가 이루어진다. ADR은 미국 중앙예탁결제기관인 DTCC의 결제시스템을 통해, GDR은 DTCC 및 Euroclear/Clearstream의 결제시스템을 통해 결제가 이루어지는 것이 일반적이다.

(3) DR과 원주의 상호전환

DR과 원주는 상호전환이 가능하다. DR과 원주 간 가격차이가 발생하게 되면 상호 전환을 이용한 차익거래(arbitrage)가 발생하게 되고, 그 결과 DR가격과 원주가격은 비슷한 수준을 유지하게 된다.

가. DR의 주식전환(DR release)

DR소유자가 DR대신에 국내에서 원주를 소유하고자 신청하면, DR예탁기관은 해당수량의 DR을 감소시키고 원주보관기관인 증권예탁결제원은 DR소유자가 지정한 국내의 보관기관(국내 대리인)에 원주를 교부하는데, 이를 DR의 원주전환(DR 해지)이라 한다. DR이 원주로 전환되면 해당하는 DR은 소멸되고 이에 상응하는 원주는 국내에서 다른 주식과 같이 유통될 수 있다.

구체적인 과정을 살펴보면 다음과 같다. 우선 DR소유자는 해외의 DR예탁기관에 DR해지(release: 원주로의 전환)를 신청하고, 국내소재 자신의 보관기관에 예탁결제원으로부터 원

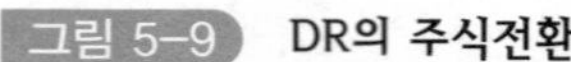
그림 5-9 DR의 주식전환

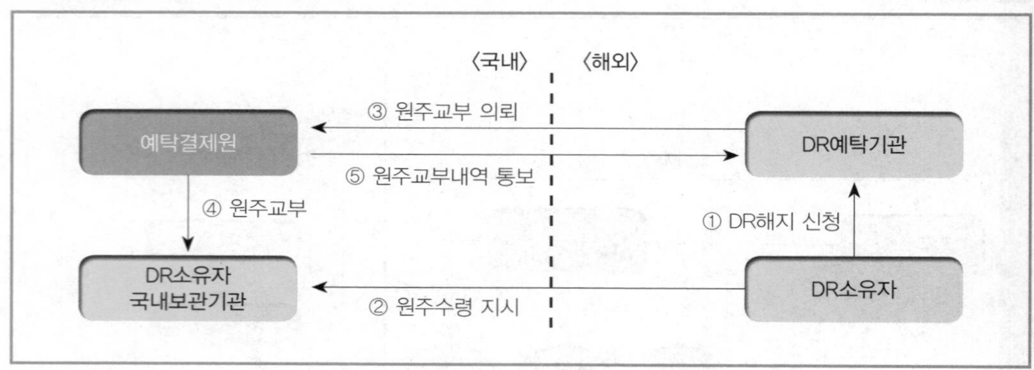

주를 수령하도록 지시한다. DR예탁기관은 해당되는 DR수량을 감소(mark down)시킨 후, 국내에서의 원주보관기관인 예탁결제원에 원주교부를 의뢰한다. 예탁결제원은 DR소유자의 국내보관기관과 원주교부내역을 확인하고 원주를 교부한 후 DR예탁기관에 원주교부내역을 통보한다.

나. 주식의 DR전환(DR conversion)

주식과 상호 전환이 가능하도록 만들어진 상품이 DR이므로, DR은 원칙적으로 자유로이 주식으로 전환할 수 있다. 주식은 DR로, 또한 DR은 주식으로 전환이 가능함에 따라 이론적으로 주식과 DR의 가격 차이는 없어지게 된다. 주식의 DR전환과정은 앞에서 설명한 DR의 주식전환과정 순서의 반대방향으로 진행된다.

(4) DR의 권리행사

DR소유자는 주주로서 의결권행사, 배당금수령, 유무상증자참여, 주식매수청구권행사 등 주주권을 행사할 수 있다. 주주권의 행사는 DR예탁기관과 원주보관기관을 통해 이루어지며 발행지국과 상장지국의 법률이 충돌하여 문제가 발생하는 경우 DR예탁기관과 원주보관기관 간 연계시스템을 통해 문제를 해결한다. 예를 들면 의결권행사는 〈그림 5-10〉의 순서를 따라 이루어진다.

3.2. 해외주권상장과 예탁결제제도

DR이 아닌 주권자체를 해외시장에 상장하기 위해서는 주권이 해외에서 발행되거나, 국내에서 발행되어 보관되는 주권이 해외중앙예탁결제기관이 관리할 수 있는 상태가 되어

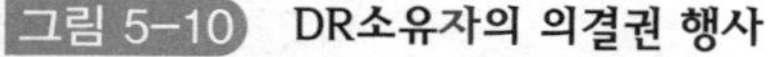
그림 5-10 DR소유자의 의결권 행사

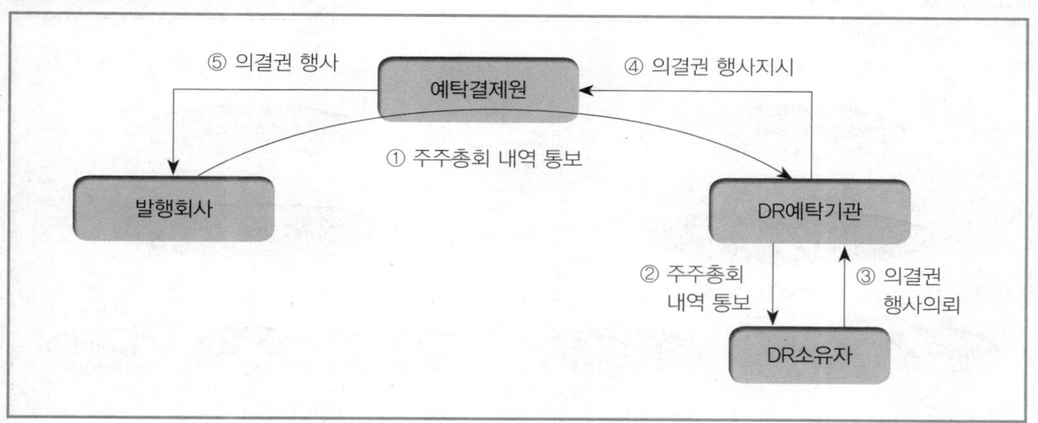

야 한다.

(1) 중앙예탁결제기관 간 연계를 통한 경우(주권 국내발행 및 해외상장)

주권이 상장되는 해외중앙예탁결제기관이 발행국 중앙예탁결제기관에 계좌를 개설하고 상장하는 주권을 예탁함으로써 해외시장에서의 주권실물발행을 피할 수 있는 방법이다. 우리나라 기업이 해외에 상장하는 경우를 예로 들어보자. 이 경우 예탁결제원이 발행국 중앙예탁결제기관이 된다. 예탁결제원은 예탁결제원내에 해외중앙예탁결제기관(이하 '해외예탁기관'이라 한다)명의의 증권계좌(이하 '해외예탁기관계좌'이라 한다)를 개설하고 당해 계좌에 해외 증권거래소에 상장된 국내기업이 발행하는 증권을 보관한다. 해외예탁기관은 예탁결제원에 주식이 예탁되었다는 통보를 받고 해당 주식이 상장 증권거래소에서 유통되도록 처리한다. 해외예탁기관의 참가자 계좌는 해외예탁기관이 관리하고, 해외 증권거래소에서 체결된 거래는 상장국인 해외의 결제시스템을 통하여 결제된다.

예를 들어 해외예탁기관의 참가자가 1, 2, 3이며, 이들이 각각 120주, 80주, 100주를 소유하게 된다면, 예탁결제원 내의 해외예탁결제기관 명의의 계좌에는 모두 300주가 기재된다. 이것은 DR이 아닌 주권을 해외에 상장하는 경우 이용할 수 있는 바람직한 방법으로 FIBV(국제증권거래소연맹)에서 주권상장 시 권고하는 방법이다. 이 경우 해외에 상장된 주권소유자의 권리행사는 해외예탁기관과 예탁결제원 간 연계에 의해 처리된다.

그러나 이 방법은 예탁결제원과 해외예탁기관 간 연계시스템이 있어야 가능하다. 2012년말 현재 일본의 중앙예탁결제기관인 JASDEC이 예탁결제원에 계좌가 있어 국내기업의 일본상장은 이 방법을 통해 이루어질 수 있다.

그림 5-11 **해외상장주권의 보관**

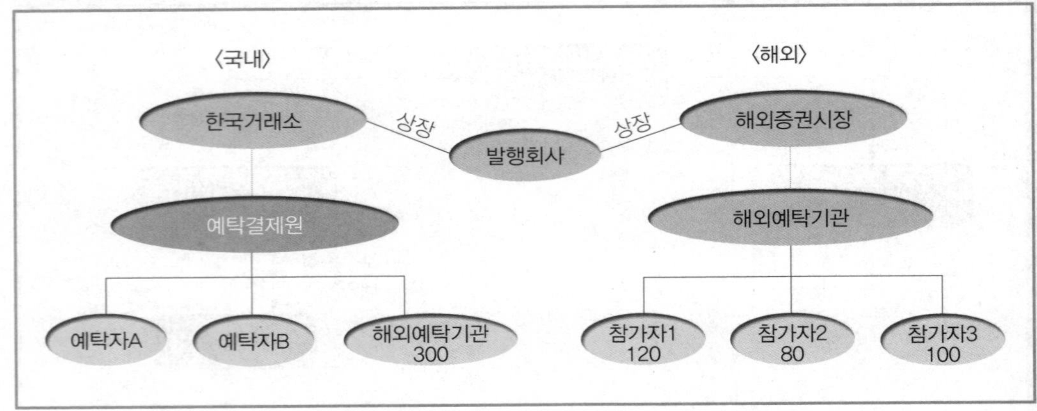

(2) 주권이 해외에서 발행되는 경우

주권(실물)을 해외에서 발행하여 해외의 보관기관 또는 해외예탁기관에 보관시키고 해외시장에서 거래하는 방법으로서 두루넷과 STX Pan Ocean이 이 방법을 이용하였다.

주금납입과 주권발행과정은 다음과 같다. 주간사회사가 인수인들로부터 인수대금을 받아 발행회사계좌에 입금시키면 발행회사는 해외에 소재하는 발행대행기관을 통해 주권을 발행하여 주권보관기관에 교부한다. 주권보관기관은 해외예탁기관[17]에 주권을 인수하였음을 통보하고 해외예탁기관은 주간사회사를 통해 인수인들 계좌에 해당 주권을 입고(credit)시킨다.

이 경우에는 주권을 해외에서 발행하므로 국내에서 발행할 때보다 비용이 많이 들고 실물관리 위험도 크다.[18] 또한 기준일 설정과 주주명부 작성, 해외주주의 의결권 행사, 해외주주에게 배당금 지급 및 원천징수, 해외주주의 유상증자 참여 등과 같은 해외주주의 권리행사와 관련하여 여러 가지 어려움이 발생한다.[19]

주권을 해외에서 발행하여 상장하는 경우에 발생하는 문제는 우선 '주권의 시장 간 이동을 어떻게 해결할 것인가'이다. 앞에서 본 바와 같이 DR의 경우 DR예탁기관과 원주보관기관과의 유기적 연계를 통하여 서로 간에 전환이 이루어진다. DR예탁기관은 전환신청자로부터 수수료를 받아 업무를 처리하며, 전환이 정상적으로 이루어지도록 노력한다. DR이 아닌 주권상장의 경우에도 시장 간 가격차이가 발생하는 경우 시장 간 이동에 의한 차익거래(arbitrage)가 가능해야 한다. 이 경우 차익거래를 위해 투자자가 시장 간 이동을 신청할

---

17 미국의 DTCC 등 중앙예탁결제기관이 이 역할을 수행하는 것이 효율적이다.
18 정성구, "해외원주상장과 관련한 국내법상의 문제점", 「BFL」 제14호, 서울대학교 금융법센터, 2005.
19 최경렬, "국내기업의 해외상장에 관한 연구", 「증권예탁」 제63호, 증권예탁결제원, 57~58쪽.

그림 5-12 해외상장 주권발행 및 대금납입

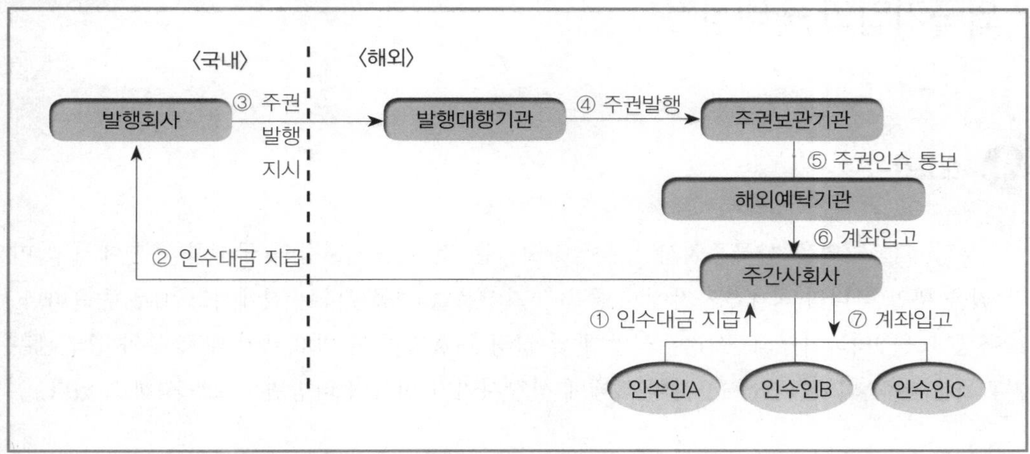

때 전환과정을 누가 책임 있게 담당할 것이냐의 문제가 발생한다. 명의개서대리인이 담당하는 것이 효율적인 것처럼 보이지만, 명의개서대리인은 본래 유가증권의 명의개서, 주주명부의 작성과 관리, 유가증권의 신규발행의 역할을 수행한다. 한국의 주권을 외국에서 매도가 가능하도록 외국의 주권으로 바꾸는 것은 명의개서대리인의 본래의 역할이 아니다.

결국 발행회사는 시장 간 전환업무를 담당하는 기관을 선정해야 하며 여기에는 어느 정도의 비용이 수반될 수밖에 없다. 즉 DR이라면 부담하지 않아도 되는 비용을 발행회사가 부담하게 되는 것이다.

투자자 입장에서는 시장 간 이동이 가능한지 여부와 가능할 경우에는 시장 간 이동을 거쳐 매매까지 걸리는 기간이 어느 정도 될 것인가가 중요하다. 시장 간 이동이 불가능하거나, 이동이 가능하더라도 이동의 신청부터 매매가능시점까지 걸리는 기간이 너무 길면 차익거래는 의미가 없어진다.[20]

20 실제로 STX Pan Ocean이 싱가포르거래소에 이어 한국거래소에 주권을 상장시켰던 2007년 9월 말 당시 싱가포르 시장에 비해 한국거래소의 가격이 30% 이상 높게 형성되었지만 시장 간 이동에 어려움이 많아 차익거래가 정상적으로 이루어지지 못하였다.

제3절 외국기업의 국내상장

의의

우량 외국기업을 한국증권시장에 상장시키는 것은 증권시장의 국제화 측면에서 의미가 있을 뿐만 아니라 국내투자자에게 좋은 투자상품을 제공한다는 점에서도 매우 중요하다. 1995년 12월 '외국기업의 국내 주식발행 및 상장 허용방안'이 발표된 이래 정부와 증권관련 기관들은 우량 외국기업을 더 많이 국내에 상장시키기 위하여 다방면으로 노력하고 있다.

2 외국기업 국내상장 현황

2007년 8월 '3 NOD Digital'이 코스닥시장에 상장한 이래 그 동안 모두 31개 기업이 우리 시장에 DR 또는 주권을 상장하였으며, 2017년 8월말 현재 20개 외국기업의 DR 및 주권이 거래되고 있다.

2.1. KDR[21]발행 및 상장

2017년 8월말 현재 KDR을 한국에서 발행하여 한국의 증권시장에 상장시켜 거래 중인 회사는 다음 표와 같다.

표 5-8 한국시장 KDR 상장회사 현황

발행사	상장시기	시장	설립지	사업장	업종
SBI핀테크솔루션즈	2012. 12.	코스닥	일본	일본	전자지급결제
엑세스바이오	2013. 5.	코스닥	미국	미국	의료기기
잉글우드랩	2016.10.	코스닥	미국	미국	화학제조업
티슈진	2017.11.	코스닥	미국	미국	바이오

21 외국기업이 국내에서 발행하는 DR을 ADR, GDR과 구분하여 일반적으로 KDR(Korean Depositary Receipts)이라 한다. 이 책에서도 구분 편의상 'KDR'이라는 용어를 사용한다.

2.2. 주권발행 및 상장

2017년 8월말 현재 16개 외국기업의 주권이 한국시장에서 거래되고 있다.

표 5-9 **한국시장 주권상장 외국기업 현황**

발행사	상장시기	시장	설립지	사업장	업종
차이나그레이트	2009. 5.	코스닥	케이만	중국	운동화
에스앤씨엔진그룹	2009.12.	코스닥	홍콩	중국	오토바이엔진
글로벌에스엠	2009.12.	코스닥	케이만	중국	금속부품
차이나하오란	2010. 2.	코스닥	홍콩	중국	재생용지
씨케이에이치	2010. 3.	코스닥	케이만	중국	건강제품
뉴프라이드	2010. 4.	코스닥	미국	미국	복합물류
이스트아시아홀딩스	2010. 4.	코스닥	홍콩	중국	체육용품
코라오홀딩스	2010. 11.	유가증권	케이만	라오스	자동차 부품
완리	2011. 6.	코스닥	홍콩	중국	외벽타일, 테라코타
크리스탈 신소재	2016. 1.	코스닥	케이만	중국	합성운모
로스웰	2016. 6.	코스닥	홍콩	중국	차량용 전기
헝셩그룹	2016. 8.	코스닥	홍콩	중국	완구
골든센추리	2016.10.	코스닥	케이만	중국	트랙터용 휠
그레이트리치(GRT)	2016.10.	코스닥	홍콩	중국	정밀코팅소재
오가닉티코스메틱	2016.11.	코스닥	홍콩	중국	스킨 화장품
컬러레이홀딩스	2017. 8.	코스닥	홍콩	중국	화장품 원료

3 외국기업의 국내상장과 권리행사

3.1. 증권예탁증권 발행 · 상장과 권리행사

3.1.1. 개요

외국기업이 발행한 주식을 원주로 하여 예탁결제원이 발행하는 증권예탁증권(KDR: Korean Depositary Receipts)은 자본시장법상의 증권[22]으로서 국내증권시장에서 국내기업이 발행한 증권과 동일하게 유통된다.

22 자본시장법 제4조제8항.

3.1.2. 발행 절차

(1) 사전 준비

가. 대표주관회사 선임

증권예탁증권을 발행하고자 하는 외국 기업은 우선 투자매매업 · 투자중개업을 인가받은 금융투자업자를 대표주관회사로 선임하여야 한다. 대표주관회사는 외국기업 증권예탁증권의 한국 상장과 관련하여 회사의 재무 및 사업상황을 실사하고, 상장예비심사청구서, 증권신고서 등의 서류를 작성 · 제출하며 최대주주 등이 소유하는 주식의 보호예수에 관한 사항 등을 처리한다.

나. 예탁계약 체결

증권예탁증권을 발행하려는 외국기업은 국내에서 증권예탁증권을 실제 발행하여 관리하는 예탁결제원(KDR 예탁기관)과 예탁계약을 체결하여야 한다.

다. 원주보관계약 체결

예탁결제원은 증권예탁증권 원주의 발행기업 소재지국 내에 원주보관기관을 선임하여

그림 5-13 **증권예탁증권 발행 및 상장**

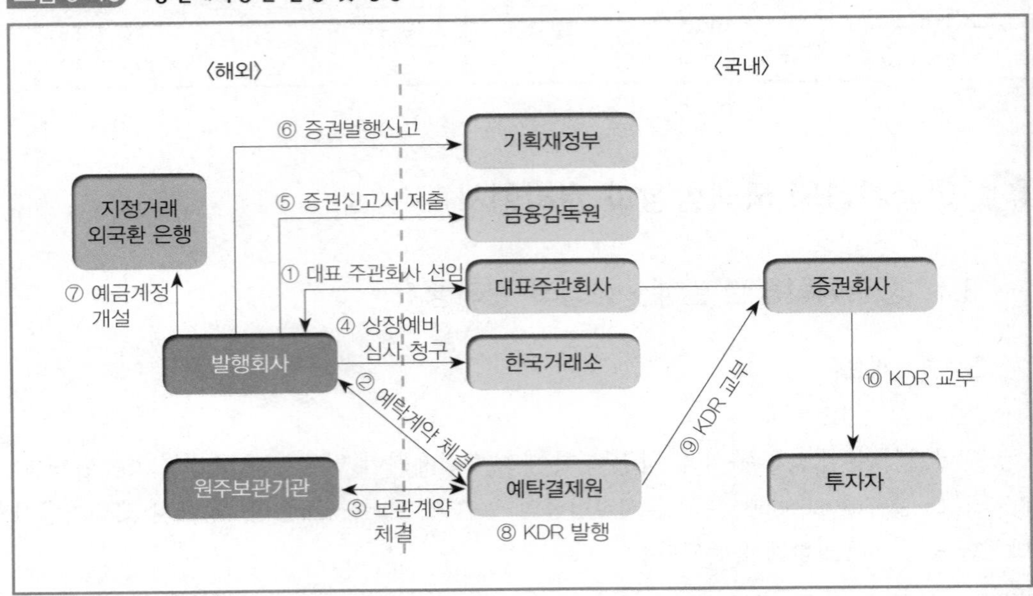

원주의 보관 · 권리행사와 관련된 원주보관계약을 체결한다.

라. 상장예비심사 청구

상장예비심사청구서, 재무제표 및 이에 대한 감사인의 감사보고서, 대표주주 등이 소유하는 주식의 계속보유확약서 등의 서류를 한국거래소에 제출하여 상장심사를 받아야 한다.[23]

마. 증권신고서 제출

모집 · 매출가액이 10억 원 이상인 경우 증권예탁증권 원주의 발행인은 모집 또는 매출에 관한 사항, 발행인에 관한 사항 등이 기재된 증권신고서를 금융위원회에 제출해야 한다.[24]

바. 증권발행신고[25]

발행자금의 용도를 기재한 발행계획서, 기타 기획재정부장관이 제출을 요구하는 서류와 함께 증권발행신고서를 기획재정부장관에게 제출하여야 한다.

사. 예금계정의 개설[26]

증권예탁증권 원주의 발행기업은 증권예탁증권을 통해 조달한 자금의 예치 및 처분을 위하여 지정거래 외국환은행에 자기명의의 비거주자자유원계정을 개설하여야 한다.

예탁결제원은 신주인수권 행사에 따른 증권납입대금 및 배당금 지급 등 증권예탁증권의 권리행사 및 의무이행과 관련된 자금의 예치 · 처분을 위하여 발행회사의 요청에 의해 지정거래외국환은행에 예탁결제원 명의의 원화증권 전용 외화계정(발행회사명의 부기)을 개설한다.

(2) 청약 및 증권예탁증권의 발행

가. 예탁지정

증권이 예탁결제원의 예탁적격종목이 되도록 승인을 받는 절차로서 상장 전에 예탁대상으로 지정받아야 한다. 예탁결제원은 예탁지정 요건을 갖추었는지를 심사하여 예탁지정 여부를 결정한다.[27]

---

23 유가증권시장상장규정 제14조 및 코스닥시장상장규정 제12조.

24 자본시장법 제119조 및 동법시행령 제125조.

25 외국환거래법 제18조, 동법시행령 제32조 및 외국환거래규정 제7-23조, 제7-24조.

26 외국환거래규정 제7-24조.

27 예탁규정 제6조에 따르면 예탁지정요건으로는 (ⅰ)정관상 양도 제한이 없을 것, (ⅱ)증권예탁증권 발행

〈예탁계약의 주요 내용〉

① 개요: 예탁계약은 증권예탁증권 발행의 근거가 되는 계약으로 발행회사, 예탁기관, 실질소유자 간 권리 · 의무 관계와 업무 처리에 관한 사항을 규정한 계약이다.

② 예탁계약의 주요 내용

- 원주식의 예탁 및 증권예탁증권 발행에 관한 사항
- 증권예탁증권이 표창하는 원주식의 종류 및 수량, 증권예탁증권 양도에 관한 사항
- 증권예탁증권 실질소유자의 권리 · 의무에 관한 사항, 원주식의 권리행사에 관한 사항
- 예탁결제원 및 발행회사의 권한 및 책임에 관한 사항, 수수료 및 비용에 관한 사항

③ 예탁계약 체결 일정

- 예탁결제원에 정관 검토 의뢰
  - 예탁결제원은 외국기업의 정관, 설립지국의 회사법, 세법 등 증권예탁증권 권리행사와 관련된 내용을 검토하여 권리관리 업무를 수행할 수 있는지를 판단한다.

항목	주요 검토 사항
의결권	• 주주총회 소집시 주주에 대한 통지방법 및 통지시한 • 의결권 대리행사 제약 여부(대리행사 여부, 대리인에 대한 제한 여부 등) • 의결권 불통일행사에 관한 허용 여부, 의결권 서면행사 가부 및 시한 • 주주의 의결권 행사가 제한되는 경우, 기타 의결권 행사에 관련된 제약
배당	• 배당시기(정기배당, 분기배당, 중간배당, 비정기 배당 등) • 배당금 지급 시기에 관한 규정, 주식배당에 관한 규정
유상증자	• 주주의 신주인수권 부여 여부 및 관련 규정 • 워런트 발행이 가능한 경우와 관련 규정
권리발생	• 기타 주권과 관련하여 발생 가능한 모든 권리의 목록 및 그 내용 • 한국의 주식과 다른 권리목록
배당금 원천징수	• 배당금 지급시 원천징수의무자, 설립지국 세법상 거주자 판별기준 • 한국거주자에 대한 배당금 원천징수세율
세법	• 주식배당, 무상증자, 유상감자 등과 관련한 설립지국 세법제도 • 한국에서의 외국주권 양도에 대한 외국세법상 양도소득세 과세 여부 • 기타 증권거래세, 주주의 2차 납세의무 등 투자자들과 예탁결제원에 영향을 줄 수 있는 설립지법에 의한 조세 관련사항
KDR효력	• 설립지법에 따른 예탁계약의 효력, 예탁결제원의 지위와 법적 위험 및 증권예탁증권 투자자의 지위, 투자자들이 원주를 인출하는 경우 법적 제약
기타	• 기타 예탁결제원 및 주주의 권리행사에 따르는 제약이나 법적 위험

- 계약체결 의뢰: 정관 검토 후 계약 체결까지 약 2~5개월의 시간이 소요되며, 원주보관기관이 선임되어 있지 않은 경우 6개월 이상의 시간이 소요된다.
- 실사: 예탁결제원은 계약 체결 전 회사를 방문하여 주요내용을 확인하고 증권예탁증권 발행업무 및 권리행사 절차 등에 대해 협의 · 안내한다.
- 예탁계약 체결: 정관 검토, 내용의 정확성 등을 검토한 후 예탁계약을 체결한다.

④ 예탁계약 체결시 필요한 서류

- 정관, 변호사 의견서, 발행회사의 이사회의사록, 설립에 관한 등기 · 등록에 관한 서류, 예탁지정 신청서, 국내대리인 선임 계약서 등

나. 청약

투자자들은 청약기관을 통해 청약할 수 있으며 발행가격은 수요예측 후 대표 주관회사 및 발행회사가 협의하여 결정한다.[28]

다. 납입

청약금을 수령한 주관회사는 회사가 지정한 외국환은행 비거주자자유원계정을 통해 납입한다.

라. 청약내역 통보

주관회사는 청약내역을 예탁결제원에 통보한다.

마. 원주발행 교부

발행회사는 주식을 발행하여 예탁결제원이 지정한 (해외소재) 원주보관기관에게 교부한다.

바. 원주수령 통보

원주보관기관은 예탁결제원에게 원주수령 내역을 통보한다.

그림 5-14 **증권예탁증권 발행 흐름도**

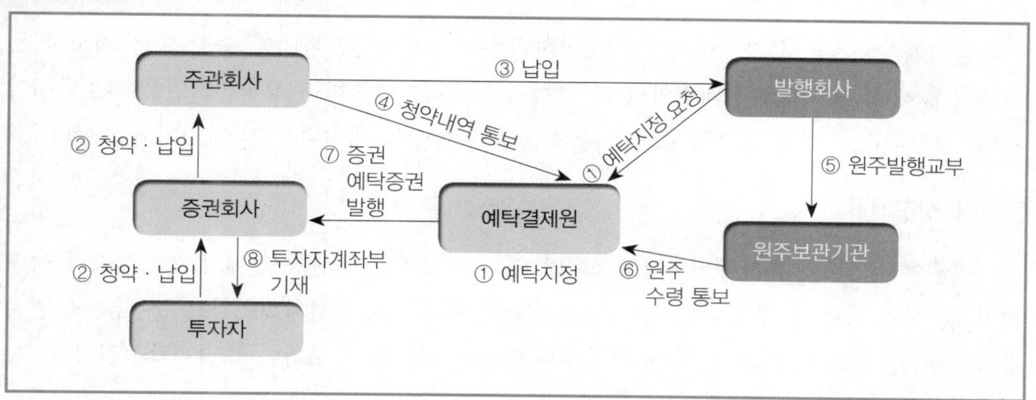

및 실질소유자의 권리행사 방법이 법규 및 규정에 배치되지 않을 것, (iii)그 밖에 투자자의 권리보호를 위하여 예탁결제원이 필요하다고 인정하는 사항을 충족시킬 것 등이 있다.

28 증권인수업무 등에 관한 규정 제5조.

사. 증권예탁증권 발행

예탁결제원은 증권예탁증권을 발행하여 청약내역에 따라 예탁자계좌부에 기재한다. 증권예탁증권의 발행사실을 증명하기 위해 필요한 경우 발행증명서를 작성하여 발행회사에 교부할 수 있다.

아. 투자자계좌부 기재

증권회사는 예탁자계좌부 내용과 각 고객의 청약내역에 따라 청약한 수량을 투자자계좌부에 기재한다.

3.1.3. 상장

(1) 유가증권시장[29]

가. 상장요건

증권예탁증권을 유가증권시장에 상장하려는 외국법인은 (ⅰ)상장예비심사 신청일 현재 설립 후 3년 이상이 경과하고 계속 영업을 하고 있을 것, (ⅱ)국내에서 모집·매출을 하는 증권예탁증권 수가 100만 주 이상일 것 등 「유가증권시장상장규정」 제29조, 제30조 및 제53조에서 정하는 요건을 갖추어야 한다.

나. 상장대리인의 선임

증권예탁증권을 유가증권시장에 상장하려는 외국법인은, 국내에 주소 또는 거소를 둔 자로서 당해 법인과 한국거래소와의 모든 행위를 대리·대표하는 상장대리인을 선임하여야 하며, 상장대리인 선임 계약의 효력은 당해 증권의 상장이 계속되는 한 지속되어야 한다.

다. 상장신청

증권예탁증권을 유가증권시장에 상장하려는 외국법인은 신청 전에 한국거래소와 상장절차 및 시기 등에 관해 협의한 후 상장주선인을 통해 정관, 이사회의사록 등 「유가증권시장상장규정」 제26조, 제28조 및 제52조에서 정하는 서류를 첨부하여 증권예탁증권 신규 상장신청서를 제출하여야 한다.

라. 한국거래소의 상장심사

한국거래소는 공익과 투자자보호를 위하여 필요한 (ⅰ)영업상황, 재무상황 및 경영환

29 유가증권시장상장규정 제34조 등 참조.

경 등의 측면에서 기업의 활동이 계속될 것, (ⅱ)지배구조, 내부통제제도, 공시체계 및 특수관계인과의 거래 등의 측면에서 투명성이 있을 것, (ⅲ)법적성격과 운영방식에서 상법상 주식회사일 것, (ⅳ)그 밖에 증권시장의 건전한 발전을 저해하지 않고 투자자를 보호할 것 등의 요건을 심사하여 해당증권예탁증권의 상장여부를 결정한다.

(2) KOSDAQ시장

가. 상장요건

KOSDAQ시장에 증권예탁증권을 상장하려는 외국법인은 (ⅰ)설립 후 3년 이상 경과하고 계속적으로 영업을 하고 있을 것, (ⅱ)자기자본이 30억 원 이상이거나 기준시가총액이 90억 원 이상일 것 등 「코스닥시장상장규정」 제6조 및 제7조의2에서 정하는 요건을 갖추어야 한다.

나. 상장대리인의 선임

코스닥시장에 상장하려는 외국법인은 국내기관 중에서 상장대리인을 선임하여야 한다.

다. 상장신청

증권예탁증권을 KOSDAQ시장에 신규상장하고자 하는 외국법인은 한국거래소와 상장절차 및 상장시기 등을 협의하고 상장주선인을 통해 신규상장신청서와 최근 사업연도의 재무제표 및 감사보고서 등 「코스닥시장상장규정」 제4조의2에서 정하는 서류를 제출하여야 한다.

3.1.4. 증권예탁증권의 전환 · 해지

(1) 개요

한국에 상장된 외국기업의 증권예탁증권은 원주식과 상호 전환할 수 있으며, 투자자는 이를 통해 차익거래를 할 수 있다. 원주식의 가격이 증권예탁증권보다 높은 경우 투자자는 증권예탁증권을 원주로 전환(실무에서는 증권예탁증권의 '해지'라 한다.)함으로써 이익을 얻을 수 있으며, 증권예탁증권의 가격이 원주식보다 높은 경우 투자자는 원주를 증권예탁증권으로 전환함으로써 이익을 얻을 수 있다.

(2) 증권예탁증권의 해지 (KDR→주식)

KDR을 주식으로 전환하려는 증권예탁증권 소유자는 국내대리인(보관기관)에게는 해지

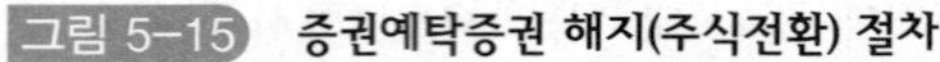
그림 5-15 증권예탁증권 해지(주식전환) 절차

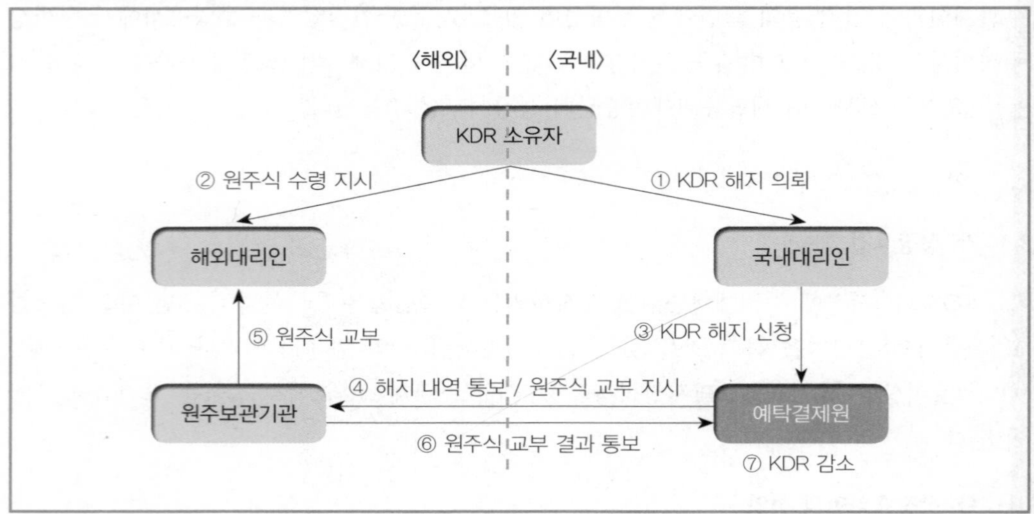

(주식전환)를 지시하고, 해외대리인에게는 원주식의 수령을 지시한다. 소유자로부터 지시를 받은 국내대리인은 예탁결제원에 증권예탁증권의 해지를 신청한다.

해지신청을 받은 예탁결제원은 먼저 보유하고 있는 증권예탁증권의 처분을 제한하고, 원주식을 투자자의 해외대리인에게 교부하도록 해외의 원주보관기관에 지시한다. 예탁결제원은 해외의 원주보관기관으로부터 원주식이 교부되었다는 내용을 통보받은 다음에 증권예탁증권을 계좌부에서 감소 기재하는 방법으로 말소한다.

(3) 증권예탁증권으로의 전환 (주식→KDR)

주식을 KDR로 전환하려는 원주식소유자는 해외대리인에게는 전환을, 국내대리인(보관기관)에게는 KDR의 수령을 각각 지시한다. 소유자의 해외대리인은 해외의 원주보관기관에 원주식을 인도하고 KDR로의 전환을 신청한다. 소유자의 국내대리인(보관기관)이 예탁결제원에 KDR을 발행하여 교부할 것을 의뢰하면, 예탁결제원은 해외의 원주보관기관으로부터 해당 원주식을 수령하였다는 통지를 받은 다음에 예탁결제원이 관리하는 계좌부의 국내대리인(보관기관) 명의의 계좌에 해당 수량을 증가 기재하는 방법으로 KDR을 발행하여 교부한다.

그림 5-16 외국주식의 증권예탁증권전환 절차

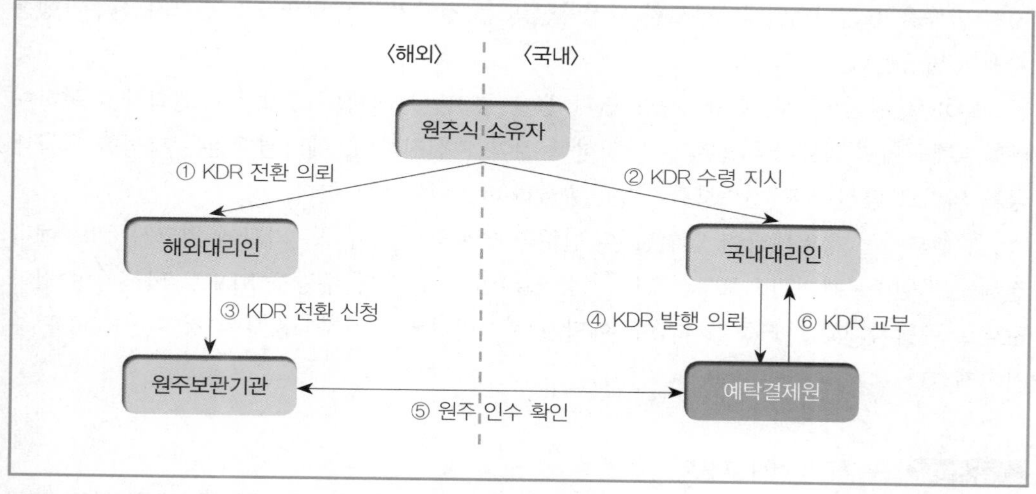

3.1.5. 증권예탁증권 실질소유자의 권리행사

(1) 의결권 행사

증권예탁증권을 발행한 외국기업은 주로 설립지국에서 주주총회를 개최한다. 예탁결제원은 발행회사, 예탁결제원, 증권예탁증권 실질소유자가 체결한 예탁계약서에 따라, 증권예탁증권 실질소유자로부터 의결권을 취합하여 이를 행사한다. 행사방법은 예탁결제원이 해외 원주보관기관에게 의결권 행사를 지시하고 원주보관기관이 예탁결제원의 대리인으로서 주주총회에서 의결권을 행사하는 것이 일반적이다.

한편 증권예탁증권을 발행한 외국기업이 한국시장에만 상장되었을 때에는 한국에서 주주총회를 개최하는 경우도 나타나고 있다. 이때 증권예탁증권 실질소유자는 주주총회에 참석하여 직접 의결권을 행사할 수 있다.

(2) 신주인수권 행사[30]

발행회사가 주주에게 신주인수권을 부여하여 신주를 발행하고자 하는 경우 예탁계약서에 따라 발행회사는 청약일 40일 전까지 예탁결제원과 신주발행에 관한 협의를 개시하여야

30 한국 상법은 주주에게 신주인수권을 우선적으로 부여하고 예외적으로 정관에 의해 3자에게 신주인수권을 부여하는 것을 정하고 있다. 그러나 외국의 경우 주주의 신주인수권이 법적 권리가 아닌 경우가 많다. 신주인수권은 원주에 기초한 권리로 외국법인의 설립지국법이 적용되어 설립지국법에 의해 부여된다고 할 수 있다("증권예탁증권 및 외국주권 발행 선진화를 위한 조사연구", 서울대학교 금융법센터, 33쪽). 신주발행 방법으로는 크게 유상증자와 무상증자가 있으며, 여기서는 유상증자 위주로 설명한다.

한다. 발행회사는 청약일 20일 전까지 신주발행 조건을 확정하여 예탁결제원에 신주발행통지서 발송을 요청하며, 예탁결제원은 청약일 또는 청약기간 말일의 2주 전까지 신주발행통지서를 발송한다.

KDR로 환산한 배정수량, 청약 단가 등을 통지받은 실질소유자는 증권회사를 통하여 예탁결제원에 청약대금을 원화로 납입하고 청약을 신청하며, 예탁결제원은 확정한 청약대금을 외화로 환전한 후 원주보관기관에 송금하고 청약을 지시한다.

발행회사는 청약대금이 납입된 후 원주를 발행하여 원주보관기관에 입고시키고, 예탁결제원은 원주보관기관으로부터 원주수령을 확인한 후 해당 수량을 KDR로 발행하여 청약자별로 예탁자계좌부에 증가시키며, 예탁자는 청약자의 투자자계좌부에 청약한 KDR을 증가기재한다.

그림 5-17 **유상증자 처리 흐름도**

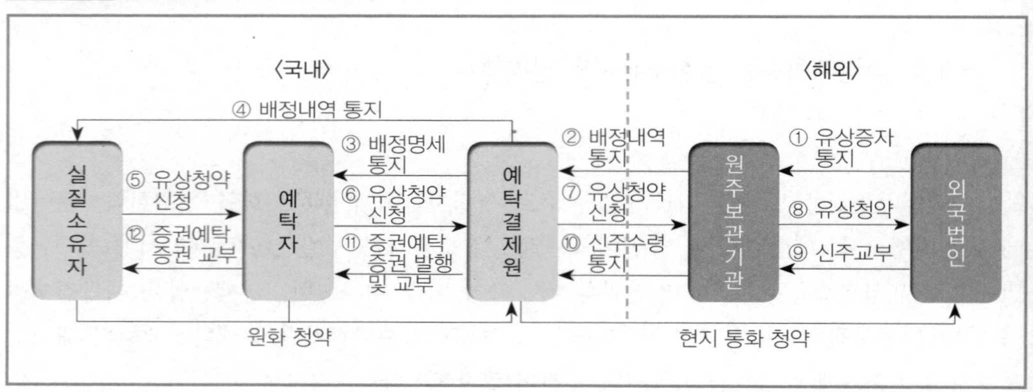

3.2. 주권 발행 · 상장과 권리행사

3.2.1. 개요

외국기업이 발행한 주권을 직접 국내시장에 상장하는 방식은 외국기업이 발행하는 주권을 기초자산으로 하여 예탁기관이 발행하는 증권예탁증권을 국내에 상장하는 방식과 구분된다. 증권예탁증권을 발행하여 상장하는 경우에는 원주의 발행국과 증권예탁증권 상장국 간의 법적 충돌을 피할 수 있고 투자자편의를 제고할 수 있다.[31] 따라서 국제증권시장에

31 증권예탁증권(DR)을 상장하는 것이 주권을 직접 상장하는 것에 비해 시장 간 이동이 수월하며, 투자자의 차익거래실행이 용이하다.

서는 외국기업의 원주를 직접 상장하는 것보다는 증권예탁증권을 발행하여 상장하는 경우가 일반적이다.[32] 증권예탁증권이 아닌 외국기업이 발행한 주권을 한국에서 상장 · 유통시킬 경우에도 그 주권을 외국기업이 소재하는 외국에서 발행하고 보관하는 방법과 한국에서 발행하고 보관하는 방법이 있다.[33]

증권예탁증권을 발행하여 상장하는 경우 발행국과 상장국 간 법적 충돌을 피할 수 있고 투자자편의를 할 수 있어 증권예탁증권을 상장하는 경우가 일반적이며 주권을 직접 상장하는 경우는 예외적으로 발생한다.

외국기업이 발행한 주권을 한국에서 상장 · 유통시키는 경우 해당되는 주권의 발행 방법을 크게 두가지로 나누어 생각할 수 있다. 첫째, 해당 주권을 기업이 소재하는 외국에서 발행하여 보관하는 방법과 둘째, 해당 주권을 한국에서 발행하는 방법이 있다.

3.2.2. 주권의 외국 발행 및 보관[34]

(1) 중앙예탁결제기관 간 연계에 의한 경우

가. 개요

외국기업이 본국인 외국에서 주권을 발행 · 보관함에도 불구하고 그 주권을 한국시장에서 상장하여 거래하기 위해서는 외국에 있는 주권을 한국에서도 거래할 수 있도록 연계하는 작업이 필요하다. 이러한 연계는 두 가지 방법으로 가능하다. 첫째로는 두 나라의 중앙예탁결제기관이 서로 연계하는 '중앙예탁결제기관 간 연계'의 방법이며, 둘째로는 중앙예탁결제기관이 외국에서 보관기관을 지정하여 그 보관기관과 연계하는 방법이다. 먼저 중앙예탁결제기관 간 연계를 알아보자.

---

32 국제증권시장에서는 DR을 이용한 해외상장이 일반적이며, 한국기업의 해외상장도 주로 DR을 이용하고 있다. 그러나 외국기업이 한국시장에 상장한 실적은 DR상장보다 주권 직접상장이 더 많은 상황이다.

33 DR이 아닌 주권 상장 방식을 채택하는 경우 기존에는 한국법에 따라 실물 주권을 발행하여 주권을 유통시켰다. 그러나 우리나라 명의개서대리인이 외국기업의 주권을 설립지국법상 적법한 권한을 가지고 발행할 수 있는지에 대한 의문과 우리나라 명의개서대리인이 국내에서 발행한 외국기업의 주식이 외국기업의 설립지국법상 유효한지에 대한 의문("증권예탁증권 및 외국주권 발행 선진화를 위한 조사연구", 서울대학교 금융법센터, 21쪽)이 제기되고 있다. 따라서 우리나라에서 외국기업의 주권을 발행하는 대신에 외국인 본국에서 주권을 발행하고 예탁결제원이 해당 주권을 해외보관기관을 통해 예탁받아 한국에서 유통시키는 방식이 권장된다. 한국에서 외국기업의 주식을 직접 발행하는 것은 바람직하지 않으며 국제적으로 권장되는 방법이 아니므로 여기에서는 다루지 않는다.

34 주권의 상장 절차는 증권예탁증권의 상장 절차와 유사하므로 여기에서는 설명을 생략한다.

나. 주권의 보관 및 이동

1) 주권의 보관

한국의 중앙예탁결제기관인 예탁결제원이 외국의 중앙예탁결제기관(이하 '외국 예탁기관'이라 한다)에 예탁결제원 명의의 계좌(이하 '예탁결제원 계좌'라 한다)를 개설하고, 외국기업이 국내거래소에 상장하는 주식을 외국 예탁기관의 예탁결제원 계좌에 예탁함으로써 국내에 상장된 주식을 안전하게 보관할 수 있다.

예를 들어 예탁결제원의 예탁자가 A, B, C의 3인이고 각각 100, 80, 70주를 소유한다면 외국 예탁기관의 예탁결제원 계좌에는 모두 250주가 기재된다.

2) 주식의 시장 간 이동

한 시장에서 주식을 사고 다른 시장에서 팔기 위해서는 중앙예탁결제기관 간 해당 주식의 수량조정이 필요하며 이를 주식이동(migration)이라 한다.

가) 한국에서 보유하고 있는 주식을 외국으로 이동하고자 할 경우

① 한국에서 주식을 취득한 투자자는 예탁자A를 통하여 예탁결제원에 해당 주식을 한국에서 보유하지 않고 외국에서 보유하고자 신청하며, 외국에서 어느 기관(외국예탁기관 참가자)을 통해 주식을 받을 것인지를 통보한다.

② 예탁결제원은 해당 주식을 예탁자계좌부에서 감소시킨 후 외국 예탁기관에 해당 주식을 예탁결제원계좌에서 신청자가 지정한 계좌로 계좌대체 할 것을 의뢰한다.

③ 외국 예탁기관은 해당 주식을 예탁결제원 계좌에서 신청자가 지정한 계좌로 계좌대체한다. 이때부터 신청자는 해당 주식을 외국에서 보유하게 되며 외국시장에서 주식을 매도할 수 있다.

그림 5-18 국내상장 외국주식의 보관 및 이동(중앙예탁결제기관 간 연계)

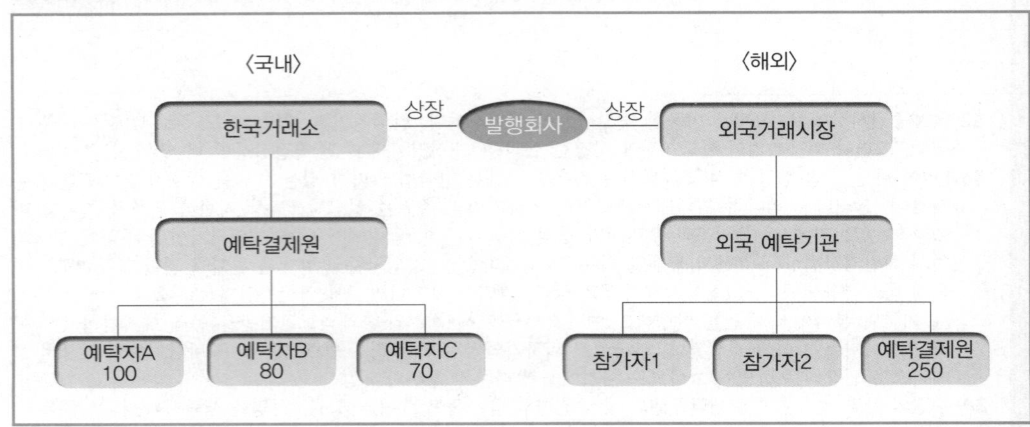

나) 외국에서 보유하고 있는 주식을 한국으로 이동하고자 할 경우

① 외국에서 주식을 취득한 투자자는 자신의 해외보관기관인 '참가자2'를 통하여 외국예탁기관에 해당 주식을 외국에서 보유하지 않고 한국에서 보유하고자 신청한다. 이때 한국에서 예탁결제원의 예탁자 중 누구를 통해 주식을 받을 것인지를 알려야 한다.

② 외국 예탁기관은 해당 주식을 신청자의 해외보관기관 계좌에서 예탁결제원계좌로 대체기재 한 후 예탁결제원에 이를 통보한다.

③ 예탁결제원은 해당 주식을 신청자가 지정한 예탁자인 B계좌에 예탁시킨 후 이를 B에게 통보한다. 이때부터 신청자는 해당 주식을 한국에서 보유하게 되며 원하는 경우 매도가 가능하다.

(2) 해외보관기관(예탁결제원 지정 보관기관)을 이용하는 경우

가. 개요

양국 중앙예탁결제기관 간의 연계가 곤란한 경우에는 예탁결제원이 외국에서 지정한 현지 보관기관을 이용하여 해당하는 주식을 보관 · 관리하게 된다.

나. 주식의 보관 및 이동

한국의 중앙예탁결제기관인 예탁결제원이 외국의 보관기관(이하 '해외보관기관'이라 한다)을 지정하고 그 보관기관에 해당 주식을 보관 · 관리하는 방법이다. 예를 들어 예탁결제원이 참가자 1을 해외보관기관으로 지정하고, 예탁결제원의 예탁자 A, B, C가 각각 100, 80, 70주를 소유하게 되면 해외보관기관인 참가자1의 예탁결제원 계좌에는 모두 250주가 기재된다. 한 시장에서 주식을 산 후 다른 시장에서 팔기 위해서는 예탁결제원과 해외보관기관이 서로 해당 주식의 수량을 조정하여야 한다.

가) 한국에서 보유하고 있는 주식을 외국으로 옮기고자 할 경우

① 한국에서 주식을 취득한 투자자가 예탁자A를 통하여 해당 주식을 한국에서 보유하지 않고 외국에서 보유하고자 신청하며, 이때 외국에서 어느 기관을 통해 주식을 받을 것인지를 통보한다.

② 예탁결제원은 해당 주식을 예탁자계좌부에서 감소시킨 후 예탁결제원지정 해외보관기관인 참가자1에게 해당 주식을 예탁결제원 계좌에서 신청자가 지정한 보관기관에 인도할 것을 의뢰한다.

③ 참가자1은 해당 주식을 예탁결제원 계좌에서 신청자가 지정한 보관기관에 인도한다.

④ 이때부터 신청자는 주식을 외국에서 보유하게 되며 외국시장에서 주식을 매도할 수

그림 5-19 **국내상장 외국주식의 보관 및 이동(해외보관기관 이용)**

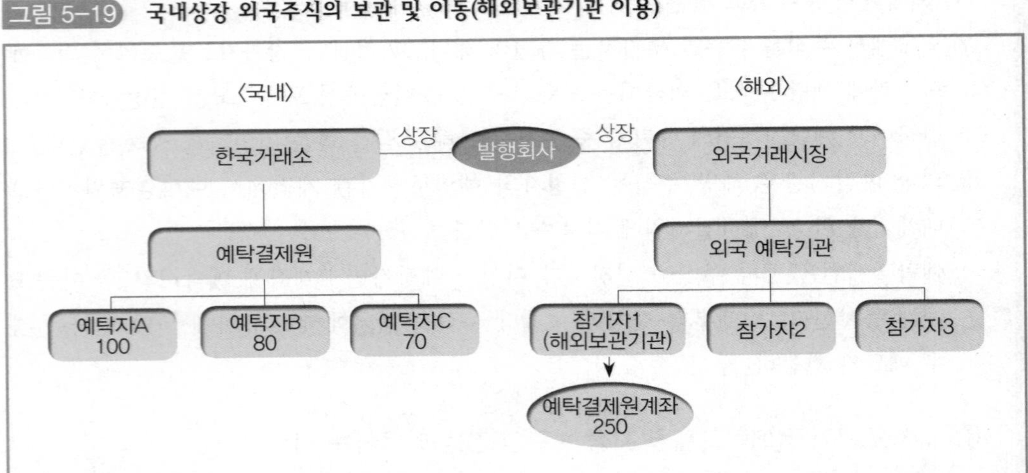

있다.

나) 외국에서 보유하고 있는 주식을 한국으로 옮기고자 할 경우

① 외국에서 주식을 취득한 투자자는 자신의 해외보관기관인 참가자2에게 해당 주식을 외국에서 보유하지 않고 한국에서 보유할 것을 신청한다. 이때 예탁결제원의 예탁자 중 누구를 통해 주식을 받을 것인지를 통보한다.

② 참가자2는 해당 주식을 예탁결제원의 해외보관기관인 참가자1에게 인도하며, 참가자1은 예탁결제원에게 주식 인수내역을 통보한다.

③ 예탁결제원은 해당 주식을 신청자가 지정한 한국내 예탁자인 B계좌에 예탁시킨 후 이를 B에게 통보한다.

④ 이때부터 신청자는 해당 주식을 한국에서 보유하게 되며 한국시장에서 매도가 가능하다.

3.2.3. 주권의 권리행사

(1) 의결권 행사

한국에 원주를 상장한 외국기업이 주주총회를 개최하는 경우 예탁결제원은 국내 주주들의 의결권을 취합하여 외국 중앙예탁결제기관 또는 해외보관기관에 통보하고 외국 중앙예탁결제기관 또는 해외보관기관이 적절한 방법으로 의결권을 행사한다.

(2) 신주인수권 행사

발행회사가 주주에게 신주인수권을 부여하여 신주를 발행하고자 하는 경우 발행회사는 청약일 또는 청약기간 말일의 2주 전까지 주주에게 신주발행통지서를 발송한다.

배정 주식수, 청약 단가 등을 통지받은 주주는 예탁결제원을 통하여 청약대금을 납입하고 청약을 신청하며, 예탁결제원은 외국 중앙예탁결제기관 또는 해외보관기관에 대금을 송금하고 청약할 것을 지시한다.

발행회사는 청약대금이 납입된 후 원주를 발행하여 외국중앙예탁결제기관 또는 해외보관기관에 인도한다. 일반적으로는 발행한 증권을 예탁하여 외국중앙예탁결제기관 또는 해외 보관기관 명의의 계좌로 대체하는 방식으로 인도한다. 예탁결제원은 외국중앙예탁결제기관 또는 해외 보관기관으로부터 원주수령을 확인한 후 해당 수량을 예탁자계좌부에 기재함으로써 교부한다.

국제채권발행시장 제4절

1 국제채권시장 개관

국제채권발행시장은 크게 유로시장과 미국시장으로 구분할 수 있으며 미국시장은 다시 일반투자자가 참여할 수 있는 공모발행시장과 적격기관투자자(QIBs: Qualified Institutional Buyers)만이 참여하는 사모발행시장으로 나누어진다. 유로시장은 역외시장으로서 규제가 완화되어 있어 일반적으로 우리나라의 금융기관이나 기업의 채권 발행은 유로시장을 중심으로 이루어지고 있다. 이하에서는 국제채권시장 중 가장 규모가 큰 미국시장과 유로시장을 살펴본다.

1.1. 미국채권시장

미국채권시장은 크게 국채시장, 지방채시장, 정부기관채시장, 주택저당증권시장, 회사채시장 등으로 구분된다. 미국채권시장에서 대부분의 거래는 장외시장에서 브로커와 딜러 그리고 대형 기관 사이에서 이루어진다. 2000년 이후 미국채권시장에서의 채권 발행액은 지속적으로 증가하여 2012년 12월 기준으로 38.1조 달러를 나타내고 있으며 신규 발행액은 2012년 한해 동안 약 7조 달러를 기록하고 있다. 또한, 미국채권시장의 일평균 거래량은 2013년 3월 기준으로 839억 달러를 상회하고 있다.[35]

1.2. 유럽채권시장

유럽채권시장은 크게 국채시장, 회사채 시장, 금융채시장 등으로 구분된다. 유럽채권시장에서 주요발행자는 각국 정부와 금융회사들이며, 일반기업에 의해 발행되는 회사채의 비중은 낮은 것으로 알려져 있다. 채권의 유통은 딜러와 브로커 중심의 장외시장에서 주로 이루어진다.

유럽 재정위기와 글로벌 경기침체에 따라 2011년 3분기까지 감소하던 유로존 국가의 채권발행규모가 2011년 4분기 이후 글로벌 경기침체 우려 감소, 유럽 재정위기 완화 등으로 인해 증가하고 있다.[36]

유럽채권시장은 일반적으로 미국채권시장에 비해 규제의 정도가 약한 것으로 알려져 있으며, 국제자본시장협회(ICMA: International Capital Market Association)와 같은 자율규제기관이 거래신뢰성과 안정성의 확보를 위해 필요한 규제를 자율적으로 만들어 시행하고 있다.[37]

유럽채권시장은 유럽의 금융중심지인 런던의 영향을 크게 받는데, 다수의 채권딜러들이 런던을 중심으로 영업활동을 하고 있으며, 영국 재정청(FSA: The Financial Services Authority)이 유럽전체의 채권시장에 지대한 영향을 미치고 있다. 유로채권시장의 특징은 개인투자자에 의한 채권직접투자의 비중이 상대적으로 높게 나타나는데 있다. 이런 현상은 이탈리아와 독일에서 심하게 나타나고 있는데, 이탈리아의 경우 개인의 채권직접투자가 차지하는 비중이 20%이상이다.

1.3. 국제채, 외국채와 유로채

(1) 국제채권

채권은 발행자가 일정한 기간 동안 일정한 약정이자를 지급하고, 일정기간이 지나면 약정된 금액을 상환하겠다는 채무약정을 유통이 편리하도록 증권화한 것이다. 채권의 발행

---

35 SIFMA, Outstanding U.S. Bond Market Debt as of 2012 4th, U.S. Bond Markets Average Daily Trading Volume as of March 2013, etc.

36 자본시장연구원, 「유럽금융시장포커스」, 2012년 4월호, 5쪽.

37 현석, "아시아 통화의 국경 간 거래 활성화와 아시아 채권시장 발전", 「Capital market perspective」 Vol.4, No.1, 2012, 64쪽.

을 통한 자금조달은 채권 발행자가 투자자에게 직접적으로 채무를 지게 되는 직접금융수단이다.

채권의 종류를 발행주체에 따라 분류하면 크게 국채와 지방채, 회사채, 주택저당증권 등으로 나눌 수 있다. 국채(government bonds)는 중앙정부가 발행하고 원리금의 지급을 보증하는 채권이며 지방채(municipal bonds)는 지방정부가 자금조달목적으로 발행하는 증권이다. 회사채(corporate bonds)란 기업에 의해 발행되는 채권으로 기업의 사업 확장을 위해 효과적으로 자금을 조달하려 발행하는 채권이다. 회사채는 일반적으로 발행일로부터 1년 후를 만기로 하는 장기적 구조를 가지며, 주로 장외시장에서 딜러를 통해 거래가 이루어진다. 한편 주택저당증권(MBS: mortgage backed securities)은 주택용, 상업용 등의 부동산 등을 담보로 대출채권을 모아 Pool을 만들고, 이를 기초로 자산유동화회사가 발행하는 채권이다.

국제채권이란 통상 발행자가 자국이외의 지역에서 해외의 투자자를 대상으로 발행하는 채권을 말하며 이러한 채권이 거래되는 시장을 국제채권시장이라 한다. 국제채권은 외국채권, 유로채권, 그리고 글로벌채권으로 분류할 수 있다.

(2) 외국채권

외국채권(foreign bonds)은 해외발행지의 통화로 비거주자에 의해 발행되는 채권으로 주로 발행국의 금융기관으로 구성된 인수단을 통하여 인수 및 판매된다. 외국채권은 발행자가 비거주자인 점을 제외하고는 국내채권과 유사하므로 발행채권표시통화국의 통화정책이나 국제수지 관리, 자국투자자 보호 등의 관점에서 감독당국의 공식규제가 다수 존재하고, 해당국의 자본시장 관행을 준수하여야 하는 등 비교적 제약이 많다.

(3) 유로채권

유로채권(eurobonds)이란 발행인이 외국에서 발행국 이외의 통화로 발행하는 채권이다. 예를 들면, 프랑스기업이 미국에서 엔화로 발행하는 채권이나 한국기업이 유럽에서 달러로 발행하는 채권은 유로채권이다. 유럽에 속하지 않는 국가의 기업이 유럽에서 채권을 발행하는 것에 대한 유럽당국의 규제가 비교적 적다는 것이 유로채권 시장이 발달한 주요 원인이다.

유로채권은 표시통화를 기준으로 이름이 붙여진다. 예로 유로엔과 유로달러는 각각 일본 엔화와 미국 달러통화로 표시된 발행된 채권이다. 유로채권은 다양한 국가의 역외시장에서 발행되기 때문에 채권의 발행 및 유통에 원칙적으로 규제를 받지 않는다. 그 결과 채권의 발행형태와 조건, 발행시기 등에 있어 발행자의 선택범위가 비교적 넓은 편이다. 유로채는 이자소득에 대한 각종 세금이 부과되지 아니하고 무기명식으로 발행되기 때문에 투자자의 익명성이 보장된다는 이점이 있다. 유로채권의 대부분은 국제예탁결제기관인 Euroclear와 Clearstream에서 발행되어 예탁 · 결제가 이루어진다.

한편 유럽시장이 통합화되면서 독일, 프랑스, 이태리 등의 국가에서 단일화폐로 사용하는 유로화로 표시된 채권은 유로화채권이라 한다.

글로벌채권(global bonds)은 미국, 유럽 등 주요 채권시장에서 동시에 발행되는 국제채권으로 미국 채권시장의 양키본드, 유로 채권시장의 유로달러본드, 일본 채권시장의 사무라이본드를 동시에 발행하는 것과 동일한 효과를 가진다. 보통 10억 달러 이상의 대규모 자금이 필요한 경우 발행되기 때문에 세계은행(IBRD)이나 각국의 정부 등에서 발행한다. 다양한 채널의 시장에서 발행되므로 대규모의 기채가 가능하고 유동성이 높은 것이 특징이다.

(4) 외화채권과 주식연계 해외채권

채권을 국내통화 표시채권과 외국통화 표시채권으로 나눌 수 있으며 외국통화 표시채권을 간단하게 외화채권이라 한다. 외국환거래법에서는 외화채권을 '외국통화로 표시된 채권 또는 외국에서 지급받을 수 있는 채권'으로 정의한다.[38]

외화채권과 혼용되어 사용되는 개념으로 해외채권이 있다. 해외채권을 '해외에서 발행되어 유통되는 채권'으로 이해하면 '외화채권'과 유사한 의미가 된다. 그러나 우리나라에서는 전환사채(CB), 신주인수권부사채(BW), 교환사채(EB) 등 주식연계채권을 상장회사가 해외에서 발행하는 경우에 해외채권이라는 용어를 사용하고 있다. 국내기업이 해외에서 발행하는 주식연계채권(이하 '주식연계 해외채권'이라 한다)의 경우 우리의 예탁결제제도와 많은 관련이 있다.

2 주식연계 해외채권 현황

2.1. 해외전환사채(CB: convertible bond)

전환사채(CB)란 일정한 기간 내에 주식으로 전환할 수 있는 권리가 부여된 채권을 말한다. 이러한 전환사채는 채권과 주식의 중간적 형태로서 채권이 가지는 이자소득의 확실성과 주식전환에 따른 자본소득의 실현가능성이 결합된 금융상품으로서, 국제금융시장에서 중요한 자금조달수단의 하나로 지속적으로 발전하여 왔다. 전환사채는 주식으로 전환

---

38 외국환거래법 제3조제1항제12호.

할 수 있는 권리를 부여하는 대신에 다른 종류의 채권보다는 통상적으로 낮은 이자를 제공하며, 전환사채의 표시통화가 주식의 표시통화와 다른 경우에는 환율이 전환사채의 가치를 결정하는 중요한 요소로 작용한다. 국내기업이 전환사채를 해외에서 발행하는 경우에는 국내에서 발행하는 경우의 고려사항에 덧붙여 적용환율을 어떻게 할 것인지를 정하고 전환대리인 · 지급대리인업무는 누구에게 맡길 것인지를 정해야 한다.

2.2. 해외신주권부사채(BW: bond with warrants)

신주인수권부사채(BW)란 사채권자에게 일정기간(행사기간)내에 사전에 정해진 일정한 가격(행사가격)으로 발행회사의 신주를 인수할 수 있는 권리를 부여한 채권을 말한다. 투자자는 신주인수권(warrant)을 행사하여 수령한 주식으로 추가적인 자본이득을 기대할 수 있으며, 발행회사는 투자자에게 자본이득의 기대를 제공하였기에 낮은 이자로 발행할 수 있다. 이러한 신주인수권부사채는 신주인수권(warrant)을 채권으로부터 분리하여 그 자체만의 유통을 허용하는 분리형과 채권과의 분리 · 양도가 불가능한 비분리형으로 구분된다.

신주인수권부사채는 주식인수를 위한 옵션(option)이 부여된다는 점에서 전환사채와 비슷한 성격을 가지나 분리형의 경우 신주인수권(warrant)을 분리하여 양도할 수 있고, 신주인수권행사시 주식인수를 위한 별도자금이 필요하게 된다는 점이 다르다. 그 결과 발행회사의 입장에서는 전환사채의 경우에는 부채가 자본금으로 대체되는 것에 불과하나 신주인수권부사채의 경우에는 기존채무 이외에 자기자본이 증가하는 결과를 가져오게 된다. 국내기업이 이러한 신주인수권부사채를 해외에서 발행하는 경우에는 국내에서 발행하는 경우의 고려사항 이외에도 적용환율 · 행사대리인 · 지급대리인 등의 사항을 함께 고려하여야 한다.

2.3. 해외교환사채(EB: exchangeable bond)

교환사채(EB)란 채권자에게 사전에 정해진 일정한 조건(교환조건)에 따라 채권자의 청구에 의하여 교환사채 발행회사가 보유한 자기주식이나 다른 회사의 증권(교환대상증권)으로 교환할 수 있는 권리가 부여된 채권을 말한다. 국내기업이 해외시장에서 이러한 교환사채를 발행하는 경우에는 국내에서 발행하는 경우 고려사항 이외에 적용환율 · 교환대리인 · 지급대리인 등을 추가적으로 고려하여야 하는 점은 해외전환사채, 해외신주인수권부사채의 경우와 같다.

③ 주식연계해외채권 발행과 권리행사

3.1. 주요 관련 기관

3.1.1. 발행관련 주요 관련 기관

(1) 발행회사(issuer)

해외채권을 발행할 수 있는 기업의 요건을 상법이나 그 밖의 관련 법령에서 정하고 있지는 않다. 과거에는 상장법인이나 협회등록법인만이 해외채권을 발행할 수 있었으나, 현재는 국내 비상장 법인도 해외채권을 발행할 수 있다.

(2) 간사단 · 인수단 · 판매단

간사단(manager)은 발행회사에 대하여 인수 책임을 지는 간사인들로 구성되며, 그 맡은 역할에 따라 대표주관회사(lead manager), 공동대표주관회사(co-lead manager), 공동간사(co-manager) 등으로 구분된다. 대표주관회사는 발행회사의 재무 상태에 적합한 채권의 조건 · 금액 · 모집방법 등을 발행회사에 제안하고 최종적으로 발행회사와 발행 및 인수 조건을 합의한다. 그 외에도 대표주관회사는 신디케이트(syndicate)의 구성, 투자설명서(prospectus) 등 관련 서류의 작성, 안정 조작, 납입, 채권교부 등의 역할을 수행한다.

인수단(underwriter)은 일반적으로 발행되는 증권의 일부 또는 전부에 대한 인수 책임을 부담하며, 발행 증권 중 판매단이 매입하지 않은 부분 및 대금 납입을 하지 않은 부분에 대해서도 채권을 매입하고 발행회사에 대금을 납입할 책임을 진다.

판매단(selling group)은 간사단으로부터 판매 물량을 할당받아 최종 투자자에게 판매하는 역할을 담당하며 은행 · 브로커 · 딜러 등으로 구성된다.

(3) 법률고문 · 공인회계사

법률고문(legal advisor)은 관련 당사자들의 의견에 따라 계약서와 법률의견서 등을 작성하고, 공인회계사(auditor)는 투자설명서 중 재무제표에 대한 동의서(consent letter)와 재무상태확인서(comfort letter) 등을 작성한다.

(4) 수탁회사(trustee) 또는 재무대리인(fiscal agent)

수탁회사(受託會社)는 채권자의 이익을 보호하기 위한 채권자의 대표기관이지만, 수탁회사를 결정하는 것은 채권자가 아니라 발행회사이다. 수탁회사의 권리 및 의무는 신탁계약(Trust Deed)에 명시되며, 주로 채권자 명부 관리, 발행회사의 재무상태 확인, 신탁계약에 규정된 발행회사의 채무이행에 대한 감시, 발행회사에 대한 소송수행 등의 업무를 담당한다.

발행회사가 수탁회사를 두지 않는 경우에는 재무대리인 계약서(fiscal agency agreement)를 체결하고 재무대리인을 두게 되며, 재무대리인은 채권의 원리금 지급, 임시 채권(temporary bond) 및 영구 채권(permanent bond)의 교환, 제 통지, 채권의 기록 및 관리 등의 업무를 담당한다.

(5) 신용평가기관

한국금융투자협회의 「증권인수업무 등에 관한 규정」 제11조제1항에 따르면 무보증 해외채권이 국내 인수기관에 인수되기 위해서는 2개 이상의 신용평가기관으로부터 신용평가를 받도록 하고 있다.

(6) 국제예탁결제기관(ICSD)

유로시장에서 발행되는 해외채권은 통상 포괄증권(global certificate)형태의 한 장의 실물증서로 발행되어 Euroclear와 Clearstream에 보관되며 실물로 반환되거나 유통되지는 않는다. Euroclear와 Clearstream은 유로채권 등과 같이 국제적으로 유통되는 증권을 예탁하고 결제하기 위하여 설립한 국제예탁결제기관이며, 이들에게 주요 금융기관들이 계좌를 개설하여 증권을 보관하고 있다.

3.1.2. 권리행사 관련 주요 관련 기관

(1) 지급대리인(paying agent)

지급대리인은 발행회사로부터 위탁받아 원금을 상환하고 이자를 지급하는 업무를 수행하는 자를 말한다. 채권의 만기가 도래하거나, put option이나 call option이 행사되어 원리금을 지급하여야 할 때에는 발행회사로부터 원리금을 수령하여 채권자에게 지급한다. 발행회사는 지급대리인을 복수로 운영할 수 있으며 지급대리인의 역할은 발행회사와 지급대리인이 체결하는 지급대리인 계약(paying agency agreement)에 규정되어 있다.

(2) 전환대리인(conversion agent)

채권자가 전환청구를 하면 전환대리인은 발행회사와 체결한 전환대리인계약에 따라 채권자의 전환청구(conversion notice)를 접수하여 발행회사에 통보하는 역할을 한다. 일반적으로 지급대리인이 전환대리인을 겸하고 있다. 전환대리인의 구체적인 역할과 의무는 전환대리인 계약에서 규정하고 있다.

(3) 신주인수권행사대리인(exercise agent)

채권자가 신주인수권의 행사를 청구하면 신주인수권행사대리인은 발행회사와 체결한 신주인수권행사대리인계약(warrant agency agreement)에 따라 채권자의 신주인수권 행사청구(exercise notice)를 접수하여 발행회사와 명의개서대리인에게 통지함으로써 신주가 발행되어 채권자에게 교부되도록 하는 역할을 한다.

(4) 교환대리인(exchange agent)

채권자가 교환권을 행사하면 교환대리인은 발행회사와 체결한 교환대리인계약(exchange agency agreement)에 따라 채권과 교환청구서(exchange notice)를 접수하여 발행회사와 교환대상증권의 보관기관에 통지하여 교환대상증권이 채권자에게 교부되도록 하는 역할을 수행한다. 더불어 교환업무에 필요한 교환가격, 적용환율(fixed rate) 등을 관리하는 업무도 수행한다.

(5) 교환대상증권 보관기관

교환대상증권 보관기관은 교환사채의 교환권이 모두 행사될 때까지나 교환청구기간이 종료될 때까지 교환대상증권을 보관하며, 교환사채권자가 교환권을 행사하면 발행회사의 지시에 따라 교환대상증권을 교부하는 역할을 한다. 상법시행령 제22조제3항에 따르면, 교환사채를 발행하는 회사는 사채권자가 교환청구를 하는 때 또는 그 사채의 교환청구기간이 끝나는 때까지 교환에 필요한 주식 또는 유가증권을 예탁결제원에 예탁하여야 한다.

(6) 주금납입은행(payment handling bank)

현금납입에 의한 신주인수권행사 시 신주를 인수할 자가 주금을 납입하는 은행을 말하며 발행회사가 정한다.

(7) 명의개서대리인(transfer agent)

명의개서대리인은 발행회사의 대리인으로서 주식연계채권(CB · BW)의 권리가 행사된 경우에 신주를 발행하여 교부하는 업무를 수행한다. 다른 대리인과 달리 명의개서대리인은 채권 발행과 관계없이 이미 선임되어 있는 것이 일반적이며, 발행회사가 전환사채 또는 신주인수권부사채를 신규로 발행할 때에는 그 발행에 관한 내용을 명의개서대리인에게 알리고 전환권이나 신주인수권의 행사에 대비하여 주권을 발행하는 세부절차를 미리 정하여 놓는다. 교환사채를 발행하는 경우에는 신주발행절차가 없으므로 명의개서대리인의 역할이 없다.

(8) 상장대리인(listing agent)

상장대리인은 발행회사가 채권 및 신주인수권증권을 해외의 증권거래소에 상장하는 경우에 발행회사를 대신하여 증권거래소와 교섭하여 상장절차를 수행한다.

3.2. 주식연계해외채권 발행 절차

주식연계해외채권을 발행 · 신고 · 상장하는 절차는 증권예탁증권(DR)의 그것과 매우 유사하다. 특히, 발행조건 확정, 대표주관회사 선정, 금융위원회 신고 및 공시, 대금납입 및 증권발행,[39] 상장 및 유통 등의 절차가 유사하나 해외채권과 증권예탁증권의 성격에 따라 약간의 차이는 있다.

3.2.1. 공모 발행

(1) 발행준비

가. 발행검토

기업이 해외채권을 발행할 때에는 환율 · 금리 등과 같은 국제금융시장의 동향과 발행비용 등을 분석한 다음에 발행할 채권의 유형을 정한다.

나. 정관정비

회사가 발행할 수 있는 주식의 총수는 정관의 절대적 기재사항이다. 전환청구나 신주인수권행사에 따라 발행해야 하는 주식의 수는 회사가 발행할 수 있는 주식의 총수에서 이미 발행한 주식의 총수를 차감한 주식 수, 즉 미발행주식 수 이내에 있어야 한다. 이에 따라 해외전환사채나 해외신주인수권부사채를 발행할 때에는 전환권이나 신주인수권이 모두

39 해외채권은 주로 국제예탁결제기관인 Euroclear나 Clearstream에 예탁된다. 국제예탁결제기관은 세계 모든 지역을 직접 관할하기는 어렵기에 각 지역에 예탁기관(depositary)을 지정하여 그들로 하여금 국제예탁결제기관을 대신하여 포괄증권(global certificates) 형태로 증권을 보관 관리하도록 하며 발행회사에게 증권 발행 대금을 지급하도록 한다. 아시아 지역에서는 HSBC홍콩 및 DB홍콩 등이 이 업무를 수행하고 있다. 이 예탁기관을 common depositary라 한다. 발행회사가 납입금을 받고 해외채권을 발행하여 common depositary에 예탁하면, 인수단은 국제예탁결제기관에 개설한 자신의 계좌를 통해 인수받은 해외채권을 보유하게 된다.

행사될 경우에 발행해야 하는 주식의 수가 미발행주식 수를 초과하지 않도록 미리 정관을 정비하여 두어야 한다. 또한, 해외전환사채나 해외신주인수권부사채를 주주 외의 자에게 발행할 경우에는 정관에 근거가 있어야 한다.

다. 대표주관회사 선정

해외채권의 인수·판매를 총괄적으로 책임질 대표주관회사를 선정하여야 한다. 대표주관회사의 선정은 발행회사가 대표주관회사에게 발행교섭의뢰서(mandate letter)를 발송하는 방법으로 이루어진다. 이 발행교섭의뢰서에는 개략적인 발행조건과 발행회사와 대표주관회사와의 독점적 교섭조항 등이 담겨 있다.

라. 신용등급 평가 의뢰

발행회사가 무보증으로 해외채권을 발행하고 국내 증권회사가 이를 공모를 위하여 인수하는 경우에는, 발행회사는 두 개 이상의 신용평가전문기관으로부터 신용평가를 받아야 한다. 유가증권신고서를 제출할 때 그 신용평가서도 함께 제출하여야 한다.

(2) 발행결의 및 공시

가. 이사회 결의

정관에서 규정된 것 이외의 발행금액, 만기, 이자율, 권리행사기간, 증권신고서 제출여부 등 중요 발행사항에 대해서는 이사회에서 결정한다. 그러나 이사회에서 발행사항을 결의할 때에는 세부적인 발행조건이 아직 확정되지 않은 상태가 대부분이다. 따라서 대표이사 등이 추후에 세부적인 발행조건을 결정할 수 있도록 이사회가 대표이사에게 그 결정권을 위임하는 것이 편리하다.

나. 발행결정 공시

발행회사는 이사회결의 후 지체 없이 이사회에서 결정된 발행관련 내용을 금융위원회 등에 신고하고 금융감독원의 공시시스템에 등록하는 등 발행결정 공시절차를 밟아야 한다.

(3) 발행계약체결

가. Due Diligence Meeting

법률고문, 공인회계사, 발행회사 및 대표주관회사 등 발행관계자들이 모여 사전에 준비된 투자설명서 및 관련 계약서의 초안을 검토, 수정하는 단계로서 대부분의 중요한 발행조건 및 관련 법적 문제 등이 이 과정에서 논의되고 결정된다.

나. 관련 서류 작성

Due Diligence Meeting에서 결정된 발행조건 등을 기초로 법률고문이 투자설명서, 인수계약서, 해외채권대리인계약서를 작성한다. 해외교환사채의 경우에는 추가적으로 교환대상증권의 보관 및 신탁계약서 등을 작성한다.

다. 발행계약 체결

인수계약서는 발행회사와 대표주관회사 간에, 해외채권대리인계약은 발행회사와 해외채권대리인 간에, 그리고 교환대상증권의 보관 및 신탁계약은 발행회사와 예탁결제원 간에 체결된다. 증권신고서를 제출할 필요가 없는 해외채권을 발행하는 경우에는 발행조건을 확정한 후에 발행계약을 체결하는 것이 일반적이나, 증권신고서를 제출해야 하는 해외채권을 발행하는 경우에는 발행관련 계약서 사본을 증권신고서에 첨부해야 하기에 최종적으로 발행조건을 확정하기 전에 발행계약을 체결한다. 따라서 후자의 경우 발행조건 중 발행금액, 이율, 권리행사 기간 등 미리 확정할 수 있는 사항만 정한 상태에서 발행계약이 체결되고 전환가격 등 나머지 사항들은 추후 확정한다.

(4) 관련 신고서 제출

가. 증권신고서 제출

발행회사는 두 개의 신용평가전문기관이 작성한 신용평가서와 이미 체결한 인수계약서 및 해외채권대리인계약서 사본, 예비사업설명서 등을 증권신고서와 함께 제출하여야 한다.

나. 증권발행신고서 제출

해외채권을 발행하기 위해서는 「외국환거래규정」에서 정하는 바에 따라 지정거래외국환은행에게 신고하여야 하며, 발행금액이 3천만 미국달러를 초과하는 경우에는 지정거래외국환은행을 경유하여 기획재정부 장관에게 신고하여야 한다.

(5) Syndicate 구성 및 투자설명회(Road Show)개최

대표주관회사를 중심으로 한 주관회사단, 인수단, 판매단 등으로 Syndicate를 구성한다. 발행회사는 또한 투자자의 관심을 모으기 위해 주요 국제금융도시를 순회하며 회사 및 발행증권을 소개하는 투자설명회를 개최한다.

(6) 예비모집

대표주관회사는 발행금액, 표면금리, 발행가격 등을 포함한 발행조건을 주요 금융지에 공고하게 되며, 발행이 공고되면 발행 전 시장(grey market)이 형성되어 가격이 제시(quotation)되고 예비모집(launching)이 개시된다.

(7) 발행조건 확정 및 채권청약

인수단은 모집 기간 중 적극적인 홍보 활동으로 판매를 촉진하고 정확한 시장수요를 파악하여 발행총액, 전환가격, 적용환율, 전환기간 등 최종 발행조건을 확정한다. 일반적으로 증권신고서가 수리된 날로부터 7일이 경과하면 신고의 효력이 발생하므로, 그 이후 인수인에 의한 채권청약이 이루어진다.

(8) 인수대금 납입과 채권발행

해외채권의 발행과 인수대금 납입은 국제예탁결제기관을 통해 이루어지며 채권의 인수인은 발행회사에 인수대금을 지급하고 발행회사는 채권의 인수인에게 채권을 발행하여 교부한다.

(9) 후속조치

가. 증권발행보고

대금납입이 완료된 경우 발행회사는 「외국환거래규정」(제7-22조제4항)에 따라 증권발행보고서를 지정거래외국환은행의 장에게 제출하여야 한다.

나. 등기 및 신주일괄상장

전환사채와 신주인수권부사채를 발행하는 경우 발행회사는 발행완료 후 2주 내에 관할법원에 채권발행관련 등기를 하여야 하며, 거래소 상장기업은 권리행사로 인한 발행예정 주식총수에 대하여 권리행사가능일 전일까지 일괄 상장신청을 하는 것이 편리하다.

3.2.2. 사모 발행

해외채권을 공모에 의하지 않고 발행하는 경우 대체로 〈표 5-10〉의 일정에 따라 진행된다. 전환사채 및 신주인수권부사채의 경우 권리행사로 인해 신주가 발행되므로, 채권 발행 후 2주간 내에 등기하여야 하지만, 교환사채의 경우 신주가 발행되지 않으므로 채권발행과 관련하여 등기는 필요하지 않다.

표 5-10 사모 해외채권 발행일정(예시)

S-7 이전	외화증권발행신고
S-5	이사회결의 및 공시, Due Diligence Meeting
S-2	채권인수계약(Bond Purchase Agreement)
S	계약체결
S+1	계약체결 이사회 결의 및 계약내용 공시
S+3 내외	납입(Closing)
납입 후 2주간내	등기

* S: signing date

3.3. 주식연계 해외채권 권리행사

3.3.1. 개요

국내 기업이 해외시장에서 주식연계 해외채권을 발행하는 경우, 발행회사는 해외시장의 제도, 관습, 언어 등에 대한 정보나 경험이 부족하기 때문에 발행회사가 직접 채권자를 상대로 전환청구 접수, 원리금 지급 등의 업무를 처리하는 것이 사실상 불가능하다. 이런 이유로 해외시장에 대한 다양한 경험과 노하우를 축적한 전문기관이 발행회사를 대신하여 해외채권대리인 업무를 수행하는 것이 일반적이다.

예탁결제원은 1994년 이후 국제예탁결제업무와 주식예탁증서의 원주보관업무를 수행해 오면서 해외시장에 대한 다양한 경험과 노하우를 축적해 왔다. 특히 해외채권과 관련하여 국제예탁결제기관과 안정적인 업무 및 커뮤니케이션 네트워크가 구축되어 있다. 이를 바탕으로 예탁결제원은 1999년부터 전환대리인업무(conversion agent service), 행사대리인업무(exercise agent service), 교환대리인업무(exchange agent service) 및 지급대리인업무(paying agent service)를 수행하고 있다.

3.3.2. 해외전환사채의 전환권행사

(1) 전환대리인

전환대리인은 발행회사를 대신하여 채권자로부터 채권(債券) 및 전환청구서를 접수한 후 발행회사에게 전환이 청구되었음을 알리고 신주가 발행되어 교부되는 것을 도와주는 업무를 수행한다. 주로 런던이나 홍콩에 소재하는 금융기관이 전환대리인 업무를 수행하여 왔으나, 최근에는 예탁결제원이 중앙예탁결제기관 업무와 연계하여 이 업무를 제공하고 있다. 우리나라의 중앙예탁결제기관인 예탁결제원은 권리행사로 인하여 발행하는 주식을 일괄예탁제도나 실물불발행제도와 같은 증권예탁제도를 이용하여 신주를 발행함에 따라 주식으로의 전환 기간을 단축할 수 있다. 그 결과 투자자는 주식의 가격변동위험을 줄이고 투자자금의 회수기간을 단축시킬 수 있고, 발행회사는 주식사무 부담을 크게 줄일 수 있게 되었다.

(2) 전환 절차

전환사채권자는 채권의 보관기관인 국제예탁결제기관(Euroclear와 Clearstream)을 통하여 전환청구서(conversion notice)를 작성하여 전환대리인에게 송부하며, 국내에서 주식을 보관할 기관에 해당 주식의 수령을 지시한다. 전환이 청구되면 채권은 소멸하고 주식이 새로이 발행되어야 하기에, 채권을 보관하고 있는 국제예탁결제기관은 전환을 신청한 수량만큼 장부에서 감소기재(mark down)하여 채권을 말소한 뒤 그 내용을 전환대리인에게 통보한다.

전환대리인은 국제예탁결제기관의 감소기재내역을 확인한 후 채권자가 신청한 전환청구내역(전환채권수량, 발행주식수, 전환청구일, 주식보관기관 및 주주명)을 기재한 '전환청구확인서'를 발행회사에 통보한다.

발행회사는 명의개서대리인에게 주식을 발행하여 교부할 것을 의뢰하고, 명의개서대리인은 발행회사의 의뢰에 따라 중앙예탁결제기관인 예탁결제원 명의로 신주를 발행하여 예탁결제원에 교부한다. 예탁결제원은 수령한 주식을 전환을 청구한 자가 신청한 보관기관의 주식계좌에 입고시킨 뒤 그 내역을 보관기관에 통지한다. 발행회사는 한국거래소에 해

그림 5-20 **해외전환사채 전환 절차**

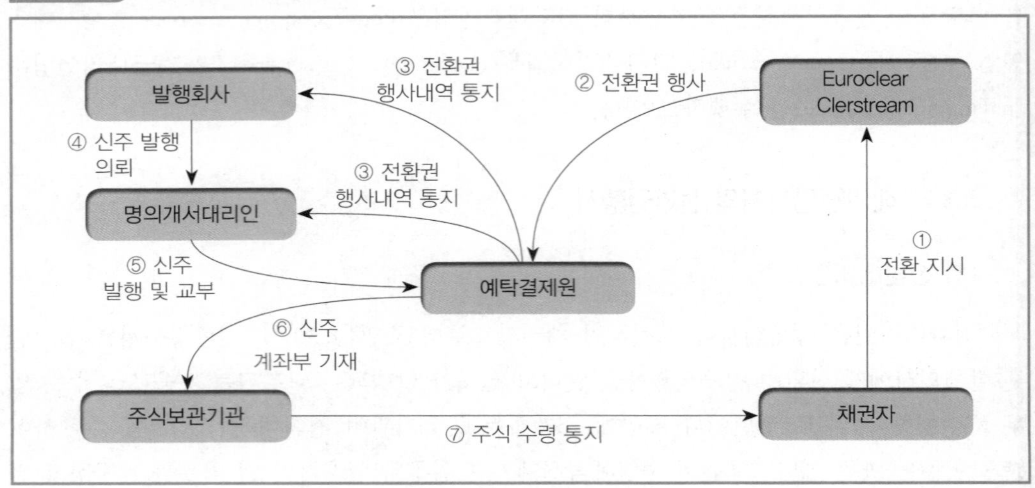

당 신주의 상장을 신청한다. 상장심사가 원활히 이루어지면 신청일로부터 5영업일 뒤에는 해당 신주를 한국거래소에서 거래할 수 있다.

(3) 원금지급과 전환청구권

해외전환사채의 원금을 지급하면 해당 채권과 함께 전환청구권도 소멸한다.

3.3.3. 해외신주인수권부사채의 신주인수권행사

(1) 행사대리인

행사대리인은 발행회사를 대신하여 신주인수권 소유자로부터 Warrant(신주인수권증권) 및 행사청구서를 접수한 후 발행회사에 신주인수권이 행사되었음을 알리고 해당되는 주금이 납입되면 신주가 발행되어 교부되는 것을 도와주는 업무를 수행한다. 이 업무도 해외 대형금융기관들이 수행하여 왔으나, 최근에는 예탁결제원이 중앙예탁결제기관업무와 연계하여 주로 수행하고 있으며 그에 따른 효과는 전환사채의 경우와 유사하다.

(2) 신주인수권행사 절차

신주인수권소유자는 Warrant 보관기관인 국제예탁결제기관을 통해 행사청구서(exercise notice)를 작성하여 행사대리인에게 송부하며, 국내에서 주식을 받을 기관에 해당 주식을 수령할 것을 지시한다. 신주인수권을 행사할 때에는 전환권을 행사하는 것과는 달리 신주인수대금을 발행회사에 납입하여야 한다.

신주인수권이 청구되면 Warrant는 소멸하고 주식이 새로이 발행되어야 하기에, Warrant를 보관하고 있는 국제예탁결제기관은 신청한 수량만큼 장부에서 감소기재(mark down)하여 Warrant를 말소한 뒤 그 내용을 행사대리인에 통보한다. 행사대리인은 국제예탁결제기관이 해당 Warrant를 감소한 사실을 확인한 뒤 행사청구자가 신청한 청구내역(Warrant수량, 발행주식수, 행사청구일, 신주인수대금 납입방법, 주식보관기관 및 주주명)을 기재한 '행사청구확인서'를 발행회사에 통보한다. 발행회사는 신주인수대금이 납입되었는지를 확인한 다음 명의개서대리인으로 하여금 주식을 발행하여 교부하도록 지시한다. 명의개서대리인은 중앙예탁결제기관인 예탁결제원 명의로 신주를 발행하여 예탁결제원에 교부한다. 예탁결제원은 행사청구자가 미리 신청한 보관기관의 주식 계좌에 발행된 주식을 입고시킨 후 그 내역을 보관기관에 통지한다. 발행회사는 한국거래소에 해당 신주의 상장을 신청하며, 상장 신청 후 약 5영업일 후에 해당 신주는 상장되어 매매거래가 가능하다.

(3) 원금지급과 신주인수권

해외전환사채는 채권과 전환청구권이 일체화되어 있으므로 채권이 상환되면 전환청구권도 사라진다. 그러나 해외신주인수권부사채는 채권과 Warrant가 분리되어 있는 것이 일반적이다. 채권과 Warrant가 분리되어 있는 경우에는 이론적으로는 채권의 상환여부와는 관계없이 Warrant의 행사기간이 아직 종료되지 않았다면 그 Warrant는 소멸하지 않는다. 그러나 현실에서는 채권이 만기에 상환되면 Warrant도 소멸하는 것으로 발행조건을 정한다. 그럼에도 불구하고 call option이나 put option이 행사되어 채권이 조기에 상환되는 경우에는 Warrant는 소멸하지 않는 것으로 정하는 것이 일반적이다.

3.3.4. 해외교환사채의 권리행사

(1) 교환대상증권의 보관

해외교환사채는 기업이 보유한 주식이나 그 밖의 증권을 유동화하여 해외 투자자로부터 자금을 조달할 수 있는 유용한 수단이다. 이와 관련한 사항은 상법 제469조 및 상법시행령 제22조에서 규정하고 있다. 상법시행령 제22조제3항에 따르면, 교환사채를 발행하는 회사는 사채권자가 교환청구를 하는 때 또는 그 사채의 교환청구기간이 끝나는 때까지 교환에 필요한 주식 또는 유가증권을 예탁결제원에 예탁하여야 한다. 예탁결제원이 교환대상증권의 보관기관 역할을 수행하게 되는 것이다.

(2) 교환대리인

교환대리인은 발행회사를 대신하여 채권자로부터 채권(債券) 및 교환청구서를 접수하여 발행회사 및 교환대상증권의 보관기관에 교환청구 확인 통지 등의 업무를 수행한다. 교환대리인 업무는 BNY Mellon, Citibank, Deutsche Bank 등 해외의 금융기관이 수행해왔으나, 1999년부터 예탁결제원이 교환대상증권 보관기관 업무와 연계하여 교환대리인 서비스를 제공하고 있다.

(3) 교환청구권의 행사 절차

교환사채권자는 채권의 보관기관인 국제예탁결제기관에 교환권 행사를 지시하며, 교환청구서를 교환대리인에게 제출하고 자신의 국내보관기관에 증권을 수령하도록 지시한다. 채권자로부터 교환권 행사를 지시 받은 국제예탁결제기관은 해당 채권을 말소하고 교환권 행사내역을 교환대리인에게 통보한다.

채권자로부터 교환권 행사를 접수한 교환대리인은 국제예탁결제기관이나 국제예탁결

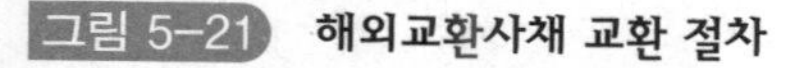

그림 5-21 **해외교환사채 교환 절차**

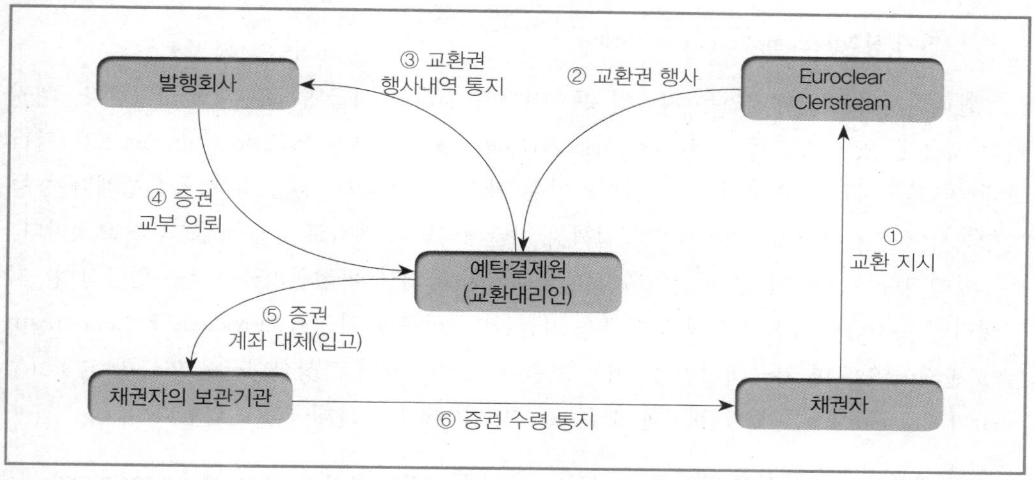

제기관이 지정한 해외보관기관으로부터 채권의 말소내역을 확인한 뒤 교환채권수량, 인도할 증권수량, 증권입고기관 및 증권소유자명 등을 기재한 '교환청구확인서'를 발행회사와 교환대상증권의 보관기관에 통지한다. 이렇게 통지를 받은 발행회사는 교환대상증권의 보관기관인 예탁결제원으로 하여금 교환대상증권을 채권자가 지정한 보관기관에게 교부하게 한다.

3.3.5. 해외주식연계채권의 원리금지급

(1) 지급대리인

지급대리인은 해외전환사채, 해외신주인수권부사채, 해외교환사채 등의 해외채권과 관련하여 발행회사로부터 위임받아 채권자에게 이자와 원금을 지급한다. 또한 채권의 만기 이전에 원금상환을 요청하는 풋옵션(put option)이나 콜옵션(call option)이 행사되는 경우에도 행사권자에게 이자나 원금을 지급하는 조기상환 업무를 수행한다. 그 외에도 지급대리인은 채권 잔고를 관리하고 채권을 소각하거나 발행회사의 채무불이행에 따라 개최하는 채권자 집회에 채권관련 내용을 통지하는 업무도 수행한다.

지급대리인은 대금을 지급하는 업무를 수행하기에 과거에는 주로 해외의 대형은행이 이를 수행했다. 은행이 아닌 예탁결제원은 국제예탁결제기관과 증권관련 네트워크를 안정적으로 구축하여 운영한다는 장점을 이용하여 지급대리인 서비스를 원활하게 수행하고 있다.

(2) 원리금 지급 절차

가. 만기 상환(redemption at maturity)

발행회사와 지급대리인은 지급일 2주 전까지 원리금 지급내역을 상호 확인한다. 채권자는 지급대리인에게 지급일 약 7일 전에 payment advice, 약 3일 전에 claim letter를 각각 보내 원리금 지급을 청구한다. 지급대리인은 확정원리금금액, 송금일, 송금은행계좌 등을 발행회사에 통지하여 지급일 전 영업일까지 지급대리인의 계좌로 송금해 줄 것을 요청한다.

발행회사는 지급일 전 영업일까지 지급대리인 계좌에 확정원리금금액을 입금하며, 지급대리인은 지급일에 채권자에게 대금을 지급한다. 상환할 채권이 Euroclear나 Clearstream에 보관되어 있으면 지급대리인은 이들 기관이 지정한 계좌로 상환대금을 입금한다. Euroclear와 Clearstream은 해당 채권을 소유하는 참가자에게 상환대금을 지급한다.

나. 회사의 옵션 행사에 의한 조기 상환(early redemption at the option of the company)

채권의 조건(terms and conditions of the bonds) 중에 주가가 전환가격보다 훨씬 높아도 채권자가 전환권 또는 신주인수권을 행사하지 않는 경우, 발행회사가 조기 상환을 요청할 수 있는 선택권이 부여되는 경우가 있다. 이를 회사의 옵션 행사에 의한 조기 상환 또는 콜옵션(call option)이라고 한다. 콜옵션은 회사가 자금에 여유가 생겨 채권을 조기에 상환할 것에 대비하여 발행 전에 미리 계약에 반영한다.

발행회사의 콜옵션 행사 절차를 보면, 발행회사는 먼저 행사가능일(지급일 전 30~60일 사이가 일반적임)에 상환금액, 상환일 등을 지급대리인에게 통보하고, 지급대리인은 채권자에게 콜옵션 행사내역을 통지한다. 이때 채권자들은 전환권 또는 신주인수권의 행사 여부를 결정하게 된다. 전환권 또는 신주인수권을 행사하면 주식을 받게 되고, 행사하지 않으면 회사로부터 원금과 프리미엄을 지급받게 되는데 원금 등의 지급 절차는 만기 상환의 지급 절차와 동일하다.

다. 채권자의 옵션 행사에 의한 조기 상환(early redemption at the option of bondholders)

채권의 조건에 따라서는 채권자가 일정 기간 후에 발행회사에 대하여 조기 상환을 청구할 수 있는 선택권이 부여되는 경우가 있는데, 이를 채권자의 옵션행사에 의한 조기 상환 또는 줄여서 풋옵션(put option)이라고 한다. 신주인수권부사채의 경우 조기상환에 따라 채권은 소멸하더라도 워런트는 행사기간 만료 시까지 유효하도록 하는 것이 일반적이다.

발행회사는 행사 가능 기간(지급일 전 30~45일 사이가 일반적임)의 약 15일 전에 지급대리인에게 통지하고, 지급대리인은 채권자에게 옵션 행사내역을 통지한다. 채권자는 옵션을 행사할 경우 상환통지서(redemption notice)를 지급대리인에게 통지하고, 지급대리인은 동

내역과 입금계좌를 발행회사에 통지한다. 이후의 상환금 지급 절차는 만기상환의 경우와 동일하다.

제3장 국제증권거래와 예탁결제제도

앞에서 살펴본 국제증권발행시장이 제대로 기능하기 위해서는 유통시장을 통한 국제증권거래가 원활하게 이루어져야 한다. 이 장에서는 국제증권거래를 지원하기 위한 국제증권 유통시장과 예탁결제제도를 다루고자 한다. 우선 거주자의 외화증권투자에 대해 설명한 다음 비거주자의 국내증권투자에 대해 알아보고자 한다. 투자자를 구분하는 데 있어 '한국인 대 외국인', '내국인 대 외국인', '거주자 대 비거주자' 등 여러 가지를 생각할 수 있다. 최근의 국제거래에서 중요성이 강조되는 세금과 관련되거나 외국환규제가 관련되는 경우 '거주자 대 비거주자'의 개념구분이 더 정확하지만, 이 책에서는 설명의 편의상 '내국인 대 외국인'의 용어로 구분하고자 한다.

제1절 내국인의 외화증권투자와 예탁결제제도

1 내국인의 외화증권투자 현황

우리나라 투자자의 외화증권투자는 1988년 6월 정부의 '해외채권투자 추진방안'에 따라 일부 기관투자자에 대해 해외시장에서 외화증권투자를 허용한 것으로 시작된다. 1994년 7월 일반투자자의 외화증권투자가 상장 외화증권 중심으로 허용되었으며, 1995년 2월 기관투자자에 대한 외화증권투자 자유화조치에 이어 1996년 4월 일반투자자에 대한 외화증권 투자제한이 폐지되어 오늘에 이르고 있다.

〈표 5-11〉에서 보는 바와 같이 2008년 세계금융위기에 따른 일시적 축소라는 예외는

있지만, 내국인의 외화증권투자는 큰 폭으로 증가하고 있다. 그 원인으로는 (ⅰ)국내 금리 하락에 따른 신규 투자대상으로서의 외화증권투자 확대, (ⅱ)국내증권 위주에서 외화증권으로 투자대상을 확대함에 따르는 위험분산효과, (ⅲ)국내 금융기관 및 연기금의 규모확대에 따른 투자여력 증가 등을 들 수 있다.

표 5-11 **내국인의 외화증권 투자규모**

(단위: 억USD)

구분	1997년 말	2000년 말	2007년 말	2012년 말	2016년 말
일반투자자	2	16	100	67	106
기관투자자	118	38.9	1,486	1,241	1,737
합계	121	55.3	1,586	1,308	1,843

2 내국인의 외화증권투자 방식

내국인의 외화증권투자는 증권취득 방식에 따라 해외직접투자 방식, 외화증권 간접투자 방식, 외화증권 직접투자 방식으로 구분할 수 있다.

2.1. 해외직접투자 방식

내국인의 해외직접투자란 거주자가 외국법인이 발행한 증권을 직접 취득하거나, 외국법인에 대한 금전의 대여 등 해당 법인과의 경제적 거래를 위해 내국인이 외국에서 자금을 지급하는 것을 말한다.

이러한 유형으로는 외국법인을 설립하거나 이미 설립된 외국법인의 경영에 참가하기 위해 해당 법인의 주식이나 출자 지분을 취득하는 경우와, 외국법인의 경영에 실질적인 영향력을 행사하기 위해 금전을 대여하는 경우, 외국에서 영업소의 설치나 확장을 하기 위해 자금을 지급하는 경우 등이 해당된다. 외국환거래 관련 법규에서는 해외직접투자를 외국법인에 대하여 지분을 10% 이상 투자하는 경우, 지분은 10% 미만이지만 경영을 위하여 임원을 파견하거나 1년 이상 원자재 또는 제품의 매매계약 등을 체결하는 것으로 규정하고 있다.

내국인의 해외직접투자 방식 중에서 가장 전형적인 방식은, 외국법인에 대한 경영 참가를 목적으로 해당 법인의 주식이나 출자 지분을 취득하는 방식이다.

2.2. 외화증권 간접투자 방식

내국인의 외화증권 간접투자란 투자자가 해외채권시장에 참가하지 않고 외화증권을 간접적인 방식으로 투자하는 것을 말한다. 구체적으로 (ⅰ)외화증권을 편입하는 외국 투자신탁이 발행한 수익증권의 취득, (ⅱ)외국환은행 현지법인 또는 해외 현지법인인 금융기관이 발행하는 수익증권의 취득, (ⅲ)외국환은행 해외 현지법인 또는 해외 현지법인 금융기관과 투자계약 또는 신탁계약에 의해 외화증권에 투자하는 방식 등으로 구분할 수 있다.

2.3. 외화증권 직접투자 방식

외화증권 직접투자 방식이란 내국인이 외화증권시장에서 발행·유통되는 외화증권을 해외 증권시장에 직접 참가하여 매매거래를 통해 취득하는 것을 말한다. 우리나라의 외화증권 직접투자는 1988년 6월 일부 기관투자자에 대해 해외시장에서 외화증권투자를 허용함으로써 시작되었다.

(1) 기관투자자의 외화증권 직접투자 방식

「외국환거래규정」에 따르면 외화증권에 투자할 수 있는 기관투자자[40]는 금융투자업자(겸영 금융투자업자를 포함한다)와 집합투자기구 등을 말하며 기관투자자가 외국 증권시장에서 투자할 수 있는 대상 외화증권에 대해서는 별도의 제한이 없다.

기관투자자의 외화증권 매매거래 방식은, 원칙적으로 투자대상 증권시장과 투자대상 증권에 따라 기관투자자가 임의로 선택할 수 있다. 일반적으로 외국에서의 증권업 허가를 받은 국내 증권회사나 외국 증권회사 또는 외국 금융기관을 통해 별도의 신고 없이[41] 외화증권의 매매거래를 이행할 수 있으며, 외화증권의 투자한도에도 제한은 없다.

(2) 일반투자자의 외화증권 직접투자 방식

기관투자자를 제외한 기타 국내 법인, 개인 등 일반투자자는 「외국환거래규정」, 「금융투자업규정」, 「외화증권 예탁 및 결제에 관한 규정」 등에 따라 자본거래의 허가나 신고[42]없이 외국 증권시장에서 외화증권을 직접 취득할 수 있다. 여기서 일반투자자라 함은 「외국환

40 외국환거래규정에서는 '기관투자가'라는 용어를 사용하고 있지만, 이 편에서는 문맥흐름상 '기관투자자'로 설명한다.

41 기관투자자는 외화증권에 대한 거래실적을 매분기별로 다음 분기 첫째 달 10일까지 한국은행에 보고할 의무가 있다(외국환거래규정 제7-35조제1항).

42 일반투자자의 외화증권 투자현황은 매매의 위탁을 받은 투자중개업자와 투자매매업자가 분기별로 다음 분기 첫째 달 10일까지 한국은행과 금융감독원에 보고하여야 한다(외국환거래규정 제7-35조제2항).

거래규정」에 의한 기관투자자가 아닌 거주자인 개인이나 법인을 말한다.

① 투자대상 증권시장과 투자대상 증권

과거에는 「증권업감독규정」에 의해, 일반투자자가 거래할 수 있는 외화증권[43]과 외화증권시장이 각각 규정되어 있었으나, 자본시장법의 제정과 함께 「금융투자업규정」과 「외화증권 예탁 및 결제에 관한 규정」에서 일반투자자의 투자대상 외화증권[44]을 따로 규정하지 않고 있으며 증권시장에 대한 규제도 폐지하였다.

② 투자방식

일반투자자가 외국 증권시장에서 외화증권을 매매하고자 하는 경우, 투자중개업자에 외화증권의 매매를 위탁하여야 하며 이를 위하여 투자중개업자와 외화증권 매매 관련 계약을 체결하고 외화증권거래를 위한 계좌를 개설하여야 한다.

이러한 경우 외화증권의 매매를 위탁받은 투자중개업자는 외국환은행에 개설된 일반투자자 또는 투자중개업자 명의의 '외화증권투자전용외화계정'을 통해 외화증권 매매나 외화증권의 권리행사에 따른 외화의 송금 · 수령 · 환전을 해야 한다.

일반투자자인 고객으로부터 외화증권 매매거래의 위탁을 받은 투자중개업자는 외국증권회사 또는 외국금융기관에 계좌를 개설하고 일반투자자의 매매주문을 구분하여 이 계좌를 통해 매매를 주문한다. 이 경우 해당 투자중개업자는 종목 · 수량 · 가격 · 외국 증권시장 사용종목번호 등을 외국투자중개업자에게 통보하여야 하며 결제는 예탁결제원을 통해 처리된다는 사실을 알려야 한다.

---

43 구(舊)증권업감독규정에서 열거한 일반투자자의 투자대상 외화증권은 다음과 같다.
① 외국 증권시장에 상장 또는 상장이 확정된 증권으로써 증권거래법 제2조항1항제1호 내지 제6호의 증권과 법률적으로 성질이 유사한 증권, 주식예탁증서 및 수익증권
② 외국 금융기관이 발행한 무기명 양도성외화예금증서(CD)
③ 외국 기업이 발행한 기업어음(CP)
④ 국내 기업이 외국에서 발행하는 전환사채, 신주인수권부사채, 교환사채, 주식예탁증서 기타 이와 유사한 증권 또는 증서로서 제1호에 해당하지 아니하는 것
⑤ 외국 정부 또는 대외신인도가 높은 외국 공공기관이 발행한 국공채로서 제1호에 해당되지 아니하는 것
⑥ 외국 수익증권

44 「금융투자업규정」과 「외화증권 예탁 및 결제에 관한 규정」은 외화증권을 「외국환거래규정」에 따른 외화증권으로 규정하고 있으며, 「외국환거래규정」 제3조제1항제8호는 외화증권을 "외국통화로 표시된 증권 또는 외국에서 지급받을 수 있는 증권"으로 규정하고 있다.

③ 내국인의 외화증권예탁결제 이용 구조

내국인이 외국 증권시장에서 외화증권을 취득하는 경우 외화증권예탁결제 이용 구조는 투자자의 유형에 따라 다음과 같이 구분할 수 있다.

첫째, 「외국환거래규정」에 의한 기관투자자(금융투자업자를 제외한다.)는 일반적으로 외화증권 투자지역의 보관기관이나 국제증권보관기관 또는 국제증권예탁결제기관을 이용해 취득 외화증권을 예탁 · 관리하고 있다.

둘째, 금융투자업자(겸영금융투자업자를 제외한다.)와 개인 · 법인 등의 일반투자자는 예탁결제원을 통하여 예탁결제원이 지정한 외국보관기관에 취득 외화증권을 예탁 · 보관하여야 한다.[45]

3.1. 개별 이용방식

금융투자업자를 제외한 기관투자자는 외국 증권시장에서 외화증권을 취득하는 경우 예탁결제원이 지정한 외국보관기관에 예탁할 의무가 없으며, 현지 보관기관 · 국제증권보관기관 · 국제증권예탁결제기관 등을 포함하는 다양한 기관 중에서 자유로이 보관기관을 지정하여 취득한 증권을 예탁 · 보관할 수 있다.

그러나 기관투자자라 하더라도 해외 투자중개업자(투자매매업자를 포함하는 의미임, 이하 이 절에서 같음)가 아닌 국내 투자중개업자를 통해 외화증권매매거래를 위탁하는 경우에는 예탁결제원을 통해 예탁결제원이 지정한 외국보관기관에 취득 외화증권을 예탁 · 보관하여야 한다.

해외 투자중개업자를 통해 매매거래를 위탁하더라도 기관투자자가 원하는 경우에는 외화증권을 예탁결제원이 지정한 외국보관기관에 예탁할 수 있으며, 이 경우 기관투자자의 외화증권예탁결제는 일반투자자의 외화증권예탁결제와 같은 방식으로 처리한다. 기관투자자의 외화증권 예탁결제 방식은 다음과 같이 구분할 수 있다.

(1) 현지보관기관 이용

현지보관기관 이용방식은 기관투자자가 특정 국가의 증권시장에서 외화증권을 취득하는 경우에 주로 이용하는 방식이다. 이 방식에 따르면 기관투자자는 해당 국가의 현지보관

---

45 구(舊)증권거래법에서는 일반투자자가 보유하는 외화증권만이 예탁결제원에 집중예탁 대상이었으나 '자본시장법'이 제정되면서 금융투자업자(겸영금융투자업자 제외)의 자기보유 외화증권도 집중예탁의 대상으로 확대되었다.

기관과의 보관 계약에 의해 취득한 외화증권을 예탁하게 되며, 일반적으로 보관기관이 해당증권의 권리를 대리 행사하게 된다.

(2) 국제증권보관기관 이용

국제증권보관기관 이용방식은 외화증권 투자규모가 상당한 수준에 달하는 기관투자자가 다수 지역의 증권시장에서 외화증권을 매매거래하는 경우에 일반적으로 이용하는 방식이다. 이 방식을 이용할 경우 기관투자자는 국제적인 예탁 · 결제 네트워크를 유지하고 있는 국제증권보관기관을 통해 취득 외화증권을 예탁하며, 취득 증권으로부터 발생되는 제반 권리를 행사한다.

이 경우 국제증권보관기관은 현지의 자체 지점이나 현지보관기관을 지역보관기관으로 지정하여 취득 외화증권을 예탁 · 관리하게 된다.

(3) 국제증권예탁결제기관 이용

국제증권예탁결제기관 이용방식은 기관투자자가 주로 유로시장에서 발행 · 유통되는 유로채나 외국채를 취득하는 경우에 이용하는 방식이다. 기관투자자는 국제증권예탁결제기관인 Euroclear나 Clearstream에 참가자로 가입해 유로시장에서 취득한 유로채권 등 외화증권을 해당 국제증권예탁결제기관을 통해 예탁 · 결제업무를 수행하고 있다.

3.2. 집중예탁제도 이용방식

금융투자업자(겸영금융투자업자를 제외한다)는 자기자산과 고객이 위탁하여 보유하는 외화증권을 자산별로 구분하여 예탁결제원에 예탁하여야 한다. 또한, 일반투자자는 외국 증권시장에서 외화증권을 매매거래하는 경우에, 그 업무를 반드시 투자중개업자에 위탁하여야 하며[46] 투자중개업자는 자본시장법에 따라 예탁결제원이 지정한 외국보관기관을 통해 외화증권의 결제를 처리하고 취득 외화증권을 예탁 · 관리해야 한다.[47] 즉 겸영금융투자를 제외한 금융투자업자와 일반투자자가 보유하는 외화증권에 대한 예탁결제업무는 반드시 예탁결제원을 통하도록 되어 있는 것이다.

이렇게 외화증권을 예탁결제원으로 집중예탁하도록 의무화한 것은 일반투자자 대부분이 직접 외국투자중개업자를 선임하여 외화증권매매를 위탁하고 외국 내에 보관기관을 선임하기 어려운 다수의 소액 투자자인 점을 감안한 조치이다. 또한, 취득 증권을 대내외적으

46 외국환거래규정 제7-33조제4항.

47 자본시장법 제75조.

로 공신력 있는 국내 중앙예탁결제기관이 집중관리함으로써 외화증권의 매매를 투명하게 하고, 투자자의 재산과 권리를 안전하게 보호하고 규모의 경제를 통하여 소요되는 거래비용을 축소하기 위한 것이다.

(1) 외화증권 예탁계좌의 설정과 관리

「외국환거래규정」에 의한 기관투자자[48]와 예탁결제원이 인정한 자는 예탁결제원에 외화증권의 예탁과 결제를 위한 예탁계좌를 개설하고 '외화증권 예탁자'가 될 수 있다. 일반투자자의 경우 거래 투자중개업자에 외화증권투자를 위한 계좌를 개설하고 투자중개업자가 외화증권 예탁자가 되어 예탁결제원을 통하여 보유 외화증권을 관리하게 된다.

즉 〈그림 5-22〉와 같이 일반투자자의 위탁계좌가 개설된 투자중개업자는 일반투자자인 고객이 취득한 증권을 예탁결제원이 지정한 외국보관기관에 예탁하기 위해 예탁결제원에 예탁자인 투자중개업자 명의의 외화증권 예탁계좌를 개설하고 일반투자자가 보유하는 외화증권을 투자중개업자의 자산과 분리하여 관리한다.

(2) 외국보관기관의 선임

예탁결제원은 외화증권을 집중예탁하기 위해 국제적으로 신뢰도가 높고 전문성을 겸비한 보관기관에 한하여 외국보관기관으로 선임하고 있다. 예탁결제원은 이러한 적격 외국보관기관을 선임하고, 당해 외국보관기관에 보관계좌와 외화예금계정을 설정한 경우에는 당해 외국보관기관의 선임 사실과 설정한 계좌의 명칭 및 번호 등 그 내역을 예탁자에게 지체없이 통지해야 한다. 이를 변경할 때에도 같은 절차를 따르도록 하고 있다.

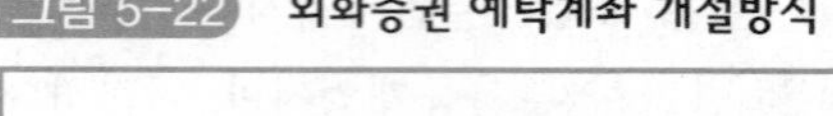

그림 5-22 외화증권 예탁계좌 개설방식

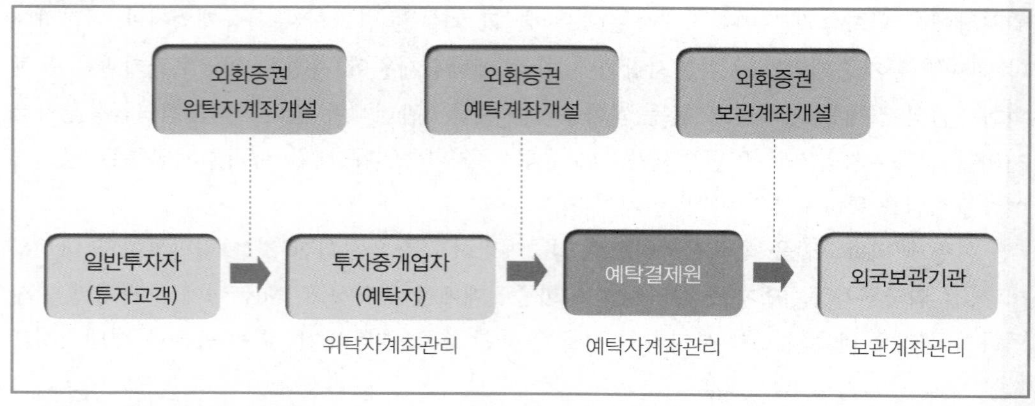

48 외국환거래규정 제1-2조제4호.

표 5-12 **외국보관기관 현황(2017년 6월말 기준)**

(단위: 백억원)

보관기관명	본점 소재지	담당 지역	보관자산	선임일
Euroclear	브뤼셀	유럽(유로채), 러시아	2,580	'95. 8월
Clearstream	룩셈부르크	〃	197	'96. 2월
Citibank	뉴욕	북미, 홍콩, 일본, 베트남, 인도 등 8개국	969	'03. 11월
HSBC	런던	유럽, 중국, 인도네시아, 태국 등 27개국	47	'13. 11월
미래에셋증권 브라질	상파울로	브라질	100	'14. 11월
ICBC(중국공상은행)	북경	중국	0	'17. 2월

2017년 6월말 현재 예탁결제원은 예탁외화증권을 외국에서 보관하기 위하여, 〈표 5-12〉와 같이 국제적인 명성과 신뢰도를 지닌 6개의 국제증권보관기관을 선임하고 예탁결제원을 대리하여 외국 현지에서 외화증권의 보관 · 결제 · 권리행사를 처리하도록 하고 있다.

한편 예탁결제원은 국제증권예탁결제 업무를 더욱 효율적으로 운영하기 위해 외국 중앙예탁결제기관과 업무 연계를 추진하고 있다. 중앙예탁결제기관 간 업무 제휴는 앞서 살펴본 바와 같이 저렴한 비용으로 국제결제 업무를 효과적으로 처리할 수 있다는 장점이 있다.

그러나 해당 중앙예탁결제기관 간의 사용언어가 다르다는 문제와 더불어 업무 협의, 법적문제의 조정, 관계당국의 승인, 실무업무체계 구축 등에도 시간이 많이 소요된다. 또한 실제로 주식의 교차 상장 등이 아직까지 활성화되지 못하고 있어 향후 추진해야 할 과제로 남아 있다.

(3) 외화증권 및 투자자금의 관리

외화증권은 외국에서 예탁하여 보관한다. 매매결제, 유상증자, 무상증자, 주식배당 또는 전환청구 등에 따라 증권을 수령하거나 지급하는 경우에도 그 증권의 수령과 지급은 모두 외국에서 발생한다. 물론 외국의 보관기관에서 장부상의 대체로 이루어지는 것은 국내의 경우와 동일하다. 현실적으로 외국에서 발행 · 유통하는 증권을 국경을 넘어 국내로 옮길 수는 어렵기 때문에 국내에서는 일반적으로 외화증권의 직접예탁 · 직접반환업무를 처리하지 않는다.

예탁결제원을 통하여 외국의 보관기관에서 보관하는 증권은 보관기관 내에 예탁결제원 명의 계좌에서 보관된다. 따라서 예탁결제원을 통하여 외국에 투자하는 국내의 투자자가 역시 예탁결제원을 통하여 투자하는 국내의 다른 투자자와 거래하는 경우에는 외국의 보관기관에서는 계좌대체가 일어나지 않고, 단지 국내에서 예탁결제원이 관리하는 외화증권 예탁자계좌부에서만 대체가 일어난다. 투자자가 거래하거나 위탁하는 국내 투자중개업자를 변경하는 경우도 여기에 속하며, 투자자와 그의 투자중개업자 간에 1주 미만의 단주나 외국증권시장의 매매단위 미만의 주식을 국내에서 장외 거래하는 경우도 여기에 속한다.

한편, 외화증권으로부터 배당금을 수령하였거나, 외화증권의 매도 관련 대금을 수령하는 등 외화자금을 해외에서 보유하는 경우, 해당 외화자금을 국내로 송금하지 않고 예탁결제원이 외국보관기관에 개설한 외화예금계정에 계속 예치할 수 있다. 이렇게 하면, 투자자는 외화증권을 매수하는 경우 외화자금의 이체 · 환전 수수료를 부담하지 않으면서 예치된 자금으로 결제할 수 있다.

(4) 외화증권 매매거래의 결제

일반투자자가 외화증권을 매매하는 경우에는 외화증권의 예탁자인 국내 투자중개업자에게 매매주문을 의뢰하여야 한다. 매수할 때에는 매수대금과 위탁수수료를 주문 전에 예치해야 하며, 매도할 때에는 매도증권 전량을 주문 전에 투자중개업자를 통하여 예탁결제원에 예탁하여야 한다. 투자중개업자가 아닌 기관투자자도 예탁결제원을 통하여 매매하기 위해서는 외화증권의 결제를 원활히 하기 위하여 매수대금 또는 매도증권이 주문 전에 예탁결제원에 예탁되어 있어야 한다. 앞에서 설명한 바와 같이 투자자가 예탁결제원이 외국보관기관에 개설한 외화자금계정에 예치외화잔액을 보유하고 있는 경우에는 이를 매수대금으로 충당할 수 있다.

① 결제 지시

지금까지 살펴보았듯이, 국내의 일반투자자가 국내의 투자중개업자에게 매매를 주문하면, 해외에서는 그 주문에 따라 외국 투자중개업자를 거쳐 외화증권을 매매하고, 매매의 결과인 증권은 예탁결제원 명의로 외국 보관기관에서 보관한다. 따라서 매매가 발생하면 그 결제는 외국 보관기관과 외국 투자중개업자 간에 결제하는 외국결제 과정과 국내 투자중개업자와 국내 투자자 간에 결제하는 국내결제 과정으로 구분하여 이루어진다.

외국결제가 외국 증권시장에서 정한 결제일에 따라 이루어지는 반면에, 국내결제는 외국과의 시차 및 외국 보관기관으로부터 결제 완료의 통지를 받는 시차를 감안하여, 국내 시간을 기준으로 매매체결일을 약정일로 하고 여기에 외국에서의 결제주기를 그대로 적용하여 처리하게 된다. 예컨대 주식결제일이 T+2영업일인 미국의 경우를 보면, 4월 1일에 거래한 증권은 4월 3일에 결제된다. 그런데 미국에서의 매매체결일인 4월 1일은 한국에서는 4월 2일에 해당된다. 따라서 국내결제는 4월 2일을 약정일로 하여 이 날로부터 2영업일 이후인 4월 4일에 결제처리된다.

② 결제의 이행 및 계좌부 기재

결제의 효력발생일은 매매체결 시에 결제상대방과 합의한 약정결제일(contractual settlement date)이 아니라, 실제로 결제한 날(actual settlement date)이다.

예탁결제원은 외국보관기관으로부터 결제 완료의 통지가 있는 날(한국시간 기준)에 외화증권 예탁자계좌부에 기재하되, 외국보관기관이 각 결제 건별로 명시한 결제 효력 발생일(외국 현지에서의 결제 이행일)을 함께 기재한다. 이는 국내 투자중개업자가 관리하는 투자자계좌부의 경우에도 마찬가지이다. 외국 현지에서 결제가 불이행된 경우 예탁결제원은 그 사실을 해당 외화증권의 예탁자에 통지하며, 해당 예탁자로부터 별도의 지시가 있을 때까지 예탁자계좌부에 미결제증권으로 관리한다.

③ 매매결제에 따른 외화자금의 흐름

외화증권의 매수 시에는 고객 명의의 외화계정이나 환전을 목적으로 고객이 이용하는 증권회사 명의의 외화계정에서 바로 외국보관기관에 개설된 예탁결제원 명의의 외화계정으로 이체가 이루어진다. 또한 외국보관기관에 개설된 예탁결제원 명의의 외화계정에 예치한 자금으로 매수대금을 충당할 수 있다.

투자자가 국내 투자중개업자를 통하여 외화증권을 매도하는 경우에는 매도대금이 외국보관기관에 개설된 예탁결제원 명의 외화예금계정⇒국내 투자중개업자 외화예금계정⇒투자자 외화계정의 순서로 이체되어 지급된다. 또한 투자자가 원하는 경우에는 매도대금을 예탁결제원 명의의 외화계정에 예치할 수 있다.

(5) 예탁외화증권의 권리행사

예탁결제원이 외국보관기관에 보관한 외화증권은 모두 외국보관기관 명의로 권리가 확보되며, 이러한 권리는 예탁결제원과 예탁자 및 예탁자의 고객에게 최종 배분된다. 이때 예탁자계좌부 및 투자자계좌부에는 외국에서의 권리의 효력 발생일이 명시되며, 외국의 권리 확정 기준일에 맞추어 투자자별 예탁 수량이 재조정된다.

예탁된 외화증권에 배정된 모든 권리는 외화증권 예탁자 및 그 고객에게 배분되며, 예탁자 및 그 고객의 지시에 따라 행사하는 것을 원칙으로 한다. 예탁자의 고객은 예탁자를 통하여 권리를 분배받으며 자신의 권리행사를 예탁자를 통하여 예탁결제원에 의뢰한다. 외화증권 권리행사 방식은 예탁결제원이 외화증권 예탁자를 통해 통보받은 행사내역을 외국보관기관에게 통보하여 외국보관기관으로 하여금 권리를 행사하게 하는 구조이다.

예탁결제원이 외화증권 예탁자 및 그 고객을 위하여 행사하는 권리의 유형에는 의결권

행사, 신주인수권 행사, 배당금 등의 수령 및 지급, 전환사채 등의 전환권 행사, 증권예탁증권의 원주 전환권 행사, 명의개서 청구 등으로 매우 다양하다.

(6) 외화증권소득에 대한 조세처리

외화증권에서 발생하는 배당 및 이자 등의 소득에 대한 조세업무는 일반적으로 우리나라와 증권발행국 간에 체결한 조세협약에 따라 외국 현지에서 세금을 차감한 (외국)세후소득을 수령하고, 국내 세법에 따라 추가로 세금을 징수할 필요가 있는 경우 해당금액을 원천징수한 후 차감 잔액을 해당 외화증권 투자자에게 지급한다. 예를 들어, 우리나라와 일본 간 체결한 조세협약에 따른 이자소득세율이 10%인 상황에서, 국내투자자가 일본채권에 투자하여 이자소득이 발생하면, 조세협약에 따라 일본에서 10%를 차감하고 국내에서 4%[49]를 원천징수한 나머지 금액을 투자자에게 지급한다.

제2절 외국인의 국내증권투자와 예탁결제제도

1 외국인의 국내증권투자 현황

외국인의 국내증권투자는 1981년 1월에 정부가 '자본시장 국제화 장기 계획'에 의해 외국인(비거주자)에 대한 국내 증권의 간접투자(외국인전용 수익증권)를 허용하면서 시작되었다. 이후 1992년 1월 종목별 총 10%, 1인당 3%의 취득한도 내에서 외국인의 국내주식시장에 대한 직접투자가 허용되었다. 외국인의 국내채권투자는 1994년 7월에 종목별 투자한도가 설정된 상황에서 상장채권 중심으로 시작되었다. 1997년 말의 외환위기를 경험한 우리나라는 1998년 7월 비상장 주식, 비상장 채권 등을 포함한 당시 증권거래법상 모든 유가증권에 대하여 외국인이 취득할 수 있도록 하여 오늘에 이르고 있다. 이처럼 1997년과 1998년 외국인에 대한 국내증권시장 개장은 당시 외환위기의 영향으로 위축된 국내자본시장을 고려하여 기업의 자본조달을 좀 더 원활히 하고, 해외로부터의 원화수요를 촉발시켜 환율을 안정시키는 것이 주요 목적이었다라고 할 수 있다.

외국인에 대한 국내증권투자가 전면 개방된 1998년 7월 당시 외국인의 주식과 채권에

49 국내이자소득세율이 14%이므로, 일본에서 과세한 10%와의 차이인 4%를 국내에서 원천징수한다.

대한 투자는 각각 13.6조 원과 3.3조 원으로 시가총액의 19%와 0.38%를 차지하고 있었으나, 이후 지속적으로 증가하여 2016년말 현재 외국인의 상장주식과 상장채권의 보유규모는 각각 482조 원과 89조 원으로 상장주식의 31.2%와 상장채권의 5.6%를 차지하고 있다.

표 5-13 외국인의 국내 상장증권 투자 현황 (단위: 조원, %)

구분	주식		채권	
	보유	(비중)	보유	(비중)
1992년	4.1	4.9	–	–
1997년	10.7	13.7	0.2	0.1
2002년	97.1	32.8	0.6	0.1
2007년	325.4	30.9	37	4.5
2012년	411.6	32.2	91	7
2016년	481.6	31.2	89	5.6

2 외국인의 국내증권투자의 유형

현행 제도상으로 외국인이 국내주식을 취득할 수 있는 유형으로는 (ⅰ)외국인투자촉진법에 따라 국내 기업에 대한 경영 참가를 목적으로 지분참여 방식을 통해 국내기업주식을 취득하는 직접투자(capital investment), (ⅱ)해외에서 국내투자펀드 등을 통해 국내증권을 간접적으로 취득하는 증권 간접투자, (ⅲ)국내 주식시장에서 주식을 직접 매입하는 증권 직접투자(portfolio investment) 방식이 있다. 이하 본 절에서는 국내증권시장의 개방에 따른 외국인의 증권 직접투자 방식을 주요 대상으로 기술하고자 한다.

2.1. 직접투자

외국인의 국내 직접투자란 외국인 투자자가 국내 기업이나 법인이 발행한 주식이나 지분을 인수하는 것을 말한다. 외국인은 외국인투자촉진법에 따라 내국법인과의 차관 계약이나 기술 도입 계약에 의해 기업의 주식 인수나 지분소유에 관하여 사전에 주무부처 장관에게 신고하거나 허가를 받아 해당 기업의 주식이나 지분을 직접 취득할 수 있다.

외국인의 직접투자는 신주 발행에 의한 인수방식이나 기존에 발행된 주식의 인수방식으로 이루어진다. 또한 기업준비금이나 자본재평가 적립금의 자본 전입에 의해 발행되는 주식, 기업 합병 또는 주식분할이나 병합 등의 사유로 발행되는 주식의 취득을 통해서도 국내증권에 투자할 수 있다.

2.2. 증권 간접투자

외국인은 국내 투자신탁회사가 발행한 외국인전용수익증권을 매입하거나, 코리아펀드 등 국제펀드의 주식을 매입하는 방법으로 국내증권에 간접적으로 투자할 수 있다. 또한 국내 기업이 외국 증권시장에서 발행한 해외전환사채 · 해외신주인수권부사채와 증권예탁증권 등 주식연계 해외채권을 매입하는 등의 방식으로 국내증권을 간접 취득할 수 있다.

2.3. 증권 직접투자[50]

1991년 9월 정부의「주식시장 개방 추진방안」에 따라 1992년부터 주식시장을 개방하되 그에 따른 부작용을 최소화하기 위해 외국인 투자한도를 설정하고 외국인 투자자금의 유출입에 따른 효율적 관리 등을 위하여「외국인의 주식매매거래 등에 관한 규정」이 증권관리위원회 규정으로 제정되었다. 이에 따라 1992년 1월부터 모든 외국인에 대해 일반상장법인에 대해서는 발행주식총수의 10%, 공공법인에 대해서는 8%를 보유한도로, 기업의 경영권 보호 및 외국인 분산투자를 유도하기 위하여 외국인 1인당 투자한도를 발행주식총수의 3%를 보유한도로 국내증권시장에서 상장주식의 매매거래가 허용되었다.

이후 주식시장 개방이 우리 경제에 미치는 영향 등을 감안하여 개방수준을 단계적·점진적으로 확대함에 따라 1993년 8월 외국인의 취득 대상 증권의 범위가 증권거래법상 상장주식 전체로 확대되었고, 1994년 7월부터는 일정 범위 내에서 중소기업전환사채와 저리 국공채를 증권시장에서 취득할 수 있게 되었다. 이후 1999년까지 종목별 보유한도를 최고 29%까지 확대할 예정이었으나 외환위기를 겪으면서 1998년 7월 이후부터 외국인 취득한도 종목으로 지정된 경우의 제한 범위를 초과하지 않는 한 주식, 채권, 수익증권 등 모든 국내증권에 대한 외국인의 직접취득이 원칙적으로 허용되고 있다.

3 외국인의 국내증권 직접투자 방식

국내증권시장에서 증권을 매매거래할 수 있는 외국인은 (ⅰ)국내에 6개월 이상 주소

50 증권감독원 20년사(1997.2월 발행, 증권감독원)

또는 거소를 두고 있지 아니한 외국 국적을 보유한 개인, 또는 외국 법률에 의하여 설립된 법인, (ⅱ)외국 정부·지방자치단체·공공단체, 조약에 따라 설립된 국제기구 등이다. 국내에 6개월 이상 주소 또는 거소를 두고 있는 외국인은 국내증권투자와 관련해 내국인과 동일한 자격을 가진다.

외국인은 1998년 이전에는 상장증권에만 투자할 수 있었으나, 현재는 상장주식과 비상장주식, 출자증권, 상장채권과 비상장채권, 수익증권, 선물 · 옵션, 기업어음, 신주인수권증서, 외국법인발행증권 등 모든 증권에 투자할 수 있다. 다만, 공공적 법인으로서 자본시장법에서 정하는 일부법인의 주식이나 「항공안전법」, 「방송법」 등 일부 특별법에서 정하는 특정한 법인의 주식은 외국인 취득한도제도가 유지되고 있다.

3.1. 투자등록

외국인(외국법인 등 포함)이 증권시장에 상장하기 위하여 모집·매출하는 증권 등 상장이 예정된 증권을 최초로 취득하거나 상장증권(상장법인이 신규로 발행하는 증권 포함)을 매매하기 위해서는 금융감독원장이 정하는 방법에 따라 사전에 본인의 인적 사항 등을 금융감독원장에게 제출하여 투자등록증(IRC)을 교부받아야 한다. 금융감독원장은 투자등록 신청서를 접수한 때에는 외국인별로 고유번호를 부여하여 투자등록증을 발급하여야 한다.[51] 외국인 투자등록증은 증권회사의 외국인 위탁계좌 개설 및 외국환은행의 증권투자용 대외계정 개설 시 신분증과 함께 실명 확인을 위한 증표로 사용된다.

다만, 금융감독원장은 ① 무국적자 또는 이중국적자, ② 투자등록을 취소당한 후 2년이 경과하지 아니한 외국인, ③ 투자등록신청서나 첨부서류에 허위의 기재를 하였거나 기재사항을 누락한 외국인, ④ 이중으로 또는 거짓, 그 밖의 부정한 방법으로 투자등록을 신청한 외국인, ⑤ 상장증권 투자를 위해 해외에서 실질적인 경영활동을 하지 않는 외국법인 등의 명의로 투자등록을 신청한 내국인에 해당할 경우 투자등록을 거부할 수 있다. 나아가 ⓐ 투자등록 거부 사유 해당사항이 추후 발견되는 경우, ⓑ 금융투자업 규정이나 금융감독원장의 명령을 위반한 경우, ⓒ 투자등록 취소를 신청한 경우, ⓓ 매수대금 또는 매도증권을 결제기일로부터 5일 이내에 납입하지 아니한 경우에는 해당 외국인의 투자등록을 취소하거나 그 효력을 정지시킬 수 있다.

국내 기업이 발행한 주식을 원주로 해외에서 증권예탁증권(DR)을 발행하려면, 해외예탁기관은 해당 원주를 취득하기 위하여 해외예탁기관 자기자산투자를 위한 투자등록과 별

51 1998년까지 외국인은 주식투자등록증과 채권투자등록증을 별도로 발급받아야 했었다. 1998년 5월 규정이 개정되어 하나의 투자등록증으로 주식과 채권 모두 투자할 수 있게 되었다.

도로 증권예탁증권의 원주별로 투자등록을 해야 하며 이 경우 등록명의는 해외예탁기관명 외에 증권예탁증권의 종류 및 원주명을 함께 기재하여야 한다.

한편 해외DR · 해외CB · 해외BW · 해외EB 등 해외채권의 권리행사로 인하여 취득한 주식을 3개월 이내에 처분하고자 하는 경우 투자등록을 하지 않을 수 있으며, 이러한 외국인투자자를 위해 투자매매업자 · 투자중개업자는 본점에 1개의 해외증권 관련 주식 매도전용계좌를 개설할 수 있다.

3.2. 내국민 대우 외국인

국내의 영업소, 기타 사무소에 근무하고 있거나 국내에서 영업활동에 종사하고 있는 외국인, 그리고 국내에 주된 사무소를 두고 있는 외국법인 또는 외국법인의 국내지점 · 출장소 등의 경우에는 국내 주식투자와 관련해 내국민대우를 받을 수 있다.

투자등록증이나 증권종류별 매매거래계좌 개설, 증권시장을 통한 매매거래, 상임대리인 및 보관기관 지정, 예탁의무 등에 관한 사항은 내국민대우 외국인에 대하여는 적용되지 않는다.

3.3. 매매거래 계좌 개설

외국인이 국내증권에 투자하는 경우에는, 금융감독원에 등록된 투자등록자 명의로 투자중개업자 등 금융기관에 매매거래 계좌를 개설해야 한다. 이 경우 외국인은 금융감독원으로부터 교부받은 투자등록증을 해당 투자중개업자 등에게 제시해야 한다.

또한 외국인은 본인의 계좌개설내역과 각 계좌별 상장증권 매매내역을 계좌가 개설된 투자매매·중개업자 등을 통해 금융감독원장에게 지체없이 신고해야 한다.

3.4. 취득한도

1998년 8월 외국인 투자 한도가 원칙적으로 폐지되어 일부 종목을 제외하고 외국인은 상장증권을 취득함에 있어 원칙적으로 제한을 받지 아니한다. 다만, 자본시장법이나 개별 법령에서 외국인의 주식 취득을 제한하는 경우가 있다. 즉 공익 또는 증권시장의 안정과 산업 정책을 위해 필요하다고 인정하여 업종별 또는 종목별로 취득한도를 달리 정한 경우에는 취득자의 명의와 관계없이 본인의 계산으로 그 한도를 초과하여 해당 증권을 취득해서는 아니된다.[52]

---

52 상장증권에 대한 외국인의 투자한도 체크 및 투자현황을 종합적으로 관리하기 위해 금융감독원장이 코

표 5-14 외국인 취득한도 대상 상장주식 (2017. 9월 기준)

근거법령	법상 한도		정관상 한도		유가증권시장 상장법인	코스닥시장 상장법인
	전체	1인	전체	1인		
자본시장법 (제168조)	40%	–	–	3%	한국전력	–
전기통신사업법 (제8조)	49%	–	–	–	KT, LG유플러스, SK텔레콤	아이즈비전, 세종텔레콤, 전파기지국, 녹십자셀
공기업민영화법 (제18조,제19조)	–	15%	30%	–	한국가스공사	–
방송법 (제14조)	0%	–	–	–	SBS	KNN, 티비씨
	10%	–	–	–	–	YTN
	49%	–	–	–	현대홈쇼핑, 현대에이치씨앤, 스카이라이프, CJ헬로비전	한국경제TV, CJ오쇼핑, 인포뱅크, SBS콘텐츠허브, 디지틀조선, 예당, KTH, 씨씨에스, CJE&M, GS홈쇼핑, KMH
신문법 (제13조)	30%	–	–	–	–	스포츠서울, 제이콘텐트리, 아시아경제
항공안전법 (제6조)	49.99%	–	–	–	대한항공 (우선주포함), 아시아나항공, 제주항공	–
총 법인 수	33(34)				13(14)	20

3.5. 취득방식

외국인은 원칙적으로 장내에서 상장증권을 거래하여야 하며, 「금융투자업규정」 및 시행세칙에서 허용하는 경우에만 예외적으로 장외 거래가 가능하나, 이 경우에도 해당 거래 발생 후 지체없이 이를 금융감독원에 신고하여야 한다. 이러한 외국인의 상장증권 장내거래 의무화 및 장외거래의 예외적 허용이라는 원칙은 거래증권의 집중예탁·관리의 필요성으로 이어지며 이는 "4. 외국인의 국내증권예탁결제 이용 구조"에서 설명하기로 한다.

외국인이 장내에서 상장증권을 매매거래하는 방식을 그림으로 나타내면 다음과 같다.

스콤에 위탁하여 전산시스템을 운영하고 있으며, 이를 외국인투자관리시스템이라고 한다(금융투자업규정 제6-1조제10호).

그림 5-23 외국인의 상장증권 장내매매거래방식

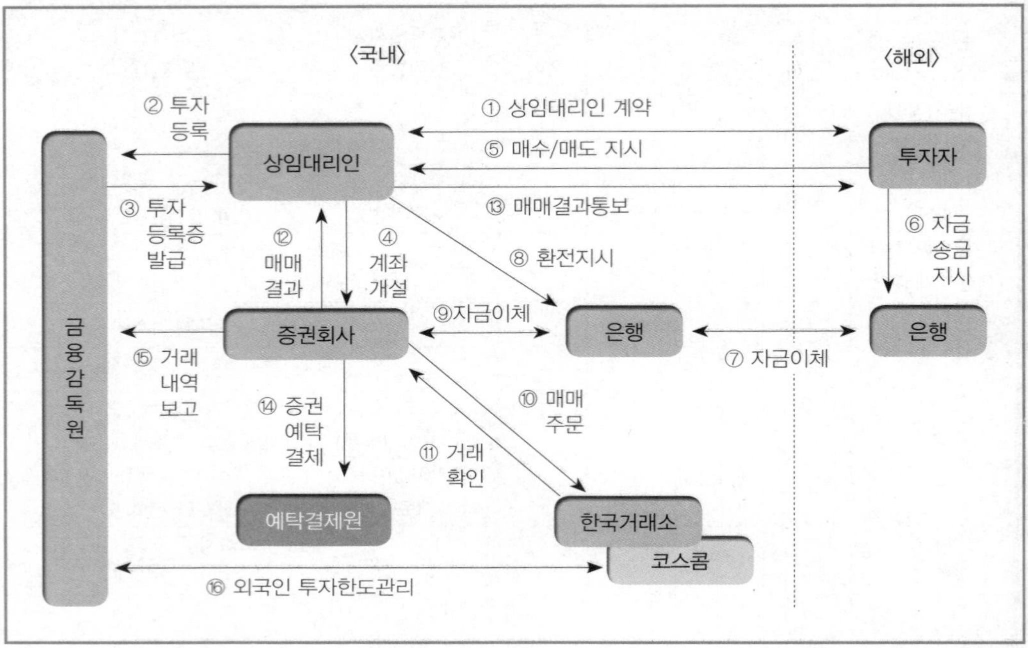

〈국내〉
〈해외〉
① 상임대리인 계약
② 투자 등록
③ 투자 등록증 발급
④ 계좌 개설
⑤ 매수/매도 지시
⑥ 자금 송금 지시
⑦ 자금이체
⑧ 환전지시
⑨자금이체
⑩ 매매 주문
⑪ 거래 확인
⑫ 매매 결과
⑬ 매매결과통보
⑭ 증권 예탁 결제
⑮ 거래 내역 보고
⑯ 외국인 투자한도관리
금융감독원
상임대리인
증권회사
예탁결제원
은행
한국거래소
코스콤
투자자
은행

4 외국인의 국내증권예탁결제 이용 구조

외국인의 국내증권예탁결제제도란 외국인이 국내증권시장에서 증권을 매매거래하는 경우, 국내증권예탁결제제도를 이용하여 증권의 매매거래에 따른 결제를 이행하고 거래증권을 예탁결제원에 집중예탁 · 관리하는 제도이다. 즉 외국인투자자는 매매거래 계좌를 개설한 투자중개업자를 통해 기본적으로 국내투자자와 동일한 방식으로 매매거래 계약을 체결하고, 외국인 본인이 지정한 보관기관을 통해 거래증권을 예탁결제원에 집중예탁하여 매매거래에 따른 증권결제를 증권실물 이동 없이 계좌대체에 따라 이행하는 제도를 말한다.

현행 외국인의 국내증권예탁결제제도는 상임대리인제도, 보관기관제도, 증권 투자자금의 개별관리제도로 운영되고 있다.

4.1. 상임대리인제도

상임대리인제도란 외국인의 국내증권투자와 관련하여 외국인을 대리해서 증권의 매매주문 · 체결 · 결제 · 권리 행사 등의 사무를 이행할 자를 선임하고 모든 증권 관련 사무를 처리하도록 하는 제도를 말한다. 이 경우 외국인투자자를 대리하여 상기 사무를 처리하는 자를 상임대리인(standing proxy)이라 한다.

외국인 투자자가 국내증권에 투자하는 경우 증권의 예탁, 증권거래에 따르는 결제, 이자나 배당금의 수령과 같은 권리행사, 그 밖의 세금납부 등을 이행하여야 한다. 외국인투자자가 증권취득과 관련된 이러한 행위를 외국에서 직접 처리하는 것은 물리적으로 한계가 따르므로 상임대리인을 선임하여 이를 수행하게 할 필요가 있다.

(1) 상임대리인의 자격

상임대리인은 외국인투자자를 대리하여 증권투자에 관련된 거래행위와 권리행사 등의 사무를 처리하므로 투자자의 권리를 보호할 수 있는 선량한 관리자의 주의의무를 다할 수 있는 공신력 있는 기관이어야 한다. 따라서 상임대리인이 될 수 있는 자는 예탁결제원, 외국환은행, 투자매매업자, 투자중개업자, 집합투자업자 그리고 「금융투자업규정」 제4-15조 제2항에 따른 국제적으로 인정된 외국보관기관 및 한국은행(외국 중앙은행, 「국제금융기구에의 가입조치에 관한 법률」 제2조제1항에 따른 국제금융기구, 외국 정부 등이 보유(예정)인 국고채권, 재정증권 및 통화안정증권에 관한 업무에 한함)으로 제한되어 있다. 또한 외국인이 상임대리인을 선임한 경우에는 해당 상임대리인 이외의 자로 하여금 본인을 위해 취득증권의 권리행사 등을 대리 또는 대행하게 하지 못한다.

다만, 상임대리인을 선임하는 것이 반드시 필요한 의무사항은 아니며 외국인투자자는 상임대리인을 선임하지 않고, 본인이 국내증권의 취득과 관련된 모든 행위를 직접 이행할 수도 있다.

(2) 상임대리인의 업무

상임대리인의 업무는 기본적으로 외국인투자자를 위해 취득증권의 권리행사 및 매매주문과 관련된 사항을 이행하는 것이나, 그 구체적인 업무의 범위는 외국인투자자 본인과 상임대리인 간에 체결하는 상임대리인 계약내용에 따라 결정된다. 일반적으로 상임대리인의 업무수행 범위는 〈표 5-15〉와 같다.

표 5-15 상임대리인의 주요 업무

구분	내용
1. 매매거래	계좌 개설, 매매주문·확인·통지
2. 예탁결제	결제대금 납부·수령·해외 송금, 증권예탁·반환(지시)
3. 권리 행사	배당금·원금·이자·증권 수령 등, 명의개서 청구, 의결권·신주인수권·주식매수청구권 등 행사
4. 기타	발행회사의 제 통지 수령, 조세신고·환급, 증권 투자현황 등 제 신고

4.2. 보관기관제도

보관기관제도란 외국인투자자가 국내증권을 취득하는 경우, 국내에 보관기관을 선임하고 취득증권을 보관기관으로 하여금 보관 관리하도록 하는 제도를 말한다. 외국인은 취득증권을 예탁결제원, 외국환은행, 투자중개업자, 투자매매업자, 집합투자업자 또는「금융투자업규정」제4-15조제2항에 따른 국제적으로 인정된 외국보관기관[53]에 의무적으로 보관해야 한다. 이 경우 외국인투자자는 상기 보관기관 중 한 개의 기관을 임의로 선정해 보관계약을 체결하고 취득증권을 해당 계약체결 보관기관에 보관하여야 한다.

4.3. 증권 투자자금의 개별 처리

증권시장 개방에 따라 외국인의 국내증권 투자자금의 빈번한 국내 유출입으로 발생하는 국내금융시장의 교란을 사전에 방지하기 위해, 외국인의 국내증권투자용 자금이 증권투자 이외의 용도로 전용되는 것을 금지하고 있다.

이와 함께 통화관리의 효율성을 높이기 위해「외국환거래규정」은 외국인투자자가 국내증권을 취득하는 경우 거래 외국환은행을 지정하여 투자증권의 종류에 따라 외국인투자자 명의의 투자전용대외계정과 투자전용비거주자원화계정을 개설하도록 하고 있다.

다만, 1995년 3월부터 투자중개업자도 환전업무를 취급할 수 있게 되어, 외국인투자자가 원하는 경우 국내증권 투자자금을 외국환은행에 개설한 증권회사 명의의 외화 및 원화계정을 이용하여 증권 투자자금의 예치 · 송금 · 수령 · 환전을 할 수 있게 되었다. 이 경우 당해 외국인투자자의 외화자금 입출은 투자중개업자가 위탁자계좌를 통해 개별관리하게 된다.

53 보관기관의 자격은 상임대리인의 자격요건과 동일하다.

4.4. 외국인취득 국내증권의 예탁 구조

외국인투자자가 외국환은행이나 투자중개업자 등을 보관기관으로 선임한 때에는 이들 보관기관에 자신이 보관한 증권을 예탁결제원에 예탁하도록 하여야 한다. 이 경우 보관기관은 예탁결제원에 계좌를 개설한 예탁자가 되고 외국인투자자는 보관기관의 고객이 된다. 따라서 이에 상응하는 예탁자계좌부 및 투자자계좌부가 각각 작성 · 비치된다.

예탁결제원에 집중예탁된 외국인 취득증권은 권리행사나 증권실물 확인을 위한 실사 등을 위해 한시적으로 취득증권을 직접 보관할 필요가 있는 경우에 한하여 보관기관으로부터 증권을 반환받아 직접 보관할 수 있다. 또 반환목적을 달성한 경우에는 지체 없이 해당 보관기관에 다시 보관해야 한다. 외국인투자자는 예탁결제원을 보관기관으로 지정하고 직접 예탁계좌를 개설하여 취득증권을 보관하는 것도 가능하다.

한편 외국인투자자가 취득한 증권이 보관기관을 통해 예탁결제원에 예탁된 경우 그 외국인의 권리행사는 내국인의 예탁증권에 대한 권리행사와 동일한 방법으로 이루어진다. 즉 보관기관(상임대리인)을 통해 직접 행사하는 것은 물론 보관기관(상임대리인)을 통해 예탁결제원에 권리행사를 신청하여 간접적으로 행사하는 것도 가능하다.

4.5. 외국인의 국내증권결제 구조

외국인의 증권거래를 결제하는 방식은 기본적으로 내국인의 증권거래를 결제하는 방식과 유사하지만 외국인의 증권거래에는 일반적으로 다수의 중개기관이 결제에 참여하고 증권투자 외화자금도 개별적으로 관리되어야 하는 특징이 있기에, 외국인의 증권거래를 결제하는 방식은 내국인의 경우와는 약간 차이가 있다. 즉 외국인의 국내증권결제에서는 거래 투자중개업자, 상임대리인, 증권보관기관, 지정거래 외국환은행 등이 개입되며, 이들 관련 기관과 외국인 증권 투자자와의 연계방식에 따라 증권결제 이행방법에 차이를 보인다.

증권의 경우에는 예탁결제원을 통하여 거래 투자중개업자 및 보관기관 간의 계좌대체에 의하여 결제된다. 증권을 매수할 경우에는 거래 증권회사의 투자자계좌에서 보관기관의 투자자계좌로 계좌대체가 이루어지고, 증권을 매도할 경우에는 그 반대로 계좌대체가 이루어진다. 대금의 경우에는 외국환은행에 개설된 본인 명의의 투자전용대외계정 및 투자전용비거주자원화계정이나 외국환은행에 개설된 증권회사 명의의 투자전용외화계정과 원화계정을 이용하여 처리된다.

제3절 국제 증권유통시장의 발전

1 내국인의 외화증권 투자(outbound investment)

1.1. 예탁결제원 서비스시장 확대

앞에서 살펴 본 바와 같이 2017년 6월말 현재 예탁결제원은 6개 해외보관기관을 이용하여 39개 국가와 유로시장에 대한 외화증권 예탁결제 및 권리행사 서비스를 제공하고 있다. Citibank, HSBC 등의 주요 국제보관기구는 일반적으로 50~100여개의 국가에 대한 보관서비스를 제공하는 것과 비교하면 서비스제공 시장을 늘릴 필요가 있다. 미국·영국·독일·일본·홍콩 등 자본시장이 일찍 발달한 지역에 대해서는 서비스를 제공하고 있으나 자본시장의 개방수준이 낮거나 정부의 자본규제가 엄격한 아시아, 중남미, 아프리카의 신흥국가에 대해서는 예탁결제원이 투자자에게 서비스를 제공하지 못하는 경우가 많이 존재한다.

서비스를 제공하지 않는 국가들은 현지 투자정보의 취득이 어렵고 현재까지는 투자수요가 거의 없는 국가들이 대부분이지만, 일부 신흥시장(emerging markets)은 투자수요가 분명히 존재함에도 불구하고 해당 국가의 외국인 투자에 대한 규제로 인하여 서비스를 제공하지 못하는 상황이다.

예탁결제원은 외국보관기관을 통하여 투자대상국에서 거래되는 외화증권에 대한 예탁결제서비스를 제공하며 이 경우 외국보관기관에 개설한 예탁결제원 명의의 통합계좌(omnibus account)를 통하여 우리나라 투자자가 취득한 유가증권을 관리하게 되는데, 브라질, 터키, 러시아 등 일부 신흥국가의 경우 통합계좌의 개설을 허용하지 않거나 실질투자자별로 투자등록 또는 납세등록을 하도록 하여 투자자별로 현지 금융회사에 계좌를 개설하는 방법 이외에는 외국인이 직접적으로 현지 증권을 취득할 수 없도록 제한하고 있다.

예탁결제원은 통합계좌를 통한 외화증권에 대한 투자지원서비스가 가능한 국가에는 우리나라 투자자의 투자수요가 있는 경우, 서비스국가에 포함하여 관련 서비스를 제공할 예정이며, 기술한 외국인 투자규제가 존재하여 통합계좌를 통한 서비스가 불가능한 국가에 대해서는 외국보관기관과 함께 현지 정책당국 및 유관기관을 설득하여 이러한 외국인 투자규제가 완화되어 우리나라 투자자의 외화증권 투자기회가 확대될 수 있도록 노력하고 있다.

1.2. 부가서비스 제공

예탁결제원은 1994년부터 일반투자자의 외화증권투자에 대한 예탁결제서비스를 제공하여 왔다. 1990년대에는 우리나라 기관투자자의 외화증권투자에 대한 저변이 취약하여 기관투자자가 취득한 외화증권도 상당부분 예탁결제원에 예탁되어 관리되었다. 그러나 투자규모가 확대됨에 따라, 일부 기관투자자는 보다 다양한 투자전략을 구사하고 이를 위해 외화증권대차, credit facility 제공 등 부가서비스를 필요로 하게 되어 안전한 보관을 우선하는 예탁결제원 네트워크 이용으로부터 투자국의 현지보관기관이나 국제증권보관기관을 직접 이용하는 방향으로 변경하였다.

오랜 기간 예탁결제원은 기관투자자보다는 보유 외화증권을 의무적으로 예탁하여야 하는 일반투자자 중심으로, 다시 말해 일반투자자 취득 외화증권의 예탁 · 결제 그리고 권리행사를 중심으로 서비스를 운영하였으며, 일반투자자의 투자수요에 맞추어 다양한 국가에 투자가 가능하도록 투자국가 확대에 노력을 기울여왔다.

2009년 자본시장법 제정으로 예탁결제원의 외화증권예탁결제업무는 새로운 국면을 맞이하게 되었다. 금융투자업자가 자기재산으로 운용하는 외화증권이 의무예탁 대상으로 편입됨에 따라 외화증권의 안전한 예탁결제업무에 덧붙여 기관투자자인 투자매매업자와 투자중개업자가 요구하는 다양한 투자기법을 지원할 수 있는 부가서비스에 대한 수요에 대응하여야 하는 국면을 맞이하게 되었다.

(1) 외화증권 대차서비스 제공

예탁결제원은 현재 국내증권에 대하여 대차거래의 중개 및 담보관리서비스를 제공하고 있다. 외화증권의 대차거래에 대한 일반투자자의 수요는 크지 않은 것으로 파악되고 있지만 장기 보유 외화증권의 운용에 추가수익을 확보하려는 기관투자자의 수요가 점점 확대되고 있다. 이러한 수요에 부응하여 예탁결제원은 우선 투자자의 보유 외화증권을 외국보관기관을 통하여 차입자에게 대여하는 서비스를 제공하고 장기적으로는 적극적인 매매기법을 활용하는 헤지펀드 등 금융투자업자가 해외에서 외화증권의 차입이 어려운 경우 예탁결제원에 참가하고 있는 국내 금융기관 또는 기관투자자로부터 필요한 외화증권을 좀 더 저렴하고 편리하게 차입할 수 있도록 국내증권과 유사한 예탁자 간 외화증권 대차서비스를 제공할 계획이다.

(2) 외화증권 Repo서비스 제공

예탁결제원은 국내증권을 대상으로 하는 Repo서비스에서 일일정산, 마진콜, 대상증권과실의 매도자 지급, 그 밖에 원천징수 등을 처리하는 3자간 Repo서비스를 제공하고 있다. 그러나 외화증권에 대하여는 Repo서비스를 지원하지 않고 있다.

우리나라는 대외의존도(수출입규모/연간GDP)가 110%로 OECD국가 중 1위를 차지할 정도로 수출과 수입이 경제에서 차지하는 비중이 높으며 전자, 조선, 자동차 등의 분야에서 세계 유수의 기업도 배출하고 있다. 이에 따라 수출입대금 결제규모도 크고 기업의 단기 외화보유 규모가 지속 확대되고 있다. 한국은행에 따르면 2012년 우리나라 거주자의 외화예금규모는 358.3억 달러로 이는 2003년 1월의 134.4억 달러 대비 약 160% 증가한 것이며 이 중 기업이 보유한 외화예금은 321.5억 달러로 89.7%에 육박하고 있다. 최근 거주자의 외화자금규모가 늘어남에 따라 단기보유 외화자금의 운용을 위하여 외화증권을 대상으로 하는 외화증권 Repo거래가 발생하고 있다. 이는 전 세계적인 금융위기, 재정부실에 따른 저금리 기조의 통화정책으로 인하여 외화예금의 이자율이 매우 낮아 단기적으로 고수익을 추구하면서 안정성도 높은 외화증권 Repo에 대한 수요가 점차 증가하고 있음을 나타낸다고 할 수 있다. 예탁결제원은 예탁된 외화증권이 Repo거래 대상인 경우 국내증권 Repo와 유사한 방법으로 외화증권 Repo거래를 효과적으로 지원할 수 있는 방안을 추진할 예정이다.

1.3. 규모의 확대를 통한 효율성 제고

우리나라 투자자가 취득하여 보유하는 외화증권을 예탁결제원에 집중예탁하여 관리하는 근본적인 목적은 예탁결제원이라는 공신력 있는 기관을 통하여 안전하게 국민의 외화증권을 관리하고 증권 관련 업무도 저렴한 비용으로 효율적으로 처리하기 위해서이다. 증권의 보관 및 관리에 있어서는 리스크를 낮추려면 비용이 상승하고 비용을 낮추려면 리스크 발생요인이 늘게 되어 비용과 리스크는 본질적으로 모순관계에 있다. 이러한 모순관계를 극복하려면 리스크 허용수준에서는 리스크 관리에 필요한 비용을 지불하되 되도록 업무를 한 기관으로 집중하여 규모의 경제(economies of scale)와 범위의 경제(economies of scope)를 실현하도록 하여야 한다.

외화증권은 외국 투자중개업자를 경유하여 거래하고 외국의 보관기관을 통하여 결제할 수밖에 없기에 국내증권을 거래하고 결제하는 경우보다는 비용을 더 많이 지불해야 한다. 그럼에도 불구하고 예탁결제원이라는 단일기관을 통해 외화증권을 예탁하여 관리하면 투자자가 개별적으로 관리하는 것보다 규모의 경제를 통하여 비용을 절감할 수 있고, 외국보관기관에 대한 가격협상력을 제고하여 보다 효율적으로 관련 서비스를 받을 수 있다. 아울러, 이러한 예탁비율의 확대는 다양한 부가서비스에 대하여 임계치(critical mass)를 초과하는 수요를 발생시켜 부가서비스 제공을 촉진시키고 이에 따른 범위의 경제 달성도 가능하도록 하는 긍정적인 측면이 있다.

예탁결제원은 2012년 12월 말 현재 약 102억 달러 규모의 외화증권을 대상으로 예탁결제서비스를 제공하고 있다. 한국은행에 따르면 2012년 12월 말 현재 우리나라 투자자가 보유하는 외화증권투자규모는 1,308억 달러(해외직접투자분 제외)이며, 이중 기관투자자가 보유하고 있는 외화증권은 약 1,241억 달러이다. 예탁결제원의 외화증권 관리규모는 전체 우리나라 투자자의 외화증권 투자규모의 약 8% 정도로 낮은 비중을 차지한다. 국내주식의 예탁비율이 약 70%이고 국내채권의 예탁비율이 거의 100%에 육박하는 것과 비교하면 집중예탁을 통한 외화증권 투자의 효율성 확보는 개선될 여지가 많다고 하겠다.

예탁결제원은 외화증권예탁결제업무의 운영취지가 달성될 수 있도록 외화증권대차서비스 등 부가서비스를 제공하는 한편, 국제증권보관기관과 차별할 수 있는 서비스를 개발하여 기관투자자가 보유하는 외화증권의 더 많은 부분이 예탁결제원으로 예탁될 수 있도록 노력할 예정이다.

1.4. 특화서비스 개발 · 제공

외화증권 투자자가 해외에서 증권을 매매하기 위해서는 외국의 투자중개업자를 통하여 매매상대방을 탐색하며 이 과정에서 국내의 경우보다 많은 수수료를 부담하는 것이 일반적이다. 더불어 체결된 거래를 결제하기 위하여 결제대금을 준비하는 과정에서도 보유하고 있는 원화를 결제통화인 외화로 환전하는 비용이 발생한다. 즉 투자자 입장에서는 취득한 외화증권을 보관 · 관리하는 비용과 함께 매매체결과 결제를 위해서도 상당한 비용이 발생하는 것이다.

기술한 바와 같이 국내투자자는 준비자산, 해외직접투자를 제외하고도 1,000억 달러이상의 외화증권을 보유하고 있다. 이러한 투자규모는 1990년대 중반 국내 상장유가증권의 시가총액에 육박할 정도로 큰 규모이다.

예탁결제원은 국내투자자 간에 국내에서 외화증권을 거래하는 경우가 증가할 것으로 보고, 이러한 거래를 충분히 지원할 수 있도록 외화증권의 국내거래를 예탁결제원시스템 내에서 동시에 결제하는 서비스를 2013년부터 제공하고 있다.

외화증권 중 국내 투자자 대상 모집 · 매출을 통해 발행되거나 국내기업이 해외에서 발행하는 외화표시채권(Korean paper)이 국내투자자 간에 거래되는 경우가 종종 발생한다. 하지만 이러한 경우에도 국내에서는 증권과 대금을 동시에 결제하지 못하고 있으며, 해외의 국제증권보관기관이나 국제예탁결제기관에서 결제하는 경우에도 부득이하게 외화로만 결제가 가능하여 추가적인 시간이 소요되고 환전비용을 부담해야 하는 실정이다.

이러한 문제점을 해결하기 위하여 예탁결제원은 예탁자 간 외화증권 매매의 증권·대금 동시결제시스템을 도입하고 결제통화로서 현재 예탁자가 보유한 외화예금계정의 외화뿐만 아니라 원화도 수용함으로써 국내투자자 간 거래의 결제가 해외가 아닌 국내에서 처리되어 투자자의 비용과 위험이 축소될 수 있도록 지원할 예정이다.

2 외국인의 국내증권 투자(inbound investment)

2.1. 투자등록제도

앞에서 본 바와 같이 외국인이 우리나라에서 상장증권에 투자하기 위해서는 (최종)투자자명의로 투자등록증(investment registration certificate)을 교부받고 투자등록증에 기재된 투자등록번호별로 거래증권회사에 증권계좌와 원화계좌를, 보관은행에 증권계좌, 원화계좌 및 외화계좌를 각각 개설해야 한다. 2017년 6월말 현재 44,000건 정도의 외국인투자등록이 되어 있다. 미국, 영국, 일본 등 많은 외국의 경우 거래를 하거나 증권을 보관하기 위해 최종투자자명의의 계좌를 요구하지 않고, 국제증권보관기관이나 국제예탁결제기관 명의의 거래 및 계좌보유가 인정되며 이런 계좌를 omnibus account(통합계좌)라 한다. 국제증권보관기관이나 국제예탁결제기관 명의 계좌 내에 수많은 투자자의 증권 및 대금이 함께 보관되는 것이다.

미국, 영국, 일본 등 외국에서 국제증권보관기관이나 국제예탁결제기관 명의 계좌로 거래하고 증권 및 대금을 보관하는 상황에 익숙한 투자자에게 국제증권보관기관이나 국제예탁결제기관이 아니라 자신의 명의로 투자등록을 하여 거래하고 증권 및 대금을 보관하도록 하는 것은 그들에게 많은 불편을 줄 수 있다. 통합계좌를 인정할 경우 수십 개 계좌로 업무를 처리할 수 있으나, 현재는 44,000개 정도의 많은 계좌를 통하여 업무를 처리하고 있다. 거래가 많은 투자자의 경우 수천 건 이상의 거래가 발생하며, 이를 처리하는 증권회사 및 보관은행 입장에서 오퍼레이션에 따른 리스크뿐만 아니라 비용측면에서도 부담이 되고 있다.

한국전력, 한국가스공사 등 외국인 1인당 주식취득한도가 있는 기업의 주식은 예외로 하더라도, 주식취득한도가 없는 일반기업의 주식과 채권에 대해 통합계좌의 허용을 검토할 필요가 있다.

2.2. 제한세율 적용

2012년 7월 세법개정으로 외국인투자자가 국내에서 원천소득을 지급받을 때 제한세율을 적용받기 위해서는 소득을 지급받기 전까지 원천징수의무자에게 제한세율적용신청서, 실질귀속자명세, 국외투자기구신고서, 국가별 실질귀속자의 수 및 총투자금액명세 등의 복잡하고 다양한 서류를 제출해야 한다. 집합투자기구의 경우 개별 실질수익자(귀속자)별로 처리해야 하는 상황이지만, 실제로 모든 실질수익자의 정보를 파악하기에는 상당한 어려움이 존재한다. 집합투자기구 투자자에 대한 정보를 판매회사는 가지고 있지만, 실제 원천징수의무자인 보관은행은 필요한 정보를 얻기 곤란하며, 경우에 따라서는 법령에 의해 정보를 공유할 수 없는 경우도 존재한다. 투자등록 시에 신고한 거주지에 따라 과세를 하고 추가정보가 필요한 경우 정보를 요구하는 것을 검토할 필요가 있다. 또는 설립지국 감독당국이 인정하는 등 일정한 조건을 충족하는 경우 집합투자기구 자체를 실질수익자로 인정하는 것도 고려해 볼 필요가 있다.

2.3. 채권투자 관련 사항

미국, 일본, 영국, 독일 등 OECD의 주요 국가는 외국인의 국채투자 시 이자소득에 대해 법인세 · 소득세를 면제하고 있으나 우리나라는 세금을 징수하고 있다. 외국인 국채투자에 대한 과세시스템이 국제기준과 달라 외국인의 국채투자활성화에 제약요인으로 작용하고 있다. 2009년 「소득세법」과 「법인세법」을 개정하여 외국인이 국채 · 통안채에 투자하는 경우 이자소득에 대한 법인세 · 소득세 원천징수를 면제하고 채권 양도차익에 대해서도 비과세하는 것으로 결정하였으나, 제도 시행 1년 후 외국인의 국채투자증가가 국내 자본시장과 외환시장에 영향을 미치는 잠재적 위험요인이 된다는 판단에서 외국인 국채 · 통안채에 대한 이자소득 · 양도소득에 대해 과세하는 것으로 환원되었다. 국제금융시장에서 일반적으로 국채투자에 대해 과세하지 않는다는 점, 원화채권이 국제금융시장에서 투자대상으로 매력을 높이기 위한 수단이 되기 위해 비과세가 유리하다는 점과 외국인 국채투자증가에 따른 금리 · 외환 시장의 부작용 등을 종합적으로 고려하여 바람직한 방향으로 개선할 필요가 있다.

이와 관련되는 것으로 우리나라 국채를 국제금융거래의 담보로 사용하고자 하는 수요가 최근 크게 증가한다는 점도 고려해야 한다. 2008년의 금융위기 이후 국제금융거래에서 담보의 중요성은 커지고 있다. 미국국채를 비롯한 외국의 국채들이 국제금융거래의 담보로 활용되고 있지만, 우리나라 국채는 적격담보로 인정되어 활용되는 경우가 많지 않다. 한국

국채가 국제금융거래에서 적격담보로 인정되어 활용될 경우 국가신인도 제고에 도움이 될 뿐만 아니라 국채를 많이 보유하는 금융기관 및 연기금의 외화자금 조달시 보유국채를 담보로 제공함으로써 자금조달비용을 낮출 수 있다는 장점이 있다. 이를 위해서는 원화가 국제통화로 인정되어 국제금융시장에서 거래된다면 도움이 될 것이다. 예탁결제제도 측면에서는 미국국채 등 외국국채를 시스템 내에서 담보로 활발하게 이용하는 국제예탁결제기관의 담보관리시스템과, 한국국채의 담보관리서비스를 제공하는 예탁결제원의 시스템 간 연계가 필요하다. 또한 최근의 금융위기 이후 여러 국제증권보관기관들이 차입자와 대여자를 위한 3자간 담보관리서비스를 제공하고 있다. 국제증권보관기관들이 현재 원화채권에 대한 담보관리를 직접 제공하기 곤란한 상황이므로 예탁결제원의 담보관리서비스를 국제증권보관기관 담보관리서비스와 연계할 필요가 있다. 국제금융시장 참가자들의 담보를 종합적으로 관리할 수 있다면 한국국채를 많이 보유한 금융기관들이 국채담보를 이용하여 안전하게 거래를 하는데 많은 도움이 될 것이다.

제4장 국제증권시장 주요 현안

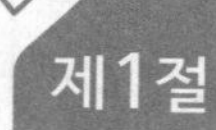

제1절 증권예탁증권(DR)

1 증권예탁증권(DR) 소개

1.1. 의의

제2장 국제증권발행시장과 예탁결제제도에서 DR(증권예탁증권)을 통한 국내기업의 해외상장과 권리행사 그리고 외국기업의 국내상장과 권리행사를 설명하였다. DR은 외국기업이 발행한 증권(주로 주식)에 투자를 원하는 투자자의 투자편의를 위해 1927년 미국에서 등장하였다. 우리나라에서는 오랜 기간 '주식예탁증서'라는 이름으로 알려져 왔으며, 2009년부터 시행된 자본시장법에서 '증권예탁증권'으로 정비되어 오늘에 이르고 있다. DR이 주로 주식을 기초로 발행되어 왔지만, 채권 및 펀드 등 다른 증권을 기반으로 발행될 수 있다는 점에서 기초증권의 폭을 넓힌 것은 바람직한 일로 평가되고 있다. 국경을 넘어서는 국제증권거래가 활발해지면서 DR의 중요성은 더욱 커지고 있다. 특히 외국기업의 국내상장이 활성화되기 시작하는 현 단계에서 DR의 권리 · 의무관계와 관련 제도를 이해하는 것은 그 의미가 클 것이다. 본 절에서는 미국의 DR제도가 어떻게 발전하였는지를 살펴보고 이것이 우리나라에서는 어떻게 적용되고 있는지를 설명하고자 한다.

1.2. DR의 권리 · 의무관계

DR의 권리 · 의무관계는 발행회사, DR예탁기관(depositary) 및 투자자 사이에 이루어지

그림 5-24 **DR 주요 관련기관**

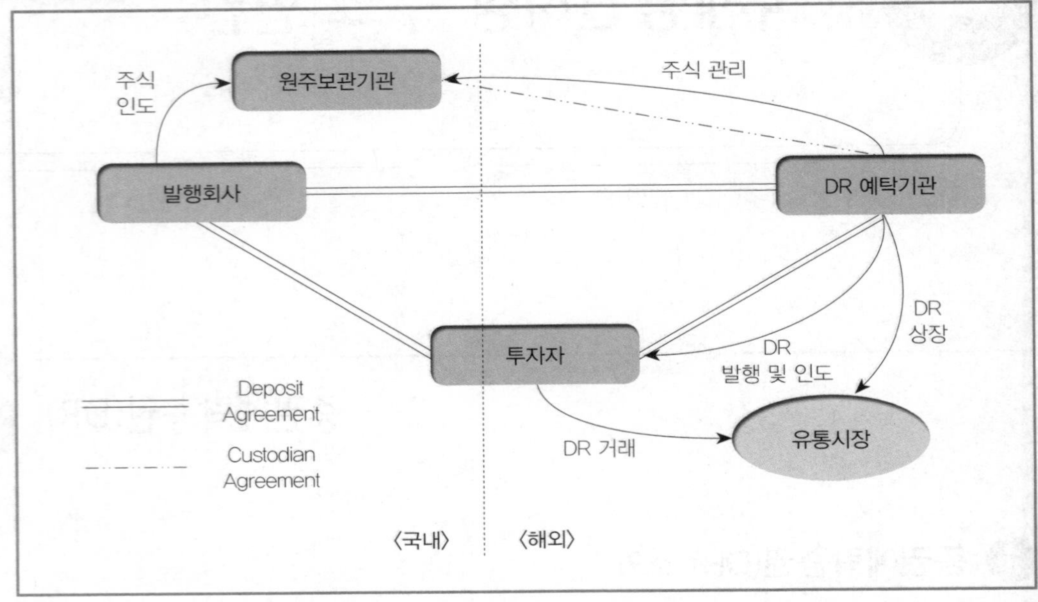

는 예탁계약(deposit agreement)에 의해 규율된다.

(1) 발행회사

발행회사는 DR발행과 관련된 주요 의사결정을 하고, DR이 발행된 후에는 주주에게 권리가 발생하는 경우 DR예탁기관(depositary) 및 원주보관기관에게 이를 알림으로써 DR 소유자도 DR예탁기관(depositary)을 통해 해당되는 권리를 적절하게 행사할 수 있도록 해야 한다.

(2) DR예탁기관(depositary)

DR예탁기관은 발행회사를 대신하여 기본적으로 DR을 발행하고 관리하며 예탁계약에 명시한 의무를 부담한다.

(3) DR소유자(투자자)

DR소유자(투자자)는 유통시장에서 DR을 취득함으로써 발행회사, DR예탁기관 및 투자자 간에 이루어지는 예탁계약(deposit agreement)의 당사자가 된다. 발행회사는 DR소유자가 주주권을 행사하도록 노력을 해야 하며, 특히 배당금 수령 등 경제적 권리를 행사하는데 불편함이 없도록 해야 한다. DR소유자는 DR을 주식으로 전환할 권리가 있으며, 배당금 등이 지급되는 경우 세금이 적절하게 부과되도록 필요한 정보를 제공할 의무가 있다.

(4) 원주보관기관

DR예탁기관과 원주보관기관 간에 체결되는 보관계약(custody agreement)에 의해 예탁기관의 국내대리인으로서 업무를 수행한다.

2 미국의 DR제도

2.1. Sponsored DR과 Unsponsored DR

Sponsored DR은 DR예탁기관이 미국시장에서 주식을 공모하고자 하는 발행회사의 요청에 따라 발행되는 것이며, Unsponsored DR은 DR예탁기관이 발행회사의 주식을 보유하는 투자자의 요청에 따라 발행회사의 의사와는 관계 없이 발행되는 것이다.

두 가지 방식 중 기업의 자금조달방법으로서 의미를 갖는 것은 Sponsored DR이며, 미국의 주요 증권거래소에서 DR의 상장요건으로 Sponsored DR을 요구하고 있다. Un-sponsored DR은 미국시장에 상장은 되지 않지만, 외국기업 주식을 보유하고 싶어 하는 다양한 투자자들의 투자수요를 충족시키는 방법으로 발행이 지속적으로 증가하고 있다.[54]

2.2. ADR과 GDR

ADR(American DR)은 미국시장에서 발행 · 유통되는 DR을 말하며 미국 SEC(US Securities & Exchange Commision)의 규제아래 NYSE(New York Stock Exchange)와 NASDAQ(National Association of Securities Dealers Automated Quotation System) 등의 시장에서 거래된다.

GDR(Global DR)은 미국시장과 해외시장에서 동시에 발행되는 방식으로 국내기업이 해외DR을 발행하는 경우 가장 많이 이용하는 방식이다. 미국시장에서는 SEC Rule 144A에

54 Unsponsored DR 연도별 프로그램 수(2016년 12월말 자료)

연도	2005	2006	2007	2008	2009	2010	2011	2012	2013	2014	2015	2016
프로그램 수	141	148	161	753	915	1,012	1,169	1,384	1,532	1,600	1,460	1,616

출처: http://www.adrbnymellon.com

의한 QIBs(Qualified Institutional Buyers: 일정한 요건의 기관투자자)가 투자할 수 있으며 해외 시장에서는 SEC의 Regulation S에 의해 거래가 이루어진다.

2.3. Level I, Level II 및 Level III 프로그램

1927년 시작된 미국에서의 DR발행은 1990년대 이후 크게 성장하였는데, 1985년 미국 SEC는 투자자 보호 및 시장 활성화를 위해 Level I, Level II, Level III 프로그램으로 DR발행규제를 세분화하면서 DR프로그램 발전의 계기를 마련하였다. Level I, II, III 프로그램은 다음과 같이 자금조달 여부 및 상장여부를 그 분류기준으로 삼는다.

표 5-16 ADR Level에 따른 구분

구분	Level Ⅰ	Level Ⅱ	Level Ⅲ
자금 조달	X	X	O
상장	X	O	O

Level I 프로그램은 외국기업이 미국자본시장에 참여할 수 있는 가장 쉬운 방법으로서 장외시장에서 거래되며, 미국증권거래소에 상장이 되지 않고 자금조달 또한 이루어지지 않지만 해당주식에 대한 미국 투자자 층을 확대할 수 있다는 데 의미가 있다. 따라서 Level I ADR을 설정하면 미국 SEC 규정에 익숙해질 수 있는 시간적 여유를 갖고 LevelⅡ 및 Level Ⅲ로 전환시킬 준비를 할 수 있는 반면 ADR의 큰 장점 중의 하나인 홍보효과가 LevelⅡ 및 Level Ⅲ에 비해 상대적으로 작다.

LevelⅡ 프로그램을 통한 DR발행은 구주를 대상으로 발행되며 자금조달은 없으나 NYSE, NASDAQ 및 런던거래소 등 국제 거래소에 상장이 가능하다. 증권거래소에 상장할 경우 홍보효과가 커지고 투자자 층을 확대시켜 기업 이미지 제고에도 크게 기여할 수 있다. 특히 증권거래소에 상장되는 LevelⅡ ADR은 미국의 금융언론매체 및 투자분석가에 의하여 보다 광범위하게 다루어지기 때문에 투자자에게도 발행회사 및 해당증권에 대한 정보를 보다 많이 제공할 수 있다. 반면, 증권거래소에서 유통되기 때문에 정보면제(Information Exemption)가 배제되어 34년 증권거래법에 따른 공시의무를 부담하게 되므로 약식 신고서 Form F-6 외에도 연차보고서인 Form 20-F 및 일종의 공시보고서인 Form 6-K의 제출의무를 가지게 되고[55] IFRS나 US GAAP 기준에 따른 재무제표(financial statements) 그리고

55 예탁결제원, 「DR업무안내」, 2010, 24쪽.

Sarbanes-Oxley(사베인-옥슬리)법에 규정된 요건의 만족도 필요로 한다.[56]

LevelⅢ 프로그램은 미국증권거래소에 상장이 가능할 뿐만 아니라 공모를 통해 자금조달을 하므로 미국 투자자들로부터 가장 큰 관심을 받게 되며, 미국기업과 동일한 미국 SEC 규정을 준수하여야 한다.[57] 따라서 LevelⅢ ADR의 발행기업은 증권법에 의거하여 최초로 공모를 하는 경우 원주를 등록하기 위해 Form F-1을 SEC에 제출해야 하고 미국 내 상장기업에게 주어진 관련 공시의무가 동일하게 적용되어 US GAAP에 따라 재무제표를 작성해야 한다.

2.4. ADR 규제체계

미국시장에 상장하지 않는 경우에는 복잡한 공시의무를 수반하지 않는 Level I으로 발행할 수 있으며 이 경우 34년 증권거래법 Rule 12g3-2(b)에 의해 규율된다.

원칙적으로 비상장 증권의 경우 34년 증권거래법 section 12(g)에 따라 발행인의 총자산이 1천만 달러 이상이고 발행인의 종류별 지분증권의 주주명부상 소유자가 2,000명 이상 또는 공인투자자 아닌 자가 500인 이상일 때 등록 및 공시를 하여야 한다. 그러나 외국회사의 경우에는 미국 내 소유자가 300인 미만이거나 미국 내 소유자가 300인 이상일지라도 Rule 12g3-2(b)의 요건[58]을 충족한다면 34년 증권거래법에 따른 공시의무를 면제받게 된다. 즉 미국 내 증권거래소에서 유통되지 않거나 공모가 이루어지지 않은 경우 SEC는 미국 자본시장에 진출하지 않은 것으로 간주하여 기업등록의무의 적용을 면제받을 수 있고 이러한 면제는 Rule 12g3-2(b)에 근거하며 정보면제(Information Exemption)라고 불린다.[59]

따라서 상장되지 않고 장외시장에서 거래되는 Level I ADR을 설정하게 되면 Rule 12g3-2(b)에 의거하여 Form 20-F의 제출이 면제되고 33년 증권법에 따른 등록 약식신고서인 Form F-6만을 제출하는 것으로 Level I ADR의 SEC 등록이 가능하다.

또한 과거에는 이러한 면제를 적용받기 위해서는 외국발행기업이 공식적으로 서면신청서를 SEC에 제출하여야 했었지만, 2008년 SEC는 Rule 12g3-2(b)을 개정하여 외국발행기업에 의한 서면신청 없이도 자동적인 면제가 적용되도록 하여 Unsponsored DR의 활성화를 도모하였다. 이에 따라 2008년 9월에 개정되고 동년 10월부터 시행된 Rule 12g3-2(b)의

56 Wolters Kluwer, INSIGHT, volume 23, number 4, 2009.04, p.2.
57 LevelⅡ 프로그램과 같이 증권거래법상의 Full Registration(Form 20-F와 Form 6-K제출)을 해야 한다.
58 발행인이 증권거래법 13(a)나 15(d)에 의한 보고서 제출의무가 없을 것, 외국 거래소에 상장되어 있고, 자사의 웹 사이트나 주요 유통시장(primary trading market)을 통해 영문으로 된 정보공시를 수행하는 경우를 말한다.
59 허항진, 「국제증권시장의 법과 실무」, 세창출판사, 2009, 139쪽(각주 219).

시행 이후 Unsponsored DR의 발행이 크게 증가하고 있다.[60] 그 이유는 SEC의 규정개정 이전에 Unsponsored DR을 설정할 때에는 해당 원주발행기업의 동의 하에 발행되는 것이었고 원주발행기업이 서면으로 등록면제 적용신청을 하여야 했지만, 개정 후에는 Rule 12g3-2(b)의 요건을 만족시키는 정보를 원주발행기업의 웹 사이트 또는 시장의 주요 공시시스템에 전자적으로 발표하면 되고 원주발행기업의 동의 또한 불필요하게 되었기 때문이다.[61]

한편, 미국 ADR 발행이 본격적으로 활성화된 계기는 1990년 4월 Rule 144A가 마련된 것이다. Rule 144A는 외국기업이 사모로 발행한 증권을 적격기관투자자(QIBs)[62]에게 매도하는 경우에는 이를 전매로 보지 않는 규정으로서, 기업이 미국에서 사모로 발행한 증권의 전매에 관한 엄격한 제한이 외국기업의 미국 내 상장을 기피하게 만든다는 지적에 따라 제정되었다. 적격기관투자자(QIB)만을 대상으로 판매될 수 있는 만큼 일반투자자를 대상으로 하는 공개적인 투자권유 및 광고가 허용되지 않아 주간사의 미국 내 보도자료 및 연구자료 배포에 대한 주의를 요한다. 이 규정에 의해 발행등록 절차가 간편해지고 비용이 절감되는 이점이 있어 외국기업이 미국시장에 진출하는 대표적인 발행방법으로 활용되고 있다.[63]

1990년 Rule 144A와 함께 도입된 Regulation S도 주목해야 하는데, Regulation S는 33년 증권법 제5조의 공시의무의 적용으로부터 제외될 수 있는 외국에서의 발행에 관하여 정하고 있는 규칙으로서, Regulation S의 요건을 충족하는 해외발행이나 해외전매의 경우에는 33년 증권법 제5조에 따른 공시의무가 면제된다.[64] 33년 증권법 제5조는 '미국에서의 발행'이 있는 경우에만 등록의무를 부과하는데, Regulation S는 전적으로 미국 밖에서만 행해지는 청약에 대해서는 미국에서의 발행으로 보지 않는다고 규정하기 때문에 결국 33년 증권법 제5조에 의한 등록의무를 지지 않게 되는 것이다.[65] 이에 따라 1990년 12월에 Citibank가 처음으로 미국과 유럽에서 동시에 발행하는 GDR(Global Depositary Receipts)을 선보였는데, 한국의 삼성물산 GDR이 그 첫 사례이다.[66] GDR은 미국시장에서는 Rule 144A에 의해 사모방식으로 발행되지만, 1990년 도입된 Regulation S에 의하여 유로시장에서 유통시킬 수 있게 된 것이다. 이후 미국과 유럽 중심의 DR발행은 1994년 5월에 이르러 German

---

60 Wolters Kluwer, INSIGHT, volume 23, number 4, 2009.04, p.4.

61 허항진, 전게서(2009), 129쪽.

62 1억 달러 이상의 유가증권을 소유 또는 투자하고 있는 기관투자자, 브로커 및 딜러를 말한다. 미국 내 약 3,000개 이상의 기관투자자가 QIB자격 요건을 갖추고 있으나 현실적으로는 약 수백 개 기관만이 Rule 144A 시장에 QIB로서 참여하고 있다.

63 예탁결제원, 「DR업무안내」, 2010, 27쪽.

64 조민제, "미국 증권법상의 Regulation S와 유가증권의 '해외발행'의 의미에 대한 검토", 「법조」, Vol.563, 법조협회, 2003, 151~152쪽.

65 양기진, "증권의 해외발행에 관한 규제", 「상사판례연구」 Vol.20, No.3, 한국상사판례학회, 2007, 585쪽.

66 최경렬, "국내기업의 해외DR발행현황과 그 문제점", 「증권법연구」 제2권 제1호, 한국증권법학회, 2001, 220쪽.

Daimler Benz AG가 Singapore Depositary Receipts를 발행하는 등 세계 각국에서 발전해 나가게 된다.

3 한국의 DR

3.1. 해외DR의 구분

영국기업 등 외국주식에 대한 미국투자자의 투자를 용이하게 하기 위해 태동한 DR이 우리나라에서는 국내기업의 지분증권을 통한 해외 자본조달을 지원하는 기능으로 발전하였다. 1985년 정부가 발표한 '기업의 해외증권발행방안'에 의해 국내기업의 해외DR발행이 가능해졌으며 그 당시의 DR은 제3자 배정방식에 의한 유상증자의 일환으로 발행되는 신주를 근거로 하는 '신주DR'이다. 그 후 증권시장 개방화가 진전되며 '구주DR', '유통DR'의 발행이 가능해졌다.

(1) 신주(발행)DR[67]

발행회사가 제3자 배정에 의한 유상증자의 방법으로 국내에서 주식을 발행한 후 원주보관기관에 보관을 하고, 이를 근거로 해외의 예탁기관이 발행하는 DR이다. 국내기업이 발행한 DR 중 많은 부분이 신주(발행)DR에 속하며, 회사입장에서는 중요한 외화조달수단 중 하나이다.

(2) 구주DR

구주DR이란 기업이 보유하고 있는 자기주식을 근거로 해외에서 자금조달을 하기 위해 발행하는 DR을 말한다. 기업의 자기주식 가격을 안정시키는 수단의 하나로 1994년 4월 자기주식(이른바 자사주) 매입제도를 도입하였으며, 매입한 자기주식을 무상으로 소각하는 경우에는 자본금 감소가 초래되어 재무구조가 악화되고, 매입한 자기주식을 다시 매각하는 경우에는 주식시장의 불안정과 투자자의 피해가 초래될 소지가 있다. 이때 기업이 보유하고 있는 자기주식을 해외에서 DR방식으로 매각하게 되면 외화자금을 조달하면서도 국내 주식시장의 매물압박을 피할 수 있게 된다. 구주DR은 또한 기업 간 합병이나 주요 영업의 양수도 등에 반대하는 주주들이 주식매수청구권을 행사함으로써 자기주식을 매입하게 된 기업들의 주식 처분수단으로 이용되고 있다.

---

67 신주DR, 구주DR, 유통DR에 대한 설명은 '최경렬, 전게서, 218~219쪽' 참조.

1995년 9월 LG전자가 보유하고 있던 자기주식을 근거로 7,500만 달러 규모의 DR을 발행하여 유로시장에 상장시킨 것이 국내기업 최초의 구주DR이다. 이어 동년 11월에는 포항제철이 3억 달러 규모의 구주DR을 발행하여 NYSE에 상장시켰다.

(3) 유통DR

유통DR은 국내에서 이미 발행되어 유통되고 있는 주식(원주)을 원주보관기관에 보관하고, 이를 근거로 해외예탁기관이 해외에서 거래될 수 있도록 발행한 DR로서, 그 원주를 국내유통시장에서 취득한 주식이란 점에서 국내기업이 발행한 신주를 원주로 한 신주(발행)DR과 구별된다. 유통DR발행 시 기대할 수 있는 효과로는 외국인의 국내주식 투자편의 제공, 이미 발행한 DR의 유동성 증대 및 발행기업의 대외이미지 제고를 통한 국내외 영업활동 지원 등을 들 수 있다.

한 가지 언급할 것은 유통DR이 우리나라에서만 통용되는 독특한 개념이라는 것이다. 미국시장에서는 발행회사에 자금이 조달되는지와 해당DR이 상장되는지의 여부에 따라, Level I, Level II, 그리고 Level III로 나누어진다. 우리나라에서는 신주(발행)DR만이 허용되던 1994년 3월 증권업무 자율화 방안의 일환으로, 국내기업이 발행한 신주를 원주로 하여 발행하는 신주DR과 구별하여 예탁기관이 국내유통시장에서 취득한 원주를 바탕으로 발행하는 유통DR의 발행을 허용한 이래 계속하여 이 용어를 사용하고 있다.

1996년 7월 SK텔레콤의 주식을 소유하고 있던 외국인투자자가 자신의 소유주식을 원주로 하는 DR(1.9억 달러 규모)을 발행한 것이 우리나라 최초의 유통DR이다. 1997년 8월에는 정부가 보유 중인 주택은행 주식을 원주로 하는 유통DR(1.5억 달러 규모)을 발행하여, 주택은행이 신규로 발행하는 DR과 함께 런던증권거래소에 상장시켰다.

자본시장법시행령 제187조제3항에 의하면 유통DR을 발행하기 위하여 원주를 취득하려는 경우에는 발행회사로부터 미리 동의를 받아야 한다. 이 때 유통DR은 특정인 소유주식을 해외에서 매각하는 형태의 자금흐름이 수반된 DR뿐만 아니라, 일반주주가 보유주식을 DR예탁기관(실제로는 DR예탁기관의 국내대리인인 원주보관기관)에게 인도하고 해외에서 수령하는 DR까지 포함하는 것으로 해석된다.

DR은 일반적으로 주식(원주)과의 상호 전환이 자유로워야 한다. 주식과의 상호 전환이 이루어져야 DR과 주식 간 차익거래가 가능하고 DR의 유동성이 높아지며, 결과적으로 주식가격과 DR가격을 안정시키는데 기여하게 된다. 국내기업이 발행한 DR은 특별한 사유가 없는 한 자유로이 주식으로 전환될 수 있지만, 그와 반대로 주식을 DR로 전환하기 위해서는 발행회사의 동의가 있어야 가능하다. 다만, 자본시장법시행령 제187조제3항 단서규정 및 「금융투자업규정」 제6-9조에 의해 이미 발행된 DR 중 주식으로 전환된 수량 이내에서의 주식의 DR전환은 발행회사의 동의 없이도 가능하다.

3.2. KDR(Korean Depositary Receipts)

제2장에서 살펴본 바와 같이 국내기업의 해외DR발행 및 상장과 함께 외국기업의 국내 DR발행 및 상장도 가능하다. 국내기업의 해외DR발행이 1990년대에 많이 이루어지고 2000년대에 줄어드는데 비해, 외국기업의 국내DR발행 및 상장은 2007년 시작되어 점차 그 중요성이 더해지고 있다. 외국기업이 국내에서 발행하는 DR은 앞에서 살펴본 ADR · GDR과 대비되는 개념으로 KDR(Korean Depositary Receipts)이라고 한다. 그 역사가 오래지 않아 아직 ADR · GDR처럼 정립된 용어는 아니다. 한편으로는 미국시장에 상장된 DR을 ADR, 그렇지 않은 DR을 GDR이라 분류하기도 한다. 이 분류에 따르면 좁은 의미의 GDR(미국시장에서는 Rule 144A에 의해 발행하고 해외시장에서는 Regulation S에 의해 발행)뿐만 아니라 싱가포르 시장에 상장되는 SDR, 홍콩시장에 상장되는 HDR, 일본시장에 상장되는 JDR과 한국시장에 상장되는 KDR도 모두 GDR로 분류하게 된다.

3.3. 한국에서의 DR구분

앞에서 살펴본 바와 같이 국내기업이 해외에서 DR을 발행하는 경우 신주DR, 구주DR, 그리고 유통DR로 구분하고 있다. 그러나 자세히 보면 이 분류는 DR을 구분하는 것이 아니라 그 근거가 되는 원주가 어떻게 조달되는지에 따른 구분이며, 일단 발행된 후에는 구분하지 않고 통합되어 유통이 이루어진다. 미국시장에서 DR을 Sponsored과 Unsponsored로 구분하거나 Level Ⅰ, Level Ⅱ, Level Ⅲ로 구분하는 것은 원주에 따라서가 아니라 DR의 속성에 따른 것이다. 그러한 속성은 발행당시 뿐만 아니라 발행된 뒤에도 유지된다. 따라서 우리나라에서 DR을 신주DR, 구주DR, 유통DR로 구분하는 것은 바람직한 방법이 아니다. 그보다는 발행회사의 신주발행 또는 구주매각에 의해 자본을 조달할 때 이용되는 '자본조달형 DR'과 발행회사의 도움 없이 투자자의 요청에 의해 발행되는 '투자지원형 DR'로 구분하는 것이 바람직해 보인다. 이렇게 구분할 경우 대체로 미국의 Sponsored DR은 자본조달형 DR에 해당하고 Unsponsored DR은 투자지원형 DR에 해당한다. 이 구분은 DR을 발행할 때뿐만 아니라 발행 후에도 유지할 수 있으며, DR보유자에 대한 발행회사의 공시의무의 차이를 설명하거나 자금흐름 수반여부에 따른 외국환관련법규 해당여부 등을 구분하여 적용할 때에도 도움이 될 것이다.

(1) 자본조달형 DR

발행회사가 제3자 배정 유상증자에 의한 신주발행물량을 해외에서 매각하거나 보유하고 있는 자사주를 해외에서 매각할 때 발행하는 DR이다. 발행 후 회사의 공시책임이 강하게 작용하며, 자금의 흐름이 수반되므로 외국환 관련 법규도 엄격하게 지킬 필요가 있다.

(2) 투자지원형 DR

발행회사의 지원 없이 투자자의 신청에 의해 DR예탁기관이 발행하는 DR이다. 발행회사의 의사와 관계 없이 등장하는 상품으로 회사에 공시의무를 강제화 할 수 없으므로 공시의무를 어떻게 풀어나갈지가 해결과제이다. 미국의 QIBs에 해당하는 전문투자자에게만 투자를 허용한다거나 발행회사의 공시시스템이 계속하여 잘 가동되고 회사의 홈페이지 등을 통해 누구나 접근할 수 있는 경우 발행을 허용하는 것 등을 고려해 볼 수 있을 것이다. 투자지원형 DR을 발행할 때에는 원칙적으로 자금의 흐름이 발생하지 않으므로 DR의 발행신고 등을 할 때에 외국환 관련 법규의 적용을 완화할 필요가 있다.

제2절 과세강화조치

1 금융위기와 과세강화조치

2008년 리먼사태와 미국발 금융위기 그리고 뒤이은 유럽발 글로벌 금융위기를 타개하기 위하여 세계 각국은 막대한 규모의 재정을 투입하여 경기부양에 나섰고 이러한 재정수요를 충당할 수 있는 과세강화조치를 추진하여 왔다. 미국은 기존 적격중재기관(QI: Qualified Intermediary)제도에 더하여 FATCA(해외계좌과세신고제도) 시행을 추진하고 있고, 영국의 다국적기업 탈세감시특별위원회제도, 브라질의 토빈세 시행 및 유로존의 토빈세 검토, 우리나라의 해외계좌 자진신고제도 및 외국인투자자에 대한 신고강화제도 등 일련의 과세강화조치가 사전에 약속이라도 한 듯 이루어지고 있다. 이 절에서는 그 중에서도 우리나라의 국제증권거래에 영향을 크게 미치는 미국의 FATCA제도와 우리나라의 외국인투자자 과세신고강화제도를 살펴보고자 한다.

② 미국의 FATCA제도

2.1. 정의 및 경과

「FATCA(Foreign Account Tax Compliance Act: 해외계좌과세신고법)」[68]란 미국납세자의 해외자산 및 투자에 대한 세금(소득세 및 법인세)징수를 위한 정보수집을 목적으로 미국인(미국거주자) 혹은 미국인이 주요주주인 법인이 보유하고 있는 해외금융계좌에 대해 해당계좌를 개설한 해외금융기관으로 하여금 계좌정보와 거래정보를 미국국세청(IRS)에 보고하도록 하는 법 또는 동법을 시행하는 제도를 말한다. FATCA는 2010년 3월 제정되었으며 2013년 1월 동법시행령(Regulations for FATCA Implementation)이 공포되었다.

2.2. 주요 내용

FATCA에 따르면 2014년 6월까지 해외금융기관(여기서는 미국이 아닌 다른 국가의 금융기관을 말한다)이 주재하는 정부가 미국정부(IRS)와 FATCA시행에 관한 협약을 체결하거나 해외금융기관이 직접 미국정부(IRS)와 FATCA계약을 체결한다. 이렇게 하면 해외금융기관은 미국정부의 '협조해외금융기관(FFI)'이 된다. 협조해외금융기관은 자신과 거래하는 미국인 또는 미국인이 주요 주주인 법인에 대하여 (ⅰ)시민권여부, 미국주소여부, 미국계정으로 자금이체여부 등과 같은 미국인 징표를 확인하는 Due Diligence를 시행하고, (ⅱ)이름, 주소, 미국 납세번호, 계좌번호, 계좌잔액, 이자수익금 등과 같은 미국 납세자 정보를 IRS에 매년 보고하여야 한다.

미국 IRS와 협약 또는 계약을 체결하지 않거나, 위에 기술된 의무를 이행하지 않는 경우 비협조 FFI로 분류되며, 비협조 FFI 및 정보제공거부 계좌보유자에게는 지급되는 미국원천소득과 미국자산의 양도금액의 30%를 단계적으로 원천징수하게 된다.

2.3. 전망

시간이 지날수록 FATCA는 엄격하게 적용될 것이며 금융회사의 보고사항은 더욱 확대될 예정이다. 2014년 귀속소득까지는 이름, 주소, 미국납세번호, 계좌번호, 금융기관명, 계좌잔액 및 평가액 등이 보고대상이나 2015년 귀속분부터는 수탁계좌의 경우 이자 · 배당 등

---

68 이 책에서 FATCA를 미국의 '해외계좌과세신고법' 또는 동법에 의한 '해외계좌과세신고제도'로 설명한다. 2012년 발표한 정부의 설명자료에서는 '해외계좌납세순응법'으로 소개하고 있다.

총수익, 예금계좌의 경우 이자 총수익, 그 밖의 계좌의 경우 총수익까지 보고대상이 넓어지고 2016년 귀속분부터는 보관계좌의 자산양도수익까지 보고대상이 확대된다. 금융기관의 Due Diligence 의무도 고액개인계좌에 대해서는 2014년 6월 말까지, 소액개인계좌 및 단체계좌에 대해서는 2015년 6월 말까지 이행해야 한다.

미국정부는 2012년 2월 프랑스, 독일, 이탈리아, 스페인, 영국과 공동으로 FATCA 시행을 정부차원에서 공조한다는 성명을 발표하였고, 2012년 6월 일본 및 스위스와 FATCA 공동성명을 발표하는 것을 시작으로 2013년 1월 현재 영국, 덴마크 등 50개 국가와 조세정보 교환을 위한 협약을 추진 중이다.

한편 미국의 FATCA가 시행 · 정착되면, 다른 국가에서도 FATCA와 유사한 조치를 취할 것이며 국가 간 협약을 통해 이와 유사한 제도가 보편적으로 적용될 것으로 보인다.

3 우리나라의 외국인투자자 과세신고강화제도

3.1. 조세조약상 제한세율

한국의 거주자(국내에 주소를 두거나 1년 이상 거소를 둔 개인)가 아닌 비거주자 및 외국법인(외국에 본점 또는 주사무소를 둔 법인)에게는 우리나라가 해당 외국과 체결한 조세조약상 제한세율(조세조약에 따라 이자 · 배당 · 사용료소득 등 국내원천소득에 대하여 상대국의 거주자 또는 법인에게 과세할 수 있는 최고세율)[69]을 적용하여 과세한다. 〈표 5-17〉에서 보듯이 2016년 1월 현재 우리나라는 91개 국가와 조세조약을 체결하고 있다.

표 5-17 **우리나라 조세조약 체결현황** (단위: %, 2016년 12월 현재)

	체약상대국	배당	이자	사용료	지방세 포함
1	가봉	5/15	10	10	
2	그리스	5/15	8	10	
3	남아프리카 공화국	5/15	10	10	X
4	네덜란드	10/15	10/15	10/15	
5	네팔	5/10	10	15	
6	노르웨이	15	15	10/15	
47	에스토니아	5/10	10	5/10	
48	에콰도르	5/10	12	5/12	
49	영 국	5/15	10	2/10	X
50	오 만	5/10	5	8	
51	오스트리아	5/15	10	2/10	
52	요르단	10	10	10	

69 국제조세조정에 관한 법률 제2조제1항제12호.

	체약상대국	배당	이자	사용료	지방세 포함
7	뉴질랜드	15	10	10	
8	덴마크	15	15	10/15	
9	독 일	5/15	10	2/10	
10	라오스	5/10	10	5	
11	라트비아	5/10	10	5/10	
12	러시아	5/10	0	5	
13	루마니아	7/10	10	7/10	
14	룩셈부르크	10/15	10	10/15	
15	리투아니아	5/10	10	5/10	
16	말레이시아	10/15	15	10/15	
17	멕시코	0/15	5/10/15	10	
18	모로코	5/10	10	5/10	
19	몰 타	5/15	10	0	
20	몽 골	5	5	10	
21	미 국	10/15	12	10/15	X
22	미얀마	10	10	10/15	
23	바레인	5/10	5	10	
24	방글라데시	10/15	10	10	
25	베네수엘라	5/10	5/10	5/10	X
26	베트남	10	10	5/15	
27	벨기에	15	10	10	
28	벨라루스	5/15	10	5	
29	불가리아	5/10	10	5	
30	브라질	10	10/15	10/25	
31	브루나이	5/10	10	10	
32	사우디아라비아	5/10	5	5/10	
33	세르비아	5/10	10	5/10	
34	스리랑카	10/15	10	10	
35	스웨덴	10/15	10/15	10/15	
36	스위스	5/10/15	5/10	5/10	
37	스페인	10/15	10	10	
38	슬로바키아	5/10	10	0/10	
39	슬로베니아	5/15	5	5	
40	싱가포르	10/15	10	15	
41	아랍에미리트 연합	5/10	10	0	
42	아이슬란드	5/15	10	10	
43	아일랜드	10/15	0	0	

	체약상대국	배당	이자	사용료	지방세 포함
53	우루과이	5/15	10	10	
54	우즈베키스탄	5/15	5	2/5	
55	우크라이나	5/15	5	5	
56	이란	10	10	10	
57	이스라엘	5/10/15	7.5/10	2/5	X
58	이집트	10/15	10/15	15	
59	이탈리아	10/15	10	10	
60	인 도	15/20	10/15	15	
61	인도네시아	10/15	10	15	
62	일 본	5/15	10	10	
63	조지아	5/10	10	10	
64	중 국	5/10	10	10	
65	체 코	5/10	10	10	
66	칠 레	5/10	5/15	5/10	
67	카자흐스탄	5/15	10	2/10	
68	카타르	10	10	5	X
69	캐나다	5/15	10	10	
70	콜롬비아	5/10	10	10	
71	쿠웨이트	5	5	15	
72	크로아티아	5/10	5	0	
73	키르기즈	5/10	10	5/10	
74	태 국	10	10/15	5/10	
75	타지키스탄	5/10	8	10	
76	터 키	15/20	10/15	10	
77	투르크메니스탄	10	10	10	
78	튀니지	15	12	15	
79	파나마	5/15	5	3/10	
80	파키스탄	10/12.5	12.5	10	
81	파푸아뉴기니	15	10	10	
82	포르투갈	10/15	15	10	
83	폴란드	5/10	10	10	
84	프랑스	10/15	10	10	
85	피 지	10/15	10	10	
86	핀란드	10/15	10	10	
87	필리핀	10/25	10/15	10/15	X
88	페 루	10	15	10/15	
89	헝가리	5/10	0	0	

	체약상대국	배당	이자	사용료	지방세 포함
44	아제르바이잔	7	10	5/10	
45	알바니아	5/10	10	10	
46	알제리	5/15	10	2/10	
90	호 주	15	15	15	
91	홍 콩	10/15	10	10	

* 위의 표는 우리나라가 체결한 각 국가와의 조세조약상 제한세율을 간단하게 요약한 것으로, 실제 적용할 때에는 조세조약원문(의정서포함)으로 내용을 확인해야 함.
한 칸에 2개 이상의 숫자가 있는 경우 소유지분 · 업종 등에 따라 적용율이 정해짐.

3.2. 조세조약상 제한세율 적용신청서

2012년 7월부터 적용되는 개정 소득세법시행령과 개정 법인세법시행령에 따라 조세조약상 제한세율을 적용받으려는 비거주자 및 외국법인은 국내원천소득을 지급받기 전까지 '제한세율 적용신청서'를 원천징수의무자(일반적으로 비거주자 및 외국법인에게 해당소득을 국내에서 최종 지급하는 금융기관)에게 제출하여야 한다. 우리나라에 투자할 때 거주지신고를 하면 해당되는 조세조약상 제한세율을 적용하여 과세하던 방법에서, 외국법인 및 비거주자가 제한세율 적용신청서를 작성하여 제출하는 것으로 바뀐 것이다. 금융위기 이후 세계적으로 대두되는 과세강화조치의 일환이며 외국법인 및 비거주자의 세율관리를 엄격하게 하려는 정부의 의지가 반영된 것이다.

국내원천소득이 국외투자기구를 통하여 지급되는 경우 국외투자기구는 실질귀속자로부터 제한세율 적용신청서를 제출받아 그 명세가 포함된 국외투자기구신고서를 원천징수의무자에게 제출하여야 한다.

원천징수의무자는 실질귀속자를 파악할 수 없는 경우, 조세조약이 아닌 국내세법상 원천징수세율을 적용하고, 이 경우 실질귀속자는 5년 이내에 경정청구가 가능하다. 원천징수의무자에게 '제한세율 적용신청서'를 제출한 실질귀속자는 그 내용에 변동이 없는 경우 3년 내에는 다시 제출하지 않아도 된다.

한편 자본시장법 제296조제5호에 따른 외국예탁결제기관이 예탁결제원에 개설한 계좌를 통하여 지급받는 국내원천소득의 경우 제한세율 적용신청서를 제출하지 않아도 된다. 국내기업이 해외에서 발행하는 증권예탁증권 투자자를 비롯하여 예탁결제원에 계좌를 개설한 외국예탁결제기관을 통해 한국의 증권에 투자하는 투자자에게 제한세율 적용신청서 제출의무를 면제시킨 것이다.

국제증권시장의 변화 제3절

① 금융위기와 시장의 변화

2008년 리만 브라더스의 파산으로 본격화된 세계적 금융위기를 겪으며 미흡한 금융규제 및 감독이 금융위기를 초래했다는 비판과 이런 위기를 재발시키지 않기 위한 규제개혁에 대해 공감대가 형성되었다. 규제개혁의 방향은 (ⅰ)금융기관의 건전성 감독기준을 강화하여 금융기관의 손실흡수능력을 키우자는 것, (ⅱ)시스템리스크에 대응하기 위해 시스템상 중요한 금융기관(SIFIs: Systemically Important Financial Institutions)에 대한 규제와 감독을 강화하고 완충자본제도를 도입하는 등 신용공급의 경기순응성을 완화하자는 것, (ⅲ)금융기관의 위험투자를 억제하기 위해 트레이딩 계정에 대해 자본규제를 강화하고 장외파생상품과 헤지펀드에 대한 규제를 강화하자는 것 등이다.

마지막 내용을 살펴 보면 유동화증권에 대한 발행자와 투자자의 이해를 일치시키기 위해 발행자가 유동화증권 신용위험의 일부를 보유하도록 하고, 장외파생상품시장의 효율성과 투명성을 제고하며 한 참가자의 위험이 전체 참가자의 위험으로 전이되는 것을 막기 위해 청산기관(CCP)을 설립하고, 헤지펀드의 등록 및 정보공개를 의무화하는 것 등을 들 수 있다. 신용위주의 국제금융거래를 담보가 제공되는 보다 안전한 거래로 유도하는 것도 이러한 맥락으로 이해할 수 있다. 신용위주의 콜거래시장 참가자를 은행위주 시장으로 이끌고 기타 금융기관은 담보가 필요한 Repo시장으로 유도하는 우리나라의 정책도 이런 측면에서 이해할 수 있을 것이다.

이런 추세에 맞추어 국제증권시장에서 담보의 필요성과 중요성은 더욱 커지고 있다. Euroclear, Clearstream 등 국제예탁결제기관, JP Morgan, Citibank 등 글로벌 보관기관 및 각국 중앙예탁결제기관 등은 담보관리 서비스를 효율적으로 제공하기 위해 서로 경쟁하고 있으며 타 기관과 연계하여 참가자들의 담보관리를 광범위하게 상호 인정할 수 있는 시스템을 갖추기 위한 노력을 경주하고 있다.

❷ 증권시장의 통합화와 국제화

2.1. 증권거래소의 통합

1984년 캐나다의 몬트리올증권거래소와 미국의 보스턴증권거래소 간에 처음으로 시작된 매매 · 시장정보 전달시스템의 연결은 1986년 미국 나스닥과 런던증권거래소, 1988년 나스닥과 싱가포르증권거래소로 이어졌으며, 옵션매매의 경우에도 북미, 호주, 유럽의 4개 증권거래소가 연결되어 있다. 이러한 거래소 간 합종연횡의 추세는 시간이 지날수록 전 세계로 확산되고 있는데 1999년 6월 NOREX Alliance(스톡홀름, 코펜하겐, 오슬로, 아이슬란드의 발트해 연안 3개 증권거래소 합병체)가 출범했고, 2000년 3월에는 Euronext(파리, 암스테르담, 브뤼셀 거래소의 합병체)가 탄생했다. 그리고 Euronext는 2006년 미국의 NYSE와 통합하여 세계 최대의 거래소 간 국제적 통합을 이룬 바 있다.[70] 2012년 현재 NYSE Euronext는 주식매매대금 및 상장기업 시가총액에서 세계 1위 자리를 유지하고 있다.

최근 몇 년 간의 해외증권거래소 재편현황을 살펴보면, 최근 싱가포르의 SGX가 호주 ASX를 인수하려 했지만 호주 정부의 반대로 무산되었고, 영국 런던주식거래소(LSE)와 캐나다 토론토증권거래소(TSE) 운영사인 TMX그룹[71]이 합병을 결의했지만 주요 주주인 토론토증권거래소의 반대로 성공에 이르지 못하였다. 이미 사상 초유의 합병을 이룬 NYSE Euronext는 한 걸음 나아가 독일거래소(Deutsche Börse)와 합병을 추진하였지만 독점을 이유로 유럽연합(EU) 집행위원회에 의해 무산되었다. 2012년 12월 런던에 소재하는 ICE(Inter-Continental Exchange)는 NYSE Euronext의 인수계획을 발표하였고 2013년 11월 인수를 완료하였다.

2.2. 증권시장 간 교차거래

지난 10여년 간 각국의 많은 거래소가 공영제에서 주식회사로 전환되었으며 영리조직으로서 거래소업무를 보다 효율적으로 운영하기 위하여 거래소 간 인수 · 합병활동을 적극 추진하여 왔다. 북구 유럽에서는 각국의 거래소가 합병하여 NOREX Alliance가 등장하였고, NYSE는 Euronext와 합병하였다. 이렇게 거래소를 합병하여 대형화하려는 노력은 지금도 세계 각지에서 지속되고 있다. 이러한 인수 합병 등으로 거래소가 대형화하려는 주요 이유는 상장과 매매의 체결이라는 거래소의 업무가 본질적으로 규모의 경제를 달성하기 매

---

70 허항진, 전게서(2009), 37쪽(각주 21).

71 TMX그룹은 2007년 말 토론토증권거래소(LSE)와 몬트리올거래소(MX)의 합병으로 탄생하였다.

우 유리한 사업적 특징이 있다는 점과 거래소 입장에서 자산인 상장주식 종목 수를 일거에 다량 확보할 수 있다는 점에 있다.

하지만, 최근 들어 각국 거래소의 이러한 대형화 노력은 자국 자본시장에 대한 보호주의, 반독점 규제로 인하여 제동이 걸리고 있는 형국이다. 일례로 최근 나스닥과 런던거래소, 독일거래소와 뉴욕거래소는 EU의 승인거부로 합병에 실패하였다.

이에 따라 각국의 거래소는 교차상장을 통한 상장종목의 확대와 이의 거래량 확대를 통한 수익성 제고에 관심을 높이고 있다. 특히 이러한 움직임은 인수 · 합병시장에서 과거에 소극적이었던 국가의 거래소 간에 특히 두드러지게 나타나고 있는데 2011년에는 중국과 브라질거래소 간의 교차상장과 브릭스와 홍콩거래소의 선물상품 교차상장 계획이 발표되었다. 2012년에는 한국거래소가 일본거래소, 그리스거래소 및 터키거래소와 각각 교차상장을 추진할 계획임을 발표하였다.

이러한 거래소 간 교차상장은 근본적으로는 해외시장의 증권을 국내시장에서 거래함으로써 투자자의 입장에서는 거래에 따르는 관련 비용이 축소되는 장점이 있지만, 국가 간 시차, 언어 등의 문제로 인한 정보의 비대칭 문제에 노출되기 쉬운 단점도 있다. 동일한 종목이 두 개 이상의 시장에 상장되어 있는 경우 공시시점이 다르거나 언어 등의 문제로 공시내용의 충실도에 차이가 존재하는 경우 선량한 투자자가 피해를 볼 수 있기 때문이다. 이러한 점을 고려하여 거래소 간 교차상장은 주식에 비해 공시부담이 적은 ETF상품을 중심으로 추진하는 경향이 있다. 특히 양 시장 간에 시차와 언어가 다른 경우에는 이러한 경향이 더욱 심하다.

2.3. 증권시장의 국제화와 경쟁

과거 증권시장을 포함한 금융시장은 실물시장에 비해 상대적으로 폐쇄적이었으나 국제금융자본이동을 촉진하기 위한 꾸준한 제도개선과 정보통신기술의 눈부신 발전으로 각국의 경제 금융시장은 국제화라는 구조 속으로 재편되고 있다. 이러한 금융시장의 변화는 증권시장에도 그대로 나타나고 있다. 과거 지역 거래소들은 역내 상장기업이나 지역 경제에 대한 정보의 우위에 기반을 둔 독과점적 구조였으나, 정보통신기술의 발전과 국제증권거래의 발전 및 이로 인한 특정거래소의 독과점적 지위 상실 등으로 인해 증권거래소들은 역내 또는 역외 거래소들과의 경쟁에 직면하게 되었고 생존을 위해 구조적 변화를 시도할 수밖에 없는 상황이 전개되고 있다.

미국과 유럽의 경우 거래소집중제도 폐지 이후 투자은행들을 주축으로 전자거래플랫폼 형태의 다양한 대체거래시스템(ATS: alternative trading system)이 잇따라 설립되었으며, 이들은 빠른 거래속도와 낮은 거래비용을 토대로 증권시장 거래물량을 빠르게 잠식하고 있다. 이에 따라 전통적인 거래소들은 상장요건 등 진입장벽을 낮추고 규모의 경제를 통해 비용을 절감하고 수익기반을 확충할 필요성이 증대되고 있다. 또한 금융위기를 계기로 시스템 위험을 관리하기 위해 장외파생금융상품 거래를 청산기관(CCP)을 통해 처리되도록 규제환경이 정비되는 상황에서,[72] 주요 거래소들은 인수합병을 통해 동 사업부문에서도 경쟁력을 강화하려 하고 있다. 결국 시장점유율 확대와 비용절감을 기대할 수 있는 다른 거래소와의 합병 및 제휴 등의 방법을 모색하게 되는 것이다.

3 아시아 역내 국제예탁결제기관

앞에서 설명한 Euroclear와 Clearstream 등 국제예탁결제기관은 국제증권거래에서 많은 역할을 차지하고 있다. 유로시장의 채권발행 및 결제업무를 처리하기 위해 1968년과 1970년에 각각 설립된 두 기관은 현재 전 세계적으로 100개국 이상에서 발행된 증권에 대하여 국제적인 결제네트워크를 통해 결제서비스를 제공하고 있다. 두 기관의 참가자는 유럽의 금융기관은 물론 미주 · 아시아 등 전 세계 금융기관으로 구성되어 있으며, 두 기관을 통해 채권을 발행하는 기관도 전 세계에 널리 분포하고 있다. 유럽이나 미주의 금융기관 및 발행회사에 비해 아시아 · 태평양 지역에 소재하는 금융기관 및 발행회사가 Euroclear와 Clearstream을 이용하는 데 제3시간대 문제(3rd time zone)[73]를 비롯하여 많은 불편함이 있다. 이런 불편함을 해소하기 위한 노력의 일환으로 한국, 중국, 일본 및 아세안 10개국(ASEAN+3) 사이에 RSI(Regional Settlement Intermediary)를 설립하려는 논의가 계속되어 왔다.

1997년 5월 APEC(Asia-Pacific Economic Cooperration, 아태경제협력체) 총회에서 기존 국제예탁결제기관의 비업무시간을 대비할 아시아 역내예탁결제기관의 설립 필요성이 제기된 이후 오랜 기간 관련된 논의가 진행되었으며 특히 2008년의 글로벌 금융위기를 겪으며 이에 관한 논의가 활발해지고 있다. 특히, 한국, 중국, 일본을 포함한 동아시아 5개국의 외환보유액이 전 세계 외환보유액의 절반이상을 차지하고 있으며 이러한 현상은 앞으로도 당분간 지속될 것으로 보인다. 이렇게 아시아 국가들이 자신이 보유하는 외환을 이용하여 증권

72 미국의 CME, IDCG, ICE Clear, 영국의 LCH Clearnet, 독일의 Eurex Clearing 등이 파생상품에 대한 CCP 역할을 시작하였으며, 아시아에서는 싱가포르거래소(SGX)가 2010년 11월 최초로 장외파생상품청산서비스를 시작하였다.

73 Euroclear와 Clearstream에서 결제를 처리하는 시간과 아시아 · 태평양 지역의 업무처리시간이 달라 아시아 · 태평양 지역 발행회사 및 투자자들의 대금수령시간이 늦어지는 문제를 말한다.

을 발행하거나, 증권에 투자하는 경우에는 아시아 지역에서 이들 거래를 결제할 필요성은 더욱 커진다. 우리나라의 경우를 보더라도 외국인의 국내증권투자비중이 꾸준히 증가하여 500조 원을 넘어서고 국내투자자의 외화증권 투자규모도 1,200억 달러를 넘는 등 RSI 설립을 위한 역내투자환경이 점차 성숙해지고 있다고 할 수 있다.

한편 예탁결제원의 외화증권투자지원업무도 그동안은 내국인의 외화증권투자지원에 초점을 맞추어 왔으나 앞으로는 외국인을 대상으로 서비스를 확대할 예정이다. 대표적으로 2013년에 한국거래소의 파생상품시장에 투자하는 외국인투자자에게 미국 국채를 담보로 이용할 수 있게 하는 서비스를 제공하기 시작하였으며, 예탁결제원의 증권대차중개서비스를 이용하거나 예탁결제원의 담보관리서비스를 이용하는 외국인투자자에게 외화증권을 담보로 이용할 수 있도록 할 예정이다.

서비스 범위 측면에서도 2012년 투자외화증권의 대여업무를 시작하였으며, 외화증권 Repo업무 등 부가서비스도 앞으로 도입할 계획이다. 또한 외화증권의 장외거래 결제를 지원하는 등 그동안 주로 국제예탁결제기관들이 제공하던 서비스를 도입함으로써 역내 국제예탁결제기관으로서의 모습을 갖추기 위해 노력하고 있다.

증권예탁결제 파생업무

제 6 편

증권대차거래제도

증권대차거래(securities lending and borrowing)는 1970년대 이후 새로운 금융수단의 하나로 세계적으로 널리 이용되고 있다. 초기의 증권대차거래는 제한된 금융기관과 증권에 대해서 매매거래의 결제나 공매도에 따른 결제부족분의 충당을 위하여 주로 이용되었다. 이후 증권대차거래는 선물 · 옵션 · 스왑과 같은 파생상품시장의 발달과 헤지펀드의 발달로 더욱 활발하게 이용되고 있다. 그러나 2008년 글로벌 금융위기로 인하여 금융자산 가치가 급락하는 현상을 방지하기 위하여 각국 정부에는 공매도 금지와 같은 긴급대응 조치를 실시하여 증권대차시장의 전반적인 위축이 초래되었다. 또한 금융위기에 따른 금융시장의 경색으로 차입자들의 디레버리지(de-leverage)로 대차수요가 전반적으로 감소하였으며, 대여자들의 리스크 기피성향으로 엄격한 리스크 관리 및 자본건전성 기준이 적용되었다. 이와 같이 증권대차거래에 대한 각국 정부 및 이용자의 리스크 관리 강화와 강화된 규제로 인하여 증권대차시장의 안정적 운영에 대한 관심이 증가하게 되었다.

우리나라는 1996년 예탁결제원이 최초로 증권대차제도를 도입한 이래 2008년 글로벌 금융위기 시 일시적인 감소를 보인 이외에는 증권대차거래가 지속적으로 증가하고 있다.

우리나라는 인터넷 중개시스템을 이용한 대차중개, 전문대차중개기관의 대이행 책임, 대차증권의 분할상환 가능 및 대차거래와 담보내역의 자동관리, 외국인의 원화증권 차입한도 확대, 은행 · 자산운용사의 대차거래 참가제한 완화, 도산법상 적격대차거래에 대한 부인권 등의 적용배제와 일괄정산 인정, 담보목적 대차거래가 도입되는 등 대차거래와 그 관리가 효율적이고 안정적으로 이루어지고 있다. 현재 대차중개기관은 예탁결제원 이외에 한국증권금융과 증권회사들이 수행하고 있으며, 증권회사 · 자산운용사 · 은행 · 연기금 · 뮤추얼펀드 등이 대차거래의 대여자 또는 차입자로 참가하고 있다.

앞으로 자본시장법에서의 투자은행(investment bank) 육성을 위한 종합금융투자사업자와 프라임브로커인 전담중개업자제도의 도입과 헤지펀드의 활성화로 대차거래는 더욱 증가할 것으로 예상된다. 그러나 그동안 증권대차거래의 발전에도 불구하고 대차거래에 대한 이해관계자들의 인식이 아직 미흡하고, 국내기관투자자의 대차거래 활용부족, 외국인 중심의 대차거래, 일부기관투자자의 증권차입제한, 대차거래에 대한 공시강화, 대차거래 활성화에 따른 관리 및 감독강화 등 앞으로 정비되어야 할 부분이 산적해 있다.

증권대차거래제도의 개요 제1절

1 의의와 기능

1.1. 의의

증권대차거래는 증권을 보유하고 있는 대여자가 증권의 소유권을 차입자에게 이전할 것을 약정하고, 차입자는 동일한 종목·수량의 증권을 반환할 것을 약정함으로써 성립하는 증권소비대차계약이다. 따라서 대차거래에서 증권의 처분권과 수익권은 차입자에게 이전된다. 그러나 차입자는 대차거래로 인하여 대여자가 입은 경제적 손실, 예컨대 배당금·무상주식·주식배당·채권이자 등을 대여자에게 보상한다.

우리나라는 증권관련법규 또는 세법상 대차거래에 대한 정의가 명확하지 아니하여 차입자의 대여자에 대한 대차증권의 상환 없는 대차거래의 종료가 가능한지 그리고 대차증권의 대체지급분(substitute payment)을 차입자가 대여자에게 지급하지 아니할 수 있는지 등과 관련하여 논란이 있다.

미국의 경우에는 「내국세법(Internal Revenue Code)」 제1058조에서 대차거래를 자본이득(capital gain) 과세의 예외로 인정하면서 대차거래의 정의와 요건에 대하여 규정하고 있다. 미국에서는 증권의 소유권이 이전되는 경우 매도자는 자본이득에 대하여 자본이득세를 납부하여야 한다. 그러나 잠정적으로 소유권이 이전되는 대차거래에 대하여 자본이득세가 과세되는 경우 대차거래의 위축을 초래할 수 있기 때문에 미국 「내국세법」 제1058조는 대차거래를 증권의 매매로 간주하지 아니하고 일시적인 증권의 양도로 간주하여 자본이득에 대하여 비과세하고 있다.

미국 「내국세법」 제1058조에 따라 대차거래의 자본이득에 대하여 비과세하기 위해서는 (i)대차거래의 만기 시 대여된 증권과 동일한 종류의 증권이 대여자에게 반환될 것, (ii)

대여자가 증권을 대여하지 않았더라면 대여기간 중 수령할 수 있었던 배당금 · 무상주식 · 신주인수권 등의 모든 경제적 이익, 즉 대체지급분을 차입자가 대여자에게 지급할 것, (iii) 대여증권에 있어 대여자의 자본손실위험 또는 자본이득기회를 감소시키지 아니할 것과 관련하여 대차거래계약서에 대여자가 5일 전에 대차거래계약을 종료할 수 있다는 사항이 명시될 것, (iv)재무부장관이 법규상 요구한 기타 요건을 충족할 것 등이다. 재무부장관이 법규상 요구한 기타의 요건은 (i)대차거래계약이 서면으로 이루어질 것, (ii)동 대차계약서에는 대여자가 5일 전에 대차계약을 종료할 수 있다는 사항이 명시될 것 등이다. 대차거래가 미국 「내국세법」 제1058조의 요건을 충족하지 못하는 경우 대차거래에 따른 자본이득은 최초의 증권이전 시점에 실현된 것으로 간주된다. 또한 대차거래가 최초에는 「내국세법」 제1058조의 요건을 충족하였지만 차입자가 동일한 증권을 반환하지 못한 경우에는 대차거래에 따른 자본이득은 차입자가 동종증권 반환의무를 이행하지 못하는 시점에 실현된 것으로 간주하고 있다. 이러한 요건을 명시하는 이유는 매매거래를 대차거래로 위장하여 세금납부를 회피하는 것을 방지하고 증권시장의 왜곡을 방지하기 위한 것이다.

대차거래가 매매거래와 구분되는 점은 첫째, 대차거래는 매매거래에 비하여 보다 짧은 결제기간을 필요로 하기 때문에 이러한 거래를 하는데 있어서는 당사자 간에 시간적인 압박을 더해 주게 된다. 둘째, 대차거래의 개시거래와 종료거래는 모두 결제를 필요로 한다는 점이다. 대차거래의 개시와 종료 사이의 기간 중에는 차입자가 계약에 의하여 대여자에게 지급해야 하는 대여증권에 대한 이자 또는 배당 등이 발생한다.

이러한 증권대차거래의 발달과 증권결제의 발달은 상호 밀접한 관계가 있다. 증권대차거래에 의한 유동성의 존재는 증권결제가 실패할 위험을 줄이고 증권결제시스템의 효율성을 증대시킨다.

표 6-1 주요 국가의 주식대차 현황(2017년 6월말 기준) (단위: 십억 달러)

국가	대여가능총자산	대여잔고	대차비율
미국	6,978.2	322.3	4.7%
영국	645.6	28.9	4.5%
일본	635.8	27.6	4.3%

출처: IHS Markit, Securities Finance Quarterly Review 2Q 2017

1.2. 기능

증권대차거래에 대한 편견으로는 대차거래를 통한 공매도가 주로 부실주식을 매매하여 주가하락을 부추겨 주식시장에 부정적 영향을 준다는 것이다. 또한 증권대차거래를 통한 공매도가 불공정거래와 연계되어 악용될 수 있다는 것 등이다. 그러나 오늘날 증권대차거래는 국내외 증권시장에 유동성을 공급하고 차익거래(arbitrage trading)와 헤지거래(hedge trading) 및 전략적 투자(strategical trading), 담보물의 재활용(Rehypothecation) 등에 다양하게 활용되면서 그 중요성이 점점 높아지고 있다.

이러한 증권대차거래의 주요기능에 대하여 살펴보면, 첫째, 대차거래는 담보부 또는 무담보부로 대여자의 유휴 증권을 차입자가 차입하여 다양한 용도로 활용할 수 있어 증권시장의 유동성을 증대시킨다. 둘째, 대차거래를 통하여 차입된 증권은 공매도 거래에 따른 결제와 일반매매거래에 따른 결제부족분으로 활용할 수 있어 증권시장에서의 결제불이행 가능성을 줄여준다. 셋째, 대차거래가 현금을 담보로 거래되는 경우 대여자는 보유증권을 담보로 자금을 저리로 조달할 수 있으며, 차입자는 증권을 담보로 보유자금을 안전하게 대여할 수 있다. 이러한 증권대차거래를 역Repo(reverse Repo)라고도 할 수 있다. 이 경우 대차거래는 이미 발행된 증권을 이용하여 자금을 조달하고 대여하는 금융기능을 수행하게 되는데, 이는 그림자금융(shadow banking)[1]의 하나라 할 수 있다. 넷째, 대차거래를 통한 증권의 차입 또는 증권의 대여를 통하여 현물시장, 파생상품시장, 현물시장과 파생상품시장의 연계 등을 통하여 차익거래와 헤지거래 등 다양한 투자전략을 구사할 수 있다. 이러한 대차거래를 활용한 차익거래와 헤지거래의 발달은 증권시장의 가격 효율성을 증대시키고, 증권시장과 파생상품시장 간의 연계성을 강화시키는 역할을 한다. 즉 대차거래는 주가의 초과상승 시 선물 등과 연계하여 매도를 유발하고, 초과하락 시 매수를 유발하여 적정균형가격 발견에 도움을 준다. 다섯째, 기관투자자 등은 장기투자 등을 위하여 보유 중인 유휴증권의 대여를 통하여 추가수익을 확보할 수 있다. 여섯째, 대차거래의 담보로 제공된 현금이나 증권은 다시 Repo거래 또는 파생거래에 활용하거나 양도 담보가 허용되지 않은 국가에선 원거래의 담보를 증권대차로 제공하고 이를 재 담보 혹은 재 Repo 매도함으로써 Repo거래와 파생거래 및 국채 등의 유동성을 증대시킬 뿐만 아니라 증권시장 전체의 유동성을 증가시키는 기능을 수행한다.

1 그림자금융(shadow banking)은 은행과 비슷한 신용중개기능을 수행하지만 은행과 같은 엄격한 건전성 규제를 받지 않는 금융기관 또는 금융상품을 말한다. 그림자금융 기능을 수행하는 주요거래 또는 증권으로는 대차거래, Repo거래, 머니마켓펀드(MMF), 헤지펀드, 사모펀드, 구조화투자회사(SIV), 자산유동화 등이 있다.

1.3. 증권대차거래와 유사한 거래

(1) 대주

대주는 증권회사가 제공하는 신용공여제도의 일환으로 투자자가 증권의 매매거래에 따른 결제 시 필요한 증권을 증권회사로부터 차입하는 것이다. 투자자가 증권회사를 통하여 증권을 융자받는 것을 신용거래대주라 하고, 매수대금을 융자받는 것을 신용거래융자라고 한다. 대주는 증권대차와 마찬가지로 주가의 고평가 시 증권차입을 통한 매도와 저평가 시 상환을 위한 매수로 증권의 유동성과 가격의 안정성을 제고시키며, 투자자산의 레버리지 효과를 증대시켜 자산운용의 선택범위를 확대하고, 증권시장 내 투기적 요소를 허용함으로써 주가변동을 심화시키는 기능을 한다.

그러나 대주와 증권대차거래의 차이는 참가자에 있어 대주는 증권회사의 개인투자자 위주이며, 대차거래는 기관투자자 · 국내법인 · 외국인투자자 등이 주로 이용하고 있다. 담보는 대주에서는 일반적으로 매도대금 등을 담보로 징수하며, 대차거래에서는 증권대차가액의 100~110%의 현금 또는 증권을 별도로 담보로 징수한다. 보증금은 대주는 보증금의 예치가 있으나 대차거래는 보증금의 예치가 없다. 현재 투자자의 대주와 대차거래의 수요는 매우 제한적이며 증권회사의 시장참여도 매우 소극적이다.

(2) Repo거래

Repo거래(RP: repurchase agreement)는 현금으로 증권을 매도(sale)하고 동시에 장래의 일정한 날, 일정한 가격으로 동종의 증권을 환매수(repurchase)하기로 하는 계약이다. 즉 Repo거래는 증권소지자(매도인, seller)가 증권을 투자자(매수인, buyer)에게 매각하면서(매도계약, sale agreement), 동시에 매도인이 장래의 일정한 날에 일정한 가격으로 매수인으로부터 그 증권을 되사기로(환매계약, repurchase agreement)하는 두 개의 거래로 구성된다. 따라서 대차거래가 특정증권의 조달을 목적으로 하는 것임에 비하여, Repo거래는 증권을 담보로 한 자금의 조달과 운영이라 할 수 있다. Repo거래는 초기에는 딜러가 자금조달을 위해 사용하는 금융수단으로서 이용되었으나, 오늘날에는 중앙은행의 금리조절, 중앙은행의 시장유동성 조절, 이자율 위험의 헤지, 공매포지션의 커버, 차익거래 및 각종 파생상품거래 등과 연계되어 널리 활용되고 있다. Repo거래가 헤지거래 또는 차익거래 등 파생상품거래와 연계되어 거래된다는 점에서 대차거래와 공통점이 있다.

Repo거래의 법적 성질은 담보부소비대차설, 증권매매계약설 및 증권설 등으로 나누어지고 있다. 담보부소비대차설은 Repo거래는 단기소비대차계약으로서 채무이행을 위하여 증권이 담보(collateral)로서 기능을 한다고 보는 견해이며, 증권매매설은 Repo거래를 독립적인 증권의 매매라고 보는 견해이다. 증권설은 미국 증권법의 규정으로 볼 때에 대고객 Repo거래 자체를 독립적인 증권(separate security)으로 보는 견해이다.[2] Repo거래의 성질에 관하여 담보부소비대차설은 Repo거래의 법률적 형식보다는 그 경제적 실질을 중시하는 견해이고, 증권매매설은 경제적 실질보다는 법률적 형식을 중시하는 입장이다. Repo거래는 거래의 법적 안정성과 대상증권의 원활한 활용을 위하여 매매거래라는 형식을 채택하면서 담보거래라는 경제적 목적을 달성하고자 하는 거래이다. 따라서 당사자의 표면적 의사인 매매거래와 그 경제적 기능인 담보거래가 결합된 혼합적 매매계약(hybrid contract of sale and loan)의 성격을 가지고 있다. 따라서 Repo거래는 증권소비대차계약을 법적 성질로 하는 대차거래와는 차이가 있다.[3] 그러나 Repo거래는 보유증권을 담보로 대차거래를 통하여 증권을 차입한 후 동 증권을 Repo 매도를 통하여 자금을 조달하거나 시중의 자금을 흡수하여 통화량을 조절하는데 이용되어 대차거래와 Repo거래는 상호 밀접하게 연계되어 있다.

(3) 총수익률스왑

총수익률스왑(total return swap)은 특정 증권의 법률적 소유자가 일정한 기간 동안 증권을 보유하면서 해당 기초증권(underlying securities)으로부터 발생하는 경제적 이득을 제3자에게 지급하기로 하고, 상대방이 되는 제3자가 해당증권으로부터 발생하는 경제적 손실을 법률적인 소유자에게 보상하기로 하는 계약이다. 경제적 이득은 보유기간 동안 가치증가액과 지급받은 배당금 또는 이자 등이며, 경제적 손실은 보유기간 동안 가치감소액이다. 상대방이 되는 제3자는 경제적인 소유주가 된다. 경제적 소유의 개념은 처분권은 없지만 여러 가지 수익권으로 구성되어 있는 점을 감안하여 합성소유권(synthetic ownership)이라고도 하는데 이는 일종의 실질적 소유권(beneficial ownership)의 상태라 할 수 있다. 그리고 이러한 약정은 Notional Principal Contract(NPC)의 일종으로서 상계(offsetting)적 NPC라 할 수 있다. 원본(principal)의 교환 없이 해당 원본으로부터 예상되는 경제적 이익만을 거래하는 계약(NPC)으로서 명의상 소유권을 유지하고 있는 자산으로부터의 손익을 상계(offsetting)하는 효과가 있기 때문이다. 총수익률스왑에서는 경제적인 소유주가 되는 것에 대한 대가로서 대개 원본에 LIBOR 금리와 같은 일정한 이율을 적용한 금액을 법률적 소유주에게 지급한다.

총수익률스왑을 통해 경제적인 소유권을 획득한 자는 소유권을 획득하는데 대한 법률적 제약을 우회하여 해당 자산으로부터의 기대이익을 향유할 수 있다. 예를 들어, 외국인의 주식취득에 대한 제한, 외국인의 부동산 취득제한, 특정 산업에 대한 외국인의 투자제한 등

2 송종준, "Repo거래의 법적 성질론", 「딜러금융지원을 위한 Repo세미나」, 예탁결제원, 2001.6.19, 7~10쪽.

3 송종준, 전게논문, 2~3쪽.

을 우회할 수 있다. 한편 경제적 소유권을 처분하는 자의 입장에서는 해당 자산의 가치 감소위험을 회피할 수 있는 장점이 있다.[4]

증권대차거래는 소유권을 차입자에게 이전하는 대신에 경제적 이익은 대여자가 그대로 보상받는데 비하여, 총수익률스왑은 법률상 소유권은 원소유자가 그대로 보유하면서 경제적 이익만 제3자에게 양도하는 거래이다. 총수익률스왑을 허용하기 위해서는 리스크 관리 장치의 마련과 총수익률스왑이 대차거래의 제한적 요소를 회피하기 위하여 이용되는 것을 방지할 필요가 있다. 대차거래는 매매거래의 제한을 우회적으로 회피하기 위하여 이용될 가능성이 있거나 세금회피를 위하여 이용될 가능성을 제한하기 위하여 차입증권의 상환 없는 대차거래의 종료나 대차거래의 대체지급분의 불인도를 원칙적으로 허용하지 아니하고 있다. 따라서 총수익률스왑의 허용 시 이러한 대차거래의 제한을 우회적으로 회피하기 위하여 이용되는 것에 대한 적절한 방지장치가 필요하리라 본다.

2 증권대차거래의 발달과정

2.1. 1960~1970년대

최초의 현대적 증권대차거래는 1960년대 미국을 중심으로 형성되었다. 이 당시 대차거래는 공매도의 증가, 결제절차의 복잡과 실물인수도 등으로 인한 결제불이행의 증가로 매매거래의 결제부족분 충당을 목적으로 브로커-딜러(broker-dealer) 간에 활발하게 이루어졌다. 이후 1970년대 들어 미국의 보관기관(custodian)은 연기금 등 장기투자자의 증권을 보관관리하면서, 이들을 대신하여 브로커-딜러에게 증권의 대여를 시작하였다. 보관기관은 증권의 대여에 따른 대여수입과 차입자가 제공한 현금담보 운용수익으로 보관수수료를 충당하면서 수익증대를 도모하였다. 1970년대 증권거래의 자동화가 논의되면서 대차거래가 본격적으로 도입되어, 증권회사의 결제불이행이 현저하게 감소하였으며, 투자자들은 차익거래를 통한 이익추구가 용이해졌다.

2.2. 1980~1990년대

1980년대 들어 미국의 보관은행이 차입자와 대여자의 신원을 공개하도록 증권대차거래계약을 개정하였으며, 연기금이 보유증권을 브로커-딜러에게 대여할 수 있는 공식적 근

4 오윤, "금융거래에 있어 실질적 소유의 개념", 「국세월보」, 2004.3, 25쪽.

거도 마련되었다. 그러나 대차거래의 법적 안정성 부족, 대차거래에 불리한 조세제도 및 규제기관의 간섭 등으로 대차시장의 본격적 성장은 제약을 받았다. 이로 인하여 미국의 국제보관기관(global custodian)과 증권회사들은 역외대차시장을 모색하기 시작하였고, 이들은 외국 현지에 있는 부보관기관(sub-custodian)을 통하여 대차거래를 시작하였다. 이 당시 파생상품시장의 팽창, 새로운 차익거래 기회 및 공매도 거래전략의 활발한 이용을 위하여 주식과 채권을 차입하는 투자자들도 크게 증가하였다. 또한 이러한 거래들이 점점 국제적으로 발생하게 되자 그 수요에 부응하기 위하여 미국의 보관은행들은 유럽, 아시아 및 북미 등 전 세계에서 대차거래를 시작하였다. 이러한 과정에서 대차시장은 증권시장의 글로벌화와 함께 글로벌화되고 있다.

1990년대 들어 대차시장의 글로벌화는 신흥시장에서도 계속되었다. 특히 파생상품시장의 성장, 정보기술의 발달 및 매매거래 체결기술의 발달로 투자자들의 차익거래(arbitrage trading)기법의 사용이 이전보다 더욱 용이하여 대차거래의 유용성이 더욱 증대되었다. 대차시장은 이러한 차익거래를 위한 포지션들을 보유하는데 필요한 유동성을 공급해 왔다. 또한 1990년대는 미국의 단기금리 상승으로 미국 달러를 담보로 받고 이를 재투자하였던 대여자들이 손해를 보는 경우가 발생하게 되었는데, 보관은행은 법률적 의무는 없었으나 대부분 관련된 손실을 보전해준 것으로 알려져 있다. 그러나 이를 계기로 엄격한 리스크 관리가 도입되었으며, 법률관계 및 재투자관련 가이드라인이 정립되는 계기가 되었다.

한편 1990년대 말 아시아에서의 IMF 금융위기, 미국의 장기 주가하락 등의 영향으로 투자자들은 어떠한 상황에서도 수익을 추구할 수 있는 절대수익(absolute returns)투자에 대한 선호가 증가하고 있다. 따라서 피델러티, 슈로더, 템플튼 등과 같은 세계 유수의 펀드운영자들은 이러한 투자자들의 절대수익 추구욕구를 충족하기 위한 차익거래에 대차거래를 더욱 많이 활용하였다.

한편 증권시장의 글로벌화가 진전되면서 대차시장 참가자들은 복수통화와 통화 간 교차담보를 점점 더 많이 이용하고, 유럽과 아시아 투자자들은 국제보관기관을 이용하여 범세계 대차거래를 관리하기 시작하였다. 그리고 국제보관기관 간 또는 국제보관기관과 딜러 간의 합병으로 이들은 보관기관 기능, 대차대리인 기능(lending agent), 대차거래의 본인으로서 직접 대차거래와 결제기능을 통합수행하게 되었다. 이에 따라 국제보관기관들은 보관기관 기능, 제3자(tri-party) 보관기관 기능 등 복합적인 금융서비스를 수행하면서 탈 대차중개기관화를 모색하였다.

2.3. 2000년대 이후

2000년대 이후 헤지펀드를 중심으로 대차거래 이용자들의 프라임브로커리지 서비스(prime brokerage service)의 이용 증가로 대차거래는 더욱 발전하게 되었다. 많은 헤지펀드 · 소규모 브로커-딜러 및 등록투자회사는 보관기관의 대여가능 증권을 직접 이용하지 않고, 프라임브로커리지 서비스를 통하여 간접적으로 이용하고 있다. 이는 소규모 투자자들이 보관기관의 엄격한 대차거래참가 적격성 요건을 충족하기 곤란하고, 또한 이들 보관기관의 대차거래 이용절차도 복잡하기 때문이다. 프라임브로커리지 서비스를 제공하는 증권회사는 보관기관 등을 통하여 증권을 차입하여 대차거래를 이용하는 헤지펀드나 소규모 브로커/딜러 등과 같은 고객에게 대여를 한다. 이러한 프라임브로커리지 서비스는 증권대차시장이 헤지펀드의 거래활동 증대와 더불어 크게 성장하는데 기여하였다.

한편 미국이나 유럽의 경우 대차거래는 불투명하고 비효율적인 구조로 인하여 보관기관 등과 같은 중개기관이 지나치게 많은 이득을 취득하는 것으로 인식되어, 2008년 금융위기를 계기로 시스템리스크와 함께 시장의 주목을 받게 되었다. 이러한 문제점을 보완하기 위하여 대차거래에 대한 집중거래상대방(central counterparty)의 도입이 필요하다는 의견이 대두되고 있다.

③ 주요국 증권대차시장의 발전

3.1. 미국 증권대차시장의 현황

(1) 시장 개요

미국의 증권대차거래는 보관은행 및 증권회사가 대차거래의 중개업무를 수행하는 민간기관 중심의 시장이다. 즉 미국에서는 대차거래만 별도로 중개하는 중개기관은 존재하지 않으며, 보관은행 또는 투자은행 업무를 하는 증권회사가 대차거래의 중개업무기능을 수행하고 있다. 투자은행 업무를 수행하는 증권회사는 프라임브로커로서 대차거래의 중개업무 기능 외에 대여자 및 차입자의 역할을 동시에 수행하고 있다. 즉 대차거래를 중개하는 증권회사는 시장참가자를 대신하여 일일정산을 실시하면서 대차거래에 따른 담보관리 업무도 동시에 수행하고 있다.

1994년에 미국의 단기 이자율의 상승으로 말미암아 일부 증권대여자들은 그들이 재투자한 현금담보에 대하여 손실을 보게 되었다. 많은 경우 보관은행은 법적으로는 의무가 없는 경우에도 고객들의 손실을 보상해 주었다. 이런 경험으로 대여자들은 증권대여 행위에 있어서의 투자관리라는 개념을 터득하게 되었다.

(2) 법적 제도

미국의 증권대차거래는 상호 간 협의된 기본계약에 기반하여 규제가 적용되며, 기본계약 이외에도 다양한 규제들이 존재한다. 이는 대차거래 참여자 및 규제기관의 투명성과 공정성을 보장하기 위한 규제로서, 이와 관련된 주요규제들로는 1974년 직원퇴직급여보장법, 1940년 투자회사법, 1934년 증권거래법 제15c3-3조 및 공매도 규정(Regulation SHO), 연방준비제도이사회의 T규칙(Regulation T) 등이 대표적이다. 이외에도 「뉴욕증권거래소법」 제296조와 제402조, 「FINRA(Financial Industry Regulatory Authority)[5]법」 제2330조와 같은 다양한 증권산업의 자율규제규정(self regulatory rules)들이 존재한다. 또한 204T 조항 및 은행들에 적용되는 미국 연방금융기관검사협의회(Federal Financial Institutions Examination Council) 그리고 바젤위원회 관련 규제와 같은 대차거래의 투명성 및 공정성을 보장하기 위한 규제가 존재한다. 특히 T규칙에 의하여 담보제출이 의무화되는 것으로 알려져 있다.

은행들은 대여대리인(lending agent)으로서 연방준비제도이사회 및 미국 재무부 통화감독청(Office of the Comptroller of Currency)의 규제를 받게 된다. 이들 가이드라인에 따르면 은행은 대차증권 및 대차 가능한 증권에 대한 일일보고를 의무적으로 수행해야 한다. 차입자는 개별적으로 신용검토가 실시된 이후 은행 경영위원회의 승인을 받아야 한다. 또한 증권중개인들은 증권거래법, 고객보호법, 자율규제법 그리고 연방준비제도이사회의 T규칙 등 여러 규제사항을 준수하여야 한다. 고객보호법에서는 모든 대차거래는 서면계약에 의거하여 진행되어야 하며, 서면계약서에는 보상방법 및 관련 당사자들의 권리와 책임, 담보조건, 시가평가 조건 등이 포함된다. 증권대차거래계약은 미국채권협회의 기본증권대차계약(MSLA: Master Securities Lending Agreement) 형식을 준수하여 작성되며, 거래당사자들은 관련법과 더불어 대차계약의 내용을 준수할 필요가 있다. 기본증권대차계약(MSLA)은 개별당사자들의 권리와 의무, 보증 및 결제불이행 시 대응방안에 대하여 기술된 계약의 기본형식을 제공하며, 추가적으로 가능한 담보종류, 조기상환(recall) 및 담보반환 등에 대한 규정이 포함되어 있다.

---

5 FINRA는 전신인 전미증권딜러협회(National Association of Securities Dealers)를 계승한 자율규제기관으로서 역할하는 민간회사이다.

3.2. 영국의 증권대차시장의 현황

(1) 시장 개요

영국의 증권대차거래는 1997년 10월 증권의 차입기관이 확대된 이후 급격히 발달하였다. 1997년 이전에는 대차거래를 위한 차입은 시장조성자(market maker)로 제한되어 있었으나, 1997년 10월 주식대차제도가 변경되어 주식대차를 원하는 시장참가자들은 머니브로커(money broker)의 중개가 없어도 대차거래를 수행할 수 있게 되었다. 1980년대 금융빅뱅 이후부터 현재와 동일한 구조의 대차시장이 조성되었으며, 증권시장의 발전과 함께 대차시장도 성장하게 되었다. 국가 간 대차거래의 경우 영미 간 역외시장 거래가 주로 발생하였으며, 특히 영국은 국제적인 투자자문사 및 자산운용사들이 모여 있어 국제증권대차거래의 중심국으로 부상하였다. 한편 영국의 경우 대차거래와 관련된 담보계산서비스를 중앙예탁결제기관인 CREST에서 제공하고 있으며, 미국 · 독일 · 프랑스 등과는 달리 주식대차거래에서 현금담보비율이 낮고 증권담보비율이 상대적으로 높게 나타나고 있다는 점이 특징이다.

(2) 법적 제도

영국의 증권대차거래는 영국 금융감독청(The Financial Service Authority)[6]의 규정을 준수해야 한다. 영국 금융감독청이 발행하는 규정집(Handbook)에는 대차거래관련 각종 규제, 안내 및 감독청의 기준을 충족시키기 위한 방안들이 기록되어 있다. 또한 대차거래에 참여하는 기관들은 「영국 회사법(Companies Act 1985)」 제5조에 따라 각종 보고를 수행하여야 한다.

영국과 아일랜드의 대차거래는 중앙예탁결제기관인 CREST에 의해 결제시스템이 지원된다. 대차거래와 관련한 결제시스템은 개별 시장참가자가 대차거래에 영향을 미치는 현금담보금액 및 통화의 종류, 최대 대여한도 등의 관련사항을 입력한 후, 여러 단계의 매칭 과정을 거치도록 되어 있다. CREST는 일반적인 증권예탁결제시스템과는 달리 예탁결제시스템에서 대차거래와 관련한 담보관리서비스를 제공하는 특징을 가지고 있다.

---

6 금융서비스법(The Financial Services Act, 2012)에 의거 통합 금융감독 기능을 수행하는 기존의 금융감독청(FSA: Financial Services Authority)이 금융회사의 건전성을 감독하는 건전성감독청(PRA: Prudential Regulation Authority)과 소비자보호 및 영업행위 등을 감독하는 영업행위감독청(FCA: Financial Conduct Authority)으로 분리하였다. 이와 함께 금융시스템리스크 등 거시건전성을 담당하는 금융정책위원회(FPC: Financial Policy Committee)를 영란은행 내에 신설하였다(2013.4.1. 시행).

3.3. 미국과 영국의 비교

미국과 영국의 증권대차거래의 가장 큰 차이점은 담보물에 관한 부분이라고 할 수 있다. 미국의 경우 대차거래 담보물의 95% 이상이 현금담보이나, 영국의 경우 담보물의 70% 이상이 증권담보로 제공되고 있으며, 30% 정도만 현금담보가 활용되고 있다. 현금담보의 대부분은 만기가 1년 이내인 단기금융상품에 재투자되고 있으며, 대여자 또는 대여대리인은 단기금융상품에 투자하여 얻는 수익에서 차입자에게 지불되는 수수료를 제외한 차액만큼의 수익을 얻을 수 있다.

4 증권대차거래의 종류와 차익거래 기법

4.1. 증권대차거래의 종류

(1) 거래대상에 따른 구분

증권대차거래는 거래대상에 따라 주식대차거래와 채권대차거래 등으로 구분할 수 있다. 주식대차거래의 거래대상은 주식이며, 채권대차거래의 거래대상은 국공채 · 특수채 · 회사채 등이다. 다만, 상장채권 중 주식관련사채는 대차거래 내역 관리의 어려움 때문에 제외되고 있다. 우리나라에서는 주식대차거래는 다양한 차익거래의 기회의 존재로 활발하게 이루어지고 있으나, 채권대차거래는 차익거래기회가 많지 않아 활성화가 미흡한 편이다. 채권대차거래의 활성화를 위해서는 채권차익거래를 할 수 있는 채권현물시장과 채권선물시장이 발달하여야 하며, 채권현물시장의 발달을 위해서는 채권대차시장의 활성화를 통한 유동성 증대가 필요하다. 일본의 경우에도 채권시장의 활성화를 위한 유동성 공급을 위하여 정부가 채권대차시장의 육성을 위하여 노력하였다.

(2) 체결방법에 따른 구분

증권대차거래는 거래의 체결방법에 따라 경쟁방식거래와 협의방식거래로 구분할 수 있다. 경쟁방식은 차입자와 대여자 간에 대차수수료 등의 경쟁을 통하여 체결되는 대차거래이다. 이 방식은 대차중개기관의 컴퓨터 스크린(screen)을 통하여 대여수수료가 낮고 차입수수료가 높은 순서, 시간우선순서, 수량우선순서 등으로 거래가 체결된다. 예탁결제원의 경우 경쟁방식거래는 결제거래, 경쟁거래 및 연계거래가 이에 해당한다. 협의방식거래는 경쟁방식과는 달리 대차수수료 · 대차수량 · 대차기간 등을 차입자와 대여자 간의 사전협의를 통하여 대차거래가 체결되는 방식이다. 예탁결제원의 경우 협의방식거래는 지정거래와 맞춤거래가 이에 해당한다.

(3) 거래목적에 따른 구분

증권대차거래는 거래목적에 따라 현금차입목적(cash-driven transaction)과 증권차입목적(securities-driven transaction)으로 구분할 수 있다. 현금차입목적은 대여자가 증권대여의 담보로 현금을 수령하는 대차거래이다. 즉 대여자가 현금차입을 목적으로 증권을 담보로 제공하는 대차거래이다. 현금차입목적의 대차거래는 Repo 매도와 경제적 기능이 유사하다. 증권차입목적의 대차거래는 시장중립적투자전략, 보유증권의 리스크헤지, 매매거래의 결제부족분 충당, 파생금융거래의 담보납입, ETF설정, ELS 발행, 가치가 낮은 증권의 담보제공을 통한 우량증권 차입 등 다양한 목적으로 증권을 차입하는 대차거래이다. 예탁결제원의 결제거래, 경쟁거래, 지정거래, 연계거래, 맞춤거래 및 담보거래는 모두 증권차입목적의 대차거래에 해당한다.

(4) 만기에 따른 구분

증권대차거래는 만기유무에 따라 개방형대차거래와 폐쇄형대차거래로 구분할 수 있다. 개방형대차거래는 대차거래의 계약기간이 특별히 정해져 있지 아니한 기한 없는 대차거래이다. 따라서 대여자 또는 차입자는 대차거래 기간 중 언제든지 상대방에게 중도상환요청(recall)을 통하여 대차거래를 종료할 수 있다. 예탁결제원의 경우 결제거래는 3영업일, 연계거래 및 경쟁거래는 1년, 지정거래는 만기의 정함이 없으며 맞춤거래는 기본적으로 만기의 정함이 없으나 대여자와 차입자 합의하에 임의의 만기일을 설정할 수 있다. 그러나 평균 대차거래기간이 3개월 내외인 점을 볼 때 1년이라는 대차거래기간은 큰 의미가 없다고 할 수 있다.

폐쇄형대차거래는 대차거래기간이 정해져 있어 대차거래기간 중에는 원칙적으로 대차거래를 종료할 수 없는 대차거래이다. 폐쇄형대차거래는 대차거래의 기간이 수일로 매우 짧아 중도상환의 실익이 없는 경우 또는 중도상환을 허용할 경우 차입자의 차입증권 운용전략 또는 대여자가 대여증권의 담보로 받은 현금운용전략에 차질이 발생할 우려가 있는 경우에 이용될 수 있다. 그러나 폐쇄형대차거래는 대여자의 입장에서는 주가의 하락이나 경제상황의 불확실성이 커지는 경우 증권대여에 따른 리스크가 크기 때문에 이러한 유형의 대차거래의 참여를 꺼리고 있어, 폐쇄형대차거래가 이용되는 경우는 흔하지 않다.

4.2. 증권대차거래를 이용한 차익거래기법

차익거래(arbitrage trading)란 증권 간, 상품 간 또는 증권과 상품 간 가격 차이를 이용하여 투자수익을 창출하는 거래기법이다. 차익거래는 순수차익거래와 시장중립적차익거래(market neutral strategy)로 나누어 볼 수 있다. 순수차익거래는 저가격시장을 매수하고 고가격 시장을 매도하는 차익거래로서, 매수가 증가할수록 저가격시장의 가격은 상승하고, 매도가 증가할수록 고가격시장의 가격은 하락한다. 따라서 결국 시장 간 가격차는 점점 소멸되고 차익거래 기회도 소멸된다. 차익거래자가 많을수록 또한 정보가 효율적으로 전달될수록 순수차익거래가 발생할 기회가 줄어든다.[7]

시장중립적차익거래는 투자자의 예측에 있어 비교우위를 가지는 특정요인만을 추출해서 해당 요인에 집중투자하는 방식으로서, 이는 순수차익거래를 응용한 차익거래이다. 즉 금융자산의 가격구성요소 중 비정상적인 요인에 집중투자하고 정상적인 요인의 변동에 대해서는 중립적인 위치를 취하는 거래이다.[8] 이러한 시장중립적투자 기법으로는 전환사채차익거래(convertible arbitrage), 채권차익거래(fixed income arbitrage), MBS 차익거래(MBS arbitrage), 합병차익거래(merger arbitrage), 주식헤지거래(equity hedge trading), 지수차익거래(index arbitrage), 주식시장중립적거래(equity market neutral trading), 통계적 차익거래(statistical arbitrage), 페어 트레이딩(pairs trading), 자본구조차익거래(capital structure arbitrage), 세금차익거래(tax arbitrage) 등이 있다.

외국인투자자의 경우 대차거래를 이용한 차익거래를 활발하게 이용하고 있으나 국내기관투자자의 경우는 여전히 상대적으로 그러하지 못한 것이 현실이다. 이러한 원인은 차익거래를 활용할 현물자산의 부족, 차익거래를 목적으로 하는 금융투자상품 부족, 차익거래에 대한 기관투자자 내부의 지원 부족, 차익거래에 대한 시장이용자들의 관심 부족, 차익거래를 이용하기 곤란한 규제 등에 있다고 본다.

(1) 전환사채차익거래

전환사채는 채권보유자의 선택에 따라 미리 정해진 수량(전환비율)만큼의 주식으로 전환할 수 있는 옵션이 부여된 채권이다. 전환사채차익거래(convertible arbitrage)는 주가가 전환사채의 전환가 보다 높은 경우에는 주식을 차입하여 매도하고 보유 중인 전환사채 또는 전환사채를 매입하여 주식으로 전환하여 차입주식을 상환하여 차익을 얻는 거래이다.

---

7 오창석, "증권시장에서의 차익거래 기법과 우리나라 증권시장에서의 적용가능성", 「증권예탁」 2000년 4/4분기, 예탁결제원, 4쪽.

8 오창석, 전게논문, 5~6쪽.

(2) 채권차익거래

채권차익거래는(fixed income arbitrage)는 채권을 이용한 시장중립적투자기법으로 이에는 Basis Trade, 금리스왑, TED Spread Trade, Yield Curve Arbitrage, Conversion Trade & Reverse Conversion Trade 등이 있다.

① 베이시스 거래

베이시스(Basis)는 선물과 현물의 가격차이(Basis＝선물가격－현물가격)를 의미한다. 국채선물과 기준현물 간의 가격 차이인 베이시스가 이론베이시스에 비해 과다하게 왜곡될 때 이를 이용하여 차익을 추구하는 거래가 베이시스 거래(basis trade)이다.

② 금리스왑

금리스왑은 변동금리부 자금유입을 고정금리부 자금유입으로 또는 그 반대방향으로 바꾸는 거래이다. 예를 들어 A은행은 CD+2%의 변동금리로 자금을 조달하여 7%의 고정금리로 대출하고 있다. 이 경우 A은행은 스왑딜러에게 7%의 고정금리를 주고 CD+3%의 변동금리와 교환하는 금리스왑을 할 수 있다. 이 경우 A은행은 금리변동과 무관하게 1%의 금리 차익을 향유하게 된다.

③ TED 스프레드 거래

TED 스프레드 거래(spread trade)는 미국 국채수익률과 유로 금리 간의 차익을 추구하는 거래이다. 유로 금리는 신용스프레드가 감안된 단기금리인 반면에 미국 국채수익률은 신용스프레드가 없는 장기금리이다. TED 스프레드 거래는 이중 신용스프레드 부분에 투자한다. 이는 신용위기가 기대되는 시점에 미국 국채를 매수하고 유로를 공매도한 후 신용위기가 실제로 발생하면 신용위험에 민감한 유로 가치는 하락하고 미국 국채는 견조하게 유지되므로 금리수준의 변화에는 무관하게 차익을 얻는 거래이다.

④ 전환거래 및 역전환거래

전환거래 및 역전환거래(conversion trade & reverse conversion trade)는 콜옵션 매수와 풋옵션 매도포지션을 결합하여 합성선물(synthetic futures)을 구성하고 합성선물[9]과 현물과의 가격차이로부터 차익을 추구하는 거래이다.

9 합성선물의 매수포지션은 콜옵션 매수 · 풋옵션 매도가 결합된 포지션이며, 합성선물의 매도포지션은 콜옵션 매도 · 풋옵션 매수가 결합된 포지션이다.

(3) MBS 차익거래

MBS(mortgage backed securities)는 조기상환 위험이 내재되어 있는 고정금리부 채권이므로 MBS의 매수포지션은 고정금리부채권 매수포지션과 조기상환부 콜옵션의 매도포지션의 결합과 같다. 따라서 MBS의 옵션조정가격(option adjusted price)은 고정금리부 채권부분의 가격에서 콜옵션 가격을 빼면 구해진다. 옵션조정가격에 대응하는 옵션조정수익률에서 국채수익률을 차감한 것이 옵션조정스프레드(option adjusted spread)이다. MBS 차익거래(MBS arbitrage)는 이러한 옵션조정스프레드가 비정상적으로 클 때 MBS를 매입하고 국채를 매도하여 차익을 추구하는 거래이다.

(4) 합병차익거래

합병차익거래(merger arbitrage)는 1:1 주식 합병이 있는 경우에 인수기업의 주식가격이 피합병 기업의 주식가격보다 높은 경우에 발생한다. 합병비율은 피합병기업(B) 1주당 지급되는 합병기업(A)의 주식수로서, 합병비율에 의해 두 기업의 주가 간에는 이론적인 관계가 발생하게 된다. 즉 B기업주식의 이론가는 B기업주식 1주에 대해 지급되는 A주식수에 A주식 시장가를 곱한 것이다. 합병차익거래는 이렇게 구해진 이론가격과 시장가격의 괴리를 이용하여 차익을 추구하는 거래전략이다.

(5) 주식헤지거래

주식헤지거래(equity hedge)는 현물시장에서 특정 주식포트폴리오를 매수하고, 선물시장에서 주가지수선물이나 주가지수옵션을 매도하는 거래기법이다. 이는 시장요인을 제거하고 해당 포트폴리오가 가지고 있는 특정요인에만 투자한다는 의미이다.

(6) 지수차익거래

지수차익거래(index arbitrage)는 지수선물과 주식차입을 이용해서 차익거래의 기회를 활용할 수 있다. 어느 순간에 증권을 차입과 동시에 매도하고 무위험기간이 만료되는 시점까지 지수선물에서 매수포지션을 유지하고 있다가 지수의 기초증권을 다시 매입함으로써 포지션을 정리한다. 이 투자기간을 통하여 얻는 수익이 지수매입으로 말미암아 발생하는 지출보다 많게 되므로 수익이 보장될 수 있는 것이다. 대규모의 지수 포트폴리오를 거래하는 포트폴리오 관리자는 종종 이러한 전략을 사용하기를 선호한다. 지수에 많은 종목이 편입되어 있는 경우에는 지수의 움직임에 가장 근접하여 움직이는 대표적인 종목 몇 종목만 사용하게 된다. 종종 프로그램 매매를 통하여 지수차익거래는 이루어진다.

(7) 주식시장중립적 거래

주식시장중립적거래(equity market neutral trading)는 특정 벤치마크 대비 초과수익률 기대치(alpha)를 기준으로 주식을 분류하여 상위종목군에 속하는 주식포트폴리오를 매입하고 하위종목군에 속하는 주식 포트폴리오를 공매도하는 차익거래 기법이다.

(8) 페어 트레이딩

페어 트레이딩(pairs trading)은 같은 산업 내에 속해 있는 서로 다른 주식에 대해 매수 및 매도 포지션을 동시에 구성하는 것으로, 펀드 매니저는 선택한 종목들이 해당 산업군의 평균으로 수렴(convergence)할 것이라는 기대를 바탕으로 이 전략을 사용한다. 예컨대 표준편차의 2배를 벗어나는 2개의 상품조합(pair)을 찾아내어 저가 상품을 매수하고 고가 상품을 매도하는 전략이다. 가격격차가 좁아지면 매수/매도 포지션을 해제하여 수익을 실현한다.

시장 균형가격으로부터 이탈한 것으로 판단되는 주식을 발견할 경우 고평가된 주식은 공매도를 통해 매도 포지션을 취하고, 균형가격으로 수렴(하락)할 때 재매입하여 공매도 거래 청산을 통해 이익을 얻는다. 또한 저평가된 주식은 매수 포지션을 취한 후 균형가격에 도달했을 때 매도를 통해 이익을 얻을 수 있다. 리스크 측면에서 볼 때 이 전략은 동일 업종내 주식 간의 높은 상관관계를 상쇄 포지션을 통해 음(−)으로 전환시키는 이점을 제공한다.

(9) 자본구조차익거래

자본구조차익거래(capital structure arbitrage)는 자본구성 항목 또는 대차대조표의 대변 항목 간의 가격 차이를 이용하여 차익을 추구하는 기법이다. 여기에는 보통주와 우선주 차익거래, 모회사 주식과 자회사 주식 간의 차익거래, 원주와 DR 간의 차익거래 등이 있다. 모회사 주식과 자회사 주식 간의 차익거래에서는 모회사 포트폴리오의 여타부분은 매도하여 헤지하게 된다.

표 6-2 최근 5개년 증권대차거래 현황 (단위: 억주, 조원)

구분	주식대차거래 현황			채권대차거래 현황	
	체결주식수	잔고주식수	잔고금액	체결금액	잔고금액
2016년	69.2	1.9	46.7	297.2	26.8
2015년	66.9	1.9	42.7	383.7	23.2
2014년	55.8	1.6	43.0	345.1	25.0
2013년	44.8	1.1	33.8	346.6	21.9
2012년	33.1	0.7	26.5	346.2	21.7

* 한국금융투자협회 자료기준(http://freesis.kofia.or.kr)

표 6-3 최근 5개년 주식대차거래 상위종목 현황(체결금액기준)

순위	2012년	2013년	2014년	2015년	2016년
1	삼성전자	삼성전자	삼성전자	삼성전자	삼성전자
2	포스코	LG전자	포스코	현대자동차	셀트리온
3	LG전자	포스코	SK하이닉스	SK하이닉스	포스코
4	현대자동차	현대자동차	현대자동차	삼성물산	현대자동차
5	오씨아이	오씨아이	네이버	포스코	SK하이닉스
6	SK하이닉스	SK하이닉스	KODEX 200	아모레퍼시픽	아모레퍼시픽
7	기아자동차	네이버	LG전자	삼성SDS	네이버
8	네이버	셀트리온	지에스건설	호텔신라	호텔신라
9	현대모비스	기아자동차	삼성SDI	셀트리온	KB금융지주
10	LG화학	오리온홀딩스	현대중공업	현대중공업	현대중공업

* 예탁결제원 주식대차거래 중개기준

5 증권대차거래의 위험관리

5.1. 개요

유럽이나 미국의 대차거래 참가자들은 대차거래를 시작하기 전에 거래상대방 각자에 대한 신용한도를 설정하며, 표준약관이나 서면계약서 등을 통하여 대차거래를 문서화하는 것이 일반적이다. 또한 대차거래와 관련한 운용위험은 거래의 자동화를 통하여 줄여나가고 있으며, 담보는 신용위험을 줄이기 위하여 사용되고 있다. 그러나 지역 간 또는 동일한 지역 내의 참가자에 따라서 시장관행에 차이가 있는데, 특히 담보가치의 산정과 관리관행이 지역마다 조금씩 차이가 있다. 어떤 지역에서는 대리인의 보증에 크게 의존하고 있으며, 일부지역에서는 담보 없이 대차거래가 이루어지기도 한다. 그리고 극히 일부 국가에서만 중앙 집중적인 거래비교와 거래성립 서비스가 가능하다.

따라서 대차거래 참가자가 대차거래와 관련된 위험을 정의하고 통제하는 건전한 대차거래 모형을 개발하는 것이 중요하다. 대차거래는 거래의 글로벌한 특성과 더불어 그 거래규모가 클 뿐만 아니라 대형금융기관이 참여하고 있어, 대차거래와 관련한 채무불이행이 발생하는 경우에는 신용위험과 유동성위험에 빠지게 된다. 만일 대형금융기관 중 하나가 신용위험에 직면하게 되는 경우 대차거래 상대방의 손실은 금융시장 전체적으로 영향을 미친다. 따라서 2008년 글로벌 금융위기 이후 대차거래는 G-20 정상회의에서도 그림자금융의 하나로 논의될 정도로 그 위험관리는 국제적으로 중요한 이슈가 되고 있다.

5.2. 표준약관의 이용

증권대차거래 계약의 체결에 앞서 대차거래 참가자들은 상대방이 본인이 될 것인지 대리인이 될 것인지에 관한 사항, 특정 규칙, 규제 및 투자지침 등의 지배를 받을 것인지 여부에 대하여 알고 있어야 한다. 대차거래의 양도방식, 계약의 종료절차, 보증에 관한 지침 등은 대부분 표준약관으로 이루어진다.

G-10 국가의 대차거래 참가자들은 대차거래의 조건들을 확립하기 위해서 표준약관을 사용하고 있다. 표준약관은 상대방 불이행시의 손해의 회복방법 등을 포함한 당사자 간의 모든 또는 거래 중에 정해진 부분에 대한 조건들을 설명하고 있다. 당사자의 미래의 계약은 일반적으로 표준약관의 부록이나 경제적 조건들을 포함한 확약서를 사용함으로써 표준약관에 따르도록 만들어져 있다. 표준약관을 사용하는 경우 대차거래 시 마다 법적 조건과 신용조건들을 협상해야 하는 비효율을 줄일 수 있으며, 대차거래의 불이행이 발생하는 경우 담보를 즉시 처분하고 대여증권과 동종의 증권을 당사자 일방이 매수(buy-in)할 수 있는 장점이 있다. 또한 미이행 대차거래계약의 상대방 위험을 계약종료 후 상계조항에 의해서 줄일 수 있다. 만약 대차거래의 일방이 파산하거나 채무 불이행을 한 경우 불이행 당한 자는 계약종료 후 정산 조항에 의해서 미이행 대차거래를 조기에 종료하고 일일정산 내역을 차감하여 순채무를 산출할 수 있게 된다. 이와 같이 거래종료 후 정산은 시장참가자들이 위험을 관리하는 결정적인 수단이 될 수 있다.

5.3. 담보화

증권대차거래의 차입자는 차입증권에 대한 담보를 제공(단, 담보거래는 담보제공의 의무가 없음)하여야 하는데, 담보로 활용할 수 있는 자산은 현금과 증권으로 구분된다. 현금의 경우 동일 가치로서 환산이 되나, 증권담보의 경우 증권의 종류에 따라 헤어컷(haircuts)의 적용비율에 차이가 있다. 담보가치는 일별 시장가치(fair market value)로 정산되기 때문에 담보가치가 하락하는 경우 추가적인 증거금 납부를 요구받게 된다. 신용 및 유동성 위험의 담보화는 상대방의 채무불이행시 거래당사자가 입게 되는 손실을 보전하는 가장 효율적인 수단으로서 대차거래에 광범위하게 사용되고 있다. 대차거래의 담보화는 담보화가 되지 않은 경우 보다 많은 대차거래를 가능하게 할 수 있다. 담보의 제공은 증권 차입자의 채무불이행을 억제하는 효과를 가지기 때문에 대여자를 예상할 수 없는 위험으로부터 보호해 준다.

표준약관은 담보(collateralisation)와 담보의 사용에 관한 내용을 규정하고 있다. 표준약관은 일반적으로 승인 가능한 담보 · 마진정도 및 인도의무 등을 규정하고 있으며, 차입자는 대여증권을 상환하는 경우 소멸되는 담보권 및 유치권을 대여자에게 부여하도록 되어 있다. 표준약관은 또한 담보가 어떤 방식으로 인도되어야 하는지 정하고 있다. 차입자가 담보를 대여자에게 인도하였으나 대여자가 대여증권을 인도하지 않은 경우 차입자는 담보의 반환을 요구할 권리가 있다. 표준약관은 차입자가 적정한 방법으로 대여자에게 통보하기만 하면 제공된 담보를 대체할 수 있도록 하고 있다. 보통 대체되는 담보는 대여증권의 시장가치에 대한 합의된 증거금율의 가치와 같거나 이상이어야 한다는 조항이 있다. 대여자는 차입자가 제공한 현금담보를 재투자하는 경우 신중을 기하여야 한다는 내용이 표준적인 관행이다. 현금담보가 재투자되면 시장참가자는 이 거래와 관련된 위험과 이 거래와 관련된 당사자와 중개인의 권리의무관계를 신중하게 평가할 필요가 있다. 대차거래의 당사자는 담보의 유형에 대하여 특정하게 되어 있고, 대부분의 관할지역에서는 개시증거금율이 표준화되어 있는데, 이것은 시장관행과 회계 및 자본관련 규제조항의 요구를 반영한 것이다. 담보의 증거금율은 상대방 불이행의 가능성과 담보가치가 침해될 가능성의 상관관계를 고려하여 정한다. 어떤 경우에는 매우 높은 증거금율을 설정하는 경우도 있으며, 반대로 증권의 위험정도의 차이를 구분하지 않고 표준적인 증거금율을 설정하는 경우도 있다.

참가자들은 대여증권과 담보의 시장가치의 변동에 따라 담보가치의 불일치 부분을 적절히 조정하기 위하여 일일정산을 실시한다. 대차거래의 포지션과 담보가치의 일일정산에 따른 마진콜과 마진콜 결제 간의 지연현상은 가능한 최소화되어야 한다. 대차거래에 있어서 위험관리가 주는 시사점을 고려함에 있어 가장 중요한 문제는, 대차거래에는 레버리지 정도가 매우 높은 참가자(highly leveraged institutions)들이 참여하고 있어 담보의 사용이 대차거래 참가자들을 거래상대방의 신용위험으로부터 완전히 보호해 주는 것은 아니라는 점이다. 따라서 레버리지가 높은 대차거래 참가자에 대해서는 이들의 재정적 상태나 위험상황에 관한 의미있는 정보에 대하여 항상 모니터링이 필요하다. 따라서 증권담보 자체에 대한 일일평가와 증권담보 사용자에 대한 주기적인 스트레스 테스트를 통하여 대차거래 참가자의 현재와 미래의 신용위험이 측정되는 방식으로 발전되어야 한다.

5.4. 보증

증권의 대여자를 대신하여 증권을 대여하는 대여대리인에게 대여에 따른 손해나 손실을 보상할 것을 약속하는 보증을 요구하는 경우도 있다. 차입자의 불이행에 대한 보증에서는 증권시장의 움직임이 대여증권으로의 대체비용을 감당하기에 불리한 방향으로 움직인다 할지라도 대여대리인이 대여증권을 충당하여야 하며, 대여증권의 시장가치의 증가 또는 담보증권의 시장가치의 하락으로 발생하는 담보의 부족을 충족하여야 한다. 차입자의 차입증권의 상환불이행의 경우에 대여대리인은 차입자의 담보를 청산하고 증권시장에서 증권을 매입한다. 반대로 대여대리인은 증권을 구할 수 없는 경우에 증권가치에 상당하는 현금으로 대여자에게 보상한다. 따라서 증권대여와 관련된 상대방의 신용위험의 많은 부분이 대여자 본인에 대하여는 경감되고 대여대리인에 대하여는 부담이 된다. 대부분의 대여대리인은 이러한 추가적 위험의 통제를 위하여 적격 승인요건의 설정과 차입자의 선택과 적정 담보유지 등의 방법을 사용한다. 또한 손실의 일정 부분만을 보증하도록 제한하는 방법을 취하기도 한다.

증권대차거래의 당사자와 법률관계 제2절

1 증권대차거래의 주요운영자 및 참가자

1.1. 차입자

(1) 개요

증권대차거래의 주요 차입자는 외국인 · 증권회사 · 자산운용사 등이며, 국내의 보험회사, 연기금 등은 차입이 제한되어 있다. 그러나 외국인은 증권회사 · 자산운용사 · 연기금 · 은행 등 외국인의 성격에 따른 차입제한이 없어, 내국인이 외국인에 비하여 역차별되는 측면이 있다. 차입자가 내국인에 비하여 외국인의 비중이 훨씬 높은[10] 이유는 (i)외국인이 현물보유량이 많아 현물자산에 대한 리스크 헤지의 수요도 많다는 점, (ii)외국인의 경우 국내투자자에 비해 대차거래를 이용한 차익거래기법이 더 발달되어 있다는 점, (iii)국내투자자의 차익거래 이용에 대한 회사의 지원이 미약한 점, (iv)국내시장은 아직 대차거래의 주 고객인 헤지펀드의 활성화가 미흡한 점 등으로 추측해 볼 수 있다.

차입자는 직접차입자와 간접차입자로 구분할 수 있는데, 담보성 자산이 풍부한 증권회사 등의 금융기관은 전문대차중개기관을 통하여 직접차입을 하고, 담보성 자산이 풍부하지 못한 일반법인 또는 소규모 투자자는 일반적으로 증권회사의 프라임 브로커리지 서비스를 통하여 증권을 차입한다. 국내차입자 중 증권회사가 최대의 차입자 중의 하나이며, 이들은 자신의 차익거래 또는 헤지거래를 위하여 차입하기도 하나 대부분은 그들의 고객에 대한 프라임 브로커리지 서비스를 위하여 증권을 차입한다. 증권회사는 고객에게 증권을 대여하면서 고객의 위탁계좌내의 보유자산(현물증권, 선물포지션 및 기타 현금 등)을 담보로 확보한다. 증권회사는 프라임브로커리지 역할을 통하여 재대여에 따른 수수료 차액뿐만 아니라 차입증권의 매도와 상환을 위한 매수에 따른 위탁수수료 수입도 획득할 수 있는 이점이 있다.

---

10 2016년 1월 1일~12월 31일 기준으로 예탁결제원이 대차중개기관으로 체결한 주식대차거래규모 190.1조 원 중에서 주식차입비중은 내국인이 49.0조 원으로 26%를 차지하였으며, 외국인은 141.1조 원으로 74%를 차지하였다. 우리나라 주식대차거래 전체에 대하여 공시하는 한국금융투자협회의 집계에 따르면, 동 기간 주식대차거래 차입 총 체결량은 69.4억주로서, 이중 외국인이 47.8억주(68.95%), 내국인이 21.5주(31.05%)이다. 주요 내국인 차입자는 은행 0.3억주(0.36%), 증권사 17.4억주(25.02%), 자산운용사 3.4억주(4.89%)이다.

표 6-4 내 · 외국인별 증권대차거래 추이(차입기준) (단위: 억원)

구분	2012년	2013년	2014년	2015년	2016년
외국인	1,105,780	1,152,302	1,111,975	1,409,554	1,410,697
비중	87.2%	80.6%	73.8%	74.6%	74.2%
내국인	162,896	276,709	395,339	480,855	489,520
비중	12.8%	19.4%	26.2%	25.4%	25.8%
합계	1,268,676	1,429,011	1,507,314	1,890,409	1,900,217
비중	100%	100%	100%	100%	100%

* 예탁결제원 주식대차거래 중개기준

표 6-5 국내참가기관 업종별 주식대차거래 추이(차입기준) (단위: 억원)

연도	증권사	자산운용사	은행	기타	합계
2016년	411,758	63,776	2	13,985	489,521
비중	84.1%	13.0%	0.0%	2.9%	100%
2015년	415,001	45,825	1	20,028	480,855
비중	86.3%	9.5%	0.0%	4.2%	100%
2014년	325,304	51,545	172	18,318	395,339
비중	82.3%	13.0%	0.0%	4.6%	100%
2013년	230,546	26,548	98	19,517	276,709
비중	83.3%	9.6%	0.0%	7.1%	100%
2012년	143,231	14,488	469	4,708	162,896
비중	87.9%	8.9%	0.3%	2.9%	100%

* 예탁결제원 주식대차거래 중개기준

국내에서 주식대차잔고는 대여자가 대차주식의 의결권행사 등 권리행사를 위하여 연말에 근접할수록 상환요청이 증가하여 주식대차잔고가 감소되고, 다시 연초부터 꾸준히 증가한 후 11월부터 12월에 다시 주식대차잔고가 감소하는 경향이 반복되고 있다.

(2) 헤지펀드

미국에서 헤지펀드는 「1940년 투자회사법(Investment Company Act of 1940)」에 의한 투자회사로 등록되지 아니하는 펀드로서, 투자회사법 및 기타 증권관련법의 규제를 받지 않는다. 헤지펀드는 보유 포트폴리오의 위험을 헤지하기 위하여 레버리지와 공매도를 활용하고, 다양한 투자전략을 구사하기 위하여 증권대차를 많이 이용하고 있다. 헤지펀드의 자금조달 방식은 사모펀드와 유사하며, 투자대상은 주로 주식, 채권, 통화 및 파생상품 등이다.

헤지펀드의 운영과 관리를 위해서는 투자관리자, 프라임브로커, 사무관리회사, 자산관리회사 등이 필요하다. 미국에서의 헤지펀드는 주로 유한합자조합(limited partnership)의 역내펀드 형태로 설립되며, 해외국가의 투자자를 대상으로 하는 경우에는 조세피난처인 케이만군도, 파나마 등에 투자회사, 투자신탁, 유한합자조합 등의 형태를 이용하여 설립된다. 헤지펀드 투자는 헤지펀드 인덱스를 통한 투자 및 자산 간 낮은 상관계수를 이용한 분산투자 등의 투자기법을 이용하기 때문에 타 투자기구에 비해 우수하고 안정적인 수익률을 보이는 것으로 알려져 있다. 또한 다양한 기초자산을 기반으로 매크로 · 공매도 · 시장중립 · 신흥시장 추구전략 등을 사용하고 있다.

미국의 경우 일정요건에 해당되는 펀드에 한하여 등록의무가 부과되며, 사모펀드는 등록의무가 없기 때문에 비상장 사모펀드로서 활동할 경우 각종 규제를 회피할 수 있는 시스템으로 되어 있다. 영국의 경우 높은 법인세율로 인하여 자국에 등록 헤지펀드가 많지 않으며, 영국에 거점을 두는 헤지펀드 매니저들을 대상으로 금융감독청(Financial Services Authority)이 규제를 실시하고 있다. 일본의 경우 투자자문업 인가 및 업틱 룰(up-tick rule)의 적용으로 인한 공매도 거래의 제한, 레버리지 제한 등 상대적으로 많은 규제가 시행되고 있다. 국가별 관련규제의 정도에 따라 각국 금융시장의 헤지펀드 규모가 차이가 나는데, 헤지펀드의 활성화를 위해서는 규제완화가 중요하다.

조세 회피처 외 헤지펀드 시장비중이 가장 높은 지역은 미국으로 전체 헤지펀드 분포의 31.9%를 차지하고 있다. 이는 미국의 경우 금융시장의 규모가 크고, 규제가 상대적으로 낮아 다양한 투자전략의 활용이 가능하기 때문인 것으로 알려져 있다.

국내의 경우 전문사모집합투자기구, 즉 헤지펀드는 펀드의 설정 · 설립 시 등록이 아닌 보고의무로 갈음할 수 있으며, 헤지펀드의 운용자는 집합투자업자로 제한되고 있다. 헤지펀드에의 참여는 적격투자자로서 대형 금융기관 등과 같이 고도의 전문화된 기관투자자에 한정되며, 일반투자자의 참여는 금지되고 있다. 헤지펀드의 레버리지는 펀드재산의 400% 이내로 제한되며, 채무보증 및 담보는 펀드재산의 100% 이하로 제한된다. 금전을 차입하거나 파생상품을 매매하는 경우 분기별로 금융위원회에 그 현황을 보고하여야 한다(자본시장법 제249조의2).

1.2. 대여자

(1) 개요

증권대차거래에서 대여자는 자신이 보유하는 증권을 대여하여 대여료라는 안정적인 수익을 획득할 수 있으며, 대여기간 동안 의결권을 제외한 현금배당 · 주식배당 등의 경제적

이익이 모두 보상되기 때문에 대여자의 경제적인 손실은 거의 없다고 할 수 있다.

국내의 경우 현재 보유증권의 대여가 법규상으로 금지된 기관투자자는 없다. 대차거래의 대여에 참여하고 있는 자는 연기금, 자산운용사, 보험회사, 은행, 증권회사, 대주주 등이다.[11] 이중 장기투자자인 연기금, 자산운용사 등이 주요대여자로 활동하고 있다. 이들 대여자는 관련법시행령 또는 내부규정[12]에 의하여 증권을 대여하고 있으며, 대여비율은 전체 보유자산 대비 일정수준으로 제한되고 있다.

최근에는 증권대여 수입에 대한 메리트와 대차중개기관의 대이행 책임에 따른 대여의 안정성 등으로 증권대여에 대한 인식이 많이 개선되고 있다. 그러나 여전히 대주주 보유비중이 높은 주식, 출자전환으로 매각이 제한된 주식, 발행주식수가 적은 주식 및 주가의 변동성이 큰 주식의 대여물량은 풍부하지 않다.

연기금, 은행, 자산운용사 및 보험회사 등 대부분의 대여자는 증권대여에 따른 상환위험, 권리관리 절차의 복잡성 등으로 대차거래 이용이 편리하고 대이행 책임을 부담하는 예탁결제원과 같은 전문대차중개기관을 통하여 증권을 대여하고 있다. 그리고 일부대여자는 전문대차중개기관을 통한 대여거래만을 허용하고 있다.

최근의 대차거래의 특징 중의 하나는 기관투자자가 장기보유 증권의 보관관리를 보관은행(custodian bank)에 아웃소싱하고, 이에 따른 보관수수료는 일정한 범위내에서 보관은행이 재량으로 보관증권의 대여를 통해서 충당하도록 하고 있다. 이 경우는 보관은행은 대여대리인(lending agent)으로서 역할을 수행하게 되는데 앞으로도 이러한 형태의 대여거래는 계속 증가하리라 본다. 대여대리인은 고객의 보관증권을 고객의 위임에 의하여 대여하는 역할을 수행하고 이에 따른 대여수입으로 보관비용을 충당하고 초과되는 대여수입은 고객과 분배한다. 대여대리인의 역할은 보관은행 또는 수탁기관이 수행한다.

외국의 경우 대차거래의 주요대여자로는 자산을 보수적으로 운용하는 뮤추얼펀드(mutual fund) 및 상장지수펀드(exchange trade fund)를 들 수 있다. 이들은 대규모로 포트폴리오를 운영하면서 자산을 장기적으로 운영하기 때문에 자연스럽게 보유증권을 단기적으로

---

11 2016년 1월 1일~12월 31일 기준으로 예탁결제원이 대차중개기관으로 체결한 주식대차거래규모 190.0조 원 중에서 주식대여비중은 내국인이 54.6조 원으로 28.7%를 차지하였으며, 외국인이 135.4조 원으로 71.3%를 차지하였다. 우리나라 주식대차거래 전체에 대하여 공시하는 한국금융투자협회의 집계에 따르면, 동 기간 주식대차거래 대여 총 체결량은 586,606천주로서, 이중 외국인이 305,552천주(52.09%), 내국인 281,053천주(47.91%)이다. 내국인 대여자 중에서 은행 19,076천주(3.25%), 증권사 148,058천주(25.24%), 연기금 2,089천주(0.36%), 자산운용사 52,477천주(8.95%), 기타 59,353천주(10.12%)이다.

12 은행은 금융기관의 부수업무, 보험사는 보험업법 제19조(재산운용의 건전성), 국민연금은 국민연금법 제83조(기금의 관리 · 운용), 교원공제회는 내부규정인 증권운용규칙 제13조의 1(증권의 대차), 새마을금고연합회는 내부규정인 증권운용지침 제49조(대차거래), 사학연금은 사립학교교직원연금법시행령 제87조의 3(사립학교교직원연금기금의 운용방법), 공무원연금은 공무원연금법시행령 제74조(기금증식사업및공무원후생복지사업) 등에 의하여 증권을 대여하고 있다.

대여하여 낮은 리스크로 초과수익을 창출하는 대차거래를 활용하게 된다. 특히 대차거래는 대여증권에 대한 현금 또는 국채 등 안전자산을 차입자가 담보로 제공하기 때문에 낮은 리스크로 초과수익을 기대할 수 있어, 뮤추얼펀드 및 상장지수펀드의 수익률 증가 및 고객수수료 인하를 위한 목적으로 많이 이용되고 있다.

이처럼 대차거래를 이용할 경우 펀드의 수익률 관리에 이점이 있음에도 불구하고, 일부 펀드들이 대차거래를 적극적으로 이용하지 않는 이유는 몇 가지가 있다. 첫째, 대차거래 기간 동안 펀드 내 자산이 존재하지 않기 때문에 환매관련 위험에 노출되는 것을 우려하기 때문이다. 둘째, 증권대여에 대한 대가의 적정여부에 대한 의문, 헤지펀드 또는 투자은행에 대한 대여행위로 인하여 증권 회수가 어려워지는 위험 등이 발생할 수 있기 때문이다. 셋째, 대여가능 기관들의 자금운용 상황 및 대차거래에 대한 부정적 인식 등이다.

2008년 글로벌 금융위기 후 금융시장의 불확실성이 극대화되면서 주요 연기금 · 은행 · 보험회사 등에서 증권대여를 기피하는 현상이 발생하여 증권중개인의 지속적인 수요에도 불구하고 금융위기 이후 대차거래가 한동안 원활히 이루어지지 못하였다. 특히 공매도에 대한 부정적인 인식으로 연기금이 공매도를 위한 대차거래 물량공급을 기피하는 현상이 나타나고 있다. 현재 금융주에 대한 공매도는 여전히 금지되고 있다.

(2) 보관은행

보관은행(custodian bank)의 주요이용자는 연기금, 자산운용사, 투자자문사, 퇴직연금, 보험회사, 일반기업, 재단 등으로 다양하며, 보관은행으로서의 기능이 없는 은행 등도 보관은행을 이용하고 있다. 보관은행이 제공하는 주요업무는 첫째, 현금 또는 증권의 보관관리업무로서, 현금 또는 증권을 보관관리하면서 보관자산의 가치와 관련한 정보도 보고하는 업무를 수행한다. 둘째, 증권의 국제간 거래에 따른 국제보관업무로서 증권의 국제간 거래에 따른 결제업무와 외환업무 및 세금업무 등도 동시에 제공하고 있다. 이러한 국제보관업무를 수행하는 보관은행을 국제보관은행(global custodian bank)이라 하며, 이들은 일반적으로 부보관기관(sub-custodian)이나 대리은행(agent bank)을 통하여 국제보관업무를 수행하고 있다. 셋째, 보관증권의 대차업무로서 보관은행은 고객소유의 보관증권을 대여하여 고객에게 추가적 수입을 얻을 수 있는 기회를 제공하고 있다.

외국의 경우 보관은행이 대차거래의 대여자가 됨과 동시에 차입자와의 관계에서는 대차거래의 중개기관으로서의 역할을 동시에 수행한다고 볼 수 있다. 이렇게 고객 증권의 대여에 따라 발생한 추가수입으로 보관수수료를 충당하기도 하고, 일부는 고객에게 분배하여 대차거래를 위한 대여가 활발해 질 수 있는 동기를 부여하고 있다. 이와 같이 보관은행의 대여업무는 그들 고객의 보관서비스의 이용에 따른 보관수수료의 절감을 도모할 뿐만 아

표 6-6 내 · 외국인별 증권대차거래 현황(대여기준)

(단위: 억원)

구분	2012년	2013년	2014년	2015년	2016년
외국인	1,058,681	1,107,084	1,077,295	1,360,860	1,354,492
비중	83.4%	77.5%	71.5%	72.0%	71.3%
내국인	209,995	321,928	430,019	529,548	545,725
비중	16.6%	22.5%	28.5%	28.0%	28.7%
합계	1,268,676	1,429,012	1,507,314	1,890,408	1,900,217
비중	100%	100%	100%	100%	100%

* 예탁결제원 주식대차거래 중개기준

표 6-7 국내참가기관 업종별 주식대차거래 현황(대여기준)

(단위: 억원)

연도	증권사	자산운용사	은행	기타	합계
2016년	281,014	205,870	53,370	5,471	545,725
비중	51.5%	37.7%	9.8%	1.0%	100%
2015년	279,955	179,862	66,072	3,659	529,548
비중	52.9%	33.9%	12.5%	0.7%	100%
2014년	216,508	143,957	65,869	3,686	430,020
비중	50.3%	33.5%	15.3%	0.9%	100%
2013년	154,654	119,115	46,710	1,449	321,928
비중	48.0%	37.0%	14.5%	0.5%	100%
2012년	105,290	77,632	24,624	2,449	209,995
비중	50.1%	37.0%	11.7%	1.2%	100%

* 예탁결제원 주식대차거래 중개기준

니라 적은 위험으로 추가수입을 얻을 수 있는 기회를 제공하는 중요한 업무이다. 보관은행의 대여업무는 보관은행이 대차거래의 대리인 또는 거래의 직접당사자가 되어 증권의 소유자인 고객은 대차거래에 거의 관여하지 아니하고, 보관기관이 대차거래를 성립하고 결제를 지시하고 증권대여와 관련되는 제반 운영 · 관리에 관한 업무를 수행하는 것이다. 이와 관련하여 보관은행은 첫째, 대차거래를 하기 전에 잠재적인 차입자와 대차거래기간을 협상하고, 대여가능증권과 담보가능증권에 관한 관련업무를 수행한다. 둘째, 담보의 인수도에 대한 감시와 대여된 증권의 시가평가, 일일정산 등 담보관리에 관한 업무를 수행한다. 셋째, 보관은행은 고객의 보관증권에 투자성과 측정, 리스크 관리 및 컴플라이언스 모니터링 등의 업무를 수행한다.

1.3. 증권대차거래중개기관

(1) 자격

증권대차거래의 중개 · 주선 또는 대리업무 등의 업무를 수행하는 자에 대하여 자본시장법상 특별한 제한은 없지만, 대차거래와 관련한 자본시장법의 관련 규정을 준수하여야 한다(자본시장법시행령 제182조제4항 참조). 현재 대차거래의 중개업무를 영위하고 있는 기관으로는 겸영업무 신고를 한 증권회사, 업무인가를 받은 예탁결제원과 증권금융회사가 있다. 증권회사는 자본시장법 제40조(금융투자업자의 다른 금융업무 영위)제5호 및 동법시행령 제43조(금융투자업자의 업무범위)제5항제5호(증권의 대차거래와 그 중개 · 주선 또는 대리업무)에 근거하여 겸영업무로서 대차거래중개업무를 영위하고 있다. 그리고 「금융투자업규정」은 증권회사의 대차거래의 중개방법, 담보의 징구, 담보의 관리, 대차거래대상 증권의 인도방법 및 대차거래내역의 공시 등에 대하여 규정하고 있다(금융투자업규정 제5-25조 내지 제5-27조).

예탁결제원은 자본시장법 제296조(업무)제3항제1호나목에 의하여 동 업무를 영위하고 있으며, 한국증권금융은 자본시장법 제326조(업무)제2항제4호의 규정에 의하여 동 업무를 영위하고 있다.

(2) 중개업무의 종류

대차거래중개기관은 크게 도매중심 중개기관과 소매중심 중개기관으로 구분할 수 있다. 도매중심 중개기관은 연기금, 자산운용사, 은행, 보험, 증권회사 등과 같은 기관투자자 또는 금융기관 간의 대규모 대차거래를 주로 중개하는 기관으로서 예탁결제원과 한국증권금융이 그 역할을 주로 담당하고 있다. 반면에 소매중심 중개기관은 투자자를 위하여 소규모로 대차거래를 중개하는 것으로서 증권회사가 그 역할을 주로 담당하고 있다.

대차거래 내역 및 담보관리업무의 편의와 권리관리업무의 편의 등과 더불어 대차거래 중개업무의 안정성을 위하여 일부 소매중심 대차거래중개기관은 고객과의 대차거래 시 반드시 예탁결제원과 같은 도매중심 중개기관을 경유하여 대차거래를 중개하도록 하고 있다. 증권회사 중 외국계증권회사는 외국인 간 맞춤거래를 중심으로 중개업무를 수행하고 있으며, 국내증권회사는 직접중개보다는 예탁결제원을 통하여 차입한 증권을 고객에게 재대여하는 형식의 간접중개를 수행하고 있다. 예탁결제원은 전문대차중개기관으로서 내국인 간, 외국인 간 그리고 내외국인 간의 대차거래를 중개하고 있다.

도매중심의 중개기관에서 이루어진 대여수수료는 소매중심의 중개기관들에게 벤치마크 수수료로서 기능을 한다. 장외거래인 대차거래의 유용성과 대규모성 및 거래구조를 고려할 때 도매중심의 대차중개업무는 공공적 성격을 내포하고 있다. 즉 장내 증권시장의 건전한 발전과 투명성 제고를 위하여 공공성이 요구되듯이 도매중심의 대차거래시장은 장외거래시장으로서 역시 대차거래의 안정성과 투명성을 위하여 공공성이 요구되고 있다. 따라서 도매중심의 대차중개에 따른 대차거래 내역과 대여수수료의 공개를 통하여 금융기능의 일부를 담당하고 있는 대차거래의 투명성을 제고할 필요가 있다.

대차거래중개는 직접중개와 간접중개로 구분할 수 있다. 직접중개는 대여자와 차입자가 직접 거래의 당사자가 되는 중개방식이다. 반면에 간접중개는 중개기관이 특정 대여자로부터 증권을 차입하여 중개기관 자신이 차입자가 되고, 차입한 증권을 다시 다른 차입자에게 대여하는 대여자가 되는 중개방식이다. 이와 유사한 개념으로 대차거래의 주선은 고객으로부터 증권의 차입신청이 있는 경우, 중개기관이 자신의 명의로 증권을 차입하여 해당고객에게 대여하는 방식이며, 대차거래의 대리는 중개기관이 대차거래 참가자를 대리하여 이들의 대리인 지위에서 대차거래의 차입자 또는 대여자가 되는 거래이다. 현재 증권회사는 대차거래의 중개 · 주선 및 대리를 모두 수행할 수 있으며, 예탁결제원과 한국증권금융은 중개 및 주선만을 수행하고 있다.

(3) 증권회사

증권회사가 증권대차의 중개기관으로서 거래상대방에게 제공하는 업무는 첫째, 중개기관인 증권회사가 대차거래에 따른 신용을 중개하는 업무이다. 증권의 대차거래에서 연기금이나 보험회사 등과 같은 증권소유자는 증권의 차입수요가 많은 헤지펀드와 같은 신용등급이 낮은 차입자에게 증권을 직접 대여하는 것을 기피한다. 이러한 경우 증권회사가 자신의 신용과 담보를 기반으로 증권을 차입하여 이를 헤지펀드에 대여하는 대차거래 업무를 수행하고, 동시에 대차거래에 대한 원금손실 위험을 부담한다. 이와 같이 증권회사는 대차거래 과정에서 주로 그들의 고객인 차입자에게 재대여에 따른 리스크를 부담하게 된다. 프라임브로커리지업무를 수행하는 증권회사 내부에서 대차거래와 관련되는 자는 증권중개인과 프라임브로커이나 이들의 개별적인 업무구분은 실무적으로 명확하지는 않다.

둘째, 중개기관인 증권회사가 대차거래에 따른 유동성 위험을 부담하는 업무이다. 일반적으로 증권소유자는 증권의 대여시 대여증권의 매도 등으로 인하여 언제든지 대여증권의 상환요청(recall)을 할 수 있는 오픈형 계약을 체결한다. 반면에 헤지펀드와 같은 최종차입자는 숏 포지션의 유지기간을 기준으로 대차거래 계약을 체결하기 때문에 증권회사가 대차증권의 유동성 위험을 수용하면서, 대차거래를 중개하여 대차거래가 안정적으로 유지되도록 하는 역할을 한다.

셋째, 중개기관인 증권회사가 대차거래의 수요 및 공급을 매칭하는 업무이다. 증권회사는 자기자본매매(proprietary trading)[13]외에도 원본위험을 보유하는 중개기관으로서 안정적인 대규모 포트폴리오를 운영하는 증권소유자와 차입자를 연결시켜주는 역할을 수행한다. 또한 대차거래 상대방을 충분히 확보하지 못한 대여자에 대하여 다수의 차입자에게 보유증권을 분산하여 대여해 주는 중개기관 기능을 수행할 수 있다.

이와 같이 증권회사는 자신의 시장조성기능(market making) 및 자기자본매매를 위하여 대차업무를 수행하기도 하지만 대차거래의 대여자 또는 차입자인 고객의 수요에 따른 대차거래의 중개업무를 수행한다.

(4) 이행보증기관

이행보증기관은 대차거래 차입자의 채무불이행 시 차입자를 대신하여 대여자에게 대이행 책임을 부담하는 보증기관이다. 증권의 대차거래에 따른 차입자의 주요 채무는 차입증권의 상환, 차입수수료 지급, 대차증권에서 발생하는 경제적 과실의 지급 또는 인도 등이다. 이와 관련하여 이행보증기관은 대여자에 대한 대이행 책임과 관련하여 차입자로부터 차입자의 채무에 상당하는 가액 이상의 담보를 장래에 발생할 수도 있는 구상권을 담보하기 위하여 차입자로부터 제공받는다. 대차중개기관 중 예탁결제원 및 한국증권금융과 같은 전문대차중개기관은 대차중개기관 역할과 이행보증기관 역할을 동시에 수행하고 있다. 그리고 증권회사가 대차중개기관인 경우에는 대부분 간접중개방식의 대차거래가 이루어지기 때문에 증권회사가 대여자로서 직접 담보권자가 되므로 별도의 이행보증기관은 요구되지 않는다.

1.4. 프라임브로커

(1) 의의

프라임브로커(prime broker)는 헤지펀드 및 기타 대체투자자들을 위하여 신용공여, 증권대여, 재산보관 및 관리, 매매체결, 청산 및 결제, 기록보관, 실적보고, 위험관리, 자본조

13 자기자본매매란 금융기관이 예금, 신탁재산 등 고객의 자본이 아닌 금융기관 자신의 고유자본으로 투자하여 이익을 내는 활동이다. 금융기관 입장에서 자기자본을 이용한 투자가 위험부담은 크지만 예금이나 대출, 중개업무로 얻는 수수료보다 훨씬 높은 이익을 올릴 수 있어 금융기관의 수익을 높이는 중요한 수단으로 활용되었다. 그러나 자기자본매매는 금융기관이 수익률을 달성하는 과정에서 금융기관의 다양한 투자기법이 발전되기도 했지만, 고객이 아닌 자신들의 이익 증가에 몰두할 경우 해당 금융기관의 자본건전성 저해, 고객과의 이해상충 등과 같은 부작용이 생길 수 있으며, 또한 금융기관의 수익을 높이기 위해 무분별하게 파생상품에 투자하는 것이 2008년 세계 금융위기의 원인이 되기도 하였다.

달지원 등과 같은 서비스를 종합적으로 제공하는 자이다. 프라임브로커는 신규로 설정되는 헤지펀드의 안정적 사업 수행을 위하여 운영지원, 사무실 공간 제공, 거래기법 제공 등의 보조 서비스를 지원하기도 한다.[14]

헤지펀드는 프라임브로커리지서비스를 이용하여 운용전략에만 전념할 수 있으며, 헤지펀드의 관리 및 운영의 안정성과 효율성을 확보할 수 있다. 프라임브로커는 증권회사 내에 있는 하나의 조직단위로서 1990년대 미국에서 헤지펀드의 활동이 증대하면서 대차시장에서 주요한 역할을 담당하고 있다.[15]

미국의 경우 소수의 투자은행이 프라임브로커리지서비스(prime brokerage service)를 장악하고 있는데, 대부분은 보관은행업무와 신용전문기능을 갖춘 국제투자은행이다. 최근 들어 대규모 헤지펀드들은 투자전략을 위한 안정적인 증권의 확보와 프라임브로커인 증권회사의 도산 등에 따른 신용리스크 분산을 위하여 복수의 프라임브로커를 이용하는 경우가 증가하고 있다. 이는 프라임브로커리지서비스가 매우 집중적이기 때문에 상위 몇몇 투자은행들에 의하여 집중적으로 운용되는 헤지펀드 자산의 파산 시 위험요소로 작용할 수 있기 때문이다.[16]

(2) 국내의 프라임브로커 법체계

국내의 경우 2013년 4월 30일로 국회를 통과하여 동년 5월 28일에 공포되고, 동년 8월 29일 시행된 자본시장법 개정(법률 제11758호) 이전에는 프라임브로커인 전담중개업자는 자본시장법시행령에 의하여 (ⅰ)자기자본 3조 원 이상으로서, (ⅱ)담보의 관리 및 평가 등 위험관리 및 내부통제와 인력 및 전산시스템을 구비하고, (ⅲ)이해상충방지 및 정보교류 차단체계를 구비한 투자매매업자 · 투자중개업자 · 신탁업자가 수행할 수 있었다(자본시장법시행령 제50조제1항 및 금융투자업규정 제4-100조제1항). 이때 프라임브로커는 헤지펀드인 전문

---

14 국내의 경우 2017년 6월 말 기준으로 삼성증권, NH투자증권, 한국투자증권, 미래에셋대우, KB증권, 신한금융투자 6개사가 프라임브로커리지 업무를 수행하고 있다. 헤지펀드의 수는 2016년 말 기준으로 248개, 수탁고는 6.3조원 규모이다.

15 최초의 프라임브로커리지서비스(prime-brokerage service)는 1983년에 미국 Bear Sterns사가 고객에 증거금 대용물을 제공한 것에서 시작되었다. 이후 미국 증권거래위원회(SEC)는 증권산업협회(SIA)의 프라임브로커 위원회(PBC)의 요구에 따라 프라임브로커 규제를 위한 no-action letter를 1994년에 발표하여 프라임브로커리지서비스를 공식적으로 인정하였다.

16 실제 2008년 3월 Bear Sterns의 재무상황 악화에 따라 프라임브로커의 고객인 헤지펀드들이 자신의 담보를 취소하고 자신의 펀드가 파산할 가능성이 있는 Bear Sterns에 묶이는 것을 피하기 위하여 거래를 중지한 사례가 존재한다. 리먼 브라더스가 파산을 선언한 이후 프라임브로커리지 고객이었던 3,500개의 헤지펀드가 소유한 650억 달러의 자산이 동결됨에 따라 헤지펀드들이 무담보 채권자로 전락한 사례도 있다. 프라임브로커리지 산업은 매우 집중적이어서, 2006년 말 현재 상위 3개 투자은행이 헤지펀드 자산의 58%를 운용하고 있으며, 상위 10개사가 84%를 운용하고 있다. 이와 같은 시장집중은 프라임브로커의 파산이 헤지펀드에 큰 영향을 미칠 수 있다는 것을 의미한다.

사모집합투자기구에 대하여 (ⅰ)증권의 대여 또는 그 중개 · 주선이나 대리업무, (ⅱ)금전의 융자, (ⅲ)적격투자자대상 사모집합투자기구의 재산의 보관 및 관리, (ⅳ)집합투자재산의 매매주문 체결업무, (ⅴ)집합투자재산의 매매 등의 거래에 따른 취득 · 처분 등의 업무, (ⅵ)파생상품의 매매 또는 그 중개 · 주선 · 대리업무, (ⅶ)집합투자증권의 판매업무, (ⅷ)집합투자기구의 설립 또는 운용과 관련한 금융 및 재무 등에 대한 자문업무, (ⅸ)환매조건부매매 또는 그 중개 · 주선 · 대리업무 등을 수행할 수 있다(자본시장법시행령 제50조제1항제3호 및 금융투자업규정 제4-101조제2항).

이후 2013년 8월 29일 시행된 자본시장법에서 종합금융투자사업자는 투자매매업자 또는 투자중개업자 중에서 '종합금융투자사업자'로 금융위원회의 지정을 받은 자가 수행할 수 있다(자본시장법 제8조제8항). 종합금융투자사업자에게는 일정한 특례를 인정하고 있는데, 이에는 우선, 종합금융투자사업자만이 프라임 브로커인 전담중개업무를 영위할 수 있도록 하고 있다(자본시장법 제77조의3제1항). 종합금융투자사업자가 헤지펀드인 전문사모집합투자기구 등에 대하여 전담중개업무를 제공하는 경우에 미리 해당 전문사모집합투자기구 등과 (ⅰ)전담중개업무와 관련된 종합금융투자사업자와 전문사모집합투자기구 등의 역할 및 책임에 관한 사항, (ⅱ)종합금융투자사업자가 전문사모집합투자기구 등의 재산을 제3자에 대한 담보, 대여 등의 방법으로 이용하는 경우 그 이용에 관한 사항, (ⅲ)종합금융투자사업자가 '(ⅱ)'에 따라 이용한 전문사모집합투자기구 등의 재산 현황 등에 관한 정보를 전문사모집합투자기구 등에게 제공하는 절차 및 방법에 관한 사항, (ⅳ)전담중개업무의 범위와 기준 및 절차 등에 관한 사항, (ⅴ)전담중개업무 제공에 따른 수수료 또는 그 밖의 비용 등에 관한 사항, (ⅵ)계약 종료의 사유 및 절차, 계약당사자의 채무불이행에 따른 손해배상 등에 관한 사항 등에 관하여 계약을 체결하여야 한다(자본시장법 제77조의3제2항 및 동법시행령 제77조의4제3항). 다음으로 종합금융투자사업자는 자본시장법 또는 다른 금융관련 법령에도 불구하고 (ⅰ)기업에 대한 신용공여(대출, 지급보증, 기업어음증권에 해당하지 아니하는 어음의 할인 · 매입)업무, (ⅱ)그 밖에 해당 종합금융투자사업자의 건전성, 해당 업무의 효율적 수행에 이바지할 가능성 등을 고려하여 종합금융투자사업자에만 허용하는 것이 적합한 업무로서 대통령령으로 정하는 업무를 영위할 수 있다(자본시장법 제77조의3제3항).

(3) 프라임브로커의 일반적 기능

프라임브로커는 주요고객인 헤지펀드나 소규모 브로커딜러와 같은 증권대차의 차입자에게 중요한 서비스를 제공하는데, 이들에 대한 주요한 프라임브로커리지서비스는 첫째, 증권매입을 위한 자금조달과 유동성이 있는 증권과 유동성이 없는 증권을 공급하는 것이다. 프라임브로커리지서비스는 프라임브로커, 수행 브로커 및 고객으로 구분하여 이루어진다. 프라임브로커는 등록된 브로커딜러로서 고객의 지시에 의해서 단수 또는 복수의 수행브로커에 의해 시행되는 거래의 청산 및 자금조달 역할을 수행한다. 고객은 대금 또는 증권에 대한 계좌를 프라임브로커에게 개설하고, 수행브로커에 내려진 지시는 고객을 수익자로 하는 프라임브로커의 이름으로 수행된다. 프라임브로커는 매매확인서와 통지서를 고객에게 교부하고 총 대여잔액과 관리하고 있는 마진총액을 계산하며, 수행브로커와 프라임브로커의 거래내역을 확인해 준다. 프라임브로커리지는 거래량이 많은 기관이 한 개의 프라임브로커를 통하여 청산 및 계좌의 관리를 집중시키고, 복수의 수행브로커를 통해서 거래함으로써 거래 수수료를 분산시키고, 최고의 수행브로커와 거래하면서 투자전략을 노출시키지 않도록 해준다.

둘째, 프라임브로커는 고객들에게 신용공여, 증권대여, 마진관리, 증권차입, Repo 등의 서비스를 제공하며, 장내외시장에서 거래되는 파생상품에 대한 수요를 창출하게 한다. 프라임브로커는 마진의 통합관리를 통하여 자금조달 비용을 줄일 수 있는 장점이 있다. 프라임브로커의 주요고객인 헤지펀드는 보통 자체의 후선사무시스템(infra structure)이 없기 때문에 대부분의 거래절차와 관리기능을 프라임브로커에게 아웃소싱하여 해결하고 있다. 프라임브로커는 헤지펀드에게 증권차입과 금융서비스를 제공하는 것 이외에 국제보관기관(global custodian)에 접근할 수 없는 차입자에게 재대여 또는 자체 상품으로 대여서비스를 제공한다. 대부분의 대여자는 차입자에게 엄격한 자격기준을 요구하므로 헤지펀드나 소규모 브로커/딜러들은 차입자로서의 엄격한 자격요건을 충족하기가 힘들기 때문에 보관은행의 대여가능 증권에 직접적으로 접근할 수가 없다. 따라서 프라임브로커는 자본이 풍부한 증권차입자로서 증권을 차입하여 증권대여를 하는 형태의 중개가 가능하다.

셋째, 프라임브로커는 고객에게 공매도의 포지션을 취할 수 있게 하여 고객이 가장 경제적인 방법으로 투자전략의 목적을 달성할 수 있게 한다. 때때로 프라임브로커는 고객을 대신하여 직접 공매도 포지션을 취할 수 있으며, 이런 경우 고객으로 하여금 차액계약(contract for differential)과 같은 파생상품 계약을 통하여 자본이득을 취할 수 있도록 해준다. 프라임브로커가 자기명의의 계좌로 위험을 부담하는 경우 보통 헤지펀드 자산에 대한 변동수수료를 부과하여 자신을 보호하고 있다.

(4) 프라임브로커리지서비스의 장점

프라임브로커리지서비스를 통하여 증권을 차입한 고객은 이들 프라임브로커인 증권회사를 통하여 차입증권을 매도하고 또한 상환을 위해 매수를 할 수 있다. 증권을 차입하는 고객의 입장에서는 프라임브로커리지서비스를 이용하여 직접 대차거래 참가에 따른 대차증권 차입신청, 담보관리, 권리관리 등의 업무부담을 덜 수 있을 뿐만 아니라 대차거래와 연계된 현물거래 및 파생상품거래와 관련된 투자조언도 받을 수 있다. 프라임브로커리지 서비스를 제공하는 증권회사의 입장에서는 고객에 대한 투자서비스를 제고할 수 있고, 고객의 수익을 제고시켜 자신의 위탁수수료 수입과 자문수수료 수입 등을 획득할 수 있다.[17]

1.5. 증권대차거래와 청산기관

(1) 의의

각국에서의 증권대차거래는 장외거래로서 중앙에서 거래정보를 집중적으로 관리하는 기구가 부재하여 규제와 감독이 어려운 문제점이 있다. 특히 금융위기 발생 시 대차거래에 대한 규모파악과 그 관리와 감독의 어려움으로 인해 감독기관이 효율적으로 금융시장을 관리하고 감독할 수 없는 문제점이 있었다. 이러한 문제를 해결하기 위한 대안으로 청산기관(CCP: central counterparty)제도의 도입을 통하여 대차거래에 대한 모니터링을 강화하고자 하는 논의가 대두되었다.

리스크관리와 관련하여 대차거래 CCP 도입을 통하여 시스템 리스크의 감소와 참가자의 거래비용 절감이 가능하다는 주장이 제기되었다. 그러나 이에 대하여 기존의 양자 간 직접거래가 감소하여, 오히려 대차거래가 위축될 수 있다는 반대의견도 있다. 현재 미국과 유럽에서는 대차거래와 관련하여 CCP 제도가 일부 도입되어 운영되고 있는데, CCP의 도입으로 대여대리인 및 프라임브로커가 증권의 소유자와 최종차입자에게 보다 안전한 대차거래 서비스를 제공할 수 있는 장점이 있다.

또한 CCP 도입으로 부수적으로 대차거래의 시작부터 종료까지 발생하는 다양한 업무에 대한 효율성 향상을 도모할 수 있다. 현재는 대차거래와 관련한 중앙거래시스템의 부재로 인하여 담보의 평가 · 유지, 상환요청(recall), 이자지급, 권리관리 및 모니터링 등과 같은 운영을 개별기관들이 각각 수행하고 있어 매우 비효율적이라는 의견이 지속적으로 제기되어 왔다. 따라서 이러한 운영의 비효율성을 CCP를 도입하여 중앙에서 집중적으로 관리함으로써 해결할 수 있다.

(2) 국내의 CCP 도입

증권대차거래에 대한 CCP 도입 논의는 금융위기 이후 미국 및 유럽을 중심으로 논의되

---

17 프라임브로커는 대차가액의 0.2% 정도의 대차거래 수수료를 고객으로부터 받는다(David Timpany/Eddie Guillemette, "The industry perspectives on the securities lending markets in Korea"(The second ANNUAL FI-TICK SEMINAR, 2003.11.29)), p.13.

고 있는데, 민간 금융기관 주도로 시작된 미국이나 유럽의 대차거래는 거래의 불투명성, 규제의 비효율성, 참가자의 운영비용, 리스크관리에 대한 문제가 지속적으로 제기되어 왔다. 이러한 문제를 해결함과 동시에 대차거래 참가자에게 부가가치 서비스를 제공할 수 있는 새로운 비즈니스 모델로서 CCP 도입이 적극 추진되고 있다.

반면 중앙예탁기관 주도로 시작된 우리나라의 대차거래는 현재 미국이나 유럽에서 도입하려는 CCP 기능을 예탁결제원이 대차중개서비스를 통해 이미 제공하고 있다고 볼 수 있다. 미국과 유럽의 CCP와 예탁결제원의 대차중개서비스를 시장관점, 규제관점, 리스크관점, 참여자관점에서 비교하여 살펴보면 다음과 같다.

먼저, 시장관점에서 예탁결제원의 대차중개시스템이 미국이나 유럽의 ATS(alternative trading system)와 유사한 기능을 수행하고 있는 것으로 보인다. 예탁결제원의 결제거래 및 경쟁거래 이용시 경쟁호가 방식이 도입되어 미국이나 유럽에서 시도하고 있는 가격투명성을 제고할 수 있는 시장환경이 조성되어 있다. 시장관행의 투명성과 관련하여 권리관리, 시가평가, 담보대체, 상환요청 등 관련 업무가 예탁결제원의 대차중개서비스를 통해 효율적으로 이루어지고 있다. 따라서 예탁결제원은 표준화된 대차거래서비스를 이미 상당부분 제공하고 있는 것으로 볼 수 있으며, 위험관리의 경우에도 표준화된 방식이 이용되고 있으므로 서구에서 제기되는 불투명한 거래행태에 대한 문제점은 비교적 많이 해소된 것으로 본다.

다음으로 규제관점에서 CCP를 도입하는 경우 CCP를 통해 대차거래에 대한 데이터가 중앙에서 집중관리됨에 따라 감독기관은 대차시장을 모니터할 수 있으며, 시장상황에 맞는 적절한 대응을 수행할 수 있다. 이러한 장점으로 인해 미국이나 유럽에서 CCP 도입에 대해 감독기관이 긍정적인 반응을 보이고 있다. 우리나라의 경우에는 예탁결제원, 한국증권금융 및 증권회사 등의 중개기관이 제공하는 대차거래내역을 한국금융투자협회에서 집중적으로 관리하고 공시하고 있어 감독당국에서 대차거래의 현황을 파악하기가 용이하다.

리스크 관점에서 CCP를 살펴보면, CCP가 모든 대차거래의 거래상대방이 되는 채무경개 방식으로 거래에 개입하게 된다. 그러나 우리나라는 현재 미국이나 유럽의 보관은행에서 수행하는 보증서비스와 유사한 대이행 서비스를 예탁결제원 등이 수행하고 있으나 결제불이행 발생 시 예탁결제원이 리스크를 직접 부담하여 예탁결제원으로 리스크가 집중되는 문제점이 있다. 참가자 관점에서 외국의 경우 중앙에서 관리하는 대차거래시장이 없기 때문에 시장 참가자가 복잡하게 얽혀 있어서 많은 운영비용이 소요되는 문제점이 있다.

중앙화된 기구에서 담보관리, 권리관리 및 수수료 관리 등을 하는 경우 규모의 경제가 작용하게 되고 비용을 감소시킬 수 있다는 것이 CCP 도입에 대한 주요한 근거 중의 하나이다. 미국이나 유럽의 경우 CCP에서 이러한 업무를 수행할 경우 대여대리인인 보관은행이 관련 사무를 아웃 소싱할 수 있어서 비용 절감이 가능하기 때문에 시장 전체적으로 효율적이라는 주장이 제기되어 왔다. 그러나 우리나라의 경우 현재 예탁결제원이 이와 유사한 기능을 수행하고 있어 대차거래 참가자의 비용부담 감소에 기여하고 있는 것으로 판단된다.

2 증권대차거래의 법률관계

2.1. 증권대차거래의 법률적 성질

증권대차거래는 낙성계약(諾成契約)이다. 즉 차입자와 대여자의 합의만으로 대차거래는 성립한다. 따라서 대여자와 차입자 사이에 대차거래의 조건이 일치하는 경우 대차거래의 계약이 체결된 이후 대여자가 대차증권을 차입자에게 인도함으로써 대차거래의 계약이 이행된다. 그러나 대차거래가 담보부인 경우 대여자가 대차증권을 차입자에게 인도하고 동시에 차입자는 대여자 또는 이행보증기관에 담보물을 인도함으로써 대차거래가 이행된다.

대차거래는 유상 또는 무상 모두 가능하다. 예탁결제원이 운영하는 결제거래 · 경쟁거래 · 지정거래 및 연계거래는 유상 대차거래에 해당하며, 맞춤거래 중 대여수수료가 0%인 경우에는 무상 대차거래라 할 수 있다. 그러나 대여수수료가 0%인 맞춤거래의 경우에도 대차중개기관의 대차거래관리 내역에는 무상으로 관리되나, 당사자 사이에서는 대차수수료를 수수하는 것이 일반적이다.

대차거래는 편무(片務) 또는 쌍무계약(雙務契約) 모두 가능하다. 차입자가 대여자에게 수수료를 지급하지 않은 맞춤거래의 경우에는 차입자는 대여자에게 대여수수료 지급의 채무를 부담하지 않는 편무계약이라 할 수 있다. 그러나 맞춤거래의 경우에도 외견상 편무계약이라고 볼 수 있으나 차입자가 대여자에게 직접 대여수수료를 지급하는 것이 일반적이므로 사실상의 쌍무계약이라고 볼 수 있다. 한편 차입자가 대여자에게 수수료를 지급하는 결제거래 · 경쟁거래 · 지정거래 및 연계거래는 쌍무계약에 해당한다. 즉 대여자의 대여증권 인도의무와 차입자의 대여수수료 지급의무는 시간적 차이는 있지만 서로 대가적 의미를 가지며 이행의무가 존재한다.

대차거래는 불요식계약(不要式契約)이다. 대차거래에 있어 대차거래계약서의 작성은 법률상 요건이 아니다. 대차중개시스템에 증권의 대여와 차입신청을 입력하여 체결내역을 관리하는 것은 분쟁에 대비하여 대차거래의 법적 안정성의 확보와 대차거래의 효율적 관리를 위한 것이라 할 수 있다.

일부국가에서는 대차거래의 관리강화를 위하여 대차거래시 서면계약서 작성이 의무화되어 있다. 그러나 이 경우에도 대차거래 시 서면계약서를 작성하지 않았다 하여 당사자 사이에서 대차거래 자체가 무효가 되는 것은 아니다. 따라서 이 경우에도 역시 대차거래는 불요식계약이라 할 것이다.

2.2. 증권대차거래의 성립

(1) 대차거래 합의

증권대차거래는 대여자가 특정한 증권의 소유권을 차입자에게 이전하여 일정기간 동안 차입자로 하여금 이를 이용하게 할 것과, 반환청구 또는 반환시기의 도래시에 차입자에게 동일한 종목 · 수량의 증권을 대여자에게 반환할 것을 약정함으로써 성립하는 낙성계약이므로, 이들 두 가지의 합의가 있으면 대차거래는 성립한다. 따라서 대여자가 차입자에게로 대차증권을 인도하는 것은 증권대차계약에 따른 계약의 이행의무이다.

(2) 대차거래대상 증권

증권대차거래의 대상은 대체물인 주식과 채권 등의 증권이다. 그러나 증권의 번호를 특정하는 증권은 대체물이 아닌 특정물이므로 대차거래의 대상이 되기에는 부적당하다 할 수 있다.

2.3. 증권대차거래에 대한 주요규제

(1) 대차거래대상 증권의 인도

외국인 간 대차거래 이외에 투자매매업자 등의 대차거래에 대하여는 대차거래대상 증권의 인도와 담보의 징구를 동시에 이행하도록 규정하고 있다(자본시장법시행령 제182조제1항제2호). 이 경우에 대차거래대상 증권 및 담보증권이 예탁결제원의 예탁대상증권으로 지정된 증권인 경우에는 예탁결제원의 예탁자계좌부 또는 투자매매업자등의 투자자계좌부상 계좌간 대체의 방법으로 인도하여야 한다.

(2) 담보의 징구

투자매매업자, 투자중개업자, 예탁결제원 또는 증권금융회사 등은 증권의 대차거래 또는 그 중개 · 주선 · 대리업무를 영위하는 경우 차입자로부터 증권 또는 현금을 담보로 징구하여야 한다(자본시장법시행령 제182조제1항제1호 및 금융투자업규정 제5-25조제1항). 현금이 담보인 경우에는 한국은행, 은행 또는 투자매매업자 등을 통한 자금이체의 방법으로 이행하여야 한다(금융투자업규정 제5-26조제1항). 다만, 증권의 대여자와 차입자가 합의하여 조건을 별도로 정하는 대차거래로서 투자매매업자 또는 투자중개업자가 필요하다고 인정하는 대차거래의 중개의 경우에는 담보를 받지 아니할 수 있다. 그러나 이 경우에도 투자매매업자등이 자기계산으로 특정 당사자로부터 증권을 차입하여 다른 당사자에게 대여하는 형식으로 중개하는 중개거래의 경우에는 담보를 징구하여야 한다(자본시장법시행령 제182조제1항제1호 및 금융투자업규정 제5-27조제1항).

(3) 대차거래의 중개방법 및 공시

투자매매업자 등은 증권의 대여현황과 체결된 대차거래증권의 종목 · 수량 등의 거래내역을 한국금융투자협회를 통하여 당일 공시하여야 한다. 한국금융투자협회는 대차거래내역을 매달말 기준으로 다음달 10일까지 금융감독원장에게 보고하여야 한다(금융투자업규정 제5-27조제1항 · 제2항).

2.4. 증권대차거래와 도산법 적용

(1) 일괄정산의 의의

일괄정산(close-out netting)은 양 거래당사자 간의 사전계약에 의하여 일정한 범위의 채권 · 채무에 관해서 거래당사자 일방의 채무불이행이나 해산 또는 파산 등과 같이 계약에서 정한 사건이 발생하는 경우 이행기가 서로 다른 미결제의 모든 채권 · 채무를 일괄정산하여 이행기가 도래한 하나의 채권 또는 채무로 조기에 확정(single net payable or receivable)하고, 그 확정된 채권 또는 채무에 대하여 거래당사자 간에 상계(set-off)하는 것을 의미한다. 이러한 일괄정산은 거래 당사자 일방이 도산한 경우 결제금액을 감소시키고 신속하게 처리하므로 시스템위험(system risk)의 발생을 방지한다. 또한 채권과 채무의 차액을 통해 거래당사자의 신용위험(credit risk)을 산정해 신용위험의 감소를 도모함으로써 금융거래의 안정성을 담보하는 기능을 수행한다. 즉 일괄정산을 이용하면 대차거래 당사자의 신용리스크와 금융시장의 시스템리스크가 축소되고 금융기관의 자본적정성 요건이 완화되어 시장의 효율성이 증대된다.

(2) 도산법상 일괄정산의 적용기준

도산법에서는 대차거래에 관한 기본적 사항을 정한 하나의 계약 즉, 기본계약에 근거하여 대차거래를 한 적격대차거래의 당사자 일방에 대하여 회생절차가 개시된 경우, 동 적격대차거래의 종료 및 정산의 효력을 보장하기 위한 특칙을 두고 있다. 동 특칙에서는 도산법의 일반규정에도 불구하고 적격대차거래의 기본계약에서 당사자가 사전에 합의한 대차거래의 종료 및 정산의 내용에 따라 그 효력이 발생하고, 도산법에 따른 해제 · 해지 · 취소 및 부인의 대상에서 배제하는 규정을 두고 있다(도산법 제120조제3항 본문). 또한 적격대차거래의 당사자 일방에 대하여 파산선고가 있는 경우에도 이를 준용하는 특칙을 두고 있다(도산법 제336조). 이를 통하여 대차거래 당사자 간의 적격대차거래의 결제완결성(finality)을 보장하고 있다. 그러나 채무자가 상대방과 공모하여 회생채권자 또는 회생담보권자를 해할 목적으로 대차거래를 행한 경우에는 그 적용을 제외하고 있다(도산법 제120조제3항 단서).

이와 관련하여 국내 대차거래의 당사자는 도산법상 기본계약[18]에 해당하는 한국금융투자협회의 「대차거래약관」 또는 예탁결제원의 「대차거래의 중개 등에 관한 규정」 등을 이용하여 대차거래를 하고 있다. 동 약관에서는 당사자 중 어느 일방의 채무불이행 또는 도산절차의 개시 시에는 당사자 간의 합의에 따라 조기도래 통지를 하지 아니하더라도 해당 사유 발생일에 거래가 조기종료(acceleration)하는 것으로 정할 수 있으며(동 약관 제15조제2항), 모든 대차거래와 관련하여 동일한 일자에 당사자 상호 간에 지급 또는 인도하여야 할 대차증권 · 현금담보 · 담보증권 · 대차수수료 · 현금담보운용수수료 · 대차증권으로부터 발생하는 수익 및 담보증권으로부터 발생하는 수익 등은 현금 또는 동일 종목인 경우 이를 상호 차감(netting)하여 정산한 수량을 일괄하여 지급 또는 인도할 수 있는 일괄정산에 관한 사항을 명시하고 있다(동 약관 제12조). 또한 동일한 대여자와 차입자 간에 체결된 일체의 대차거래는 하나의 단일거래를 구성하는 것으로 보고, 단일거래를 구성하고 있는 일부 대차거래의 계약불이행은 단일거래의 계약불이행으로 볼 수 있을 뿐만 아니라 차감정산도 할 수 있는 근거를 마련하고 있다(동 약관 제13조).

즉 동 약관에 근거한 대차거래는 도산법상의 적격대차거래라 할 수 있으며, 또한 동 약관에서 일괄정산에 관하여 정하고 있으므로 도산법 제120조제3항에서 규정하고 있는 부인권 등의 배제와 일괄정산에 관한 특칙을 적용받을 수 있다. 따라서 국내 대차거래의 경우에도 대여자 또는 차입자 일방 당사자의 도산으로 인하여 채무불이행 상태에 있는 경우에는 일괄정산을 적용받아 대차거래의 안정성과 효율성을 보장받고 있다.

---

18 기본계약서라 함은 특정금융거래를 하고자 하는 금융기관 등과 그 상대방과의 사이에 두 개 이상의 특정금융거래를 계속 수행하기 위하여 작성되는 계약서로서 계약의 당사자 간에 이루어지는 특정금융거래에 관한 채무에 대한 이행방법 기타 해당 특정금융거래에 관한 기본적 사항을 정하는 것을 말한다.

예탁결제원의 증권대차거래제도 제3절

개요

1.1. 수행근거

증권대차거래 또는 그 중개 · 주선 또는 대리업무 등의 수행과 관련하여 자본시장법상 특별한 제한은 없다. 예탁결제원은 자본시장법 제296조(업무) 제3항제1호나목에 의하여 대차거래의 중개 · 주선 또는 대리업무를 영위하고 있다. 예탁결제원은 전문대차중개기관으로서 기관투자자 간, 외국인 간 그리고 기관투자자와 외국인 간의 대차거래를 중개하고 있다. 즉 예탁결제원은 기관투자자 및 증권회사를 위한 도매중심의 직접중개를 수행하고 있다.

1.2. 중개업무의 범위

증권대차거래의 중개기관으로서 예탁결제원은 대차거래의 중개 및 주선과 대차거래의 체결, 대차증권의 상환 · 인도 · 권리관리 · 담보관리 · 대이행 및 이에 부수하는 업무를 수행하고 있다. 그리고 예탁결제원은 대차중개기관으로서 대차거래내역의 유지관리를 위하여 대차거래원장을 작성하여 관리하고 있다. 대차거래원장에는 대여자 및 차입자의 명칭 · 주소 및 사업자등록번호, 대여수수료, 기준가, 대차거래체결총액, 체결수량, 체결일, 상환만기일, 거래유형, 담보비율 등이 기록 관리된다.

1.3. 증권대차거래의 종류

예탁결제원의 대차거래 종류에는 결제거래, 경쟁거래, 지정거래, 맞춤거래, 연계거래 및 담보거래가 있다. 결제거래는 결제부족분 충당목적의 거래로 거래방법은 경쟁거래와 동일하나 다만, 대차거래 기간이 3일로 제한되어 있다. 경쟁거래는 대차중개기관을 통하여 대차수수료가 호가경쟁방식으로 체결되는 담보부대차거래로 거래당사자는 상대방을 인지하지 못한다. 지정거래는 차입자와 대여자 간 대차증권, 대차수수료 등의 대차조건이 직접 사전 협의되어 체결되는 담보부대차거래로 거래당사자는 상대방을 인지하고 있다. 담보거래는 원거래(파생상품거래)의 담보를 채무자가 대여자가 되어 차입자인 채권자에게 납입하는 대차제도로 현재 국채 및 통안채에 한해 재담보 혹은 재 repo가 가능한 거래이다. 소비대차 형식인 대차결제거래, 경쟁거래, 연계거래 및 지정거래의 담보권자는 예탁결제원이며, 맞춤거래의 담보권자는 대여자이다. 그러나, 담보거래는 담보제공 의무가 없어 담보권자가 없다. 그러므로 담보거래로 차입한 담보를 일반대차의 담보로 재활용할 경우에만 예탁결제원이 담보권자가 된다.

대차거래의 대여자와 차입자의 쌍방 합의하에 거래중인 건에 대하여 대차수수료율, 대여수익률(연계거래), 중개수수료부담여부(맞춤거래), 담보비율(맞춤거래)을 변경할 수 있으며, 조건변경신청 및 동의가 이뤄진 익일부터 변경된 조건에 따른 대여수수료 및 담보계산이 이루어진다.

1.4. 증권의 대여, 차입 및 상환

(1) 대여와 차입

예탁결제원은 결제 및 경쟁거래의 경우 차입자로부터 대차거래의 차입신청을 받아 대여자를 물색하여 예탁결제원이 운영하는 대차거래중개시스템을 통하여 대차거래를 체결하고 있다. 대차거래중개시스템에 차입자는 차입증권 · 차입수량 · 차입수수료 등을 입력하여 신청하고, 대여자는 대여증권 · 대여수량 · 대여수수료 등을 입력하여 신청한다. 예탁결제원은 대차거래가 체결된 경우 대차거래 체결내역을 대여자 및 차입자에게 통지한다(대차중개규정 제19조 본문). 그러나 결제거래 및 경쟁거래의 경우 거래상대방에 관한 사항은 통지하지 아니하여 거래당사자는 거래상대방을 알지 못한다(대차중개규정 제19조 단서). 그리고 예탁결제원이 대차거래의 체결결과를 통지하는 경우 대여자와 차입자는 대차거래를 확인하고 승인한 것으로 간주한다(대차중개규정 제20조). 예탁결제원은 모든 종류의 대차거래에 대하여 '대차거래원장'상에 차입자 및 대여자의 대차거래내역을 관리하고 있다(대차중개규정 제25조의2).

한편 예탁결제원은 결제거래, 경쟁거래 및 지정거래의 경우 차입자의 채무불이행시 차입자를 대신하여 대여자에게 대이행책임을 부담하고 있다(대차중개규정 제25조의2). 이를 위하여 예탁결제원은 대차거래계약의 체결후 대여자에게서 차입자에게로 대차증권이 인도되기 전에 차입자로부터 증권 또는 현금을 예탁결제원을 담보권자로 하여 담보로 제공받고 있다(대차중개규정 제21조의3). 예탁결제원은 차입자의 채무불이행시 담보권자로서 담보물을 처분할 수 있다(대차중개규정 제26조). 국내기관투자자는 주식 · 국채 · 회사채 · CP 등의 증권을 주로 대차거래의 담보로 제공하며, 외국인투자자의 경우에는 대부분 주식을 담보로 제공하고 있다.

(2) 대차증권의 상환

증권대차거래는 차입자가 동종 · 동량의 증권을 대여자에게 상환함으로써 종료되며, 상환시기에 따라 만기상환과 중도상환으로 구분할 수 있다. 만기상환은 대차거래의 만기가 도래하면 차입자는 대여자에게 차입증권을 인도해주어야 한다. 다만, 채권대차거래의 경우 채권의 유동성 부족 등의 사유로 증권으로 상환하기 힘든 경우 대여자의 동의를 얻어 전부 또는 일부의 현금상환이 가능하나 대차거래 종료일 전일시가의 1% 가산금이 추가된다.

중도상환은 차입자의 중도상환 요청과 대여자의 중도상환 요청에 의해 이루어진다. 먼저, 차입자의 중도상환 요청은 차입자가 대차거래기간 중 언제든지 중도상환이 가능하며, 대여자도 중도상환 요청을 대여기간 중 언제든지 할 수 있다. 대여자가 중도상환 요청을 하는 경우 차입자는 T+2영업일까지(오전 12시 이후에 요청한 경우 T+3영업일까지) 차입증권을 상환해야 한다.

상환연기(rollover)는 차입자의 신청 및 대여자의 동의로 대차거래의 상환을 연기할 수 있으며, 원거래는 만기일에 상환되고 신규거래가 체결되는 방식이다. 경쟁거래 · 연계거래의 경우 상환만기일로부터 기산하여 3영업일전까지, 결제거래 · 지정거래 · 맞춤거래 · 담보거래의 경우 상환만기일까지 상환연기신청 및 동의를 완료하여야 한다.

1.5. 대이행책임

예탁결제원의 대차거래운용구조 및 규정상 결제거래 · 경쟁거래 · 지정거래 및 연계거래에 대한 예탁결제원의 대이행책임은 대여자 및 차입자를 위한 대차거래 이행보증기관으로서의 책임이며, 대차거래의 당사자로서의 책임은 아니다. 예탁결제원이 대이행책임을 지는 대차거래 채무불이행 사례로는 (ⅰ)차입자가 추가담보를 제공하지 않은 경우, (ⅱ)종료일까지 대차증권을 인도하지 않은 경우, (ⅲ)유동성 부족 등의 사유로 그 전부 또는 일부의 인도가 불가능하여 현금상환을 신청하였으나 해당 현금납부의무를 이행하지 않은 경우, (ⅳ)배당금 등을 인도 또는 지급하지 않은 경우, (ⅴ)대차수수료 지급일까지 대차수수료를 지급하지 않은 경우 등이다.

예탁결제원은 차입자의 대차증권 상환의무 불이행시 대여자에 대하여 대여증권의 상환에 대하여 대이행책임을 부담하며, 차입자가 대차증권 상환의무를 이행한 경우 차입자가 제공한 담보물의 반환의무를 부담한다. 만약 예탁결제원이 대이행책임을 다하지 못하는 경우 대여자는 대차거래의 직접 당사자로서 차입자에 대하여 직접 채무이행청구나 손해배상청구를 할 수 있다고 보아야 할 것이다. 이 경우 예탁결제원은 차입자 및 대여자에게 대차거래의 상대방을 알려줄 의무가 있다.

만일 예탁결제원이 대차거래의 당사자로서 책임을 지기 위해서는 대여자와의 관계에서는 차입자의 지위에서, 그리고 차입자와의 관계에서는 대여자의 지위에서 대차거래의 중개업무를 행하는 간접중개를 수행하여야 하나 예탁결제원의 대차거래운용구조 및 규정상 예탁결제원이 간접중개를 수행할 수 있는 근거는 없다. 또한 예탁결제원이 간접중개를 통하여 대차거래를 체결하는 경우에는 대여수수료 및 대체지급분과 관련한 세금 문제도 야기될 것이다.

1.6. 증권대차거래의 익명성

예탁결제원의 대차거래 유형 중 결제거래 · 경쟁거래 및 연계거래의 경우 차입자 또는 대여자는 거래의 상대방을 알지 못하며, 대차중개기관인 예탁결제원이 관리하는 대차거래원장상에만 차입자와 대여자의 내역이 관리된다. 그리고 이들 대차거래에 대하여 예탁결제원이 차입자의 채무불이행에 대하여 대여자에게 대이행책임을 부담한다. 대이행책임 부담과 관련하여 예탁결제원은 차입자로부터 예탁결제원을 담보권자로 하는 담보물을 제공받아 관리하고 있다(대차중개규정 제25조의2).

이와 관련하여 결제거래 · 경쟁거래 및 연계거래의 경우 비록 거래당사자가 거래상대방을 알지 못한다 하더라도 이는 대차거래의 특성상 거래의 익명성을 보장하기 위한 것으로서, 대여자와 차입자는 직접 대차거래의 당사자가 된다.

1.7. 담보관리 및 부종성

(1) 담보관리

결제거래 · 경쟁거래 · 지정거래 및 연계거래의 경우 예탁결제원이 담보권자로 차입자의 결제불이행시 담보를 처분하여 채무를 대이행한다. 그러나 맞춤거래의 경우 해당 거래의 대여자가 담보권자로 담보에 관한 세부사항은 대여자와 차입자가 정한다.

담보설정대상가액은 대차증권가액 · 권리가액 · 상환수수료를 합한 금액으로서, 현재 담보비율은 주식대차는 105%, 채권대차는 100%이다.[19] 담보대상증권은 예탁대상증권 · 외화증권이며, 담보현금은 원화와 외화 중 미국 달러이다. 담보권자는 담보대상증권과 담보현금 중에서 차입자로부터 제공받을 담보를 선택하는 것이 가능하다. 담보의 평가는 담보

---

19 필요담보금액 = 담보설정대상가액 × 담보비율 = (대차증권가액 × 담보비율) + (권리가액 × 담보비율) + (상환수수료 × 담보비율).

대상증권의 급격한 가격변동에 따른 리스크를 방지하기 위하여 헤어컷(haircuts)이 적용되며, 헤어컷은 증권의 종류별로 다르게 정한다.

담보는 일일정산되는데, 이는 차입증권 및 차입증권에서 파생된 권리지분, 제공된 담보의 가격변동을 감안하여 필요한 담보금액을 매일 산정하는 것이다. 일일정산의 결과 가격변동에 따른 담보과부족이 발생할 수 있으며, 차입자는 당일 영업시간 내에 부족분을 충당하여야 한다. 예탁결제원은 차입자가 제공한 현금담보를 운용할 수 있으며 운용에 따른 이자를 월별로 계산하여 익월 3영업일에 지급한다.

담보권자는 (ⅰ)담보증권 등의 발행인에게 부도 · 파산선고 · 회생절차 및 그 밖에 담보물의 급격한 가치 하락이나 유동성 저하의 우려로 담보교환이 필요하다고 인정하는 경우, (ⅱ)채권 · CD 등의 원금상환이 예정된 담보증권, (ⅲ)주식 또는 회사의 분할, 합병 등으로 주권의 제출이 요구되는 경우, (ⅳ)집합투자증권의 환매연기 · 부분환매 · 환매제한 등이 있는 경우에는 담보의 교체를 요구할 수 있다. 담보의 자동교환 프로세스가 있는데, 이는 담보가 잉여상태일 경우 자동으로 말소되며, 담보가 부족상태일 경우 추가담보를 설정하여 잉여상태로 전환될 때 자동으로 말소되는 프로세스를 말한다.

(2) 담보의 부종성

예탁결제원의 대차거래운용구조 및 규정상 대차거래 담보물의 담보권자로서 역할과 관련하여 담보물의 부종성이 문제가 된다. 예탁결제원의 대차거래는 차입자와 대여자가 거래의 직접 당사자가 되기 때문에 예탁결제원의 담보권은 차입자에 대하여 대차거래의 채권자로서의 지위에서 담보권자가 되는 것은 아니다. 장래에 차입자가 대차증권의 상환의무 등을 이행하지 않음에 따라 예탁결제원이 차입자를 대신하여 대여자에게 대이행책임을 진 경우 예탁결제원이 차입자에게 가지는 구상권에 대한 담보를 확보하기 위한 것이다. 즉 장래에 발생할 구상권에 대한 담보로서 예탁결제원이 담보권자의 지위에 있으므로 예탁결제원의 담보권은 담보의 부종성에 부합한다고 하여야 할 것이다(대차중개규정 제26조).

2 대차증권의 권리관리

2.1. 대체지급분

(1) 의의

대체지급분(substitute payment or synthetic payment)은 대여자가 증권을 대여하지 않았

다면 발행회사로부터 수령하였을 금전 또는 증권을 차입자로부터 보상받는 것을 말한다. 배당금 대체지급분을 의제배당(manufactured dividend)이라고도 한다. 즉 대체지급분은 대차거래의 차입자가 보유 또는 매각한 대차증권에 현금배당금 · 무상주식 · 주식배당 · 채권이자 등의 과실이 발생하는 경우 대차거래계약에 따라 차입자가 자기의 계산으로 대차증권의 경제적 과실을 대여자에게 보상하는 것을 말한다.

(2) 대체지급분의 성격

대체지급분의 성격과 관련하여 국세청은 "국내사업장이 없는 외국법인이 「증권대차거래의 중개 등에 관한 규정」에 의하여 대차거래 승인을 받아 내국법인의 증권을 대차하는 경우 동 규정에 의하여 당초 배당금에 대한 권리자인 대여법인이 예탁결제원을 통하여 차입법인으로부터 지급받는 소득은 「법인세법」 제93조제2호의 배당소득에 해당하는 것으로, 대여법인을 배당소득의 실질적인 귀속자로 보아 원천징수하는 것(국세청 2001.2. 3. 8 유권해석: 서이 46017-10663)"이라고 유권해석하였다. 그리고 재정경제부는 "국내사업장이 없는 외국법인이 「증권대차거래의 중개 등에 관한 규정」에 의하여 증권을 대여하고 증권대차거래 기간 중에 대차된 증권에 대한 배당금 · 무상주식(주식배당 포함) · 신주인수권 및 채권이자 등을 예탁결제원을 통하여 지급받는 소득은 증권을 대여한 외국법인이 해당증권을 계속 보유한 경우의 소득구분에 따르는 것(재정경제부 2001. 1 14 유권해석: 재국조 46017-66)" 이라고 유권해석하였다. 따라서 과거 국세청과 재정경제부의 유권해석은 해당 대체지급분이 원인이 되는 소득으로 대체지급분의 성격을 의제하고 있다. 이러한 접근방법을 일치론(transparency)이라고 한다.

대체지급분은 대차거래 기간중 대차증권에 배당금 등이 발생하는 경우 "차입자가 대여자에게 배당금 등을 보상한다"라는 정지조건부계약의 조건성립에 따른 채무이행행위로 보는 것이 타당하다고 본다. 따라서 배당금과 관련되는 대체지급분을 배당소득으로 의제하는 것은 이론적으로는 바람직하지 못하다고 본다. 그러나 이에 따른 대안으로 기타소득이나 사업소득으로 보는 경우에도 문제점은 여전히 남아 있다. 기타소득(other income)이나 사업소득(business income)으로 보는 경우에는 국내기관투자자 등이 세제혜택(법인의 경우 배당소득의 90%가 익금불산입)을 받을 수 없는 문제점이 있다. 그리고 사업소득의 경우 대여자가 증권대여가 사업이라는 증명이 용이하지 않은 문제점이 있다.

대차거래의 취지는 대여자가 대여에 따른 경제적 손실을 입지 않는 것을 원칙으로 하는데, 이 경우 배당금에 대하여 익금불산입이 되지 않게 되어 대여자에게 대차거래에 따라 손해가 발생하고 그리고 손해분만큼을 차입자에게 보전 내지는 전가시키는 경우에는 차입자의 대차거래 비용이 증가하여 대차거래가 위축될 가능성이 크다. 따라서 경제적 실질을 중요시 여기는 세법적용에 있어서는 현행 예규와 같이 대여자가 보유하고 있었다면 받았을 소득으로 구분하여 적용하는 것이 타당할 것으로 본다.

이에 따라 외국인 간 배당금 대체지급분에서 야기되고 있는 이중과세의 문제와 관련하여 외국인 간 대체지급분을 모두 국외원천소득으로 인정하여 이중과세의 문제를 해소하기 위하여 최근에는 법인세법상 대체지급분에 대하여 국외원천소득으로 인정하고 있다. 영국 · 독일 · 일본 · 호주 등의 국가에서는 차입자가 차입주식의 보유 또는 매도 여부를 불문하고 그리고 차입자의 국내거주 또는 국외거주에 상관 없이 대차거래 대체지급분에 대하여 원천징수를 하지 않고 있다.

(3) 지급의무

대차거래는 특별한 계약조건이 있는 경우를 제외하고는 대여자가 증권을 대여하지 않았더라면 받았을 경제적 이익을 차입자로부터 보상받는 것이다. 그리고 차입자가 대여자에게 대체지급분을 반드시 지급하도록 하는 것이 대차거래를 매매거래의 예외로 인정한 취지에도 부합한다. 만일 그렇지 않으면 대차거래의 형식을 통하여 소유권을 대여자에서 차입자에게로 이전한 후에 차입자가 대여자에게 대체지급분을 지급 또는 인도하지 아니하는 경우에 대차거래가 매매거래와 동일한 결과를 초래하여 매매거래의 예외로 대차거래를 인정한 취지에 반하게 된다. 따라서 이를 방지하기 위하여 대차거래에 따른 대체지급분을 차입자가 대여자에게 원칙적으로 보상하여야 한다. 다만, 대여자의 부도 · 파산 등의 경우 차입자가 대체지급분을 대여자에게 지급하고도 차입자가 대여자에게 제공한 담보물을 돌려받을 수 없는 불가피한 사정이 있는 경우에는 대체지급분의 인도 없이 당사자 간의 채권과 채무를 상계하여 정산할 필요가 있다.

2.2. 개별권리의 지급방법

증권대차는 민법상 소비대차인 증권소비대차로서, 증권의 소유권이 차입자에게로 이전되나 증권대차거래약정 및 관련규정에 차입자가 대차거래기간 동안 발생하는 무상주 · 주식배당주 · 배당금 · 채권이자 등의 경제적 권리를 대여자에게 보상하기로 명시함으로써 대여자 손실을 최소화한다. 다만, 의결권과 같은 법적 권리는 여전히 주식의 소유자에게만 부여되므로 대여자가 의결권을 행사하려면 주주총회 기준일 3영업일 전 오전 12시까지 중도상환(recall)을 요청하여 증권을 상환받아 주주명부상 등재가 필요하다.

예탁결제원은 대차거래 중개기관으로서 대차거래약정 및 관련 규정에 따라 증권의 권리일정을 통지하고, 차입자와 대여자의 권리배정명세를 작성하며, 차입자로부터 권리대금 등을 납부받아 대여자에게 지급하는 역할을 수행한다. 관련 규정상 대여자에게 보장되는 권리에는 채권이자 · 배당, 유 · 무상증자 등이 있다.

3 외국인의 증권대차거래

3.1. 증권대차거래 방법

외국인은 원칙적으로 장내시장을 통해서만 상장증권을 매매하도록 규정되어 있다(자본시장법시행령 제188조제2항제1호가목). 그러나 외국인이 국내 대차중개기관을 통하여 대차거래를 하는 경우에는 증권시장 집중매매에 대한 예외의 하나로 인정되고 있다(금융투자업규정 제6-7조제1항제13호). 또한 「외국환거래규정」은 거주자와 비거주자 간 또는 비거주자 간 원화증권에 대한 대차거래가 국내의 대차중개기관을 통하여 이루어지는 경우에는 대차거래를 허가 또는 신고의 면제대상으로 정하고 있다(외국환거래규정 제7-45조제1항제16호 및 제2항, 제7-46조제2항 단서).

이와 같이 대차거래에 대하여 증권시장 집중매매의 예외로 인정하고, 외국환거래규정상 허가 또는 신고를 면제[20]하는 이유는 대차거래가 대차증권의 소유권이 대여자에서 차입자에게로 외관상 이전하지만 대차거래 기간의 만료 시에 대차증권과 같은 동일한 종목 · 수량의 증권을 차입자가 대여자에게 상환하는 것을 가정하고 있기 때문이다. 즉 대차증권은 대여자에게서 차입자에게로 소유권이 잠정적으로 이전하는 것이지 항구적으로 이전하는 매매와 다르기 때문이다. 이러한 규정의 취지를 고려할 때 대차증권은 당사자 일방의 부도 · 파산 이외에는 원칙적으로 대차기간 만료 시 또는 대여자의 요구 시 반드시 상환되어야 한다. 미국 「내국세법」 제1058조의 경우에도 대차거래의 체결 시에 「내국세법」 제1058조의 요건을 충족하여 자본이득세 부과의 면제로 되었지만, 차입자가 동일한 증권을 반환하지 아니한 경우에는 대차거래에 따른 자본이득은 차입자가 동종증권의 반환을 이행하지 못하는 시점에 실현된 것으로 간주하고 있다.

---

20 2005년 7월 이후에는 외국인의 원화증권 차입에 대하여 300억 원 미만인 경우에는 신고가 면제되고, 300억 원에서 500억 원까지는 월별 사후신고로 하고, 500억 원 이상에 대해서만 건별 사전신고를 하도록 하고 있다.

3.2. 증권대차거래관련 세금

증권대차거래와 관련한 세금은 외국인 대여자가 증권대여에 따라 차입자로부터 수령하는 대차수수료에 대한 기타소득세, 외국인 대여자가 대여증권에 발생하는 배당금에 대한 보상으로 차입자로부터 수령하는 배당금 대체지급분에 대한 배당소득세, 외국인 차입자가 현금담보제공에 따라 담보권자로부터 수령하는 현금담보이자수입에 대한 이자소득세 등이 있다.

이중 특히 문제가 되는 것은 배당금 대체지급분에 대한 이중과세의 문제이다. 외국인 간 대차거래에서 외국인 차입자가 외국인 대여자로부터 증권을 차입하여 매도한 경우 이를 매수한 제3자가 발행회사로부터 배당금 수령 시 배당소득에 대하여 원천징수가 이루어진다. 그리고 차입자가 자기의 계산으로 대여자에게 배당보상금 지급 시 대여자가 동 대체지급분을 수령하기 전에 대체지급분은 의제배당으로 간주되어 또다시 원천징수가 이루어진다. 따라서 대차된 동일 증권에 대하여 두 번의 배당소득세가 과세되어 이중과세의 문제가 야기된다. 이러한 문제를 해결하기 위하여 재정경제부 예규(재경부 국조46017-105, 2003.7.7과 국조-137, 2004.3.6)는 외국인 간 대차거래에서 외국인 차입자가 배당금 지급기준일 이전에 대차증권을 매도한 경우에는 매도된 만큼의 대체지급분은 국외원천소득으로 해석하였다. 그러나 이는 차입자로부터 수령하는 대여자의 소득인 대체지급분이 차입자의 매도 여부에 따라 국외원천소득 또는 국내원천소득으로 결정되는 불합리한 점이 있었다. 뿐만 아니라 차입자가 매도여부를 증명하고 이를 원천징수의무자가 확인하는 과정이 비효율적이고 정확하게 증명되기 곤란한 문제점도 있었다.

한편 배당금 대체지급분에 대하여 이중과세의 문제를 해결하기 위하여 배당금 대체지급분을 기타소득이나 사업소득으로 소득구분을 변경하는 경우에도, 기타소득으로 하는 경우에는 이중과세의 문제점은 해결되지만 국내기관투자자가 배당금 대체지급분에 대하여 익금불산입의 혜택(법인세법 제18조제6호)을 받을 수 없는 문제점이 있으며, 사업소득으로 하는 경우 대여자가 증권대여가 사업이라는 증명을 하는 것이 용이하지 않은 문제점 등이 있었다. 이에 따라 현재 「법인세법시행령」에서는 국내사업장이 없는 외국법인이 자본시장법에 따라 국내사업장이 없는 비거주자 외국법인과 증권(채권 등을 제외)대차거래를 하여 차입자로부터 지급받는 배당 등의 대체지급분은 차입자의 매도 여부와 상관없이 모두 국외원천소득으로 인정하는 명문의 규정을 두고 있다(법인세법시행령 제132조제15항).

한편 OSLA(Overseas Securities Lending Agreements) 계약서에서는 외국인 간 대차거래에서 대체지급분이 국외원천소득으로 인정된 경우에 차입자는 배당금 상당액에서 국외원천소득으로 인정받아 비과세되는 부분만큼을 공제한 금액만을 대여자에게 지급하는 것으로 되어 있다.

제4절 공매도와 증권대차거래

1 공매도의 의의

공매도(short selling)는 가격하락을 예상하고 소유하지 않은 증권을 매도하거나 차입한 증권으로 결제하고자 하는 매도로 향후 낮은 가격으로 재매입해 상환함으로써 차익을 얻고자 하는 거래이다. 공매도에는 증권의 차입이 없는 무차입공매도(naked short selling)와 증권의 차입을 통한 차입공매도(covered short selling)로 구분할 수 있다. 무차입공매도는 보유하고 있지 아니한 증권을 매도한 후에 결제일 전에 증권을 빌리거나 시장에서 되사 반환·정산하는 과정에서 차익을 얻는다. 즉 공매도를 한 후 증권의 가격이 하락하면 수익을 올릴 수 있게 된다. 우리나라에서는 증권의 차입이 없는 무차입공매도를 금지하고 있으며, 차입공매도의 경우에도 주식과 주식관련사채의 차입공매도에 대하여 호가제한(up-tick rule) 등의 규제를 하고 있다. 차입공매도는 제3자로부터 미리 차입한 후 해당 차입증권을 매도하고 차입증권으로 결제하는 공매도를 말한다.

공매도와 관련한 기타 용어로는 '쇼트 커버링(short covering)'이 있는데, 이는 공매도를 청산하는 개념이다. 즉 공매도 후 주가가 하락하면 차익을 얻게 되지만 반대로 상승할 경우엔 손실이 급격하게 늘어나기 때문에 손실을 줄이기 위해 매수 주문을 내는 것을 쇼트 커버링이라 부른다. 이때 주가는 쇼트 커버링 매수세에 의해 급등하기도 한다. 그리고 호가를 제한하는 '업틱 룰(up-tick rule)' 규제도 있다. 공매도증권을 매도시에 시세보다 높은 가격에 매도하도록 하는 제도이다. 공매도로 인한 증권 가격의 하락을 유발하는 부작용을 막기 위해 한국과 호주 등에서 도입하여 운영하고 있는 제도이다.

공매도자 시장의 주요참가자는 주식시장 및 선물·옵션 등 주식파생상품시장의 시장조성자(market maker), 전환사채를 매수하는 헤지투자자, M&A 시장에서 매수대상 기업과 매수시도 기업 간의 가격괴리 현상을 기회로 차익을 얻고자 하는 차익거래자, 롱-숏(long-short)투자전략[21]을 구사하는 헤지펀드 등이 있다. 또한 특정 주식이 고평가되었다고 판단

21 롱-숏(long-short)투자전략은 상승가능성이 높은 주식은 매수하여 보유하고, 하락가능성이 높은 주식은

하는 투기적 거래자도 이익실현을 위한 주식 공매도를 할 수 있다. 또한 저평가 주식의 매수와 고평가 주식의 공매도를 동시에 실시하여 이익을 극대화할 수 있다.

공매도를 하는 투자자는 주가가 향후에 하락한다고 전망하고, 예상대로 주가가 하락한 시점에서 매도한 주식을 환매해서 이익을 얻는 것을 목적으로 하고 있다(전망이 빗나가 주가가 상승하면 손실을 입는다). 공매도가 이루어짐으로써 주식을 이미 보유하고 있는 투자자 이외의 제3자의 투자판단이 시장에 반영되는 동시에, 매매량이 증가해서 시장의 유동성이 향상된다. 공매도는 정당한 경제행위이다.

한편 공매도는 대여자에게 지급하는 '물품대여료'라는 비교적 작은 비용만으로 예상되는 시세의 약세 투자판단을 시장에 반영시킬 수 있기 때문에, 주가의 하락을 가속시키기 쉽다는 지적도 있다. 또한 대량의 공매도를 집중적으로 한다면, 주가의 급락을 초래하는 '대량매도에 의한 시세하락'도 가능하다. 이 때문에 평상시에도 공매도에 대해서는 다양한 규제를 부과하고 있는 국가나 지역이 적지 않다.

② 공매도의 시장기능

2.1. 공매도의 순기능

공매도는 가격결정의 효율성을 제공할 수 있는 중요한 기능을 수행한다. 공매도가 존재하지 않는 경우 주식가격에 영향을 미치는 요소는 주식 자체가 가지는 본질적 가치(intrinsic value)와 거래자들의 수요공급 관계에 기인한다. 실질적으로 주식가격 상승 및 하락의 방향을 결정하는 것은 회사의 영업활동에 따른 주식의 본질적 가치의 변동이 근본 원인이 되나, 적정한 투자처를 찾고자 하는 투자자들의 수요공급 관계에 따라 주가의 변동성이 발생하기도 한다. 이는 유망한 주식에 대하여 다수의 투자자들의 쏠림 현상이 발생하기 때문이다. 그러나 유망종목에 대한 수요가 급증하는 가운데 시가총액 및 발행주식 수량이 제한되어 있다는 점, 투자자들이 장기적으로 보유하는 주식이 존재한다는 점으로 인하여 주식의 유동성이 저하되면서 적정가격을 넘는 현상이 발생할 수 있다. 시장 전체적인 관점에서 볼 때, 유망종목에 투자할 수 있는 대상은 무한이나, 기피종목을 매도할 수 있는 대상은 주식 보유자로 제한되기 때문에 주식시장의 방향성은 수요중심으로 흘러가게 된다. 그러나 공매도가 시행될 경우 유통되지 않던 물량이 시장에 공급되는 효과가 발생하기 때문에 주식시장의 유동성이 증가되는 효과를 발생시키며, 가격하락에 대한 투자가 가능하게

차입을 통하여 공매도하는 투자전략이다.

되어 투자형태가 다양화될 수 있기 때문에 시장의 초과수요를 억제할 수 있게 된다.

또한 공매도 공시를 통한 시장악재의 전파효과가 가능하게 된다. 일반적으로 증권회사의 기업분석 자료들은 투자자관리 및 영업연계성이 고려되기 때문에 매수의견이 높은 비중을 차지하게 되며, 따라서 일반투자자들은 악재에 대한 평가를 찾기 어려울 수 있다. 이러한 상황에서 공매도가 실시되면서 공매도 공시가 제공되는 경우, 일반투자자들은 해당 주식에 대하여 보다 정확한 판단을 내릴 수 있게 된다.

따라서 공매도가 허용되는 시장은 공매도 규제가 존재하는 시장에 비하여 정보전파가 빠르기 때문에 증권가격의 변동성 및 리스크 프리미엄이 낮게 나타난다. 특히 매수주문이 과다하게 존재하는 경우 공매도를 통하여 수요를 창출할 수 있어, 공매도는 증권시장의 유동성을 향상시키는 중요한 기능을 담당하고 있다. 또한 가격결정 과정에서 차익거래를 통하여 기초자산과의 가격괴리를 감소시키는 역할을 담당하기 때문에 가격결정의 효율성을 제고하는 효과를 제공한다.

2.2. 공매도의 역기능

공매도는 시장효율성 강화라는 순기능을 제공함에도 불구하고 부정적인 영향을 미칠 수 있는 도구로서 활용될 가능성이 존재하여 일반적인 인식이 좋지 않게 나타나고 있다. 우선 작전세력의 시세조종 수단으로서 활용될 가능성이 존재한다. 이는 대량의 허위 매수주문을 공시하여 인위적으로 매수세를 유발시켜 증권가격이 상승하게 되기 때문에 일반공매도 투자자들이 손해를 보는 숏 스퀴즈(short squeeze)[22]가 발생할 수 있다. 이렇게 공매도는 투기세력들이 가격 불안정을 조장하는 도구로서 활용될 수 있기 때문에 시장변동성이 높아질 우려가 존재하게 된다.

다음으로, 결제불이행 리스크가 존재한다. 공매도는 재매입을 통한 상환이 의무적으로 수행되어야 하기 때문에 재매입 물량이 확보되지 않으면 결제불이행이 발생하게 된다. 주식 보유자들의 매도량이 적거나 유통 물량이 적은 경우, 해당 주식을 확보하기 어렵기 때문에 상환불능 위험이 발생할 가능성이 있다. 즉 주식차입을 통한 원활한 결제를 가능하게 하는 순기능이 있는 반면 공매도를 악용하여 위험에 과도하게 노출되는 경우 오히려 결제불이행의 위험이 발생할 가능성이 있다.

22 주가가 상승할 때 숏 매도를 했던 투자자들이 숏 포지션을 커버하기 위해 혹은 손실을 줄이기 위해 매수하는 것을 의미한다.

③ 우리나라의 공매도제도

3.1. 공매도 금지대상증권

우리나라 증권시장에서 상장증권 중에서 전환사채권 · 신주인수권부사채권 · 이익참가부사채권 또는 교환사채권 등의 주식관련사채, 지분증권, 수익증권, 파생결합증권, 증권예탁증권(주식관련사채 · 지분증권 · 수익증권 · 파생결합증권과 관련된 증권예탁증권을 말함)은 공매도가 금지된다(자본시장법 제180조제1항 및 동법시행령 제208조제1항).

3.2. 공매도의 제한과 예외적 허용

증권시장에서 상장증권에 대하여 공매도를 하거나 그 위탁 또는 수탁을 하는 것은 원칙적으로 제한된다(자본시장법 제180조제1항 본문). 그러나 증권시장의 안정성 및 공정한 가격형성을 위하여 차입한 증권으로 결제하고자 하는 공매도로서, 먼저, 투자자가 거래소의 회원인 투자중개업자에게 매도주문을 위탁하는 경우에 (ⅰ)증권의 매도를 위탁하는 투자자는 그 매도가 공매도인지를 투자중개업자에게 알리고, 이 경우 그 투자자가 해당 상장법인의 임직원인 경우에는 그 상장법인의 임직원임을 함께 알릴 것, (ⅱ)투자중개업자는 투자자로부터 증권의 매도를 위탁받는 경우에는 한국거래소의 유가증권시장업무규정으로 정하는 방법에 따라 그 매도가 공매도인지와 그 공매도에 따른 결제가 가능한지를 확인할 것, (ⅲ)투자중개업자는 공매도에 따른 결제를 이행하지 아니할 염려가 있는 경우에는 공매도의 위탁을 받거나 증권시장에 공매도 주문을 하지 아니할 것, (ⅳ)투자중개업자는 투자자로부터 공매도를 위탁받은 경우에는 그 매도가 공매도임을 거래소에 알릴 것 등의 요건을 충족하는 경우에는 공매도를 할 수 있다(자본시장법 제180조제1항 단서 및 동법시행령 제208조제2항제1호). 다음으로 거래소의 회원인 투자매매업자나 투자중개업자가 매도주문을 내는 경우 그 매도가 공매도임을 거래소에 알리는 경우에는 공매도를 할 수 있다(자본시장법 제180조제1항 단서 및 동법시행령 208조제2항제2호). 이때에도 증권시장의 안정성 및 공정한 가격 형성을 해칠 우려가 있는 경우로서 거래소가 차입공매도 비중이 높은 종목이나 투자자 보호와 시장안정을 유지하기 위하여 상장증권의 범위, 매매거래의 유형 및 기한 등을 정하여 금융위원회의 승인을 받아 제한하는 공매도는 제외한다(자본시장법시행령 제208조제2항).

3.3. 공매도가 아닌 매매

증권을 소유하지 않거나 차입하여 매도하는 경우가 아니고 일시적으로 증권으로 보유하지 않거나 매매거래에 따른 결제 시에 (i)증권시장에서 매수계약이 체결된 상장증권을 해당 수량의 범위에서 결제일 전에 매도하는 경우, (ii)전환사채 · 교환사채 · 신주인수권부사채 등의 권리 행사, 유 · 무상증자, 주식배당 등으로 취득할 주식을 매도하는 경우로서 결제일까지 그 주식이 상장되어 결제가 가능한 경우에는 이를 공매도로 보지 아니한다(자본시장법 제180조제2항제1호 · 제2호). 또한 결제를 이행하지 아니할 우려가 없는 경우로서 (i)매도주문을 위탁받는 투자중개업자 외의 다른 보관기관에 보관하고 있거나, 그 밖의 방법으로 소유하고 있는 사실이 확인된 상장증권의 매도, (ii)상장된 집합투자증권의 추가발행에 따라 받게 될 집합투자증권의 매도, (iii)상장지수집합투자기구의 집합투자증권의 환매청구에 따라 받게 될 상장증권의 매도, (iv)증권예탁증권에 대한 예탁계약의 해지로 취득할 상장증권의 매도, (v)대여 중인 상장증권 중 반환이 확정된 증권의 매도, (vi)증권시장 외에서의 매매에 의하여 인도받을 상장증권의 매도, (vii)전환사채권 · 신주인수권부사채권 · 이익참가부사채권 또는 교환사채권, 지분증권, 수익증권 및 파생결합증권을 예탁하고 취득할 증권예탁증권의 매도, (viii)그 밖에 계약, 약정 또는 권리 행사에 의하여 인도받을 상장증권을 매도하는 경우로서 회원이 호가를 하는 날의 장종료 후 시간외시장에서 상장증권을 매수하기로 위탁자와 약정한 경우로서 해당 수량 범위에서의 상장증권의 매도(한국거래소 유가증권시장업무규정 제17조제1항제3호제아목)의 경우에도 이를 공매도로 보지 아니한다(자본시장법 제180조제2항제3호 및 동법시행령 208조제3항).

3.4. 차입공매도호가의 가격제한과 예외

회원이 차입공매도를 하거나 그 위탁을 받아 호가를 하는 경우에는 직전의 가격 이하의 가격으로 호가할 수 없다. 다만, 직전의 가격이 그 직전의 가격(직전의 가격과 다른 가격으로서 가장 최근에 형성된 가격을 말한다)보다 높은 경우에는 직전의 가격으로 호가할 수 있다(유가증권시장업무규정 제18조제1항).

그러나 (i)지수차익거래를 위하여 매도하는 경우, (ii)기초주권과 해당 기초주권에 대한 선물거래종목 또는 옵션거래종목 간의 가격차이를 이용하여 이익을 얻을 목적으로 기초주권과 선물거래종목 또는 옵션거래종목을 연계하여 거래하는 것으로서 기초주권을 매도하는 경우, (iii)상장지수집합투자기구 집합투자증권을 매도하는 경우 또는 상장지수집합투자기구 집합투자증권과 해당 상장지수집합투자기구 집합투자증권이 목표로 하는 지수의 구성종목의 주식집단 간의 가격차이를 이용하여 이익을 얻을 목적으로 상장지수집합투자기구 집합투자증권과 주식집단을 연계하여 거래하는 것으로서 주식집단을 매도하는 경우, (ⅳ)주식예탁증권(외국주식예탁증권을 포함함)과 원주의 가격차이를 이용하여 이익을 얻을 목적으로 주식예탁증권과 원주를 연계하여 거래하는 것으로서 매도하는 경우, (ⅴ)증권의 상장법인과 유동성 공급계약을 체결한 회원이 유동성공급호가를 제출하는 경우, (ⅵ)주식워런트증권에 대하여 유동성공급호가를 제출하는 회원이 매수하거나 매도한 주식워런트증권의 가격변동에 따른 손실을 회피하거나 줄이기 위하여 기초주권을 매도하는 경우, (ⅶ)상장지수집합투자기구 집합투자증권에 대하여 유동성공급호가를 제출하는 회원이 매수한 상장지수집합투자기구 집합투자증권의 가격변동에 따른 손실을 회피하거나 줄이기 위하여 기초주권을 매도하는 경우, (ⅷ)파생상품시장에서 시장조성자가 시장조성계좌를 통하여 매수한 선물거래종목 또는 매수하거나 매도한 옵션거래종목의 가격변동에 따른 손실을 회피하거나 줄이기 위하여 기초주권을 매도하는 경우에는 직전의 가격 이하의 가격으로 호가할 수 있다(유가증권시장업무규정 제18조제1항 단서).

4 우리나라와 외국 공매도 제도의 차이

우리나라는 주식의 차입이 없는 무차입공매도(naked short selling)가 허용되지 않는 등 미국 등 주요국가와 비교하여 몇 가지 다른 점이 있다. 첫째, 미국에서는 공매도보다는 풋옵션이 사실상 안전한 투자전략인 반면, 우리나라의 경우에는 가격제한폭 제도로 인해 공매도가 풋옵션보다 다소 안전한 투자전략으로 인식되고 있다. 이는 일반적으로 주가가 급등하여 최악의 경우가 발생하면, 풋옵션은 손실이 제한적인 반면, 공매도는 손실이 무한대로 커질 수도 있다. 그러나 우리나라는 최악의 경우 주가가 급등하더라도 가격제한폭으로 인해 공매도 포지션을 청산할 가능성이 있기 때문에 투자원금의 일부를 회수할 수 있다.

둘째, 우리나라 대차거래는 간접대여방식을 채택함에 따라 공매도의 수요가 증가해도 공매도의 공급이 몇몇 대차중개기관으로 한정되어 있어, 미국 등 선진국에 비해 공급량이 조절되거나 제한될 수 있다. 즉 증권대차는 차입자와 대여자 간에 직접대여하는 방식과 중개기관을 통해 간접대여하는 방식이 있는데, 우리나라는 예탁결제원 · 한국증권금융 및 증권회사 등 몇몇 대차중개기관을 통한 간접대여방식으로 주로 이루어진다. 이에 반해 미국 등 주요 선진국들은 차입자와 대여자 간에 직접대여하는 방식으로 사실상 누구라도 주식을 대여해 줄 수 있기 때문에 공매도 수요가 늘어나면 공매도 공급도 따라서 증가한다.

표 6-8 주요국 공매도 관련규제 비교

구분	미국	영국	캐나다	홍콩	호주	한국
네이키드공매도 제한	X	X	X	O	X	O
종목제한	X	X	X	O	X	X
금액제한	X	X	X	X	X	X
'업틱룰' 적용	O	X	X	O	X	O

출처: 황세운, 공매도 규제효과 분석 및 정책점 시사점, KCMI, 2017, p.56

제 2 장 Repo거래제도

1990년대 이후 금융시장의 세계화, 규제완화, 파생상품시장의 발달 등으로 금융시장의 불안정성이 높아지고 대형 금융기관의 파산으로 금융거래시 신용위험의 중요성이 증대되어 각국의 금융기관 간 거래는 무담보 위주에서 담보거래로 전환하는 추세에 있다. 특히 미국 및 유럽의 대형 금융기관 간 단기자금거래는 신용콜거래와 같은 무담보 신용거래를 지양하고 Repo거래와 같은 담보거래를 적극 활용하고 있는 추세이다. 국내의 경우에도 Repo거래는 일평잔 기준으로 2007년 1.1조원 규모이던 것이 2012년에는 23.4조원, 2016년에는 51.9조원으로 증가했다. 특히 중앙은행과의 거래가 아닌 금융기관 간의 Repo거래가 전체 Repo거래에서 차지하는 비중이 2007년 11.9%에서 2012년 들어 84.7%으로, 그리고 2016년에는 94.9%로 증가하였다. 현재 Repo거래의 대상증권의 거의 대부분이 채권과 ETF이다.

Repo거래는 증권의 보유자가 보유증권을 매도하여 자금을 조달하고, 매수자와 사전에 정한 장래 특정일에 매도한 증권을 다시 환매수하기로 하는 거래를 단일의 매매계약(single contract)으로 하는 거래이다. Repo거래는 단기자금의 조달뿐만 아니라 중앙은행의 통화조절 수단, 헤지거래, 차익거래, 레버리지를 이용한 투기거래, 우량담보확보 수단 등에 다양하게 이용 가능하다. 이러한 Repo거래는 신용거래에 비하여 투자자에게 높은 안정성과 상대적으로 높은 수익을 줄 수 있으며, 자본시장에는 증권의 유동성을 증진시키는 역할을 하고 있다. 또한 금융시장에서 Repo거래는 금융자원의 효율적 배분, 금융거래 비용의 절감, 금융기관의 위험관리기능 제고 등을 촉진하고 있다. 이에 따라 증권시장의 효율성을 제고하고 금융시장의 안정성을 제고할 뿐만 아니라 금융시장 간 연계기능 강화 등과 같은 중요한 기능을 수행하고 있다.

Repo거래는 증권대차 · ABCP · CDO 등과 더불어 증권을 통하여 자금을 조달하는 그림자금융(shadow banking)의 하나이다. Repo거래의 매도자는 보유증권이나 차입증권의 매도를 통하여 자금을 조달할 수 있으며, 반대로 매수자는 보유자금을 주로 우량증권인 매입증권을 사실상 담보로 하여 자금을 대여함으로써 상대적으로 안전하면서도 높은 수익을 올릴 수 있다. 이렇게 Repo거래 자체가 은행과 비슷한 신용중개기능, 즉 그림자금융 기능을 수행하고 있음에도 불구하고 은행과 같은 금융기관이 아니라 금융투자상품의 장외거래이기 때문에 금융기관에 대한 규제와는 달리 그 규제와 감독이 미흡하고 그 거래내역에 대한 투명성도 부족하여 금융위기가 발생하면 이에 적절히 대응하기 어려울 수 있다는 우려가 있다. 즉 Repo거래의 안정성에도 불구하고 거래규모의 대규모성으로 인하여 다양한 신용위험 · 유동성위험 · 법적위험 등과 같은 여러 위험이 내재되어 있다. Repo거래와 관련한 다양한 위험이 현실화된다면 금융의 국제화로 인하여 국내의 위험으로 한정되지 않고 국제적으로도 영향을 미칠 수 있다. 따라서 Repo거래와 관련되는 다양한 위험과 Repo거래에 대한 법적 안정성과 거래의 안정성을 고려하여 적절한 규제와 관리가 필요한 시점이다.

이러한 Repo거래는 그동안 당사자 간의 직접거래와 중개기관을 통한 간접거래 위주에서 제3자 Repo거래(Tri-Repo) 위주로 발전하고 있다. 또한 Repo거래에 대하여 집중거래상대방(central counterparty) 제도가 도입되고 있는 추세에 있으며, 담보설정 방식도 특별담보(special collateral)에서 일반담보(general collateral)로 그 이용이 확대되고 있다. 이를 통하여 Repo거래를 활성화하고 거래의 안정성과 효율성을 제고하고 있다.

제1절 Repo거래의 개요

1 의의와 기능 및 유사거래

1.1. 의의

환매조건부매매(Repurchase agreement, Repo)[23]는 증권을 일정기간 경과 후 원매도가액에 이자 등 상당금액을 합한 가액으로 환매수할 것을 조건으로 하는 매도(조건부매도) 또는 증권을 일정기간 경과 후 원매수가액에 이자 등 상당금액을 합한 가액으로 다시 매도(환매도)할 것을 조건으로 하는 매수(조건부매수)를 말한다(금융투자업규정 제5-1조제6호).

즉 Repo거래는 증권소지자(매도인, seller)가 증권을 투자자(매수인, buyer)에게 매도

23 정확한 명칭은 'Sale and Repurchase Agreement'이지만 일반적으로 실무에서는 'Repurchase Agreement', 'Repo' 또는 'RP'라고도 한다.

(spot trading)하면서, 동시에 매도인이 장래의 특정일(환매일, repurchase date)에 특정가격(환매가격, repurchase price)으로 매수인으로부터 그 증권을 다시 매수하기(forward trading)로 하는 두 개의 거래로 구성되나,[24] 결과적으로 단일의 매매계약(package deal, single contract)이라 할 수 있다. 전자의 거래에서는 매도계약(sale agreement)이 성립하고, 후자의 거래에서는 환매계약(repurchase agreement)이 성립한다.[25] 매도계약에서는 증권의 완전한 소유권이 매도인으로부터 매수인에게 이전되고, 매도인은 매수인으로부터 일정한 대금을 지급받는 것을 내용으로 한다. 환매계약에서는 매도된 증권에 상응하는 동종·동량의 증권(equivalent securities)의 소유권이 매수인으로부터 매도인에게 다시 이전되고 매수인은 매도인으로부터 환매가격을 지급받는 것을 내용으로 한다. Repo거래는 매수자의 입장에서는 증권의 매수를 통하여 자금을 대여하는 거래이므로 이를 역Repo(Reverse Repo)라고 한다. 즉 Repo거래는 경제적으로는 담보대출로서 이때의 담보물은 매도되고 환매수되는 증권이다. Repo거래에서 매도인은 자금을 차입하고 대출의 담보로서 증권을 제공하는 자금차입자(borrower)이며, 매수인은 매도인에게 자금을 대여하고 대출의 담보로서 증권을 수령하는 자금대여자(lender)이다.[26]

따라서 Repo거래에서 자금의 차입자가 대여자에게 채무를 이행하지 않으면, 대여자가 담보물인 증권을 처분하여 대여한 자금을 회수할 수 있는 안정장치를 두고 있다. 이처럼

그림 6-1 **Repo의 기본메카니즘**

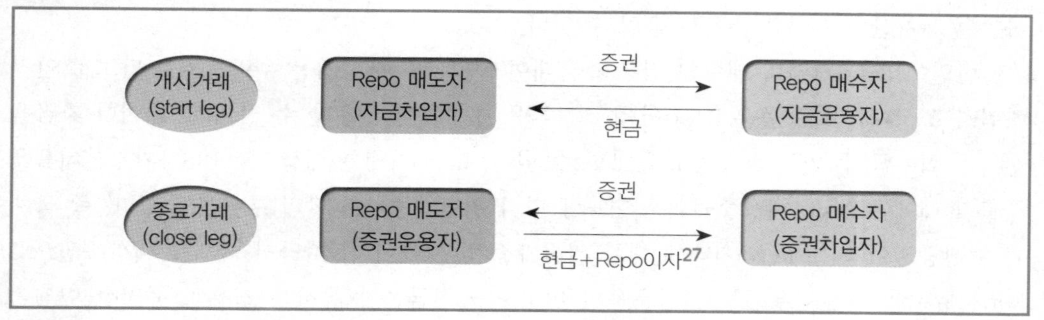

24 Frank J. Fabozzi & Steven V. Mann, *Securities Finance-Securities Lending and Repurchase Agreements,* John Wiley & Sons(2005), p.222.

25 Charles J.Woelfel, Encyclopedia of Banking & Finance(1996), p.994; Bum Hur, Some Legal Aspects in Cross-Border Repurchase Transactions involving Immobilised Securities, Part 1, 9 Journal of International Banking and Financial Law(2000.9), p.366; 송종준, "Repo거래의 법률관계와 도산법상의 당사자지위", 「상사법연구」 제21권 제2호, 한국상사법학회, 2002, 488쪽.

26 Frank J. Fabozzi & Steven V. Mann, *supra note,* p.222.

27 Repo매도자가 Repo매수자에게 Repo기간 동안 차입한 자금의 사용대가로써 'Repo rate'라고도 하며, 최초 Repo거래에 따라 차입한 금액과 Repo기간 종료 시에 Repo매도자가 Repo매수자에게 반환하는 금액의 차이(price difference) 즉 'Repo거래의 양도차익'이라고도 한다.

Repo거래는 기본적으로 단기로 자금을 대여하거나 특정 증권을 차입하고자 하는 때에 이용되는 것으로서 증권을 담보로 하는 자금거래(collateralized loan)의 속성을 가진다.[28] 이러한 Repo거래는 단기 투자자들에게 유연하고 상대적으로 안전한 단기자금운용과 조달 기회를 제공하고 있다.[29]

Repo거래는 장내시장에서도 가능하지만 장외시장에서도 허용되고 있으며(자본시장법 제166조), 대부분의 Repo거래는 속성상 채권을 대상으로 장외에서 이루어지고 있다.

1.2. 기능

(1) 자금조달 및 운용수단

Repo거래는 매도자의 입장에서는 자금조달을 목적으로 Repo거래를 통하여 보유증권을 매도하는 거래이며, 매수자의 입장에서는 대상증권을 담보로 안전하게 자금을 운용하는 거래이다. 이와 같은 Repo거래는 대상증권의 매매와 담보라는 형식을 통하여 단기적으로 자금을 조달하거나 보유증권을 운용하는 것을 주된 목적으로 하는 거래이다.

Repo거래의 매도의 경우 자금조달자인 Repo매도자는 보유증권을 활용하여 단기적으로 필요한 자금을 신용콜거래보다 저렴한 금리로 조달할 수 있다. Repo매도자는 대상증권의 환매수나 교체 등을 통하여 보유증권의 유동성 확보와 운용에 큰 영향을 받지 않고 단기자금을 조달할 수 있다. 또한 Repo매도자는 운용자산에서 보유하고 있는 증권의 매도를 통하여 운용자산의 수익을 추가로 올릴 수 있다.

반면에 Repo거래의 매수의 경우 자금대여자인 Repo매수자는 우량증권을 담보로 안전하면서도 상대적으로 높은 Repo이율로 자금을 대여하여 운용할 수 있으며, 대여한 자금을 신속히 회수할 수 있는 유동성도 확보할 수 있다. Repo거래를 대상으로 BIS자기자본비율을 산출할 때에는 Repo 대상증권의 위험도에 따라 위험가중치를 달리 부여하고 있다. 즉 국채가 대상증권이 되는 Repo거래에 대한 위험가중치는 0%이다. 따라서 국채를 대상증권으로 Repo매수를 하는 경우에는 자산운용의 위험도가 현금을 보유하는 경우와 동일한 이점이 있다.

(2) 헤지수단

채권을 장기 보유하는 기관투자자는 금리변동에 따른 보유채권의 가치하락 위험을 헤지하기 위해서 선물시장을 이용하는 경우가 많으나, Repo시장을 이용하여 보유채권의 가

28 이영주, "Repo거래에 관한 연구", 「법학연구」 제26집, 한국법학회, 2012, 212~219쪽.
29 Frank J. Fabozzi & Steven V. Mann, *supra note,* p.221.

격변동 위험을 Repo기간 동안 헤지할 수도 있다. 이는 보유채권과 동일한 증권을 Repo거래를 통하여 매수하고 현물시장에서 매도하는 것이다. 이 경우 금리가 상승할 때 보유채권의 가격이 하락하지만, 채권가격의 하락으로 Repo매수 포지션을 청산하기 위한 채권 매입비용은 계약 시보다 낮아져서 보유채권 가격 하락분을 상쇄할 수 있기 때문이다.

또한 스왑금리의 변동에 대한 위험을 기관간 Repo거래를 이용해 헤지할 수도 있다. 스왑딜러가 A에게 고정금리를 지급하고 변동이자를 수령하여 일정기간이 경과한 후, B에게 변동이자를 지급하고 고정이자를 수취할 때, 두 거래 사이에 노출된 스왑금리 변동위험은 현물시장에서 채권을 구입하고 매수한 채권을 Repo시장에서 재매도함으로써 헤지할 수 있다. 이 경우 금리하락으로 인한 스왑거래 손실을 채권 가격의 상승으로 상계할 수 있기 때문이다.

(3) 차익거래수단

Repo거래는 보유증권을 담보로 자금을 차입하거나, 자금의 대여를 통하여 특정한 증권을 확보할 수 있는 등 다목적 금융상품(financial octopus)의 성격을 보유하고 있다. 즉 Repo거래는 단기자금시장뿐만 아니라 채권시장과 파생상품시장 등에서 다양한 기능을 수행한다. 첫째, Repo거래는 국채전문딜러에게 자금조달 수단을 제공하고 이자율 위험에 대한 헤지수단을 제공하여 시장조성기능을 강화하는 기능을 수행한다. 채권에 장기투자하는 기관들은 보유채권을 Repo거래를 통하여 운용함으로써 수익률을 제고하는 동시에 채권유통시장의 활성화에도 기여하게 된다. 둘째, 채권딜러는 역 Repo거래를 통하여 조달한 채권으로 공매도나 선물시장과 연계된 차익거래를 용이하게 수행할 수 있다. 예를 들어 국채선물 시장가가 이론가보다 저평가되어 있다면 고평가되어 있는 이론가 즉 채권현물을 Repo 매수한 다음 현물시장에서 이를 매도하고 저평가되어 있는 국채선물을 매수한다. 이 경우 국채선물의 시장가와 이론가가 같아질 때 수익을 거둘 수 있다. 반대의 경우도 가능하다. 이러한 차익거래는 현물시장과 선물시장 간 가격 차이를 줄여 주고 선물시장의 효율성을 증대시키는 기능을 수행한다. 셋째, Repo거래는 자금회수 가능성을 높여 금융기관 간 장기자금거래 가능성을 높여 준다. Repo거래를 이용하게 되면 상대방의 신용도보다는 대상증권의 가치에 의하여 거래의 위험성이 결정되기 때문에 거래관계가 없던 기관과의 장기 자금거래가 용이하게 된다. 넷째, Repo거래는 고정이자와 변동이자의 현금흐름을 교환하는 이자율 스왑(plain vanila interest rate swap)에 있어서, 고정이자(swap rate)의 변동에 다른 위험에 노출되는 딜러들에게 이러한 위험을 회피할 수 있는 수단을 제공하여 스왑시장의 효율성을 제고시킨다. 다섯째, 국가 및 차입기관의 신용등급 저하시 Repo거래를 통하여 외화를 차입할 수 있으며, 국가 간에 금리차이가 발생하는 경우에도 Repo거래를 통하여 저리로

외화자금을 조달할 수 있는 등 외환시장의 효율성 증대에도 기여할 수 있다.[30]

(4) 투기거래수단

Repo거래를 이용할 경우 적은 비용으로도 레버리지를 일으켜 투기적 거래를 할 수 있다. 채권의 경우 거래금액이 크기 때문에 자산운용자 측면에서 수익률 확대를 위하여 보유채권의 매도를 통하여 자금을 확보한 후 다시 채권을 매수하여 이를 매도하는 거래를 반복하는 방법으로 레버리지를 사용할 수 있다. 예를 들어 투자자가 채권을 보유하고 있으며 그 채권을 Repo매도하는 경우 증거금율이 0%라고 가정하자. 이 투자자가 보유하고 있는 채권을 Repo시장에서 매도한다면 Repo기간 동안 현물과 Repo포지션을 동시에 보유할 수 있다. 그리고 Repo매도를 통하여 조달한 자금을 이용하여 현물시장에서 다시 채권을 매수한 후 Repo로 재매도하는 연쇄거래를 반복할 수 있다. 물론 각 레버리지 단계에서 Repo거래를 통하여 조달할 수 있는 자금의 규모는 헤어컷에 의하여 축소되게 된다. 이 경우 변동성이 적은 담보물을 이용하는 저위험을 선호하는 차입자에게는 헤어컷이 낮게 적용되고, 반대로 변동성이 큰 담보물을 이용하는 고위험을 선호하는 차입자에게는 헤어컷이 높게 적용된다.

이와 같이 레버리지를 동반한 해당 Repo거래의 환매일에 예상대로 채권의 이자율이 하락하여 채권가격이 상승하는 경우 환매일에 차입한 자금을 상환하고 채권을 반환받게 되며, 동 반환받은 채권은 당초 매입가보다 비싼 가격으로 매각하여 차익을 얻게 된다. 이러한 레버리지 과정을 통해 이론상 높은 수익을 얻을 수 있다. 반대의 경우도 가능하다. 그러나 이는 투기적 거래이므로 채권이자율이 예상과 달리 상승하여 채권가격이 하락하는 경우에는 손실의 폭도 그만큼 확대될 수 있는 위험이 있다. 이러한 투기적 거래는 선물 등을 통한 헤지거래 포지션을 동시에 보유하여 투기거래의 위험을 분산할 수도 있다.

(5) 유동성의 확대

Repo거래는 보유한 증권을 담보로 자금을 조달할 수 있기 때문에 증권시장 참가자들에게 증권의 매수나 보유한 증권의 매도를 용이하게 하여 증권의 유동성을 증가시킨다. 즉 증권을 매수한 뒤 일시적으로 자금부족 현상을 겪게 된다면 매수한 증권을 Repo매도하여 자금을 조달할 수 있다. 대차거래와 Repo거래의 연계를 통하여 증권의 유동성을 더욱 제고할 수 있다. 즉 Repo매도를 통하여 자금을 조달하고 싶으나 Repo거래에 적격한 증권을 보유하고 있지 않은 투자자는 Repo거래 적격증권을 대차거래를 통하여 차입한 후에 Repo매도할 수 있다. 이 경우 대차거래의 대여자는 대여수수료를 획득할 수 있으며, 차입자 역시

30 김형태, "Repo거래의 활용 및 투자전략분석", 「딜러금융 지원을 위한 Repo 세미나」, 예탁결제원 · 한국재무학회 · 한국증권법학회, 2001.6, 6~7쪽; 허항진, 「국제증권시장의 법과 실무」, 세창출판사, 2009, 503쪽.

도 Repo거래에 적합하지 않는 증권을 보유하고 있더라도 그 증권을 대차거래의 담보로 활용할 수 있기 때문에 증권의 유동성이 증가한다. 이러한 흐름은 Repo거래에 주로 이용되는 채권 등을 보유하고 있으나 자금조달의 수요가 없어 Repo거래에 참여하기를 원하지 않거나, Repo거래에의 참여가 허용되지 않는 증권보유기관들에게 증권의 대여를 통한 수익을 제고할 수 있는 기회를 부여하여 증권시장 전체적으로는 증권의 활용도를 제고시켜 증권의 유동성을 제고시킨다.

(6) 우량증권 확보수단

일시적으로 부족한 자금을 수시로 조달해야 하는 은행 또는 증권회사 등은 Repo거래에 이용할 우량증권을 필요로 하고 있으며, 국내외 금융시장 전체적으로 신용거래보다는 담보부거래를 강조하는 경향으로 담보로 활용할 우량증권이 부족한 실정이다. 특히 국내에서는 기존의 신용콜 거래가 증권담보부 자금거래라고도 할 수 있는 Repo거래로 꾸준히 대체되고 있다. 또한 세계적으로도 장외파생상품을 투명하고 안전하게 거래하도록 해당 상품의 거래를 청산기관을 통하여 청산하도록 권고하고 있는데, 청산기관을 이용할 때 필요한 증거금으로 사용하기 위하여 우량증권에 대한 수요는 더욱 증가할 것으로 예상된다.

우량증권을 확보하기 위한 한 방편으로 Repo거래를 이용하여 신용등급이 낮은 증권을 Repo매도를 통하여 거래상대방에게 인도하고, 대신 Repo매수를 한 거래상대방으로부터 신용등급이 높은 증권을 담보로 받기도 한다. 예를 들어 자산담보부증권(asset backed securities)과 같이 신용등급이 낮은 증권을 Repo매도하고, 대신에 국채등과 같이 신용등급이 높은 채권을 담보로 받을 수 있는데, 이러한 Repo거래는 그 실질이 담보스왑(collateral swap)거래라고 할 수 있다. 즉 이는 대차거래와 담보스왑시장(collateral swap market)을 이용하여 우량증권을 확보하는 것과 유사한 거래구조이다.

(7) 결제위험축소 및 공매도

Repo거래는 딜러에게 결제위험축소를 위한 수단을 제공하고 원활한 증권의 조달을 가능하게 하는 동시에 새로운 투자수단을 제공한다. 즉 딜러는 업무 특성상 거래빈도가 높고 거래금액이 크므로 항상 결제위험에 노출된다. 이 경우 Repo거래는 딜러에게 결제위험의 축소를 위한 딜러금융수단을 제공한다. 이와 함께 딜러가 특정고객과 체결한 증권의 매도계약의 이행 또는 가격하락을 예상한 공매도 포지션을 취할 경우, 대차거래와 마찬가지로 Repo거래를 통해서도 필요한 증권을 조달할 수 있다. 이처럼 Repo거래를 통해서도 증권시장에서 공매도포지션을 취하는 것을 가능하게 한다.[31]

---

31 허항진, 전게서, 501쪽.

(8) 중앙은행의 공개시장 조작수단

중앙은행은 Repo거래를 통화정책의 수단이나 시장이 요구하는 정보의 자원으로 활용할 수 있다. Repo거래는 유동성 관리의 유연한 수단을 제공하면서도 신용위험을 낮추기 때문에 매력적인 통화정책수단이 된다. 이에 따라 미국 연방준비제도이사회는 1920년대부터 Repo거래를 이용했으며, 캐나다 중앙은행의 경우도 1953년부터 Repo시장을 통화정책의 수단으로 이용하였다. 기타 다수의 G-10 국가의 중앙은행들이 1970년대부터 이러한 목적으로 Repo거래를 이용하였다. 이에 비하여 영국과 일본의 경우에는 1997년, 스위스의 경우에는 1998년부터 통화정책의 목적으로 Repo거래를 이용하였다.

1.3. Repo거래와 유사한 거래

(1) Buy/Sell-Back

Buy/Sell-Back(또는 Sell/Buy-Back)은 대상증권의 매도자가 증권을 현물(spot)로 매도하고 동시에 동일 증권을 선도(forward)로 재매입하는 두 개의 거래가 서로 독립된 거래로 간주되며, 우리나라에서는 '재매매조건부증권매매'라고도 부른다. Repo거래와 Buy/Sell-Back은 모두 거래의 법적 성격이 증권의 소유권이 매수자에게 이전되는 매매라는 공통점을 갖고 있다. 그러나 Buy/Sell-Back은 의제배당(manufactured dividends)이 포함되지 않은 가격으로 거래되며, 대상증권의 시가평가를 통한 일일정산을 실시하지 않고, 계약불이행시 상계를 할 수 없으며, 대상증권의 대체를 허용하지 않는다. 또한 Buy/Sell-Back은 대상증권에서 발생하는 수익을 매도자에게 별도로 지급하지 않고 매수자가 취득하는 등의 측면에서 일반적인 Repo거래와는 구별된다. Buy/Sell-Back거래는 Repo거래에 비하여 장부기장이 편리하고 담보의 역할을 하는 대상증권의 시가조정 등이 불필요하며, 이에 따른 법률상의 처리비용이 적게 소요되는 등의 장점이 있다. 일부 국가에서는 표준계약서가 불필요한 Buy/Sell-Back거래가 Repo거래보다 더 많이 이용되는 경우도 있다. 그러나 일반적으로 Buy/Sell-Back거래에서는 계약상에 거래당사자의 파산에 따른 특정한 정리절차가 없다. 이러한 Buy/Sell-Back거래는 회계 및 경제적 목적상 담보화된 현금대여로 간주되고 있다.[32]

(2) 증권대차거래

증권대차거래(securities lending and borrowing)는 대여자(lender)가 증권의 소유권을 차

32 IOSCO(Technical Committee of the International Organization of Securities Commissions) and CPSS(Committee on Payment and Settlement Systems of the central banks of the Group of Ten countries), "Securities lending transactions: market development and implications", 1999.7. p.35.

입자(borrower)에게 이전할 것을 약정하고, 차입자는 동일한 종목·수량의 증권을 반환할 것을 약정함으로써 성립하는 증권소비대차계약이다. 증권대차는 차입자가 대여자로부터 특정한 증권을 차입하기 위한 목적의 거래(securities-driven)임에 반하여, Repo거래는 매도자가 대상증권을 환매수를 조건으로 매수자에게 매도하여 자금을 조달하기 위한 목적의 거래(cash-driven)이다.

증권대차거래의 담보가 현금으로 이루어지는 경우에는 Repo거래와 동일한 효과를 가지게 된다. 특히 현금담보부로 증권을 대여하고 대차중개기관이 대이행 책임을 지는 경우의 현금담보부 증권대차는 오히려 Repo거래보다 안전하여 상호대체 관계에 있는 Repo거래 대신에 증권대차를 선호할 수 있다. 외국인의 경우에는 Repo거래와 상호대체 관계에 있는 증권대차를 Repo거래 대신에 이용하기도 한다.

또한 대차거래의 대상증권의 소유권은 완전히 차입자에게 이전되지만 대상증권에서 발생하는 경제적인 수익은 대여자에게 귀속된다는 점도 Repo거래와 비슷하다. 그 밖에도 일일정산, 불이행 발생 시 상계처리 등 운영측면에서 Repo거래와 유사한 면이 많으나 거래의 형식이 Repo거래가 매매인 반면에 대차거래는 소비대차라는 점에서 차이가 있다. 또한 Repo거래가 헤지거래 또는 차익거래 등 파생상품거래와 연계되어 거래된다는 점에서도 대차거래와 공통점이 있다.

표 6-9 Repo거래와 증권대차거래의 비교

구분	Repo거래	증권대차거래
거래형태	증권과 증권 또는 현금의 교환	증권과 증권 또는 현금의 교환
법적 성격	증권매매	증권소비대차
소유권 이전	이전, 재활용 가능	이전, 재활용 가능
대체지급	있음	있음
증거금	있음	있음
일일정산	실시	실시
대차대조표기록	Repo매수(자산), Repo매도(부채)	증권대여(자산), 증권차입(부채)
파산 시 효과	적용	적용
대상채권교체	가능	불가

(3) 총수익률스왑

총수익률스왑은 특정 증권의 법률적 소유자가 일정한 기간 동안 증권을 보유하면서 해당증권(underlying asset)으로부터 발생하는 경제적 이득을 제3자에게 지급하기로 하고, 상대방이 되는 제3자가 해당증권으로부터 발생하는 경제적 손실을 법률적인 소유자에게 보상하기로 하는 계약이다.

총수익률스왑은 경제적으로는 Repo거래와 유사하나 Repo거래와의 차이점은 총수익률스왑은 ISDA 계약을 기초로 하나, Repo거래는 Repo거래계약을 기초로 한다는 점이다. 이러한 차이점은 거래가 대차대조표상에 기재되는 방식으로 인한 것으로서, 총수익률스왑은 대차대조표상에 부외거래(off-balance sheet transaction)로 기록된다.[33]

2 Repo거래의 대상증권

Repo거래의 대상증권은 이론적으로 채권, 주식, CP, ETF 등 모든 증권이 가능하다.[34] 이에 따라 기관간 Repo거래의 경우 그 대상증권에 대하여 특별히 규정하고 있지 아니하나 자본시장법상 증권이 대상증권이 될 것이다. 우리나라의 기관간 Repo거래에서 환매서비스기관 역할을 수행하면서 증거금과 담보관리업무를 수행하고 있는 예탁결제원의 담보관리규정에서는 기관간 Repo거래의 대상증권으로 국채증권, 지방채증권, 특수채증권 또는 사채권, 기업어음증권, 「자산유동화에 관한 법률」에 따라 신탁업자가 발행하는 수익증권,「주택저당채권유동화회사법」에 따라 주택저당채권유동화회사가 발행하는 주택저당증권,「한국주택금융공사법」에 따라 한국주택금융공사가 발행하는 주택저당증권 및 학자금대출증권, 상장지수집합투자증권, 상장주권 중에서 시가평가가 가능한 예탁대상증권으로 규정하고 있다(담보관리규정 제39조제1항). 그러나 장외거래시장인 기관간 Repo거래에는 채권과 ETF만 대상증권으로 이용되고 있다.

반면에 대고객Repo의 경우 투자자 보호를 위하여 제한된 범위의 우량증권으로 Repo거래 대상증권을 한정하고 있다. 이에 따라 자본시장법에서는 투자매매업자가 일반투자자 등을 상대로 하는 Repo거래의 경우에는 투자자보호를 위하여 일정한 기준을 준수하도록 하고 있다(자본시장법시행령 제181조제1항). 그 기준 중의 하나가 대상증권에 관한 기준이다. 이에 따라 대고객 Repo거래의 대상증권은 국채증권, 지방채증권, 특수채증권, 보증사채권, 모집 매출된 무보증사채권, 공공기관 발행채권, 지방공사 발행채권, 「자산유동화에 관한 법

33 Frank J. Fabozzi & Steven V. Mann, *supra note*, p.290.

34 Repo거래에서는 국공채, 기업어음, 양도성예금증서, 은행인수어음, 저당권담보부증권 등이 매매대상증권으로 주로 이용되고 있으나, 이론적으로는 모든 유형의 증권이 그 매매대상으로 이용될 수 있다고 한다(Jeanne L. Schroeder, Repo Madness: The Characterization of Repurchase Agreements under the Bankruptsy Code and the U.C.C., 46 Syracuse L. .Rev. 999, 1006(1996).

률」에 따라 신탁업자가 발행한 수익증권, 주택저당증권, 학자금대출증권 등이다(금융투자업규정 제5-18조제1항). 또한 이들 대상증권은 시장성이 있고 채권평가회사 등이 일별로 시가평가를 할 수 있어야 할 뿐만 아니라 (ⅰ)신용평가업자로부터 투자적격(회사채 BBB이상) 판정을 받은 증권, (ⅱ)금융감독원장이 정하는 적격금융기관이 발행 또는 보증한 증권, (ⅲ)정부 또는 지방자치단체가 보증한 증권 중에서 하나의 요건을 충족하는 증권이어야 한다(금융투자업규정 제5-18조제2항).

3 Repo거래의 발전과정과 현황

3.1. 세계시장

(1) 미국

Repo거래는 1917년 미국 연방준비은행(Federal Reserve Board)이 회원은행이 보유한 증권을 담보로 회원은행에 단기자금을 지원하기 위하여 도입한 제도로서, 1918년 연방준비은행이 은행인수어음(Banker's Acceptance)시장을 육성하기 위하여 딜러에게 그 매입자금을 환매조건부로 지원하면서 처음 도입되었다.[35] 그 후 1923년 연방준비은행은 공개시장조작을 위한 수단으로 국채에 대한 단기 Repo거래를 이용하였으며, 1933년 Glass-Steagall법에 의해 투자은행과 상업은행이 분리되고 투자은행이 보유채권을 자금조달 수단으로 Repo거래에 이용함에 따라 본격적으로 성장하게 되었다.

1960년대에는 미국시장에서 공매도와 결제불이행과 관련하여 대안으로 Repo거래를 활용하게 되었으며, 1969년에는 연방준비은행이 이자율 상한과 지급준비금요건의 적용을 Repo거래에 대해서는 면제하여 줌으로써 비약적인 성장을 하게 되었다. 1970년대에는 급속한 금융혁신의 진전과 더불어 은행의 예금이탈 현상의 방지차원에서 은행이 기업과의 Repo거래 확대로 민간 Repo시장이 확대되었다. 그러나 1980년대 초부터는 Repo거래와 관련한 파산이 잇따라 발생함에 따라 투자자보호의 필요성이 대두되었다.[36] 이에 따라 1983

35 초기의 Repo거래는 BA 시장을 육성하기 위해 BA 매입자금을 환매조건부로 지원하면서 도입한 것이다. 1907년 금융공황을 겪은 미국은 그 대책으로 1913년 연방준비제도법(Federal Reserve Act)을 제정하고, 이 법에 기초해 연방준비제도(Federal Reserve System)를 마련하였으며, 워싱턴에 연방준비제도이사회(Federal Reserve Board of Governors)를, 12개의 주요 도시에는 연방준비은행(Federal Reserve Bank)을 설치하였다(강종만 · 김영도, 「단기금융시장 발전을 위한 주요 과제」(한국금융연구원, 2010), 19쪽). 연방준비제도법은 국내 BA시장의 육성을 정책목표 중 하나로 규정하고 있다(Federal Reserve Act §13).

36 1980년대 Repo거래의 주요 파산사건은 1982년 5월 드라이스데일(Drysdale) 정부 증권회사의 파산과 같은 해 8월 롬바드-월(Lombard-Wall) 증권회사의 파산이다. Drysdale은 적은 자본금에도 불구하고 과도한 Repo매도 · 매수 포지션을 취했고, Reverse Repo를 통해 채권경과이자가 계산되지 않은 가격으로

년에는 Repo매도자가 매도증권을 보관하던(hold-in-custody) 기존 담보관리방식의 대안으로 제3자 Repo거래가 도입되었고, 1984년에는 파산법이 개정되어 Repo매도자 파산 시 파산법상 자동중지조항의 적용배제, 부인권 조항의 적용배제 등이 신설되어 Repo거래의 안정성이 강화되었다.

미국의 Repo거래의 대상이 되는 증권에는 제한이 없다. 재무성증권(treasury securities)과 정부기관 증권(federal agency securities)을 비롯하여 CP, CD, BA, MBS 등이 Repo거래의 대상으로 활용되고 있다.[37] 미국의 Repo거래는 정부증권청산회사(Government Securities Clearing Corporation)를 통한 차감결제서비스와 GCF(general collateral finance) Repo 거래가 도입된 1990년대 후반부터 비약적으로 발전을 하게 되었다.[38]

이러한 미국 Repo거래의 가장 중요한 특징은 동일 결제은행을 이용하는 매도자, 매수자와 결제은행(제3자)이 계약하는 제3자 Repo거래가 보급되어 있다는 점이다. 제3자 Repo거래는 계약이 체결된 이후에 거래에 수반되는 결제와 매입증권의 평가, 일일정산 등과 같은 관리업무를 거래당사자들이 직접 하지 않고, 환매서비스기관인 제3의 기관에 위탁하여 일괄적으로 처리하는 Repo거래방식을 의미한다.[39]

(2) 기타국가

영국에서는 국채에 대한 Repo거래가 1996년 표준약관의 제정과 관련조세법의 개정과 함께 개시되었다. 일본에서는 현금이 담보로서 제공될 수 있는 기간에 대한 규제가 철폐되고 표준약관이 제정됨에 따라 Repo거래가 급격히 발전하였다. 프랑스에서는 Repo거래의 지위에 대한 특별법이 1993년 통과되고 1994년 표준약관이 제정되었다. 프랑스 재정부는 1994년 국채 Repo거래의 프라이머리 딜러제도를 도입하였다. 스위스에서는 적정자본금 규제 및 재정구조에 대한 변경과 중앙은행에 대한 법률의 개정으로 1998년 Repo거래의 발전을 위한 환경을 조성하였다. 이태리에서는 재정부에서 호가 중심의 단말기를 통한 국채의 Sell/Buy-back 시장을 도입하였다.

채권을 매수한 후 공개시장에서 채권경과이자가 포함된 가격으로 매각하여 남은 자금으로 투기적 거래를 하다가 이자지급일에 이자를 지급하지 못하여 파산하게 되었다. 한편 Lombard-Wall은 금리상승을 예상하여 Repo매도로 거액의 자금을 빌린 후 투자하였으나 예상과 반대로 금리가 하락하여 대량의 손실을 본 후 파산했는데, Repo를 매수한 고객들에게 채권을 인도하지 않고 보관증만 제공하였기 때문에 고객들은 매수한 증권을 받을 수가 없었으며 법원에서도 Repo거래를 담보부소비대차로 판결하였기 때문에 담보증권이 파산재단에 속하여 즉각 유동화 할 수 없었다. 이로 인해 Repo거래의 매력이 삭감되었다. 이후 표준계약서가 제정되고, 파산법의 개정이 추진되었다.

37 강종만 · 김영도, 전게서, 20쪽.

38 강종만 · 김영도, 전게서, 21쪽.

39 노무라종합연구소, 「Repo · 대차 발전방안 연구–주요국 시장 분석 및 시사점 도출을 중심으로–」, 예탁결제원, 2009, 19쪽.

이와 같이 Repo거래는 1995년에는 표준계약서 제정으로 거래의 안정성이 한층 높아졌고, 이후 증권 · 선물시장의 발전 및 각국 정부의 국채발행 증가 등에 힘입어 급성장하게 되었다. Repo거래는 미국에서 처음 시작하였으나, 이제 유럽을 포함한 전 세계 단기금융시장에서도 여러 자금조달수단이나 운용수단 중에서 가장 규모가 큰 시장을 형성하게 되었다.

3.2. 국내시장

우리나라는 1969년 2월 한국은행이 통화공급의 단기조절을 위하여 국채를 금융기관에 대해 환매조건부로 매도하면서 Repo거래가 도입되었다. 이후 1977년 2월 한국증권금융이 증권회사의 채권보유자금을 지원하기 위하여 Repo매입업무를 개시하였고, 1980년 2월 증권회사가 Repo매매업무를 취급하면서부터 본격화되었다. 그 후 금리자유화정책과 함께 거래의 당사자, 규모, 만기, 금액 및 금리 등 거래조건에 대한 규제가 완화되면서 증대되어 왔다. 1997년에는 예탁결제원이 제3자 Repo거래의 환매서비스기관으로서의 역할을 시작하였다.

한편 과거에는 Repo거래가 증권회사나 은행 등 금융기관의 자금거래의 보조수단으로 인식되어 Repo거래를 금융기관의 자금수신 수단으로 활용하여 대고객Repo에 치중하였다. 이에 따라 정부는 2008년 Repo거래의 활성화를 위하여 관련규제를 완화하고, 한국은행의 정책금리변경과 시장참가자 다양화 등을 통해 Repo거래의 활성화 계기를 마련하였다. 또한 2010년 이후 정부는 콜시장에 과도하게 의존하고 있는 단기금융시장을 개선하기 위하여 다양한 방안[40]을 제시하여 기관간 Repo거래가 콜시장을 일부 대체하며 크게 확대되었다. 2016년 이후에는 정부는 1일물에 과도하게 편중되어 있는 기관간 Repo시장을 개선하는데 초점을 두고 기일물 Repo거래 활성화 정책[41]을 추진하고 있다. 이에 따라 기존 GCF Repo거래의 담보증권 대체절차를 간소화시키고 Repo시장에의 기일물 자금공급 풀을 늘리기 위해 일임계약, 연기금 · 공공기관 등이 기관간 Repo시장에 참여할 수 있도록 참가자 범위를 확대하였다. 또 Repo거래 만기의 장기화를 유도하기 위해 국채전문딜러(Primary Dealer) 및 공개시장조작대상기관 평가 · 선정 기준에 기일물 Repo거래 실적을 확대 반영하고, 증권금융을 통한 기일물 Repo시장 조성 정책을 추진하였다.

그러나 외국의 선진금융시장에서는 Repo거래를 딜러금융 수단으로 인식하여 다양한 투자전략과 연계된 Repo거래로 수익창출의 기회로 활용하고 있는데 비해, 우리나라는 아

40 콜시장 건전화 및 단기지표채권 육성 등을 통한 단기금융시장 개선방안 추진(2010.7, 금융위), 금융회사간 단기자금시장의 구조적 개선방안(2011.6, 금융위), 금융회사간 단기자금시장 개편방안(2013.11, 금융위) 등

41 단기금융시장 활성화 방안(2016.9, 금융위)

직까지는 증권회사, 은행 및 자산운용사 등의 단기자금의 조달 및 운용 수단으로 주로 활용되고 있다.

표 6-10 장외기관간Repo · 콜 시장 규모 추이(일평잔) (단위: 조원)

구분	2012년	2013년	2014년	2015년	2016년
콜	28.7	28.9	24.6	17.9	15.8
기관간Repo	23.4	24.7	29.5	37.8	51.9

④ Repo거래의 종류

4.1. 거래유형에 따른 분류

Repo거래는 Repo거래의 상대방을 직접 찾는 직접거래 Repo와 중개기관을 통하여 Repo거래의 상대방을 찾는 간접거래 Repo가 있다. 직접거래는 Repo거래의 매수자와 매도자가 직접 접촉하여 Repo거래를 하는 형태로서 중앙은행이 은행 등 거래금융기관을 대상으로 이루어지거나, 은행 등 금융기관 간 또는 금융기관이 일반투자자를 대상으로 이루어진다. 직접거래는 거래가 단순하다는 장점이 있으나 거래상대방에 대한 신용위험과 운영위험 등을 거래당사자들이 직접 부담하며 거래상대방을 찾기 위한 탐색비용도 발생한다. 직접거래 Repo로는 한국은행 Repo, 금융기관 간 Repo, 금융기관의 대고객 Repo 등이 있다.

간접거래 Repo는 중개인(voice-broker)을 통한 거래로서 Repo거래의 매도자와 매수자 중간에 중개인이 개입한 Repo거래로서 중개인은 전화 등 통신시설을 이용하는 Repo거래의 매도자와 매수자를 연결시키는 단순 중개기능을 수행한다. 우리나라의 경우 금융기관간 Repo거래의 90% 이상이 간접거래이며, 한국자금중개(주) · KIDB 증권중개(주) · 서울외국환중개(주) · 한국증권금융 · 증권회사 등이 간접거래의 중개기능을 수행하고 있다.

4.2. 대상증권의 특정여부에 따른 분류

Repo거래는 담보로서 역할을 하는 대상증권의 지정여부에 따라 일반담보(GC: general collateral) Repo와 특별담보(SC: special collateral) Repo로 분류할 수 있다. GC Repo는 매도자로부터 매수자에게 인도되는 대상증권의 선정과 인도, 매입가액의 관리, 자금이동 등을 Repo거래 건별로 고객의 특별한 지시 없이 환매서비스기관 또는 결제은행이 수행하는 방식이다. 이 거래의 특징은 참가자가 대상증권의 종류와 상관없이 시장에 참여하기 때문에 통상 Repo이율(rate)이 높게 형성된다는 점이다.[42] GCF(general collateral finance) Repo거래는 일반 Repo거래에 비해 Repo거래의 대상증권이 특정증권에 한정되지 않아 거래체결이 용이하고, 거래체결 이후 거래의 관리가 유연할 수 있다. 이러한 GCF Repo거래는 거래체결조건을 거래기간 · Repo이율 · 담보증권 풀(pool) 3가지로 한정하여 신속한 거래체결이 가능하다. 그리고 Repo거래가 유효하게 체결된 이후에 담보증권 풀에서 Repo거래 금액에 해당하는 만큼의 증권이 담보로 할당되게 된다.

현재 국내 Repo거래 참가자들은 단기자금조달 및 운용을 위한 수단으로 SC Repo거래를 주로 이용하고 있다. 특히 1일물 Repo거래가 전체 Repo거래의 85% 수준에 달하고 있으며, 이들 Repo거래는 매일 롤 오버(roll-over)되고 있다. SC Repo는 특정한 대상증권의 종목 · 가격 및 수량 등을 고객이 지정하는 방식이다.[43] 이 거래의 특징은 매수자가 특정한 대상증권을 필요로 하여 차입하는 경우로서 매수자가 대상증권을 지정하여 매수하기 때문에 GC Repo에 비하여 Repo이율이 낮게 형성된다. 또한 특정증권의 가격이 상승 또는 하락할 것이라고 예상되는 경우 GC Repo거래와 SC Repo거래를 활용한 차익거래도 가능하다. 즉 GC Repo거래에서 수요가 증가할 것으로 예상되는 채권을 역Repo(reverse Repo)거래를 통하여 조달한 후 예상대로 그 채권이 특정(special)이 되어 수요가 증가할 경우, GC Repo보다 낮은 이자율(높은 채권가격)로 Repo매도를 수행하여 차익을 실현할 수 있다.

한편 GC Repo는 국내 실정에 맞는 형태('한국형' GC Repo)로 2012년 국내에 처음 도입되었으며 SC Repo에 비해 아직까지 거래는 활성화되지 않은 상태이다. 2016년에는 기일물 Repo거래 활성화 차원에서 GC Repo에 대해 대상증권 대체절차를 간소화하는 것을 거래조건으로 추가한 형태의 거래가 새로 도입되었다. 이는 GC Repo가 대상증권이 특정증권에 한정되어 거래되지 않는다는 특징을 활용하여, 거래기간 중 매도자의 자유로운 담보증권(대상증권) 교체권을 보장해주는 대신 매수자는 이에 상응하는 금리보상을 받을 수 있도록 함으로써 참가자로 하여금 장기의 Repo거래에 유용하게 이용할 수 있도록 한 것이다. 현재 국내 GC Repo는 대상증권을 국채형, 통안채형, 특수은행채형, 정부보증채형 4가지 유형으로 구분하여 거래되고 있다.

4.3. 거래기간에 따른 분류

Repo거래는 계약기간 또는 만기에 따라 반일물(intra-day) Repo, 1일물(overnight)

42 허항진, 전게서, 512쪽.
43 노무라종합연구소, 전게보고서, 13쪽.

Repo, 기간형(term) Repo, 개방형(open) Repo로 분류할 수 있다. 반일물 Repo는 금융기관의 초단기 자금수요에 대비하여 당일 중에 거래를 체결하고, 해당 일에 거래를 종료하는 Repo거래이다. 이는 금융기관의 긴급한 자금수요에 따른 거래임을 고려하여 거래체결의 유연성을 높일 필요가 있고, 이에 따라 거래가능 시간을 특정하지 않고 거래 당일 체결과 환매만 되면 반일물Repo거래가 되도록 하고 있다. 1일물 Repo는 만기가 하루인 Repo거래로서, 현재 국내외의 금융기관들은 단기자금 조달 및 운용을 위하여 1일물Repo를 가장 많이 이용하고 있다. 기간형 Repo는 만기가 2일 이상으로 사전에 만기가 확정되어 있는 Repo거래이다. 기간형 Repo는 통상 1년 이내에서 거래가 이루어지고 있으며, 가장 일반적인 Repo거래의 유형으로 인식되고 있다. 개방형 Repo는 만기일을 사전에 정해두지 않은 Repo거래로서, 거래기간 중에 거래당사자의 의사에 따라 거래를 종료시킬 수 있다. 거래체결 시에 거래당사자 간 특별히 정함이 없는 경우 거래종료를 위한 신청일로부터 3영업일째 되는 날 거래를 종료할 수 있다.

4.4. 대상증권의 관리유형에 따른 분류

Repo거래의 거래대상증권의 보관 및 관리자에 따라 인도형(delivery) Repo, 점유개정형(hold-in-custody) Repo, 제3자(tri-party) Repo로 분류할 수 있다.

인도형 Repo는 매도자가 매수자에게 증권을 인도하여 매수자가 대상증권을 관리하는 형태이다. 인도형 Repo는 매수자가 일일정산과 매입증권을 관리하는 등 거래비용이 높고 업무처리의 번거로움이 따르는 단점이 있다. 점유개정형 Repo는 매도자가 Repo거래의 대상증권을 보관 관리하고 매수자에게는 매도증권의 보관증을 교부하는 Repo거래이다. 점유개정형 Repo는 매도자의 신용도가 높고 매수자의 신용도가 낮은 경우 이용되는 방식으로 매수자의 신용위험(double dipping[44])이 증가하는 문제점이 있으나, 거래비용이 저렴하고 업무절차가 간편한 이점이 있다. 현재 금융기관들이 영업용자금을 수신하기 위하여 활용하고 있는 대고객Repo가 점유개정형 Repo에 해당된다. 제3자 Repo는 거래당사자가 아닌 제3의 환매서비스기관(tri-party Repo agent)[45]이 거래대상증권을 보관관리하는 Repo거래이다. 제3자 Repo의 환매서비스기관은 거래당사자의 위탁을 받아 매입증권과 대금의 결제, 매입

44 매도자가 Repo거래를 통하여 매도한 증권을 매수자를 위하여 별도로 보관 · 관리하지 않고 매도한 증권을 다른 Repo거래에 재사용하는 문제를 말한다.

45 환매서비스를 제공하는 기관은 Repo거래 당사자의 계좌관리가 가능하며 계좌간 대체(book-entry) 업무를 제공할 수 있는 예탁결제원과 같은 각국의 중앙예탁결제기관이나 BONY Mellon, JP Morgan Chase 등과 같은 국제보관기관 또는 Euroclear나 Clearstream과 같은 국제예탁결제기관(ICSD) 등이 그 역할을 하고 있다.

증권의 일일정산 · 이자지급 · 대체 · 교환 등의 서비스를 제공한다. 제3자 Repo거래는 환매서비스기관에서 Repo거래의 내역이 관리되므로 Repo거래의 비용이 저렴하고 위험관리가 용이하여 Repo거래의 안정성과 효율성이 높아 세계적으로 가장 많이 이용되고 있는 Repo 거래방식이다. 현재 국내에서는 환매서비스기관인 예탁결제원을 통한 Repo거래만이 법인세법상으로 예외를 인정받을 수 있기 때문에 인도형 Repo거래와 점유개정형 Repo거래는 사실상 이용되고 있지 아니하다.

표 6-11 2016년 중 제3자 Repo거래 업종별 일평균잔액 현황

(단위: 억원)

매도평잔	비율	업종	비율	매수평잔
42,687	8.2%	국내은행	32.2%	167,284
6,947	1.3%	외은지점	1.0%	5,419
337,459	65.0%	국내증권사	16.0%	82,921
93,711	18.0%	자산운용사	37.3%	193,888
6,067	1.2%	비거주자	3.3%	16,967
32,604	6.3%	기타*	10.2%	52,995

* 기타 : 종금사, 증권금융회사, 보험회사, 신용조합 등

4.5. 거래상대방에 따른 분류

Repo거래는 은행 또는 증권회사 등이 자금조달을 위한 대고객 Repo, 은행 · 증권회사 · 자산운용사 등 금융기관 간 자금조달 및 운영을 위한 기관간 Repo, 시중의 유동성을 조절하기 위한 한국은행 Repo, 한국거래소가 개설하여 운영하는 거래소 Repo로 구분할 수 있다.

대고객Repo는 투자매매업자 또는 투자매매업 인가를 받은 은행 · 증권금융회사 및 종합금융회사가 개인 · 일반법인 등과 자금수신을 행하는 Repo거래를 말한다(금융투자업규정 제5-1조제8호). 자본시장 관련 법령에서는 일반투자자 등을 보호하기 위하여 대고객 Repo에 대하여 매매대상에 대한 기준이외에도 다음과 같은 기준을 정하고 있다. 첫째, 매매가격에 관한 기준과 관련하여 Repo 대상증권을 공정한 시세로 평가한 시장가액에서 환매수 또는 환매도의 이행을 담보하기 위하여 제공하거나 제공받는 추가담보상당가액을 차감한 가액으로 매매하여야 한다는 기준이다(금융투자업규정 제5-19조). 둘째, 환매수일 또는 환매도일에 관한 기준과 관련하여 Repo로 매수한 증권을 Repo로 재매도하려는 경우에는 해당 Repo매도의 환매수일은 Repo매수의 환매도일 이전으로 하여야 한다는 기준이다(자본시장

법시행령 제181조제1항제3호). 이는 Repo로 매수한 증권을 재활용하기 위하여 Repo로 재매도한 경우 이전 Repo매도자의 환매수권을 보호하기 위한 규정이다. 셋째, Repo 대상증권의 보관 및 교체 등과 관련한 기준이다. 투자매매업자등은 대고객 Repo의 대상증권을 보관·관리하는 경우에 Repo 대상증권의 전부에 대하여 투자자예탁분임을 명시하여 예탁결제원에 예탁하여야 한다. 또한 투자매매업자등은 투자자의 Repo 대상증권을 보관하는 경우에 매 영업일마다 투자자별로 산정한 그 증권의 시장가액이 환매수가액의 100분의 105 이상이 되도록 유지하여야 하며, 이에 미달하는 경우에는 지체 없이 그 부족분 이상을 투자자에게 이전하여야 하며, 초과하는 경우에는 그 초과분을 투자자로부터 이전받을 수 있다(금융투자업규정 제5-21조). 대고객Repo는 예금상품이 아니라 채권의 장외거래이므로 예금자보호대상에서 제외되며, 지준예치의무도 부여되지 않는다. 따라서 지준예치의무가 부과되는 다른 예금상품에 비해 고객에게 더 높은 금리를 제공할 수 있어 단기로 자금을 운용하는 투자자들에게는 인기가 높은 상품이다.

기관간 Repo는 금융기관의 일시적인 자금부족을 해소하거나 보유증권의 활용도를 높여 보유자산의 수익률 제고를 위해 다른 금융기관과 거래하는 형태로 '금융기관 간 직접거래'와 환매서비스기관을 이용하는 '제3자 Repo(tri-party Repo)'로 구분할 수 있다.

한국은행 Repo는 금융통화위원회가 정한 목표수준에서 콜금리를 유지시키기 위하여 시중유동성을 조절하는 공개시장조작(open market operation)의 수단으로서 금융기관[46]을 대상으로 하여 Repo거래를 활용하고 있다. 특히 유동성 과부족이 일시적인 경우 금융기관과의 Repo거래를 이용하여 유동성을 조절하고 있다. 한국은행 Repo의 대상증권은 국채·정부보증채·통화안정증권 및 토지개발채권으로 제한하고 있으며, 이 중에서 통화안정증권은 한국은행이 발행 주체이므로 Repo매수 시에만 사용한다. 한국은행 Repo거래의 증거금율은 한국은행이 Repo매도 시에는 100%, Repo매수 시에는 105%이며, 면제비율은 3%로 고정되어 있다. 그리고 기관간 Repo거래와 달리 거래조건변경·조정결제 등은 할 수 없다.[47]

거래소 Repo는 거래소에서 채권시장의 하나로서 운영하고 있는 Repo시장이다. 거래소 Repo시장에서 거래가 가능한 증권은 위험이 낮고 유동성이 풍부하며 현금흐름이 안정된 채권을 대상으로 하고 있다. 따라서 거래소 Repo는 국채, 특수채 및 우량회사채를 거래대상으로 하고 있다.

---

46 한국은행은 공개시장조작을 신속하고 효율적으로 수행하기 위해 일정한 요건을 갖춘 금융기관들을 사전에 선정해 놓고 있는데, 매년 7월에 향후 1년간 활동할 기관을 선정한다.

47 한국은행 Repo거래 이후 결제 및 거래관리업무는 2006년 4월부터 예탁결제원의 제3자 Repo시스템을 이용하여 소유권이 완전히 이전되는 증권과 대금의 동시결제 방식으로 운영하고 있다.

표 6-12 **Repo거래 현황** (단위: 조원)

구분	기관간Repo		한은Repo		대고객Repo
	거래량	일평잔	거래량	일평잔	말잔
2014년	5,619	29.5	683	16.1	75.6
2015년	8,068	37.8	738	17.4	77.5
2016년	11,276	51.9	603	13.8	79.5

Repo거래의 참가자와 법률관계 제2절

① Repo거래 참가자

Repo거래에는 중앙은행, 은행, 증권회사, 기업, 공공기관, 연기금 등 다수의 기관들이 자유롭게 참가하여 주로 장외거래방식으로 거래를 수행하고 있다. 중앙은행은 주로 단기유동성 공급과 금리조절을 목적으로 Repo거래를 이용하며, 중앙은행이 Repo거래를 이용하여 단기유동성을 공급할 때에는 일반적으로 입찰방식을 이용하게 된다. 대형은행 · 증권회사 등은 보유증권을 이용한 단기자금의 조달을 목적으로 Repo거래를 이용하며, 기업이나 은행 · 연기금 등은 단기여유자금의 운용수단으로 Repo거래를 이용한다. 이처럼 다수의 기관이 Repo거래를 이용하는 공통적 이유는 (ⅰ)Repo는 거래의 안정성 확보가 용이하고, (ⅱ)투자자 자신이 Repo거래의 만기와 투자규모의 설정이 가능하며, (ⅲ)적절한 위험과 수익의 조합이 가능(안정성이 높은 증권을 담보로 할 경우에는 Repo이율은 낮음)하고, (ⅳ)중개기관의 연계 없이 Repo거래가 가능하기 때문이다.

1.1. 자금조달자

국제적으로 Repo거래를 통하여 자금을 조달하는 주요 자금조달자는 우선 증권의 자기매매업무와 중개업무를 수행하는 증권회사이다.[48] 증권회사는 증권회사 간 또는 자신의 고

48 그 중에서도 미국의 브로커/딜러가 제3자 Repo의 가장 큰 이용자이며, 일본의 증권회사가 그 뒤를 따르고 있다.

객과 거래를 행하며, 대부분의 증권회사는 Repo거래를 통하여 차입한 금액이 역 Repo거래를 통해서 대여한 금액과 동일하게 되는 Matched Book을 운영한다.[49] 이처럼 증권회사는 자산과 부채에 대한 조건을 달리하여 이자율에 대한 투기적 포지션 등 시장에서 특정한 포지션을 취할 수 있다. 다음으로는 상업은행을 들 수 있다. 상업은행들은 금융위기 상황에서와 같이 정상적인 자금조달 수단이 단절된 경우에 보유하고 있는 G-7 국채나 신용등급이 높은 Eurobond를 이용하여 자금조달의 보조적 수단으로 Repo거래를 통하여 자금을 조달하게 된다. 마지막으로 비용 효율적이고 안전한 자금조달을 선호하는 헤지펀드를 들 수 있다. 특히 미국소재의 헤지펀드는 Repo거래의 선구자라고 할 수 있는데, 미국에서는 Repo거래는 대여가 아닌 매도로 간주되어 Repo거래를 통한 자금조달은 증거금계좌(margin account)를 제한하는 SEC의 Regulation T[50]의 적용을 면제받아 더 많은 레버리지 효과를 창출할 수 있다. 국내적으로는 증권회사(54%), 자산운용사(12%), 증권회사(신탁)(11%), 은행(9%), 한국증권금융(8%), 외은지점(2%), 외국인(2%), 보험회사(1%) 등이다.[51]

1.2. 자금대여자

Repo거래에 있어서 국제적으로 자금대여자는 상업은행, 국제기구, 보험회사, 연기금, 뮤추얼펀드, 지역은행, 헤지펀드 등이다. 국내적으로는 자산운용사(34%), 증권회사(신탁)(17%), 국내은행(신탁)(17%), 국내은행(10%), 외국인(7%), 한국증권금융(7%), 증권회사(4%), 외은국내지점(2%), 보험회사(1%), 기타 일반기업 등이다.[52]

증권회사, 외국인, 한국증권금융, 은행, 보험회사 등은 Repo거래를 통하여 단기여유자금을 운용하고 있다. 특히 펀드자금을 운용하는 자산운용사는 신용위험 관리측면에서 자금대여에 많은 규제를 받기 때문에 안전성과 수익성을 모두 갖춘 담보부 자금대여인 Repo거래를 통하여 단기여유자금을 많이 운영하고 있다.[53] Repo거래는 다른 금융상품에 비하여 상대적으로 안전성과 수익률이 높을 뿐만 아니라 유동성과 유연성이 높아 단기여유자금 운

---

49 미국에서는 주요 Repo딜러는 재무성증권시장에서 활동하는 22개의 Primary Dealer들과 재무성증권에 대한 공식 Primary Dealer로 등록은 되어 있지 않으나 Repo시장에서 주요딜러로 활동하는 12개 정도의 딜러가 있다. 이에 비하여 유럽국채시장에 참여하는 대부분의 Primary Dealer, 대형증권회사, 기타 지역은행 및 상업은행 등이 주요 Repo딜러로 참여하고 있다.

50 Regulation T는 브로커/딜러가 자신의 고객에게 신용을 공여할 수 있는 조건에 대하여 규정하고 있는데, 동 규정은 고객의 증거금계좌(margin account)에 증거금증권이 담보로 보관되고 있는 경우, 브로커/딜러가 고객에게 해당 증거금증권의 최초매수가격의 50%를 초과하여 자금을 대여하는 것을 제한하고 있다(허항진, 전게서, 508쪽, 각주 18 재인용).

51 예탁결제원 증권정보포털 SEIBro(http://www.seibro.or.kr)자료(2016년 12월말 기준).

52 예탁결제원 증권정보포털 SEIBro(http://www.seibro.or.kr)자료(2016년 12월말 기준).

53 허항진, 전게서, 509쪽.

영에 많이 이용되고 있다.

1.3. 중앙은행

중앙은행인 한국은행은 지급준비제도, 여 · 수신제도 및 공개시장조작을 통화정책의 주요수단으로 이용하고 있다. 공개시장조작(open market operation)은 증권매매, 통화안정증권 발행 · 환매, 통화안정계정 예수 등 세 가지 대표적인 형태로 이루어진다. 증권매매는 국공채 등을 매매하여 자금을 공급하거나 회수하는 것을 말한다. 한국은행이 금융시장에서 증권을 매입하면 이에 상응하는 유동성(본원통화)이 시중에 공급되며, 반대로 보유 증권을 매각하면 이에 상응하는 유동성(본원통화)이 환수된다. 한국은행의 매매대상 증권은 공개시장조작의 효율성과 대상증권의 신용리스크를 감안하여 국채, 정부보증채, 금융통화위원회가 정하는 기타 증권으로 제한되어 있다. 매매대상 기타 증권에는 통화안정증권이 포함되며, 2008년 9월 리먼사태 이후 신용경색 완화를 위해 대상증권을 한시적(2008.11.7~2009.11.6)으로 확대[54]한 바 있다.

증권매매의 종류에는 단순매매(outright sales and purchases)와 Repo거래가 있다. 단순매매는 유동성이 영구적으로 공급 또는 환수되어 장기 시장금리에 직접적인 영향을 줄 수 있기 때문에 제한적으로 활용되며, 증권매매는 통상 7일물 Repo거래를 중심으로 이루어진다. 또한 2011년 8월 한국은행법 개정으로 증권대차가 가능해짐에 따라 Repo거래 규모의 탄력적 확대를 통한 유동성 조절의 효율성 제고는 물론 채권시장 경색 등 금융시장 불안 시 효과적인 대응도 가능해졌다.[55]

1.4. 환매서비스기관

환매서비스기관(Repo agent)은 제3자 Repo거래의 담보평가 · 일일정산 · 마진콜 등의 리스크관리업무, 매입증권의 대체 · 교환업무, 매입증권의 이자지급 등 권리관리업무 등을 처리하는 기관이다. 제3자 Repo거래는 환매서비스기관에서 Repo거래를 관리하므로 거래의 안정성과 효율성이 높아 대부분의 국가에서 이용하는 Repo거래방식이다. 환매서비스기관은 Repo거래 당사자의 Repo거래계좌의 관리가 가능하며, 증권의 양도를 위한 계좌간 대체로 업무를 수행할 수 있는 중앙예탁결제기관(central securities depository)이나 BONY

54 은행채 및 일부 특수채(한국토지공사 · 대한주택공사 · 중소기업진흥공단이 발행한 채권, 한국주택금융공사가 발행한 사채 및 주택저당채권).

55 http://www.bok.or.kr/broadcast.action?menuNaviId=1772(조회일 : 2013년 6월 13일).

Mellon, JP Morgan Chase 등과 같은 국제보관기관(global custodian) 또는 Euroclear나 Clearstream과 같은 국제중앙예탁결제기관(international central securities depository) 등이 그 역할을 수행하고 있다.

미국의 경우 채권회사들이 자금조달수단으로 20여년간 Repo거래를 유용하게 이용하여 왔으나, 1980년대 초반에 Repo거래와 관련된 파산이 빈번하게 발생하여 Repo거래시장의 불안감이 고조되었다. 이에 따라 시장의 불안정성을 극복하기 위해 1983년에 제3자 Repo 거래가 미국에서 최초로 도입되었다. 당시 Repo거래는 가격산정 · 결제 및 담보관리 등의 후선업무(backoffice)를 거래당사자가 직접 수행함에 따라 관리비용 및 시간 등이 과다하게 소요되고, 공정하고 객관적인 관리가 이루어지지 않아 제3자 Repo거래가 대안으로 등장하게 된 것이다. 유럽의 경우 3자간 Repo제도가 늦게 도입되었음에도 불구하고 베어링그룹의 파산 등에 따라 투자자들이 Repo거래의 안정성을 선호하게 되고, 1996년에는 문서화되지 않은 Buy/Sell-Back에 대한 벌칙부과를 원칙으로 하는 유럽연합의 자본충족지침(Capital Adequacy Directive)이 발효됨에 따라 제3자 Repo거래가 크게 증가하였다. 우리나라에서는 1997년 외환위기 이후에 IBRD가 우리나라에 차관을 제공하는 조건으로 Repo거래를 위한 결제시스템을 도입하도록 권고하였으며, 당시 재정경제부(채권시장제도개선연구반, '98. 2)는 채권시장 활성화를 위한 중장기 과제로 제3자 Repo거래의 도입을 권고하였다. 이에 따라 우리나라 중앙예탁결제기관인 예탁결제원은 채권유통시장의 선진화를 위하여 제3자 Repo 거래시스템을 구축하여 1999년 11월부터 금융기관들을 대상으로 제3자 Repo거래에 대한 환매서비스기관으로서의 업무를 개시하였다.

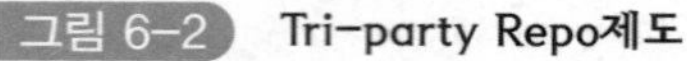
그림 6-2 Tri-party Repo제도

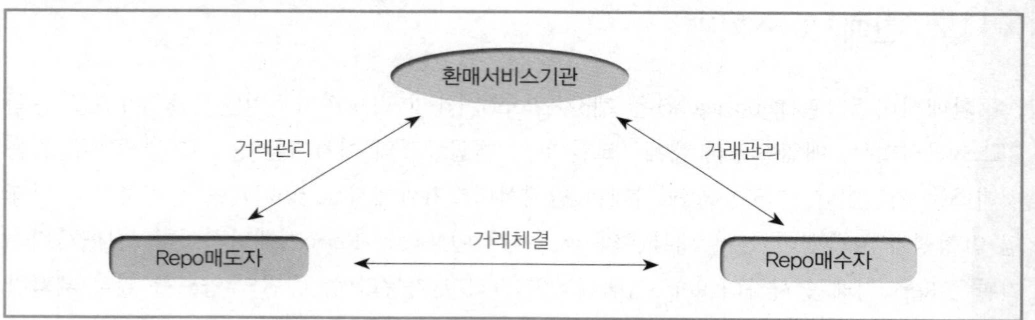

❷ Repo거래의 성격

2.1. Repo거래의 경제적 성격

Repo거래는 거래의 특성상 형식적으로는 개시일과 환매일에 대상증권의 소유권 이전이 이루어지므로 증권의 매매와 동일하나, 경제적 측면에서는 자금조달을 위한 담보(collateral)로서 대상증권을 상대방에 인도하고, 환매 시 자금조달에 대한 반대급부로 원금과 이자를 상환하는 소비대차거래의 성격을 가지고 있다. Repo거래가 담보부소비대차의 성격을 띠는 것은 여러 면에서 찾아볼 수 있는데, (i)매입증권이 매수자에게 이전되었지만 매입증권에서 발생하는 수익이 매도자에게 반환되는 점, (ii)거래의 종료 시에 매도자가 차입한 원금에 이자성격의 환매차익(price differential)을 가산하여 반환하는 점, (iii)환매의 이행보장을 위해 증거금 유지의무를 거래 당사자가 부담하는 점, (iv)상대방의 계약불이행 시에 거래를 종료하고 해당증권의 매매대금과 환매차액을 정산할 수 있는 점, (v)「소득세법」 제16조제1항제8호에서 Repo거래의 환매차액을 이자소득으로 규정하고 있는 점, (vi)기업회계기준서에서 Repo거래 시 증권은 회계처리하지 않고, 매매대금에 대해서만 회계처리[56]하도록 규정하고 있는 점 등이다.

2.2. Repo거래의 법적 성격

(1) 서설

Repo거래의 형식은 거래의 대상이 되는 대상증권의 소유권이 매도자에게서 매수자에게로 이전(transfer of legal title)되는 거래이다. 따라서 계약 시 당사자 간 별도의 합의가 이루어지지 않는 한 매수자는 매입증권을 제3자에게 매도하거나 담보제공 등의 방법으로 자유롭게 처분할 수 있다. 그러나 Repo거래의 경제적 효과는 담보부소비대차와 매우 흡사함에 비하여 Repo거래에 대한 개념정의가 법상으로는 존재하지 않기 때문에 그 법적 성질을 파악하는 것이 용이하지 아니하다. 한편 우리나라는 Repo거래를 자본시장법 제166조 및 「금융투자업규정」 제5편에서는 증권의 장외매매거래로 규정하고 있다. Repo거래의 법적 성질을 담보부소비대차설 또는 증권매매설 중 어느 설로 보느냐에 따라 투자자 보호의 정도가 달라질 수 있다.[57]

---

56 Repo매도로 차입한 자금은 '환매조건부채권매도(차입부채)'로 기재하고, Repo매수로 대여한 자금은 '환매조건부채권매수(대출채권)'로 기재한다.

57 1982년 5월의 Drysdale Government Securities사건 및 동년 10월의 Lombard-Wall, Inc사건에서 Repo 매도인인 증권회사가 파산하자, 파산법원은 Repo는 담보부 소비대차이고 매입증권은 단순한 담보물

(2) 담보부소비대차설

담보부소비대차설은 Repo거래는 자금의 차입자(borrower)인 매도자가 주로 단기자금의 조달을 위하여 Repo거래 대상증권을 자금대여자(lender)인 매수자에게 그 채무이행의 담보(collateral) 목적으로 형식상 매도한다는 견해이다.[58] 이 견해의 주요 논거는 첫째, Repo거래에서 매수자는 매입증권을 장래의 특정 환매도일에 매도하고, 대신에 대여자금에 대한 원금과 약정 이자만을 매도인으로부터 수령한다는 점에서, 이는 금전의 담보부 대출거래(secured loan)와 기능적으로 유사하다는 것이다.

둘째, Repo거래의 매도자 및 매수자 각각의 포지션에 대한 대상증권 또는 담보증권 등의 가치변동에 따른 일일정산(mark-to-market)은 담보부소비대차에서 이루어지는 행위이다. 즉 대상증권을 매매하여 소유권이 완전히 이전된 경우에는 일일정산과 증거금의 관리가 필요 없는데 반하여, 담보부거래에서는 담보증권과 피담보채권의 가치를 비교하는 일일정산과 피담보채권을 보호하기 위한 증거금 관리가 필요하다는 것이다.

셋째, Repo거래의 매도인이 매수인에 대하여 대상증권에 대한 환매수를 이행할 수 없는 지급불능의 사태가 발생하여 매수인과의 정산시 대상증권에 대한 환매가격(repurchase price)과 매수자의 대여자금 간의 정산(liquidation)을 통하여 상호 반환을 하여야 하는데, 이는 담보부소비대차와 유사하다는 것이다.

넷째, 매수인이 대상증권으로부터 발생하는 이자나 배당금 등의 과실을 매도인에게 반환하는 것은 매수인이 제한된 범위내에서 형식상으로만 소유권을 가지는 것에 불과하고, 이는 담보부소비대차의 성격과 유사하다는 점이다.[59]

다섯째, Repo거래에서는 (ⅰ)매수자가 대상증권에서 발생하는 과실을 매도자에게 지급하는 대체지급(substitution payment)하는 점, (ⅱ)매수자에게 소유권을 이전한 대상증권을 다른 증권으로 대체 또는 교환할 수 있는 점, (ⅲ)Repo거래 시 당사자 간에 대상증권 및 증거금증권의 처분을 제한하기로 하는 약정을 별도로 체결할 수 있는 점과 같은 측면이 있다. 따라서 Repo거래에서는 대상증권의 소유권이 완전하고도 절대적으로 매수인에게 이전

에 불과하다고 판시하였다. 그 결과 미국법상으로는 증권매도인이 파산하면 그 증권은 매도인의 파산재단(property of the estate-in bankruptcy)을 구성하므로, 투자자인 Repo매수인은 담보권(securities interest)을 실행하기 위하여 해당증권을 매각할 수 없게 되고, Repo매수인은 원리금의 손실은 물론이고 극단적으로는 파산의 위험을 감수할 수밖에 없는 결과로 이어질 수 있게 된 셈이다. 이 사건은 Repo 당사자의 파산 또는 지급불능상태에 있어서 Repo의 법적 성질에 대한 중요성을 재인식하게 한 대표적인 사례라고 할 수 있다.

58 Elizabeth M. Osenton, *"Comment: The Need for A Uniform Classification of Repurchase Agreements: Reconciling Investor Protection with Economic Reality,"* 36 Am. U. L.Rev. 669(1987).

59 SEC v. Miller사건에서 Repo매도인은 은행이었는데, 은행이 Repo를 증권의 매매로 형식을 꾸미는 것은 그것을 대부로 할 경우에 적용되는 감독규제를 회피하기 위한 것임을 확인하고, 이 사건의 Repo거래는 단기의 담보부 금전소비대차임을 분명히 하였다.

되는 것이 아니라 단지 담보부로 소비대차하는 것에 불과하다는 것이다.

여섯째, 당사자의 의사해석에 있어서 계약의 형식을 경제적 실질보다 중시하는 것이 법률행위 해석의 가장 기본적인 원칙이기는 하지만, 계약서가 담보의 목적을 은폐하기 위한 사기(sham)거래에 해당되거나 소유권의 절대적 이전과 상충되는 규정을 포함하는 예외가 인정될 수 있으므로,[60] Repo거래의 경우에도 계약의 형식보다는 경제적 실질을 중시하는 것이 바람직하다는 견해이다.[61]

이러한 담보부소비대차설에 대한 비판은 미국의 경우 Repo거래가 경제적으로는 소비대차와 유사하더라도, 이설에 따르면 Repo거래를 통한 중앙은행의 공개시장조작을 통한 통화조절을 곤란하게 하고, 매도인이 Repo거래를 연방정부발행채권으로만 담보하는 경우 Repo거래는 그 대부한도, 이자율한도 및 준비금요건에 대한 연방규제로부터 면제된다는 점에서 Repo는 소비대차와는 구별된다는 것이다. 그리고 Repo거래를 담보부소비대차로 취급하는 경우에 연방증권법상 사기금지 및 정보공시의무를 적용할 수 없게 되어,[62] 매도인의 파산이나 지급불능과 같은 투자위험요소나 매도인의 재무상황을 알지 못하는 매수인의 이익을 해칠 우려가 있다는 점이다.[63] 매수인의 담보권을 의미하는 매입증권의 가치는 증권의 시장가치의 변동에 따라 증감하는데, 매도인이 파산신청을 하는 경우에 매수인이 가지는 담보권이 완성된 담보권인가의 여부에 따라 매수인의 지위가 위태롭게 된다는 점 등에서 담보부소비대차설에 대한 비판이 가해지고 있다.

또한 Repo거래가 경제적으로 단기 현금차입이라는 관점에서 담보부소비대차로 보고 담보거래가 정확하게 설정되었다 할지라도, 파산법에서 담보권자가 즉시 담보증권을 처분하지 못하게 하는 위험성이 있다.[64]

(3) 증권매매설

증권매매설은 매도자가 대상증권의 소유권을 매수자에게 완전히 이전하여 매수자는 대상증권을 매매 또는 담보 등으로 자유로이 처분이 가능하므로, Repo거래를 대상증권에 대한 별도의 매매(separate purchases and sales of the underlying securities)로 보는 견해이다.[65]

---

60 영국법상 Repo거래는 해당 계약서가 사기(sham)거래에 해당되거나 소유권의 절대적 이전과 상충되는 규정을 포함하지 않을 것을 조건으로 그 효력이 인정되고 있다. 따라서, 영국법원은 대부분의 경우 국제마스터리포계약서(GMRA)에 따라 이루어지는 Repo거래의 효력을 승인할 것으로 보인다(정순섭, "국제증권금융거래에 관한 법적 고찰", 「경영법률」 제14권 제2호, 경영법률학회, 189쪽, 각주 62 재인용).

61 정순섭, 전게논문, 194쪽.

62 Bellah v. First Nat'l Bank, 495 F.2d 1109, 1114(5th Cir. 1974).

63 William F. Hagerty, Ⅳ, Lifting the Cloud of Uncertainty over the Repo Market : Characterization of Repos as Seperate Purchases and Sales of Securities, 37 Vand. L. Rev. 401, 409(1984), p.431.

64 IOSCO, supra note, p.45.

65 Hagerty, Ⅳ, supra note 7, p.421 이하; Schroeder, supra note 8, p.1008 이하.

이 견해의 주요 논거는 Repo거래가 시작된 미국의 1933년 증권법과 1934년 증권거래법 등에서 찾고 있는데, 먼저, '매매(sale) 또는 매도(sell)'에는 증권 또는 증권상의 이익에 대한 모든 유상의 매매계약뿐만 아니라 기타의 처분행위도 포함되는데, 기타의 처분행위에는 경제적으로는 담보부거래인 Repo거래도 포함될 수 있다는 점이다.[66][67] 즉 '매매'는 단순히 증권의 보유자가 바뀐다고 하여 반드시 증권의 매매가 존재하는 것은 아니며, 증권상의 매매는 소유권이라는 법적 개념보다는 '(증권상의 이익의) 유상의 처분행위'라는 경제적 가치의 이전에 중점을 두고 있으므로 담보부로 증권을 이전하는 것이 매매가 아니라고 단정하기 어렵다.

둘째, 매도인은 대상증권으로부터 발생하는 과실에 상당하는 대체지급(substitution payment)을 매수자로부터 받을 대체권(right of substitution)을 보유하고 있다. 이는 매도자가 매수자에게 대상증권의 이용권 또는 매각권을 허용한 것으로서, 이러한 Repo거래는 대상증권의 매매라고 보아야 한다는 점이다.[68]

셋째, Repo거래를 증권매매로 보면 매도인의 파산 시에 매수자는 별도의 담보권의 완성(perfection of security interest) 절차 없이 대상증권을 정산(liquidation)할 수 있으며, 또한 미국 파산법(Bankruptcy Code)상 자동정지조항(automatic stay provision)의 적용을 받지 않으므로 파산절차의 진행에 있어서도 유동성이 보장되어 투자자 보호에 더 철저를 기할 수 있다는 점[69]이다.

넷째, 미국의 1934년 증권거래법상 불공정거래금지조항(Sec.10(b))과 관련하여 담보거래가 아닌 매매거래가 투자자를 더 철저히 보호할 수 있다는 점 등이 제시되고 있다. 즉 불공정거래의 적용대상은 담보거래가 아니라 매매거래이기 때문이다.

다섯째, Repo거래의 당사자 간에는 금전소비대차계약이 아닌 매매계약을 체결하려는 것이 당사자의 진정한 의사이며, Repo거래 대상증권을 담보로 하는 것은 그 경제적 목적을 달성하고자 하는 부수적인 의사에 불과하다는 것이다.[70] Repo거래를 통한 증권의 매매

---

66 미국의 1933년 증권법(Sec.2(3))과 1934년 증권거래법(Sec.3(a)(14))의 해석상 "매매(sale) 또는 매도(sell)"에는 증권 또는 증권상의 이익에 대한 모든 유상의 매매계약뿐만 아니라 기타의 처분행위도 포함되는데, 기타의 처분행위에는 경제적으로는 담보부거래인 Repo도 포함될 수 있다는 점이다(Rubin v. United States, 449 U.S. 424(1981); Hagerty, Ⅳ, supra note 7, p.421; 송옥렬, 김건식, 「미국의 증권규제」(서울: 홍문사, 2001), 162~163쪽).

67 Rubin v. United States, 449 U.S. 424(1981); United States v. Kendrick, 692 F. 2d 1262(9th Cir. 1982), cert. denied, 103 S.Ct. 1892(1983).

68 Hargerty, Ⅳ, supra note 7, p.423.

69 S. Goldfeld & L. Chandler, *The Economics of Money Banking(8th ed.)*, pp.424~429(1981).

70 우리나라 대법원 판례도 조세관련사건이기는 하지만, "내국법인의 국 · 공채취득이 환매조건으로 이루어졌고, 매도금액 또한 환매기간에 따른 일정이율에 의하여 계산된 이자를 가산하여 정하여졌으며, 점유의 이전도 현실의 이전이 아닌 점유개정의 방법으로 이루어졌다 하더라도, 당사자 사이에 실질적으로 그 권리를 이전하려는 의사가 존재하는 한 이것을 매매로 볼 것이지, 국공채를 담보로 한 금전소비대차거래로

라는 방법으로 담보설정과 동일한 경제적 목적을 달성하려는 것은 담보권을 창설하는데 따르는 절차나 법률관계의 복잡성을 회피함으로써 이에 소요되는 비용을 절감하여 그 효율성을 달성하고자 하는 것이 당사자들의 진정한 의사라고 볼 수 있다. 이에 따라 Repo거래계약서에서는 담보부거래에서 사용하는 용어 대신에 시장관행과의 충돌에도 불구하고 매매거래와 어울리는 용어의 사용을 통하여 당사자의 의사가 '담보부 대출'이 아니라 '진정한 매매(genuine sale)'라는 근거를 확보하고자 노력하고 있다. 이러한 노력의 일환으로 실무상 'Repo금리(Repo rate)'라는 용어 대신에 '환매차익(differential price)'이라는 용어를 사용하고, '매입증권'이라는 용어 대신에 '등가증권(equivalent securities)'이라는 용어 등을 사용하고 있다. 또한 시장관행과 용어의 차이가 Repo거래의 본질에 영향을 미치지 않음을 명시하기 위하여 국제마스터Repo계약서에서는 환매일자(repurchase date), 환매가격(repurchase price), 증거금(margin), 순증거금(net margin), 증거금비율(margin ratio), 대체(substitution) 등의 용어를 사용하더라도, 이는 절대적 권리이전을 기초로 하는 Repo거래의 본질에 영향을 미치는 것은 아니라는 점을 명시적으로 규정하고 있다(Para. 6(f)).[71]

또한 최근에는 모든 Repo거래가 증권의 매매로 되는 것은 아니기 때문에, 매도인이 매수인에게 증권을 매도함으로써 매도인이 증권상의 모든 재산상의 이익(property interest)을 상실하면, 이러한 Repo거래는 담보부소비대차가 아니라 진정한 매매라고 보는 견해도 등장하고 있다.[72]

이러한 증권매매설에 대한 비판은 미국의 경우 은행 등이 소비대차에 적용되는 이자율 제한과 준비금요건 등의 규제를 피하기 위하여 Repo거래를 이용하여 소비대차에 대한 연방의 규제를 회피하여 왔다는 점이다.[73] 또한 Repo거래를 매매로 파악하는 경우 Repo매도인이 환매수 계약을 불이행하는 경우 Repo매수인의 손해배상청구권은 무담보청구권으로서 일반채권자와 동등한 지위를 가진다는 것이다.

볼 것은 아니다"라고 판시하여, Repo의 경제적 실질보다는 증권의 매매에 당사자의 의사가 있다고 풀이한 바 있다.

71 정순섭, 전게논문, 191쪽.

72 Jeanne L. Schroeder, supra note, 1008ff.

73 Glass-Steagall Act상 원칙적으로 은행은 증권의 발행, 인수 또는 거래가 금지되고(Sec. 21(a)) 예외적으로 정부채권의 거래만을 허용할 뿐인데, 은행이 증권을 매수인에게 매각하는 것은 여기에 해당하지만, 은행이 매수인으로부터 증권을 환매하는 것은 여기에 속하지 않게 되어, Repo에 의한 증권의 매매는 이 법에 위반한다는 점이다.

제3절 Repo거래의 성립과 관리[74]

1 Repo거래의 성립

1.1. 표준약관

Repo거래는 거래편의와 안정성을 위하여 표준약관을 이용하고 있다. Repo거래와 관련한 국제표준계약서 중에서 가장 오랜 역사를 가진 것이 채권시장협회(TBMA: The Bond Market Association)와 국제증권시장협회(ISMA: International Securities Market Association)에 의하여 1995년 공표된 국제마스터리포계약서(GMRA: Global Master Repurchase Agreement)이다. GMRA는 미국 이외의 국가에서의 사용을 전제로 작성된 것으로 영국법을 준거법으로 규정하고 있다. 이외에도 각국은 자국의 국내시장에서의 거래를 위하여 국내표준계약서를 제정하여 사용하고 있는데, 프랑스의 AFTB Repo계약서(Convention-Casre relsative aux Opérations de Pension Livrée)와 유럽은행협회에서 2001년 제정한 유로마스터계약서(Master Agreement for Financial Transactions or Euro Master Agreement)가 대표적이다.

우리나라에서는 한국금융투자협회에서 GMRA를 기초로 하여 국내 기관간 Repo거래에 사용하기 위한 「기관간 환매조건부매매약관」을 제정하여 사용하고 있다. 미국 재정증권의 Repo거래에 대하여는 뉴욕법이 적용되는 채권시장협회의 표준약관이 사용된다.

이러한 표준약관의 사용은 규제당국에 의해서 권고되어 왔으며 어떤 경우에는 법에서 그 이용을 일반화한 경우도 있다. 표준약관 이용의 장점은 우선, 미이행계약의 거래상대방 위험을 계약종료 후 상계조항에 의해서 축소할 수 있다는 점이다. 만약 Repo거래의 일방당사자가 도산하거나 채무불이행을 한 경우 그 상대방당사자는 계약종료 후 일괄정산조항에 의해서 미이행계약을 신속히 종료하고 일일정산 내역을 차감하여 순채무를 산출할 수 있다. 일괄정산이 상대방 위험을 줄이는 정도는 Repo거래의 성격과 규모에 따라 차이가 있다. 일괄정산 계약을 맺은 거래상대방의 위험노출의 정도를 계산하는데 있어서 현재와 미래의 위험노출의 상계 효과를 고려하게 된다. 최근에는 표준약관상 일괄정산의 장점이 널리 인정됨에 따라 다양한 간접적 규제를 통해서 표준약관을 더욱 많이 이용하도록 권고하고 있는 추세이다. 표준약관 이용의 또 다른 장점은 도산시 일괄정산과 불이행에 관련되는

74 이하는 기관간 Repo거래를 중심으로 살펴보고자 한다.

조항의 이행가능성을 높인다는 점이다. 일부 국가에서는 법적계약의 강제성에 대하여 검증된 판례가 없기 때문에 GMRA에 여러 관할지역을 위한 부록을 만들어 놓고 있다. 이에 따라 1995년 GMRA에는 6개의 부속서류가 있으며, 이중에서 GMRA Annex Ⅰ은 거래당사자들이 추가적인 약정조건을 보충적인 조건으로 기술하여 GMRA의 내용을 보완하는데 사용하며, GMRA Annex Ⅱ는 거래확인서의 유형에 의해 결정된다. 이들 부속서류 이외에도 Buy/Sell Back Annex, Agency Annex, Equities Annex 등의 부속서류가 있다.

한편 일부 시장참가자들은 국제시장에서 사용되는 표준약관의 수가 너무 다양하여 이를 축소할 필요가 있다고 주장하고 있다. 즉 각 지역별로 표준약관 수가 존재하는 상태에서 Repo거래 참가자는 여러 관할지역에서 법적 의견을 얻어내기 위하여 많은 노력과 시간을 들여야 하는 문제가 있다. 일괄정산의 범위를 확대하는 것과 더불어 Repo거래 당사자 일방의 도산절차의 진행시 거래종료와 일괄정산의 이행가능성에 대한 전문가의 법적 의견을 얻어내는데 드는 비용을 포함한 제 비용을 줄일 것을 주장하고 있다.

1.2. Repo거래의 성립

(1) 거래개시

Repo거래에 있어 거래당사자는 거래조건에 합의한 때 구두 또는 문서로 개별거래를 체결할 수 있으며, 개별거래가 체결된 즉시 매수자 또는 매도자는 상대방에게 체결된 개별거래의 내용을 확인하기 위하여 매매거래확인서를 교부한다(동 약관 제3조제1항). 이때 Repo거래를 위한 계약서는 한국금융투자협회에서 GMRA를 기초로 하여 제정한「기관간 환매조건부매매약관」(이하 '약관'이라 한다)이 이용되고 있다.

(2) 개시결제

은행 · 보험회사 · 금융투자업자 · 증권금융회사 · 종합금융회사 · 자금중개회사 등의 기관이 투자중개업자를 통하여 Repo거래를 한 경우에는 원칙적으로 증권의 이전은 예탁결제원이 관리하는 예탁자계좌부에서의 계좌간 대체로 하여야 하며, 대금의 지급은 한국은행 · 은행 · 투자매매업자 또는 투자중개업자를 통한 자금이체를 통하여 그 매입증권과 대금을 원칙적으로 동시에 결제하여야 한다(자본시장법시행령 제181조제3항 및 담보관리규정 제46조제1항 · 제2항). Repo거래의 성립에 따라 매수인은 환매일이 도래하기 전에 자유로이 매입증권을 처분(right to dispose)할 수 있어 매입증권을 시장에 매도하거나 다른 Repo거래의 매입증권으로 이용하거나 담보로도 활용할 수 있다.

(3) 단일계약

Repo거래 당사자 간에 체결된 다수의 Repo거래를 각각 별도의 계약관계로 구성하지 아니하고 하나의 계약으로 구성하는 것을 단일계약이라 한다. 이 경우 하나의 계약관계를 구성하고 있는 일부 Repo거래의 채무불이행은 당사자 사이에 별도로 상호 합의한 경우 이외에는 모든 Repo거래의 채무불이행으로 보게 된다(약관 제15조). 따라서 단일계약 하에서는 다수의 Repo거래 중 하나의 거래가 불이행이 되어 거래를 종료하는 경우 동일한 단일계약 하의 다른 모든 거래들까지 거래를 일괄적으로 조기종료하게 된다. 다만, Repo거래 당사자들 간 상호 합의하는 경우에는 불이행이 발생한 해당하는 거래만 종료하고 단일계약 하의 다른 거래들은 유지할 수도 있다.

Repo거래 당사자 간 체결한 Repo거래약관(master agreement)에서 정의된 일일정산·면제비율·증거금·불이행의 정의 등이 단일계약을 적용받는 다수의 Repo거래에 동일하게 적용된다. 단일계약은 동일 당사자 간에 다수의 Repo거래를 유지하는 경우에는 일일정산의 편의제고 및 증거금 규모의 축소 등의 효율성이 있으나 다양한 거래 조건을 반영하기가 곤란하다는 단점 등으로 국내에서는 이용실적이 많지 아니하다.

1.3. Repo거래의 종료

(1) 거래의 종료

개별거래의 환매일에 Repo거래의 매수자는 매도자에게 등가매입증권을 교부하고, 이와 동시에 매도자는 매수자에게 환매가를 지급하기로 하며, 이러한 교부 및 지급을 완료함으로써 해당 개별거래는 종료한다(약관 제4조제1항). 개별거래에 관하여 매수자 또는 매도자는 상대방의 동의를 얻어 매매거래확인서에서 정한 환매일 이전에도 개별거래를 종료할 수 있다(약관 제4조제2항). 개방형거래의 경우 매수자 또는 매도자는 약정서에서 당사자 간에 달리 약정하지 아니하는 한, 환매일로 정하고자 하는 날로부터 기산하여 최소 2영업일 이전일의 영업시간 종료시까지 상대방에게 환매일을 통지하여야 한다(약관 제4조제3항).

(2) 환매결제

기관간 Repo거래의 종료에 따른 환매결제는 환매일이 도래하거나 참가자의 환매청구가 있는 때에 이루어지는데(담보관리규정 제47조제1항), 환매결제는 예탁결제원을 통하여 매입증권의 인도와 환매가액의 지급을 동시에 이행하는 방법으로 하여야 한다. 이 경우 매입증권의 인도는 매수자의 예탁계좌에서 매도자의 예탁자계좌로 계좌대체하며, 환매가액의 인도는 매수자가 지정한 한국은행계좌로 이체한다(담보관리규정 제47조제4항).

환매일이 도래하면 매수인은 매도인에 대하여 매입증권의 환매에 응할 의무(obligation to repurchase)를 부담한다. 매도인은 환매일에 매입증권을 환매수할 의무를 부담하며, 환매일 이전에 매입증권으로부터 발생하는 원금 · 이자 또는 배당금 등과 같은 수익을 지급받을 권한을 가진다.

2 Repo거래의 관리 및 변경

2.1. 일일정산

Repo거래는 결제이행의 보증을 위해서 일일정산(mark-to-market)을 실시하는데, 일일정산은 Repo거래로 매도한 대상증권의 시장가치가 변동함에 따른 위험을 관리하기 위하여 거래기간 중 대상증권의 시장가치와 기준증거금[75]을 매일 비교하여 거래 참가자별 위험노출(risk exposure) 금액을 산정하는 것을 말한다. 즉 Repo거래의 매도자와 매수자 사이에 증권이 양도되지만 담보의 성격을 가지므로 매도자가 보유하는 '매매대금 및 증거금'과 매수자가 보유하는 '매입증권 및 증거금'에 대하여 그 총량포지션을 매일 평가하여 어느 일방의 포지션이 상대적으로 낮아져 순평가차손액이 발생하는 경우 그 일방에 대하여 추가증거금의 납부요청, 즉 마진 콜(margin call)을 실시하여 거래당사자의 포지션의 균형을 맞추기 위하여 일일정산을 실시한다.

제3자 Repo거래의 환매서비스기관은 일일정산을 위하여 Repo거래의 대상증권인 매입증권 및 증권증거금을 매일 시가로 평가하고 있다. 이를 위하여 금융감독원장이 지정한 3개의 가격평가기관[76]으로부터 가격정보를 수령하여 산술평균한 시가로 매입증권 및 증거금증권을 평가하여 일일정산의 기준가격으로 사용하고 있다.

기관간 Repo의 일일정산은 매입증권 및 증거금에 대하여 기준증거금 산출, 개별거래 평가차손액 산출,[77] 순증거금 산출,[78] 순평가차손액 산출[79]의 순서로 실시한다. 일일정산은

75 기준증거금은 일일정산 시점의 환매가액에 증거금율(매매거래 개시일에 매입증권의 시장가치를 매입가액으로 나누어 산출된 비율)을 곱한 금액을 말한다.

76 3개의 민간 채권가격평가기관은 KIS채권평가, 한국자산평가, NICE채권평가이다.

77 개별거래 평가차손액 중 매수자의 개별거래 평가차손액은 기준증거금에서 매입증권의 시장가치를 차감한 금액이며, 매도자의 개별거래 평가차손액은 매입증권의 시장가치에서 기준증거금을 차감한 금액이다.

78 순증거금은 참가자가 수령한 증거금(현금증거금에 대한 경과이자로서 거래 상대방에게 지급하지 아니한 금액을 포함한다)을 합산한 금액에서 거래상대방에게 지급한 증거금(현금증거금에 대한 경과이자로서 참가자가 수령하지 못한 금액을 포함한다)을 합산한 금액을 차감한 금액으로 한다.

79 순평가차손액 = (참가자의 개별거래 평가차손액을 합산한 금액 − 참가자가 수령한 순증거금) − (거래상대방의 개별거래 평가차손액을 합산한 금액 − 거래상대방이 수령한 순증거금).

개별거래 단위로 평가하지 않고 상대방과 거래하고 있는 Repo거래의 총량을 합계하여 평가하여 빈번한 마진 콜로 인한 업무처리의 번거로움을 피하고 있다. 일일정산을 통하여 거래당사자는 매입증권 및 증거금증권의 가격변동으로 인한 위험노출을 최소화하여 Repo거래의 안정성을 향상시킬 수 있다.

2.2. 증거금의 유지

Repo거래에 대한 일일정산을 통하여 순평가차손이 발생한 거래당사자는 상대방에 대한 증거금 통지로써 상대방의 선택에 따라 순평가차손액 상당의 현금 또는 증권을 지급 또는 교부하도록 요구할 수 있다(약관 제5조제1항). 증거금 통지를 한 당사자가 이전에 현금증거금 또는 증거금증권을 지급 또는 교부하여 그 현금증거금에 해당하는 금액 또는 등가증거금증권이 반환되지 않은 경우에는 그 한도 내에서 증거금 통지를 한 당사자는 증거금의 지급이 그러한 현금증거금 상당 금액 이내의 현금의 지급 또는 등가증거금증권의 반환에 의하여 이루어질 것을 요구할 수 있다(약관 제5조제2항). 당사자 간에 약정서에 증거금 지급의무의 면제비율 또는 면제금액을 약정함으로써, 순평가차손이 있는 경우에도 그 순평가차손액이 약정된 면제비율 또는 면제금액을 초과하지 아니하는 경우에는 상대방에게 증거금의 지급의무를 면제하기로 약정할 수 있다(약관 제5조제4항).

Repo거래의 당사자는 순평가차손을 증거금의 지급 대신 매입가의 재산정 또는 거래조정의 방법에 의하여, 혹은 그 두 가지 방법의 적절한 조합에 의하여 해결하기로 합의할 수도 있다(약관 제5조제9항). 또한 매입증권의 발행자가 어음교환소 또는 거래은행의 거래정지 처분, 회생절차개시 또는 파산선고 기타 실질적인 지급불능상태에 처하거나 등가매입증권에 관한 원리금의 전부 또는 일부를 지급하지 않는 경우, 매수자는 개별거래평가차손 산정을 위한 목적에 한하여 등가매입증권의 시장가치를 당사자 간에 달리 합의하지 아니하는 한 '0'으로 평가하여 순평가차손액 상당의 현금 또는 증권을 지급 또는 교부하도록 요구할 수 있다(약관 제5조제10항).

이러한 Repo거래의 증거금 유지에 관한 사항은 매수인이 매입증권의 소유권을 취득하는 것이 아니라, 그 가치의 지배권을 취득하는 것이라고 볼 수 있는 요소로서 경제적으로는 Repo거래가 담보거래로서의 성질을 갖는 것임을 의미한다.

2.3. Repo거래의 변경

(1) 매입가의 재산정

개별거래에 있어서 Repo거래의 매수자와 매도자가 매입가를 재산정하기로 합의한 경우에는 매수자 또는 매도자가 상대방에게 재산정을 통지한 때에 각각 해당 개별거래(원거래)의 내용은 변경되는 것으로 한다. 이와 관련하여 원거래의 환매일은 재산정이 이루어진 날(재산정일)에 도래한 것으로 보며, 해당 매도자와 매수자는 재산정일에 재산정거래의 매입증권은 원거래의 등가매입증권으로, 재산정거래의 매입일은 재산정일로 한다. 또한 재산정거래의 매입가는 재산정일의 등가매입증권의 시장가치를 원거래에 적용한 증거금율로 나누어서 산정한다. 재산정거래의 환매일, Repo이율, 증거금율 및 기타 제 거래조건은 원거래와 동일한 것으로 한다(약관 제6조제1항). 재산정거래의 매입증권의 교부의무 및 매입가의 지급의무는 원거래의 등가매입증권의 교부 및 환매가의 지급의무와 상호 차감되어 그 차액만을 해당 당사자가 상대방에게 재산정일에 지급한다(약관 제6조제2항).

(2) 거래조정

개별거래에 있어서 Repo거래의 매수자와 매도자가 거래조정(adjustment)을 하기로 합의한 경우에는 당사자 간에 거래조정하기로 약정한 날(거래조정일)에 각각 해당 개별거래(원거래)는 종료하고 새로운 Repo거래(대체거래)를 체결한 것으로 본다. 또한 대체거래의 매입일은 거래조정일로 하며, 대체거래의 기타 조건은 당사자가 거래조정일 당일 또는 그 전에 합의한 바에 따른다(약관 제7조제1항 · 제2항).

매입증권의 발행자가 어음교환소 또는 거래은행의 거래정지 처분, 회생절차개시 또는 파산선고 그 밖의 실질적인 지급불능상태에 처하거나 등가매입증권에 관한 원리금의 전부 또는 일부를 지급하지 않는 경우, 매수자는 매도자에게 매입증권을 해당 매매거래확인서에서 미리 인정한 종목의 증권 또는 달리 당사자 간에 합의된 증권으로 교환하는 거래조정을 할 것을 요구(교환요구)할 수 있으며, 매수자의 이러한 교환요구 통지발송일 익영업일을 거래조정일로 본다(약관 제7조제5항).

(3) 매입증권의 대체

Repo거래의 매도자는 매수자에게 매도자가 교부한 매입증권을 약정서 또는 매매거래확인서에서 미리 인정한 종목의 증권 또는 매수자가 승인하는 다른 증권으로 대체할 것을 요청할 수 있고, 매수자는 매도자의 이러한 대체요청에 따라 매입증권을 대체하는 것에 동의할 수 있다. 이때 매도자로부터 매수자에게 대체 교부되는 증권의 시장가치는 대체 전 등가매입증권의 시장가치 이상이어야 하며, 이를 해당 개별거래의 새로운 매입증권으로 한다(약관 제10조제1항). 매입증권의 대체시 약정서에서 당사자 간에 달리 약정하지 아니하는 한, 매도자는 신규로 대체하는 증권을 교부함과 동시에 매수자로부터 기존 등가매입증권을 반환받기로 한다(약관 제10조제2항).

매수자 또는 매도자가 증거금증권을 상대방에게 교부하여 그 등가증거금증권이 반환되기 전에는 그 증거금증권을 교부한 당사자는 상대방에 대하여 해당 증거금증권을 약정서에서 미리 인정한 종목의 증권 또는 상대방이 승인하는 다른 증권으로 대체할 것을 요청할 수 있고, 그 상대방은 이러한 대체요청에 따라 증거금증권을 대체하는 것에 동의할 수 있다(약관 제10조제3항).

3 Repo거래의 수익지급

3.1. 대상증권의 수익지급

Repo거래의 매수자는 매입증권의 발행자가 지급하는 원금, 이자 또는 배당금 등 수익을 수령할 권한을 가지지만 이 수익은 매도인에게 반환하여야 한다. 따라서 매수자는 해당 개별거래의 종료일 이전에 매입증권(또는 등가매입증권)의 발행자로부터 그 매입증권(또는 등가매입증권)에 관하여 지급받은 수익(해당증권을 처분한 경우에 그 증권을 처분하지 않았더라면 지급받을 수 있었던 금액)에 상당하는 금액의 수익을 지급받은 날(해당증권을 처분한 경우에는 지급받을 수 있었던 최초의 날: 수익지급일)에 매도자에게 지급하기로 한다(약관 제8조제1항).

실무적으로는 매입증권이 조건부매수증권으로 예탁자계좌부에 관리되고 있는 경우에는 매입증권의 이자지급일 도래 시 해당증권에서 발생하는 모든 수익은 Repo거래의 특성에 따라 매도자에게 직접 지급하고, 관련 조세처리도 매도자를 소득자로 하여 처리한다. 즉 세후 이자금액을 매도자에게 지급하고 원천징수영수증을 매도자에게 발급한다. 그리고 매입증권이 조건부매수증권으로 예탁자계좌부에 관리되고 있지 아니한 경우에는 매입증권의 이자지급일 도래 시 매수자는 매입증권을 매도하지 않았더라면 매도자가 지급받을 수 있었던 이자금액을 이자지급일에 매도자에게 지급[80]하여야 한다. 따라서 매수자가 매입증권을 제3자에게 매도하거나 재Repo거래를 한 경우에도 제3자 Repo 환매서비스기관은 수익지급

80 이자지급일에 매수자가 매입증권을 매도하여 보유하고 있지 않음에도 불구하고 Repo거래의 속성상 매도자에게 매도자가 계속 보유한 경우 받았을 이자상당액을 지급하는 것을 '대체지급'이라고 하며, 이렇게 지급되는 이자를 'Manufactured Coupon'이라 한다.

일정을 계속 관리해야 한다. 그리고 수익지급일이 도래하는 경우에는 매수자에게 해당 수익의 전액을 환매서비스기관에 납부할 것을 통지하여 수익금액을 수령하면, 세금을 원천징수한 후 매도자에게는 세후 수익금액을 지급한다.

이러한 권리의무는 증권의 소유권이 매수인에게 완전하게 이전되지 않았음을 보여주는 요소라 할 수 있으며, 이 점에서 매수인의 매입증권에 대한 소유권은 제한적이라 할 수 있다. 즉 이것은 Repo거래에 대하여 담보부소비대차설을 취하면 당연한 결과이지만, 증권매매설을 취하는 경우에도 당사자 간의 합의에 의하여 매입증권으로부터 발생하는 수익이 매도인에게 귀속되는 제한적 소유권이 이전되는 것이라 해석할 수 있을 것이다.

3.2. 증거금증권의 수익지급

증거금증권이 일방으로부터 상대방에게 교부된 경우 그 증거금증권(또는 등가증거금증권)에 관한 수익지급일이 등가증거금증권이 반환되기 전에 도래한 때에는 그 증거금증권을 교부받은 당사자는 해당 증거금증권(또는 등가증거금증권)의 발행자로부터 지급받은 그 증권에 관한 수익에 상당하는 금액을 해당 수익을 지급받은 날에 상대방에게 지급하여야 한다(약관 제8조제2항). 수익의 상당금액을 지급함에 있어서 그러한 수익에 대하여 세금이나 부담의 공제 또는 원천징수가 법률에 의하여 요구되는 경우에는 이를 지급하는 당사자는 그러한 세금이나 부담이 공제되거나 원천징수되지 아니하였더라면 상대방이 받을 수 있었던 금액을 지급하여야 한다(약관 제8조제3항).

증거금증권의 수익지급 구조는 매입증권의 수익지급 구조화와 동일한데, 증권증거금의 수익지급과 관련하여 먼저, 증권증거금이 예탁자계좌부에 관리되고 있는 경우에는 증거금 수령자가 수취할 수익을 예탁결제원이 직접 수령하여 증거금 납부자에게 지급한다. 이때 매입증권의 수익지급과는 달리 수익에 대한 원천징수는 하지 않는다. 이는 담보증권의 과실에 대한 수령권자가 특별히 지정하지 않은 경우에는 담보설정자에게 과실이 지급되기 때문이다. 다음으로 증권증거금이 증거금 수령자의 예탁자계좌부에 관리되고 있지 아니한 경우에는 증거금 수령자가 수익 상당액을 예탁결제원을 통하여 증거금 납부자에게 지급한다. 이때에도 역시 세금에 대하여 원천징수를 하지 않는다.

❹ Repo거래의 차감 및 정산

4.1. 차감 및 정산 지급

모든 Repo거래와 관련하여 같은 일자에 당사자 상호간에 지급하여야 할 금원이 있는 경우에는 상호 차감하여 지급하며, 또한 같은 일자에 당사자 상호 간에 교부되어야 할 증권이 있는 경우에도 양 당사자가 각각 교부할 증권의 발행자가 동일하고 종류 · 종목 · 액면가가 동일한 경우에는 그 수량을 서로 차감하여 정산한 수량을 일방 당사자가 타방 당사자에게 지급한다(약관 제9조제6항). 그리고 금원 또는 증권을 지급 또는 교부하기 위하여 소요되는 비용은 해당 금원 또는 증권을 지급 또는 교부하는 자가 부담한다(약관 제9조제7항).

4.2. 환매일의 조기도래와 정산

Repo거래의 당사자 일방(계약불이행자)이 계약을 이행하지 아니하거나 파산, 회생절차 개시 등의 사유로 계약을 이행하기 어려울 것으로 예상되는 경우에는 상대방(계약이행자)이 계약불이행자에게 환매일이 즉시 도래하였다는 뜻의 통지를 발송한 날에 당사자 간의 모든 Repo거래의 환매일은 조기도래(acceleration)한다(약관 제12조제1항 본문). 기관간 Repo거래의 환매서비스기관인 예탁결제원의 담보관리규정에서도 (ⅰ)개시결제를 이행하지 아니하는 경우, (ⅱ)환매결제를 이행하지 아니하는 경우, (ⅲ)매입가액 재산정 등에 따른 결제를 이행하지 아니하는 경우, (ⅳ)증거금의 납부를 이행하지 아니하는 경우, (ⅴ)수익의 지급을 이행하지 아니하는 경우, (ⅵ)매입증권 등의 교환을 이행하지 아니하는 경우, (ⅶ)매매당사자 일방이 매매당사자 간 미리 정한 환매사유의 발생 사실을 통지하고 예탁결제원이 이를 확인한 경우에는 환매일이 조기 도래하는 것으로 보고 있다(담보관리규정 제49조제1항).

Repo거래의 환매일이 조기도래하는 경우 당사자의 모든 현금증거금(경과이자 포함)과 등가증거금증권에 대하여는 즉시 상호 반환의무가 발생하며, 계약이행자는 조기에 도래한 환매일 익영업일의 영업시간 종료이전까지 정산금을 산정하여 계약불이행자에게 통지하기로 하며, 당사자 중 산정된 정산금의 지급의무를 부담하는 자는 정산금 산정 통지가 도달한 날의 익영업일 영업시간 종료 이전까지 해당금액을 상대방에게 지급하여야 한다(약관 제12조제3항). 이때 일방 당사자가 상대방에게 지급하여야 하는 정산금은 환매일이 도래함에 따라 각 당사자가 교부하여야 하는 등가매입증권과 등가증거금증권의 평가시점의 시장가치를 확정한 후 이를 환매일 현재 상호 지급되어야 할 환매가 · 현금증거금 및 기타의 금원과 서로 차감하여 산출된 잔액을 말하며, 이와 같이 지급할 잔액이 남은 당사자가 상대방에게 그 잔액을 지급하도록 하고 있다(약관 제12조제4항 본문).

그러나 당사자 간에 약정서에서 별도로 합의한 경우, 계약이행자는 정산금을 산정함에 있어 향후 등가매입증권 또는 등가증거금증권의 매도 또는 매수와 관련하여 지출될 것으로 합리적으로 기대되는 수수료 등의 최소 거래비용(거래비용)을 산정하여, 계약불이행자가 교부할 등가매입증권 또는 등가증거금증권인 경우 거래비용을 더하고, 계약불이행자에게 교부될 등가매입증권 또는 등가증거금증권인 경우 거래비용을 공제하여 정산금을 산정할 수 있다(약관 제12조제7항).

4.3. 도산법상 일괄정산 적용

(1) 일괄정산의 의의

일괄정산(close-out netting)은 양 거래당사자 간의 사전계약에 의하여 일정한 범위의 채권 · 채무에 관해서 거래당사자 일방의 채무불이행이나 해산 또는 파산과 같은 도산이 발생하는 경우 이행기가 서로 다른 미결제의 모든 채권 · 채무를 일괄정산하여 이행기가 도래한 하나의 채권 또는 채무로 조기에 확정하고, 그 확정된 채권 또는 채무에 대하여 거래당사자 간에 상계(set-off)를 하는 것을 의미한다. 이러한 일괄정산은 거래 당사자 일방이 도산했을 때 결제금액을 감소시키고 신속하게 처리하므로 체계적 위험의 발생을 방지한다. 또한 채권과 채무의 차액을 통해 거래 당사자의 신용위험을 산정해 신용위험의 감소를 도모함으로써 금융거래의 안정성을 담보하는 기능을 수행한다. 즉 일괄정산을 통하여 Repo거래 당사자 간의 신용리스크 축소, 금융시장의 시스템리스크 축소, 은행이나 기타 금융기관의 자본적정성요건의 완화, 금융시장의 효율성 증대 등의 기능을 수행하게 된다.

(2) 도산법상 해제 · 해지 · 취소 및 부인의 적용배제

도산법에서는 Repo거래에 관한 기본적 사항을 정한 하나의 계약, 즉 기본계약에 근거하여 Repo거래를 한 적격Repo거래의 당사자 일방에 대하여 회생절차가 개시된 경우, 동 적격Repo거래의 종료 및 정산의 효력을 보장하기 위한 특칙을 두고 있다. 동 특칙에서는 도산법의 일반규정에도 불구하고 적격 Repo거래의 기본계약에서 당사자가 사전에 합의한 Repo거래의 종료 및 정산의 내용에 따라 그 효력이 발생하고, 도산법에 따른 해제 · 해지 · 취소 및 부인의 대상에서 배제하는 규정을 두고 있다(도산법 제120조제3항 본문). 또한 적격Repo거래의 당사자 일방에 대하여 파산선고가 있는 경우에도 이를 준용하는 특칙을 두고 있다(도산법 제336조). 이를 통하여 Repo거래 당사자 간의 적격Repo거래의 결제의 완결성(finality)을 보장하고 있다. 그러나 채무자가 상대방과 공모하여 회생채권자 또는 회생담보권자를 해할 목적으로 Repo거래를 행한 경우에는 그 적용을 제외하고 있다(도산법 제120조 제3항 단서).

이와 관련하여 국내 기관간 Repo거래의 당사자는 도산법상 기본계약에 해당하는 「기관간환매조건부매매약관」을 이용하여 기관간 Repo거래를 할 수 있으며, 동 약관에는 당사자 중 어느 일방의 채무불이행 또는 도산절차의 개시 시에는 상대방의 통지에 의하여 당사자 간의 모든 Repo거래의 환매일이 조기도래(acceleration)한다는 내용을 규정하고 있다(약관 제12조제1항 본문). 또한 환매일이 조기도래하는 경우 당사자의 모든 현금증거금과 등가증거금증권에 대하여는 즉시 상호 반환의무가 발생하며, 당사자 중 정산금의 지급의무를 부담하는 자는 해당금액을 상대방에게 지급하여야 한다(약관 제12조제3항). 이때 일방 당사자가 상대방에게 지급하여야 하는 정산금은 환매일의 도래에 따라 각 당사자가 교부하여야 하는 등가매입증권과 등가증거금증권의 평가시점의 시장가치를 확정한 후 이를 환매일 현재 상호 지급되어야 할 환매가 · 현금증거금 및 기타의 금원과 서로 차감하여 산출된 잔액을 말하며, 이와 같이 지급할 잔액이 남은 당사자가 상대방에게 그 잔액을 지급한다(약관 제12조제4항 본문). 이와 같이 모든 Repo거래와 관련하여 동일한 일자에 당사자 상호 간에 지급 또는 교부하여야 할 금전 또는 증권이 있는 경우에는 상호 차감(netting)하여 정산한 수량을 일괄하여 일방 당사자가 상대방에게 지급 또는 교부할 수 있는 일괄정산에 관한 사항을 명시하고 있다(약관 제9조제6항).

즉 동 약관에 근거한 Repo거래는 도산법상의 적격Repo거래라 할 수 있으며, 또한 동 약관에서 일괄정산에 관하여 정하고 있으므로 도산법 제120조제3항에서 규정하고 있는 일괄정산과 부인권 등의 배제에 관한 특칙을 적용받을 수 있다. 따라서 국내 기관간 Repo거래의 경우에도 매도자 또는 매수자 일방 당사자가 도산으로 인하여 채무불이행 상태에 있는 경우에는 일괄정산을 적용받아 Repo거래의 안정성과 효율성을 보장하고 있다. 그러나 매매당사자 간 체결된 복수의 매매거래를 하나의 계약관계로 구성하는 단일계약으로 구성할 수 있도록 하여 단일계약 중 일부 매매거래의 불이행의 경우에 단일계약 전체의 불이행으로 볼 수 있도록 하고 있음에도 불구하고(약관 제15조제1항 및 담보관리규정 제49조제3항), 실무에서는 거의 대부분의 거래를 단일계약이 아닌 개별계약으로 처리하고 있다.

5 Repo거래와 조세제도

Repo거래와 관련한 조세는 Repo거래의 경제적 실질에 따라 처리하고 있다. 「소득세법」의 적용을 받는 Repo거래의 대상증권 중 '채권 등'에는 채무증권, 양도성예금증서 및 기업어음을 포함하고 있으며(소득세법 제46조제1항 및 동 법시행령 제102조제1항), 「법인세법」의 적용을 받는 '채권 등'에는 채권, 기업어음, 투자신탁의 수익증권을 포함하고 있다(법인세법 제73조제8항).

Repo거래의 대상증권에서 발생하는 Repo이자는 매도자와 매수자가 사전에 상호 약정한 이율(repo rate)로 계산한 이자로서, 매도자가 매수자에게 지급하는 환매차익(difference price)을 의미한다. Repo이율은 시장금리의 변동에 따라 Repo거래 기간 중에도 변경할 수 있으며, Repo이자는 일반적으로 만기환매 시에 매도자가 매수자에게 차입한 원금과 함께 상환한다. 하지만 Repo거래 기간이 장기인 경우 매도자와 매수자가 상호 합의한 주기에 따라 Repo이자를 정산할 수도 있다.

이러한 Repo이율에 대하여 「소득세법」은 이자소득 중 '채권 또는 증권의 환매조건부 매매차익'으로 정의하고 있으며(소득세법 제16조제1항제8호), 동법시행령은 '채권 또는 증권의 환매조건부 매매차익'을 '환매기간에 따른 사전 약정이율을 적용하여 환매수 또는 환매도하는 조건으로 매매하는 채권 또는 증권의 매매차익'으로 정의하고 있다(소득세법시행령 제24조).

Repo거래에서 대상증권의 소유권이 매수자에게 이전되지만, 해당증권에서 발생하는 수익을 매도자에게 보장한다. 따라서 Repo거래의 대상증권에서 발생하는 수익의 실질귀속자는 매도자이며, 매도자에게 대상증권에서 발생하는 수익을 지급하는 방법은 매수자의 매입채권 보유여부에 따라 차이가 있다. 이와 관련하여 먼저, Repo매수증권계정에 매입증권 및 증거금증권이 있는 경우(처분하지 않은 경우)에는 매입증권 및 증거금증권에서 이자지급일이 도래하는 경우, 해당증권에서 발생하는 모든 수익을 Repo의 특성에 따라 매도자에게 직접 지급하고, 관련 조세처리도 매도자를 소득자로 하여 처리된다. 이에 따라 Repo매수증권계정 내 매입증권 및 증거금증권의 이자지급일이 도래하면, 이자의 세후금액을 매도자에게 지급한다. 다음으로 Repo매수증권계정에 매입증권 및 증거금증권이 없는 경우(처분한 경우)에는 환매서비스기관(예탁결제원)은 매수자가 매입증권을 처분하거나, 증거금증권 수령자가 증거금증권을 처분하여 Repo매수증권계정에 동 증권이 없는 경우에도 채권이자 등의 수익지급 일정을 계속적으로 관리한다. Repo거래의 대상증권을 처분한 상태에서 이자지급일이 도래할 경우, 환매서비스기관(예탁결제원)은 매수자에게 해당 대상증권에서 발행하는 수익의 세전금액을 환매서비스기관에 지급할 것을 통지하고, 지급받은 금액을 원천징수 후 매도자에게 지급한다.

6 Repo거래의 Index

미국의 경우 2010년 12월 FICC(Fixed Income Clearing Company)는 딜러들이 GCF Repo의 일중건별결제(intra-day trade-for-trade settlement)를 할 필요 없이 일중에 이자율·기간·기초상품 등에 근거하여 거래할 수 있도록 GCF Repo Index®를 도입하였다. GCF Repo Index® 는 미국 재무성증권과 연방저당권협회(Fannie Mae)와 연방주택대출저당공사(Freddie Mac)가 발행한 정부기관채(federal agency securities) 및 MBS와 같이 가장 많이 거래되는 GCF에 대하여 지급된 평균이자율과 매일의 Repo거래의 총 액면금액을 정보로 제공하며, 1년 전까지의 Index 등 기초데이터도 DTCC의 홈페이지(www.dtcc.com)에서 무료로 매일 이용할 수 있다.[81] 2011년 중반부터는 Bloomberg사가 DTCC GCF Repo Index를 뉴스로 제공할 뿐만 아니라 자사의 터미널을 통해서도 접근할 수 있도록 했다.[82] 수십억 달러에 달하는 GCF Repo시장의 투명성을 지속적으로 강화하기 위한 노력의 일환으로 매일의 GCF Repo Index®에 기초한 전체 데이터를 일반인들이 다운로드할 수 있도록 한 것이다.

이러한 GCF Repo IndexTM의 공표는 첫째, Repo 이자율과 다른 시장의 다른 증권 간의 상관관계를 분석할 수 있도록 하여 시장참가자의 능력 향상에 기여한다. 둘째, 딜러 및 투자자들에 대해서도 자신들의 포트폴리오를 관리할 수 있도록 하며, 증권의 계속 보유에 따른 잠재적인 비용을 계산할 수 있도록 한다. 셋째, 기관투자자 및 기업들이 단기 차입비용을 정확하게 계산할 수 있도록 한다. 금융업계에서도 이러한 GCF Repo IndexTM의 공표가 Repo거래의 투명성을 제고하는데 동 정보의 편익을 인식하고 있으며, 동 정보를 다운로드하여 이용할 수 있게 됨에 따라 GCF Repo시장을 이해하는 데 도움이 되고 있다. 이처럼 GCF Repo IndexTM[83]의 공표는 Repo거래의 당사자들이 Repo시장에 대한 이해와 흐름을 제고할 수 있는 자료를 제공하고 있다.[84]

최근 일본 노무라, 스위스 유비에스(UBS) 은행 등이 리보금리를 대신할 단기 금리지표로 GCF Repo IndexTM를 도입하는 방안을 검토하는 등 글로벌 금융시장에서도 새로운 단기 금리지표로서 Repo금리에 대한 관심이 높아지고 있다. 결국 Repo금리는 리보금리와 CD금리의 추정에 의한 산정방식의 문제를 해결하는 장기적 대안으로서 실제 자금거래를 기반으로 한 Repo금리가 적격임을 국제적 추세에서도 알 수 있다. 우리나라의 경우에도 Repo거래에 대한 투명성 제고를 통한 금융시장의 안정성 확보, 투자자 보호, 금융 및 감독

81 http://www.dtcc.com/products/fi/gcfindex/#download

82 DTCC, 2011 Annual Report 16(2012).

83 NYSE Euronext의 선물거래소인 NYSE Liffe U.S.는 2012년 7월 16일 DTCC GCF Repo IndexTM를 바탕으로 하는 24개월 연속월물 선물상품을 출시한 바 있다(NYSE LIFFE US NOTICE No.20/2012).

84 Judy Inosanto, DTCC Launches New OTC Equity Derivatives Cash Flow Matching And Netting Service, in News and Information for DTCC Customers 1,1-2(Dec. 2010-Jan. 2011).

정책의 효율성 제고를 위한 다양한 Repo거래지수 개발이 진행 중이다.

Repo거래와 청산기관 제4절

1 의의

청산기관(CCP: central counterparty)은 하나 또는 복수의 금융시장에서 거래된 계약의 거래당사자 간에 개입하여 모든 매도자에게는 매수자가 되고, 모든 매수자에게는 매도자가 됨으로써 미결제계약의 이행을 보증하는 역할을 수행한다.[85] CCP는 채무의 인수(acquisition), 경개(更改, novation), 기타 유사한 법적 구속력 있는 방식을 통해 거래에 있어서 시장참가자의 거래상대방이 된다.[86] CCP는 다수의 거래에 대한 차감(netting)을 통하여 결제 포지션(settlement position)의 축소와 미결제 포지션에 대한 담보관리 등을 통하여 참가자의 신용보강과 결제유동성의 축소를 통하여 Repo거래에 따른 결제의 안정성을 높일 수 있다. 또한 CCP가 거래정보저장소(TR: trade repository)[87]의 역할을 동시에 수행할 수 있어 거래의 투명성을 향상시킬 수 있다. 또한 이와 같이 CCP는 결제불이행기금(default fund)과 같은 재무자원을 통하여 특정 금융거래의 결제위험을 중화시킬 수 있는 공공적 기관이라고 할 수 있다.[88]

85 CCP가 존재하지 않는 시장에서는 보증장치가 시장참가자에게 거래상대방의 결제불이행에 따른 손실에 대한 일정한 보호를 제공할 수 있을 것이다. 이러한 장치는 일반적으로 CSD 또는 시장운영자에 의하거나 다른 시장운영자에 의해 조직되어 운영된다. 보증은 일반적으로 시장 규정 또는 다른 특성에 의해 시장참가자가 상호 간의 거래상대방 신용리스크를 관리하기가 불가능한 경우에 필요한 것으로 인식되고 있다. 보증제도는 매우 다양하여 단순한 보험기반제도에서부터 CCP에 필적하는 정교한 제도까지 존재하고 있다(Committee on Payment and Settlement System & IOSCO, 「Principles for finacial market infrastructures」(consultative report, 2011.3), 각주 10, p.8.

86 경개를 통해서 매수자와 매도자 간의 원계약은 소멸되고 CCP와 매수자 간 계약, CCP와 매도자 간의 계약이라는 새로운 두 개의 계약으로 대체된다. 거래당사자 방식에서는 매도자와 매수자가 거래조건에 합의하는 순간 CCP가 자동적이고 즉각적으로 거래의 상대방이 된다(Principle, 각주 11).

87 TR은 금융상품거래정보의 집중화된 전자기록(database)을 관리하는 금융시장의 인프라(financial market infrastructures)로서, 금융상품거래정보의 수집, 저장 및 분배를 집중함으로써 (ⅰ)금융감독당국 및 이해관계자들에게 금융상품거래정보의 투명성 제고, (ⅱ)개별조직 및 시장전체의 리스크의 평가 및 축소, (ⅲ)효율적이고 효과적인 운영 및 비용절감 기여, (ⅳ)시장남용(market abuse)의 적발 및 예방 등의 역할을 통하여 금융시장의 안정성을 증진시키는 역할을 수행한다(Committee on Payment and Settlement System & IOSCO, supra note, 1.14, p.9).

88 Committee on Payment and Settlement System & IOSCO, supra note, 1.13, pp.8~9.

이러한 CCP는 청산회원(clearing member)이 매매거래에 관하여 부담하는 채무를 면책적으로 인수하고, 해당 청산회원은 CCP가 인수한 채무와 동일한 내용의 채무를 CCP에 부담하는 방법으로 결제한다. 청산 시 결제증권은 종목별 · 청산회원별로 매수수량과 매도수량을 차감하여 수수할 수량을 확정하고, 결제대금은 청산회원별로 매도대금과 매수대금을 차감하여 수수할 대금을 확정한다. 특히 결제대금의 경우 청산회원의 다른 시장 또는 거래에서의 총매수대금과 총매도대금을 통합차감하는 방식으로 산출하여 대금결제 포지션을 대폭 축소할 수도 있다.

만일 Repo거래의 거래당사자 일방이 채무를 이행하지 아니하는 경우 해당 거래당사자가 CCP에 예탁한 증거금, 보증금 그 밖에 해당 거래당사자가 수령할 금전 등과 함께 해당 거래당사자의 공동기금을 사용하여 손실을 보전할 수 있다. 만일 해당 거래당사자의 자산으로 손실을 보전할 수 없는 경우 CCP는 결제불이행이 발생한 Repo거래의 다른 청산회원이 적립한 손해배상공동기금 등을 사용하여 손실을 보전할 수 있다. 이 경우 다른 청산회원의 부담액은 각 청산회원이 적립한 금액의 비율에 따라 안분한 금액이 될 것이다.

② 미국의 Repo거래에 대한 CCP 운영

미국의 경우에는 FICC[89]의 GSD(Government Securities Division)가 GCF(general collateral finance) Repo서비스와 함께 Repo거래의 CCP 서비스를 제공하고 있다.[90] GCF Repo 서비스는 딜러들이 증권과 대금의 동시인도(DVP: delivery versus payment)로 일중 거래건별결제(intra-day trade-for-trade settlement)를 할 필요 없이 금리(rate) · 기간(term) 및 기초상품(underlying product) 등에 근거하여 GC(general collateral) 담보 Repo거래를 하루 종일 이용할 수 있게 한다. 동 서비스는 증권을 이용한 자금조달의 유동성 증진에 기여하고 있는데, 이를 이용하기 위해서는 FICC GSD(Government Securities Division)의 청산회원(clearing member)이어야 한다. FICC는 딜러로부터 거래내역을 수령하고, 동 거래내역을 비교하는 즉시 동 거래에 대한 결제를 보증하게 된다. GCF Repo서비스는 FICC의 GSD회원이 아니더라도 청산회원을 통해 간접적으로도 이용할 수 있다.

---

89 FICC(Fixed Income Clearing Corporation)는 미국의 중앙예탁결제기관인 DTCC의 자회사의 하나로서, 1995년부터 자동화된 차감결제서비스를 제공해 온 GSCC(Government Securities Clearing Corporation)와 MBSCC(MBS Clearing Corporation)가 2003년에 합병하여 설립되었다. FICC는 SEC에 등록된 기관으로서 SEC의 규제를 받고 있으며, 2011년 말 현재 140개의 증권회사 및 은행이 FICC의 GSD 회원으로 참여하고 있다(http://www. dtcc. com/customer/directories/ ficc/ficc_ gov.php?id=1, 2012년 11월 20일 조회).

90 http://www.dtcc.com/about/subs/ficc.php(2012년 11월 20일 조회).

이러한 GCF Repo거래는 미국 정부증권시장의 참가자에게 자금조달의 유연성, 유동성 증진, 저비용 · 고효율, 결제보증, 대차대조표 구제(balance sheet relief), 제3자 구조 등의 효익을 제공한다. 이를 좀 더 자세히 살펴보면, 첫째, 자금조달의 유연성과 관련하여 브로커/딜러는 제3자 Repo와 DVP Repo 이상으로 추가차입재원을 확보할 수 있다. 이러한 유연성은 일반담보시장(general collateral marketplace)을 더욱 확대할 수 있다. 둘째, 유동성 증진과 관련하여 GCF Repo는 각 거래에 대한 차입자 딜러와 대여자 딜러 간의 개별담보준비(individual collateral arrangement)에서 오는 부담을 제거해 주며, 수용 가능한 담보범위를 확대하여 더 큰 유동성을 발생시킬 수 있다. 셋째, 저비용 · 고효율의 달성과 관련하여 참가자가 매거래마다 담보를 부담할 필요가 없기 때문에 비용 효율적이다. 즉 거래건별로 DVP 인도가 불필요하기 때문에 참가자는 운영비용을 절감할 수 있다. 넷째, 결제보증과 관련하여 FICC의 결제보증과 리스크 관리는 GCF Repo와 이와 관련한 시장에 안정성을 제고시켜 일중 거래상대방 리스크를 최소화시킨다. 다섯째, 대차대조표 구제(relief)와 관련하여 FICC회원은 FASB(Financial Accounting Standards Board) 해석 No. 41에 의하여 대차대조표 차감(balance sheet netting)의 적격자가 될 수 있는데, 동 적격자가 되기 위한 핵심요소는 경개(novation)에 의한 차감(netting)이다. 즉 FICC는 FICC회원과 다른 청산회원(clearing member) 간에 이루어진 Repo거래에 대하여 공통의 거래상대방(common counterparty)이 된다. 여섯째, 제3자 구조(tri-party mechanism)와 관련하여 GCF Repo거래는 청산은행의 제3자 구조(clearing bank's tri-party mechanism)에 의해 운영되며, 이는 FICC와 참가 딜러회원 간의 현금과 증권의 이동을 허용하고 있다.[91] 즉 FICC의 GCF Repo서비스는 실시간 거래관리(real time transaction management)를 통하여 GCF Repo와 관련한 차감정보와 거래정보를 분단위로 온라인을 통하여 제공한다. 최신의 거래 및 보유정보도 동시에 제공된다.

이러한 GCF Repo거래의 적격 담보증권은 미국의 단기(bill) · 중기(note) · 장기(bond) 재무성증권, 페니매 · 지니매 · 프레디 맥의 확정 및 조정가능 이율 MBS, 연방주택대출은행 · 연방농업신용은행 · 연방주택대출모기지회사와 같은 공공기관의 Non-MBS, 연방예금보험공사가 보증한 회사채 등이다.[92]

---

91 뉴욕멜론은행과 JP모건 체이스은행은 FICC의 GSD와 딜러회원 간에 일어난 담보와 현금의 동시 이동을 가능하게 하는 시스템을 제공하고 있다.

92 http://www.dtcc.com/products/fi/fixed_income_gsd/gcf_repo.php(2012년 11월 26일 조회).

③ 자본시장법상 Repo거래에 대한 CCP

3.1. 개요

기관간 Repo거래는 거래건별로 매입증권과 대여자금을 상호 교환하는 결제가 실시간으로 이루어지는 실시간 총량결제(real time gross settlement)의 방식을 채택하고 있어서 참가자들의 결제유동성 부담을 가중시키고 있다. 이는 특정 Repo거래에 대한 증권 또는 자금의 일시적 부족 등으로 결제가 이루어지지 않는 경우에 동 증권 또는 자금을 수령하여 결제하여야 하는 나머지 거래들도 연쇄적으로 결제를 할 수 없는 결제교착(settlement gridlock) 상태에 빠질 우려도 높다. 따라서 기관간 Repo거래의 결제부담 완화와 효율성 증진을 위하여 Repo거래에 대하여 CCP를 도입할 필요가 있다. Repo거래에 대하여 CCP가 도입되는 경우 참가자의 신용이 보강되며, 차감결제(net settlement) 방식의 도입으로 결제유동성 부담도 대폭 경감할 수 있다.

3.2. 청산대상거래

자본시장법은 금융투자업자가 다른 금융투자업자 등과 장외파생상품 및 그 밖의 금융투자상품의 장외거래에 따른 채무불이행이 국내 자본시장에 중대한 영향을 줄 우려가 있는 장외거래에 대하여는 이를 청산의무거래 대상으로 지정하여 금융투자상품청산회사(CCP)에게 청산의무거래에 따른 금융투자업자 자기와 거래상대방인 다른 금융투자업자 등의 채무를 채무인수 또는 경개 등의 방법으로 부담하도록 하고 있다(자본시장법 제166조의3). 이에 따라 장외거래인 Repo거래도 청산대상거래가 될 수 있을 것이다. CCP를 영위하려는 자는 청산대상거래 및 청산회원(clearing member)을 구성요소로 하여 금융위원회로부터 CCP 인가를 받도록 하고 있다(자본시장법 제323조의3제1항).

3.3. CCP의 주요 업무

CCP의 주요 업무는 청산대상거래의 확인업무, 청산대상거래에 따른 채무인수 · 경개 등의 방법으로 채무인수업무, 청산대상거래와 관련한 채권 및 채무의 차감업무, 결제목적물 · 결제금액의 확정 및 결제기관에 대한 결제지시업무, 결제불이행에 따른 처리업무 등을 수행한다(자본시장법 제323조의10제1항). CCP업무를 영위하기 위해 CCP는 「청산업무규정」을 정하여야 하는데, 동 규정은 (ⅰ)청산대상거래 및 그 거래대상이 되는 금융투자상품에 관한 사항, (ⅱ)청산회원의 요건에 관한 사항, (ⅲ)CCP의 채무인수 · 경개 등의 방법에 의한 채무의 부담 및 그 이행에 관한 사항, (ⅳ)청산회원의 채무의 이행 확보에 관한 사항, (ⅴ) 청산증거금 및 손해배상공동기금에 관한 사항 등에 대하여 규정하여야 한다(자본시장법 제323조의11제3항).

3.4. 청산증거금

청산회원은 CCP에 대하여 부담하는 채무의 이행을 보증하기 위하여 CCP에 금전이나 증권 등으로 청산증거금을 예치하여야 하며(자본시장법 제323조의13제1항), 청산대상거래의 채무불이행으로 인하여 발생하는 손해를 배상하기 위하여 CCP에 금전이나 증권 등으로 손해배상공동기금을 적립하여야 한다(자본시장법 제323조의14제1항). CCP는 청산회원이 CCP에 대하여 청산대상거래에 따른 채무를 이행하지 아니하는 경우에는 그 청산회원의 청산증거금으로 그 채무의 변제에 충당할 수 있다(자본시장법 제323조의14제3항).

3.5. CCP의 보고의무

CCP는 청산의무거래의 거래정보를 보관 · 관리하여야 하며, 이들 거래정보를 금융위원회 등에 보고하여야 한다(자본시장법 제323조의16제1항 · 제2항).

4 자본시장법상 CCP규정과 도산법상 특칙과의 조화

도산법은 GMRA와 같은 '기본계약'에 근거한 Repo거래를 포함한 '적격금융거래'를 행하는 당사자 일방에 대하여 회생절차가 개시된 경우 회생절차상의 해제 · 해지 · 취소 및 부인의 적용을 배제하고, 기본계약에서 당사자가 정한 바에 따라 효력이 발생하게 하는 특칙을 두고 있다(도산법 제120조제3항). 파산선고가 있는 경우에도 이러한 특칙을 준용하고 있다(도산법 제336조).

Repo거래의 CCP가 도산법상 이러한 특칙을 적용받기 위해서는 우선 Repo거래가 '기본계약'에 근거하는 적격Repo거래이어야 하며,[93] 다음으로 CCP가 적격Repo거래의 거래당사자가 되어야 한다. 그러나 도산법 제120조제3항에서는 Repo거래의 CCP에 관한 사항이

93 박준 · 홍선경 · 김장호, "채무자회생 및 파산에 관한 법률 제120조의 해석", 「파생금융거래와 법(제1권)」, BFL 총서 6, 291쪽.

없을 뿐만 아니라 Repo거래의 CCP의 도산과 관련한 사항도 규정하고 있지 아니하다. 따라서 Repo거래가 '기본계약'에 근거하여 이루어진 적격Repo거래라 할지라도 CCP가 도산법상에서 의미하는 Repo거래의 직접적인 거래당사자인지 여부가 논란이 될 수 있다. 만일 CCP가 Repo거래의 당사자라 할 수 없는 경우에는 CCP 자체에 대하여 도산절차가 진행되는 경우 CCP가 인수하는 채무에 대하여 도산법상의 부인권 및 해제권 등의 배제와 일괄정산에 관한 특칙을 적용할 수 없는 문제가 발생한다. 따라서 이러한 문제를 해결하기 위하여 먼저, Repo거래의 기본계약에 CCP가 Repo거래의 매도자와 매수자 각각의 거래상대방이 될 수 있도록 규정하여, CCP가 Repo거래의 직접적인 당사자임을 분명히 할 필요가 있다. 다음으로 도산법상 제120조제3항에 Repo거래의 매도자 또는 매수자뿐만 아니라 Repo거래의 CCP에 대하여 도산절차가 진행되는 경우에도 도산법상의 부인권과 해제권 등의 적용배제와 일괄정산을 적용받을 수 있도록 규정할 필요가 있다.[94]

자본시장법은 CCP의 '청산대상거래에서 발생하는 다수의 채권 및 채무에 대한 차감업무'를 정관으로 정하는 바에 따라 행하도록 정하고 있다(자본시장법 제323조의10제1항제3호). 따라서 일괄정산 업무에 관한 기본적 사항을 정관에서 먼저 정하고 구체적인 사항은 「청산업무규정」에서 따로 정하여야 할 것이다. 이와 관련하여 청산업무규정에 CCP와 매도자 또는 CCP와 매수자 사이의 다수의 채권 및 채무의 차감에 관한 일괄정산조항을 따로 두고, CCP에 대하여 회생절차가 개시되거나 파산선고가 있는 경우[95] 및 CCP가 채무를 불이행하는 경우로 구분하여, 두 경우 모두 청산회원이 CCP와의 모든 거래를 해지하고 일괄정산을 할 수 있는 근거규정을 마련하여야 할 것이다.

즉 Repo거래의 기본계약, 도산법 제120조제2항의 특칙 및 청산업무규정상에 Repo거래의 양 거래 당사자뿐만 아니라 Repo거래에 CCP가 개입되는 경우에는 CCP도 거래의 당사자가 됨을 명문화할 필요가 있다. 이러한 규정을 통하여 Repo거래의 매도자, 매수자 또는 CCP에 대하여 도산절차의 개시 등으로 Repo거래를 종료 및 정산하는 경우에 도산법의 일반규정에도 불구하고 기본계약과 청산업무규정에서 정하는 바에 따라 일괄정산의 효력

---

94 도산법 제120조제2항에서는 증권거래 및 파생상품거래와 관련하여 'CCP 자체에' 대하여 도산절차가 진행되는 경우에도 도산법상의 부인권 및 해제권의 배제와 일괄정산의 적용에 관한 특칙을 두고 있다.

95 여기에서 회생절차가 개시되거나 파산선고가 있는 경우라고 하였는데, 이는 현행 도산법 제120조제2항 및 제3항의 표현에 의한 것이다. 앞서 살펴 본 바와 같이 LCH나 CME 또는 SGX의 경우 실제로 회생절차가 개시되거나 파산선고가 있는 경우뿐만 아니라, 회생절차나 파산신청을 개시하고자 하는 경우나 CCP의 청산이 초래될 수 있는 절차 등이 시작된 경우, 또는 이러한 청산절차나 파산신청을 승인하는 이사회 결의가 있는 경우까지도 일괄정산이 가능하도록 정하고 있다. 이는 도산법상의 해제, 해지, 부인 등의 적용을 배제하는 범위보다 훨씬 넓다. 국제적인 기준으로 보아 우리의 일괄정산의 범위를 해외의 CCP들의 기준에 맞추어 확대하는 것도 고려해 보아야 할 점인데, 그렇게 하기 위해서는 청산업무규정에 앞서 도산법의 개정이 선행되어야 한다(남희경, "금융투자상품거래청산회사를 통한 장외파생상품의 청산 및 결제", 「증권법연구」 제13권 제2호, 한국증권법학회, 2012, 178쪽, 각주 126 참조).

이 발생하고, 도산법상의 해제 · 해지 · 취소 및 부인의 대상에서 제외됨을 명문화할 필요가 있다. 이를 통하여 Repo거래에 따른 결제의 완결성(settlement finality)을 보장하여 Repo거래의 법적 안정성과 거래의 안정성을 보장할 수 있을 것이다.[96]

96 남희경, 전게논문, 177쪽.

장외파생상품 담보관리제도

국내에서 장외파생상품거래라 함은 한국거래소가 개설하는 파생상품시장 또는 해외파생상품시장(국내 파생상품시장과 유사한 시장으로서 해외에 있는 시장) 밖에서 이루어지는 파생상품거래 중 런던금속거래소의 규정에 따라 장외에서 이루어지는 금속거래, 런던귀금속시장협회의 규정에 따라 이루어지는 귀금속거래, 미국선물협회의 규정에 따라 장외에서 이루어지는 외국환거래, 일본의 상품거래소법에 따라 장외에서 이루어지는 외국환거래, 선박운임선도거래업자협회의 규정에 따라 이루어지는 선박운임거래, 대륙 간 거래소의 규정에 따라 장외에서 이루어지는 에너지 거래를 제외한 파생상품거래를 말한다.

장외파생상품거래에서는 계약의 종료시 당사자 간의 거래를 모두 시가평가(mark to market valuation)에 의해 정산하여 하나의 잔액채권(net exposure)으로 만드는 일괄정산(close-out netting) 조항을 ISDA Master Agreement와 같은 기본계약서에 규정하고 있는데, 이러한 일괄정산조항에 의하여 상대방의 채무불이행으로부터 생기는 신용위험을 하나의 잔액채권으로 줄일 수 있다. 그리고 일괄정산조항에 의하여 당사자 간의 장외파생상품거래가 하나의 잔액채권으로 되는 경우 이러한 잔액채권의 안전한 회수를 위하여 담보가 이용된다. 장외파생거래에 참가하는 금융기관은 담보를 취득함으로써 은행의 경우에는 위험가중자산에 대한 자기자본비율, 금융투자업자의 경우에는 영업용순자본비율, 보험회사의 경우에는 지급여력비율의 산출 등과 관련하여 금융규제법상 적격담보에 부여되는 신용위험 경감 효과를 얻을 수 있다. 또한 담보의 재이용(rehypothecation)이 가능한 경우에는 담보물의 매각·대여·재담보 또는 그 밖의 방법으로 처분할 수 있게 되어 유동성을 확보하고 자금조달 비용을 절감할 수 있다.[97]

국내 장외파생금융상품거래의 주요참가자는 은행, 증권회사, 보험회사, 자산운용사 등 금융기관이 주류를 이루고 있다. 특히 은행은 장외파생금융상품거래의 마켓 메이커(market

---

97 이러한 점에서 담보거래는 회수기능(recovery function) 이외에 거래기능(tradeability function)을 동시에 갖고 있다(허항진, 전게서, 487쪽).

maker) 역할을 수행하고 있을 뿐만 아니라 딜러(dealer)로서의 역할도 수행하고 있다. 이외에 일부 개별기업 등은 최종 이용자(end-user)로서 거래에 참가하고 있다.

파생상품의 개요

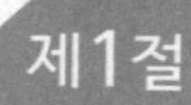

1 파생상품의 의의와 종류

1.1. 의의

파생상품은 그 기초자산에 내재하는 환율변동위험 · 이자율변동위험 · 주식가격변동위험 · 실물상품가격변동위험 · 신용위험 등과 같은 위험이 해당 기초자산과는 독립적으로 그 자체가 금융시장에서 거래될 수 있도록 하여 기초자산의 가치변동에 따라 위험을 부담하고 이익(speculations)을 얻거나 손실을 회피(hedging)하기 위한 상품이다.

자본시장법은 금융투자상품을 이익을 얻거나 손실을 회피할 목적으로 현재 또는 장래의 특정 시점에 금전, 그 밖의 재산적 가치가 있는 것(금전 등)을 지급하기로 약정함으로써 취득하는 권리로써 투자성이 있는 것으로 정의하고 있다(자본시장법 제3조제1항 본문). 따라서 금융투자상품은 원본 손실의 위험이 있는 상품이라 할 수 있으며, 이 중 원본추가손실위험의 여부에 따라 원본추가 손실 위험이 없는 금융투자상품은 증권으로 분류되고, 원본추가 손실 위험이 있는 금융투자상품은 파생상품으로 분류된다.

파생상품을 그 기본구성요소방식에 따라 선도 · 옵션 · 스왑으로 구분할 수 있고, 기본구성요소방식이란 모든 파생상품을 최종단계까지 분해하면 결국 선도와 옵션 중의 하나 또는 이들 양자로 구성되므로 이들 기본구성요소에 대한 법적 분석을 통하여 결국 모든 파생상품에 대한 법적 분석이 가능하다는 방법론이다. 이에 따르면 일정 기간 동안 선도거래가 계속적, 반복적으로 이루어진 것으로 볼 수 있는 스왑을 별도로 정의할 필요가 없지만 파생상품 중 스왑거래의 규모가 크고 또한 파생상품관련 법률문제의 대부분이 스왑거래를 대상으로 하고 있는 점을 고려하여 별도로 정의하고 있다.

1.2. 종류

1.2.1. 계약의 종류에 따른 구분

(1) 선도

선도(forwards)는 '기초자산이나 기초자산의 가격 · 이자율 · 지표 · 단위 또는 이를 기초로 하는 지수 등에 의하여 산출된 금전 등을 장래의 특정 시점에 인도할 것을 약정하는 계약'(자본시장법 제5조제1항제1호)을 말한다. 이는 일방당사자에게는 장래의 특정한 일자에 일정물량의 기초자산을 일정 가격에 매수할 의무를 부담시키고, 반면에 상대방 당사자에게는 이를 매도할 의무를 부담시키는 쌍무적 · 대칭적 성격이 강하다.

(2) 옵션

옵션(options)은 '당사자 어느 한쪽의 의사표시에 의하여 기초자산이나 기초자산의 가격 · 이자율 · 지표 · 단위 또는 이를 기초로 하는 지수 등에 의하여 산출된 금전 등을 수수하는 거래를 성립시킬 수 있는 권리를 부여하는 것을 약정하는 계약'(자본시장법 제5조제1항제2호)을 말한다. 이는 장래의 특정한 일자나 그 이전에, 특정가격으로 특정물량의 기초자산을 매수하거나 매도할 수 있는 권리로 정의되기도 한다. 기초자산을 매수할 수 있는 권리가 콜 옵션이며, 기초자산을 매도할 수 있는 권리는 풋 옵션이다.

(3) 스왑

스왑(swaps)은 '장래의 일정기간 동안 미리 정한 가격으로 기초자산이나 기초자산의 가격 · 이자율 · 지표 · 단위 또는 이를 기초로 하는 지수 등에 의하여 산출된 금전 등을 교환할 것을 정하는 계약'(자본시장법 제5조제1항제3호)을 말한다. 스왑계약의 당사자는 고정금으로 지급할 것을 약정하거나, 각 지급기일을 기준으로 특정한 상품가격 또는 기준금리에 명목원금을 곱하여 산출한 금액(상품가격이나 기준금리가 변동할 것이므로 변동금액이 된)을 지급하기로 약정한다.

1.2.2. 거래장소에 따른 구분

파생상품은 거래장소에 따라 장내파생상품(exchange-traded derivatives)과 장외파생상품(over-the-counter derivatives)으로 구분된다. 장내파생상품은 파생상품으로서 파생상품시장에서 거래되는 것 또는 해외파생상품시장[98]에서 거래되는 것을 말하며, 장외파생상품은 파생상품으로서 장내파생상품이 아닌 것을 말한다.

장내파생상품은 시장성을 높이기 위해 상품가격을 제외한 모든 계약조건이 거래소 규칙에 의해 표준화되어 있으며, 그 거래의 이행을 보장하기 위해 일일정산제도(mark-to-market), 거래증거금제도(margin requirement), 청산소제도(clearing house) 등의 제도적 장치가 마련되어 있다. 이에 비해 장외파생상품은 고객의 특정한 요구에 따라 가격뿐만 아니라 계약단위 · 인도방법 · 인도시기 · 대금결제방법 등 모든 계약조건을 당사자가 합의에 의해 자유로이 정할 수 있는 주문형 상품이라고 할 수 있으나, 거래상대방의 신용위험에 노출되어 있는 파생상품이다. 선물(futures)은 대표적인 장내파생상품이고, 선도(forward)와 스왑(swap)은 장외파생상품이며, 옵션은 거래소와 장외에서 모두 거래가 되고 있다.

1.3. 기초자산

파생상품의 기초자산은 금융투자상품, 국내외 통화, 농산물 · 축산물 · 수산물 · 임산물 · 광산물 · 에너지에 속하는 물품 및 이 물품을 원료로 하여 제조하거나 가공한 물품, 그 밖에 이와 유사한 일반상품, 당사자 또는 제3자의 신용등급의 변동 · 파산 또는 채무재조정 등으로 인한 신용의 변동에 따른 신용위험, 그 밖에 자연적 · 환경적 · 경제적 현상 등에 속하는 위험으로서 합리적이고 적정한 방법에 의하여 가격 · 이자율 · 지표 · 단위의 산출이나 평가가 가능한 모든 것이 기초자산으로 이용될 수 있다(자본시장법 제4조제10항). 이와 같이 파생상품의 기초자산의 종류는 거의 무한대라고 할 수 있다.

이를 통하여 파생적 금융투자상품은 금융투자상품의 수익 등이 주가 · 환율 등 외생적 지표에 연계되는 금융상품이므로 연계 대상이 되는 기초자산을 증권, 통화, 일반상품, 신용위험 이외에 자연적 · 환경적 · 경제적 현상 등으로 확대함으로써 자연재해, 날씨, CO2배출권, 사회현상 등 모든 변수를 기초로 하는 파생상품이 허용되었다. 이에 따라 지진 등 재해를 대비하여 일정금액의 프리미엄을 제공하고 재해발생시 사전에 정해진 지표에 따라 금전을 지급받는 재해를 기초로 하는 파생상품계약, 프리미엄을 제공하고 범죄발생율 등을 기초로 지표에 연계하여 금전을 지급받는 범죄발생율을 기초로 하는 파생상품계약, 프리미엄을 제공하고 강수량 · 강설량 등의 지표와 연계하여 금전 등을 지급받는 날씨를 기초로 하

98 해외파생상품시장은 런던금속거래소의 규정에 따라 장외(파생상품시장과 비슷한 시장으로서 해외에 있는 시장 밖을 말한다)에서 이루어지는 금속거래, 런던귀금속시장협회의 규정에 따라 이루어지는 귀금속거래, 미국선물협회의 규정에 따라 장외에서 이루어지는 외국환거래, 일본의 상품거래소법에 따라 장외에서 이루어지는 외국환거래, 선박운임선도거래업자협회의 규정에 따라 이루어지는 선박운임거래, 그 밖에 국제적으로 표준화된 조건이나 절차에 따라 이루어지는 거래로서 금융위원회가 정하여 고시하는 거래를 말한다(자본시장법시행령 제5조).

는 파생상품계약 등이 있다.

② 장외파생상품거래의 계약

2.1. 의의

장외파생상품거래의 계약이란 조직화된 거래시장이 아닌 장외시장에서 계약당사자 간에 거래조건에 대해 서로 이행하기로 약속한 영업행위상의 계약이다. 주요 장외파생상품계약으로는 이자율선도계약, 이자율옵션계약, 이자율스왑계약, 외환선도계약, 통화옵션계약, 통화스왑계약, 외환스왑계약, 주식선도계약, 주식옵션계약, 주식스왑계약 등이 있다.

장외파생상품거래의 계약기간 중 신용사건(default event)이 발생하거나 계약내용에 대하여 분쟁이 발생하게 되는 경우, 이와 관련한 문제를 원활히 해결하고 장외파생상품거래의 효율화를 위하여 국제적으로 장외파생상품계약에 대한 표준화된 계약서인 국제스왑파생상품협회(ISDA: International Swaps and Derivatives Association)의 기본계약서(master agreement), 부속서(schedule) 및 거래확약서(confirmation)를 이용하고 있다. 이들 계약서들의 주요사항들은 양 거래당사자에게 동일 항목에 대해 동일 기준을 적용하는 것이 일반적이다.

ISDA 기본계약서는 계약당사자의 법적실체 및 소재지 등 일반사항과 채무불이행(event of default), 계약의 조기종료(early termination), 해지 및 정산 방법, 복수지점(multi branch)의 적용, 신용보강장치, 준거법 등에 대해 ISDA에서 규정하는 내용을 기술하는 포괄적인 성격의 문서이다. ISDA 기본계약서는 시장변화와 함께 1992, 2002, 2006 ISDA 버전으로 수정되고 있으며, 이들 여러 버전의 ISDA가 혼재되어 활용되고 있다.

부속서(schedule)는 기본계약서에 기술되어 있는 주요 내용 중 양 당사자에게 적용해야 할 항목의 적용조건을 명시하거나 기본계약서에 없는 내용들 중 특별히 정할 내용을 포함시키는 문서이다. 예를 들어 Cross Default의 적용여부, 해지 정산방법, 멀티브랜치의 적용여부 및 해당 지점의 열거, 신용보강장치의 적용여부 등의 내용이 양 당사자의 합의하에 부속서에 포함된다.

거래확인서(confirmation)는 실제 양 당사자 간에 계약한 개별 건별 장외파생계약서이다. 기본계약서와 부속서는 최초 1회(물론 마스터와 스케쥴의 수정필요성이 있을 경우 양방 합의를 통해 수정할 수 있다) 양 당사자 간 체결하고 실제 이자율스왑, 주식파생 등 개별 장외파생계약은 거래조건 확정 후 거래 당일 거래내역(term sheet) 교환을 거쳐 최종 거래확인서의 교환으로 마무리하게 된다. 즉 거래확인서는 건별 거래의 세부 계약내용을 확정하는 공식문서로 통상적으로 거래 후 2주 내외로 양 당사자의 후선관리부문을 통해 계약서에 서명하여 교환 및 보관하게 된다. 3개문서의 법률적 우선순위는 거래확인서-부속서-기본계약서 순이며, 거래 후 거래확인서의 면밀한 검토는 아주 중요하다. 그러므로 후선업무부분과 일선업무부분은 거래 당일의 거래내역을 기반으로 상호 체크하는 절차를 마련하여야 한다.

2.2. ISDA 기본계약서의 주요 내용

(1) 채무불이행

장외파생상품거래와 관련하여 거래상대방의 신용사건(default event)이 발생하는 경우 신용사건이 발행하였다고 인정되는 유효한 시점부터 공식적으로 기존의 모든 거래가 자동으로 조기종결(AET: auto early termination)되거나 통지에 의한 방법으로 조기종결된다 [Section 5, Section 5(b)(v), Section 6]. 그러나 자동조기종결을 적용하더라도 신용사건 발생시 신용사건 발생 상대방(non default party)이 문서를 통해 자동조기종료 됐음을 통지하는 방법으로 보완하는 것이 안전하다.

(2) Cross Default 적용 여부

Cross Default란 계약당사자가 장외파생상품거래의 결제의무를 성실히 이행하고 있음에도 불구하고 계약당사자 또는 관계회사 등이 제3자에 대한 일체의 차입관련 채무(현재 또는 장래의 채무 여부, 우발채무, 주채무자로서 보증인 기타의 자격이든 불문한다. 다만, 통상의 영업과정 중에 발생한 예금관련채무는 제외한다) 또는 파생상품거래로 인하여 발생하는 의무에 대한 해당 의무의 전부 또는 자기자본의 일정비율에 해당하는 금액을 이행하지 아니함으로 발생하는 신용사건을 말한다. 크로스디폴트 판단 시 기준이 되는 기준금액으로 신용한도액(threshold amount)이 있는데 특정금액을 구체적으로 정하여 표시할 수 있고, 자기자본의 일정 비율로 규정하기도 한다 [Section 5(a)(vii)]. 만약 신용한도액이 자본금의 3%라고 설정하는 경우, 계약당사자의 제3자에 대한 채무불이행이 자본금의 3% 이상이 될 때 신용사건 발생으로 본다는 것이다.

(3) 상계 여부

상계(set-off)를 적용하게 된다면 신용사건 발생 시 개별거래가 갖는 각각의 가치를 더한 순합에 더해서 채권과 채무를 확정한다. 즉 총 거래가 2건인데, 한건은 -50, 한건은 +70의 가치를 갖고 있는 계약이라면 정산해야 할 금액은 +20으로 확정하는 방식이다. 다만,

우발채무, 표시통화가 서로 다른 채권과 채무의 상계 및 상계방법 등 구체적인 상계방법에 대해 별도로 정할 수 있다. 상계는 일반적으로 ISDA 계약 상대방과의 거래만 적용되며 계약상대방 관계사와의 거래를 포함시키지 않는다. BIS에서는 ISDA계약과 해당 국가의 국내법상 상계를 인정할 경우 장외파생상품거래 관련 BIS 비율 산출을 위한 익스포져 계산 시 상계를 허용하고 있어 ISDA 상계를 허용하는 것이 위험자본비율 산출에 유리하다. 참고로 네덜란드, 홍콩은 국내법상 명시적으로 상계를 인정한다는 법규가 없다. 다만, 홍콩의 경우 홍콩의 ISDA 법률자문 법무법인 의견에 따르면 상계를 인정하는 것으로 해석하고 있어 기관 자체해석으로 상계여부를 결정할 수 있다.

(4) 해지시 정산금의 계산

신용사건 발생 시 해지정산금을 결정하는 방법은 시가(market quotation)와 Loss방법 중 하나로, 지급방법에 대해서는 First Method와 Second Method중 하나로 결정하고 이들 중 어느 것으로 할 것인지는 부속서(schedule)에서 규정한다[Section 6(e)]. 해지정산금의 결정 방법과 지급방법은 실제 신용사건 발생 시 채권과 채무를 결정짓는 기준이 되는 아주 중요한 조항이다. 해당 용어의 정의를 꼭 확인하여 부속서에 명시해야 한다.

(5) 복수지점의 적용 여부

복수지점(multi branch) 적용이란 A외국은행 서울지점과 B시중은행 서울본점이 ISDA를 체결하는 경우 A외국은행 서울지점 이외의 본점 및 타 지점과 B시중은행 서울 본점 이외의 타 지점과의 파생거래를 포함시킬 것인지를 결정하는 것이다. 일반적으로 장래의 편의를 위해 지점 파생거래의 내부통제장치가 마련되어 있는 경우에는 복수지점을 적용하는 것이 편리하다. 부속서에 복수지점으로 포함시킬 지점을 명시적으로 열거하고, 열거되어 있지 않더라도 향후 개별거래의 거래확인서(conformation)에서 정할 경우 ISDA를 적용할 수 있다는 조항을 포함시킬 수도 있다[Section 10].

(6) 신용보강장치

장외파생상품거래의 양 당사자로 하여금 계약을 더욱 잘 이행하도록 신용을 보강하기 위하여 모회사가 보증서(full guarantee letter)를 작성하거나 거래 당사자가 신용보강부속서(CSA: Credit Support Annex)를 체결하기도 하는데, 이중에서 CSA를 체결하는 것이 일반적이다. ISDA가 장외파생상품거래의 계약의 법적 안정성을 보완하는 것이라면, CSA는 장외파생상품거래의 거래상대방 신용위험 관리의 필수 수단이 된다[부속서 Part 4].

2.3. 장외파생거래 한글 계약서 등

국내에서 금융기관 사이에 장외파생상품거래 계약을 체결할 때에는 영문 ISDA를 체결하는 것이 일반적이나, 일반기업과 체결 시에는 영문계약서가 불편할 수 있다. 따라서 ISDA를 국내 실무관행과 금융기관 내규를 고려하여 수정한 장외파생상품거래 기본계약서를 한글로 작성하여 내부 법률검토를 거친 후 활용하기도 한다. 금융기관 간 상이한 한글 장외파생계약서를 통일시키기 위해 ISDA를 국내의 실무관행과 국제 정합성을 고려하여 ISDA 기본계약서와의 정합성을 제고하는 방향으로 작성한 한국판 ISDA인 KOSDA(파생시장협의회)에서 한글 기본계약서를 마련하였다.

장외파생상품거래와 담보 제2절

1 담보제도의 개요

1.1. 담보제도의 의의

장외파생상품거래의 담보제도는 장외파생상품거래와 관련하여 기본계약서나 개별계약서 등의 적용을 받고 있거나 받게 되는 거래로 인하여 거래당사자가 현재 및 장래에 상대방에 대하여 부담하는 모든 채무(이자, 지연배상금, 관련비용 및 기타 부대채무를 모두 포함), 즉 피담보채무를 변제할 의무를 담보하기 위한 제도이다.

장외파생상품거래는 위험회피(hedge)의 수단인 동시에 투기(speculation)의 수단으로서 거래금액의 증가에 따른 위험을 담보할 필요성도 증대된다. 특히 장외파생상품거래는 그 기초가 되는 자산을 보유하지 않더라도 거액의 거래가 가능한 금융기법이므로 이와 관련된 신용위험의 관리는 해당 금융기관뿐만 아니라 파생상품거래에 참가하는 모든 당사자들에게 매우 중요하다. 그러므로 금융기관이 장외파생상품을 거래하는 경우 그 거래로 인하여 채권의 잔액이 발생한다. 특히 일괄정산의 경우에는 모든 거래가 하나의 잔액채권으로 완성된다. 이러한 잔액채권에서 발생하는 신용위험을 제어하기 위하여 정기적으로 담보를 제공하여야 한다. 이를 장외파생상품거래의 담보화(collateralization)라고 한다.

1.2. 담보제도의 효과

장외파생상품거래를 담보화하면 우선 잔액채권의 회수가 용이해진다. 그리고 금융기관은 담보를 취득함으로써 은행의 위험가중자산에 대한 자기자본비율, 금융투자업자의 영업용순자본비율, 보험회사의 지급여력비율의 산출 등과 관련하여 금융규제 법규상 적격담보에 부여되는 신용위험 경감효과도 아울러 얻을 수 있다. 또한 담보의 재이용이 허용되는 경우에는 담보물을 매각 · 대여 · 재담보 또는 그 밖의 방법으로 처분할 수 있게 되어 유동성을 확보하고 자금조달 비용을 절감할 수 있다.[99]

1.3. 일괄정산

장외파생상품거래에서 거래당사자중 일방이 파산하는 것과 같은 신용위험이 발생하면 거래를 계속하지 못하기 때문에 거래를 종결하고 거래의 포지션을 시가로 평가하여 정산하게 된다. 즉 거래당사자 간의 모든 채권과 채무가 변제기가 도래한 것으로 의제하여 하나의 잔액채권(exposure)으로 정산한다. 이 경우 신용위험은 거래상대방으로부터 지급받을 총액(gross amount)이 아니라 거래상대방으로부터 지급받을 금액에서 자기가 상대방에게 지급할 금액인 차감한 잔액(net amount)이 산정되는데, 이를 '일괄정산(close-out netting)'이라 한다.

일괄정산은 거래당사자 일방이 도산 등 일정한 중도 종료사유가 발생한 경우에 거래당사자 간에 이행기가 도래하지 않은 개별계약 및 결제되지 않은 개별계약 등 일정한 범위의 거래로부터 발생한 채권과 채무의 전액에 관하여 이행기나 통화의 이동을 불문하고 일정한 방법으로 현재 가치화하여 미리 약정한 통화표시 채권으로 환산한 후 차감 계산한 차액만의 지급으로 계약 종료 후의 결제를 하는 방법을 말한다. 이때 잔액채권을 회수하는 것도 불확실하기 때문에 장외파생상품거래를 하는 은행 · 증권회사 · 보험회사는 고객들과의 거래위험을 회피하기 위하여 비슷한 유형의 또 다른 거래를 행하는 경우가 많아 만일 어느 거래가 이행되지 않을 경우에는 그 다음의 거래도 연쇄적으로 채무불이행에 빠지기 쉽다.

---

99 한민 · 홍선경, "장외파생상품거래와 담보 -Rehypothecation 문제를 중심으로-", BFL 제44호, 2010.11, 6쪽.

1.4. 담보의 요건[100]

(1) 일괄정산의 유효성

장외파생상품거래의 담보화는 일괄정산을 행한 후에 최종잔액채권을 담보함으로써 장외파생상품거래에 따른 신용리스크와 그에 따른 시스템리스크를 방지하는 것을 목적으로 한다. 따라서 장외파생상품거래에 대한 담보가 가능하기 위해서는 일괄정산이 법적으로 유효해야 하는데, 도산법에서는 일정한 금융거래에 관한 기본적 사항을 정한 하나의 계약, 즉 기본계약에 근거하여 적격금융거래를 행하는 당사자 일방에 대하여 회생절차가 개시된 경우나 파산선고가 있는 경우 적격금융거래의 종료 및 정산에 관하여는 도산법의 규정에도 불구하고 기본계약에서 당사자가 정한 바에 따라 효력이 발생하는 것으로 규정하고 있다(도산법 제120조제3항 및 제336조). 이에 따라 도산법에서는 적격금융거래의 정산에 대해서 기본계약서에서 정하는 일괄정산의 효력을 명시적으로 인정하고 있다.

(2) 도산법상 부인권 · 선택권의 대상에서 제외 및 실행가능성

장외파생상품거래에서 거래당사자 일방에게 파산 등의 사유가 발생한 경우에는 미이행쌍무계약에 대한 도산법상 관리인 또는 관재인의 선택권 등에 관계없이 담보설정계약서에서 정한 대로 담보의 실행이 가능해야 한다. 도산법은 일정한 금융거래의 경우에는 관리인 또는 관재인의 해제 · 해지 · 취소 · 부인권의 적용을 배제하고(도산법 제120조제3항 및 제336조), 해당 금융거래에 수반되는 담보물의 처분 · 충당 등에 대해서는 법원의 중지명령이나 포괄적 금지명령의 적용대상에서 제외하고 있다(도산법 제120조제3항제4호, 제44조제1항, 제45조제1항 및 제336조).

1.5. 국내에서 상계의 인정범위[101]

(1) 상계의 허용범위

장외파생상품거래의 계약시 양 거래당사자 간에 상계계약이 있는 장외파생상품거래에 대하여 부외자산 간 채권과 채무의 상계를 허용하고 있다. 이때 양거래당사자 간은 단일 거래상대방 간의 양 거래당사자 간 상계만 인정하고 복수의 거래상대방 간의 다자간 상계는 인정하지 않는다. 그리고 신용리스크가 없는 (ⅰ)원만기가 14일 이하의 외환관련거래(금 관

---

100 정순섭, "신종금융거래의 담보화에 관한 연구", 「증권법연구」 제4권 제1호, 한국증권법학회, 2003, 171~172쪽.

101 금융감독원 파생상품업무처리 모범규준(2011.6) 〈참고3〉 "파생상품에 대한 위험가중자산 산출시 상계의 인정범위" 참조.

련 거래 제외), (ⅱ)거래소에서 매일 시가평가하여 차액이 정산되는 파생상품, (ⅲ)신용파생상품은 원칙적으로 상계대상에서 제외된다.

상계계약 중 경개(novation)에 의한 상계와 일괄정산에 의한 상계에 대하여 상계처리 인정요건을 모두 충족하는 경우 동일한 거래당사자에 대한 채권 · 채무를 상계하여 순신용환산액을 기준으로 위험액을 산정할 수 있다. 경개에 의한 상계는 양 당사자 사이의 동종의 자산과 통화로 표시된 장외파생상품거래들을 특정시점에 자동적으로 모든 채권과 채무를 상계하고 새로운 채권과 채무로 만드는 상계계약의 형태이다. 일괄정산에 의한 상계는 채권과 채무관계가 있는 거래상대방의 부도 또는 파산 발생 시 양 당사자 간 상계대상에 포함된 모든 장외파생상품거래의 채권과 채무를 상계하고 순잔액 기준으로 결제할 수 있도록 하는 계약으로 기초자산이 동일하지 않은 장외파생상품거래 간 상계에 사용한다.

(2) 상계의 인정요건

장외파생상품거래와 관련하여 상계가 인정되기 위해서는 먼저, 상계계약은 거래의 상대방에 파산 · 부도 · 청산 등의 사건이 발생했을 시에는 양 당사자 간 모든 채권과 채무관계가 상계되어 하나의 채권 · 채무관계가 된다는 조항을 포함하여야 한다. 둘째, 상계계약은 문서로 작성하여야 하며, 취소가능조항(walkaway clauses) 등과 같이 거래 일방에 의해 상계의 효력이 전부 또는 일부 정지되거나 배제되는 조항을 포함하지 않아야 한다. 취소가능조항이란 채무불이행자와 거래한 거래상대방이 채무불이행자에게서 받을 채권보다 지급할 채무가 더 많은 경우에도, 거래상대방은 채무불이행자의 재산에 대해 제한적으로만 보상을 하거나 전혀 보상을 하지 않을 수 있도록 허용하는 조항을 말한다. 셋째, 금융회사는 거래상대방에게 파산 · 부도 · 청산 등의 사건이 발생하는 경우 금융회사의 위험부담액은 채권과 채무를 상계한 순액으로 제한됨을 확인하는 법률의견서를 상계계약서에 첨부하여 보관하여야 한다. 법률의견서는 거래관련 국가들의 소관법정이나 감독당국이 인정할 수 있도록 상계 대상거래의 내용, 거래상대방의 적정성, 관련 국가에서 상계계약이 법률적으로 유효하다는 검토 내용 등을 포함하여 합리적으로 작성하여야 한다. 그럼에도 불구하고 거래상대방의 감독당국이 자국의 법률체계상 상계계약이 유효하지 않다고 판단하는 경우 법률의견서에도 불구하고 상계가 인정되지 않는다. 또한, 동 법률의견서는 거래상대방 국가의 법률 변동사항이나 상계대상거래내역의 변동 가능성을 고려하여 주기적으로 갱신하여야 한다. 넷째, 금융회사는 상계계약의 유효성과 거래내역을 모니터링하고 관리할 수 있는 적절한 시스템 및 절차를 마련하여야 한다. 동 시스템 및 절차에는 상계계약이 법적 유효성을 가질 수 있도록 관련국가의 법령이나 판례의 변화를 모니터링하는 내부시스템과 상계계약거래내역을 기록 · 관리할 수 있는 적절한 통제시스템이 반드시 포함되어야 한다.

② ISDA 표준담보약정

2.1. ISDA 표준 담보약정서 개관

국제스왑파생상품협회(ISDA: International Swaps and Derivatives Association)에서 제정한 표준계약서 양식(ISDA 계약서, ISDA Agreement[102])이 대부분 국제적인 장외파생상품거래에서 사용된다. ISDA 기본계약서가 적용되는 장외파생상품거래에서 발생하는 채권의 담보를 위한 표준 담보약정서[103]로는 담보권의 설정(creation), 제3자 대항요건 구비(perfection) 및 우선순위(priority) 등에 대해 1994년 제정되고 미국 뉴욕주법을 준거법으로 하는 ISDA 신용보강부속서(Credit Support Annex: 이하 '뉴욕 CSA'라 함), 1995년 제정되고 영국법을 준거법으로 하는 ISDA Credit Support Deed(이하 '영국 CSD'라 함)와 ISDA 신용보강부속서(Credit Support Annex: 이하 '영국 CSA'라 함), 1995년 제정되고(2008년 개정) 일본법을 준거법으로 하는 ISDA 신용보강부속서(Credit Support Annex: 이하 '일본 CSA'라 함), 그리고 위와 같은 기존의 담보약정서들을 대체하기 위한 목적으로 뉴욕 CSA와 영국 CSA의 조항을 하나의 문서에 통합하여 당사자들이 적용 조항 및 준거법을 선택할 수 있도록 하여 2001년에 제정된 ISDA 담보규정(Margin Provisions)이 있으며,[104] 그 중 영국 CSA와 뉴욕 CSA가 국제적으로 널리 이용되고 있다.[105]

2.2. 뉴욕 CSA 및 영국 CSD

ISDA 담보약정서 중 뉴욕 CSA와 영국 CSD는 그 준거법이 서로 다르기 때문에 구체적인 담보조항의 규정에 차이가 있다. 하지만 양자 모두 담보물(collateral)에 대한 '담보권

102 ISDA Agreement는 (ⅰ)ISDA 기본계약서인 'ISDA Master Agreement', (ⅱ)ISDA 기본계약서의 부속서인 'Schedule to the ISDA Master Agreement', (ⅲ)거래확인서인 'Confirmation', (ⅳ)각종 용어의 정의를 수록한 용어집인 'ISDA Definition', (ⅴ)담보약정서인 'ISDA Credit Support Documents' 또는 'ISDA Credit Support Annex'로 구성된다.

103 BIS에서 금융기관이 OECD국가의 국채나 현금을 담보로 사용하는 경우에는 해당 금액만큼 신용리스크를 감축해 주기 때문에 미국, 영국, 일본 등의 담보특약은 주로 국채나 현금을 대상으로 만들어져 있으며 실제 거래에서도 이를 담보로 사용하는 경우가 많다.

104 즉 ISDA는 준거법에 따라 여러 개의 담보설정계약서를 제공하고 있다. 이는 담보물에 관한 권리의 내용이나 실행방법에 대하여 담보물 소재지의 법률에 의하도록 되어 있는 국제사법상의 소재지법주의 때문에 각국에 공통적으로 적용되는 통일적인 담보특약의 작성이 어렵기 때문이다.

105 위 담보약정서들 중 영국 CSA는 담보물의 소유권이전(title transfer)을 통하여 담보를 제공하지만, 그 외의 다른 모든 담보약정서는 담보권(security interest)의 설정을 통하여 담보를 제공한다는 점에서 서로 차이가 있다. 그리고 영국 CSD는 ISDA 기본계약서와는 별개의 독립된(stand-alone) 계약서임에 반하여, 그 외의 다른 모든 담보약정서는 부속서(Schedule)의 첨부서류(Annex)로서 결국 ISDA 기본계약서의 일부가 된다는 점에서 차이가 있다.

(security interest)설정방식'으로 담보를 제공한다. 담보권의 설정은 담보물이 현금인 경우에는 지급(payment)에 의해, 증권(securities)인 경우에는 인도(delivery)에 의해서 이루어진다. 영국 CSD의 경우에는 담보권자(collateral taker) 또는 그가 임명하는 보관기관(custodian)에게 수취된 담보물을 자신의 재산과 혼장보관되지 않게 분별관리를 하도록 하는 등 보다 엄격한 의무를 부담시키고 있다. 그리고 담보권자가 담보물을 담보제공자(collateral provider)에게 반환하면 그 즉시 담보권은 해제된다.

기한이익상실사유가 발생하여 조기에 해지할 수 있는 경우와 같이 담보수취인이 담보권을 실행할 수 있는 경우를 뉴욕 CSA와 영국 CSD는 Paragraph 8에서 각각 규정하고 있는데, 담보물의 매각대금 등 담보권실행으로 담보수취인이 취득한 가액은 ISDA 기본계약서 제6(e)에 따라 담보제공자가 담보수취인에게 지급해야 할 금액과 상계하는 데 사용할 수 있다.

뉴욕 CSA와 영국 CSD는 유사한 측면도 있지만 주요 차이점으로는 담보권자의 담보물의 이용권에 관한 차이를 들 수 있다. 뉴욕 CSA는 담보권자가 담보제공자와 담보이용을 제한하는 계약을 하지 않은 이상 담보권자는 담보물을 매각 · 질권설정(pledge) · 재담보(rehypothecation) · 양도 등의 방법으로 처분하는 것이 허용된다. 반면에 영국 CSD는 담보수취인에게 그와 같은 담보물 이용권을 허용하지 않으며 담보물의 안전한 보관을 위하여 합리적인 주의의무를 다할 것이 요구되고 있다.

담보권설정을 하지 않고 신용장, 보험증권 등의 수단으로 신용보강을 하고자 하는 경우에는 이를 Paragraph 13에 "기타적격신용보강(other eligible support)"으로 지정하는 방법에 의해 할 수 있다.

2.3. 영국 CSA

영국 CSA는 소유권 이전(title transfer), 즉 담보물에 대한 법적 및 실질적 소유권(legal and beneficial ownership)을 담보수취인에게 이전시키는 '양도담보방식'으로 담보를 제공한다. 영국 CSA에서 가장 중요한 조항은 Paragraph 6인데, 이 조항은 ISDA 기본계약서상의 기한이익상실사유(event of default)의 발생에 따라 그 적용을 받는 모든 파생상품거래가 조기해지되는 경우에는 그 조기해지일 현재의 '기담보제공금액(credit support balance)'의 '가치(value)'에 해당하는 금액은 ISDA 기본계약서상의 일괄정산의 계산에 포함된다고 규정하고 있다. 이는 영국 CSA에 따라 이미 제공된 담보물의 금액은 미지급금액(unpaid amount)으로 취급되어 ISDA 기본계약서 제6조(e)에 따른 일괄정산의 대상이 된다는 의미이다.

또한 영국 CSA는 현금 또는 증권의 소유권이전에 의한 담보제공, 즉 '적격신용보강

(eligible credit support)'만을 규정하고 있으며, 뉴욕 CSA나 영국 CSD와는 달리 '기타적격신용보강(other credit support)'에 대해서는 규정하지 않고 있다.

2.4. 일본 CSA

일본에서는 장외파생상품거래와 관련하여 이용할 수 있는 담보방식으로 질권, 소비대차, 양도담보의 세 가지가 검토되었다. 이 중에서 질권방식에 의할 경우 우선변제권을 확실히 할 수 있는 장점은 있지만 담보물을 질권자가 이용하거나 처분하는 데 일정한 제한이 따르는 단점이 있다. 반면에 소비대차방식의 경우에는 질권방식과는 달리 목적물을 자유롭게 이용하거나 처분할 수 있는 장점은 있지만 채권자가 도산하는 경우 원래 제공된 담보물을 그대로 환취할 수 없는 문제점이 있다. 이에 따라 일본에서는 질권방식과 소비대차방식을 병용하고 있다.

2.5. 국내 담보약정서

2.5.1. 신용보강부속서의 의의

신용보강부속서(CSA: Credit Support Annex)는 장외파생상품거래의 거래상대방 신용위험을 경감시키기 위한 장외파생상품거래의 기본계약이다.[106] CSA는 일일정산 및 신용한도액(threshold)[107]과 기존 담보가치와의 비교를 통하여 장외파생상품거래의 평가손익을 상호 담보화함으로써 거래상대방의 신용위험을 경감시키는 장치이다. 이 경우 양 당사자가 부담하는 신용위험의 최고 감내수준이 신용한도액이 되므로 CSA 체결 시 신용한도액 기준을 어떻게 설정하느냐가 매우 중요하다. ISDA와 CSA에서는 양 거래상대방 모두에게 동일한 신용한도액 기준을 적용하는 것이 일반적이나, 양 거래상대방이 상호 합의하에 거래를 체결하고 또한 그 조건을 변경할 수 있다.

---

106 CSA 메커니즘의 예를 들어보면, 최초 양 당사자에게 적용하는 신용한도액을 동일하게 10백만 달러로 설정한 후 양 당사자 간(복수지점 포함) 모든 파생거래 미결제정산차액이 일방 11백만 달러로 계산되는 경우, 평가손인 기관이 평가익인 기관에 신용한도액 10백만 달러를 초과하는 1백만 달러에 대해서 미리 정한 적격담보물을 납입하는 것이다.

107 신용한도액이란 장외파생상품거래를 체결한 참가자가 상대방 참가자에게 담보의 제공을 면해 주는 금액을 말한다.

2.5.2. CSA 체결시 주요 확인사항

CSA를 체결하고자 할 경우에는 ISDA Schedule Part 4(f) Credit Support Document 항에서 CSA를 체결할 것임을 명시한 후 CSA계약서를 별도의 문서로 작성한다. CSA의 Paragraph 1～12까지는 ISDA Master Agreement와 같이 CSA에 적용되는 일반적인 준칙에 대하여 설명되어 있다. 그리고 CSA Paragraph 13(기타특약사항)은 양 당사자가 별도로 적용하기로 합의한 사항을 기재하는 부분으로 CSA에서 가장 중요한 부분인데 Paragraph 13에서 확인해야 할 주요 확인사항은 다음과 같다.[108]

(1) 적격담보물

적격담보물이란 장외파생상품거래 일방당사자에 대해 일일정산에 따라 산정된 담보제공 기준금액을 초과 시 제공 가능한 적격담보의 종류를 말한다. 주요 적격담보물은 표시통화별로 구분하여 정하게 되는데, 미국 달러, 미국 재무성채권 · 정부모기지채권 · 특정등급 이상 회사채 등으로 설정하는 것이 일반적이다[Eligible Collateral, 13.(b).(ii)]. 원화의 경우 국고채 · 통안채 · 예보채 등 정부채를 포함하는 것이 일반적이며 원화 대신 시중은행 요구불예금을 설정하기도 한다. 과거에 체결한 CSA에서는 미국 달러담보만 적격담보물로 인정하던 것이 일반적이었지만 우리나라의 경제적 위상과 국내금융기관의 지위가 상승함에 따라 국내금융기관이 미국 달러를 조달할 때 부담하는 담보조달비용이 오르는 것을 막기 위해 원화담보를 적격담보물에 포함시키고 있다.

담보물의 종류와 잔존만기에 따라 헤어컷(haircuts)을 정하고, 원화를 담보로 받을 수 있는 상한을 설정하기도 한다. 원화담보의 등급이 특정등급 이하(투기등급)로 하락하는 경우에는 달러담보로 교체하기로 하는 'trigger 조항'을 삽입하기도 한다.

(2) 신용한도액

신용한도액(threshold)은 담보를 제공하여야 하는 기준이 되는 일일정산 상한금액이다. 신용한도액은 국제신용등급과 연동되어 신용도 차이를 반영하는 것이 일반적이다. 최근에 국제신용등급이 없는 국내 증권회사 등과 장외파생상품거래계약의 체결 시 양사의 신용도를 감안하여 기준금액을 고정으로 정한 방법을 사용하기도 한다. 담보에 관한 내용 중 기본담보액(independent amount)이라는 것이 있는데, 이것은 신용한도액에 관계없이 최초담보금으로 특정금액을 납입하는 것을 말하는데 일반적인 CSA체결 시에는 적용하지 않는다. 그러나 개별거래의 거래확인서(confirmation)에서 기본담보액을 설정한 경우 기존 CSA와는 무

108 http://blog.naver.com/jiyaeun?Redirect=Log&logNo=60160525884(2013년 6월 23일 조회).

관하게 최초담보금을 설정하여 운영할 수 있다〔Threshold, 13.(b).(iv)〕.

(3) 가치평가 및 주기

CSA의 계산대리인이란 장외파생거래의 일일정산액을 계산하는 주체를 말한다. 일반적으로 담보를 요구하거나 회수해야 하는 주체가 일일정산액을 계산해 요청하는 것이 관례이나 특정 상대방을 계산대리인으로 설정할 수도 있다. 계산대리인은 장외파생거래의 평가주기에 따라 일일정산액을 계산하여 통보해야 한다. 평가주기는 일별, 특정시간 기준으로 하는 것이 일반적이며 통지시각에 따라 담보의 결제기한이 T+1일이나 T+2일 등으로 결정된다〔Valuation and Timing, 13.(c)〕.

(4) 담보위탁 및 담보의 활용

국내증권담보의 경우 예탁결제원을 통한 질권설정방식으로, 외화증권의 경우 외국보관기관(유로클리어등)을 통한 양도담보방식 등으로 담보의 납입 및 회수가 이루어진다. 설정한 담보에 대한 전질가능 여부는 준거법에 따라 허용되는 경우도 있다. 한국법의 경우에는 전질권의 설정이 가능하므로 추가적인 부속계약을 통하여 담보의 전질사용이 가능하다〔Holding and Using Posted Collateral, 13.(g)〕.

(5) 이자의 지급

현금담보에 대한 이자의 지급은 통상 일일물(overnight) 금리를 기준으로 지급하는 것이 일반적이다. 따라서 만약 현금담보가 일정금액이상이고 일정기간동안 계속 유지되는 경우에 담보권자가 현금담보의 제공자에게 지급하여야 할 이자는 금리가 상대적으로 낮은 '1일물'이므로, 동 현금담보를 금리가 상대적으로 높은 장기물로 운용하여 금리 차이를 이용한 이익을 얻을 수 있다〔Distributions and Interest Amount, 13.(h)〕.

(6) 준거법 및 담보의 활용

한국에서 통용되는 CSA로는 영국법 CSA, 미국법 CSA, 한국법 CSA가 있다. 이중 영국법을 준거법으로 하는 CSA에서는 담보의 납입 및 회수는 담보를 재활용할 수 있는 소유권이전(title transfer) 방식으로 이루어지나, 미국법이나 한국법을 준거법으로 하는 CSA는 담보의 소유권은 이전되지 않아 담보의 재활용이 제한되는 질권방식으로 운용되고 있다. 따라서 국내법과 담보의 재활용 가능성을 고려할 경우 미국법 또는 한국법을 준거법으로 하는 CSA를 설정하는 것이 유리하다〔Governing Law, 13.(o)〕.

2.5.3. 손실한도약정서

영문 CSA 체결이 곤란한 기관에 대해서는 개별 신용보강계약서인 '손실한도약정서'를 체결할 수도 있다. 본 계약서와 CSA와의 차이점은 손실한도약정서의 경우 일방 방향이라는 것이다. 즉 계약 상대방 일방에게만 신용한도액을 부여하고 금액을 초과하는 일일정산이 발생하는 경우 적격담보물을 납입하는 방식이다. CSA 체결은 일일정산의 모니터링, 담보의 납입과 수취 등 사후관리 업무가 수반되어 관리부담과 비용이 증가하게 된다. 보험회사, 공제회 등 적격담보물을 많이 보유하고 있는 기관의 경우 손실한도약정서를 체결함으로써 추가 업무부담을 경감하고 신용보강에 따른 파생한도를 추가적으로 확보할 수 있다.

2.6. 담보관리의 적정성

금융회사가 장외파생상품거래를 계약할 때에는 담보의 지급과 수취에 관한 내용을 포함하여야 하는데, 이와 관련하여 (ⅰ)거래상대방이 해당 계약서에 따라 담보 지급 및 수취를 원활히 이행할 수 있는지 여부, (ⅱ)거래가액 및 담보가치의 평가자, 평가방법 등에 관한 사항과 담보거래에 관하여 이견이 있는 경우 그 조정 방법 및 절차, (ⅲ)담보지급 및 수취의 대상이 되는 적격담보물을 정함에 있어 환율 등 시장위험에 따른 추가 담보 제공 가능성 및 유동성 위험, (ⅳ)신용등급의 변경 등을 사유로 담보물의 표시통화가 특정 통화로 제한되거나 기 제공된 담보를 대체하는 조건(trigger)이 있는 경우 이에 따른 유동성 위험, (ⅴ)담보의 지급 및 수취와 관련하여 계약불이행이 발생하는 경우 그 처리방법 등을 고려하여야 한다(금융감독원 파생상품업무처리 모범규준(2011. 6) 8-3-2).

우리나라 장외파생상품거래의 담보관리 제3절

1 담보관리제도의 개요

1.1. 개요

국내 장외파생상품거래에는 외국계 금융기관, 국내금융기관, 일반기업 등이 참여하고 있다. 이중 외국계 금융기관의 경우에는 미국 달러 등을 담보물로 상대적으로 많이 이용하고 있으며, 국내금융기관은 국공채 등 증권을, 일반기업은 예금을 주로 담보로 이용한다.

우리나라 실무에서는 외국담보만 있고 국내담보가 없는 경우에는 영국 CSA 또는 뉴욕 CSA를 이용하고 있으나, 영국 CSD는 거의 이용하지 않고 있다.[109] 한편, 국내담보가 있는 경우에는 질권설정 방식을 이용하고 있으며, 양도담보는 조세문제나 법상제약으로 인하여 이용되지 않고 있다.

뉴욕 CSA를 이용하는 경우에는 CSA의 특약조항에 국내담보에 관한 내용을 추가하는 방식을 많이 이용하나, 국내담보에 관하여 질권 설정방식을 규정하는 별도의 한국 CSA를 작성하는 경우도 있다. 영국 CSA를 이용하는 경우에는 국내담보에 대하여 질권설정 방식을 규정하는 별도의 한국 CSA를 이용한다.

국내담보에 대한 질권설정의 경우, 질권자는 법이 허용하는 범위 내에서 전질권을 설정할 수 있도록 하는 규정을 특약에 포함시키고 있다. 그러나 전질권은 여러 제한으로 인하여 장외파생상품거래에서는 실제로 잘 활용되고 있지는 않다.

1.2. 담보관리 절차[110]

(1) 거래상대방의 등록과 계약

장외파생상품거래를 새로운 고객과 처음 개시하는 경우 먼저 거래상대방을 등록하고,

109 영국 CSD는 담보의 재이용을 허용하지 않고, 담보물을 담보취득자의 다른 재산과 구분하여 관리하도록 규정하고 있으며, 담보권의 대항요건 구비절차로 인한 부담때문에 별로 이용되고 있지 않다고 한다. 국내 실무에서도 영국 CSA나 뉴욕 CSA를 주로 이용하고 영국 CSD는 거의 이용하지 않는다고 한다(한민 · 홍선경, "장외파생상품거래와 담보 -Rehypothecation 문제를 중심으로-", BFL 제44호, 2010.11, 13쪽).

110 금융감독원의 「파생상품업무처리 모범규준」(2011.6) 중 〈참고 9〉의 '장외파생상품의 담보관리절차'의 주요 내용을 요약 정리한 내용이다.

계약 및 담보에 관한 사항들이 내부시스템에 반영되어 적절히 관리될 수 있도록 하는 것이 중요하다. 이는 장외파생상품의 거래내역 및 담보내역을 정확하고 효율적으로 관리하기 위한 핵심적인 절차이다.

장외파생상품을 거래하는 금융회사는 기본계약서가 새로이 체결되거나 변경된 경우 즉시 해당 내역이 모든 관련 부문에서 인지되고, 기본계약서에 따라 업무가 처리될 수 있는 체계를 갖추어야 한다. 기본계약서의 주요 내용은 거래 · 지급결제 및 리스크관리시스템에 반영하여 관리하는 것이 바람직하다. 기본계약서는 금융회사와 거래상대방의 신용도 및 거래환경요인을 반영하고 있어야 하며, 이러한 제반여건에 변동이 있는 경우 변동사항이 기본계약서에 반영될 수 있도록 조치하여야 한다.

장외파생상품거래를 하는 금융회사는 기본계약서를 체결함에 있어서 명백한 사유가 없는 경우 일반적으로 통용되는 표준계약서를 이용하는 것이 바람직하다. 기본계약서의 체결 이전, 금융회사는 기본계약서에 포함되는 주요 사항이 반영된 개별거래확인서를 이용하여 거래할 수 있다. 다만, 이 경우 개별거래확인서는 기본계약서를 체결하는 절차에 준하여 검토하여야 한다. 금융회사가 개별거래확인서를 사용하는 경우, 신용보강약정서에 정의되는 표준적인 담보관련 사항들이 개별거래확인서에도 포함되어야 한다.

(2) 적격담보물

장외파생상품을 거래하는 금융회사는 신용보강약정서 및 개별거래확인서에 적격담보물을 정함에 있어서 신중하여야 하며, 회사의 유동성위험 또는 거래상대방위험을 확대시키지 않도록 검토하여야 한다. 적격담보물은 높은 유동성을 가지고 있어야 하며, 담보물을 금융회사가 직접 처분해야 하는 경우 어떠한 제약도 없이 담보물에 대한 권리를 영구적으로 완전하게 제3자에게 양도할 수 있어야 한다. 또한 적격담보물은 원화 및 국제적으로 통용되는 화폐로 즉시 바꿀 수 있어야 하며, 금융회사가 투자 · 보유하고 있거나 즉시 취득 가능한 자산이어야 한다.

금융회사는 적격담보물의 일종으로 현금(대외지급수단인 외국환을 포함)을 사용할 수 있는데, 현금담보물에 대해서는 기본계약서 등이 정하는 바에 따라 경과이자를 계산하여야 한다. 이 경우 적용할 이자율은 현금담보물을 교환하기 전에 확정되어 있어야 한다. 다만, 이자율의 확정이 고정금리만을 의미하는 것은 아니며, 쌍방이 어떠한 오해도 없이 확인할 수 있으면 가능하다.

(3) 증거금의 계산

장외파생상품거래의 증거금 지급 및 수취를 위한 증거금의 계산은 사전에 거래 당사자 간에 합의한 방식에 따라야 하며, 개별거래 또는 특정 포트폴리오에 적용될 개별 담보물 및 이미 교환된 담보물을 고려하여야 한다. 특별히 정하는 바가 없는 경우 시장참여자가 표준적으로 인정하는 방법에 의하여 합리적으로 증거금을 계산하여야 한다.

신규거래에 대한 개시증거금(initial margin) 및 변동증거금(variation margin)은 유효일(effective date)로부터 증거금계산에 반영하여야 하며, 만기도래 또는 중도 종결된 거래에 대한 개시증거금 및 변동증거금은 만기가 도래하거나 중도에 종결된 해당거래가 종료된 시점(또는 결제완료 시점)에 증거금 계산에 반영하여야 한다.

담보물의 가치는 일별로 기본계약서에서 정한 할인비율(haircuts)을 고려하여 평가되어야 한다. 일반적으로 증권의 경우 경과이자를 포함하나 현금담보물(원화 및 대외결제수단인 현금을 포함)인 경우 경과이자를 제외할 수 있다. 이러한 담보가치평가 절차에는 양자간의 이견을 조정하고 보고할 수 있는 체계를 포함하여야 한다. 증거금계산의 대상이 되는 본래의 거래에 대한 평가는 일별로 공정가치 평가에 의하여야 한다. 다만, 거래당사자 쌍방이 별도로 정한 내역(계산대리인(calculation agent) 등)이 있는 경우 이를 적용할 수 있다. 그러나 이 경우에도 금융회사는 계산대리인이 제시한 평가가치와 금융회사가 산출한 공정가치 사이에 차이가 있는지를 모니터링하고 그 차이가 설명되지 않는 경우 적절한 조치를 취하여야 한다.

(4) 담보물의 재사용과 대체

장외파생상품거래에서 은행, 증권회사 등 금융기관은 일반적으로 담보로 제공받은 담보물을 재이용하는 권리를 갖고자 한다. 만일 담보물을 재이용할 수 있다면, 앞서 담보권자로서 수령한 담보물을 매각하거나, 증권대차거래를 통하여 대여하거나, 자신의 채무를 담보하기 위하여 이용할 수도 있다. 즉 담보의 재이용을 허용해야 하는 목적은 시장에서의 유동성을 증대시키고 가격변동성을 줄이며 투자자들이 보다 쉽게 공정한 가격으로 증권을 매입 또는 매각할 수 있도록 하기 위함이다. 담보권자가 담보를 재이용하지 못하는 경우 담보의 재이용이 가능한 담보에 비하여 그 담보의 가치가 낮게 평가된다. 이는 국내담보로 주로 제공되는 우리나라의 국공채의 담보가치를 떨어뜨림으로써 국내 당사자가 국제적인 장외파생상품거래를 하는 데 불리한 요소로 작용할 수 있다. 상대방 외국 당사자는 우리나라의 국공채보다 현금을 더 선호할 수 있다.

담보물의 재담보(rehypothecation)에 관한 권한의 부여 및 기 제공된 담보물에 대한 대체 등에 관한 사항은 신용보강약정서에서 고려될 수 있는 사항이기는 하나, 금융회사는 이러한 부분을 결정함에 있어서 매우 신중하여야 한다.

신용보강약정서의 준거법이 영국법인 경우 담보물의 소유권이 거래상대방에게 이전되는 방식을 적용하고 있다는 점이 고려되어야 하며, 준거법이 뉴욕법인 경우에 있어서도 재담보로 인하여 담보물로서의 효력이 상실되지 않게 하기 위해서는 대항요건을 갖추어야 함에 유의하여야 한다. 또한 담보물을 규율하는 준거법(원화채권 및 외화채권)의 차이로 인한 혼돈을 방지하기 위하여 Dual Law CSA등의 특약을 규정하는 것이 바람직하다.

담보물의 재사용과 관련된 적법한 권리를 부여받은 증권의 경우에도 금융회사는 담보물 재사용 시 기본계약서에 따른 담보물의 결제 실패를 야기할 가능성, 즉 재사용되는 담보물의 본래 제공자에게 해당 담보물을 반환하여야 하는 경우 필요한 시간 내에 제공받아 반환할 수 있는지 등을 감안하여 사용하여야 한다.

거래쌍방은 담보물을 대체하고자 하는 요청에 대하여 이를 성실하게 이행하여야 한다. 특히 이러한 담보물의 대체업무는 지급 및 수취가 동시에 이루어지도록 하는 동시결제 방식이 바람직하며, 불가피한 경우에도 최소한의 시차만을 허용하여야 한다. 담보물 반환요청을 받은 경우 담보를 제공받았던 자는 요청된 담보물을 지체 없이 반환하여야 한다. 다만, 이를 대체하기 위하여 별도의 담보물을 제공받기로 한 경우 해당 담보물을 제공받은 시점을 기준으로 할 수 있다.

2 예탁결제원의 장외파생상품거래의 담보관리

2.1. 담보관리제도의 개요

(1) 개요

장외파생금융상품거래의 담보관리는 장외파생상품 거래시 거래 당사자 간에 수수하는 증권, 현금, 예금 등의 담보를 관리하는 업무이다. 예탁결제원은 2002년 장외파생상품 담보관리업무의 개시 이후 한국은행의 장외파생 담보를 활용한 시중금융기관(외국계포함)에 대한 외화공급(스왑담보)으로 2009년 2월 말까지 일시적으로 크게 증가(29조 원)하였으나 2009년 10월에 외환스왑거래가 종료되었다. 그러나 2011년부터는 비거주자외국법인[111]의 참여가 확대됨에 따라 점차 장외파생 담보금액이 증가하고 있다.

111 홍콩 · 싱가폴에 있는 아시아본부에서 예탁결제원에 계좌를 개설하여 국내 상임대리인을 통하여 업무를 수행한다.

표 6-13 장외파생상품 담보업무처리 현황 (단위: 개, 억원)

구분	2011년	2012년	2013년	2014년	2015년	2016년
계좌개설	215	212	419	418	410	410
담보총액	26,657	42,331	52,469	62,044	66,489	66,053

(2) 담보관리시스템의 이용효과

예탁결제원을 통한 장외파생상품담보관리의 이용효과는 (ⅰ)제3자에 의한 담보의 안전한 보관 및 관리, (ⅱ)담보의 일일정산을 통한 적정담보의 유지, (ⅲ)평가손익(위험노출)의 수시반영을 통한 거래자 본인 및 상대방의 위험관리, (ⅳ)불이행 발생 시 담보권 행사 용이, (ⅴ)거래상대방별 담보내역 · 거래조건 등 통합 담보관리 용이, (ⅵ)담보교환/대체 등 담보의 유동성 적시확보, (ⅶ)담보추가설정 및 담보권 해지의 신속한 처리, (ⅷ)불이행 발생시 담보권 행사 용이, (ⅸ)담보부 거래를 통한 장외파생상품거래의 확대 가능, (ⅹ)담보현황 파악 및 통계작성 용이 등이다.

(3) 담보관리시스템의 특징

예탁결제원의 담보관리시스템의 특징은 (ⅰ)중앙예탁기관의 예탁자계좌부와 연계된 담보관리시스템, (ⅱ)예탁자계좌부를 통한 질권방식, (ⅲ)장외파생금융상품 담보관리전용 '담보관리부'를 통한 담보 및 명목거래대금 · 유지/개시증거금 · 할인율 등 거래조건의 효율적 관리, (ⅳ)공정한 담보시가평가, (ⅴ)담보정산 시 필요담보액방식 사용, (ⅵ)보관기관 등 제3자에 의한 담보제공 및 수령 가능, (ⅶ)비거주외국인의 경우 상임대리인을 통한 업무처리 가능, (ⅷ)외화(달러/유로/엔)거래의 원화담보관리, (ⅸ)증권담보외 현금(원화, 달러) 담보, 예금(원화, 달러, 유로, 엔화)담보 수용, (ⅹ)담보관리상세내역(담보관리부), 담보합계표 등 단위업무별 관련 보고서 상시 출력, (xi)사용이 편리하고 보안기능이 강화된 웹(인터넷)방식 등이다.

2.2. 담보관리시스템 운용기준

(1) 참가자

예탁결제원의 장외파생금융상품 담보관리서비스를 이용할 수 있는 참가자는 예탁결제원에 예탁계좌를 개설한 기관이다.

(2) 담보대상 및 담보풀

담보는 현금(원화, 달러화), 예금(원화, 달러화, 유러화, 엔화) 그리고 증권이다. 증권은 시가평가 가능한 채권 및 유가증권시장 또는 코스닥시장에 상장된 상장주식이다. 그러나 사모사채나 시가평가가 불가능한 채권은 제외된다. 담보는 당사자 간에 약정한 담보풀(pool)의 범위 내에서 담보교환, 대체, 추가설정 등에 따른 담보 신규설정이 가능하다.

(3) 담보권의 설정 및 담보의 관리

담보는 예탁자계자부에서 '질권'설정 방식으로 관리한다. 담보에 관한 세부사항은 별도의 '담보관리부'에 기재하여 관리한다. 이때 거래 일방으로부터 받은 담보를 다른 거래에 담보로 사용할 수 있다고 쌍방이 합의한 경우(승낙전질)에는 전질의 형태로 제공할 수 있다. 전질 후 잔여 수량을 다른 상대방에게 추가 전질하는 것은 불가하다. 그러나 (ⅰ)원질권자에 대한 원질권설정자의 담보대체청구 · 원질권설정자에 대한 원질권자의 담보교환청구, (ⅱ)원질권자에 대한 원질권설정자의 담보해지청구 · 보관기관의 변경 · 전전질의 경우, (ⅲ)기타 예탁결제원의 업무처리상 부득이 한 경우에는 전질이 제한된다.

(4) 현금담보의 운용 및 운용이자 지급

담보는 증권담보 이외에 현금담보를 수용하고 있는데, 현금담보에 대해 매월 일정율의 운용이자를 담보설정자에게 지급한다.

그림 6-3 **장외파생상품 담보관리업무 흐름도**

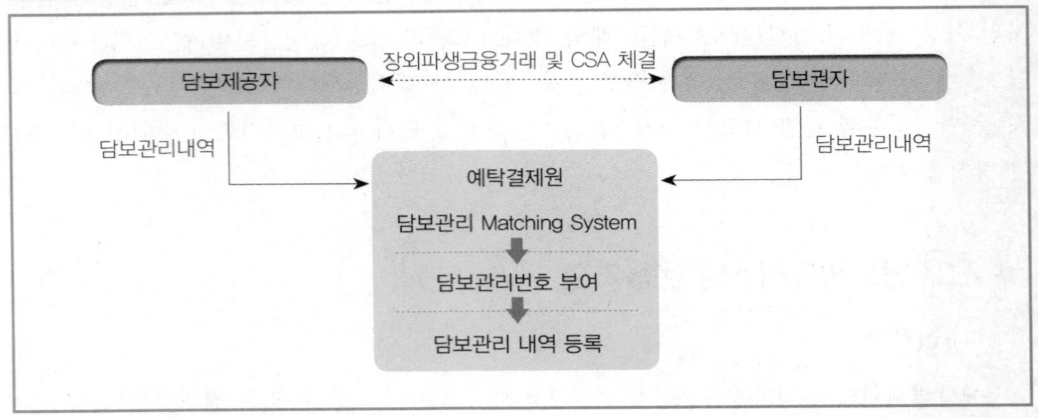

2.3. 담보증권의 권리관리

담보증권으로부터 발생하는 제반 권리 중 담보채권의 이자는 이자지급 시 설정자에게 지급한다. 다만, 채권원금지급일 도래 시 원금지급일 3영업일 전에 예탁결제원이 설정자에게 담보교환을 청구한다.

(1) 일일정산

예탁결제원은 제공된 담보에 대하여 담보권자가 통지한 일일정산 기준에 의하여 매영업일마다 일일정산을 실시하고, 그 결과를 해당 참가자에게 통지하여야 한다. 이때 담보부족의 통지를 받은 담보권설정자는 부족한 담보가치에 해당하는 담보를 추가로 제공하여야 한다. 다만, 참가자가 담보관리자료 제출 시 이와 달리 정하거나 상대방 참가자의 동의가 있는 경우에는 그러하지 아니하다. 이때 담보증권 중 주식은 평가일 전일 시장의 종가로 평가하며, 채권은 금융감독원장이 지정한 4개 채권평가전문기관(한국신용평가, 한국채권평가, NICE채권평가, FN Pricing)의 평가가격을 산술평균하여 적용한다.

담보초과의 통지를 받은 담보권설정자는 그 초과하는 담보가치에 해당하는 담보의 해지를 청구할 수 있으며, 담보권자가 해지 청구에 응하지 아니하는 경우 예탁결제원은 담보권설정자가 지정하는 담보를 해지한다(담보관리규정 제34조).

(2) 담보의 대체 및 교환

담보권설정자는 담보권자의 동의를 얻어 다른 담보로 대체할 수 있다. 또한 담보권자도 담보증권 중에서 (ⅰ)채권의 원금상환이 예정되어 있는 경우, (ⅱ)담보증권 발행인의 부도, 파산선고, 회생절차 개시 등의 사유로 담보증권의 급격한 가치하락이 예상되는 경우에 담보권설정자에게 다른 담보로 교환할 것을 청구할 수 있다. 이렇게 담보를 대체하거나 교환하는 경우 대체 또는 교환하고자 하는 담보와 동등한 가치를 가지는 담보로 대체하거나 교환하여야 한다(담보관리규정 제35조).

(3) 채무불이행시의 처리

담보권설정자가 (ⅰ)담보부족에 따른 추가담보 제공 의무를 이행하지 아니한 경우, (ⅱ)담보권자의 담보교환 요구에 따른 담보교환 의무를 이행하지 아니한 경우에는 담보설정자가 채무를 이행하지 아니한 것으로 본다(담보관리규정 제37조).

(4) 담보관리의 종료

장외파생상품거래에 따른 담보관리업무는 (ⅰ)담보관리기간의 만료, (ⅱ)담보관리기간 중 참가자가 담보관리의 종료를 청구하는 경우, (ⅲ)담보설정자가 채무를 불이행한 경우에는 담보관리가 종료된다(담보관리규정 제38조).

2.4. 담보의 산정방식

(1) 필요담보액 방식

필요담보액은 ISDA방식을 사용하여 필요담보액과 담보가치(담보평가액)을 비교하여 산정한다. 필요담보액(담보설정자) = 위험노출액(담보설정자) + 기본담보액(담보설정자) − 기본담보액(담보권자) − 신용한도액(담보권자)이다. 필요담보액이 담보가치를 초과하게 되는 경우 그 초과액이 최소 인도액의 범위를 벗어나면 초과액을 담보부족액으로 하고, 필요담보액이 담보가치에 부족하게 되는 경우 그 부족액이 최소 인도액의 범위를 벗어나면 부족액을 담보초과액으로 산정한다.

(2) 증거금방식[112]

개시 및 유지증거금에 의한 산정방법은 거래평가손익과 담보가치를 가감한 담보가치의 잔액이 유지증거금 미만이 되는 경우 개시증거금액과 담보가치잔액의 차액을 담보부족액으로 하고, 거래평가손익과 담보가치를 가감한 담보가치의 잔액이 개시증거금 이상이 되는 경우 개시증거금을 초과한 담보가치잔액을 담보초과액으로 산정한다.

2.5. 불이행시 처리기준

(1) 교환불이행, 마진콜 불이행시 처리

질권자의 담보교환청구나 마진콜(담보부족통지)에 설정자가 응하지 못하여 불이행이 발생하면 증권담보는 질권이 해지됨과 동시에 질권자의 예탁계좌로 계좌대체한다. 현금담보가 있는 경우 원금은 질권자에게, 운용이자는 설정자에게 지급한다. 예금담보는 당사자 간에 정한 방법에 따라 질권자가 담보권을 행사한다.

(2) 담보관리업무외 불이행 발생시 처리

'교환불이행', '마진콜불이행'외 당사자 간의 약정 중 불이행으로 정한 사유가 발생한 경

112 2010년까지 일부 담보가 이 방식으로 사용되었으나, 현재는 이방식의 사용이 불가능하다.

우(예: 설정자의 지급의무 불이행) 질권자가 시스템상 '신청종결(불이행에 의한 종결)'을 선택하면 증권담보는 질권자에게 이전한다. 현금담보의 경우 원금은 질권자에게, 운용이자는 설정자에게 지급한다. 예금담보는 당사자 간에 정한 방법으로 질권자가 담보권을 행사한다.

3 예탁결제원의 장외파생상품거래의 증거금 관리

3.1. 증거금 제도의 개요

(1) 개요

글로벌 금융위기 이후 G20는 2009년 장외파생상품거래 리스크 축소를 위한 거래 투명성 개선 및 규제 강화 조치에 합의하였으며, 그 내용은 (ⅰ)표준화된 장외파생상품은 거래소 또는 전자플랫폼을 통해 거래 (ⅱ)표준화된 장외파생상품은 중앙청산소(CCP)를 통해 청산 (ⅲ) 장외파생상품 계약체결 내용을 거래정보저장소(TR)에 보고 (ⅳ)CCP 비청산 장외파생상품에 더욱 엄격한 자본건전성 요건 적용이다. 장외파생상품거래의 증거금관리 제도는 CCP 비청산 장외파생상품에 대한 자본건전성 요건 강화에 따라 마련되었고 2015년 BCBS/IOSCO[113]는 중앙청산소(CCP) 비청산 장외파생상품거래에 대한 증거금(담보)을 의무적으로 징수·제공(교환)하는 제도에 대한 세부기준을 발표하고 각 국가별 시장상황에 적합한 제도를 마련할 것을 권고하였다. 이에 따라 국내에서도 글로벌 스탠다드에 맞게 국내시장의 CCP 비청산 장외파생상품거래에 대한 증거금 제도 가이드라인을 금융감독원이 마련하여 준비기간 이후 2017년 9월부터 시행중이다. 예탁결제원은 현재 장외파생상품거래 담보관리업무를 수행하고 있어 동 가이드라인에 맞추어 증거금 관리업무시스템을 구축하고 업무를 수행중이다.

(2) 시행일정

개시증거금은 2017년 3월부터 2020년 9월까지 단계적으로 적용하고, 변동증거금은 2017년 3월부터 거래규모 10조원 이상, 2017년 9월부터 거래규모 3조원 이상인 대상 기관에 적용한다(단, 변동증거금의 경우는 6개월의 준비기간 부여).

구분	'17. 3~	'17. 9~	'18. 9~	'19. 9~	'20. 9~
개시증거금	–	3,000조원↑	2,000조원↑	1,000조원↑	10조원↑
변동증거금	10조원↑	3조원↑			

113 BCBS(바젤은행감독위원회) 및 IOSCO(국제증권감독기구)

〈국내 장외파생상품거래 증거금 제도 가이드라인 주요내용〉

- (목적) 장외파생상품거래 당사자 간 증거금(담보)을 사전에 교환하고, 손실 발생 시 징수한 담보로 손실을 보전하여 거래상대방의 부도 등 계약불이행에 따른 신용 · 시스템 리스크를 축소
- (증거금 구분) 증거금은 개시 · 변동증거금으로 구분되며, 개시증거금은 거래시점에 거래상대방의 미래의 부도위험을, 변동증거금은 일일 익스포져를 관리하기 위해 교환하는 담보
- (적용 대상) CCP 비청산 장외파생상품거래(다만, 실물로 결제되는 외환선도 · 외환스왑 · 통화스왑 · 현물환거래 및 상품선도거래는 제외)
- (적용 기관) 매년 명목 거래잔액의 평균 금액이 3조원 이상인 은행 · 금융투자회사 · 보험회사 등 장외파생상품을 취급하는 금융회사[114]
- (증거금 관리) 개시증거금은 제3의 보관기관,[115] 변동증거금은 당사자 간 상호교환 또는 제3의 보관기관에 위탁하여 관리
  - 개시증거금은 거래당사자 간 총액(gross), 변동증거금은 차액(net)으로 교환하여야 하며, 개시증거금은 재활용 불가하고 변동증거금은 다른 담보로 재활용 가능
- (면제한도 및 최소이전금액) 개시증거금 면제한도[116]는 650억원(변동증거금 면제한도는 없음)이며, 개시 · 변동증거금 최소이전금액[117]은 10억원

(3) 증거금 관리업무

예탁결제원은 현행 장외파생상품거래 담보관리시스템을 기반으로 금융감독원 가이드라인에 맞추어 비청산 장외파생상품거래의 증거금 관리시스템을 신규 구축하여 2017년 9월 1일부터 업무를 개시하였다. 증거금 관리시스템의 특징은 (ⅰ)개시증거금과 변동증거금의 구분 관리 (ⅱ)개시증거금은 참가자 상호 제공가능 (ⅲ)변동증거금은 질권방식 이외의 담보목적 대차거래[118]로 담보의 제공 · 반환, 대체 · 교환 및 재활용 가능이다. 특히, 변동증거금의 담보목적 대차거래 사용관련 비청산 장외파생상품거래 증거금 관리시스템과

114 당사자가 모두 적용대상기관인 경우에 적용하여 집합투자기구 및 은행 · 증권사 등의 신탁계정은 제외된다.

115 제3의 보관기관은 금융투자업규정 제6-21조에서 정한 보관기관(예탁결제원, 외국환은행 등) 중 거래당사자 또는 거래당사자의 금융그룹이 아닌 제3의 보관기관을 지칭한다.

116 증거금 교환의무가 발생하였을 경우, 거래 상대방 간 증거금을 교환하지 않을 수 있는 신용공여금액(혹은 신용한도액)을 말한다.

117 장외파생상품거래 평가금액(익스포져)과 증거금(담보) 평가금액에 일부 차이가 발생할 경우 거래당사자간 추가 증거금을 교환하지 않도록 허용한 한도이다.

118 원거래(장외파생상품거래, 대차거래 등)에 대하여 채무자가 대차거래형식으로 채권자에게 담보증권을 제공하는 거래로 대상증권은 국채 · 통안채로 한정하고 있으며, 환매조건부매매, 제3자에 대한 담보 또는 증거금 제공 목적으로 재활용이 가능하다. 원거래가 장외파생상품거래인 경우 담보목적 대차거래로 변동증거금의 제공은 가능하나 개시증거금은 제공은 가능하지 않다(금융투자업규정 제5-25조 제4항). 담보목적 대차거래는 2017년 3월 31일부터 시행되었다.

담보목적 대차시스템과의 연계를 통해 이러한 담보의 제공 · 반환 등이 가능해지도록 구축되었다.

그림 6-4 **장외파생상품 증거금 관리시스템과 담보목적 대차거래 연계 흐름도**

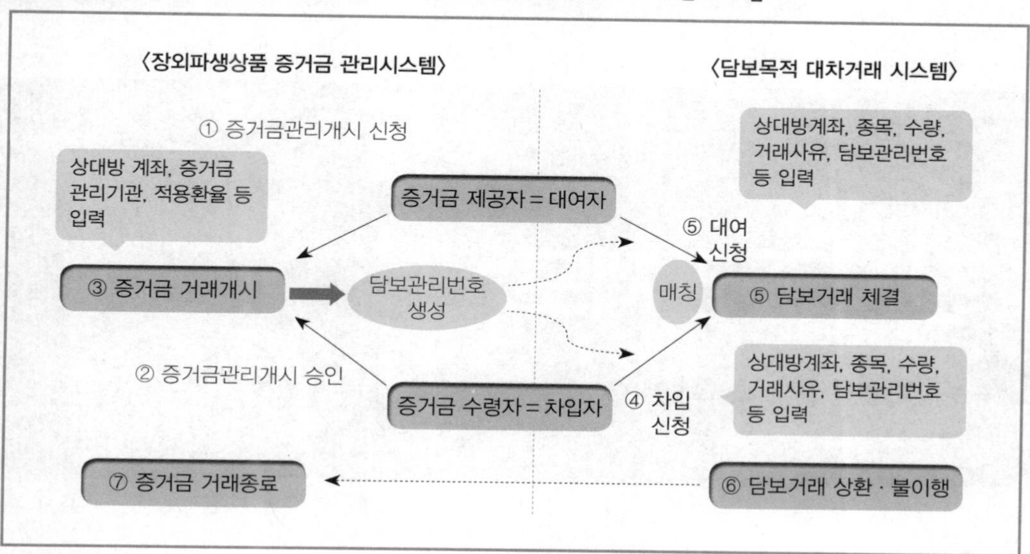

전자증권제도

제 7 편

제 1 장 전자증권제도의 개요

오늘날 우리 사회는 정보통신기술의 눈부신 발전에 따라 전자화 · 디지털화가 급속히 진행되고 있다. 그리고 이는 다시 금융시장에 커다란 변화와 혁신을 가져오고 있다. 이러한 금융시장의 변화추세에 따라 최근 자본시장에서는 금융의 증권화(securitization) 현상에 이어 증권의 전자화 추세가 빠르게 진전되고 있다.

증권의 전자화제도, 즉 전자증권제도(electronic securities system)에서는 주권 · 사채권 등을 실물로 발행하지 않는다. 그 대신에 전자등록기관에 권리를 전자적으로 등록하여 증권을 소지하지 않고도 권리의 양도 · 담보설정 · 권리행사를 가능하게 하는 제도이다. 이러한 전자증권제도는 1980년대부터 유럽국가들을 중심으로 자본시장을 선진화하기 위한 핵심수단의 하나로 도입되기 시작하였다.

전자증권제도는 실물증권의 집중예탁 및 장부상 권리이전을 위해 도입된 증권예탁제도와 다르며, 채권등록제도, 주권불소지제도 등과 같이 단순히 실물증권을 발행하지 않는 것을 목적으로 도입된 불발행 제도와도 다르다. 이처럼 전자증권제도는 증권의 발행부터 유통(결제)까지의 모든 과정을 전자적으로 처리한다는 점에서 기존의 제도와는 확연히 구분된다.

전자증권제도의 의의 제1절

1 전자증권제도의 개념 및 연혁

1.1. 전자증권제도의 개념

주식회사에 있어서의 주식양도나 사채(社債)양도는 통상 주권(株券)이나 사채권(社債券)의 양도에 의하여 이루어진다. 그러나 전자증권제도에서는 주권 · 사채권을 포함한 자본시장의 증권을 실물로 발행하지 않는다. 그 대신에 전자적으로 작성되는 장부상의 기록에 의하여 그 권리를 공시하고 유통시키게 된다. 부연하면, 전자증권제도는 증권을 실물로 발행하는 대신, (ⅰ)증권에 표창될 권리를 등록기관이 운영하는 계좌에 등록하여 발행하고, (ⅱ)이러한 권리의 양도 · 담보설정 및 제반 권리행사 등을 전자적 기록에 의하여 처리하는 제도를 말한다.

한편, 전자증권(electronic securities)은 다양한 용어로 혼용하여 사용되고 있다. 그 대표적인 것으로는 전자증권(electronic securities), 장부기재증권(book-entry securities), 등록증권(registered securities), 무증서증권(uncertificated securities), 무권화(dematerialization) 등이 있다. 전자증권(electronic securities)이라는 용어는 권리의 발생 · 이전 등이 컴퓨터 등 정보처리능력을 가진 장치에 의해 전자적 형태로 처리되는 점을 강조한 것이다. 이에 비해 장부기재증권(book-entry securities) 또는 등록증권(registered securities)은 장부상 등록을 통하여 증권이 발행된다는 점을, 무증서증권(uncertificated securities)과 무권화(dematerialization)는 실물증권이 없다는 점을 강조한 것이라고 볼 수 있다.[1]

또한, 전자증권의 종류에는 실물증권의 기재사항을 전자적인 방식으로 기재하여 발행하는 증권(예: 전자어음)과 법적장부에 증권의 보유자 및 보유수량 등 권리내용을 전자적인 방식으로 기재하여 권리를 표창하는 증권(예: 전자단기사채)으로 구분되며, 자본시장에서 유통되는 자본증권의 경우 통상 후자의 방식으로 발행 및 유통된다. 이하에서는 자본증권에 적용되는 전자증권제도를 중심으로 기술한다.

---

1 '전자증권(electronic securities)'이란 용어는 「덴마크의 증권거래법(Securities Trading, etc. Act. 1995)」에서 사용하고 있다. 그리고 무증서증권(uncertificated securities)이라는 용어는 미국의 1977년 「통일상법전(UCC: Uniform Commercial Code)」, 1978년 「모범사업회사법(MBCA: Model Business Corporation Act)」, 영국의 1995년 「무증서증권규정(The Uncertificated Securities Regulations)」 등에서 사용하고 있다.

1.2. 전자증권제도의 연혁

유가증권제도는 무형의 권리를 유형의 증권에 화체(化體)시키는(權利의 證券化) 제도이다. 이처럼 추상적인 권리를 증권에 화체시키는 경우에는 무형의 권리내용이 유형화된다. 그 결과 권리의 존재와 내용이 명백하게 되어 권리의 이전 · 행사 등이 신속 · 용이하게 되는 것이다.

이러한 권리의 증권화는 자본주의 경제발전에 크게 기여하였다. 그러나 자본주의가 발달함에 따라 대량 발행 · 유통의 속성을 갖는 주식과 사채 등 자본증권은 실물증권의 발행 및 이전에 따른 많은 비용과 시간이 소요되게 되었다. 그리고 이는 이른바 증권사무위기를 초래하게 되었는데, 이에 대한 극복대안으로 제시된 것이 증권예탁결제제도이다.

증권예탁결제제도에서는 집중예탁된 실물증권의 이동 없이 장부상의 기재만으로 증권거래의 결제가 이루어지는 이른바 '증권의 부동화' 현상이 가능하게 되었다. 그 결과 권리의 이전과 행사에 증권이 필요 없어지게 되었으며, 증권의 고유목적과 기능을 상실하게 되었다. 이러한 증권의 기능 상실로 실물증권을 발행하지 않고 증권의 기능을 그대로 수행할 수 있는 새로운 제도가 발생했는데, 소위 전자증권제도가 그것이다.

그림 7-1 **전자증권제도 시행국가 분포도**

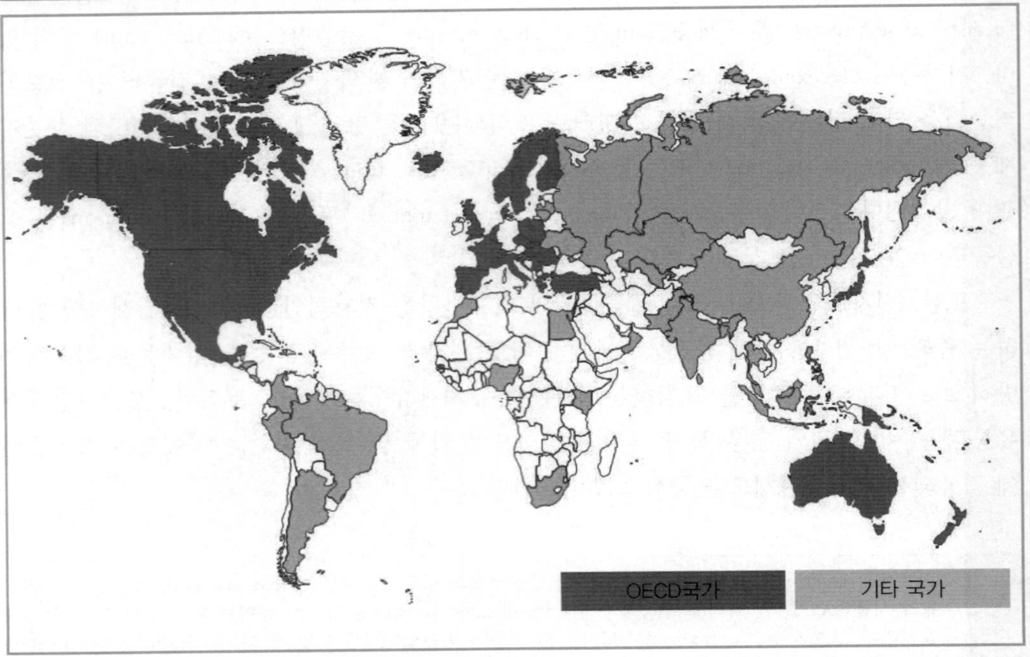

전자증권제도는 자본증권 중에서도 무권화가 용이한 채권분야에서부터 출발하였다. 그 좋은 예로는 독일의 국채집합등록제도 · 미국의 연방국채 계좌대체제도 · 일본의 국채등록제도 등을 들 수 있다. 그 이후 1983년 덴마크가 세계 최초로 전면적인 전자증권제도를 도입한 이래, 프랑스(1988년) · 영국(1989년) · 스웨덴(1990년) 등 유럽의 여러 나라를 중심으로 이 제도가 급속히 확산되었다. 이러한 전자증권제도는 이제 증권관리제도의 새로운 국제적 표준(global standard)으로 떠오르고 있다.[2]

❷ 전자증권제도의 특징 및 유사제도와의 비교

2.1. 전자증권제도의 고유 특징

(1) 권리와 증권과의 결합관계 단절

권리를 증권에 화체한다는 것은 눈에 보이지 않는 권리를 유형의 증권에 결합시키는 것을 의미한다. 그런데 전자증권의 경우에는 권리가 유형의 증권에 표창되지 않기 때문에 권리와 증권의 결합관계가 단절되게 된다. 그 결과 전자증권제도에서는 권리의 표창기능을 하는 증권 자체를 완전히 포기하고, 그 대신에 해당 권리를 장부상에 등록하게 된다.

(2) 실물증권의 불발행 및 발행청구권 배제

전자증권제도는 증권예탁결제제도의 고도화(부동화 · 무권화)에 의하여 그 필요성이 감소된 실물증권을 완전히 폐지하는 것을 말한다. 이런 측면에서 전자증권제도는 실물증권의 발행을 전제로 하고 있는 임시적 불발행제도인 주권불소지제도, 채권등록제도, 포괄증권제도와는 구분된다. 다만, 전자증권제도의 설계방식에 따라 전자증권의 실물증권 전환을 허용하는 것은 가능하다.[3]

(3) 전자등록부에 의한 권리표창 및 자격수여

전자증권제도에서는 증권 상의 권리를 전자적인 방법으로 법적장부에 등록하게 된다. 그리고 이러한 법적장부를 실물증권에 갈음하는 권리표창의 매개체로 보게 된다. 또한, 전자등록기관이 관리하는 법적장부의 기재 내용에 따라 권리를 행사할 자가 결정되게 된다.

2 2017년 9월 현재 예탁결제기관이 존재하는 97개국 중 70개국(72%), OECD 35개국 중 33개국(94%)이 전자증권제도를 도입할 정도로 보편적인 제도로 자리를 잡아가고 있다.

3 영국의 경우 발행자 및 투자자의 선택에 따라 실물증권 전환이 가능하고, 일본의 경우 상장폐지 등의 사유로 대체기관이 더 이상 해당 증권을 취급하지 않는 경우에 실물증권 전환이 가능하다.

이 경우 전자등록기관의 권리자 등록방식이 자기명의방식[4]인 경우에는 증권소유자가 직접 권리를 행사하게 되며, 명목상 명의인(nominee)명의방식[5]인 경우에는 금융중개기관을 통하여 권리행사를 하게 된다.

2.2. 전자증권제도와 유사제도와의 비교

증권예탁결제제도에서도 주권불소지제도, 채권등록제도, 일괄예탁제도, 포괄증권제도 등의 상호 결합을 통하여 실물증권의 축소 및 부동화가 이루어지고 있다. 그런데 이러한 제도들은 실물발행을 기본전제로 하고 있기 때문에 완전한 무권화는 이루지 못하고 있다. 그 결과 증권발행비용의 절감과 자본시장의 효율성 증대라는 측면에서는 여전히 한계를 드러내고 있다.

(1) 전자증권제도 vs. 주권불소지제도

주권불소지제도는 주권의 도난 · 분실 등 실물주권의 관리에 따른 불편을 덜어주기 위해 도입된 제도로서 주주가 발행회사에 대하여 실물주권을 소지하지 않겠다는 신고를 하고 주권을 불소지하는 제도이다(상법 제358조의2). 이 제도는 현재 증권예탁결제제도와 결합되어[6] 실물증권의 불발행이라는 목적을 어느 정도는 달성하고 있다. 그러나 주주가 주권이 필요한 경우에는 언제든지 발행회사에 대하여 주권의 발행이나 반환을 청구할 수 있는(상법 제358조의2제4항) 임시적인 불발행제도라는 근본적인 한계가 있다.

(2) 전자증권제도 vs. 채권등록제도

채권등록제도란 채권자가 직접 실물채권을 소지하지 않고 등록기관의 장부(등록부)에 자신의 권리내역을 등록하는 것만으로 채권자의 지위를 인정받는 제도이다. 채권등록제도는 채권(債券)이 존재하지 않는 등록채권의 존재를 인정하고, 그 등록채권을 이전할 때 채권의 직접교부를 필요로 하지 않는다. 이에 따라 법제적인 측면에서는 전자증권제도와 동일한 기본이념을 내포하고 있다고 할 수도 있다. 그러나 채권등록제도는 실물채권의 존재를 전제로 하고 있다. 또한, 증권결제제도와 결합되지 않고는 채권의 유통에 따르는 결제를

---

4 투자자가 자기명의의 계좌에 등록한 내역에 따라 증권을 보유하고 권리를 행사하는 방식을 말한다. 이 방식은 투자자가 발행인에 대하여 직접 대항력을 확보할 수 있어 투자자의 권리를 강화할 수 있다는 장점이 있으며, 독일 · 일본 · 우리나라 등 대륙법계에서 주로 채택하고 있다.

5 투자자의 증권에 대한 법적 권리는 Nominee(금융중개기관)에 귀속되고 투자자는 Nominee를 통해 증권을 간접보유하는 방식을 말한다. 이 방식은 권리관계가 다단계로 이루어지는 국제증권거래에 적합하다는 장점을 가지고 있으며, 미국 · 영국 등 영미법계 국가에서 주로 채택하고 있다.

6 예탁결제원이 예탁증권을 자신의 명의로 명의개서하고 발행회사에 대하여 불소지의 뜻을 신고하고 있다.

처리할 수 없는 불완전한 제도라는 점에서 전자증권제도와는 구분된다.

(3) 전자증권제도 vs. 일괄예탁제도

일괄예탁제도란 증권을 인수 또는 청약하는 경우 증권의 발행인이 청약자 또는 인수인의 신청에 의해 예탁결제원을 명의인으로 하여 증권을 발행 또는 등록하는 제도를 말한다(자본시장법 제309조제5항). 이처럼 일괄예탁제도는 주권불소지제도, 채권등록제도 등과 결합하여 증권발행 전에 불소지 · 등록을 활성화하여 증권의 발행단계에서부터 실물발행을 최대한 억제하려는 제도이다. 현재 이러한 일괄예탁제도를 통하여 주식 및 채권 등 유가증권의 상당 부분이 실물증권의 발행 없이 예탁 및 유통되고 있다. 그러나 여전히 증권의 반환에 대비하여 실물증권이 일정수량 발행된다는 점에서 실물증권을 완전히 배제하는 전자증권제도와는 근본적인 차이가 있다.

(4) 전자증권제도 vs. 포괄증권제도

포괄증권(global certificate)이란 실물증권의 발행을 축소하기 위하여 예탁증권의 총량을 중앙예탁결제기관의 명의로 된 1매의 증권으로 발행하는 제도를 말한다. 이를 '집합(集合)증권'이라고도 한다. 포괄증권제도는 미국, 독일 등에서 전자증권제도 대신 실물증권의 불발행 내지 발행량의 축소 등을 위하여 이용하는 제도이다. 우리나라도 주가연계증권(ELS) 및 주식워런트증권(ELW) 등 파생결합증권에 대하여 실무적으로 이러한 포괄증권이 발행되고 있다. 그런데 포괄증권제도는 비록 소수이나마 실물증권을 발행하는 제도이다. 이에 비하여 전자증권제도는 실물증권의 발행을 완전히 배제하는 제도로서 포괄증권제도보다는 진일보한 제도라고 할 수 있다.

표 7-1 우리나라의 무권화제도 비교

무권화 제도		제도 간 차이점	
		실물증권 발행 여부	법적 근거
전자증권제도	전자적인 법적 장부의 기재에 의하여 증권의 발행 및 유통 가능	실물발행 완전배제	전자증권법, 전자단기사채법
불소지제도	주주명부의 기재에 의해 실물증권을 폐기(기명증권에 해당)	실물증권 발행전제	상법 등
채권등록제도	등록부 기재에 의해 채권의 발행 및 유통이 가능	실물증권 발행전제	국채법, 공사채등록법
포괄증권제도	다수의 예탁증권을 1매의 증권으로 통합하여 발행	실물증권 발행	법적 근거없음

③ 전자증권제도와 증권예탁결제제도와의 관계

전자증권제도는 증권에 관한 권리의 원활한 유통을 목적으로 한다는 점에서 증권예탁제도와 유사하다. 즉, 양 제도는 증권 실물의 유통에 따르는 비용과 불편을 제거하는 것을 목적으로 한다는 점에서 공통점이 있다. 그러나 증권예탁제도는 실물증권 발행을 전제로 하는 제도인데 반해, 전자증권제도에서는 실물증권이 발행되지 않고 장부상의 기재와 이의 대체기재가 증권에 관한 권리 그 자체의 보유와 양도를 의미한다는 점에서 증권예탁제도와 크게 다르다고 볼 수 있다.[7] 즉 증권예탁제도는 증권의 발행을 전제로 투자자의 증권 간접 점유와 공유(共有) 및 예탁기관을 통한 증권 부동화(不動化)를 가능하게 하는 제도이다. 이에 반해 전자증권제도는 전통적인 권리와 증권 간의 유체적 표창관계를 단절하고 권리 자체의 전자적 등록을 통해 그 보유와 유통을 가능하게 하는 무권화(無權化) 제도라는 점에서 증권예탁제도와 다른 제도적 특징과 의미를 갖는다.

전자증권제도는 컴퓨터기술의 혁신이 이루어져 전자적 매체 또는 장부에 의하여 대량의 증권거래를 간이 · 신속 · 대량 · 안전하게 처리하는 것이 가능하게 됨으로써 생긴 제도

표 7-2 증권예탁결제제도와 전자증권제도의 비교

구분	現증권예탁제도	전자증권제도
(1) 목적	• 증권의 不動化를 통한 유통 원활화	• 증권의 무권화를 통한 발행·유통의 통합 운영
(2) 근거법률	• 자본시장법	• 전자증권법
(3) 적용대상	• 자사법상 증권, CD 및 금지금	• 자시법상 증권(CP제외), CD등에 표시되는 권리
(4) 의무적용	• 금융투자업자 자기분 및 고객분	• 상장증권, 수익증권, 파생결합증권
(5) 권리형태	• 실물증권 ※ 예탁증권의 경우 언제든 실물 반환 요청 가능	• 전자등록 ※ 실물증권 발행 금지
(6) 운영기관	• 예탁결제원, 예탁자	• 전자등록기관(예탁결제원), 계좌관리기관
(7) 기재효력	• 점유 간주 • 계좌간 대체 기재시 교부 간주	• 적법 권리 보유 추정 • 계좌간 대체 등록시 양도 효력 발생
(8) 투자자 보호	• 예탁증권의 부족분 발생시 예탁결제원·예탁자간 연대보전	• 초과 등록 발생시 해당 계좌관리기관 말소의무 • 미이행시 전자등록기관·모든 계좌관리기관이 연대하여 말소의무 부담
(9) 실질주주	• 실질주주제도 有	• 실질주주제도 無
(10) 실기주	• 실기주 有	• 실기주 無

7 김필규, 이석훈, 황세운, 김용재, 조인호, "국내 전자증권제도의 효율적 도입방안에 관한 연구", 자본시장연구원 연구보고서, 2009., 11쪽 참조.

라고 할 수 있다.[8] 이처럼 전자증권제도는 증권예탁결제제도와 상이한 별개의 제도가 아니며, 증권예탁결제제도를 완성하는 최종단계이다. 요컨대, 집중예탁에 의한 증권예탁결제제도의 확립이 증권시장 선진화의 필요조건이라면 전자증권제도의 정착은 그 충분조건이라고 할 수 있다.

그림 7-2 증권예탁결제제도의 발전과정

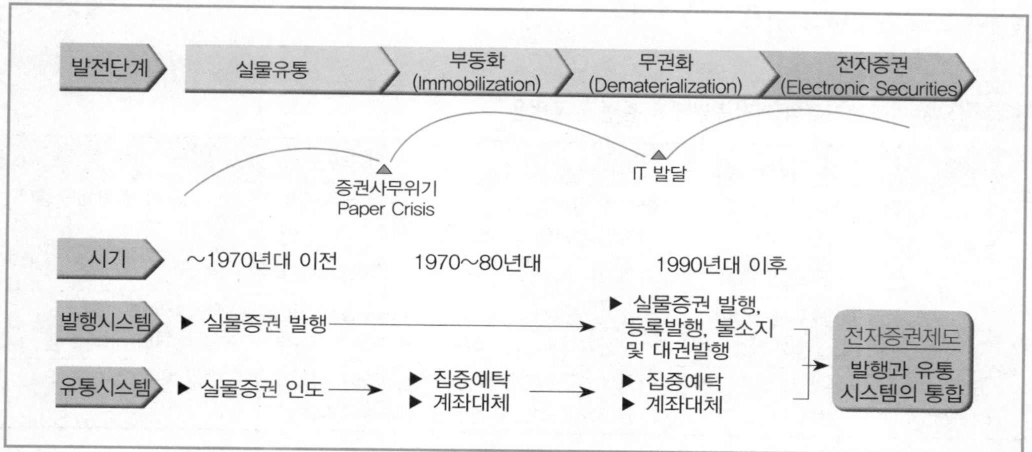

전자증권제도의 도입환경 및 기대효과 제2절

1 전자증권제도의 도입환경

1.1. 자본시장의 글로벌 환경변화

국경을 넘어서는 증권거래의 활성화와 금융회사의 업무 확대 등에 따라 금융의 글로벌화가 확산되고 있다. 그리고 이러한 국제화의 진전에 따라 전 세계적으로 자본시장의 효율

8 神田秀樹. "ペーパーレース化と有價証券法理の將來",「現代企業と有價証券の法理: 河本一郎先生古稀祝賀論文集」, 有斐閣, 1994, 157~158面.

성과 안정성 강화가 매우 중요한 이슈로 떠오르고 있다. 또한, 금융시장의 통합에 따라 국가간 · 시장 간 장벽이 철폐되고 금융거래가 저비용 · 고효율 시장으로 이동 및 집중되고 있다.

이러한 금융 글로벌화의 추세에 따라 각국은 국제적인 정합성에 부합하는 증권시장 인프라정비에 주력하고 있다. 특히, 자본시장 인프라에 대한 글로벌스탠다드의 확산추세는 ISSA, IOSCO, G-30 등 국제기구들의 권고안에 힘입은 바가 매우 크다. 국제기구들은 고효율 · 저비용 구조를 갖춘 자본시장의 육성을 위하여 전자증권제도와 같은 증권의 무권화를 공통적으로 권고하고 있다.

표 7-3 **국제기구의 전자증권제도 관련 권고내용**

단체명	권고형식	권고내용
BIS /IOSCO	증권결제시스템 권고안 (2001. 11)	• 증권은 가능한 한 부동화 또는 무권화되어야 하고, 최대한 중앙예탁결제기관의 계좌대체방식으로 이전되어야 함
ISSA	ISSA 권고안(2002)	• 증권의 부동화 또는 무권화는 최대한 달성되어야 함
G-30	국제증권청산·결제 시스템: 실행계획(2003)	• 증권 실물증서를 제거하고, 자료수집·전달방식을 자동화하여야 함 • 시장참가자는 발행·이전·보유 등에 이용되는 증권을 무권화 하여야 함
BIS /IOSCO	금융시장인프라에 관한 원칙(2011)	• 중앙예탁결제기관은 장부상 기재에 의한 증권이전을 위해 부동화 또는 무권화된 형식으로 증권을 보유해야 함

1.2. 정보통신기술의 급속한 발달

오늘날 세계 자본시장에서는 국제간 증권거래가 국내에서의 거래처럼 활발하게 일어나는 등 이전에 경험하지 못한 혁신적인 변화가 빠르게 진행되고 있다. 이러한 주요한 변화요인 중의 하나는 정보통신기술의 발달이다. 증권예탁결제제도 역시 증권의 대량 발행과 대량 거래에 따른 예탁과 결제 업무의 완벽한 처리를 위해 정보통신기술의 발달에 크게 의존하고 있다. 아울러, 최근에는 정보통신분야의 기술혁신에 따라 핀테크(fintech) 서비스[9]가 은행업 및 증권업을 중심으로 확산되고 있다. 이러한 변화에 따라 금융회사의 전자금융 서비스 제공능력이 향후 금융회사의 생존을 좌우할 주요한 요소로 부각되고 있는 상황이다.

이와 같은 현상은 정보통신기술의 발달과 더불어 컴퓨터장치에 대한 신뢰성이 확보되

9 핀테크(FinTech)는 Finance(금융)와 Technology(기술)의 합성어로, 금융과 IT의 융합을 통한 금융서비스 및 산업의 변화를 통칭한다. 금융서비스의 변화로는 모바일, SNS, 빅데이터 등 새로운 IT기술 등을 활용하여 기존 금융기법과 차별화된 금융서비스를 제공하는 기술기반 금융서비스 혁신이 대표적이며 최근 사례는 모바일뱅킹과 앱카드 등이 있다. 산업의 변화로는 혁신적 비금융기업이 보유 기술을 활용하여 지급결제와 같은 금융서비스를 이용자에게 직접 제공하는 현상이 있는데 애플페이, 알리페이 등을 예로 들 수 있다(출처: 금융위원회 금융용어사전).

었기 때문에 가능하게 된 것이다. 즉 전산시스템에 대한 해킹 방지, 방화벽(fire-wall) 마련 등을 통해 전산시스템에 대한 보안성과 안전성이 강화되고, 이를 통해 컴퓨터 등 저장장치에 대한 자료의 정확성과 무결성을 확보할 수 있게 된 것이다. 이처럼 시스템과 네트워크상의 안전성 문제와 컴퓨터 단말장치에 대한 접근통제성에 대한 우려가 기술적으로 상당 부분 해결된 것도 전자증권제도의 도입을 촉진하는 배경으로 작용하고 있다.

1.3. 투자자의 실물증권에 대한 수요감소

오늘날 투자자는 실물증권을 직접 보유하지 않고, 증권회사에 보유하고 있는 증권을 예탁함으로써 증권상의 권리를 안전하고 편리하게 행사할 수 있게 되었다. 또한, 투자자는 법에 의하여 실물증권을 직접 보유하는 것과 동일한 물권적 보호를 받을 수 있다. 그 결과 증권회사가 파산하는 경우에도 환취권(還取權) 등의 행사를 통해 권리를 안전하게 확보할 수 있다.

그 외에도 투자자는 거래 증권회사를 이용하여 보유증권의 양도와 담보거래가 가능하다. 오히려 실물증권을 직접 보유하는 경우에는 실물증권의 분실 · 도난의 위험에 노출되고 권리행사가 불편하다. 이에 따라 굳이 번거롭게 실물증권을 직접 보유할 필요가 없게 됨으로써 실물증권 선호도와 수요가 지속적으로 감소되고 있는 상황이다.

1.4. 증권예탁결제제도의 지속발전

증권예탁결제제도는 자본시장의 양적 팽창과 질적 성장을 때로는 수용하기도 하고 때로는 견인하면서 발전을 거듭하여 왔다. 이러한 증권예탁결제제도의 발전과정을 단계별로 살펴보면 다음과 같다. 우선, 1970년대에는 증권이 중앙예탁결제기관으로 집중예탁되기 시작하였다. 그 이후 1980년대에는 집중예탁된 증권의 이동필요성이 사라지면서 중앙예탁결제기관에 부동화되기 시작하였다. 1990년대에는 부동화된 증권에서 실물증권 자체를 발행하지 않는 전자증권(무권화)단계로 접어들게 되었다.

전자증권의 단계는 중앙예탁결제기관에 증권이 통상 90% 정도 예탁되어 부동화된 경우에 자연스럽게 이루어지고 있다. 이 단계에서는 실물증권의 수요와 필요성이 거의 사라지기 때문에 실물증권을 굳이 발행할 필요가 없게 되는 것이다. 이처럼 증권예탁결제제도의 발전으로 실물증권의 필요성이 소멸되고 전자증권의 도입환경이 자연스럽게 조성되었다고 할 수 있다.

❷ 전자증권제도의 기대효과

2.1. 시장의 투명성 제고

전자증권제도는 시장의 투명성을 크게 제고하는 기능을 한다. 실물증권은 변칙거래를 통한 조세회피성 양도 · 상속 · 증여 등 음성적인 거래에 이용될 수 있다. 그러나 전자증권제도에서는 증권의 발행 · 양도 및 권리행사 등 모든 거래행위가 전자적으로 기록 · 관리된다. 그 결과 전자증권제도에서는 실물증권을 이용한 음성적인 거래를 원천적으로 차단할 수 있게 되어 건전하고 투명한 금융거래 환경을 제공할 수 있다.

전자증권제도에서는 증권의 발행정보 및 거래정보가 집중관리된다. 따라서 기관투자자, 발행자, 정책당국 등 수요자에게 양질의 정보를 적시에 제공할 수 있다. 그리고 이를 통해 정보비대칭으로 인한 시장의 비효율성을 제거할 수 있다.

2.2. 사회적 비용절감

전자증권제도는 실물증권 발행에 따른 제반 사회적 비용을 획기적으로 절감할 수 있다. 전자증권제도에서는 발행회사의 실물증권 발행 및 관리, 중앙예탁결제기관의 증권실물 및 금고관리 등에 따른 제반비용이 제거될 수 있다. 또한, 증권을 발행하는데 걸리는 소요기간을 대폭 단축할 수 있고, 주주확정 절차도 간소해진다.[10]

투자자들은 실물증권을 보유하는 경우 일어날 수 있는 도난 · 분실 · 멸실과 위변조 등의 위험에서 벗어날 수 있다. 실물증권제도에서는 주식의 명의개서나 채권의 이전등록 등을 실기하여 상실될 수 있는 배당금 · 원리금 · 의결권 등이 발생하게 된다. 그러나 전자증권제도에서는 증권의 양도에 의한 권리 이전이 전자등록방식으로 이루어지기 때문에 이러한 권리상실의 위험을 제거할 수 있다. 또한, 증권 발행기간이 단축됨에 따라 투자자금을 조기에 회수할 수 있다.

금융중개기관의 경우에는 실물증권의 취급에 소요되는 인력, 시설 등의 관리비용을 절감할 수 있고, 내부직원 횡령 등의 사고발생을 미연에 차단할 수 있다. 아울러 금융중개기관은 후선업무(back office)부문의 효율성을 증대시킬 수 있기 때문에 핵심업무인 투자은행업무, 자산관리업무 및 상품개발 등에 자원을 보다 집중시킬 수 있게 된다.

---

10 실물주권을 발행하지 않음에 따라 회사의 합병, 주식교환·이전, 주식병합 · 분할, 주식의 전환 등 corporate action의 경우 최대 21일의 업무처리기간 단축이 가능하다.

2.3. 기업의 원활한 자금 조달과 경영활동 지원

기업들은 실물증권의 발행에 따른 발행비용 및 관리비용을 절감할 수 있다. 또한, 기업들은 기업행위(Corporate action)와 관련하여 주주확정 기간 등 실무 처리 기간을 단축할 수 있어 주식사무처리의 효율성을 제고할 수 있다. 이처럼 전자증권제도는 자금 조달을 위한 직 · 간접비용을 절감할 수 있도록 하여 기업의 경쟁력 제고에 기여하게 된다.

특히, 최근 들어 발행회사는 회사의 주주구성과 그 변동 추이에 관심이 많다. 최근 주주의 경영 참여 요구가 늘어나면서 회사의 중요한 경영 의사결정 과정에 주주의 예상 반응을 고려할 필요가 있기 때문이다. 이와 관련하여 전자증권제도는 증권의 보유자를 기업이 적기에 파악할 수 있는 수단을 기업에 제공하여 기업들이 주주 중시 경영을 영위할 수 있는 여건을 제공하여 주기도 한다.

제2장 전자증권제도의 운영구조

전자증권제도는 (ⅰ)기업 및 증권시장 참가자의 이익극대화, (ⅱ)증권산업의 효율성과 국제 경쟁력 제고, 그리고 (ⅲ)증권시장의 투명성 증대를 통한 건전성을 확보할 수 있는 방향으로 그 운영방법을 설계하고 도입할 필요가 있다.

제1절 전자증권제도의 운영모델

1 전자증권제도의 입법 및 도입방식

1.1. 입법방식

전자증권제도의 도입을 위한 입법방식에는 다양한 방식이 존재한다. 이러한 입법방식은 크게 (ⅰ)기존의 각종 증권의 발행 근거법에 개별규정을 두어 도입하는 방식, (ⅱ)자본시장을 규율하는 기존의 특별법에 관련 규정을 두어 도입하는 방식, (ⅲ)전자증권제도에 대한 특별법을 제정하는 방식으로 구분할 수 있다. (ⅰ)의 방식은 실물증권 발행을 전제로 하고 있는 각종 법률의 폐지 내지 개정이 필요하게 되어 매우 비효율적이며 현실적이지도 아니하다.

이에 따라 전자증권제도를 시행하고 있는 국가 중에서 (ⅰ)의 방식을 채택하고 있는 국가는 없으며, 대부분 (ⅱ)나 (ⅲ)의 입법방식을 채택하고 있다. 예를 들어, (ⅱ)의 입법방식을 채택하고 있는 대표적인 국가로는 프랑스, 중국 및 덴마크 등이 있고,[11] (ⅲ)의 입법방식

11 프랑스는 기존의 「금융법」, 중국은 「증권법」, 덴마크는 「증권거래법」을 개정하여 전자증권제도를 도입하였다.

을 채택하고 있는 대표적인 국가로는 영국과 스웨덴, 일본 등이 있다.[12]

1.2. 도입방식

전자증권제도의 도입방식은 크게 2가지로 구분할 수 있다. 모든 대상증권에 대하여 전자증권제도를 전면적으로 도입하는 일괄적 도입방식과 증권의 종류별로 전자증권제도를 단계적으로 적용하는 단계적 도입방식이 그것이다. 일괄적 도입방식을 채택한 대표적인 나라로는 프랑스와 중국이 있고, 단계적 도입방식을 채택한 대표적인 나라로는 일본과 스웨덴을 들 수 있다.[13]

2 전자증권제도의 적용범위

2.1. 적용대상증권

전자증권제도는 기존의 증권예탁결제제도를 전자등록제도로 대체하는 것이다. 따라서 그 적용대상증권은 현행 증권예탁결제제도의 적용대상증권과 동일하다. 그런데 전자증권제도의 적용방식은 증권의 발행 · 유통구조를 중심으로 살펴볼 필요가 있다. 이 기준을 적용하여 대부분의 국가에서는 통상 상장증권에 대하여는 의무적으로 전자증권제도를 적용하고 있다. 반면, 사모로 발행되는 비상장증권에 대하여는 전자증권제도의 강제적용을 배제하고 있다.

2.2. 적용대상 발행회사

증권을 전자화하는 경우, 모든 회사를 대상으로 할 것인가 또는 일부 회사만을 대상으로 할 것인지 여부도 논란이 된다. 물론 모든 발행회사를 대상으로 전자증권제도를 시행하면 사회적 · 경제적 효과를 극대화할 수 있다. 그러나 전자증권제도는 유통이 활발한 증권의 발행 및 관리비용의 절감과 유통의 원활화를 보장하는데 그 중점이 있다고 할 수 있다.

---

12 영국은 「무증서증권규정」, 일본은 「사채, 주식 등의 대체에 관한 법률」, 스웨덴은 「금융증서의 등록에 관한 법」을 제정하여 전자증권제도를 도입하였다.

13 일본은 2002년 채권에 대하여 전자증권제도를 우선 시행하고 2009년에는 주식으로까지 확대 적용하였다. 스웨덴은 1989년에 주식에 대하여 전자증권제도를 먼저 도입한 후, 1993년에 단기금융상품으로 그 대상증권을 확대하였다.

이런 측면에서 보면 소규모 주식회사가 소량으로 발행하는 증권까지 전자증권제도의 대상을 확대할 실익은 적을 것이다. 오히려 소규모 주식회사가 전자증권제도의 운영기관인 전자등록기관에 참가하면 여러 가지 규칙의 준수의무가 부과되는 등의 불편이 초래될 수 있다. 따라서 상장법인에 대하여 전자증권제도를 우선 의무적용하고, 그 적용범위를 필요에 따라 점차 확대하는 것이 제도의 안정적 운영과 경제적 측면에서 바람직하다고 할 것이다.

외국의 사례를 살펴보더라도 상장법인에 대해서는 전자증권제도에 의무적으로 참가시키는 것이 일반적이다. 그런데 비상장법인에 대하여는 국가별로 전자증권제도에 대한 참가방식이 상이하다. 예를 들어, 프랑스의 경우에는 모든 증권의 발행회사가 전자증권제도에 의무적으로 참가하도록 하고 있다. 이에 비하여 영국 · 일본 · 스웨덴 · 중국 등 대부분 국가는 회사의 정관 등에 의하여 전자증권제도에의 참가 여부를 발행회사가 선택하도록 하고 있다.

3 전자증권에 대한 권리의 등록 및 보유방식

3.1. 권리의 등록방식

(1) 직접등록방식

직접등록방식(단층구조)이란 투자자가 전자등록기관의 전자등록부에 자신명의의 계좌를 개설하여 전자증권의 권리자로 등록하는 방식이다. 이 방식의 경우에는 전자등록기관이 단일의 등록기관 역할을 수행하게 된다. 그리고 전자증권제도의 안정성 확보를 위해 통상 등록대행기관(증권회사 등)이 투자자를 대신하여 등록업무를 수행하게 된다. 다만, 기관투자자에 대하여는 예외적으로 중앙등록기관에 직접 계좌개설을 할 수 있도록 허용하고 있다. 이 방식은 덴마크, 스웨덴, 중국 등에서 채택하고 있는 등록방식이다.

직접등록방식에서는 전자등록부상 투자자의 권리보유내역이 실시간으로 관리된다. 따라서 발행회사, 감독기관 등에 의한 투자자 파악이 용이하고, 투자자가 중앙등록기관에 직접 등록되어 투자자 권리의 보호를 강화할 수 있다. 반면, 이 방식은 시스템 구축 및 운영에 과다한 비용이 소요되고, 대용량 데이터 처리로 시스템운영상 안정성 확보가 곤란하다. 또한, 증권회사 등 계좌관리기관의 업무 처리 부담과 운영비용이 증가되는 단점이 있다.

그림 7-3 **단층구조 개념도(1 Tier Structure)**

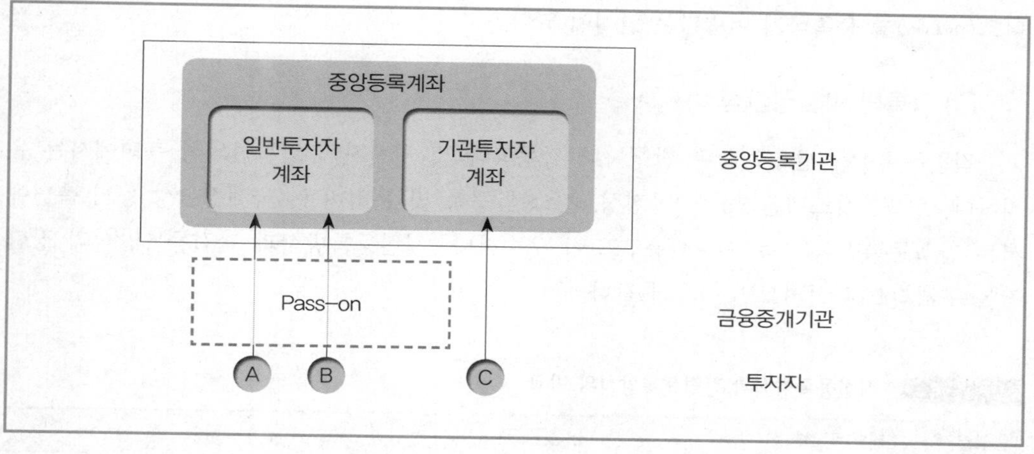

(2) 간접등록방식

간접등록방식(복층 또는 다층구조)이란 중앙등록기관은 증권회사 등 계좌관리기관의 계좌만 관리하고, 투자자의 계좌는 계좌관리기관이 관리하는 방식을 말한다. 요컨대, 현행 우리나라의 증권예탁결제제도의 계좌체계와 동일한 방식을 말한다. 이 방식의 경우 계좌관리기관은 투자자를 위한 1차 등록기관으로서 중앙등록기관과 함께 등록기관의 역할을 수행하게 된다. 이 방식은 프랑스, 일본 등 대다수의 국가가 채택하고 있는 등록방식이다.

간접등록방식은 현행 증권예탁결제제도의 골격을 유지하기 때문에 제도 도입이 용이하다. 아울러, 시스템 구축 및 운영이 용이하고 운영비용이 상대적으로 저렴하다. 반면, 이

그림 7-4 **복층구조 개념도(2 Tier Structure)**

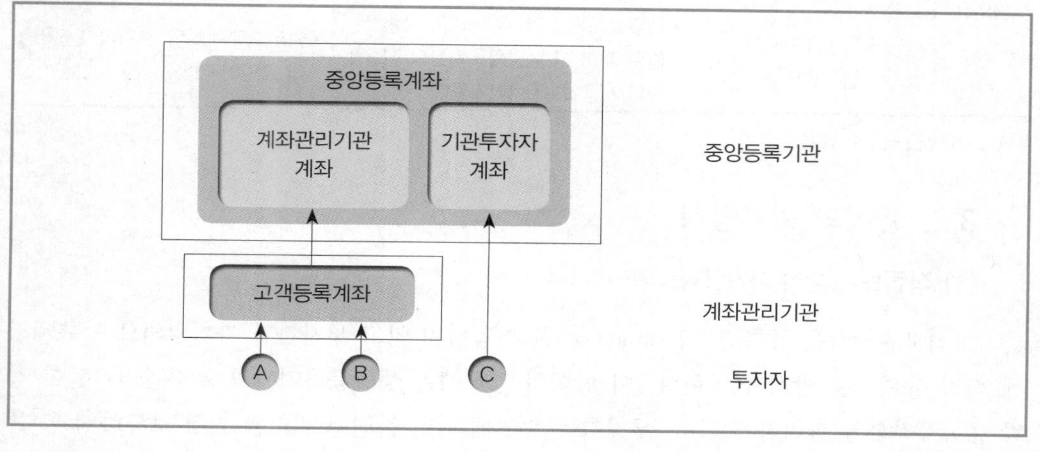

방식은 투자자내역을 실시간으로 파악하기 곤란하고, 계좌관리기관을 불신하는 투자자의 니즈(needs)를 충족하기 어렵다는 단점이 있다.

(3) 등록방식별 장단점 비교

직접등록방식(단층구조)은 발행자나 감독당국 및 투자자의 업무편의성 측면에서는 유리하다. 반면, 시스템운영상의 안정성, 시스템 구축 및 운영비용, 국제정합성 등의 측면에서는 간접등록방식(복층 또는 다층구조)이 우수하다. 직접등록방식과 간접등록방식의 장단점을 구체적으로 살펴보면 다음과 같다.

표 7-4 직접등록방식과 간접등록방식의 비교

구분	세부 평가항목		단층구조		복층구조	
안정성	1	시스템 운영상의 안정성	1	• 업무프로세스가 복잡해지므로 시스템 운영위험이 증대됨 • 중앙등록기관이 등록계좌를 집중관리하므로 위험요인의 사전적 통제가 가능함	3	• 업무프로세스가 현행방식과 유사하여 위험증가 요인이 적음 • 다수의 금융중개기관이 계좌를 관리함에 따라 위험요인의 사전적 통제가 어려움
운영 효율성	2	시스템 초기 투자비용	0	• 투자비용 높음	4	• 투자비용 낮음
	3	시스템 운영비용	0	• 운영비용 높음	4	• 운영비용 낮음
국제 정합성	4	해외투자자의 시장참여	0	• 해외투자자가 중앙등록기관에 직접 참가해야 하므로 국제거래 관행에 적합하지 않음	4	• 해외투자자가 Custodian을 통해 참가하므로 국제거래관행에 부합
편의성	5	발행자 및 감독당국의 소유자 파악용이성	4	• 중앙등록기관이 모든 투자자의 계좌를 관리하므로 실시간 소유자 파악이 가능함	0	• 소유자 파악을 위해서는 각 계좌관리기관으로부터 소유자명세를 취합하는 추가적 작업 필요
	6	금융중개기관의 업무편의성	0	• 업무프로세스가 추가되고 각종 업무 처리 시 중앙등록기관의 정보를 사용하므로 불편 증대	4	• 업무프로세스의 추가나 불편 증대 요인이 적음

* 0–2–4(낮음–중간–높음)

3.2. 권리의 보유방식

(1) 직접보유방식(자기명의등록)

직접보유방식은 등록명의인(nominee)을 이용하지 않고 투자자가 자기명의로 등록계좌에 직접 등록하는 방식을 말한다. 이 방식의 경우에는 중앙등록기관과 계좌관리기관이 각각 등록계좌부를 관리하게 되며, 투자자는 증권에 대한 물권적 권리를 직접 보유하게 된다.

이 방식은 일본, 프랑스 등 대륙법계 국가에서 일반적으로 채택하고 있는 방식이다.

직접보유방식은 투자자에 의한 권리의 직접보유법리를 승계하고 있다. 따라서 투자자로 하여금 발행자에 대한 직접적인 대항력을 확보할 수 있게 하여 투자자 권리의 보호를 강화할 수 있다. 또한, 중앙등록기관과 계좌관리기관의 등록계좌에 전자등록의 법률효과를 동일하게 부여하기 때문에 일원적 · 통일적인 규율이 가능하다. 반면, 증권회사 등 금융기관(계좌관리기관)의 계좌부에 등록의 효과를 부여하기 때문에 전자등록제도의 신뢰성 및 안정성에 대한 우려가 발생할 수 있다.

(2) 간접보유방식(nominee명의등록)

간접보유방식은 투자자가 등록명의인(nominee)을 통하여 중앙등록기관의 등록계좌부에 등록하는 방식을 말한다. 중앙등록기관만 법적 장부인 등록계좌부를 관리하고 계좌관리기관은 법적 장부를 관리하지 않는 방식이다. 증권에 대한 법적 권리는 등록명의인인 금융중개기관에 귀속하고, 투자자는 증권에 대한 권리를 간접보유(신탁의 법리)하게 된다. 이 방식은 영국, 미국 등 영미법계 국가에서 주로 채택하고 있다.

이 방식은 중앙등록기관만이 등록기관의 역할을 수행하기 때문에 제도의 안전성 및 신뢰성을 강화할 수 있다. 또한, 권리관계를 각 단계별로 구성하여 다단계로 이루어진 국제증권보유체계에 적합하다. 반면, 발행자의 소유자명부에 실질소유자가 등재되지 않아 발행자에 대한 대항력을 확보하기 곤란하기 때문에 실질소유자의 권리 보호에 미흡할 수 있다.

(3) 보유방식별 장단점 비교

발행자의 실질소유자 파악의 용이성 등의 측면에서는 자기명의방식이 우월하다. 반면, 일반투자자의 익명성 보호 측면에서는 등록명의인(nominee)방식이 뛰어나다. 각 보유방식의 장단점을 구체적으로 살펴보면 다음과 같다.

표 7-5 직접보유방식(자기명의방식)과 간접보유방식(Nominee방식)의 비교

구분	세부 평가항목	자기명의방식		Nominee방식	
안정성	투자자의 권리 보호	4	• 실질소유자가 법적소유자로 파악되므로 권리가 안정적으로 확보됨	0	• 대외적으로 Nominee가 소유자로 파악되기 때문에 투자자의 권리 침해 개연성이 존재함
익명성	일반투자자의 정보 보호수준	2	• 투자자가 실질소유자로 파악되므로 발행자 등을 통한 정보 누출이 가능함	4	• Nominee가 소유자로 인정되기 때문에 실질소유자는 쉽게 노출되지 않음

편의성	발행자의 실질소유자 파악용이성	4	• 발행자는 경영상 의사결정이 필요한 경우 실질소유자를 손쉽게 파악할 수 있음	0	• Nominee가 소유자로 등재되어 있어 실질소유자를 파악할 수 없음 • 실질소유자를 파악하기 위해서는 Nominee로부터 해당 내역을 별도로 통보받아야 함

* 0–2–4(낮음–중간–높음)

제2절 전자증권제도의 운영기관

1 전자등록기관

전자증권제도는 증권예탁결제제도의 궁극적 목표이며, 증권예탁결제제도의 발전과 성숙을 기반으로 도입된 제도이다. 이러한 연혁적 이유로 실물증권을 기반으로 하던 증권예탁결제제도의 운영기관인 기존의 예탁결제기관이 통상 전자등록기관의 역할을 담당한다. 그런데 전자증권제도에 있어서의 전자등록기관은 증권에 관한 모든 권리관계의 기초가 되는 전자증권등록부를 관리하는 기관으로서, 권리 이전 · 담보설정 등 제반 권리관계를 관리하게 된다.

따라서 전자증권의 공정한 관리와 이용자의 편의 등을 위해서는 이를 관리하는 전자등록기관의 공정성, 안정성 및 중립성의 확보가 매우 중요하다. 그리고 이러한 전자등록기관을 엄격히 관리 · 감독하기 위한 합리적인 법률 및 규제체계도 필요하게 된다. 이러한 전자등록기관의 기능 및 역할의 중요성을 반영하여 국제연구단체에서는 전자등록기관의 소유지배구조를 합리적 · 효율적으로 설정할 것을 권고하고 있다.

<국제연구단체의 예탁(전자등록)기관의 소유지배구조 관련 주요 권고내용>

❶ ISSA(International Securities Services Association, '88, '00년)
- 정부기관이 아닌 한 중앙예탁/등록기관은 이용자에 의해 소유 및 통제되어야 한다.
- 중앙예탁/등록기관에 있어서 (ⅰ)지배구조는 투명하고 모든 이해관계자들을 공평하게 대우하여야 하고, (ⅱ)시스템의 이용은 차별 없이 개방되어야 하며, (ⅲ)어떠한 단일기관 또는 단일 이용자 그룹도 과반수의 통제권을 가져서는 아니 된다.

❷ G-30(Group of Thirty, '89년) / G30-ISSA('95년)
- 각국은 가능한 한 광범위한 참가자(직접 혹은 간접)가 참가하는 효율적이고 충분하게 정리된 중앙예탁/등록기관을 구성 · 운영하여야 한다.

❸ ESF(European Securities Forum, '00년)
- 중앙예탁/등록기관은 어떠한 개별기관도 지나친 영향력을 갖지 말아야 하고, 증권산업의 이용자들에 의하여 소유되고 감독되어야 한다.

❹ BIS(CPSS)-IOSCO('01년)
- 중앙예탁/등록기관과 집중거래상대방(CCP)의 지배구조 장치는 공익요건을 충족하고, 소유자와 이용자의 목표를 촉진하도록 설계되어야 한다.

특히, 전자등록기관은 사실상 자본시장에 참가하고 있는 모든 투자자의 재산을 관리하는 기관이기 때문에 고도의 공공성이 요구된다. 이에 따라 전자등록기관에 대해서는 동일인 주식소유한도 등을 설정하여 '기관의 공공성을 보호'하고 '지배주주의 전횡을 방지'할 필요가 있다. 이를 반영하여 전자증권제도를 도입한 많은 나라들이 전자등록기관의 공공성 보호 등을 위해 주식소유한도를 설정하고 있다.

<주요국 예탁(등록)기관의 주식소유한도 설정내용>

❶ (미국) 증권거래법은 DTCC의 자회사(DTC 등) 이용 실적에 따라 DTCC의 주식이 이용자에게 배분되도록 규정하고, 관련 내용을 SEC가 심사하도록 하고 있다(제17A조(b)(3)(C))

❷ (일본) JASDEC의 법인격을 재단법인에서 주식회사로 전환('02)하면서 5% 초과분에 대한 동일인 출자를 제한하여 특정주주에의 주식 집중을 방지하고 있다
- 명시적 규정은 없으나, '증권보관대체기관의 주식회사화 워킹그룹'의 권고에 따라 일반회사는 5%, 도쿄증권거래소와 증권업협회는 1/3 이상의 주식소유를 제한하고 있다.

❸ (기타) 그 밖에 동일인 주식소유한도 설정에 대해 영국, 프랑스, 벨기에, 아일랜드 및 네덜란드는 정관으로 5%, 홍콩 및 싱가폴은 증권선물법으로 5%, 노르웨이는 증권등록법으로 10%를 설정하고 있다.

② 계좌관리기관

전자증권제도에서 계좌관리기관은 전자등록기관에 개설된 자기 또는 투자자의 증권계좌를 관리하는 자이며, 전자등록기관과 투자자를 매개하는 역할을 담당한다. 이러한 계좌관리기관의 역할은 전자증권제도의 직접등록방식을 채택하고 있는지 간접등록방식을 채택하고 있는지 여부에 따라 조금씩 상이하다.

직접등록방식의 경우 계좌관리기관은 전자등록기관에 개별 투자자의 등록계좌와 보유증권의 변동내역을 일일단위로 통지하게 된다. 또한, 고객의 신청에 의한 고객의 증권계좌 또는 자신의 증권계좌를 전자등록기관에 개설하고, 고객 또는 자신의 보유증권을 전자등록기관에 등록하게 된다. 반면, 간접등록방식의 경우 전자등록기관은 계좌관리기관이 관리하는 총량만 관리하고, 개별 투자자의 등록계좌와 고객등록부는 계좌관리기관이 직접 관리하는 다단계적 계층구조(multi-tier structure)를 가지게 된다.

한편, 계좌관리기관은 투자자의 계좌를 관리하는 기관이다. 따라서 계좌관리기관은 재무건전성, 전산설비 구축 및 업무능력 등을 구비할 필요가 있다. 이러한 계좌관리기관의 역할 및 기능은 통상 기존의 증권예탁결제제도에서 예탁자에 해당하는 은행, 증권회사 등 금융기관이 수행하게 된다.

제3절 전자증권제도의 운영 절차

① 전자증권의 발행 및 등록

전자증권제도 하에서 발행회사가 전자증권을 발행하기 위해서는 우선 전자등록기관에 증권의 발행내역을 통지하여야 한다. 그리고 이러한 발행내역의 통지를 받은 전자등록기관은 납입처로부터 인수대금의 납입 여부 등을 확인한 후 전자적 등록방법에 의해 전자증권등록부에 발행내역을 등록하게 된다. 이 경우 전자증권등록부에 등록된 증권의 등록내용은 관련법에 따라 증권의 소유와 기타 권리관계를 나타내게 된다.

전자증권제도에서 등록은 전자증권의 권리관계를 나타내는 기본적인 행위로서, 증권이 표창하는 권리에 관한 내역과 증권에 대한 권리자의 내역을 전자증권등록부상에 기재하는 행위이다. 그 외에도 전자증권등록부에의 등록은 소유, 담보 등 모든 권리관계의 기초가 되며, 전자증권등록부의 등록에 대하여는 권리추정력이 부여되게 된다.

이러한 등록의 유형은 (ⅰ)증권의 발행과 관련된 발행등록, (ⅱ)발행된 증권의 이전과 관련한 이전등록, (ⅲ)증권을 담보의 목적물로 제공하는 담보등록, (ⅳ)기타 증권을 법원에 공탁하거나 계약과 관련된 보증금으로 대납하기 위한 등록 등이 있다. 전자증권의 등록은 권리가 전자증권등록부상에 표창되는 기능을 하고 있기 때문에 공시성이 보장된다.

② 전자증권의 양도

전자증권의 양도는 실물증권의 이동 없이 전자증권등록부를 통한 이전등록을 통해 이루어진다. 그런데 전자증권등록부상 양도를 위한 이전등록의 신청방법은 전자증권보유자의 보유형태에 따라 차이가 있다. 우선, 전자증권의 보유자가 계좌관리기관을 경유하여 증권을 보유하고 있는 경우에는 해당 계좌관리기관을 통해 전자등록기관에 이전등록의 청구를 하여야 한다. 반면, 계좌관리기관을 경유하지 않고 전자증권보유자 자신이 직접 전자등록기관을 이용하는 경우에는 직접 전자등록기관에 이전등록의 청구를 하여야 한다.

이러한 이전등록의 청구를 받은 전자등록기관은 양도인의 계좌에서 양수인의 계좌로 양도대상 증권을 전자증권등록부상 대체등록하여 이전등록을 완료하게 된다. 그런데 이러한 이전등록의 청구를 받은 계좌관리기관이 양도인과 양수인의 계좌를 모두 자신이 관리하는 경우가 있다. 이 경우에는 양도인의 계좌에서 증권을 감소 기록하고 양수인의 계좌에 동 수량만큼을 증가 기록하여 이전등록을 완료하게 된다.

한편, 양수인의 계좌를 다른 계좌관리기관이 관리하고 있는 경우에는 다음과 같은 절차에 의하게 된다. 우선, (ⅰ)양도인의 계좌관리기관은 양도인의 계좌에서 이전등록 청구된 증권 수량을 고객등록부상에서 감소 기록한다. 그리고 전자등록기관에 양수인의 내역과 그의 계좌관리기관 내역이 기재된 이전등록 청구를 하게 된다. (ⅱ)양도인의 계좌관리기관으로부터 이전등록 청구를 받은 전자등록기관은 양도인의 계좌관리기관 계좌에서 양수인의 계좌관리기관 계좌로 증권을 전자증권등록부상 대체기록한다. 그리고 양수인의 계좌관리기관에게 양수인의 계좌에 이전등록 청구된 증권을 증가 기록할 것을 통보한다. (ⅲ)전자등록기관으로부터 이전등록을 통보받은 양수인의 계좌관리기관은 양수인의 계좌에 이전등록 청구된 증권을 고객등록부상 증가 기록하여 이전등록을 완료하게 된다.

3 전자증권의 담보설정 및 관리

전자증권에서 질권을 설정하는 방식은 크게 질권자계좌에서 담보를 관리하는 방식과 질권설정자계좌에서 담보를 관리하는 방식으로 구분할 수 있다. 전자는 담보증권을 질권설정자(채무자)의 등록계좌에서 질권자(채권자)의 등록계좌로 계좌간 대체하여 질권을 설정하는 방식이다. 이 방식은 일본 · 영국 · 독일 등에서 채택하고 있다. 반면, 후자는 담보증권을 질권설정자(채무자)의 등록계좌에서 질권을 설정하는 방식이다. 이 방식은 현행 우리나라 증권예탁결제제도에서 이용하고 있는 방식으로서, 벨기에 · 스웨덴 · 프랑스 등이 채택하고 있다.

질권자계좌에서 담보를 관리하는 방식은 점유 이전에 의해 질권을 설정하기 때문에 전통적인 증권법리에 충실할 수 있다. 그러나 이 방식은 주주명세 통지 등 전자등록기관 및 계좌관리기관이 질권설정자의 내역을 관리하는데 따른 부담이 클 수 있다. 반면, 질권설정자계좌에서 담보를 관리하는 방식은 전자등록기관 및 계좌관리기관의 부담이 작다. 그러나 이 방식은 질권표시방식의 질권설정시스템에 대하여 질권자의 불안이 존재할 수 있다.

법 이론적 관점에서 살펴볼 때 실물증권에 대한 배타적인 지배권한(질권) 확보를 위한 공시방법은 점유 이전 방식이 유일하다고 할 수 있다. 그러나 전자증권제도에서는 법적 장부상의 기재로도 투자자의 권리공시를 충분히 할 수 있다. 따라서 반드시 점유 이전 방식에 의한 공시가 필요하지는 않으며, 해당 국의 업무 처리 실무 등을 고려하여 정할 수 있다고 본다.

한편, 약식질은 담보물의 점유 이전으로 질권이 성립하고, 증권에 대한 과실(배당금, 원리금 등)은 일반적으로 질권설정자에게 귀속하게 된다. 이에 비하여 등록질은 담보물의 점유 이전 및 관련 법적 명부에의 기재로 질권이 성립하고, 증권에 대한 과실(배당금, 원리금 등)에 대해 질권자에게 우선변제권이 있다. 그런데 증권예탁결제제도의 특성상 예탁증권에 대하여는 약식질 형태로 질권을 설정하는 것이 일반적이다. 즉 예탁증권에 대한 질권설정은 약식질로서 관련 법적 명부에 질권자의 성명 등이 기재되지 않는다. 전자증권제도에서도 통상 약식질의 형태로 질권이 설정될 수밖에 없을 것으로 보인다. 그럼에도 불구하고 은행 등 금융기관에 의한 등록질 수요를 고려하여 전자증권제도에서도 등록질을 허용하는 방안도 강구할 필요는 있다.

④ 전자증권의 권리행사

전자증권제도에서의 권리행사도 증권예탁결제제도의 틀에서 크게 벗어나지 않는다. 전자증권제도에서는 오히려 실물증권의 존재로 인해 발생했던 제반 비효율적인 업무가 모두 사라진다. 그 대신 전산 네트워크를 통해 많은 업무가 처리되게 되어 간결하고 신속해진다. 전자증권보유자의 구체적인 권리행사의 방법은 그 종류에 따라 다양하다. 그럼에도 불구하고 권리행사의 기본적인 방법은 현행 증권예탁결제제도와 크게 다르지 않다.

전자증권제도에서의 권리행사방법은 크게 집단적 권리행사와 개별적 권리행사로 구분된다. 집단적 권리행사의 경우(기명증권 기준) 발행자는 권리자를 정하기 위하여 기준일을 설정하고, 기준일 현재 주주명부 등에 기재된 자를 권리자로 확정하게 된다. 이 경우 소유자명부는 기준일 설정 시에 중앙등록기관이 계좌관리기관으로부터 권리자내역을 통보받아 확정하게 된다.

권리행사방식은 권리행사의 유형에 따라 차별적으로 수행하게 된다. 즉 주주총회, 수익자총회 등에서의 의결권은 주주명부, 수익자명부에 등재된 자가 직접 권리를 행사하게 된다. 반면, 배당, 무상증자 등 권리행사 여부를 권리자가 선택할 필요가 없는 집단적 권리행사의 경우에는 전자등록기관이 일괄적으로 행사하게 된다. 또한, 배당금, 무상증자 주식 등 과실도 전자등록기관이 일괄적으로 수령하여 직접 또는 계좌관리기관을 통하여 배분하게 된다. 그 외에도 유상증자 · 주식매수청구권 등 권리행사 여부를 권리자가 선택하여야 하는 권리행사의 경우에는 각 권리자의 권리행사 신청을 전자등록기관이 집계하여 일괄적으로 행사하게 된다.

한편, 개별적 권리행사의 경우에는 소수주주권 등 기명증권에 대한 개별적인 권리행사는 권리자의 개별적인 신청에 의하여 본인이 직접 행사하는 것이 원칙이다. 이 경우 그 구체적인 행사 절차는 나라별로 상이하다. 예를 들어, 전자증권제도에서는 (ⅰ)투자자가 발행회사에 대하여 소수주주권 등을 행사하기 위해 자신이 계좌를 개설한 계좌관리기관에게 발행회사에 대한 통지를 요청하고, (ⅱ)전자등록기관은 각 계좌관리기관으로부터 해당 권리행사 청구내역을 집계하여 일괄적으로 그 내역을 발행회사에 통지할 수 있다. 그리고 투자자는 이러한 통지에 근거하여 발행회사에 권리를 직접 행사하는 방법을 취할 수 있다.

이와 관련하여 전자증권제도를 채택하고 있는 주요국의 사례를 살펴보면 다음과 같다. 영국의 경우에는 원리금 상환 및 배당금 지급 등은 발행자가 전자등록기관(Euroclear UK)을 통해 지급한다. 반면, 의결권 행사는 주주인 증권회사(nominee)가 실질주주의 지시에 따라 행사하거나 주주인 증권회사로부터 위임장을 받아 실질주주가 직접 행사하게 된다.

프랑스의 경우에는 중앙등록기관(Euroclear France)이 배당금 및 원리금 등을 일괄 수령

(순수기명증권 제외)하여 금융중개기관을 통해 투자자에게 배분한다. 그러나 무기명주식의 의결권은 기준일 시점에 전자등록기관이 작성하여 발행회사에 통보하는 주주명세에 기록된 자에게 부여하고 있다.

이와 유사하게 일본의 경우에도 배당금, 원리금 등의 경우에는 일반적으로 발행회사가 전자등록기관을 경유하지 않고 계좌관리기관을 통해 투자자에게 지급하고 있다. 반면, 소수주주권 등 주주의 개별적인 행사를 위해 전자등록기관이 주주내역을 발행회사에 통지하는 방식을 채택하고 있다.

5 기 발행 실물증권의 전자증권으로의 전환

전자증권제도를 도입하는 경우에는 기 발행 실물증권을 어떠한 방식 및 절차에 의하여 전자증권으로 전환할 것인지 여부가 매우 중요하다. 이러한 전자증권으로의 이행 절차는 대상증권이 중앙예탁결제기관에 예탁되어 있는지 여부에 따라 크게 달라진다. 우선, 증권예탁결제제도에 이미 예탁되어 있는 대상증권에 대하여는 중앙예탁결제기관이 관리하는 예탁자계좌부와 금융중개기관이 관리하는 고객계좌부가 각각 권리자내역을 반영하고 있다. 따라서 이 경우에는 별도 절차 없이 이를 등록계좌부로 간주하여 간편하게 전자증권으로 전환할 수 있게 된다.

반면, 증권예탁결제제도에서 예탁되지 아니한 채 소위 장롱증권으로 남아 있는 증권은 전자증권제도 시행 이후에는 무효가 된다. 따라서 전자증권제도로의 전환 이전에 명의개서 등의 권리보전 조치를 하여야 증권보유자의 권리를 보호 받을 수 있다. 이처럼 증권을 실물로 보유하고 있는 투자자들도 전자증권제도 시행 이전에 명의개서 등 권리보전 조치를 하는 경우에는 아무런 문제가 발생하지 않는다.

그러나 증권의 실물보유자가 명의개서 등 권리보전 조치를 취하지 아니한 상태에서 전자증권제도가 시행되는 경우에는 해당증권보유자의 권리가 어떻게 되는지의 여부가 문제된다. 이 경우에 해당증권보유자가 자신의 권리를 회복하기 위해서는 관련법이 규정한 바에 따라 자신이 진정한 권리자라는 것을 제시하여 일정한 절차에 따라 권리회복을 청구하여야 한다.

그러나 실물증권의 제시나 전자증권제도 시행 이전에 증권을 취득하였음을 증명하는 자료 등의 제시를 무기한 인정할 수는 없다. 그 이유는 전자증권제도의 도입실효성이 상당부분 감소되기 때문이다. 따라서 이러한 권리회복 청구는 일정한 기간동안만 제한적으로 인정해주는 것이 일반적이다. 이처럼 전자증권제도 시행 이후까지도 권리보전 조치를 취하지 않은 증권보유자들은 최악의 경우에는 해당 권리를 상실할 위험에 직면하게 된다.

한편, 기 발행증권의 전자증권으로의 전환과 관련한 주요국의 사례를 살펴보면 다음과 같다. 영국은 「무증서증권규정」 제33조에 실물증권의 전자증권으로의 전환 절차를 상세하게 규정하고 있다. 이 규정에 따르면 발행인의 무권화 통지에 의해 전자증권제도 운영기관은 증권등록부에 관련 시스템회원의 명의를 해당 참가증권의 소지인으로 기재하도록 되어 있다. 발행인은 무권화 통지 시에 해당 참가증권에 대한 권리를 증명하는 발행인의 소유자명부상의 기재를 삭제하게 된다. 그러나 권리자는 소유자명부에의 기재가 삭제되더라도 증권에 대한 권리를 계속 보유하게 되고, 해당증권이 주식인 경우, 주주의 지위를 유지하는 것으로 간주된다.

스웨덴의 경우에는 개별 권리자의 전환 청구에 의하여 전환을 하게 된다. 「금융증서계좌법」 제4장 제6조에서 제15조까지에서는 증권종류별로 전환을 청구하는 자가 갖추어야 할 요건을 규정하고 있다. 요컨대, 전자증권으로의 전환 시에는 통상 실물증권을 제출하고 해당 증권을 적법하게 취득했음을 입증하는 자의 명의로 등록하게 된다. 그리고 전자증권으로 전환된 증권에 대해서는 실물발행 및 유통을 금지하고 있다. 이에 따라 기 등록된 증권에 대해서 실물증권이 발행되었다 하더라도 법적 효력이 없다. 그 밖에도 외국에서 발행된 증권을 전자증권으로 전환하고자 하는 경우에는 해당 증권이 실물로 유통되지 않음을 증명하거나 지정된 보관기관에 전량 보호예수하여야 한다.

일본의 경우에는 발행인이 주주명부상의 권리자로부터 등록계좌를 통보받아 그 내역을 전자등록기관에 통지하여 등록하도록 하고 있다. 이 경우 등록계좌를 통보하지 않은 자의 주식은 주주명부상 등재된 자의 명의로 특별계좌를 개설하여 등록하게 된다.

6 전자증권제도에서의 투자자 보호

전자증권제도에서는 투자자의 증권에 대한 권리가 특정되고 관련 계좌를 관리하는 계좌관리기관(금융중개기관)도 특정된다. 이에 따라 증권예탁결제제도와 같이 공유지분에 따른 비례적인 책임제도 내지 고객이 있는 예탁자와 중앙예탁결제기관이 무과실연대책임을 지는 투자자보호제도는 전자증권제도에는 맞지 않게 된다. 이처럼 전자증권제도에서는 증권보유자의 증권에 대한 권리가 특정되기 때문에 사후적 투자자보호제도[14]와 관련한 손실

14 투자자 보호장치는 크게 사전적 투자자 보호장치와 사후적 투자자 보호장치로 구분할 수 있다. 전자는 금융 서비스 제공자의 거래공정성 및 투명성과 관련된 사항으로 주로 감독영역에 해당된다. 후자는 금융 서비스 제공자의 부실 혹은 파산에 따른 투자자 손실의 보상과 관련된 사항으로서 주로 예금보험의 영역에 해당한다. 후자는 다시 금융회사가 파산하였을 때 투자자를 보호하는 예금보호제도와 금융회사가 파

분담기준을 명확하게 규정할 필요가 있다.

이와 같이 증권예탁결제제도에서는 예탁증권에 대한 권리의 특정이 이루어지지 아니하나,[15] 전자증권제도에서는 권리의 특정이 가능하여 책임소재가 명확하게 된다. 따라서 현행 증권예탁결제제도에서처럼 전자등록기관이 계좌관리기관과 연대보전의무를 부담하는 것은 바람직하지 않다. 이런 측면에서 볼 때 전자증권제도에서는 전자등록기관이 계좌관리기관이 야기한 손실에 대하여 개입하지 아니하는 것이 바람직하다. 그리고 이를 통해 특정 계좌관리기관 내에서 발생한 위험을 해당 계좌관리기관으로 제한하여 해당 위험이 시장전체로 전이되는 것을 방지할 필요가 있다.

아울러, 계좌관리기관의 착오이체나 불법적 유용으로 인한 손실을 해당 계좌관리기관을 이용하는 전 계좌보유자들에 대하여 비례적으로 할당하는 방식을 채택할 필요가 있다. 이는 동일한 계좌관리기관을 이용하는 계좌보유자들은 해당 계좌관리기관에 대하여 동일한 위험을 분담할 의사를 가지고 있으며, 순전히 우연적인 요소에 의하여 특정 계좌보유자에게만 손해전액을 부담시키는 것은 부당하기 때문이다.[16]

산하지는 않았지만 투자자가 부당하게 손실을 입을 경우 투자자를 보호하는 집단소송제도나 징벌적 손해배상제도 등의 사법적 구제제도로 구분된다(송홍선, "한미 FTA협상을 통해 본 국경 간 거래와 투자자 보호", 「금융리스크리뷰」, 제3권 제2호(2006년 여름), 예금보험공사, 172쪽).

15 이론적으로 혼장보관되는 증권에 대한 개별증권의 파악은 불가능하기 때문이다. 이에 대한 상세는 James Steven Rogers, Negotiability, Property, and Identity, 12 Cardozo Law Review 471, 1990, pp.498~499.

16 Chuck Moony, Loss Sharing: Cause? Assessment Base? Why Pro Rata?, *UNIDROIT Seminar on Intermediated Securities-Paris*, France, 2006.1, p.21.

우리나라의 전자증권제도

우리나라도 세계적인 증권의 전자화 추세에 발맞추어 단계적으로 전자증권제도를 도입하였다. 우선, 2011년 4월 상법 개정 시 주식, 사채 등 상법상 유가증권에 대하여 전자증권제도를 도입한 바 있다. 2013년 1월 15일부터는 단기자금시장의 활성화 및 투명성 제고를 위하여 「전자단기사채 등의 발행 및 유통에 관한 법률」(이하 '전자단기사채법'이라 한다)에 의거하여 전자단기사채제도를 도입하여 시행하고 있으며, 2016년 3월 22일 「주식 · 사채 등의 전자등록에 관한 법률」(이하 '전자증권법'이라 한다)이 제정 · 공포됨에 따라 비로소 우리나라도 자본시장의 모든 유가증권을 전자화하여 발행 및 유통할 수 있는 법적근거를 마련하게 되었다.

이하에서는 상법상 전자증권제도와 전자단기사채법상 전자단기사채제도 및 전자증권법상 전자증권제도에 대하여 차례로 살펴보기로 한다.

1 상법상 전자증권제도

1.1. 의의

2011년 4월 개정상법에서는 세계적인 증권의 전자화 추세에 발맞추어 주식, 사채 등 상법상 유가증권에 대하여 전자증권제도를 도입하였다. 사실, 현행상법은 기본적으로 주식 및 사채의 발행 · 유통 · 권리행사 등을 위해 이를 화체한 증권의 실물발행을 전제로 하고 있어 여러 가지 문제점을 내포하고 있었다. 이에 개정상법은 발행회사의 증권발행 절차를 간소화하고, 실물증권의 분실 · 위변조 등을 감소시키며, 권리행사의 편의성을 증대시키는 등 사회 전체적인 효율성을 제고하기 위하여 전자증권제도를 도입하였다.

1.2. 규정방식

상법에서는 전자증권제도에 대한 일반규정을 두고 있지 않다. 그 대신 전자증권제도를 적용하는 대상증권별로 개별조항에서 규정하는 방식을 취하고 있다. 그러나 주식의 전자등록에 관한 사항을 상세하게 규정하고(상법 제356조의2), 사채, 신주인수권증서, 신주인수권증권, 기타 상법상 증권에 대하여 주식의 전자등록에 관한 규정을 준용하도록 하고 있어 사실상 주식에 관한 규정이 상법상 전자증권제도에 대한 일반규정의 기능을 하고 있다고 볼 수 있다.

1.3. 주식의 전자등록

(1) 주식의 발행

회사는 주권을 발행하는 대신 정관에서 정하는 바에 따라 전자등록기관[17]의 전자등록부에 주식을 등록할 수 있다(상법 제356조의2제1항). 상법은 여전히 주권발행주의를 원칙으로 하기 때문에 회사가 전자증권제도를 채택한 경우에는 정관을 변경하여 이에 관한 정함을 두도록 한 것이다. 그리고 주식의 전자등록은 주식자체의 발행에 관한 것이 아니고 주권의 발행에 갈음하는 것이다. 따라서 이러한 전자등록을 하기 전에 이미 주식은 발행하였어야 한다.[18]

한편, 회사가 정관상 전자등록제도를 채택한 경우, 일부주주가 회사에 대하여 주권의 발행을 요구할 수가 있다. 이 경우 회사가 해당 주주의 요구에 응하여야 하는지 문제될 수 있다. 이에 대하여 투자자를 보호할 필요가 있고, 상법이 의무적 전자증권제도를 채택하지 않고 임의적 전자증권제도를 채택하고 있는 바 그 해석상 이를 긍정하여야 한다고 보는 견해가 있다.[19]

살피건대, 임의적 전자증권제도는 전자증권제도의 채택 여부에 대한 선택권을 해당 회사에게 부여하는 것이다. 따라서 일단 회사가 전자증권제도를 정관상 채택한 이상 주주는 주권발행을 요구할 수 없다고 본다. 이를 인정할 경우 발행회사는 전자증권제도와 기존의 실물주권제도의 이원적 관리가 불가피하게 되는데, 이는 전자증권제도를 도입한 취지를 몰각시킬 수 있기 때문이다. 또한, 전자증권제도와 주권불소지제도 등과 같은 기존 무권화제도와의 근본적인 차이는 전자증권제도는 다른 무권화제도와 달리 실물증권의 발행자체를

17 유가증권 등의 전자등록업무를 취급하도록 지정된 기관을 말한다.
18 정찬형, 「상법강의요론(제12판)」, 박영사, 2013, 372쪽.
19 정찬형, 전게서(2013), 372쪽.

원천적으로 배제한다는 것에 있다. 그런데 전자증권제도를 채택하면서도 투자자의 선택에 따라 실물주권으로의 임의전환을 허용하는 경우에는 기존의 불소지제도 등과 별반 차이가 없게 되는 결과를 가져오게 된다.

(2) 주식의 양도 및 입질

전자등록부에 등록된 주식의 양도나 입질은 전자등록부에 그 내용을 등록하여야 효력이 발생한다(상법 제356조의2제2항). 따라서 당사자 간의 의사표시만으로는 주식양도나 질권 설정의 효력이 발생하지 아니하고 전자등록부에 등록을 하여야만 그 효력이 발생하게 된다.

(3) 전자등록의 권리추정적 효력 및 선의취득

전자등록부에 주식을 등록한 자는 그 등록된 주식에 대한 권리를 적법하게 보유한 것으로 추정한다. 그리고 이러한 전자등록부를 선의로, 그리고 중대한 과실 없이 신뢰하고 양도나 입질에 관한 전자등록에 따라 권리를 취득한 자는 그 권리를 적법하게 취득한다(상법 제356조의2제3항).

1.4. 사채의 전자등록

(1) 사채의 발행

회사는 채권(債券)을 발행하는 대신 정관에서 정하는 바에 따라 전자등록기관의 전자등록부에 채권(債權)을 등록할 수 있다(상법 제478조제3항 본문). 상법은 주식의 경우와 마찬가지로 사채에 관하여 전자증권제도의 채택 여부를 회사의 임의적 선택사항으로 정하고 있다. 통상 사채의 발행에 관한 사항은 이사회에서 결정한다.[20] 현재 실무적으로 주식회사는 통상 사채 발행 시마다 이사회 결의로 실물채권의 발행 또는 공사채등록법상 등록발행 여부를 결정하고 있다. 그런데 상법은 회사의 정관상 사채를 전자등록 할 수 있는 근거가 있는 경우에 한하여 사채의 전자등록이 가능하도록 규정되어 있어 회사의 신속하고 탄력적인 자금조달에 장애요인으로 작용할 우려가 있다.

(2) 사채의 양도 및 입질(入質)

회사가 전자등록기관의 전자등록부에 채권(債權)을 등록하는 경우 상법 제356조의2제2항부터 제4항까지의 규정이 준용된다(상법 제478조제3항 후문). 이에 따라 전자등록부에 등

20 주식회사는 대규모 재산 차입 시 이사회 결의를 통해 업무를 집행한다(상법 제393조제1항). 일본의 경우에도 사채의 대체제도 이용근거를 정관에 규정하도록 요구하지 않는다(일본 사채 · 주식등 대체에 관한 법률 제66조).

록된 사채의 양도나 입질은 전자등록부에 등록하여야 효력이 발생한다.

(3) 전자등록의 권리추정적 효력 및 선의취득

전자등록부에 사채를 등록한 자는 그 등록된 사채에 대한 권리를 적법하게 보유한 것으로 추정한다. 그런데 기명사채의 이전은 그 취득자의 성명과 주소를 사채원부 및 사채권에 기재하여야 회사와 제3자에게 대항할 수 있다(상법 제479조제1항). 이에 따라 기명사채 전자등록의 대항력에 대한 논란 가능성이 있다. 생각건대, 기명사채의 도입 취지를 고려할 때 채권자 내역을 전자등록부와 사채원부에 모두 기재해야 회사와 제3자 대항력을 갖는 것으로 보는 것이 타당하다. 따라서, 기명사채는 증권의 발행 및 유통의 합리화를 위해 도입된 전자증권제도에 적합하지 않고, 전자등록부 등록만으로 완전한 권리를 취득할 수 있는 무기명 사채가 전자증권제도에 적합하다. 한편, 전자등록부를 선의로, 그리고 중대한 과실 없이 신뢰하고 양도나 입질에 관한 전자등록에 따라 권리를 취득한 자는 그 권리를 적법하게 취득한다.

1.5. 상법상 전자증권제도의 개선방향

2011년 4월 개정상법에서 주식 및 사채의 전자등록제도가 도입되어 증권전자화제도의 장점을 극대화할 수 있는 기반이 마련되었다는 점에서는 매우 의의가 크다고 할 수 있다. 그런데 개정상법에서는 주식, 사채 등의 전자화 근거뿐만 아니라 양도 및 입질방법 등을 규정하고 있으며, 전자등록제도의 구체적 운영사항에 대하여는 상법의 하위법령에 위임하고 있다. 다시 말해서, 현행 상법에서는 증권전자화의 기본사항뿐만 아니라 전자등록기관의 지정 등 상법상 전자증권제도 자체를 규정하는 형식을 취하고 있는 것이다.

그러나 이러한 입법방식은 일정한 내재적 한계 내지 문제점을 내포하고 있다. 전자증권제도는 주식, 사채 등 상법상의 자본증권뿐만 아니라 자본시장법상의 모든 증권(투자증권)을 전자화하는 제도이기 때문이다. 그 결과 전자증권제도를 상법상의 제도로 전면 수용하는 경우에는 상법이 적용되지 않는 증권에 대해서는 각각의 발행근거 법률이나 특별법의 제·개정을 통해 전자증권제도를 도입하여야 하는 문제가 있었다.[21]

이러한 문제점을 해결하기 위해 2016년 3월 전자증권법 제정 시 상법을 개정하여 전자등록기관의 지정 등 전자증권제도의 운영에 관한 세부 사항을 다른 법률(전자증권법)에서 정하도록 하였다. 이에 따라 상법상 유가증권이 전자증권법에 따라 발행 및 유통이 가능하

---

21 이러한 방식을 통해 전자증권제도를 도입하는 경우 현재 약 70여 개의 법률개정이 필요한 것으로 파악되고 있다.

게 되었다. 또한, 2011년 개정상법은 금전의 지급청구권, 물건 또는 유가증권의 인도청구권이나 사원의 지위를 표시하는 유가증권에 대하여 모두 상법상 전자증권제도를 적용할 수 있도록 규정하였으나, 2016년 개정상법은 그 권리의 발생 · 변경 · 소멸을 전자등록하는 데에 적합한 유가증권에 한하여 전자등록기관의 전자등록부에 등록하여 발행할 수 있도록 개정하였다. 이는 자본시장에서 유통되는 유가증권을 적용대상으로 하는 전자증권법상 전자증권제도에 적합하지 않은 유가증권[22]을 전자증권법의 적용대상에서 배제하기 위한 것이다.

생각건대, 주주수가 많지 않은 소규모 비상장회사의 경우, 주권의 불발행을 위해 전자등록기관을 이용하는 것이 비용 측면이나 전자증권제도 이용에 따른 각종 규제 측면에서 부담으로 작용할 수 있다. 따라서, 상법상 유가증권에 대하여 일본과 같이 상법에서 무권화 근거를 마련하여 회사가 주주명부와 사채원부 등을 이용하여 자체적으로 무권화 또는 전자화 할 수 있도록 하고[23] 상장증권 등 자본시장에서 유통되는 증권의 경우에는 전자증권법을 적용하여 전자등록기관 및 계좌관리기관을 통하여 증권의 발행 및 유통의 원활화를 도모하는 것이 바람직하다.

2 전자단기사채법상 전자단기사채제도

2.1. 전자단기사채의 의의

전자단기사채제도는 우리나라에 도입된 최초의 전자증권제도로서 기업어음의 경제적 실질을 대체하고 설권증권(設權證券)으로서의 기업어음의 한계를 극복하기 위한 제도이다. 요컨대, 이 제도는 일정한 성립요건을 갖춘 사채에 대하여 실물을 발행하지 않고 사채의 발행 · 유통 및 권리행사 등을 전자적인 방법으로 처리하는 제도이다. 전자단기사채제도는 단순히 실물증권만 유통되지 않게 하는 것이 아니라 사채가 표창하는 권리를 전자적 등록계좌부에 등록하여 양도 · 담보설정 · 권리행사 등이 가능하도록 하는 제도인 것이다. 그 결과 전자단기사채는 그 기본전제로 실물증권의 발행을 금지하고 있다.

전자단기사채제도는 중장기적으로 기업어음을 대체하는 자금조달수단으로 도입되는 제도이다. 이런 점을 감안할 때 전자단기사채제도의 적용대상 채무증권의 범위를 명확하게 규정할 필요가 있다. 이에 전자단기사채법에서는 현행 기업어음의 대체수단으로서의 상품

22 화물상환증, 선하증권, 약속어음 등이 있으며, 이중 선하증권과 약속어음은 각각 유가증권의 전자화를 위한 별도의 무권화제도(전자선하증권제도, 전자어음제도)를 운영하고 있다.

23 일본의 경우에는 회사법상 증권 불발행이 원칙이고 발행이 예외이며, 회사의 주주명부나 사채원부에 주주나 사채권자 내역을 기재하는 방식으로 주식 및 사채의 발행 및 유통이 가능하다.

성을 유지하기 위하여 전자단기사채의 최소발행금액(1억 원 이상), 만기(1년 이내) 등 전자단기사채가 갖추어야 할 요건을 기업어음의 특성에 부합하도록 규정하였다. 아울러, 전자단기사채의 적용대상을 현재 기업어음과 유사한 발행조건을 갖는 채무증권으로 제한하여 전자단기사채제도의 실효성을 확보하였다.[24]

(1) 각 사채의 금액이 1억 원 이상일 것

전자단기사채의 최저단위금액을 1억 원 이상으로 설정하고 있다. 이를 통해 전자단기사채를 구입할 수 있는 투자자를 일정한 자력(資力)을 갖추고 법률에 의한 특별한 보호가 필요 없는 투자자로 제한하고 있다. 이는 일반투자자의 소액참가를 제한하고 전자단기사채시장을 전문투자자 중심으로 시장을 육성하기 위한 것이다. 외국의 사례를 보더라도 일본은 전자단기사채의 최소단위금액으로 '각 사채의 금액이 1억 엔 이상일 것'을 요구하고 있다. 또한,[25] 미국도 증권신고서 면제요건 중 하나로 일반투자자가 일반적으로 매수할 수 없는 사채금액(관행상 10만 달러 이상)을 요구하고 있다.

(2) 만기가 1년 이내일 것

전자단기사채의 만기를 1년 이내로 제한하여 투자자가 단기 신용리스크만 부담하도록 하고 있다. 이처럼 전자단기사채의 만기를 1년 이내로 제한한 취지는 만기에 대한 제한을 두지 않는 경우에는 단기자금조달이라는 전자단기사채의 기본적인 취지가 매몰되고, 상법 등에 따른 규제를 회피하기 위해 장기사채를 전자단기사채의 형태로 발행할 우려가 있기 때문이다. 외국의 사례를 보면 일본의 경우 전자단기사채의 원금상환일을 사채총액의 납입일로부터 1년 미만인 날로 제한하고 있으며, 미국(270일)이나 프랑스 · 독일 · 영국 등(1년)도 통상 1년 미만의 만기를 가지고 있다.

(3) 사채금액을 한꺼번에 납입할 것

전자단기사채에 대한 납입금의 납입방법을 일시납입방식으로 제한하고, 전자단기사채의 만기를 1년 이하로 정하여 전자단기사채를 통하여 조달하는 자금의 용도를 단기자금용도로 제한하고 있다. 일시납입방식으로 납입방법을 제한하는 이유는 단기자금조달을 위하여 발행하는 전자단기사채에 장기자금조달에 주로 사용되는 분할납입방식을 허용할 실익이 적기 때문이다. 또한, 분할납입에 따른 납입의무의 일부불이행이나 전액납입 전 전자단

---

24 이하의 내용은 허항진, 「전자단기사채제도의 이해」, 한국학술정보(주), 2011, 13~52쪽을 주로 참조하였다.

25 사채 · 주식대체법 제66조제1호가목.

기사채의 발행 및 유통가능성 등의 위험을 회피하기 위한 목적도 있다. 참고로 우리의 벤치마킹 대상인 일본도 전자단기사채에 대한 납입금의 분할납입을 금지하고 있다.

(4) 만기에 원리금 전액을 한꺼번에 지급할 것

전자단기사채는 만기에 원리금 전액을 한꺼번에 지급한다는 취지가 정해져 있어야 한다. 전자단기사채는 상환기간이 1년 이하인 단기채권이기 때문에 원금과 이자의 상환일을 달리할 실익이 없다. 이에 따라 만기에 원리금의 전액을 일시에 지급하도록 하고 있다. 이러한 단기금융상품의 속성을 고려하여 기존 기업어음의 경우도 만기에 원리금의 전액을 일시에 지급하는 형태를 취하고 있다. 일본의 경우에도 전자단기사채에 대하여 이자의 지불기한과 원본의 상환기한이 일치할 것을 요구하고 있다.

(5) 주식과 관련된 부가적 권리가 부여되지 않을 것

사채에 전환권(轉換權), 신주인수권, 그 밖에 다른 증권으로 전환하거나 다른 증권을 취득할 수 있는 권리가 부여되지 않아야 한다. 전자단기사채제도는 종전의 기업어음을 대체하기 위해 도입되는 제도이다. 따라서 전자단기사채의 상품성을 종전의 기업어음과 동일하게 유지하기 위해서는 전자단기사채에 전환권이나 신주인수권, 그 밖에 이와 유사한 부가적 권리가 부여되어서는 안 된다. 사채에 전환권이나 신주인수권 등을 부여하는 경우에는 사실상 전환사채나 신주인수권부사채 등을 전자단기사채로 발행하는 것을 허용하는 결과를 가져오기 때문이다. 현행 기업어음의 경우도 원리금상환청구권 이외의 부가적 권리를 부여하고 있지 않으며, 일본의 경우에도 전자단기사채에 대하여는 신주예약권(新株豫約權)[26] 부여를 금지하고 있다.

(6) 담보부사채신탁법에 따른 담보를 설정하지 아니할 것

전자단기사채에는 「담보부사채신탁법」 제4조에 따른 물상담보(物上擔保)를 붙이지 않아야 한다. 전자단기사채에 담보부사채신탁법에 따른 물상담보를 붙이는 경우에는 신탁회사에 대한 관리 · 감독이 필요하게 되어 사채권자집회의 소집 및 운영이 불가피하게 된다. 따라서 이 경우에는 일반투자자에 의한 소액투자를 제한하여 사채권자집회의 적용을 회피하고자 하는 전자단기사채제도의 도입방향과 사실상 배치되게 된다. 현행 기업어음의 경우에도 일부 ABCP에 대하여 매입보장약정이 이루어지고는 있으나 물상담보를 제공하는 경우는 없다. 참고로 일본의 경우에도 단기사채에는 「담보부사채신탁법」에 따른 담보제공이 금

26 일본에서는 과거 전환사채 · 신주인수권부사채제도가 있었다. 그러나 신주예약권의 내용 및 설계에 따라 전환사채 또는 신주인수권부사채와 동일한 효과를 부여할 수 있게 되어 2001년 신주예약권제도의 도입과 동시에 동 제도를 폐지하였다.

지되어 있다.

2.2. 전자단기사채제도의 도입배경 및 기대효과

2.2.1. 전자단기사채제도의 도입배경

(1) 기업의 재무관리수단 확충

기업의 자금조달은 크게 장기자금조달과 단기운용자금조달로 구분할 수 있다. 전자는 기업의 설비 및 시설투자 등을 위한 것으로서 자본시장에서 주식과 회사채 발행을 통하여 조달한다. 반면, 후자는 장기자금조달과 기업의 경상거래를 위한 것으로서 단기금융시장에서 기업어음 등의 발행을 통해 조달한다. 그리고 우리나라 기업들의 단기자금조달수단은 다시 크게 기업어음과 금융기관대출로 구분할 수 있다.

그런데 금융환경이 변화함에 따라 금융기관의 대출에 의존하는 기업들의 단기자금조달 방식은 상당히 축소되고, 주로 직접금융시장을 통하여 이루어질 것으로 전망된다. 또한, 기업어음을 통한 기업의 단기자금조달은 전술한 제도적 제약으로 인하여 기업의 재무관리 고도화를 위한 니즈(needs)를 충족시키기 어려울 것으로 보인다. 그 결과 기업의 단기자금조달을 원활하게 하기 위한 제도의 개편 내지 새로운 제도의 마련이 필요하게 되었다.

(2) 단기금융시장의 효율성 제고

현재 우리나라의 단기금융시장은 콜시장, RP시장, 양도성예금증서(CD)시장 및 기업어음(CP)시장으로 구성되어 있다. 그런데 현행 콜시장은 중앙은행에 지불준비금 예치의무가 있는 금융기관들이 지불준비금을 거래하는 본연의 역할을 수행하지 못하고 증권회사 등이 운영자금을 조달하는 시장의 기능을 하고 있다. 이에 따라 콜시장을 지준예치의무가 있는 은행 중심의 시장으로 개편할 필요가 있다. 그런데 콜시장을 은행 중심의 시장으로 개편할 경우에는 증권회사 등 비은행금융기관이 초단기자금을 적시에 조달하거나 운용할 수 있는 대안적 시장을 마련해줄 필요가 있다.

2.2.2. 전자단기사채제도의 기대효과

(1) 금융상품별 기능정립을 통한 단기금융시장의 균형발전

현재 콜시장에는 지준예치의무가 있는 예금은행뿐만 아니라 다양한 비은행 금융기관들도 참가하고 있다. 이에 따라 콜시장은 중앙은행의 통화 및 금융정책수단으로서의 기능이 미흡한 실정이다. 또한, 자금수급이 콜시장에 집중되어 있어 금융시장이 경색되는 경우에는 단기금융시장에 커다란 영향을 줄 수도 있다. 특히, 초단기물의 기업어음 발행이 곤란하여 기업들이 은행의 당좌대금대월에 의존하게 되고, 이는 은행의 콜자금수요를 가중시키고 있으며, 만일 콜시장이 경색되는 경우에는 기업부문에 영향을 미칠 수도 있다. 그런데 전자단기사채제도가 도입됨에 따라 기업들의 당좌차입 의존도가 축소되어 금융시장 리스크가 분산되고, 비은행 금융기관들의 단기자금조달을 활성화하여 단기금융시장의 균형적 발전을 도모할 수 있을 것으로 보인다.

(2) 기업어음의 실물발행에 따른 사회적 비효율성 해소

전자단기사채에서는 실물증권 없이 발행 · 유통 · 상환의 모든 과정이 전자적으로 처리된다. 즉 증권에 대한 권리의 발생 · 이전 · 소멸 등의 절차가 등록기관의 계좌부 기재(book-entry)를 통하여 이루어지게 된다. 이처럼 전자단기사채제도에서는 실물발행에 따른 문제점을 완전히 해결할 수 있다. 또한, 기업어음제도에서는 실물발행 · 인도, 대금수령 · 지급과정에서 기업어음의 발행과 대금납입시간의 불일치로 인하여 발행인이 신용리스크에 노출되고 자금운용에 제약을 받게 된다. 그러나 전자단기사채에서는 등록기관에 의한 증권 및 대금의 동시결제(DVP: delivery versus payment)로 발행인이 신용리스크에서 벗어나게 된다.

그 외에도 기업어음제도에서는 발행 · 상환에 있어서 실시간 동시결제가 이루어지지 않아 자금의 당일 운용이 곤란하다. 그러나 전자단기사채제도에서는 동시결제에 따른 자금입출에 대한 정확한 예측으로 보다 정밀한 자금운용이 가능하게 된다. 그 외에도 외국사례에 비추어 볼 때 전자단기사채제도가 정착되는 경우에는 기업들이 기업어음 발행에 따른 조달금리보다 낮은 금리로 자금을 조달할 수 있을 것이다.[27]

(3) 단기자금시장의 활성화에 기여

전자단기사채는 기업의 단기자금조달을 '담보제공에 따른 은행대출'에서 '신용발행에 의한 기관투자자의 투자'의 형태로 발전적으로 전환할 수 있는 계기를 제공하게 된다. 특히, 기업어음의 경우에는 법적 구조가 권리발생에 증권의 작성을 필요로 하는 설권증권(設權證券)인 약속어음에 해당한다. 이에 따라 권면분할이나 분할양도가 불가능하여 원활한 유통에 제약이 따른다. 반면, 전자단기사채는 그 법적 성격이 상법상 사채에 해당한다. 그 결과 어음법상의 제약요건에서 자유롭고, 전자등록계좌부에의 등록을 통한 분할유통 및 취득이 용이하게 되어 단기자금 유통시장의 활성화에 기여할 수 있을 것으로 보인다.

---

27 기업어음 발행시 통상 적용되는 'CD+가산금리' 수준에서 기업의 신용도 기준에 따른 '콜금리±α' 수준의 하향조정을 기대할 수 있다.

그림 7-5 **전자단기사채제도의 도입효과**

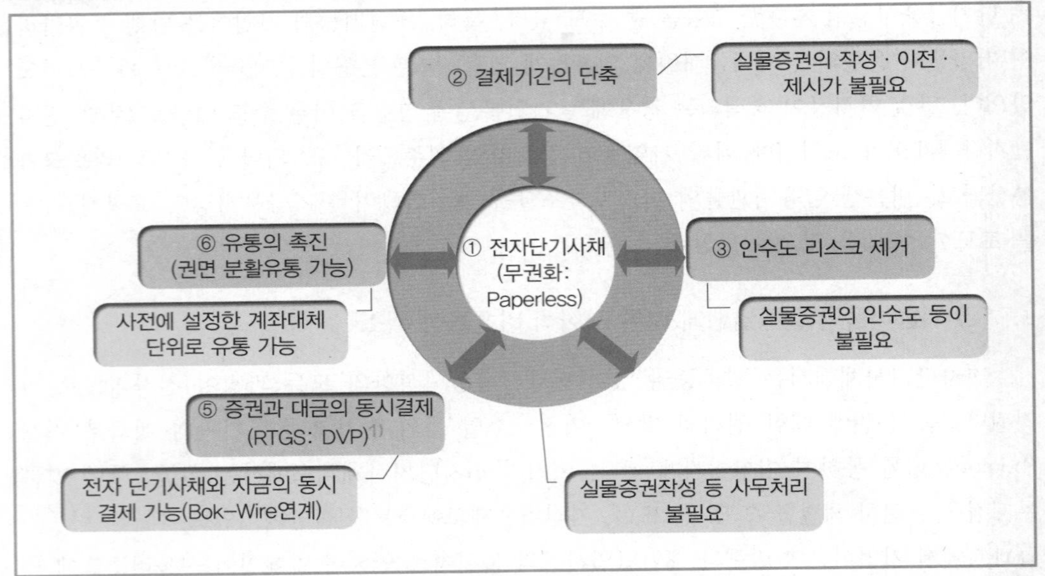

주: RTGS: real time gross settlement(실시간 증권과 대금 총량 결제), DVP: delivery versus payment(증권과 대금 동시결제)

2.3. 전자단기사채와 유사증권 비교

'전자어음'이란 전자문서(권면형태의 전자화)로 작성되고 전자어음관리기관(금융결제원)을 통해 등록 · 발행된 약속어음을 말한다. 반면, '전자단기사채'란 만기 1년 이하 등 일정한 성립요건을 갖추고 전자등록방식으로 등록기관(예탁결제원)을 통해 등록 · 발행된 사채라는 점에서 차이점이 있다. 이러한 개념상의 차이 외에 등록방식에 있어서도 차이가 있다. 전자단기사채는 '전자등록방식'으로 전자적 장부에 전자단기사채 등의 금액을 등록(registration)하고 계좌간 대체방식으로 양도하게 된다. 이에 비해 전자어음은 '전자문서방식'으로 어음을 전자이미지(imaging-capture)로 만들어 발행하고, 공인인증서 첨부방식으로 양도를 하게 된다.

「전자어음의 발행 및 유통에 관한 법률」(이하 '전자어음법'이라 한다)[28]이 제정된 이후 전자어음을 통해 기업어음증권의 전자화라는 정책목적을 달성할 수 있는 것인지에 대해서는 논란이 있었다. '상거래를 수반하는 진성어음의 전자화'를 목적으로 도입한 전자어음제도에서 기업어음을 수용하는 것은 전자어음법의 입법취지와도 맞지 않았기 때문이다.

또한, 기업어음과 달리 전자어음은 양도횟수(20회 이하)를 제한하고 있어 기존 기업어

28 외부감사대상 주식회사가 약속어음을 발행할 경우 전자어음 이용을 의무화하는 법(2009.11.9. 시행)이다.

음제도에서는 존재하지 않은 새로운 규제로 기업어음의 원활한 유통을 제약하는 결과를 가져올 수 있었다. 그 외에도 증권시장의 유통인프라인 증권예탁결제제도 이용을 위해서는 전자어음관리기관(금융결제원)과 예탁자 · 예탁결제기관 등 간의 신규 정보통신망 등의 구축이 불가피하였다. 이처럼 전자어음제도는 현행 기업어음제도가 가지는 있는 문제점을 해결하는 데에는 한계가 있다. 이러한 측면을 고려하여 기업어음에 대하여는 전자어음법 적용을 배제하고 있다.[29]

표 7-6 **전자어음 · 기업어음증권(CP) · 전자단기사채의 비교**

구분	전자어음	기업어음증권(CP)	전자단기사채
개념	• 전자문서로 작성되고, 전자어음관리기관(금융결제원)에 등록된 약속어음	• 기업이 단기자금조달 목적으로 발행한 약속어음으로서, 기업어음증권이라는 문자가 인쇄된 용지를 사용한 것	• 만기 1년 이하 등 일정한 성립요건을 갖추고 전자적 방식으로 발행되는 사채
근거	• 전자어음법	• 자본시장법	• 전자단기사채법
발행	• 전자어음관리기관이 운영하는 전자어음서비스시스템(U-note)에 등록하여 전자적으로 발행	• 전량 실물(종이어음)로 발행	• 등록기관(예탁결제원)이 운영하는 전자단기사채시스템을 통해 전자적으로 발행
유통	• 배서(전자서명)로 양도 • 분할유통 금지 • 질권설정, 신탁재산 표시 불가	• 미예탁 기업어음은 배서·교부방식으로 양도하고, 예탁 기업어음은 계좌간 대체방식으로 양도 • 질권설정, 신탁재산 표시 가능	• 예탁결제원 또는 계좌관리기관이 관리하는 계좌부상 대체기재를 통해 양도 • 1억 원 이상 분할유통 가능 • 질권설정, 신탁재산 표시 가능
결제	• 어음·자금의 동시결제 불가능	• 예탁 CP에 한하여 CP와 대금의 동시결제(DVP) 가능	• 증권과 대금의 동시결제(DVP)
발행정보 공개	• 전자어음 소지인 또는 전자어음 발행인의 승낙을 얻은 자에 한해 발행정보 제공	• 각 기관별 자체 수집한 정보를 공개	• 등록기관에 집중된 정보를 홈페이지를 통해 상시 공개

2.4. 전자단기사채와 일반사채 비교

사채는 일반적으로 기업이 장기자금을 조달하기 위해 발행하는 채무증권으로, 실물발행 또는 등록발행되고, 만기 및 최저 액면금액의 제한이 없으며,[30] 누적금액 기준의 발행한

29 외부감사대상 주식회사 및 직전 사업연도 말의 자산총액이 10억원 이상인 법인사업자는 약속어음을 발행할 경우 전자어음으로 발행하여야 하나(전자어음법 제6조의2), 기업어음을 발행하는 경우에는 전자어음법에도 불구하고 '기업어음증권'이라는 문자가 인쇄된 어음용지를 사용하여 실물증권으로 발행할 수 있다(자본시장법 제10조 및 시행령 제4조).

30 만기가 특정되지 않은 영구채와 1일 이내 만기의 사채도 발행이 가능하다.

도가 적용된다. 그 밖에 상법상 사채원부 및 사채권자 집회 관련 규정이 적용되고, 사채에 물적담보 및 전환권 등 부가권리 부여가 가능하다.

그러나 전자단기사채의 경우에는 기업이 만기 1년 이내의 단기자금을 조달하기 위해 할인방식[31]으로 발행하는 사채의 일종으로서, 최저액면 금액(1억원)의 제한이 있고, 미상환 잔액 기준의 발행한도를 적용하며, 상법상 사채원부 및 사채권자 집회 관련 규정의 적용이 배제된다. 또한 사채에 물적담보 및 전환권 등 부가권리 부여가 불가능하다.

이외에도 정부는 전자단기사채가 기업의 단기자금 조달수단으로서 경제적실질이 동일한 기업어음을 대체하기 위한 다양한 제도적인 장치를 마련하였다. 즉, 전자단기사채의 신용평가방법을 기업어음과 동일하게 하였고,[32] 2개 이상의 신용평가회사로부터 신용등급을 받아야 투자매매업자 또는 투자중개업자의 매매, 중개를 통해 발행이 가능하다(자본시장법 시행령 제183조). 또한, 만기 1개월 이내의 전자단기사채의 이자소득에 대한 원천징수가 면제되고(법인세법 시행령 제111조), 만기 3개월 이내 전자단기사채에 대한 증권신고서 제출의무가 면제된다(자본시장법 시행령 제119조).[33]

표 7-7 일반사채 · 전자단기사채의 비교

구분	일반사채	전자단기사채
범적 성질	사채	사채
경제적 기능	장기자금조달	단기자금 조달
권리형태	종이증권 또는 등록발행	전자증권
최저 액면금액	없음	1억원
만기제한	없음	1년 이내
발행기구	이사회 또는 대표이사	대표이사
발행한도 제한	이사회(누적금액)	이사회(잔액)
사채원부 작성	필요	불필요
사채권자 집회	적용	적용배제
물적담보 부여	가능	불가능
부가권리 부여	가능	불가능
양도방법	교부 또는 계좌 간 대채	계좌 간 대체

31 전자단기사채는 일반적인 할인채와 달리, 이자소득의 과세를 위한 고정된 할인율이 존재하지 않고, 기업어음과 같이 매매 시마다 적용된 할인율을 이용하여 과세를 위한 이자소득을 산정한다.

32 기업어음과 전자단기사채는 A1, A2, A3, B, C, D 6개 등급을 부여하고, 일반채권의 경우, AAA, AA, A, BBB, BB, B, CCC, CC, C, D 10개 등급을 부여한다.

33 그 밖에 전자단기사채제도의 활성화를 위해 사모발행 전자단기사채의 경우 단기금융집합투자기구(MMF)에 편입이 가능하도록 하였고(자본시장법 시행령 제241조), 전자단기사채에 대한 장외거래 결제시점을 기업어음과 동일하게 거래일(T일)부터 결제가 가능하도록 하였다(금융투자업규정 제5-4조).

2.5. 전자단기사채제도의 운영구조

(1) 전자단기사채의 발행 · 유통 · 상환

전자단기사채는 실물증권의 발행 없이 전자적 계좌부에의 등록(book-entry)을 통해 권리가 창설, 유통 및 소멸된다. 전자단기사채를 발행하려는 자는 전자단기사채의 발행 및 인수내역을 등록기관(예탁결제원)에 통지하여 계좌등록의 방식으로 발행하게 된다. 그리고 전자단기사채의 권리이전, 질권설정 및 말소, 신탁표시 및 말소 등은 권리자가 해당 전자단기사채가 등록된 기관(등록기관, 계좌관리기관)에 신청하여 계좌등록을 통하여 처리하게 된다.

(2) 전자단기사채제도의 운영기관

전자단기사채제도의 운영주체는 중앙등록기관의 역할을 담당하는 등록기관과 해당 등록기관에 참가하면서 고객의 전자단기사채를 관리하는 계좌관리기관이다. 전자단기사채의 발행인 또는 권리자는 제도의 운영주체에 계좌를 개설하여 전자단기사채를 발행하거나 권리를 취득하게 된다.

(3) 전자단기사채의 계좌구조

전자단기사채를 발행하려는 자는 등록기관(예탁결제원)에 발행인관리계좌를 개설하여야 하고, 전자단기사채의 권리자가 되려는 자는 등록기관이나 계좌관리기관에 관련 계좌를 개설하여야 한다. 발행인관리계좌는 전자단기사채 등의 발행인이 그 전자단기사채 등의 발행내용을 관리하기 위하여 등록기관에 개설하는 계좌이다. 전자단기사채등을 보유하거나 전자단기사채등에 대한 질권, 그 밖의 권리를 가지고자 하는 자가 개설하는 계좌로는 고객계좌와 계좌관리기관등자기계좌가 있다. 고객계좌는 일반투자자가 전자단기사채등을 보유하거나 질권설정, 그 밖의 권리를 가지기 위하여 계좌관리기관에 개설하는 계좌이다. 계좌관리기관등자기계좌는 계좌관리기관이나 기관투자자가 전자단기사채의 보유, 질권설정 또는 그 밖의 권리를 가지기 위하여 등록기관에 개설하는 계좌이다.

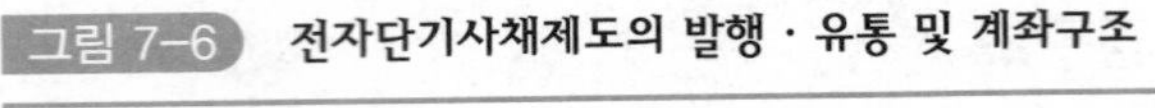
그림 7-6 전자단기사채제도의 발행 · 유통 및 계좌구조

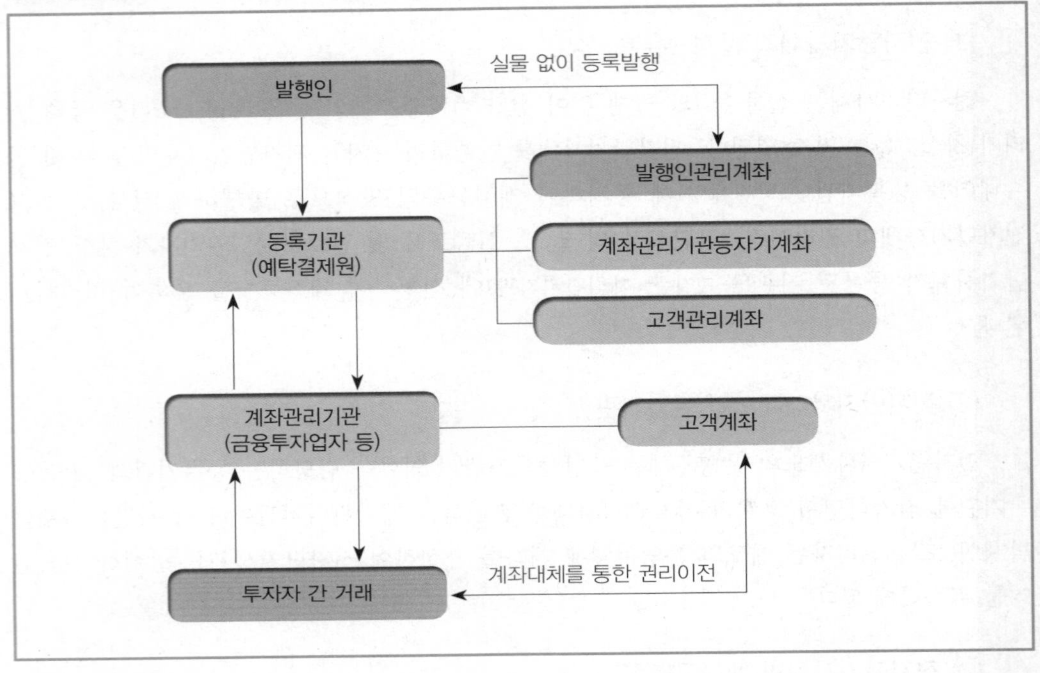

(4) 전자단기사채의 초과기재 차단 및 초과 시 처리 절차

전자단기사채는 실물 없이 전자적 등록방식으로 발행된다. 그 결과 발행인이 실제로 발행한 총 발행금액보다 등록기관이 관리하는 계좌관리기관등자기계좌와 고객관리계좌부상의 합계금액이 많거나 계좌관리기관이 관리하는 고객계좌부의 총금액이 등록기관이 관리하는 고객관리계좌부의 금액보다 많을 수도 있다. 이에 대비하여 실제 발행된 금액보다 많은 초과기재의 발생을 확인하기 위한 장치를 마련하고 있다. 요컨대, 등록기관은 업무 마감 직후 계좌관리기관등자기계좌부상의 금액과 고객관리계좌부상의 금액을 합한 금액이 발행인관리계좌부상의 총 발행금액과 일치하는지 여부를 확인하게 된다. 아울러, 계좌관리기관과는 고객관리계좌부상의 금액과 고객계좌부의 총합계금액이 일치하는지 여부를 전산시스템을 통해 확인하게 된다.

그림 7-7 **초과기재 여부 확인메커니즘**

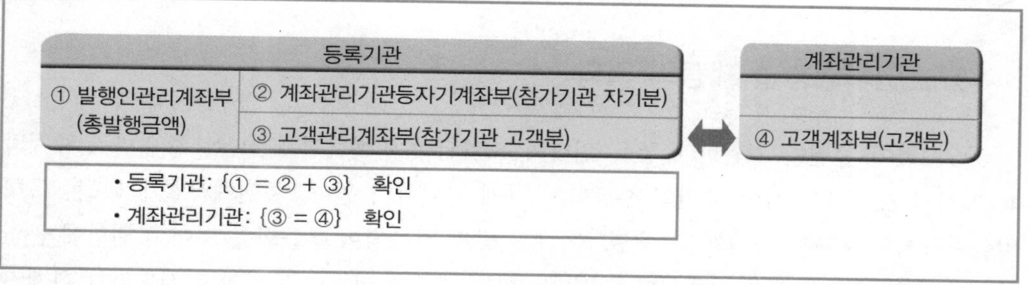

(5) 전자단기사채에 대한 권리행사

전자단기사채제도에서는 사채권이 존재하지 않는다. 따라서 권리자가 사채권 없이 전자단기사채에 대한 원리금청구, 채권자 이의 신청 등 전자단기사채에 대한 권리를 행사하기 위한 절차가 필요하다. 전자단기사채의 권리자는 전자등록기관을 통하여 원리금 수령 등 집단적인 권리행사를 할 수 있다. 이는 전자단기사채에 대한 권리행사 사무부담 경감과 업무 처리의 효율화를 실현하기 위한 것이다. 그리고 전자단기사채의 사채권자는 자신의 전자단기사채가 등록되어 있는 전자등록기관이나 계좌관리기관에 '채권자증명서'의 발행을 신청하여 발행인에 대하여 채권자로서의 개별적인 권리를 행사할 수 있다.

그림 7-8 **채권자증명서 발급 절차**

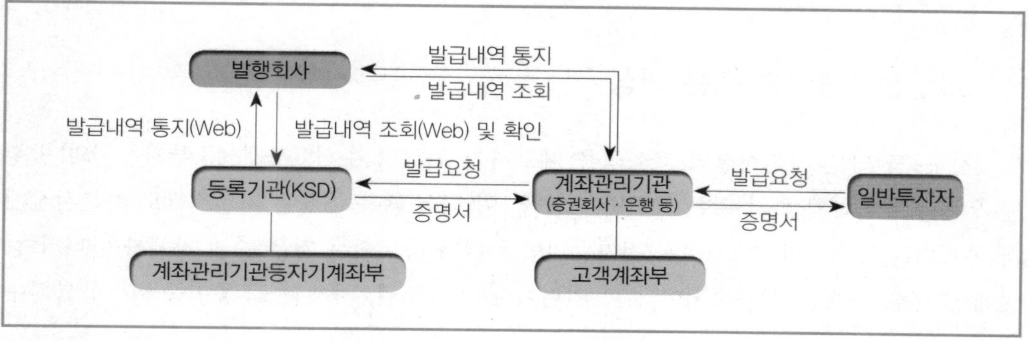

3 전자증권법상 전자증권제도

3.1. 전자증권법 제정의 의의

1974년에 증권의 원활한 유통을 위하여 도입된 증권예탁결제제도는 증권의 집중예탁과 계좌간 대체를 통하여 증권의 부동화에 크게 기여하여 왔다. 증권예탁결제제도는 특히 일괄예탁제도, 주권불소지제도, 채권등록제도 등과 접목되어 부동화를 넘어 무권화에 근접하는 수준의 제도 발전을 이루었다. 그러나, 현행 제도는 실물증권 기반의 제도라는 한계가 있었고, 이에 따라 실물증권 발행 비용 및 증권사무처리의 비효율성이 상존하였으나, 2016년 3월 전자증권법의 제정으로 증권예탁결제제도의 궁극적인 목표인 전자증권제도의 도입 근거가 마련되었다는 점에서 그 의의가 크다고 볼 수 있다.[34]

전자증권제도 도입에 따라 예탁결제원의 업무는 기존 노동집약적인 업무에서 정보집약적인 업무로 고도화되며, 금융중개기관 등 예탁자를 대상으로 한 증권서비스가 발행회사, 금융중개기관, 일반 투자자로 확대되게 된다.

또한, 증권의 발행부터 유통, 소멸에 이르는 전 과정의 증권서비스를 제공함으로써 증권의 전 생애주기에 대한 서비스 제공기관으로 재탄생하게 된다.

그리고, 전자등록기관에 대하여 CSD 진입규제의 국제 표준인 허가제를 도입함에 따라 현재 독점적인 지위에서 증권예탁결제업무를 수행하고 있는 예탁결제원이 시장성 기업으로 전환될 수 있는 기반을 마련하게 되었다.[35]

3.2. 전자증권법 적용 대상

전자증권법은 자본시장의 효율성을 제고하기 위하여 주식, 사채 등 투자증권의 발행 및 유통을 원활하게 하기 위한 특별법인 만큼, 이 법의 적용 대상은 기본적으로 자본시장에서 유통되는 증권이다.[36] 그러나, 전자증권법에 따라 등록되는 것은 증권 자체가 아니라 증권에 표시될 수 있거나 표시되어야 할 권리이다. 즉, 주권, 사채권 등 종이증권이 등록되는

34 2014년 자본시장연구원이 분석한 결과에 따르면, 전자증권제도 도입 이후 5년간 4,352억원, 연평균 870억원의 사회적 비용 절감 효과가 있는 것으로 분석된다.

35 자본시장법상 증권예탁기관은 특허제를 유지하고 있으며, 2017년 9월 현재 우리나라를 제외하고 35개 OECD 가입국 모두 예탁결제기관(CSD)의 진입규제를 허가제로 운영하고 있다.

36 법 제2조는 적용 대상을 열거주의 방식으로 규정하고 있으며 이는 현행 자본시장법상 예탁대상유가증권의 규정방식(포괄주의)과 상이하다. 일본도 전자증권제도의 적용대상을 열거주의 방식으로 규정하고 있다(사채, 주식 등의 대체에 관한 법률 제2조).

것이 아니라 종이증권이 표창하는 권리내용과 그 권리자 내역을 등록하는 것이다.[37]

개별 증권의 성격상 전자등록이 적합하지 아니한 경우에는 적용대상에서 제외된다. 예컨대, 기업어음과 같이 권리의 발생에 증권 작성행위가 필수적인 설권증권(設權證券)의 경우나, 권리의 양도에 무한책임사원 전원의 동의가 필요한 경우(합자회사 등의 출자지분)에는 전자등록이 곤란하다. 투자계약증권의 경우는 자본시장법상 증권에 해당하지만, 이는 민·상법상 유가증권이 아니라 단지 투자자 보호규제를 위한 도구적 개념이므로 증권의 성격상 전자등록의 대상이 될 수 없다.[38] 또한, 창고증권, 화물상환증, 선하증권 등 非투자증권은 자본시장에서 유통이 이루어지지 않아 예탁결제기관이 취급하지 않는 것이 일반적이므로 전자증권법을 적용하는 것은 바람직하지 않다.[39]

양도성예금증서(CD), 증권예탁증권(DR) 등 발행 근거법규가 없는 증권은 권면에 기재되는 권리의 내용 및 양도방법 등이 법으로 규정되지 않아 거래의 안정성을 해할 가능성이 있으므로 전자증권제도 적용여부가 문제될 수 있다. 생각건대, 별도의 발행근거 법령이 없는 증권 중 현재 예탁결제제도에서 수용하고 있는 증권은 증권예탁제도를 통한 증권의 권리보유 및 양도방법이 전자증권제도에서 정한 방법으로 대체되므로 전자증권제도 적용이 가능하다고 생각된다.

이와 관련하여 외국증권에 대한 전자증권제도 적용여부에 대하여도 논란이 있을 수 있다. 외국법인이 발행한 주식 및 주식연계채권(CB, BW, EB)에 대하여 전자증권제도를 적용하는 경우, 외국법인의 소재지법과 전자증권법과의 충돌가능성이 있다. 다만, 순수한 재산권인 채무증권(채권 등) 및 수익증권은 발행자가 외국법인인 경우에도 준거법간의 충돌 가능성은 거의 없다. 증권예탁증권(KDR)의 경우에도 예탁결제원이 자본시장법에 따라 발행하므로 기초주식(underlying shares) 발행자의 본국법과의 충돌문제는 없다. 반면에, 발행회사에 대한 사원권을 표창하는 지분증권(주식)은 발행인의 소재지법과 전자증권법과의 충돌가능성이 존재한다. 전자증권법은 이러한 경우를 감안하여 외국주식의 경우 소재지법에 따라 발행한 실물주권을 외국전자등록기관 또는 금융위원회가 고시하는 외국보관기관에 보관한 경우에는 예외적으로 전자증권법 적용이 가능하도록 규정하고 있다(전자증권법 제67조 제2항).

한편, 전자증권제도의 실효성을 제고하기 위해서는 일정한 증권의 전자등록을 법적으로 의무화할 필요가 있다. 이에 따라, 유통성이 높거나 이미 일괄예탁제도를 통하여 사실상

37 전자증권법 제2조는 주식, 사채, 국채, 지방채, 수익권(受益權), 신주인수권증서 또는 신주인수권증권에 표시되어야 할 권리 등 증권(證券)이 아닌 권리가 등록대상임을 명시하고 있다.

38 투자계약증권은 사업자와 투자자 간의 계약내용이 개별적·비정형적이며, 자본시장법상 발행규제(증권신고서제출)와 부정거래규제(§178, §179)만 적용되고 있다.

39 일부 창고증권의 경우 예탁대상증권등으로 지정되어 예탁이 가능하나, 창고증권에 대한 권리를 행사하기 위해서는 해당 증권을 반환하여 창고업자에게 제시하여야 한다.

무권화가 이루어진 증권(상장증권, 투자신탁 수익권, 투자회사 주식 등)은 전자등록이 의무화되었다(전자증권법 제25조제1항).[40] 하지만, 비상장 주식·채권과 같이 투자자 보호나 유통성 측면에서 의무화 필요가 크지 않은 증권의 경우에는 발행회사가 자율적으로 전자증권제도의 이용 여부를 결정할 수 있다.[41]

표 7-8 자본시장법상 증권별 전자등록 적격 여부[42]

증권 구분		非설권 증권성	유통 용이성	권리 정형성	관리 용이성	적격 여부
채무증권	국채	O	O	O	O	O
	지방채	O	O	O	O	O
	특수채	O	O	O	O	O
	금융채	O	O	O	O	O
	회사채	O	O	O	O	O
	CP1)	X	O	O	O	X
	채권형ABS/MBS	O	O	O	O	O
	수익증권발행신탁사채	O	O	O	O	O
지분증권	주식	O	O	O	O	O
	신주인수권증서/증권	O	O	O	O	O
	투자회사주식	O	O	O	O	O
	합자회사 등 출자지분2)	O	X	X	X	X
수익증권	투자신탁수익증권	O	O	O	O	O
	금전신탁수익증권	O	O	O	O	O
	수익증권형ABS/MBS	O	O	O	O	O
	수익증권발행신탁수익증권	O	O	O	O	O
투자계약증권3)		O	X	X	X	X
파생결합증권	ELW	O	O	O	O	O
	ELS	O	O	O	O	O
	DLS	O	O	O	O	O
증권예탁증권		O	O	O	O	O

1) 설권증권 성격으로 인해 실물증권 발행이 불가피
2) 지분양도가 제한(사원동의 요구)되며, 이익배분·손실분담시 사원간 차등 가능
3) 사업자와 투자자 간의 계약내용이 개별적·비정형적임

40 일본, 영국, 중국의 경우 상장규정으로 상장증권에 대해 전자증권제도 적용을 의무화하였고, 프랑스는 「통합금융법」으로 프랑스에서 유통되는 모든 증권에 대해 전자증권제도 적용을 의무화하였다

41 금융위원회, "전자증권제도 도입방안", 2015.5.21., 3면.

42 금융위원회, 앞의 도입방안, 4면.

3.3. 전자등록 절차

(1) 신규 전자등록

전자등록의 신청은 발행인이나 권리자의 신청 또는 관공서의 촉탁에 따라 한다. 다만, 투자자보호에 문제가 없는 경우에는 전자등록기관 또는 계좌관리기관이 직권으로 할 수 있다(전자증권법 제24조제1항).

발행인이 증권의 종목별로 최초로 전자등록을 신청하기 위해서는 우선 전자등록기관에 전자등록 적격 여부에 대한 사전심사를 신청하여야 한다. 발행인의 사전심사 신청이 있는 경우, 전자등록기관은 해당 증권이 성질상 또는 법령에 따라 양도가 제한되는지 여부, 동일한 종목의 증권을 보유한 권리자 간에 그 권리내용이 다른지 여부 등[43]을 검토하여 1개월 이내에 신규 전자등록 여부를 결정하여 신청인에게 통지하여야 한다. 신규 전자등록을 위한 사전심사를 통과한 경우, 발행인은 투자자별 증권발행내역을 전자등록기관에 통지한다. 전자등록기관은 그 통지에 따라 발행인계좌부에 해당 증권의 발행수량을 기재한 후, 계좌관리기관 소유분은 계좌관리기관등자기계좌부에 등록하고, 일반투자자 소유분은 해당 내역을 고객관리계좌부에 기재하고, 계좌관리기관에 그 내역을 통지하면, 계좌관리기관은 통지 내용에 따라 고객계좌부에 등록한다(전자증권법 제25조).

(2) 기 발행 증권의 전자등록

거래소 장내시장 상장 등의 사유로 전자증권법 시행 이후 기 발행된 주식 등을 전자등록하는 경우에 대비하여 전환절차를 마련할 필요가 있다.[44]

발행인은 기 발행된 주식 등을 전자등록하기 위해 전자등록 적격여부에 대한 사전심사를 받아야 한다. 또한, 발행인은 주권 등을 발행하는 대신 전자등록기관의 법적장부에 주식 등을 등록할 수 있음을 정관에 반영하여야 한다(상법 제356조의2). 이후에 발행인은 (ⅰ)등록일의 직전 영업일을 말일로 하여 1개월 이상으로 기간을 정하여 등록일로부터 주권 등이 그 효력을 잃는다는 뜻과 (ⅱ)권리자는 등록일의 직전영업일까지 발행인에게 등록계좌를 통지하고 주권 등을 제출하여야 한다는 뜻, 그리고 (ⅲ)발행인은 등록일의 직전 영업일에 주주명부 등에 기재된 권리자를 기준으로 신규 전자등록의 신청을 한다는 뜻을 공고하고, 주주명부 등에 권리자로 기재되어 있는 자에게 통지하여야 한다. 이에 따라, 기 발행 주식

43 증권을 신규발행하거나 기 발행된 증권을 권리자에게 보유하게 하는 것이 법령에 위반하는 경우와 이미 발행된 실물증권에 대한 공시최고절차가 진행 중인 경우(공시최고절차가 계속 중인 증권의 수량에 한한다)에도 전자등록기관은 신규 전자등록을 거부할 수 있다.

44 기명식 지분증권이 전환대상이며, 무기명식 증권인 경우에는 특별계좌 개설에 필요한 발행회사의 법적장부가 없어 일괄 전환이 곤란하다.

표 7-9 舊주권 미회수 방식 vs. 舊주권 회수 방식

구분	舊주권 미회수 방식	舊주권 회수 방식
장점	• 주권을 분실한 주주·양수인 전환 용이 • 발행회사 전환 업무 용이	• 명부주주에 의한 이중매매 방지 • 주권 소지인, 담보권자 보호 강화
단점	• 명부주주에 의한 이중매매 가능성 • 주권 소지인, 담보권자 보호 약화	• 주권을 분실한 주주·양수인 불편 • 발행회사 전환 업무 불편

등의 권리자는 자신의 등록계좌를 발행인에게 통지하여야 하고, 주권 등을 제출하여야 한다.[45]

약식질권자의 경우에는 질권설정자의 신청없이 질권자 단독으로 등록일의 1개월 전부터 등록일의 직전 영업일까지 발행인에게 등록질 신청이 가능하며, 질권설정자가 주주명부 등에 기재되어 있지 않은 경우에는 약식질권자는 질권설정자를 주주명부 등에 기재하도록 발행인에게 요청할 수 있다. 이 경우, 질권자는 지체없이 그 사실을 질권설정자에게 통지하여야 하며, 명의개서대리인이 발행인의 주식사무를 대행하는 경우에는 금융실명법에도 불구하고 해당 질권설정자에 대한 실지명의 확인을 생략할 수 있다(전자증권법 제28조).

이후의 등록절차는 신규등록과 동일하나, 등록계좌를 미통지 하거나 주권 등을 미제출한 권리자의 증권에 대한 권리는 발행인의 신청에 따라 명의개서대리인[46]이 특별계좌를 개설하여 관리한다. 특별계좌가 계좌 명의인의 신청 없이 개설하는 계좌인 점을 감안하여, 전자증권법은 특별계좌 명의인에 대한 명의개서대리인의 실명확인 의무를 배제하였다.

특별계좌는 전환절차를 준수하지 않은 진정한 권리자를 위해 개설한 계좌이므로, 계좌개설 목적에 맞지 않는 특별계좌 등록증권의 처분(계좌 간 대체, 질권설정 및 말소)은 원칙적으로 제한된다. 다만, (ⅰ)특별계좌의 명의인이 주권 등을 제출하고 자기의 등록계좌로 이전을 신청하는 경우(질권이 설정된 경우 질권 말소나 질권자의 동의 필요), (ⅱ)특별계좌의 질권자가 주권 등을 제출하고 자기의 등록계좌로 이전을 신청하는 경우, (ⅲ)특별계좌의 권리자는 아니나, 전환일 이전에 해당 증권을 취득한 자가 주권등을 제출하고 자기의 등록계좌로 계좌 간 대체 등록을 신청하는 경우, (ⅳ)타법에 따라 계좌 간 대체 등록하거나 질권내역을 변경해야 하는 경우에는 권리자의 일반 등록계좌로의 이전이 허용되며, 권리자는 자신의 일반 등록계좌로 이전 후 처분 가능하다. 또한, 주식배당, 무상증자, 자본감소, 주식분할 · 병합 등 발행인의 Corporate Action 등에 따라 특별계좌에 추가적으로 증권에 대

45 일본의 경우, 2004년 주권 전자화를 위한 대체제도 도입 시 발행회사의 업무번잡 및 주주의 불편 등을 고려하여 주권을 회수하지 않고 실물주권을 대체주식으로 전환하였다.

46 법 제29조는 명의개서대리인이 주주명부 작성 등 발행인의 주식사무를 대행하고 있는 점을 감안하여 계좌관리기관으로서 특별계좌를 관리하도록 규정하였다.

그림 7-9 **실기주주의 신청에 의한 특별계좌 등록주식의 계좌 간 대체 절차**

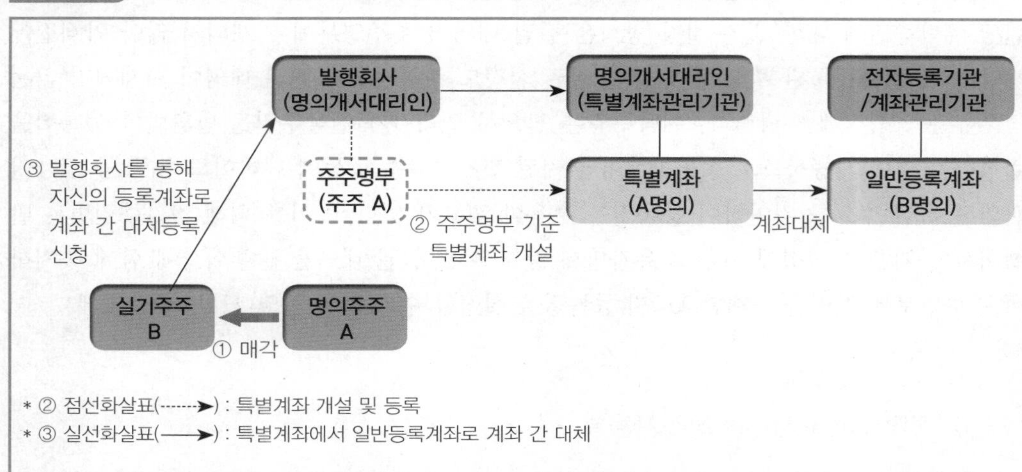

한 권리를 등록하거나 말소하는 것은 허용된다.

상기의 절차는 합병 · 주식교환 등에 따라 주권 등 발행회사의 주주가 전자증권 발행회사의 등록대상 주식 등을 취득하는 경우에 준용한다(전자증권법 제29조).

(3) 계좌 간 대체 전자등록

전자등록된 주식 등의 양도[47]를 위하여 계좌 간 대체를 하려는 자는 해당 주식 등이 등록된 전자등록기관 또는 계좌관리기관에 계좌 간 대체의 전자등록을 신청하여야 한다. 다만, 양도인이 동의한 경우에는 양수인이 양도인의 동의서를 첨부하여 신청할 수 있다. 또한, 법원의 판결, 명령에 의하거나, 상속 · 합병 등을 원인으로 한 포괄승계에 의하여 권리를 취득한 경우에는 그 권리취득사실을 증명하는 서류를 첨부하여 양도인의 동의 없이 단독으로 계좌 간 대체를 신청할 수 있다. 해당 신청을 받은 전자등록기관 또는 계좌관리기관은 지체 없이 계좌 간 대체의 전자등록을 하여야 한다(전자증권법 제30조).

(4) 질권 설정 · 말소 전자등록

전자등록된 주식 등에 질권을 설정하거나 말소하려는 자는 해당 주식 등이 등록된 전자등록기관 또는 계좌관리기관에 신청하여야 한다. 신청을 받은 전자등록기관 또는 계좌관리기관은 질물(質物)이라는 사실과 질권자를 질권설정자의 등록계좌부에 표시하는 방법으

47 상속 · 합병 등을 원인으로 등록주식 등을 포괄승계 받은 자 또는 전자등록증명서를 제출받은 자가 자기의 계좌로 해당 증권을 이전하는 경우 및 법원의 판결 등에 따라 이전하는 경우를 포함한다.

로 질권을 설정한다(전자증권법 제31조). 이는 현행 예탁제도와 동일한 질권 설정 방식이다. 현행 예탁증권에 대한 질권 설정 방식은 질권 내역이 주주명부에 기재되지 않아 약식질에 해당하며, 전자등록된 주식 등에 대한 질권 설정도 주주명부에 질권 내역이 기재되지 않는 경우에는 약식질에 해당한다. 예탁주권은 필요시 권리자가 실물주권을 반환받아 등록질을 설정하는 것이 가능하므로 실물발행이 금지된 전자등록주식 등에 대하여도 은행 등 금융기관의 등록질 수요를 감안하여 등록질을 수용할 필요가 있다.[48] 이를 위해 전자증권법은 발행회사의 기준일 설정에 따른 소유자명세 통지 시에 질권 내역을 발행회사에 함께 통지하여 주주명부에 질권을 기재함으로써 등록질을 설정할 수 있도록 하였다(전자증권법 제37조제5항).

(5) 신탁재산 표시 · 말소 전자등록

전자등록된 주식 등에 대하여 신탁재산이라는 표시의 등록을 하는 경우에는 제3자에 대한 대항력을 갖게 되어 수탁자의 파산 시에도 위탁자의 권리가 보호된다. 위탁자가 신청하는 경우에는 해당 주식 등을 수탁자의 등록계좌로 계좌 간 대체를 한 이후 신탁재산이라는 사실을 표시하고, 그 이외의 경우에는 수탁자의 신청에 따라 수탁자의 등록계좌부에 신탁재산 표시를 한다. 이는 현행 예탁제도와 동일한 신탁재산 표시 방식이다(전자증권법 제32조).

(6) 권리의 소멸 등에 따른 변경 · 말소의 전자등록

원리금 상환, 전환사채의 전환권 행사 등 권리자의 권리행사 및 회사의 합병 · 분할 및 주식 병합 · 분할 · 소각 등 발행인의 Corporate Action에 따라 전자등록된 주식 등에 대한 권리가 소멸되거나 변경된 경우에 전자등록기관 및 계좌관리기관은 권리자 또는 발행인의 신청에 따라 변경 또는 말소 등록을 하여야 한다. 다만, 권리자 또는 발행인의 신청이 없더라도 등록계좌부와 실체적 권리관계의 정합성을 위해 전자등록기관 · 계좌관리기관이 직권으로 변경 또는 말소등록을 할 수 있다(전자증권법 제33조).

---

48 등록질과 약식질은 설정방법, 대항요건 등에서 차이가 있으나 담보물권으로서 담보권이 미치는 범위와 효력은 사실상 동일하다. 다만, 약식질은 물상대위에 따라 질권설정자에게 지급되는 금전 등에 대하여 우선변제권을 행사하기 위해 압류를 요한다는 점에서 압류가 필요 없는 등록질과 차이가 있다.

표 7-10 **전자등록의 유형 및 내용**

전자등록 유형	개념	세부 절차·방법
1 신규 전자등록	신규 발행시 전자등록의 방식으로 발행하는 것	① 발행인은 전자등록기관에 발행내역 통지 ② 전자등록기관은 발행내역을 발행인관리계좌부에 기록 ③ 전자등록기관 및 계좌관리기관은 인수인의 등록계좌부에 전자등록
2 旣발행주식등 전자등록	이미 실물증권으로 발행된 주식등을 전자증권으로 전환(=전자등록전환)하는 것	① 이미 발행된 주식 등을 전자등록하려는 발행인은 전자등록일의 1개월 전까지 소유자, 질권자 등에게 이를 통지 ② 발행인은 전자등록일 이후에 소유자별 전자등록내역 등을 전자등록기관에 지체 없이 통지 ③ 전자등록기관 및 계좌관리기관은 발행인의 통지내역에 따라 등록계좌부에 각각 전자등록
3 계좌간 대체 전자등록	양도인과 양수인 각각의 전자등록계좌간 이전	① 전자등록된 주식 등을 계좌 간 대체하고자 하는 자는 이전내역을 명시하여 해당 주식 등에 대한 권리가 전자등록된 기관(전자등록기관 또는 계좌관리기관)에 신청 ② 양도인 및 양수인의 등록계좌 관리기관은 신청내역에 따라 양도하는 자의 등록계좌에서 양수받는 자의 등록계좌로 계좌간 대체 전자등록
4 질권설정 · 말소, 신탁재산 표시 · 말소 전자등록	질권설정자와 질권자(질권) 또는 위탁자와 수탁자(신탁)간의 권리 변동 내역의 전자등록	① 전자등록된 주식 등을 질권 설정 · 말소 또는 신탁재산 표시 · 말소하고자 하는 자는 해당 주식 등에 대한 권리가 전자등록된 기관에 신청 ② 해당 기관은 신청내역에 따라 등록계좌부에 질권 설정 · 말소 전자등록, 신탁재산 표시 · 말소 전자등록 ※ 주식의 경우 등록질 설정도 가능
5 권리의 소멸 등에 따른 변경 · 말소의 전자등록	원리금 지급, 발행인 합병 · 분할 등으로 인한 권리 내역의 (일부 또는 전부) 말소 전자등록	① 원리금 · 상환금 지급 등의 사유로 등 전자등록된 주식 등을 변경·말소하려는 자(발행인 또는 권리자)는 그 내용을 해당 주식 등이 전자등록된 기관에 통지 ② 해당 기관은 통지내역에 따라* 변경 · 말소 전자등록 처리 * 단, 전자등록기관을 통한 원리금 지급 등으로 전자등록 증권에 대한 권리가 소멸된 경우에는 전자등록기관 · 계좌관리기관의 직권에 의한 말소의 전자등록 가능

3.4. 제도의 운영체계

(1) 계좌관리체계

전자증권제도의 운영기관은 전자등록기관과 계좌관리기관으로 구성된다. 이러한 복층구조의 계좌관리체계는 현행 예탁제도의 경우(2-tier)와 같다. 복층구조의 계좌관리체계는 직접등록방식[49]이 아닌 간접등록방식이라고 할 수 있다. 복층구조의 계좌관리체계를 선택한 이유는 시스템 구축이 용이하고 운영이 안정적이며 시스템 운영비용을 절감할 수 있어 제도 도입이 용이하기 때문이다.[50] 전자증권제도를 운영하고 있는 대다수의 국가도 이러한 방식을 채택하고 있다.

전자등록된 주식 등을 소유하거나 질권, 그 밖에 권리를 가지고자 하는 자가 전자등록기관 또는 계좌관리기관에 개설하는 계좌를 등록계좌라고 한다. 전자등록기관과 계좌관리기관에 개설하는 등록계좌를 각각 계좌관리기관등 자기계좌 및 고객계좌라고 한다. 전자등록기관과 계좌관리기관에 등록계좌를 개설한 계좌 명의인의 전자등록된 주식 등에 대한 권리를 기재하는 법적장부를 등록계좌부라고 하며, 전자등록기관과 계좌관리기관이 관리하는 등록계좌부를 각각 계좌관리기관등 자기계좌부 및 고객계좌부라고 한다. 등록계좌부의 기재사항은 계좌 개설자의 성명 또는 명칭 및 주소와 전자등록된 주식 등의 종류, 종목 및 종목별 수량 또는 금액과 수량 증감원인, 질권 · 신탁 · 처분제한에 관한 사항 등이다.

한편, 계좌관리기관이 관리하는 고객계좌부에 전자등록된 주식 등의 종목별 총 수량을 관리하기 위해 전자등록기관에 개설하는 계좌를 고객관리계좌라고 하며, 고객계좌부에 전자등록된 주식 등의 종목별 총수량 또는 총금액 등을 기재한 법적장부를 고객관리계좌부라고 한다. 고객관리계좌부는 등록계좌부와 달리 계좌부 기재에 법적효력이 부여되지 않는다. 고객관리계좌는 고객계좌 기재의 정확성 여부(초과 · 부족)를 확인하는 용도로 개설하는 관리목적계좌로서 고객관리계좌부에는 계좌관리기관의 명칭 및 주소와 전자등록된 주식 등의 종류, 종목 및 종목별 총수량 또는 총금액 등을 기재한다.

또한, 전자등록된 주식 등의 발행 내역을 관리하기 위하여 발행인이 전자등록기관에 개설하는 계좌를 발행인관리계좌라고 하며, 전자등록된 주식 등의 종류 · 종목별 총 등록수량 등을 기재한 법적장부를 발행인관리계좌부라고 한다. 발행인관리계좌부는 고객관리계좌부와 마찬가지로 계좌부 기재에 법적효력은 부여되지 않는다. 발행인관리계좌부는 등록계좌부와의 대사를 통해 등록내용의 정확성 여부(과부족)를 확인하는 용도로 사용되며, 실무상으로는 증권사무를 대행하는 명의개서대리인이 발행인계좌를 관리하는 것도 가능하다. 발행인관리계좌부의 기재사항은 발행인의 명칭 및 사업자등록번호, 전자등록된 주식 등의 종류, 종목 및 종목별 총수량 또는 총금액 등이다.

---

49 직접등록방식이란 투자자가 전자등록기관에 직접 자신 명의의 계좌를 개설하여 주식 등의 권리자로 등록하는 방식이다.

50 복층구조의 계좌관리 체계에 따라 전자등록된 주식 등의 권리자가 되려는 자는 계좌관리기관에 고객계좌를 개설하여야 하나(제22조제1항), 연기금 등 계좌관리기관 이외에 대통령령으로 정하는 자도 전자등록기관에 직접 자기계좌를 개설할 수 있도록 함으로써 이용자의 수요에 따른 탄력적인 제도 운영이 가능하도록 하였다(제23조제1항 참조).

그림 7-10 **전자증권제도 계좌구조**

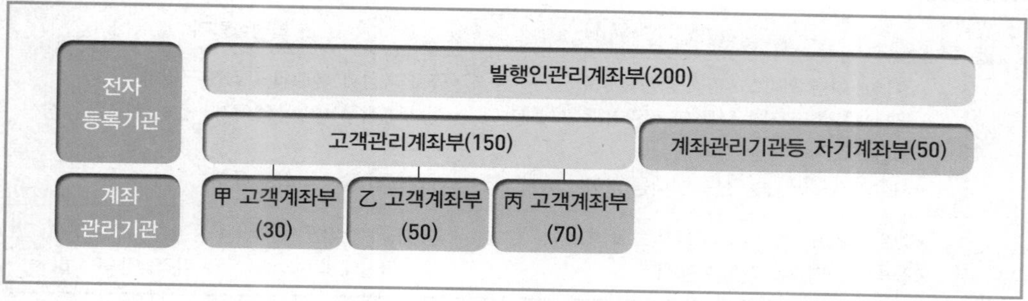

전자등록기관에 개설하는 계좌관리기관등 자기계좌 개설자의 범위와 관련하여 기관투자자 등 전문투자자로 한정할 것인지 아니면 일반 개인투자자까지 확대할 것인지에 대한 논란이 있을 수 있다. 전자(前者)의 논거는 전자증권법은 현행 예탁결제제도와 동일하게 복층구조(2-tier) 기반이므로 개인투자자는 계좌관리기관에 등록계좌를 개설하는 것이 타당하다는 것이고, 후자(後者)의 논거는 전자등록기관에 등록계좌를 개설하려는 일반투자자의 Needs를 충족할 필요가 있다는 것이다. 생각건대, 전자증권법의 적용대상인 증권을 보유한 개인투자자의 선택권을 보장할 필요가 있다는 점과, 개인투자자가 매매 목적이 아니라 단순 보유, 담보 제공 등 제한적인 목적으로 전자등록기관에 등록계좌를 개설하는 경우에는 계좌관리기관인 금융회사의 영업권을 침해할 소지가 없다는 점을 고려할 때, 전자등록기관이 개인투자자의 등록계좌를 개설하여 관리하는 것을 허용할 필요가 있다.

(2) 전자증권제도 운영기관

전자등록업을 수행하고자 하는 자는 허가 요건[51]을 갖추어 금융위원회 및 법무부장관의 허가를 받아야 한다(전자증권법 제5조).[52]

전자등록기관은 발행회사의 계좌 개설 관련 계좌부(발행인관리계좌부) 및 계좌관리기관의 계좌 개설 관련 계좌부(고객관리계좌부, 계좌관리기관등 자기계좌부)의 관리를 담당한다. 또한 전자등록업무 수행과 관련하여 전자증권의 매매거래에 따른 결제업무, 소유자명세의 작성에 관한 업무, 전자증권에 대한 권리행사 대행 업무, 전자증권의 종류 · 종목, 발행조건 등

51 전자등록업 허가를 받으려는 자는 「상법」에 따른 주식회사로서, 업무단위별로 100억원 이상의 일정한 자기자본을 갖추고, 임원과 대주주의 적격성 요건과 충분한 인적 · 물적 설비요건 등을 충족하여야 한다(제5조제2항).

52 전자등록기관의 진입규제는 자율경영에 의한 경영효율성 및 서비스경쟁력의 제고와 국제정합성을 위해 허가제로 도입하였다. 다만, 정부는 복수의 전자등록회사 운영에 따른 시스템의 중복투자 및 제도 운영의 비효율 가능성, 공적 책임성 요구 약화에 따른 부작용 등을 종합적으로 고려하여 전자등록업에 대한 허가제를 운영할 필요가 있다.

표 7-11 **허가제와 법정설립제 비교**

구분	허가제	법정설립제
장점	• 경쟁에 따른 서비스 · 가격 경쟁력 강화 • 국제정합성 및 거래소 등 타 유관기관 규제체계와 부합 • 시장의 요구에 대한 신속한 대응 용이	• 규모의 경제, 네트워크 효과 극대화 • 정부의 직접적인 공적 규제 · 감시를 통한 시장신뢰 확보 • 서비스의 공공성 확보 용이
단점	• 규모의 경제에 따른 비용절감 효과 축소 • 정부의 경영감독 약화 가능성	• 과잉규제에 따른 규제비용 증가 • 경쟁 차단에 따른 서비스 및 가격경쟁력 저하

발행 내용을 인터넷 홈페이지를 통하여 공개하는 업무 등을 수행한다(전자증권법 제14조).

한편, 전자등록기관 운영의 공공성 및 적법성 확보를 위하여 전자등록기관에 대해 금융위 · 법무부는 각각 감독권한을 보유하고, 전자등록업무규정의 승인(전자증권법 제17조), 업무 · 재산에 관한 보고 및 자료제출 요구(전자증권법 제51조 및 제52조)와 허가 취소 등 전자등록기관에 대한 조치(전자증권법 제53조)를 할 수 있다.

계좌관리기관은 투자자별 고객계좌 개설과 고객계좌부 관리를 담당하고, 고객이 소유한 전자증권의 양도, 질권설정 · 말소, 신탁재산 표시 · 말소 등의 업무를 수행하며 배당금, 원리금 등 전자증권에서 발생하는 과실을 전자등록기관으로부터 수령하여 고객에게 지급하는 업무를 수행한다.

전자증권법에서는 계좌관리기관의 자격을 투자매매(중개)업자, 은행, 보험회사, 신탁업자 등으로 구체적으로 적시하고 있다. 계좌관리기관은 원칙적으로 금융회사를 중심으로 하되, 업무의 성격 등을 감안하여 정책적 필요성에 따라 금융회사가 아닌 계좌관리기관을 대통령령으로 정할 수 있도록 위임하였다(전자증권법 제19조).

계좌관리기관은 고객의 주식 등이 등록되는 법적 장부(고객계좌부)를 관리하는 기관인 만큼 높은 신뢰도가 요구된다. 이에 따라 투자자보호를 위해 전자증권법은 계좌관리기관의 업무 수행과 관련하여 그 업무와 재산에 대한 금융감독원장 검사와 계좌관리기관 및 그 임직원에 대한 금융위원회의 조치 사항에 대하여 규정하고 있다(전자증권법 제58조). 또한, 계좌관리기관은 직무관련 정보의 이용 금지의무(전자증권법 제45조) 및 초과분 발생 등의 사고 발생 시 전자등록기관에 통지할 의무 등을 부담하며 전자등록기관은 계좌관리기관에 등록업무 관련 보고 및 자료제출을 요구할 수 있다(전자증권법 제46조).

3.5. 전자등록의 법적 효력

등록계좌부에 전자등록된 자는 그 전자등록된 주식 등의 권리를 적법하게 가지는 것으로 추정된다(전자증권법 제35조제1항).[53] 전자등록된 주식 등의 보유자에 대해 대항력이 아닌 권리추정력을 부여한 이유는 전자등록에 대해 대항력을 부여할 경우 증권양도의 효력발생시점이 계좌 간 대체 시점이 아닌 당사자의 양수도 합의시점이 되어 증권시장에서 거래의 안정성을 저해할 우려가 있기 때문이다. 즉, 당사자 간의 합의만으로도 전자등록된 권리를 양도할 수 있게 하면, 실체(실질 소유자)와 외관(계좌부 상 소유자)이 부합하지 않을 수 있어 거래안정에 심각한 문제가 발생할 수 있다. 따라서, 증권시장에서 증권거래의 안정성을 확보하기 위해서는 등록계좌부 기재에 권리추정력을 부여하여 계좌 간 대체 시점에 권리를 이전할 필요가 있다.

또한, 예탁자의 투자자와 예탁자는 각각 투자자계좌부와 예탁자계좌부에 기재된 증권등의 종류 · 종목 및 수량에 따라 예탁증권등에 대한 공유지분을 가지는 것으로 추정한다(자본시장법 제312조). 그러나, 전자증권제도는 등록계좌부에 등록된 주식 등의 권리자가 공유지분이 아닌 단독소유권을 갖는 것으로 추정한다. 그 이유는 예탁제도는 실물증권을 예탁결제기관에 혼장임치함에 따라 투자자 또는 예탁자가 동일 종목의 예탁증권 중 특정 실물증권을 보유하는 것이 곤란하므로 공유이론의 채택이 불가피하나 전자증권제도의 경우 실물증권이 존재하지 않고 전자등록된 주식 등의 등록계좌부에 등록된 수량을 권리자별로 각각 보유하는 것이므로 공유이론 채택이 불필요하기 때문이다.

전자등록된 주식 등을 양도 또는 질권설정 하고자 하는 경우에는 계좌 간 대체의 전자등록 또는 질권설정의 전자등록을 하여야 그 효력이 발생한다(전자증권법 제35조제2항·제3항). 또한, 전자등록된 주식 등이 신탁재산이라는 사실을 등록계좌부에 전자등록함으로써 제3자에게 대항할 수 있다(전자증권법 제35조제4항).[54] 이는 현행 자본시장법상 예탁제도와 동일하다.

또한, 등록계좌부 등록에 권리외관(권리추정력)이 인정되므로, 선의로 중대한 과실없이 등록계좌부의 권리내용을 신뢰하고 소유자 또는 질권자로 전자등록된 자는 해당 전자등록된 주식 등에 대한 권리를 적법하게 취득한다(전자증권법 제35조제5항). 이는 자본시장법상 예탁제도에서는 명시되지 않은 사항이나, 거래의 안전을 위해 예탁제도에서도 전자증권제

53 주권 점유자에 대한 상법상(제336조) 효력인 적법한 소지인 추정력과 유사하나 자본시장법상(제311조) 계좌부 기재 효력(점유의제)과 공사채등록법(제6조) 및 국채법(제9조)상 공사채(국채)등록부 기재효력(발행인 및 제3자 대항력)과 상이하다.

54 신탁법 제4조(신탁의 공시와 대항) ② 등록 또는 등록할 수 없는 재산권에 관하여는 다른 재산과 분별하여 관리하는 등의 방법으로 신탁재산임을 표시함으로써 그 재산이 신탁재산에 속한 것임을 제3자에 대항할 수 있다.

도와 동일하게 선의취득을 인정할 필요가 있다.[55]

전자등록된 주식 등에 대하여 발행인은 증권 또는 증서를 발행할 수 없고, 이를 위반하여 발행된 증권 또는 증서는 효력이 없다(전자증권법 제36조제1항·제2항). 이는 동일한 증권에 대한 권리의 공시 수단이 이중으로 인정될 경우, 거래의 안정성을 해하고, 선의의 피해자가 발행할 우려가 있어 이를 차단하고 전자등록된 주식 등의 권리관계를 명확하게 하기 위해 마련한 규정이다.

또한, 이미 증권이 발행된 주식 등을 전자등록하는 경우 그 증권은 발행인이 정하는 일정한 기준일, 즉, 신규의 전자등록을 하려는 날부터 효력을 상실한다(전자증권법 제36조제3항). 다만, 기준일 당시 민사소송법에 따른 공시최고절차가 계속 중이었던 주권 등은 그 주권 등에 대한 제권 판결의 확정일로부터 효력을 상실한다.[56]

3.6. 전자등록된 주식 등의 권리행사

(1) 권리행사 일반

현행 예탁제도에서는 예탁증권에 대한 명의개서 등의 권리행사 권한을 예탁결제기관에 부여하고 예탁결제기관이 법적 권리자(명의인)로서 발행회사로부터 권리를 수령하여 실질소유자에게 배분하는 방법을 취하고 있다. 이러한 방법은 배당금 수령 등 집단적 권리행사에 있어서 효율적이나, 실질소유자와 발행회사 간의 직접적 관계를 단절시키는 단점을 내포하고 있다. 이러한 문제를 해결하여 권리자의 개별적 권리행사가 가능하도록 하는 제도적 수단이 실질주주제도 및 실질수익자제도이다.[57]

전자증권제도 하에서 권리자는 예탁제도와 마찬가지로 전자등록된 주식 등에 관한 권리를 직접 행사하거나 전자등록기관을 통하여 간접 행사할 수 있다.

---

55 원칙적으로 선의취득은 정상적으로 발행된 유가증권에 대하여 적용하는 것이나, 전자증권제도에서는 실제 발행 수량을 초과하여 등록된 수량에 대하여도 거래의 안전을 위해 선의취득을 인정한다.

56 공시최고절차가 진행 중인 주권이 전자증권법의 시행에 따라 실효되는 경우, 법원이 주권의 실효 및 권리자 확정을 위한 절차를 계속 진행하기 곤란한 문제가 발생한다.

57 주주명부나 수익자명부 등이 전자등록기관이 통보하는 소유자 내역으로만 작성되는 전자증권제도에서는 실질주주제도나 실질수익자제도가 불필요하다. 실질주주의 의결권을 예탁결제기관이 주주명부상의 주주라는 명분으로 대신 행사하는 Shadow voting 제도도 전자증권제도 하에서는 그 존립 근거를 상실하게 된다. 참고로, 예탁결제원의 Shadow voting 제도는 그간 경영진 등에 의한 남용으로 주주총회 활성화의 장애요인이 되어 왔던 점과 2010년부터 전자투표제도가 시행된 점 등을 고려하여 2018년부터 폐지하기로 하였다.

(2) 전자등록기관을 통한 간접 권리행사

전자등록기관은 전자등록된 주식 등에 대한 법적 권리자가 아니지만, 권리자는 전자등록기관을 통하여 배당금 · 원리금 · 상환금 등의 수령이나 기타 전자등록된 주식 등에 관한 권리를 행사할 수 있도록 하였다(전자증권법 제38조제1항). 전자등록기관을 통하여 간접적으로 권리행사를 하려는 권리자는 그 뜻과 권리행사의 내용을 명시하여 계좌관리기관을 통하여 전자등록기관에 신청하여야 한다(전자증권법 제38조제1항 · 제2항).

발행인은 전자등록기관을 통한 권리행사를 위해 전자등록된 주식 등에 대한 권리의 내용, 발생사유 및 그 행사일정과 발행조건이 변경된 경우에는 그 내역 등을 지체없이 전자등록기관에게 통지하여야 한다(전자증권법 제38조제3항).

(3) 권리자의 직접 권리행사

전자등록된 주식 등의 권리자가 발행인에 대하여 권리를 직접 행사하는 방법은 소유자명세 통지에 의한 방법과 소유자증명서 및 소유내용 통지에 의한 방법이 있다. 발행인이 전자등록된 기명식 주식의 주주총회를 개최하기 위해서는 주주총회에 참석할 주주 확정을 위해 일정한 날(기준일)을 정하여 전자등록기관에 소유자명세의 작성을 요청하여야 한다.

자본시장법상 예탁제도에서는 발행인이 예탁결제원에 실질주주명세를 요청할 수 있는 사유가 상법상 기준일 설정 및 공개매수 사유 등으로 한정되어 있으나, 전자증권법은 상법상 기준일 이외에도 소유자명세 작성 사유를 확대하고[58] 발행인이 소유자를 파악할 필요가 있는 경우로서 대통령령으로 정하는 경우에도 주기적으로 소유자명세를 요청할 수 있는 근거를 마련하여 발행인의 편의를 제고하였다(전자증권법 제37조제2항). 한편, 무기명식 주식 등의 경우, 조건부자본증권과 같이 해당 주식 등이 다른 주식 등으로 전환되는 경우에 소유자명세 작성을 요청할 수 있다(전자증권법 제37조제3항).[59] 이 밖에도, 발행인의 정관 변경 등에 따라 전자등록된 주식 등이 주권 등으로 전환되는 경우 및 발행인이 해산, 청산되는 경우에는 해당 주식 등의 전자등록이 말소된 날을 기준으로 전자등록기관이 직권으로 소유자명세를 작성할 수 있다(전자증권법 제37조제7항).

한편, 기명식 주식 등의 질권자는 등록질을 설정하기 위해 해당 주식 등이 전자등록된 전자등록기관 또는 계좌관리기관에게 질권 내역을 소유자명세에 포함하여 발행인에게 통지할 것을 요청할 수 있다(전자증권법 제37조제5항).

---

58 발행인은 법령 또는 법원의 결정, 공개매수대상증권의 소유현황 파악, 채무자회생법에 따른 주주 · 지분권자 목록 작성 및 거래소 상장심사를 위한 경우에는 임의적으로 전자등록기관에 소유자명세의 작성을 신청할 수 있다.

59 소유자명세를 통지받은 발행인은 소유자별 전환 주식수를 산정하여 주주명부에 기재하고 전자등록기관은 조건부자본증권을 말소하고 주식을 신규 등록한다.

그림 7-11 **소유자증명서 업무 흐름도**

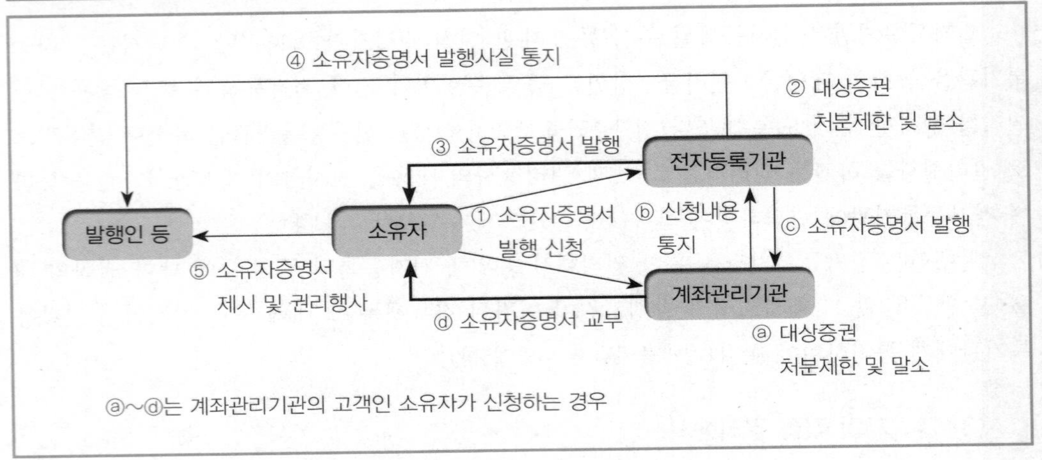

발행인의 요청 등에 따라 전자등록기관은 계좌관리기관으로부터 소유자의 성명, 주소 등 인적사항과 주식 등의 소유 수량 등 필요한 사항을 통보받아 소유자명세를 작성하여 발행회사에 통지하고, 발행회사는 통지내용에 따라 주주명부 등을 작성한다(전자증권법 제37조제4항 · 제6항).

또한, 전자등록된 주식 등의 소유자가 소수주주권 등 자신의 개별적 권리를 행사하기 위한 수단으로서 소유자증명서제도를 도입하였다(전자증권법 제39조). 이는 현재의 실질주주(수익자)증명서제도에 대응하는 제도이나 대상증권의 범위가 주식(수익증권)에 한정되지 않고 개별적인 권리행사 수단이 필요한 모든 증권에 확대 적용이 가능하다.

소유자증명서제도에 더하여, 소유자의 간편한 개별적인 권리행사가 가능하도록 소유자의 신청에 따라 전자등록된 주식 등에 대한 소유 내용을 전자등록기관이 발행인에게 직접 통지하는 '소유내용의 통지'제도를 신설하였다(전자증권법 제40조). 소유자증명서제도와 소유내용의 통지제도는 소수주주권 등 소유자의 개별적인 권리행사를 위한 제도로서 기능은 동일하나 행사 기간 및 행사 방법 등에 있어서 차이가 있다. 즉, 소유자증명서는 행사기간의 제한이 없고, 증명서 반환 시까지 권리행사가 가능하나, 소유내용의 통지는 일정한 행사기간이 있고, 증명서 제출 없이 발행인에 대한 소유내용 통지만으로 개별적인 권리행사가 가능하다.

그림 7-12 **소유내용 통지 업무 흐름도**

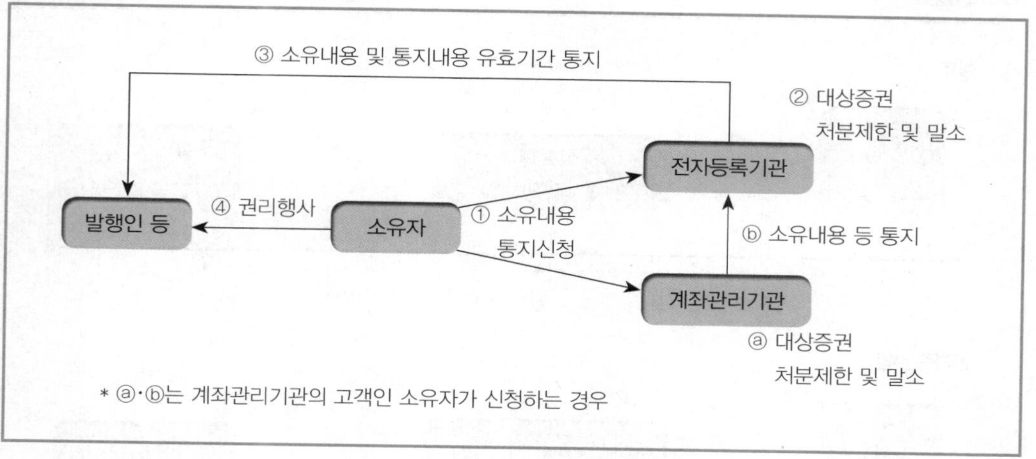

표 7-12 **소유자명세, 소유자증명서 및 소유내용의 통지의 비교**

구분	소유자명세	소유자증명서	소유내용의 통지
신청주체	발행인	소유자	좌동
신청목적	소유자명부 작성, 그 밖에 전자등록된 주식 등의 소유자를 파악할 필요가 있는 경우	발행인 등에 대한 소유자의 개별적인 권리행사	좌동
신청대상	전자등록기관	전자등록기관 * 계좌관리기관의 고객은 계좌관리기관 경유	좌동
신청결과	전자등록기관은 발행인 또는 명의개서대리인에게 소유자명세를 통지	전자등록기관은 소유자증명서를 발급하고, 지체없이 발행인에게 소유자증명서의 발행 사실 통지	전자등록기관은 소유자의 신청 또는 계좌관리기관의 통지를 받은 경우 발행인에게 소유내용을 통지

(4) 상법 특례

전자증권제도 하에서 상법상 실물증권과 관련된 규정이 전자증권법과 충돌하는 경우 전자증권법이 우선 적용되거나 상법이 당연히 적용 배제되므로 별도의 특례 규정이 불필요하다. 증권의 발행 방법(실물 발행 ⇨ 신규 등록) 및 양도 방법(교부 ⇨ 계좌 간 대체) 등은 전자증권법이 특별법으로서 우선 적용되고, 주권 불소지, 주권 실효절차 등은 당연히 적용 배제 된다. 다만, 주권 교체발행과 관련된 일부 규정에 대해서는 전자증권제도의 원활한 운영을 위한 특례 규정이 필요하다.

그림 7-13 **종류주식 전환 절차 비교**

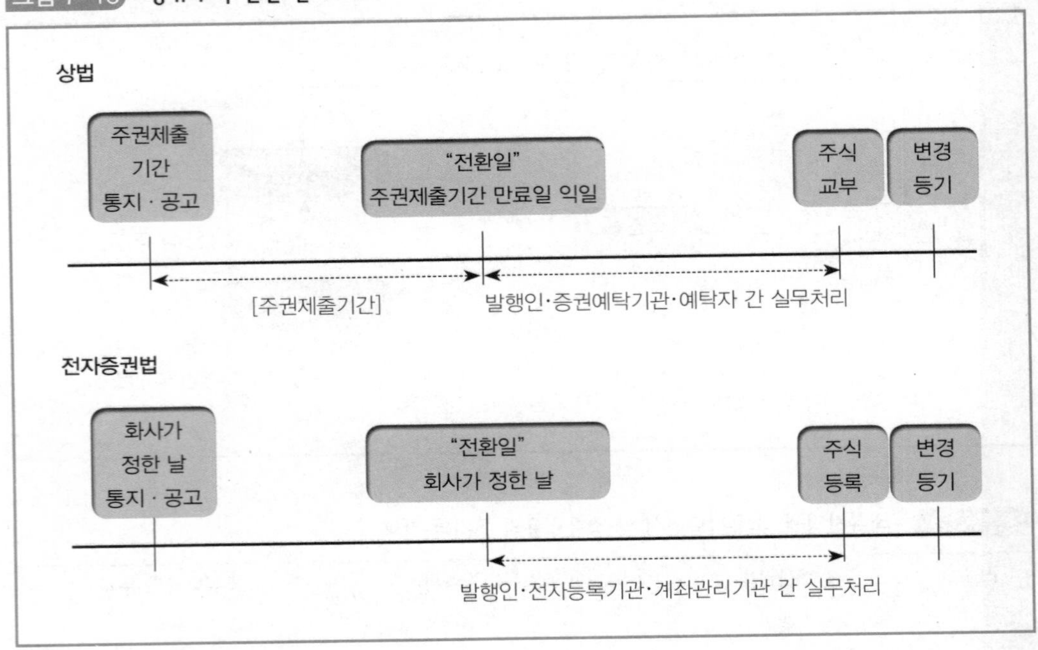

특히, 전자등록된 종류주식의 전환과 주식의 병합과 관련하여 상법에 대한 특례 규정이 필요하다. 우선, 종류주식에 대해 살펴보면 종류주식은 의결권, 배당, 잔여재산 분배, 이익소각 및 전환권 등에 관하여 보통주식과 다른 정함이 있는 주식이며, 전환권이 부여된 경우에는 정관으로 정하는 바에 따라 주주 또는 회사가 다른 종류주식으로 전환하는 것이 가능하다. 주주가 주권을 첨부하여 개별적으로 회사에 전환을 청구하는 경우에는 전환 청구 시에 전환 효력이 발생하나, 회사가 일괄 전환하는 경우에는 구주권 제출기간(2주 이상) 등을 통지 · 공고하고 구주권 제출기간 만료 시에 전환된다. 회사의 일괄전환과 관련하여 전자등록주식은 구주권 제출 없이 회사가 정한 날을 기준으로 등록계좌 상에서 일괄 전환하여야 하므로 상법상 구주권 제출절차를 대신할 특례 규정이 필요하다. 이에 따라, 전자증권법은 (ⅰ)회사가 정한 날에 종류주식이 다른 종류주식으로 전환된다는 뜻을 이사회가 주주 등에게 통지 및 공고하도록 하고, (ⅱ)회사가 정한 날에 종류주식의 전환 효력이 발생하며, (ⅲ)회사가 전자등록된 종류주식을 다른 종류주식으로 전환한 경우의 변경등기는 회사가 정한 날이 속하는 달의 마지막 날부터 2주 내에 본점 소재지에서 하도록 특례 규정을 두고 있다(전자증권법 제64조).

다음으로 전자등록된 주식의 병합과 관련하여 특례규정이 필요하다. 주식병합은 수개의 주식을 합하여 그 보다 적은 수의 주식으로 하는 것을 의미한다. 상법상 주식 병합절차는 발행인이 1개월 이상의 기간을 정하여 주식병합의 뜻 및 구주권 제출기간 등을 통지·공고하면, 구주권 제출기간 만료 시 주식이 병합된다. 전자등록주식 역시 구주권 제출 없이 회사가 정한 날을 기준으로 등록계좌 상에서 일괄 병합 처리하여야 하므로 구주권 제출절차를 대신할 특례 규정이 필요하다. 이에 따라 전자증권법은 (ⅰ)회사가 전자등록된 주식을 병합하는 경우에는 회사는 회사가 정한 일정한 날에 주식이 병합된다는 뜻을 그 날부터 2주 전까지 공고하고 주주명부에 기재된 주주와 질권자에게는 개별적으로 그 통지를 하여야 한다. (ⅱ)전자등록된 주식의 병합은 회사가 정한 일정한 날에 효력이 생긴다. 다만, 사채권자보호절차가 종료하지 아니한 경우에는 그 종료한 때에 효력이 생긴다. (ⅲ)주식병합의 특례는 ① 회사의 합병 및 분할(분할합병을 포함한다), ② 주식의 분할, ③ 주식의 소각, ④ 액면주식과 무액면주식 간의 전환절차에도 준용한다(전자증권법 제65조).[60]

그림 7-14 **주식병합 절차 비교**

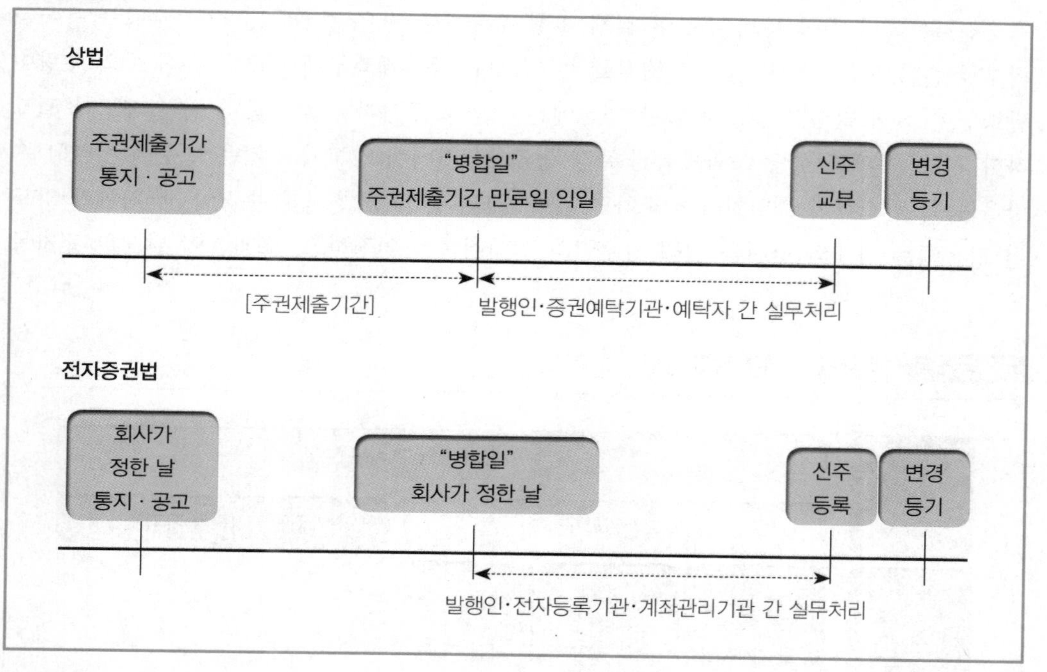

60 전자등록주식은 주권제출기간이 없으므로 통지·공고 시한 단축이 가능하다(1월 ⇨ 2주). 일본의 경우에도 회사법에서 주식병합을 위한 통지·공고 시한을 주권발행회사의 경우 1개월, 주권불발행회사의 경우 2주로 구분하여 규정하고 있다.

3.7. 투자자보호제도

전자증권제도의 안정적 운영을 위해서는 전자등록기관 및 계좌관리기관이 작성 및 관리하는 법적장부 간의 정합성을 유지하고 이를 신뢰한 투자자를 보호할 필요가 있다. 전자증권제도 하에서 발행인이 실제 발행한 주식 등의 수량과 전자등록기관 및 계좌관리기관에 전자등록된 수량이 상이한 경우, 전자등록기관 및 계좌관리기관은 이를 해소해야 한다. 전자증권제도에서 전자등록기관과 계좌관리기관이 각각 작성 및 관리하는 법적장부 간의 정합성을 확인하는 방법은 전자등록기관의 경우, 고객관리계좌부 및 계좌관리기관등 자기계좌부의 기록 및 등록 수량의 합계를 발행인관리계좌부의 기록 수량과 종목별로 대조하는 방식으로 불일치 여부를 확인하며, 계좌관리기관의 경우, 자신이 관리하는 고객계좌부 등록 수량의 합계와 해당 계좌관리기관의 고객관리계좌부 기록 수량을 종목별로 대조하는 방식으로 불일치 여부를 확인한다(전자증권법 제42조제1항 및 제2항).

전자등록된 주식 등의 수량이 실제 발행 수량보다 적은 경우에는 해당 수량을 등록계좌부상 증가 등록하는 방법으로 해결할 수 있으나, 등록계좌부에 등록된 주식 등의 수량이 발행인이 실제 발행한 것보다 많은 경우에는 선의의 투자자를 보호하기 위한 제도가 필요하다. 이 경우에도 해당 초과등록된 주식 등이 제3자에게 양도되지 않은 경우에는 해당 수량을 등록 말소하여 불일치를 해소하면 된다. 그러나, 해당 초과분 수량이 제3자에게 양도된 경우에는 거래의 안전을 위해 양수인의 선의취득을 인정하고, 초과분이 발생한 전자등

그림 7-15 **초과 등록 여부 확인 방법**

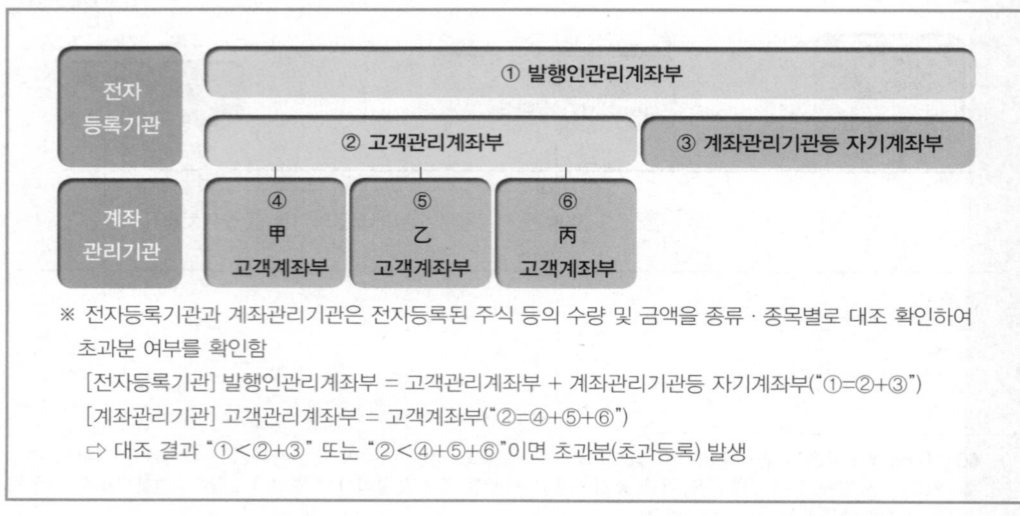

록기관 또는 계좌관리기관은 그 초과분과 동일한 종목의 주식 등을 매입하여 말소하거나 자신이 보유하고 있는 해당 종목의 주식 등을 말소하여 불일치 문제를 해소해야 한다(전자증권법 제42조제3항).

만일, 초과분을 해소할 의무가 있는 자가 이를 이행하지 아니하는 경우에는 전자등록기관과 모든 계좌관리기관이 연대하여 초과분을 해소하고, 원리금 지급일 또는 배당금 지급 기준일까지 초과분을 해소하지 못한 경우에는 초과분을 해소할 의무가 있는 계좌관리기관 또는 전자등록기관이 그 초과분에 대한 원리금 및 배당금 지급의무를 부담한다. 초과분 해소의무를 이행한 계좌관리기관 또는 전자등록기관은 초과분 발생에 책임이 있는 자에게 구상권을 행사할 수 있다(전자증권법 제42조제3항 · 제4항).

고객계좌부에서 초과분이 발생한 경우에는 해당 계좌관리기관의 고객 중 초과분과 동일한 종목의 주식 등을 보유하고 있는 모든 자는 다음의 산식에 따라 산정된 수량만큼 발행인에게 자신의 권리를 주장할 수 없다.

$$\text{선의취득된 초과분} \times \frac{\text{해당 계좌관리기관의 고객이 각각 보유한 초과등록종목의 수량 · 금액}}{\text{해당 계좌관리기관에 등록된 초과등록종목의 총수량 · 금액}}$$

계좌관리기관등 자기계좌부에서 초과분이 발생한 경우에는 전자등록기관 및 모든 계좌관리기관을 통해 초과분과 동일한 종목의 주식 등을 보유하고 있는 모든 자는 다음의 산식에 따라 산정된 수량만큼 발행인에게 자신의 권리를 주장할 수 없다.

$$\text{선의취득된 초과분} \times \frac{\text{모든 권리자가 각각 보유한 초과등록종목의 수량 · 금액}}{\text{모든 전자등록계좌에 등록된 초과등록종목의 총수량 · 금액}}$$

이로 인하여 권리자에게 의결권행사 제한 등 손해가 발생한 경우 초과분 해소의무가 있는 자가 그 손해를 배상하되, 배상하지 아니하는 경우에는 계좌관리기관과 전자등록기관이 연대하여 배상책임을 부담한다(전자증권법 제43조제3항 · 제4항).[61]

61 일본의 경우, 우리나라와 동일하게 초과분 발생기관이 말소의무를 부담하나 상위 계좌관리기관의 초과기재로 하위 계좌관리기관의 투자자가 손해를 입은 경우 하위 계좌관리기관은 상위 계좌관리기관의 말소의무 불이행에 따른 손해를 상위 계좌관리기관과 연대하여 배상할 의무를 부담한다. 손해배상의무 부담기관이 파산하는 경우에는 가입자보호신탁(기금)에서 투자자별 1천만엔 한도로 손실을 보상한다.

그림 7-16 **초과 등록 발생 시 업무처리절차**

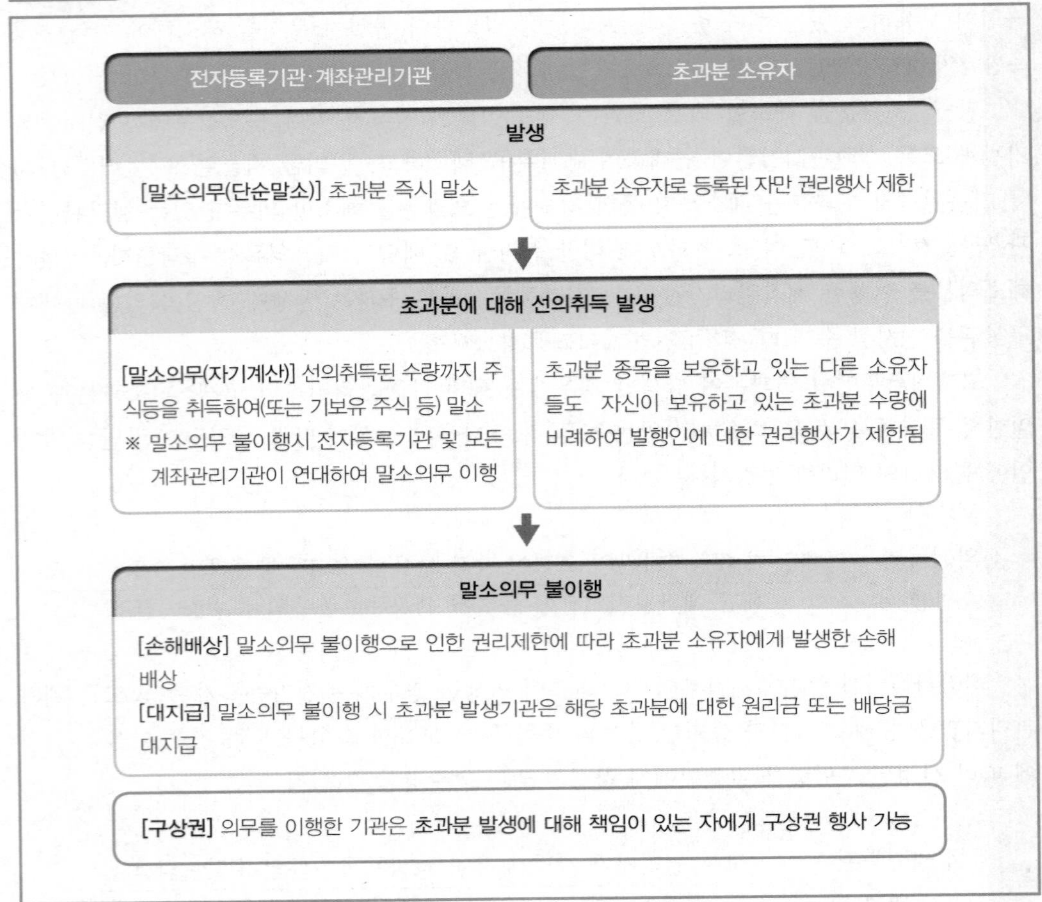

3.8. 기발행 증권의 전자등록 전환

신규 등록은 발행인이 전자등록기관에 사전심사를 신청하고 전자등록기관이 이를 심사하여 승인한 이후에 하는 것이 원칙이나(전자증권법 제25조), 전자증권법은 실물증권의 신속하고 효율적인 전자등록주식 등으로의 전환과 투자자보호를 위해 전자등록이 법적으로 의무화된 상장증권 등은 발행인의 신청이 없는 경우에도 법 시행일에 일괄적으로 전자등록주식 등으로 전환하도록 하였다(전자증권법 부칙 제3조).

예탁결제원에 예탁된 상장증권 등 의무전환대상증권은 법 시행일에 일괄적으로 전자등록주식 등으로 전환되고 예탁되지 아니한 의무전환대상증권(소유자가 발행회사에 제출한 증권은 제외한다)에 대한 권리는 임시적으로 특별계좌에 등록하여 관리한다. 특별계좌에 등록된 주식 등은 소유자가 해당 증권 실물을 발행인에게 제출하고 자기 명의의 일반 전자등록계좌로 이전하는 경우 외에는 원칙적으로 처분을 할 수 없다(전자증권법 제29조, 부칙 제3조).[62]

발행인은 법 시행일 전까지 예탁하지 아니한 권리자를 보호하기 위하여 (ⅰ)법 시행일 전에 1개월 이상의 기간을 정하여 법 시행일부터 전환대상인 증권이 효력을 상실한다는 뜻과 (ⅱ)법 시행일 전까지 발행인에게 전자등록계좌를 통지하고 전환대상 증권을 제출하여야 한다는 뜻을 주주 등 권리자에게 공고하고 통지하여야 한다(전자증권법 부칙 제3조제3항). 한편, 전환 대상인 기명식 주권의 약식 질권자는 질권설정자의 신청이 없더라도 법 시행일의 1개월 전부터 법 시행일의 직전 영업일까지 단독으로 발행인에게 주주명부에 질권 내용의 기재를 요청할 수 있다. 이 경우, 질권자는 질권설정자의 성명과 주소를 주주명부에 기재할 것을 함께 요청할 수 있으며, 명의개서대리인이 등록질의 요청을 받은 경우에는 금융실명법상 질권설정자에 대한 실지명의 확인의무를 적용하지 아니한다. 이 경우 등록질을 신청한 질권자는 그 사실을 지체없이 질권설정자에게 통지하여야 한다.

전자등록이 선택사항인 비상장증권의 경우에 예탁결제원은 전자등록이 의무화되지 않은 비상장예탁증권의 발행인에게 (ⅰ)법 시행일에 비상장예탁주식 등을 전자등록하려는 발행인은 정관을 변경하여야 한다는 뜻과 (ⅱ)발행인이 법 시행 3개월 전까지 예탁결제원에 해당 비상장예탁주식 등의 전자등록 신청을 하여야 한다는 뜻을 법 시행일 6개월 전까지 통지하여야 한다. 발행인의 전자등록 신청이 있는 경우 기발행 증권은 전자등록이 법적으로 의무화된 상장증권 등의 경우와 동일하게 처리된다(전자증권법 부칙 제4조). 다만, 비상장 등록공사채는 이미 무권화가 달성되었고 만기가 존재한다는 점과, 비예탁대상인 비상장 등록공사채의 경우 상장 등록공사채와 달리 유통성이 낮아 발행인 및 사채권자 입장에서 전자등록공사채로의 전환 유인이 미미한 점과 전자등록기관을 통한 권리행사가 곤란하다는 점을 고려하여 신청에 의한 전자등록 전환 대상에서 제외하였다(전자증권법 부칙 제4조).

3.9. 관련 법률의 정비

먼저, 자본시장법을 개정하여 전자증권제도 도입에 따른 제반 사항을 조정하였다. 비상장증권, 기업어음 등에 대한 예탁제도 존치 필요성에 따라 예탁제도를 계속 유지하기로 하되, 전자등록된 주식 등에 대하여는 예탁제도의 적용을 배제하였다(자본시장법 제308조제1항). 이와 함께 투자신탁 수익권과 투자회사 주식의 전자등록을 의무화하고(자본시장법 제189조제3항, 제196조제2항), 실질수익자제도를 폐지하였다(자본시장법 제319조 삭제). 또한,

62 법 시행일까지 예탁되지 아니한 상장 등록 공사채는 법 시행 후 소유자의 개별 신청에 따라 전자등록주식 등으로 전환된다.

상장주식 등의 전자등록 의무화에 따라 증권시장결제기관을 예탁결제원에서 전자등록기관으로 변경하였으며, 허가제 도입에 따라 복수의 전자등록기관이 존재하는 것을 가정하여 전자등록된 주식 등의 결제는 각각의 주식 등이 등록된 전자등록기관이 수행하되, 대금결제는 금융위원회가 따로 지정하는 단일의 전자등록기관에 위탁할 수 있도록 하여 결제대금 차감효과를 유지할 수 있도록 하였다. 한편, 증권예탁증권은 국내에서 예탁결제원이 발행업무를 독점하고 있으나 KDR이 장내시장에 상장되는 점을 고려하여 전자등록기관이 발행하도록 규정하였다.

상장증권의 전자등록 의무화에 따라 예탁결제원에 예탁된 상장주식에 대한 주권 발행 전 주식 양도 제도는 폐지하였다. 원칙적으로 상법상 주권 발행 전 주식의 양도는 회사에 대하여 효력이 없으나(상법 제335조제3항), 예탁결제원에 권리주 형태로 예탁된 상장주식의 경우 투자자의 투자자금 조기회수를 위해 주권 발행 전에 증권시장에서의 매매거래를 투자자계좌부 또는 예탁자계좌부상 계좌 간 대체의 방법으로 결제하는 경우에는 발행인에 대하여 그 효력이 있다(자본시장법 제311조제4항 삭제). 그러나, 전자증권제도에서는 실물주권이 존재하지 않고, 등록계좌부에 권리주 수량을 등록하는 때에 즉시 양도가 가능하므로 권리주 양도에 관한 상법 특례제도를 폐지한 것이다.

공사채 등록법의 경우 전자증권법 시행 시 그 입법 목적이 달성되므로 전자증권법 시행과 동시에 폐지된다.[63] 다만, 은행이 공사채 등록법에 따라 등록발행하던 은행채 등은 전자증권법 시행 후에도 현행대로 등록발행이 가능하도록 은행법에 등록 근거를 마련하였다(은행법 제33조의2). 공사채 등록법의 폐지에 불구하고, 동 법에 따라 등록된 공사채 중 전자증권법 시행 후에 전자등록공사채로 전환되지 아니한 공사채에 대하여는 종전의 공사채 등록법이 계속 적용된다(부칙 제6조).

전자단기사채에 대하여는 상법상 특례조항을 마련하여 전자증권법으로 통합하여 규정하였고(상법 제59조),[64] 전자단기사채법은 폐지하였다. 또한, 상법을 개정하여 전자증권제도의 적용 대상을 상법상 유가증권 중 그 권리의 발생 · 변경 · 소멸을 전자등록하는 데에 적합한 유가증권으로 한정하였다. 즉, 전자증권법의 적용이 적합하지 않은 합자회사 등의 출자지분, 화물상환증 및 선하증권 등을 적용 배제할 수 있는 근거를 마련하였다. 그리고, 전자등록의 절차 · 방법 및 효과, 전자등록기관에 대한 감독 등에 필요한 사항은 '대통령령'이 아니라 '다른 법률'로 정하도록 함으로써(상법 제356조의2제4항) 전자증권법과 상법 간 조화를 도모하였다.

---

63 「국채법」 등에 따른 채권등록제도는 현행대로 존치하기로 하였고, 다만, 한국은행이 발행사무를 대행하는 국채 등의 경우, 국채법 등에 따라 등록된 국채 등을 현행 국채 등의 일괄예탁방식과 동일한 방식으로 전자등록 할 수 있도록 규정하여 유통의 원활화를 도모하였다(제72조).

64 전자증권법으로 편입하면서 이사회의 대표이사에 대한 발행권한의 위임, 사채원부의 작성과 사채권자집회에 관한 「상법」의 특례규정을 마련하였고, 종전의 '전자단기사채'라는 용어는 '단기사채'로 변경하였다.

제4장 주요국의 전자증권제도

전자증권제도는 실물증권의 위험과 금융시스템의 비효율성을 개선하기 위한 방편의 하나로 1983년 덴마크를 시작으로 프랑스(1984년), 스웨덴(1989년) 등이 도입하였다. 1990년대 들어서는 증권시장의 효율성 제고 및 경쟁력 강화를 위하여 스페인(1992년), 영국(1996년), 이탈리아(2002년) 등으로 확대되어 유럽에서는 보편적 제도로 정착되었다.

아시아에서도 금융시장 경쟁력 강화를 위하여 도입되기 시작하였다. 중국은 1993년 증권시장 개설과 더불어 상장주식, 회사채 등에 대하여 전자증권제도를 도입하였다. 일본도 낙후된 증권결제시스템의 정비를 위하여 2001년부터 2009년까지 단계별로 전자증권제도를 도입하여 시행하고 있다. 우리나라도 2011년 4월 개정상법에서 전자등록제도를 도입하였고, 2013년 1월 15일부터는 전자증권의 시범적인 제도라고 할 수 있는 전자단기사채제도가 도입되어 운영되고 있다.

이하에서는 전자증권제도를 시행하고 있는 나라를 간접등록(복층 또는 다층)구조, 직접등록(단층)구조, 기타구조 채택국가로 구분하여 고찰한 후, 우리나라의 전자증권제도 도입 현황(전자등록제도, 전자단기사채제도)에 대하여 살펴보기로 한다.

제1절 간접등록(복층 또는 다층)구조 채택국가

1 프랑스

1.1. 전자증권제도 개요

프랑스는 1949년 중앙예탁결제기관인 SICOVAM[65]을 설립하여 증권예탁결제제도를 실시하였다. 그리고 전자증권제도의 도입 이전에 이미 대부분의 증권(주권 약 95%, 채권 약 80%)이 중앙예탁결제기관에 집중예탁되어 부동화가 실현되어 있었다. 이를 배경으로 프랑스는 1980년 9월 증권시장 근대화 계획의 일환으로 모리즈 페루즈위원회[66]가 제출한 증권관리제도의 개혁방안을 토대로 정부 주도의 전자증권제도를 본격적으로 추진하기 시작하였다.

프랑스는 1981년부터 1983년까지 「금융법」 개정을 통해 법률정비를 완료하였으며,[67] 1984년 11월 3일에는 대상증권을 강제적으로 전자등록시켜 전자증권제도를 시행하였다. 그러나 전자증권제도의 본격적인 실시는 유통 중인 무기명증권의 처리를 위해 1988년 5월까지 유예되었다.

전자증권제도의 적용대상증권은 그 종류를 불문하고 프랑스 국내에서 발행되고 프랑스법의 적용을 받는 모든 증권이다. 전자증권제도 적용대상증권을 발행한 회사는 의무적으로 전자증권시스템에 참가하여야 하며, 투자자는 계좌등록의 방법으로만 증권을 보유할 수 있다.

중앙등록기관인 Euroclear France의 전자증권시스템에 참가할 수 있는 자는 발행회사와 계좌관리기관으로 제한된다. 따라서 일반투자자는 증권의 종류에 따라 발행회사나 계좌관리기관에 등록하여야 한다. 발행회사와 계좌관리기관은 등록된 증권(고객분)의 총량을

---

65 SICOVAM은 2001년 1월 Euroclear Bank와의 합병으로 Euroclear France로 상호를 변경하였다.

66 프랑스 정부가 증권시장 근대화 계획의 일환으로 1979년 7월에 공탁은행장인 Maurice Perouse에게 프랑스 증권시장의 선진화에 관한 연구용역을 의뢰하였다. 이를 위해 위원회가 설치되어 1980년 9월에 전자증권제도 도입안이 포함된 용역보고서가 재경부에 제출되었다(大武泰南, "DEMATERIALISATIONにおける株式の譲渡および株主権の行使: フランスの株式登錄管理制度", 「攝南法學」, 弟4號別冊, 摂南大学法学部, 1990.8, 40~41面).

67 1981년 12월 30일에 「금융법(Loi de finances)」 제94조-Ⅱ의 신설로 전자증권제도를 도입하였으며, 1983년 1월 3일에는 회사법상 기명증권의 양도방법에 관한 규정을 개정하여 증권의 교부 및 명의개서에 의한 양도방법을 폐지하고 계좌대체로 통일하였다.

중앙등록기관에 재등록하여야 한다. 이를 위해 중앙등록기관은 등록계좌 외에 발행회사별로 증권발행계좌를 운영하고 있다.

증권명부(소유자명부)는 발행회사가 직접 또는 등록대행기관에 위임하여 작성하는데, 중앙등록기관으로부터 관리기명식증권의 소유자내역을 통보받아 순수기명식증권의 소유자내역과 취합하여 작성하게 된다.[68] 권리행사는 직접행사가 원칙이다. 그러나 배당금 및 이자지급은 중앙등록기관이 발행회사의 지급은행으로부터 수령하여 계좌관리기관을 통하여 증권소유자에게 지급한다.

1.2. 전자증권제도의 구성

(1) 입법체계

프랑스 전자증권제도 관련 법령은 (ⅰ)1982년「금융법」제94조-Ⅱ, (ⅱ)증권제도에 관한「1983년 5월 2일 시행령(Decret du 2 mai 1983)」, (ⅲ)제 규정의 적용에 대한 1983년 8월 8일 통달(circulaire du 8 aout 1983) 등으로 이루어져 있다. 전자증권제도에서는 대상증권의 명의이전을 장부상 계좌대체로 하기 때문에 증권실물을 전제로 한 회사법상 규정이 필요없게 되었다. 이에 따라 회사법 제265조의 무기명증권을 양도하기 위해서는 증권을 교부해야 하며, 기명증권 인도는 회사가 작성하는 주주명부의 명의개서에 의해야 한다는 조항이 삭제되었다. 그 밖에도 실물증권을 전제로 한 다수 조항들의 개정이 이루어졌다.

(2) 적용대상증권

전자증권제도의 적용대상증권은「금융법」제94-Ⅱ조와「1983년 5월 2일 시행령」에서 정하고 있다.「금융법」제94-Ⅱ조에서는 프랑스 국내에서 발행되고, 프랑스법의 적용을 받는 증권은 그 증권의 형태를 불문하고 해당증권의 발행법인이나 공인중개인에 의해 보유되고 있는 계좌에 등록해야 한다고 규정하고 있다. 다만, 이 규정은「금융법」의 효력 발생 이전에 발행되고 번호 추첨에 의해 상환되는 장기국채나 PTT(우편전신전화공사)채는 적용되지 않는다. 실물증권이 없게 되어 계좌만으로 처리되면 기번호에 의한 추첨 상환에 지장이 생길 수 있기 때문이다.

해외에서 유통되고 있는 프랑스 증권은 프랑스 국내에서 유통되고 있는 증권과 달리 특별한 절차가 필요하기 때문에 전자증권제도를 적용하지 않는다. 증권형식에는 무기명식

68 발행회사에 등록하는 경우를 순수기명식(nominatif pur)증권이라고 하고, 계좌관리기관에 등록하는 경우에는 관리기명식(nominatif administré)증권이라고 한다. 순수기명식증권은 종전에 주주가 계좌관리기관을 거치지 아니하고 발행회사에 대하여 직접관계를 유지하였던 것을 그대로 반영한 것이며, 관리기명식증권은 종전의 명의개서대리인제도를 전자증권제도에 그대로 반영한 것이다.

과 기명식이 있는데, 전자증권제도에서도 그 틀은 유지가 되었다. 그러나 법률이나 회사 정관에 의해 기명식으로 제한할 수는 있다. 그 이외의 증권은 무기명증권과 기명증권의 상호 전환이 가능하게 되어 있다.

(3) Euroclear France의 역할

프랑스는 증권예탁결제제도가 정착되어 있었고, 증권의 집중보관 · 계좌대체 · 관리 업무는 Euroclear France가 이미 처리하고 있었다. 그러나 증권예탁결제제도의 이용은 임의적인 선택사항이었다. 그 결과 상장증권의 4분의 3은 Euroclear France에 예탁되어 있었으나, 나머지 4분의 1은 증권의 소유자가 직접 실물로 보유하고 있었다.

그러나 전자증권제도의 본격 시행으로 모든 상장증권이 Euroclear France에 등록되었다. 그 결과 Euroclear France 업무는 대폭 증가되어 공적 기관으로서의 책임도 가중되게 되었다. 이점을 고려하여 Euroclear France는 1985년 6월 종래의 정관을 개정하여 조직 정비를 단행하였다. 아울러, 기존의 자본금 225만 프랑을 858만 4,800프랑으로 증액하였으며, Euroclear France의 운영도 이에 상응하도록 강화하였다.

1.3. 전자증권제도의 운영[69]

(1) 계좌등록

전자증권의 발행법인이나 자연인이 증권의 보유자가 되기 위해서는 기명 · 무기명증권에 상관 없이 증권계좌를 개설해야 한다. 주식이 기명식인 경우는 발행회사가 관리하는 계좌에, 무기명식인 경우는 일정한 자격을 가진 계좌관리기관이 관리하는 계좌에 기재된다. 기명주식에 대해서 발행회사는 이 사실을 법정 공고지에 사전 공고하여야 한다. 다만, 이 경우에는 계좌관리를 자신이 직접 하지 않고 계좌관리기관에게 위임할 수 있다.

발행회사가 기명증권에 대하여 증권계좌를 직접 관리하는 것을 순수기명식(nominatif pur)계좌라고 한다. 이에 비하여 계좌관리기관에 위임하여 관리하는 증권계좌를 관리기명식(nominatif administre)계좌라 한다. 그런데 발행회사가 계좌관리기관에 계좌관리를 위임한 경우에도 발행회사에 계좌관리 업무가 없어지는 것은 아니다. 발행회사는 계좌관리기관으로부터의 통지에 의해 관리기명식계좌의 사본을 관리하여야 하기 때문이다. 순수기명과 관리기명은 그 성질상 명확한 구분이 필요하며, 그 정확성을 유지할 필요가 있다. 이에 순수기명식계좌와 관리기명식계좌의 관리에 대한 검사 및 감독 권한이 Euroclear France에

69 프랑스의 전자증권제도 운영에 관하여는 大武泰南 “DEMATERIALISATIONにおける 株式の譲渡および株主權の行使(二)”, ‘攝南法學’, 第六號別册, 1991.8, 2面 以下 參照.

부여되어 있다.

(2) 증권의 양도

주식의 양도가 행해지는 경우 주식이전의 지시는 주식의 소유자 또는 그의 대리인이 서명한 서면으로 해야 한다. 그러나 대량 거래를 전제로 하는 증권거래소 거래나 전문업자 간에 이루어지는 증권거래에 대해서는 이를 적용하지 않는다. 또한, 계좌관리기관은 계좌소유자에게 연 1회 잔고증명을 통지할 의무가 있으며, 계좌소유자가 청구할 때에는 청구자의 부담으로 수시로 잔고증명을 발급해야 한다.

증권계좌는 종목별 관리와 일기장(日記帳) 기재에 의한 관리로 이중 관리한다. 기명주식 중 순수기명식의 경우 계좌등록은 발행회사가 하며, 양도는 발행회사가 관리하는 증권계좌상 대체거래에 의해 처리된다. 그러나 발행회사가 계좌관리를 계좌관리기관에 위임한 관리기명식의 경우에는 계좌관리기관이 관리하는 증권계좌 간 대체에 의해 계좌등록이 일어나게 된다. 이 경우 기명주식의 소유자가 계좌등록이나 주식이전 등의 지시를 하는 상대방은 발행회사가 아니고 계좌관리기관이 된다.

그 외에도 기명주식을 순수기명식계좌에서 관리하고 있는 주주가 증권거래소 거래를 통해 양도하고자 하는 경우가 있다. 이 경우에는 발행회사가 관리하는 순수기명식의 증권계좌상에서 대체가 이루어질 수 없기 때문에 순수기명식계좌에서 관리기명식계좌로 이관해야 한다. 증권거래소 거래의 결제는 Euroclear France에 계좌를 갖고 있는 계좌관리기관 등의 계좌대체에 의해 처리되기 때문이다.

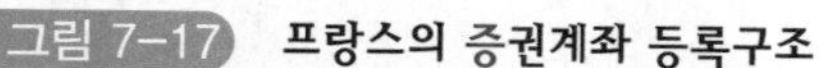
그림 7-17 프랑스의 증권계좌 등록구조

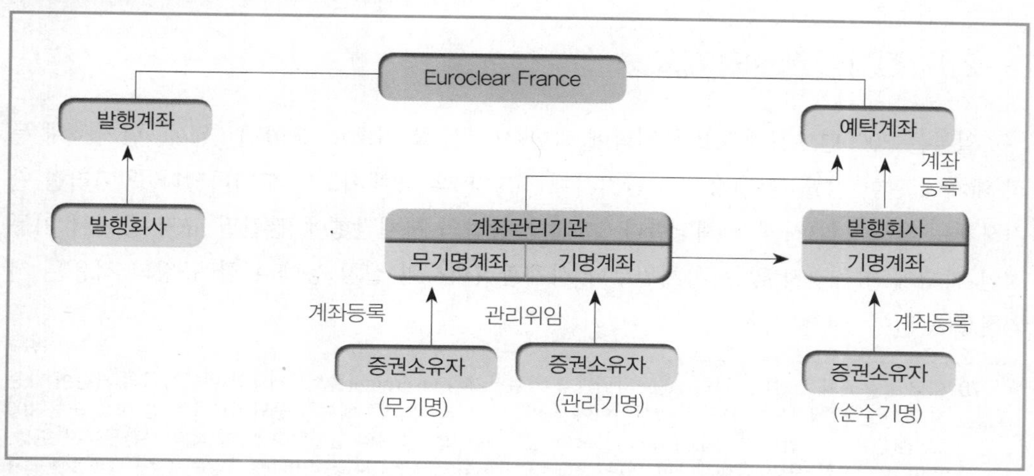

(3) 주주권의 행사

기명주식은 주주의 이름을 발행회사가 비치하는 주주명부에 등록하고, 회사는 그 주주명부의 기재에 기초하여 각종 주주권을 처리하는 방식이다. 이에 비하여 무기명주식은 회사가 주주의 이름을 파악할 수 없기 때문에 회사와 주주 간의 주주권 처리는 법정 공고지에 공고하여 처리된다.

기명주주는 회사의 경영에 관심이 많은 주주이다. 이를 반영하여 2년 이전부터 계속하여 회사의 주주명부에 등록되어 있는 기명주식에 대해서는 다른 주식보다 2배의 의결권을 부여할 수 있도록 하였다(회사법 제175조). 또한, 무기명주식에 대해서는 주주의 주식 양도방법의 간편화와 법정 공고지에 의한 공고를 기초로 주주권을 행사해야 하는 번잡함을 회피할 필요가 있었다. 이에 주주 자신이 주식을 보유하지 않고 계좌관리기관을 통해 Euroclear France에 예탁하고, 주주권의 행사도 Euroclear France를 통해 처리할 수 있도록 하였다.

무기명주식의 경우에는 대다수의 주주가 이미 Euroclear France 제도를 이용하고 있었다. 이에 따라 기존 증권예탁결제제도와 비교하여 현행 전자증권제도에서도 실질적으로는 큰 변화는 없다. 다만, 무기명주식의 장점 중 하나인 주주의 익명성이 상실되게 되었다. 그러나 이것도 Euroclear France와 계좌관리기관이 주주의 비밀을 보장하고 있기 때문에 문제가 되지는 않는다.

2 일본

2.1. 전자증권제도 개요

일본은 2000년 3월에 'CP 무권화에 관한 보고서'를 기초로 2001년 6월에 「단기사채 등의 대체에 관한 법률」을 제정하여 단기사채(전자CP)의 대체제도를 도입하였다.[70] 이러한 단기사채는 상법상의 사채에 해당한다. 그러나 상법의 사채발행에 관련된 규정 중에서 기동적인 발행에 어울리지 않는 사채원부나 사채관리회사의 설치 등에 관한 규정의 적용은 제외하도록 되어 있다.

70 이러한 무권화 된 단기사채는 (ⅰ)당일발행 익일만기의 Overnight물로부터 1년 미만까지의 기간이 가능하고, (ⅱ)발행단위는 1억 엔 이상이어야 하며, (ⅲ)공모의 경우에는 유통단위로 1억 엔 이상 또는 100만 엔 단위로 분할이 가능하나, (ⅳ)사모의 경우에는 발행총액의 일괄양도 내지 적격 기관투자자 한정, 또는 분할제한 등의 발행제한이 있다(犬飼重仁/勝藤史郎/鈴木裕彦/吉田 聰, 「電子コマーシャルペーパーのすべて」, 東洋経済新報社, 2004, 8面).

2002년 6월에는 단기사채 등의 대체에 관한 법률을 전면 개정하여 그 법률명을 「사채 등의 대체에 관한 법률」로 개정하고, 단기사채 외에 사채 · 국채 · 지방채 · 투자신탁 등에 대하여도 전자증권제도를 도입하였다. 2004년 6월에는 기존의 사채 등의 대체에 관한 법률을 전면 개정하여, 「사채, 주식 등의 대체에 관한 법률」(이하 '대체법'이라 한다)로 변경하고 전자증권의 대상도 주식으로 확대하였다.

전자증권제도 적용대상증권은 사채그룹과 주식그룹으로 구분된다. 그러나 (ⅰ)약속어음과 같이 권리발생에 실물증권의 존재를 필요로 하는 증권, (ⅱ)Covered Warrant나 주식예탁증서(DR)와 같이 증권의 발행근거 규정이 없는 증권, (ⅲ)특별법에 의해 설립된 법인이 발행하는 출자증권과 같이 선의취득이 인정되지 않는 증권, (ⅳ)권리의무관계의 불명확, 준거법의 문제 등 법률관계가 복잡한 외국주식 등에 대하여는 전자증권제도의 적용을 하지 아니한다.

주주명부의 작성과 관련하여 대체기관은 기준일 등 일정한 날과 발행회사의 요청이 있는 경우에 발행회사에게 총주주내역을 통지하고, 발행회사는 이를 토대로 주주명부를 작성하게 된다. 권리행사는 대체계좌에 등록된 자가 발행회사에 대하여 직접 권리를 가지기 때문에 모든 권리를 직접 행사하게 된다. 의결권의 경우에는 기명주식은 주주명부의 기재에 의하여, 무기명증권은 대체기관이 발행한 증명서의 공탁에 의하여 행사하게 된다. 그리고 개별주주권의 행사는 대체기관이 발행회사에 대하여 개별 주주내역을 통보하고, 해당 주주는 주주명부에의 기재 없이 소수주주권 등 개별주주권을 행사하게 된다.

2.2. 전자증권제도의 도입연혁

(1) 2000년 금융심의회 보고 및 2001년 법제심의회 중간시안

전자증권제도 도입의 계기가 된 것은 2000년 6월에 공표된 금융심의회의 '증권결제시스템의 개혁에 관한 워킹그룹' 보고서인 '21세기를 향한 증권결제시스템 개혁에 대해서'이다. 이 보고서는 증권유통단계에서의 무권화가 필요하다는 제안을 하였으며, 이를 계기로 각종의 증권에 대해서 종이증권의 폐지가 진행되게 되었다. 그리고 이러한 금융심의회의 보고를 받아 들여 상법개정의 내용을 심의하는 법제심의회가 2001년 4월 18일에 공표한 「상법 등의 일부를 개정하는 법률안 요강 중간시안」에도 주권불발행제도의 도입이 제언되었다. 그러나 전자증권제도의 실시를 위해서는 의결권의 취급이나 주식분할 · 합병 · 주식교환 등에 대한 대응 등의 복잡한 문제가 있었다. 이에 법제심의회에 있어서의 심의는 그 후에도 2003년까지 계속 진행되었다.[71]

---

71 横山淳, 「株券電子化のしくみと對應策」, 日本實業出版社, 2006, 32面.

(2) 2001년 전자CP(단기사채)법의 제정: CP의 전자화

다른 증권에 앞서 전자화가 실현된 것은 CP(Commercial Paper)인데, 당시 CP는 약속어음으로 규정되어 있어서 다양한 문제점이 지적되어 왔다. 이에 2000년의 금융심의회보고 이전부터 법무성 민사국과 대장성 금융기획국이 공동으로 설치한 'CP의 무권화(paperless)에 관한 연구회'의 검토가 진행되었다. 이러한 과정을 거쳐 2001년 6월에는 CP의 전자화를 실현하는 것을 내용으로 한 「단기사채 등의 대체에 관한 법률」이 제정되었고, 2002년 4월부터 CP의 전자화가 우선 실현되었다.

(3) 2002년 증권결제시스템 개혁법: 채권 등의 전자화

전자CP법의 제정 이후 채권 등에 대해서도 전자화를 가능하게 하는 법 개정이 이루어졌다. 2002년 6월에 성립한 「증권결제제도 등의 개혁에 의한 증권시장의 정비를 위한 관계법률의 정비 등에 관한 법률」(이하 '증권결제시스템개혁법'이라 한다)이 그것이다. 증권결제시스템개혁법은 전년도에 성립한 전자CP법을 전면 개정하여 전자화의 대상을 CP 이외에 사채 · 국채 등의 순수한 금전채권으로 확대하였다. 또한, 단층구조인 대체제도를 다층구조로 변경하였으며, 그 법률명도 「사채 등의 대체에 관한 법률」로 개정하였다.

(4) 2004년 회사법 개정: 주권불발행제도 도입

2004년 상법개정 이전의 구 상법에서는 주권발행을 원칙으로 하고 있었다. 그러나 신회사법은 이러한 기존의 원칙과 예외를 역전시켜 주권을 발행하기 위해서는 정관에 규정을 두도록 하였다(회사법 제214조). 이처럼 2004년 개정상법에서 주권불발행제도의 도입한 사유는 주식거래의 결제합리화와 신속화 등 결제제도의 개혁을 추진하기 위한 것이었다. 또한, 발행회사의 입장에서도 주식발행 · 유통 · 관리 등에 있어서의 비용과 위험을 절감할 수 있게 되었다. 특히, 비상장회사는 주식의 유통이 빈번하지 않은 상황에서 주권을 발행할 필요성이 크지 않았다.[72]

(5) 2004년 주식 등 결제합리화법: 주식 등의 전자화

법무성과 금융청은 2003년 9월 법제심의회 총회에서 결정된 「주권불발행제도의 도입에 관한 요강」에 의거, 2004년 3월 5일 「주식등의 거래에 관한 결제의 합리화를 도모하기 위한 사채등의 대체에 관한 법률등의 일부를 개정하는 법률안(이하 '주식등 결제합리화법'이라 한다)」을 2004년 정기국회에 제출하였다. 그리고 이 법안은 같은 해 4월 14일에 중의원을 통과하고 같은 해 6월 2일에 참의원에서 가결되어 법률로 제정되어, 같은 달 9일에 법률 제

72 三菱UFJ信託銀行証券代行部, 「株券電子化と移行のポイント」, 商事法務, 2008, 5面.

88호로 공표되었다. 이처럼 주식 등의 전자화는 증권결제제도 개혁의 최종단계에 이루어졌다. 이는 주식이 자익권(自益權)과 공익권(共益權)으로 된 권리의 집합체로서, 소수주주권 등의 각종 권리의 행사방법 등의 문제에 대하여, 이해관계자 간에 신중하게 이해관계를 조정할 필요가 있었기 때문이었다.[73]

2.3. 전자증권제도의 주요 특징

(1) 잔고관리에 의한 대체제도 및 완전한 무권화 구현

일본의 전자증권제도는 결제의 원활을 확보하기 위하여 동일 종목의 증권에 대한 기번호관리[74]를 하지 않는다. 그 대신에 각 투자자별로 계좌부를 작성하고 계좌부에 각 종목별로 구분된 란에 기록된 증권의 잔고수량으로 권리를 표시하는 잔고관리에 의한 대체제도를 채택하고 있다. 그 외에 일본의 전자증권제도는 발행회사와 투자자(가입자), 계좌를 관리하는 금융기관(계좌관리기관)의 비용절감 등을 위하여 완전한 무권화를 실현하고 있다. 그 결과 발행회사는 처음부터 실물증권을 발행하지 않게 되며, 투자자도 원칙적으로 실물발행을 청구할 수 없도록 하고 있다.

(2) 권리의 직접보유방식

전면무권화된 증권에 대한 권리를 보유하는 방식으로는 자기명의(직접보유)보유방식과 등록명의인(간접보유, Nominee)보유방식이 있다. 이러한 보유방식의 차이는 다층형증권보유시스템을 통하여 간접보유하는 증권에 대한 투자자의 권리를 투자자 자신이 거래하는 금융중개기관을 뛰어넘어 발행회사에 이르게 할 것인지, 아니면 단순히 투자자가 거래하는 금융중개기관에 대하여만 행사하도록 할 것인지 여부에서 비롯된다. 일본의 전자증권제도는 투자자가 보유하는 권리를 확실하게 확보하도록 하고 있다. 이를 위해 투자자 자신이 계좌를 개설한 금융기관(계좌관리기관)의 대체계좌부에 기록된 수량의 권리, 즉 발행회사에 대한 권리를 직접보유하는 구조를 취하고 있다.

(3) 다단계의 계층구조

실물증권을 기반으로 하던 기존의 보관대체제도에서는 보관대체기관(중앙예탁결제기관)이 참가자(예탁자)의 계좌를 관리하고 참가자가 고객(투자자)의 계좌를 관리하는 복층(two-tier)구조를 채택하고 있었다. 그러나 전자증권제도에서는 계좌관리기관이 다른 계좌

73 石川 裕 外,「株券電子化: その實務と移行のすべて」, 金融財政事情研究會, 2008, 9面.

74 기번호관리란 일본의 기존의 사채 등 등록법(우리나라의 공사채등록법)에서 채용한 방식으로서 부동산 등기와 마찬가지로 각 유가증권의 기번호별로 등록부를 작성하고 그 권리자를 표시하는 것을 말한다.

관리기관의 계좌를 개설할 수 있는 다단계의 계층(multi-tier)구조를 취하고 있다. 이러한 다단계의 계층구조를 취한 이유는 증권회사 등 금융기관이 사업을 탄력적으로 전개하고 국제적인 제휴가 가능하도록 하기 위한 고려에서 비롯된 것이다.[75]

(4) 발행회사 비치장부의 일원화

기존의 보관대체제도에서는 보관대체제도의 이용 여부를 투자자의 선택에 맡기고 있었다. 그 결과 대체기관에 예탁하지 않은 증권은 예탁한 증권과는 다른 절차에 따라 명의개서를 하였다. 그리고 발행회사는 주주명부와 실질주주명부라는 2개의 장부를 비치하여 관리하고 있었다. 그러나 전자증권제도 시행 이후 상장증권은 증권회사 등의 계좌관리기관이 고객(가입자)을 위하여 개설한 계좌에 상장증권에 대한 종목명과 보유수 정보가 전자적으로 기록되고, 그 기록만이 증권에 관한 권리의 귀속을 나타내게 되었다. 그리고 해당 계좌에서 증권을 인출하여 대체제도의 외부에서 보유할 수는 없게 되었다. 이처럼 전자증권제도의 시행으로 기존의 실질주주명부는 폐지되었고 발행회사가 비치하는 장부는 주주명부로 일원화되었다.

2.4. 전자증권제도의 운영구조

2.4.1. 제도의 구성기관

(1) 대체기관(JASDEC)

대체기관이란 대체제도에서 계좌개설, 계좌간 대체, 발행회사에의 통지 등을 총괄하는 전자증권제도의 핵심기관을 말한다. 대체기관은 기존의 증권보관대체기구인 JASDEC이 주무대신의 지정을 받아 관련 업무를 수행하고 있다. 이러한 대체기관에 계좌를 개설할 수 있는 자는 증권거래소 등 일부의 예외를 제외하고는 계좌관리기관이 되는 금융기관으로 제한된다. 그리고 계좌관리기관이 대체기관에 개설한 계좌는 계좌관리기관 자신의 보유증권과 고객의 보유증권이 혼동되지 않도록 하고, 고객자산의 안전한 관리를 위하여 자기계좌와 고객계좌로 구분하도록 하고 있다.

(2) 계좌관리기관(금융기관)

계좌관리기관이란 대체기관에 계좌를 개설한 자로서 통상 고객이 계좌를 개설한 금융기관을 의미한다. 이러한 계좌관리기관은 다시 직접계좌관리기관과 간접계좌관리기관으로

75 高橋康文 · 長崎幸太郎 · 馬渡直史, 「(逐條解說)社債等振替法」, 金融財政事情研究會, 2003, 22面.

구별된다. 여기서 직접계좌관리기관이란 증권회사나 신탁은행 등 직접 대체기관에 자신의 계좌를 개설한 금융기관을 말한다. 그리고 간접계좌관리기관이란 대체기관에 자신의 계좌를 개설하지 않은 금융기관으로서, 직접계좌관리기관의 고객으로 간접적으로 참가하는 기관을 말한다.

(3) 발행자

사채 등을 발행하는 자를 발행자라 한다. 발행자는 통상 회사가 되나 국가, 지방공공단체, 투자법인 등이 될 수도 있다. 대체제도를 이용하고자 하는 발행자는 대체기관에 사채 등의 취급에 대하여 동의의 의사표시를 해야 한다(대체법 제13조제1항). 이러한 의사표시는 대체제도에 따라 사채 등에 대한 권리가 행사될 경우 발행자로서 의무를 이행할 것이라는 약속을 증명하는 표시이다. 발행자의 동의는 의무주체로서 의무이행을 담보하기 위해 반드시 필요한 형식요건이 된다.

(4) 가입자(투자자)

가입자란 증권을 대체하기 위해 계좌관리기관에 계좌를 개설한 자로서 개인, 법인 등의 투자자(주주)를 가리킨다. 가입자는 특정 계좌관리기관에 계좌를 개설하게 되는데, 해당 계좌관리기관을 직근(直近)계좌관리기관이라 하며, 이 계좌를 통하여 증권 등을 거래하게 된다.

2.4.2. 운영체계

(1) 계좌관리구조(다층구조)

대체제도는 대체기관이나 계좌관리기관(이하 '대체기관등'이라 한다)이 계좌관리부를 비치하고 가입자의 계좌를 관리할 수 있는 계좌관리구조를 채택하고 있다. 즉 가입자는 대체기관등에 계좌를 개설할 수 있고, 계좌관리기관은 가입자로서 다른 계좌관리기관에 계좌를 개설하여 대체제도에 참가할 수 있다. 이처럼 대체제도의 계좌관리구조가 이론적으로는 끊임없는 무한대의 계층을 형성할 수 있다(다층구조).

(2) 계좌의 종류

현행 대체제도는 그 목적에 따라 3가지 종류의 계좌를 인정하고 있다. 첫째, 가입자의 신청에 따라 대체사채 등의 대체를 행하기 위해 개설한 계좌인 대체계좌가 있다. 둘째, 소유자 또는 그 질권자(이하 '소유자등'이라 한다)의 권리를 보전하기 위하여 발행자가 대체기관등에 개설을 신청하는 계좌인 특별계좌가 있다. 셋째, 초과기록에 따른 소각의무와 관련하여 대체기관이 해당증권을 취득하기 위하여 운영하는 계좌인 기관계좌가 있다.

(3) 대체계좌부

대체사채등에 대한 권리의 귀속은 대체계좌부의 기록에 의해 결정되기 때문에 대체계좌부는 대체제도에서 가장 중요한 법적 장부가 된다. 대체계좌부에는 보유하는 대체사채등의 종목별 수량이나 금액의 증감뿐만 아니라 해당 수량·금액 중 질권, 신탁, 처분제한 등에 관한 사항을 기록하여야 한다. 대체법에 따르면 대체기관 등은 대체를 위한 계좌를 기록·관리할 대체계좌부를 비치할 의무가 있다. 대체계좌부는 가입자별로 구분 관리하되, 가입자 중 계좌관리기관인 자의 계좌는 자기계좌와 고객계좌로 구분 관리해야 한다. 대체계좌부의 기록에 관한 구체적인 사항은 대체기관이 업무규정으로 정하도록 하고 있다.

2.4.3. 적용대상증권 및 적용방식

(1) 적용대상증권

대체제도의 적용대상은 증권에 표시되어야 할 권리가 그 대상이 된다. 대체법이 대상으로 하는 권리는 기본적으로 「금융상품거래법」의 증권에 표창되어야 하는 권리를 의미한다. 그러나 (ⅰ)권리의 발생 자체에 권면의 존재를 필요로 하는 어음의 경우(단기사채는 제외), (ⅱ)증권의 발행근거 규정이 없는 Covered Warrant와 예탁증권(DR) 등은 대체제도의 대상이 되지 않는다.

(2) 적용방식

발행증권에 대한 대체제도의 적용 여부는 기본적으로 발행자가 선택할 수 있다. 따라서 대체기관은 발행자의 사전 취급 동의를 얻은 증권에 대해서만 대체증권으로 취급할 수 있다(임의적 적용방식). 발행자의 동의가 필요한 이유는 대체제도의 적용을 받으면 발행자에게 통상의 증권 등과는 다른 법률관계가 발생하게 된다. 따라서 발행자의 의사에 관계 없이 대체제도를 일률적으로 적용하는 것은 적절하지 않다고 판단하였기 때문이다. 그럼에도 불구하고 보관대체제도와 대체제도의 이원적 운영에 따른 비효율을 막고자 상장주식에 대해서는 대체제도의 적용이 강제된다(강제적 적용방식, 동경증권거래소 상장규정 제205조제11호 등). 즉 금융상품거래소에 주식을 상장하려는 발행회사는 대체제도 취급에 대하여 동의하여야 한다.

2.4.4. 기타 주식 관련 사항

(1) 주주의 권리

① 계좌기록에 의거 권리귀속결정

대체법 제128조제1항은 "주권을 발행한다는 뜻의 정관의 정함이 없는 회사의 주식(양도제한 주식을 제외) 중에서 대체기관이 취급하는 것에 대한 권리의 귀속은 대체계좌부의 기재 또는 기록에 의해 정해지는 것으로 한다"라고 규정하고 있다. 이처럼 전자증권제도 이후에는 상장회사주주의 권리가 누구에게 귀속하는가는 새로운 주식대체제도에 기초하여 증권회사 등에 개설된 계좌의 잔고기록에 의해 정해지게 된다.

② 계좌에 권리추정효력 부여

투자자는 그 계좌에 기록된 주식에 대한 권리를 적법하게 가지는 것으로 추정된다(대체법 제143조). 따라서 특별한 반증이 없는 한 계좌에 잔고의 기록이 있는 주주는 그 주식에 대한 정당한 권리의 보유자로 보게 된다. 반면, 계좌에 잔고가 있는 투자자에 대하여 그 자의 권리를 부정하려고 하는 자는 해당 투자자가 무권리자인 것을 입증하지 않으면 안 된다. 그 외에 악의 또는 중대한 과실이 있는 경우를 제외하고는 대체의 신청에 의해 계좌에 증액의 기록을 받은 가입자는 그 신청에 기초하여 증액된 주식에 대한 권리를 취득(선의취득)하게 된다(대체법 제144조). 이처럼 전자증권제도에서는 계좌의 잔고기록에는 일정한 공신력이 인정된다.

③ 주주권리의 증명

전자증권제도 시행 이후에는 증권회사 등에 개설된 계좌에의 잔고기록이 주주로서의 권리를 가지고 있다는 것의 증명이 된다. 그 결과 신 대체제도에서는 이러한 계좌의 잔고를 증명하기 위한 절차를 마련하고 있다.[76] 발행회사 이외의 거래처나 금융기관 등에 대하여 자신이 보유하고 있는 주식을 증명하고자 하는 경우에는 계좌의 잔고 등에 관한 증명서의 제도가 마련되어 있다. 따라서 투자자는 계좌를 개설한 증권회사 등에 증명서의 교부를 청구할 수 있다(대체법 제299조).

---

76 예컨대, 발행회사에 대하여 소수주주권을 행사하고자 하는 경우 주주는 계좌를 개설한 증권회사 등을 통하여 자신이 보유하는 주식의 잔고 등을 발행회사에 통지하게 되는데, 이를 개별주주통지라고 한다. 발행회사는 이러한 개별주주통지에 의거 소수주주권을 행사하려는 자가 해당 권리를 행사하기 위해 필요한 주식수를 가지고 있는가를 확인하게 된다. 그리고 주주는 이러한 개별주주통지 후 2주 이내에 발행회사에 대하여 소수주주권을 행사할 수 있다.

(2) 주주관리사무

① 총주주통지 및 명의개서

상장회사 또는 그 주주명부관리인이 관리하는 주주명부는 증권회사 등에 개설된 계좌와 달리 주식의 양도 등을 할 때마다 순차적으로 기록할 수가 없다. 이에 따라 주주명부의 명의개서는 대체기관이 계좌의 기록을 근거로 일정시점에 모든 주주의 성명과 보유주식수 등을 통지(총주주통지)한 것을 기초로 발행회사가 주주명부를 갱신하는 절차를 통하여 이루어지게 된다(대체법 제152조). 이처럼 전자증권제도에서는 주주가 개별적으로 명의개서 신청절차를 밟을 수는 없다. 그리고 주주명부는 이른바 대체기관의 데이터베이스상의 기록을 그대로 전기(轉記)만 하는 것이 되기 때문에 주주명부의 중요성은 전자증권제도에서는 매우 낮아진다.

② 발행회사의 주주정보 청구

발행회사로서는 주주 전원의 정보까지는 필요하지 않고 특정주주의 주식 보유상황만을 알 수 있으면 충분한 경우도 있다. 이러한 경우에 활용되는 것이 계좌의 정보제공 청구이다. 증권회사 등에 대한 증명서의 교부 청구는 주주뿐만 아니라 상속인, 질권설정자 및 담보권설정자, 발행회사 등 계좌에 일정한 이해관계가 있는 자도 정당한 이유가 있는 경우 인정되는 권리이다(대체법 제299조). 이처럼 전자증권제도에서는 이해관계자 중에 발행회사도 포함된다. 따라서 발행회사도 정당한 이유가 있는 한 소정비용을 부담하고, 자사주식의 보유상황에 대한 정보를 청구할 수 있다(대체법 제277조 후단 및 대체법시행령 제84조).

③ 주주명부 및 명의개서의 존속 여부

전자증권제도에서는 투자자가 증권회사 등에 개설한 계좌에의 잔고기록이 주주로서 권리를 보유하고 있다는 증거가 되나 주주명부는 여전히 존재한다. 이처럼 전자증권제도에서는 주주명부의 중요성이 작아지기는 하나 명의개서 절차는 여전히 존속하게 된다. 다만, 전자증권제도에서는 주주명부의 명의개서가 대체기관으로부터의 총주주통지에 기초하여 일제히 이루어진다. 따라서 개별적으로 주주가 명의개서의 신청절차를 할 필요는 없게 된다.

이처럼 명의개서가 총주주통지의 시점에 이루어진다는 것은 배당이나 의결권의 기준일 등에 주주명부의 명의개서가 이루어진다는 것을 의미한다. 그러나 주주가 소수주주권을 행사하고자 할 때에 이루어지는 개별주주통지시나 회사가 지정한 주주의 주식 보유상황의 정보제공 청구에 의하여 대체기관이 증명서를 발급하는 경우에는 명의개서가 이루어지지 않는다.

(3) 담보주식관리

① 일반적 질권설정 방법

전자증권제도에서는 채무자(주주)가 채권자(질권자)에게 교부할 주권이 존재하지 않는다. 이에 따라 전자증권제도 이후에는 주주권리의 귀속이 계좌관리기관 등에 개설된 계좌의 잔고로 결정되는 것을 전제로 질권설정에 대해서도 계좌대체에 의해 처리하고 있다. 이를 위해 질권자가 계좌관리기관 등에 개설한 계좌에는 질권자 자신이 보유하는 주식을 관리하는 '보유란'과 구분되는 '질권란'이 있다. '질권란'이란 질권자가 질권설정자로부터 받은 주식을 질권자 본인이 보유하는 주식과 구별하여 관리하기 위한 '란'을 말한다.

이처럼 전자증권제도 이후의 주식대체제도에서는 질권설정된 주식이 주주(질권설정자)의 계좌가 아닌 채권자(질권자)의 계좌(질권란)에서 관리된다. 그리고 질권설정자(주주)의 계좌로부터 질권자계좌의 질권란으로 주식을 대체하여 해당 주식에 질권을 설정하고 있다.

그러나 배당 등의 권리자를 발행회사에 통지하는 총주주통지에서는 원칙적으로 계좌의 명의인인 질권자가 아닌 본래주주(질권설정자)의 성명을 통지하게 되어 있고(대체법 제151조제2항제2호), 배당 등은 총주주통지의 내용에 기초하여 지불하게 된다. 따라서 배당 등을 수령할 수 있는 것은 계좌의 명의인인 질권자가 아닌 본래주주(질권설정자)가 된다.

그런데 질권자가 질권란의 계좌를 개설한 계좌관리기관 등에 대하여 자신의 성명 등을 통지하도록 신청하는 경우가 있다. 이 경우에는 본래의 주주에 추가하여 질권자의 성명 등도 총주주통지시 통지하여야 한다(대체법 제151조제3항). 그리고 이 경우에는 배당 등을 수령하는 것은 본래주주(질권설정자)가 아닌 계좌의 명의인인 질권자가 된다.

② 양도담보

전자증권제도 이후에도 담보의 대상이 되는 주식을 채권자에게 양도하는 형태로 행해지는 주식의 양도담보도 가능하다. 전자증권제도 이후의 양도담보는 계좌대체로 처리하게 된다. 그러나 양도담보는 외형적으로 양도의 형식을 취하기 때문에 채권자(담보권자)의 질권란이 아닌 보유란에 대체를 하게 된다.

이처럼 양도담보의 경우 주식은 채권자(담보권자)의 보유란에서 관리된다. 따라서 발행회사에 대한 총주주통지에서는 원칙적으로 계좌의 명의인인 담보권자의 성명 등이 통지된다. 그리고 배당 등은 채무자(본래의 주주)가 아닌 채권자(담보권자)가 수령하게 된다.

그러나 채권자(담보권자)는 계좌를 개설한 계좌관리기관 등에 대하여 특별주주의 신고를 하여 채무자(본래의 주주)의 성명 등을 통지하도록 신청하는 것도 가능하다. 이 경우에는 채권자(담보권자)가 아닌 채무자(본래의 주주)가 배당 등을 수령하게 된다.

2.4.5. 전자주권으로의 이행

(1) 주주의 이행 절차

① 증권보관대체기구에 이미 주권을 예탁하고 있는 주주

주권의 전자화 시 기존의 증권보관대체제도에 기반한 계좌정보가 그대로 새로운 주식대체제도에 기초한 계좌정보에 전기(轉記)되었다. 그리고 이러한 정보에 기초하여 발행회사에 실질주주의 성명 등이 통지되고, 주주명부의 명의개서가 이루어져 전자증권제도의 이행절차가 완료되었다. 이처럼 일본의 중앙예탁결제기관인 JASEDC에 증권을 이미 예탁하고 있던 주주들은 특별한 절차나 대응 없이도 그대로 신제도로 이행하였다.

② 증권보관대체기구에 주권을 예탁하고 있지 않은 주주

전자증권제도 시행 시 기존에 유통되고 있는 실물주권은 모두 무효가 된다. 그러나 명의개서 등의 필요절차를 해둔 경우에는 주주의 권리까지 없어지지는 않는다. 즉 증권보관대체기구에 예탁하지 않은 이른바 장롱주로서 전자증권제도 시행 시까지 주권을 가지고 있는 주주라고 하더라도 주주명부의 내용에 따라서 발행회사가 권리보전을 위한 절차를 해준다. 따라서 사전에 주주명부에 명의개서를 완료한 상태라면 권리를 상실하는 경우는 없다.

전자증권제도 시행 시까지 증권보관대체기구에 주권을 예탁하지 않고 실물주권을 보유하고 있는 경우에는 다음 절차를 거쳐 전자증권제도로 들어오게 된다. 즉 발행회사는 (i)주주명부의 정보에 기초하여 최후까지 주권을 실제로 보유한 주주를 구분하고, (ii)이러한 주주의 권리를 보전하기 위한 특별계좌(발행회사설정계좌)를 신탁은행 등에 개설한 후, (iii)해당 특별계좌에 각 주주가 보유하는 주식수 등의 정보를 기록한다. 이처럼 증권보관대체기구에 주권을 예탁하지 않고 최후까지 주권을 자기 손에 가지고 있는 주주라고 하더라도 그 권리는 신탁은행 등에 개설된 특별계좌에 의해 보호된다.

그러나 특별계좌에 의한 주주의 권리보전의 절차를 진행하는 발행회사가 자사의 주주를 확인하는 수단으로서는 주주명부에 의존하는 방법밖에 없다. 따라서 특별계좌를 통한 권리보전이 이루어지기 위해서는 주주명부에 명의개서가 완료되어 있어야 한다. 그 결과 주식은 취득하여도 주주명부에 명의개서를 완료하지 않은 이른바 명의개서 실기주주에 대하여는 발행회사가 권리보전 절차를 행할 수가 없게 된다.

③ 특별계좌에 관리되는 주식의 취급

특별계좌는 주주의 권리를 지키기 위하여 발행회사의 책임과 부담으로 개설한 잠정적인 계좌에 해당한다. 따라서 특별계좌를 통한 주식관리는 행하여지나 특별계좌를 통한 계좌간 대체에는 큰 제약이 따른다. 즉 주주명부에 명의개서만 완료해 두면 주주의 권리를 잃지는 않으나 계좌간 대체절차를 필요로 하는 매각 · 양도 · 질권설정 등을 행하기 위해서는 증권회사 등에 계좌를 개설하여야 한다.

특별계좌로부터 다른 계좌로의 대체가 인정되는 경우는 원칙적으로 특별계좌의 명의인과 동일 명의인의 등록계좌에 대체를 행하는 경우와 발행회사의 계좌에 대체를 행하는 경우로 제한된다. 전자의 경우는 주주가 자기 자신의 명의로 증권회사 등에 개설한 별도 계좌에 이관하는 경우에 해당한다. 후자의 경우는 발행회사에 단원미만주(單元未滿株)의 매수청구 등을 행하는 경우에 해당한다. 이와 마찬가지로 다른 계좌로부터 특별계좌로의 대체도 발행회사가 대체를 행하는 경우로 한정된다.

(2) 발행회사의 조치사항

① 대체제도 이용에 대한 동의

발행회사는 증권보관대체기구인 JASDEC에 대하여 전자증권제도 실시일의 1개월 전까지 새로운 주식대체제도를 이용한다는 뜻의 동의를 하여야 한다. 이러한 동의 절차는 구 제도로부터 신 제도로의 인계를 원활하게 하기 위한 것이다.

② 특별계좌에 관한 공고

발행회사는 전자증권제도 실시일의 1개월 전까지 각 회사가 정한 공고방법에 따라 특별계좌에 관한 공고를 하여야 한다. 우선, 발행회사는 증권보관대체기구에 주권을 예탁하지 않은 주주 등에 대하여 특별계좌의 개설 · 기록을 하기 위해 필요한 통지를 증권보관대체기구에 한다는 뜻을 공고하게 된다. 이와 함께 발행회사는 주주가 자신의 권리가 보전되어 있는 금융기관을 확인할 수 있도록 특별계좌를 개설하는 금융기관의 명칭 · 주소를 공고하여야 한다.

③ 정관의 변경의제

주권을 발행한다는 정관의 규정을 두고 있는 발행회사는 전자증권제도의 실시일을 효력발생일로 하여 동 규정을 폐지하는 정관의 변경을 결의한 것으로 간주된다(주식등 결제합리화법 부칙 제6조제1항). 그 결과 발행회사는 정관변경을 위한 주주총회를 별도로 개최할 필요는 없다.

④ 주주명부의 변경

전자증권제도 시행 이후에는 모든 주주의 데이터가 대체기관의 데이터베이스에서 일괄적으로 관리된다. 따라서 과거와 같이 증권보관대체기구에 예탁되어 있는 주권에 대하여 주주명부와 별개로 실질주주명부를 작성하여 관리할 필요가 없게 되었다.

⑤ 특별계좌의 개설 및 등록

주주명부를 변경한 이후 발행회사는 증권보관대체기구에 예탁하지 않은 주주의 권리를 보전하기 위해 특별계좌를 개설하여 관리하게 된다.

제2절 직접등록(단층)구조 채택국가

1 덴마크

1.1. 전자증권제도 개요

덴마크에서는 1977년에 주택성이 구성한 금융기관대표자위원회에서 전자증권제도의 도입과 이를 위한 중앙등록기관의 설립을 포함한 제안서를 발표하였다. 이를 토대로 전자증권제도 추진실무팀을 설치 · 운영(1978~1980년)하였다. 그리고 1980년 5월에는 중앙등록기관인 VP(Vaerdipapircentralen)센터[77]의 설립법인 동시에 전자증권제도의 기본법인 「증권센터법(Securities Centre Act)」을 제정하였다.

이 법을 근거로 1983년에는 채권실물을 완전 폐기하고 채권의 전자증권제도를 세계 최초로 도입하였다. 그 이후 1988년에는 기타 상장증권에도 전자증권제도를 확대 시행하였다. 그리고 1995년 12월에는 「증권거래법(Securities Trading Act)」을 제정하여 등록대상증권에 대한 제한규정을 폐지하여 비상장증권에 대하여도 임의적 무권화를 허용하였다.

전자증권화 대상증권은 양도성 있는 증권으로서 중앙등록기관에서 등록을 승인한 모든 증권이다. 이에 해당하는 증권에는 상장증권 · 채권 · 투신상품 · 신주인수권 등이 포함된다. 그리고 비상장증권에 대하여는 중앙등록기관이 적격판정을 내린 종목만이 전자화증권에 해당된다.

77 VP센터는 1980년에 증권의 등록, 청산 및 결제 등을 위하여 비영리 특수목적기관 형태로 설립되었으나 1995년 증권거래법에 의하여 주식회사로 전환되었다(증권거래법 제97조).

증권등록은 계좌관리자를 통하여 하되 중앙등록시스템에는 원칙적으로 소유자명의로 등록하는 제한적 직접등록방식을 채택하고 있다. 법적 증권소유자명부는 중앙등록기관이 보유 · 관리한다. 다만, 기명주식에 대하여는 발행자가 중앙등록시스템과는 별도로 소유자명부를 직접 관리하거나 명의개서대리인에게 위임하여 관리할 수 있다.

전자증권의 소유자는 자신의 명의로 등록된 경우에는 발행회사에 대하여 직접 권리를 행사할 수 있다. 그러나 계좌관리기관의 명의로 등록되는 경우에는 계좌관리기관이 증권에 관한 권리를 행사하게 된다. 그러나 의결권은 어떠한 경우에도 주주가 직접 권리를 행사한다.

1.2. 전자증권제도의 구성

(1) 입법체계

덴마크의 전자증권제도는 1980년 5월 「증권센터법」을 근거로 하고 있다. 이 법은 이후 1995년 12월 20일 제정된 「증권거래법」으로 대체되었다. 1996년 1월 1일부터 시행된 증권거래법은 (i)전자증권으로 발행할 수 있는 증권의 종류, (ii)청산 · 결제 업무를 할 수 있는 기관의 성격 및 업무내용, (iii)증권의 등록 및 계좌대체, (iv)등록의 법적 효력, (v)계좌명세서, (vi)민원 및 보상 등으로 구성되어 있다. 그리고 이 법에 근거하여 산업부장관이 등록업무 절차 및 전자증권으로의 전환에 관한 세부규칙을 마련하였다. 그 밖에 증권거래법 및 세부업무규칙에서 정하지 않은 사항에 대해서는 VP센터와 각 회원기관 간 실무적인 업무사항을 규정하는 계약을 체결하여 해결하고 있다.

(2) 적용대상증권

덴마크의 모든 상장증권은 전자증권제도의 적격유가증권(適格有價證券)에 해당한다. 증권거래법에서는 증권거래소가 거래소 운영에 관한 규정을 제정할 수 있다고 정하고 있다. 이 규정에 따라 증권거래소는 증권거래소상장규정지침에 의거 모든 상장주식, 채권 및 단위형 투자신탁증권은 전자증권형태로 발행하도록 규정하고 있다. 만일 실물형태로 발행된 증권이 상장되는 경우에는 상장과 동시에 VP센터에 등록되고, 그 실물은 폐기하도록 되어 있다. 전자증권제도 시행 이후 VP센터는 더 이상 실물증권의 예탁 · 보관 업무는 수행하지 않고 있다.

(3) VP센터의 역할

VP센터는 1980년 설립된 이래 1983년 실물채권을 완전히 폐지하고, 전자계좌등록시스템(computer account registration system)을 통해 투자자계좌를 직접 관리하고 있다. 1988년에는 주식 · 단위형 투자신탁증서 · 전환사채의 실물을 완전히 폐지 · 등록하였으며, 1989년 이후에는 주가지수선물 · 옵션거래의 결제를 수용하고 있다. VP센터는 모든 국내 · 외국 증권의 소유권에 대한 중앙집중관리기관의 역할을 수행한다. 이러한 기능의 중요성을 감안하여 「증권센터법」에서는 법적 독점성을 지닌 비영리기관으로 출발시켰다. 그러나 증권거래법에서 전자증권의 등록에 의한 발행 및 청산 · 결제 업무 수행의 법적 독점성을 폐지함에 따라 VP센터도 2001년 1월부터 영리목적의 주식회사로 그 법인격이 전환되었다.

이처럼 전자등록업무의 법적 독점성이 폐지됨에 따라 수 개의 전자증권발행기관의 출현가능성이 제기되었다. 그리고 이에 대한 해결책으로 한 종목의 전자증권은 반드시 하나의 청산결제기관에서만 발행하도록 하고 있다. 현재 VP센터는 법적인 독점성은 없지만 여전히 덴마크에서 전자증권의 발행 및 청산 · 결제 업무를 수행하고 있는 유일한 중앙등록기관이다.

VP센터에의 등록에 의한 전자증권의 발행 업무 수행을 위한 참가회원은 모든 금융기관을 포함한 발행회사까지 확대되었으며, VP센터는 참가회원의 고객계좌부까지 총괄하고 있다. 증권거래법에서는 구체적으로 그 참가회원을 덴마크 중앙은행 · 재무부 · 덴마크저당신용은행 · 은행 · 저축은행 · 저축조합 · 기관투자자 · 기타 채권발행기관이 발행한 증권이 관련된 경우의 해당 기관 등으로 열거하고 있다. 그 밖에 공적 규제를 받는 외국의 증권예탁기관은 덴마크금융감독원의 허가를 받아 VP센터의 참가자가 될 수 있다.

(4) 계좌등록

등록된 증권에 관련되는 제 권리는 VP센터에 등록하게 되는데, VP센터에의 등록은 증권의 권리에 대한 대항요건이다. VP센터에의 등록은 VP센터의 회원만이 가능하며, 일반투자자는 VP센터 회원을 통해 간접적으로 등록할 수 있다. VP센터는 회원기관의 고객원장을 통합하여 관리한다. 각 회원은 자기 · 고객 중 특별고객을 위해 다수의 VP계좌를 보유할 수 있으며, 이들 특별고객의 등록분은 고객분 중에서 구분하여 표시하게 된다.

증권의 소유자는 실제 자기 명의로 VP계좌에 등록하거나 제3자 명의로 등록이 가능하다. 제3자 명의의 등록은 등록명의인 선임에 의해 이루어지며, 증권의 실제소유자 명의는 계좌보유자로서 등록된 명의인인 제3자만이 알 수 있다. 이들 명의의 증권지분은 해당 고객의 법적 권리를 보호하기 위해 해당 회원기관의 자기 소유지분과 구분하여 별도로 VP계좌에 등록된다. 외국인 투자자는 덴마크 거래은행을 통해 자신의 명의나 거래은행 명의로 등록한다. 각 회원은 온라인 터미널을 통해 VP계좌에 직접 등록을 입력하게 된다. 이에 따라 VP센터의 등록증권 권리 및 정보에 관한 관리사항은 각 회원기관이 책임을 지게 된다.

등록과 관련되는 제반 법적 효력은 회원에게 통지한 시점부터 발생한다. 그러나 등록증권의 제 권리에 관한 계약사항이 일단 VP센터에 등록되면, 선의의 양수인은 보호된다. VP센터는 등록증권 소유자에게 정기적으로 또는 청구에 따라 수시로 등록증권 소유내역인 계좌명세서(statement of account)를 통지하여야 한다. 등록증권에 대하여 제한적 권리를 갖는 자도 같은 권리를 가지게 된다. 또한, 등록에 수반되는 모든 장애 요인(any hindrances)에 관해서는 적법한 권리자에게 통지하여야 하며, 등록부상 적법한 권리자에게 가능한 한 모든 수정 및 취소사항을 통지하여야 한다.

VP센터 회원은 증권거래에 따른 계좌명세서를 VP센터를 대신해 작성할 수 있으며 이를 자기 고객에게 통지할 수 있다. 그 밖에도 회원은 전산터미널을 통해 수시로 이에 대한 조회 · 출력이 가능하다. 각 VP센터 계좌는 증권에 관한 소유권과 VP센터에 등록된 증권의 이자, 배당금 등을 송금할 수 있는 은행계좌번호에 관한 정보를 포함하고 있다. 그 외에도 계좌보유자의 권리행사를 보장하기 위한 정보도 VP계좌에 등록되어 있다.

1.3. 전자증권제도의 운영

(1) 증권발행 및 등록

증권의 발행방법은 발행회사가 VP센터를 통해 직접 발행하는 방식과, 발행회사와 인수기관 간의 발행위임계약에 의해 인수기관이 VP센터를 통해 간접 발행하는 방식 두 가지가 있다.

발행회사가 VP센터를 통해 직접 발행하는 경우에는 VP계좌를 사전에 보유하거나 발행 전에 VP센터에 계좌를 개설하여야 한다. 이 경우 발행회사는 VP센터의 전자계좌등록 시스템 내의 자기계좌에 발행 증권내역을 터미널을 통해 직접 입력하게 된다. 입력내용에는 발행 총량 · 발행 조건 · 기타 각종 정보가 포함된다. VP센터는 증권을 매출하거나 거래할 때마다 등록증권의 소유권을 해당 VP회원 간의 계좌대체에 의해 등록소유권을 이전하게 된다. 증권의 직접발행방식의 구조를 살펴보면 다음과 같다.

그림 7-18 **직접발행방식 구조**

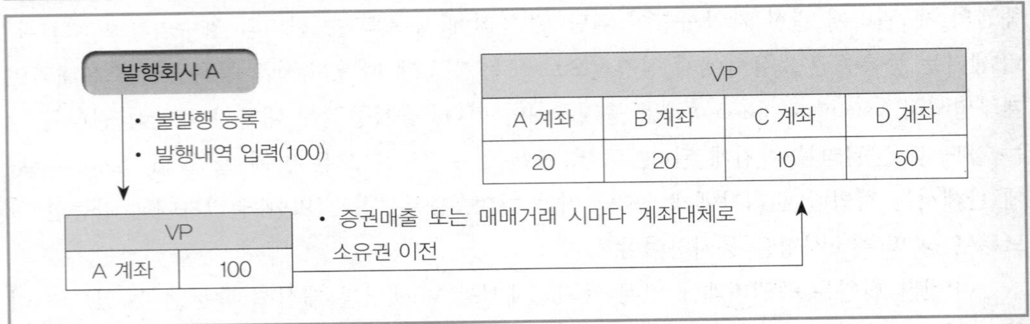

인수기관이 VP센터를 통해 간접 발행하는 경우, 발행회사가 VP센터의 회원이 아닌 경우에는 VP센터 회원인 인수기관과 발행 대행 계약을 체결하여야 한다. 이 경우 인수기관은 해당 발행자를 대신하여 VP계좌등록시스템에 자기계좌를 통해 증권을 발행하게 된다. 간접발행방식은 VP센터에 계좌로 등록되는 자가 발행회사가 아니고 인수기관이라는 특징이 있다. VP센터는 증권을 매출하거나 거래할 때마다 등록채권의 소유권을 VP센터의 회원인 인수기관의 계좌에 계좌대체에 의한 방법으로 등록소유권을 이전하게 된다. 이러한 증권의 간접발행방식의 구조를 살펴보면 다음과 같다.

그림 7-19 **간접발행방식 구조**

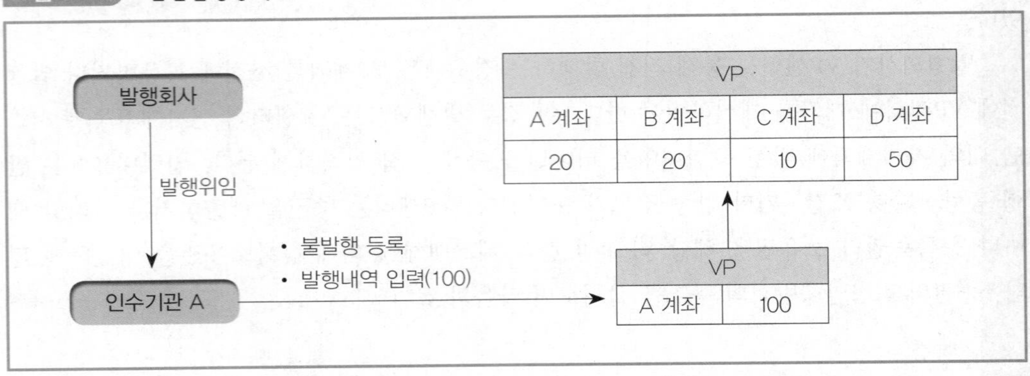

증권보유수량은 투자자의 VP계좌에 액면금액으로 등록되며, 각 증권은 균등한 단위의 액면으로 분할된다. 각 단위의 크기는 발행회사별 · 증권종목별로 정해진다. 증권발행 · 등록의 효력은 발행회사나 발행회사의 위임을 받은 회원이 VP센터에 개설한 자기계좌에 발행총량을 입력하는 시점에 발생한다.

(2) 증권양도

거래소에서 매매를 체결한 브로커는 매매자료를 체결 당일에 전산을 통해 VP센터에 입력하여야 한다. VP센터는 매매쌍방이 제출한 매매자료를 토대로 매매대조를 행하게 된다. 증권의 결제는 VP시스템 내에 등록된 증권의 계좌대체로 이루어진다. 대금결제는 회원기관별로 집중차감하여 중앙은행과의 연계를 통해 중앙은행 회원계좌의 자금이체로 이루어진다.

VP센터의 중요한 기능 중 하나는 증권과 대금을 동시에 결제하는 DVP결제를 확보하는 데 있다. 그 결과 결제 전에 등록증권과 대금잔액을 조회하고 등록증권의 잔액 부족이 확인되면 거래 자체가 무효가 된다. 대금이 부족한 경우에는 중앙은행이 신용 제한 해제를 허용한 부분에 대해서만 결제가 이루어지게 된다.

2 중국

2.1. 전자증권제도 개요

증권의 유통방식은 통상 실물증권 결제에서 집중예탁, 다시 무권화 유통방식으로 진화되는 과정을 거치게 된다. 중국 증권시장에서의 증권의 무권화는 매우 신속하고 효율적으로 이루어졌다. 상장주식의 경우 실물증권이 증권 중개기관 또는 위탁은행에 위탁되는 역사적인 과도기를 거치지 않은 채 그 시작부터 거의 무권화방식으로 운영되어 온 것이다. 요컨대, 중국은 상장주식에 대하여 실물발행 없이 중앙등록기관의 전자적 증권등록부상의 기재만으로 주권을 발행하고, 주권상의 모든 권리를 인정하는 전자증권제도를 자본시장 개방 초기부터 실행하여 왔다.

이를 위해 상하이 증권거래소와 심천 증권거래소는 산하에 각 증권등록결제기관인 상하이 중앙증권등록결제회사와 심천 증권결제회사를 설립하고, 이 기관들을 통하여 증권의 등록 · 위탁 · 결제서비스를 제공하였다. 2001년 3월에는 상하이 중앙증권등록결제회사와 심천 증권결제회사를 통합하여 중국증권등록결제회사(이하 '증권등록결제기관'이라 한다)를 설립하였으며, 상하이와 심천 증권거래소에 지점을 설립하여 전국적으로 집중통일된 증권등록결제시스템을 수립하였다.

증권의 무권화 발행 및 결제와 관련해서는 우선 중국법상 증권의 종류를 살펴볼 필요가 있다. 증권은 그 형식에 따라 실물증권과 전자증권으로 분류된다. 실물형태의 증권은 일정 양식에 따라 국가 증권관리부서에서 지정한 인쇄기관에서 인쇄한 실물형태 또는 특정매체 형식을 갖추고 있는 증권을 가리킨다. 전자증권은 증권발행인이 법정 양식에 따라 제작한 증권권리자를 기재하는 서면명부를 말한다. 전자증권은 실물형태를 띠지 않고 있으며, 장부기록방식으로 증권소지자, 증권종류, 수량을 장부에 기재하여 증권권리자의 증권권리를 반영하게 된다.

중국에서 실물증권과 전자증권은 「주식발행 및 거래관리임시조례」(1993.4.22.시행)에서 법적으로 분류되고 있다. 같은 조례 제53조에서는 "주식은 기명방식을 취하며 발행인은 장부기재식 주권을 발행할 수도 있고 실물주권을 발행할 수도 있다. 장부기재식 주권명부는 증권감독관리위원회에서 지정한 기관에 예탁하여야 하며, 실물주권을 집중예탁하는 경우에도 반드시 증권감독관리위원회가 지정하는 기관에 예탁하여야 한다"라고 규정하고 있다. 또한, 현행 「증권법」은 증권의 형태에 대하여 "증권거래 당사자들이 매매하는 증권은 지면형식 또는 국무원 증권감독관리기관에서 규정하는 기타 형식을 취할 수 있다"라고 규정하고 있다. 요컨대, 증권의 실물화, 무권화 분류에 대한 명문규정은 두고 있지 아니하면서도 사실상 이러한 분류방식을 묵인하고 있는 것이다.

한편, 실물형태의 주식에 대하여 중국 회사법 제129조는 주권에 회사명칭, 회사등기 설립일자, 주권의 종류, 액면가 및 주식수, 주권번호를 기재할 것을 요구하고 있다. 아울러, 주권에는 사장의 서명 및 회사 법인인감이 날인되어야 하며, 발기인이 인수한 주권에 대해서는 '발기인 주권'임을 표기할 것을 요구하고 있다.

반면, 중국 상장회사의 경우에는 모든 상장주식에 대하여 전자주권방식을 취하는 전자증권을 발행하고 있으며, 비상장회사에서도 전자증권을 발행하는 사례가 있다. 「증권법」 규정에 의하면, 상장회사의 모든 주식은 반드시 위탁하여야 한다. 즉 모든 주식은 반드시 국가에서 지정한 증권등록결제기관에 예탁하여야 하며, 지분양도 이후 및 배당금 지급 시 자금결제 및 주식 명의이전을 지체 없이 처리하여야 한다.

2006년 7월 1일자로 시행된 「중국증권등록결제회사의 증권등록결제관리방법」은 증권거래소에 상장된 증권과 증권파생상품에 대하여는 전국적으로 집중된 증권등록결제 운영방식을 취하고 있다. 2006년 7월 25일 부터 시행되는 증권등록결제기관의 「증권등록규칙」 역시 증권거래소에 상장하거나 또는 기 발행되어 상장하려는 증권 및 파생상품에 대하여 이러한 규정을 두고 있다.

2.2. 전자증권제도의 구성

(1) 증권등록결제기관

증권등록결제기관은 증권거래를 위한 집중적인 등록, 예탁 및 결제서비스를 제공하는 비영리기관으로서 상하이, 심천 두 증권거래소에서 상장되는 증권에 대한 예탁, 청산 및 등록 서비스를 제공하고 있다. 증권예탁 서비스 제공 시에는 중앙예탁결제기관의 역할을 하고, 청산 · 결제 서비스 제공 시에는 청산결제기관의 역할을 하며, 등록 서비스 제공 시에는 증권등록기관의 역할을 수행하고 있다.

증권등록결제기관의 증권등록 서비스 대상은 증권거래소에 상장되는 모든 증권이다. 현재 증권거래소에 상장되는 증권은 전부 무권화 발행방식을 취하고 있다. 발행된 모든 증권은 증권등록결제기관의 전산시스템을 통하여 투자자의 증권계좌에 기입되게 된다. 그리고 그 이후의 증권거래 또는 양도에 대하여 증권등록결제기관은 증권계좌 등록정보에 대한 변경등록 서비스를 제공하고 있다. 그 외에도 증권등록결제기관은 증권발행인에게 정기적으로 또는 증권발행인의 신청에 따라 증권보유자명부를 제공하게 된다.

증권예탁 시 증권등록결제기관은 증권회사와 고객 사이의 위탁관계를 보호하며, 증권회사 자기증권 및 고객의 증권을 예탁받는 기능을 수행하고 있다. 증권결제 시 증권등록결제기관은 결제상대방(CCP: central counter party)의 역할을 수행하고 있다.

특히, 증권등록결제기관은 증권보유자명부 등록업무를 수행한다. 증권보유자명부 등록이란 지분, 채권을 등록하는 것으로서 증권보유자의 이름 · 명칭을 등록하고, 이를 증권발행인, 투자자 및 기타 관련자에게 제공하는 것을 말한다. 증권보유자명부 등록은 증권거래에서의 결제 · 양수도 · 이전등록의 결과에 따라 진행되는데, 이러한 등록은 투자자의 권리를 확정해주고 증권보유자명부를 형성하게 된다. 증권등록결제기관에서 작성한 명부는 권리증명의 효력이 있다. 그 결과 증권등록명부가 증권발행인이 작성한 주주명부 또는 채권보유자명부와 상이할 경우에는 증권등록결제기관이 작성한 증권등록부를 기준으로 한다.

(2) 전자증권 대상증권

중국 「증권법」상 증권은 주식, 회사채 및 국무원이 법에 따라 인정하는 기타 증권으로 되어 있다. 그 중 상장증권에 대해서는 전자증권제도를 시행하고 있다. 전자발행 및 등록이 적용되는 대상증권은 주식, 권리증서, 펀드, 회사채와 기업채 등이 망라된다. 여기에는 국내에서 상장하는 외자주(이하 'B주'라 한다)[78]도 포함된다.

---

78 주식 액면가가 인민폐로 되어 있으며 외환으로 매입 및 거래하도록 되어 있는 주식을 가리키는 것으로, 국외 투자자들이 중국 내 주식회사에 투자하기 위해 마련된 것이다. B주는 상하이 증권거래소와 심천 증

(3) 결제참가자

결제참가자란 증권등록결제기관의 심사 · 인가를 받아 증권등록결제기관의 결제업무에 직접적으로 참여하는 증권회사와 증권감독관리위원회의 허가를 받은 기타 기관들을 가리킨다. 그 유형은 크게 일반결제참가자와 특별결제참가자로 구분되고, 그 위험정도에 따라 정상군 결제참가자, 요주의군 결제참가자 및 고위험군 결제참가자로 분류된다.

결제참가자는 (i)결제업무에 참가하고 증권등록결제기관이 제공하는 결제업무 관련 서비스를 이용할 수 있는 권리, (ii)증권등록결제기관의 결제업무 관련 규칙 및 정보를 취득할 권리, (iii)증권등록결제기관이 제공하는 결제업무 및 결제참가자관리시스템 기술지원과 지도를 받을 수 있는 권리, (iv)증권등록결제기관의 결제업무 변경에 대한 알 권리 및 제안권, (v)증권등록결제기관이 조직하는 결제업무 회의 및 강습에 참가할 권리 등을 가진다.

반면, 결제참가자는 (i)법령 및 증권등록결제기관의 결제업무규칙, 기타 관련 규정을 준수할 의무, (ii)증권등록결제기관이 담보를 제공하는 모든 결제업무에 대하여 증권등록결제기관의 요구에 부합되는 결제준비금, 양수도 관련 이행 담보물 제출 및 최종적인 증권 · 자금을 양수도할 의무, (iii)고객자산을 안전하게 보전할 의무, (iv)내부컴퓨터시스템, 네트워크 및 통신시스템에 대하여 효과적으로 관리하며 정상적인 운영을 보장할 의무, (v)증권등록결제기관의 업무 검사를 받을 의무, (vi)증권등록결제기관의 업무규칙에 따라 결제준비금을 예탁하며, 결제업무기금 및 계약이행 담보물을 제공할 의무 등을 부담한다.

(4) 증권보유제도

중국은 증권의 직접보유를 주된 방식으로 하되, 직접보유와 간접보유를 병행하는 증권보유제도를 실행하고 있다. 국내 A주 시장에 대해서는 직접등록제도를 실행하면서, 증권실제투자자의 내역을 중앙등록기관에 등록하고 있다. 그런데 1995년 12월 25일자로 시행된 B주에 관한 국무원 규정에 의하여, 국외 투자자는 국외 대리인의 명의로 증권등록결제기관에 증권계좌를 개설하도록 하였다. 그리고 투자자의 위임을 받아 B주를 매입한 중개인은 증권등록부상 주식의 명의소지자로 되었다.

2001년 이전까지 B주 시장 투자자들은 국외 투자자로 제한되어 있었다. 그러나 2001년 2월 22일자로 중국 내 투자자에 대해서도 B주 매입을 허가하면서 국내 투자자들도 대리인을 통하여 증권을 간접적으로 보유할 수 있게 되었다. 그 결과 사실상 중국 A주는 직접보

권거래소에서 상장거래되는 것으로, 과거에는 외자유치를 목적으로 외국법인 및 외국인에 한해서만 거래를 허용하였다. 그러나 2001년 2월 19일을 기준으로 은행에 외국환계좌를 보유한 내국인도 B주에 투자할 수 있도록 하였으며, 2001년 6월 1일자로 모든 내국인이 B주에 투자할 수 있도록 규제를 완화하였다.

유방식을, B주는 여전히 간접보유방식을 취하는 양상을 나타내게 되었다. 그리고 이는 증권등록제도의 이원적 운영을 야기하여 실무적 문제점들이 발생하게 되었다.[79]

이처럼 법률과 실무의 충돌에 직면하자 중국은 2005년 「증권법」 개정부터 법률규정과 실무와의 전반적인 조화를 시도하였으며, 점차 국제적인 증권 간접보유제도와 일치시키려는 노력을 기울였다. 예컨대, 「증권법」 제166조는 "증권회사에 위임하여 증권거래를 하는 투자자는 반드시 증권계좌의 개설을 신청하여야 한다. 증권등록결제기관은 규정에 따라 투자자 본인 명의로 투자자를 위한 증권계좌를 개설하여야 한다. 증권계좌 개설 신청 시 투자자는 중국인 또는 중국법인임을 증명하여야 한다. 단, 국가에서 별도의 규정을 둔 경우는 예외이다"라고 규정하였다. 즉 "국가에서 별도의 규정을 둔 경우는 예외이다"라는 규정을 두어 증권의 간접보유제도에 대한 여지를 남겨 두고 있다.

이처럼 「증권법」은 단지 증권의 간접보유제도에 대한 여지를 남겨두었다. 그런데 2006년 4월 17일자로 시행한 「증권등록결제관리방법」 제18조는 여기서 한발 더 나아가 "증권은 증권보유자 본인의 증권계좌에 기록되어야 한다. 단, 법률, 행정법규, 증권감독관리위원회의 규정에 따라 명의보유자 증권계좌에 기록하여야 하는 경우는 그 규정에 따른다. 증권등록결제기관은 명의보유자에게 실제 증권권리보유자와 관련된 서류의 제출을 요구할 수 있다"고 규정하였다. 이를 통하여 중국의 증권 간접보유에 대한 근거법령을 마련된 것이다.

이처럼 중국은 증권 직접보유제도의 틀에서 간접보유제도에 관한 근거법령을 마련하게 되었다. 그 결과 중국 증권보유제도는 직접등록제도와 간접등록제도 각자의 장점을 살릴 수 있게 되었으나 동시에 두 가지 제도의 제도적 위험도 함께 부담하게 되었다.

(5) 등록계좌관리

증권계좌는 유형에 따라 상하이 증권계좌와 심천 증권계좌로 분류된다. 상하이 증권계좌는 상하이 증권거래소에 상장거래되는 증권 및 증권등록결제기관이 인정하는 기타 증권을 기록한다. 심천 증권계좌는 심천 증권거래소에서 상장거래되는 증권 및 증권등록결제기관이 인정하는 기타 증권을 기록한다. 상하이 증권계좌와 심천 증권계좌는 증권계좌의 용도에 따라 (i)인민폐 일반주식계좌(A주 계좌), (ii)인민폐 특종주식계좌(B주 계좌), (iii) 증권투자펀드계좌, (iv)기타 계좌 등으로 분류된다. 그리고 소지인을 기준으로 A주 계좌와 증권투자펀드계좌는 개인 증권계좌와 기관 증권계좌로, B주 증권계좌는 국내 투자자 증권계좌와 국외 투자자 증권계좌로 분류된다.

---

79 간접보유모델을 취하고 있는 B주 시장, 나아가 적격 외국기관투자자(QFII) 투자에 있어서 증권 실제투자자의 권리를 확정할 수 없는 제도적 문제점이 발생하였다. 이러한 제도적 한계로 B주 시장의 투자자는 증권에 대한 권리를 행사할 수 없었다.

투자자는 본인 명의로 증권계좌 개설 신청을 하여야 한다. 그러나 법률, 행정법규 및 증권감독관리위원회 규정에 부합되는 경우에는 명의소지인 명의로 증권계좌 개설을 신청할 수 있다. 증권등록결제기관은 명의소지인 명의로 된 증권권리보유자 관련 서류의 제공을 요청할 수 있다.

2.3. 전자증권제도의 운영

(1) 증권의 신규등록

중국은 상장증권에 대한 전자증권제도를 시행하고 있다. 이에 따라 기 발행된 증권이 증권거래소에 상장되기 이전에, 증권발행인은 증권등록결제기관이 규정한 기한 내에 증권보유자 명부 및 관련 서류들을 제출하여 증권의 신규등록 신청을 하여야 한다. 증권등록결제기구는 이를 근거로 증권보유자 명부의 신규등록 업무를 처리하게 된다.

증권등록결제기관은 증권발행인이 제출한 증권등록 신청서류를 심사한 후 신고된 증권등록 기록을 근거로 증권보유자명부의 신규등록 절차를 진행하게 된다. 증권발행인이 제공한 신청서류에 착오가 있어 신규등록이 이루어지지 아니한 경우, 이로 인한 모든 법적 책임은 증권발행인이 부담한다. 증권발행인이 증권 신규등록 결과에 대한 수정을 요구할 경우, 증권등록결제기관은 효력이 발생된 사법판결 또는 증권등록결제기관이 인가하는 기타 증명서류에 근거하여 수정 절차를 거쳐야 한다.

(2) 증권의 이전등록

증권의 이전등록은 증권위탁과 직접적으로 관계되는 업무로서 증권등록결제기관이 증권거래가 이루어진 후 증권보유자의 명의를 변경하는 행위를 가리킨다. 증권이 증권거래소에서 상장되어 거래된 경우 증권등록결제기구는 증권거래의 결제결과에 따라 증권보유자 명부의 이전등록을 하여야 한다.

증권거래소를 통하여 집중거래된 증권에 대하여 증권등록결제기관은 증권거래 양수도 결과에 따라 집중거래 이전등록 절차를 진행한다. 그 외에도 (ⅰ)지분양도에 대한 협의, (ⅱ)사법압류, (ⅲ)행정집행, (ⅳ)승계, 기부, 법에 따라 처분이 가능한 재산분할, (ⅴ)법인의 합병, 분할 또는 해산, 파산, 영업취소 등 원인으로 법인격을 상실한 경우, (ⅵ)상장회사의 인수, (ⅶ)상장회사의 주식 환매, (ⅷ)관련 법률, 행정법규, 증권감독관리위원회 및 증권등록결제기관 업무규칙에서 정한 기타 상황 등의 사유로 증권의 이전이 발생될 경우에도 이전등록이 가능하다.

(3) 증권의 퇴출등록

주식상장이 종료된 경우 주식발행인 또는 그 대리인은 지체 없이 증권등록결제기관을 방문하여 증권거래소시장에서의 퇴출등록 절차를 밟아야 한다. 증권등록결제기관은 주식발행인과의 채권채무 정리 이후 또는 채권채무에 대하여 협의를 하게 된다. 그 이후 증권등록결제기관은, 주식발행인 또는 그 대리인과 증권등록 수량자료, 주식보유자 명부 리스트 등 증권등록과 관련 서류를 주식발행자 또는 그 대리인에게 교부하게 된다.

주식발행인 또는 그 대리인이 규정에 따라 증권거래소시장 퇴출등록 처리를 하지 않는 경우가 있다. 이 경우에는 증권등록결제기관이 증권등록 수량과 자료를 해당 주식발행인 또는 대리기관에 송달하고, 공증기관의 공증을 거침으로써 퇴출등록 절차가 완료된다. 주식발행인의 증권거래소시장 퇴출등록 절차 완료 이후, 증권등록결제기관은 증권감독관리위원회가 지정한 간행물에 주식발행인에 대한 증권거래소시장의 등록 서비스 종료공고를 내야 한다.

기타 국가(영국, 미국, 스웨덴) 제3절

1 영국

영국은 런던증권거래소 주도 하에 추진되었던 TAURUS(Transfer and Automated Registration of Uncertified Stock)시스템의 도입이 1993년에 중단되었다.[80] 이에 1993년 8월부터 영란은행의 주도로 전자증권제도인 CREST 프로젝트 구축작업이 개시되었다. 1994년 10월에는 중앙등록기관인 CRESTCo[81]의 법적 설립이 완료되었으며, 1995년 12월에는 「무증서증권규정(Uncertificated Securities Regulations)」이 제정되었다.

전자증권의 결제를 처리하는 전자결제시스템인 CREST시스템에 의한 전자증권화 대상증권은 영국과 아일랜드, Isle of Man의 회사법에 의하여 발행되는 증권으로서 발행회사가

80 TAURUS 계획은 13년에 걸쳐 2억 파운드를 투입하여 추진하였으나 시행도 하지 못한 채 폐기되었다(증권예탁원, 「영국증권예탁결제제도」, 1998, 61쪽).

81 CRESTCo는 1995년 제정된 무증서증권규정에 의거 설립된 주식회사인 동시에 금융서비스 및 시장법에 의한 공인결제기관으로서 증권의 등록 및 계좌관리, 예탁, 청산 및 결제업무 등 중앙등록기관의 업무를 수행하고 있다.

선택하고 CRESTCo가 승인하는 모든 증권이다. CREST시스템의 가장 큰 특징은 발행회사에게 CREST시스템 참가 여부에 대한 선택권을 부여하는 임의적 참가방식을 채택하고 있으며,[82] 발행회사가 CREST시스템에 참가한 경우에도 투자자는 실물증권의 발행 청구와 보유가 가능하다는 점이다.

한편, 무증서증권의 양도는 반드시 CREST시스템을 통하여 이루어져야 하며, 등록기관이 관리하는 주주명부에 등록된 때에 그 효력이 발생한다. 이에 따라 등록기관(Registrar)[83]은 CRESTCo의 지시에 따라 주주명부에 무증서증권의 양도를 등록하였는지 여부를 CRESTCo에 통지하여야 한다. 그러나 등록기관이 등록지시를 받았다 하더라도 즉시 양도를 변경 등록하는 것은 기술적으로 불가능하여 양수인의 보호에 문제가 있었다. 이 문제를 해결하기 위해 「무증서증권규정」은 주주명부 등록 전의 양수인에게 소위 형평권(equitable interest)을 인정하여 등록 전에 양도인이 파산한 경우에도 양수인을 보호하고 있었다.[84] 그러나 이 해결방법은 근본적인 문제를 해소하는데 한계가 있었다.[85] 이에 2001년에는 CRESTCo의 계좌부 기재에 전자증권 소유권 이전의 법적 효력을 부여하는 이른바 '법적 소유권의 전자적 이전(ETT: Electronic Transfer of Title)제도'를 도입하였다.

등록기관이 작성하는 증권명부는 무증서증권에 대한 법적 장부로서 중앙등록기관인 CRESTCo가 작성 · 관리하는 전자증권등록부와 발행회사 또는 지정된 등록기관이 작성 및 관리하는 실물증권등록부를 기초로 작성하게 된다. CREST시스템에 등록된 증권에 대한 권리행사는 증권명부에 기재된 CREST시스템회원이 소유자로서 권리를 행사하는 간접행사방식을 채택하고 있다.

2 미국

미국은 1960년대 말 증권거래 규모의 급격한 증가에 따른 실물증권의 문제를 해결하기 위하여 부분적으로 전자증권제도를 도입하였다. 연방정부채에 대하여는 1968년에 수립한 연방국채계좌등록시스템 도입계획에 의하여 1971년에 증권의 발행 · 보유 · 양도를 실물증권이 아닌 계좌등록방식으로 처리하는 계좌등록시스템을 도입하였다. 1979년에는 재무부

82 상장법인의 경우에는 CREST시스템에 의무적으로 참가하여야 한다.

83 등록기관은 실물증권에 대한 명의개서(등록)업무를 수행하는 자로서 CRESTCo로부터 전자증권의 권리이전내역을 통지받아 실물증권부분과 취합하여 증권명부를 작성하고, 발행회사의 수령대리인으로서 각종 권리행사업무를 수행한다.

84 HM Tresury, *CREST the Legal Issue*, revised, 1994.4, ANNEX B, pp.1~5.

85 CREST시스템상 결제가 이루어진 후 법적 권리이전(등록기관에의 등록)에 일정시간(2시간)이 소요되는 문제가 있었다.

단기채권(TB)에 대하여 계좌등록에 의한 발행을 강제하였고, 1986년부터는 다른 연방정부증권으로 실물증서 불 발행을 확대 시행하였다.[86]

한편, 회사가 발행하는 증권에 대하여는 1978년 「모범사업회사법(MBCA)」이 이사회결의만으로 무증서주식을 발행할 수 있도록 하였다. 그러나 대부분의 주(州)회사법이 여전히 실물증권의 발행을 강제하고 있어 주식과 사채, 기타 회사발행증권의 대부분은 실물증권으로 발행되고 있다.

그러나 최근에는 DRS(Direct Registration System)[87]의 도입으로 무증서형태의 증권직접보유방식이 활성화되고 있는 추세에 있다. DRS를 통한 증권보유는 증권의 직접보유방식을 의미한다. 따라서 DRS방식을 통한 증권보유자는 발행회사에 대하여 증권에 대한 완전한 소유권을 확보하게 된다. 그러나 DRS형태로 증권을 보유하고 있는 투자자는 증권보유방식을 간접보유방식으로 전환하지 아니하는 한 시장거래를 할 수 없다. 미국은 이러한 DRS의 확대 시행을 통하여 완전한 부동화를 실현하고, 75%까지 주식의 무권화를 목표로 하고 있다. 그 외에 뮤추얼펀드 주식은 1985년부터 실물이 불발행되고 있으며, 양도성예금증서(CD)나 기업어음(CP) 등 단기금융상품에 대하여는 1990년부터 실물 불발행제도를 도입하고 있다.

3 스웨덴

스웨덴은 증권예탁결제제도의 정착으로 주권발행필요성이 감소하기 시작하였다. 이에 1982년에는 포괄증권제도를 도입하고 명의개서대리인에 의한 등록 시 주권 불발행을 인정하는 것을 골자로 하는 제한적 전자증권제도를 시행하였다. 그러나 완전한 전자증권제도의 도입은 1989년에 회사법에서 전자증권에 관한 특별법인 「주식계좌법(Share Account Act)」에 전자증권제도에 관한 사항을 위임하면서 부터이다. 그 이후 1989년 11월에 전자증권제도의 기본법인 주식계좌법이 제정되어 1990년에 모든 주식이 무권화되었고, 1993년에는 채권과 단기금융상품까지 무권화가 완성되었다. 그리고 1998년에는 주식계좌법을 「금융증서의 등록에 관한 법(The Act of Registering of Financial Instruments)」으로 대체하여 전자증권제도의 적용대상을 모든 금융증서로 확대하였다.

스웨덴의 전자증권제도는 증권투자자가 자신이 소유하는 증권을 거래금융기관인 계좌관리자를 통하여 자기명의로 중앙등록기관의 계좌에 등록하는 직접등록제를 채택하고 있

86 Marcia Stigum, *After the Trade: Dealer and Clearing Bank Operations in Money Market and Government Securities*, Dow Jones-Irwin, 1988, p.100.

87 미국 회사법상의 불발행제도로서 투자자가 주주명부에 직접 등록하여 증권을 자기명의로 직접 보유할 수 있는 시스템을 말한다.

다. 중앙등록기관은 전자증권제도의 운영자인 동시에 발행회사와의 계약에 의하여 그 증권 사무를 대행하는 기능도 수행한다. 전자증권제도의 대상증권은 유통성이 있는 스웨덴의 모든 증권이며 외국증권도 포함된다. 그러나 전자증권제도의 이용은 임의적이기 때문에 발행자는 정관의 규정에 의하여 제도 이용 여부를 선택할 수 있다.

중앙등록기관이 관리하는 주된 장부는 증권등록부[88]인데 이 장부는 개별증권계좌[89]로 구성된다. 중앙등록기관은 계좌관리자가 등록한 지분 총량 외에 계좌관리자가 관리하는 증권소유자들의 개별지분계좌까지 관리한다. 발행자는 법적으로 구비하여야 할 증권소유자 명부를 별도로 관리하지 아니하고 중앙등록기관에 그 관리를 위임한다. 따라서 중앙등록기관의 발행자별 증권등록부가 그대로 법적 증권소유자명부 역할도 하게 된다.

---

88 증권등록부는 중앙등록기관에 참가한 발행자별로 관리되는 장부로서 증권소유자별로 부여되는 증권계좌를 발행자별로 종합한 것이다.

89 증권계좌는 증권보유자의 등록방식에 따라 보유자계좌와 명의대리인계좌로 구분된다. 보유자계좌(owner account)는 증권보유자 자신의 명의로 증권을 중앙등록시스템에 등록할 경우의 계좌를 말하고 명의대리인계좌(nominee account)는 증권보유자가 증권을 명의대리인 명의로 중앙등록시스템에 등록할 경우의 계좌를 말한다.

전자증권제도의 법률관계

전자증권의 법적 성질 제1절

전자증권에서도 종이매체의 존재를 전제로 한 전통적인 유가증권법리를 승계할 수 있는지 여부가 문제된다. 전통적 유가증권법리에서는 증권상의 권리가 실물증권이라고 하는 증권에 화체되어, 마치 그것이 동산처럼 유통될 수 있는 법적 성질이 부여된다. 이 법리를 전자증권에 원용하게 되면 전자데이터인 계좌부의 기록이 종이매체인 실물증권을 대신하는 새로운 권리의 매체가 된다. 이처럼 '증권이 권리를 화체한다'는 이론을 전자증권제도에서 승계하는 경우에는 전자증권이라고 하는 것은 종이매체인 실물증권으로부터 전자데이터인 전자등록계좌부의 기록으로 바뀌는 것에 불과하게 된다. 그 결과 기존의 유가증권의 본질은 조금도 변하지 않게 된다.

그러나 기존의 유가증권법리는 실물증권인 종이매체에 권리가 화체된다고 구성하여 '무체동산'인 유가증권상의 권리에 '유체동산'의 법적 성질을 부여한 것이다. 그리고 이것에 의하여 권리이전이나 선의취득 등에 관하여 유체동산의 점유를 기초로 한 기존의 법적 규율이 실물증권에 대하여도 적용될 수 있도록 유도한 것이다. 그러나 전자데이터 그 자체에는 종이매체인 실물증권과 같은 유체성을 발견할 수 없다. 따라서 전자증권제도에서 계좌부의 기록이라고 하는 전자데이터에 유가증권상의 권리가 화체된다고 구성하는 것은 곤란하다. 결국 이 문제를 해결하기 위해서는 실물증권이나 계좌부의 기록이라고 하는 매체의 차이를 초월하여 성립하는 이른바 고차원의 유가증권법리를 정립할 필요가 있다.

주식이나 사채 등 증권의 권리 그 자체는 추상적 · 관념적 존재이다. 따라서 그것이 어떤 자에게 귀속하고 있다고 하더라도 어떤 형식을 통해서 외형적으로 인식할 수 없는 한 그 권리의 행사에는 많은 어려움이 발생한다.[90] 종이매체의 증권에 있어서는 권리가 화체된 실

90 森田宏樹, "有價証券のペーペーレス化の基礎理論", 日本銀行金融研究所(Discussion Paper Series No. 2006-J-23), 日本銀行金融研究所, 2006.9, 38面.

물증권에 대한 점유를 통하여 지배권한을 취득하고 이를 통해서 권리의 실재화(實在化)가 이루어지게 된다. 그러나 전자증권의 경우에는 물리적인 지배가 없어 어떠한 방식을 통하여 권리의 실재화가 이루어지는지 여부에 대하여 의문이 제기될 수 있다.

계좌부의 기록은 물리적인 지배는 아니다. 그러나 증권소유자와 이를 보관 관리하는 금융중개기관과의 관계에서 볼 때에는 계좌부에 기록된 계좌명의인(증권소유자)만이 증권상의 권리를 행사할 수 있다. 그 결과 증권소유자는 계좌부의 기록에 의하여 해당증권에 대한 사실상의 지배권한(준점유)을 보유한다고 볼 수 있다. 따라서 유체동산에 대한 물리적인 지배를 통해서만 인정되던 점유를 주식이나 사채와 같은 무체동산에 대해서도 준점유의 형태로 인정할 수 있다고 본다.[91]

제2절 전자증권계좌부 기재(등록)의 법적 효력

유가증권이란 본래 유체의 권리를 증서에 표창시킨 후 이를 유체의 동산과 같이 간주하여 그 권리이전을 용이하게 하기 위해 고안된 것으로서, 그 권리의 발생 · 이전 · 행사의 전부 또는 일부를 증권에 의하는 것으로 설명되고 있다.[92] 그러나 전자증권제도에서는 전자등록계좌부에의 기재만으로 증권이 표창하는 권리에 대한 권리자 및 권리내용을 인정받을 수 있고, 증권에 대한 권리의 이전 · 행사 · 담보거래 등도 가능하게 된다. 그 결과 이러한 장부상 거래가 가능하기 위해서는 장부기재에 특정한 법적 효력이 부여되어야 하는데, 통상 계좌등록에는 다음과 같은 법적 효력이 부여되는 것으로 보고 있다.

첫째, 계좌등록에는 실물증권의 발행을 갈음하고 실물증권을 대체하는 효력이 부여된다. 전자증권제도에서는 증권을 중앙등록기관의 계좌등록에 의하여 발행되므로 그 등록시점에서 바로 증권발행의 효력이 발생한다. 아울러 전자증권제도의 시행 시에는 기존 실물증권의 전자등록도 필요하게 되는데, 이 경우에는 계좌등록이 실물증권을 대체하는 법적 효력을 가지게 된다.

둘째, 계좌등록에는 자격수여적 효력이 부여된다. 전자증권제도에 있어서는 권리를 표창하는 실물증권을 발행하는 대신에 증권에 대한 권리를 장부상의 계좌에 등록하게 되어

91 森田宏樹, 上揭論文, 39面.
92 이철송, 「어음수표법(제8판)」, 박영사, 2006, 18쪽.

계좌등록이 증권보유의 유일한 수단이 된다. 따라서 전자증권제도에서는 계좌등록에 의하여 권리가 표창되고 그 자체에 권리외관이 인정되어 권리를 공시하는 수단이 된다.

셋째, 계좌등록에는 권리창설적 효력이 부여된다. 따라서 법상 계좌에의 등록이 증권의 양도나 담보설정의 방법으로 인정된다. 이에 대하여 계좌등록에 반드시 권리창설적 효력이 부여될 필요는 없으므로 증권 없는 권리의 장부상의 등록은 권리선언적 효력만이 인정된다는 견해도 있다.[93] 그러나 증권의 양도나 담보설정이 확인적으로 계좌에 반영되는 것이 아니라 등록계좌 간 대체기재에 의하여 비로소 양도나 담보설정 등의 실체법상의 효과가 발생하게 된다.[94] 따라서 계좌등록에 대하여는 권리창설적 효력을 부여하는 것이 바람직하다고 본다.

전자증권의 양도 및 담보 제3절

1 전자증권의 양도

우리나라의 자본시장법은 민법 · 상법의 원칙을 증권예탁결제제도에 적용하여 고객계좌부와 예탁자계좌부에 기재된 자는 각각 그 증권을 점유하는 것으로 법상 의제하여 증권과 점유를 연결하고 있다.[95] 이처럼 현행 증권예탁결제제도에서는 계좌기재에 점유의 효력을 법상 부여하고 계좌간 대체의 기재에 증권의 교부효력과 동일한 효력을 부여하고 있다. 그리고 이를 통하여 점유의 이전에 의한 증권의 이전이라는 민법 · 상법의 원칙을 고수하고 있는 것이다.[96]

그러나 전자증권제도에서는 실물증권의 교부자체가 불가능하게 되며, 증권예탁결제제도에서 계좌간 대체기재 효력의 전제가 되는 실물증권도 존재하지 아니한다. 따라서 전자증권제도에서는 종래의 실물증권의 점유이론에서 벗어나 전자적으로 기재 관리되는 계좌부의 기록에 대하여 증권보유자가 사실상 지배권한을 행사하는 준점유로 보아야 한다. 이

93 임중호, "증권대체거래에 있어서의 유가증권의 무권화 현상과 그 법적문제", 「비교사법」 제5권 제1호, 한국비교사법학회, 1998.12, 408쪽.
94 강희만, 「유가증권대체결제제도」, 육법사, 1989, 170쪽.
95 자본시장법 제311조제1항.
96 자본시장법 제311조제2항.

처럼 계좌부 기록의 법적 성질을 준점유로 보는 이상 양수인으로의 준점유의 이전에 의하여 권리가 이전하는 것으로 보는 것이 바람직하다.

법리적으로는 계좌부 증가기재에 준점유의 효력이 부여된다고 하더라도 법상 이를 권리이전의 효력발생요건으로 명확히 규정할 필요가 있다.[97] 그러나 계좌부에의 증가기재에 의한 권리이전이 어떠한 의미를 가지는지의 여부에 대하여는 몇 가지 해석상의 논란이 발생할 여지가 있다.

첫째, 계좌부에의 증가기재가 양도인의 의사에 근거하여 이루어져야 하는가의 문제이다. 정당한 증권보유자의 권리 보호를 위해 원칙적으로는 양도인의 의사가 필요한 것으로 해석하여야 할 것이다. 다만, 오 기록을 근거로 계좌대체 신청이 이루어지고 이를 기초로 한 증가기재가 이루어진 경우에는 선의취득에 의하여 양도의 효과가 발생한다고 보아야 한다.[98]

둘째, 양도효력이 발생하기 위해서는 거래당사자 간에 유효한 양도계약이 있어야 하는지의 문제이다. 원칙적으로 양도가 유효하기 위해서는 양도 원인행위의 유효성이 전제가 되어야 한다.[99] 따라서 전자증권을 규율하는 법에서 계좌부에의 증가기재에 의하여 권리이전의 효과가 발생하는 것으로 규정하고 있다고 하더라도, 이러한 효력이 양도인의 양도의사나 거래당사자 간의 양도계약의 유효성과 독립적 · 무인적(無因的)으로 발생한다고 보기는 곤란하다.[100] 다만, 선의취득자가 있는 경우에는 거래의 안전을 위하여 권리이전의 효력이 발생하는 것으로 보고, 거래 당사자의 문제는 일반법의 원칙에 기초하여 해결되어야 한다.

② 전자증권의 담보

2.1. 복수의 권리자 문제

실물주권을 이용한 질권이나 양도담보에 있어서는 동일한 주권을 1인의 채권자가 다른 채권자를 위해서 주권을 점유하고, 동일 주권에 관해서 복수의 담보권자가 담보권을 갖는

97 일본의 경우에도 계좌대체 신청에 의한 양수인 계좌에의 대체증권의 증가기재가 대체증권양도의 효력요건이라는 것을 규정하여, 양도의 의사표시 이외에 대체계좌부에의 증가기재가 추가적인 양도의 효력요건이라는 것을 명확히 하고 있다(사채 · 주식 등 대체법 제73조(사채), 제98조(국채) 및 제148조(주식)).

98 高橋康文 · 長崎幸太郎 · 馬渡直史, 前揭書, 181面.

99 金子直史, "社債等の振替にする法律の概要", 「民事月報」, 第57巻 10號, 法務省民事局, 2002, 26～27面; 証券取引法研究會, 「別冊商事法務: 商法 · 証券取引法の諸問題シリーズ: 証券のペーパーレス化の理論と実務」, No.272, 商事法務, 2004.3.6, 86面.

100 森田宏樹, 前揭論文, 40面.

것으로 하여 담보권자 간의 우선열후(優先劣後)관계가 형성된다. 그리고 복수 담보권자가 동일한 증권을 담보로 취득한다는 실무상의 수요는 전자증권제도 시행 이후에도 여전히 존재하게 된다. 그런데 실물주권이 존재하지 않는 전자증권제도에서는 사실상 담보의 순위를 매길 수가 없다. 따라서 순위매김을 하고자 하는 경우에는 복수의 질권자가 우선 공동의 계좌를 만들어 해당 계좌에 일단 주식을 기록하고, 그 공동계좌 내에서 상호 채권적 순위 매김을 하는 구조를 취하여야 한다.

그러나 이와 같은 질권의 공유라든지 공동계좌에 관해서는 실체법상 이를 반영하기가 매우 곤란하다.[101] 그 결과 전자증권법에서는 복수인 명의의 계좌에 기장이 이루어진 경우 복수인이 공유관계에 있는 것으로 취급할 것인지, 혹은 복수인이 독립된 담보권을 갖고 있는 것으로 취급할 것인지 여부에 관해서는 통상 규정하지 않는다. 이에 따라 이러한 복수의 권리자 간의 문제는 전자증권법의 밖에서 해당 복수인의 관계가 실제로 어떠한 법률관계인지 여부에 따라 결정되어야 하고, 담보권자 간이나 담보권자의 차압채권자 간에 순위 매김의 합의가 있는 경우에는 그 합의가 적어도 해당 당사자 간에는 유효한 것으로 해석해야 한다는 의견이 제시되고 있다.[102]

2.2. 상사유치권의 문제

실물주권에 관해서는 상법의 규정에 근거해서 상사유치권이 인정되어 채권자의 파산 시 유치권자는 파산 절차 이외의 방법에 의한 권리실행이 가능하다. 그러나 전자증권제도 시행 이후에는 실물주권이 없어 물권인 상사유치권 등이 성립할 수 있는지 여부에 대한 논란이 제기될 수 있다.

이와 관련하여 유치권은 기본적으로는 물건(物件)에 관해서 유치하는 권리이기 때문에, 전자증권제도 시행 이후에는 유치할 물건이 없어 유치가 불가능하다는 견해가 있다. 이 견해는 전자증권법상 물건을 유치하는 것이 아니라 기록을 유치하는 것 자체가 유치권의 효능으로서 인정되기는 어렵다고 주장한다.[103] 이에 대하여 전자증권제도의 전후거래의 형식이나 실태가 조금도 변하지 않는 이상, 종전과 마찬가지의 취급이 이루어지도록 하는 것이 바람직하다는 견해가 있다. 이 견해는 상사유치권의 취지를 고려하더라도 실물주권이 없다고 하여 상사유치권이 달성하려고 했던 결과가 달성되지 않는 것은 타당하지 않다고

101 葉玉 匡美, "株券電子化時代の株券擔保のあり方", 「月刊)資本市場」, 2008.4, 57面.

102 森下哲朗, "日本の社債株式等振替制度の概要と課題", 「社債株式振替法과 헤이그증권협약 워크숍」, 서울대학교 금융법센터, 2008.11, 4面.

103 葉玉 匡美, 前揭論文, 53面.

주장한다.[104]

살피건대, 실물증권을 기반으로 하던 기존의 증권예탁결제제도에서도 실물증권은 실제로 움직이지는 않고, 계좌의 기재만으로 거래가 완결되었다는 의미에서 하등 변화가 없다. 또한, 상사유치권은 민법상의 유치권과는 달리 상거래에 있어서 채무자의 신용을 높여서 일일이 담보권을 설정하지 않더라도 신속하게 거래가 이루어지도록 하기 위한 것이다. 이런 측면에서 볼 때 실물증권이 없어졌다고 해서 상사유치권이 인정되지 않는다는 것은 타당하지 않다고 본다.[105]

제4절 전자증권의 초과기재 및 선의취득

1 전자증권의 초과기재

전자증권제도에서 투자자의 권리는 전자등록계좌부의 잔고기록에 의해서 정해진다. 따라서 고객의 계좌를 관리하고 있는 계좌관리기관 등이 증권의 등록계좌 잔고를 실수로 실제보다 많이 기록한 경우에는 시장이 혼란에 빠질 수도 있다. 해당 초과기재증권이 유통되기 전에 관련 계좌관리기관이 해당 기록실수를 적절하게 수정하는 경우에는 큰 문제는 없다. 그러나 초과기재가 정정되기 이전에 사정을 알지 못하는 투자자가 해당 주식을 매수할 수 있다. 이 경우에는 실수로 기록된 증권이라 하더라도 그대로 유효하게 유통되게 되어 본래의 총 발행증권 수량보다도 많은 증권이 시장에 유통되게 된다. 이렇게 되면 발행회사에 대하여 대항하지 못하는 증권이 시장에 유통되는 결과를 가져오게 된다. 이러한 경우가 발생하면 실수로 과다기록을 한 계좌관리기관에게 과다하게 기록한 부분에 상당하는 주식을 스스로 매수한 후 소각할 의무를 부과할 필요가 있을 것이다.

한편, 계좌관리기관이 소각의무를 다하지 않은 상태에서 의결권이나 배당의 기준일을 맞이한 경우 해당 의결권이나 배당은 어떻게 처리할 것인지 여부도 문제된다. 이 경우 과다기록에 대하여 아무런 책임이 없는 발행회사에 대하여 초과증권에 대해 책임을 전가할 수는 없다. 따라서 계좌관리기관이 소각의무를 다하지 않은 채 의결권 · 배당의 기준일을 맞

104 森下哲朗, 前揭論文, 4面.
105 같은 취지: 森下哲朗, 上揭論文, 5面.

이한 경우에는 해당 계좌관리기관에 계좌를 개설하고 있는 주주의 배당이나 의결권을 보유 주식수에 따라 안분하여 비례적으로 삭감하도록 하는 것이 바람직하다.[106]

② 전자증권의 선의취득

전자증권제도에 있어서도 선의취득을 인정할 수 있는지 여부가 문제된다.[107] 전자증권 제도에 있어 선의취득이 문제가 되는 것은 크게 다음 두 가지의 경우이다. 그 중 하나는 부당한 계좌대체의 신청에 근거하여 계좌대체가 이루어져 계좌의 증가기재가 이루어진 경우이다. 또 다른 하나는 금융중개기관 등의 과오에 의해 실제보다도 다액의 과대기재가 이루어진 경우이다. 양자 모두 양수인 계좌에의 오 기재가 실제권리를 초과하는 점에서는 공통되나 거래의 상대방에게 선의취득이 인정되는 경우에 있어서의 결과는 매우 상이하게 된다. 즉 전자의 경우에는 해당 증가기재에 상응하는 감소기재가 이루어진 자가 선의취득에 의한 손실을 입게 될 뿐 권리의 득상(得喪)에 의해 증권발행총수는 변하지 않는다. 그러나 후자의 경우에는 초과기재 부분만큼 증권의 발행총수가 증가하기 때문에 무(無)에서 유(有)가 발생하는 결과를 가져오게 된다.[108]

2.1. 부당한 계좌대체 신청에 의해 계좌의 증액이 이루어진 경우

부당한 계좌대체 신청에 의한 계좌대체에 의하여 계좌의 증액이 이루어진 경우에는 해당 계좌대체 신청이 부당하기 때문에 법적으로 효력이 없다. 따라서 그에 기한 증액기록도 무효가 되는 것이 원칙이다. 그러나 이와 같이 증액된 권리를 제3자가 선의이고 중과실이 없이 취득한 경우가 있다. 이 때에는 예외적으로 선의취득자가 증권의 권리를 취득하게 되고 원 권리자는 그에 대응하는 권리를 상실한다고 보아야 한다. 이 경우의 선의취득 인정 근거로는 (ⅰ)계좌부의 기재에 권리추정효(權利推定效)에서 파악하는 견해와, (ⅱ)계좌부의 기재에 관한 외관신뢰에서 파악하는 견해가 있다.

(ⅰ)의 견해에 대해서는 부동산의 등기부에 권리추정효는 부여되어 있으나 선의취득이 인정되지 않는 것과 같이 권리추정효로부터 선의취득이 당연히 유도되지는 않는다는 것에 대하여 대체로 견해가 일치하고 있다. 그러나 (ⅱ)의 견해에 대하여는 다시 이를 부정하는

106 제네바증권협약 제26조(중개기관이 도산하는 경우의 손실부담)에서도 유사한 취지의 규정을 하고 있다.
107 전자증권의 선의취득과 유가증권의 선의취득의 요건 비교에 대하여는 정찬형, “유가증권무권화제도”, 「비교사법」, 제3권 제2호, 한국비교사법학회, 1996.12, 106~107쪽.
108 証券取引法研究會, 前揭書, 86~87面.

견해와 긍정하는 견해로 나뉘고 있다. 부정하는 견해는 계좌대체는 양도인의 계좌대체 신청에 근거하여 이루어지고 계좌의 증감기록은 인가된 금융중개기관이 수행하게 되므로 양수인이 계좌부의 기록을 적극적으로 신뢰한다는 것은 생각할 수 없다고 한다.[109] 이에 비하여 다수설인 긍정하는 견해는 증권의 권리가 계좌의 기록으로 화체된다는 (준)점유설을 기반으로 점유를 기초로 하는 선의취득의 일반원칙이 적용된다고 한다.[110]

2.2. 금융중개기관의 과오에 의해 과대기재가 이루어진 경우

금융중개기관 등의 과오에 의해 실제보다도 다액의 과대기재가 이루어진 경우에도 계좌부에 이루어진 기재로 투자자가 증권을 보유하고 있다는 외관이 있다는 점에서는 진정한 기재와 같다. 따라서 이 기재를 신뢰한 자도 보호할 필요가 있으므로 이 경우에도 선의취득을 인정할 필요가 있다고 본다.[111] 그러나 금융중개기관 등의 과오에 의한 과다기록에 의한 선의취득은 선의취득의 일반적 사고방식에 의해서는 설명하기가 곤란한 면이 있기 때문에 그 이론적 근거에 대하여는 상당한 논란이 있을 수 있다.

제5절 실기주주의 구제 및 전자증권의 상속

1 명의개서 실기주주의 구제

타인명의로 된 주권을 소지하고 명의개서를 하지 않은 채로 전자증권제도의 시행일이 도래할 수가 있다. 이 경우 명의주주가 주주명부에 자기명의의 주권이 등재된 것을 기화로, 해당 주식을 선의의 제3자에게 매도하면 명의개서 실기주주는 권리를 상실할 수 있다. 따라서 전자증권제도의 시행일 이후에도 명의개서 실기주주가 구제를 받을 수 있는 법적 조치를 규정할 필요가 있다. 다시 말해서, 전자증권제도 이행 이전에 주식을 취득한 실기주주

109 椽川泰史, “有價証券の無券化について”, 「神奈川法學」, 第35卷 3號, 神奈川大学法学会, 2002, 208~209面; 早川徹, “短期社債等の振替に關する法律と証券決濟システム”, 「ジュリスト」, 1217號, 有斐閣, 2002, 27面.

110 森田宏樹, 前揭論文, 46面; 高橋康文, 「逐條解說 短期社債等振替法」, 金融財政事情研究會, 2002, 177面.

111 高橋康文, 上揭書, 177面.

가 발행회사에 대하여 (ⅰ)명의주주와 실기주주가 공동으로 청구를 한 경우, (ⅱ)명의주주에 대하여 실기주주에게 주식을 양도하라는 판결의 집행력 있는 정본 · 등본, 또는 이에 준하는 서류를 첨부하여 청구한 경우, (ⅲ)이해관계인의 이익을 해할 우려가 없는 경우에는 실기주주의 권리를 인정한다는 내용을 전자증권 관련 법령에 반영할 필요가 있다.

그런데 전자증권제도로 이행함에 있어 상당수의 실기주주가 발생할 것이 예상되고, 또한 전자증권제도로의 이행후에도 단기간 내에는 주권의 점유자가 권리자일 개연성이 매우 높다. 따라서 명의개서 실기주주에 대해서는 전자증권제도 시행 후 일정한 기간까지 단독신청에 의하여 그 권리를 구제해 주는 것도 고려해 볼 수 있을 것이다. 그런데 이러한 구제조치에도 불구하고 이러한 실기주주는 구제기간이 지나서도 여전히 잔존할 것으로 예상된다. 그 결과 일정한 구제기간이 지난 후에 실기주주가 자신의 권리를 구제받기 위해서는 명의인과의 공동청구 또는 확정판결 등을 받아야 하는 번잡한 절차가 요구되는 점은 여전히 문제점으로 남게 된다.

② 전자증권의 상속

전자증권제도에서는 전자증권의 양도에 대해서는 양수인의 계좌부상의 보유란에 해당 양도에 관계된 수의 증가기록을 효력발생요건으로 규정하고, 해당 주식에 대한 권리의 귀속은 계좌부의 기록에 따라 정해지는 것으로 규정하는 것이 일반적이다. 이에 따라 전자증권에 대한 상속이 발생한 경우 전자증권법상의 이전등록 절차가 상속에 따른 효력발생요건인지 여부가 문제될 수 있다.

증권이 상속의 대상이 되는 경우라도 상속에 따른 계승에는 실물증권 교부가 필요 없는 것으로 해석하고 있다. 즉 상속이란 피상속인의 사망이라는 사유가 발생함으로써 법률상 당연히 상속인에게 피상속인이 보유하는 권리가 포괄적으로 계승되는 것으로 본다. 따라서 상속에 따른 계승에는 실물증권 교부가 필요 없는 것으로 보고 있다.

이러한 해석의 연장선상에서 본다면 전자증권이 상속대상이 되는 경우에도 상속에 따른 계승에는 이전등록 절차가 필요하지 않는 것으로 해석하여야 한다. 다만, 상속인이 상속으로 인한 전자증권을 제3자에게 양도하고자 하는 경우에는 자기계좌로의 이전등록 절차가 필요하게 될 것이다. 즉 상속인이 전자증권에 대해 제3자에게 양도할 수 있는 지위를 확보하기 위해서는 상속인 본인명의의 계좌부에 해당 전자증권을 기록하여야 한다.

제6절 전자증권의 국제거래 시 준거법

1 전통적 준거법 규칙의 문제점

국제증권거래는 국내증권거래에 비하여 매우 복잡하고 법적인 불확실성을 야기하는 동시에 상이한 법률시스템 간의 상호 작용을 필요로 한다.[112] 그 결과 국제증권거래의 거래 당사자들은 자신들의 권리를 규율하는 법률이 자신들의 투자증권에 대한 권리를 적절하게 보호하고 있는지 여부에 대하여 커다란 관심을 가지게 된다. 이 경우 거래 당사자 자신들이 거래하는 증권에 대한 권리의 보호상태를 알기 위해 최우선으로 하여야 하는 것은 어느 국가의 법률이 해당 거래에 적용되는가를 파악하는 것이다.

연혁적으로 볼 때 물건을 직접 보유하는 경우에 있어서의 물권적 문제에 적용되는 법률을 결정하기 위하여 채택된 일반적인 접근방식은 소재지법(lex situs)이었다.[113] 이러한 소재지법 접근방식은 증권의 직접보유와 관련하여 진전되어 온 것으로서 기명 · 무기명증권을 막론하고 증권의 직접보유와 관련하여서는 대체적으로 만족스러운 결과를 가져온 것은 사실이다.

그러나 오늘날 세계 각국에서 증권의 간접보유가 진행된 결과 준거법에 관한 증권소재지법주의에 기초한 개개의 물리적인 실물주권 확인이 곤란하게 되었다. 이러한 상황에서 국제거래에서의 양도 · 담보제공의 법적 유효성과 제3자 대항요건을 구비하기 위한 준거법의 판정은 용이하지 아니하기 때문에 국제증권거래의 커다란 문제점으로 지적되고 있다. 특히, 전자증권제도에서는 실물주권이 사라지고, 전자등록계좌부에의 전자적 기록이 전부이기 때문에 이러한 기존의 물권적인 사고방식은 더 이상 취하기 어렵게 되었다.

2 헤이그유가증권협약의 영향과 잔존문제

전자증권제도에서는 실물주권이 존재하지 않기 때문에 전통적인 물건소재지법을 준거법으로 하는 것은 곤란하다. 이러한 문제점의 해결방안으로는 국제적 증권거래에 있어

112 Janeen M. Carruthers, *The Transfer of Property in the Conflict of Laws*(Oxford University Press, 2005), p.175.

113 우리나라의 현행 국제사법 제21조 및 제23조 단서도 이러한 입장을 취하고 있다.

서 해당 거래증권을 국경을 넘어 보유할 때 그 증권의 양도 · 담보설정 등의 처분에 대한 준거법을 국제적인 규칙으로 규정한 「금융중개기관을 통하여 보유되고 있는 증권의 특정한 권리에 대한 적용법률에 대한 헤이그협약(The Hague Convention on the Law Applicable to Certain Rights in Respect of Securities Held with an Intermediary)」(이하 '헤이그유가증권협약'이라 한다)에 가입하는 방안이 있다. 이 협약은 최종투자자가 복수의 계좌관리기관을 경유하여 증권을 보유하고 있는 경우에도, 그 투자자와 직접 관계있는 계좌관리기관 간에 체결한 계좌개설계약에서 명시적으로 선택한 법률을 준거법으로 할 것을 기본원칙으로 하고 있다.[114] 그 결과 본 협약을 적용하는 경우에는 국내투자자가 국내의 증권회사 등에 계좌를 설정하고, 해외증권을 보유하는 경우에도 해당 투자자와 국내 증권회사 간에는 준거법을 국내법으로 할 수 있다. 이와 반대로 해외투자자가 해외의 계좌관리기관을 경유하여, 국내의 증권을 보유하고 있는 경우에는 그 증권이 국내에 소재하고 있어도 해외법률이 준거법이 된다.

이처럼 헤이그유가증권협약에 가입하는 경우에는 물건소재지법의 문제를 극복할 수 있다. 그러나 헤이그유가증권협약에서는 간접계좌관리기관이 복잡하게 연결되어 간접계좌관리기관 간의 소재지가 여러 국가를 걸쳐있는 경우에는 준거법이 다른 이유로 인하여 복수연결점의 문제가 발생할 수 있다. 예컨대, A의 계좌관리기관 B가 A의 계좌에서 관리하고 있는 증권을 A의 동의 없이 위법하게 이체하여, 해당증권은 계좌관리기관 D에 보유하는 C의 계좌에 기재되고, C는 A의 위법한 행위에 대해서 선의였다고 가정하자. 이 경우 A와 B가 합의한 준거법에서는 B의 위법행위 시 A는 자신의 계좌로 해당증권을 회복할 수 있고, 동시에 C와 D가 합의한 준거법에서는 C가 선의취득 할 수 있다고 규정할 수도 있다. 이처럼 계좌별로 준거법을 결정하는 헤이그유가증권협약의 구조는 동일한 분쟁에서 복수계좌의 복수기장을 둘러싼 권리 관계가 문제가 된 경우에는 복잡한 문제를 일으킬 가능성이 있다.

---

114 그러나 선택할 수 있는 법률은 계좌관리기관이 계좌에 관한 사무를 처리하는 사무소가 있는 국가의 법률로 제한하고 있다. 헤이그유가증권협약에 대한 상세는 허항진, "국제적 증권거래의 준거법 결정원칙에 대한 고찰", 「증권법연구」 제8권 제2호, 한국증권법학회, 2008, 64~87쪽.

참고문헌

1. 국내 문헌

〈단행본〉

강병호, 「금융시장론」, 박영사, 2013.
강희만, 「유가증권대체결제제도」, 육법사, 1989.
김시원, 「세계증권시장 환경변화와 우리나라 증권시장인프라의 구조개편 방향」, 2001.
법령제정실무작업반, 「간접투자해설」, 박영사, 2005.
이영훈 외, 「한국의 유가증권 100년사」, 해남, 2005.
이중기, 「신탁법」, 삼우사, 2007.
이철송, 「개정상법 축조해설」, 박영사, 2011.
이철송, 「어음수표법」, 박영사, 2012.
임중호, 「독일의 증권예탁결제제도」, 법문사, 1996.
정동윤, 「회사법」, 법문사, 2001.
정찬형, 「상법강의(상)」, 박영사, 2013.
정찬형, 「상법강의요론」, 박영사, 2013.
증권예탁원, 「영국 증권예탁결제제도」, 1998.
증권예탁원, 「증권예탁결제제도」, 1995.
증권예탁원, 「증권예탁결제제도(전정판)」, 2003.
증권예탁원, 「증권예탁원 25년사」, 1999.
증권예탁결제원, 「증권시장의 청산 · 결제제도」, 2006.
한국예탁결제원, 「DR업무안내」, 한국예탁결제원, 2010.
한국예탁결제원, 「증권결제제도의 이론과 실무」, 박영사, 2013.
한국거래소, 「한국거래소 55년사」, 2011.
한국은행, 「우리나라의 지급결제제도」, 2009.
한국증권법학회, 「자본시장법(주석서 Ⅰ · Ⅱ)」, 2009.

허항진, 「국제증권시장의 법과 실무」, 세창출판사, 2009.
허항진, 「전자단기사채제도의 이해」, 한국학술정보(주), 2011.

〈연구보고서〉

강종만 · 김영도, 「단기금융시장 발전을 위한 주요 과제」, 한국금융연구원, 2010.
노무라종합연구소, 「Repo · 대차 발전방안 연구-주요국 시장 분석 및 시사점 도출을 중심으로-」, 증권예탁결제원, 2009.
서울대학교 금융법센터, 「KDR 및 외국주권 발행 선진화를 위한 조사연구」, 한국예탁결제원, 2012.
서울대학교산학협력단, 「금융상품 자문 · 판매 지원서비스 추진을 위한 조사연구보고서」, 한국예탁결제원, 2013.
자본시장연구원, 「국내 펀드의 역외판매 활성화를 위한 제도 및 인프라 정비」, 한국금융투자협회 · 한국예탁결제원, 2012.
한국금융연구센터, 「자본시장 인프라 경쟁력 제고방안」, 한국예탁결제원, 2012.
한국증권법학회, 「바람직한 청산 · 결제 인프라 구축을 위한 연구」, 증권예탁결제원, 2008.
한국증권학회, 「한국 증권시장에서의 최적 증권결제시스템 구축 방안」, 증권예탁결제원, 2008.
한국채권연구원, 「FundNet 구축효과에 대한 실증분석 및 합리적인 수수료체계 개편방안」, 증권예탁결제원, 2006.

〈논문〉

김형태, "Repo거래의 활용 및 투자전략분석", 「딜러금융 지원을 위한 Repo 세미나」(증권예탁원 · 한국재무학회 · 한국증권법학회), 2001.
남희경, "금융투자상품거래청산회사를 통한 장외파생상품의 청산 및 결제", 「증권법연구」(한국증권법학회), 제13권 제2호, 2012.
박준, 홍선경, 김장호, '채무자 회생 및 파산에 관한 법률 제120조의 해석', 「BFL」(서울대학교 금융법센터), 제22회, 2007.
박철영, "수익자총회제도의 문제점과 개선과제", 「증권법연구」(한국증권법학회), 제7권 제1호, 2006.
박철영, "자본시장법상 집합투자기구 운영체계의 재검토", 「일감법학」(건국대법학 연구소), 제21호, 2012.

박철영, “투자자문업 및 투자일임업에 관한 법적 규제의 현황과 과제”, 「증권법연구」(한국증권법학회), 제10권 제1호, 2009.

서민, “증권예탁결제제도의 법적 과제”, 「비교사법」(한국비교사법학회), 제3권 제2호, 1996.

송종준, “Repo거래의 법적 성질론”, 「딜러금융지원을 위한 Repo세미나」(증권예탁원), 2001.

송종준, “Repo거래의 법률관계와 도산법상의 당사자지위”, 「상사법연구」(한국상사법학회), 제21권 제2호, 2002.

송홍선, “한미 FTA 협상을 통해 본 국경 간 거래와 투자자 보호”, 「금융리스크리뷰」(예금보험공사), 제3권 제2호, 2006.

양기진, “증권의 해외발행에 관한 규제”, 「상사판례연구」(한국상사판례학회), Vol.20 No.3, 2007.

오수근, “도산절차와 결제제도-신도산법 제120조의 해석론”, 「증권예탁」(증권예탁결제원), 제62호, 2007.

오 윤, “금융거래에 있어 실질적 소유의 개념”, 「국세월보」, 2004. 3.

오창석, “증권시장에서의 차익거래 기법과 우리나라 증권시장에서의 적용가능성”, 「증권예탁」(증권예탁원), 제36호, 2000.

이영주, “Repo거래에 관한 연구”, 「법학연구」(한국법학회), 제26집, 2012.

이중기, “투자신탁펀드의 지배구조에 관한 비교법적 연구”, 「증권법연구」(한국증권법학회), 제2권 제2호, 2001.

이철송, “예탁결제제도의 선진화와 증권무권화를 위한 법적 정비”, 「증시효율화를 위한 예탁결제제도 및 무권화제도 발전방향」, 증권예탁원, 1996.

임중호, “증권대체거래에 있어서의 유가증권의 무권화 현상과 그 법적 문제”, 「비교사법」(한국비교사법학회), 제5권, 1998.

장재옥, “예탁유가증권의 혼장공유지분의 양도와 선의취득”, 「비교사법」(한국비 교사법학회), 제3권 제2호, 1996.

정성구, “해외원주상장과 관련한 국내법상의 문제점”, 「BFL」(서울대학교 금융법센터), 14호, 2005.

정순섭, “신종금융거래의 담보화에 관한 연구”, 「증권법연구」(한국증권법학회), 제4권 제1호, 2003.

정찬형, “유가증권무권화제도”, 「비교사법」(한국비교사법학회), 제3권 2호, 1996.

조민제, “미국 증권법상의 Regulation S와 유가증권의 “해외발행”의 의미에 대한 검토”,

「법조」(법조협회), Vol.563, 2003.

조상욱 · 이진국, "자본시장과 금융투자업에 관한 법률(안)상 집합투자규제의 주요내용 및 문제점", 「BFL」(서울대학교 금융법센터), 제22호, 2007.

최경렬, "국내기업의 해외DR발행현황과 그 문제점", 「증권법연구」(한국증권법학회), 제2권 제1호, 2001.

최경렬, "국내기업의 해외상장에 관한 연구", 「증권예탁」(증권예탁결제원) 제63호, 2007.

최경렬, "해외상장과 유가증권예탁결제제도", 「금융법연구」(한국금융법학회) 제4권 제1호, 2007.

최정철, "유가증권 예탁의 법리에 관한 소고", 「증권예탁결제논고집 Ⅲ권」, 증권예탁원, 2004.

한민 · 홍선경, "장외파생상품거래와 담보－Rehypothecation 문제를 중심으로－", 「BFL」(서울대학교 금융법센터), 제44호, 2010.

허항진, "국제적 증권거래의 준거법 결정원칙에 대한 고찰", 「증권법연구」(한국증권법학회), 제8권 제2호, 2008.

현석, "아시아 통화의 국경 간 거래 활성화와 아시아 채권시장 발전", 「Capital market perspective」(자본시장연구원), Vol.4, No.1, 2012.

2. 일본 문헌

江頭憲治郎, 「会社法コンメンタール 16」, 商事法務, 2010.

高橋康文, 「逐條解說 短期社債等振替法」, 金融財政事情研究會, 2002.

高橋康文 · 長崎幸太郎 · 馬渡直史, 「(逐條解說)社債等振替法」, 金融財政事情研究會, 2003.

高橋康文 · 長崎幸太郎, 「証券取引法における清算機關制度」, 金融財政事情研究會, 2003.

金子直史, "社債等の振替にする法律の概要", 「民事月報」, 第57巻 10號, 法務省民事局, 2002.

犬飼重仁/勝藤史郎/鈴木裕彦/吉田 聰, 「電子コマーシャルペーパーのすべて」, 東洋経済新報社, 2004.

大武泰南, "DEMATERIALISATIONにおける株式の譲渡および株主權の行使: フランスの株式登録管理制度", 「攝南法學」, 第4號別册, 摂南大学法学部, 1990.

葉玉 匡美, "株券電子化時代の株券擔保のあり方", 「月刊)資本市場」, 2008. 4.
三谷博二, "名義書換代理人制度-代理人のから", 「ジユリスト」181, 有斐閣.
三菱UFJ信託銀行証券代行部, 「株券電子化と移行のポイント」, 商事法務, 2008.
上柳克郎 · 竹内昭夫, 「新版註譯會社法(4)」, 有斐閣, 1993.
石川 裕 外, 「株券電子化 : その實務と移行のすべて」, 金融財政事情研究會, 2008.
神田秀樹, "ペーパーレース化と有價証券法理の將來", 「現代企業と有價証券の法理: 河本一郎先生古稀祝賀論文集」, 有斐閣, 1994.
森田宏樹, "有價証券のぺーぺーレス化の基礎理論", 日本銀行金融研究所(Discussion Paper Series No. 2006-J-23), 日本銀行金融研究所, 2006.
森下哲朗, "日本の社債株式等振替制度の概要と課題", 「社債株式振替法과 헤이그증권협약 워크숍」, (서울대학교 금융법센터, 2008.11).
橡川泰史, "有價証券の無券化について", 「神奈川法學」, 第35卷 3號, 神奈川大学法学会, 2002.
日本銀行 金融研究所, '有價証券Paperless化の基礎理論', 2006.
早川徹, "短期社債等の振替に關する法律と証券決濟システム", 「ジュリスト」, 1217號, 有斐閣, 2002.
中島眞志 · 宿輪純一, 「決濟システムのすべて」, 東洋經濟新報社, 2005.
証券取引法研究會, 「別册商事法務 : 商法 · 証券取引法の諸問題シリーズ: 証券のペーパーレス化の理論と実務」, No. 272, 商事法務, 2004.
横山淳, 「株券電子化のしくみと對應策」, 日本實業出版社, 2006.
平出慶道, 山本忠弘, 企業法概論Ⅱ[有價証券と新しい取引決濟制度], 青林書院, 2003.
河本一郎, '有價証券振替決濟制度の研究', 有斐閣, 1969.
河本一郎, '有價証券振替決濟制度と善意取得', 「証券研究」 第57卷, 1979.
河本一郎, '株券保管振替制度に關する諸問題', 「証券研究」 第41卷, 1976.
JSDA, 統一清算機關 準備要綱, 2002. 6.
JASDEC, 一般對替 DVP 制度要綱, 2003. 7.
JGBCC, 日本國債清算機關 制度要綱, 2004. 1.

3. 영문 문헌

BIS, Assessment methodology for 'Recommendations for Securities Settlement Systems', 2002.11.

BIS, Report of the Committee on Interbank Netting Schemes of the Central Banks of the Group of the Ten Countries. 1990.11.

BIS, Payment Systems in the Group of Ten Countries, 1993.

BIS, Principles for financial market infrastructures, 2012.4.

BIS, Principles for financial market infrastructures : disclosure framework and assessment methodology, 2012.12.

Bum Hur, Some Legal Aspects in Cross-Border Repurchase Transactions involving Immobilised Securities, Part 1, 9 Journal of International Banking and Financial Law, 2000. 9.

Cayseele, V.P., Wuyts, C., Cost Efficiency in the European Securities Settlement and Safekeeping Industry, Journal of Banking and Finance 31, 3058-3079, 2007.

CBF, Clearstream Banking Frankfurt Customer Handbook, 2012. 4.

Charles J.Woelfel, Encyclopedia of Banking & Finance, 1996.

Chuck Moony, Loss Sharing : Cause? Assessment Base? Why Pro Rata?, UNIDROIT Seminar on Intermediated Securities-Paris, France, 2006. 1.

CPSS, Core Principles for Systemically Important Payment Systems, 2001.

CPSS/IOSCO, Principles for Financial Market Infrastructure, 2012.

CPSS/IOSCO, Recommendations for Central Counter-Parties, 2004.

CPSS/IOSCO, Recommendations for Securities Settlement Systems, 2001.

D. Baur, Integration and Competition in Securities Trading, Clearing and Settlement, Institute for International Integration Studies, 2007.

David Timpany /Eddie Guillemette, "The industry perspectives on the securities lending markets in Korea"(The second ANNUAL FI-TICK SEMINAR, 2003. 11. 29.

DTC, 「Assessment of Compliance with the CPSS/IOSCO Recommendations for Securities Settlement Systems」, 2011.12.

DTCC, 「DTCC Interruption in Processing Clearance and Settlement-System Outage」, 2007.12.

DTCC, 「CNS Settlement as Delivery versus Payment in DTC」, 2011. 9.

ECB, The Payment System, 2010.

Economides, Network Economics with Application to Finance, Financial Market, Institutions and Instruments, 1993.

Economides, The Economics of Networks, International Journal of Industrial Organizationn, 14(6): 673-699, 1996.

Elizabeth M. Osenton, "Comment: The Need for A Uniform Classification of Repurchase Agreements: Reconciling Investor Protection with Economic Reality", 36 Am. U. L.Rev. 669, 1987.

ESCB/CESR, Standards for Securities Clearing and Settlement in the European Union, 2004.

Euroclear France, ESES Blueprint-Edition 6, 2008. 2.

Euroclear France, ESES interaction with TARGET2 and related tools, 2011. 4.

Euroclear France, Settlement Subsystem, 2008.12.

Fed, Assessment of the Compliance of the Fedwire Securities Service with the Recommendations for Securities Settlement System, 2009. 8.

FICC, Assessment of Compliance with the CPSS/IOSCO Recommendations for Central Counterparties, 2011.12.

Frank J. Fabozzi & Steven V. Mann, Securities Finance-Securities Lending and Repurchase Agreements, John Wiley & Sons, 2005.

G-30, Global Clearing and Settlement – a Plan of Action, Washington, 2003.

G-30, Global Clearing and Settlement: Final Monitoring Report, Washington, 2006.

Giovannini Group, Cross-Border Clearing and Settlement Arrangements in the European Union, European Economic Papers 163, European Commission, 2001.

HM Treasury, CREST the Legal Issue, revised, 1994. 4, ANNEX B.

Holthausen, C., Tapking, J., Raising Rival's Costs in the Securities Settlement Industry, Journal of Financial Intermediation 16, 91-116, 2004.

IMF, Germany: Financial Sector Assessment Program-Detailed Assessment of Observance on Eurex AG Observance of the CPSS-IOSCO Recommendations for Central Counterparites, 2011. 9.

IMF, United Kingdom: Observance by LCH Clearnet Limited of the CPSS-IOSCO Recommendations for Central Counterparties Detailed Assessment of Observance, 2011. 7.

IOSCO, Examination of Governance for Collective Investment Schemes, 2001.

IOSCO and CPSS, "Securities lending transactions: market development and implications", 1999. 7.

ISSA, ISSA Recommendations, 2000.

ISSA, Symposium Report 4 「4th International Symposium of Securities Administrators」, 1988. 5.

JASDEC, AGC Questionnaire, 2011-2012.

James Steven Rogers, Negotiability, Property, and Identity, 12 Cardozo Law Review 471, 1990.

Janeen M. Carruthers, The Transfer of Property in the Conflict of Laws, Oxford University Press, 2005.

Jeanne L. Schroeder, Repo Madness: The Characterization of Repurchase Agreements under the Bankruptcy Code and the U.C.C., 46 Syracuse L. Rev. 999, 1006, 1996.

JGBCC, Answers to the key questions of Recommendations for Central Counter-parties(CCPs), 2012. 3.

Kauko, K., Interlinking Securities Settlement Systems. A Strategic Commitment? Journal of Banking and Finance 31, 2962-2977, 2007.

Kessler, Jörg-Ronald, Study on Improvements in the Settlement of Cross-Border Securities Transactions in the EEC, Commission of the European Communities, 1988.

Kluwer, Wolters, INSIGHT volume 23 number 4, 2009.

Köppl, T., Monnet, C., Guess What: It's the settlements! Vertical Integration as a Barrier to Efficient Exchange Consolidation, Journal of Banking and Finance 31, 3013-3033, 2007.

Kyle, On the Economics of Clearing and Settlement, 1989.

Lannoo, K., Levin, M., The Securities Settlement Industry in the EU: Structure, Costs and the Way Forward, Financial Markets, CEPS Reports in Finance and Banking, 2002.

Lannoo, Karel and Mathias Levin, Clearing and settlement in the EU: structures and policy options, Deutsche Bank Research, 2003.

LCH, Clearnet SA, 'Clearint Rule Book', 2011.

Lee, R., The Governance of Financial Market Infrastructure, Oxford Finance Group, 2010.

Marcia Stigum, After the Trade: Dealer and Clearing Bank Operations in Money Market and Government Securities, Dow Jones-Irwin, 1988.

Mittoo, U., "Managerial Perceptions of the Net Benefits of Foreign Listing: Canadian Evidence," Journal of International Financial Management and Accounting 4, 1992.

Russo, D., Hart, T.L., Malaguti, M.C., Papathanassiou, C., Governance of Securities Clearing and Settlement Systems, Occasional Paper Series, European Central Bank, 2004.

S, Goldfeld & L. Chandler, The Economics of Money Banking(8th ed,), pp. 424-429, 1981.

Schmeidel, H., M. Malkamaki, Tarkaa, J., Economies of Scale and Technological Development in Securities Depository and Settlement Systems, Journal of Banking and Finance 30, 1783-1806, 2006.

SEC, Concept Release on Equity Market Structure, 2010. 1.

Tapking, J., Yang, J, 2006, Horizontal and Vertical Integration in Securities Trading and Settlement, Journal of Money, Credit and Banking 38, 1765-1795, 2006.

Till, Bernard M., "Report on Cross-border Settlement and Custody", ISSA 6th Symposium Report, 1992.

Pirrong, Craig, The Economics of Central Clearing: Theory and Practice, ISDA, 2011.

William F. Hagerty, Ⅳ, Lifting the Cloud of Uncertainty over the Repo Market: Characterization of Repos as Seperate Purchases and Sales of Securities, 37 Vand. L. Rev. 401, 409, 1984.

World Federation of Exchanges, Cost & Revenue Survey, 2010.

4. 참고 웹사이트

ACG: http://www.acgcsd.org

ACSDA: http://www.acsda.org

ADB: http://www.adb.org

AECSD: http://www.aecsd.com

AMEDA: http://www.ameda.org.eg

AOSEF: http://www.aosef.org

Association of Global Custodian: http://www.theagc.com

ASX Group: http://www.asxgroup.com.au
Austraclear: http://www.asx.com.au
BIS: http://www.bis.org
BNY MELLON: http://www.adrbnymellon.com
BOE: http://www.bankofengland.co.uk
BOG: http://www.bankofgreece.gr
BOJ: http://www.boj.or.jp
BOK: http://www.bok.or.kr
CC&G: http://www.ccg.it
Chi-X: http://www.chi-x.com
Clearstream: http://www.clearstream.com
Deutsche Börse: http://www.deutsche-boerse.com
DTCC: http://www.dtcc.com
EACH: http://www.eachorg.eu
ECB: http://www.ecb.int
ECSDA: http://www.ecsda.com
Eurex: http://www.eurexchange.com
Eurex Clearing: http://www.eurexchange.com/clearing/
Euroclear: http://www.euroclear.com
Euroclear UK & Ireland: http://www.euroclear.co.uk
Federal Reserve Bank Services: http://www.frbservices.org
FEB: http://www.fese.be
Global Custodian: http://www.globalcustodian.com
G30: http://www.group30.org
IBERCLEAR: http://www.iberclear.com
IMF: http://www.imf.org
INTERBOLSA: http://www.interbolsa.com
IOSCO: http://www.iosco.org
ISSA: http://www.issanet.org
JASDEC: http://www.jasdec.com
JGBCC: http://www.jgbcc.co.jp
JSCC: http://www.jscc.co.jp

JSDA: http://www.jsda.com
KRX: http://www.krx.co.kr
LCH.Clearnet: http://www.lchclearnet.com
LSE: http://www.londonstockexchange.com
Monte Titoli: http://www.montetitoli.it
NASDAQ: http://www.nasdaq.com
NASDAQ OMX: http://www.nasdaqomx.com
NYSE: http://www.nyse.com
NYSE Euronext: http://www.euronext.com
Omgeo: http://www.omgeo.com
PTS Information Network: http://pts.offexchange.jp
SEC: http://www.sec.gov
SGX: http://www1.cdp.sgx.com
SIFMA: http://www.sifma.org
SIS Group: http://www.sisclear.com
SWX: http://www.swx.com
SWX Europe: http://www.swxeurope.com
Takasbank: http://www.takasbank.com.tr
Thomasmurray: http://www.thomasmurray.com
Turquoise: http://www.tradeturquoise.com
VP: http://www.vp.dk
WFE: http://www.world-exchanges.org

색 인

[ㄹ]

[ㅁ]

[ㅂ]

[ㅇ]

집필진(제3판)

이화택 (예탁결제원 연구위원, 경제학박사) : 제1편 집필

유춘화 (예탁결제원 팀장, 법학박사과정 수료) : 제2편 집필

문판수 (예탁결제원 연구위원, 경영학박사) : 제3편 집필

박철영 (예탁결제원 부장, 법학박사) : 제4편 집필

최경렬 (예탁결제원 부장, 금융학석사) : 제5편 집필

정승화 (예탁결제원 부장, 법학박사) : 제6편 집필

허항진 (예탁결제원 부장, 법학박사) : 제7편 집필

개정증보 제4판

증권예탁결제제도

전정 제3판 발행　　2014년 1월 3일
개정증보 제4판 발행　2018년 1월 22일

지은이　한국예탁결제원
펴낸이　안종만

편 집　김효선
기획/마케팅　조성호
표지디자인　조아라
제 작　우인도 · 고철민

펴낸곳　(주) 박영사
서울특별시 종로구 새안문로3길 36, 1601
등록 1959.3.11. 제300-1959-1호(倫)
전 화　02)733-6771
f a x　02)736-4818
e-mail　pys@pybook.co.kr
homepage　www.pybook.co.kr
ISBN　979-11-303-0534-9 93320

정 가　50,000원